帕斯捷尔纳克传
修订版
上

Борис Пастернак

〔俄罗斯〕德米特里·贝科夫 著　王嘎 译

人民文学出版社

图书在版编目(CIP)数据

帕斯捷尔纳克传：上下／（俄罗斯）德米特里·贝科夫著；王嘎译. -- 修订版. -- 北京：人民文学出版社，2024. -- ISBN 978-7-02-018840-6

Ⅰ．K835.125.6

中国国家版本馆 CIP 数据核字第 20249RL149 号

责任编辑　李丹丹
装帧设计　陶　雷
责任印制　宋佳月

出版发行　人民文学出版社
社　　址　北京市朝内大街 166 号
邮政编码　100705

印　　刷　河北新华第一印刷有限责任公司
经　　销　全国新华书店等

字　　数　1022 千字
开　　本　710 毫米×1000 毫米　1/16
印　　张　64.75　插页 20
印　　数　1—5000
版　　次　2016 年 8 月北京第 1 版
印　　次　2024 年 9 月第 1 次印刷

书　　号　978-7-02-018840-6
定　　价　128.00 元（全二册）

如有印装质量问题，请与本社图书销售中心调换。电话：010-65233595

鲍里斯·帕斯捷尔纳克

帕斯捷尔纳克的父亲列·奥·帕斯捷尔纳克与妻子罗·伊西多罗夫娜（十九世纪九十年代摄于敖德萨）

鲍里斯·帕斯捷尔纳克与弟弟亚历山大·帕斯捷尔纳克（费舍尔摄于1898年）

左起站立：鲍·帕斯捷尔纳克的姑妈安·奥·弗莱登伯格、鲍·帕斯捷尔纳克和表妹奥·弗莱登伯格；左起坐：帕·达·艾丁格尔、列·奥西波维奇和女儿若尼娅及儿子亚历山大（1903年夏摄于奥勃连斯克）

鲍里斯·帕斯捷尔纳克（1907年摄于莱基）

亚·尼·斯克里亚宾（列昂尼德·帕斯捷尔纳克素描，1909年）

斯克里亚宾在大阿法纳西耶夫胡同的住所

帕斯捷尔纳克青少年时期的好友、叶莲娜·维诺格拉德的表兄和初恋——亚历山大·施蒂赫（一九一〇年代）

谢·勃布罗夫（一九一〇年代）

奥·弗莱登伯格（一九一〇年代）

帕斯捷尔纳克在马堡住过的小楼（本书作者德米特里·贝科夫 摄）

马堡城堡景观（本书作者德米特里·贝科夫 摄）

帕斯捷尔纳克的父亲列·奥·帕斯捷尔纳克（二十世纪二十年代）

帕斯捷尔纳克移居国外的父母及两个妹妹（二十世纪二十年代）

鲍·帕斯捷尔纳克与妻子叶·弗拉基米罗夫娜及儿子叶尼亚（莫·纳别里鲍姆摄于1924年）

玛丽娜·茨维塔耶娃与女儿阿里娅（阿里阿德娜）（1924年摄于捷克）

鲍·帕斯捷尔纳克与弗·马雅可夫斯基（1924年）

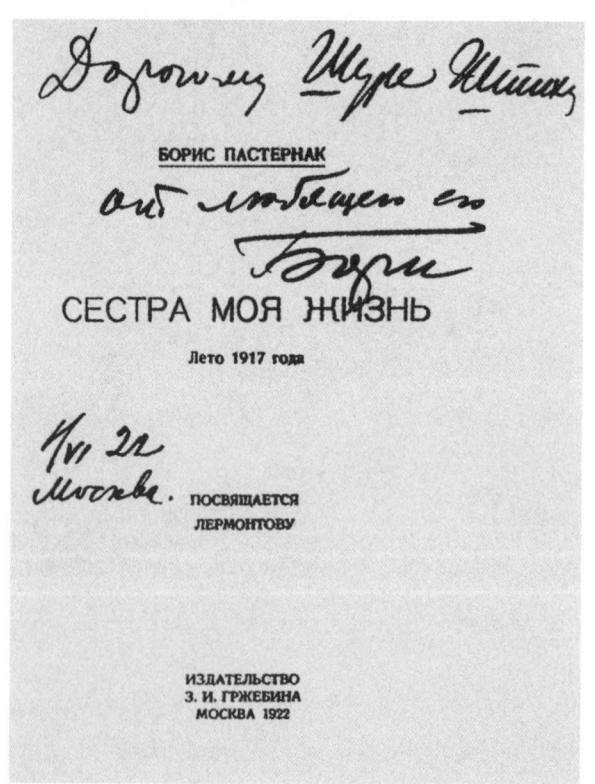

诗集《生活，我的姐妹》扉页，带有赠给亚·施蒂赫的题词

阿·马·高尔基(二十世纪二十年代)

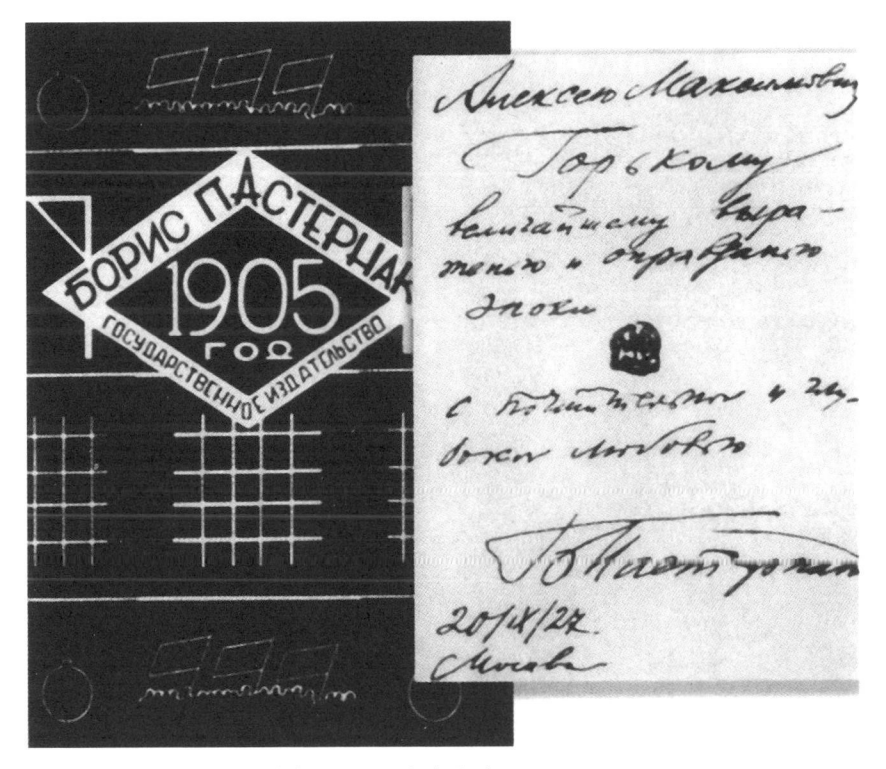

长诗《一九〇五年》及赠给阿·马·高尔基的题词

弗·希尔洛夫（二十世纪二十年代） 　　　　奥·希尔洛娃（彼得罗夫斯卡娅）（二十世纪二十年代）

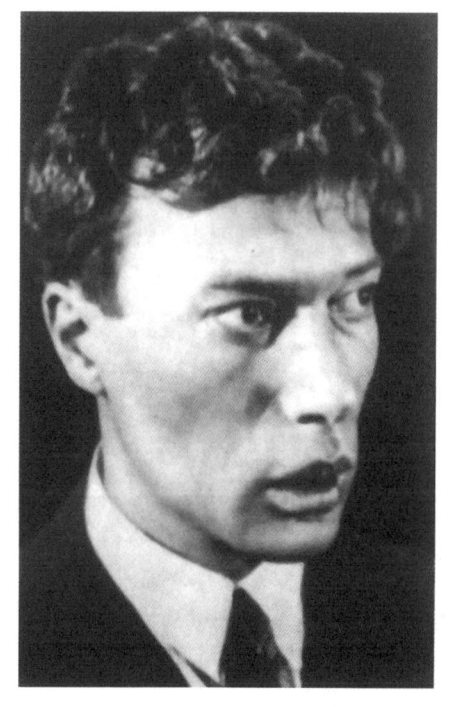

帕斯捷尔纳克在马雅可夫斯基灵柩旁（1930年4月）

帕斯捷尔纳克与科·楚科夫斯基在共青团第十次代表会议上（1932年）

尼·塔毕泽和纪·塔毕泽及女儿

奥·曼德尔施塔姆（莫·纳别里鲍姆摄于1931年）

斯大林与少先队员在一起（二十世纪三十年代）

海·涅高兹与父母及济·尼古拉耶夫娜

帕斯捷尔纳克在第一次苏联作家代表大会主席团席位上就坐(1934年8月)

安·马尔罗、弗·梅耶荷德与鲍·帕斯捷尔纳克(1936年3月5日)

鲍里斯·帕斯捷尔纳克（安·莱萨摄于 1956 年）

"所有头绪都被解开,一切事物均已命名,简单、明朗、悲伤。"(安·莱萨摄于 1936 年)

尼·阿谢耶夫、伊·谢尔文斯基与鲍·帕斯捷尔纳克(1943 年摄于契斯托波尔)

佩列捷尔金诺别墅（布尔拉克 摄）

帕斯捷尔纳克在佩列捷尔金诺别墅的书房

帕斯捷尔纳克与妻子济娜伊达·尼古拉耶夫娜及儿子廖尼亚（摄于佩列捷尔金诺）

帕斯捷尔纳克与尼娜·塔毕泽及廖尼亚在别墅露台上（谢·涅高兹摄于1947年）

帕斯捷尔纳克与安娜·阿赫玛托娃在作家俱乐部举办的联合创作晚会上（1946年4月2日）

奥·米·弗莱登伯格的照片和论文，带有赠给帕斯捷尔纳克的题词

位于拉夫鲁申胡同的作家之家,帕斯捷尔纳克曾在此居住(巴尔茨维尼克 摄)

鲍·帕斯捷尔纳克与海·涅高兹在佩列捷尔金诺

莫斯科艺术剧院演员鲍·利瓦诺夫

帕斯捷尔纳克在佩列捷尔金诺(1953年)

"你平素娇俏,寡言少语……"奥·伊文斯卡娅(1958年)

《人有名气不见得光彩》手稿

楚科夫斯基夫妇与帕斯捷尔纳克夫妇在帕斯捷尔纳克获诺贝尔文学奖当天（1958年10月24日）

通往"小别墅"的路

"小别墅"(伊文斯卡娅在佩列捷尔金诺租住的房屋)

帕斯捷尔纳克在佩列捷尔金诺别墅的书房回复信件（1958年）

帕斯捷尔纳克与奥·伊文斯卡娅

帕斯捷尔纳克与奥·伊文斯卡娅的女儿伊·叶梅里扬诺娃（拉拉和帕沙·安季波夫的女儿卡佳的外貌取自她）（1959年）

帕斯捷尔纳克最后一张照片——观看德国汉堡剧院巡演的《浮士德》(1960年2月)

佩列捷尔金诺主显圣容教堂（布尔拉克 摄）

"万籁俱寂之时,我独自登上舞台,
轻轻倚靠在门边。
回声自远处传来,
我从中捕捉此世的安排。"(安·莱萨摄于 1956 年)

目 录

首版序 ·· 1

修订版序 ··· 9

序幕 ··· 1

第一章　幸福的人 ·· 5

第一部　六月　姐妹

第二章　童年 ·· 17
第三章　爱慕 ·· 38
第四章　镜中人:奥莉加·弗莱登伯格 ······································· 48
第五章　"谢尔达尔达" ·· 53
第六章　哲学研究 ·· 69
第七章　探索之路 ·· 97
第八章　"离心机"　《跨越障碍》　乌拉尔 ································ 115
第九章　《生活,我的姐妹》 ··· 146
第十章　1918—1921 年:《柳维尔斯的童年》《主题与变奏》 ········· 170
第十一章　1921—1923 年:叶甫盖尼娅·卢里耶 ························ 206
第十二章　1923—1928 年:《崇高的疾病》　涅乱时期的写照 ······ 221
第十三章　《空中道路》 ·· 243
第十四章　1923—1925 年 ··· 249
第十五章　1926—1927 年:《施密特中尉》　春天与苦役的广度 ··· 280
第十六章　镜中人:马雅可夫斯基 ·· 298
第十七章　镜中人:茨维塔耶娃 ··· 328
第十八章　《斯佩克托尔斯基》《中篇故事》 ······························· 345

1

第十九章　镜中人：勃洛克	365
第二十章　《斯佩克托尔斯基》《中篇故事》　结局	382
第二十一章　《安全保护证》　诗人的最后一年	403

第二部　七月　诱惑

第二十二章　济娜伊达·尼古拉耶夫娜	413
第二十三章　《第二次降生》	466
第二十四章　时代的音调	480
第二十五章　"诗人的席位"	495
第二十六章　镜中人：曼德尔施塔姆	501
第二十七章　第一次代表大会　《格鲁吉亚抒情曲》	535
第二十八章　镜中人：斯大林	549
第二十九章　1935年：非创作危机	601
第三十章　佩列捷尔金诺	615
第三十一章　《日乌利特笔记》	636
第三十二章　《哈姆雷特》　恐怖剧	640
第三十三章　魔怪圆舞曲	658

第三部　八月　变容

第三十四章　战争	667
第三十五章　此时	684
第三十六章　契斯托波尔	696
第三十七章　《霞光》　胜利	712
第三十八章　沉寂的时刻	734
第三十九章　奥莉加·伊文斯卡娅	759
第四十章　《浮士德》	771
第四十一章　第六次降生	777
第四十二章　《日瓦戈医生》	804
第四十三章　解冻	820
第四十四章　1956年：拒绝选择	834
第四十五章　惩治	852
第四十六章　镜中人：阿赫玛托娃	890

第四十七章　镜中人:沃兹涅先斯基 …………………………… 907
第四十八章　《雨霁》 …………………………………………… 913
第四十九章　《盲美人》 ………………………………………… 932
第五十章　告别 …………………………………………………… 954
尾声　死后的生命 ………………………………………………… 963

附录　鲍里斯·帕斯捷尔纳克生平与创作大事记 ……………… 978
原著参考书目 ……………………………………………………… 994
译后记 ……………………………………………………………… 997

首 版 序

本书的责编张福生编审和译者王嘎不约而同地期望笔者能为他们多年心血的结晶写个序,但当我面对这部由俄罗斯著名诗人德米特里·贝科夫撰写的厚重专著时,竟忐忑不安起来。不错,笔者有缘接触过鲍里斯·帕斯捷尔纳克,特别是他的诗,也曾为"集艺术的高度、思想的深度和翻译的难度于一体"的《帕斯捷尔纳克诗全集》写过前言,但那只是从冲破语言障碍的角度引导读者去"循着独特的艺术逻辑解读帕诗"。如今摆在我面前的却是一位俄罗斯当代诗人洞悉一位前辈诗人的心路历程而得的精深感悟,我只是长年沾"与高人为伍"的光对帕诗的难与美略有所感而已,自知不够为如此高端的诗歌论著写序的分量。在我很不自信的关头,福生编审却鼓励我说,这是论俄文诗的专著,也是论俄文诗的译著,期望我凭多年译帕诗的经验能为本书把一把关。王嘎还特地为我提供了一份由他精心翻译的珍贵资料,即俄裔旅美文学评论家伊琳娜·柴可夫斯卡娅对《帕斯捷尔纳克传》的书评《善与光的产儿》(刊载于俄罗斯《海鸥》杂志二〇〇六年十二月第二十四期),供我参考,并且给我提供了一个信息:《帕斯捷尔纳克诗全集》前言在我国诗歌界受到普遍好评,被认为是国内学界对帕诗本体的重要研究成果,并建议我适当予以引用以飨我国读者。

笔者拟从借鉴先行者,即伊琳娜·柴可夫斯卡娅的视角切入,先梳理一下她对本书的总的评价、对作者研究方法的剖析、对书中独特闪光点的捕捉以及她所看到的不足之处或瑕疵。诚然,伊琳娜·柴可夫斯卡娅凭着她精通作为母语的俄语、俄罗斯文化和历史等学术优势和在本论题上的厚积薄发,值得作为外国研究者的笔者借鉴之处肯定很多;但是,在学术领域里,仁者见仁、智者见智的现象还是屡见不鲜的。何况诗无国界,对于帕氏这样一位具有世界影响的大诗人,各国学者的研究无疑是相得益彰的。"纵观帕斯捷尔纳克诗歌创作的漫长道路,他以艺术家多维触觉的敏感、普通人的真诚和哲人的深邃毕生遵循着三条艺术逻辑:瞬间中的永恒、变形中的真实和繁复中的单纯。这也就是帕诗的纯诗意境、帕诗的意象结构和帕诗的风格特征,它们共同组成了帕氏与众不同的诗美体系。在这个诗美体系中,瞬间中的永恒是主体,变形中的真实和繁复中的单纯是两翼,两翼是主体衍生出来又为补充主体而不断完善的。……在号称'抒情史诗'的长篇小说《日瓦戈医生》中,如果没有作者对近半个世纪的俄罗斯社会各层面艺术信息海绵般的繁复汲取,怎么可能出现日瓦戈坎坷人生诗情的清泉般的单纯喷涌呢?……帕斯捷尔纳克的诗是新的和美的,但不是一目了然的。帕斯捷尔纳克的诗是深邃隐晦的,但不是无法解读的。帕斯捷尔纳克的诗美需要通过恰当的解读步骤不断加以发现。所谓恰当的解读步骤,既包括认知诗人的时代背景和生活经历,更包括诗人与众不同的形象思维模式,即艺术逻辑。他的诗是思想的诗,更是艺术的诗,是用艺术阐述深刻思想的诗。他的诗是冷峻的诗,更是炽热的诗,他在对世界的各个瞬间感受中不断倾吐对大自然、人类和宇宙的永恒的挚爱。"[①]

伊琳娜·柴可夫斯卡娅在书评一开头先说:

> 德米特里·贝科夫是一位著名的诗人,他的文字我以前读过……为了完成这部八百八十一页的厚重著作,根据标记的日期判断,贝科夫起码耗用了八个月的写作时间,而且据一档电视节目介绍,他把所有材料都放在书中。毋庸置疑,这一鸿篇巨制的主人公——鲍里斯·列昂尼德维奇·帕斯捷尔纳克——值得作者将大好时光消耗在书桌前,正如他在俄罗斯历史衬托之下所呈现的人生起伏和作家的命运,值得进行严肃而不失时代感的探讨。

在末尾又说:

> 在有关帕斯捷尔纳克的作品中,德米特里·贝科夫的书将会占据应有的位置。这是一本智慧的、材料丰富的、具有现代感的书。还可以说是一本诗人写的书,其中充满新奇和深邃的隐喻……古希腊艺术也活过来了,当基督教触动了它,于是这就被命名为文艺复兴。

---

① 参见顾蕴璞:《帕斯捷尔纳克诗全集》前言,上海译文出版社,2014年。

接着，她还说，贝科夫的作品具有长篇小说与艺术研究相结合的自由文体，从序言到尾声，日期都不连贯——贯穿始终的只有时间的断面。这本书的序言截取了一八九〇年一月二十九日《莫斯科消息报》和一九六〇年五月三十日《真理报》上刊登的几则报道。一打开书，读者会惊异于这两个时代的如此不同，如此生疏，甚至相互敌对，而作品的主人公居然就生活在它们的疆界之内。尾声则以"死后的生命"为标题，详尽列举了帕斯捷尔纳克去世之后著作出版的日期、亲友去世的日期、电影开拍及剧作上演的日期、博物馆揭幕的日期等等。主人公的生命，从这些慧眼卓识所发现的时代界线当中倏忽而过。

> 这个人活着，不顾世道沧桑和它的可怕诱惑，不顾时常出现在周围的难以承受的重压——始终向往着节日与光明。他善于发现它们，更重要的是，他善于将它们带给身边的人——不仅通过诗歌和散文，而且还借助于自身在世界的存在。没有田园诗。贝科夫充分展示着诗人的"苦难历程"，从青年时期的彷徨失措到当局构陷和他身陷其中的绝境，接踵而来的是因肺癌猝然发作而过早降临的死亡。然而，当你在记述中听到帕斯捷尔纳克阅读自己翻译的剧作时发出的笑声，当你读到那位利季娅·楚科夫斯卡娅对他的回忆——你就会明白，强加于他生命尽头的悲剧角色并非适合于他，也并非出自他的某一剧目……

伊琳娜·柴可夫斯卡娅在德米特里·贝科夫所著《帕斯捷尔纳克传》中捕捉到的第一个独特闪光点就是她在自己的书评一开头引用的那句话："我快乐"——这是鲍里斯·帕斯捷尔纳克留给世界的最后一句话。另一个独特闪光点便是完全赞同书中对帕斯捷尔纳克在道路选择问题上的剖析。她写道：

> 众所周知，当初帕斯捷尔纳克很久未能确定自己的"职业"。他在音乐中，在哲学中，寻找着人生之路，并且在这两个领域里均有所成就：他的音乐作品吸引了斯克里亚宾，哲学作品——则吸引了赫尔曼·柯亨。贝科夫绕开帕斯捷尔纳克本人在《安全保护证》中提到的浅显解释，认为他徘徊不定的是不愿停留在太过轻易掌握的技能上，而诗歌则需要重新聚集和分配精力，需要对世界全新的定位和洞察。

笔者认为，伊琳娜·柴可夫斯卡娅在《帕斯捷尔纳克传》中所捕捉到的这第二个闪光点恰恰彰显了她的高度智慧。黑格尔认为，诗是介于绘画和音乐之间，兼有二者优势并在更高的阶段上统一的艺术。天才诗人正是凭他多栖艺术和哲学的资质、学养和气度，超越了印象主义的局限而形成独特的诗美世界（他称为"永恒的印象主义"）。

令我毫无保留并欣然接受的——是贝科夫对诗的分析，伊琳娜捕捉到的帕斯捷尔纳克第三个独特闪光点也就在于此。通过密集的引诗与评析，帕氏艺术发展和诗学特征的脉络尽显无遗。

最后我们不妨也看看伊琳娜·柴可夫斯卡娅对于作者贝科夫的论述的美中不足，她是否也言之有理。她说：

> 我很想称贝科夫的书为总结性之作——因为所有的一切都如此之多地汇集在这里：极其详尽的生平描述（详细探究帕斯捷尔纳克的生命"周期"，并通过严整的思想联为一体），对作品的大量解读、摘引和转述，对时代特征和力量分配格局的解析，映衬出帕斯捷尔纳克创作状况的同时代人和诗友们的群像。如此之多，甚至显得有些过量——我反倒希望有更多的"留白"。按照我的口味，在一本论及帕斯捷尔纳克的书中，甚至完全不必详细转述《斯佩克托尔斯基》的内容，更不必说未完成且不成功的话剧《盲美人》了。涉及这部剧作的冗长拖沓的二十页出现在最末尾，损害了书的结构。我还要说：在那些影响过帕斯捷尔纳克命运的人物中，就重要性而言，我看不值得以大篇幅来描写诸如奥莉加·弗莱登伯格等人的生活。不过，我重申：贝科夫这样做，正如读者所见，是希望把所有间隙都填满，并且试图创建某种关于帕斯捷尔纳克的材料大全。不用说，材料确乎充足，而关键在于——材料的总结与归纳。

笔者认为，她言之确实有理。她在这里说了两层意思。第一层面是她确认作者对帕氏的生平描述、作品解读和转述虽堪称总结性之作，但显得过量而缺少"留白"，特别是某些不必要的转述甚至还损害了书的结构。第二层面是她虽肯定作者的初衷是试图创建关于帕氏的资料大全，但未见应有的总结与归纳。

下面，笔者在"他山之石，可以攻玉"的启迪下，拟亲自把从通读王嘎译贝科夫著《帕斯捷尔纳克传》的浏览中我最感震撼的章节摘录出来略加点评,以便读者能加深对作者贝科夫专著的领悟,并能更加深入到帕斯捷尔纳克的心灵世界中去。

首先吸引我眼球的是作者在第一章中极其精练而画龙点睛式地把一般读者心目中既熟悉又陌生、既单纯又复杂、既清晰又朦胧的天才诗人身上的融迥异的性格、气质、艺术风格、宗教氛围于一体的六个特征概括得入木三分:(一)古典传统的接班人和现代主义者;(二)著名苏联诗人和叛逆的非苏联诗人;(三)文人,平民知识分子,像旧贵族里的唯美主义者,又像来自农民阶层的教师;(四)精英人士和不被官方认可的民主派;(五)犹太人,又是俄罗斯文学的继承者,言谈中对其犹太身份表示不喜爱和不认同的基督教作家;(六)哲学家,音乐家,迂夫子——植根于日常生活,以真正农民的手法给菜园松土和生火炉取暖的普通人。

贝科夫不愧为一个悟性颇高的诗人,他用帕斯捷尔纳克身上既有艺术性和哲理性的重合,又有永恒性和时代性的交织的复杂现状作为坐标,来深入剖析生逢极为复杂的二十世纪的这位诗人的个性特征,他除了阐释帕氏为何早期在音乐和哲学中寻找人生之路外,还在第二十三章中对帕斯捷尔纳克的革命观作了独出心裁的阐释。他写道:

> 在帕斯捷尔纳克的世界里,怜悯作为主要的情感,很大程度上同他的情欲观念交集在一起。这种女性观也投映于革命,准确地说,是投映于现实:按照帕斯捷尔纳克的诗学,现实性之于历史,犹如少女之于妇女。
>
> "现实好比私生女,衣衫不整地逃离了明天,相对于合法的历史,它就是彻头彻尾的非法产儿,是没有嫁妆的姑娘。"
>
> ……在他看来,革命是对强暴的复仇,而他与济娜伊达·尼古拉耶夫娜的新生活,也成为新生活本身的隐喻。这一题旨在《冰与泪的春日》中表现得淋漓尽致。
>
> ……"革命"和"羞幕"对帕斯捷尔纳克不仅是谐音词,在具体语境下还是同义语。此处还出现了另一个关键词语"嫉恨",它成为对革命的最终解释,取消了此前的整个精心构造。

贝科夫除准确把握帕斯捷尔纳克不同凡响的六个诗人个性特征外,还捕捉到他在垂暮之年对往昔的逆反表现。本书第四十一章是贝科夫所认为的帕氏一生中具有里程碑意义的又一个新时期,它的特点是诗人对时代、朋友和妻子说够了那著名的"是——是——是"之后,突然冒出尖锐的"不"的时期,很像托尔斯泰在晚年谈起文学时难掩鄙薄和愤懑,甚至认为文学家应当尽量少一点。帕斯捷尔纳克在生命的尽头,越来越恨当局,厌恶对手和追随者们的愚蠢,厌恶妻子……像托尔斯泰一样,帕斯捷尔纳克也从家庭的宾朋中挑选几位最忠实者,将他们聚拢在身旁;他对他们温和、亲切、坦诚,对其他人则很苛刻,近乎残暴。晚年的托尔斯泰能把任何话题都转换为必须爱所有人,在最后的岁月里,帕斯捷尔纳克也总是把所有言谈转向他的长篇小说以及小说中所表达的非正统基督教哲学。对于自己的早期经验,晚年的帕斯捷尔纳克和托尔斯泰均表示不满。他们的外在现实也彼此相近:老年的帕斯捷尔纳克和托尔斯泰均成为国外崇拜的对象,几乎被视为圣经意义上的人物,而国内对待他们的态度则错综复杂,间或是挖苦加讽刺,难以一概而论。准备授予托尔斯泰诺贝尔文学奖,他提前拒绝了;帕斯捷尔纳克也被授予该奖项,他同样拒绝接受,虽说是出于压力。帕斯捷尔纳克被苏联作协开除,托尔斯泰则被革除教籍,尽管这两个事件本质上不可相提并论。

晚年的帕斯捷尔纳克和托尔斯泰一样,在一贯心地善良的背景下表现出不近人情的宽容,当他的表妹奥莉加·弗莱登伯格——他永远的对话者去世后,他却连她的丧礼都不想参加;为了"创造性的工作",贝科夫试图为他提出三种并非互相冲突,而是彼此互补的解释:(一)按照帕斯捷尔纳克的基督教世界观,重要的不是安慰什么人,不是说些真诚或虚伪的话语,这类安慰有损双方的自尊,因为它们以假话为前提,尽管目的是救助,在语言中延续一切消逝事物的存在,才是诗人和艺术家的存在。(二)帕斯捷尔纳克不认为死是值得关心的事情。他认为自己的世界里排除了死,并非出于惧怕,而是因为死被他视若世界存在的结束,仅此而已。福音书中对此也有令人惊颤的断语:"又有一个门徒对耶稣说:'主啊,容我先回去埋葬我的父亲。'耶稣说:'任凭死人埋葬他们的死人,你跟从我吧。'"[①]对于帕斯捷尔纳克而言,艺术是基督教徒献身的主要形式,是唯一生动的事业。(三)帕斯捷尔纳克当初未去探望流放中的曼德尔施塔姆,是因为不想跟一个陷入困境的人争执,也可能是不想摆出一副健康完美的形象,让身遭病痛与恐惧

---

① 《圣经·新约·马太福音》,第八章第21节。

的人感到难堪。

从以上贝科夫对帕斯捷尔纳克的生死、祸福观的阐释,我国读者特别易于感悟帕氏最后所达到的这一超凡脱俗的境界,因为我国明代洪应明的名著《菜根谭》(下)中"九九、祸福生死,须有卓见",比帕斯捷尔纳克早四五百年就已道出他所感悟的普世奥秘:"幸福而先知其为祸之本,贪生而先知其为死之因,其卓见乎。"

从以上贝科夫直接论及或通过伊琳娜·柴可夫斯卡娅的中介而间接论及帕斯捷尔纳克所惯用的隐喻来看,都未曾从理论上加以升华。帕斯捷尔纳克本人却说过:"人不能永生,但却构想出永远的巨大使命,其自然的后果就是譬喻。由于两者不相符合,人看待事物必须像鹰一样敏锐。从瞬间易得的彻悟来表达思想。这就是诗歌。"[1]这一现象已由另一位诺贝尔文学奖得主布罗茨基升华成很前卫的理论阐释:"人首先是一种美学的动物,其次才是伦理的生物。因此,艺术,其中包括文学,并非人类发展的副产品,恰恰相反,人类才是艺术的副产品。如果说,有什么东西使我们有别于动物王国的其他代表,那就是语言,也就是文学。"[2]可见,帕斯捷尔纳克的终极定位,无疑可视为用艺术改变人类命运的世界文化巨匠之一。

如果说,我原先对本书的作者德米特里·贝科夫知之甚少,那么,我对本书的译者则是知根知底,远在拜读他这部译著之前就和他有多年交往了。一九九五年他从新疆考入北大,师从翻译家臧仲伦教授,攻读文学翻译硕士学位,二〇〇〇年至二〇〇四年由臧先生举荐,在国际关系学院黄宗良教授名下攻读博士学位,实现了他使用语言的工具广采博收生活和思维的知识、悟性和灵感的志趣。令人称道的是,他虽有较厚的中俄两国文化底蕴和较强的工作能力,仍长期在轻俗念重实学的险途上锤炼自己的独立思考、自主研究的学风,他胸怀一种抢救人性光辉的使命感,当得悉德米特里·贝科夫的巨著《帕斯捷尔纳克传》后,立即试译一部分并向人民文学出版社张福生编审自荐,深深感动了张编审,破例起用他翻译此书。

在当下因急功近利而浮躁病流行的我国学界,王嘎这样矢志于真知追

---

[1] 〔俄罗斯〕阿格诺索夫主编:《20世纪俄罗斯文学史》,中国人民大学出版社,2001年。
[2] 〔美国〕约瑟夫·布罗茨基:《悲伤与理智》,刘文飞译,上海译文出版社,2015年。

求的学者给我们译界吹进了一缕春风。(一)他译得十分精进,一定要等对原文吃透,表达恰当才肯罢休,决不草草地追求形式上的完成进度,因此他的译文不但准确、细致、晓畅,而且发挥了汉语的优势,总能译得出彩。(二)出于对作者和我国读者高度负责的态度,写了十分详尽的译注,不但搭建了沟通作者与我国读者的心桥,而且也纠正了作者的某些谬误。张福生编审特别珍爱译者的这份创造性劳动,像看待原著照片一样全部把它保留了下来,这对我国读者而言无疑是个福音。(三)在自己没有亲自翻译之前,决不先参看别人的现成成果,这是值得肯定的优良学风。等他把所引帕氏诗译好后再去参考别人怎么译时,几乎已留不下余地了。因此,虽然我从总体上对本书译者的学养、学风和创新锐气的评价是发自内心和斩钉截铁的,但假如没有这点福生编审和笔者均不愿看到的美中不足,王嘎的作用定会发挥得更加充分,因为如果遵循"以格律诗译格律诗,以自由诗(体)译自由诗(体)"的我国译诗界的基本共识来翻译本书所有引诗,译者必将原创性地揭示帕诗所固有的全部音乐元素和音乐精神。

是为序。

顾蕴璞
二〇一六年三月六日于北大承泽园寓所

修订版序

作家传记属于偏重主体性的个案研究。在还原传主的生活原态的同时,应该说,作品呈现以及作品原形的考证是重要的叙事环节。作家传记的文本特征常常与作家创作本身的文学史意义和学术价值紧密相关。归结起来,作家传记的系统性,即将作家个人的孤独的生命体验、自然体验、艺术体验上升为独特的历史文化景观,需要突破"生平履历—影响作用—历史评价"的陈旧叙述链条。伟大的作家,从人生到职业,从作品到批评,再从回忆到阐释,其跌宕有致或壮怀激烈的过程,固然令人钟爱;但是,对传记作者来说,这还远远不够。借传记主角的灵魂所孕育出的新的天地与世界的映现,才是作家传记中文学世界内涵与外延的整合方法,因为无论是世俗生活的事实(作家),还是语言特定的事实(作品),都需要我们追问其卓越的理由。

帕斯捷尔纳克是一九五八年的诺贝尔文学奖获得者。他的传记是一座难攀的高峰。德米特里·贝科夫的《帕斯捷尔纳克传》一经推出,立即成为俄罗斯文化史上的一件大事。由于这本传记罕见的体裁和容量,文学、文化、历史的空间对话被最大限度地呈现出来,由特别的历史文学人物切入的"镜像篇"形成了传统与现代联结的最佳维度;在历史的认知层面,这部传记把传主的创作史与个人生活史提升至艺术所能表现的最大广度;其为人性辩护的特殊深度为传记著作所罕见之现象。《帕斯捷尔纳克传》被誉为"诗歌与散文自身的履历"。

《帕斯捷尔纳克传》的俄文版于二〇〇五年由俄罗斯青年近卫军出版社作为"名人传丛书"的一种推出,作者德米特里·贝科夫于一九六七年十二月二十日出生于莫斯科,为俄罗斯著名的作家、评论家、诗人,长期任职于文学教师和期刊记者岗位,在《星火》《首都》《电影艺术》等十五家著名媒体工作过,撰写的著作包括莱蒙托夫、高尔基、马雅可夫斯基、帕斯捷尔纳克等人的传记。他创作的文学特写和文学评论风靡一时,分别于二〇〇四年、二〇〇六年、二〇〇七年和二〇一三年因《正字法》《疏散员》《辩护》《伊克斯》获得同一奖项——斯特鲁甘茨基国际文学奖。

《帕斯捷尔纳克传》二〇〇六年在俄罗斯获得畅销书奖和"大书奖"(至二〇一八年贝科夫已经三次获得此奖),好评如潮并不断再版,印数迄今已经超过六十万册。中文版二〇一六年由人民文学出版社首次出版,译者王嘎此次全面修订,几乎重新翻译了此书。全书三部五十章以及尾声"死后的生命",具有体裁新、人物奇、叙事层面奇妙的完整结构:有八章被命名为"镜中人"——第四章(镜中人:奥莉加·弗莱登伯格)、第十六章(镜中人:马雅可夫斯基)、第十七章(镜中人:茨维塔耶娃)、第十九章(镜中人:勃洛克)、第二十六章(镜中人:曼德尔施塔姆)、第二十八章(镜中人:斯大林)、第四十六章(镜中人:阿赫玛托娃)、第四十七章(镜中人:沃兹涅先斯基)。整部传记以"镜中人"篇章为切入口,使得这部传记成为"创作分析与诗人作为个体分析相得益彰"的"大书",独到地把握了诗人形象与现实交相辉映的艺术历程。

一

帕斯捷尔纳克是写过"自传"的,即一九三一年的《安全保护证》和一九三五年的《人与事》。这两部作品与一般意义上的个人传记体裁略有出入:作者在其中讨论的不是"我和自我"的外在历程,而是我和自我对艺术本质的内在认识过程,那是对诗人里尔克、马雅可夫斯基、别雷和勃洛克以及对音乐和夏里亚宾作品的深刻性、对传统与个性的辩证关系潜移默化的养成的细致描述。它们作为自传性的随笔,具有精神性和形而上学的特点,它们疏离了现代文学中"时代与我"的历史叙事轨迹,而是以自我的生命体验为中心,把诗人认识世界的艺术路径加以描摹,应该说,在二十世纪三十年代,这是一种"英雄之思"——茨威格的《人类群星闪耀时》和布宁的《托尔斯泰生命体悟之美》均属此列,只不过体裁上为"他传"而已。一般的诗人自传与写作者意欲呈现给读者真正的自我和想要留给后世的印象之间,存在着不可避免的矛盾——即使是卢梭的《忏悔录》也不能幸免。非一般生平罗列,而是细致描摹艺术人格进化的动态过程,这个自传的特点也影响到了帕斯捷尔纳克"他传"的写作。

一般来说,诗人的传记往往是诗人生活、创作和文学批评的合集。历时性的时间大多用以说明创作的历史分期。无论诗人的生活多么跌宕起伏、时运不济、命运多舛,创作及其相关的美学问题都是解释的中心。布宁在写《托尔斯泰的解脱》一书时,对"至爱亲朋"超低空于托尔斯泰思想的飞升"的揣测"予以严格的剔除:传记中的生活内容不是单纯记录信息,而是面临创作的解释。在托尔斯泰那里,生活是"屈从然后解脱";在马雅可夫斯基那里,生活是"失去自我,然后又回复自我"的过程。这无疑提高了诗人传记,尤其是"他传"的写作门槛。布宁宣称:"要真实地写一个人,不仅需要了解这个人,还得同他不相上下,如果不在所有方面,起码也在很多方面。主要在天才和智慧方面。"因此,原生性的资料和考证固然重要,但是,能够与诗人匹配的阐释维度,才是好的诗人传记的重要理念。因此,写什么和怎么写的关系成为传记考量的标准。以往的帕斯捷尔纳克传记的种类不少,写法各异,体裁多样。第一类可视为回忆录性质的传记,比如其儿子和儿媳所写的《鲍里斯·帕斯捷尔纳克的生活》(2004),其第二位妻子所写的《回忆与书信》(1961),其情人伊文斯卡娅所写的《与帕斯捷尔纳克在一起的年代·时代的俘虏》(1992);第二类是断代生平,截取一部分生活与创作经历,如拉萨尔·弗莱什曼所写《鲍里斯·帕斯捷尔纳克在二十年代》和《鲍里斯·帕斯捷尔纳克在三十年代》(1984),英文版的传记《帕斯捷尔纳克不为人知的爱情故事》,利季娅·楚科夫斯卡娅所写的《鲍里斯·帕斯捷尔纳克——获诺贝尔奖前后》;第三类是全时空传记,既有生平的全部外在时间标记,也有创作的分期和评论,如获法国龚古尔文学奖的传记作家亨利·特洛亚所写《鲍里斯·帕斯捷尔纳克》、中国研究者高莽所写《历尽沧桑的诗人》(1999),等等;第四类侧重点比较突出的当数康·波利瓦诺夫所著《帕斯捷尔纳克和同时代人》,尼·维尔蒙特《论鲍·帕斯捷尔纳克 忆与思》(1987),娜·伊万诺夫娜《鲍·帕斯捷尔纳克 人生四季》(她主持了电视纪录片《致命的声音》),娜·法捷耶娃《诗人与散文 帕斯捷尔纳克之书》(1996)……从以上传记可以看出,寻常传记中的家庭背景、生活背景、社会背景在有关帕斯捷尔纳克的传记写作中具有逐渐式微的趋势,而因作家卓越的文学成就而追踪其思想与艺术渊源和艺术本质的写作越来越明显。德米特里·贝科夫的《帕斯捷尔纳克传》,不仅是以往帕氏传记的集大成者,而且开创了全新的传记体裁——"镜中人"篇章的嵌入扩大了单一传记的文本容量,形成了容纳历史与文化多重对话式的板块,扭转了题材的呆板线性印象。贝科夫在俄罗斯著名的电视台担纲主持人多年,"镜中人"篇章犹如电视画面的切入一样,具有诠释性的融通感,是对文学史的一种重构。传主帕斯捷尔纳克像一根"金线",穿起了自白银时代至当代文学的全部"珍珠"!

德米特里·贝科夫的《帕斯捷尔纳克传》以恢宏壮阔的气度将诗人的时空与叙事模式进行再建,把帕斯捷尔纳克自传抬升至超凡脱俗的意义:这里是艺术认知的海洋;这里是艺术思维的天空;这里是艺术,亦即世界。

这里还是诗人和诗人的时代,"镜中人"篇章是当代传记写作中的创新之举,是形成自由的传记文体的决定性因素。首先是结构问题。线性时间停滞所形成的剖面像是涟漪一样,虽然只有八章,但在贯彻传记主题方面毫不逊色,第四章的镜中人是"永远的对话者"奥莉加·弗莱登伯格——他们之间的通信说明了"帕斯捷尔纳克作为自我中心主义者,对于见证世界的兴趣远远大于见证他自己";第一部中另外三个"镜中人"分别是马雅可夫斯基、茨维塔耶娃和勃洛克,同时代的伟大诗人充分说明了帕斯捷尔纳克在诗歌流派、诗学技巧和诗歌传统方面的伟大成就与历史操守,更重要的在于——"幸好我们还拥有帕斯捷尔纳克和茨维塔耶娃——'我们的时代'真正的荣誉和良心,只有他们在一起,才能证明这个时代。"其次,德米特里·贝科夫并非以事件放大人物,而以另外的人物来放大帕斯捷尔纳克的精神世界。每一章都不乏细节,甚至有很多的插入文本和大量的诗歌片段。最后一个"镜中人"是诗人沃兹涅先斯基,他回避帕斯捷尔纳克的格律、旋律和音调,"然而,如果说在诗歌方面他尽可能避免外来影响,有意识地消除它们的痕迹,那么在文学行为方面,他同样有意识、有目的地遵从着帕斯捷尔纳克的榜样和教诲"。最后,在呈现形而上的艺术思维的同时,"镜中人"篇章建构了与艺术家匹配的内在结构,这个内在结构因作者的叙事角度而具有黏性,链接了帕斯捷尔纳克一生中所有的文学、诗歌、文化轨迹,而另外的四十多个篇章则以寻常传记的时间线索链接从童年到死亡到"死后的生命",创作时间就在这个链条中,从诗歌《生活,我的姐妹》到中篇《斯佩克托尔斯基》,到翻译《浮士德》,到长篇《日瓦戈医生》,一直推进到《盲美人》。那么,这个非对称的结构基础是什么呢?事实情节结构的渐隐,借以阐释帕斯捷尔纳克精神实质的举例情节,则比比皆是。比如,诗人的妻子、情人都没有成为"镜中人",而是借以说明帕斯捷尔纳克精神困惑的来源;甚至有的篇章冠以"非创作危机"之名,但实际上还是从侧面或者反面说明精神生活内容在世俗生活中的"不平衡"——其中包括生病、与父母的终生不能重逢、压力下的失落与冷遇、亲近的人的不理解(诗人们不能理解帕斯捷尔纳克的"俗气"——出门给妻子买衣服,向女诗人咨询,而女诗人"受不了别人向她询问穿衣服的事情")。这样的举例不是按情节,而是按在哪种程度上反映了诗人性格、艺术家气质和隐秘的内心需求来书写的。经历了一九三五年"非创作危机"之后,德米特里·贝科夫写道:"说来奇怪,与妻子在'欧洲'旅馆度过一星期后,帕斯捷尔纳克俨然不治自愈,随即恢复了散文创作,感觉也越来越好。一九三六年,当最后几许荣耀的喧声还在他头顶上翻滚,冷遇悄然而来,尔后越来越明显。这意味着他终于回到他所盼望和习惯的状态:除了他能做和喜欢做的事情,对他不会再有更多期待了。"这里,从群体化"误解"中脱离出来,投身艺术的形象跃然纸上,艺术家的心态结构大于情节或者对事件的表述——"真正诗歌和纯洁良心化身"的美誉没有蒙住帕斯捷尔纳克的双眼和心灵,爱护亲人和不动声色地捍卫写作权利才是"大节"!一九五六年,诗人写诗为证:

　　当一位名人并不潇洒。
　　这不能使人飞黄腾达。
　　既不应为此编造档案,也别为书稿担惊害怕。
　　创作的目的是将"我"献给大家,
　　而不是什么成就和赞美的喧哗。
　　一钱不值地被传作谈资、话把,
　　那可既非常可耻,也令人笑话。
　　活着就应当不自誉自夸。
　　……

　　德米特里·贝科夫界定了帕斯捷尔纳克自传的体裁——"《安全保护证》——文体的集大成者:自传、中篇小说、随笔、文学宣言,但首先是自撰的悼文。""这是保存个人的过往,是向伟大和挚爱的里尔克及马雅可夫斯基的影子告别……也是向自己永远留在那些岁月里的影子告别。"是的,帕斯捷尔纳克写了"自证",德米特里·贝科夫的《帕斯捷尔纳克》作为"他证",而且"镜中人"篇章的设置形成了复调的"他证"。

二

布宁专门把托尔斯泰的"老年出走"当作人生的高峰,导引出一个加缪《局外人》式的结论:"我知道我在这世界上无处容身,但是你凭什么审判我的灵魂。"《托尔斯泰的解脱》中大量的配角,只为越过对托尔斯泰的层层偏见和重重诽谤,意在以实证的方式厘清真实的托尔斯泰精神面貌,发出有关伟大的作家的"最强音"。因此,传记配角的阐释维度不再是生活之思——在托尔斯泰的传记那里是灵魂飞升的需要,在帕斯捷尔纳克的传记中,配角是艺术精神的复写与拼图。《帕斯捷尔纳克传》以浩瀚的篇幅慎重地对传主的生平事件进行了取舍,特别重视帕斯捷尔纳克的精神历程,因此,有关他的时代、他所经历的社会历史以及战争、革命、政治运动等,都以传主对其的精神过滤为指针,并没有同时代作家和诗人的愤懑、怒火、怨气……所有普通人的命运式的体验,在帕斯捷尔纳克那里,是一种特殊的生活素材的提炼。传记作者在这位传主的身上,把那个时代知识分子的全部生活特点和精神模型加以整合,锻造出了革命、战争和冷战铁幕后的种种社会学认知之外的诗学认知,这个重要性改变了一般传记的写法,它的"阅读"风格不仅仅在于让读者感知帕斯捷尔纳克这"个人的魅力",他的作品的魅力,更有一般传记所没有的"穿越感",试想一个普通人在时代的大潮中要想找到一股定力,他的意志从何而来的呢?更不要说在历史的漩涡中,在政治和文学的风暴眼中,用自己的"蜡炬"一样微弱的笔力来维护文明的法则了。帕斯捷尔纳克不断从同时代的精英中汲取力量。他不移民,不放弃写作,声明放弃诺贝尔文学奖,他不仅体悟到了时代的精神,而且超越了时代。他从表妹奥莉加·弗莱登伯格这位古希腊悲剧的研究者身上学到了永不放弃。奥莉加·弗莱登伯格是列宁格勒大学古典文学教研室主任,一九五〇年被逐出大学。她在传记中成为第一个"镜中人"最重要的原因殊可备述。(一)奥莉加·弗莱登伯格是帕斯捷尔纳克美学取向上永远的对话者。诗人见证世界的兴趣与表妹专注于描述个人思想与苦难的五十年通信史构成一个复杂的心理剖面,他们(通信中)表面的互相不理解,实际上正好是他们对命运的共识。帕斯捷尔纳克崇尚对生活兴致勃勃,永远兴致勃勃,他的心灵不回应对生活中的困厄和苦痛的斤斤计较——"在沸水中越来越好",他欣赏表妹承担沉重的生活负担(照料母亲)和著书立说之志,并且,"他的许多想法和情节的脉络正是与她交流的结果"。(二)奥莉加·弗莱登伯格特别重视研究中的文本"构成法",她的学术研究工作备受帕斯捷尔纳克重视,帕斯捷尔纳克对艺术文本结构倾心倾力。(三)奥莉加·弗莱登伯格有"男人般冷峻的头脑和刚直的性格""坦诚至极,她不造作,不伪装,胸无城府""冷静""坚毅"。这是对帕斯捷尔纳克的说明——他们都是要在不幸中做幸福的人。她没有做到,他做到了。

帕斯捷尔纳克的诗歌在二十世纪异军突起不是偶然的,这是一个硬币的两个方面,那一面是马雅可夫斯基。两位诗人都属于一个诗歌链条,即二十世纪最杰出的六位诗人(勃洛克—马雅可夫斯基—阿赫玛托娃—茨维塔耶娃—曼德尔施塔姆—帕斯捷尔纳克)。众所周知,他们对待以往文化的态度截然不同。马雅可夫斯基的创新,无论是诗歌还是戏剧,都是从"千禧创世"情结开始,极力超越既有的传统文学框框,相反,帕斯捷尔纳克从不想在现代轮船上扔掉任何人、任何东西;但他们各自的自主性在影响巨大的文学派别俄国未来派中汇聚,"诗学方法上的共性……使他们相互亲近。……两人均以博大的形式和宏伟的诗学体系进行思考"。同样,在生活态度上两位诗歌大师截然不同,"帕斯捷尔纳克喜爱俄罗斯古典传统与家庭生活的安逸,喜爱马雅可夫斯基公然摈弃的一切"。帕斯捷尔纳克对马雅可夫斯基在苏维埃政权成立后的诗风颇有微词,也不理解"列夫"阵线的乌托邦,但他们却能够惺惺相惜。"《安全保护证》是帕斯捷尔纳克写给马雅可夫斯基和里尔克的墓志铭,某种程度上也是写给自己的(事实上,他的诗歌生涯的第一部分——他的第一次生命,也可以说正是随着马雅可夫斯基于一九三〇年的死而彻底结束)。"就像莱蒙托夫写了伟大的《诗人之死》献给普希金一样,马雅可夫斯基的自杀在帕斯捷尔纳克心里引起了巨大的悲恸,他写了同样标题的《诗人之死》发表在一九三一年的《新世界》杂志上。他对马雅可夫斯基选择自杀的勇气非常之钦佩,他认为自己的同道以此举做回了自己!是的,他们都要在诗歌探索之路上做自己——马雅可夫斯基生前没有,而是用最后一颗子弹象征性地做到了,帕斯捷尔纳克则做到了。

帕斯捷尔纳克和茨维塔耶娃的关系在文学史上流传甚广。这本传记去除了所有的"八卦",就是从帕斯捷尔纳克看待周围世界的方法与茨维塔耶娃有相当一致的地方写起,他们之间的关系就是对象征主义原则的实践性的爱。帕斯捷尔纳克用名词解释世界,茨维塔耶娃用副词来解释;在词语与个性方面的投缘成就了两位诗人的深厚理解与精神之爱。但是,传记作者将茨维塔耶娃列为"镜中人"的意图显然在于说明两个诗歌天才的差异:(一)在灵与肉的冲突方面,茨维塔耶娃激烈而毫无回转余地,帕斯捷尔纳克则在精神嬗变中保持和谐;(二)茨维塔耶娃捍卫诗人荣誉,帕斯捷尔纳克捍卫良心;(三)茨维塔耶娃的天才超我和帕斯捷尔纳克克制的自我形成鲜明对比;(四)茨维塔耶娃因超我而毁灭,帕斯捷尔纳克因自我而存留。

诗人勃洛克是俄国白银时代诗歌的"圣者"。他与帕斯捷尔纳克的交往不多,但却是进入长篇小说《日瓦戈医生》的"圣诞现象",是俄国人像对待"魔法师"一样崇拜的人物。然而,这个镜像中的勃洛克是过去的代言人,是传统的象征。在宗教观、生死观、历史感等方面,帕斯捷尔纳克从未认同,却总是与之辩论,而辩论的方式永远是在诗歌创作中,比如《在早班列车上》比之于《在铁路上》,《第二次降生》比之于《报应》……作为贵族的勃洛克与作为犹太知识分子的帕斯捷尔纳克在道德立场上的全然分歧:美学上,勃洛克倾向于旧世界的毁灭和接受新世界,而帕斯捷尔纳克的知识分子立场却容不得"背叛"——外向链接传统之"攫住历史的车轮"的历史意识延伸到《日瓦戈医生》中,内向地变成了"跌倒在这车轮之下"的抒情慨叹。他们都充满了"革命的预感",帕斯捷尔纳克显然在同时肩负起了艺术创造者自身面临的使命。

贝科夫对传主的两位同时代人物也是浓墨重彩,一位是诗人曼德尔施塔姆,另一位是当时的最高领袖斯大林。这不奇怪,也可以说,关系到诗人精神谱系或曰精神史的枝蔓,才引出了关联性叙事的特殊样态。由于帕斯捷尔纳克相信"大相径庭的两极之间,也会有相互的认知"这一点,德米特里·贝科夫选择了阿赫玛托娃简答题("阿赫玛托娃喜欢向新认识的人提问:茶还是咖啡?猫还是狗?帕斯捷尔纳克还是曼德尔施塔姆?"),来回答帕斯捷尔纳克的时代性问题——如何在自己身上克服时代?如果说上述四位"镜中人"在精神参照中具有历时性的特点,那么曼德尔施塔姆和斯大林即是共时性的背景板。作为诗人,曼德尔施塔姆和帕斯捷尔纳克处于南北极,他们的对立性非常鲜明。(一)在生活观上,是对跖者。"区分的依据是:帕斯捷尔纳克植根于日常生活,曼德尔施塔姆则缺乏日常生活的根基;帕斯捷尔纳克生来拥有对莫斯科的权利,曼德尔施塔姆则无以为家;帕斯捷尔纳克希望与写作上的同行及国家和谐共处,曼德尔施塔姆则是官方文学及政权的陌路人。……致使他们叛然两分的关键因素是什么?丹尼尔·达宁指出,曼德尔施塔姆追求古典式的完整,帕斯捷尔纳克则倾向于率真、天然和不确定性。……笔者[①]认为,两者之间有着更为深刻的区别。帕斯捷尔纳克和曼德尔施塔姆沿着两条平行的路线各自行进,他们的区别首先取决于各自固有的气质特征:曼德尔施塔姆——向心型诗人,帕斯捷尔纳克则属于离心型,他加入的第一个文学团体叫作'离心机'……"因为两位诗人对生活的理解和创作主题不一致,产生了与生活和解的帕斯捷尔纳克整体诗学和曼德尔施塔姆的松散诗学。(二)在宗教观上,从世界观来研究,两位诗人都是犹太人,但是帕斯捷尔纳克未曾受到洗礼,而曼德尔施塔姆接受了路德宗,并深受犹太教的影响,他永远有"逃离世界"的情结,他对世界极度抽象的完美从来不是帕斯捷尔纳克的追求。不狭隘地理解犹太人身份,不夸大令人费解而痛苦的事物,甚至"承认现存国家并与国家和时代一道分担它们的兴衰","帕斯捷尔纳克选择的道路……其所独具的牺牲精神,并不亚于曼德尔施塔姆之路。此外,在写给吉洪诺夫的信中,他将磨难视为喜乐,这也是真正基督教意义的个人生命观"。德米特里·贝科夫认为,这是两种知识分子的牺牲精神交集。(三)在命运观上,曼德尔施塔姆是不愿意顺应任何事物而死于劳改营浴室中的囚徒,帕斯捷尔纳克被认为是"住别墅的人",从不神经质,在这种两相对比中,诗歌的立场并不太重要,重要的是对生活本质的理解——永不妥协和与生活和解决定了诗人成为时代的弃儿还是俘虏!

斯大林进入"镜中人"仍然是"大相径庭的两极"的演绎。生活本身就是帕斯捷尔纳克思考的文本。生活的认知包括对"伟大转折"中人与事的主题性的感悟和领悟。在与领袖的交往中,"精密的处世策略"既被诟病也常被作为美谈。显然,与领袖的电话交谈和见面,都源于想保护和拯救遭受牢狱之灾的诗人同道,曼德尔施塔姆、阿赫玛托娃的儿子,以及自己的红颜

---

① 传记作者贝科夫。

知己伊文斯卡娅。他的信件和通话毫无政治气息,充满尊严,包括致当时作协领导人法捷耶夫的信;帕斯捷尔纳克在这部传记中获得了像普希金顺应尼古拉时代一样的谅解。这是他对生活的时代的一种对应性的认知,正像他的作品中指出的那样:"历史不是哪一个人创造的,历史的发展如同草木的生长,是看不见的。"诗人坚决认为,这是自我定论的时代,亦即他们不是"伟大恶棍"与"伟大诗人"的关系。

《帕斯捷尔纳克传》第三部中的"镜中人"是诗人阿赫玛托娃和沃兹涅先斯基。可以说,一位几乎是先辈,而另一位则是嫡传弟子。这是完整时间线索文本的最后凝结篇。阿赫玛托娃伟大的苦难诗学所具有的悲剧性与帕斯捷尔纳克追求圆满的复活的努力,形成了一种互相映衬的历史现象。生活上的互相不理解,比如年龄不相当、成名有先后、生活中的冷漠等等,都不能够泯灭他们在诗学成就上的旗鼓相当,阿赫玛托娃在漫长的文学生涯中的"拒绝"和帕斯捷尔纳克的"承受"互为表里,《没有主人公的叙事诗》就是诗歌版的《日瓦戈医生》。德米特里·贝科夫指出,《没有主人公的叙事诗》和《日瓦戈医生》"堪称两位作者最直接和最充分的个性表达"。

沃兹涅先斯基曾被美国诗人罗伯特·洛威尔(Robert Lowell)称为"一切语言中最伟大的在世诗人"。帕斯捷尔纳克是他的终身导师和挚友。沃兹涅先斯基被批评家和公众赞誉为"活着的经典"和"苏维埃知识分子的代表"。德米特里·贝科夫选择他来做最后一位"镜中人",显然大有深意。传记作者整理了帕斯捷尔纳克对自己的弟子的诸多教诲原则,诸如诗歌的悲剧因素、诗歌使命思想、祈祷的音调、私密性和爱的抒情性都被细致地摹写出来,论及沃兹涅先斯基的列扎诺夫咏叹调,他写道:"这里没有任何先锋主义,也不可能有。在这样的高度上,先锋与传统的界限已经不重要了。"

好了,我们来总结一下,从奥莉加·弗莱登伯格的古希腊悲剧开始,茨维塔耶娃的神秘主义、阿赫玛托娃从未失却精髓的阿克梅主义、马雅可夫斯基的未来主义、勃洛克的新世界的使命、沃兹涅先斯基的先锋性,唯一的"传主"的精神和艺术拼图完整无缺,他居于中央,众星捧月,从镜中人的拱廊中走过,从现代诗歌的历史隧道中穿行而出,传记以追溯丰富"朋友圈"的方式,梳理了他的生命体验与艺术领悟、艺术从学习到成熟的过程,辨析了文学批评史中所反映的道德伦理关系、诗歌同道的命运以及领袖作为同时代人的历史认知的意义。在传记写作史上,这也是形而上地描摹人物精神世界与外在世界契合的重要方法,而比照性的结构则是在托尔斯泰的长篇小说《安娜·卡列宁娜》中,就已经以"别人的眼睛"扫描主人公生活的一种特别的结构方法;德米特里·贝科夫为了避免诸位"大神"沦为"传主附庸",采取了镜中人的方法来托举帕斯捷尔纳克的思想与灵魂,将他们变身为帕斯捷尔纳克永远的对话人,这不能说不是传记写作的一个伟大的创新。

三

《帕斯捷尔纳克传》以"灵魂链接"的方式把一个诗人的人生思想和艺术思维日趋成熟的漫长过程清晰地加以揭示。诗人与诗人的关系,诗歌作品与诗歌作品的关系,同道与"人生两极"的关系,如此之多仿佛信手拈来的细节引人入胜。帕斯捷尔纳克这个"幸福之人"的专注与自制,他的艺术家人格和知识分子尊严令人着迷。二十世纪俄罗斯文学史和文学批评史像一幅建筑效果图一样掠过读者的眼帘。当然,其他篇章与"镜中人"篇章的共生状态才是这部俄文达到近九百页的传记形成历史文化对话体读本的基础。

传记开宗明义的写法和高潮后置,具有耳目一新的特点。"序幕",这是典型的插入文本,精心选择了帕斯捷尔纳克出生和死亡这两天的报纸消息——不,没有与诗人帕斯捷尔纳克相关的任何点滴,而是两天的光阴之碎屑——战争、外交、地震、皇族活动、精神学教授第六次讲课、体育新闻、先锋队之夏……在世事纷纭中,作者在第一章指出,"像自己的作品一样,帕斯捷尔纳克的生平也是和谐的奇迹,他置身其外,并为之骄傲"。而"尾声"七节分别为:葬礼、葬礼情况通报、诗作《八月》的分析阐释、伊文斯卡娅和女儿的遭遇、妻子的孤独、有关帕斯捷尔纳克的纪念活动、弱化的帕斯捷尔纳克的文化语境。可以说,这是作者的愤怒篇。作者的叙事力量在这里堆积至高潮,他饱含同情地记录了帕斯捷尔纳克和他身处的时代。同时,虽然帕斯捷尔纳克死后,电影、五集电视剧得到拍摄,博物馆得到建立等等,但是德米特里·贝科夫不认为这个接受视野已然足够,他毅然决然地挑选出帕斯捷尔纳克的生前诗作予以详尽的分析,他写道:"帕斯捷尔纳克一生都在书写安魂曲和挽歌,因为在他看来,艺术是为了让一切必死的和消失的事物永存;或许,其他任何形式的不朽都不存在,起码他的小说和书信均未表明他对个人的不朽的信念。这个奥秘不宜大声宣讲——艺术对此沉默不言;艺术在尘世间的事业,是保存逝者的面容。《八月》犹如自挽,是帕斯捷尔纳克写他个人之死的少数诗作之一。这是与日瓦戈、与小说、与生活的告别。"这已经不仅仅作为传记作者在阐释,而是挺身而出的文学批评家的论战身影。

《帕斯捷尔纳克传》成为俄罗斯二十世纪历史文化的澄明之镜:文化研究者与诗人对话,诗人营救诗人,诗人捍卫诗歌传统,大人物对文学的关注与之纳入"历史之轨"的渴望,形成了文学史的另类写法。与之交相辉映的是传记写作丰富的触角,在故事化叙事与细节化叙事结合的同时,在帕斯捷尔纳克"和谐"的精神样本中,围绕他的一切冲突都显得无足轻重了,诗人全部的创作史都获得了艺术解读,就连帕斯捷尔纳克对戏剧体裁的拓展也获得了传记的青睐。德米特里·贝科夫详细记录了剧本《盲美人》的创作初衷、内容梗概、剧本的思想和主旨、主要人物设置、重要情节,也不讳言其为"病态而稚拙的戏剧"。研究这个剧本是诗人艺术探索的脚步永不停歇的说明,如批评家谢德林所言:"根据作者的作品来考察他的个性,是一件很有兴味和教益的事。""镜中人"中的六大诗人的创作,恰如其分地映衬出整个文学史的流派、思潮、传统、继承、创新与先锋的各处棱角与历史潮流的裹挟分类。

《帕斯捷尔纳克传》契合了一个特别的为人性辩护的层面。这个层面之所以罕见,是因为作者对诗人秉持的道德勇气的深刻理解。要知道,层层剥茧来去掉业已形成的诸如"领袖与诗人""帕斯捷尔纳克与曼德尔施塔姆""书生气与冷漠""同行对帕斯捷尔纳克的憎恶与偏见"等等刻板观念,需要的不仅仅是写出悲剧性事实,更重要的是传记作者本身如何看待诗人在每一个人生的节点都会体现出一种姿态,即"作为常人的帕斯捷尔纳克,有责任为艺术家帕斯捷尔纳克创造适宜的生存条件,而不是勉强将就"。性格与命运在帕斯捷尔纳克的心灵底色上有着理念上和实践上均令人感动的忠诚。德米特里·贝科夫举例颇多。首先,诗人有两个家,但诗人既不扭怩作态,也不躲躲藏藏,他拒绝"风气"的熏染,忠诚于自己的感情。德·贝科夫认为,诗人的接受与包容并不是苏联作协成员们谴责他的风流韵事的道德权利,正如那些"培特西公爵夫人"无权嘲笑安娜一样,他为诗人的"黄昏绝恋"辩护:"如果不是因为最后的、义无反顾的激情,也许帕斯捷尔纳克的晚期抒情诗会有所不同,或者根本不会写成。"其次,面对获得诺贝尔文学奖之后的迫害,帕斯捷尔纳克的宣言历经三十五年之后在总统档案馆被发现,贝科夫评述道:"这份文件完全配得上它所享有的荣誉。"诗人在宣言中写道:"在我看来,授予我这个生活在俄罗斯的现代作家因而也是苏联作家的荣誉,也连带着授予了整个苏联文学。"德米特里·贝科夫认为,诗人毫不狭隘,而"各路历史学家却停留于后知后觉"。帕斯捷尔纳克放弃了诺贝尔文学奖却不能使迫害他的程序终止,因为没有人对获奖抱有美好的期待。他只好安之若素,"要有故土的日常生活、故土的白桦树、故土的不愉快,甚至——习以为常的迫害。还有希望"。最后,诗人厌恶周旋与虚耗。帕斯捷尔纳克从不喜欢使用重大主题,翻译《浮士德》是他艺术生涯中最为复杂和多义的工作。就像阿赫玛托娃所研究的普希金学,是苦痛中的"信仰"。德米特里·贝科夫用很长的篇幅探讨了帕斯捷尔纳克与托尔斯泰晚年世界观的源头。他们所厌恶的丑恶现象是共同的,因为"谁从自身发现了完整的世界,谁就会把外部世界只当作障碍"。歌德之浮士德的矛盾,托尔斯泰的"屈服然后解脱",都可佐证艺术家的自傲和清高还有另一面:"不仅是倦于个人生活,还有对俄罗斯生活及其绝境的倦怠。"因此,他没有像茨维塔耶娃、马雅可夫斯基那样自杀,没有像曼德尔施塔姆那样流离失所,也没有像阿赫玛托娃一样"被拎出来示众",他被诱惑所吸引,但他对政治、蛊惑、做戏、虚假、官方宗教的弃绝来得更为决绝!诗人写道:"但我对个人及一切所爱之终结考虑了太多,我早就准备好接受这结局,除此之外,我们又能做什么?对于所有值得珍重的事情和这注定失去的宝贵生命,我们唯一能做的,归结起来便是,将我们全部的爱倾注于生活的塑造和锤炼,倾注于有益的劳动和创造性的工作。"这些人性层面的辩护确保了诗人传记品格的绝不流俗。

  文化空间阐释的多重层面没有排除传记体裁固有的时序结构,但传记的深度与广度均获得了与一切联系无限延伸的效果。《帕斯捷尔纳克传》问世以来好评如潮。文学家尤里·哈尔芬认为:"德米特里·贝科夫的成功不能仅用他所选择的叙事方法来解释。当然,书中流露的才气和作者的渊博知识是主要的。读这本传记,很难找到合适的词汇加以赞美:文采四溢,分析有深度,知识面极宽。他的把帕斯捷尔纳克与同时代诗人比照的

'镜中人'篇章,对研究者和任何文学老师来说都是一门语文学的完整学科。在心理分析甚至政治氛围的分析方面,作者都堪称独具一格和具有相当的专业性。"

二十世纪八十年代以来,"帕斯捷尔纳克研究"已经成为"显学";由于这本传记的出版,有关帕斯捷尔纳克的学术研究再度成为文化热点,它提供了一种新的帕斯捷尔纳克研究范式。

冯玉芝
二〇二三年二月于南京

如果不是圣彼得堡诗人、评论家、艺术理论家列夫·莫恰洛夫相助，本书不可能写成。关于《生活，我的姐妹》《崇高的疾病》和《斯佩克托尔斯基》的几个篇章系由我们共同撰写。

因为工作中获得的帮助，笔者感谢亚历山大·若尔科夫斯基、亚历山大·库什纳、列夫·洛谢夫、纳塔利娅·特劳伯格、尼基塔·叶利谢耶夫、奥莉加·季莫菲耶娃、亚历山大·亚历山德罗夫、奥莉加·日津斯卡娅、马克西姆·布尔拉克、玛丽娅·罗扎诺娃、伊琳娜·卢基扬诺娃、纳塔利娅·贝科娃。

献给玛丽娅·瓦西里耶夫娜·罗扎诺娃①

---

① 玛丽娅·瓦西里耶夫娜·罗扎诺娃(1929—),俄裔法籍文学家,出版家,苏联时期著名持不同政见者安德烈·西尼亚夫斯基(1925—1997)的妻子,1973年与丈夫一道离开苏联,定居法国。1978年夫妇协力创办了《句法学:政论、批评、论战》杂志,主要撰稿人也是他们两人,该杂志于2001年停办,在欧洲俄侨界产生了广泛影响。本书脚注均为译者注。

序　幕

请您想象一部叙说一个人生命中两天光阴的电影：他出生的一天和死去的一天。从开场来看，故事似乎应当按照确知的方向展开，但正如结局所示，它转向另一条完全不同的路，跟预定相去甚远。甚至地理位置也很偏远。

请想象一部电影，其中有早晨与黄昏，却没有时间绵延于晨昏之间的紧张感。

米开朗基罗·安东尼奥尼：《早晨与黄昏》[①]

俄罗斯诗人鲍里斯·列昂尼德维奇·帕斯捷尔纳克1890年1月29日（公历2月10日）生于莫斯科，1960年5月30日因患肺癌在佩列捷尔金诺[②]去世。他的一生共计七十年零三个月又二十天。

1890年1月29日

星期一
《莫斯科新闻报》

宫廷消息　圣上接受敬拜。《政务公报》讯，1月26日，星期五，陆军第17军团统帅、总参谋部中将扎列索夫觐见皇帝陛下……

儿童舞会　1月25日傍晚，儿童舞会在皇帝陛下的内苑（阿尼奇科夫

[①] 又译作《一朝与一夕》，出自意大利著名电影导演米开朗基罗·安东尼奥尼（1912—2007）三十三篇"速写"或"故事构想"组成的笔记体小说《一个导演的故事》（1995）。
[②] 位于莫斯科西南郊，风景优美。1933年在高尔基倡议下，苏联政府在此修建"作家村"，为一批知名作家提供居住条件相对舒适的"别墅"，帕斯捷尔纳克是首批入住的作家之一，从1939年到1960年，他在这里长期生活，进行创作。

宫)举行,皇帝陛下、皇太子殿下、爱丁堡女大公玛丽娅·亚历山德罗夫娜及丈夫爱丁堡公爵莅临……

莫斯科消息 1890年1月29日,星期一,在俄罗斯贵族会议礼堂,将为生活在莫斯科的格鲁吉亚贫困居民举办一场格鲁吉亚晚会。晚会节目如下:

第1节 察加列里的格鲁吉亚喜剧《今非昔比!》前两幕。

第2节 穿着民族服装合唱格鲁吉亚民歌。

电灯照明。

斯列坚斯克修道院新任院长 圣主教公会指派谢拉菲姆修士大司祭近日前往克里米亚,驻在巴拉克拉瓦附近修道院,担任院长之职,由修士大司祭尼康接替谢拉菲姆,担任斯列坚斯克修道院院长,此前其在西蒙诺夫主持下的正教会直属修道院任副职。

旅游简讯 昔日令人畏惧的土耳其要塞,土耳其人在黑海沿岸主要支点安纳帕,自这片海岸归并于俄罗斯以来,已经彻底失去战略意义……

伊·米·谢钦诺夫教授第六次讲座 在1月25日举行的此次讲座上,医学人员会聚一堂,讲座一开始,伊·米·谢钦诺夫教授继续分析并解释了使皮肤免受外界刺激的身体运动间歇性……

滑冰比赛 今天,1月28日,在彼得罗夫卡大街哈里东诺沃楼内的莫斯科水上俱乐部滑冰场,举行了滑冰比赛。首先由七名低龄男童展开一百俄丈①的竞逐。伊·戈洛让京第一个滑到终点,获得奖品冰鞋一双。

国外消息 奥地利政府漠视饥民……

……从1月26日维也纳报纸 Deutsches Volksblatt② 中,我们发现《俄国的真相》一文,自1849年匈牙利暴动平息以来,奥德两国似乎尚无一份报纸以此文之调门写到俄罗斯。兹将其选出,保留其基本特点,逐字逐句翻译如下:

各国犹太报刊急欲证明,俄国内部局势极度悲惨,该国似乎正处在财政破产前夕。无论我们何等愉悦地希望这一广为流传的意见符合于事实,遗憾的是,我们却必须从自身未来利益出发予以反对,因为根据经验我们知道,否认对手的力量乃是最大的错误。自亚历山大三世登

---

① 俄国旧长度单位,等于2.134米,又音译为"沙绳"。
② 德语:《德意志民众报》。

基以来，俄国逐渐展开一场根本性的变革，使得先前略显涣散的国家制度迅速恢复正常，就此而言，现今皇帝厥功至伟。

读者来信　阁下（尊鉴）。今年，世代相传的塔季扬娜节①在图拉几乎悄无声息地过去了。因身体欠佳，本人无力组织通常的庆祝活动。几位可亲的同学，包括我省首席贵族亚·亚·阿尔谢尼耶夫，却意外地给本人带来欣喜，他们来到我的村庄，在亲密的家庭氛围中，我们享用简朴的午餐，欢度1月12日的节日，一起唱了 *Gaudeamus*②，为我们珍视的科学殿堂之繁荣举杯畅饮。另外，可亲的同学们还记得我这个老头，从莫斯科发来电报，对本人颇多慰问。莫斯科大学最老的学生、1823届毕业生亚·伊·列瓦绍夫。

雀巢奶粉，售价1卢布。雀巢炼乳，售价85戈比。

更正　第27期《莫斯科新闻报》"读者来信"栏目登载了亚·帕·兹宾娜的书信，由于疏忽大意，事主遗失在"德累斯顿"饭店的现金数目标示有误。印作"35000卢布"之处，应为"3500卢布"。

1960年5月30日

星期一
《真理报》

党——我们的舵手！　赫鲁晓夫同志的讲话表达了所有苏联人的心声。通过广播，数以百万的苏联人聚精会神地收听了尼·谢·赫鲁晓夫5月28日在全苏共产主义劳动班组及突击手竞赛优胜者大会上的讲话。刊发苏联政府首脑言论的各报星期日专号迅速售罄。

我，像格鲁吉亚代表团每位成员一样，万分激动地聆听了尼基塔·谢尔盖耶维奇·赫鲁晓夫的讲话。我们南方人是天性奔放的民族，不善于掩饰自己的情感。我要说的，也就是当赫鲁晓夫同志谈到美国针

---

① 为纪念受难女圣徒"罗马的塔季昂娜"（在现代俄语里称作"塔季扬娜"）而设立的东正教和天主教节日，按照俄历为每年1月12日（公历1月25日）。这一天也是莫斯科大学成立纪念日，因此又被俄罗斯知识界视为大学生节。

② 一首拉丁语歌曲，得名于歌词的第一句"Gaudeamus Igitur"，意思是"何不纵情欢乐"。出现于十三或十五世纪的欧洲，作为一首思考生死、鼓励行乐的歌曲在西方学院里广为流传，也称"学生歌"或"国际学生歌"，传唱至今。

对我们的侵略时,我在克里姆林宫为之怒吼的:挑拨战争者可耻!我带领的班组,要为共产主义劳动集体的称号而奋斗……

力量与和平的见证 怀着深切的满足感,波兰人民欢迎尼·谢·赫鲁晓夫在克里姆林宫召开的全苏共产主义劳动班组及突击手竞赛优胜者大会上的讲话。

华盛顿的理由没有说服力 斯德哥尔摩,5月29日(塔斯社)。保守派报纸《瑞典日报》评论赫鲁晓夫在全苏共产主义劳动班组及突击手竞赛优胜者大会上的讲话时指出,苏联就美国飞机间谍活动问题所提出的论据充实而可信。《瑞典日报》强调,美方人士试图将破坏高层协商的责任推向苏联,其理由没有说服力。

促进和平的胜利 莫里斯·多列士①的发言。和平事业从此拥有可靠的保障。首先是社会主义阵营日益明显的优越性。宇宙飞船不久前的发射升空再次证明,苏联在科学技术领域遥遥领先于美国……

我们无意与挑衅者发生任何关系 纽约,5月29日。《真理报》记者鲍·斯特列里尼科夫。甚至当地最反动的报纸也难以抹煞苏联外交政策对于和平的真正热爱,这种情怀以新的活力体现于尼·谢·赫鲁晓夫的讲话中。

智利地震 由于智利人民遭受自然灾害及灾害所引发巨大人员伤亡和破坏,苏联最高苏维埃主席团主席列·伊·勃列日涅夫致电智利共和国总统亚历山德里·罗德里格斯先生,以苏联人民和苏联最高苏维埃主席团的名义向智利人民表达最深挚的慰问。

体育运动 5月中下旬,有趣的足球比赛接连不断。同西班牙队之间的体育交锋最受关注,却未能进行:为讨好大洋彼岸的靠山,法西斯独裁者佛朗哥禁止西班牙球员与苏联队比赛。

莫斯科少年的节日 正午时分,一群身着鲜艳彩装的特殊人物出现在"迪纳摩"体育场外。这是杂耍艺术家和群艺演员出场迎接前来参加中小学生节日"最后一遍铃声"的小客人们。伴随这个欢乐的节日,莫斯科少年开始了他们的先锋队之夏。

---

① 莫里斯·多列士(1900—1964),法国和国际工人运动活动家,法国共产党总书记(1930—1964)。

第一章　幸福的人

1

帕斯捷尔纳克的名字，是刹那间幸福的刺痛。从脸膛红润的共青团员到功成名就的异见人士，从执着的乐天派到清高的厌世者，道出这种感受的人，阅历与信念各不相同。帕斯捷尔纳克的人生，尤其在二十世纪俄罗斯诗歌的映衬下，仿佛凯旋一般，这并非因为他死在自己的床榻之上，而后重新成为苏联作协会员——1989年的表决，正如三十一年前他被扫地出门，同样是一致的赞成。问题不在于正义的完胜。俄罗斯文学不习惯追认一个人身后的名誉。像自己的作品一样，帕斯捷尔纳克的生平也是和谐的奇迹，他置身其外，并为之骄傲。对天命的顺服与高于自我意识的创作意识，正是帕斯捷尔纳克世界观的基础："你攥住我，/像攥住一件制品，/你收存时，像把戒指放回匣子。"①一件成功的制品——帕斯捷尔纳克没有妨碍造物主。

"生命是美好的。"他在临终前的病痛来袭时如是说。当时他正躺在佩列捷尔金诺，孤绝无助：救护车无法驶出莫斯科城外，政府医院和作家医院也不再收治他。"我做了我想做的一切。"去世前三天，例行的输血暂时给了他力量。他说道："如果人都是这样死去，那一点也不可怕。"即便在弥留之际，他怀着伤恸承认自己被人世间的庸俗②所战胜，仍然对妻子说："我快乐。"说完这句话，他就平静地离去了。

听到送别帕斯捷尔纳克最后一程的情形，阿赫玛托娃感叹道："多么精彩的葬礼！"她自己未能与他告别，由于心肌梗塞，她住进了医院。利李

---

① 引自帕斯捷尔纳克《在医院》(1956)。
② 帕斯捷尔纳克临终前反复念叨说"周围有太多的庸俗"。在俄语中，"庸俗"（пошлость）一词具有丰富的意涵。纳博科夫说："庸俗不仅是明显的低劣，还是假重要、假漂亮、假聪明、假迷人。"

娅·金兹堡①,这位回忆录作者的记述,道出了"对一个幸运儿最后的幸运之妒意"。作为虔诚的信徒,阿赫玛托娃不能不赞赏这和谐的创想——帕斯捷尔纳克下葬那天,正值明媚的初夏,盛开着苹果花、丁香花以及他喜爱的野花。八个帕斯捷尔纳克的"男孩"——他晚年的朋友与对话者,抬着灵柩,而他则漂在人群之上,人群中没有偶遇的路人。后来众人才蜂拥而至,争相参与,使葬礼更像抗议集会,而不仅是追荐仪式。但也就在此时,与帕斯捷尔纳克的道别才最具纯净的动机,并非为了发泄不满,只为悼念他。人们感觉就像参加一场神秘剧的最后一幕,它是由诗人的生命转化而来。1960年6月2日,佩列捷尔金诺带给人的万端感触,甚至比一位天才文学家的生平更丰富。毋庸赘言,这是一个幸运儿最后的幸运。

这样的幸运伴随他整个一生。诚然,任何人的一生,假如不是病得无可救药或者生来背负枷锁,都不妨从这个角度加以重述。问题在于关注的是什么。阿赫玛托娃也曾有过梦幻般的飞升和炫目的成功,但挥之不去的悲剧情结更符合她的气质:每逢新的挫折,她便念念有词:"是我命该如此。"帕斯捷尔纳克一生似乎同样不乏悲剧色彩:与父母分离、继子②的疾病和夭亡、情人被捕、终日苦役般的劳作、迫害。但他却是另一种胸襟:他全身心向往着幸福,向往节日,他的生命之花绽放在众人的爱戴中,对于不幸则报以平静的忍耐。正因如此,个人经历中那些伤痛的纠葛,无论在1917年、1930年还是1947年,他一律视若在所难免的"意外事件",而勃洛克也曾经声称要将它们消除殆尽。然而,如果说这种心绪对勃洛克实属罕见,在他忧郁的常态中不过是偶然现象("善与光的产儿"③是何等奇妙!),那么帕斯捷尔纳克则为幸福而沉醉,并与之融为一体:

> 落在床前的一缕微光,
> 为我带来甜美的感知:
> 我和我的命运,
> 皆为你无价的恩赐!④

---

① 利季娅·雅科夫列夫娜·金兹堡(1902—1990),俄罗斯文学评论家,散文家。
② 帕斯捷尔纳克的第二任妻子济娜伊达·尼古拉耶夫娜与音乐家涅高兹育有两子,其中,长子亚德里安(阿季克)早年夭亡。
③ 这是勃洛克《哦,我要疯狂地活着》中的抒情形象(1914)。
④ 引自帕斯捷尔纳克《在医院》(1956)。

别忘了这是病中的诗行,在大面积的心梗发作之后,构思于"恶心和呕吐的间隙",地点是博特金医院的走廊——病房里找不到空位。在他最后一次患病期间为他治病的大夫们,仍然记得七十岁的帕斯捷尔纳克"健美的肌肉组织"和"富有弹性的皮肤",不必说四十四岁的帕斯捷尔纳克,如何满怀诗意的激情,用双手托起肥胖的格鲁吉亚客人;也不必说五十岁的他,如何饶有兴致地在田园耕锄:

我甩掉衣衫,
在地里干活。
热浪冲刷我的脊背,
如同灼烤着陶土。

哪儿酷热难耐,阳光刺目,
我就站在哪儿,
从头到脚
裹上烧陶的釉彩。①

如果说他在五十岁甚至六十岁的年纪依然像个少年,关于二十七岁的帕斯捷尔纳克以及童年的帕斯捷尔纳克,又能说些什么:

青春随幸福漂流,
似童年的微鼾中
一只睡瘪的枕套。②

这种幸福的电流也会传送给读者,对他们来说,帕斯捷尔纳克的抒情诗,好比节日的礼单、璀璨的烟花和涌溅着奇思妙想的瀑布;从普希金时代起,还没有一位俄罗斯诗人(或许除了费特③之外。但费特哪能有帕斯捷尔纳克式的陶醉!)放散出如此单纯质朴的快乐。仁爱、馈赠和献礼的主题,在帕斯捷尔纳克那里是透明的:

---

① 引自帕斯捷尔纳克《夏天》(1941)。
② 引自帕斯捷尔纳克《致海伦》(1917)。
③ 阿法纳西·阿法纳西耶维奇·费特(1820—1892),俄国诗人,善于描绘自然风光和捕捉心灵的瞬间。

> 生命终究只是一瞬，
> 唯有把我们自己
> 融化于他人，才算是
> 对于他们的惠赠。①

他预先做好了迎接幸福的准备，命运果真报之以慷慨的馈赠：他摆脱了自己时代的一连串噩梦，既没有被帝国战争吞噬，也没有在卫国战争中受损伤，虽然也曾冒着生命危险扑灭莫斯科屋顶上的燃烧弹，甚至加入作家的编队去往前线。他幸免于四次镇压的浪潮，分别在二十年代末、三十年代中期和后期以及四十年代末。他一直在写作和发表，当原创的诗篇无处刊发，就以翻译来养活自己和家人，他在翻译方面的禀赋同样是与生俱来（他留下了俄罗斯最好的《浮士德》和不可超越的《奥赛罗》译本。这些成就足以给人带来终生的荣耀，可对他不过是主业之外的零活儿）。他平生持久而幸福地爱过三次，对方也一样爱着他（这三次罗曼史的悲剧性波折另当别论。重要的是彼此相爱）。最终是迫害、国家指控和全民声讨——在阿赫玛托娃及后来许多人所称的"素食时代"，亦即相对人道的赫鲁晓夫时代。犹如某些居心险恶之人所说（他们在帕斯捷尔纳克周围比比皆是），这是"设施完备的髑髅地"②。有关这髑髅地的"设施"，将在相关章节中细述，但从旁观的角度来看，帕斯捷尔纳克一生浮沉，确实不能与曼德尔施塔姆或茨维塔耶娃的悲惨命运相提并论。

2

幸福也可能是有失分寸、不合时宜和自私自利的，这样的幸福不啻凌辱。纵览二十世纪，有多少悠然自得的幸福之人！又有多少命运的宠儿，他们所铭记的三十年代，仅仅是工业迅猛发展，黑鱼子酱可以自由出售的年代！

帕斯捷尔纳克对幸福的向往令不少人感到不安。有位同时代人保留了一份记录：那是1947年春天，英俊、健康、热恋中的帕斯捷尔纳克，旋风般手

---

① 引自帕斯捷尔纳克《婚礼》(1953)。
② 《圣经》中耶稣被钉死之地，又音译为"各各他"，是耶路撒冷城外的一座小山丘。

舞足蹈地闯进一个绝症患者的病房，用洪亮的嗓音赞美天气、春光和落日，仿佛压根儿不曾觉察，幸福的光晕在他周围舞动……当然，神情是外露和兴奋的；或许帕斯捷尔纳克正想以此安慰病人——以自己的方式，以帕斯捷尔纳克的方式……因为死亡在他看来，不是结束，而只是我们无从判定的转变（"死与我们不相干。"①就在《日瓦戈医生》最初的篇章里，他为一场关于生死的交谈画上了句号）。即便不了解帕斯捷尔纳克，不曾在日常生活中见过他的人，也会为他的诗歌中那种陌生的激情而触动，尤其在惯于书写失意与民怨的俄罗斯文学语境下。就此而言，幸福之人犹若凤毛麟角，彼此间的相像也就在所难免。"他身上的一切，都暴露出与本尼迪克托夫②不可救药的亲缘关系。"对帕斯捷尔纳克一向不怀善意的纳博科夫写道。然而，早期本尼迪克托夫（他后来停止了欢唱，读者也不再爱他）的欢乐，充其量不过是个情场好手、私有者和玩世不恭的青年人的欢乐，是消化能力格外出众的享乐主义者的激情洋溢，对客观存在所固有的悲剧性，他无动于衷。帕斯捷尔纳克的情况迥然不同。在帕斯捷尔纳克的幸福中，悲剧性充当着不可或缺的成分，但"对生活哀伤的感知"绝非呻吟和抱怨，而是向现实的宽广幅度的致敬。他的诗和散文里所有哭泣的女性形象，首先都是美好的。此处还有一个文学巧合于生活的奇妙事例——在帕斯捷尔纳克的葬礼上，许多人记住了哭泣的伊文斯卡娅③。"我从未见过这样的美貌，虽然她哭得满面通红，腾不出捧着鲜花的手揩去泪水。"玛丽娅·罗扎诺娃讲述道。这位手捧鲜花哀哭的美人，堪称帕斯捷尔纳克对待世界的最佳写照，在这里，正如在他一生的左冲右突中，主导万物的艺术家显示了威力。

正因如此，他的诗歌备受苦役犯喜爱。瓦尔拉姆·沙拉莫夫④这位或许是二十世纪最受磨难的俄罗斯作家（境遇相仿者当然还大有人在）写道：

普希金和马雅可夫斯基的诗，无法成为人的救命稻草——为了真

---

① 参见《日瓦戈医生》第三章第3节。
② 弗拉基米尔·格里戈里耶维奇·本尼迪克托夫（1807—1873），俄国诗人，翻译家。他的抒情诗充满浪漫色彩，曾经名噪一时，但不久便被人遗忘。
③ 奥莉加·弗谢沃洛多夫娜·伊文斯卡娅（1913—1995），俄罗斯翻译家，文学编辑。1946年与帕斯捷尔纳克相识，成为他的红颜知己。
④ 瓦尔拉姆·吉洪诺维奇·沙拉莫夫（1907—1982），俄罗斯作家，诗人。一生两次因莫须有罪名遭逮捕，长期流放在远东地区的科雷马劳改营。生前鲜为人知，去世后出版的短篇小说集《科雷马故事》震惊世界文坛。

正的生命,而非苟存的生命。

而《陡峻的路线》作者叶甫盖尼娅·金兹堡①在听到对她的宣判——不是枪决,而是十年劳改时,几乎抑制不住幸福的泪水,默念着叙事长诗《施密特中尉》中的诗句:

> 咬住帽子,千万别哭泣!
> 涅尔琴斯克大道几俄里之外
> 就是矿井。
> 苦役,多么美好的恩赐!②

二十世纪有许多人获得基督教式的感悟,将生命视为无价的馈赠,因为隐喻真实应验了:生命被剥夺了,但有时由于动人的慈爱,突然又被归还。为了让苦役作为恩赐被接受,需要很好地处置俄罗斯民众(苏联政权在这方面比沙皇政权走得更远)。二十世纪的苦役犯喜爱帕斯捷尔纳克,是因为他饱受苦痛度过了奇迹的一生。这种幸福不属于自命不凡的胜者,而属于不经意间得到赦免的罪人。

他的诗始终是那"最后一根稻草",因为饱满的生命感在每一行里都发出被遗忘的奇幻闪光:这些文字并不刻意描绘自然,它们本来就是它的延续。寻求其中的逻辑关联就显得煞风景了:它们如急雨,骤然来袭,如枝条,婆娑作响。词语不再是描绘世界的手段,而变成他重建世界的工具。

听到帕斯捷尔纳克的名字就令人欢欣,其原因还在于:呈现于我们面前的,是一份充分完成的馈赠。"我很幸运能道出全部。"这是恰到好处的自我评价。面对自己时代的诱惑,帕斯捷尔纳克勇敢地与之抗争,并且向世人奉献了他的礼物;他的胜利不在于完美无缺,而在于完整、贴切地表达了他所经历的一切(也在于他不惧怕承担这一切)。我们同他一道为这场凯旋而喜悦。在这样的生命之后,死已不再是一副反自然的残酷面容,反而是整个链条上必要的环节。对帕斯捷尔纳克诗歌中的这种死亡旋律,某些同时代人不能理解:最令他们困惑的是《八月》一诗。"全是关于死亡,同时又有

---

① 叶甫盖尼娅·萨洛蒙诺夫娜·金兹堡(1904—1977),俄罗斯作家,记者。斯大林当政期间,遭到长期监禁和劳改。其回忆录《陡峻的路线》创作于二十世纪六七十年代,1988年首次发表即轰动文坛。
② 引自帕斯捷尔纳克《施密特中尉》第三章第7节(1927)。

多少生命！"费定①惊叹道。而此后不久,他就出卖了作者,自己多年的好友。

  别了,基督变容节的蓝天
  和第二救主节②的金辉。
  愿女人最后的温存
  抚慰我命中的苦痛。

  别了！夭亡的岁月。
  别了！勇敢的女人,
  在耻辱的深渊中抗争,
  我正是你的战场。

  别了,奋力张开的翅膀,
  倔强地向上飞翔,
  世界的形象在奇迹中显现,
  在词语和艺术中开创。

  这是自由与坚忍的结合,是因世界的形象而引发的骄傲,它如此充分地显现于词语之中,仿佛我们自己也身临其境(因为慷慨的作者赋予我们读者以共同参与其创作的机会),故而只要说出"帕斯捷尔纳克"这个名字,幸福就会将我们填充。

  传记写作有两种极致的方法。第一种是赞颂式的(占绝大多数);第二种有意采取低调,以避免教科书式的老生常谈,也可以说是为了反衬传主的伟大(譬如阿布拉姆·特尔茨③写普希金,纳博科夫写车尔尼雪夫斯基,兹

---

① 康斯坦丁·亚历山德罗维奇·费定(1892—1977),苏联作家,1959年至1971年担任苏联作家协会第一书记。
② 旧历8月6日,东正教节日,即基督变容节,又称"主显圣容节",为纪念耶稣登山显现圣容而设立。据福音书记述,耶稣登上高山,在门徒面前变了形象,"脸面明亮如日头,衣裳洁白如光"。耶稣预感到自己的死,因此要在"有人未尝死味"之前,让他们看到"人子降临在他的国里",以此坚定他们的信心。
③ 安德烈·西尼亚夫斯基为躲避苏联审查制度而使用的笔名,据称源于伊萨克·巴别尔《敖德萨故事》里的犹太海上走私者。

维列夫写纳博科夫)。倘若用低调的语言来说,帕斯捷尔纳克实属俄罗斯文学中最具折中性的人物。这在赞颂式的语言中则被称作兼容并蓄。

古典传统的接班人和现代主义者;著名苏联诗人和叛逆的非苏联诗人;文人,平民知识分子,像旧贵族里的唯美主义者,又像来自农民阶层的教师;精英人士和不被官方认可的民主派,但也未遭禁绝(这导致1958年之前那种"模棱两可的状况",帕斯捷尔纳克本人也为此陷入困惑,但这也决定了他独一无二的地位)。犹太人,又是俄罗斯文学的继承者,言谈中对其犹太身份表示不喜爱和不认同的基督教作家;哲学家,音乐家,迂夫子——植根于日常生活,以真正农民的手法给菜园松土和生火炉取暖的普通人。在俄罗斯读者心目中,帕斯捷尔纳克就像他的别墅,是和谐的矛盾统一体——俨如一座"庄园"(瑞典国王在一封写给赫鲁晓夫的亲笔信中请求不要剥夺帕斯捷尔纳克的"领地"),其实不过是国有地块上一座两层的木屋。帕斯捷尔纳克这位别墅诗人,引得无数苏联读者遐想联翩:在别墅里以帕斯捷尔纳克的方式生起火炉,燃着枯枝,畅想"盛宴上异教的祭坛",去采蘑菇,去编织一段浪漫韵事,到了夜晚,则伴着唰唰的细雨,凑向恋人耳边低语:"别墅里入睡了。背风的花园,/纷纷扬扬洒落一片喧声……"①某些同行鄙薄地称帕斯捷尔纳克为"住别墅的人"——他拒绝参访全苏各地的建筑工地、劳改营和集体农庄,还不无挑衅地宣称,此种所谓的生活体验对作家毫无必要,因为他所需要的一切,透过窗口就能望见。说到他居住了二十五年的佩列捷尔金诺,同样是城市与自然之间和谐的统一体:距离莫斯科不到二十公里,宛如童话,美丽又静谧。

俄罗斯语言艺术正在经历一个困难时期。压力来自结构主义者与后结构主义者、弗洛伊德主义者与"新历史主义者"、解构主义的辩护士与符号学的骁勇战将,他们的咄咄逼人不亚于激进理性主义者的专制,唯一的区别在于,先前因为非正统语言学就可能招来杀身之祸,而如今拒绝用"鸟语"写作,最多只是被排斥在文坛之外。好在文学自有公道,既然当年被处决的人都能回归它的怀抱,又何必为文坛不明人士的辱骂而抱怨?

帕斯捷尔纳克作为诗人,以他全部的经验证明着有效合成的思想,他一劳永逸地排除了非此即彼的经常性选择。他的兼容并蓄、对所有人和每个

---

① 引自帕斯捷尔纳克《第二叙事曲》(1930)。

人的亲和力、将任何读者都引为同怀知己的态度,所有这些表明,通过单一文体和单一价值立场来讲述帕斯捷尔纳克哪怕百分之一的真相,原则上都不可行。命运和文本对他是同一件事物(或者说,命运是与文本对等的部分);他不会忽视作者与同时代人之间的关联、个人履历的社会背景以及他本人看待研究对象的立场——一切恰到好处。只有运用这种合成的语言才能叙说帕斯捷尔纳克,以分析其作品的方式分析其生平。在艺术文本中,他首先看重的是布局与节奏。这是他从年轻时代就钟爱的两个词,而帕斯捷尔纳克的平生遭遇,恰好因为布局与节奏,成为研究者取之不尽的素材。

帕斯捷尔纳克的一生明显分为三个时期,正如俄罗斯人的乡间别墅之夏——分为三个月。无论他写下多少迷人的冬天的诗篇——从初露头角的《一九〇五年》到去世前的《雪在下》,他对世人而言终究是一种夏天的现象,正是在同样的意义上,帕斯捷尔纳克小说主人公尤里·日瓦戈称勃洛克为"圣诞现象"。构成帕斯捷尔纳克的元素,是洋溢着夏之欢乐的丰沛降雨、炽热的太阳、繁花盛开和果实成熟;他生命中所有重要的事件都发生在夏天——与恋人的相遇、最出色的构思、精神上的转变。我们用这个隐喻记述他的一生。

第 一 部

六月　姐妹

第二章　童年

1

帕斯捷尔纳克的族谱可追溯至伊萨克·阿巴尔班涅里先生（又作"阿布拉班涅里"，1437—1508）。他是一位神学家，《圣经》的解经者，有名的智者，中世纪西班牙的传奇人物。他的儿子犹大（约1460—1530）是个医术精湛的医生。当犹太人在西班牙遭到驱逐，有人设法将他留下。他皈依了基督教继而迁居意大利。他在当地取名为列昂·埃布莱罗，意思是犹太人列昂；撰写过一篇专题论文《爱情对话》。这些标志性的事件，后来以不同形式体现于尤里·日瓦戈的经历：他也是个高明的医生，被游击队扣留，不能与亲人团聚；信仰基督教，写爱情诗。

鲍里斯·帕斯捷尔纳克的父亲伊萨克（伊茨霍克）·约瑟夫奥维奇，1862年3月22日出生在敖德萨。他在家里排行第六，是最小的孩子。他的父亲经营一家小旅馆。伊萨克三个月大时染上喉炎，被剧烈的咳嗽折磨得要死。父亲拿起一只瓦盆摔到地上，小男孩受到惊吓，居然停止了咳嗽。按照犹太人家的习俗，大病之后要改名，好让恶魔迷失方向，于是他就成了列昂尼德。不过，直到他二十岁领取毕业证，这名字才正式使用。

除了梦想当演员，伊萨克-列昂尼德对别的行当都不感兴趣，但父母希望他拥有一份更叫靠的事业，便送他去学医。刚学了一年，他就逃离莫斯科大学医学系，转到法律系，留出更多时间学习艺术，随后又回到敖德萨，转入新俄罗斯大学法律系①。那里规章制度较自由，可保留学籍在国外长期居留。列昂尼德·帕斯捷尔纳克最终取得法律文凭，但其间有两年是在慕尼黑皇家美术学院度过。

---

① 1865年成立，位于敖德萨，苏联时期改称敖德萨国立大学。

大学毕业后,他选择炮兵部队,服兵役一年。不久后,列昂尼德·奥西波维奇①认识了年轻女钢琴家罗扎利娅·考夫曼。罗扎利娅·伊西多罗夫娜生于1868年2月26日,十七岁时就跻身于敖德萨名人之列,这个女神童深得当地人宠爱。与列昂尼德·帕斯捷尔纳克相识之前,她已然是俄罗斯最受欢迎的钢琴演奏家之一。他们于1889年2月14日成婚。翌年,他们的长子鲍里斯在莫斯科出生。

鲍里斯·帕斯捷尔纳克的一生有许多浪漫的巧合,譬如:生在夜半时分,星期一,1890年1月29日——普希金的忌日;1937年岁末,当新年钟声敲响,他的幼子列昂尼德降生;而他去世的时辰,正好是星期一与星期二交替的午夜,5月30日,距离新的一天只有半小时。

帕斯捷尔纳克一家住在维德涅耶夫楼,这座二层小楼至今仍然保留在兵器胡同。

鲍里斯·帕斯捷尔纳克生命中第一个夏天寓意深长,当时的情形后来成为他个人经历的主旋律:一家之主忙于挣钱,度过"城里的夏天"。母亲一边带孩子在外度假,一边哭哭啼啼,抱怨寂寞与不适。1890年整个夏天,列昂尼德·奥西波维奇几乎都在莫斯科工作,罗扎利娅·伊西多罗夫娜则不断从敖德萨寄来怨诉的书信;直到8月7日,他才得以动身赶过去。当他们都不在莫斯科时,画家的表弟卡尔·叶甫盖尼耶维奇另找了一套更便宜的住房,带有两间工作室,与原先的住处相邻,在斯维琴楼里。随后三年,他们就住在那里。

列昂尼德·帕斯捷尔纳克当时与列维坦②交情颇深,他们经常聚会,谈论俄罗斯犹太人的命运;参加讨论的还有涅斯捷罗夫、波列诺夫和谢·伊万诺夫;波列诺夫夫妇介绍他认识了老先生格③。全家人都记着一件趣事:鲍里亚④一般怕见生人,可是在格初次来访的当晚,他就央求着坐上格的膝头,缠住不放。

1893年2月13日,帕斯捷尔纳克家生下第二个儿子亚历山大。同时

---

① 列昂尼德·奥西波维奇·帕斯捷尔纳克(1862—1945),俄罗斯画家,1921年与帕斯捷尔纳克的母亲一道移居德国。
② 伊萨克·伊里奇·列维坦(1860—1900),俄国现实主义风景画大师,巡回画派代表人物。
③ 尼古拉·尼古拉耶维奇·格(1831—1894),俄国画家,画作多以宗教和历史为题材。
④ 帕斯捷尔纳克的小名。

18

发生的另一件事对列昂尼德·帕斯捷尔纳克同样至关重要：他结识了列夫·托尔斯泰。在巡回画派①一次展览上，托尔斯泰夸赞了他的画作《初次登台的女人》，列昂尼德·奥西波维奇表示，愿为《战争与和平》创作插图，希望能拜访他，以便当面讨教。托尔斯泰安排了会面，对帕斯捷尔纳克的画稿深表赞赏。有人邀请画家到家里做客，他便与妻子一道前往。1894年，经由莫斯科艺术家协会主席利沃夫公爵亲自邀请，他得到在绘画雕塑建筑学校任教的机会。帕斯捷尔纳克欣然同意，但预先声明，如果必须受洗才能获此职位，他将不得不拒绝，尽管他与犹太教规一直保持距离。未有任何障碍，他被任命为初级讲师。一家人搬到米亚斯尼克街，住进学校宿舍院内一栋厢房的一层。

从1894年11月23日起，鲍里斯·帕斯捷尔纳克便开始记事，从此"再没有大的中断和缺失"。夜晚，一阵强劲、哀恸的钢琴声把小男孩吵醒，这样的声音在他记忆里从未有过。在戈尔日马利和布兰杜科夫的小提琴伴奏下，母亲演奏了柴可夫斯基的奏鸣曲，为悼念1894年去世的格与鲁宾施坦②。赶来的听众包括托尔斯泰、他的女儿塔季扬娜和女婿米哈伊尔·苏霍金。

1895年，母亲的演艺事业中断了，十二年后才恢复。据家人们说，当年11月19日，在克里姆林宫圆柱大厅，罗扎利娅·伊西多罗夫娜正准备表演，突然接到家里来的便条，说是两个儿子都病了，高烧不退。她顿时乱了阵脚，演奏一结束，没等向观众谢幕，就飞也似的往家赶，在路上她发誓，如果一切顺利，就不再登台演出。事情过去了，两个孩子很快康复，而罗扎利娅·伊西多罗夫娜则履行了誓言。按照另一种说法，罗扎利娅·伊西多罗夫娜事业受阻，是由于心脏病频繁发作。但她还在给人授课，家里依旧钢琴声悠扬。帕斯捷尔纳克的母亲情绪化严重，性格极其敏感。就此而言，唯有亚历山德拉·别凯托娃——勃洛克的母亲与之不相上下，母子俩也是这种强烈的心灵感应般的关系。罗扎利娅·伊西多罗夫娜心疼孩子，惧怕黑暗和雷雨，经常哭泣。而母亲家那些敖德萨亲属，则更喧闹也更敏感。鲍里斯的表妹奥莉加·弗莱登伯格③写道："鲍里亚非常温柔。"所以她在童年和少

---

① 1870年至1923年间由俄国现实主义画家组成的流派，对俄国现代绘画艺术影响很大，代表人物包括克拉姆斯科依、希什金、谢罗夫、列维坦、列宾等。
② 安东·格里戈里耶维奇·鲁宾施坦(1829—1894)，俄国钢琴家，作曲家，指挥家。
③ 奥莉加·米哈伊洛夫娜·弗莱登伯格(1890—1955)，帕斯捷尔纳克的表妹，比他小一个月。语言学家，民俗学家。

年时期对他心不在焉。小时候,一想到要嫁给鲍里亚,如亲戚开玩笑所说,她就感到害怕。她不愿嫁给如此温柔之人。

1896年,鲍里斯学会了书写(他从四岁起开始阅读),第二年又在敖德萨学会了游泳。在敖德萨郊外的别墅——先在中喷泉,然后是大喷泉,一家人接连度过了十一个夏天。别墅周围是巨大幽深的"热带"花园,草木密密丛丛。冬天,最受欢迎的娱乐活动是到谢罗夫①家去,大家一起布置圣诞树。

帕斯捷尔纳克很早就表现出过人的艺术才能。弟弟记得有一次,在一间黑屋子里,鲍里亚讲述了"蓝胡子"的故事②,简直要把他吓傻了。舒拉③惊魂不定,鲍里亚后悔了很久。正是在童年,他便确信自己有能力影响别人,能以情绪感染他们。从此他就一直顾忌这种能力。

1900年2月6日,帕斯捷尔纳克家生下第一个女儿——约瑟芬娜-约安娜,家里管她叫若尼娅。鲍里斯始终惊异于她的细腻。一家人里数她最理解他,对他几近崇拜,最担心他变得跟其他人一样。1900年令帕斯捷尔纳克难以忘怀,他后来书写《安全保护证》,一开篇便是当年的回忆。年轻的奥地利诗人莱纳·马利亚·里尔克偕同恋人露·安德烈阿斯·莎乐美(尼采也疯狂地爱她,后来果真疯了),来到莫斯科。里尔克的名字在俄罗斯还鲜为人知。这已是他第二次莫斯科之行,第一次是1899年4月。为拜访托尔斯泰,里尔克先认识了前者钟爱的插图画家列昂尼德·帕斯捷尔纳克,他获得推荐信及热忱的接待。一年后,为深入了解俄国,里尔克故地重游。5月17日,帕斯捷尔纳克一家从莫斯科去往敖德萨,途经亚斯纳亚-波良纳④。里尔克和莎乐美与他们同行。列昂尼德·奥西波维奇请求列车长在科兹洛夫-扎谢卡站停车,此处距离托尔斯泰庄园最近。

---

① 瓦连京·亚历山德罗维奇·谢罗夫(1865—1911),俄国肖像画家,巡回画派成员。
② 蓝胡子为法国民间传说人物,杀害七任妻子,拥有蓝色的胡子。蓝胡子的故事版本众多,时常相互矛盾,流传最广的当数法国作家夏尔·佩罗(1628—1703)创作的同名童话,收录于1697年出版的童话集《鹅妈妈的故事》。从十九世纪开始,许多研究者认为蓝胡子的原型就是法国元帅吉尔·德·莱斯(1404—1440),这是百年战争时期的法国元帅,是参加贞德队伍的将军之一,其后也与贞德一起参加了查理七世加冕典礼,后因生性豪奢、入不敷出而求助黑魔法,虐杀三百多名男童,经宗教裁判所审判处以火刑。也有作者认为,蓝胡子的原型并非仅有一任妻子的吉尔·德·莱斯。
③ 帕斯捷尔纳克的弟弟亚历山大的小名。
④ 托尔斯泰在图拉省的庄园。

帕斯捷尔纳克只记得,年轻的奥地利人身披黑色斗篷,女伴俄语说得流利(她是一位俄国将军的女儿),像是他的姐姐甚至母亲。奥地利人和俄国女人下了车,帕斯捷尔纳克他们继续驶向大海。奥莉加·弗莱登伯格也被送到大喷泉的别墅,度过了整个夏天。

1900年,鲍里斯·帕斯捷尔纳克初次意识到自己是犹太人,这对他来说不是好兆头。事实表明,犹太身份远比贫穷、孤独乃至疾病更严重。当叶尼亚——弗莱登伯格家族十四岁的长子——死于化脓性阑尾炎之后,他的舅舅——帕斯捷尔纳克的父亲因伤痛和劳累过度病倒了,无法于9月前从敖德萨返回莫斯科。帕斯捷尔纳克错过了入学考试,但父亲找到了解决办法。他请求敖德萨第五中学校长,允许鲍里斯参加考试,再把成绩寄给莫斯科的第五中学。鲍里斯考得顺利,试题比想象容易得多。叶甫盖尼·鲍里索维奇[①]在自己的书中证实,帕斯捷尔纳克长篇小说处女作[②]中的叶尼娅·柳维尔斯难以回答的那些问题,正是当年向他父亲提出的问题。譬如重量单位的对比——"克冷、打兰、斯克鲁普尔和盎司,永远好似蝎子的四个年龄"[③];算术题更简单,更别说 полезный("有益的")中间为何不是ять,而是 e 了。

尽管鲍里亚考试成绩优异,接种了牛痘,还有一身手工缝制的校服,尽管与列昂尼德·奥西波维奇相识的莫斯科头号人物戈利岑也出面说情,他还是未能被第五中学一年级录取——按照规则,犹太人入学的比例是10∶345。校长阿道夫提出了折中方案:让鲍里斯在家学习一年,再接受他入二年级,届时会有一个空缺。这一年期间,为他授课的是家庭教师瓦西里·斯特伦尼科夫。二年级入学时,再未遇到阻碍。学校坐落在鲍瓦尔街拐角,帕斯捷尔纳克跟同学相处融洽。他有一颗幸福的仁爱之心,善于将美好归因于他人。

1901年,绘画学校宿舍院内的厢房拆除了,帕斯捷尔纳克家搬进主楼。

[①] 叶甫盖尼·鲍里索维奇·帕斯捷尔纳克(1923—2012),帕斯捷尔纳克的长子,文学史专家。
[②] 即《三个名字》(《Три имени》),未完成,后在第一部基础上改写为中篇小说《柳维尔斯的童年》(1918)。
[③] 克冷、打兰、斯克鲁普尔、盎司,均为旧俄时期药剂重量单位,发音拗口,且需要记住对公制的相应等值。参见《柳维尔斯的童年》。

一家人的住房"用主楼里两三间教室和一间大课堂改装而成"(《人与事》)。这套房子有些古怪,因为原先的教室是圆形,而另一间,据帕斯捷尔纳克回忆,"形状更为奇特":浴室改成了半月形,餐厅"有一面凹进去的半圆墙",带有"椭圆形的厨房"。全家人都很满意。日常生活的诡谲同性情的怪异相映成趣,这后来也成为帕斯捷尔纳克一生的基调——他的住所都很特别。在拉夫鲁申胡同,他的最后一处寓所是两层的,就像他当时纯粹双重的生活:两位妻子,两种工作(写作与翻译——为自己,也为了钱),两间受教育的课堂——在俄罗斯,又在国外……难怪当别人指责他为两面派时,他反而欣然接受,点头称是。他的性格始终跟寓所相吻合:二十年代,他和叶尼娅·卢里耶①在沃尔洪卡过得窘迫,心绪茫然,家里也是混乱不堪。在佩列捷尔金诺别墅,他的生活则清静恬淡,井然有序,尤其在还没有暖气和其他"豪华"设施的三十年代(楚科夫斯基②曾以温情笔调描写过他整洁的书房)。他少年时代在绘画学校主楼里的寓所,也与他的心灵一脉相通:这些由教室改装的房间多么不宜居住(置身于所有这些凸起和凹陷之中,恐怕只有外星人会感到惬意),就有多少迷离的诱惑和恐惧,占据了这颗天外来客般痴狂的艺术家之心。

1902年3月8日,利季娅-伊丽莎白——帕斯捷尔纳克的二妹出生了。多年以后,在最终的时刻,帕斯捷尔纳克苦等她从伦敦到来,但直到他下葬两天后,她才获准进入苏联。

2

在写给捷克友人特斯科娃的信中,茨维塔耶娃懊悔地称她无暇写下六岁之前的"幼年"。而对于幼年,霍达谢维奇③、别雷④、曼德尔施塔姆等人都留有详尽的回忆。生命初期乃至妊娠时期何以被关注,帕斯捷尔纳克本

---

① 叶甫盖尼娅·弗拉基米罗夫娜·卢里耶(1895—1965),帕斯捷尔纳克第一任妻子,画家。叶尼娅系叶甫盖尼娅的小名、爱称。
② 科尔涅·伊万诺维奇·楚科夫斯基(1882—1969),俄罗斯作家,文学批评家,帕斯捷尔纳克的好友,利季娅·楚科夫斯卡娅的父亲。
③ 弗拉季斯拉夫·费达齐安诺维奇·霍达谢维奇(1886—1939),俄罗斯诗人,文学批评家。
④ 安德烈·别雷(1880—1934),俄罗斯象征派诗人,原名为鲍里斯·尼古拉耶维奇·布加耶夫。

人成年后解释道:

> 人人如此开始。
> 两岁左右
> 挣脱妈妈的怀抱,
> 冲向黑暗的旋律,
> 咿咿呀呀,叽叽喳喳
> 三岁时,有了言语。①

咿呀学语前的时期至关重要,其间积聚着今后将要痛苦言说并终日抱怨的一切。"幼年的感受,"《人与事》告诉读者,"由惊恐和兴奋交织而成。"

> ……与乞丐和女香客来往,与附近林荫路上茫然失措的各色人等为邻,眼见他们的遭遇和歇斯底里的发泄,这一切使我对女性过早地产生了胆战心惊、终生难忘的怜悯,还有对父母更深切的怜悯,因为他们会先我而死,为使他们摆脱地狱之苦,我应当完成某种前所未有的辉煌事业。

帕斯捷尔纳克以基督自命的奇思异想可见一斑,早在认知基督教文本之前很久,他就产生了此种念头,令人惊讶的是,它是如此根深蒂固:尤里·日瓦戈也把自己同基督联系起来,许多同时代人因此指责帕斯捷尔纳克虚幻的自傲。可帕斯捷尔纳克并不孤单——他追随着时代;尼采一度想象自己是基督,要么是狄奥尼索斯,弗鲁别里②也有过类似的幻觉(他常去帕斯捷尔纳克家做客,并有可能将少年鲍里斯的形象赋予他的"恶魔"③)。鲍里亚三四岁时根本没听说这些名字,童年时期的他也远未形成自己的信仰。后来他才萌生了为救赎而牺牲的想法,这源于对父母的怜悯,因为他们注定先于他而死。征服死亡是人类历史上最基本和最病态的欲念,而帕斯捷尔纳克早就执迷于此。意识到拥有无穷的力量——正是他从童年获得的启示,所以他一生都宣称要承当大任。

---

① 引自帕斯捷尔纳克《人人如此开始》(1921)。此处采用乌兰汗先生译文。
② 米哈伊尔·亚历山德罗维奇·弗鲁别里(1856—1910),又译作弗鲁贝尔,俄国象征派画家。
③ 弗鲁别里长期迷恋"恶魔"这一艺术母题,留下一系列恶魔形象的画作、草图,其中最有名的《安坐的恶魔》创作于1890年,直接取材于莱蒙托夫的长诗《恶魔》(1829—1839)。

至于年幼的帕斯捷尔纳克是否受过洗,向来有各种证言。他本人屡次对不同的记者和交谈者说,是保姆为他施行了洗礼;他的另一番陈述则表明,她只是把小孩带入教堂,神父给他身上洒了圣水。帕斯捷尔纳克回想此事时,却把这当成了洗礼。为孩子洗礼这种大事,一个保姆当然不可能自作主张。重要的是,帕斯捷尔纳克自认为已经受洗,并从童年便以此为尺度,衡量自我。

可他真正的"心灵深处的港湾"终究不是童年,而是少年期。这或许是因为,按照他个人的说法,他的一切都姗姗来迟。正如切斯特顿①所言,一个人个性越突出,他的童年越持久。《安全保护证》详尽记述了混沌初开的年纪,作品写于1930年,不惑之年的作者初步总结了似乎不成功,因而反倒不失精彩的人生。

种种事件当中,帕斯捷尔纳克对达荷美女骑士在动物园的盛大游行印象最深。那年他十一岁。达荷美(今之贝宁,1900年至1975年为法属殖民地。——德·贝②)是个非洲国家,其国王以八百名宣誓不婚嫁的妇女为扈从,四处巡游。1901年4月,举行了复活节游园活动,达荷美女骑士亮相莫斯科。在《安全保护证》中,帕斯捷尔纳克描述了童年刻骨铭心的情色场面:

> 鼓乐喧响之下,汇集着苦痛的赤裸的热带游行队列,引发了我对女性的最初感受。我提前成为形式③的奴隶,因为从她们身上我过早地看到了奴役的形式。

恰是这个场面,让帕斯捷尔纳克"从幼小的童年"就"为女性的命运而伤恸"。"形式"的语义虽然不确定,但对帕斯捷尔纳克来说,关于那些女奴的印象,确实源于半裸的女性之美初次引发的震撼。受虐与施虐的永恒母题由此可见,后来,爱的主题将与之相伴,贯穿他的创作。

> 一旦脱离禁锢,我甚至都想不起她,唯有身陷绝境,唯有视她为囚徒,唯有流淌着冷汗,美色在汗水中履行其使命,我才能够去爱她。任何一个跟她相关的念头,都会立刻使我与那群体的唱和融为一体,它以

---

① 吉尔伯特·切斯特顿(1874—1936),英国小说家,诗人,文学评论家,著作颇丰。
② 本书作者德米特里·贝科夫名和姓的缩写。
③ 在俄语中,"形式"(форма)一词还有"形体""身段""外表"等意义。

周而复始的激情的运动,填充整个世界,就像一场战役,像苦役,像中世纪的地狱和技艺。我能理解孩童所不理解的、被我称作现实体验的事物。(《安全保护证》)

在世界文学中,论及性爱的真实本质,罕有如此坦诚的自白。爱与创作,正如我们日后所见,倘若缺失了禁锢、痛苦以及对女性囚徒刻骨的怜悯,对于帕斯捷尔纳克简直不可理喻。

某种程度上,这是小说《复活》中初露端倪的托尔斯泰主义女性观:"他可怜她,可奇怪的是,这种怜悯只是增强了对她的渴求。"(第一部,第十七章)他只会爱上境遇悲惨的"戏剧化"的女人。爱情俨然与死相距咫尺。这一母题在《安全保护证》中也有所体现:

1903年夏天,我家住在奥勃连斯克,与斯克里亚宾①一家相邻。有一天,普洛特瓦河对岸一位熟人家的养女游泳时溺了水,有个大学生去营救她,淹死了。她从大学生跳下水的悬崖几度寻死,随后就发了疯。

斯克里亚宾就住在奥勃连斯克附近,距离帕斯捷尔纳克一家度夏的小雅罗斯拉维茨不远。鲍里亚和舒拉在树林里扮演印第安人,邻近的别墅传来用钢琴谱曲的声音。

天哪,这是怎样的音乐!交响曲无休止地轰响,像炮火撕裂和摧垮的城池,而整个乐章就是从断壁残垣中建立和成长的。(《人与事》)

列昂尼德·奥西波维奇与音乐家相识之后,时常带长子同斯克里亚宾一道散步。悠长、躁动、玫瑰色的夏季落日已是今非昔比,确切地说,一切其实依然如故,只不过看风景的是别人的眼睛。一段象征意义的岁月,人们满怀期待地活着,每种声音和气息对他们都是神秘的启示——病态般的敏感,浸染着帕斯捷尔纳克的整个童年。他向亲友们说起过,音乐家和画家散步时,为创作个性是否适用于所有人而争论不休:斯克里亚宾力图证明,超人,亦即真正的艺术家,自有其道德,列昂尼德·奥西波维奇则认为,艺术家应遵从通常的道德准则。鲍里亚当时倾向于斯克里亚宾,这让他觉得尴尬,但并未参与争论。列昂尼德·奥西波维奇是典型的,或许太过温顺的知识分

---

① 亚历山大·尼古拉耶维奇·斯克里亚宾(1872—1915),俄国作曲家、钢琴家。

子立场；当然，他从来也不认为自己是天才。他的儿子却有别于父亲——凭借感悟与无穷的机缘，他暗自猜解着某种天才之谜，因而他始终需要极大的谦恭，以克制同样是极大的哪怕无碍于任何人的倨傲。

3

接着又是一次浪漫的巧合，无论怎样看，对帕斯捷尔纳克都不啻生命中的转折点。当这种巧合接踵而至，谁又能漠然视之！1903年8月6日，基督变容节：这天晚上，十三岁的帕斯捷尔纳克征得父母同意，与当地几位姑娘去牧马。即便他处在一生中最凶险的逆境，都会被虚幻之美、神秘事件和女性的怜恤交相映照——"愿女人最后的温存，/抚慰我命中的苦痛。"奇异的是，在他的少年时代，《八月》的所有主题就已清晰地显现！时值夏末，夏天最美好的时节，帕斯捷尔纳克在1927年给妻子的一封信中写道，天空在呼吸，犹如丰满的胸脯，但呼吸的间歇越来越长。傍晚的风在吹拂。列昂尼德·奥西波维奇准备作画，题目就叫作《夜牧》——衣装艳丽的农村少女骑马飞驰，身后一片夏天的夕阳，宛如勃洛克笔下"寂静壮阔的大火"。他喜欢自然天成的创作。家人帮他在山丘上支起画架，面向牧马的草地。鲍里斯刚跨上一匹没有鞯鞍的马，它就狂奔起来，跨越宽阔的溪水时，将他甩落在地。马群掠过男孩的身体。全家人看得清楚，母亲差点晕厥，父亲扑向儿子。马从身上冲过去，他还不太痛，而他从马背跌落也摔得不重——起码感觉如此。只是大腿折了。

鲍里斯被抬回家。他失去知觉，半夜里开始高烧。正在奥勃连斯克休养的外科大夫戈利吉涅尔立即为他打上绷带，但次日傍晚，情况明朗了，随时需要医疗监护。列昂尼德·奥西波维奇去小雅罗斯拉维茨请医生和护士，返回的路上，看见树林背后火光冲天。他立刻想到是自家别墅失火了，可儿子还紧裹着厚重的石膏板，没有人能把他抬出屋外！等他回到家，才得知烧毁的是戈利吉涅尔的寓所。旁边帕斯捷尔纳克家的别墅幸免于难。一夜之间，列昂尼德·奥西波维奇白了头发，从此再也无心创作他的《夜牧》。

在1913年一篇散文小品中，鲍里斯·帕斯捷尔纳克回忆了当时的情形。他醒过来，石膏板尚未拆掉，狂奔与坠落的节奏仿佛仍在重复。他第一次发现，言语也可能屈从于音乐的节奏。这也是他的变容（преображение）——他苏醒了,已然是一名诗人和音乐家;当然,他早就学会并喜欢上弹奏钢琴,在家庭聚会上赋诗助兴,但对于他重要的乃是强调变容的母题,因为我们在谈论基督变容的节日。此后,某些读者有理由略为惊恐地发问:难道他真把自己当成了上帝?

《日瓦戈医生》有一处明显带有自传性的情节,写到尼卡·杜多罗夫,尤里·日瓦戈儿时的朋友。

> 他今年十四岁了。他做小孩子已经厌了……他是个奇怪的孩子。兴奋的时候,他常常大声自言自语。他仿效母亲,喜欢高谈阔论,喜欢发表奇特的议论。"人世上真好啊!"他想道。"可是人世上为什么总是这样痛苦?上帝当然是有的。但是,如果有上帝的话,那么上帝就是我了。看,我叫这白杨听我的,"他望了望那棵从上到下都在轻轻抖动的大白杨树(杨树那湿漉漉的、闪闪有光的叶子好像是用洋铁皮剪成的),想道,"我来对它下命令。"于是他拼命鼓足全身的劲儿,运用全身的气力,在心里喊一声:"停!"那白杨树马上就乖乖地停下来,一动也不动了。尼卡高兴得笑了。于是他大步跑向河边,到河里去洗澡。①

帕斯捷尔纳克此番叙说并无讽刺意味。不仅如此,小说文本中还有一条与之平行的重要脉络——日瓦戈的诗作《奇迹》,我们将一再返回于此:一棵不结果的无花果树遭到耶稣的诅咒②,这个故事被尤里·日瓦戈演绎为诗歌。人类意志与自然法则在此显然相互冲突:虽然充满"对大自然的爱"(哦,中学生式的组合!),帕斯捷尔纳克却揭示了这种爱与人性的鲜明对立。人能够,并且也应该对无花果树和白杨树发号施令,因为人有理解善恶的禀赋;耶稣向无花果树索要果实,而它既然消除不了他的饥渴,那么自然法则也就无从为它开脱。白杨是俄罗斯东正教传统中具有象征性的树木,是"犹大之树"。难怪杜多罗夫命令白杨树必须静止,他好像是要恢复它的尊严。毫无疑问,少年帕斯捷尔纳克也曾对周围世界做过类似的试验,

---

① 引自《日瓦戈医生》第一章第8节。本书《日瓦戈医生》译文,主要参照了力冈与冀刚译本(漓江出版社1986年版)以及蓝英年、张秉衡译本(外国文学出版社1987年版),特此说明并表敬意。

② 参见《圣经·新约·马太福音》第二十一章第18至22节。

以检验自己的威力。不过,几乎每个大诗人小时候都可能把自己想象为上帝,但未必全都承认:譬如,古米廖夫①就自称是有魔法的男孩,"一句话能让雨停歇",而且有证据表明,他在童年的试验确有其事:有一次,他终于取得成功,雨照他吩咐停了。一个更具特色的传奇。

切斯特顿(我们还会再次提到他,少了这个名字,二十世纪对基督教的探讨便难以想象)有一篇奇异的小说《加布里埃尔·盖尔的罪行》,小说主人公吉尔伯特·桑德斯,向两颗在玻璃上滚动的雨滴发出指令。在他摆弄下,水珠越滚越快,他以为这就是终极证明,见证其神性和由此产生的无所不能。为医治主人公,诗人加布里埃尔·盖尔只得用干草叉把他钉在树上(幸运的是,桑德斯的健康未受损伤)。直到确信无法摆脱叉子,主人公才明白自己不是上帝,这才恢复了理智。切斯特顿毕生反对尼采哲学,反对超人的傲慢,所以他的立场简单明了:任何妄称上帝者,在他看来无非是庸俗罢了。但接近此种状态之人,需亲身经历才会从中解脱。或许,他写的恰恰是个人体验,即使已经被克服。帕斯捷尔纳克,正如下文所示,对尼采持有怀疑(对瓦格纳的看法要好得多,虽则逐年冷淡)。但他的自傲属于另一种性质,与切斯特顿的描述截然不同。他自幼形成的基督教观念始终在证明,每个人都有成为基督的潜质;故而他赋予尤里·日瓦戈以模糊的个性、平凡的外表以及对天命的顺服,而这又被误认为意志薄弱。

假如少年帕斯捷尔纳克对《旧约》的兴趣更浓,《创世记》的情节不可能不吸引他:

> 只剩下雅各一人。有一个人来和他摔跤,直到黎明。那人见自己胜不过他,就将他的大腿窝摸了一把,雅各的大腿窝正在摔跤的时候就扭了。②

在奥·拉耶夫斯卡娅-休兹、鲍·米·加斯帕罗夫、亚·若尔科夫斯基等人的论著中,对帕斯捷尔纳克的"雅各情结"研究细致入微,或许连帕斯捷尔纳克也会从中获取许多关于自己的新知。

> 我在本质上近乎圣三位一体。英迪加将一流诗人的名号冠之于

---

① 尼古拉·斯杰潘诺维奇·古米廖夫(1886—1921),俄罗斯象征派诗人。
② 引自《圣经·旧约·创世记》第三十二章第24至25节。

我,我本人,一个罪孽之人,一心想成为音乐家,你们认为我是哲学家。我却担心这一切不过是空穴来风,更有甚者,我担心众人的见解也是如此这般。

英迪加,即列昂尼德·奥西波维奇的兄弟亚历山大。这是帕斯捷尔纳克写于1907年7月13日的书信,寄给在国外的父母。这里面除了玩笑还是玩笑。

4

他不得不裹着石膏绷带,躺了一个半月。伤口愈合后,腿骨错位,右腿永远比左腿短一厘米半。帕斯捷尔纳克学会了解决这个问题——借助矫形鞋,关键是借助专门训练的慢跑步法,虽略显女人相,但速度很快。这种走动的姿势几乎掩盖了他的残疾,按照他自己在《安全保护证》里的说法,1903年8月6日这个日子,使他侥幸躲过"未来的两场战争",亦即帝国主义战争和国内战争——卫国战争他的确参加过,只不过是作为战地记者,时间也不长。

伤病期间,亲人给予他悉心关照。这是一个热闹、善良、神经质的家庭,正如世纪末所有知识分子之家。全家上下就处在契诃夫所云"每个人都神经兮兮"的氛围中。"多少戏剧,多少眼泪、缱绻酊和诚挚的誓言!"(《一九〇五年》)。帕斯捷尔纳克不但自幼受到家庭的艺术熏陶,也养成了知识分子冲动的脾性,直到晚年,他依旧易动肝火,多愁善感,喜欢发自肺腑地悔过。一家人动辄争吵,转眼之间,却是风平浪静,和好如初,因为随便一件琐事,又会变得歇斯底里。关于他们相处的风格,更充分的证词来自列昂尼德·帕斯捷尔纳克致妻子现存的信件、鲍里亚青少年时代写给父母的信,以及建筑专业出身,但不乏文才的亚历山大·帕斯捷尔纳克的回忆录……大才帕斯捷尔纳克的家书及家人的回忆,读来令人伤感:风格的缺陷照例为大家所共有,但天才的文字中弥补缺陷的东西,在这些回忆中却没有。读一读列昂尼德·帕斯捷尔纳克向妻子描述托尔斯泰的新作,或者亚历山大·帕斯捷尔纳克回顾父亲的起步,就足以说明问题:

母亲突然发出一阵可怕的尖叫,随后是一连串的巴掌,落在他后脑勺上,而他用来涂涂画画的工具——一小截画得这般美妙的神奇的碳笔,从他的小手中被夺过来——划出一道幅度很大的漂亮的黑色弧线,从敞开的窗户飞出去,消失在外面的草丛。

如此浮华冗长的语句,恰恰是刚学会转文、还不善于掩饰激动的平民知识分子特有的。帕斯捷尔纳克全家都喜欢"说得漂亮",直至《日瓦戈医生》,鲍里斯·列昂尼德维奇才最终学会简短的言说。他的散文经历了怎样的嬗变,为清除其中的夸饰、晦涩和华丽辞藻,他又付出了怎样的努力——在他早期(但已是自传性的)作品片段与构筑《日瓦戈医生》的简短语句之间,对比一目了然。从知识分子立场到贵族倾向,从狂热到简白,从盲从和怀疑到执着、叛逆和独处——反映出他走过的道路。帕斯捷尔纳克终生背负着环境的诸多烙印,因而备受知识分子钟爱,但他又深知这一阶层的陋习及荒唐一面,长期以来,他都觉得自己是它的人质:

> 我说的是周遭的世界,
> 我指的是同它一起
> 走下舞台,我谢幕在即。①

帕斯捷尔纳克由此强调了干扰俄罗斯知识分子的因素:负罪感、相信多数人的公正、崇拜人民大众、情感冲动、夸夸其谈、近乎荒唐的客套、滑稽造作的谨慎,他甚至确信,这些因素有可能导致知识分子的消亡。

5

接下来,他喜欢回忆的往事发生在1904年:俄日战争与暴风雨。由于战争的爆发,孩子们完善了海战游戏,游戏规则更为复杂,有伏击战和繁琐的演习。主要玩伴是友人家的孩子——施蒂赫兄弟俩。施蒂赫家的舒拉和米沙日后将成为帕斯捷尔纳克一生的知己。每次玩输的时候,帕斯捷尔纳克都脸色发白,生气极了。这既可称为自傲,也可说是一个少年对于完美的追求:他从小就坚信,他所做的一切都应取得优异成果,"辉煌壮丽,前所未有"。

---

① 引自帕斯捷尔纳克《崇高的疾病》(1923,1928)。

1904年6月16日,风雨大作。此前,母亲因心脏病发作和情绪失常,一整天痛苦不堪,紧接着,一场莫斯科罕见的大雷雨骤然而至。对于降雪、雷雨和夏日的傍晚,每个人都葆有原始的记忆,帕斯捷尔纳克也不例外,每逢暴雨来临,他总是回想起,电闪雷鸣夹杂冰雹,也夹杂着对灾祸的漫长等待,米亚斯尼克街上,雨水流成了河。

二十世纪初的莫斯科给他留下特殊的印象,它不像是一座古朴的、"童话般多彩"(《人与事》)的童年早期的城市。

> 莫斯科充满世界一流都市的商业狂热。转瞬之间,以企业家迅速赚取的利润修建的高大商厦拔地而起。[……]莫斯科追赶彼得堡,开创了新的俄罗斯艺术——年轻、现代、鲜活的大都会艺术。

事实上,莫斯科艺术与彼得堡艺术迥然有别,一如勃留索夫①或别雷有别于勃洛克。世纪之初的俄罗斯文艺复兴,几乎涉及所有艺术领域——从建筑学直至文艺批评,同时也蕴蓄着繁荣与衰败的征兆:无疑,繁荣曾经昙花一现,却是毁灭前夕过于喧嚣的病态的繁荣。颓废的繁荣,通常是自相矛盾的。(但随后,当颓废消退之际,反应是如此强烈,以致知识分子自杀的人数立即上升了一倍有余)燠热、窒闷、肉欲的气息四处弥漫,极不健康,在彼得堡尤为突出。莫斯科具有毋庸置疑的优势,其疯狂更有组织,更具经营的谋算和商家的胆略。可以说,这更契合二十年代同样疯狂而躁动的创作状况,因而帕斯捷尔纳克当年短暂追随的未来主义,其实更像是莫斯科现象,而非彼得堡现象。归根结底,未来主义的主要活动家布尔留克②夫妇、马雅可夫斯基、勃布罗夫③,正好也都是莫斯科人。相比苍白、古板的彼得堡,莫斯科的越轨太过恣肆,显然超出趣味的界限。

1904年,帕斯捷尔纳克来到弗莱登伯格家度圣诞,初次领略了彼得堡风光,印象最深的是,科米萨尔热夫斯卡娅④的戏剧遭到保守派报纸《彼得

---

① 瓦列里·雅科夫列维奇·勃留索夫(1873—1924),俄罗斯象征派诗人。
② 达维德·达维多维奇·布尔留克(1882—1967),俄罗斯未来派诗人,妻子玛丽娅·布尔留克(1894—1967)是一位钢琴家、出版家。1920年,布尔留克夫妇先是来到日本,后于1922年移居美国。
③ 谢尔盖·帕夫洛维奇·勃布罗夫(1889—1971),俄罗斯未来派诗人,科普作家。
④ 薇拉·费奥多罗夫娜·科米萨尔热夫斯卡娅(1864—1910),俄国著名女演员,1904年建立自己的剧院,上演契诃夫、高尔基、易卜生等人的剧作。

堡快报》抨击。米哈伊尔·菲利波维奇——奥莉加·弗莱登伯格的父亲,有才华的记者,不成功的发明家,《快报》撰稿人,不情愿地批评了科米萨尔热夫斯卡娅,尽管他们一家对她抱有敬意。帕斯捷尔纳克为他的言不由衷深感震惊,于是提前离去。但彼得堡还是给他留下了预言般的强烈印象,正如《人与事》中所言,他认为它是"一部天才的石书"。而关键在于,安娜·奥西波夫娜①收拾得纤尘不染的弗莱登伯格家的寓所、一心梦想着哲学教育的奥莉加的系统性学习以及城市自身的几何状格局,凡此种种,使彼得堡成为帕斯捷尔纳克心目中秩序的象征。他一生追求秩序,却难以克制对莫斯科杂乱景象的爱和宽容,摆脱不掉情绪的束缚。

弗莱登伯格一家过着另一种生活,从来不放纵自己。帕斯捷尔纳克永远爱上了叶卡捷琳娜运河边他们那住处的"洁净与寒气"。奥莉加在那儿度过一生,就连围困期间②也不曾离开。他的诗很少写到彼得堡,与彼得堡人相处,他也总感觉不大自在:他们不敢接近他的坦率和激情,他受不了他们的古板。

自从1903年初次见到斯克里亚宾,帕斯捷尔纳克便决意认真学习作曲:据他个人说,更早些时候,他"已经能在大钢琴上乱弹一气"(从1901年起系统地学习),但直到斯克里亚宾新奇的作品"向老套的名曲和愚蠢不堪的旋律展示了语言",才真正激发了他对理论的兴趣。

> 我被视为未来的音乐家,为了音乐,大家可以原谅我的一切:执拗、顽皮、粗心大意、举止乖张乃至对长辈种种忘恩负义的卑鄙行为,而我其实压根儿不如他们[……]全班同学都护着我,连老师也都会放过我。

帕斯捷尔纳克另一人生旋律显现于此——跳下全速行驶的火车,抛开大获成功的事业。我们日后将看到,他一旦掌握某种诗歌写作方法,就立刻调转方向,去征服另一块领地;刚成为杰出的抒情诗人,就冲向叙事诗;刚成为公认的叙事诗作者,就转入散文;刚达到散文的巅峰,就开始向戏剧进发;刚认清现代,就深入历史;刚翻译莎士比亚,就预定了歌德……哲学与音乐方面也不例外:在青少年时代,他曾对这两项事业不吝赞美。

---

① 即奥莉加的母亲,帕斯捷尔纳克的姑妈。
② 指1941年9月至1944年1月间德国法西斯对列宁格勒的包围,史称"九百天围困"。

《安全保护证》和《人与事》合为一部独特的自传,以普鲁斯特般的方式呈现隐秘的细节和微妙的心理——构成天才少年内心世界的恐惧、梦想和复杂的情绪,均得到详尽描述:

> 我相信,存在着崇高的英雄世界,我要对它虔诚膜拜,尽管它会带来痛苦。有多少次,在六七八岁的年纪,我险些自杀!我怀疑周围有种种诡秘和欺骗。无论多么荒诞的事情,我都信以为真。唯有在生命的黎明,某些荒诞之事才被当作现实,譬如说,可能是因为记得最初给我穿过女孩子的圆袖长衫,我感觉自己原先是个小姑娘,而这一更迷人、更美妙的事实应当被还原,想到这里,我便勒紧腰带,直到喘不过气来。有时候,我又会想象我不是父母所亲生,而是被他们捡来收养的。

只能猜想,年幼的帕斯捷尔纳克还有多少这种孩子气的迷恋和呓语,更别说一个不断发明新游戏的少年——玩海战,扮演印第安人,展览图画。如果个体发育(онтогенез)是对系统发育(филогенез)的短暂重复,即每个生命有机体在其发展中迅速完成进化历程,那就必须承认,任何大艺术家在其发展过程中都会经历艺术发展的基本阶段;帕斯捷尔纳克认为,古希腊罗马艺术犹如"不识浪漫主义"的童年,因为在古典艺术世界,以及在童年世界中,所有非理性成分都超乎人的范畴,而属于神话领域。为证明自己的观点,帕斯捷尔纳克援引了加倪墨得斯[①]的神话,在一首早期诗作中他写道:"我成长起来,像加倪墨得斯,/我被阴雨裹挟,被梦幻掳掠。"[②]也就是说,浪漫主义归于众神,而人类只剩下十分被动的角色。超人,形同于神的浪漫主义者——出现在少年期;帕斯捷尔纳克的少年期为何在斯克里亚宾的音乐标志下度过,原因就在于此。

然而,少年期也结束了,浪漫主义就此终止,因为帕斯捷尔纳克已超越浪漫主义,尽管他觉得,放弃音乐纯粹是其他缘故使然。他暂时沉醉于自己的神话,而斯克里亚宾还住在国外,谱写他的《狂喜之诗》。帕斯捷尔纳克不喜欢这标题,称它散发出"皱囊囊的肥皂包装袋"的味道。尽管如此,斯克里亚宾从国外带来的一切——让他在莫斯科赢得盛誉的一切,仍然激起

---

① 又译作加尼米德,希腊神话中的翩翩少年,因俊美出众而被拐走,送到天上,成为宙斯的宠儿和酒僮。
② 引自帕斯捷尔纳克《我成长起来》(1913,1928)。

帕斯捷尔纳克孩子般的欣喜。

6

浪漫主义热情的高峰期,正逢第一次俄国革命。如果相信《一九〇五年》的真实性(它准确得像文献),那么,"流血星期日"①的第二天,即1月10日,星期一,鲍里斯·帕斯捷尔纳克还在校园打雪仗,莫斯科城里则充斥着流言,越发躁动不安。秋天之前,一切运转如常,虽然俄国头年就常有罢工,但直到秋天,事态方才明朗,罢工不再是唯一的行动:示威人群竭力提出政治要求。为缓解紧张局势,尼古拉二世下诏,改革俄罗斯国家体制——召开国会,颁布宪法,赋予国民以自由。然而,10月17日夜间至18日凌晨,诏书刚发布没多久,革命者尼古拉·鲍曼就在莫斯科遇害。他的遗体于20日下葬,送葬的队伍从米亚斯尼克街经过。也是在《一九〇五年》,帕斯捷尔纳克描述了鲍曼的葬礼。低垂欲坠的天空令他难以忘怀,这后来成为贯穿于他诗歌的形象,象征着介入庸常生活的最高现实。

10月底,莫斯科的乱局达到顶点,鲍里斯·帕斯捷尔纳克平生头一次不打招呼,长时间离家出走。他的小妹利季娅得了哮吼症。父母本来就担忧小女儿的病情,他又给他们平添惶恐。但他及时回来了,尽管蓬头垢面。他遭到哥萨克巡逻队的鞭打,后来《中篇小说三章》(«Три главы из повести»)和《日瓦戈医生》都有这个情节。与其说帕斯捷尔纳克当时深感警察国家的不公正,就像苏联教科书时常提到的那样,不如说初次体验了与逃散人群之间的共性。他甚至没来得及害怕,巡逻队已将奔逃的人们逼到邮政大楼围栏前,挥起马鞭一通乱抽(幸亏帕斯捷尔纳克戴着大檐学生帽)。他回来时显得很兴奋,这同样鲜明地反映出他的个性:他已经本能地将恐怖与灾祸视为生活惯常的背景。

10月的骚乱终于演变为"十二月起义",列昂尼德·帕斯捷尔纳克以惊恐的笔调,详细记录了这一事件。莫斯科的动荡很快变得不堪忍受,12月末,帕斯捷尔纳克一家踏上去柏林的旅程。这是鲍里斯平生第一次柏林之

---

① 俄历1905年1月9日(公历1月22日),沙皇军队枪杀和平请愿的彼得堡工人,造成三千余人伤亡。史称"流血星期日"的这一事件,直接引发了1905年至1907年的俄国革命。

行,也是第一道重要的分水岭。他们在德国待到1906年8月11日。

在塔涅耶夫①的得意门生尤里·恩格尔指导下,鲍里斯努力学习作曲理论。恩格尔知道他天赋卓绝。令人惊异的是,如同在最后的岁月里,此时的帕斯捷尔纳克在人际关系的各方面,心态异常健康,而涉及个人精神生活时,却会有离奇的自我折磨。帕斯捷尔纳克未能成为音乐家,原因只有一个,在常人眼中或许有些荒唐,但对于极富使命感并甘愿承受枷锁的帕斯捷尔纳克家族而言,他的想法也没什么不寻常。帕斯捷尔纳克意识到自己缺乏绝对听力,他认为这是上帝的暗示:音乐终归不应成为他的主要事业。相比作曲家,调音师更需要绝对听力,即随意辨识音符的能力。罗扎利娅·伊西多罗夫娜具有这种超常的能力,斯克里亚宾则没有。作曲家需要它,不亚于作家需要识字。但帕斯捷尔纳克一时间还是陷入了迷乱,逢人便问,作曲家是否不必具有绝对听力,通过练习是否能弥补。他与生理学家亚历山大·萨莫伊洛夫的通信表明,他对自己的问题是多么焦虑。1907年夏天,帕斯捷尔纳克的父母正在伦敦,孩子们由祖母照看,住在莱基庄园②的别墅,萨莫伊洛夫是他们的近邻。这位生理学家(根据实验数据和大量观察)证实,缺乏绝对听力的音乐家是有缺陷的。帕斯捷尔纳克给他写信,列举了许多不具绝对听力的天才,试图表示不同看法,却又随即改口,称柴可夫斯基听力极佳,拉赫玛尼诺夫的听力实属罕见。"这场'听力事件',从头至尾,笑话层出不穷,幸亏不是每晚都有。"最后,帕斯捷尔纳克放弃了音乐。在他给萨莫伊洛夫的信中,有一段醒目的妙语:"现在,我也许自由了。我一边给人授课,一边准备考试,我的时间很少,所以我是自由的,您理解我的意思。"

二十三年后,帕斯捷尔纳克对曼德尔施塔姆说了类似的话:

您需要自由,而我,需要非自由。

此后又过了四年,他为苏联新宪法颁布写下《新的成熟》一文,他将证明,非自由,亦即极度的负荷,对艺术家恰是理想状态:就像是一棵苹果树,自由地开花结果,最终被果实压弯枝条。早在十九岁时,他就认为只有"疯

---

① 谢尔盖·伊万诺维奇·塔涅耶夫(1856—1915),俄国作曲家、钢琴家。
② 位于莫斯科郊外,风景如画。二十世纪初,成为富商的庄园,有许多风格各异的房屋对外出租。从1907年到1909年,每个夏天,帕斯捷尔纳克家都来这里暂住。

狂地超越自我能力所限",才会实现自由。他不能忍受散漫的生活,对他而言这是最反创作的。做什么,是否授课,是否备考,无关紧要:当思维被置于极端严酷的条件下,几乎无暇顾及主业之时,它便活跃起来。这样,主要的事业才会从重重压力下挣脱。"我讨厌被消化占据的空余时间。"1912年6月8日,帕斯捷尔纳克在寄自马堡①的家信中如是说。闲暇常常引起他的焦躁、郁闷和对死亡的畏惧,只有工作,甚至是日常工作,才让他感到对环境的驾驭;倘若诗句"在行走",则表明他与最高境界的连通,这永远是他的幸福与力量之源,也就是说,情况好极了。

放弃音乐一事,如果相信帕斯捷尔纳克所言,充满离奇乃至神秘的说法,就像他的母亲放弃演艺事业。1909年,帕斯捷尔纳克向斯克里亚宾展示了三部作品,包括一部大型钢琴奏鸣曲。

> 他喜欢这一切。他当即对我表示,既然卓绝的才华近在眼前,就不必再谈什么音乐才能了,我一定会在音乐方面发出自己的声音。为论证那些匆匆提起的片段,他坐在钢琴前,弹起其中最吸引他的一段。乐调的回旋相当复杂,我没料到,他能准确无误地再现,但随后又出现意外的一幕:他用另一种乐调重新弹奏了那个片段,结果,多年来折磨着我的缺陷,从他手指间一下冒出来,仿佛那正是他自己的缺陷。(在决定性的时刻,导师本人演示了绝对听力缺乏的现象——典型的无巧不成书,如果不说是狄更斯式的。从青少年时代起,帕斯捷尔纳克就有进入此种情境的能力。——德·贝)

在确凿的事实与变幻的猜测之间,我更倾向于后者。我的心不禁再次为之一颤,想到了两种可能。假如我道出隐忧,他反驳我:"鲍里亚,我也没有绝对听力啊!"那倒也罢了,那表明不是我死缠着音乐,而是音乐注定归属于我。但假如他的回答突然提到瓦格纳和柴可夫斯基,提到调音师……我已准备转向这个恼人的话题,可话还没到嘴边,就被他的回答打断了:"绝对听力?难道忘了我跟你说什么来着?干吗要谈瓦格纳?谈柴可夫斯基?还有成百上千拥有绝对听力的调音师?"

斯克里亚宾的行为可从两方面来理解:或许出于其超人哲学,他不愿触

---

① 德国黑森州中部的大学城。1911年4月至8月,帕斯捷尔纳克在当地大学进修哲学。

及他本人的缺陷;也有可能,他认为在瓦格纳和柴可夫斯基之后提起自己是不妥当的。但唯有彻底的真诚才能够满足帕斯捷尔纳克——其自传可以为证;如果说斯克里亚宾是为了他而不愿自曝其短,则说明他并不太想劝慰他……总之,

> 我完全没料到,前一天我还觉得是永存的世界,已经在内心融化了,坍塌了。我朝前走着,在每个拐角都加快脚步,我并不知道,今晚我同音乐的关系将会就此了断。

列昂尼德·奥西波维奇和罗扎利娅·伊西多罗夫娜焦急地在家等待着斯克里亚宾的评价。想象一下春天的格拉佐夫胡同,"积水没及膝盖",莫斯科夜幕下,帕斯捷尔纳克正往家走,他跟跟跄跄,步履凌乱,时常不经意地走到路对面。还可想象家的惬意和家人的守候,以及奇怪地从这一切萌发的从零开始的决心。他在《安全保护证》中回想当年,整个莫斯科似乎都曾经属于他。他的偶像方才还对他的音乐作品大加赞赏。绝对幸福近在咫尺,唯独缺少了绝对听力。不过,假如具有绝对听力,斯克里亚宾也给予了应有的回答,帕斯捷尔纳克或许会以更大的决心改变选择。他在顺境之中往往无所适从。

第三章 爱慕

1

在记述成长历程的俄罗斯散文中,《安全保护证》第二篇第三节也许是最坦诚和最纯洁的篇章。

> 世上有一种所谓崇高的对待女性的态度。我要就此略抒己见。存在着某种不可逆转的循环,构成它的是各种引起少年寻短见的现象。也有的循环由诸多错误组合而成,譬如幼年的幻想、童年的畸变和青少年时期的渴求,它是克莱采奏鸣曲和反克莱采奏鸣曲的汇集。我一度置身于这个循环,可耻地盘桓了许久。这究竟是怎么回事?它折磨得人痛苦不堪,除了一味损害,别无裨益。然而,没有谁能避免坠入其中。人类写进史册的所有事迹,都将永远经历这个循环,因为这些奏鸣曲,正是唯一彻底的精神自由的前奏,其书写者不是托尔斯泰们和魏德金德①们,而是他们各自的手——大自然本身。只有通过它们之间的相互矛盾,才体现出大自然饱满的构思。

在少年的错误、畸变和幻觉构成的循环中,帕斯捷尔纳克何以"可耻地盘桓了许久"?原因不仅在于他实在漫长的成熟过程(某种程度上,少年期伴随他直到最后一刻——他的个头一直在长高,他从未确信自己最终找到了确凿的真理,也从未有意识地对成长加以催熟——从而延续着持久的创作生命)。他本人同女性交往时的"愚钝",也是原因之一,这一点他对济娜伊达·涅高兹②说过,后来也告诉过奥莉加·伊文斯卡娅:本来没什么,可他就是潇洒不起来。同时他坦言,他的爱慕者大有人在。他相貌英俊,可谓

---

① 魏德金德(1864—1918),德国作曲家、演员。
② 帕斯捷尔纳克的第二任妻子。详见本书第二十二章。

风度翩翩;但即便情场上轻松胜出,他也无法真正相信自己的魅力。他对女性的态度集合着崇拜和怜悯;倘若其中缺少了戏剧,他会凭空创造出来。正因如此,他的初恋不可能以幸福而论,尽管他爱上的那女孩活得很好。

她是茶厂老板维索茨基的女儿。她家的货仓在米亚斯尼克街,离帕斯捷尔纳克的学校不远。他们两家关系不错,鲍里斯十四岁就认识了伊达。

> 这是一个楚楚动人的女孩,从小受到很好的教育。年迈的法国女教师宠爱她,但并不指望洞察她的内心。这位老太太比我更清楚地记得,经常是天蒙蒙亮,我就从外面给她的宠儿带来了几何学。这学问与其说是欧几里得的几何学,不如说是阿伯拉尔①的几何学。

(阿伯拉尔,众所周知,就是在做家庭教师的时候,爱上了自己的学生爱洛漪丝。)

"由于性情和教养,我终究不能也不敢"放任情感,归根结底,这是因为大自然"困扰着所有生物的情感……它对情感的阻碍让我们觉得自己染上了苍蝇的龌龊,此种感觉制约我们每个人,我们离苍蝇越远,它就越发强烈"。这再次证明,帕斯捷尔纳克将非自由视为某种获救:只有受阻的感情对他才有意义。

> 教育者竭尽全力,为天性减缓压力,却始终加剧着它的负担,而这又是理所应当的。

1908年,帕斯捷尔纳克从中学毕业了。俄罗斯诗人当中,他好像是唯一的金质奖章获得者,各门功课都是五分,除了因犹太出身而免修的神学课。或许由于免修,他反而喜欢上了东正教,虽不是官方色彩的;他熟知几乎所有的宗教要义。当玛丽娜·巴拉诺维奇②打完《日瓦戈医生》手稿,建议他阅读保罗书信时,他以戏谑又愤懑的口吻感叹道:"她竟然让我读使徒保罗!"假设他学习宗教是迫于压力,死记硬背,势必无法洞悉基督教的本质。

他一边准备入学考试,一边帮同年毕业的伊达·维索茨卡娅复习备考。

---

① 皮埃尔·阿伯拉尔(1079—1142),法国哲学家。他与自己的学生爱洛漪丝的爱情悲剧在欧洲文化史上广为流传,被视为禁欲主义与思想专制的牺牲品。
② 玛丽娜·卡季米罗夫娜·巴拉诺维奇(1901—1975),苏联翻译家,以翻译法国作家圣埃克絮佩里的作品著称,艺术天分极高,有人称之为《日瓦戈医生》最好的读者"。苏联"地下出版"(самиздат,或译为"自出版")的创始人之一。

6月16日,帕斯捷尔纳克向莫斯科大学法律系一年级递交了学籍申请。作为奖章获得者,他被免试录取。选择法律系是因为课程压力不太大,同时还可完成音乐学院的学业。但帕斯捷尔纳克放弃音乐之后,就没必要再学习法律。一年后,他转入历史—哲学系。正是从1909年起,他开始尝试个人的诗歌写作。最先盛赞其诗作的是谢尔盖·杜雷林,一位年轻的诗人与评论家,比他年长四岁,在托尔斯泰主义刊物《中间派》任职。这一年里,两人的交流格外热烈,斯克里亚宾首次演奏了《狂喜之诗》。流放托木斯克期间,杜雷林在自传体随笔《自己的角落》里写道:

> 音乐会触动了鲍里亚的神经。这是某种抒情的狂烈,是无休止的煎熬:抒情诗的酵母在他身上疯长,折磨他。但是,正像如今所显现,使这些感触得以升华的,并非音乐的因素,而是诗的因素。

帕斯捷尔纳克经常给他寄去钱和书信。因此,杜雷林对他的所有回忆都带有动人的温情和谢意:

> 如今这种人很少,几乎没有人这样做[……]这份记忆、这份爱和坦荡的情怀对我多么珍贵!

杜雷林始终以一腔热情看待帕斯捷尔纳克:

> 他完全是清醒的,但在抒情方面却如痴如醉……他的惆怅百转千回。给我的来信长得不能再长,充满了渴望的骚动、某种受制于离奇幻想的思绪和赤裸裸的绝望,预示着抒情之路无法通向世界、现实和欢悦。他因此萌生了以词语营造抒情迷狂的念头。维亚切斯拉夫·伊万诺夫①或许要说,帕斯捷尔纳克是被狄奥尼索斯掌控了。而这样的论断或许才是准确的[……]突然间,在痛苦和郁闷中,他龇露出黑人般洁白的牙齿,呐喊一声:"世界即是音乐,找到词语才能找到通往音乐的路。"

这是关于帕斯捷尔纳克文学活动的独到评述,在他的抒情诗略有所成之前,就已得到阐发。事实上,他早期创作的主要特点在于词语"回到了音乐",而这正是曼德尔施塔姆的夙愿。在此意义上,他们是对跖者②,痛苦地

---

① 维亚切斯拉夫·伊万诺维奇·伊万诺夫(1866—1949),俄罗斯象征派诗人,哲学家。
② 对跖者(антипод),指生活在地球任一直径两端者,转义为性格、志趣截然相反的人。

被对方吸引,准确地说,是被对方的长处吸引。帕斯捷尔纳克渴望明丽的色调,曼德尔施塔姆则期望"天然、空灵的词语"。他们各自的方向本来就大相径庭:帕斯捷尔纳克以自我为起点,曼德尔施塔姆则以自我为终点。帕斯捷尔纳克最终找到了他天性中缺乏的流丽与和谐。曼德尔施塔姆也达到了天然的、时而不无苦痛的空灵,在极近距离的观察下,它从每一个"我"之内显现,这就像二十世纪初的物理学家通过深入的透视,惊恐地发现了物质的消失现象。

词语在帕斯捷尔纳克那里,与其说是意义单位,不如说是建筑材料:他并非在陈述世界,而是在构筑。显然,这种令人敬畏的新手法来自岁月的打磨,从重重困难中探寻突破口;有趣的是,在帕斯捷尔纳克的世界里,散文与诗歌始终紧紧贴合,将他的两个特征——理性与混沌、有序与冲动奇异地结合起来。散文中并存着狂放杂芜的意象,以及详尽的、时常是细致入微的情节润饰;狄更斯式的巧合和浪漫奇迹同精心添入的细节和铺陈相映成趣。后来在《中篇故事》中,谢廖沙·斯佩克托尔斯基①,帕斯捷尔纳克最具魅力的主人公,将创造出此种兼具狂放与严谨的结构。琐碎之处,纤毫毕见——在要点上,则有几分失真和短浅,仿佛世界是透过激动的泪水被发现的。这种远近结合、虚实相间的视觉效果,在《空中道路》中尤为明显。

实际上,1908年至1909年,帕斯捷尔纳克第一位主人公就已出现,这就是青年艺术家列林克维米尼(Релинквимини)。小说写作的雏儿,往往赋予其主人公以晦涩、怪异的姓氏——有时别具寓意(个体发育再度重复系统发育的过程,古典主义的发展亦如此),有时不过是为了叫得响亮(浪漫主义的曙光)。列林克维米尼——relinquimini——一个拉丁语动词的现在时复数第二人称形式,被动式,其含义是"你们被留下"(不是说"被遗留",而是"被保留")。帕斯捷尔纳克还将这位人物的姓氏写成列里克维米尼(Рсликвимини),少了一个字母 n;reliquimini 意为"你们欠了债"或"你们是债户"。不懂得任何拉丁语动词的马雅可夫斯基有过一句更精当的表达:"诗人永远是宇宙的债户。"帕斯捷尔纳克也完全有可能写出这种抑扬格的诗句,无论他成熟与否。至于说"你们被留下",这已接近阿赫玛托娃

---

① 帕斯捷尔纳克长篇诗体小说《斯佩克托尔斯基》(1925—1930)的主人公。《中篇故事》(或《中篇小说三章》)相当于这部小说的散文体片段,帕斯捷尔纳克称,它们"彼此之间并不抵触",它们"涉及的是同一种生活"。

的艺术概念,接近她喜爱的谢列缅杰夫家族①的格言——"上帝保全一切"。在《论帕斯捷尔纳克的"阿佩莱斯线条"②》一文中,尤迪夫·卡罕详细阐释了两种写法的含义。

帕斯捷尔纳克的早期诗作和散文小品,记录着一段疾速发展的历程:从华丽至极的雕饰与幼童般的稚嫩,到完全清醒的自省,从嘈杂的喧响,到和谐与意义。然而,正是此种少女般天真,仿佛未经人事的文学态度,反而让他的诗一开始就透出勇敢和鲜活的气息。只有杜雷林一个人真正理解,帕斯捷尔纳克是"混沌的建筑体",词语之于他,正如材料之于建筑体。意义不重要,重要的是词语背后扑朔迷离的混沌状态。"我们构筑各自的小宇宙,它们底下却不见任何'颤动着的混沌'。"他伤感地谈到自己和友人,从而使帕斯捷尔纳克鹤立于一代人中间。

> 黄昏,宛如玫瑰的侍从,
> 长矛和腰带,挂在天空。
> 黄昏,又像玫瑰的乐师
> 埋首于他的忧伤和竖琴。
>
> 黄昏,玫瑰的侍从,
> 重走花枝蜿蜒的小路,
> 稍一迟缓,就把斜坡
> 遗落在骑士的披风外。
>
> 夜晚勤勉,前来换岗,
> 两匹溜蹄小马,只骑着一匹。
> 一匹和另一匹,一起
> 裹进夜的昏暗的织物。

---

① 俄国历史上的贵族世家,出过许多高官和军事家。
② 阿佩莱斯(Apelles),公元前四世纪下半叶的古希腊画家,以水胶原料在木板上作画,善于明暗配衬。"阿佩莱斯线条"一词喻指经过努力达到的完整精制。《阿佩莱斯线条》(1915)也是帕斯捷尔纳克早年未完成的一部小说。

一匹和另一匹。踩踏蒿草，
　　褐红色的蹄印一闪即逝。
　　更向一重幽深。蒿草茫茫
　　湮没它们身上的心跳。

　　这首诗(《黄昏，宛如玫瑰的侍从》，1913)写得不好，了无新意，但颇有才气。天才的开场，往往难免于笑料，因为他试图套用在传统形式中的内容过于新鲜和绚丽，而新的形式暂时还未成型。然而，帕斯捷尔纳克的早期诗作仍不乏魅惑：譬如那不紧不慢的马蹄声的绝妙音韵("一匹和另一匹"①的复沓，有节奏的断续)，由棕红到暗红再到深褐色的鲜明色调，还有适宜于中世纪诗篇的黄昏秘境；纯粹的印象主义，但确乎已是自己的风格。洛克斯断言，该诗主题是情色的，主要表现在后两节。一言难以蔽之——也许是这样，既然有人能从诗中读出任何含义，甚至世界体系的竞赛。这里也许真的带有情色意味——"一起裹进夜的昏暗的织物"，既可影射床笫之事，也可指织花壁毯。洛克斯读到此诗正当年少，一个年轻人，恰好对一切事物都会产生色欲的联想；写这首诗的人也才十九岁。

　　帕斯捷尔纳克开始写诗的原因只有一个。如果说这不是他内心世界唯一的，起码也是最可行的调理方式。连贯地读一读鲍里斯早年致亲友和恋人的书信，便不难发现，其间绵密的语流堪称奇景，这也恰是他晚年批评托马斯·曼乃至莎士比亚的一点：不善于倾听自我和找到唯一准确的词语。早期书信中的帕斯捷尔纳克情感过剩，晦涩难懂，他本人则引以为荣。短短两年间，诗歌作为一项极具意涵和最有条理的活动，将他从男孩变成男人。不妨对比一下1912年的信件与1914年他从乌拉尔写给父母的信。他起初的书信有如西摩·格拉斯②寄自童子军夏令营的冗长乏味的家书(塞林格作品里有这样一个人物，集中了一切美德，他的天马行空像极了早年间的帕斯捷尔纳克)。帕斯捷尔纳克能就任何话题高谈阔论，譬如他的儿子就引用过他给加大陆斯基的信。这封信似乎是写了《狂喜之诗》在圆柱大厅的例行演出(由帕斯捷尔纳克热爱的阿尔图尔·尼基什担任指挥)之后，并没

---

① 原文为 тот и другой，读来具有一定的音韵效果。
② 美国作家塞林格(1919—2010)短篇小说《哈普沃兹16，1924》中的主人公，也是描写格拉斯一家的小说集《九故事》中的人物之一。

有寄出：

> 就好像四位各不相同而信奉同一教义的圣徒凑在了一起：诊疗所的一个早晨，窗子里透出的惨淡的灯光；然后是贵族聚会上的布套沙发椅，令这个早晨感到亲切；旁边是全然不同的另一间大厅——枝形吊灯耷拉在它鬓角边，犹如充血的眼睛；最后是若断若续的穿堂风，徜徉在门户大开的事物之间：乐队和我们的要命的失眠之噩梦；还记得它是怎样穿堂而过的吧！［……］可以想见，能这样用心翻阅的唯有冷酷之心，它需要占有亲人的心灵，这心灵会被当作小册子或纪念簿供奉给它：供奉时带着请求——可别遗失纸页，也别翻乱。

这类信马由缰的漫谈与其说展现着魅力，倒不如说反映出精神约束的缺失；帕斯捷尔纳克很快就意识到这一点。是的，他其实从小就了解自己，只是受不了别人向他说起。他需要听从于自我。

2

1910年，帕斯捷尔纳克与奥莉加·弗莱登伯格展开了某种恋情。每次会面之后，他总是痛感自己缺乏节制，思维混乱。正如《探索之路》这一章里所要揭示的，每个新十年的开端，对于他都是时间上的分水岭：从零开始，脱胎换骨，又一波三折。这一年里，他很想彻底变得严肃、成熟和简白，想为折磨他的一切找到对等的形式（问题的解决持续了整整四十年）。2月底，奥莉加来到莫斯科，他把想法告诉了她。早在1908年的一次问卷调查时，她就在性格特征一栏填写了"讲求事实"，指的不是今天人们或许以为的乐观精神，而是思维的实证和清晰。（在同一份问卷中她写道，希望自己是沙漠里的苦修士。若不能如愿，就做一名护士，这在1915年成为现实。女孩没有信口胡言。她还表示，各种过失当中，最不在意的是有意识的过失，即充分了解事情原委而放纵自我的个体行为；同样是这种自觉意识——对所有内心活动的专注，使她的书信和回忆带有学究气，呈现着幽深的心理，因而弥足珍贵，如同另一位彼得堡实证论者利季娅·金兹堡的日记体散文。）

弗莱登伯格时常嘲讽帕斯捷尔纳克发散的思维：

> 今晚发生了一件合你心意的事情（她结束了二月之旅，乘火车离

开莫斯科。这是她于1910年3月2日向他描述的旅途一幕。——德·贝):一个少女,一路上神情专注,沉默不语,突然间开口了……话题居然是锡诺普战役①!!我想,要是躺在我铺位上的人是你就好了!当然,你会滔滔不绝地回应她,称维也纳家具优于软式家具;而她也会背上几段安德烈·别雷或萨沙·乔尔内②的诗……这该是何等美妙呀!……

她以少女固有的高傲,给朋友写信提到他的书信:

> 一张刻意"显摆"俏皮劲儿的明信片,但像往常一样,可怜的男孩免不了弄巧成拙。

就在这张明信片上,帕斯捷尔纳克说他要去父母那儿,他们住在波罗的海岸边梅列居尔③附近,途经彼得堡时,他会顺便探望弗莱登伯格一家。奥莉加的母亲安娜·奥西波夫娜用戏谑的笔调模仿他回了信;他感到不快,就没有去看他们。不过,他还是想跟奥莉加谈谈,一到梅列居尔,便给她寄去厚厚一封长信,"为使你来这里的原本无可辩驳的理由更充分"。她来了,彼此间的距离却未能拉近。他煞费苦心,尽可能让自己保持冷淡,以为这样她才喜欢,可她偏偏想要抒情。她让他"讲个童话小故事",他避而不应;她想和他晚上坐在露台上,他却大谈哲学,不瞅她一眼。

> 我本来可以讲两只小狼一块儿唱起歌,一块儿打转的故事[……]但我却不想讲;你知道,我当时凶巴巴的。

直到从海滨归来,鲍里斯和奥莉加才有了一次倾心交谈——漫长、严肃而又深情的。说起楚赫纳人④的车站名——布多果什、蒂科皮斯,两人忍俊不禁。"蒂科皮斯"一词后来进入他们的私密用语,成为"行书"与"狂草"⑤的同义词,用来指称鲍里斯过于炫目的书信风格。从彼得堡返回莫斯科的路上,帕斯捷尔纳克写信,称那几昼夜为"一生中最可怕的昼夜"。他因渴

---

① 克里米亚战争(1853—1856)期间发生在土耳其北部锡诺普海湾的一场海战。
② 萨沙·乔尔内(1880—1932),苏联诗人,以讽刺小市民习气见长。
③ 位于爱沙尼亚境内的海滨疗养地。
④ 旧俄时期对芬兰人的蔑称。
⑤ 在俄语中,蒂科皮斯(тикопись)、行书(скоропись)及狂草(дикопись,非通用词汇,姑且译为"狂草")都包含пись(书写)这一词根,读音相近。

念表妹而煎熬:纵然心有灵犀,怎奈虚无缥缈。他想跟她无休止地交谈,就给她寄了一封洋洋洒洒却不知所云的信。事实上,帕斯捷尔纳克的语汇极其主观。他赋予词语以专有的含义:

> 我曾经对你说过,正如我认为的那样,比较的目的就在于消解客体所依赖的生活或科学上的需求,进而使之获得自由的本质;纯粹的、清除了其余成分的创作使奴役现象另易其主;经由如我们所体验的因果关系的属性及命运的必然性,创作会将这些奴役现象转至另一种从属状态,它们注定依赖的不是命运、客体和现实生活,而是另一个对象,它绝非只是作为一种假定而存在,既然我们感受到一切稳定的事物变为不稳定,客体与行为发生质变,感受到对于惯常之物的全然不同的另一种本质性依赖……

接着是第二封信,为上一封致歉。篇幅缩短到三分之一,意思顶多清楚了两倍。奥莉加回了一封长信,清晰易懂,让他不必专为她苦寻辞藻——"用自己的话来写吧",还答应他可以同自己随意交谈,但不能以现有的尺度衡量她。她提醒鲍里斯:他想见到的不过是想象中的她,而她是另一个。她比他更像成年人,无疑也更成熟。不可思议的是,当这位二十岁的姑娘写道,她了解生活——"我了解,你要相信,非常了解",居然有人真的相信她。帕斯捷尔纳克郑重回应道:"你更年长,你更强大。"四十年后,这句赞誉由她返还给了他。

帕斯捷尔纳克的回信更长,更主观。他概述了他的中篇小说处女作的构思,主人公便是列林克维米尼。一位年轻音乐家通宵达旦地写作,处于"纯粹的精神迷狂",突然想记录——仅用寥寥数语——这个早晨和他自己的状态;记下之后,他去买面包,手稿留在窗台上。纸片飞散,落到不同的人手里,其中一个,觉得音乐家思想晦涩难懂,却激发了他本人的思考。过了一年,列林克维米尼(给奥莉加的信中还不叫这个名字)偶然见到了"他的手稿的副本,内容扩充了许多,简直不是副本,而是它的对立物"。这是典型的帕斯捷尔纳克式的情节:重要的不是让读者对你的观点信以为真,而是要以创作激情和强大创造力感染读者——即便遇到个人的对立物,那也是源于你的促动。

他的父母拜访了彼得堡的弗莱登伯格一家。从父母那里,帕斯捷尔纳

克却未能获悉奥莉加心境究竟如何:

> ……他们仿佛不是人,而是蔬菜,注定从一个地方依次移植到另一个地方。欧洲防风①的特性是在泥土中生长,并被泥土覆盖;是的,这就是该物种的特性。

奥莉加怨他沉湎于长篇大论的书信,不来看她,而他则怨她不能前来,反倒在信中讽刺他。她的严厉——假装的和蛮横的,深深刺伤了他。他写信向她诉说牙痛之苦,她冷冰冰地回复:"既然牙痛,那就拔掉。"他好像要为自己辩白,在随后的信中写道,发痛的是智齿,长得好好的,所以这应该是神经上的疼痛。奥莉加,显然是别有用意地说,一颗健康的牙齿被拔掉总是好事,因为这样就能战胜两种疼痛:神经痛和对牙齿的依恋之痛……就这样,他们终于在1910年拔掉了那颗"健康的牙齿":通信长时间地中断了,表妹的讥讽让帕斯捷尔纳克感到难堪,他断定自己根本不会与人相处……他想要彻底改造思想意识,暂时不许自己再考虑艺术,因为他的艺术构思并未给奥莉加留下任何印象。正是从1910年夏秋之交,他的心态发生了转变:他决定近期内多研究哲学,少关心文学。1912年6月30日,他写信向她解释说:

> 我下定决心,要改造自己的思想意识[……]为的是更加接近于"彼得堡"。虽说这个想法持续没多久,但我已初步采取严格措施,确定了我的自我改造的大方向……如此一来,我便断然解决了萦绕在心间,难以表达的苦闷。

从奥莉加的信中,他未能看出对公正的读者清晰可见的——被刺伤的女性自尊。他无法相信,有谁会觉得他本人的个性比他的哲学理论更有趣。他被这种迷误牵制着,走了很远。

---

① 植物名,可入药,也可用于烹饪,拉丁学名为Pastinaca,俄语名称为пастернак,拼写和读音与"帕斯捷尔纳克"完全一致。

第四章　镜中人：奥莉加·弗莱登伯格

1

像玛丽娜·茨维塔耶娃和阿里阿德娜·埃夫龙①一样，奥莉加·米哈伊洛夫娜·弗莱登伯格也是帕斯捷尔纳克永远的对话者，或许还是其中最好的：她没有茨维塔耶娃式的自由放任，比阿里娅更加善解人意，她和帕斯捷尔纳克相识整整五十年，始终保持着书信往来。弗莱登伯格的见证格外珍贵，是因为她深爱帕斯捷尔纳克，又几乎处处与他不相容。他只要浮想联翩，刻意冒出三两句空洞的哲理，她就会恪守思维的严谨，较真到底；他只要思如泉涌，她便浓缩精华。她研究的课题——希腊人的厄运，也正好符合她的悲剧观念。在这方面，她倒是与帕斯捷尔纳克有几分相像。然而，如果说帕斯捷尔纳克尽力低调处理个人命运中的悲剧成分，同时又出色地揭示了共同命运中的悲剧成分，并加以高超的刻画，如果说他所有的文字都在避免怨言，试图从自身境遇中发现尽可能多的神益，那么弗莱登伯格则不明不白地遭到剥夺，丧失了做一个幸福与感恩之人的清晰感受力。她的世界，尤其在三四十年代，简直一团漆黑：起先是迫害，继而是围困和母亲的病——半年之久瘫痪不起，母亲去世后，她万念俱灰，孤寂无以排遣，同文学和学术的隔绝令她生不如死。与帕斯捷尔纳克的交往，俨然成了这个世界的一线微光，但即便从表兄身上，她也时常得不到理解和精神的共鸣。帕斯捷尔纳克周围所有真正聪明的女性，或早或晚地都受到他的感染，学会了在孤独和饥饿中关注风景，在普遍的谎言和堕落中保持本色，一句话，在不幸中做幸福的人，"在沸水中越来越好"，正如他对自己的评价。在他看来，没有什么能

---

① 阿里阿德娜·谢尔盖耶夫娜·埃夫龙（1912—1975），茨维塔耶娃的女儿，散文和诗歌译者，回忆录作者，与帕斯捷尔纳克关系密切。下文中的阿里娅，系阿里阿德娜的昵称。

比"生活的真理"更虚假。

在与他的通信中,茨维塔耶娃对创伤耿耿于怀。而弗莱登伯格也越来越痛苦,越来越敏感地强调个人与他人命运的不幸。帕斯捷尔纳克以艺术家的方式赞赏她,又以常人的方式公然刺激她。

> 我一直期待鲍里亚内心深处的消息:获得救助的隐秘希望不由自主地同兄弟兼朋友的名字联结在一起,因为他根本不在乎死神对我们这些生者的掌控。但是当我读到他从契斯托波尔①寄来的带有风景描写的书信时,才终于意识到自己的迷误。不,拯救无处可得,也无人可以指望!他的信客观评述了意气消沉、惘然若失的情绪。就像在革命初期,信中也有干爽的天气和擦洗过的旧钱币似的敞亮心境。

帕斯捷尔纳克本人也很清楚这一点:就在这封寄自契斯托波尔的清新动人的信中,他提醒表妹,也提醒自己:

> 我给你的信有些言不及义,而且我觉得(这种感觉从来不会有错),你会带着冷漠和疏远读这封信。

怎能不疏远呢?1942年7月,围困的第二年夏天,在炮火中的围城,弗莱登伯格怀抱着生病的母亲!她总以为,帕斯捷尔纳克能做点什么(所有向他求助的人不知为何都这样以为)。他可以设法进入列宁格勒,为她和母亲弄到通行证,再带些食物来。不管怎么说,他毕竟有机会,当时他自己也在张罗着去莫斯科的通行证,这件事他亲口说过!可她只得到一份报告,内容是他的心绪和契斯托波尔的生活。

写给奥莉加·弗莱登伯格的信,堪称宝贵的编年史;如今,这些信已完整出版,我们可以看到,帕斯捷尔纳克作为自我中心主义者,对于见证世界的兴趣远远大于见证他自己,而他所爱的通信者则专注于个人思想和个人苦难,其详尽程度远远超过描述她的时代和城市。个人的内心世界和亲历的悲剧向她掩盖了自然和历史,有时还包括她的对话者。然而,此处呈现的差异与其说是气质的,不如说是审美原则的:每逢新的磨难,弗莱登伯格都想要获得完整的体验,试图在各方面"一探究竟",正如帕斯捷尔纳克对她的期望。当时他羞于书写怨言,他喜欢向对话者和读者叙说"工作、道路的

---

① 俄罗斯西南部城市,位于伏尔加河最大的支流卡马河左岸。

寻觅和精神困惑",但不涉及凌辱、恐惧抑或良心的苦痛。

不妨比较一下两人通信中的两个片段。1942年夏天,一位朋友邀请奥莉加·米哈伊洛夫娜参加生日聚会。天气闷热,她不太想去。为了克服冷漠,她强迫自己走出家门。

> 电车开过来了。一位苏联公民想冲上去,他使劲儿地拉扯,我就脑袋冲着马路栽倒了。脑门儿直接磕在路面上。感谢上帝,那位公民上了车。车站越来越空,有人害怕地俯下身,向我耳语,但谁也没有来救我。我首先意识到自己还有意识。然后——我的眼睛还在不在。还在。我站起来,浑身是血。我的血淌了一地。一个念头冒出来,刺痛着我:妈妈!无论如何我都要赶回家,而不是去医院。我走着,浑身是血。血浸透手绢,滴在外衣上。我爬上台阶。家近在咫尺。我冲进浴室,在里面对妈妈说我摔倒了。然后才出来,走到镜子跟前。哦,真可怕!我看见鼻梁上端有个大洞,里面——是我的额骨[……]我躺了很久。我得了脑震荡,为我调理和治疗的既有心理医师,也有外科大夫。

帕斯捷尔纳克是怎样回复的呢?

> 亲爱的奥莉亚!你的来信令人震惊。你可真够幸运的!伤口完全愈合了吧?哎——呀——呀,你看你!大概是从反方向跳下去的吧(这是济娜①常有的习惯)。她向你和你妈妈致以衷心的问候[……]你找一下《青年近卫军》杂志4—5期,上面有我的哈姆雷特②。您可能会感觉不习惯,不喜欢它的单调、平淡等等。

就在这种异常的情形下,帕斯捷尔纳克居然还在营造幸福:说到底,这并不是一桩凶杀惨案!想象一下,时年五十岁的奥莉加·弗莱登伯格,从有轨电车上跳下来,天哪,竟然还是从反方向!无疑,他这是在开玩笑——试图用自己的方式分散病人的注意力。病人却不领情,这大概也影响了对译作应有的好评。在随后的信中,帕斯捷尔纳克诚恳地询问:"兴许你真的不理解我对自己和对你的玩笑,所以你才感到伤心,对吗?"

可以想见,她确实伤了心。

---

① 帕斯捷尔纳克第二任妻子济娜伊达的小名。
② 指帕斯捷尔纳克翻译的莎士比亚剧作《哈姆雷特》。

然而，一旦触及严肃的话题，无论恼恨、误解还是气质的差异，全都消退了。在他最亲近的人中间，没有谁不对他抱有诚挚的爱：这种爱经得起考验，它似乎是唯一的活生生的情感，留在了他表妹那僵冷、干枯的心中。她一生都在这样凝视他，就像凝视1903年夏天的照片：奥勃连斯克的夏日，两个十三岁的孩子。鲍里亚身穿白色竖领衬衫，腰间扎着皮带，诡秘而略显无赖地咬着手指甲，奥莉娅站在他右边看着他，一副崇拜与期待的神情：他又在想什么主意呢？

2

再说说她的学术研究工作。奥莉加·弗莱登伯格的兴趣首先在于情节与体裁的关联，其次是基本文学体裁的起源（悲剧、民谣及抒情诗的产生），再次是"徘徊"于各民族中间的诗歌主题的形成原理：它们在不同时代的处理特点、在各个国家的合成规律，以及阐述方面的特殊手法。就此意义而言，她比任何人都更接近于帕斯捷尔纳克，因为组织结构对叙事题材的依赖性正是她研究的问题，而帕斯捷尔纳克也始终认为，结构（或者像他喜欢说的"布局"）几乎在任何文本中都至关重要。

奥莉加·米哈伊洛夫娜·弗莱登伯格，一个不幸的女人，男人般冷峻的头脑和刚直的性格（坚持真理正是这种性格的主要特点）使她注定不可能幸福。无论对帕斯捷尔纳克还是对她自己，弗莱登伯格都坦诚至极。她不造作，不伪装，胸无城府。她的思维是学究式的，她反思的事物，帕斯捷尔纳克连想都不想，因为艺术不是他的课题，而是事业；看那蜈蚣想来想去，行动时究竟先迈哪条腿？终究不敢挪动一步。不过，对她的论著他还是予以热诚的赞扬。

从1932年起，弗莱登伯格担任列宁格勒大学古典文学教研室主任，被迫从事她内心反感的组织工作，主要是克服上级长期不断的僵硬阻力，向那些对科研一窍不通的人汇报情况……整个四十年代，她都处于严重的抑郁状态，经常说自己被生活欺骗，不再为他人所需，不再有什么愿望……在她身旁，帕斯捷尔纳克就像个年轻人。1950年她被逐出大学。1954年她得了重病，第二年就去世了。帕斯捷尔纳克没有参加她的葬礼，他向来很少参加葬礼。对他而言，仿佛任何人都不会死。

奥莉加·弗莱登伯格和母亲共度了一生,一直没有出嫁,到了五十岁的年纪,干脆什么都无所谓了:叶甫盖尼·鲍里索维奇·帕斯捷尔纳克时常回忆起她那不高的虚胖模样,穿着单调而寒酸,但是她的屋子,宛如她的衣装,依然规规整整。彼得堡寓所的"洁净与寒气",也宛若当年,留在帕斯捷尔纳克的记忆中。

奥莉加·弗莱登伯格是帕斯捷尔纳克与童年、家庭及亲友之间最后的纽带。在极度绝望、精神几近崩溃的1935年,帕斯捷尔纳克向她寻求帮助。她的同事和学生同样求助于她:她是冷静与坚毅的化身。帕斯捷尔纳克总是尽力讨她喜欢。他似乎高估了奥莉加的自我保护能力,对她的自信也看得比实际更高。而她对自己所有的文学成就——在困守围城、常年照料母亲和工作繁重的情况下依然著书立说——最看重的便是与帕斯捷尔纳克的交往。她偶尔用三言两语就能让帕斯捷尔纳克振作起精神。而他的许多想法和情节的脉络正是与她交流的结果。

第五章 "谢尔达尔达"

1

1910年前夕，帕斯捷尔纳克家里出现了龃龉。父母不满意长子放弃音乐，没有人觉得他搞文学是正经事，关键是，据弟弟亚历山大回忆，此时的鲍里斯与家人渐渐疏远，越来越沉迷于自己的兴趣，大家却知之甚少。他试图自食其力，给人补习功课，居然被誉为模范辅导老师。

哲学专业学生康斯坦丁·洛克斯成了帕斯捷尔纳克最亲密的朋友。他们时常一起参加希腊文学讲习班。洛克斯住在大马厩胡同，根据其在回忆录《十年纪事》中陈述，他"热爱这个时代风景如画的莫斯科"。他与帕斯捷尔纳克初次会面是在1909年，而密切交往则始于1910年，就在托尔斯泰从亚斯纳亚-波良纳出走不久以后。整个俄罗斯都在追觅托尔斯泰的行踪。11月1日，在沃兹德维冉科大街，弗拉基米尔·索洛维约夫宗教哲学协会召开例会，别雷准备在会上宣读他的报告《陀思妥耶夫斯基的创作悲剧》，但刚一开始，托尔斯泰就自然而然地成了唯一的话题。"列夫·托尔斯泰在俄罗斯原野上！"别雷感叹道。勃留索夫疑惑地望着别雷。听众大多觉得他像文学魔法师，善于模仿癫狂（要等一代新人到来，才能判定其创新之意义）。帕斯捷尔纳克从童年时代就景仰别雷，很可能是因为从后者身上，他感受到彼此间的渊源：混沌、宽广和创作的激情，还因为别雷来自莫斯科教授家庭，来自帕斯捷尔纳克同样成长在其间的"少男少女们"。别雷寻求诗歌与散文的合成，这也是帕斯捷尔纳克主要的形式目标（像帕斯捷尔纳克一样，他也将这一切同严肃的"哲学研究"结合起来）。不管别雷的言行多么怪诞，帕斯捷尔纳克——众人眼中同样的怪人，一生始终崇拜他。别雷去世之后,他与朋友(鲍·皮里尼亚克①、加·萨尼科夫)合写了悼文,将《交响曲》②的作者称为天才。

讲坛上是扭动身躯、手舞足蹈的别雷,科斯佳·洛克斯捕捉到帕斯捷尔纳克投向讲坛的兴奋目光,从他眼中,洛克斯发现了"狂野的、孩子般喜悦的神情"。"才从沙赫马托沃③赶来"的勃洛克也朝人群投去一瞥。从当日起,帕斯捷尔纳克就与洛克斯几乎形影不离。只有年轻人才这样交往。不过,帕斯捷尔纳克尚未给人看过自己的诗。他认真钻研哲学——从休谟到康德,还去听古斯塔夫·施佩特④的讲座,他们同样保持了多年交谊。施佩特的孙子、年轻的米沙·波利瓦诺夫是玛丽娜·巴拉诺维奇的女婿,而玛丽娜同帕斯捷尔纳克的交往始于二十年代,曾为他整理和誊抄长篇小说文稿。施佩特的孙女阿廖娜,离婚后改嫁给了帕斯捷尔纳克的长子。在当时的莫斯科知识界,大家彼此知根知底。"并非世界拥挤,而是圈子狭小。"他们自己打趣说。莫斯科的大宅子、赏析音乐的母亲们和舞文弄墨的父亲们,早已随风而逝;圣诞的节庆、结伴而行的别墅度假、相互爱慕、终生的友谊、并不富足的闲适生活,也都不复存在。同样的生活与同样的节庆,在伊达·维索茨卡娅的府邸也曾经有过(当然更富裕):彩色冰激凌、娱乐节目、舞会、换装打扮、猜谜游戏、女人的万种风情……从各方面来说,这都是一个中间阶层:既非上流显贵,也非普通贵族,大多是受过教育的犹太人、律师、医生和公职陪审员,但也正是他们构成了所谓知识分子阶层。与普通贵族不同,他们不从事创作,因为缺乏创作的根底;真正进行创作的是他们的后人——帕斯捷尔纳克、曼德尔施塔姆、阿赫玛托娃、卡达耶夫⑤、左琴科⑥。苏联历史上也有过这样一代人。这完全是"第二代知识分子中的稀罕人物",生来便受到文化的浸染。六七十年代的苏联文化堪称辉煌,其创造者是"头戴土

---

① 鲍里斯·安德烈耶维奇·皮里尼亚克(1894—1938),俄罗斯作家,对苏俄早期文学发展有重要影响。
② 安德烈·别雷四部系列文集的合称,分别是:《第二部:戏剧交响曲》(1902)、《第一部:北方交响曲》(英雄曲,1904)、《第三交响曲:回归》(1904)和《第四交响曲:暴风雪高脚杯》(1908)。
③ 位于莫斯科州,这里有勃洛克家族的庄园。
④ 古斯塔夫·古斯塔沃维奇·施佩特(1879—1937),俄罗斯哲学家,心理学家,曾执教于多所欧洲大学。在苏联政治"大清洗"中被处决。
⑤ 瓦连京·彼得罗维奇·卡达耶夫(1897—1986),俄罗斯诗人,戏剧家。
⑥ 米哈伊尔·米哈伊洛维奇·左琴科(1895—1958),俄罗斯作家,以讽刺和幽默见长。

灰色钢盔的政委们"的子辈,亦即苏联知识分子第二代。他们也有同样的圣诞树,同样的郊外寓所和爱慕,当然比苏联一般的生活水平有所改观。相较于帕斯捷尔纳克同时代人的生活方式,苏联学校的大纲好比第五古典中学①,历史教育是大学水准,学生同时还学习拉丁语和希腊语。创造文化的大体上是"第二代",是自命为"后起之秀"的年轻人。帕斯捷尔纳克深爱这个群体,因而欣然接受了与他孩子同龄的新人们的特征;也正因为如此,在五十年代,他的朋友基本都是忘年交,可见他永恒的少年期是叠加在类型学的相似性之上。

身处这样敏感好动的群体,任何冲动都会在一瞬间扩散,这种氛围促使帕斯捷尔纳克终于加入"谢尔达尔达",一个对他一生影响深远的文学小组。小组名称似乎源于阿尔卡季·古里耶夫("诗人兼男低音歌手",按照帕斯捷尔纳克的说法)在伏尔加河上听到的一个词。当时先有一艘轮船停泊在码头,另一艘随后靠拢过来,乘客只有穿过前面的船舱才能上岸。他们拖着行李,人跟杂物混成一团,陷在原地挪动不了。忙乱中,古里耶夫听见有人说了声"谢尔达尔达"……同样欢快忙乱的气氛也笼罩着他们的小组。"谢尔达尔达"(帕斯捷尔纳克本人称之为"醉酒的群落")的核心人物是年轻诗人尤里安·阿尼西莫夫。

2

1910年11月7日,托尔斯泰在阿斯塔波沃去世。帕斯捷尔纳克父子俩立即乘坐夜班火车,从帕维连茨克车站赶往这个几天以来扬名世界的小站。在《人与事》中,帕斯捷尔纳克用一个章节记述了托尔斯泰之死。他有意混淆了两次事件:别雷的报告(也就是他与洛克斯走到一起的那场)与他本人的报告《象征主义与不朽》,但事实上直到很晚(1913年2月10日),他才以《美学文化与艺术象征主义问题研究小组》这个怪异的标题,在另一场会上读了这篇报告。与其说这是记忆的差错,不如说是帕斯捷尔纳克将他本人的报告视为对别雷的直接继承,以延续艺术的神圣本质、艺术家同造物主的平等权利等问题的探讨,所以他将这两场报告会和两篇文字重叠在

---

① 即帕斯捷尔纳克当年就读的莫斯科第五中学。

一起。

11月8日,帕斯捷尔纳克父子已经来到阿斯塔波沃。索菲娅·安德烈耶夫娜①抱住列昂尼德·奥西波维奇,放声大哭,他也哭得动不了笔,只完成了一张托尔斯泰遗容的小幅速写。"天哪,我在想,这件事情居然把一个人,而且是托尔斯泰夫人,折腾得如此不堪。"帕斯捷尔纳克回忆道。托尔斯泰故去后,托尔斯泰主义者(如帕斯捷尔纳克所说,他们是离托尔斯泰最远的人)与他夫人之间的争讼才是最令人震惊的:甚至死去的托尔斯泰也被争来抢去,从一个"部落"拖向另一个"部落"。帕斯捷尔纳克在1956年至1957年的随笔中提及这一幕,是因为独立于任何"部落"(乃至民族),当时对他至为重要。强调世间庸俗将托尔斯泰裹挟也是重要的,五十年代他身陷同样的困境:

> 那天,车站所在的小镇阿斯塔波沃变成了全世界新闻人士麇集的热闹营地。站上的小吃部生意红火,服务生一溜小跑,分送着嫩得带血的煎牛排,他们手忙脚乱,来不及满足顾客的需要。啤酒流成了河[……]托尔斯泰很自然地安静下来,像个朝圣者,在那个时代的俄罗斯路途附近安息了。

当然,帕斯捷尔纳克的人生经历也与之相仿:提前寻觅个人的安息之地,就在铁路边,在佩列捷尔金诺,再加上构成他本人小说旋律的列车。在帕斯捷尔纳克那里,我们还会与铁路的寓意相遇。这是历史宿命的永恒象征,艺术家的位置就在它近旁,因而可以审视它……但终究遥不可及。

帕斯捷尔纳克本人逐一点评了俄国几位天才人物的显著特征:"莱蒙托夫的激情,丘特切夫的意蕴,契诃夫的诗意,果戈理的色彩斑斓,陀思妥耶夫斯基的想象力";而托尔斯泰的卓绝禀赋在于"创造性直观的激情",以及每一现象的饱满特写。这使得托尔斯泰的行文格外新鲜,这也是帕斯捷尔纳克毕生之所求:在他看来,相互排斥又同时凑集的奇异特征是新鲜感的保证。他认为,这种饱满只有借助隐喻与形象,才能在诗歌中实现。这是"追赶自然"的唯一方式。帕斯捷尔纳克被托尔斯泰学说自由开阔的视野所吸引:正是对基督教既自由又大胆的解读,引导他迈向托尔斯泰后半生走过的

---

① 索菲娅·安德烈耶夫娜·托尔斯塔娅(1844—1919),托尔斯泰的妻子。

路,迈向质朴、叛逆和逃离。

除了逃离,帕斯捷尔纳克实现了另外两点。茨维塔耶娃在最初写给他的一封信中说过,不排除他在晚年会有遁入修道院之类的离奇举动;而八十岁的帕斯捷尔纳克,从佩列捷尔金诺逃向乌拉尔或格鲁吉亚,也并不难想象。但即使是那样,他仍是折中之人,一旦逃离包围着他的庸俗,就再也不去任何地方。

3

帕斯捷尔纳克经由洛克斯介绍,加入"谢尔达尔达",起初是作为即兴音乐家,弹奏大钢琴,模仿每个人到来时的样子。小组活动的参与者都记得他是如何"奏鸣",知音是何等稀少,但他略显狂野、快乐、惊人的乐调,却给大家留下难忘的印象。后来想起那些醉意的春夜,想起通宵的畅谈、阅读以及"用时代语言"讲的离奇笑话,他总是感到很温馨。不过,他还没有把诗拿给别人看,除了洛克斯和施蒂赫。两人都推崇他的诗。洛克斯回忆道:

> 渐渐地,我的眼前浮现出某种罕见的、异乎寻常的天才的轮廓。这些诗既不像勃留索夫的,也不像勃洛克的,语汇中偶尔闪现熟悉的组合,含义则全然不同。虽然象征主义在此显而易见,却夹杂着其他成分,别具一番意义。意义在于形象的相对性和假定性,其背后隐藏着整个世界,但这种假定性却服从于自然主义的细节处理,诗歌因此熠熠生辉,宛若未加工的金砂,散落在大道上。

从旁观者的角度看,或许是这样。我们今天读这些诗,并且了解晚年的帕斯捷尔纳克,就能看清楚,哪儿是金砂,哪儿是砾石。但当年还辨认不出,眼前究竟是又一位独树一帜的天才,还是勉勉强强的平凡之辈。

1911年初,帕斯捷尔纳克得了严重的猩红热,卧床休养两个月,病愈后认不出莫斯科了:他觉得街道变宽了,人们更有活力了。疾病一向是他作品的关键主题。在帕斯捷尔纳克的价值体系中,照料病人是基督之爱的崇高体现,而他的情书和抒情诗的话题之一,居然是氯化汞和消毒的气味。在他发热期间,母亲用氯化汞擦洗屋里的地板。他自己的儿子叶尼亚生病时,他也曾用氯化汞清洁衣物,防止把猩红热传染给济娜伊达·涅高兹的孩子。

他有一组题为《疾病》的诗,描写1918年冬天因流感引起的幻觉。他一般很少得大病,倒是牙痛(1929年他被迫做了颌下囊肿手术)、结膜炎、肾炎、失眠和关节炎的周期性发作令他饱受折磨;五十岁那年,他染上脚癣,吓得慌了神,差点向通讯记者说起此事⋯⋯病情越严重,他就越坚强地忍受,什么莫名其妙的毛病,都被他赋予厚重的意义。在他病危期间,他的忍耐力让护士们感到惊诧。在他抒情诗的宇宙中,疾病不如痊愈的幸福那样重要(尽管也有巨大作用——通过疾病,可以接触到新的、几乎是彼岸世界的经验):

> 突然间,千百座医院里
> 冒出了出院的气息⋯⋯①

二十世纪的俄罗斯诗歌中还有比这更好的春日复苏景象吗?1911年,卧病两个月的帕斯捷尔纳克第一次来到户外,他的世界复苏了。也正是从1911年春天起,他打算把写作当作职业。

他如何写作,亦即方法问题,我们知之不多。他的底稿未能保留。直到生命尽头,他都持守一条原则:"不必添置文献"②,这是他晚年的总结,却从最初的练笔就遵行不移。他有某种最无害的纵火癖——执着于不断创新的他,喜欢用炉火焚烧往日无助与迷惘的物证。大部分早期诗作的手稿都遗失了,底稿也被无情地销毁。帕斯捷尔纳克的文字工作,只能根据他旧作的新版来评判:1928年,他试图誊写自己几乎所有的作品,与其说是力求清晰,不如说是为了简白。他早期的文字确实有些玄奥,但这从来不是故意或下意识的结果。维亚切斯拉夫·伊万诺夫,他年轻时的朋友和善于思考的对话者认为,帕斯捷尔纳克的风格是即兴式的,正如他喜欢音乐中的即兴发挥。他写了《大钢琴即兴曲》一诗,谈即兴问题,已知有两个版本,1915年版和1946年版(后者大为简化,是为战后的文学晚会而作)。帕斯捷尔纳克几乎随时都能即兴创作,不需要借助什么特殊条件。只要纷纭联想的水流冲向他,使他沉浸其中,他就任其自由奔涌。马雅可夫斯基在走动中创作,走路的节奏能帮助他构思;普希金喜欢躺在床上写;勃洛克经常在夜间游逛,经过不眠之夜,他的创作才最有成果。无论何时,用何种工具,帕斯捷尔

---

① 引自帕斯捷尔纳克《雨》(1917)。
② 参见帕斯捷尔纳克《人有名气不见得光彩》(1956)。

纳克都能书写。他不用笔记本,不在单个诗句上煞费功夫,如果哪句写得不好,就随手把整个诗节替换掉,起码他年轻时是这样写的;当然,到了成熟期,他也讲究文字的润色,书写成为劳作而非即兴发挥。成熟的帕斯捷尔纳克不受抒情诗的掌控,反而使之受制于他;但即便这时候,他完成一首诗的时间也很少超过三小时。偶尔他也会在诗的长短上琢磨许久,一旦确定下来,进展就很迅速。阿赫玛托娃写诗,总是低声"嗡鸣",就像对自己念叨。曼德尔施塔姆用声音检验诗句,一边半闭双眼,一边哼唱曲调,每一句都斟酌许久,所以他的诗有时可分解成语句的砖石,而联结它们的韵律就未必严整,经常直接采用动词韵脚。帕斯捷尔纳克一般不会出声地吟诗,他跟曼德尔施塔姆的区别在于,他的思考不是以单个诗句,而是以大的诗段来展开。成熟期的他用词精简,但手法没有改变:在帕斯捷尔纳克的世界里,基本单位不是词语,而是语段。他仍像从前一样出手利落,《人有名气不见得光彩》不到四十分钟就写完了。还有三条规则保持不变:鲜明具体的视觉形象永远是第一推动力,视觉形象的发展,形成诗歌的内在情节;只有掌握事物总体"布局",即大体知道它如何终结,才可以动笔;散步之后工作最顺手,他不愿在书房,更愿意在街上或佩列捷尔金诺森林里即兴创作。工作时,帕斯捷尔纳克喜欢喝浓酽的茶,没有茶也无所谓;他抽烟,也可以不抽;他受不了书桌上摆满杂物,桌上不能有多余的东西,像勃洛克一样,他也喜欢禁欲主义式的室内陈设,几件家具和几本书足够了。

4

《我陷入静默的沉思》《黄昏,宛如玫瑰的侍从》《石子路的贝多芬》《二月》《春天,你让人两鬓湿潮》《春天再次在太阳穴跳动》,是帕斯捷尔纳克初露头角之作,还有未来的诗集《云雾中的双子座》里最早一批作品。

在一篇谈论抒情诗可读性的出色随笔中,法兹尔·伊斯坎德尔[①]打比方说,读帕斯捷尔纳克的早期诗作,感觉就像和一个烂醉而有趣的人交谈。再没有比这更恰当的比喻了。成熟期的帕斯捷尔纳克对其早年风格持贬抑态度:

---

① 法兹尔·阿布都洛维奇·伊斯坎德尔(1929—2016),俄罗斯阿布哈兹族诗人,小说家。

在"双子座"和"障碍"①中,当初面向文学同行,并可能取悦他们的一切,都是令人厌恶的。我陷入种种被动的适应而无力自拔,即便我抽身离去,也难以找到一条合适的路。(哦,对此我是多么清楚!)因为担心被视为幼稚,害怕文学的孤寂,我当时寻求的,恰恰是我自己违心地反对的。因此才有了离心机②和未来主义。(1928年6月19日写给叶甫盖尼娅·帕斯捷尔纳克的信)

他后来经常提到,他早期诗集里所有坏的东西,都源自未来主义,这并不是说,要把一部分过错归咎于勃布罗夫和阿谢耶夫③——后者影响帕斯捷尔纳克之类的观点,简直荒唐可笑,因为阿谢耶夫的文学气质比帕斯捷尔纳克差得太远。当然,帕斯捷尔纳克也厌倦了勃布罗夫的领袖派头,厌倦了他一味迎合时代变化,对内在节奏不加调整的做法(此内在节奏同历史时代相称与否,正是帕斯捷尔纳克在行进中关注的重点)。过错不在于阿谢耶夫或勃布罗夫,而在于他本人过多的疑虑、妥协的倾向和害怕文学的孤寂……后来,他尝试改写这些早期诗作,追求准确性和密度——有的成功了,有的被他毁了。1928年的修订有时效果极佳(扎波洛茨基④也试图让他的《报栏》更具理性色彩,结果只是平添疯狂),但大部分根本改变不了什么,因为取材过于单薄:这修修,那补补,整个儿就散了架。

> 今天,人们身穿大衣,
> 树丛间雨滴沾湿衣襟。
> 但他们谁也没有发现,
> 坏天气又一次把我灌醉。

> 马林果向后仰起叶片,
> 叶子背面银光熠熠;
> 今天,太阳忧伤如你,

---

① 指帕斯捷尔纳克的两部诗集《云雾中的双子座》和《跨越障碍》(或译为《越过壁垒》)。
② 俄国未来派的一个文学团体,详见本书第八章。
③ 尼古拉·尼古拉耶维奇·阿谢耶夫(1889—1963),俄罗斯未来派诗人。
④ 尼古拉·阿列克谢耶维奇·扎波洛茨基(1903—1958),俄罗斯诗人。《报栏》是扎波洛茨基第一部诗集,1929年正式出版时,因内容超前,手法新奇而遭到舆论界恶评,被称为一部"恶意攻讦之作"。

太阳如你——北方女人。

哦快乐,当枝叶繁茂,
婆娑作响,蝗虫醉醺醺,
当胸肺和细雨的微笑
汇集成临别的呼号。

今天,你身穿毛皮大衣,
篱笆门在我们身后抖颤,
你我浊酒一杯的情谊,
还有什么可以代替。①

这里颇有勃洛克式的意味,譬如"坏天气又一次把我灌醉",尽管是帕斯捷尔纳克式的表达,笨拙而又矫情(瞧,不安分的人已被坏天气灌醉,何必再来一次);也有让人想起别雷的"呼号",美妙但不正确的结构"身穿大衣",以及声音响亮的"蝗虫",至于是何种蝗虫或者说昆虫,却因为宿醉,只能去猜想。

他写得很多,似乎不费力气。他的早期诗作,几乎没有任何来自标准抒情模式的东西——没有不幸的爱情、生命的夭亡、青春的告别、致命的预感……只有纯粹的过剩,漫过边际,超越了诗行和语句的界限:

我明白生活的目的,并且珍视目的本身,这一目的——就是要承认,我再也无法忍受与什么四月之间的和解。

年轻人夸张的风格,有时是如此滑稽:生活的目的,居然是要承认无法与四月和解!所有这些夸张背后,当然还有作者迷人的形象,但作者似乎尚未找到值得如此狂放的理由。不像马雅可夫斯基,他从一开始就有理由:创伤、琐屑生活的煎熬、对世界的仇恨,那里一切都很陌生,一切都会带来伤害。俄罗斯诗歌还不习惯夸张的柔情和感恩。

从1910年到1911年,帕斯捷尔纳克全家最忧虑的问题是:在日常与实用意义上,他未来的人生何去何从,譬如,他将如何谋生。他与父亲意见相

---

① 引自帕斯捷尔纳克《今天,人们身穿大衣》(1913,1928)。

左的关键在于:鲍里斯总是在探寻什么;列昂尼德·奥西波维奇担心,儿子的"探寻"会遮蔽他所认为的主业,即工作。鲍里斯口口声声说要发现自我,父亲称之为"夸夸其谈",画家仿佛从中看出了类似于时代痼疾的东西——空谈压倒传承,宣言取代原创。列昂尼德·奥西波维奇认为,艺术面临着两大威胁(他果真先知先觉):未来主义的离经叛道和"艺术世界"①的矫饰之风。他对二者反感的程度是一样的。事实表明,所谓的"艺术世界",其原则后来导致了艺术沦为庞杂的后现代主义教条,而以布尔留克直至拉里昂诺夫②为代表的未来主义,其改造世界的方案也绝无好结果,它们分别成为二十世纪两个可怕的极端:前者拒斥进步,后者为创新而牺牲人类生活。到二十世纪末,这两股潮流几乎演化为"资产阶级自由派"与"保守主义革命派",二者都对艺术造成致命的影响。帕斯捷尔纳克父子不太相信宣言,两人都认为,所有流派的创立均以迎合大众为目的,而不是为了艺术的发展。鲍里斯·帕斯捷尔纳克说过,按照派别划分诗人,就好比按照开口大小对气球分类(《若干原理》)。列昂尼德·奥西波维奇的担心是多余的:抽象思辨和玄谈是鲍里斯的探索形式——他出声地思考,他的许多对话者都记得这一点;对他来说,通过书信或交谈更容易形成某种想法。在生活中,他多方面的天赋尚未得到发挥;1911年,他写下纪念克莱斯特③自杀身亡一百周年的第一篇随笔,提到了一个话题——有人天赋超群,找不到用武之地,而时代离开天才却照样流转。1911年夏天,他从莫斯科给远在敖德萨的母亲写信,直言不讳地说:

  每个灵感都把你和爸爸推向这种生活的更深处……而生活中所有重要事物则把我从生活中推出去。

  1911年4月,父亲任职的绘画学校主楼左翼将要拆除。大院里准备盖公寓楼;帕斯捷尔纳克一家搬到沃尔洪卡街,列昂尼德·奥西波维奇在那儿分得一套房子。帕斯捷尔纳克在沃尔洪卡时断时续地住到1938年,才得到作家楼的一套住房,位于拉夫鲁申胡同。5月,留学英国的伊达·维索茨卡

---

① 十九世纪九十年代末成立于俄国的艺术团体,自1898年起开始出版同名刊物,1924年解散。
② 米哈伊尔·费奥多罗维奇·拉里昂诺夫(1881—1964),俄罗斯先锋派画家。
③ 海因里希·冯·克莱斯特(1777—1811),德国文学史上最有争议的作家之一,作品中带有非理性的浪漫主义倾向。著有剧作《破瓮记》《洪堡王子弗里德里希》等。

娅来到莫斯科短期休假。帕斯捷尔纳克去了维索茨基家在索科利尼基的别墅。伊达的家人对他不冷不热,尽管他自己几乎把伊达当成了正式的未婚妻。这家人说,鲍里亚写点儿艺术的东西倒是块料,但从事艺术还不够格。茶厂老板们,尤其是家里有太太或小姐学习哲学的,可谓艺术皮毛的行家里手!帕斯捷尔纳克数年后调侃道:在艺术创作上他唯一缺乏的,就是尽可能远离维索茨基家族的运气。

5月,弟弟舒拉中学毕业。夏天,帕斯捷尔纳克全家又前往敖德萨大喷泉:母亲和女儿先到,安顿好所有事务后,父亲和儿子也赶到了。在夏天的这两个月里(大雷雨的夏天,经常是雨加风暴的天气,不能游泳),帕斯捷尔纳克写好了关于克莱斯特的初稿,但不准备发表。从一开始,克莱斯特就吸引着他。在他心目中,这是一位狂热执着的大师,不顾一切地投身于创作。他的死并非由于软弱,而是由于不愿向堕落和放纵的时代妥协。文章的底稿有厚厚一摞,遗弃在别墅二楼。

8月,他返回莫斯科,整个秋天都在强化哲学方面的学习。除了大学学业,帕斯捷尔纳克还参加了《缪斯革忒斯》①杂志社的社团活动,其核心人物是安德烈·别雷:活动中经常宣读有关象征主义、艺术家神秘使命以及最新艺术潮流的报告。后来在《人与事》中,帕斯捷尔纳克列举了"缪斯革忒斯"小组的杰出成员,他提到费奥多尔·斯特普恩——著名哲学家,侨民,布尔什维主义最坚定的反对者;艾米利·梅特纳——《缪斯革忒斯》的创办者,文学与音乐评论家;鲍里斯·萨多夫斯科伊②,此人不太认可帕斯捷尔纳克的诗,却欣赏他本人。参加小组的人形形色色,就连疯疯的艾利斯(科贝林斯基③)也位列其中。他的相貌引人注目,鼓凸的双眼异常疯狂。假如帕斯捷尔纳克当时就与他来往,便有可能通过他,结识茨维塔耶娃姊妹④,因为

---

① 缪斯革忒斯是希腊神话中阿波罗的别名之一,意即缪斯的领袖。《缪斯革忒斯》是俄国象征主义者于1910年在莫斯科创办的一份刊物,1917年停刊。
② 鲍里斯·亚历山德罗维奇·萨多夫斯科伊(1881—1952),俄罗斯作家,文艺评论家。
③ 列夫·利沃维奇·科贝林斯基(1879—1947),俄罗斯诗人,宗教哲学家。艾利斯系笔名。
④ 玛丽娜·茨维塔耶娃的妹妹阿纳斯塔西娅·茨维塔耶娃(1894—1993),也是一位作家,1921年经由别尔嘉耶夫和格尔申宗推荐,加入当时的作家协会。1924年6月23日,帕斯捷尔纳克在写给妻子的信中说:"玛丽娜·茨维塔耶娃有一个妹妹叫阿纳斯塔西娅……她聪明过人。她本人也是作家,只写散文……如今她沉湎于宗教信仰,甚至将玛丽娜的诗歌创作也视为罪孽……我的一些最朴素的观点也遭到她激烈而雄辩的反对。"

艾利斯是她们家的座上客。如此一来,他一生中关键的诗歌友谊便会提早许多,可他偏偏看不惯艾利斯,因为不喜欢其乖张的个性。

作为哲学研究者,帕斯捷尔纳克的主要兴趣是现象学(为他讲授胡塞尔的是施佩特)和历史哲学。凭借一贯的勤奋和出色的学习能力,他还打算报名参加物理—数学小组,以掌握莱布尼茨的研究方法。但文学已成为他的主要事业。就在1911年,帕斯捷尔纳克与谢尔盖·勃布罗夫相识,这是他一生中里程碑式的人物。有人认为他们是在1912年夏末相识的,当时帕斯捷尔纳克已从马堡返回莫斯科,阿尼西莫夫①等人正在莫尔恰诺夫卡街筹建小组。但无论勃布罗夫本人,还是在《人与事》中回忆此事的帕斯捷尔纳克,都称他们的交往始于1911年,在"谢尔达尔达"最初几次聚会上。

勃布罗夫(1889—1971),真正的世纪之子:对知识界的任何新鲜事物,他无不兴味盎然。他写诗、随笔和幻想类的小说;经历过流放,尝试过许多门手艺,在文学史上留名主要得益于大众化的童话读物。他的《双角魔兽》至今仍是爱好数学的中学生案头书。在创作初期,他被毫无来由地称作"俄罗斯的兰波":他的诗大部分都不好,就像大多数出色的组织者一样(达维德·布尔留克的诗同样不堪卒读)。可他确实有一股疯狂的激情,随时准备向人挑战,发起论辩,他拳打脚踢,为自己开辟了一条文学之路;作为引领潮流的领袖人物,他过着应有的刻板生活。勃布罗夫与阿谢耶夫的交往始于1910年,后者的嗜赌成性令他恼火。而帕斯捷尔纳克的狂热,倒是吸引了他:

> 这个怪异的青年,身着单薄的披风,冒着莫斯科的彻骨严寒,突然间出现在我生活中。我刚刚想起和期望的事情,他即刻就能领会[……]鲍里亚到来时偶尔神情忧郁——他的父亲生气,母亲伤心,可他至今也没能找到活儿干。

然而,帕斯捷尔纳克身上却"闪耀着极其旺盛的乐观精神,这与他的气质完全吻合。他在各个方面都才华卓异,根本无人能及……"。勃布罗夫给他读了自己的和阿谢耶夫的诗,他答应适当的时候读一读他本人的,但直到1911年秋天,才首次向勃布罗夫和阿谢耶夫读了最初的几首作品,其中

---

① 尤里安·帕夫洛维奇·阿尼西莫夫(1886—1940),俄罗斯诗人,翻译家。1913年,与阿谢耶夫、勃布罗夫及帕斯捷尔纳克等共同创办了名为"抒情诗"的诗人社团与杂志社。

包括《二月》：

>二月。蘸上墨水禁不住哭泣！
>书写二月，要放声痛哭，
>当冰雪融化，泥浆轰响，
>燃烧黑色的春天。
>
>花六十戈比，租一辆马车，
>穿越祈祷钟声与车轮呼叫，
>飞驰着奔向倾盆大雨
>比墨水和泪水更猛烈的地方。
>
>在那里，千百只白嘴鸦，
>仿佛焦黑的梨子，
>从树上坠入水洼，
>把枯愁倾注眼底。
>
>愁伤之下，黑土解冻，
>风被叫喊声穿透。
>诗歌在痛哭中成型，
>越偶然，就越真实。

　　这首诗为帕斯捷尔纳克日后进入各种"选集"打开了大门。他自认为这是他第一首成功之作，创作时间标注为1912年，但是按照洛克斯和勃布罗夫的说法，此诗第一个版本在1911年就已出现。随后的情形，如同马雅可夫斯基向达维德·布尔留克朗诵《夜》。马雅可夫斯基对布尔留克长期隐瞒了自己的诗歌创作，后来终于读了这首早期诗作，也是在1911年。他没有想到，迷人的赞美会像骤雨般落在身上。"啧啧，您居然……是个天才的诗人！"在《我自己》一文中，马雅可夫斯基不无讽刺地回忆道。从勃布罗夫口中，帕斯捷尔纳克也听到类似的话，起先要求把诗再读一遍，慢慢地读，然后是兴奋的欢呼：

　　自己的！自己的东西！几乎什么都不像，奇异的、非凡的、某种愚拙的、扭曲的怪物,伸出强健的手掌,将猫似的不安分的语言强行楔入诗歌……

勃布罗夫同样也肯定了诗的表现力和形象性。帕斯捷尔纳克这些诗句真的在呐喊——因为幸福,也因为苦于无法找到合适的词语。"越偶然,就越真实"的口号曾被解释为帕斯捷尔纳克早期创作的原则,有人因此也将他同大名鼎鼎的兰波相提并论。兰波说过,思考得越少,写得就越真实。但这绝非什么创作原则(因为即便是早期的帕斯捷尔纳克,用词也十分讲究),而是对某种罕有的特殊诗歌状态的归纳,这首诗便是为此而作,它在描述创作的沉默如何被打破,以及头脑中闪现的每个词语如何在刹那间成为唯一的真实。一般情况下,帕斯捷尔纳克不会坚持以"偶然性"为原则,而《二月》恰好是一首少见的含义清晰的诗。洛克斯认为"黑色的春天"出自安年斯基①,勃布罗夫为"泥浆轰响"而震惊,但实际上,当车轮碾过污浊的路面,确实会溅起泥浆,发出轰响!二月,黑色的春天,"最初的时节"(帕斯捷尔纳克以此来命名他全部作品的第一部分②),所有这些感受编织出他最早的诗作:它们因过剩而令人窒息,一切都卷得紧紧的,仿佛包裹在含苞欲放的花蕾中,眼看就要喷涌而出。

只有疯狂的弗鲁别里才想得出如此奢华,美到极致的诗,任何关于它的语言都是如此贫乏。今晚,温馨深厚的友情将我们三个联系在一起。

这三个人——阿谢耶夫、勃布罗夫和帕斯捷尔纳克——都在二十世纪的疾风骤雨中幸存下来,他们走过的道路发人深省。1959年,将近半个世纪之后,他们的会面,同样是三个人,说来可行却未必有实现的理由。早在三十年代,阿谢耶夫就与帕斯捷尔纳克闹翻了,说白了是出卖了他:阿谢耶夫不能原谅帕斯捷尔纳克离开"列夫"③,后来又斥责他"政治冷漠"和"脱离现实"。当然,就事实而言,断绝交往是出于他的决定,很可能出于嫉妒,因为他深知彼此之间的差距。帕斯捷尔纳克真诚希望和好,却遭到顽固的

---

① 英诺肯季·费奥多罗维奇·安年斯基(1855—1909),俄国诗人,剧作家。
② 作为帕斯捷尔纳克最早一部诗集,《最初的时节》收录作者写于1912年至1914年的诗作共计十四首,其中包括《二月》《今天,人们身穿大衣》《冬夜》等。
③ "列夫"(ЛЕФ)(1922—1929),"左翼艺术阵线"的简称,前身是未来派,主要成员有马雅可夫斯基、阿谢耶夫、克鲁乔内赫等。

怨恨。1939年2月阿谢耶夫五十岁生日时,帕斯捷尔纳克试图表示友好,参加了庆祝晚会,赞扬了他在报纸上被痛骂的战争诗(他被贴上典型的苏联的标签:"和平主义分子"),战后他们却几乎没有来往,到了五十年代,干脆不再碰面,只通过双方的崇拜者、年轻的安德烈·沃兹涅先斯基①了解彼此的情况。三十年代初,帕斯捷尔纳克与勃布罗夫也差点分道扬镳——勃布罗夫责怪他不该同前妻分手。但两人仍保持交往。1933年,勃布罗夫被流放,1934年,他的妻子找到帕斯捷尔纳克,要他向斯大林说情。帕斯捷尔纳克才跟领袖在电话里谈到曼德尔施塔姆,还没缓过神来——他似乎觉得自己的行为不够坚强,勃布罗夫的妻子要他给"上边儿"打电话或写信,他只得摆摆手:我不能,现在我的处境不明不白,我去说情只会把事情搞砸,那边儿对我根本不信任……事实上,说他有门路,那都是言过其实:他公开承认,布哈林同他倒是关系不错!勃布罗夫大概也知道传言的虚实,可就是不肯原谅帕斯捷尔纳克未能帮忙;对于鲍里斯·列昂尼德维奇在曼德尔施塔姆一事上的所作所为,最尖锐的批评正是来自谢尔盖·勃布罗夫。他们的决裂发生在1956年,勃布罗夫对《日瓦戈医生》态度冷漠,并且对帕斯捷尔纳克与奥莉加·伊文斯卡娅的关系说长道短。帕斯捷尔纳克受不了任何人侵犯自己晚年这两件"圣物"!索性断绝一切旧交,就像从身上撕去一块令他难受的皮肤。

尼古拉·阿谢耶夫是这几人里最像所谓"职业诗人"的一位,1911年之前就已撰写并发表了许多作品。帕斯捷尔纳克认为,他的诗音色绝美,韵律和谐(或许这种韵律是其诗作最持久的特点,甚至延续到他书写谀辞的三十年代)。这个对政治比谁都冷漠,而个体性依稀尚存的人,这个沉溺于抒情颤音,以"利连"②命名其早年文集的人,为何在攀附权势的"列夫"之路上比谁都走得远?其中的逻辑在于,他素来喜欢服从更强的个体性。卡达耶夫在《钻石王冠》一书中称他为追随者,确实如此:他是天生的追随者。起初是勃布罗夫的左右手,后来是马雅可夫斯基的。同样薄弱的意志将他一生同奥克桑娜·西尼亚科娃③拴在一起,五十年代,他一度挣扎着要离

---

① 安德烈·安德烈耶维奇·沃兹涅先斯基(1933—2010),俄罗斯当代诗人。
② 利连(лирень)一词应是阿谢耶夫自创的词汇,由竖琴(诗兴,лира)和丁香(сирень)组合而成。
③ 西尼亚科娃家共有五姊妹,对当时的苏俄文艺圈颇具影响,奥克桑娜是其中之一。详见本书第八章。

开,等她向单位领导汇报之后,却又不敢了。阿谢耶夫似乎拥有成为诗人的一切……除了个性。

1911年,帕斯捷尔纳克与伊达·维索茨卡娅仍然书信频繁,但他自己发现,她的形象仿佛日渐模糊。他们应当会面,但他暂且振作一下也无妨。他开始构想平生第一次独自出国旅行,并于1912年春天实现计划。母亲给了他旅费。这个家庭谈不上有多富裕,可罗扎利娅·伊西多罗夫娜觉得,长子神不守舍,就因为与恋人分离。旅行之余,马堡也能激发他对哲学的兴趣——由于专注于写作,他对哲学越来越淡漠了。

当时马堡学派在哲学方面也许并非最强,也并非最有名气;它只在某些特殊领域被认可。赫尔曼·柯亨[①]是当时犹太社会的支柱之一,作为信仰坚定的犹太人,他认为,只有犹太人才能理解他(他甚至不许其他人给自己画像)。维索茨基一家崇敬他。有些俄国犹太知识分子,可以尽情欣赏俄罗斯文学,出入俄罗斯剧院,内心却从不放弃犹太人的认同感。帕斯捷尔纳克反感这种封闭的种族意识,在他看来,把人完全简化为某个民族,本身就是一种狭隘的思想,就好比"造型工人的铁箍"。但不管怎么说,柯亨已经"接受"他前来。1912年4月21日,帕斯捷尔纳克动身前往马堡,以便弄清楚他是否真的倾心于哲学。母亲给了他二百卢布,这在当时不是个小数目。

---

① 赫尔曼·柯亨(1842—1918),德国新康德主义马堡学派代表人物。

第六章　哲学研究

1

途经斯摩棱斯克时,帕斯捷尔纳克向父母写信称"学会了根据车厢里的气味辨认一路上经过的省份"。转眼之间,车窗外,波兰已然近在眼前:

> 这片仿佛出自斯拉夫构想的罗曼语之乡,从早到晚,从东到西飞驰,一派夏日里的无眠景象。(《安全保护证》)

在德国边界上,帕斯捷尔纳克换乘另一列火车,于4月24日抵达柏林。这座城市与其说令他喜爱,倒不如说令他吃惊:看上去,街面上就像在实行某种强制性的战时状态。

> 柏林在我印象中是少年的城市。这些少年好像都在头天得到了礼物:短剑和头盔,手杖和烟斗,真正的自行车和成年人的礼服。我一出站就遇见了他们,他们还不习惯自己身上的变化,每个人都为昨天的礼物而神气十足。

很快,他们将不再有这样天真的神气,百年间两场空前的惨祸,将夺去他们的短剑和头盔,手杖和烟斗。

当天傍晚,他便坐上开往马堡的列车,一夜过后,第一次从路上望见这座大学城,他将以二十世纪的爱情诗名篇[①]为它增添荣耀。

> 原始的中世纪首次在我面前呈现。如同一切事物的原件,它的真实性既新鲜又可怕。

帕斯捷尔纳克以"如今已不复存在的短暂而欣喜的赞叹"迎接这个中

---

① 即下文引用的《马堡》(1916,1928)。

世纪。《安全保护证》里有许多这类感伤的玩笑,当然,其中伴随着他的低语:"我的上帝!"

马堡,面积不大的大学城,位于法兰克福以南一百三十公里。从帕斯捷尔纳克时代以来,它几乎没有变样,只是在1972年,增加了帕斯捷尔纳克街。这里有某种深刻的象征意味:彼得堡人曼德尔施塔姆的街道只存在于沃罗涅日①,而莫斯科人帕斯捷尔纳克的街道只存在于他学习过三个月的地方——马堡(所有俄国留学生当中,他是唯一获此荣誉者,尽管罗蒙诺索夫②也曾在马堡学习过,却只有大学灰色墙面上一块标牌作为见证)。整个城市极具德国中世纪哥特风情:巨大的古城堡矗立在山坡上,城堡内院里刻着一幅三米长的浅浮雕,上面两位骑士永远吞吃着石雕的野猪,漂亮的酒馆女招待永远把石雕的啤酒斟入硕大的石杯;大学主楼由切削粗糙的石块修筑,楼内门窗上还保留着十七世纪的彩色花玻璃,城里有许多中世纪早期的教堂,大学本身也有七百年历史。

旅店虽则费用高昂,却承诺给人以难忘的印象,据帕斯捷尔纳克晚年回忆,它就像威廉·豪夫③童话里猎人的巢穴(1959年,兴奋的马堡居民给他写信,祝贺他获得诺贝尔奖,在回信中他依然怀恋这家旅店:帕斯捷尔纳克在马堡被视为自己人)。他只能向寡妇爱丽扎·奥尔特租下一间简陋的屋子,就在基歇尔伯格街上。两个星期仿佛从他生命中倏忽而过——他立即转向新的生活方式:在俄国时,4月还未结束,来到这里,已是繁花盛开的5月。5月9日,帕斯捷尔纳克报名参加了柯亨的讲习班。尼古拉·加尔特曼偶尔讲授新时期哲学史,讲逻辑学的是柯亨的学生纳托普,柯亨本人讲授伦理学。每星期一和星期五由学科代表召集讨论会,不仅在大学教室里,还按照古老的欧洲传统,在专门的"哲学咖啡馆"里进行:别的系也有各自的咖啡馆。这家"哲学小店"坐落在山顶,靠近悬崖,俨然"敞开了深渊",引来众多客人。老先生柯亨让帕斯捷尔纳克想起易卜生——头发蓬松的大脑

---

① 为纪念曼德尔施塔姆在沃罗涅日的三年流放(1934—1937)。流放期间,诗人创作了一系列名诗,收录于诗集《沃罗涅日诗抄》。
② 米哈伊尔·瓦西里耶维奇·罗蒙诺索夫(1711—1765),俄国百科全书式的科学家,教育家。1755年创立了俄国第一所大学——莫斯科大学。
③ 威廉·豪夫(1802—1827),德国童话作家,创作形式模仿《一千零一夜》和《十日谈》,作品广泛流传。

袋,神情悲伤的眼睛。柯亨确实心境不佳,帕斯捷尔纳克恰好赶上他最后一学期。1912年7月4日,他将年满七十,打算结束教职。柯亨的教学风格给帕斯捷尔纳克留下了很深的印象:他先从学生那里寻求可信的回答,然后就此提出疑问,再向全班学生征询其他解答,听完若干错误答案之后,才证实最初那个答案为正确。这是一种出色的教学方式,对于时刻质疑自己的帕斯捷尔纳克尤为可贵:柯亨教会他论证大胆直觉的正确性,也教会他坚持自我。

帕斯捷尔纳克像往常一样,立即冲向所有目标,甚至是管风琴课程,但由于没时间学管风琴,才未能成为当地管风琴家伊恩奈尔的弟子。他喜欢上了这里的一切。上帝活生生地存在于路德时代以来就不曾改变的城市里,中世纪经院哲学的辩论之声,从课堂不断传来。但从到达马堡的第一天起,他就清楚地意识到,这座城市令他着迷,是因为美学而非哲学;令他快乐,是因为艺术而非思想;而他来到这里,也不是为了学习哲学,是为了告别哲学。

在写给父母的信中,他捎带笔墨,不动声色地说起这些。他放弃了音乐,又要放弃全家人两年来对他寄予厚望的哲学,这会让父母大失所望,更何况他们一直在担心,儿子将来靠什么生活。给人代课总不是办法。帕斯捷尔纳克小心地提到自己就要告别哲学的想法:

> 严谨的思考对我绝非难事。我可以找到通向它的路径。但我的困惑在于:它究竟是否为我所需。这里的自然界和这里的哥特情调,造就了不言自明的艺术地位!如此遥远的旅行和柯亨本人如此少有的出场——这些情况[……]剥夺了我的自由。

他以格林兄弟为例,为自己逃离学术辩解——兄弟俩来到马堡学习法律,离开时却成了童话故事的搜集者。

> 我在一个维也纳女人开的食堂里用餐。这个维也纳女人理应得到花环……(很快,德国烹饪带给他的就已不仅是郁闷:正餐后的甜点里必不可少的大黄,味道令人作呕,甜点也像帽子一般难以下咽;加上"拉土豆的大车和洗菠菜的泥疗浴盆"——尽管他并不讲究饮食,可这种千篇一律的寡淡滋味,简直像某种纪律,令他难以忍受。——德·贝)这里的节日无休无止:前两天还有人在庆祝,不经意间它就过去

71

了,毫无节日气氛。我的窗前,有一群德国苦役犯正在把洋葱地变成水果园。这些犯人还都是肥嘟嘟的毛头小伙儿,不穿外衣,腆着肚子,戴着手表。看守他们的是一条老达克斯狗,还有马车上一只丑陋的玩偶。我的上帝,这是何等风土人情!星期天,我应该装出吃撑了的样子,躺下来睡觉,否则就可能被逮捕,因为我没有享乐的感觉。

他一生中奇异的巧合如此之多:在前文引用过的从契斯托波尔写给奥莉加·弗莱登伯格的信中(1942年),他也提到窗前被驱赶着干活的犯人。也许这正是命运的安排,要让他的窗前永远都有一群受驱使的苦役犯,从而时刻提醒他想到可能会有的同样遭遇,乃至全世界的受难;也许因为他对受难向来敏感,他的目光总是投向非自由,投向强制与暴力……此处引用的书信写于1912年5月15日,让人联想到后来发展为纳博科夫柏林小说系列(包括《云、湖、塔》在内)的所有胚芽:从十五世纪原封不动地移入二十世纪的市侩习气,起初还情有可原。从日复一日的节庆背后,很快就会发现半军事化的纪律,从享乐背后——发现压抑,从素来平静的欢乐背后——发现残酷和愚钝。帕斯捷尔纳克看待德国的态度,始终处于两个相互交锋的极端:对复活的历史的欣赏,以及对其阴暗内幕的憎恶。在疲弱的苦役犯和看守的玩偶世界里,杀戮犹如玩笑,但终究是真实的戏剧,牺牲者自愿参与共同的教化意味的表演,并乐在其中。这个世界后来将纳博科夫带到充满离奇讽喻的《斩首之邀》,不同于卡夫卡笔下与梅林克①的布拉格潮湿街区相得益彰的哥特式幻想,这部作品呈现出德意志的五颜六色、姜糖饼的甜腻和单调而欢快的口琴颤音。眼见终日的吃喝玩乐、列队操练和服苦役,帕斯捷尔纳克没过多久便感到反胃,直到四十年后,对于中世纪的"舒适惬意"(出自德语的Gemüt②——纳博科夫的"舒适"一词)之反感都未消除,其印记清晰地留在《浮士德》的翻译中,留在污浊的奥尔巴赫地下小酒馆里:"谁不满意——就滚出去!塔拉——那拉——达!"③而且从绚丽多彩的表象背后,他很快辨认出中世纪那并非喜乐的可怕面容,还是在《安全保护证》中,他比许多德国人都更准确地预言了这一切:

---

① 古斯塔夫·梅林克(1868—1932),奥地利现代派作家。
② 名词,意思是"心情""情感""性情"等,还可在口语中表示戏谑,"津津有味地吃";形容词为gemütlich,具有"惬意""舒适"之义。
③ 参见歌德《浮士德》中文版,绿原译,人民文学出版社1994年版,第59页。

从露台向那边望去,可以产生许多贴切的联想:汉斯·萨克斯①。三十年战争②。历史灾祸的昏沉沉的冷漠天性。这些灾祸一旦降临,衡量它们的就不是几小时,而是几十年。冬天,冬天,连绵不绝的冬天过后,荒芜的世纪也过去了。在荒蛮的哈尔茨山区深处飘忽的白云下,像食人怪兽打了个哈欠,首次出现了一批新的居民点,它们的名称就像火灾之后的黑色废墟……

在《马堡》中,他将写下"黑死病曾经燃烧在/这骑士的巢穴下"。难怪他年轻时最哀伤的梦境会是如此:"我大概在梦里哭了。"在《安全保护证》中他写道:

我梦见一片空旷的原野,有什么东西让人隐约感觉——马堡像是被围困了。面色惨白、细高个儿的内特尔贝克③像大雁排成一队,推着小车从我身边经过。那是世上未曾有过的昏暗时辰……

这语句中是怎样的音乐——昏暗的时辰,世所罕见!对于顺服与非自由的见证是何等锐利,何等伤恸,因为非自由充斥整个马堡,甚至渗透到它的一砖一瓦。正如我们所见,这个幸福之人往往先于其他人感受到痛苦,继而承担这由来已久的痛苦,尽管在1912年,他周围的一切依然平淡,波澜不惊。在马堡,一切受制于最严格的规程,按部就班地运转,同样的市侩习气也主导着当地哲学界。

我见到了这些有家室的学者。岂止是有家室,他们有时还会欣赏戏剧和洋葱的鲜美多汁。我想,雷雨天的戏剧性也能把他们迷住。是否可以再用三两句话来说说这些玩意儿呢?是的,他们并不存在。他们不会在痛苦中成群结队。他们与创造活动不相干。这是一群信奉唯理智论的家畜。

---

① 汉斯·萨克斯(1491—1576),文艺复兴时期重要的德国平民诗人,以歌唱形式反映宗教问题与世俗生活的民间歌手(Meistersinger)。
② 奥地利哈布斯堡王朝与德国诸侯为争取欧洲均势于1618年至1643年在欧洲进行的战争。
③ 约阿希姆·内特尔贝克(1738—1834),德国政治家,职业是水手,1807年在与法国人交战中因保卫科尔贝格(波罗的海沿岸城市,现属于波兰)而成为民族英雄。此处可能是用内特尔贝克名字的复数指代"水手",故而也可意译为"几个水手"。

最初的欣喜才过去两个月,帕斯捷尔纳克便在1912年7月19日写给舒拉·施蒂赫的信中这样评论柯亨的弟子和同事。

他在马堡的经历难以解释,就连他本人也未能给自己一个明确的说法。他清楚地看到,他的方向和行为背离了初衷,1910年的决定——自我约束,像矜持而纯洁的奥莉加那样变成熟,其实是个错误,是自我摧残;哲学研究使他远离了所爱的一切,关键是,远离了自己。6月8日,他写信对父母说:

> 无论你们怎样费心操持,我还是把生活弄得一团糟,兴许出于书生意气,我渐渐开始质疑自己身上最好的一面。

马堡之旅尽管短暂,却对帕斯捷尔纳克至关重要,因为解开了他一生前二十年最麻烦的扭结(或者说斩断了)。他与伊达·维索茨卡娅柏拉图式的恋情从此结束了,与奥莉加·弗莱登伯格的浪漫抒情永远化为友爱,与哲学和康德主义世界观的关联彻底断绝,奇怪的是,就连犹太意识也不复存在。帕斯捷尔纳克来到马堡时,还是欢欣的少年,离去时已然是个男人。

事情起因于帕斯捷尔纳克同柯亨不成功的交往:他先后三次去见柯亨,第一次没有遇到,第二次去得不是时候(教授在睡觉),第三次终于受到接待,当时就陷入尴尬。列昂尼德·奥西波维奇打算和妻子去德国(罗扎利娅·伊西多罗夫娜想去巴特-基辛根①疗养一阵),他让儿子去找柯亨商量,希望他能抽出哪怕一小时,摆摆姿势,以便为他画一幅肖像。许多莫斯科留学生都梦想拥有他的肖像,以纪念在康德城堡度过的时光。鲍里斯请柯亨摆姿势,后者却报以世俗的理解,以为有人要塞给他什么画像,借此讨要几个钱。鲍里斯感到莫大的侮辱。误解很快澄清,柯亨的得意门生谢尔盖·鲁宾施坦,未来的苏联著名心理学家,安慰了鲍里斯:"在德国,很难想象这样一种不带私心的艺术提议。"鲁宾施坦向多疑的教授解释说,那个古怪大学生的父亲,是"知名人士,(他的)犹太身份无懈可击"。鲍里斯给父亲写信转述了鲁宾施坦的话。肖像这段往事,从头至尾都是典型的帕斯捷尔纳克风格:莫名其妙的尴尬,自己一腔热忱,别人却是咄咄逼人的怀疑。但最刺痛鲍里斯的还不是柯亨怀疑他父亲——不算太穷的莫斯科名画家别有用心,而是出于帮派意识亦即本质上的世俗之见,不愿向任何人摆姿势,除了

---

① 德国著名温泉疗养地,位于巴伐利亚州北部。

犹太人。帕斯捷尔纳克对此深感厌恶。他给父亲写信说：

> 这件事情对我来说有些不近人情[……]无论你，还是我，都算不上犹太人；尽管这幸福对我们所要求的一切，我们岂止是在自愿地、毫无难色地承担着[……]我们不仅现在承担，将来我还会继续，我认为逃避是可耻的；但我不会因为身上的责任而更加亲近犹太人。你自己随便吧。

在帕斯捷尔纳克的书信和思考中，这个困惑的话题挥之不去：下文里还将援引他在十五年后写给妻子的信，他感叹帮派的狭隘和蒙昧，以及为此需要承担同样的责任；在1935年致奥莉加·彼得罗夫娜的信中，他希望护照上能填入足以说明其世界观的实质性内容，而不是程式化的和粗略的外在特征(出生年月、民族等等)。他从不否认自己的犹太身份，不会为消除分歧而委曲求全，不会像某些研究者指责他的那样，拿别人的文化给自己贴金，这些非议不仅来自俄罗斯民族主义者，也来自犹太民族主义者。他首先准备承受的是犹太身份之重负，他拒绝的只是它所应许的好处。同样地，他也会竭力摆脱以家族、邻里、乡党为名的其他任何帮派。他憎恶各种基于内在标志的区分。唯有个人选择的结果(总是戏剧性的)，在他看来才是最合适的标尺。

赫尔曼·柯亨——闲适、自由、极其主观的南德意志新康德主义学派代表人物(列宁将该学派蔑称为"来自右翼的康德批判")。帕斯捷尔纳克本人在《安全保护证》中对柯亨的学派评述如下：

> 马堡学派有两个特点令我折服。首先，它自成一体，连根斩断一切，建立在一片空白之上[……]马堡学派不受术语惰性的制约，它凭借的是第一手材料……如果说一般的哲学探讨这个或那个作家在思考什么，而一般的心理学探讨普通人如何思考，如果说形式逻辑教给人的是应该怎样在面包店里思考，以免算错零头，那么马堡学派关注的则是科学在它二十五个世纪连续不断的创造中，在世界发明的炽热的起点与源头上，究竟是如何思考的[……]马堡学派的另一特点……在于它对待历史遗产的审慎与严谨[……]马堡学派熟知历史，它执着地从意大利文艺复兴、法兰西和苏格兰的唯理论以及尚未深入研究的其他学派文献中汲取养分[……]独立自主和历史主义这两个特点无法说明

马堡体系的内涵,我也并不打算说明其实质。

无需在此深究这一体系(况且有多少德国教授,德国哲学中的这类体系就有多少):总体来看,晚年柯亨关注的基本问题是法哲学,以"国家的自觉"为研究对象,也就是将国家作为民族自我认知的工具加以思考。他认为,道德的最高体现,在于理想国家制度的创立,这是如真理般难以实现的制度;这更像是乌托邦国家,个体权利忽略不计,所有人被一个共同目标凝聚起来,使人联想到马堡,柯亨在这里度过了他三十六年教授生涯,成了它最主要的景观。按照柯亨的观点,伦理是意志的理性基础,权利则是伦理的法律表达,是社会福利与个体自由相互关联的调节器。帕斯捷尔纳克对法哲学兴趣不大,在他看来,重要的是历史语境的现实化,以及对待思想史的活生生的态度,他在马堡也感受到这些,可事实表明专程前来并不值得。他原本就善于再现历史——以符合他的审美需求的尺度,但无意将一生献给"被遗忘与尚未深入研究的学派"。

最后,在6月中旬,他的人生再度发生裂变:他与伊达·维索茨卡娅的关系了结了。顺便说一句,伊达的妹妹列娜远比她神秘莫测的姐姐更看重帕斯捷尔纳克。姐妹俩于6月12日抵达马堡,停留了四天。

2

《安全保护证》对这几天的记述模糊不清。"有人看见她们和我一起在大学课堂听课。"这表明作者自己也不记得什么;维索茨卡娅姐妹也未留下详细的见证。尽管如此,这几天——从1912年6月12日到16日,却是帕斯捷尔纳克一生中转折的日子。他觉得自己正处于奇迹的边缘,他以为奇迹一定会发生,只要能得到伊达内心的回应。1916年,他写信对父亲说:

> 整个大自然都对此怀有同情,为之祝福……这是不由自主、转瞬即逝和简捷明快的,就像健康与疾病,出生与死亡。

这个时刻"被她愚蠢而不成熟的本能给错过了……她本来不仅会成为个人幸福的主宰,还将成为整个活生生的大自然的主宰,在这个和下一个时辰、月份,或许还有——未来的年代"。活生生的大自然的幸福跟另一个女孩不期而遇,她名叫叶莲娜·维诺格拉德,她同样未能接受帕斯捷尔纳克,而是抛弃了他,但她起码知道他的价值。

帕斯捷尔纳克对于那些时辰,尤其是那些年代的感慨,显然是事后的夸张。伊达·维索茨卡娅永远不可能成为帕斯捷尔纳克夫人,更不必说成为他的贤妻——主要障碍是社会地位、精神境界和年龄上的鸿沟,他自己也有足够的理智,不至于不明白。数年后回忆她时,帕斯捷尔纳克承认了当年的困惑,他对她的迷恋竟如此狂热。当然,过错在于马堡……

> 早晨,我来到旅馆,在走廊里碰到妹妹。她看了我一眼,像是猜到了什么,没有跟我打招呼,便后退几步,进了房间,把我晾在了门外。我来到姐姐的房间,异常激动地对她说,再不能这样下去了,我请求她决定我的命运。这一幕当中,除了一味强求,没有什么新鲜的东西。她从椅子上站起来,面对我明显的似乎要侵犯她的激动,后退了几步。在墙角边,忽然间,她想起世上还有能够终止这一切的办法。她拒绝了我。过了片刻,走廊里传来嘈杂的声音。从隔壁房间拖出了一只大箱子。

难以想象帕斯捷尔纳克的求婚,更难想象的是,他竟然真的做了,而且是以传统的方式……像托尔斯泰的列文一样艰难表白:"做我的妻子吧"……在伊达的房间里,他大概还说了"再不能这样下去了"之类的胡话,然后又滔滔不绝地解释了一番。她甚至未必明白,这就是求婚,而他料到了拒绝,这很可能是因为,她根本不理解他的意图。从帕斯捷尔纳克7月17日那天写给施蒂赫的信来看,她也只能含糊地说什么"还没考虑好,没经历过这种事儿,一直在一块儿长大"……也就是说,她觉得自己犯了错,无缘无故地给了他希望……总之,她想让他原谅自己。

正如他一贯的经历,每一场人生离合对他都喻示着重生,因而也是命运的赐福:1912年6月16日——帕斯捷尔纳克成为诗人的日子。从这天起,他有了自己第一个抒情的主题,有了失去的能力,以及从得失之间汲取新意义和新力量的能力。引用《马堡》——是一种享受,这是同样饱经离合悲欢的马雅可夫斯基喜爱的诗。据莉利娅·布里克[①]回忆,在为爱痴狂的时刻,他便用抑扬顿挫的声调动情地朗诵这首诗。许多人会跟他一起诵读!

> 那天,我在城里漫步,

---

① 莉利娅·尤里耶夫娜·布里克(1891—1978),俄罗斯文学家,马雅可夫斯基的红颜知己。

> 我牵挂你,排练你,就像
> 莎士比亚悲剧里的外省演员
> 把你从头到尾背得烂熟。

是的,这当然是他向恋人痴醉的宣泄;他原本也可仿效帕斯捷尔纳克,纵声喟叹:"这是我的阴雨天!"①……然而,对他而言的终结与不可或缺的悲剧背景,对帕斯捷尔纳克却永远是开端,甚至几近于节日。《马堡》——帕斯捷尔纳克乐观主义安魂曲系列中的第一首,最后一首则是四十年后的《八月》:不是结束,是开始,不是悲恸,是重生的幸福。

> 我战栗。我燃烧,又熄灭了。
> 我的心狂跳。我刚刚求婚了——
> 可是已晚了,我胆怯了,我得到的——是拒绝。
> 她的泪,多么可惜!我比圣徒更有福。
>
> 我来到广场。我可以算是
> 重生之人了。每一桩琐事
> 依然生动,并从它逝去的意义中升起,
> 我却不知被置于何处。
>
> 石子路烧化了,街道黑黝黝的
> 额头,鹅卵石皱着眉
> 注视天空,风像船夫
> 在椴树间划桨。一切似曾相识。
>
> 但不管怎样,我还是逃离了
> 那些目光。它们的致意,我视而不见。
> 那些财富,我也不想知道什么。
> 我终于脱身了,以免放声痛哭。
> …………

---

① 此句见于帕斯捷尔纳克《这是我的,这是我的,这是我的阴雨天》(1917)一诗。

> "走,再走一步"——本能吩咐我,
> 像一位年老的哲人,用智慧引领我
> 穿过炽热的树木、丁香花与激情,
> 步入那童贞的不可逾越的芦苇丛。

这首"二十六岁的"诗,已经是非常成熟的杰作,正因为它已经具备了他喜爱的内在主题,死而复生,失而复得。运用了天才的音韵表现手法——"本能""哲人""童贞的""丁香花""激情"①——连绵的辅音 с 和 ст,仿佛树叶簌簌有声,枝条婆娑作响;节奏也极为出色,描摹人的蹒跚学步、跟跟跄跄的样子——"步入那童贞的不可逾越的芦苇丛",完全是由非重读的音步堆叠而成。

这是怎样的本能?无疑,是真实可信的生命本能,重生的本能:为了再次降生,必须再死一回。帕斯捷尔纳克心里清楚,他不会得到同意,反而会遭到断然拒绝。此处的本能——晚年诗作里的"对于人生离合的激情",准确无误地向他提示了他在这三个月间所做的一切;事实上,6月16日那天,沿着马堡的石子路,在丁香花与晒热的树皮的气息中,独自漫步的已然是另一个人。不该就这么让姐妹俩离开!帕斯捷尔纳克跳上了她们的柏林特快列车的踏板。姐妹俩目睹了这一幕,冲向最后一节车厢,乘务员正在训斥帕斯捷尔纳克;她们赶紧给乘务员塞钱,鲍里斯被允许一路坐到柏林。到达之后,他找了一家廉价的旅店住下(好点儿的房间都不许入住,因为他没带随身物品和证件),一夜啜泣,第二天便乘坐早班列车返回马堡。不过,他的哭泣倒更像是因为幸福——他有了与周遭情境相吻合的真正的抒情体验。

> 我究竟害怕什么?既然我熟知失眠,
> 就像熟知语法。谁能摆脱——谁便得救。
> 理智吗?可它——却像月亮之于月夜狂②。
> 我们是朋友,我不是装它的器皿。

帕斯捷尔纳克说得没错:他与理智确实"有交情",当需要阐释或内省时,头脑永远为他效劳,但控制不了他的行为,更不必说诗歌。这是怎样的

---

① 在俄语中,这几个词汇均包含辅音字母 с 或 ст。
② 此处的"月夜狂"(лунатик)即"月夜狂患者""梦游症患者"。此译是为了与"月亮"(луна)照应,两者为同根词。

理智,当他跳上最后一节车厢的踏板,只为了向拒绝他的恋人来一场谁都不需要的道别?可这终究事出有因,所以也是必要的,火车上这个夜晚亦如此:一切都作为同等的成分,进入这个重生的世界。

我渴望的最后道别终于落空了,它没能使我满足。这种渴望就好比一段演砸了的音乐,急需用一个华彩乐段加以彻底的颠覆,再用最后的和音让整场演奏骤然终止。

发痛的牙齿拔掉了。

6月17日,向这个已经改变的世界,他第一次迈开蹒跚的脚步,整个人也为之一新:"某种未曾有过的体验潜入现实的存在。雾散了,预示着炎热的一天。"

耐人寻味的是,新生的旋律向来与热的话题相伴:"我感觉着你手上的温热。"[1]他在晚年一首描写住院的诗中如是说。创作之手的这种热度,笼罩着《马堡》《生活,我的姐妹》《第二次降生》以及日瓦戈组诗的抒情主人公:复活这一非常事件,永远发生在夏天。1912年夏天——马堡,石子路滚烫,1917年夏天——俄罗斯南方,河流和草原热得"喘不过气",1930年夏天——伊尔平[2],基辅城外,八月燃烧,1947年——"城里的夏天":

　　外面,夜晚闷热,
　　把雷雨天惊扰,
　　行人各自回家,
　　传来脚步声沙沙。
　　…………
　　一切归于寂静,
　　燠热依旧难耐,
　　闪电依旧在天上,
　　张望,张望。

　　一夜大雨倾盆,

---

[1] 引自帕斯捷尔纳克《在医院》(1956)。
[2] 乌克兰基辅州境内城市,紧邻首都基辅。

> 早晨阳光灿烂,
> 林荫路上的水洼
> 又被暑热烤干。
>
> 睡不够的百年椴树,
> 一副愁闷的眼神,
> 唯有花儿未谢,
> 花香扑鼻。

热,除了热,还是热。就像童年时对树叶发号施令,以检验自己的权威,与上帝齐平的感觉又回来了,他也对同一包厢里的乘客施加威力:

> 我沉默的样子使他们昏然欲睡。我偶尔有意打破沉默,以检验它对他们的影响。他们领会了其中的含义。沉默伴我而行,我一路上都与之独处,我采取了它的形式,而每个人从自己的体验出发,都有自己熟悉和喜爱的沉默的形式……包厢里的亲热和狗的嗅闻,胜过雪茄烟味和火车头喷出的烟气。

帕斯捷尔纳克的形象在此尽显无余:与上帝齐平及加诸世界的权威,却永远以丧失为代价,亲近上帝,却永远以牺牲为代价。他只有被抛弃时才威力巨大,只有在耻辱中才无所不能。这是他的基督教,也是他从未拒绝的,他始终将自己置于任何常人都视为毁灭或失败的境地。"我被他们所有人战胜了,但只有这样才是我的胜利。"看吧,整个世界也随同他一起改变:"山长高了,抻长了,城市消瘦了,变黑了。"中学时代最后的夏日,年轻人就这样日渐改变。

在《安全保护证》中,喜欢浪漫巧合与动人情节的帕斯捷尔纳克,照例压缩了种种事件。如果相信这部作品,我们就会看到,帕斯捷尔纳克回来后,对他一夜未归表示不满的房东太太将他数落一番,交给他一封信和一张明信片。柯亨的明信片像是邀请他星期天去家里吃午饭。这是大学教授对学生所能给予的莫大荣耀。信是奥莉加·弗莱登伯格寄来的。她说要去瑞士,中途在法兰克福停留三天,人已经到了,让他过来看看。帕斯捷尔纳克毫不犹豫地做出了选择。他回到自己的房间,把大学"书库"里借来的书捆成四摞,整理了要在下次讨论会上宣读的论文底稿,所有物品收拾得井井有条。房东太太应他的请求,去打听开往法兰克福最早一趟列车的时间,再一进门时,几乎没认出这个房间。

她向我伸出手,神情木然而庄重,祝贺我完成了一项艰巨的工作。我让她陷入了高尚的困惑。

傍晚时分,他走到简陋的小阳台上。

已经不记得来时的那天傍晚,我是怎样朝那个方向瞭望的。结束了,结束了!哲学的终结,不管我对它有过怎样的想法。就像同住一间包厢的乘客,哲学也必须认识到,任何一种爱都喻示着转向新的信仰。

在马堡,在基歇尔伯格街15号,"别了,哲学!"这句话铭刻在一块标牌上。

而实际情形远非如此曲折,却更加动人:他当时并未中断有关康德《实践理性批判》的论文写作,这是要在柯亨的讨论会上宣读的报告。把书捆成四摞这件事情来得更晚。6月24日,他向柯亨顺利地做了报告,7月2日,做了第二次。之后教授才发出午餐的书面邀请——不是他去柏林时,而是去基辛根时。至于奥莉加·弗莱登伯格给他的书信,根本不是他向伊达表白之后第二天收到的:如果是这样,就太有日瓦戈医生式的意味了。奥莉加是一周后到的法兰克福,绝非偶然路过。她自己是这样解释的(这本来就是绝对严谨之人,不喜欢故作浪漫):

我感到伤心,我们之间一切就这么平淡地结束了。我原本还有所期待。显然,我期待的正是我不想要的。我觉得,我比鲍里亚深刻,我的出入与进退都比他慎重,而他是肤浅、圆滑和飘忽不定的。时间表明,事实恰好相反,我才是心浮气躁的人。不过,我真的很伤心。

不管怎样,路过德国时,我还是有意折向法兰克福,离此不远就是马堡,鲍里亚在那儿跟柯亨学习哲学。我满怀隐秘的希望,在法兰克福停留下来:给鲍里亚写了封信,看他是否有回应。如果没有,那我就从这里悄悄地离开,更不必说去马堡。我想见到鲍里亚,但我害怕死乞白赖地求他,害怕招引他,因为在国外,不知怎么,我强烈感觉到旧情兴许会复发。

她思前想后,还是给他寄去这封言辞讥诮的信:

你我相隔两小时车程:我在法兰克福。这种情况下,好亲戚通常是要会面的。你能否接见我?我现在就有空,能在你最方便的时候到来,不管白天、傍晚还是早晨。我在法兰克福停留,不光是为你,当然,也是为了你。(哦,多么天真的少女之心,多么纯洁的辩白——"不光是为你!"帕斯捷尔纳克当然会识破这稚嫩的小把戏;从 6 月 16 日之后,他已经更像个成年人了。——德·贝)你自己知道,真诚应该是最大限度的,而你的回复也应该坚决,而且一定要回复。我等着。奥莉加。万一有这样那样的情况,请你原谅,原谅我拿不定主意。

他立刻就回复了:

哦,不,我并非轻狂之人。我不过是奴仆而已。即使没有你的公文告示"我……停留,不光是为你"——即使没有,我说,我也要仔细擦净双脚,悄无声息地踩在地毯上,在下一步行动之前,我会端正姿势,做好准备,迎接你身边欢快的人群。我确实不理解这种带有警告的提示。难道我真的会这般自信,一头扑向私情?虽然,有时候我信中的蹩脚腔调或许让你有理由这样理解我。

学学吧,年轻人,学学如何保持距离!对待自信和喜欢较真儿的女孩,本来就该如此。这里有几分悲喜剧的色彩:在他两次宣读论文之前,分别是两次爱的约会,他就像是根据结果对它们做了综述。这才是真正的哲学研究,摘录康德却不算是!分心的事情接踵而至,但他仍以非凡的工作能力完成了论文。6 月 28 日早晨,离第二次宣读还有三天,他来到法兰克福看望奥莉加,正赶上她在餐厅里吃早餐。

我喜欢美食——各种甲鱼汤、精美的葡萄酒、奶油甜点,尤其喜欢带血丝的嫩肉;我的年轻的朋友要我相信,厨师应他的要求,正在专门为我准备早餐。突然,餐厅的门开了,沿着长长的过道,一个人慌里慌张地朝我走来。是鲍里亚。他的裤子几乎要掉了,就这么衣衫不整地冲过来拥抱我,亲吻我。我大失所望,赶紧和他一起走出餐厅。我们在街上待了一整天,傍晚时分,我想吃饭,他请我在一家小饭馆随便吃了几根灌肠。我要走了,他送我去火车站,不知疲倦地说个没完,我却一言不发,就像一只封了口的玻璃瓶[……]当时他的内心正上演着一幕大戏:他刚刚向伊达表白了爱情,但遭到了拒绝。我对此还一无所知。可不知为何,我这次却有些不喜欢他。我不仅对他冷淡,而且打心底里想躲避他,我觉得他是一个话痨,一个冒失鬼。我与他的高尚情怀擦肩而过……

想想当时的情景,这简直不是他送她,而是她送他。她甚至与他一道上了火车,一直坐到马堡,这次不成功的会面之后不久,她便给女友写信提及此事。回来后,她发觉错过了结算时间,她的行李已被人收拾好,放在楼下。她原本可以把东西安心地留在旅馆,就地随意找个"包间",独自晚餐,但她觉得委屈,于是立刻奔向火车站,虽然离发车还有四个小时。她一腔火气,在站台上踱来踱去,喝着"阿波里那利斯"牌矿泉水。

在这封信中,奥莉加极度夸大了对他的冷漠,连她自己也很懊悔。但她还是想显出一点公主的做派。究竟是什么让她失望呢?部分原因当然是帕斯捷尔纳克快掉下来的裤子和凌乱的上装——她偏好文雅的风度,用今天的话来说,就是所谓的"上流情调"。而最让她难堪的是,出现在面前的人,依然是原先那个对她情同手足的鲍里亚·帕斯捷尔纳克,她却已经"习惯了丰富多彩的国外生活、男仆的侍候、守在桌旁关注顾客用餐并对任何挑剔和任性的要求都能予以满足的听差。习惯了一按铃,就能预订轿车、戏票和洗浴"。显然,不能把一切归咎于"某个小饭馆里"端来的几根灌肠。问题在于,男主角不欣赏女主角的显著变化,也不当回事;预想中的君王相会,前来赴会的却是个无产者。她何尝知道,1马克78芬尼一磅的奶酪对他会是一笔奢侈的花费。包括饮食在内的开支状况,在他给父母的信中都有详细说明。她给他寄去一封冷冰冰的书信:

> 我还是很高兴,终于和你相见了,这场会面是两个君王的故事,尽管从头至尾都堪称失败。当然,我想要的根本不是此种结果;但我发觉,在我们屡次会面中,成功与失败始终交替出现,光是这种无常的变幻就令人快慰。在我们分别的这段时间里,我身上有许多变化……我很想告诉你,我对你的期待还有更多[……]如今你在信中说到私情,这让我觉得似乎它是强加于你的,你还说到以往你信里的"某些腔调":这是对我歪曲的理解。我不喜欢这个。我也不希望你为那些信件劳神,无论其中包含着多么深刻的见解。

这无异于爱的直接表白,说明她把往事视为神圣,也说明他被她假装的严厉弄糊涂了!

>无论你怎样评价彼得堡时期的一切,你都无法用你的评价将它们掩盖。诚然,我没能完全接受"那个"你;可我担心,如今你也不会完全接受我……毕竟你还没有成长到我期待的那般地步。

哦,失望的小姐,心比天高!可她刚从法兰克福来到瑞士的格里昂,马上就把旅店的地址给了他。只有被年轻人的委屈搅昏了头的人,才会不明白他面前是一封情书;帕斯捷尔纳克当然明白这一切。因为明白,才真正感到伤心;1909年夏天他能收到她这样的信息就好了,他那时正急切盼望她同样真诚的回应,她却以嘲讽和威严掩饰着情感!

>在梅列居尔……你奇迹般地把不可能变成可能,你自己说出了我要说的;你说的一切——都属于我。

但他没有猜透其中的含义,如今他只有自责和自怨!帕斯捷尔纳克立刻做出回应,语气相当激烈:

>我感到懊恼,奥莉娅,你竟然如此草率地耽误了来信;我本该在1910年8月就收到了[……]别怪我,奥莉娅,虽然这确实令人懊恼。要是我能倒转时光就好了。

十天后,他以更直露的笔调对舒拉·施蒂赫写道:

>远离浪漫主义与周而复始的创作幻想——客观化与严格的戒律——对我来说,全都始于那个荒谬的决定(指1910年,帕斯捷尔纳克"向奥莉娅和她父亲的古典世界靠近"。——德·贝)。这是一个错误![……]上帝啊,假如她当时就对我诉说了事情的来龙去脉;假如我不认为惩戒性的处理——一切毁于其中——是为了古典与理性的趋同;上帝啊,假如这封从法兰克福寄往马堡的书信当时就在我手中![……]我会向她发出暗示,而她也会心有灵犀,奇迹就这么延续下去……生活会从暗示中吸取教训,你们还能在马堡的课堂上找到我吗?这两年过后,你们又将从哪儿找到我?难道我没有权利真诚做人吗?难道我不是迫使自己挣脱了这个情感世界,连同情感的各种样本吗?难道我不是强行改变了道路吗!!

当然,此处有许多宣泄。归根结底,不是奥莉加·弗莱登伯格强迫帕斯捷尔纳克学习哲学,也不是她嘲笑他思想散漫而使他有所意识:他对自己最了解。无论如何,他都可能去马堡,因为正如我们所见,他的基本策略便是在各方面"一探究竟",以便更果决地折返回来。按照王尔德的箴言,他把自己交给一切诱惑,兴许连他都不记得这看似华丽而浅薄的语句了:战胜诱惑最可靠的方式,正是顺服于诱惑。在生活中——面对音乐、唯理论、"列夫"、斯大林主义、超人、浪漫主义以及济娜伊达·尼古拉耶夫娜,他永远照此行事。奥莉加再次成为判断最精准的人:

> 从1910年起,你就拿着一张循环使用的车票,东奔西走;还记得吗,你自己承认说,还有许多对你而言是陌生的,但你一心要去的地方。

她不理解,他为何常有明知无谓且与他格格不入的行为,或许,他自己也不理解。可是为了彻底地了断,尽情排遣是必要的。

但关键是,他与奥莉娅交往时,显然低估了自己,而迟来的重估与其说是沮丧的,不如说是愉悦的。最终的断言属于他。1912年6月初,她从格里昂写信给他,言辞之真诚出人意表,据她本人形容,这真的会像"一桶热水"浇在他身上:

> 我们两人具有共同的风格,都爱把玩笑当正经——把正经当玩笑;我们总在开玩笑,想必这是因为我们相处时太过伤感。而一开起玩笑,又严肃起来。在你面前,我永远是伤感的。

不过,要知道先前她已经向他坦承,每当真诚面对自我,心无旁骛时,她总是黯然神伤;这表明,只有与他相处,她才是真实的!这便是爱情。不幸的是,他却已不再爱她了。奥莉加觉察到了,心中五味杂陈:"你的报告获得了成功,对吗?也就是说,法兰克福没有影响到它。"哦,她多希望法兰克福影响了他的报告!她却还不知道,他竟然很快就弥补了损失。"我用德语时,根本没有能力虚心假意。"他向父亲写信说。

报告论述的是对于柯亨至关重要的法哲学(人是权利的主体,这与柯亨难以容忍的尼采唯意志论的"反科学"立场截然相反)。7月4日,学校领导隆重庆祝了柯亨七十寿辰。帕斯捷尔纳克租了一套燕尾服。在这次活动中,他结识了柯亨来自柏林的弟子卡西尔[①]。两人一见如故,帕斯捷尔纳克

[①] 恩斯特·卡西尔(1874—1945),德国哲学家,马堡学派代表人物。著有《人论》《符号形式的哲学》等。

甚至想到第二年夏天去柏林拜访他。

7月头几天,帕斯捷尔纳克的弟弟舒拉来看望他。(为节省开销,他也在寡妇奥尔特那儿住下来)弟弟对哲学不感兴趣,漫无目的地在马堡闲逛,很快就感到了无聊。鲍里斯尽可能为他解闷,但同时还要忙于学业。幸亏舒拉展现了他的台球天赋,一有空闲,两人就在柯亨弟子聚会时常去的"哲学咖啡馆"打台球。帕斯捷尔纳克在《安全保护证》中动情地提到,领班的侍役熟知每位来客的底细。舒拉在马堡待到7月19日,然后与家人一道去了意大利。

3

帕斯捷尔纳克最终与哲学分离,以及精神危机的解决,可追溯至1912年7月14日,正在巴特-基辛根的维索茨卡娅姐妹当天迎来了伊达的生日。帕斯捷尔纳克把弟弟留在马堡,于13日傍晚独自去找两姐妹,归来时虽非彻底绝望,但也是神情黯然。而他将徒劳的绝望转化为创作悲情的能力,正是他诗歌重生的产物:他所经历的一切,现在已然发出美妙的乐音。给施蒂赫的书信,总结了马堡之旅,同样婉转动人。信中详尽解释了他放弃学术研究的原因,尽管是以纯属帕斯捷尔纳克的笔调:

> 唯一的原因,却是决定性的原因!我丧失了内心眷恋的一切。为我所爱的人们,公然或秘密地离我而去。这样的断裂有害无益。没有人爱我。没有人等我[……]我无法更完整、更贴近现实地说:我从中走出的整个世界,那柔情脉脉的一切,全都与我格格不入。

接着,他写到奥莉加和伊达"冷漠的矜持",说他如今的样子不讨她们喜欢,虽然两人的冷漠其实迥然不同:奥莉加觉得他的哲学索然寡味,伊达则认为,他的饮食和睡眠实在糟糕。他在给施蒂赫的信中引用了她的话:

> 请试试正常地生活吧……你的生活方式把你引入了歧途;所有吃不好睡不足的人,都会发现自己有太多离奇古怪的念头。

帕斯捷尔纳克告诉施蒂赫,到基辛根后,他向伊达再次表白了心迹,在"节日般的放荡"与"犹太人的贪婪"氛围中。这封信对伊达的描绘十分精准,如此淋漓尽致的刻画在他的散文中并不多见:

她高傲,对我而言不啻悲剧,她美丽——众人以崇拜将她凌辱,她孤独,她是自己的迷雾,我的迷雾,她美艳绝伦,举手投足都楚楚动人……

"她是我的迷雾",可谓一语中的,因为除了莫斯科富贵人家惯有的庸俗,这个女孩身上无疑还有别样的风情,但庸俗之外,可以说一无所长。她安慰帕斯捷尔纳克,忽然又向他说起某位死缠着她的先生:

一个无懈可击的小人,信奉世界主义的富家浪荡子,腰系宽大的皮带,头戴巴拿马草帽,轿车的拥有者,一举一动无不显出他们这些高级动物所谓"文化"的百般花样。

此人"坐在轿车里"对她宣称……这一幕似乎激怒了帕斯捷尔纳克。

毫无疑问,她应当成为他的太太。说到这件事……她露出无比动情的神色:"然后他靠近我,哭了,一副失魂落魄的样子……我只好以完全一样的方式(!)安慰他……"你知道吗,舒拉,这意味着她的"我可怜的男孩"——已不止一次派上了用场……我也曾是个讨厌的、远方的求婚者呢……我想,这句闻所未闻的话语也会治愈我的伤感。结果却更糟糕。我落入不祥的怪圈;我甚至隐约感觉,那人把陌生的凶险的目光投向了若尼娅……

若尼娅,也就是帕斯捷尔纳克的妹妹约瑟芬娜,一个十二岁的女孩,他觉得她非常成熟,善解人意,没有傲气:"可怜的鲍里亚,你真糊涂呀……难道你变得和其他人一样了吗?!"说到不祥的怪圈,这对于他不过是刚刚开始:事实上,他从未得到常人的理解,他向他们寻求爱与同情,到头来只是一场空。应当如纳博科夫所言,转向自己的"同类",但周围找不出这种人:无论基辛根还是马堡,都没有宜于诗人的土壤。唯有与创造者,譬如斯克里亚宾,有时还包括父亲,才能达成相互的理解;其他人出于不解,对他并不正眼相看。

他对伊达的理想化仍旧持续了一段时间,其中甚至不无说服力:

她简直太不幸——太缺乏生活能力——又如此有才华;由她的心灵所决定的命运,就这样公然被窃取——总之,她是如此不幸,她的不幸让我倍感哀伤,我真的希望她幸福……

这里只有一处用词不当:决定她那被窃取的命运的,其实是她的容貌。心灵未必能决定什么,正如上文所说,她是"一团迷雾";而她的容貌则曼妙可人,那绝色外表与无可救药的庸俗心灵之间的反差,她自己不会感觉不到,所以她才时常泪下,若有所思。不过,她很快就不漂亮了,反差也随之消失。

帕斯捷尔纳克要么是为自己,要么是为施蒂赫,想出了一个有趣的告别柯亨的理由:"他不知道,也没有发现,我讨厌那种不需要女性柔情的劳作。"不为女孩们所爱,所以就跟哲学说再见吗? 此种解释未免牵强,因为"女性的柔情"在帕斯捷尔纳克看来,是永不止息、难以理喻和不可企及的,更确切地说,是世界的神秘根基及其本质。(在致施蒂赫的同一封信中,他还将温柔称作一切事物的基础)他一生为之奋斗的这种女性气质,只能通过艺术来理解:它是与之交流的唯一语言。他认为哲学太过贫乏的缘由也就在于此。7月14日早晨,他收到柯亨的明信片,在《安全保护证》中,收件日期提前了一个月:柯亨邀请他午餐那天正好是14日,而当天他在基辛根。7月15日,帕斯捷尔纳克回到马堡,在一家理发店旁遇见教授,为自己的失约表示歉意并解释了原因。柯亨问他接下来有何打算,他含糊地回答说,可能要回俄国,以校外考生的身份参加考试……可能的话,还将完成先前丢下的法律专业,再寻找法律实践的机会……柯亨着实吃了一惊:这到底是怎么回事? 毕竟,在这儿,在德国,他会有美好的学术前途! "Aber Sie machen doch das alles sehr gut, sehr schön."①帕斯捷尔纳克无法说出随后在信中对施蒂赫说的话:

> 对我来说,这只惩戒之手,这只企图阻止我从事艺术的手——远比章鱼的触手更可爱(这样的类比其实不成立)。哦,不,不要章鱼触手!

接着他又说柯亨是超人,并强调超人对他的赞誉。怎奈他去意已决,况且在7月11日的信中,他就对那位受困于他无休止的书信的朋友说过:

> 上帝,此次马堡之旅多么充实啊! 但我要抛开一切——除了艺术,别无所求!

怀着平淡的期望,他度过了在马堡的最后几天,同时告别了整个"前文学生涯"。列昂尼德·帕斯捷尔纳克以自己的方式解释了儿子何以放弃教

---

① 德语:"毕竟你学业优秀,甚至出类拔萃。"

授的前程：

>柯亨似乎失去了对你的吸引力，尽管他认可你，称赞你。在我看来，你的这场蜕变并不新奇。

知子莫若父，儿子确实对轻易实现的东西不感兴趣。出乎意料的是，列昂尼德·奥西波维奇同情这场"蜕变"。7月23日，他来到马堡看望儿子。父子俩一起听了柯亨的讲课，父亲失望极了，老头儿的矫情和卖弄萦绕在他眼前。由于柯亨拒绝摆姿势（"这样您会了解我所有的弱点。"），列昂尼德·帕斯捷尔纳克只得趁听课时画了几张速写，然后是石印画。第二天，他和鲍里斯去到卡塞尔①，参观当地以收藏伦勃朗著称的画廊，像往常一样，两人从艺术中得到抚慰：去时闷闷不乐，回来后兴高采烈，各自都完全理解了对方。鲍里斯对施蒂赫写道：

>我有一位金子般可贵的父亲，完全不曾毁于已经不止十八岁的年纪［……］换成别人，早就一本正经地拿大道理训人了，可他却没有，反倒对我表示赞同：你呀，他说，就应该把这一切全抖搂干净……干吗非要变成人造的犹太佬？他们这些人，跟艺术的曙光和传奇相距太远……

必须等到学期结束。在马堡，8月1日是整个学期的最后一天。帕斯捷尔纳克领到结业证书，便和朋友们一起庆祝这件喜事。8月3日，在客人稀少的"哲学咖啡馆"，他们几个开怀畅饮，有人忽然向帕斯捷尔纳克提议去意大利。他已有几分醉意，也禁不住朋友的热情，爽快地答应了。"所有这一切都带有大学生开心嬉闹的色彩。"十五年后，他向常年与自己保持通信的赖莎·罗蒙诺索娃写信提及此事。还要补充一点：那是一场冒险，因为当时他已囊中羞涩。马特维·戈尔布恩科夫，帕斯捷尔纳克在马堡的朋友，竭力鼓动他去冒险，毕竟意大利值得一看，他自己就多次周游世界，花费微不足道，帕斯捷尔纳克毫不犹豫地听从了他的意见。凌晨三点，列车启程了。夏日的黎明前，城市、山丘、城堡和教堂，在晨曦中一点点露出轮廓。十一年后，帕斯捷尔纳克注定回到这里，最后一次回来。"岁月消逝了，/往事的烟雨消逝了。"②

---

① 德国黑森州北部的城市。
② 引自帕斯捷尔纳克《岁月消逝了，往事的烟雨消逝了》(1929)。

帕斯捷尔纳克一路经过巴塞尔,不知不觉来到米兰(他只记得换车时匆匆一瞥的教堂,一座浪涛拍打着的大坝;火车在坝上行驶,浪花飞溅在车轮上,风声呼啸)。快到米兰时,发生了山崩,碎石阻断铁路,只能换乘停在前方的另一列火车。他和别的乘客一起徒步走过这段受阻的路,一个放羊的意大利男孩为他扛着行李。崩塌,不过是雪崩,后来也将阻断日瓦戈与家人乘火车去往乌拉尔的道路。列车上因睡眠不足而显得格外漫长的感受,也几乎完整地再现于帕斯捷尔纳克的经典之作,读者甚至还会发现作者当年路过的巴塞尔附近那座瀑布。最遥远的两次铁路旅行——目的地分别是意大利与乌拉尔——将合而为一,再加上1917年两次探访叶莲娜·维诺格拉德的回忆——回程的曲折和草原夜色,铁路最终成为小说的主线,贯穿所有行为:主人身不由己,一直向某地行进,没完没了,半梦半醒……最后徘徊在铁路线上……无处可去。这是宿命。

8月5日,帕斯捷尔纳克来到威尼斯,逗留了一个星期,过得不像苦行僧,而是形同乞丐。像曼德尔施塔姆一样,这是他平生唯一一次威尼斯乃至意大利之旅,但威尼斯印象却长久地萦绕在他心头。只需举一个例证:十五年后,他重写了一首关于威尼斯的诗(写得更加出色,他通常很少这么做;他本人说过,写完的东西在他看来犹如"过期产品",很难再进入原有的情境)。在《安全保护证》中,威尼斯风情展现得淋漓尽致。更重要的是,帕斯捷尔纳克的许多关键语汇和色调汇集于此,整部作品也不吝使用这样的笔墨:

> 有一个独特的圣诞树的东方,拉斐尔前派的东方。有一场由星相家传奇所演绎的璀璨星夜的表演。有古老的圣诞浮雕:镀金的胡桃上面泛着蓝色石蜡的光泽。有这样一些词语:哈勒瓦[①]和迦勒底[②]、马基[③]和马格尼[④]、印地亚[⑤]和印地哥[⑥]。威尼斯夜色和它的水中倒影应由这些谐音词来衬托。

如此一来,帕斯捷尔纳克的威尼斯便被纳入圣诞现象的范围,它的色彩

---

① 一种类似于酥糖的俄国甜食。
② 《圣经·旧约》中的地名,在巴比伦尼亚(今伊拉克)南部。
③ 俄语音译,古代术士,占星家。
④ 俄语音译,镁。
⑤ 俄语音译,印度。
⑥ 俄语音译,靛蓝。

部分地预示着《圣诞之星》未来的基调：圣诞节，美妙与感伤的节日，帕斯捷尔纳克时常因它浮想联翩，飘扬的思绪如同夏日露台上围绕煤油灯盘旋的飞蛾。独具韵味的东方、拉斐尔前派的蔚蓝色星空的东方、清真寺高塔与巴扎随处可见的"一千零一夜"的东方，同样进入到他对圣诞节的畅想：凡此种种，同俄罗斯的冬天、天堂般的儿时、孩子们的节日、恋情、基督、星相家相互汇聚，形成奇异的整体。"油黑的水面泛起雪白的浪花。"在这种有机的融合中，一切各得其所，因而当看到《圣诞之星》里的星相家身着牧羊人的皮袄，头顶是"苍茫的星空俯瞰着坟墓"，行走在俄罗斯雪原上（原本应当在荒漠上！），谁都不会有什么异样的感觉。

威尼斯之行，同样不乏动人的经历与奇妙的巧合：一个似曾相识的人，帮助帕斯捷尔纳克找到了住宿的旅店，那人的模样很像马堡咖啡馆里领班的侍役。旅店老板是个好心肠的大胡子，外表像强盗，他在帕斯捷尔纳克笔下，俨如戏剧中的人物。《安全保护证》描绘的威尼斯风情，也具有某种神秘色彩，当然，其中并非没有长远的思考：他本人强调说，"当时"他对威尼斯的看法不同，他考虑更多的是艺术，不是国家。吸引他的是人文主义与基督教的交集、多神崇拜与教会的相遇，以及所谓"重生"的精神与世俗的结合。然而，《安全保护证》中的威尼斯，同时还呈现着另一番景象：人类从这座城市消失，君临万物的是象征国家的石狮：

> 周围到处是狮子的嘴脸，疑神疑鬼，热衷于嗅闻一切隐私，是躲在自家洞穴里的血盆大口，偷偷吞噬一条又一条生命［……］人们感受一切，也容忍一切。

在黑暗的哥特时代（或许连哥特式也算不上，不过就是三十年代），这是显而易见的，由威尼斯的化身引发的沉思，恰好与《安全保护证》第三篇所谈论马雅可夫斯基之死乃至诗人的最后一年交相呼应。

诚然，时年二十二岁的帕斯捷尔纳克还想不到"大恐怖"，想不到无数双眼睛随处的盯梢，也不曾体验过饥饿的狮子随时的威逼……在这首关于威尼斯的诗中，他写的是另外一些东西，譬如从个体的"我"幸运脱身，以及"我在浓雾中隐没，／我的目光与睡梦伸得更远"[1]。整个威尼斯——"和弦

---

[1] 引自帕斯捷尔纳克《威尼斯》。此诗有1913年和1928年两个版本。这里引用的是前一版。

仍不识手指",它是非人工奇迹的范例。后来校改时,他竭力写得更准确,同时也更简单:"威尼斯漂在水上,/像泡胀的石面包圈。"①如此贴切的形象,令人过目难忘,但当时他还不会这么写。

帕斯捷尔纳克从威尼斯来到玛丽娜-迪-比萨②看望父母。奥莉加·弗莱登伯格也来了。她暗自期盼与他相见,把没说完的话说完,他却保持着彼此的距离,整天手拿旅游指南,故作认真地游览各处的画廊,不谈任何抽象话题,显出着实讨人嫌的样子。奥莉加很快就返回瑞士,两天后,他也启程上路并于1912年8月25日回到俄罗斯。一下子跨越到旧历——比公历早十三天③。他随身带了一个诗歌本,其中某些作品已然预示着天才的出现。

> 雨水伫立,露着脑袋沉思,
> 身后是一片忧郁的草原,
> 太阳堆起日子,像堆起麦捆,
> 为了用污浊的光芒抽打它们。④

4

莫斯科天气和暖,父母还没有回来,帕斯捷尔纳克赶上了自己喜欢的城市之夏的末尾。

> 在我回国途中,正值卫国战争百年纪念。布列斯特铁路更名为亚历山大铁路。沿途车站粉刷一新,钟楼上的打更人也都换上干净的衬衫[……]这些并没有给乘客留下胜利节日的追忆。周年纪念的安排反映出沙皇统治的主要特点,即对本国历史的冷漠无情。

就此而言,沙皇统治终结之后,一切并未改变多少。

施蒂赫住在斯巴斯克区,帕斯捷尔纳克登门拜访了他,第一次向他朗读了《如同火盆里烧化的青铜》(1912)。此后,这首诗屡屡被他列为主打

---

① 引自帕斯捷尔纳克《威尼斯》1928年版。
② 意大利海滨小城,距离比萨不远。
③ 在十九世纪,俄国旧历比公历早十二天,在二十世纪,旧历比公历早十三天(例如,托尔斯泰卒于俄历1910年11月7日,即相当于公历11月20日)。1918年前,俄国使用旧历。
④ 引自帕斯捷尔纳克《平淡的雨天》(1912)。

之作：

> 如同火盆里烧化的青铜，
> 金龟子布满昏睡的花园。
> 我的蜡烛与繁星同在，
> 烛光多高，星辰就有多高。
>
> 如同走进未知的信仰，
> 我走进这样一个夜晚，
> 白杨树老去，枝叶发灰，
> 遮住了月亮的边缘。
>
> 秘密在那里卷起细浪，
> 悄悄穿行在苹果树间，
> 你高于一切，如同楼台，
> 甚至天空，也在你之下。

他后来改写了第三节。原有的高傲消失了，但与上帝齐平的感觉也消失了，诗意随之减损（"花园似高悬的楼台，面向天空"——这是意思更清晰，却少了梦幻色彩的1928年版）。施蒂赫一边听，一边记下这首诗，并终生保留着记录的纸页。

秋天，帕斯捷尔纳克重新回到大学课堂，在学业上对他帮助最大的是三个同龄人——谢尔盖·曼苏罗夫、德米特里·萨马林和尼古拉·特鲁别茨基。此前，帕斯捷尔纳克早就认识了这三人，用他的话来说，在第五中学读书时，他就能"凭声音"立即认出他们："他们是校外生，在家里自修，每年来学校考一次试。"（《人与事》）这个小圈子很特别：萨马林是一位著名斯拉夫主义者的侄孙（巧的是，帕斯捷尔纳克与他家原先的庄园同样有着不解之缘！这里后来改建成一座儿童肺结核疗养院，几步之外便是佩列捷尔金诺作家村）。语言学家特鲁别茨基后来成了有名的结构主义者，历史学者曼苏罗夫则是东正教神父。将这三人结合起来的是俄罗斯乡土主义，直到四十年代，帕斯捷尔纳克对这套看似独特的学说也笃信不疑。它高度关注祖国历史与东正教，相信俄罗斯民族的特殊使命。萨马林素来懒于参加哲学讲习活动,帕斯捷尔纳克却从他身上感受到何谓家学渊源——家传的历史与哲学禀赋,加之用小舌发 p 音的贵族腔,深深吸引着帕斯捷尔纳克。1912 年 2 月,正是萨马林第一次向他讲述了童话般的哥特式的马堡。同萨马林、曼苏罗夫和特鲁别茨基的交往,为帕斯捷尔纳克打下了斯拉夫主义的基础——远离官方做派与繁文缛节,正如他的信仰;斯拉夫主义世界观的核心在于:相信俄罗斯具有无限希望和永不枯竭的生命力,相信只有这里才有真正的自由思想(永远受压制,反而不屈不挠)和空前的创作高潮,国家就处在崛起的前夜。这些主张同波别多诺斯采夫[1]宣扬的正统国家精神,以及康斯坦丁·列昂季耶夫[2]狂热的受虐淫式的极端学说大相径庭。与斯拉夫主义更接近的是谢尔盖·特鲁别茨基、弗洛连斯基[3]和伊利英[4]的宗教思想。当然,三个年轻人拥有的不只是思想。他们都是心地单纯的理想主义者、书呆子和贵族。帕斯捷尔纳克从旁观的角度欣赏这个贵族阶层,就像欣赏俄罗斯田园散文。从朋友们身上,他看到鲜活的历史。

他离开家人,在天鹅胡同租了一间屋子,一边给人授课,一边用功学习历史,大量阅读象征派作品。这间小屋的桌子上总是放着福音书。

帕斯捷尔纳克常去阿尼西莫夫的住所,后者不久前也刚从意大利回来。在那儿,他遇到了一心要创办私人出版社的勃布罗夫。为节约开支,阿尼西莫夫夫妇与洛克斯在莫尔恰诺夫卡街合租了一套房子。在这群人中间,帕斯捷尔纳克的诗受到了质疑,唯独洛克斯相信他的才华,还有很少与他们聚会的杜雷林。

1912 年秋天,在莫尔恰诺夫卡街,产生了《抒情诗》丛刊的创意,随后转化为同名出版社发行的第一本刊物。(在那十年间,据帕斯捷尔纳克本人回忆,出版社"像蘑菇似的纷纷冒了出来")出版社的参与者除了已经定型的三人组合"阿谢耶夫—勃布罗夫—帕斯捷尔纳克",还有阿尼西莫夫夫妇、杜雷林(笔名"拉耶夫斯基"),以及在文坛上没有留下多大名声的鲁巴诺维奇和西多罗夫。勃布罗夫已于当年元月出了一本薄薄的几乎无人知晓

---

[1] 康斯坦丁·彼得罗维奇·波别多诺斯采夫(1827—1907),俄国保守主义思想家,反对社会改革。
[2] 康斯坦丁·尼古拉耶维奇·列昂季耶夫(1831—1891),俄国保守主义思想家。
[3] 帕维尔·亚历山德罗维奇·弗洛连斯基(1882—1937),俄罗斯哲学家,东正教神学家。
[4] 伊万·亚历山德罗维奇·伊利英(1883—1954),俄罗斯哲学家。

的集子，名为《柳树园丁》。《抒情诗》被寄予厚望，它毕竟代表着总体趋势，尽管使之得以凝聚的，除了友情，并没有别的什么。

帕斯捷尔纳克初次发表的五首诗(《二月》《今天我们来承担它的伤恸》《黄昏》《我陷入静默的沉思》和《如同火盆里烧化的青铜》)是勃布罗夫挑选。它们预示着一切，但又说明不了什么。作者如此与众不同，以至当他不被理解或者干脆是才思稍减之时，便可能一蹶不振；但也可能更加坚定对艺术的信念，成长为杰出的诗人，哪怕有些怪异。如今我们知道，帕斯捷尔纳克的经历属于后一种，而当初更有可能，也更为常见的结果则是前一种。与丛刊中其余作品相比，帕斯捷尔纳克的诗无疑是出类拔萃的，但不代表他真正的水平：这些诗即便在他早期作品中也算不上最好。勃布罗夫只是挑选了与自己更接近的作品——最独特和最有气势的，却不是最精妙的。读者渐渐会明白，使帕斯捷尔纳克区别于其他"抒情诗"作者的主要特征，正是完整性。他的所有诗作都保留着个性的印记，而且彼此相像，具有表现主义的奔放和略显受伤、似乎是被动的作者立场(作者并非行动者，而是热情的观察者；吸引和牵制作者的是词和印象……)。最主要的特征在于异常宽广的用词，这一点使得他在同时代人中卓尔不群。在同一首诗中，你会遇到杜鹃花与农田，金龟子、楼台与五彩斑斓的世界，游吟诗人与艾蒿……只有抒情气质的热度才能使所有这些融为一体，哪怕并不清晰。当然，美妙动人的音韵和双关语，也是诗人一开始就很喜欢的手法，他善于借此将修辞和语义各不相同的词汇聚合起来。帕斯捷尔纳克是唯一具有自己面孔的人，而且这张面孔的神色是如此与众不同，随着时代的变换，它要么被视为一个疯子的表情，要么是对读者的刻意嘲讽。

丛刊于1913年4月底问世，发行三百份，这在当时是一个正常的数量(今天也一样)。一个月后，帕斯捷尔纳克提交了关于柯亨理论哲学的毕业论文(切尔巴诺夫教授，据洛克斯推断，对该理论知之甚少，他不想显露自己的无知，所以评判也就不苛刻，毕竟他不曾听过柯亨讲课，但帕斯捷尔纳克听过)，大学生涯就此结束。其余的考试都"令人十分满意"地通过了。这个优等生向来充满自信。

所有传记作者一致指出，帕斯捷尔纳克对既已完成的事情是何等淡漠：连毕业证书他都没有去领取。这份证书保存在莫斯科大学档案馆，叶甫盖尼·鲍里索维奇后来透露了编号：20974。

第七章 探索之路

1

1933年,玛丽娜·茨维塔耶娃写下《拥有历史的诗人和失去历史的诗人》一文,读者无不感到惊讶,并且因此将她视为俄罗斯抒情诗人中最具洞察力,也最为偏激的批评家。文中评述了帕斯捷尔纳克二十年代的文学创作:

> 鲍里斯·帕斯捷尔纳克——停滞不前的诗人。他一开始就以自我为出发点,此后再未改变……

奇异的是,阿赫玛托娃与茨维塔耶娃永远相互对立,却始终重复着两个论断:帕斯捷尔纳克的创作不分时期;帕斯捷尔纳克笔下没有人类……

> 帕斯捷尔纳克并非创造于第七日(当时神已造人,世界分为"我"和其余万物),而是更早,在大自然被创造之时。他生来就属于人类一说,纯粹是误会。

茨维塔耶娃极尽夸赞之能事,但这份甜蜜中不无刻毒。

据利季娅·楚科夫斯卡娅①记录,阿赫玛托娃于1940年曾经说过:

> 问题在于,在上帝创造人类的第六天之前,帕斯捷尔纳克的诗就写好了。正如您所见,他的诗里面没有人类。其余的一切应有尽有:雷电、森林、空虚混沌,唯独没有人类。当然,他本人,鲍里斯·列昂尼德维奇,偶尔也会展示自己,并且会取得成功,可其他人就进入不了他的

---

① 利季娅·科尔涅耶夫娜·楚科夫斯卡娅(1907—1996),俄罗斯作家,诗人,持不同政见者。她的《关于安娜·阿赫玛托娃的笔记》记录了与阿赫玛托娃近三十年的密切交往,是不可多得的文学史料。

诗,他也不打算塑造他们。

此种巧合并不多见:兴许阿赫玛托娃先前读过茨维塔耶娃的文章,哪怕是从异国语言转译的。(这篇文章首次发表,用的是塞尔维亚语,利季娅·楚科夫斯卡娅当时还没读过,也就不知道阿赫玛托娃所云源于何处)从茨维塔耶娃的文章中,不仅能听到对于帕斯捷尔纳克才华的赞美,还能感受到对他的某种畏惧,畏惧时而又转化为纵容。人们往往以这种方式对待硕大而俊美的动物——是的,他威猛强健,但终究不属于人类。"是我自己选择了非人的世界——我有什么可抱怨的?"(引自茨维塔耶娃1935年10月写给帕斯捷尔纳克的信)当然,茨维塔耶娃并未彻底否认帕斯捷尔纳克的发展:

> 如果说看得出帕斯捷尔纳克近二十年间有所行动的话,那么这种行动的方向便是人类。大自然朝他稍微扭过身来,露出一张女性的面孔。被损害的女性。但这种行动用肉眼根本觉察不到。

(同时代人也许难以觉察,回头再看却很容易。但我们不能忘记,茨维塔耶娃的文章写于她同帕斯捷尔纳克关系冷淡期间,她自己就是一部见证"被损害的女性"的作品。作为批评家,玛丽娜·茨维塔耶娃是偏激的。)还应当感谢1933年的这篇文章勾勒出帕斯捷尔纳克发展的主线:从自然转向历史,从史前世界乃至人类之前的世界——历经不可避免的异教时期("盛宴上异教的祭坛")——转向基督教。这里有帕斯捷尔纳克的三段论:起初他的主题是自然界,然后是国家,然后才是掌握个别真理的个别人。依照这种逻辑(很少取决于作者的意志),帕斯捷尔纳克的创作不断发展。总之,他对三段论情有独钟,并善于领悟其中的奥妙:正题—反题—合题;一二十年代—三十年代—四五十年代;自然—国家—人。

需要澄清的误解是,帕斯捷尔纳克视大自然为永恒快乐之源。"他从大自然中找到多少快乐啊!"阿赫玛托娃后来不无揶揄地说道。事实上,帕斯捷尔纳克俨然与佩列捷尔金诺的森林、格鲁吉亚和乌拉尔的群山、南俄罗斯的草原融为一体——还有他的组诗《在早班火车上》《生活,我的姐妹》《第二次降生》当中的风景。一些敏锐的研究者,譬如西尼亚夫斯基、巴耶夫斯基和阿利芬索夫,也同样确信,帕斯捷尔纳克无论如何都不只是观望者。不仅如此,他不断地以自然对应历史。在帕斯捷尔纳克那里,未经人类

改造和赋予灵性的风景是难以想象的;发生在其中的事情若没有人的参与,便显得神秘而恐怖:

> 我感觉,它将归于永恒,
> 那可怕的会说话的花园。
> 我的身影还掩藏在街边
> 灌木与篱笆的絮语间。
>
> 一旦被发现,便没有退路:
> 永远,永远,它们说个没完。①

从起初的诗作到最终的绝笔,历史与自然的冲突伴随着帕斯捷尔纳克的每一步,但在著名的《奇迹》一诗中形成特别的戏剧化张力。像《圣诞之星》一样,此诗也采用四步抑扬抑格(амфибрахий)和诸多内韵,两者构成独特的双联诗(диптих)②,进入日瓦戈组诗。帕斯捷尔纳克仿效基督,向周围世界发号施令,要求这世界参与他内心的剧目。在他的抒情诗中,不愿与他同甘共苦而化为灰烬的无花果树,绝非我们看到的唯一景致。当然,"本来,人世间就没有/冰雪无法治愈的忧伤"③,但是会有愤懑的叹息:"雪连绵不绝,/唯有忍耐!"④在组诗《第二次降生》中,主人公怀念与恋人一道度过的夏日。还将会有达吉斯坦,它好似一口大锅,正在烹制下了毒的羊肉抓饭⑤,还有"穿过树叶泛黄的恐惧"⑥驻足于主人公生命中的冬天。没有与自然之间田园诗般的结盟,有的只是将生命注入自然,让空气自己凝聚,让消息随之传递的成功试验;而《生活,我的姐妹》则呈现着历史介入自然,使

---

① 引自帕斯捷尔纳克《窒闷的夜》(1917)。
② 通译为"双联画"(diptych),原意是可折叠的两面画作或雕刻作品,中间用金属链、扣或绳索连接而成,用作文学术语,指的是两相对照的文学作品,由互为补充的两部分构成。在词源学上看,源自希腊语词根 di 和 ptychē,分别表示"两个"和"折叠",最早指代罗马时期可折叠的书写板。公元四世纪末,罗马帝国的执政官用象牙雕刻拥有其头像或人像的双联画,并将其作为纪念品赠予支持他的人。同时,双联画也出现在早期基督教的艺术传统中,地方教会常用木质双联画来纪念宗教人物,一面是活着的人,一面则是已故之人。
③ 引自帕斯捷尔纳克《1919 年 1 月》(1919)。
④ 引自帕斯捷尔纳克诗集《第二次降生》中的《雪连绵不绝,唯有忍耐》(1931)。
⑤ 达吉斯坦,位于俄罗斯北高加索地区。此处所述细节出自《第二次降生》中的《波浪》(1931)。
⑥ 引自帕斯捷尔纳克《虚惊》(1941)。

其狂热,跃动,富于灵性。历史一旦终结,其精神便脱离现实,只剩下黄蜂的干壳、光裸的枝条和缥缈的空气。帕斯捷尔纳克无法想象一个缺少他参与的世界,《八月》所描绘的"凋落颤动的赤杨林"和墓园里焦黄的树叶,"像刻花姜饼泛着微光",无不被他预言般的声音改换了样貌。可以说,帕斯捷尔纳克早期诗歌的世界属于史前,但要说这是人类之前的世界,起码值得商榷:这终究是人类眼眸发现的世界,只不过它的历史尚未同自然剥离开来。因此说,帕斯捷尔纳克的诗是从音乐与印象主义的浸润中飘逸而出,词语不再表意,而仅仅歌唱或朦胧地暗示。然而,我们距离童年有多远,距离那个联结人类之前众生世界的约言就有多远:这是从幸福地融于自然,到个体消失直至被自然吞噬的悲剧体验。

自从谢尔盖·尼基金①演唱了《雪在下》,这首诗便被视为欢快的、充满活力和幸福憧憬的作品。与此同时,这首写于1957年的诗,也可说是死亡来临前的伤恸之作:

> 雪在下,一派慌乱景象,
> 幽暗楼梯上的台阶,
> 十字路口的转弯……
> 一切都飞起来了。
> …………
> 因为生命从不等待。
> 未曾回首,已是圣诞节期②。
> 只需一个短暂的间隙,
> 你看,新年就在眼前。
>
> 雪在下,纷纷扬扬。
> 或许,时光流逝亦如此?
> 与雪一道迈开脚步,
> 步调一致,同样慵懒

---

① 谢尔盖·雅科夫列维奇·尼基金(1944—),俄罗斯音乐家,二十世纪六十年代曾为许多诗人的诗作谱写歌曲,其中包括帕斯捷尔纳克。
② 东正教节庆,从圣诞节至主显节(公历日期为1月7日至1月19日),一共十三天。

抑或同样匆忙地消失。

为何是"一派慌乱景象"?因为岁月一去不返,无可追忆,因为冰雪掩埋过去,也覆盖未来,因为"暴风雪中,老鹳草/将花朵伸向窗格外/白色的星星"①。这是大自然与大自然的生死相约,唯独人类,"疲惫的路人",依然在渴求什么。人类应留住这一瞬,或者哪怕在转瞬之间感知自身。对大自然的恐惧源于对时光飞逝的恐惧——这些岁月里,他和阿赫玛托娃都饱受摧折。从儿时欢快地融化在世界中,到晚年惧怕毁于模糊不清的自然力,正是帕斯捷尔纳克的抒情之路;这里的运动也一目了然——诗人怀着"讥嘲",越来越明确地选择了历史,而"碾碎黏土"的雨之喧嚣②,则令他越来越恐惧,因为失去面容和意识,亦即"堕入地狱"。

帕斯捷尔纳克终将宣告历史本身即是植物王国,而人类的价值,将只能以人类对抗这个王国的能力为衡量的尺度。

2

同样在上文提及的谈话中,阿赫玛托娃又以惊奇的口吻宣称,帕斯捷尔纳克毕竟还有时间的周期。这是怪异的论断,因为帕斯捷尔纳克创作中引人注目的恰恰是明的分期。在每个新的时期,他都会经历同样的三个阶段:起先单薄无力,偶尔简直糟糕。接着便是飞速的提升,新方法很快尽在掌握,随即从刚刚征服的高峰降下来。以风格主义为例:当这一新采用的方法令他局促且颇费精力时,一个短暂的阶段也随之结束。1942年1月28日,他在契斯托波尔对亚历山大·格拉德科夫说:

> 应当给自己提出力所不及的目标,第一,因为你永远都不知道自己到底有多大能力;第二,因为能力是在实现看似不可能实现的目标时产生的。

帕斯捷尔纳克的创作历程,由一系列最终未完成的目标组合而成,所有这些目标,他都在努力完成,以期迈向更高远——只能猜想,这条路会将他

---

① 引自帕斯捷尔纳克《雪在下》(1957)。
② 参见帕斯捷尔纳克《第二叙事曲》(1930)。

带到怎样的高度,假如他的生命不是猝然终止。1940年7月28日,他在给前妻的信中写道:

> 阿达·恩格尔曾经发表高论,认为在自然界中,事物并非按照等差级数沿直线推移,而是以跃进或回转的形式做周期性运动。大概,真是这个道理……

阿达·恩格尔(罗津斯卡娅)——画家,帕斯捷尔纳克妻子的好友,父亲是作曲家,曾担任过帕斯捷尔纳克的老师。帕斯捷尔纳克本人也意识到,在他生命与创作的每个时期,都重复着特定的规律。通常,每个时期都以新十年的初年为开端——以十年为明确划分,他经历了七个周期:1901年,开始学习音乐;1911年,转向抒情诗;自1921年起,尝试叙事诗;自1931年起,力图使自己不脱离国家,因此饱经创伤,但也积累了与国家制度相关的创作体验;1941年,开始运用新的文学手法;1951年,创作长篇小说《日瓦戈医生》最后一稿,散文境界臻于纯熟。每十年间,同样重复着若干固定的阶段:前五年——低迷期,程度或深或浅;第七年和第八年——稳定的上升期。帕斯捷尔纳克一生中最美好和最充实的时期分别是1917年至1918年(《生活,我的姐妹》与《断裂》),1927年至1928年(《斯佩克托尔斯基》与早期抒情诗的再版),1931年至1938年(《日乌里特笔记》),1947年(《尤里·日瓦戈的诗》和1957年至1958年(《雨霁》)。最低落的时期是1915年、1925年、1935年、1945年(令人欢欣的胜利,将个人精神危机映衬得尤为醒目)和1955年。

马雅可夫斯基仅用两年便达到个人的巅峰,阿赫玛托娃也在青春早期一举成名,帕斯捷尔纳克跟他们有所不同,他尝试种种写作手法,耗费颇多时间,直到成熟期,他仍然怀疑自己的第一部诗集《生活,我的姐妹》。当然,他从最初就扩展了诗歌语汇的边界,将丰富的散文语句和俚语带入诗歌。他的早期诗作形象丰沛,表现力突出,语义变幻不定,词语牵制作者,声音掌控情节——除了偶尔融于词语中的宝贵的个人经验之外,更多的是发音、语调和意识的涌动。这种狂放恣肆并不单是缘于精力过剩,更多情况下,恰恰因为缺乏个人经验和清晰的思维:帕斯捷尔纳克的早期作品时常无从理解,而它们究竟在表达什么,其实不重要,重要的是话语在行走,跑动,飞翔。这大概是年轻的帕斯捷尔纳克身上仅有的和真正的未来派气质:未来主义者也将声音置于语义之前,阿列克谢·克鲁乔内赫[①]就曾宣称,《眼儿头儿缝儿》诗行里蕴含的俄罗斯民族风情,比普希金全部诗作中都要多。

然而,帕斯捷尔纳克很快学会了使早期风格的直觉和自发性同细腻成熟的分析相结合。《生活,我的姐妹》属于他第一阶段创作的高峰,其中激情四溢的形象开始变得生动、精妙,并融入了心理刻画。抛开这些,帕斯捷尔纳克无法想象俄罗斯诗歌和散文的传统。对于下一部诗集《主题与变奏》,他予以苛刻的评价。这部作品确实在技法上有些过度;按照作者的说法,《主题与变奏》是由前一部作品的残渣("废料")所堆砌。不过,正如帕斯捷尔纳克以往的经历,这也预示着一个新的——叙事诗阶段的开端:1921年,帕斯捷尔纳克完成了后来被销毁的小说《三个名字》;1923年,他转向叙事诗,因为一旦先前可以"传送声音"的氛围不复存在,抒情诗对他而言便已是山穷水尽。叙事诗的初次尝试——《崇高的疾病》,是一件坦诚的半成品,不乏绝妙的洞见和警句,与之相联的是对帕斯捷尔纳克也属罕见的含混和迷离。但两三年过后,他便拿出几部叙事诗的光辉范本:《施密特中尉》、《一九〇五年》、《崇高的疾病》第二版,以及《斯佩克托尔斯基》——苏联二十年代无可争议的长诗杰作。在这部写写停停,一度中断六年之久的作品中,也能感受到某种倦意。因而在三十年代初期,帕斯捷尔纳克重又回到抒情诗,希望能吸引新的读者。此次转变同样与兴趣的衰减不无关联,但这些构成《第二次降生》的抒情诗,远比以往更理性,更清晰,其中也有《第二叙事曲》或《夜幕降临。四处生气盎然》这样的超拔之作。

1936年问世的几首诗,标志着帕斯捷尔纳克的第四个阶段,作者本人坦言:"有时我会写得糟糕。"他进行新的尝试,以求简单直白,紧凑有力。如果说组诗《夏日笔记》还留有适应新方法的痛苦印痕,语汇还比较密集,而语调又有几分造作,那么1941年的佩列捷尔金诺组诗则是简洁质朴,音韵婉转,令人称奇。战后,从1946年到1953年,帕斯捷尔纳克创作了将近三十首诗,每一首都经得起最严格的拣择,足以列入二十世纪最佳诗选。这

[①] 阿列克谢·叶利谢耶维奇·克鲁乔内赫(1886—1968),俄罗斯未来派诗人,主张用荒诞、无实义的语言进行诗歌写作,以此清除生活中的肮脏龌龊。文中所说《眼儿头儿缝儿》(《Дыр бул щыл》,1913)一诗,仅由五行短到不能再短的音节构成,在俄国未来派兴起之际,却引起广泛反响,标志着对俄国经典文学创作观念的挑战。此诗被认为带有某种色情暗示,故采取一定程度的意译。

些诗大部分都献给了尤里·日瓦戈——帕斯捷尔纳克散文代表作的主人公。

第五个阶段——《雨霁》,其中同样有一些作品在帕斯捷尔纳克的才华之下:有的文辞笨拙,有的俨如宣言,也有的是老生常谈。但只过了两年,帕斯捷尔纳克最后一首长诗《酒神节》就问世了,一部完美创新的杰作。倘若帕斯捷尔纳克不是死于六十年代的迫害,他一定会走得更远:在他最后的诗篇里,新的高峰已然隐约可见。

说到典型的共同点——早期帕斯捷尔纳克意象繁复,晚期清透简白——帕斯捷尔纳克的晦涩永远遭人诟病,对于同样的晦涩(印象主义,神秘的幽暗),有些赞誉却惹恼了他。他喜爱日常生活的"神秘性",亦即质朴和隐秘,而不能容忍文学作品的模棱两可。高尔基曾写信评价他最和谐的诗集《生活,我的姐妹》:

> 我知道您的诗歌有许多长处,但愿它更朴实[……]有时我感觉痛心,世界的混沌剥夺您的创造力,也就只有混沌被不和谐地呈现。

从《一九〇五年》,高尔基偏偏又看出和谐,尽管和谐同这部双重意蕴、回环曲折的作品相去甚远。人们不理解帕斯捷尔纳克,是因为还不够成熟:他写信给茨维塔耶娃,感叹他与读者之间绕不开的认知差异,须再等两三年,直到他们"迎头赶上"。不过,他偶尔也会让自己的诗和书信显得幽暗莫测,尽管从不刻意为之:每当帕斯捷尔纳克本人看不清形势,他便是幽暗的。他对世界的认知越清晰,就越不羞于表达,其诗歌、散文和书信也就越是简单透明。在二十年代,理解俄国革命及其直接后果之难,远远超过五十年代。这种模棱两可的状况,不能仅仅归因于政治上的谨慎:帕斯捷尔纳克想"被祖国理解"的愿望,不亚于马雅可夫斯基。他在二十年代的文字,晦涩而冗长,实为混乱年代的直接见证,其间夹杂着不合时宜的痛楚之感。当一切趋于明朗,他的笔调和语句也就明快起来。

3

勃洛克有一百多首以"我"起首的诗;阿赫玛托娃的诗作,"我"的主格、间接格和宾格形式同样不少见。曼德尔施塔姆——始终在诉说自己。能否想象,帕斯捷尔纳克惊恐地发问:"上天赋予我以躯体。/它为我所属,绝无仅有,/我该如何处置?"①从他的抒情诗中,丝毫看不出作者的面容。试想帕斯捷尔纳克在诗歌中如是说:"我,一样卑鄙和堕落,/蓝色眼圈环绕双眸。"②——这句话对勃洛克有多贴切,对帕斯捷尔纳克就有多异样。帕斯捷尔纳克对叙事诗的追求,青年时代便挥之不去的小说梦,同样都是逃离自我:他可以讲述列林克维米尼、斯佩克托尔斯基、日乌利特和日瓦戈的故事。但直到不惑之年,他在《安全保护证》中才说起自己。即便如此,也是躲躲闪闪,话题经常转移到斯克里亚宾、里尔克和马雅可夫斯基等人身上;这究竟因为含蓄还是畏怯?总之,帕斯捷尔纳克几乎是俄罗斯文学中唯一将抒情之"我"掩藏不露——或者说,化为无形的诗人。(近年来与之相仿的只有列夫·洛谢夫③)在上文引述的1933年那篇文章中,茨维塔耶娃无可辩驳地指出:

> 抒情之"我",本身即是所有抒情诗人的目的,服务于帕斯捷尔纳克的大自然(海洋、草原、天空、山峦)之"我",亦即大自然中一切无穷尽的"我"[……]帕斯捷尔纳克最终之"我"——既非个人的,也非人类的,这是——虫豸之血,浪涛之盐。

茨维塔耶娃关于最终之"我"的论断并不确切,因为帕斯捷尔纳克最终的作品,她注定无缘阅览。就此而言,她倒是识破了她未必知晓的曼德尔施塔姆的"拉马克"("我将降至环节动物和蔓足动物")④。但其余部分是准确的。

或许是出于真爱,国内研究者羞于接受柏林女学者弗兰西斯卡·图恩发表于2001年《作为边界的主观性:茨维塔耶娃、阿赫玛托娃与帕斯捷尔纳克》一文中的观点:

> 与弗拉基米尔·马雅可夫斯基等人有所不同,帕斯捷尔纳克的抒情时常难以分辨出人的面孔……渐渐形成一种印象,仿佛抒情的"我"

---

① 引自曼德尔施塔姆《上天赋予我躯体》(1909)。
② 引自勃洛克《克里奥佩特拉》(1917)。
③ 列夫·弗拉基米罗维奇·洛谢夫(1937—2009),俄罗斯当代诗人,学者。苏联时期"地下文学"创作的代表人物,1976年移居美国。
④ 指曼德尔施塔姆的诗作《拉马克》(1932)。拉马克(1744—1829),法国博物学家,最早提出生物进化论学说,被称为"拉马克主义"。

自行迈向"客体"世界,并以等同于其他客体的方式进入这个由各种元素构成的世界。现实性[……]将诗人变成可利用的工具。

帕斯捷尔纳克强调,艺术不创造什么,而只是塑造。(在《若干原理》和《艺术家》一诗中,艺术被比作海绵)他多次谈到他如何放弃浪漫主义立场,如何拒绝有意识地将自己的生活构建为诗人的生活,如何将重心由个人经历转移到创作本身("我喜欢普通人,我自己——也是普通的。"——致茨维塔耶娃的信,1929年5月30日)。

但当时为什么会不断说起帕斯捷尔纳克的自我中心主义和个人主义?是说他撒旦式的骄傲吗(确实有此一说)?平心而论,难道不能将帕斯捷尔纳克称为个人主义者吗?帕斯捷尔纳克这一首要的悖论——受制于明确无疑的骄傲的个人主义,抒情之"我"显得消极,以至彻底消融——我们还将深入探讨,因为这是揭示他整个思想的关键。

他何以藏而不露?他佯装和模仿着融入大自然,像毛虫假装成树枝,这究竟意味着什么?他很担心被认出来——"树上的枝条,/你们被认出来了!/过路的行人,你也被认出来!"(《暴风雪》,1914)可以说,此即茨维塔耶娃所称史前和人类之前的天性。但这里更值得注意的是,作者的"我"之特殊的羞赧与极度的纯洁。这种处于共形(конформность)边缘(但不越界)的羞赧,也体现于他特有的论辩方式:"是——是——是……不!"帕斯捷尔纳克只是适时地将自己隐藏。他对浪漫主义的拒绝,正是对过度象征的回应,也是对生活审美化以及生活转化为艺术事实的回应;他希望尽可能谦逊低调,实为艺术家对凯歌高奏的主观性的正常反应。帕斯捷尔纳克寻求的不是消隐,而是客观化,是从抒情性到叙事性的转变。曼德尔施塔姆说过,小说写作需要陀思妥耶夫斯基的苦役,或者托尔斯泰的庄园;《日瓦戈医生》则表明,西伯利亚苦役和亚斯纳亚-波良纳庄园之间,存在着中间地带——乌拉尔的工厂和帕斯捷尔纳克的佩列捷尔金诺别墅。

早期帕斯捷尔纳克的抒情之"我"若隐若现,在周遭世界中消融,其原因还在于:这些诗出自知识阶层,而非贵族阶层;出自平民知识分子,而非上流显贵。平民知识分子具有强烈的负罪感,永远以知识分子的方式质疑自身处境,因而他好像羞于直截的告白。但俄罗斯的命运一波三折。起初被驱逐的是贵族,然后是知识分子,到了五十年代,帕斯捷尔纳克本人已被视为十足的旧俄代表,贵族的一员,继承性的象征,而新一代平民知识分子成长起来了,他们是第一代和第二代苏联知识分子。晚年的帕斯捷尔纳克已不再为自己而羞耻,也不为任何事情请求宽恕,这便是"我"在他诗歌里声音越发响亮的缘故。恒久不变的"或许,我不该说出这些",被严厉的"我不能不说出这些"取代。所以才有了向勃洛克的回归,这位教授子弟的"少爷"做派和贵族气质,重新获得帕斯捷尔纳克的赞赏[《风(关于勃洛克的四个断想)》,1956]。

罗曼·雅各布森这位真正的形式主义理论家①认为,马雅可夫斯基喜欢隐喻,帕斯捷尔纳克则倾向于转喻,这是后者的抒情主人公表现消极的原因所在。马雅可夫斯基使自己与世界对立(或者认为自己起码在原则上是独立的),帕斯捷尔纳克通过"邻接的属性"进行比较。其实不尽然:形式主义方法尽管有诸多长处,但绝非放之四海而皆准。相比马雅可夫斯基,帕斯捷尔纳克或许更不适应社会。只不过他的抒情之"我"更加微妙,因为健康之人不易陷入歇斯底里,而帕斯捷尔纳克,按照曼德尔施塔姆不无妒意的说法,正是"一个非常健康的人"。他不会把事情弄到直接对抗的地步,而是竭力避免对抗,他向世界敞开胸怀,同时尽可能无视这世界对他随时随地的刺痛和划伤。只有受到长期有针对性的折磨(主要是对他周围的人),他才提高反抗的声音,采取不寻常的斗士姿态。在二十世纪,为了生存也为了与世界融合,需要拿出像对抗一样的勇气,或许是更大的勇气。"我经历的生活,有悖于我内在的动机。"在1926年7月11日的信中,他向茨维塔耶娃坦言,随即又补充道:

> 我[……]对于这矛盾,素来心怀喜悦。我只跟这些动机单独待在一起。一旦我向它们背后的行为让步,刹那之间,我就会四分五裂。

很少有诗人,尤其是二十世纪的诗人,能够如此坦然接受外界的约束作用,并且心甘情愿地服从,只要它们不侵犯到本质。

谈及帕斯捷尔纳克诗歌的独创性,让人不禁想起一个古老的英国笑话。有个男孩,直到十岁还不会说话,十一岁那年,突然在早饭时开口说:"咖啡是凉的。""你干吗不早说呢?!"一家人都慌了,而"在此之前,家里是好端端的"。二十世纪让我们习惯了叫喊和病态,一个平和又有教养之

---

① 罗曼·奥西波维奇·雅各布森(1896—1982),俄罗斯语言学家,布拉格语言学派代表人物。1920年从俄国移居欧洲,1940年起定居美国。

人独创的"我"因而被视为可疑的。二十世纪所有大诗人都不相信:活着的人难道是我吗?!阿赫玛托娃在《安魂曲》中坦承:"不,这不是我,/这是另一个受难者。/我可不能这样。"叶赛宁问道:"我是谁?我是什么?"他显然不满意自己的回答:"无非是幻想者而已。"①只能叹息一声:"你是我的生命,/抑或我的迷梦?"②马雅可夫斯基则在绝望中呐喊:"我觉得,/我已经容不下我,/有个人极力要从我里面挣脱。"③确信自己身上具有"七个诗人"的茨维塔耶娃,距离真相倒并不遥远,但七个茨维塔耶娃的"我"——或许,这清点着海浪的"我",比七个还多?!——只产生出自我肯定的激愤。而这激愤背后,则是每一个"我"共有的悲剧性的认知,认识到自己在这个世界的无所适从。站在她的立场上,帕斯捷尔纳克替她发问:"玛丽娜,我们这是到哪儿了?!"出于对她的爱,他本该迎合她;但他自己知道他去了要去的地方。

唯有帕斯捷尔纳克觉得,"我"恰到好处,生活并非梦幻,个人命运也未经偷换:

　　万籁俱寂之时,我独自登上舞台,
　　轻轻倚靠在门边。
　　回声自远处传来,
　　我从中捕捉此世的安排。④

时代是我的,苦酒一杯也是我的。不知道究竟是上帝眷顾他,因为他就是这么想的,抑或他这么想,是因为被上帝眷顾。

阿利芬索夫撰文指出,以"全人类准则"为取向,在白银时代语境下,本身即是公开的挑战。从叶甫盖尼娅·利瓦诺娃那里,帕斯捷尔纳克偶尔听到了"人有名气不见得光彩"一说。认同此说的不仅有精于取舍的大师⑤(在欧洲,他的声名已远远超乎"自己人"的评断),还应有一位刚发现自己是诗人的十九岁青年。

---

① 参见叶赛宁《我是谁?我是什么?无非是幻想者而已》(1925)。
② 引自叶赛宁《我不悔恨、呼唤和哭泣》(1921)。
③ 引自马雅可夫斯基《穿裤子的云》(1914—1915)。
④ 引自帕斯捷尔纳克《哈姆雷特》(1946)。
⑤ 1956年,帕斯捷尔纳克写下《人有名气不见得光彩》一诗。

4

帕斯捷尔纳克将"消极"一词用于自况，因为《中篇故事》中的谢尔盖·斯佩克托尔斯基与他的创造者几乎别无二致。他母亲的学生，工厂主太太弗列斯特里恩一语中的："一个完全不合时宜的人，上帝保佑！消极本身就在于：无论怎样苦心相劝，他还是一颗榆木脑袋。"在告别的信中，托尼娅也提到尤里·日瓦戈"缺乏坚强的意志"。

在帕斯捷尔纳克看来，参与构建自己的人生故事，意味着对最高旨意的干涉。事实上，在他的诗歌世界里，接受比行动更重要，但这仅仅因为，造物主会让一切变得更好。帕斯捷尔纳克对这一思想（准确地说是猜想）有多看重，不仅他的诗可以为证（尽管诗人偶尔也会戴上面具），从他的书信也可见一斑，作为极其详尽的自我评说，它们与他的创作相伴始终：

> 有某种类似信念的东西，甚或信念本身——提示我，命运不会不垂爱于鲜活美好的事物和鲜活的感悟［……］我所说的并非命运本身，而是命运的天使，它就像与我时常相随、终日冥想的同龄人，当我在漫步中自语或沉思，或者在人世间感到孤独时，它就会与我同在。最后，来谈谈上帝吧……这个力量自身因你们所遭受的打击而哀恸，以你们的感知来感知，谋划着摆脱这些网罗，并付诸实施。啊！这居然如此难以表达［……］一个人无论怎样爱自己，都不可能达到为生活所爱的程度。

这段话摘自他1914年写给父母的信。二十六年之后——那是怎样的年代！几乎是俄罗斯历史最惨痛的一页！——他已然直接明了地道出千万人在他身后重复的内容，他们对此或怀抱希望，或疑虑重重，但终将充分理解，因为有谁不曾想到：

> 造物的法则个足为信，
> 正如结局美好的童话。①

其实，帕斯捷尔纳克并无任何寻神之作。他的笔下人物并不寻求信仰，

---

① 引自帕斯捷尔纳克《霜》（1941）。

而是信仰被赋予他们。一切都在公理的层面上设定,不言自明:"但奇迹就是奇迹,奇迹也是上帝。"尤里·日瓦戈也不寻觅上帝,他知道上帝的存在,每当想到上帝,就会因幸福而哭泣。十九岁的尤拉安慰快要死去的安娜·格罗梅科,尽管他的生活经验还不够丰富,但问题不在于经验:一个人如果内心里有恩典的源头,就不需要到外面去寻觅。这是生活的先验的知识,世界矗立在坚实可靠的基础上,一切童话都是"结局美好的童话"。这种知识不可能靠朋友来灌输,或凭借经验来获取:它是给定的。

桨手的一项重要技能是迎向浪涛,适时调整方向,以免船只倾覆。帕斯捷尔纳克能让自己的船随波而行,而不是来回摇晃,因而每一股波浪都会将他托举到浪头之上。关于这种看似消极的创造性人格,帕维尔·弗洛连斯基说得比谁都准确,他一边安慰罗扎诺夫①,一边为缺乏意志而自责:

> 我仔细研究过一些天才人物,通过他们的经历之类,我发现,人的天赋越高,自律的意志就越薄弱……所以说这并非您的恶习,而完全是另一码事。

缺乏意志只表明不干涉最高的意志。天分越高,越忠实于预定的命运。或者还可以说,忠实于上帝。

5

每个大作家都有他最喜爱、使用最频繁的词类——并非指其在文本中的主导地位(像费特《低声的耳语,胆怯的呼吸》一诗的名词),但确实是作为主要词汇出现的。以布宁为例,他最常用的是形容词。五六个词相互串连,构成语段:每一名词之前几乎必有定语。

> 这棵枝条扶疏的白桦树,从上到下满是细小的赤黄色的叶片。几个笨手笨脚的庄稼汉,骂骂咧咧地绕着树转了一圈,通体打量一番,然后往疤痕累累的野兽般的手掌心啐口唾沫……顿时,我对这棵白桦树感到说不出的怜悯。②

---

① 瓦西里·瓦西里耶维奇·罗扎诺夫(1856—1919),俄国宗教哲学家,文学评论家。
② 引自布宁长篇自传体小说《阿尔谢尼耶夫的人生》(或译《阿尔谢尼耶夫的一生》,1927—1933)。

在普希金疾速流转的世界里,占优势的是动词——

> 起来吧,要听,要看,
> 把我的意志附在你的身上。
> 去吧,把五湖四海都走遍,
> 用我的真理把人心烧亮。① ……
> 马儿嗅到了死尸的气息,
> 喷鼻响,挣扎着乱蹦乱跳。
> 白色的唾沫把马缰浸湿,
> 马儿箭一般地向前飞驰。②

帕斯捷尔纳克喜欢副词和形动词,这是他创作手法最重要的特点,两者均属行为的附加特征,在帕斯捷尔纳克的诗中,每时每刻确实都在发生什么:不存在静态的景观,一切都在飞驰,呼号,"集会",用他的话来说,处于极度狂躁的状态;作者不由自主地加入所有这些行动,时而作为窥探者,时而作为同谋。树木向火车招手示意,雷电拍照留念,絮状的雪花窃窃私语,流水吞吃云霞,有时还会发生匪夷所思的事情——"丁香花清洗阳台/颤抖的冰川的剪影。"③不知究竟是什么在清洗什么,但幅度不等、方向各异的行动一刻也未停息。假如这时可能用到定语,那也是用来修饰动作行为,因为没有什么能"使劳作中止"。就此意义而言,帕斯捷尔纳克不愧为最具折中性的诗人:他的连绵如环链般的形动词,即是介于参与和旁观之间的完美折中。

帕斯捷尔纳克的诗也充满副词,就像马雅可夫斯基的群星密布的八月之夜:"沟渠中的流水像家酿的啤酒,/畅快地急速地奔涌。"④所有副词恰到好处,譬如"气喘吁吁地""痛哭流涕地""用力挥动(的样子)""天黑以前""四分五裂地""直挺挺地""脸朝下地""微醉地""心满意足地""碎步走(的样子)"……总之是层出不穷,而又运用自如。这一切加上早期特有、后

---

① 引自普希金抒情诗《先知》(查良铮译)。
② 引自普希金诗体小说《叶甫盖尼·奥涅金》第六章第35节(余振译)。
③ 引自帕斯捷尔纳克1917年年末完成的长诗片段。此句的俄语原文为 сиренью моет подоконник продрогший абрис ледника,单从语法关系来看,句中的主谓关系难以区分,姑且译之。
④ 引自帕斯捷尔纳克《春天》之三(1914)。在后来修订的版本中,此句未保留。

来依旧保留的不精准的韵律：огороде — плодородья，висли — рислинг①，连同极为丰富的语汇，附带知识分子和专业人士的惯用语、方言土语、音乐及植物学术语，再加上帕斯捷尔纳克钟爱的喧嚣的水世界——河流、雨水、湿润的雪，共同构成他诗歌的典型特征：本来谁是谁还需要分辨，而他一眼就能被认出。此外，他的行文还有一个特点——喜欢音形相似词（пароним），喜欢将词根不同但发音相近的词语聚集起来：几个诗节贯穿两三个辅音韵脚，使得声音比画面更显著，画面则时常被冲淡，就像被雨水穿透的风景："残阳，犹如刀锋上的血迹，/渐渐淡去，越发离奇。/仿佛红茶/浇淋犯罪的热浪。"②还有更真诚、近乎魔幻和扑朔迷离的"呻吟从岗哨上急匆匆地逃离"③，以及"思想深处，啄木鸟、乌云和松果/暑热和针叶，全都化成了苍白的飞沫"④。各种声音，牢固地交织成一张网……哦，他是多么陶醉！"牢固地交织"，正是他典型的"副词加形动词"组合，犹如《斯佩克托尔斯基》中"吃惊地挺直身子"的马儿！这些被无数跟风者滥用的修饰语，绑定在一起，急促地呼喊，交缠，贴靠，凝固，冲撞，相互簇拥。而帕斯捷尔纳克也真的是被戏仿的理想对象。

> 雨落在别墅。像一场劫掠，
> 交集着能量、喧响与欺骗。
> 时代啊，你如同海绵，
> 要把我的血肉吸干。
>
> 然后，你会像吸管，
> 抽取我全部的灵魂，
> 再用一把凿子
> 凿开我的胸骨。
>
> 如同对着灵魂，

---

① 直译的意思分别是："（在）园地——果实累累""悬挂（了）——李斯陵酒"。
② 引自帕斯捷尔纳克《穆奇卡普茶馆》(1917)。
③ 引自帕斯捷尔纳克《窒闷的夜》(1915)。
④ 引自帕斯捷尔纳克《麻雀山》(1917)。

我对着紧绷的耳朵诉说，
　　十年之后，我会写下
　　清晰的诗行。

　　不在意日历的更替，
　　也不必敲响警钟，
　　二十年后，我会理解
　　命运的安排。

　　当一切行将结束，
　　我知道已摆脱束缚。
　　或许，四十年后
　　谁正确，我就顺服于谁。

　　这是亚历山大·阿尔罕格尔斯基①拙劣的模仿，针对的是帕斯捷尔纳克后期（1936年）并非最出色的组诗《夏日笔记》。帕斯捷尔纳克在音韵和用词上的特点充分展现于这部组诗，直至诗人最后的"经典"时期，都未曾改变。他后来确实宣称要放弃不精准的韵律，却没有太大变化。这首模仿之作同样具有帕斯捷尔纳克式的丰富语汇——骗术、吸管、束缚、警钟、宗教日历。同样的手法，在起承转换处格外明显，例如在第四节里，前两行像小声嘟囔，不经意地冒出来——"不在意日历的更替，/也不必敲响警钟"，以突出后两行的意义和主旨。（"二十年后，我会理解/命运的安排"；请比较："亲近所有的一切，/深信并在日常中的感知未来。"看似不经意的一笔，为的是道出后两句："必将坠入终点/如同坠入邪说，/达到闻所未闻的质朴。"②）帕斯捷尔纳克乐意让读者进入他的"作坊"，敞开门扉！唯有关键的一点不公开：形象诞生的秘密。形象是诗歌永远的依托，也是他诗歌的秘密。帕斯捷尔纳克创作方法的本质特征表现为：文本从隐喻的种子中生发，螺旋式地发展，形成他所说的"布局"。他不转述历史，不描述客体，却以隐喻来思考，这也是他的过人之处。隐喻成为贯通所有事物的脉络：飞蛾—风

---

① 亚历山大·格利戈里耶维奇·阿尔罕格尔斯基（1889—1938），苏联讽刺诗人。
② 引自帕斯捷尔纳克《波浪》（1931）。

暴、女孩—枝条、花园—证人、草垛—火把、"碾碎黏土"的雨水—勇士。写得像帕斯捷尔纳克，并非难事，但几乎没有人能像他那样思考，难怪他喜欢引用"我们这些被拣选的悠闲的幸运儿寥寥无几"[1]，而他有一首名作则是这样开头的："我们寥寥无几。/也许，我们只有三个。"[2]

---

[1] 引自普希金的诗剧《莫扎特与萨莱里》(1830)。
[2] 引自帕斯捷尔纳克《我们寥寥无几。也许，我们只有三个》(1921)。

第八章　"离心机"《跨越障碍》 乌拉尔

1

1913年,旧俄罗斯的最后一年,帕斯捷尔纳克在莫斯科郊外度过了夏天。整个夏季,他们一家租住在莫洛季庄园,不远处是库尔斯克方向的斯托尔波沃车站。据帕斯捷尔纳克回忆,那是一座典型的叶卡捷琳娜时代的庄园,已有一两百年的历史,屋舍老旧,花园占地广阔。一棵古老的白桦树,几乎横卧在穿越花园的河面上,树的枝杈相互勾连,好似"悬在水面上的空中楼台"。一夏天,他也像是悬在半空,工作方面尚未有任何打算,仲夏时节放弃了一部诗论的写作。与此同时,构成他第一部诗集的所有诗作都已完成,诗集本来命名为《云雾后的双子座》,被勃布罗夫改成《云雾中的双子座》。勃布罗夫是诗集的编者,他想写篇序言,就像为同期出版的阿谢耶夫诗集《午夜长笛》作序一样。他为阿谢耶夫安静的抒情诗集增添了论战的檄文,几乎将所有同时代人(包括阿赫玛托娃在内)都指斥为盲目跟风之徒。勃布罗夫如此解释其策略:文学团体多如牛毛,文艺流派数不胜数,只有丑闻才能让人一举成名。

然而,这位咄咄逼人的麻烦制造者,对文学政治太过专注而有损于文学,却欣赏帕斯捷尔纳克,愿意为他安排工作,终于在《电影艺术通报》杂志(出版商是翰让科夫①)找到了空缺,帕斯捷尔纳克抓住了这次机会,因为他喜欢电影。1913年8月2日,他写信给勃布罗夫,文辞极度含混,翻译成通俗的语言,大意是:电影艺术能充分表现行为的氛围,故而令他着迷。戏剧的主要剧情在舞台和剧场之间展开,演员职责是让观众相信事件的真实性;电影演员与观众之间没有现场接触,基本剧情就是为了消除这种疏离。戏

---

① 亚历山大·阿列克谢耶维奇·翰让科夫(1877—1945),俄罗斯电影艺术先驱人物,企业家。

剧的重负,主要是由作者的语言和演员的气质来承担,而电影艺术的一切,取决于视觉效果的真实性和诗意,如能达到此种真实性,"我们就有理由为第十位缪斯命名"。这是俄罗斯电影理论最早的也是相当到位的论述之一。帕斯捷尔纳克在电影艺术方面运气不佳,相比同时代大作家,似乎只有他对电影无所作为:未写过片头字幕(二十年代常见的生计),未编过剧本,也未接过电影歌词的订单。他本人仅在伊琳娜·叶梅里扬诺娃①业余拍摄的影像里出现过一次,一分钟的片段,记录了1945年他在第比利斯朗诵《蔚蓝的颜色,天堂的颜色》时的情景。

1913年8月中旬,帕斯捷尔纳克返回莫斯科,同时回来的还有在波托茨克女子学校找到差事的洛克斯,以及在哈尔科夫城郊美地庄园度夏的阿谢耶夫。庄园里住着西尼亚科娃姊妹——五位迷人而又乖僻的姑娘,在一九一〇年代的莫斯科文学生活中,注定扮演分量不轻的角色。阿谢耶夫本人钟情于其中的奥克桑娜,不久就娶她为妻,西尼亚科娃一家来到莫斯科之后,帕斯捷尔纳克爱上了娜杰日塔。总之,莫斯科所有的未来主义者,包括苦行僧赫列勃尼科夫②,全都轮番爱上了西尼亚科娃五姊妹。

1913年9月,爱弥尔·凡尔哈伦③来到莫斯科。列昂尼德·帕斯捷尔纳克给这位比利时大诗人画像,鲍里斯被叫来与他聊天,以免模特儿感到乏味。闲谈之间,只要提到里尔克的名字,凡尔哈伦就两眼放光,整个人都变了样,称里尔克是欧洲最杰出的诗人。老先生在一本小书上为父子俩题字留念。他非常满意自己的肖像画,并且发自内心地欣赏鲍里斯。当年秋天,索洛古勃④也来到莫斯科,帕斯捷尔纳克与他见了一面。鲍里斯给这位老派诗人留下了神奇的印象。但由于创作风格迥然不同,索洛古勃觉得他的诗过于玄奥,就此交流也很困难。说实话,《云雾中的双子座》只是某种预示,但也有值得肯定之处。阿赫玛托娃曾经谈到曼德尔施塔姆写于十七八岁,死后才得以发表的早期诗作,她说,这些诗妙不可言,但缺少我们称之为曼德尔施塔姆的那种韵味。帕斯捷尔纳克的早期诗作,蕴蓄着可称作帕斯

---

① 奥莉加·伊文斯卡娅的女儿。
② 维克多·弗拉基米罗维奇·赫列勃尼科夫(1885—1922),俄罗斯未来派诗歌代表人物,剧作家。
③ 爱弥尔·凡尔哈伦(1855—1916),又译作维尔哈恩,比利时象征派诗人。
④ 费奥多尔·索洛古勃(1863—1927),俄罗斯象征派诗人。

捷尔纳克的所有成分——甚至太多了。这一说法涉及形式与内容,亦即帕斯捷尔纳克主题的整个系统:

> 哦,黑森林——歌利亚①,
> 原野上孤独的战士!
> 哦,草叶间吟唱的露水,
> 阒静无声的奴役!
>
> 千百颗头颅的松林失语,
> 时而合唱,时而孑然伫立……
> 我是无名唇齿的言谈,
> 我是无数方言的支柱。②

这里有他从童年便无法释怀的信念:他生来为了世界的救赎,为树木代言,打破它们蒙受的"阒静无声的奴役"。(日后又为所有失语者代言,他们陷入平庸和贫乏的桎梏,无以言说,唯有默默忍受)尤里·日瓦戈后来把他的拉拉称为:所有无声之人的喉舌。《云雾中的双子座》里有不少诗作极具音乐性,虽然几乎没有寓意:第一句——天才的真正标志,永远接近于完美。譬如劈面而来的:"我梦见半透明玻璃里的秋天……"下一句立刻逊色许多:"饱受摧折的人堆里,/是你失落的身影。"崇高语体的"摧折"与口语化的"人堆",性质各不相同,无论怎样糅合,都只会产生更像是戏谑的效果。但帕斯捷尔纳克依然喜欢这些朦胧的诗句,为了魔幻般的第一行,他随后又加以改写,称之为《梦》(1913):

> 我梦见半透明玻璃里的秋天
> 他们小丑般的人堆里,是友人和你的身影。
> 宛如采血的鹰隼从大厅降,
> 一颗心落入手掌,落向你身旁。

再举个例子,起始的句子同样富有魔力:"我的忧伤,仿佛/被俘的塞尔维亚姑娘。"接下来就有失水准:"可亲之人说出自己的道理。/酸涩动人的

---

① 《圣经》中的巨人,非利士人的勇士,力大无比。与以色列人作战,被大卫杀死。
② 引自帕斯捷尔纳克《森林即景》(1913)。

话语,/从吻过你绸缎般肌肤的双唇间吐露。"这是二十世纪初期乏善可陈的象征主义,接着也未见得更好。"我啜饮夜来香的哀伤,/秋日天空的哀伤。"①可是后来所有的"宴饮"中,也都找不出比这一行更具乐感的语句。而勃洛克在批注自己的早期作品时,也曾经说过,他当初无法容忍任何冗长的诗。但即使《云雾中的双子座》里不成功的诗作,也都透散着力量和新鲜感,因而帕斯捷尔纳克的自我期许是可以理解的:"来自后方的人士,/平庸地黯淡了光华。/唯有你,将插上翅膀翱翔。"(这首《抒情的广度》,本来是要献给"书名作者"谢尔盖·勃布罗夫)

诗集于1913年12月出版,印数二百册。评论很少,大多持怀疑态度。在一篇综述中,勃留索夫倒是为帕斯捷尔纳克说了几句公道话,起码转移了对他自命不凡的指责:诗人确实不认为他自命不凡。帕斯捷尔纳克永远感激这种信任,也向来喜爱勃留索夫,不仅因为他的诗庄重典雅,诗律严整,也因为这背后隐约可见的幽暗的混沌。

帕斯捷尔纳克主要的生计还是做补习教师。他得到机会,给工厂主爱德华·萨洛蒙的儿子伊万授课。1913年秋天,他在天鹅胡同租了一间小屋,称之为"斗室",吃饭时回到沃尔洪卡,跟家人在一起。他仍旧是阿尼西莫夫家的常客,可勃布罗夫突然与这家人起了争执。勃布罗夫打算编辑第二份丛刊,却将杜雷林排除在外,因为反感其神秘的斯拉夫主义(随后,他对阿尼西莫夫圈子的神智学气息也倒了胃口)。气势逼人的勃布罗夫明显倾向于未来主义,还把阿谢耶夫和帕斯捷尔纳克拉扯到身旁。到了1914年1月,曾经的"谢尔达尔达"内部终于四分五裂。1月18日,勃布罗夫决定与阿尼西莫夫绝交,帕斯捷尔纳克想让他们和解,遭到双方的拒绝。勃布罗夫起草了"'离心机'非常状态临时委员会"成立宣言。他回忆道:

> 这些半真半假的友人,勉强给过我们一丁点儿支持,近乎怨恨地背弃了我们。我们也曾相当坦诚地表示,彼此并非同道,也就是说,毫不犹豫地解释过,在我们看来,他们这些人功力太浅。接下来的事实,大体证实了我们的预判。他们没有谁在文学上干出点儿名堂来。有鉴于此,我们组建了我们的"离心机"。

---

① 以上引文参见帕斯捷尔纳克《我的忧伤,仿佛被俘的塞尔维亚姑娘》(1913)。末句少见于正式版本。

勃布罗夫如何为"非常状态委员会"想出这么个名称,只有天知道。或许他要的就是字面意思——物质在离心作用下,分解为若干部分,所有纯正的成分从有害杂质中分离出来;也有可能,他只是喜欢这个名词。叶甫盖尼·帕斯捷尔纳克认为,鲍里斯·列昂尼德维奇对于文学社团的命名也起了一定作用。当年,从"哲学家咖啡馆"窗外望去,马堡"离心机"锯木厂的招牌清晰可见。

分裂伴随着相互的辱骂,针对"离心机"小组的声明,尤里安·阿尼西莫夫反唇相讥,并将其言论发给这场纷争的所有始作俑者。帕斯捷尔纳克因为妥协的立场而备受诟病,阿尼西莫夫的攻讦更加离谱,尤里安暗示朋友的犹太出身,说他因此才没学会用俄语顺畅地写作。帕斯捷尔纳克怒不可遏,写信告诉阿尼西莫夫,如果不书面道歉,那就索性来一场决斗,就在1月29日——正好是他的生日(也是普希金的忌日)。阿尼西莫夫道歉了,决斗不了了之。但两人的关系已无可补救。"对人生离合的敏感",让他一直于心不安。在《安全保护证》中他写道,整个冬天,他陷于社团利益之争,被迫牺牲了自己的趣味与良心。帕斯捷尔纳克尤其痛心的是,他同杜雷林——他的第一位读者和他喜爱的读者也分手了。他们后来虽说达成和解,但裂痕终究是裂痕。帕斯捷尔纳克总觉得杜雷林具有反犹倾向,他的这位故友不得不做书面解释:

> 我爱您,欣赏您已太久[……]反犹太主义是现代无宗教性和现代敌基督最丑恶的产物,我本人对其深恶痛绝——痛恨其令人作呕的该亚法①式的政客做派,痛恨对上帝的怀疑,就像怀疑本民族的创造力(把犹太佬隔离开吧,否则神圣罗斯会毁于一旦!),痛恨其对犹太民族背负的世界历史使命的无知。在我个人的生命中,犹太民族留下的印象是如此清澈,如此深刻和强烈,而我从犹太人那儿得到的友情又是如此之深,所以,鲍里亚,我永远不会辜负您的深情厚谊。无论过去还是现在,我都拥有如此之多的犹太好友,我如果成为一名反犹主义者,无异于愚蠢的自杀[……]不过,我身上的反犹太主义或许是别的东西。我憎恶那比商贾文化还不如的国际文化,它具有玷污一切,毁灭一切的危险性。如今,文学被泛新闻纪实吞噬,斯克里亚宾被理查德·施特劳

---

① 犹太人的大司祭,在审判和处死耶稣一案中扮演了不光彩的角色。

斯吞噬,俄罗斯艺术及相关人士被无数妄加评断的庸医和讼棍吞噬。形形色色的种族文化(严肃的思辨性的德意志文化、拉丁文化、斯拉夫文化、东方文化等等)扩散为某种无所不在的文化,就会危及创作和生命。在导致扩散方面[……]犹太民族扮演了主要角色,而且是心甘情愿,兴味十足。我不喜欢它,不喜欢它国际化的、本质上已不属于犹太人的部分,主要是因为,它的所作所为与其他民族如出一辙,像俄罗斯人、美国人、德国人等民族的国际商贾行为一样令人生厌。这便是我整个的反犹思想,想必您也会同意。

对于这段话语,帕斯捷尔纳克应该会表示认同。

为宣告"离心机"问世,勃布罗夫着手创办了一份丛刊,并以十足的未来派风格命名为《卢科诺克》(« Руконог »)①。这个古怪的名词后来派上用场,在斯特鲁加茨基兄弟②《山坡上的蜗牛》一书中,被作者拿来指称一种奇形怪状的昆虫。阿谢耶夫和帕斯捷尔纳克接受了超未来主义诗歌"订单"——要写出昭示真正未来派已然横空出世的作品!"其余的,皆为冒牌货色。"按照已被忘却的原则"越偶然,就越真实",帕斯捷尔纳克迅速捣鼓出三件玄而又玄的制品。其中,《茨冈》纯属对赫列勃尼科夫和曾经仿效帕斯捷尔纳克的阿谢耶夫之戏仿。古斯拉夫情调,拟古和创新兼具的造词法:

> 少女啊,少女,你将虔诚地倾尽全身之力,
> 委身于拜倒你少女脚下的火神若格。
> 假如他在狂吻中用滚烫的脸颊,
> 扯坏你的衣裙,你这品行不端的婆娘,
> 是否会用下摆把身子裹紧。
> 路途迢遥。只有从灼热的高天支着身子的太阳,
> 一点点地用铃铛凋零的表皮,
> 把病态的丑类喂养。③

---

① 俄语单词"手"与"脚"的合写,或可意译为《手脚》。
② 阿尔卡季·纳塔诺维奇·斯特鲁加茨基(1925—1991)与鲍里斯·纳塔诺维奇·斯特鲁加茨基(1933—2012),俄罗斯科幻小说家,兄弟两人合写了数十部作品。
③ 此段所引诗文,在古俄语理解和表达上得到北大左少兴和顾蕴璞两位先生的悉心指教,采用了顾蕴璞先生提供的译稿,特此说明并致谢。

少女何以倾尽全力,委身于用脸颊扯坏她衣裙的火神若格,并不重要,也无从解释:勃布罗夫想要未来主义,便得到未来主义。丛刊评论专栏由勃布罗夫本人撰写,他将许多角色集于一身(昭告新流派诞生的俄罗斯文学刊物大都采取同样的方式)。运用不同笔名,勃布罗夫把所有人痛骂一番,主要则是针对《俄罗斯未来派首刊》①。在这份刊物中,当时还比较团结的《抒情诗》丛刊遭到瓦季姆·舍尔舍涅维奇②猛烈抨击:由于得不到阿尼西莫夫理解,他不被《抒情诗》接受,转而投向未来派。因为《云雾中的双子座》,帕斯捷尔纳克也遭受了批评。勃布罗夫以看家护院人常有的"我可受不了"激将他,于是帕斯捷尔纳克写下其文学批评处女作《瓦瑟曼反应》③,阐述了不少有价值的思想。年轻人的才情依然过剩:有许多无关紧要的联想、主旨之外的花哨枝节,以及大量恰当和不恰当的外来习语,致使抒情的迷雾取代了论战。但文章中依然聚集着相当具体的含义,作者的归纳虽则冗长,观点却不容置疑:

> 读者作为顾客,成为新型产业的主人。在此情形下,平庸成为唯一得体的禀赋。

画面清晰可辨,而关于市场文学的断言,我们自己已经很久不再提起。接下来,话题转向未来主义:

> 真正的未来派确实存在。数得上的人物有赫列勃尼科夫、附带保留条件的马雅可夫斯基,单从局部来看——波里沙科夫也算其中之一,还有"彼得堡喉舌"小组的诗人们。

"彼得堡喉舌"的创建者是伊万·伊格纳季耶夫,自我未来主义者(эгофутурист),婚后第二年便用剃须刀自杀身亡(自杀原因之一据称是他对性爱的恐惧,之前他曾发表过几首露骨的诗,描写自慰;在最新文献中,对其死因也是众说纷纭,有一点确凿无疑:伊格纳季耶夫是一名才具平平,心

---

① 由俄罗斯未来派诗人布尔留克于1914年创办,仅出一期就因"一战"爆发而停刊。下文称作《俄罗斯未来派杂志》或《杂志》。
② 瓦季姆·加布里埃列维奇·舍尔舍涅维奇(1893—1942),俄罗斯诗人,意象派理论的创始人之一。
③ "瓦瑟曼反应"(Wassermann reaction)系医学术语,是一种测试梅毒抗体的方法,由德国免疫学家奥古斯特·冯·瓦瑟曼于1906年首次提出。

理明显不健康的诗人)。帕斯捷尔纳克的诊断准确无误:读者变成订货商,向文学发号施令。未来主义成为文艺时尚,舍尔舍涅维奇这类文学怪物正在急不可耐地利用它:

> 主题的对比[……]在舍尔舍涅维奇的诗中是缺失的。这恰好是买家无法界定的要素,故而不能成为需求与供给的条件。这一开端通常高于我们的理解,我们可将其交给更幸福的友邻,诗人马雅可夫斯基和波里沙科夫们,并对自己的同行解释,主题所指的绝不是主导性思想或文学情节……

这篇文章是帕斯捷尔纳克对马雅可夫斯基的首次公开评论,而且是充满赞誉的评论,若非如此,如今恐怕早已被遗忘。抒情情节不等同于叙事情节,不受大众需求的支配,这些重要观点的可贵证明即是《瓦瑟曼反应》;当然,文章其余部分显得自负且又含混。通常情况下,文学批评是帕斯捷尔纳克唯一不愿触碰的体裁,这要么因为,他对艺术的认知向来复杂(年轻时甚至有些混沌),要么因为,臧否同行在他看来实属不得体;更多时候他以书信摆脱窘境,实际上,这些信相当于他所有未写成的理论著作的梗概。可就是这篇并无恶意和无伤大雅的文章,让舍尔舍涅维奇恼羞成怒。可以想见,与其说他感到被冒犯,不如说心生妒意,因为帕斯捷尔纳克展示了他永远难以企及的谈话水平。文章唯一不雅之处是标题(毕竟《瓦瑟曼反应》之本意是梅毒的测试;帕斯捷尔纳克借此暗示,从未来主义当中,他成功地发现了一种时髦的传染病——"的确是时髦的疾病,我们不久前才获此馈赠")。相形之下,勃布罗夫针对《俄罗斯未来派杂志》的攻讦要粗俗得多。

此前,阿谢耶夫认识了马雅可夫斯基,便一头转向他,为他远胜于勃布罗夫的魅力而倾倒。帕斯捷尔纳克很快也会有同样的经历。1914年4月《卢科诺克》刊行之际,舍尔舍涅维奇偕同马雅可夫斯基和波里沙科夫,写了一封简短而得体的信,要求就丛刊评论专栏对他们造成的伤害进行面谈。

> 如果"离心机"拒绝满足我们的要求,三天后我们收不到会面的通知,我们将认为自己有权采取通常适用于懦夫的任何手段,以处理既有之误会。

这份挑战书,显然是由舍尔舍涅维奇执笔,马雅可夫斯基会说得更简洁。

当然，他们不是来找人斗殴。《俄罗斯未来派杂志》同仁打算弄明白，新对手究竟是何来路，是否值得重视。勃布罗夫慌了神。马雅可夫斯基、波里沙科夫和舍尔舍涅维奇提出，让帕斯捷尔纳克和谩骂《杂志》的作者（勃布罗夫作为出版商代表，可以代替他。其实谁也不怀疑，勃布罗夫就是匿名评论的作者）同他们交涉。为了人数上对等，勃布罗夫的朋友，鲍里斯·库什纳被找来充当第三人。会面地点定在阿尔巴特街的一家糕点店，《杂志》预先发了通知。时间是1914年5月5日。

《安全保护证》详尽记述了这次会面。当时的对话有如马堡之旅，对于帕斯捷尔纳克是个转折点。他从阿尔巴特街回来，就爱上了马雅可夫斯基，从此再未将其视为敌人，即便在两人关系恶化时期。这场和平会面达成的约定对"离心机"小组是苛刻的，对《杂志》则宽容得多："离心机"不得不在《处女地报》上公开致歉，但这并不是重点。帕斯捷尔纳克忆及此事，掩不住强烈的幸福感。在写到马雅可夫斯基的章节里，我们会更详细地说明当时的情形。暂且先说一点：好感是相互的，据见证者回忆，马雅可夫斯基的眉眼立刻舒展开了，他带着好奇与敬意倾听帕斯捷尔纳克。他不习惯于仁慈，他一生都在期待冲突，随时准备搏击，有时还挑起事端；他善于并且喜好争论，善于侮辱和刺伤对手，但也为这种行事风格暗自苦恼。帕斯捷尔纳克不愿争吵，反而意识到马雅可夫斯基是更有才华的同道，不由得热情高涨——显然喜欢上了对方。对于帕斯捷尔纳克的诗，马雅可夫斯基自然一无所知，但可以大胆断言，三年之后他盛赞《生活，我的姐妹》，应当归因于作者留给他的个人印象。帕斯捷尔纳克——真诚而有活力，马雅可夫斯基——压抑、扭曲、脆弱不堪。正因如此，当他们相见时，不可能不被对方吸引。"哦，上帝，他是多么敏感，敏感到超自然的程度！"帕斯捷尔纳克在写给施蒂赫的信中说。

2

1914年夏天，帕斯捷尔纳克受聘于象征派作家尤尔吉斯·巴尔特鲁沙伊蒂斯[1]，做家庭教师。他随同巴尔特鲁沙伊蒂斯一家，来到奥卡河畔的阿

---

[1] 尤尔吉斯·卡季米罗维奇·巴尔特鲁沙伊蒂斯（1873—1944），立陶宛象征派诗人，翻译家。

列克辛,在彼得罗夫庄园里度夏。6月间,应新近开业的亚历山大·泰罗夫室内剧院之约,帕斯捷尔纳克翻译了克莱斯特的喜剧《破瓮记》——尤尔吉斯(在俄罗斯,人们叫他尤里·卡季米罗维奇)担任该剧院的文学指导。《破瓮记》——一位没有祖国的爱国者的剧作,也是一位没有民族的民族主义者的剧作。帕斯捷尔纳克欣赏这部作品,喜欢它略显粗俗的幽默,喜欢生动语言的口语化特质⋯⋯

1913年至1914年的俄罗斯诗歌,几乎完全笼罩在灾变氛围中,如果不说是末世论气息的话。马雅可夫斯基的调子最绝望:他此时所有的长诗短句,特别是诗剧《悲剧》,充满了灾难迫近与世界毁灭之感。(当然,纯属咎由自取)不仅年轻一代,连勃洛克、别雷、勃留索夫这些前辈诗人,也在演绎着各自的末日论母题。1914年7月,阿赫玛托娃写道:

> 可怕的期限迫在眼前。
> 一座座新坟将拥挤不堪。
> 等着饥馑、战栗和瘟疫,
> 等着日月星辰为之黯然。[①]

这首诗最初写于战争之前的7月11日。战争初期,茨维塔耶娃也将写下一个同样炙热,同样雷雨连连的夏天:"白茫茫的太阳,/低沉沉的乌云。"[②]帕斯捷尔纳克怎么了,他为何无所感知?奇怪的沉寂寓意何在?毕竟雷电霹雳已如此临近,战争即将演变为一场革命,死难者将不计其数。难道他对这一切都无动于衷?

"历史的先兆不可读。"纳塔利娅·伊万诺娃在她的帕斯捷尔纳克传记中写道。这要看怎么说。历史的先兆对某些人是可读的,对某些人则不可读。面对迫近的灾难,心灵有裂痕并难以愈合的人最为敏感,"个人的深渊"在他们内心引起共鸣。这就是勃洛克对战争的感受,他从年轻时就活在毁灭的预感中。别雷对战争的反应也一样。这也是阿赫玛托娃在斯列普尼奥沃庄园的痛苦体验,她从青少年时期便深受忧郁的毒害。精神健康之人,往往对时势反应平淡。《安全保护证》中写道:"历史的无常变幻曾经近在眼前。可是谁又想过这些?"谁该去想,谁就会想到,例如这位马雅可夫

[①] 引自阿赫玛托娃《1914年7月》之一。
[②] 此诗写于1916年7月3日,标题即为《白茫茫的太阳,低沉沉的乌云》。

斯基,他的诗早在战前就流淌着鲜血,尽管还只是落日之血;就有许多躯体被开膛破肚,尽管还只是乌云的躯体……但1914年7月底,曼德尔施塔姆却在书写他最安逸的诗篇《严寒!太阳!松脆的饼干》和《二分点》,行将来临的战争,却让他的心境几近喜悦和激动——

> 君王们的欧洲!
> 自从梅特涅向波拿巴递交了鹅毛笔,
> 百年来你神秘的地图
> 首次在我眼前变换。①

作者似乎已被"一派祥和所感召"……但无论如何都不能说,年轻的帕斯捷尔纳克不问世事:

> 历史尚未有过任何类似的一幕,对比德意志毫无人性的强盗行径,拿破仑的篡位仿佛只是一位天才可被原谅的任性之举。哦,爸爸,请您告诉我,这是一群怎样的恶棍!外交上翻云覆雨,两面三刀,威廉二世的演说,对待法国的态度!卢森堡和比利时!这便是我们前来学习其文化理论的国家![……]读到普里什凯维奇②呼吁忘却一切民族纠纷,我终于无法自持,痛哭起来,全部神经都绷得不能再紧。

普里什凯维奇,不单是保皇派,还是"黑色百人团"③的狂热支持者,难以想象,帕斯捷尔纳克读到他的演讲,居然会动情地哭泣。他其实并非在呼吁忘却民族纠纷,而是忘却斯拉夫民族的分裂,可见战争初期,连保皇派的国际主义也在使劲煽动:"大家团结起来,一起战胜他们。"不过,在政治性的——颇具伪爱国主义色彩的阐说之后,接着便是坦言:

> 这些情感经由各类报刊排版付印,包含在字里行间,与之相伴的则是彻底的混乱,犹如噩梦般萦绕难去。

在与这种混乱状态的斗争中,帕斯捷尔纳克目睹了军用列车运送兵员的情景:士兵平静地听着妻子的哭泣,同样平静地奔赴死地,这一幕令他感到安慰和鼓舞:

---

① 引自曼德尔施塔姆《欧洲》(1914)。
② 弗拉基米尔·米特罗凡诺维奇·普里什凯维奇(1870—1920),俄国极右翼政治活动家。
③ 二十世纪初俄国政坛上反犹、保皇、保守的数个东正教组织的合称。

> 哦,这就是他们平凡的英雄主义!仿佛一切平淡如常。我强烈地感觉到,如果事态发展到极端程度,那么我,还有舒拉,或许也会像巴黎人四十年前面对普鲁士人那样行动起来。但这种事还是不提为好。

帕斯捷尔纳克并不喜欢夸口,战前一个月,他的免服兵役证书办好了,所以也就不谈兵役之事。同时他显然还想参与战事,这样至少不会自感是逃兵。他为自己编织了一份理想的履历,把自己想象成尤里·日瓦戈,他如愿地置身于战争,又避免了杀戮——把主人公塑造成一名医生,让他救死扶伤,彰显奇迹般的勇气。

战争爆发前夕,帕斯捷尔纳克经历了人生中亦忧亦喜的一幕,1958年,他向为他雕塑肖像的卓娅·玛斯连尼科娃讲述了此事。帕斯捷尔纳克同维亚切斯拉夫·伊万诺夫一家关系亲密,彼此敬重,他们是在1912年通过阿尼西莫夫相识的。伊万诺夫在距离巴尔特鲁沙伊蒂斯家不远的地方度夏,帕斯捷尔纳克几乎每天都去看他。这位年长的同道坚信,帕斯捷尔纳克具有未卜先知的异能,并且一直认为,在真正的诗人那里,先知的禀赋是与生俱来的。帕斯捷尔纳克觉得这一说法实在荒唐。有一天,他和小巴尔特鲁沙伊蒂斯商量,捉弄一下伊万诺夫,在他家阳台下"来一场猫的音乐会"①。第二天早晨,伊万诺夫

> 无精打采地走出门外,伸了个懒腰,说道:"一晚上鸦都在啸叫,猫头鹰在呼号——准是要爆发战争!"此时,离宣战仅有一天。

真正的象征主义者不放过任何一个细节。

谢尔盖·勃布罗夫夫妇在卡卢加附近租了一套别墅,谢尔盖专程拜访了鲍里斯。在反响平平的《卢科诺克》之后,他又打算办一份新的丛刊,想跟鲍里斯商议。帕斯捷尔纳克受不了帮派作风,也为勃布罗夫在文坛的争斗之势而担忧。

> 亲爱的谢尔盖,这个冬天,我们联手对抗"抒情诗"的思想作风,彼此之间太过亲密。躁动者的境况,以及他们为自己的缺席所表现出的一切,掀起了一股大众热潮,也使你我走得更近[……]正因如此,我担心无论你怎样解释,都可能不尽准确,所以我才迟迟未有回应。

---

① "猫的音乐会"系字面直译,即"猫叫春",转义为"不和谐的音乐"。

朋友刚一离开,他立即写了这封信。帕斯捷尔纳克希望依据个人能力来创作,而不是依据什么派别或潮流的要求。6月,他回绝了为舒拉·施蒂赫的诗集写序言的请求。他讨厌序言中常有的论战腔调,他更喜欢让文本自己说话。

3

1914年秋,鲍里斯打算作为志愿者入伍,但遭到施蒂赫兄弟的朋友谢尔盖·利斯托帕德的劝阻。他是哲学家列夫·舍斯托夫①的私生子,刚从前线回来,有关其命运我们回头再说。1914年的他,"英俊的陆军准尉",是十七岁的叶莲娜·维诺格拉德的正式未婚夫,《生活,我的姐妹》正是为叶莲娜而书写。利斯托帕德向帕斯捷尔纳克讲述了指挥的无能和军人中"爱国主义热情"的全面缺失。马雅可夫斯基也曾想加入志愿军,但因政治不过关而未获准许:之前由于散发宣传品,他在布特尔卡监狱关了十一个月。他开始为战争宣传画和明信片写词,这便是日后"罗斯塔之窗"②的原型。如果说在他的战争短歌和叙事长诗中,恐怖与绝望从最初就占据上风,那么这些战争宣传品则始终散发着爱国和愉悦的气息——"瞧一瞧,看一看,/维斯拉③在眼前。/德国佬,翻肚皮,/一眨眼,全完蛋。"帕斯捷尔纳克仍然住在天鹅胡同的陋室,穷困不堪,因为找不到新工作,夏天从巴尔特鲁沙伊蒂斯那儿挣的钱也用光了,而莫斯科室内剧院出于爱国主义考虑,又放弃了《破瓮记》的演出计划。帕斯捷尔纳克于1914年秋天构思并于1915年初写下第一篇完整的散文——短篇小说《阿佩莱斯线条》,小说描写年轻诗人列林克维米尼向海涅挑战,比试诗歌,却一败涂地,被后者夺去了心上人。帕斯捷尔纳克的宠儿海涅被带入二十世纪初,其新诗集名为《作者生前未发表过的诗》。叶甫盖尼·鲍里索维奇认为,列林克维米尼象征早年帕斯捷

---

① 列夫·伊萨克维奇·舍斯托夫(1866—1938),俄罗斯存在主义哲学家,著有《陀思妥耶夫斯基与尼采》(1903)、《在约伯的天平上》(1929)等作品。
② 苏俄内战和外国武装干涉时期,以马雅可夫斯基为首的一批苏俄艺术家在1919年到1921年间为俄罗斯电讯社(俄文简称"罗斯塔")创作战争宣传品,这些讽刺性的艺术作品汇集而成"罗斯塔之窗"(Окна Роста)。
③ 指维斯拉河,波兰境内最大的河流。

尔纳克,海涅这一形象,则有一部分取自马雅可夫斯基。这场爱的冲突纯属虚构,是一场暗中的诗歌较量及其隐晦的表述。

小说有一个重要思想,即生活战胜艺术,或者准确地说,爱情是诗歌天赋的最高体现;像以往一样,在帕斯捷尔纳克那里,不存在有悖女性之美的事物。《阿佩莱斯线条》源于希腊传说中两位艺术家比赛的情节:阿佩莱斯拜访普罗托甘而不遇,就用画笔在他家墙上画了一根线条,它如此之细,当时无论哪位艺术家,无论如何都画不出。因此,"阿佩莱斯线条"相当于艺术家的个人签名或名片。需要指出的是,帕斯捷尔纳克的海涅更像唐璜式的情种而非诗人。他与卡米拉·阿尔登泽交谈时取胜的手段,与其说是隐喻,不如说是压力和奉承。但他也有一些独白,是帕斯捷尔纳克愿意归于自己名下的:

> 噢,这又是小桥。可是凭什么不让我在这充满光照的地方待一阵儿呢?毕竟,并非我造就了生活中这些发出最强光的危险地带:桥梁和过道。多刺眼啊!其余地方全都沉浸在黑暗中。走在这样的桥上,就算是小桥,人也会突然亮起来,浑身上下闪耀躁动的光点,仿佛被摆放着向所有人展览……卡米拉夫人,您会连我一半的话语都不明白,假如我与您不曾在这危险的地方相遇。

不难理解,帕斯捷尔纳克在这篇小说中为何如此炽热和幸福,为何整篇小说都充满阳光、温情的嬉笑和美好的希望——因为他爱上了娜杰日塔·西尼亚科娃。西尼亚科娃姊妹几个在美地庄园度过夏天,秋天又返回莫斯科,住在大姐家。她是一位歌剧演唱家,出嫁后随夫姓马莫诺娃。几乎每天晚上,帕斯捷尔纳克都会来到特维尔林荫路这座九号公寓(科洛文公寓)。马雅可夫斯基也时常来打牌。此时他与帕斯捷尔纳克关系越来越近。马雅可夫斯基为《处女地报》创办了一个文学栏目,叫作"哀悼之晨"。在他选编的战争题材诗歌中,也收录了帕斯捷尔纳克的《站在舵旁的炮手》,一首紧张、凌乱和晦涩的诗。叶甫盖尼·帕斯捷尔纳克认为,此诗反映了父亲对1913年5月24日阅兵式的印象,尼古拉二世于罗曼诺夫王朝三百周年之际来到莫斯科。帕斯捷尔纳克印象中的沙皇相当可怜,也许,其特征就在于"炮兵士官略显腼腆和憨厚"的外表。这倒更像是图申大尉[①]这种战争小人

[①] 《战争与和平》中的人物,炮兵大尉,率领连队同拿破仑军队英勇作战。

物的诗化形象,此诗与曼德尔施塔姆的《勇士倒在白色天国》可谓交相呼应,后者也写了战争中的普通一卒,一个"上了年纪的汉子"。只不过曼德尔施塔姆的"战争农夫"被赋予英雄的特征,在帕斯捷尔纳克笔下,这一形象则格外平庸,但大地"从今夜起在日本火炮旁翻转",而"他这后备士官,控制着螺旋桨"①。马雅可夫斯基将这首诗刊登在报上,显然是为了向新朋友示好。相比之下,写于同时期的《噩梦》才更具帕斯捷尔纳克韵味,后来收录在《跨越障碍》中。这已然是真正而纯粹的帕斯捷尔纳克,他的节奏和声音尽显无遗:诗歌中的战争恍如噩梦,上帝("天国斋戒者")的噩梦:

> 从刀锯的牙尖下,从舰船的三叉利齿间,
> 从喀尔巴阡鲜红的轮齿旁,
> 他想挪开身子,他无法苏醒。
> 无法苏醒,沉睡在锁闭的梦中,
> 又眼睁睁看着。今日,土地被连根翻起,
> 像菜农的粪肥,播撒在大地上。
>
> 狂风四起,从这片大地穿行,
> 席卷疯狂的瓜田,摆布着甜瓜。
> 没有一道田畦,不被游戏者之手翻弄。
> 在棺椁中,或在担架上,在天空,或在雪地,
> 残废的躯体到处乱滚,像群星划过天空,
> 像九柱戏的圆球碾过雪地。
> 人哪,他怎敢在天上游戏?②

下文将会谈到早期帕斯捷尔纳克同晚期曼德尔施塔姆在修辞上的相近,二者仿佛各自迎面向对方靠拢。暂且先看《噩梦》,其中引人注目的形象性标志,二十年后将再现于《无名战士颂歌》:同样是"壕堑之上惨淡的天空,叾卖大宗死亡的天空",同样是发狂的大地。在这里,贯穿帕斯捷尔纳克作品的疯狂大地的关键形象首次出现——正如后来《崇高的疾病》所云:"大地从书卷倒向山峰与刺刀。"在帕斯捷尔纳克的世界里,"大地"一词具

---

① 引自帕斯捷尔纳克《站在舵旁的炮手》(1914)。
② 引自帕斯捷尔纳克《噩梦》(1914)。

有固定的语义和明确的内涵;从冰雪底下出来的大地,呈现出最初与冬天相遇时的面容,这正是帕斯捷尔纳克本人称为"风俗习惯"和"日常生活"的象征。他讽刺般地将日常生活的根底与他的姓氏联系起来,一如我们所见,欧洲防风(пастернак)容易从土地移植到土地,从田畦移植到田畦。大地,人民赖以生存的基础(类似的主题在曼德尔施塔姆的《黑土地》中也有所体现);"今日,土地被连根翻起",表明生活被践踏,被颠覆,几近沦亡。一切尺度不复存在,这便是战争最直接和最惨烈的后果。既然土地都被连根翻起,还有什么可说的?帕斯捷尔纳克预见到,人类与危险的自然力展开游戏,必将遭到报应:"人哪,他怎敢在天上游戏?"

1915年3月,帕斯捷尔纳克接到邀请,为一位富裕的德国工厂主之子瓦尔特·菲利普做补习教师。他在大学时代就来过这家,给小男孩授课,为他就读中学做准备。瓦尔特十二岁了,对于这位古怪的老师,他直到老年都心怀感激,尽管当初他只对具体的知识感兴趣(正如所有正宗工厂主的正宗继承者),而帕斯捷尔纳克却在课上举一些复杂抽象的例子。鲍里斯一言一行,都像是真正的monsieur l'Abbé①:不以刻板的道德面孔示人,不会责骂学生淘气,反倒一有机会就带他玩。在此期间,帕斯捷尔纳克与叶甫盖尼·伦德伯格初次相遇(在一九一〇年代,他与文学圈的大部分关系,都是通过勃布罗夫建立起来的。这次也不例外)。伦德伯格,社会革命党人,《现代人》杂志的编辑人员,他建议鲍里斯在他们的刊物上发表《阿佩莱斯线条》,可能的话,还有《破瓮记》。小说的发表未能如愿,两人的交往却得到展开和延续,伦德伯格对帕斯捷尔纳克后来的命运发挥了有益的作用。《破瓮记》计划发表在杂志第5期,帕斯捷尔纳克附带着写了一篇短评,部分地重复了他为克莱斯特而写的第一篇文章——早在1911年,在敖德萨度假期间,他就写下了这篇题为《论文化中的禁欲主义》的文章。编辑部取消了短评,刊发了译作,等帕斯捷尔纳克拿到校样,不禁大吃一惊。重新修改已没有意义——不知经由哪位好心人之手,作品面目全非。文本中最鲜活的语句不翼而飞,一些四音步小段被"加长了",失去了节奏乃至含义。帕斯捷尔纳克忍无可忍,向《现代人》杂志主编尼古拉·苏哈诺夫(也是一位著名的社会革命党人,后来写下三卷本札记《论我国的革命》)写了一封愤

---

① 法语:神父先生。

怒的信。他给负责艺术栏目的高尔基也寄了同样一封信。假如他知道,修改他作品的正是打心底以诗人自居,并且是成熟诗人的高尔基本人,他自然不会提出那样激烈的意见;假如有一位预言家告诉他,十五年后,高尔基将在苏联文坛扮演怎样的角色,他也许将沉默不语。1927年,帕斯捷尔纳克多次申请出国均无功而返,只好请高尔基出面说情,那时他经常想起《破瓮记》的尴尬一幕。一个二十五岁的无名译者竟敢指责举世闻名的"海燕",简直岂有此理!译作总算发表了,杂志社却在10月关了门,帕斯捷尔纳克甚至都没能领到稿酬。他倒也不觉得有多懊恼,因为从春末到整个夏天,幸福的爱之迹象已然显现。唯一令他伤感的是4月15日斯克里亚宾死于血液感染的噩耗。《缪斯女神的春天代理处》(马雅可夫斯基和帕斯捷尔纳克的诗出现在同一封面之下的第一本书)首页刊登了悼词。

在这部5月出版的诗集中,《暴风雪》——帕斯捷尔纳克最神秘也最有名的诗作之一,系首次发表,尽管还没有标题。这是他第一首打动马雅可夫斯基的诗,后者不但能背诵,还经常引用,莫斯科的年轻人也为之着迷。丽达·莱特-科瓦廖娃还记得1922年的一件事。她暂住在马雅可夫斯基的别墅,就在莫斯科附近的普希金诺。一大早,她在花圃剪花。马雅可夫斯基注意到,苗床被踩踏了,丽达辩解说:"不,我剪花的地方,没有任何人涉足……"说者无心,听者有意,马雅可夫斯基马上接口道:"在关厢,在无人涉足的地方……您呀,被帕斯捷尔纳克迷住了心窍!"他何尝不希望她心里也装满他的抒情诗,但面对这首非同寻常的可怕躁动的诗,他自己也抵挡不住它魔咒般的喃喃低语:

    在关厢①,在无人涉足的地方,
    只有女占卜师和暴风雪
    留下脚印,四周鬼魂出没,
    白雪茫茫,睡得跟死人一样。

    看呀,在无人涉足的关厢,
    只有女占卜师和暴风雪
    留下脚印,一块飞来的皮轭,

---

① 俄语词 посад,特指古代罗斯城堡外面的商业及手工业区。

鞭子似的抽打着门窗。

伸手不见五指,或许这关厢
就在城里,在莫斯科河岸旁,
在大桥附近,或者是别处(夜半时分,
一位不速之客从我身旁离去)。

听呀,在无人涉足的关厢,
只有亡命的匪帮,还有你的
信使——山杨叶,它没有唇齿,
没有喉嗓,暴风雪好似白纸一张!①

慌里慌张,把紧闭的大门叩响,
东张西望,从石子路上扬起旋风……
这不是那座城,也不是那个夜,
你——她的信使,迷失了方向!

但你,传令的信使,你对我的耳语别具衷肠。
在双足动物不曾到过的关厢……
我也好像……我不知去往何方:
这不是那座城,也不是那个夜。

(《暴风雪》,1914)

  雪经常隐喻时间,出现于帕斯捷尔纳克的诗学体系:在凝滞不动、阒寂无人的世界里,雪像死人一样沉睡,当骚动的时刻来临,便化作狂风暴雪飞舞盘旋。当然,这种意象源自勃洛克的《雪面具》,并且很快还将在《十二个》中呈现。帕斯捷尔纳克本人也喜欢这首诗,像喜欢他所拥有的一切梦幻与神秘。马雅可夫斯基的称许被他视为最高的褒奖。

---

① 在通行版本中,此句为"静默无声,面容苍白,宛若幽灵"。

4

1915年夏天,鲍里斯与娜佳·西尼亚科娃的相互倾慕达到顶点。娜佳是帕斯捷尔纳克第一位认真对待他诗歌的知己红颜。这是一个头脑聪明、魅力超凡的女孩。当初,在哈尔科夫,西尼亚科娃姊妹一袭古希腊式白色长衫,举手投足不拘常规,吓坏了本分的当地居民。这家人喜爱并懂得文学,从保留至今的娜佳写给帕斯捷尔纳克的书信片段,便可见一斑。她信任帕斯捷尔纳克,去美地庄园度夏时,想把他也叫上。列昂尼德·奥西波维奇大声反对,鲍里斯则坚持自己爱恋、犯错和迷失的权利,恨不得顶撞父亲。他本来想好了去找娜佳,可是一场突发事件却让他震惊,以至长时间不能成行:在莫斯科一带,掀起了第二次迫害德意志人的狂潮。

第一次发生在头年11月,但规模远不及第二次。(正如大战最初阶段,俄军的失利与随后的灾难不可同日而语)1915年5月28日,数十家德意志人的公司和私宅被损毁,包括艾内姆糖果厂及菲利普一家的住宅,帕斯捷尔纳克丢失了一些诗文手稿,但他并未因部分档案的初次损失而难过。令他惊恐的是警察局的幸灾乐祸和袖手旁观、民众的暴行、早已俄罗斯化的无辜德意志人的无力感。他们留在莫斯科的人寥寥无几。菲利普及家人在大女儿保护下躲过一劫(她嫁给了俄罗斯人,并改用"科特里亚列夫斯卡娅"这个中立的姓氏)。帕斯捷尔纳克建议菲利普把瓦尔特交给自己,让他去莫洛季平静地住段时间,那儿有列昂尼德·奥西波维奇租的别墅。工厂主同意了,鲍里斯就带着他的学生前往斯托尔波沃火车站。整个6月,鲍里斯都待在别墅,到了7月,他把瓦尔特留给家人照看(家庭教师的职责落在了弟弟亚历山大身上),自己动身来到哈尔科夫。

在那里,他遭遇到每十年的中期总免不了的精神危机,只是程度轻微,转瞬即逝。1915年7月在娜佳·西尼亚科娃记忆中是一段美好的时光,帕斯捷尔纳克则郁郁寡欢,尽管这位迷人的姑娘也爱着他,庄园里人人对他友好相待。他在那里留下了启示录般的诗行:

傍晚,陷入瘫痪,
像是死亡诗篇
埋藏的危机。决定性的

寓言,就要应验。

来吧！转过脸去
面向日落,不必胆寒！
庞贝城的末日
即将归于终点。①

　　他在哈尔科夫写下的作品充满忧郁。也许折磨他的是注定无果而终的恋情(他很清楚,他的命运无法同娜佳·西尼亚科娃相结合。他们两人太不一样,况且她未必打算出嫁);也许跟外界情况无关,而是他的心理"周期"令他沮丧。他回到莫洛季,和瓦尔特一起待到8月底,秋天,菲利普一家搬到谢列缅杰夫胡同,帕斯捷尔纳克作为家庭教师仍与他们同住。他依然心绪不佳。"我们所做的一切,眼下看来毫无意义[……]我却无法忠实于这种空虚的状态。"在他写给德米特里·戈尔捷耶夫的信中,懊恼溢于言表;未来主义者波日达尔②的这位兄弟请他为自己的集子写序,遭到拒绝。可见帕斯捷尔纳克的为人之道:为了友谊,他甘愿两肋插刀,倘若涉及关键的原则问题,则寸步不让。他不但放弃了为他本人处女作撰写宣言式的序言,也拒绝了为施蒂赫和戈尔捷耶夫写序……1915年秋天的帕斯捷尔纳克,"精神几近绝望",这一状况洛克斯在回忆中也有所提及。原因有许多:战争旷日持久,对俄罗斯越来越不利;马雅可夫斯基去了彼得堡;中断了在莫斯科的文学活动,同大部分朋友分道扬镳……

　　10月24日,帕斯捷尔纳克来到已改称彼得格勒的彼得堡。马雅可夫斯基带他去了布里克家。《穿裤子的云》才发表不久,帕斯捷尔纳克对这部长诗喜之如狂。他永远忘不了那橙黄色的封皮,忘不了他和马雅可夫斯基沿着铸造厂大街悠长的漫步。令他惊异的是,在任何一座城市,"马雅可"③都如鱼得水。《安全保护证》里提到,对马雅可夫斯基来说,彼得堡的意义甚至比莫斯科更大。帕斯捷尔纳克喜欢跟布里克夫妇相处,尽管没有谁一本正经地对待他。大家的印象一如既往,掺杂着各种看法:他显然天资出

---

① 引自帕斯捷尔纳克《庞贝城的末日》(1915)。
② 波日达尔(1894—1914),俄国诗人。此系笔名,原名为波戈丹·彼得罗维奇·戈尔捷耶夫。
③ 马雅可夫斯基的简称,爱称,在俄语中又与"灯塔"同形同音。

众,嘟哝着不可理喻的东西,对所有人都彬彬有礼,同时又怪异地表现出躁动不安。躁动之人还有马雅可夫斯基:据《安全保护证》描述,这一时期,他时常摆出超凡的姿态,却又"尽力掩盖内心的恍惚与狂热,以至于他的姿态中渗出了冷汗"。这其实不奇怪。马雅可夫斯基正经历着一生中最迅疾的成长:他从未像1914年至1915年那样进步神速。有一种不太确切的说法(据威廉-维尔蒙特在回忆中引述帕斯捷尔纳克),在彼得格勒期间,帕斯捷尔纳克似乎见过古米廖夫和曼德尔施塔姆,不过,即便他们见过面,彼此间也未建立密切的关系。此次旅行的成果是小型组诗《彼得堡》——阴郁的四部曲,以帕斯捷尔纳克又怕又爱的彼得大帝为主人公。彼得改革的话题,将在《崇高的疾病》中充分展开。作为意志的奇迹和改革者付诸实现的构想,城市的形象贯穿这组诗作,出现在诗集《跨越障碍》中。

回到莫斯科后,帕斯捷尔纳克接到为他张罗活计,寻找空缺的伦德伯格邀请,一起去乌拉尔地区的化工厂工作。这可谓求之不得:无论人生经历还是地理环境,一切都是全新的。伦德伯格本人也不曾做过办事员,但他与鲍里斯·兹巴尔斯基,弗谢沃洛德-维里沃地区一家化工厂的总工程师交情很好,两人有过共同的革命经历。帕斯捷尔纳克同菲利普结清了账目,并推荐大学刚毕业的阿列克谢·洛谢夫取代自己。洛谢夫这位《神话辩证法》和《古希腊罗马美学史》的作者,后来成为世纪初哲学复兴的最后一位巨擘。

动身去往乌拉尔时,帕斯捷尔纳克染上了严重的风寒,却不想在莫斯科治病。他急于开始未来大约一年的新生活。

5

帕斯捷尔纳克被兹巴尔斯基派去做财务核算助理。1916年4月,他给勃布罗夫写了一封措辞强硬的信:

> 自从你我最后一次真正意义的会面之后,我的生活发生了许多变化[……]只有一点我确信不疑:就算我们古老又年轻的风尚益处良多,我也根本不在乎,我们并非为这益处而被造就,而受摆布和制约。我还没有可发表的东西。有的话,我会告诉你[……]这件事仅仅关乎我个人。任何人都与此事毫不相干。你可能觉得,这么说是为了转移

视线,愿上帝保佑你,要爱惜自己的身体。

帕斯捷尔纳克没有为往事所羁绊。乌拉尔有如暂时的解脱:就此改换皮囊,积蓄力量。

用巴赫金的术语来说,帕斯捷尔纳克的世界有六个时空体(хронотоп),他全部作品中的事件毫无例外都在其中展开。以下是坐标点:莫斯科——混沌的都市,凌乱如帕斯捷尔纳克的句法,折中如他的词汇,丰饶如他的禀赋。莫斯科郊外乃至整个俄罗斯中部地带——首先当然是佩列捷尔金诺:森林、火车站、"茫茫雪原和乡村墓地"。俄罗斯南方——草原和河滩、勒扎克萨和穆奇卡普①、《生活,我的姐妹》炙热的夏日世界。高加索——崇山、大海、盛宴。欧洲——主要是他一生去过四次的德国(别的国家顶多去过一次,走马观花而已)。最后是——乌拉尔,一个特殊象征的空间,为他呈现工人的俄罗斯、工业和农业的俄罗斯,以及完全合乎他想象的"真正的"俄罗斯。他的乌拉尔之旅与契诃夫逃往萨哈林有几分相像:试图在地理上寻求摆脱精神危机的出口,离开那万事俱空之地,奔向一切都像是巨大而真实的地方。这是俄罗斯文学独有的出路——有的是广阔空间。普希金于1833年来到奥伦堡,据说是为了写"普加乔夫";托尔斯泰逃离自我,不是去到阿尔扎玛斯②,就是去喝马奶酒③;契诃夫在文学巅峰期,不明不白地奔赴一座苦役犯的岛屿④(那里河流漫溢,蹚水过河有损健康)……在帕斯捷尔纳克《乌拉尔印象》(1916)一诗里,对于严酷真实性的流连清晰可辨:

没有助产婆,乌拉尔的城堡
扎煞着手脚一夜号啕,

---

① 俄罗斯南部省份坦波夫的两个区。
② 位于俄罗斯下诺夫哥罗德州。1869年,托尔斯泰离开他的庄园,去往奔萨省处理田产,中途在阿尔扎玛斯过夜,忽然"出现了许多异乎寻常的思想",继而陷入荒谬无序的心理状态,对存在的目的和意义产生了深刻的怀疑。这就是著名的"阿尔扎玛斯之夜",研究者认为,这是托尔斯泰思想激变的先兆。亦可参见本书第四十一章第3节及相关注释。
③ 1862年,托尔斯泰出现健康问题,医生建议他采用当时流行的马奶酒疗法,于是来到萨马拉省的巴什基尔人游牧营地,当地自然风光和民族风情令他十分愉悦,身体状况大为改善。1871年至1883年间,托尔斯泰时常回到这里度假和写作,完成了《安娜·卡列宁娜》的许多章节。
④ 指萨哈林岛。1890年7月到9月,契诃夫只身一人,来到俄国政治犯流放地萨哈林岛实地考察,岛上地狱般的惨状给他留下深刻的印象,促使他写下了伟大的非虚构作品《萨哈林旅行记》(1893)。

它失去记忆,痛苦得近于昏死,
　　在黑暗中分娩着早晨。

　　意外的相遇,发出喧响,
　　嶙峋巨物与青铜訇然倾倒。
　　旅客列车气喘吁吁。不远处
　　冷杉的幽灵躲闪着,从枝头坠落。
　　…………
　　在火光中苏醒,亚洲人乘坐雪橇,
　　从彤红的天边降落到森林,
　　他们舔舐树根,给松树加冕,
　　为王国的盛典召唤宾朋。

此处一切都是巨大的,呈示着马雅可夫斯基式的过度和惨烈,却又是帕斯捷尔纳克式的鲜活和喜悦。如果说马雅可夫斯基的所有惨剧即是目的本身("让烈火焚烧一切"),帕斯捷尔纳克的灾祸则像是熔炉里熔炼着新世界。这种欢欣的体验伴随他许多乌拉尔诗篇,首先是绝妙的《浮冰》(1916):

　　初春的泥土不奢望
　　幼芽的滋长,直到
　　雪下凸起喉结,
　　才将一片河岸染黑。

(речной("河的")同черный("黑色的")的谐音,也让人联想到马雅可夫斯基所说的"反韵":резче(形容词与副词比较级,"更强烈")——через(前置词,"穿越"),догов("猛犬"复数二格)——годов("年"的复数二格)等等。——德·贝)

　　晚霞像裙摆,浸入河湾。
　　傍晚连同血肉,费力地
　　挣脱沼泽。在凶蛮的北方
　　旷野是贪婪的肉食者!

　　它吞吃太阳,卡住了喉咙,

在苔地上挣扎。终于抠出
这异物,啪地摔向冰面
撕碎它,像撕碎鲜红的鲑鱼。

残忍的寂静的慢坡,
昏沉的暮色的游荡——
但冰丛已显露锋芒,
绿的刀刃也在铮铮作响。

连绵、饥渴、寂寞的嘶哑之声,
哀伤的撞击和刀锋的拼刺,
还有一个个巨块挤在一起,
发出咯吱咯吱的咀嚼声。

无尽感伤的语汇:摔向、抠出、锋芒、刀刃、寂寞、哀伤的撞击声,同时又是喜庆的,每个词语都散发出新鲜的气息,预示着春天的来临,尽管黄昏凶蛮,浮冰贪婪。痛苦的新生(城堡,"痛苦得近于昏死",分娩着早晨——这是火车穿越隧道,驶向光明的绝妙形象!),是即将问世的《跨越障碍》主题之一,帕斯捷尔纳克也正是以这样的心境,在乌拉尔度过了前半年光阴。不能说,他已彻底摆脱危机和衰竭之感,就在1916年5月2日,他还写信给父亲:

一阵忧郁的恐惧向我袭来,就像以往一样[……]能做的事情,一件都没做成……未实现的愿望年复一年地迁延,搁置,这样下去,它们的本质会遭到扭曲,终将化为泡影。

然而,对自我的不满——他永恒的伴侣,没有这一点,他就不是他——渐渐让位于帕斯捷尔纳克后来所称"造书的奇迹"之压力。即使《跨越障碍》不是《生活,我的姐妹》那样的杰作,也不失万千气象,创作的技艺已无可挑剔,笔触也越来越雄浑。他在弗谢沃洛德-维里沃的活动颇有男子汉气概:骑马出游,狂饮,打猎。多年以后,这些记忆有许多都融入了围绕乌拉尔而展开的《中篇故事》,也有一些保留在《日瓦戈医生》中。乌拉尔之旅在两部小说中都是接触现实的象征,尽管这一主题在《斯佩克托尔斯基》和

《中篇故事》中并不明显——乌拉尔兀立于主人公"思想意识的东方",纳博科夫会这么说。它永远在提醒,某地正在发生真实而可怕的事情。"乌拉尔在那儿被矿井嘲弄。"①这正是对1918年一系列事件的暗示,包括沙皇一家在叶卡捷琳堡惨遭杀害。我们无法忘记奥莉加·布赫捷耶娃②如何成为冷酷的女政委,这一奇异的转变同样发生在乌拉尔,从那儿回来后,她就变成了坚定的党务工作者。

在帕斯捷尔纳克的地图上,每一个地点都各有其色彩。绿色的莫斯科郊外,琥珀色的南方,蓝色的欧洲——威尼斯圣诞的靛蓝和马堡六月的蔚蓝。高加索冰峰林立和泛着泡沫的洁白。红与黑的乌拉尔与这一切截然不同,它的山脉和矿场,血液和土壤,深藏在矿脉中的真理,无不叙说着生命的真谛。

另一个跟乌拉尔有关的情节——与芬尼·兹巴尔斯卡娅之间短暂的恋情,也糅入了《斯佩克托尔斯基》。一个已婚女人,或者说"成年女性",第一次对鲍里斯产生了兴趣,虽然把他看作永远的少年。芬尼也并非逢场作戏,尽管给他更多的是呵护。他专门为她写下《轮船上》(1916)一诗,再次显现乌拉尔的两种主色调:红色和黑色。

> 早晨从鲜血沐浴中走来,
> 云霞散溢着黑亮的油光。
> 轮船大厅和岸边的城市里
> 瓦斯灯和街灯一一熄灭。

这是帕斯捷尔纳克明显受到勃洛克影响的第一个文本——"陌生女郎"③由此穿透进来("跑堂的手上,菜肴哗啦作响,/堂倌打着瞌睡,把小鲈鱼收拾"——"多少个夜晚,瞌睡的堂倌杵在桌椅间"④),如果说这里运用了帕斯捷尔纳克最熟悉的音乐性的隐喻,旋律则纯粹是勃洛克式的,而音韵的组合又是典型的帕斯捷尔纳克式;这种情形到后来屡见不鲜。俨如勃洛克的浪漫悲情,却少了他那令人心碎的音调。不知勃洛克能否想象,一首诗

---

① 引自帕斯捷尔纳克《斯佩克托尔斯基》(1925—1930)。
② 《斯佩克托尔斯基》中的人物。
③ 勃洛克写有题为《陌生女郎》的名诗(1906)。
④ 引自帕斯捷尔纳克《轮船上》(1916)。

可以由"早晨挤出牛奶,合住下巴"开头？帕斯捷尔纳克更年轻,更有胆气,甚至还可说,更爱滋事……但也更接地气。不过,假如他缺少了勃洛克的单纯和死亡的音乐,恐怕就连勃洛克也达不到这样的活力:

  彼尔姆郊外,微风中的卡马河
  泛起波光,像一串滚动的珍珠,
  像银白色①的絮语,从远古时代
  从芦苇的夜的歌谣,流淌而来。

  灯影下的卡马河,星星在游泳,
  它不顾呛水,差点儿沉底,
  追逐过往的船只。它自己就是
  一盏灯,在水浪里浮沉。

  帕斯捷尔纳克将不可融合之物融在一起,在《跨越障碍》中,就像在后来的抒情诗集《生活,我的姐妹》乃至四十年代部分诗作中,未来主义时常遇到象征主义。作者没有故步自封,而是博采众长,尤其注重阿克梅派②的精准:勃洛克式的乐感和未来派的语汇及音色。国内近年来的帕斯捷尔纳克学,似乎为报复帕斯捷尔纳克把接近马雅可夫斯基当作免罪符的苏联时期,经常刻意贬低他与未来派的关联,声称他之所以向他们靠拢,"打成一片",不过是因为勃布罗夫的哗众取宠。事实上,帕斯捷尔纳克并不喜欢辞藻上清一色的玄奥,但他仍与克鲁乔内赫交情不错,赫列勃尼科夫也得到他的盛赞,即便其中透着疏远。他向那些将声音置于意义之前的作者借鉴了很多。帕斯捷尔纳克的音响,无疑是未来主义式的。"确实还有一些漂亮的字母——эр,ша,ща!"③马雅可夫斯基感叹道,这些嘶鸣着"发出咯吱咯吱的咀嚼声"的颤音,在早期帕斯捷尔纳克那里经常能听到。楚科夫斯基认为,勃洛克是由相互渗透的元音贯穿而成的诗人:"呼吸着灵气与雾气"——"散布着古远的传言"……在帕斯捷尔纳克笔下,承受重负的是无

---

① 此处"银白的"(седой),还带有转义"古老的"。
② 二十世纪初俄国一个现代主义诗歌流派。代表人物有古米廖夫、阿赫玛托娃、曼德尔施塔姆、津克维奇、纳尔布特等。他们围绕着《阿波罗》杂志(1909—1917)集结在一起,成立文学社团"诗人车间"。
③ 俄语字母 р,ш,щ 的名称音,发音时颇具音响效果。

休止的堆叠的辅音;他早期的诗集,犹如"材料力学"的活教材。大量辅音之外,节奏和旋律是象征主义的,尤其是勃洛克式的,声音则明显来自未来派。再通俗些说,他的元音来自前辈,辅音来自同辈。

很难说,帕斯捷尔纳克是否向兹巴尔斯基解释过,就像《斯佩克托尔斯基》写的那样("你我并非小市民,同在一个屋檐下,/您何必激动不安,谢廖沙"),但可以肯定地说,由于他的缘故,兹巴尔斯卡娅与丈夫之间产生了不合。鲍里斯·伊里奇暗示妻子,不要跟个毛头小伙子调情。工程师的担忧事出有因,近期他要到外地出差——化工生产商列兹瓦雅女士,打算卖掉几座工厂,兹巴尔斯基为达成交易四处奔波。丈夫外出期间,芬尼晚上就和帕斯捷尔纳克聊天,但可能从未超出他的马堡浪漫故事。不过,兹巴尔斯基后来向不同的谈话者暗示,他们夫妻间的冷淡(最终导致分手)始于妻子与帕斯捷尔纳克之间的情事,而鲍里斯本人,显然也对芬尼动了真情。1916年11月6日,他写信对父母说:"我现在可真够疯狂。"

帕斯捷尔纳克打算夏天去一趟塔什干,娜杰日塔·西尼亚科娃已经去了那里,但他随后改变了主意。旅行漫长而艰难("这究竟能有什么益处,除了寂寞无聊与青春岁月的蹉跎?"他在7月1日写给父亲的信中埋怨自己,同时也感觉到,他与娜杰日塔已再不相干,罗曼史走进了死胡同),不如去看望家人。5月底,他同兹巴尔斯基一道去了吉泽洛夫矿场,那儿干活的是一群中国人和苦役犯。矿场之行是他有生以来最可怕的经历之一,他初次意识到,时至今日,倘若人类在采煤方面仍未学会减轻地狱般的劳作,科学进步也就一文不值。帕斯捷尔纳克似乎患有某种幽闭恐惧症,无法长时间待在狭小的室内,特别是待在黑暗中:他受不了地下的空间,总是尽可能不坐地铁,(战争期间)从未下过防空洞,宁可在屋顶上值守。但乌拉尔林莽的广袤令他心醉神迷。如果说有一种病症叫作广场恐惧症,即惧怕开阔的空间,帕斯捷尔纳克则表现出对开阔空间的迷恋。他尤其喜欢绝壁间隐藏的山尖,谷底石滩上的青草和潺潺溪水。

他在兹巴尔斯基那儿工作到6月末,7月初回到父母的度假地莫洛季,秋天动手准备新的书稿。还是那位勃布罗夫,从备选的几个书名(像往常一样标新立异)里选定了一个。在此期间,兹巴尔斯基一家搬到了静山,卡马河畔一座不大的工业城,由鲍里斯·伊里奇设计的三氯甲烷新厂就建在那里。帕斯捷尔纳克被派给工厂经理卡尔波夫,做他儿子的老师,同时还承担书记员的职责,在几座工厂的机关负责征兵登记。

> 这是可怕的琐事,也很冒险,当你得知被新式教谕征服的村庄里有成千上万鞑靼人、沃佳克人、巴什基尔人等等[……],召集和登记无法进行……一旦[……]你错过或未能及时向委员会递交某人的申请,此人就要被征召入伍。[……]这不,今天就来了这么一个明尼巴耶夫,扑通跪倒在地,求我不要打发他送死。您不必担心。他用不着去送死。凡在法律范围内,我都尽力而为,比方那个明尼巴耶夫求我的事情。

帕斯捷尔纳克本人经过1916年12月的重新认证,获得了"终生免服兵役证书"。

为调理心情,帕斯捷尔纳克翻译了斯温伯恩①关于玛丽·斯图亚特②的悲剧《沙特拉尔》(他一生中还将两次翻译关于这位女王的剧作——席勒和斯洛瓦茨基③的两个剧本分别被他译成俄语,因此他开玩笑说,玛丽成了他的亲人),照例是一番辛苦,才得到出版的机会,但译本却在1920年付印之际不慎丢失。帕斯捷尔纳克不善于保管手稿。

《跨越障碍》未经他校对,正式出版后有许多错误,即便如此,他仍然兴奋异常。"我喜欢这本小书。不管怎么说,[……]除了它自己,它跟别的书一点都不像。"

6

《跨越障碍》,一部已然尽显帕斯捷尔纳克风格的诗集,传之后世也不为过;其中不乏《马堡》初版这样的杰作。整整十年过后,在致茨维塔耶娃的信中,他本人总结了这部作品的特点,将其明确分为两部分:

---

① 查尔斯·斯温伯恩(1837—1909),英国诗人,剧作家。其《沙特拉尔》(*Chastelard*)、《菩士威尔》(*Bothwell*)和《玛丽·斯图亚特》(*Mary Stuart*)一起构成以苏格兰女王玛丽·斯图亚特为主人公的诗剧三部曲。
② 玛丽·斯图亚特(1542—1587),苏格兰女王(1542年至1567年)以及法国王后(1559年至1560年)。一生充满悲剧与传奇色彩,多位西方戏剧家都曾创作过以其为主人公的剧作。
③ 尤里乌斯·斯洛瓦茨基(1809—1849),波兰诗人、剧作家。他的《玛丽·斯图亚特》创作于1830年。

开端是灰色、北方、城市、散文、革命来临前的先兆［……］。各种语体相互混杂。

从中间开始——是乌拉尔,是对辽阔与简洁的探寻。总的来说,"一切并不太糟",就像帕斯捷尔纳克在赠给那位克鲁乔内赫的诗集上题写的那样。

帕斯捷尔纳克在这里首次发出他的诗学宣言,从此再未改变:

蓓蕾,一颗颗黏稠的烛泪
沾满万千枝头！温暖了四月。
发育的气息在花园里蔓延,
树木之间,对白也越发频繁。

像一头受困的公牛,森林
被套住咽喉,陷入捕鸟的罗网。
它在网中呻吟,像钢铁斗士
在管风琴的奏鸣曲中呜咽。

诗歌！纵然你是希腊海绵,
布满吸孔,包裹在胶质的绿中间,
我也要把你捡拾,放在花园
绿色长椅的湿木板上。

你来吸纳云和沟壑吧,自己长出
华丽的鲸须骨架和百褶花边——
等到夜晚,诗歌,我会用贪婪的纸
把你的汁液彻底榨干。

(《春天》之一,1914)

《跨越障碍》标志着危机的克服,让帕斯捷尔纳克不再惧怕成为自我。其中当然不乏狂喜而急促的喘息、风格化(这二者在《叙事曲》里俯拾皆是)以及狂妄的野心。关键是敏感和渴求,根据他与友人的谈话判断,这才是他最看重的。同时代人一生中谁也没有像他那样的好胃口:整部诗集——一场美酒佳肴荟萃的想象的盛宴,落日两次被比作鲑鳟鱼片,太阳升起,好似"光的丝缕中,配用于午餐的冰柠檬"①。虽然爱情尚无从体验,却很快就能被感知:

>呼吸未来的气息,攥住
>并点燃它,任它舔舐自己
>它全身心属于你,如跳跃的
>V字形火焰中的草原。②

帕斯捷尔纳克仿佛预感到,未来整个一年他都将乘坐火车,行驶在茫茫草原,甚至草原上的野火——《生活,我的姐妹》中的核心意象,也闯入他的梦境!

他是否预知了革命的来临?在1927年纪念革命十周年的诗作里,他写道:"丝毫未曾感觉到什么。"但在他1916年12月9日写给父母的信中,却有这样的段落:

>每次浏览报纸,想到当日拙劣的政治和门口之间张裂的深渊,想到对比和反差,我就不寒而栗。我认为,(这)已属于那个很快就要[……]尾随而来的新时代。哦,上帝!它的气息已经越来越浓。
>
>坐等这愚蠢的终结,是愚蠢的[……]。愚蠢现在不会,将来也不会终结:它只是从愚蠢之链的某个环节上断裂,在没有人愿意等待的时刻[……]。我就是这么理解的。所以,我正在等待你们可能也在等的结果[……]。我知道,一线微光都不会有,因为光明将骤现。现在就从已知的事物中寻找光明,既不可能,也无意义:它自己就在寻找和试探我们,或早或迟,我们都将被它浇淋。

平庸的俄国时政、社会生活、新闻媒体,大概还有显然已是明日黄花,从公众视野淡出的文学,让许多人以为"愚蠢年代"行将结束。人们预感到革命——从它的反面,同样从反面,先是欣喜地迎来错乱和短视的二月③,接着——再度对比了后二月时期俄国的衰落与动乱之后——接受了十月。这

---

① 参见帕斯捷尔纳克《春天》之三(1914)。
② 引自帕斯捷尔纳克《有时,你越过》(1917)。
③ 指1917年俄历2月爆发的颠覆沙皇末代王朝的二月革命。

俨然是一场"了不起的外科手术",就像《日瓦戈医生》中所云,也是"骤现的光明"。"愚蠢只是从愚蠢之链的某个环节上断裂"——为了在新的水平上延续,但遗憾的是,此种认知只能从惨痛的教训中获得。

帕斯捷尔纳克在静山城得知二月革命的消息。3月的头几天,他打点行装,去了莫斯科——去迎接他一生最美好的夏天。

第九章 《生活，我的姐妹》

1

无论你是否喜欢《生活，我的姐妹》①，都难以否认它是个奇迹。诗集问世之后，帕斯捷尔纳克不再是大众里的一员——它强有力地将他推送到一流俄罗斯诗人的行列。所有的一切都如此神奇：作者梦幻般的丰产——1917年夏秋两季，他写下整部诗集里一半的诗作（一部分未收入《姐妹》的"筛剩的产品"，后来转入《主题与变奏》）；幸福与和谐之感，弥漫在俄国历史最动荡时期的抒情诗中；充满想象而乍看略显晦暗的印象主义诗行，已成为几代人援引的经典。帕斯捷尔纳克将两个时期视为最幸福的时期：他写《姐妹》的1917年，以及四十年代末至五十年代初，创作《日瓦戈医生》的年代。命运之神仿佛能够预见未来，为俄国革命的每个阶段都选定了编年史作者（散文作家几乎不堪此任——神秘事件的记述最好由诗人来完成）。1918年1月和2月，落在勃洛克身上（《十二个》），1919年和1920年——茨维塔耶娃（鲍里索格列勃胡同抒情诗，《天鹅营》），1921年——阿赫玛托娃（*Anno Domini 1921*②），1922年——曼德尔施塔姆（*Tristia*③），1923年——马雅可夫斯基（《关于这个》）。1917年则是帕斯捷尔纳克的年代。因为他，我们得以猜解过往的一切。

帕斯捷尔纳克本人也感觉到，这是属于他的时代。首先，它尚未成型，飘忽不定，处在转变中，这与他漫长的少年期相吻合。其次，它激情四溢，经验不足，局促不安，预感到某种大转折：革命依然诱人，依然还在玩火，但9月间，

---

① 下文里时常简称为《姐妹》。
② 即《公元1921》，Anno Domini 为拉丁文：耶稣纪元。
③ 拉丁语：哀歌。

一切都燃烧起来,从地底升腾而起的热浪,在脚下散发灼热!帕斯捷尔纳克准确地传达了这一幕,尽管他的作品对政治未加任何笔墨(若说政治,也只是一系列事件的白描而已,帕斯捷尔纳克以新闻报道式的简洁笔法提到过这些事件,他的天赋足以让他接近它们的源头)。最后,1917年3月至10月,正是试验和错误层出不穷的时期,这半年间,帕斯捷尔纳克也从头至尾经历了一场痛苦的爱情剧,从期望心有灵犀到彼此怨恨,几近恶语相加,而所爱之人有如革命,却归了别人:不是那怀着真爱之人,而是看似更可靠之人。个体与革命犹如平行的链条,让帕斯捷尔纳克平生初次意识到自己并非这场时代宴席的局外人。他就生活在这个时代,这里有他应有的位置:

> 仿佛阿尔法与欧米伽——
> 我和生活是同一模样;
> 一年四季她都自在地
> 活着,像是 alter ego①,
> 所以我称她为姐妹。②

　　严格地说,他并非命名者:这是由亚历山大·杜勃罗留波夫③未发表的诗作引发的联想。杜勃罗留波夫创建了自己的教派,直到1944年——最后一个有可靠证据表明他还在世的年份——他还漫游在罗斯④与高加索,一边锲而不舍地传教,一边给人做木匠活,或者做修炉匠。他仿效阿西西的圣方济各⑤,对所有阳性和中性生命都以"兄弟"或"小兄弟"相称,而对所有阴性生命,则称之为"姊妹",人们知道,他甚至以训导的口吻称他有病的身体为"身体小兄弟";杜勃罗留波夫走得更远些,他有过"生活,我的姊妹,我的小姑娘"之说,伊·斯米尔诺夫曾经指出这个典故。亚·茹科夫斯基还写了一篇详尽的文章《论"生活,我的姐妹"书名的演化》,提出又一个假设的论断——书名源自魏尔伦《智慧》中的语句:"你的生活——你的姐妹,即

---

① 拉丁语:另一个我。
② 引自帕斯捷尔纳克《所有动词的式和态》(1936)。
③ 亚历山大·米哈伊洛维奇·杜勃罗留波夫(1876—1945?),俄罗斯象征派诗人,基督教无政府主义教派"杜勃罗留波夫主义"的创立者。
④ 东斯拉夫地区的古称,俄国历史与文化的发源地。
⑤ 圣方济各(1182—1226),生于意大利的阿西西(Assisi),天主教教会运动与自然环境的守护圣人,方济各会(又称"小兄弟会")的创立者。

便她并不美丽。"帕斯捷尔纳克喜爱魏尔伦,在创作的成熟期,他还饶有兴致地翻译过他的作品,将最初的鲜活与粗野归还给这位饱受象征派"舔舐"的作者。

参照杜勃罗留波夫和方济各的表述(不过,后者说的是"我们的肉身之死,我们的姊妹"),可以看出,确定诗集名称的诗作《生活,我的姐妹,今天潮汛来临》,具有明显的宗教含义,尽管既非方济各也非杜勃罗留波夫的那种含义。它说明的是固有的根基、诗人与时间的共鸣(再加上诗人与那个极度亢奋的国家的共鸣),最后,religio① 意味着关联,时常自感在这个世界无所适从的帕斯捷尔纳克,从未像1917年夏天那样感受到与现实有着如此紧密而有机的联系。

无论风格还是急骤的笔调,这部诗集在俄罗斯诗歌中都是独一无二的,一个奇异的悖论是:几乎未提及革命的《姐妹》,恰恰成了最革命的诗歌作品。这一事实对于二十一世纪的读者而言格外诡异。他们解读俄国革命,习惯着眼于革命骇人听闻的后果及其意蕴深长的征兆:大规模的溃逃、对官兵的杀戮、国家政权的瘫痪、愈演愈烈的社会之熵(энтропия),最后是布尔什维克的政变,其结果是最有"洁癖"和最为执着之人胜出。长期以来普遍认为,布尔什维克利用了历史,但更可怕的是承认历史实际上利用了布尔什维克,承认俄国生活的自我再造机制将马克思主义者碾成齑粉,在监牢的废墟上重建牢狱。甚至所剩无几的列宁主义辩护士也不把俄国革命视为节日,在他们看来,这场革命顶多是壮举。帕斯捷尔纳克——绝无仅有的作者,为我们留下了洋溢着空前喜悦和陶醉的生命画卷;这不是二月的幻影,也不是三月里自由的感叹("多美妙啊,三月里呼吸着你的气息!"他本人也在1918年的诗作《俄国革命》中追忆往事)。这里说的是1917年动荡的夏天,内阁接连更迭如走马灯(在当时已有的临时政府中),七月爆发危机,双重政权并立,酝酿着惨烈的乱局。如果浏览1917年的报纸,便会发现,三月的欢呼与七月的骚动之间反差惊人。帕斯捷尔纳克却不是在书写政治编年史,他的作品无论如何都洋溢着喜庆。在只对诗人和通灵师敞开的更高界域,正在发生真正世界性的事件——除了平淡的社会意义和更广泛的历史哲学意义,俄国革命还具有形而上学意义。唯独他对这些乌云密布、电闪雷

---

① 拉丁语:宗教化。

鸣的界域做出了直接记录:他的敏感因为爱而更显锐利,激荡不安的爱,狂热和渴求的爱,就像1917年那个夏天。

如果说帕斯捷尔纳克确乎幸运,那么,这幸运就在于个人史与世界史的巧合。1918年的知识分子,对于被爱情蒙骗之人的自我感受再熟悉不过,也正因如此,后来收入《主题与变奏》的组诗《断裂》成为他描述这种氛围的最著名篇章。革命挣脱束缚,沿袭俄罗斯传统,从极度平淡——演变为极度混乱;现实不再可控,这成为《姐妹》后半部分的主题。帕斯捷尔纳克总结自己的一九一七,开始书写组诗《秋天》(收入《主题与变奏》),其内容与他生前未发表的《俄国革命》几乎完全一致:

> 春天充满着你的气息,
> 夏天——一半是罪恶,
> 但秋天,但这蔚蓝色①的耻辱
> 却被毡子和废料苫盖!
>
> 一片昏暗,窗户睡眼蒙眬
> 打着冷颤,像枯干的白矾!
> 一只瓢虫,轻轻落在杯沿,
> 旁边是几具死蜂的干壳。②

诚然,"废料"这一主题在《俄国革命》中表现得更强烈——最初是节日,如今涌溅着"人血、脑浆和烂醉的海军呕吐之物";后来在《崇高的疾病》中,则会一再出现诸如废墟、破烂儿、尘土以及各种无用的石膏残片。起初爱情与革命相吻合,随后则是分手和崩溃。

2

就古板的爱好、廉价的冲动、率真的转文(以保留至今的书信为证)而言,叶莲娜·维诺格拉德与帕斯捷尔纳克不相上下,但她更年轻,活在十七

---

① "蔚蓝色"(голубой)一词还具有转义,多用于讽刺,意思是"报喜不报忧的"或"完美无缺的"。
② 引自帕斯捷尔纳克《秋天。春天充满着你的气息》(1917)。

岁的年纪,而大时代也将平凡的个体造就得更聪明。浪漫诗人——"惶然失措的神"①(用他引以为荣的自评来说)的恋人,注定为这位诗人而生,她理解他的大部分,在琐事上却与他分歧不断,争争吵吵。他的红颜知己当中,没有谁——大概除了伊文斯卡娅,他在均衡的盛年遇到的女性——像她一样受到他如此积极而又复杂的影响。此外,在帕斯捷尔纳克与维诺格拉德(两人的姓氏也是有趣的巧合:菜园植物爱上了果园植物②)恋情的基础上,还有强烈的性吸引。这正是肉体的直觉,让《姐妹》成为几代人的爱情圣经:其中的一切都能用在自己身上,每个词都散发着肉欲的气息。瓦连京·卡达耶夫称肉欲为帕斯捷尔纳克诗歌的主要特征:"看到你那双肩,/就连阁楼也要抖颤。"③直到某些时期之前,俄罗斯诗歌还保持着贞洁。"啊,亲爱的,奥莉加的香肩/长得多美!酥胸多迷人!"④连斯基这一声赞叹像是低级情调的样板,有悖于浪漫主义诗人的称号;清教徒皮萨列夫⑤对此句尤其痛恶。瞧瞧,那香肩令他心动,同样为我所爱。但这种一览无余的迷人欲念,并未让帕斯捷尔纳克感到难堪。恰恰在《姐妹》中,描写革命的情色主题首次占据优势,然后经过演变,进入《斯佩克托尔斯基》和《日瓦戈医生》:革命适逢主人公的男性成熟期,其魅力与性诱惑紧密相联,对于受压迫者的同情则被描绘成"女性命运"的共同体验。革命即是占有"屈辱相伴的拥抱的音乐",正像晚些时候《崇高的疾病》所云。事实上,帕斯捷尔纳克的爱情主题有两个不同的变体,二者后来表现在《斯佩克托尔斯基》和《日瓦戈医生》中。他将在《安全保护证》中提及两种令他倾倒的女性,但首次透露是在1917年初春与妹妹若尼奇卡交谈时。他们谈到政治,由于政治和情欲在帕斯捷尔纳克的世界中奇异的关联,话题突然转向女性和爱情:

  有两种美的类型。高贵而平和的美——另一种全然不同,具有无可抵御的吸引力。两种美相互排斥,从一开始就决定着女性的未来。

叶甫盖尼娅·卢里耶,帕斯捷尔纳克第一任妻子,拥有崇高而平易的

---

① 出自帕斯捷尔纳克的《心上人,你可怕至极!》(1917)。
② "帕斯捷尔纳克"及"维诺格拉德"这两个姓氏分别与"欧洲防风"(пастернак)和"葡萄"(виноград)同音同形。
③ 引自帕斯捷尔纳克《尝试把灵魂拆散》(1917)。
④ 引自普希金诗体小说《叶甫盖尼·奥涅金》第四章第48节。连斯基是这部作品中的人物。
⑤ 德米特里·伊万诺维奇·皮萨列夫(1840—1868),俄国文学评论家,革命民主主义者。

美。在他看来，奥莉加·弗莱登伯格年轻时的容貌同样崇高，同样平和可亲，两人曾有过柏拉图式的恋情；他对茨维塔耶娃的外貌也这么看——极其迷人，但绝非公认的字面意义上的美貌。另一种美则令人目眩神迷，这是伊达·维索茨卡娅、济娜伊达·涅高兹和奥莉加·伊文斯卡娅的美，这样的美他难以抗拒，他的选择也永远倾向于此。仿佛并非出于本意，他选择的永远是现实而非推测，是参与生活而非抗拒生活，是大众而非知识分子。这是倾向于权力的选择吗？也许吧。但更准确地说，是权力对权力的吸引。叶莲娜·维诺格拉德成了帕斯捷尔纳克这些女主人公中的第一人。由于经验欠缺，他错过了她，或者说，让出了她。

他的人生与一九一〇年代末期俄国历史的巧合主要在于：浪漫男主角和反叛的女主角越来越接近，就越来越明白，无论如何——就算彼此吸引，境遇相似，情趣相投——两人的共处都不会有结果。可怕的是你发觉，你所爱的异己的对象并非为你而准备，为你而预设；对方似乎也在爱着，回应着，就差没把你叫作天才。突然间来了一封冷冰冰的信，说得很清楚，她和你相处感觉危险，不舒服，难以为继；而这恰恰发生在你感觉正妙，心境敞亮，以为你们会共度此生之际。但她内心另有考虑，她需要的是更沉稳、更现实和更成熟的人，同时也更可靠。总之，凭借聪慧女孩的直觉她意识到，除了诗人的意志，还有某种东西，亦即非命运（НЕСУДЬБА），闯入这段关系。"非命运"，一个可怕的概念，叶莲娜·维诺格拉德对它持有特殊的看法：她感到自己与帕斯捷尔纳克之间有着难以逾越的障碍，因为就天性而言，"鲍里亚"是另一种人。而女人是不可能违抗天性的。读者或许不觉得这都是爱情故事的庸俗化，但知识分子与革命之间起初看似幸福的爱，毕竟受到那"非命运"的干涉——革命落入了更粗硬的手掌。

3

叶莲娜·维诺格拉德，施蒂赫兄弟俩的表妹，生于1897年。在帕斯捷尔纳克与维诺格拉德的交往中，有一个特别动人的情节：两人中间还有一位利斯托帕德——纯粹的植物王国①。帕斯捷尔纳克在《安全保护证》里提到

---

① 在俄语中，"利斯托帕德"（Листопад）意思是"落叶"。

过谢尔盖·利斯托帕德,存在主义哲学家列夫·舍斯托夫的非婚生子:这位"英俊的陆军准尉"劝他不要志愿上前线。他本人于1916年秋天牺牲在战场(舍斯托夫的合法女儿娜·舍斯托娃-巴拉诺娃回忆中提到的时间——1917年春,则经不起推敲;帕斯捷尔纳克不可能向几周前失去未婚夫的姑娘献殷勤)。利斯托帕德是叶莲娜的正式未婚夫。帕斯捷尔纳克从1912年起就认识他,当时舍斯托夫的儿子中学刚毕业,就给人授课,挣钱谋生。他常去施蒂赫兄弟那儿,因为他和叶莲娜·维诺格拉德的哥哥曾是同班同学。他上战场时是后备士官,很快擢升为陆军准尉,并荣获两枚乔治十字勋章。利斯托帕德戏剧性的命运(他的生母是施瓦茨曼诺夫家的女仆安娜·利斯托帕多娃。施瓦茨曼诺夫才是舍斯托夫的真正姓氏),出众的相貌,英勇的牺牲,让他几乎成为帕斯捷尔纳克不可战胜的对手。他的阴影留在《生活,我的姐妹》的整个故事里。直至1917年秋,经历了沧桑变故之后,列娜①·维诺格拉德还写信对帕斯捷尔纳克说,在这个不再有谢廖沙②的世界上,她永远不会幸福。

帕斯捷尔纳克爱上叶莲娜时,她才十三岁。起初他在信中提到她,带着当时莫斯科知识界惯有的迷狂,炽热到极点。据奥莉加·弗莱登伯格回忆,鲍里亚容易冲动,性情古怪,"就像帕斯捷尔纳克家的所有人",只不过帕斯捷尔纳克一家并非特例。1910年夏天窒闷不堪,一如七年之后。鲍里斯独自待在城里,从此永远爱上了孤独的城市夏日,连同它的"魅惑",就像他在信中所称。1910年6月是幸福的月份:帕斯捷尔纳克真正开始了写作,沉醉于新的变化,几乎每天都在写(散文甚至比诗歌写得更频繁),那些夏夜,散发着椴树和湿润尘土的气息,他第一次感受到创作的魔力所带来的幸福。每逢假日,没课的时候(他靠授课挣钱已经一年了),他就去斯巴斯克区找施蒂赫兄弟。这里如今是绿城站台。6月20日,他与舒拉·施蒂赫和列娜·维诺格拉德一起去游玩。列娜还是个小女孩,不久前才从伊尔库茨克来到莫斯科的亲戚家。几个人沿着铁道,采摘野花,一直走到索福林诺。年轻人海阔天空地聊着,忽然有人提议,看看谁有勇气冒险。施蒂赫在两根钢轨之间躺下,说要等到火车开来才会起身,帕斯捷尔纳克急忙阻拦,事后写

---

① 叶莲娜的小名,爱称。
② 谢尔盖的小名,爱称。

信给施蒂赫,还有几分后怕,说这位朋友"让人不敢认了"。列娜也制止他,蹲在他身旁,抚摩着他的脑袋说:"我不会把自己给他,这是我的事情。"后来,帕斯捷尔纳克把这副姿势比作安提戈涅抚摩妹妹伊斯墨涅。好不容易,她才说服施蒂赫放弃他的克拉索特京试验(在艺术剧院的影响下,当时的年轻人热衷于仿效"卡拉马佐夫兄弟"——"俄国男孩"科里亚·克拉索特京跟人打赌,躺在铁道中间,火车轰鸣着从他身体上方飞驰而过,从此他就彻底崩溃,变得疯疯癫癫)。这场经历给帕斯捷尔纳克留下深刻的印象,过了很久,他还时常想起叶莲娜的姿势、她送给他的花束,以及施蒂赫出人意料的疯狂举动。本来帕斯捷尔纳克还表示愿意教叶莲娜拉丁语,却无果而终;兴许他是被自己吓怕了。"要知道,我实际上爱上了我们三个一块儿。"(而施蒂赫和叶莲娜是真的相爱了,帕斯捷尔纳克懂得这种少年的恋情)七年以后,他才和叶莲娜再次相逢。

玛丽娅·伊利英娜①,显然以茨维塔耶娃为原型,帕斯捷尔纳克对她外在形象的描绘即是明证;其形象同时也带有叶莲娜的特征:

> 她的眼睛大而温顺,
> 身穿一袭丧服,方圆百里
> 没有人比她更忠诚。②

伊利英娜在《斯佩克托尔斯基》中服丧是为父亲,维诺格拉德则为未婚夫而哀悼。她的炫目之美、她的悲伤、她的漫不经心、对夜间漫步的喜好,同时又不失清新而健康的青春魅力,凡此种种,像磁石般吸引着帕斯捷尔纳克。

她住在面包胡同,而他从1912年马堡之旅以后,就住在天鹅胡同一栋七号。这间斗室后来被他比作火柴盒("一只绘有红酸橙的盒子",诗人的儿子解释说,那是一种商标上印着橙子的火柴)。这个比喻出自《由于迷信》,诗中描述了与维诺格拉德的初次相会。1913年冬天,帕斯捷尔纳克过得异常幸福,他出版了《云雾中的双子座》,离开了家人,开始独立生活。之所以说迷信,是因为他预感1917年也将是幸福的一年。他素来偏爱简单的数字和奇数的年份,他的许多愿景寄寓于此,并且时常灵验:1923年——一

---

① 《斯佩克托尔斯基》的女主人公。
② 引自帕斯捷尔纳克《斯佩克托尔斯基》(1925—1930)。

举成名,1931 年——遇到第二任妻子,1947 年——遇到伊文斯卡娅,1953 年——斯大林去世……

叶莲娜的初次来访引起了短暂的不快。他不想让她走,她责怪地回应一声:"鲍里亚!"他才放开了。维诺格拉德晚年透露,《由于迷信》所云"你还是挣脱了",显然是夸张:帕斯捷尔纳克当时并未阻拦她。这首诗里的爱情对决写得活灵活现:

> 手中的门闩没有松开
> 可你还是挣脱了
> 额发碰到漂亮的刘海
> 嘴唇遇上紫罗兰
> 哦,小可爱……

接下来却是:

> 抱歉,你不是那女祭司
> 却走进来,连带祭台的底座
> 像从书架取下我一生
> 吹去四周的尘土。①

这是他记忆中最幸福的时光,但他忘不了,他的心上人举手投足之间都蒙上了一丝伤感和神秘。连同青春稚气,他将谜团的猜解搁置到后来:

> 倏忽而过的谜,留下神秘的指痕。
> "天晚了,我要睡个够,睡到
> 读懂黎明。"在无人惊扰的时刻
> 谁能像我,幸运地触动恋人。
>
> 我是怎样触动着你呀!用我
> 铜质的唇,犹如用悲剧触动观众。
> 吻像夏天,不紧不慢,姗姗而来,
> 然后是一场急骤的雷雨。

---

① 引自帕斯捷尔纳克《由于迷信》(1917)。

啜饮着,像鸟儿。喧得失去知觉。
星星从喉管缓缓流进食道,
夜莺颤抖着,昏然翻动眼皮,
一滴一滴把夜的天穹吸干。

(《秋天》之五,1918)

  从这些被引用的诗句中,能发现别扭的声音,譬如"吻像夏天",听起来像某种"肉饼",①但你在发音时却觉察不到,这种感觉被忽略掉。这是因为,你不会着眼于帕斯捷尔纳克早期抒情诗(当然也包括大部分晚期诗作)中的单个词语。发挥功能的不是词语,而是隐喻、声音和形象的链条;单个来看,一切都无意义或者都不协调,合起来则是杰作。茨维塔耶娃在写给一位年轻同道(即尤里·伊瓦斯克②)的信中说道,在一名成熟诗人笔下,诗的主要语义单位是词语("NB③!在我这儿——经常是音节")。需要指出的是,茨维塔耶娃的晚年诗作有时因语义超载而佶屈聱牙,出现密集的扬扬格(спондей),难以诵读,只能一字一顿地喊出。这种过度的密集是严格自律的结果。在日常生活中,在友情和恋情上,在区分同类与异己方面(通常她不考虑他们之间的本质区别),茨维塔耶娃一向率性而为,她却将自己的诗歌变为律令的颂歌。她沉着若定,颇具大将风度,一再发出同一种声音,并且变换手法,将同一个意义注入读者内心,这样,音节甚或字母,就真的成了她的诗歌语言。帕斯捷尔纳克则截然不同,他的诗不存在单个的词语。在他那里,词与词紧密联结("共同参与密谋"),通过声音得以结合,形成行云流水之势,尽管它们各有其风格,难免语义的冲突。词语的狂流扑向读者,话语在其间的连绵之感,它的能量与压力,丰盈与过剩,都比预期表达的最终意义更重要。语流的能量传送着风和雨的能量,大量词语则营造出潮湿、润泽、柔软的效果。这是帕斯捷尔纳克与另一位伟大同时代人——曼德尔施塔姆之间的根本区别。对于后者,单个词语同样不那么重要,关键是彼此相邻的词语——往往在意义上相去遥远,同时又与前面隐藏的"松散环节"

---

① 由于词语连读和元音弱化而造成的谐音现象,"像夏天"(как лето)连读,就成了каклета,发音接近于котлета("肉饼")。
② 尤里·帕夫洛维奇·伊瓦斯克(1907—1986),俄罗斯诗人,文学评论家,1949年移居美国。
③ 拉丁语 nota bene 的缩写,"注意""留心"。

(曼德尔施塔姆语)的链条相互衔接。曼德尔施塔姆在诗歌中描绘莫斯科雨景,称得上"惜字如金",他用过一个绝无仅有的修饰语——"麻雀的寒颤",麻雀和寒冷这两个互不相干的概念一经碰撞,一组意义跃然纸上:莫斯科街头,一群羽毛蓬松、湿漉漉的麻雀映入眼帘,初夏时节,细雨迷蒙,雨滴飘洒如麻雀一般飞快。这种吝惜不适合于帕斯捷尔纳克。他的雨径直洒落,转瞬间,整个世界就湿透了——

> 紧随它们的足迹,雨滴斜落下来。
> 篱障边,潮湿的枝条和苍白的天空
> 争吵着。说的是我!我愣住了。①

紧随、足迹、雨滴、篱障、落雨的响声——声音再度超越一向丰盈和错综复杂的意义。茨维塔耶娃刻意突出每一单个的词语,曼德尔施塔姆使之同另外的词语相互衔接,帕斯捷尔纳克则淡化单个词语,并将其隐藏于统一的声音之链。四大名家之中,或许只有在坚忍的阿克梅派阿赫玛托娃那里,词语才具有像在散文中一样的意义,不会超载语义,不会与陌生的修辞手法发生关联,不会被密集的和声包围,它本身就是明朗而均衡的。她的诗若用散文来转述,会损失很多,乐感和节奏的魔力会消失,但不会消亡。(或许正因如此,她的自由诗也颇为成功,茨维塔耶娃则根本没有自由诗,在曼德尔施塔姆和帕斯捷尔纳克那里,自由诗是罕见现象)对帕斯捷尔纳克来说,散文转述是致命的。(曼德尔施塔姆的诗一经转述,会变成曼德尔施塔姆的散文——他与其他三位伟大同时代人之区别就在于,他的散文与诗歌文本的建构原则是一致的)

4

不过,我们还需要回到帕斯捷尔纳克与叶莲娜·维诺格拉德相恋的初期,尽管从一开始,正如纳博科夫短篇小说《海军部大厦尖顶》之寓意,其中就蕴含着注定的败局和分手:自初次会面起,两人对他们的恋情仿佛已然只限于远观,仿佛意识到转折时期一切都脆弱不堪。

---

① 引自帕斯捷尔纳克《窒闷的夜》(1917)。

他们经常一起散步。(有一次,出现了一幕悲喜剧——维诺格拉德跑回家去拿她的棉披肩,帕斯捷尔纳克突然诗兴大发,向一个门卫朗诵自己的诗,弄得门卫一头雾水,帕斯捷尔纳克也很吃惊)夜间漫步通常是在莫斯科最绿、最荒野的地带,离市中心不远,却完全不像市区,俨然属于另一个空间;在此范围内,麻雀山、无忧园、莫斯科河岸,日后都将成为莫斯科所有幻想者和浪漫派最喜欢游逛的去处,他们将是这里的主人翁。这里至今还有一些神秘荒芜的地方,尽管城市侵蚀着这片秘境——先是建起共产主义宾馆,继而是政府别墅,但大半个麻雀山,曾经的列宁山①,依然堪称莫斯科的伊甸园。1917年,帕斯捷尔纳克为它写下如此动人的诗篇——

> 你被亲吻的胸乳,像在净瓶下洗过。
> 夏日如泉水涌溅,却不会绵延百年。
> 我们让手风琴低鸣,却不会踩踏节奏
> 夜夜起舞,任由音调与尘土飞扬。
>
> 我曾经听说过老年。多可怕的预言!
> 挥手向星辰,已不再有细浪翻卷。
> 他们说着,你怀疑着。草地上没有人影,
> 池水边没有心,松树林里也没有神。
>
> 你呀,扰乱了我的魂!今天又让它沸腾!

(这句纯粹是马雅可夫斯基式,当然还夹杂着勃洛克的手风琴奏鸣,在尘土飞扬的城郊,"如今游荡着贫民",这些声音无休无止,简直令人难以喘息。但接下来,已经是真正的帕斯捷尔纳克。——德·贝)

> 这是世界的正午。何处是你的眼眸?
> 你看,思想深处,啄木鸟、乌云和松果
> 暑热和针叶,全都化成了苍白的飞沫。

---

① 1935年至1999年,麻雀山被称为列宁山。

在这儿,城市电车抵达了尽头,
前方有松树值守,轨道不得延伸。
前方仍会有星期日。一条小径
分开枝条,从草叶间一滑而过。

透过树影,浮现出正午、漫步与圣灵节,
小树林要让人相信,世界向来如此:
就这样被浓荫顾念,被林间空地感染,
被我们承担,像云朵滴落在印花布上。

(《麻雀山》,1917)

  世界的正午持续了很久,从4月到6月,几乎贯穿整个春天,而帕斯捷尔纳克居住在莫斯科,对此还未曾留意。列宁开始在他的世界据有一席之地,已是1918年的事情。当然,假如不是因为这段关系的尚未深入的内在悲剧性,他为叶莲娜·维诺格拉德写的爱情日记就不会成为爱的抒情杰作:她永远期望得到更多,不是从帕斯捷尔纳克身上,而是从她自己身上。她渴求功业,向往真实的命运,她有激情,还有世纪初所谓的"需求"。她打算抛开一切,参加护士培训班,而就在这些日子里,前线的溃逃已如潮水。她希望无愧于牺牲的未婚夫(死去的情郎——千古不变的浪漫母题),无愧于时代。参战是不可能的,但她就读的高等女子培训学校发布了公告,为自治组织征召志愿者,地点在萨拉托夫省境内,于是她应征前往。这符合她的精神气质,也符合帕斯捷尔纳克的,所以他没有勇气表示反对。6月初,她已同哥哥一道来到罗曼诺夫卡。为节约起见,鲍里斯从天鹅胡同搬到纳肖金胡同,在芬尼·兹巴尔斯卡娅的亲姐姐塔季扬娜·列依波维奇家住下,不用支付房费。

  截至此时,帕斯捷尔纳克写下了三十首爱情诗,不仅当作日记来写(一个春天,一共写了五百行,写得如此轻松,他本人都感到吃惊),同时也作为《跨越障碍》的增补。叶莲娜请他送一本诗集,他托词称手头没有多余的,实则是不想给她,因为整部作品几乎全是对另一个女人娜佳·西尼亚科娃的爱。曾有一个副本,有几首诗是直接粘贴的,空白的边页上添加了手写的另一些诗。副本于战争期间遗失。总之,当时他还没想过新的诗集,但在维诺格拉德离去之前,《恋人的消遣》和《此前是冬天》系列①差不多已经完成。叶莲娜在罗曼诺夫卡生病了,有段时间没给他写信。不过,他收到她哥哥的明信片,他感觉其中似乎在暗示叶莲娜的不忠。这个夏天,帕斯捷尔纳克原本就心神不宁,这下子更是恼火,他给她写了一封极为严厉的信。信件没拆开时,她还为邮递员送上的祝福而高兴;拆开之后,反过来轮到她深感委屈了。

> 您的信让我震惊,不知所措,简直要毁了我。多粗暴的一封信,充满如此之多的鄙薄,如果可以测算和衡量,也无法理解,它们是如何装进短短两页纸的……我对您的爱依然如故。我真想让您知道这一点,在我离您而去的时刻。我再不会给您写信,也不会见您了,因为我忘不掉您的信。请把我那张画儿撕掉吧。它就在您手上,那笑脸现在看来着实荒唐。

(这里说的是《宛若天人》一诗——"我与你的画儿同在,与那张笑脸同在。")

收到这封信后(落款日期是6月27日),帕斯捷尔纳克急忙行动起来,试图跟叶莲娜重归于好。就这样,他来到以前从未到过的南方草原地区。在《生活,我的姐妹》后三分之一部分,风景急剧变化,《草原之书》轮廓初现;心境也在变化。亦谑亦真的爱情对决变得严肃,悲剧越发频繁地在现实中爆发。

> 意外的到来,意外的相会。
> 勉强挪动双腿。
> 一口水刚刚喝下,
> 目光就盯住天花板。②

不难理解马雅可夫斯基对这些诗的激赏,而帕斯捷尔纳克对他的倾听,"比以往期待从别人那里听到的多十倍"。或许,最让他欣喜的是《姐妹》中喷涌而出的失落感,像波浪拍击着恋人的忧郁和冷漠:"我紧盯你的双眼,

---

① 全都收录在《生活,我的姐妹》中。其中,《恋人的消遣》包括《春雨》《夏日之星》等六首诗。下文中的《草原之书》也是这一诗集中的组诗,包括《此前是冬天》《巴拉绍夫》《由于迷信》等七首诗。

② 引自帕斯捷尔纳克《意外的到来,意外的相会》(1917)。

盯着那斩不断的愁绪。"①"斩不断的愁绪"——马雅可夫斯基式的典型用语,听来刺耳,却又恰如其分。1926年3月19日,帕斯捷尔纳克写信给茨维塔耶娃,向她解释了这场爱情(和这部诗集):

> "生活,我的姐妹"是献给一个女人的。客观的天性,以病态、失眠、超乎想象的情爱形式在她身上体现。她嫁给了别人。原本还可继续周旋:后来我也娶了别人。然而[……]生活,无论它是什么,永远比这些剧情简介的套式更可贵,也更高明。铁路道岔般的毁灭性的戏剧体系不适合于我。

5

正如《生活,我的姐妹》反映了比政治更高层次的现实,鲍里斯·帕斯捷尔纳克与叶莲娜·维诺格拉德的爱情,似乎同样受制于更严苛的规律,而不只是争吵、猜疑,以及叶莲娜对谢尔盖·利斯托帕德的怀念,抑或对舒拉·施蒂赫的依恋(帕斯捷尔纳克起初就猜到了,却不想对自己承认)。悲剧在天上成熟,决定着地上的情势。诗集后三分之一的景致明显是灾难性的:灼烫的泥炭田(尽管表面上没什么,不过是说夏天炎热而已)、暴风雨("夜晚,似涌起白浪,岬角周围突然被照亮"②)、风("飞旋的狂风呼啸,颤抖,将白杨树缠绕"③)。如果说会出现沉寂,那也是"这个时辰却被冷漠拥抱,雷雨之前大海般阴沉的冷漠"④。

这里是帕斯捷尔纳克一贯的风格,大自然是人格化的,但他本人好像对这些充满魔力的变幻感到了惧怕。世界岂止被人格化,更是被危险地人格化,其行为越来越超乎预料。经过了四十年,这才显得不那么可怕——

> 道路、树木和星星仿佛与人们一道集会,畅谈。空气从头到尾被绵长、炽热的激情包裹起来,俨如有名有姓的人物,未卜先知,生动活泼。

多么喜庆的景象!但是在《姐妹》中,甚至从词汇层面也能感觉出恐惧

---

① 引自帕斯捷尔纳克《意外的到来,意外的相会》(1917)。
② 引自帕斯捷尔纳克《尝试把灵魂拆散》(1917)。
③ 引自帕斯捷尔纳克《穆奇卡普茶馆之蝇》(1917)。
④ 引自帕斯捷尔纳克《穆奇卡普》(1917)。

而非喜乐:活化了的花园屡屡被称作"可怕的",譬如"多可怕!它滴落着,倾听着……"在帕斯捷尔纳克的诗学中,起初是某种程度的无意识,从四十年代前后,已经充分意识到,大自然与人、人与植物王国的主题紧密交织,而这里活化的花园、树木和草原,则奇异地平行于人类激荡的天性。"大众的反抗"在诗集中呈现为大自然的反抗——既有同情也有敌意的大自然;铜匠和云游癫僧,像云杉林或市集一样,均为巴拉绍夫①风景的细节。车站、火车、建筑物、树木、太阳,关注着恋人们的一举一动。所有事物共同参与无声的密谋。人格化的世界,远非永恒的诗化的节日;有时,这也是异常可怕的世界。

关于罗曼诺夫卡之行,帕斯捷尔纳克写了《瓦解》。诗的标题似乎与它热情而神秘的本质相冲突,但草原上燃烧的草垛之类的奇观,并不是好兆头:

> 星星们的争吵寂静而热闹:
> 巴拉绍夫到哪儿去了?
> 离我们有多远?何处是霍尔河?
> 草原上的空气被惊动了:
>
> 它嗅闻着,深深呼吸着夜幕下
> 士兵暴动和闪电的气息。
> 注意到传闻,它愣住了。
> 刚躺下——听到一声:转过身来!

春天,他们最美好的一切留在了莫斯科。相互的接近暴露出疏离。帕斯捷尔纳克还看不到这一点,或者说不愿计较。他具有一种幸福的能力,不知道什么会导致绝望。况且他尚未感受到绝望,因为他正在经历一场"造书的奇迹",无休无止地写着,他几乎已经顾不上现实中的叶莲娜了。她觉察到了,而且不无委屈:

> 当您痛苦之际,大自然与您一道痛苦,它不会抛弃您,生活、意义和上帝同样不会。而我痛苦的时候,生活和大自然并不存在。

---

① 位于萨拉托夫州。1917年夏天,帕斯捷尔纳克来到当地的穆奇卡普村看望维诺格拉德。

他固执地不愿对自己承认,"惶然失措的神"对她的爱是多余的,有失分寸的;而她,事实上也已不再爱他。她本人不想对他直接说出这一切,但信中的焦点还是一目了然:

> 您写信提到未来……对于你我,并没有什么未来——将我们拆散的不是人,不是爱,不是我们的意志——将我们拆散的是命运。

接着,她转向颓废的论调:"命运同自然和天性有着亲缘关系。"还不如开门见山,直截了当地说,关系已到尽头,而他所说的话,她连一半都不懂。但她还是可怜他("我永远希望你好"),况且他们的分手也没什么合理的缘由。假如他们是在 1915 年夏天相遇,或者在 1920 年,谁知道又是怎样的结果?也许他们根本就不会发现对方,但也许,会一起度过漫长的岁月。

帕斯捷尔纳克沉醉于"造书的奇迹",并未意识到作品赋予他的力量——无论在他个人生活还是在历史中,均已消耗殆尽。他随后又写信给叶莲娜的兄弟瓦列里昂,感叹年轻一代的不成熟。这一代人似乎不懂得对自己负责,也认不清自己自己——他对叶莲娜的这种怨责,正如五年之后别尔别罗娃①对他一样……事实正相反,她完全了解自己。她需要的是别的东西——而且她做出了选择,尽管承受良心的折磨,在写给昔日恋人的信中倾吐着绝望和死的念头。9 月初,他又一次去找她,但双方各执己见,无法理解对方,所以他只想着一回到莫斯科(火车缓缓启动了,他绕了个远,途经沃罗涅日),就"睡啊睡啊睡睡,/睡得连梦都不做"②。

10 月初,叶莲娜·维诺格拉德返回莫斯科,随后爆发了莫斯科起义,没有人再关心爱情。而 1941 年,在契斯托波尔,帕斯捷尔纳克同格拉德科夫谈话时说道:"我认识一对恋人,革命期间生活在彼得格勒,对革命压根儿不在意。"叶甫盖尼·帕斯捷尔纳克和谢尔盖·舒米辛认为,帕斯捷尔纳克为掩饰自己,将场景从莫斯科移至彼得格勒,其实他讲述的正是他本人与叶莲娜悲剧性的分手。这两位研究者还提到纳博科夫与塔玛拉(实际上是瓦连京娜,他在巴托沃庄园的邻居)之间的爱情故事,后来不仅《玛申卡》和《彼岸》写过这场爱情,上文提及的《海军部大厦尖顶》也写过——其中的女性类型,让人联想到叶莲娜·维诺格拉德,别墅的日常生活和分手原因也颇

---

① 尼娜·尼古拉耶夫娜·别尔别罗娃(1901—1993),俄罗斯诗人,文学批评家。
② 引自帕斯捷尔纳克《结束》(1917)。

为相似。小说中也有一位看似热爱生活的男青年,一位令人倾倒的绝美少女,她试图对一切变故做出冗长、混乱、颓废的解释——"奥莉加明白,她的感性多于狂热,而他正相反",另外还说了一些胡话。同样是窒闷的别墅场景、繁花盛开、暴风雨的前兆,同样是两位主人公面临命运转变,却完全没有解决的能力。"天知道我们的爱情究竟怎么啦。"《尖顶》女主人公最终投入一位沉默寡言、非常正派的绅士的怀抱。总而言之,那个夏天和接踵而来的秋天,浪漫主义者们都不走运:相形之下,可靠且得体的自信人士更受青睐。起初诗人们眼睁睁看着心上人从身边消失,接着是泥土——从脚下流失。帕斯捷尔纳克和维诺格拉德不至于悔恨的是,他们之间爱的唯一结果是一部诗集——它着实精美,对帕斯捷尔纳克不失为慰藉。至于说叶莲娜·维诺格拉德,嫁给亚历山大·多洛德诺夫即是抚慰。丈夫比她年长,这场婚姻也没给她带来多少幸福。她就这么平淡地活到1987年。

6

马雅可夫斯基最喜欢以神秘的腔调吟诵:

讲完可怕的故事,
它们留下确切的地址。
敞开门,相互问询,
像在剧场里一样走动。①

二十年代,俄罗斯诗歌才达到这种口语化的自由,帕斯捷尔纳克在1917年就已长于此道。知识分子之间当时通行的一道暗语是:

"别动,油漆未干",
心灵未设防。斑驳的
记忆中,是小腿肚和脸颊,
是手、嘴唇和眼睛。②

帕斯捷尔纳克的卓越贡献在于,他用最简单的词语说出了整个人类的

---

① 引自帕斯捷尔纳克《夏夜群星》(1917)。
② 引自帕斯捷尔纳克《别动,油漆未干》(1917)。

事情,不落一丝浮华;他把爱的抒情降至市井闲谈的水平,从而使之脱离虚空的幻境,避免了矫揉造作——他没有像早期阿赫玛托娃那样,将爱情变成试验,而是将它变成一个节日,一场儿童游戏,一簇充满惊喜的魔幻的烟花:

> 七月之夜,城镇披上
> 浅银色的奇装。
> 天空有无数理由,
> 就想胡闹一场。①

对于1917年而言,这是全新的事物,以宽广的境界撼人心魄。当其他人只看见"无数星辰的深渊",帕斯捷尔纳克却第一个发现了有无数理由的天空,"就想胡闹一场"(而非象征主义者要说的失控发狂)。这些扬抑抑抑格(первый пеон,一扬三抑格)多么精妙!它们将非重读音节汇聚起来,使平淡的三步扬抑格诗行变成了畅快淋漓的呼吸——"在经线和纬线/某个必定的交点"!只有处于时代的转折期,这样的自由才是现实的,尽情挥洒一切可能性:我可以如此这般,也可以这样那样!诗意的自由不羁和欣然自得,陈述着革命的本质,内容之丰富,远胜于当时所有报刊合订本乃至书信集。一切尚未损毁和扭曲——只是墙塌了,梦醒了,障碍清除了,世界焕然一新,俨如创世纪的第一天,帕斯捷尔纳克本人当时也这么说。

> 我所目睹的人间夏季,仿佛认不出自己,一个自然的、史前的季节,如同受到神启。我为它留下一部作品。我在其中表达了一切,用以认知这场空前的、充满变数的革命。

评价远非谦逊,但不要忘记,帕斯捷尔纳克不是在自我欣赏——他的作品得之于天赐。"史前"母题出现在《忧郁》一诗中:"为了此书,狮子们/向沙漠的铭文发出嘶吼"②……又是宏大且不无夸张的自评,但帕斯捷尔纳克并非在强调他自己的创作:作品经由他来到人世,仅此而已。他将其献给莱蒙托夫,如同献给一位平等的生者,既然"生命像莱蒙托夫的战栗,我把它浸入,/就像把嘴唇浸入苦艾酒"③。在这里,他俨然同拜伦和爱伦·坡也平

---

① 引自帕斯捷尔纳克《夏夜群星》(1917)。
② 引自帕斯捷尔纳克《忧郁》(1917)。
③ 引自帕斯捷尔纳克《谈谈这些诗》(1917)。

起平坐①,但不是因为,他们之间地位平等。此种说法不成立,还是把"平等博爱的老生常谈"留给贵族吧。他们只是境遇相仿,都经历了大转折;时代将他推到了他们的高度。不同的世纪因而相互交集。有多少次,他还会记起"可爱的人儿,外面是/我们第几个千年?"这些诗句不正是关于时代的伟大,一个可以同古代英雄典范相媲美的时代!伟大的作品,产生于伟大的历程,翌年冬天,勃洛克也将道出,革命的喧声"永远是伟大事物的传颂"。

不过,史前主题还在于:"世界重新陷入混沌,/仿佛回到矿物质时代。"②被视为自我中心主义者的帕斯捷尔纳克(这一标签后来真的贴到他身上,而且是最贬义的——据说他谁都看不上眼,除了自个儿之外)倾向于认为,在此情况下,发挥作用的不是社会因素,而是诗人之爱。整整四十年后,在《人与事》补充的章节中,帕斯捷尔纳克向年轻一代的读者解释道:

> 我现在觉得(为何是"现在"?正如我们所见,他的看法向来如此。——德·贝),或许,人类在漫长的平静岁月中,一直将崇高道德的巨大需求埋藏在素来波澜不惊,实则处处是出卖良心和背叛真理的假象背后……一旦社会稳定出现波动,随便一场自然灾害或战事失利,就足以动摇看似无可更替和世代相沿的生活方式,隐秘的道德矿藏就会奇迹般地从地下放射出光柱。人类会长高一头,连自己都为之惊叹,甚至认不出自己——人人都将成为勇士。

诚然,当灾变来临之际,变得像鬣狗的人物不在少数,从描述1941年秋天一座废城的悲剧——《此世》(《Этот свет》)草稿来看,帕斯捷尔纳克清楚地认识到这些转变。但草稿的篇章段落也道出关键一点:在他的大多数同辈看到(有时居然是欢迎)毁灭之处,他看到的是必然重生,赫然呈示的不是交织着失控与癫狂的蒙昧混沌,而是"隐秘的道德矿藏放射出的光柱"。这种自由和质朴恰恰与他的感性相联系,他永远不会为此而羞愧:

> 舒心之地有谎言、谄媚和嘲讽,
> 也有人盘旋和爬行好似雄蜂。

---

① 在《谈谈这些诗》中,帕斯捷尔纳克写道:"是谁开出了一条小道,/通向大门,通向谷物充盈的洞穴,/当我与拜伦一起抽烟/与爱伦·坡一起喝酒时?"
② 引自帕斯捷尔纳克《心上人,你可怕至极!》(1917)。

>像扶起双耳罐旁醉倒的女人,
>他扶起你的姐妹,将她利用。①

"扶起"亦即从奴役与凌辱中的解救,而"利用"则带有刻意的粗鲁意味(您究竟想从混沌中得到什么?),其中的怨尤显而易见:当他的抒情对象构想出无穷的复杂体验,编织着她的命运,抒情主人公却渴望"在亲吻中迷失方向"。在这里,马雅可夫斯基与他用两种声音再次奏响同一曲调:

>全能的上帝,你创造了一双手,
>又使
>每人有一颗头,——
>你为什么不想法
>让人们没有痛苦,
>只是吻啊、吻啊、吻个够?!

(马雅可夫斯基:《穿裤子的云》②)

至于帕斯捷尔纳克是否缺乏反抗上帝的激情,则是另一码事——缺失的不仅是激情,就连魔鬼也不在场,因为按照法国人的说法,魔鬼隐藏在细节中,而上帝却像艺术家,悉心呵护着帕斯捷尔纳克的细节。《姐妹》里当之无愧的名作就是这样写的:

>是谁用紫黑的花楸果
>将门后的挂毯点染,
>用稀疏而俊逸的字迹
>留下斜体字的契约?
>
>你追问是谁发号施令,
>呈现盛大的八月?
>对谁而言无所谓渺小,
>又是谁沉迷于

---

① 引自帕斯捷尔纳克《心上人,你可怕至极!》(1917)
② 此处采用余振先生译文。

槭树叶的纹饰，
从传道书之日起
就忠于职守，未放下
砍削雪花石的斧凿？

你追问是谁发号施令，
让紫菀和大丽花的唇瓣
经受九月的苦痛，
让爆竹柳的细叶
在秋日里飘飞，
从苍白的女像柱
飘向医院
潮湿的石板地？

你追问是谁发号施令？
——是全能的细节之神，
全能的爱神，
雅盖罗和雅德维加①们的神。

这深不见底的谜
不知是否已解答。
但生活是多么详细，
宛如秋日的寂静。

(《洒落你的词语》，1917)

  这首诗与《诗的定义》或者整个组诗《哲学研究》，可并称为"方法的验证"，因为在这部诗集炽热多彩的画卷中，细节被赋予特殊作用：从警察的警哨到穆奇卡普茶馆里的苍蝇，一切都通过细节得以呈现。神的形象——艺术家的形象，深情地打磨着细节（而且在他心目中，没有什么是渺小的），

---

① 一个是立陶宛大公，另一个是波兰女王。1386年两者联姻，自此开始了雅盖罗王朝。1569年依据《卢布林条约》正式合并，成立波兰立陶宛王国。

让诗集臻于完美,渐趋滋长的梦的母题因此不再是绝望的标志,反倒成为神在劳作之余应得的休憩。

不拘一格的书写自由为《姐妹》带来多样的节奏。这种自由婉转如歌,其尺度在俄罗斯文学中前所未有:

> 哎,夜晚真不该讨好
> 机车的行驶:雨中每片树叶
> 冲向草原,就像那些旅人。
>
> 舞台之窗为我开启。何苦呢!
> 既然门闩被拉开,
> 她肘上的冰被吻干。
>
> (《结束》,1917)

帕斯捷尔纳克这首诗得益于音乐家的经验。他以超常的结构取代常见的"四方体"诗节,却并未失去节奏和音乐性。词汇方面也有同样的自由——"就连粗鄙的词语/我也不会厌弃"①。在俄罗斯诗歌中,还没有人像这样倾吐爱的话语。当然,这都是在马雅可夫斯基刻意展现他的粗鲁之后,帕斯捷尔纳克巧妙地用日常语言说起话来,从而与情感的亢奋,也与印象主义的写景形成充分反差。譬如组诗《后记》②里最细腻的一首《曾经有过》,一开始便是公文式的罗列:"接着就有了干草棚/散发出软木塞的味道……九月撰写文章/谈论马车夫行当。"同样质朴的词汇,近乎行话的用语,跟韵律相得益彰,形成对比——如此复杂的韵律,还没有哪个未来主义者能想出来:

> 亲吻发苦的唇角,我想
> 它应有三个世纪的年岁:
> 那是往昔神奇的岁月,
> 王国与石膏塑像的岁月。

---

① 引自帕斯捷尔纳克《致海伦》(1917)。
② 《生活,我的姐妹》中最后的组诗,包括《心上人,你可怕至极!》《洒落你的词语》《曾经有过》等六首诗。

可爱的空荡荡的围裙，
跳动不息的太阳穴。
睡吧，斯巴达女王！
趁时间尚早，空气湿潮。①

　　需要的仅仅是，在一个宏大的时代爱上一个绝妙的女孩。这一行为方式，可推荐给任何有意重现《姐妹》之奇迹，想在一年内成为俄罗斯抒情诗翘楚的人。

---

① 引自帕斯捷尔纳克《致海伦》(1917)。

第十章　1918—1921 年：
《柳维尔斯的童年》《主题与变奏》

1

帕斯捷尔纳克的革命观究竟如何，这是任何书写他的人都绕不开的问题，也是需要我们回答的问题。

俄罗斯历史是沿着特定轨道运行的，在此阐述详情，既不合时宜，也受限于篇幅。这部历史的普遍规律，在《诗人的席位》这一章里会有说明。现在要说的是，追问一个人或另一个人的革命观，对于苏维埃时期的所有传记而言，本身就是关键问题，尽管在定义上未必贴切：它假定从 1917 年至 1921 年，俄国发生了一个单一的进程，教科书将其纳入"革命与内战"部分。但事实上，这是多元化的进程，不管出于何种意愿，都不可能一概而论。大多数知识分子热烈欢迎二月，怀疑十月，痛恨"战时共产主义"时期。相当一部分思想者认为，布尔什维克在俄国革命中没有功绩（相对于罪行）：革命是自发的，而政权堕入泥潭，被恣意妄为之徒拾取。民众这才认识到，他们再度欺骗了自己，失望之余，猛然冲进后来称为国内战争的自杀式对决。内战期间红色分子与白色分子展开厮杀（即奴役的支持者同自由的支持者之间的厮杀——无论怎样区分双方角色，都摆脱不掉二元对立的窠臼）的说法，依然基于苏维埃与反苏维埃宣传的神话和伪证。内战成为兽性和绝望的疯狂爆发，其真正的主角——最典型与最有表现力的——并非布琼尼骑兵，而是马赫诺匪帮[①]。这不是一部分人对另一部分人的战争，因为交战

[①] 1918 年至 1921 年间出现在乌克兰的一支农民无政府主义武装。不仅与苏维埃政权对抗，而且也反对一切"革命分子"，包括内战期间苏维埃的敌人邓尼金。其领袖人物是乌克兰无政府主义者涅斯托尔·伊万诺维奇·马赫诺（1888—1934）。1921 年马赫诺运动遭到苏俄政权镇压，马赫诺本人逃亡国外，最后客死巴黎。

双方都对未来懵然无知。这是人民对人民的战争。

评判1917年至1921年的俄国乱局,如果不是依据领袖人物的煽动,不是"赤色分子"为之奋战的农民乌托邦口号,而是依据结果;如果对它们的阐释能跳出两败俱伤的苏维埃或反苏维埃论调的窠臼,那就不难认清俄罗斯历史的主潮:铲除极度无能的政权,保留和巩固帝国,使之成为有竞争力的强大国家。而实现目标的代价则是消灭半数人口,丧失部分国土(芬兰和波兰)乃至歪曲和简化俄罗斯文化。免遭祸难的幸运者,是那些生来喜欢追求质朴,不愿将个性过度复杂化的人,其中就包括鲍里斯·帕斯捷尔纳克。正因如此,《日瓦戈医生》主人公把革命称作"了不起的外科手术",也就是切除多余部分,摆脱繁文缛节和虚假责任的桎梏。

俄国革命明确分为四个阶段。第一阶段是二月,这是君主制的废除和自由思想的狂欢。第二阶段——"二月俄国"的破产,临时政府的危机,克伦斯基的叛卖(他本人亲自挑起科尔尼洛夫①叛乱,当局趋向强硬也与他有关,事后却未与科尔尼洛夫分享权力,也就断送了终止野蛮劫掠的最后希望)。布尔什维克们其实不需要向冬宫发起冲击。1917年10月25日到26日的俄国革命,是世界历史上流血最少的革命之一,因为攻打冬宫一役仅有八名士官生丧生。从1917年9月到1918年夏,是俄国革命的第三阶段,局势动荡不定,几近无政府状态,其间布尔什维克曾以自己的口号为准则:试图摧毁旧的国家机器,保留自由的幻象,为实现乌托邦蓝图而努力奋斗,为反对残酷体制的斗士们树立丰碑,却难以遏止颓败的变局和野蛮的暴行。大约从1918年夏天起,拉开了恐怖的序幕:清除非布尔什维克出版机构,绑架人质,执行枪决;自1918年7月杀害沙皇一家以来,布尔什维克已无路可退,而乌利茨基②遇害之后,红色恐怖已然成为当局的政策。1918年秋天,开始实施后来所称的"战时共产主义"——对农村的掠夺,粮食征集制以及赤裸裸的专政。当时还谈不上内战——有的只是

---

① 拉甫尔·格奥尔基耶维奇·科尔尼洛夫(1870—1918),俄国将军,1917年二月革命后,曾被临时政府任命为军事统帅。他于俄历9月发动军事叛乱,试图以铁腕手段阻止俄国瓦解,消灭布尔什维克,旋即遭到失败。在次年爆发的国内战争中身亡。

② 莫伊谢·索罗蒙诺维奇·乌利茨基(1873—1918),俄国社会革命党人,政治活动家。1917年加入布尔什维克。1918年一度担任彼得格勒肃反委员会主席。当年8月遭地下激进组织暗杀。乌利茨基的遇害至今仍是谜案。

外国武装干涉,布尔什维克起初尚无招架之力。白卫运动以孤立和失败的冰上征程(Ледовый поход)①为先声,1918年末至1919年初,才初见规模。最后是专制的公然复辟,这绝非斯大林当政时期才发生的事情——此前已经构建了新的苏维埃国家,其官僚化程度如此之深,相形之下,沙皇俄国倒像是自由堡垒了。1921年前夕,整个社会都开始对俄国革命感到失望,因为革命引发了新的奴役。另外,假如说沙俄专制之弊因其拥有强大文化和政治自由的萌芽而有所弥补,布尔什维克专政则让整个国家陷于赤贫;废除了自由,毁坏了文化,使之沦为宣传鼓噪和扫盲活动。正是在此时期,列宁的思想发生了严重危机,他发现自己非但未能摧毁一个帝国,反倒成为帝国复辟的工具。他自以为英明地利用了历史,反倒为历史所利用:他适合从事破坏,而后来将复辟付诸实现的则另有其人,尽管是以他的名义,在他的感召之下。他还试图同苏俄官僚制度展开斗争,警告领导阶层防止自满和浮夸,要求批评和自我批评,但无济于事:他创立了比沙皇俄国有过之而无不及的国家,不得不承认,拯救俄罗斯这个帝国,只能通过这样的路径,他却没有做好充分准备,尽管《路标转换》文集他也曾饶有兴致地浏览过。在"路标转换派"②看来,帝国复兴不容置疑。

  这些阶段之间有多大差异,帕斯捷尔纳克的态度也就有多么不同。二月革命他欣然接受("多么美妙啊,三月里呼吸着你的气息!"),临时政府危机和全社会的崩溃引起他的厌恶("人血、脑浆和烂醉的海军呕吐之物"),十月革命的激进性,则让他为之心动(他不喜欢拖泥带水的事物,却从最初就相信宏伟的变革)。直到1918年夏天,他都把十月事变看作"了不起的外科手术",一项既已开创并将进行到底的光辉事业。但他也比别人更早觉察到恐怖的来临,并表达了愤慨之情("用人群浇铸钢轨!"③)。他也曾热切期待帝国稳定与复兴,因为化繁就简与革故鼎新也符合他个人的意愿,

---

① 1918年初春,一支反苏维埃力量在科尔尼洛夫、阿列克谢耶夫等人领导下向库班进发,活动于顿河中下游地区,在此基础上组成与苏俄政权为敌的志愿军,因为当时严寒未消,这支队伍艰难行进在冰封的原野上,故称"冰上征程"。
② 二十世纪二十年代由俄国侨民知识分子组成的社会政治派别,1921—1922年在巴黎发行的《路标转换》杂志是该派别的主要阵地。相对于此前的"路标派"(以1909年在莫斯科出版的《路标》文集为思想核心)反对革命激进主义的保守立场,"路标转换派"主张接受布尔什维克革命,承认苏维埃政权,目的是实现国家统一与强盛。
③ 这里三处引诗均出自帕斯捷尔纳克《俄国革命》。

而到了1925年他便幡然醒悟，这个新世界并未给他留下一席之地。他努力适应随后的十年，代价却是严重的精神危机和创作危机。他终于放弃了最后的幻象。

帕斯捷尔纳克的革命观是宿命论式的，他认为革命是自发的、难以避免的非理性现象，就此而言，他与勃洛克、茨维塔耶娃和阿赫玛托娃是相近的。不可变易的事物，接受与否都毫无意义：这是既定的事实，应当以此为基础生活下去。革命是俄国危局的全球性反映，是势所必然的现象，但革命也只是一瞬间。接踵而来的才是人类亲手开创的事业，需要予以伦理的解读。帕斯捷尔纳克早年对布尔什维主义颇多同情，因为它试图提出实质性纲领，到晚年才认清这份纲领的代价是什么。无论在创作早期还是成熟期，对十月革命，他既不谴责也不欢迎，革命在他眼中犹如一场地震或者暴风雪。帕斯捷尔纳克诗学与世界观的主要特点之一，正如下文对《崇高的疾病》分析所示——是倾心于灾祸，暗自渴望它，因为恰恰在灾祸降临之际，一切真实都会浮出水面，一切虚假也将昭然于世。在勃洛克和阿赫玛托娃视为惩罚、末日和往昔生活的毁灭之处，帕斯捷尔纳克却看到新生活的起点。任何危机之于他，都只是新的开端。1937年之前，帕斯捷尔纳克倾向于认为，1918年至1921年间的事件是俄国之路不可逾越的阶段，他从布尔什维主义发现了彼得大帝改革的特征、宏伟与解放的迹象。1937年以后，他开始专心创作一部关于时代命运的小说，随着进展的深入，他越来越清楚地意识到，整个俄国革命的代价难以估量，其结果不是创造力的解放，而是彻底的禁锢和劣等货色大行其道。此种货色正在成为俄国生活的基本特征，故而《日瓦戈医生》的结尾，弥漫着堕落和瓦解的气息。唯有伟大卫国战争——有别于革命，帕斯捷尔纳克视之为正义的、真正的人民战争——短暂地唤醒了人民的创造力，并将基督教观念返还给人民。

1918年前后，帕斯捷尔纳克对时势还不理解，或者说，还没有领会其本质意义。他只是在经受一切。

2

在西伏采夫-弗拉热克街12号，帕斯捷尔纳克租了一间房子住下，还是通过那位伦德伯格的帮助。房主罗兹洛夫斯基是一名记者，伦德伯格的熟人。1917年秋,莫斯科市中心枪击不断,帕斯捷尔纳克家在沃尔洪卡的住宅也被子弹射穿,一家人只好待在一楼躲避。有一次,帕斯捷尔纳克想去看望家人,接连三天都出不了门,四下里激战正酣。帕斯捷尔纳克对这些事件未留下任何艺术的见证,如果不算《日瓦戈医生》的话,而且《日瓦戈医生》的创作始于三十年后,时间顺序也有颠倒。"沿着活的印迹"记录的内容,进入了即将完稿,却于1931年被销毁的小说《三个名字》。小说第一部(一共三部)有将近三分之二保留下来,经加工整理,以《柳维尔斯的童年》为标题单独出版。起初这部作品写的正是叶莲娜·维诺格拉德。帕斯捷尔纳克采用了有效的文学方法,塑造了一个得不到手,却可以占有的女性形象。从叶尼娅·柳维尔斯身上,帕斯捷尔纳克希望看到他的叶莲娜·维诺格拉德。这篇小说是帕斯捷尔纳克第一个大篇幅作品,写于1917年至1918年间,当时与叶莲娜的分手之痛,超过了莫斯科枪声和政权更迭所引起的感触。《柳维尔斯的童年》时常被称为描写青春期的俄罗斯文学杰作。

帕斯捷尔纳克初次见到茨维塔耶娃(在二者共同的熟人莫伊谢·蔡特林那儿——诗人,笔名叫作阿马里),就宣称他想"写一个大部头的长篇:有爱情,有女英雄——就像巴尔扎克那样"。茨维塔耶娃当时主张,诗意的自爱越少越好:身为诗人,偏要拒绝一切煽情手法……帕斯捷尔纳克则迷恋着巴尔扎克:1918年1月,他写了题为《自由诗》的诗作,只是其中还有勃洛克,他的另一个无可替代的神灵。题记引自勃洛克的组诗《自由思想》[1],一部分音调也来源于此。勃洛克和帕斯捷尔纳克都运用自由诗的形式,书写各自痛楚和真挚的感受。勃洛克二十七岁时写下《自由思想》,也就是帕斯捷尔纳克在1917年的岁数。而里尔克也曾以自由体写过四首《安魂曲》,后来经由帕斯捷尔纳克出色的翻译,以同样的乐调保留了极其坦诚和率真的絮语:关于主要的事物,关于爱与死。

> 他一觉醒来,睡意犹存,
> 忽然间,他的思绪乱了,
> 片刻的浮想难以表达。

---

[1] 帕斯捷尔纳克《自由诗》的题记为:"这一刻,一切独有的、必要的思想/在脑海中闪现/倏忽之间又全都消亡。"出自勃洛克的组诗《自由思想》之《关于死亡》(1907)。

> 热昏的头脑里,一些词语
> 涌入:爱情、不幸、幸福
> 命运、往事、奇遇、厄运
> 偶然、闹剧、虚假——进来又出去。①

"爱情、不幸、幸福"等等,这十个词几乎涵盖了一部爱的罗曼史,这也正是《生活,我的姐妹》的主题:曾经有过真正的爱,有过因爱而生的幸与不幸,随着灾难降临,一切化为闹剧和虚假。这里的爱之追忆,当然是帕斯捷尔纳克式的,而非巴尔扎克式:

> 一幅幅画面,唯有夜的旷野
> 恍然间想起,被记忆珍藏。
> 群星感到刺痛,仿若秕糠钻进长袜,落入翻领。
> 双眼熠熠闪烁,犹如银河扬起烟尘。
> 夜晚看似无力,勉强从秸草堆上起身,
> 准备扫除星星上的污物。
> 草原像无边的河,朝向大海奔涌,
> 草垛与草原,夜晚与草垛,也在一道奔涌。
> [……]
> 你明白了,对吗?这难道不是
> 那无限性?那誓言?
> 成长、受苦和等待终有所值。
> 生而为人难道不是错误?②

冷静客观的巴尔扎克式的长篇未能实现。新鲜的音调、异样的激情、句式缩减和专注于细节的新散文,只有在谈到女主人公童年时才是可行的:其余两部分,帕斯捷尔纳克没有发表。

《柳维尔斯的童年》首次表达了这样一种思想:并非人作用于生活,是生活作用于人,而且大有裨益。悲剧般的爱犹若切斯特顿小说里的十字架,治愈了主人公的顽疾。

> 倘若让一棵树自己料理自己的生长,它会长个不停,直到长出树

---

①② 引自帕斯捷尔纳克《自由诗》(1918)。

瘤，或者整个儿扎进土里，或者把精华积聚在一片叶子上，因为它会忘记仿效宇宙，在需要制造某个独特事物之际，只顾千篇一律地制造同一样东西。①

这篇小说有许多准确的观察可归于心理学范畴，如果不是帕斯捷尔纳克本人反感"心理学"一词的话。小说中的心理刻画带有鲜明动人的标记。对于儿时曾经想要自杀的念头，作者表达了柔和的讥嘲："绝不能跳进卡马河去，因为天气还冷。"同样柔和而欢快的比喻俯拾皆是："一个小男孩，长得像农民的包袱，脚上胡乱套着毡靴。"还有鲜花般的童年记忆："她们看上去黑乎乎的，就像歌曲中唱的'女隐修士'。"情节只是略作交代：小说讲述一位少女与她的辅导老师相互爱慕，而1910年那段未完成的情节也是同样的开端，当时帕斯捷尔纳克打算教叶莲娜·维诺格拉德学习拉丁语，她刚从伊尔库茨克回来不久（柳维尔斯的童年也是在"亚洲"，在彼尔姆和叶卡捷琳堡度过；帕斯捷尔纳克见识过乌拉尔，没去过西伯利亚。不过，当时的伊尔库茨克跟彼尔姆相比，未必有多大差异）。辅导老师名叫迪基赫②，一个象征意味的名字。青年帕斯捷尔纳克的特征在比利时人涅加莱特身上也有所体现，后者去找叶尼娅的父亲办事：

涅加莱特讲起"自家老人们"搬迁的故事，讲得如此生动，仿佛他不是两位老人的儿子，语调如此热烈，仿佛照着书本谈论陌生人。

如前所述，帕斯捷尔纳克的姓氏与植物相关，而那位死去的大学生茨维特科夫③（迪基赫和涅加莱特共同的熟人）大概也与植物有某种关联。他与叶尼娅只见过一面，在此后的叙述中再未出现。但是通过他，叶尼娅领会了《圣经》意义上的邻人，领会了人的普遍意义。或许，这个以"花"为姓氏，像影子般一闪而过的人，就是不在场的帕斯捷尔纳克。可他又无处不在：用一千双眼睛盯着恋人。叶尼娅这个人物也带有帕斯捷尔纳克的印记（他有意给她取了一个男女通用的名字④，他后来认为这是象征和预兆：他的第一任妻子，也叫叶尼娅）。叶尼娅有个弟弟叫谢尔盖，从某些迹象来看，这是未

---

① 引自帕斯捷尔纳克《柳维尔斯的童年》。
② 俄文为 Диких，带有"野生的"和"狂野的"之义。
③ 俄文为 Цветков，带有"花朵"之义。
④ 为表示区别，这个名字用于女性时，译作"叶尼娅"，用于男性译作"叶尼亚"。

来的斯佩克托尔斯基；叶尼娅（现在是婚姻不幸的伊斯托明娜）姐弟两人，还会出现在帕斯捷尔纳克三十年代前期的散文构思中。

为什么说巴尔扎克的影子笼罩着他的构思？或许是因为在叶尼娅身上，也有类似于娜齐·德·雷斯托①那种乖戾、狂热和素来敏感的特征……或许，爱上迷人的精灵般的女人，是巴尔扎克常有的悲剧主题；也可能因为，巴尔扎克将爱情故事置于广阔社会历史背景之下的写作手法吸引了帕斯捷尔纳克，这也是《三个名字》的主要命题，在人生破灭的背景下，一场爱情剧由此展开。

3

1918年冬，帕斯捷尔纳克结识了拉丽萨·莱斯纳，俄国革命中极具魅力的一位女性。彼得堡学者尼基塔·叶利谢耶夫认为，她注定是拉丽萨·基沙尔②的原型之一。叶利谢耶夫通过对比莱斯纳的丈夫拉斯科尔尼科夫和拉丽萨的丈夫斯特列里尼科夫（二者叠加就成为新的姓氏：拉斯特列里尼科夫）来论证其观点；二者均为化名，前者本来姓伊利英，而后者在《日瓦戈医生》中的真名是帕图利亚·安季波夫。当然，小说中的拉拉对政治漠不关心，性情也有些乖僻，很难与现实中的拉丽萨·莱斯纳联系起来，帕斯捷尔纳克也亲口告诉过沙拉莫夫，他只是将莱斯纳的名字用于他的女主人公。但这恐怕并非偶然。莱斯纳对于许多革命人士，犹如强有力的磁场。可以说，就算莱斯纳不是优秀的记者、杰出的诗人，甚至不是当时的第一美人，她仍然不失为那个时代最具象征意义的人物。文学沙龙女郎，古米廖夫的女友（及短暂的情人）。古米廖夫是她初恋的对象，几乎也是永恒的恋人。她本人曾经写道：

> 假如临死之前我能见到他，我会原谅他的一切，我会道出真情：这世上没有人能像他一样让我如此痛苦地爱着，甘愿为他而死，他就是我的哈菲兹③、丑八怪和大恶人。

---

① 巴尔扎克长篇小说《高老头》中的人物，主人公高老头的大女儿。
② 即《日瓦戈医生》的女主人公拉丽萨（拉拉）。
③ 哈菲兹（1315—1390），波斯诗人，被誉为"诗人中的诗人"，其作品对波斯文学的发展影响深远。在古米廖夫的诗剧《安拉的孩子》第三幕中，哈菲兹是主要角色之一。

后来，莱斯纳经历了《斯佩克托尔斯基》所描述的蜕变：从一个沙龙女郎变成一名女政委，变成革命时代的杰出女性。这种蜕变并无任何神秘。一九一〇年代有许多注定不幸的少女，向往着虚无缥缈的宏伟事业，一旦有机会投身于革命的洪流，不少人便成为布尔什维克的女友，甚至像莱斯纳一样，成为女政委。被革命裹挟的不仅仅是女孩们。瘾君子勃留索夫，色情狂，虐淫症患者，颓废派中的颓废派，其颓废作风与无可遏止的组织激情相得益彰，而他也是苏维埃政权的积极合作者。马雅可夫斯基在精神方面也不健康。如果不是因为革命让他以为先锋主义乌托邦已然实现，他可能早在三十年代之前就自杀了，自杀的意图有过多次，而且越来越频繁。被扭曲的白银时代人物对这场新的裂变印象深刻。勃洛克的遗训提示他们：谁将碎木屑投进火堆，谁就要被烈火焚烧。

通过帕斯捷尔纳克与莱斯纳相遇时远不止浪漫的情形，不难设想他心目中1918年冬天的革命。离西伏采夫-弗拉热克街不远，有一座革命水兵营房。帕斯捷尔纳克和他的诗人朋友德米特里·彼得罗夫斯基在街上闲逛，看见一群水兵，围着一个女人。帕斯捷尔纳克很吃惊，便上前搭话，得知面前居然是莱斯纳，革命前不久，他曾读过她一篇关于里尔克的文章。他俩互相背起了里尔克的诗，水兵们惊讶不已，俄国革命期间，尤其是初期，常有这种水兵集会。随后，这些十月革命后最早的水兵改换了集会地点，不再那样偏远，相互之间也开始读起里尔克的原著，殊不知，席卷俄国的恐怖已经悄然降临。

当然，以上是帕斯捷尔纳克1936年向奥地利人弗里茨·布留赫尔讲述的版本，正如我们日后所见，与外国人交谈时，他喜欢对现实加以浪漫的修饰，但并非信口雌黄。他与莱斯纳相遇在革命时期的莫斯科街头，是很有可能的。不过，按照沙拉莫夫的说法，帕斯捷尔纳克在交流中从不装腔作势，当初向他讲到的版本要简单得多：

> 我们的相识大概是在某个人的报告会或者晚会上。我看见有个女人站在那儿，美艳绝伦。无论她说什么，都非常悦耳。举手投足，无不灵巧，恰到好处。

但不管怎么说，他确实在革命群众云集的场合见到过莱斯纳，根据相遇时的印象，还写下了《莫斯科水兵》一诗：

水兵还稚嫩,风却是老练的燕雀:
飞扑过来,一下从他嘴边
叼走烟蒂,又吹灭火星,
把它戳进雪堆。

他四处游荡,身上的呢绒
漆黑如夜,他的身影
像放纵的鬼魂,
像十一月里闲散的蝇群。
…………
风醉了,浑身不停地颤抖:
惹是生非皆因为酒。
水兵乜斜着眼睛(水兵也醉了,
就像那醉了的风)。
…………
水兵升起又坠落,摇摇摆摆,
将海的卑下与崇高的天穹
与天上的繁星
搅混在同一个底层。

从落款时间来看,这首诗创作于1919年。醉酒的水兵,游荡在莫斯科街头,风声隐约传送着枪声。作者的所见所闻与《俄国革命》中"烂醉的海军呕吐之物"怎样合为一体?结合点就在于:"海的卑下与崇高的天穹/与天上的繁星。"这也是俄国革命在帕斯捷尔纳克心目中真实的写照。在他1926年4月12日写给里尔克的著名书信中,表述更为清晰:

> 宏大事物在直观显现的过程中,转向它自己的对立面。它会在现实中沦为渺小,较之于自身的宏大,会趋向保守,较之于自身的进取。其实我们的革命也是如此。

这显然是柏拉图思想的升华:当"理想的本质"与"理念"成为尘世间的现实,将变得令人生畏,而非原先那种天国般的瑰丽。

一时间,美女莱斯纳成了帕斯捷尔纳克眼中革命的化身。但这不是爱情,是欣赏。他继续爱着叶莲娜,甚至同施蒂赫发生争吵,后者天真地向他承认,从1913年起就爱上了自己的表妹,而对方也并非无动于衷;施蒂赫声称始终爱她。此后,帕斯捷尔纳克与叶莲娜的关系便彻底恶化,当年(1918年)3月,她嫁了人。

> 夜晚啊夜晚!这可是地狱,是恐怖之屋!
> 你来探访它吧,要不就把你遣送到这里!
> 夜晚——你的脚步,你的婚姻,你的出嫁,
> 地下审讯室里马达的喧声。
>
> …………
>
> 哦,爱情!爱情终究需要表白!
> 用什么替代你?脂油还是溴剂?
> 我害怕漫长的失眠,却只能把头歪向枕边,
> 像马一样瞪大眼睛,放出焦灼的目光。

以上两节引自《黄昏中你依然是我的寄宿女生》,系组诗《疾病》之一。帕斯捷尔纳克喜欢回忆叶莲娜昔日的少女模样,而少女形象也是他最欣赏的。她决绝的脚步与严酷的"审讯室里的盘问"在此相互映衬(诗作发表时,他减弱了表达的力度,将"地下审讯室里马达的喧声"改为"比审讯室里的盘问更沉重"——去除了一个可怕的细节:大规模处决期间,契卡①在院子里开动载重汽车马达,掩盖枪声)。1918年是双重裂变的年份:与乌托邦幻象的决裂,与爱情的决裂,所以革命初年的现实和对恋人的回忆才会相互交融,再次产生共鸣,就像1917年夏天那样。组诗《断裂》书写的便是这种状况,这应该是《主题与变奏》里最好的作品,起码也是最具个性的。

这些诗给人最大的感受是自由——情感与形式的自由:只要我想,就一再地延长诗行,延长到十个音步;只要我想,就以最大的勇气与恋人分道扬镳。如同当年在马堡,帕斯捷尔纳克在此重新体验到由裂变产生的兴奋和喜悦,尽管他与叶莲娜的关系远比他与伊达的关系更牢靠;这里并没有什么新生,有的只是痛苦,但恰恰在绝望之境,解脱也就依稀可见。

由于这段前后占据他四年光阴的故事(他写给叶莲娜的最后一些诗作是

---

① "肃反委员会"俄文缩写 ЧК 的音译,全称是"全俄肃清反革命及怠工非常委员会"(ВЧК)。成立于1917年12月,历经沿革,于1953年被克格勃取代。

在1921年完成的),有时会出现一个尴尬、庸俗却又无法回避的问题:他们之间究竟发生了什么? 叶甫盖尼·帕斯捷尔纳克的答案只有一个:叶莲娜·维诺格拉德太过冷漠,什么都没有发生,也不可能发生(因而连绵的激情才困扰他如此之久)。帕斯捷尔纳克本人曾经说起叶尼娅·柳维尔斯的原型:"我写的这个人,不会让别人靠近自己半步。结果,一切都成了真的!"1918年2月,他终于恍然大悟——她不爱他,而他原先一直不能相信;她另有选择,他接受不了这个事实;她向他撒了谎,这让他无法像骑士大度地原谅她。(他写信对施蒂赫说:"从血缘来说,我是犹太人,除去这一点,从其余各方面来说,我又是俄罗斯人。这两个民族无论哪一个,都不曾有过骑士制度的历史。")

> 哦,扯谎的天使,我恨不能立刻
> 立刻用纯净的悲伤把你灌醉!
> 可我不敢这样,可那样——以牙还牙又能如何?
> 哦,起初感染了谎言的伤恸,
> 哦,痛苦,麻风病中的痛苦!
>
> 哦,扯谎的天使——不,心灵
> 心灵患上湿疹,这病痛并不足以致命!
> 可你怎能把贴身的疾病当作临别的礼物
> 赠给一个灵魂? 你为何又像雨滴,
> 无缘无故吻着,仿佛你在欢笑着杀死时间,
> 替所有人,在所有人面前!

(《断裂》之一,1919)

散文渗入炽热的抒情,这是通过极度粗犷的肉体隐喻得以表现的:"心灵患上湿疹……把贴身的疾病当作临别的礼物赠给一个灵魂。"尽管说得拗口,却营造出哀而不伤的灼烈之感;"纯净的悲伤"被"感染了谎言的伤恸"替代,可谓极尽修辞之能事!"哦,羞愧,你是我的累赘","我的耻辱"[1]……但在"我要让所有思绪离你而去"的骄傲誓言背后,却是帕斯捷尔纳克所有读者都会与他一道吟诵的绝望道白,哪怕只有一次:

---

[1] 引自帕斯捷尔纳克《断裂》之二(1919)。

> 走过的广场能宽恕我吗?
> 哎,您要是知道,那有多伤恸,
> 当街道一日之内上百次
> 捕捉到与您相像的行人!①

一切都能让帕斯捷尔纳克联想到叶莲娜,而绝望程度如此之深,他已无可羞愧——他并不羞于承认自己的失败:

> 试试吧,阻止我吧。你来熄灭那悲伤的发作,
> 今日它跳动,如托利切里②真空管里的水银。
> 不要禁止对我的阻拦,哦,来吧,来实现你的意图!
> 不要让我发出念你的声息! 我们本是一体,不要为之羞愧。
> 哦,熄灭吧! 熄灭之后再炽烈地燃烧!③

但无论他怎样祈求和哀告,希望再次见面,哪怕这会让吞噬他的火焰燃得更旺,她都没有答复。更可怕的是,她依然赞赏他,而他则记得每一个细节。最终,面对拆分他们二人的命运,她自己也是无能为力,这种无奈也将他彻底击垮,因而组诗《断裂》之五中出现了"无力逃脱的强力之掌":软弱中蕴蓄着软弱的全部力量,他也由此洞悉了他所自许的对天命的顺服。这从一开始就是平等的爱,是爱的竞赛:"那里,阿克泰俄斯像一头貼鹿,丧失了记忆/将阿塔兰塔④驱赶到林间空地……/嬉戏的犄角相互碰撞,树木、兽蹄、脚爪也在咔嚓作响。"其实这也不算是爱,而是冲突、碰撞、击打和轰鸣。这样的爱不可能以一曲"天鹅挽歌"而终止,这是痛彻的裂变,战争的延续:

> 但自今夜起,我的恨无处不绵长,
> 遗憾啊,找不到一根皮鞭。⑤

---

① 引自帕斯捷尔纳克《断裂》之三(1919)。
② 艾万杰利斯塔·托利切里(1608—1647),意大利数学家,伽利略的学生。1644 年,托利切里进行了著名的水银管实验。管子一端是空的,不存在压力,称之为真空。托利切里根据实验原理制作了气压计,成为当时测量天气变化的主要仪器。
③ 引自帕斯捷尔纳克《断裂》之四(1919)。
④ 希腊神话中著名的女猎手。曾经向求婚者提出与她赛跑,凡是输者她就用矛将他刺死,胜者则娶她为妻。阿克泰俄斯是追逐阿塔兰塔的男猎手。
⑤ 引自帕斯捷尔纳克《断裂》之六(1919)。

可怕的是,她以平淡的忧伤和柔情回应了他的狂躁:

> 哦,我的朋友,我亲爱的人,你看那一群夜间迁徙的潜鸟
> 从卑尔根准确地飞往极地,火热的绒毛似雪片从脚爪脱落。
> 我发誓,哦,我亲爱的人,我发誓我可不是被逼无奈,
> 当我对你说——睡吧,忘掉吧,我的朋友。①

还有更可怕的一点,她不是被逼无奈!如果是形势所迫,他倒能够容忍,但那是她个人的选择!

> 当缀挂冰凌的桅杆静止不动,仿佛冬日梦境中
> 挤压成筒状的挪威人的死尸,
> 我在你戏谑的极光的眼神中飞驰——睡吧,何必忧愁,
> 误不了大喜之日,我的朋友,静下心,别哭泣。
>
> 当那些远在北极地带警觉的冰块
> 悄悄离开最后的居民点之外的北方,
> 夜半的穹顶下,失明的海豹瞪着惊恐的眼睛,
> 我要说那不是三只眼,睡吧,忘掉吧:那是同一道目光。②

睡吧!《生活,我的姐妹》也是在同样的氛围中结束。"不是三只眼,睡吧,忘掉吧"……这场梦就像一艘被冰层冻住的航船,笼罩在极地的迷离夜色中。"发出咯吱咯吱咀嚼声"的巨块、浮冰——对于帕斯捷尔纳克来说,这是自父亲为《复活》画插图以来的重要象征。卡秋莎与涅赫留朵夫的第一个夜晚,冰在河面上漂浮,雾气浓得令人窒息。帕斯捷尔纳克将这些冰块视为事件的信使,大转折的标志;因此,柳维尔斯的初潮——她的女性生命的第一件大事——才会在卡马河上夜航的轮船汽笛声中到来。受冰块阻滞的航船,正是这场骤变的牺牲品,它表明生活就此停滞。或许,在这里留下印迹的不仅有南森的"弗拉姆号"③——帕斯捷尔纳克小时候,它正巧航行在极地附近,还有1918年莫斯科的冰天雪地。

---

① ② 引自帕斯捷尔纳克《断裂》之七(1919)。
③ 欧洲航海史上一艘有名的科学考察船。1893年至1912年,先后三次用于挪威的南北极考察。富瑞提奥弗·南森(1861—1930),挪威极地探险家,1893年至1896年间指挥"弗拉姆号",完成了北极中央地带的考察探险。

这一组诗作具有极强的表现力,在关于革命初年的诗歌中,如此精准的描绘恐怕绝无仅有:爱情再次让帕斯捷尔纳克先知先觉,正如1917年他在一部爱情诗集中叙说了革命"最难捕捉的一面",翌年,在另一部关于裂变的诗集中,他又逐一道出了"战时共产主义"的主要特征。灵魂逃离了革命。那表面上的自由,不过是灵魂出窍留下的空壳:"点头示意,你惊诧不已!——你自由了。"①

> 我难以自持。你要去行善事。
> 到别人身旁。维特之歌②已经写成。

("自杀不算数"③——同样在这部《主题与变奏》中,将会道出这种被推翻的可能性。)

> 我们的日子,连空气都透着死的味道:
> 打开窗子,犹如割开血管。④

在这个行将毁灭的世界上自行结束生命,确属非分之举,而且有失体面。之所以说"我难以自持",是因为最终得到解脱,因为时代发生了转变:原先的爱情戏剧骤然失去意义。普遍的牺牲消解了个体的牺牲。1918年3月,叶莲娜·维诺格拉德嫁给别人并改姓多罗德诺娃(多罗德诺夫同维诺格拉德多么般配!⑤),帕斯捷尔纳克已经能够容忍了。

他为何感觉到连空气都透着死的味道?对大多数俄国知识分子来说,俄国革命的转折点是辛加廖夫⑥和科科什金⑦的遇害——这两名临时政府的活动家,于1917年10月被捕(无任何理由),在彼得保罗要塞关了三个月,转至马林诺夫医院,在那里遭到本应保护他们的醉酒水兵残忍杀害。惨

---

① 引自帕斯捷尔纳克《三角钢琴将嘴角翻动的飞沫舔干》(1919)。
② 此处所指是法国作曲家马斯内(1842—1912)的歌剧,取材于歌德的小说《少年维特之烦恼》。
③ 见帕斯捷尔纳克《变奏曲》之四(1918)。
④ 引自帕斯捷尔纳克《断裂》之九(1919)。
⑤ 在俄语中,"多罗德诺夫"带有"身材高大的""粗壮的"之义,"维诺格拉德"则源于"葡萄"。
⑥ 安德烈·伊万诺维奇·辛加廖夫(1869—1918),俄国立宪民主党人,社会活动家,临床医生。
⑦ 费奥多尔·费奥多罗维奇·科科什金(1871—1918),俄国立宪民主党人,社会活动家,莫斯科大学法学教授。

案发生在1918年1月7日,之前几乎从未以诗歌回应政治事件的帕斯捷尔纳克(除了1915年《普列斯尼亚①的十年》非政治化的印象主义片段),无法继续沉默了:

> 头脑混乱。就这样吗? 在病房里?
> 背着护士小姐?
> 大衣脱了,躺下睡了。
> 扳机掉了,何必擦拭?

(实际情况更恐怖。不是"躺下睡了",而是早就躺在病榻上——辛加廖夫与科科什金,各自身患重病,水兵们射杀的不只是手无寸铁之人,更是虚弱无助之人;科科什金当时只来得及说了一句:"你们干什么,兄弟们?")

> 谁创造了水兵,
> 谁创造了半个窗户的城市,
> 谁创造了创造者们的夜,废弃物杂陈的夜,
> 谁创造了灵魂,创造了名字?②

诗的旋律不是对神的反抗,是对神的追问,问题来自一名虔信者,他弄不明白究竟怎么回事,为什么突然间可以为所欲为?! 这个旋律后来屡次出现在帕斯捷尔纳克笔下,而我们也会理解,1918年主要是信仰的悲剧,信仰被扭曲,未经受住考验。这个夏天,他将写下绝望的、孩子般怨诉的诗行:

> 你那黄的青的神奇的霞光
> 你红彤彤的日出让人陶醉。
> 可你在哪里? 你去了谁的天国?
> 在这儿,在俄罗斯人之上,没有你。③

不妨比较一下作者1931年的见解——在西方,心灵无所事事。④

---

① 穿越莫斯科城的小河,莫斯科河的支流。
② 引自帕斯捷尔纳克《头脑混乱。就这样吗? 在病房里?》。据考证,这首诗应该是作者于1918年1月事件发生之后写下的,生前未发表。
③ 引自帕斯捷尔纳克《上帝,你创造了飞快的家燕》(1918)。
④ 参见帕斯捷尔纳克《冰与泪的春日》(1931)。诗中写道:"心灵从西方离去/在那里它无所事事。"

是你吗？独自一个，心怀一念，
不朽的坚毅的神，
是你高踞世界之巅
造就了那两个和这两个？

这两个——两件浅蓝色的短衫。
没什么。一片紫血斑。
纵然如此，也不会有"变窄的世界"，
那你为何让他们因诱惑而生？①

可怕的问题（现实更为可怕：被杀害的是两个人，向他们行凶的水兵却有五名）。是上帝独自造就了死者和凶手吗？帕斯捷尔纳克的世界原先是多么和谐，如果说战争的全部恐怖景象——他不可能不了解——并未使他产生对上帝的怀疑，临时政府两名成员之死则改变了他的想法！先前的战争固然是席卷大多数人的噩梦，如今则是去年3月就陷入疯狂的革命，一切都被颠覆！他对革命的创造者和参与者予以辛辣讽刺，并强调矛头所向是假托革命在俄国大开杀戒之人：

哦，蠢货，
回到你们的老窝！
放聪明点！让我们痛饮！
什么？鲜血吗？我们可不喝。

这种节奏——四步抑扬格与截短的三步偶数句相互交替——帕斯捷尔纳克再未使用过，在俄罗斯诗歌史上也不常见。它让人联想到勃洛克1905年的诗作《集会》（此诗也带有巴尔蒙特所译王尔德《瑞丁监狱之歌》的意蕴）。他写了一位街头演说家的被害，先知般的断言准确刻画了这位宣传鼓动者的形象，勃洛克非凡的洞察力让人不得不惊叹：

灰色的身影像夜的天穹，
他懂得一切事物的界限，
沉重的自由的环链

---

① 引自帕斯捷尔纳克《头脑混乱。就这样吗？在病房里？》(1918)。

在他自信的挥动下喧响。①

人群中不知是谁拿起石块投向他,砸碎了他的脑袋。这位再也无法向世人展示其精深教义的宣传家,在死去的一刻,获得了自由的真谛:

> 他仿佛躲在了入口旁,
> 在那黑洞后面大口喘息,
> 把自由的夜的气息
> 自信地吸入胸膛。②

这里没有真正的自由,自由在这里只是以环链的形式周行不止;自由在那里——在"快乐无边"的地方,在牺牲之地,在自由永远散发着"夜的气息"的地方。帕斯捷尔纳克与勃洛克永恒的分歧在延续:牺牲之于勃洛克,是不可避免乃至心甘情愿的,帕斯捷尔纳克则把一切死都视为悲剧、暴力和上帝强加于人的损害。这两首诗的主题是一致的:前者与后者所述,均为政治人物的遇害。但是,如果说勃洛克笔下被杀害的演说家形象是圣洁的(刹那间,死亡证明了他的正义——因为过去和未来的所有简化和教义),那么帕斯捷尔纳克则对杀戮感到恐惧和愤慨,他不愿从此类事件中发现任何崇高的意义。

上文引用过的《俄国革命》,也是在当时写成的,诗中强调了战争与革命的差别:

> 这不是我们的异乡,碾压吧,这里是故土,
> 一切如此可亲,碾压吧,不要拘谨。③

正如我们所见,帕斯捷尔纳克对同胞之间的野蛮行径深感畏惧。而乌托邦思想对他也有影响:1918 年 5 月,他发表了《对话》。这是一个体裁不定的片段,可说是散文或哲学随笔,也可说是初次的戏剧尝试。故事发生在遥远的未来,在法国,一个俄罗斯人来到这里,总是忘记自己身在异国。帕斯捷尔纳克此处的社会乌托邦主义,犹如马雅可夫斯基《第四国际》《第五国际》和《翱翔的无产阶级》④当中的奇思异想,只不过帕斯捷尔纳克写得

---

①② 引自勃洛克《集会》(1905)。
③ 引自帕斯捷尔纳克《俄国革命》(1918)。
④ 马雅可夫斯基三部叙事诗,其中《第四国际》和《第五国际》写于 1922 年,《翱翔的无产阶级》写于 1925 年。

更具体、更生动、更具人性。以下是俄国状况的实质：

> 这就是我们在家里的做法。每个人都把心思投入工作中。喏，就像你们拥有电报、自来水和煤气，我们拥有的是劳动。在各处展开。电站。设备。人们像做游戏一般生活着。生产着。步调迅疾。不是去那儿，就是到这儿。早出晚归。热火朝天。好呀。没有谁亏欠谁。亏欠是荒唐的。每天醒来时，浑身灼热，有使不完的热量，不可能不贡献出来。这样才会冷却。然后你就去储备新的热能。不管去哪儿都行。这就是——热力转换交易所。也就是你们所说的责任感。

诚然，在这整部田园曲中，已经有了不安的音符，它出现在帕斯捷尔纳克的乌托邦，在1918年前几月发生了未经审讯的逮捕、最初的杀戮等等恐怖事件之后。尽管那仍是完全素食的时期，但他已经感觉到，自由对人的影响，委婉地说，是各不相同的：

> 每一代新人都会使差异成倍增加。今天还以部落而论，明天就成为不同种族。不知再过多久，便是高级动物的变种。再往后——各自属于不同的世界。

令人惊奇的是，他已经触碰到苏联科幻文学的主要情节之一。这类作品在塑造美好未来世界的同时，须解答坏人何去何从的问题。表现最激进的是斯特鲁加茨基兄弟，他们当初不见得读过《对话》，却在中篇小说《波浪把风熄灭》（也称《时间流浪者》）中把人类区分为两个根本不同的物种，几乎再现了帕斯捷尔纳克的预言。

通过《对话》可以大体了解，帕斯捷尔纳克为何终于加入"列夫"，支持马雅可夫斯基，尽管为时不长。二者都把未来想象成优美的艺术的乌托邦，都觉得劳动是愉悦而有必要的，诗人就应当以写作为劳动，演员的劳动则是表演……《对话》的"主体"，即帕斯捷尔纳克的主人公，坚持认为，他跟所有人一样制造着产品："我制造的是印象。"在文章结尾，一个羡慕这位俄国怪客的法国官员想知道，他究竟为何离开了自己的乐园，怪客答曰，真正的爱只能在距离中产生："我们确实见识过爱女人爱得发烫的额头。暴风雪会把他们送上火星。"因为爱，"主体"只是被送到巴黎，可帕斯捷尔纳克又一次成了先知：后来，许许多多俄罗斯人因为爱而离去，真的来到了巴黎。

迄今为止，帕斯捷尔纳克的乌托邦仍然是一个纯粹的童话：人们非但不会相互补充热量,反倒越来越疏远。普遍的紧张得不到纾解,取而代之的是压抑和漫长的失望,最好是在孤独中忍受这种状态。就天性而言,帕斯捷尔纳克对各类乌托邦并无好感,他是清醒的现实主义者,反浪漫主义者,他对未来主义的兴致也已消退,他痛恨以强制手段干预现实。《对话》发表不久以后,他就意识到,妄图消除一切"太过人性的"——家庭、习俗、传统——注定使人类面目全非。

事实上,俄国革命连同其天真又可怕的乌托邦主义之悖论就在于,它打算废除现有形式的人类,也正因如此,革命受到《布朗德》①爱好者勃洛克的热烈欢迎:贪婪、一夫一妻制、财产观念、对未来的恐惧、对邻人的怜悯等等,正在被清理……不夸张地说,导致俄国革命破产的不是社会因素,而是生物因素。归根结底,人心的善与恶是巧妙而紧密地捆绑在一起的。故而革命消灭恶习,也消灭了美德;清除物欲和俗情,也损害了仁慈;创造新人类的试验沦为兽性发作。帕斯捷尔纳克认识到这些之后,很长时间都处于自我封闭的状态中。

4

长期以来,帕斯捷尔纳克不认为自己是文学专业人士,因为他不能每天定时写作:"不像某些人,不是每星期……"1919年他写得较少,1920年几乎没写什么。其间,他的生活仿佛停滞了。每逢抒情诗的沉寂期,他比往常更加专注于时势的思考,只不过是理论性的;有时反映在书信或问卷中,就像1924年至1926年间,有时则是一些理论文章,他一直希望将这类文章结集成册。当初构思的论著《象征主义与不朽》,还是未能于1913年完成。随后,在几乎彻底放弃诗歌的时期,他又打算创作《人论》(后来定名为《第五元素》,他的解释是:在风火水土四大元素之外,意大利人文主义者增添了第五元素,也就是人。他试图揭示人类的奥秘)。为何恰恰在1918年和1919年,会如此迫切地需要向他人——首先向自己——解释人的现象?这是因为俄国革命第三和第四阶段的一系列事件,大大扩展了这种认知;帕斯捷尔纳克见证了自我牺牲的奇迹,也见证了兽性以及他所说的此时莫斯科

---

① 易卜生创作于1866年的一部诗剧。

生活的"强直性痉挛"。应当对人有所了解,而帕斯捷尔纳克显然有自己的见解,但著作没有写成。到了1919年,他的世界观发生了一场静悄悄的革命,我们对此几乎一无所知,如果不看他后来在《黎明》中的道白:

> 你就是我命中的一切。
> 后来是战争和毁灭,
> 漫长的岁月,漫长的等待,
> 没有等来你的音讯。

1919年前后,帕斯捷尔纳克的宗教观念开始动摇,因为灾祸不仅使生活重新回到它简单又重要的原点,同时也从它表面剥除了使生存成为可能的幽微莫测的本质属性。接下来,只能生活在一个丧失了迷人习俗和精致情趣的世界,一个几乎没有艺术的世界,尽管莫斯科很快就冒出一大堆诗歌咖啡馆(菜单上列着茶、胡萝卜咖啡、黑面包加果泥的甜点)。

马雅可夫斯基能够接受这一切,他内心的悲剧同死亡,同国家的重生发生了共振,他兴奋地走上街头,快乐地扑向刑场:"开枪射击!"帕斯捷尔纳克厌恶枪杀。他越来越感到无聊。1917年12月,他写信给雅科夫·伊里奇的妻子奥莉加·兹巴尔斯卡娅:

> 这一年里,你们那儿的人是否活得更幸福?我们这儿正相反,人人兽性大发,我说的可不是什么阶级,什么斗争,而只是以人的方式,泛泛而论。人沦为野兽,失去了希望。

半年之后,伊里奇就在乌拉尔地区的暴动中被白卫军杀害(他站在起事的工人一方,后来,他成为《斯佩克托尔斯基》描写的"第一批奋战在萨列普塔和乌法城下的红军师团战士"的原型)。1918年,特别是1919年,情况变得更糟,精神生活和物质生活都陷入困顿,却找不出任何缘由。帕斯捷尔纳克工作了,当然是按照并未记仇的高尔基的订单,为世界文学出版社翻译克莱斯特的作品。他还加入了文化珍品保护委员会,夏天,与父亲一起在卡尔津基诺庄园(今之奥恰科沃小站)料理菜园。帕斯捷尔纳克喜欢园艺,为亲手侍弄土地而自豪,心安理得地吃着土豆和苹果。但这一时期,他几乎没有新的诗作问世:《主题与变奏》的大部分作品,要么是《生活,我的姐妹》未收录的,要么是早在1917年就已写好或打下腹稿的。而最主要的作品是他1917年动笔,1918年发表在《劳动旗帜》上的戏剧底稿——以法国大革命为题材,从静山回来后就开始构思,但写出来的和二月革命后就打算写的完全是两码事。不同于作者标注的日期(1917年七八月间),我们倾向于认为,这两幕戏剧完成于1918年,不久之后就发表了:这件作品的基调与《姐妹》大相径庭,二者不大可能创作于同一时期,况且1917年7月,帕斯捷尔纳克还未必顾得上法国革命。《戏剧片段》反映了十八世纪的压抑情绪、共和历十月的愁闷和热月的恐怖。帕斯捷尔纳克的圣茹斯特①盼望从巴黎脱身,以便远观革命:

> 那里有守护精神之躯的
> 平庸巨龙和圣茹斯特·乔治。
> 而这里的龙却凶残百倍,
> 这里的乔治也柔弱百倍。②

1919年,帕斯捷尔纳克曾去卡西莫夫③看望舅舅,顺带休息和料理菜园。他写信给家人:

> 不需要亲眼看见,即可断定它(革命——德·贝)在阶级和农民当中的真实性。它并非在庄稼汉身上显露,而是以最高形式呈现于1916年的史前之秋与革命后不远的黯淡未来之间。在莫斯科,它是中性的,它的起点就在别列尔瓦街边。

他给娜杰日塔·帕夫洛维奇的书信更直露:在莫斯科,"劳动者不得食"④。他认为要想摆脱这种荒诞境地,只有到外省去,起码官僚主义和意识形态的暴力不至于如此极端。

关于革命初期的莫斯科,茨维塔耶娃写下了她最出色的散文——《我的祈祷》《自在的旅程》和《索涅奇卡的故事》。帕斯捷尔纳克和茨维塔耶娃两人都以这一时期为主题,留下了各自最主要和最厚重的散文。只不过帕斯捷尔纳克的医生从莫斯科离开,而茨维塔耶娃的女主人公像她本人一样留了下来。令人不解的是,两位大诗人,居住地点相去不远(起初各自住在

---

① 路易·圣茹斯特(1767—1794),法国大革命时期雅各宾派领袖之一,公安委员会最年轻的成员。
② 引自帕斯捷尔纳克《戏剧片段·圣茹斯特》(1918)。
③ 位于俄罗斯梁赞州。
④ 针对"战时共产主义"期间"不劳动者不得食"这一革命口号的反讽。

阿尔巴特街的不同地段,后来是步行半小时的距离——从沃尔洪卡到鲍里索格列勃能有多远?),时常出入同一场所,参加同一个圈子的活动,在同一聚会上朗诵作品,可是彼此间不仅几乎不来往,甚至连真正的相识都谈不上。1918年,帕斯捷尔纳克格外封闭,正如他在转折期一贯的表现:他需要自己先把情况弄明白,再向其他人陈述。两位诗人疏于交往,想必是他们对时局的观点迥然不同;《日瓦戈医生》与《索涅奇卡的故事》之间存在着鸿沟。这甚至不是说,它们是风格、旨趣各不相同的作品:在这两方面,两者的差异还不至于如此之大。两位作者都以叙说各自的理想人物为目标,尤拉·日瓦戈是帕斯捷尔纳克在现实中不曾遇见的朋友与对话者;索涅奇卡则是茨维塔耶娃的知己与缪斯。这道鸿沟就在于,茨维塔耶娃所有的莫斯科随笔差不多均为日记体,营造着节日的喜庆。这一现象难以理喻。彼时的茨维塔耶娃,毕竟是白卫军官之妻,对她而言,最大的享受居然是在公共诗歌晚会上当着政治委员卢那察尔斯基①的面朗诵她的《福尔图娜》(卢那察尔斯基则朗诵自己翻译的瑞士人卡尔·穆勒的作品!),通过诗文大谈"自由平等博爱的三重谎言"。就像后来对待浪漫主义,茨维塔耶娃当时对君主制一腔真情,为索涅奇卡书写着戏剧故事。她住在鲍里索格列勃胡同的一间阁楼里,女儿伊琳娜奄奄一息,另一个天赋超群的女儿阿里娅勉强摆脱了病魔。("大的正从黑暗中脱身,小的没能保住。")相比帕斯捷尔纳克,她的境况可谓窘迫。帕斯捷尔纳克还算有个完整的家,父母双全,还有弟弟和妹妹;尽管两个妹妹年幼体弱,父母年事已高,母亲心脏病时常发作,但一家人毕竟完整,不乏天伦之乐。而所谓节日对于茨维塔耶娃,或许正是她平生写下的杰作——1918年至1921年的阿尔巴特组诗、《天鹅营》和若干随笔。《索涅奇卡的故事》则是她主要的散文作品,同样叙说着节日,这的确是一部幸福的散文,无论现实的境遇如何。

帕斯捷尔纳克不喜欢回忆当年的岁月,在《日瓦戈医生》中他这样写道:

> 冬天来到了,冬天正像大家预言的那样。这个冬天还不像以后接着到来的那两个冬天那样可怕,但是已经有些相似了,也是一个黑暗、

---

① 阿纳托利·瓦西里耶维奇·卢那察尔斯基(1875—1933),苏联教育家,哲学家,政治活动家。

饥饿、寒冷的冬天,这时候原有的一切已经摧毁,一切生活的基础都在重建,都在拼命挣扎,不挣扎就生活不下去[……]

在房产部门、各种组织、机关、居民管理机构,到处在进行领导成员的选举。各种机构的成分都在变化。到处都派了政委,政委有无限的权力,雷厉风行,都穿着黑色皮夹克,佩着手枪,具有使人害怕的手段,很少刮脸,睡觉更是稀罕。

他们很熟悉小市民、小额公债券持有者、贫苦的庸人的特性,一点也不可怜他们,同他们说话的时候总带着刻薄的冷笑,就像同逮住的小偷说话一样[……]

圣十字医院现在叫作第二革命医院了。医院里发生了变化。有一部分工作人员被解职了,有很多人认为在这里工作不合算,自动离开了。这都是一些高薪的医生,有时新的技术,十分走红,而且又能说会道。他们离职本来是为了私利,却把自己的动机说成是为了表示抗议,显示自己的骨气,并且瞧不起留下来的人,差不多同他们断绝了往来。在留下来的人当中就有日瓦戈。①

可见,帕斯捷尔纳克甘愿永远留在被鄙视者的行列,只要能工作。假模假式的做派不对他的胃口。但这一片段的基调同茨维塔耶娃几乎总是欢悦的回忆相比,差异是多么显著!面对上司,她可以无所顾忌,自寻死路似的,直接说出对他的印象以及对整个现状的看法!

在文章结尾,科尔任采夫同志向邓尼金将军表达了祝福,祝愿他一定早日上绞架。我们也把同样的祝福献给您,科尔任采夫同志……
(《我的祈祷》)

为什么她会如此动情地讲述她的1919年的莫斯科,为什么当年的帕斯捷尔纳克却如此抑郁失落?仿佛他们生活在两个不同的城市。她那时有多少新朋友啊——阿列克谢耶夫、扎瓦德斯基、安托科利斯基、戈利戴伊、斯塔霍维奇、瓦赫坦戈夫、穆切德洛夫!而他却中断了与朋友的交往,包括与施蒂赫(唯一亲近的诗人阿谢耶夫当时在远东;与马雅可夫斯基也日渐疏远)。

---

① 参见《日瓦戈医生》第六章第9节,此处采用力冈、冀刚先生译文。

在那些悲伤的日子里，在丈夫——潜伏巴黎的苏联间谍——于1937年被揭穿身份的前夕，茨维塔耶娃忍受着文学的寂寞，几乎与世隔绝。她在孤寂中回忆1919这个幸福至极的年份。甚至对两个在阁楼里艰辛度日的天使般的亲人——母亲和女儿的思念，也是莫大的幸福：

> 纵使莫斯科灾祸的一年
> 令诗人备受折磨，那又算什么！
> 没有面包，我们照样活下去，
> 从屋顶升入天空，毕竟无需太久。①

也许幸福的秘密就在于，她能以同等的尺度衡量当初的红白两方，孜孜不倦地关注细节，迷恋法国诗歌，就连《消息报》上的语句也觉得别有意蕴："控制海洋——等于控制世界！"她经历了浪漫主义的重要时期，甚至为玛丽·安托瓦内特②而倾倒："我的朋友们——就在苏维埃的、雅各宾的和让-保尔·马拉的莫斯科！"狂欢、暴风雪、饥馑、爱情、青春。人人彼此相爱，人人痛苦不堪。哦，可不是因为饥饿，是因为爱！多么无助，多么脆弱，多么艰难地周旋于生的边缘。"死的圆圈舞"——茨维塔耶娃对时代精准的断言。社会上下陷入艺术的迷狂，洋溢着友爱，甚至对红军将士也不例外，因为所有人都在迈向死灭，而无论思想意识的差别（而且茨维塔耶娃很清楚，红色浪漫也好，白色浪漫也罢，都不会持续长久。在她看来，某些红军士兵要比小市民或资产者更好。这仍是勃洛克式的见解，尽管从最初她就对布尔什维克不抱任何好感）。"索涅奇卡的故事"终结之后，谁会不爱这梦幻的年轻一代，这些青春的追慕者和没心没肺的玩偶，如此轻易、快乐地归向死亡的瓷器般的易碎品！要说俄国革命以及随后五年有其可爱之处，原因恐怕也就在于此。爱的是被革命残杀的人士。在将这些幽灵残杀殆尽之前，革命却首先创造了他们。

帕斯捷尔纳克不具备这种将日常生活浪漫化的幸福禀赋。他的浪漫时期是在《跨越障碍》中顺利度过的，而对于1918年至1920年的莫斯科现实，他已不再有浪漫的情怀。他不认为自己是其中的角色。此时的他，几乎看

---

① 引自茨维塔耶娃《我的阁楼宫殿》(1919)。
② 玛丽·安托瓦内特(1755—1793)，法国皇后，路易十六之妻。1793年法国大革命期间被送上断头台。

不到也感觉不到自我的存在。

他无法将革命后的莫斯科视为他的剧场的宏大布景,也想象不出自己在舞台上。他没有抗争,也没有欢笑,情绪低落到极点。他难以忍受终日枯坐于委员会和编辑部,领取微薄的口粮和薪水:这只是工作的仿品,全都似是而非! 相对于浪漫主义者,现实主义者有许多长处,相对于现实主义者,浪漫主义者的长处只有一个:将人生戏剧化,以此获得拯救。现实主义者缺乏这种幸福的能力。他对一切都严肃认真。

5

从1918年到1920年,凌驾于生活之上的暴力,令帕斯捷尔纳克感到绝望和窒息。生活为太多无意义的形式所围困,所以帕斯捷尔纳克才会让"日瓦戈医生"——理想人物的理想人生之象征,于1918年春天从莫斯科来到乌拉尔。他在首都打发着革命的岁月,在铁路报纸《汽笛报》任职,工作可有可无,一年大概只有四个月的活计。在这份报纸上,他一行字都没有发表过(后来在《汽笛报》,布尔加科夫、奥列沙[①]、卡达耶夫、伊利夫和彼得罗夫[②]为自己找到了避难所,报业生涯如鱼得水,帕斯捷尔纳克却觉得庸俗无聊:所有同时代人当中,他大概是唯一不适应新闻工作的人——解脱的方式唯有翻译)。他对当年境况的回忆,不乏嫌恶之感:

> 忘记亲族,忘记大海。忘记
> 苟且度日之荒唐,煎熬犹如受刑。
> 向苦役犯的复仇不该如此。——刻下疤痕!
> 哦,不是您,而是我——无产阶级!
>
> 千真万确。我垮掉了。哦,用力劈砍!
> 我坠入野兽的自我意识。
> 我的自贬已达虚妄。

[①] 尤里·卡尔洛维奇·奥列沙(1899—1960),苏联诗人,剧作家。
[②] 苏联文学史上两位著名的合作者。伊利夫原名伊利亚·费因齐尔伯格(1897—1937);彼得罗夫原名叶甫盖尼·卡达耶夫(1903—1942)。他们共同创作了《十二把椅子》(1928)和《金牛犊》(1931)等讽刺小说名篇。

> 我的损害令你神伤。

(《我能忘记他们吗?》,1921)

最让他感到压抑的是新政权麻木不仁,与宏伟时代进程形成奇异的反差。想必就在当时,帕斯捷尔纳克首次潜意识地区分了革命和布尔什维主义。通过直白的文字,他在《日瓦戈医生》里表达了这一切:

> 他平生只有一次赞赏过这强硬的语言和直率的思想。难道他就因这么一次不慎的赞赏而付出代价,就只能年年听这些不切实际、难以理解、无从实现的狂妄喊叫和要求吗?难道就因一时过分心软便要永远充当奴隶吗?
>
> 他看到一段不知从哪里扯下来的总结报告。他读道:
>
> "有关饥馑的报告表明了地方组织的极度失职。浪费现象突出,投机活动猖獗,但地方工会组织的领导和市、边区工厂委员会采取了哪些措施?!如果我们不在尤梁津商业系统仓库和车站以及鱼市区开展大规模搜查,如果不采取严厉的恐怖措施直至就地枪决投机分子,就无法把城市从饥馑中拯救出来。"[①]

(帕斯捷尔纳克罕见地展示了他戏仿的技巧;他原本就是文体高手,多年来的翻译没有白费功夫。革命初年充斥着喧嚣的呼告和揭批,这种地方选区的饶勒斯[②]风格被他模仿得很生动。气势汹汹的反问惟妙惟肖:"地方工会组织的领导和市、边区工厂委员会采取了哪些措施?!"摆脱饥馑与就地枪决之间的关联也恰到好处。)

帕斯捷尔纳克可以勉强说服自己相信,布尔什维克受到群众的支持,而芸芸大众也想要官僚作风、一道道法令、当场处决,但他无法迫使自己爱上这种生活。正如之前的精神转折时期,这几年里他经常生病:1918年12月,他得了重感冒(组诗《疾病》),漫长而抑郁的康复期,然后是疥疮……在那时的莫斯科,一旦生病很难康复,因为缺乏脂肪、蛋白质和糖,轻微的擦伤也需要调养数周。彼得格勒的日子好过一些。成立了艺术之家,可以聚在

---

① 引自《日瓦戈医生》第十三章第3节。
② 让·饶勒斯(1859—1914),法国社会党领袖之一。主张通过改良、渐进、赎买的方式走向社会主义,反对无产阶级的暴力革命,认为议会是改造社会的工具。

高尔基的《世界文学》编辑部高谈阔论,生活固然穷困,还算优雅。在莫斯科,文化状况要糟得多。出版社不复存在。诗歌唯一的传播方式是手抄,诗人们相互交换手写的诗集(赫列勃尼科夫的理想实现了:他曾把这类集子称作"自书写")。

1919年,莫斯科开始举办一些诗歌晚会。帕斯捷尔纳克当时并不喜欢在舞台上读诗。朗诵很快让他声名鹊起,但公共舆论严重损害了他。他的诗只要读上两三遍即可理解,却成了"幽深"和"玄妙"的代名词,人们为此称赞他,他本人则很恼火。晚些时候在柏林,侨民瓦季姆·安德烈耶夫,列昂尼德①的儿子,对他也这么说:喜欢您的玄奥莫测。帕斯捷尔纳克回答,恰恰相反,清晰明了才是他唯一的追求。这似乎有些奇怪,近乎粗鲁。但他确实一贯主张诗歌应当直抒胸臆,而不应故弄玄虚,混淆视听。公开朗诵时不可避免的晦涩(单凭听觉,那种强烈、饱满的诗确实不易领会)对他是负担。"台球场上的名气,您为何不以为然?"在1919年的《莎士比亚》一诗(后被《主题与变奏》收录)中,莎士比亚十四行诗向莎士比亚本人发出尖刻的质询。一开始帕斯捷尔纳克就知道舞台(台球场的、小酒馆的)成就的代价,因而不为所动。然而,"瀑布般的"和"号角似的"朗诵风格、激情澎湃的嗓音、诗歌能量的汇集、闪烁的眼神、歉疚的笑意,诸如此类,改变了他对朗诵的反感,并使他成为二三十年代年轻读者的宠儿。此时,勃留索夫也称帕斯捷尔纳克赢得了普希金时代以来无人赢得的荣耀。他的作品被争相抄录,手抄本四处流传。《生活,我的姐妹》尚未付梓,为保持主题完整,他拒绝将诗集拆成若干部分陆续发表,坚持与勃洛克的"卷册"、别雷的《灰烬》和索洛古勃的《火热圆周》风格一致。但一些诗作还是迅速传遍俄国,二十年代,勃留索夫以充足的理由指出,无论才华还是名望,帕斯捷尔纳克都与马雅可夫斯基旗鼓相当。他甚至认为帕斯捷尔纳克还略高一筹:"相比马雅可夫斯基,对他的模仿更充分,因为都想抓住他诗歌的本质。"

将这复杂的赞誉转换成通俗的语言,意思就是:模仿马雅可夫斯基更容易,只要形似就足够了;若想模仿帕斯捷尔纳克,首先应具有相似的世界观,表面的复制远远不够,那只会显得滑稽可笑,不伦不类。帕斯捷尔纳克的创新更复杂,更深刻。勃留索夫看到了他深厚的哲学素养:模仿他,意味着理

---

① 即俄国著名表现主义作家列昂尼德·尼古拉耶维奇·安德烈耶夫(1871—1919)。

解他,而这种能力并非人人都有。

在《若干原理》一文中,帕斯捷尔纳克试图清晰阐述其世界观。1926年,他将文章作为创作信条寄给茨维塔耶娃。落款时间分别为1918年和1922年(定稿于1922年《现代人》丛刊发表此文前夕)。他在信中对茨维塔耶娃说,《若干原理》背后是一座大山,还补充道,这与其说是箴言荟萃(箴言本质上即是与众不同的见解,而非老生常谈),不如说"或许,甚至还是一些思想"。

> 某些现代派人士想象艺术如喷泉,其实它是海绵。
> 他们断言,艺术应当喷涌而出,其实它应当吸收并达到饱和。
> 他们认为,它能够分解为体现形象性的工具,其实它是由感官组合而成。
> 它应当身居观众席,显得比所有观众更纯粹、更敏感、更忠实,而如今它也懂得了涂脂抹粉,乔装打扮,在舞台上出头露脸[……]。
> 书是热气腾腾的良心的立方体——除此之外什么都不是。
> 不能发现并道出真理——是一种缺陷,虚假的言说再高明,都于事无补。

艺术不创造什么,但它能模仿和发展。这是真正基督教意蕴的艺术观,在《斯克里亚宾与基督教》这篇报告中,曼德尔施塔姆将艺术诠释为"对基督的自由而快乐的模仿"。就此而言,他与帕斯捷尔纳克是一致的,正如几乎所有的艺术大师,而"放任"一词在他们看来,属于脏话。艺术不会恣意妄为,它只是区分既有事物,让不可听闻却已存在的事物变得清晰可闻。

在《若干原理》中,依照革命初年饥饿的莫斯科的修辞风格,帕斯捷尔纳克定义了纯粹的诗歌本质:

> 它惶恐不安,犹如十架风磨在光裸大地边缘,在黑色饥饿之年,不祥地转动。

这不仅是"黑色饥饿之年"的效应。他甚至梦见了马堡变成一座围城——1912年的欧洲晴朗无云,被困的马堡有吃有喝,市容整洁。诗歌如果波澜不惊,便不成其为诗歌,因为它永远昭示最高的现实,就像风磨昭示着风。

它们得到风,像星星得到光。
光融入空气,并无新意。
新鲜的是,风车像离岸的船,
凭借气流才能活下去。
…………
直到母鸡发狂,刨花飞扬,
烟似弯弓,尘埃如柱,
铜币般的雨点溅起水波,
浮现出通体蔚蓝的夜晚,

金莲花被扯断丝带,
大风吹得人裤腿鼓胀,
跑进来看杨树眯起眼睛,
用雪白的飞絮迷住天空——

风磨的影子这才苏醒,
思绪的转动有如磨盘,
巨大的形体像天才的思想,
却与它们的权利不相称。

这首1928年修订的《风磨》,原先收录于《跨越障碍》,初稿完成于1915年做客娜佳·西尼亚科娃的美地庄园期间。此前还不曾有人将诗人比作风磨,把风磨比作星星(更准确地说是月亮,因为月亮需要"借助光亮",星星则自己发光)。

说起"现代的畸变"——帕斯捷尔纳克曾打算以此命名《第五元素》中的一章,他似乎还考虑到政治上的恣意妄为:无论诗人还是当权者,都不应凭借主观想象对事物发展妄下断言,而应遵循历史的逻辑。破坏逻辑会很危险,势必遭到惩罚。诗人和理想的统治者均非改革者,而是大自然及其声音的模仿者;破坏万物的自然法则,即便出于乌托邦式的美好愿景,也是对艺术及政治的本质的践踏。

这也是他更喜欢待在卡西莫夫,而不愿待在莫斯科的原因。

1918年,他不得不搬回父母家,否则他们会被"挤走";为避免红军和其他工作人员住进家里,帕斯捷尔纳克父母已经邀请了好友乌斯季诺夫一家跟他们同住,也请了奥莉加·弗莱登伯格和她的母亲,但她们谢绝了。1921年,帕斯捷尔纳克一家作为社会闲杂人员及阶级异己分子,即将被迁出沃尔洪卡,幸亏在当时还有很大权力的卢那察尔斯基庇护下,才躲过一劫。不久后,从朋友玛丽娅·普里茨母女那里,鲍里斯在石榴胡同重新租了一个单间。

1920年8月,奥莉加·弗莱登伯格的父亲在彼得格勒去世了。奥莉加得了重病,怀疑是肺结核,只好通过研读基督教伪经化解绝望。她无处发表作品,与母亲相依为命,生活穷困不堪。帕斯捷尔纳克一家爱莫能助,他们自己也是上顿不接下顿;鲍里斯屡次向教育人民委员部申请增加口粮定量,没有得到任何答复。苏维埃第七次代表大会期间(1919年),列昂尼德·帕斯捷尔纳克应邀到克里姆林宫,为领袖们画肖像,可是直到1921年,他的薪酬都无人理会,只有列宁的特别命令才管用。这些作品很快被送入特列季亚科夫画廊,后来几乎全都被销毁,列昂尼德·奥西波维奇画过的许多革命活动家,都遭到镇压。

1921年之前,一家人依靠卖书、卡尔津基诺地块上的收成和朋友们偶尔寄来的食品维持生计,鲍里斯有时也在咖啡馆或综合技术学院朗诵,以补贴家用。二十年代,出版活动开始复苏,国家出版社(Госиздат)从帕斯捷尔纳克手中买下《生活,我的姐妹》手稿:支付了几个铜子儿,书却没有出版。1921年,他又把《主题与变奏》手稿,包括1917年到1921年的诗作在内,卖给了这家出版社,结果又是一无所获。

6

国家出版社把《生活,我的姐妹》转卖给季诺维·格尔热宾,后者于1921年创办了一家私人出版社。诗集于当年出版,立即引起轰动。《主题与变奏》被帕斯捷尔纳克卖给了柏林的赫利孔出版社,前提是图书销售权由作者保留。1923年,诗集正式出版。

帕斯捷尔纳克认为,《主题》比《姐妹》逊色得多。也许这是因为他对自己过于苛刻。事实上从整体来看,这部诗集更为出色:它的清晰、热烈和纯熟技巧(帕斯捷尔纳克本人对此却不看好,"技巧"一词他也不喜欢)格外突出。茨维塔耶娃准确地指明了两者的差别:"那一部——像倾盆大雨,这一部——恰似烈焰烧灼:我为之伤恸,但不想鼓吹什么……"的确,《主题》没有《姐妹》那种雨的清新和创作初期令人目眩的幸福感;在《姐妹》中,甚至炽热的草原也散发着原生态的气息,而《主题》中的一切则燃烧殆尽,灰飞烟灭,只剩下一片干枯;诗在《姐妹》中流淌,在《主题》中飞迸。如果说《姐妹》具有首尾贯通的情节(就像俄国革命于1917年4月到10月"换季期"),那么《主题》的情节则是分散而细碎,正如1918年至1920年间在寒冷和混乱中失去意义的俄国历史。从一开始,《主题》就注定不可能构筑成一个整体,因而帕斯捷尔纳克选择了更理想的方案,尽力为它打造枝叶,而不是主干。

叶甫盖尼·帕斯捷尔纳克准确地指出,如果说《姐妹》始终贯穿着莱蒙托夫诗歌的精神、永恒的少年气息,向往与上帝齐平,那么《主题》的主导者则是成熟、庄严的普希金。这是因为,从1918年到1921年,帕斯捷尔纳克处于普希金的力场(силовое поле)中,人与社会、诗歌与权力以及个体与国家,成为他思考的焦点。

普希金塑造了一个承上启下的形象——石客,他同时也是青铜骑士①,是《施密特中尉》中所说的"国家的偶像":一个疯狂的年轻人跟一座雕像开了个玩笑,招致可怕的后果。罗曼·雅各布森对此有过详尽论述。在《主题与变奏》②乃至整部诗集的语义中心,普希金遇到雕像,遇到它的世纪之谜;但对他来说,这既不是敌人,也不是对手,而是先辈。诗人与权威的这种关系,正是帕斯捷尔纳克最重要的猜想:斯芬克斯石像面前的普希金,是与石像本质相同、天性一致的力量,彼此不分高下。"明亮如昼。白浪映照它们,/目光未从这个点上移开。"③他确实没有把目光移开。诗人与权力的对抗及相互平衡,一直是帕斯捷尔纳克在整个二三十年代的主要命题,当时他相信,应当严肃看待权力。关键在于,组诗里的斯芬克斯,一开始就是自然的一部分;唯有诗人与自然、普希金与人海、普希金与荒漠、"危岩绝壁与普希金",才彼此相逢。

---

① 普希金于1830年和1833年分别创作了诗剧《石客》和叙事诗《青铜骑士》。
② 此处的《主题与变奏》指整部诗集四个部分之一,由《主题》《变奏曲》《疾病》《断裂》组成。
③ 引自帕斯捷尔纳克《主题》(1921)。

> 两个神相互道别,相约明天,
> 两片海分别改换了容颜:
>
> 汇聚着诗之自由元素的
> 自然力的自然界。
> 两个世界的两天,两种景观。
> 两个舞台上两出古老的剧目。①

我们已经说过,从最早期的诗作开始,帕斯捷尔纳克的历史与自然就处在对立中;但即便是对立,诗人与自然界、人民和国家仍然相互关联。《仿变奏曲》中并非偶然地鸣响着《青铜骑士》的旋律,只不过主人公被替换,普希金取代彼得,他站立在"浪花汹涌的荒凉海岸上",决定着未来的伟大沉思全都来自他,而不是来自彼得。

> 他响亮地道出"明天",
> 就像别人把"昨天"挂在嘴边。②

非但如此,在这种对立中,诗人无疑比自然界更强大:

> 他的浪漫长篇
> 从黑暗中升起,那黑暗
> 并非气候所能造就,也非
> 一切热情所能驱除,
> 它不会被四面来风吹散,
> 五月之晨和难耐的苦痛
> 也永远无法使它消融。③

创造"先知"的夜晚——正如第三变奏曲所描绘——是如此躁动不安,这是因为一位天才凝神于此夜;诗的诞生居于自然现象之列:"群星疾驰。海水冲刷岬角。/盐不再苦咸。泪水变干。卧室幽暗。思绪飞旋,/斯芬克斯倾听撒哈拉……/烛光游移。枯萎了'先知'的底稿,/恒河水上日光黯淡。"④

---

① ② ③ 引自帕斯捷尔纳克《原变奏曲》(1918)。
④ 引自帕斯捷尔纳克《仿变奏曲》之三(1918)。

在《主题与变奏》之后的组诗《疾病》中,1918年的征象、病痛、呓语之类随处可见,但也有与生活和解的迹象,1918年的绝望似乎开始消退:

> 那旧的一年,时常在窗边
> 向我低语:"跳出来吧。"
> 这新的,则用狄更斯的圣诞童话
> 驱散了一切。
>
> 它悄声说:"打起精神,忘掉吧!"
> 它在温度计中同太阳角斗,
> 旧年月把士的宁①全部奉送,
> 自己却落入氰化物的药瓶。
> …………
> 终于,它摆脱了对雪的义务,
> 从外面闯入,落下一线光影。
> 它粗暴无礼,浑身燥热,
> 吵嚷着讨水喝,一副急迫模样。
>
> 它难以自禁。随身带来了
> 街上的喧闹,再就无事可做:
> 本来,人世间就没有
> 冰雪无法治愈的忧伤。②

1919年,但凡尚有行走之力的莫斯科人,都必须无条件地承担"对雪的义务":他们被赶出家门去清扫街道上的积雪。各住宅区都列出人员清单,指派了负责人,制定了值日表。在死气沉沉、混沌无序的现实中,扫雪活动热火朝天,给人以安慰:无论政权如何更迭,冰雪和太阳这些寻常事物都依然如故。甚至帕斯捷尔纳克也通过履行"对雪的义务",学会了医治伤恸。在暴风雪毁坏铁路线的日子里,他心爱的主人公尤里·日瓦戈,将欣然参与乌拉尔沿路的除雪。这是鲜活的非臆想的事业,与原初的现实紧密相联,摆

---

① 又名番木鳖碱,是由马钱子中提取的一种生物碱,用于轻瘫或弱视的治疗,有一定毒性。
② 引自帕斯捷尔纳克《1919年1月》(1919)。

脱压抑的途径就在于此。

于是,帕斯捷尔纳克对生活的热望在1919年的诗作中重新燃起,尽管不多见:

> 黎明摇曳着烛光,
> 照亮并瞄准雨燕。
> 我在飞舞中祝愿:
> 生活也如此新鲜![1]

在这些诗行中,甚至密集的 ж-ж-ж—же жизнь свежа("生活也如此新鲜")听上去也不尖利,因为这种滞涩感是有意为之,所以更显热烈和新鲜。

但无论这首诗,还是像《冬天的早晨》或《春天》这些分别包含五首诗的小型组诗,均未充分表达帕斯捷尔纳克此时赖以存在的情愫。当然也有真正的佳作,譬如《鸟儿啁啾,情深意切》(1922):

> 火花不及飞溅,冒出来就熄灭了。
> 这是被挥霍的一天;新学校上空
> 云朵飘浮,女人刀剑各在腰,
> 蠢虫因之幸福。

此处带着揶揄的矛盾情绪可谓精妙,再加上柔婉的玩笑——带刀的女人,真是可怕的力量……春日里磨砺刀具,刀锋炫目,转轮声刺耳,这又是怎样的幸福……不管怎么说,刀都是绝非偶然的细节。此外,还有一些更庄重的诗,一开始便成为名作:

> 春天,我从街边来,那里白杨惊诧,
> 远方惶然,屋舍害怕垮塌,
> 那里空气湛蓝,蓝得像
> 出院病人收敛衣物的包袱。
>
> 那里夜晚空无,像中断的故事,
> 没有下文,星星也置之不理,

---

[1] 引自帕斯捷尔纳克《生活也如此新鲜》(1919)。

上千双爱热闹的眼睛空洞失神,
看不透藏在其中的奥秘。

(《春天》之一,1918)

  据叶甫盖尼·帕斯捷尔纳克推断,这首诗应是得知叶莲娜·维诺格拉德出嫁后写的。白茫茫空虚一片,加上意外的自由,营造出春天常有的惶恐之感,无需恋人出嫁之类的重大缘由。不过,这种空虚在《主题与变奏》其他诗作中也有所体现。有什么终结了,新的尚未开始——可以感受到这种有待填补的空白,因为没有一个明确提出的主题得到解答。人与国家以及"碌碌人生之荒谬"等等本该展开的主题,只是初现端倪,略有发挥,就变形走样了。帕斯捷尔纳克对它们的真正解析是在《崇高的疾病》中。《主题与变奏》的命名非常贴切,这仍是1917年主题的变奏,尽管《仿变奏曲》所达到的新高度已然郑重宣示了自己,让人眼前一亮。

第十一章 1921—1923年：叶甫盖尼娅·卢里耶

1

每十年的第一年，对帕斯捷尔纳克都喻示着事业、风格与人际交往的急剧转变。没有新的爱情，就不可能走出危机。这一次，他的获救主要归因于同叶甫盖尼娅·弗拉基米罗夫娜·卢里耶相识并成婚。她是他的第一任妻子，两人之间的聚散离合尽管错综复杂，帕斯捷尔纳克甚至曾于1931年离家出走，仍不失为一段相爱与和谐的经历。

像帕斯捷尔纳克所有恋人一样，对叶甫盖尼娅·卢里耶的记述可谓形形色色。围绕着他们的关系有两种基本的说法。按照第一种，叶甫盖尼娅·弗拉基米罗夫娜是个平庸的女人，缺乏适应生活的能力，却任性专横，总是高估自己的艺术才能，轻视帕斯捷尔纳克的天赋，没有给这位大诗人提供正常的生活，反倒以嫉妒心折磨他。对于他与济娜伊达·尼古拉耶夫娜结合并从中获得慰藉，她很久都不能释怀。伊丽莎白·切尔尼亚克写道：

> 总的来说，叶尼娅的性格缺乏温柔、和蔼与宽容。我那时的印象是，叶尼娅非常担心成为鲍·列①的附庸，担心失去精神独立性和自主性。她内心里总是对鲍·列有某种抵触。这种内在的斗争始终在延续，我相信这就是导致分手的原因。在日常生活中，叶尼娅永远需要鲍·列的帮助。

她比其他回忆录作者更直接地道破了大家暗示的事实：斗争周而复始。叶尼娅·卢里耶根本不想成为叶尼娅·帕斯捷尔纳克，或者，至少向他表露过这一点。他曾在写给她的信中一边提到诗集获好评，一边自嘲地说，儿子

---

① 帕斯捷尔纳克的名字与父称鲍里斯·列昂尼德维奇的缩写。

得到消息会更高兴,因为暂时他还不会跟父亲竞争。

在1926年8月12日的一封信中,他自己也说,她那"复仇者、严酷的惩戒者和铁石心肠的女士"形象,与利奥波德·萨克-马萨克①神似。在旁人看来,可能确实如此——要不是帕斯捷尔纳克爱这个女人,要不是她的书信充满高尚的精神以及她生养了一个完美的儿子。

按照第二种观点,只有弗拉基米罗夫娜·卢里耶才"配得上"帕斯捷尔纳克。这大体上是可信的。因为与第一任妻子共同生活的最后数月对他来说正值严重的危机时期,日常现实超越常态,致使他困顿不堪,对自我及亲人心生厌倦,而回荡在《斯佩克托尔斯基》结尾和二十年代末期抒情诗中的绝望旋律,也并非仅仅源于时代终结之感,家庭生活的寂寞日积月累,同样使他怅然若失。帕斯捷尔纳克需要被崇拜,叶甫盖尼娅却不会单独对任何人青眼相加,虽说与身为诗人的丈夫相比,她自己远非出色的艺术家。为了创作,两人都需要一定的生活条件和他人的激赏:帕斯捷尔纳克容易动情,她却格外苛责于他。她在物质与精神上完全依赖他,但对他性格特点和他的才华又过于严苛。最终,他厌倦了这种矛盾。直到后来他才明白,她其实爱他的诗歌,也爱他本人;她只是在书信中,在沉重冗长的交谈中才对他不耐烦。她怀着痛苦的欢悦向别人朗诵他的诗,热情地谈论他。

她于1898年12月16日(旧历28日)出生在莫吉寥沃,比他小八岁。据她回忆,她的父亲开了一爿文具店,入不敷出。她有两个姐妹——安娜和基塔,一个兄弟——谢苗。1916年,她毕业于一所私立中学,第二年通过了国家考试,获得了中学毕业文凭和金质奖章,随后和表妹索菲娅·卢里耶一起去了莫斯科,考取了位于处女地(Девичье Поле)②的高等女子学校数学系,同时学习绘画。不久后,由于饥饿和疲劳,她患上了贫血和肺结核,只好返回莫吉寥沃。母亲把她带到克里米亚疗养。她与表妹索尼娅·梅丽曼在当地度过了1918年夏天和秋天。1919年,他们举家搬迁到彼得格勒;姐夫阿布拉姆·明茨为叶尼娅在斯莫尔尼宫找了一份做信使的差事,可保证定量的口粮,她却参加了一个绘画班,她对绘画的兴趣远远大于拿着公文袋满

---

① 利奥波德·萨克-马萨克(1836—1895),奥地利浪漫主义作家,作品具有明显的受虐癖倾向。"性受虐狂"(masochiste)一词即是由其名字而来。小说《穿裘皮大衣的维纳斯》(*Venus in Furs*,1870)是他的代表作。
② 莫斯科城内从新圣女修道院到花园环形路之间的街区。

城奔走。她辞去工作,失去了口粮。明茨冲她一通吵嚷,她受了委屈,几乎走投无路,最后还是去了莫斯科。她考入莫斯科绘画雕塑建筑学校(今之高等艺术技术学校),在施泰恩伯格和冈察洛夫工作室学习。

除了后来会写入教科书的历史事实,还存在着两个时代的 Zeitgeist①,一切均由此展开。1920 和 1921 这两年,莫斯科和彼得格勒饱受饥馑、伤寒及经济崩溃之摧折。但天空散发着迷人的自由气息,未来也看似宏伟壮丽,关键是,未来似乎与每个人休戚相关,所有困难应该都能挺过去。叶尼娅以低价在圣诞林荫路租了一间住房(在 1920 年萧条的莫斯科,住房很便宜),"教人学习绘画,在公文上打格子,忍饥挨饿"(叶甫盖尼·帕斯捷尔纳克语)。同时她还有余力学习芭蕾舞。二十年代,舞台运动和舞蹈学校遍地开花,人们试图借此拓展思维,缓解身心之困;流行的是阿列克谢耶娃和邓肯②的舞蹈学派,以及梅耶荷德③的"生物力学",此外,叶甫盖尼娅·卢里耶还学习韵律操。1921 年,留在克里米亚的索尼娅·梅丽曼(后来从那里去了国外)请求本地熟人米哈伊尔·施蒂赫去彼得格勒或莫斯科寻找自己的表姐。他按照公告栏上的地址在莫斯科找到了她。米沙对她一见倾心,她却以温柔遏止了他的热情。她的性格确实柔中带刚(她对儿子讲过,童年时如何用她浓密的大辫子跟一帮男孩儿打架。在后来的人际交往中,类似的柔和与刁蛮也同时并存)。她没有改变自己的决定,她最看重的莫过于独立性。如果目睹她平日的无助和待人接物时的谦和,许多人都会被错觉蒙蔽。一位回忆录作者写道,她经常面带笑容,但不是因为别人的俏皮,是因为自己的心思;她的全部风采就在于这笑盈盈的独立性。帕斯捷尔纳克称之为"小女人的两面性"。

米哈伊尔·施蒂赫带她去见自己的兄弟舒拉,就在后者的生日聚会上,她结识了未来的丈夫,尽管两兄弟早就说起过帕斯捷尔纳克的诗。当初的情景同八年后他与济娜伊达的相识惊人地相似。大家请帕斯捷尔纳克朗诵,但叶尼娅的注意力恰巧被聊天吸引,当他问及对诗的感受,她坦率地答曰没听到。帕斯捷尔纳克赞赏她的直言:"这就对了,此种胡言乱语不值一

---

① 德语:时代精神。
② 伊莎朵拉·邓肯(1877—1927),美国现代舞蹈家,曾与诗人叶赛宁有过短暂婚姻(1922—1924)。
③ 弗谢沃洛德·埃米利耶维奇·梅耶荷德(1874—1940),苏联戏剧导演,演员,教育家。

听!"帕斯捷尔纳克,我们还记得,那时租住在格奥尔基胡同和石榴胡同拐角处的一个单间,房主是玛丽娅·普里茨,他父亲一位朋友的遗孀(十年以后,她将再次出现在他的生活中,详情我们会依照时间顺序来讲述。那是一个面目全非、孤苦无助的老妇,衰败时代活生生的象征)。1921年夏天,叶尼娅经常去帕斯捷尔纳克的住处找他。当年8月,勃洛克的死讯传来,鲍里斯和叶尼娅都深感悲痛,就好像失去的是自己的亲人,虽然直到5月,两位大诗人才相识于综合技术学院。

帕斯捷尔纳克的父母很快将去往柏林——妹妹约瑟芬已于7月来到德国并考入柏林大学。1921年9月16日,列昂尼德和罗扎利娅夫妇离开俄罗斯,一去不返,尽管出行的缘由是治病。帕斯捷尔纳克回到沃尔洪卡,与弟弟舒拉同住。没过多久,他们的住宅便"挤满了房客",因为需要接纳相识的弗里施曼诺夫一家:萨姆伊尔·萨乌洛维奇、他的妻子路德·本茨奥诺夫娜、女儿斯泰拉和她的丈夫阿勃拉姆(他们占用了帕斯捷尔纳克父母的房间——一间住老人,另一间住年轻人)。这种状况令帕斯捷尔纳克倍感压抑。秋天,他把父亲留下的绘画颜料全都送给了叶尼娅·卢里耶。她把兜满一围裙的软管拿到自己在圣诞林荫路的住处。回忆起当年,她说:"一切我照单全收。"她特别喜欢帕斯捷尔纳克自己动手生茶炊的样子。

关于柳维尔斯的小说衍生出动人的后续——这也是他命运的主旋律:每逢人生转折和危机的"节点",帕斯捷尔纳克便着手创作他史诗性的大作品,自1919年以来的三十年间,莫不如此。就本质而言,这始终是同一部长篇,因为早在革命爆发之际,反映年轻知识分子遭遇的史诗就已构思成型,只不过主人公起初是叶尼娅·柳维尔斯,接着,作者关注的焦点转向柳维尔斯的兄弟谢尔盖(然后是斯佩克托尔斯基),后来叶尼娅再次回归(已改姓为伊斯托明娜),再后来出现了日乌利特-日瓦戈。不过,最有意思的是,帕斯捷尔纳克每次塑造他的女主人公,都从他当时迷恋的女性开始,然后遇到另一位,继而走出"十年末尾的危机"。结果,在这位主人公身上,旧爱与新欢的特征兼而有之,各自分量大体相当,这就形成了类似于双面雅努斯①的形象,一面朝向过去,另一面朝向未来。叶尼娅·柳维尔斯便由此而来,其原型本是叶莲娜·维诺格拉德,很快又被叶尼娅·卢里耶取代。而《日瓦

---

① 古罗马神话中的保护神,有两副面孔:一副在前,一副在脑后,分别看着过去和未来。

戈医生》里的拉拉,显然集聚着济娜伊达·涅高兹的经历和奥莉加·伊文斯卡娅的特征,形成奇异而又可信的结合。一方面,拉拉有一双巧手,什么活计都会干,善于深入日常生活,细致和泼辣是她一贯的风格;另一方面,她永远惶然不安,从来对自己一无所知,凡事都会被她搅乱,酿成惨剧,不晓得她究竟所从何来,向何处去。上述两种形象的组合恰好蕴蓄着俄罗斯令人信服的象征——同样是两副面容,既威严又懦弱,既强大又多灾多难。

2

1921年秋天,帕斯捷尔纳克经常去叶尼娅的住处,有一次,她的兄弟谢苗遇见了他,便把叶尼娅爱慕者的种种离奇告诉了生活在彼得格勒的家人。她自己也要去彼得格勒庆祝生日和迎接新年,家人听说那古怪的求婚者,也不免担心,急切地要她前来。12月21日,她出发了,带着弗里施曼诺夫转给亲戚的包裹(在那个年代,人们就这样用少得可怜的食物相互贴补生活)。送走她之后,帕斯捷尔纳克立即以惯有的方式写了一封"事后"的信——他们多年通信中的第一封,后经详细注解,他们的儿子将这些信件编辑出版。

> 叶尼奇卡,叶尼奇卡,叶尼奇卡,叶尼奇卡!我多想沉浸在这样的感觉中呀:就像一场独白,意味深长,喃喃低语,静静地流淌,隐秘而真实,你徘徊着,不经意地浏览着胸中这千页长卷,像浏览一本书,不用细读,也懒于细读……我会一直这样待下去,不给你写信,要不是因为你可爱的发簪!我在收拾沙发时,它当啷一声——就这么"冷不丁掉出来"……

当他再次与她相见并拥抱她时,她说出了这句温存的"冷不丁掉出来"。

他每天都给她写信,语言炽热而狂放,与他早期散文的风格如出一辙,信中甚至谈到爱因斯坦的相对论,谈到世界随着这一原理的创立及思维的发展而急剧变化,动荡不居。他已经远离"我们当中某些人拍照留影——像手拿洋娃娃的洋娃娃!"的旧日(叶尼娅·卢里耶把这张迷人的、手拿洋娃娃的照片作为"替身"留给了帕斯捷尔纳克;叶莲娜·维诺格拉德也有类似的替身，照片上的她笑容爽朗，叶尼娅则是一副恬然浅笑，她一生都这样含蓄地笑着，但早在童年，她的眼神就已庄重威严）。耐人寻味的是，1921年急骤的社会变迁尚能激起他的欣喜，到了1924年，他却绝望地写信给她：

> 扭曲、溃败和绝望，为何连绵不断，与我格格不入。因习惯而时常缠绕着我的幻想，为何让人迷惑。我在那里被上紧螺栓、加工制造、贴上商标、供应市场的世界，其实并不存在。

叶尼娅·卢里耶不喜欢他的狂热。在1924年6月12日的一封信中，这位妻子表示厌倦了他的"绚丽辞藻"，厌倦了他"缺乏意志，把自己整个儿奉献给外人"（后来，在托尼娅给日瓦戈的信中，也发出了这样的责备之声）；她开始对双方性格差异感到困惑。她欣赏的是四十岁左右时的他——较为持重、理性，有责任感；可是造化弄人，当他成为她所欣赏之人，缘分却已不再，因为这样的他——需要的是另一个女人。

然而，从1921年冬天到1922年，他们也有过一段安逸的时光。叶尼娅住在彼得格勒的父母家里，时常写信给他。她终于让父母接受了她要嫁人的想法。1922年1月14日，帕斯捷尔纳克亲自来到彼得格勒，马上跟叶尼娅的家人见了面（未来的岳母表示满意，岳父则相反）。1958年，帕斯捷尔纳克告诉为他雕塑肖像的卓娅·玛斯连尼科娃，结婚实属偶然，因为事到临头，也就听其自然了……当然，他爱叶尼娅·卢里耶，不像爱叶莲娜·维诺格拉德那般痴迷，但他却把叶尼娅视为理想的对话者，灵魂的伴侣。她属于他的同类，懂得回应他的付出，绝大多数回忆录作者称她是所见最有灵性的女人之一（只有威廉-维尔蒙特觉得她心不在焉，不像是过日子的人）。帕斯捷尔纳克很快便介绍她与奥莉加·弗莱登伯格相识，她给后者留下了完美的印象。

他留宿在未婚妻家里，她的家人对此颇为警觉。合法注册的婚姻是必须的。于是，1922年1月24日这天，帕斯捷尔纳克和叶尼娅·卢里耶"登记了"，这在当时并非难事。登记时出现了一幕算不上有多愉快的喜剧：帕斯捷尔纳克提出让妻子随他的姓氏，她反过来要他改姓卢里耶。本来，他希望自己的名字能摆脱父亲的荣耀光环——眼下正是绝好的机会！有人后来说，叶尼娅的提议证明了她对他的诗歌漠不关心：毕竟他已有了诗人的名气！而事实正相反，她后来的生活，尤其是失去他之后的生活表明，她爱丈夫的诗,胜过爱他本人;或许,这才是两人分手的原因之所在。那一幕的结果是,她改姓帕斯捷尔纳克,此后一直沿用。

婚戒买不起,帕斯捷尔纳克在莫斯科变卖了中学金质奖章,这才买到一对。戒指内缘是帕斯捷尔纳克亲手刻下的两个名字:叶尼娅、鲍里亚。2月,他们回到沃尔洪卡,从此住在一起;自4月起,他的名气也越来越大了。

1922年4月是幸福之月:新婚生活晴朗无云,《姐妹》印行达到千册,组诗《断裂》和《若干原理》在《现代人》丛刊上发表,出版界反响热烈,频繁地演讲。数量终于转化为质量:帕斯捷尔纳克得到了认可。叶尼娅对丈夫的成名和他身边的朋友颇有醋意,起初他不以为意,反而觉得挺开心。

3

1922年,友谊降临在帕斯捷尔纳克的生活中,对于一个大诗人,这似乎是人生不可或缺的经历:这样的经历往往具有象征性,这意味着其中的角色是预先设定好的。有一种角色,其扮演者是"寂静的友人",是不显眼的无私的崇拜者,诗人却能从众人中间发现他,报以同等的回应,眷顾他。二十年代,扮演这一角色的是约瑟夫·库宁和叶甫盖尼娅·库宁娜,善良无私的兄妹,寻常人家子女,对周围沸腾的生活反应平淡。两人都同时就读于莫斯科大学和勃留索夫的高等文学艺术学院——今天的文学院前身,当时位于莫赫街。与帕斯捷尔纳克的相识是在4月初,正值大学考查课期间。考前,兄妹俩不知何故争吵起来,约瑟夫扭头回家了,妹妹则顺利通过所有科目,然后去上勃留索夫学院的讨论课。在那里,一群学生建议她放弃讨论,去参加帕斯捷尔纳克在出版之家的晚会。

晚会上朗诵的诗出自结集成册,但尚未正式出版的《主题与变奏》;《姐妹》也才问世不久,各种抄本流传甚广。叶甫盖尼娅·库宁娜记录了帕斯捷尔纳克响亮的诗歌带给自己的第一印象,也注意到其他听众留下的文字:"深沉的、鸣响的、充满海之喧嚣的嗓音""呼号与歌吟""如此悦耳动听的语句,丝毫不造作的音调",却不曾提到她当初的喜悦主要从何而来。不过,从她记述的字里行间,仍可读出关键的意蕴:二十年代有教养的少男少女,终于听到一位诗人在用他们的语言说话。在这无比陌生的世界,出现了绝对可亲和教人乐于了解的事物。这是他们的日常生活,他们的惯用语和口头禅,他们对世界的认知、青春年少的幸福、喟叹和种种非常之举。少男少女回应着帕斯捷尔纳克的诗,就像回应某种暗号。因年轻人永恒的习惯,他们经常把臆想的含义带入他包罗万象的诗作。但他们听到了自己的同类发出时而怨责、时而歉疚的喘息声,他与他们一道保留着孩子般喜乐的本领,去寻找"会唱歌的葡萄干"①;他们面前是一个对周围天生敏感的人,周围的人们也立刻并永远爱上了帕斯捷尔纳克。他一生喜爱的同道和对话者都在十四至十八岁之间:库宁兄妹、维尔蒙特、切尔尼亚克,后来是沃兹涅先斯基和科马·伊万诺夫。当这些少年长大成人,彼此间的关联虽说不至于中断,也会越来越弱。

当然,叶尼娅·库宁娜还无法向自己解释这一切。她只是被一种新的印象深深吸引,由于哥哥不在身边(极罕见的情况!),她有些难过,担心约瑟夫听不到如此惊人的诗。她没有多想,就决定邀请帕斯捷尔纳克到她从事兼职的屠格涅夫阅览厅朗诵。那里定期举办一些有偿的晚会,所得收益平分,一半归阅览厅,一半归作家。

帕斯捷尔纳克走下舞台,他刚刚面带笑容,含糊地回应了农民诗人彼得·奥列申愤怒的独白。不可能做出清晰的回应:奥列申本人不知道,他是多么不受欢迎。他带着莫名的鄙薄向帕斯捷尔纳克发难:"您以为自己是大师?哪来的这等大师啊!安德烈·别雷才是公认的!"对于这种斥责,帕斯捷尔纳克只是摊开两手,权当耳边风。谢尔盖·勃布罗夫跑上舞台,解释起帕斯捷尔纳克同安年斯基及象征派之间的传承关系。诗人来到休息室,听众立刻在他身边排起长队,纷纷表示赞誉,传达共同熟人的问候,拿着书索要签名。叶尼娅·库宁娜也走上前来,请诗人去屠格涅夫阅览厅朗诵。帕斯捷尔纳克被她的年轻和干练打动了,马上留下电话号码:"您打电话吧,我们再商量。"

他们通了电话,帕斯捷尔纳克邀请兄妹俩来家里。起初两个人紧张极了,但帕斯捷尔纳克表现得很随和,打消了他们的畏惧。"我这儿没收拾,去弟弟房间吧。"跟他在一起,精神顿时放松下来。他们重温了几乎被忘却的音调,交流无拘无束,主要话题均有意涵,聊得却相当轻松……"大家夸

---

① 参见帕斯捷尔纳克《斯佩克托尔斯基·引言》:"我习惯于从生活的小面包上/抠挖会唱歌的葡萄干。"

赞我,甚至要把我摆放到核心位置,我却有种奇怪的感觉。好像得到一大堆钱,突然间——因为害怕破产而胆战心惊。"

"您怎么能这样想!"叶尼娅高声说,"我可要跟您吵架啦!"

库宁娜记得帕斯捷尔纳克说话的方式很复杂,充满隐喻,她认为这大概因为他把音乐当作基本元素,始终需要把内心的音乐转换成词语,而做到这一点并不容易。谈妥了屠格涅夫阅览厅的晚会一事,帕斯捷尔纳克亲切地邀请他们常来做客,兄妹俩欣喜若狂。1922年4月13日,晚会如期举办,屠格涅夫大厅水泄不通,帕斯捷尔纳克的表演大获成功。原定由库宁娜就读的文学艺术学院领导勃留索夫作开场白,但他未能到场。许多大学生把父母都带来了,为的是倾听和欢呼;晚会之后,帕斯捷尔纳克责备道:"你们干吗折磨自己的父母?"

随后,库宁兄妹成了他的常客,1922年8月,他们惆怅满怀地送他出国,次年夏天,又欣喜地迎接他回来。秋天,因参加"社会民主青年"小组,约瑟夫·库宁遭到逮捕并处以流放;1923年,掀起了第一波"反对孟什维克组织"的斗争浪潮,约瑟夫卷入运动,被遣送到外地。母亲悲伤过度,年仅四十六岁就去世了,叶尼娅不得不中断学业去上班(中学毕业后,母亲坚持让她修完了牙医学校的学业),1924年春,流放中的约瑟夫得了重病。他得的是腹膜炎,过了很久才做了手术,需要再做一次,在偏远的外省没有人能胜任。为了让年轻人能回到莫斯科,帕斯捷尔纳克四处奔走,请著名外科大夫弗拉基米尔·罗扎诺夫为他主刀。帕斯捷尔纳克通过莱斯纳找到了卡尔·拉狄克①(莱斯纳与拉斯科尔尼科夫分手后,转而跟他相好),先是帮约瑟夫弄到进入首都的许可,再由医学委员会确认其患有严重的精神疾病。约瑟夫终于获准留在莫斯科,刑罚也撤销了……手术前,帕斯捷尔纳克打来电话,叶尼娅·库宁娜视之为幸福的征兆,这也再次表明她对他的崇敬。

后来,帕斯捷尔纳克又多次保护过青年人:1923年,他帮助尼古拉·威廉-维尔蒙特摆脱了困境,维尔蒙特也是勃留索夫艺术学院的一员(他的妹妹维尔蒙特·伊琳娜嫁给了诗人的弟弟,建筑师亚历山大·帕斯捷尔纳克),由于"出身"问题,有人打算将他扫地出门。帕斯捷尔纳克只得写信给

---

① 卡尔·拉狄克(1885—1939),生于波兰,国际工人运动活动家。苏俄联共(布)党内反对派代表之一。1923年加入托洛茨基反对派。1939年,在"大清洗"运动中被处决。

彼得·科罕①,被马雅可夫斯基以押韵方式叫作"坏种"②的批评家(卡达耶夫认为,这是不公正的叫法)。在保存下来的信中,帕斯捷尔纳克再度展示了对革命风尚的精妙戏仿:

> 莫非对时代壮阔的变迁我们再也提不起兴致?我们将一再"犯下错误……堂而皇之地明知故犯"。我有一次来到您的学院,一帮农民学员给我留下了糟糕透顶的印象,正是这帮人一步步排挤知识分子,而一切都围绕着他们打转。我羡慕对这帮家伙视而不见的人,可我却立刻感受到他们的双重嘴脸,但愿我是错的。

维尔蒙特的岗位得到恢复。帕斯捷尔纳克能以他坦诚的书信博得某些身居津要者的好感。

为了让叶尼娅·库宁娜有机会表示感谢,化解她默默的、无可慰藉的崇拜之情,帕斯捷尔纳克决定找她看病:他的牙齿经常出问题。有一天,叶尼娅鼓足勇气,给他看了自己的诗。帕斯捷尔纳克直截了当地答道:"非常可爱……很高兴看到,一个人在自己能力范围内写诗。"

她没有觉得委屈。仔细想想,这的确是一种赞美。

她对他想念太深了(可能是爱上了他,假如这样的崇拜可以称为爱的话),就连做梦都会想到他。她曾梦见过帕斯捷尔纳克那缺少烟火气的家,梦见自顾自忙活的叶尼娅,而帕斯捷尔纳克却在给儿子缝补袜子。

"叶尼娅!"库宁娜在梦中说道,"他可是大诗人!总有一天你会明白,这对他不合适,到时候可就晚了!"

结果,梦应验了,尽管帕斯捷尔纳克还不至于给儿子补袜子。但他忙着收拾屋子,生茶炊。

4

1922年春天真是好运连连!当局甚至对个人出境也网开一面。帕斯捷尔纳克非常想念父母,想让他们见见妻子。苏维埃政权尚未僵化,出国申

---

① 彼得·谢苗诺维奇·科罕(1872—1932),苏联文学批评家,莫斯科大学教授,曾担任该校校长。
② 在俄语中,погань(坏蛋、秽物)一词读作波罕,同 Коган(科罕)谐音。

请很快就获得批准。卢那察尔斯基对他态度最温和,托洛茨基则表现出浓厚的兴趣。托洛茨基的兴趣在情理之中——他的地位正在削弱,他想知道,在赤诚的革命者与新官僚的斗争中,艺术家们究竟会站在哪一边。帕斯捷尔纳克出发前一周,托洛茨基在住所召见他,进行了半小时更像是审讯的面谈。

这是帕斯捷尔纳克初次接触如此级别的党务官员。面对与托洛茨基过从密切的莱斯纳,他向来不拘礼节,但跟领袖私下晤谈,此前却未经历过。一开始,他就选择了无懈可击的"策略",措辞简短,答话也像平常一样飘忽不定。托洛茨基问他是否打算留在国外,他有些激动但又真诚地表示,无法想象自己会离开俄国。托洛茨基倒是安慰了他:革命很快也将蔓延到德国,蔓延到四面八方……接着又问道,您为何对时局没有回应?帕斯捷尔纳克解释道,《生活,我的姐妹》正是最现实的回声,甚至有人撰文,称之为一部革命的诗集,而主题却没有任何革命的成分。他说,革命首先就是要赋予个体以自由。难道不是吗?托洛茨基点头示意,这与他的观念不谋而合。如此说来,帕斯捷尔纳克继续道,那么抒情诗就是个体自由的最高体现……个性的绽放……托洛茨基客气地送走了他。

帕斯捷尔纳克和叶尼娅选择了更便宜的海路。1922年8月17日,他们从彼得格勒乘船出发了。与他们同乘"加肯"号轮船离开俄国的还有阿尔图尔·卢里耶,阿赫玛托娃的恋人。阿赫玛托娃送走了这艘船。很快,帕斯捷尔纳克就写下或许是他二十年代最佳之作——《起航》:

> 盐从天上滴落,絮语间
> 隐约传来机轮的轰响。
> 我们起航,向货栈驶去,
> 悄悄把港湾落在身后。
>
> 海面像展开的白桦树皮,
> 海水闪耀着苍白的粉色,
> 一浪又一浪,痛苦地奔涌,
> 连连击溅中别无回响。
>
> 噼噼啪啪,虾类骨骼碎裂,

> 桦皮燃烧,发出萧萧低鸣,
> 空间越发辽阔,大海也为
> 它的增长而战栗。

  白桦树皮的大海——精准至极的比喻;任何人,但凡见识过落日中的芬兰湾,都不会忘记那起伏的粉白色波涛,连同阴影投在波涛上的黑色线条。
  在写给弟弟的信中,帕斯捷尔纳克把海称作"狂怒地喷发着气体的间歇泉"。他像未来派一样相信,声音的相似性意味着语义上隐秘的亲和力[①]。来到德国的最初时光是幸福的:"……想起艺术、书籍和青春,想起人世间存在的思想等等。"他俨然忘记了在俄国的生活。重返欧洲语境似乎是个奇迹,苏维埃非常岁月之后的舒适惬意,以及分别一年与家人再度相逢,也是奇迹。但他尤其寄望于茨维塔耶娃——他觉得,他们在欧洲不会擦肩而过。
  距离出发两月前,也就是在6月,帕斯捷尔纳克从洛克斯那里得到了茨维塔耶娃的诗集《里程碑》(1921)。他不能原谅自己,在茨维塔耶娃侨居国外之前,错过了跟她认真交往的机会:她离去那天是5月22日,诗集已经售罄,而他在信中则解释说,有的时候人不买书,是因为(自以为)能买到。茨维塔耶娃出国,目的是与丈夫团聚。1922年初,她的丈夫奇迹般出现在布拉格(他托爱伦堡带来音讯)。她本来不想去,她无法接受自己身在欧洲。她对欧洲怀有先验的敌意,故意让女儿阿里娅吃得白胖,以使这个来自饥饿的莫斯科的孩子显得幸福又茁壮……她喜欢活在这可怕的布尔什维克的莫斯科,她知道自己在别处永远不会如此幸福。1922年,究竟何种选择对她来说不是自杀性的呢?可以想象她在三十年代初的莫斯科,在作家代表大会的厅堂,在创作采风的差旅中吗?问题没有答案,帕斯捷尔纳克本人也不置一词。他只是痛悔未能与她及时相识,在彼此相距"百步之遥"的当年。抵达德国之后,他马上给茨维塔耶娃写了一封热情洋溢的信,她的回信同样热情,也同样迅捷。但两人的会面再次落空:他们未能在柏林相遇。她于6月去了布拉格。10月,马雅可夫斯基来到柏林,在异国他乡,他同帕斯捷尔纳克一起游逛咖啡馆,一起表演诗

[①] 在俄语中,"狂怒地""喷发气体"和"间歇泉"三个词,首字母都是 r,词中都带有 p,连在一起会产生近似的读音。

朗诵,度过了两个星期。

帕斯捷尔纳克在当地见到了许多新近移居国外的同胞,他不大喜欢这种环境。原因有许多,关键是置身于欧洲让他感觉像"自说自话":在俄罗斯,他写信对勃布罗夫说,所有"纹章学的赘疣"已清除殆尽,大家无形中成了兄弟,就贫困程度以及对于未来时日的惶惑而言,彼此不分轩轾;而这里则保留着人与人之间的敬意和等级,保留着在俄国似乎已永远无可追寻的风尚。帕斯捷尔纳克随身带来好几箱书,本打算踏实地多做些事情,结果只读了狄更斯的作品;妻子画下他阅读时的肖像(画面上帕斯捷尔纳克目光低垂,神情专注而忧郁)。他没有跟霍达谢维奇联系,后者起先想方设法向他示好,但得知帕斯捷尔纳克同阿谢耶夫的友情(阿谢耶夫曾对霍达谢维奇有过激烈的批评),热劲儿就冷了,交往的念头也打消了。尼娜·别尔别罗娃在《我的斜体字》中,为帕斯捷尔纳克塑造了一副高傲的面孔。她对人的评价大多如此:按照她的观点,他害怕窥望自己的内心,对世情懵然无知,患有幼稚病……在她笔下,别雷也是缺乏自我意识之人。总之,她同霍达谢维奇一样,除了尖酸刻薄,还莫名其妙地自信,总觉得别人比自己愚蠢得多。这种傲慢也贯穿于霍达谢维奇的《大墓地》一书,作者借助含蓄、微妙的暗示和细节,突显自己相较于书中所有人物的高明之处(这也使得他有别于安德烈·别雷。别雷的回忆录里有许多半似真理的东西,而且全都生动鲜活,作者也不一定非比别人更聪明不可)。自年轻时便老于世故的别尔别罗娃,自然会觉得帕斯捷尔纳克是晦暗不明、缺乏自知的;此外,她还认为他不合时宜,"终日沉湎于怀疑,沉湎于压抑的思考"。然而,从帕斯捷尔纳克写给弗拉基米尔·波兹纳(他离开彼得格勒不久就在流亡中与帕斯捷尔纳克相识)的一封书信可以判断,他同霍达谢维奇的关系是沿着不同路线发展的:霍达谢维奇向帕斯捷尔纳克频频示意,夸赞他的诗歌,他却未有相应的回应,因为霍达谢维奇的古典诗学跟他格格不入。帕斯捷尔纳克在国外期间,几乎没有谁是他的文学同道——或许同样于1913年初登文坛的什克洛夫斯基可以算作一个,他对帕斯捷尔纳克颇有好感;尽管如此,两人之间的共同点也不太多。

帕斯捷尔纳克当时是否有可能留在柏林?这种选择倒也曾考虑过,但只是可能性之一,或许也是最不现实、最遥远和万不得已的;不过,在柏林时他就确信,"在那种情况下"他将无处可逃。他写信对勃布罗夫说,在当地人看来,我们像一群庞然大物。扎伊采夫①对帕斯捷尔纳克态度温和,别雷也一直赞赏他,但这些只是格外衬托出他在文学上的彻底孤立:没有人理解他,他被善意地冠以"艰深的",甚至几乎不可理喻的名号。他不喜欢俄罗斯人的柏林的文坛氛围,不喜欢无休止的勾心斗角和论战——这一切在俄罗斯崩溃之后都显得不真实。他比预计提前回国了。

1923年2月23日,帕斯捷尔纳克来到马堡,待了两天。这是一次非常伤感的来访。他在《安全保护证》中写道:

> 战前我看到过德国,战后我又看到了它。世上发生的一切以其缩影的形式惊心动魄地呈现在我面前。那时正是鲁尔占领时期。整个德国饥寒交迫。它不自欺,也不欺人,不时地伸出一只手(这姿势不是它所惯有的),像是在乞讨,而且触目可及的是残废人的拐杖。使我惊奇的是房东老太太还活着。她们母女俩看到我,惊讶得两手一拍。我走进屋时,她俩正坐在十一年前的老地方,仍在做女红。她们还在出租我住过的那间屋子。她们给我打开了房门。要不是看见从奥凯尔斯豪森到马堡的那条大道,我真的就认不出它来了。大路,跟从前一样,就在窗外。时值严冬。空荡荡冷冰冰的房间给人以不快之感,地平线上兀立着光秃秃的白柳——这些都极不寻常。那景色一直能勾起人们对三十年战争的遐想,此刻这个地区真的招致了战火的洗礼。离开马堡之前,我到点心铺订购了一个核桃仁大蛋糕送给她们母女俩。

该谈谈柯亨了。再也见不到柯亨了。柯亨死了。②

5

帕斯捷尔纳克的妻子怀孕了,经海路回国的计划只好取消,甚至在陆地上,她也时常恶心呕吐。3月21日,帕斯捷尔纳克平生最后一次告别父母,倒数第二次——告别西方。行李物品交由海船托运,帕斯捷尔纳克对他的书籍遭到的野蛮处置深感震惊,直到11月,他才收到这些书。他眷恋的祖国,用书报检查迎接了他。部分书籍被扣留。检察官说:

---

① 鲍里斯·康斯坦丁诺维奇·扎伊采夫(1881—1972),俄罗斯作家,1922年起移居国外。
② 此段采用桴鸣先生译文。

"用不着担心,您是名人,所有物品都会归还给您。"

"不是名人那又如何?"帕斯捷尔纳克问道。

回国让他感到喜悦,也感到沮丧:在他身居国外的半年间,制度越来越僵化,也越来越严苛。马雅可夫斯基创办了《列夫》杂志:第一期采用了帕斯捷尔纳克的《1918年末暴风雪中的克里姆林宫》,帕斯捷尔纳克为第二期提交了一首新的抒情诗,却遭到否决。在这份最左倾、最先锋的刊物上发表爱情题材的作品,是马雅可夫斯基独享的权利,他的《关于这个》就刊登在创刊号上。

1923年9月23日,帕斯捷尔纳克的长子出生了。叶甫盖尼娅是在克里蒙特胡同的私人诊所分娩的,开诊所的是她的亲戚爱别尔林。产后的她虚弱不堪(头一天就擦起地板,因用力过猛受到内伤),所有重担落到帕斯捷尔纳克身上。他为儿子的出生而欣喜,但也不止一次地亲口承认,尚未准备好做一个父亲。不过,在1923年的所有事件当中,头生子的降生对他终究是大喜事。无论面容、嗓音还是笔迹,儿子叶甫盖尼都酷似父亲,最终成为他思维缜密的研究者和忠实友人。

> 我的苦日子到了。我们生了个儿子。
> 该把孩子气暂时抛开。
> 用怀疑的目光审视往昔,
> 才发现已是白发初现的年纪。

他在《斯佩克托尔斯基》中如是说。一切都该确定下来,无论是工作、立场,还是对待现实的态度。

第十二章　1923—1928年：
《崇高的疾病》　混乱时期的写照

1

如果不算未发表的诗作《俄国革命》、一篇关于家燕的速写①，以及几篇专门为报纸撰写的时评，那么《崇高的疾病》便是帕斯捷尔纳克就所谓社会话题发出的第一个呼声。这部叙事诗之于帕斯捷尔纳克，有如组诗《抑扬格》和《报应》之于勃洛克——并非最杰出的作品，但缺少这些，他的广度就另当别论。

《崇高的疾病》恰恰定位于这一"抑扬格的"人文传统。有意思的是，列夫派们居然将这部作品视为自己的（共同的！）成果——不是因为抑扬格、华丽的辞藻和拟古风格等等，甚至也不是因为它开篇的"美院学员手脚麻利"，经由马雅可夫斯基之口，这句话在同行中间广为传诵，有谁利落地捡起掉落的书本，人们就会用它来调侃。或许，《崇高的疾病》也成了与渐趋滋长的革命保守主义传统——"为大众所理解"的艺术作斗争的重要武器。站在这类保守立场上的是无产阶级诗人，是杰米扬·别德内②，是一群御用的诗歌写手，在《崇高的疾病》中，帕斯捷尔纳克针对他们明确地说：

> 美好心愿铺成地狱。
> 停住目光，凝神思量，
> 倘若诗歌也用心愿铺砌，
> 一切罪恶必得宽恕。③

---

① 即本书第十章引用过的《上帝，你创造了飞快的家燕》(1918)。
② 杰米扬·别德内(1883—1945)，苏联诗人，社会活动家。
③ 本章引用的诗段，除个别另作注释之外，均出自《崇高的疾病》(1923,1928)。

在帕斯捷尔纳克看来,这样的诗是亵渎神明的,辱没了国家所经历的伟大时刻:

> 自战争回返的寂静之声,
> 将这一切刺穿。

(或许,他是想书写"国家的声音"——这更有意义,也更合乎尺度,但也是清晰而危险的思想被"抒情之含蓄"取代的例证。)

试图谈论当下时代而不谄媚,不以卖乖讨巧而自取其辱乃至辱没时代,这就是《崇高的疾病》,一部与任何正统思想都不相干的作品,显著扩展了许可的界限。当这些界限明显固化之际(1924年以及再晚些时候),这部长诗的出版成为极其重要的事件,因为它证明了一个接受革命并放弃移民的无党派知识分子与时代平等对话的权利,以其特有的语言,无须迎合任何人。

2

"就枯燥与呆板而言,这是相当完美的作品……现在依我看,这件东西不成功。"这便是帕斯捷尔纳克的自评。在后来的自传中,他根本没提到这部长诗。我们习惯于把这种克制归因于帕斯捷尔纳克的谦逊,却时常忘记,他的自我认知究竟达到什么程度。无论对《姐妹》还是《日瓦戈医生》,他都不吝赞誉之词(因为照他的说法,赞誉的不是自己,而是"赋予作品的力量")。或许,《崇高的疾病》便属于作者意见值得倾听的例子。当然,作者评价的不仅是文本质量,还有造就文本的迷误、语境和时代。回顾往昔,他认为二十年代甚至比三十年代更糟糕,因为那些年月看起来更具诱惑力,更令人想入非非。

据利季娅·金兹堡回忆,诗人尼古拉·吉洪诺夫曾向她列举了"推进抒情材料远距离运动"的六种技巧,可她全都忘记了。这显然是讽刺的说法,鉴于金兹堡超常的记忆力,尤其在语言学方面;作为特尼亚诺夫[①]的学生和形式主义学派人物,她在取笑吉洪诺夫粗鄙的文艺学。关于抒情诗为何不再发声,帕斯捷尔纳克在《列宁格勒真理报》(1926年1月)的问卷中

[①] 尤里·尼古拉耶维奇(纳索诺维奇)·特尼亚诺夫(1894—1943),苏联小说家,剧作家,文学评论家,形式主义学派代表人物。

做了详尽的回答:

> 无论具有多少优点,诗歌的感染力都不会超过空气。传播声音的介质是个性。旧的个性泯灭了,新的尚未形成。没有共鸣,抒情诗难以理喻。

《崇高的疾病》之使命就在于记录这种状况("特洛伊史诗在诞生"——第二版中说道,而第一版却是"史诗诞生了"),因此,原有个性的消亡和探寻新的介质,就成为它的主题。抒情和叙事兼而有之的体裁由此而来,如同宏伟的试验,意在遏止缺乏情节的宏大诗篇。

假以时日方能理解:先前这种个性的"声音的介质"是不朽的,而几乎将其取代的现实却濒于瓦解。直至三十年代末,帕斯捷尔纳克才意识到这一点,此前他努力尝试由抒情轨道转向叙事轨道,也就是说,有意要将自己逼向他所认为的"二手体裁"。某些东西保留着时代的魅力,但并非所有时代都富有魅力。《崇高的疾病》带有二十年代初期的反光,映现出一个多么混乱乃至浑浊的时代。《崇高的疾病》,无论它写的是什么,本身就是疾病的后果和症状——渴望"与时代同步,跟上它的节奏"。这里有许多被破解的谜团——一经破解,就与那待解之谜产生突出的矛盾。

3

《崇高的疾病》有 1923 年和 1928 年两个版本,第一版发表在 1924 年 1 月的《列夫》杂志上。《新世界》1928 年第九期刊登了题为《两处增补》的诗段,即长诗的片段,从"虽然飞廉竭力用云霞……"开始,到"在后面,在传奇的余晖中……"为止,此外,新版结尾还脱离正题,插入了不少涉及列宁的内容。有几个诗节删除了,部分出于意识形态方面的考虑,部分因为从 1927 年到 1928 年帕斯捷尔纳克正在修订他的大量早期诗作:过于绚烂的印象主义、激情的体验和朦胧晦涩,一概未保留。整部长诗明确分为两部分:第一部分以博大的情感描绘革命前与革命早期的俄国,画面流畅,主观性强,但点睛之笔依然俯拾皆是。第二部分描写 1921 年 12 月 23 日至 28 日在大剧院召开的苏维埃九大。帕斯捷尔纳克领到一张嘉宾证,可列席其中一场会议——在会上,平生第一次见到列宁,听到了他的声音。写下这部长诗的动因就在于代表大会与剧院之间的反差：

> 我们身临其境，剧场中
> 恐怖向池座唱着同一首歌，
> 那是一位男高音照剧谱
> 演唱过的崇高疾病的颂歌。

耐人寻味的是，剧院与恐怖①的关联在帕斯捷尔纳克脑海中萦绕，有时会不由自主地冒出来。1937 年，当他被要求在一份同意枪决一批人犯的公文上签字时，他勃然大怒："这可不是给您那免费的剧院门票签字！"

像往常一样，他需要晦涩且大量堆叠的隐喻，这不仅是为了塑造二月和十月的疯狂现实，也是为避免向来粗率和平淡的断言。平心而论，整部《崇高的疾病》是由五六个精彩论断再加几十句含混的低语所构成。

长诗第一版，结构呈环状，起始和收尾均为 1917 年 2 月的回忆，其中有许多需要专门破译的成分，譬如这些乍看纯属伤寒呓语的短句：

> 初春，寒颤掌控着
> 剧场里厢座的包面。
> 二月一贫如洗，邋里邋遢，
> 时常吭哧吭哧咳出血来，
> 再啐上一口，凑向铁路上
> 过往的取暖货车悄声耳语。
> 东拉西扯，忽而道路，忽而枕木，
> 忽而解冻，忽而随便什么，
> 忽而又是步行撤离前线，
> 而你还在沉睡，你在等死，
> 讲述者却素来不觉痛楚：
> 衣虱一边用长柄勺
> 化开困窘，吞吃着
> 羼杂真理的谎言，
> 一边竖起耳朵不倦地倾听。

---

① 在俄语中，剧院（театр）和恐怖（террор）这两个词发音也比较相似。

剧场里的厢座,明显是说短暂的二月欢庆期间无数次会议和集会;克伦斯基虽然虚弱无力,却是个魅力超凡的演说家,善于抓住机会发表言论。向取暖货车耳语的显然是某个战地宣传员。前线溃不成军。谁也不再有耐心听从宣传员说教(一名宣传员被杀死的情节后来写入了《日瓦戈医生》)。第一版中写道:"而你还在沉睡,你看见黑麦。"农民渴望回到故土,讲述者却不觉痛楚,仍然用谎言编织真理。至于竖起耳朵的衣虱——帕斯捷尔纳克笔下常有的异象之一:或许意指感染伤寒,侧耳倾听的民众,但这样的隐喻也只有在伤寒的呓语中才依稀可见。

接着是词的激流,二十行诗句汇成一整段,按照帕斯捷尔纳克早期风格用两三个韵脚写出。随着词语的奔涌,伤寒掌控城市,取代人与事物,呈现出强大的形象,那是英雄、大众及大地本身无不被裹挟其中的整体谵妄的形象,是低声沉吟的呓语。音乐和灰尘是两个主要的象征:出现了音乐厅管风琴的话题,尘封的建筑体("裹着绒衫"),包围在冰与废墟中。"冰中的音乐",在长诗中不止一次提到——高度概括的一笔,看似用词婉转,却隐含着帕斯捷尔纳克对沃尔洪卡故宅的点滴回忆:整个冬天,大钢琴都锁在没有供暖的屋子里。气温下降对这个老物件是致命的。直到春天,这间屋子都无人出入。只有一次,帕斯捷尔纳克兄弟俩进来,想看看大钢琴的情况,只见全家人的宠儿"贝赫施泰因"呆立在冰冻的屋子里,顶盖上还有一杯结冰的茶。很长一段时间,他们都为这一幕伤心不已。

4

灰尘——往昔时光的残迹,生活崩溃的产物。这是不可遏止,又仿佛无缘无故的"自我倾覆",一切都化作齑粉。那么,音乐又何从说起?勃洛克此时已经听不到音乐了。

> 怎么办?随着天空长高
> 声音在轰响中消失。

《崇高的疾病》记录了自然界振动羽翼之际,物体的挪移,房间里的响动,窸窸窣窣,各种声音充斥整个世界。帕斯捷尔纳克在第二版中则把这声音的杂烩定义为"凶年嗥叫":

虽然二楼天花板一如从前，
将三楼新的罐笼支撑，
又托举起整个楼层，
五六两层的接合地带，
暗示着背景的改换，
但这世界依然如故，
但这原本即是赝品，
那空洞的凶年唤叫，
在自来水管网间穿行，
吮吸般的声音向上盘旋，
一堆报纸引燃炉火，
将桂叶与中国大豆烧煮，
臭味甚于这些韵脚，

（我们要说，这可不简单。——德·贝）

一俄里开外仍然气息袅袅，
像是嘟囔："我倒要瞧瞧，
今儿个能否把这吃掉？"
臭味爬行，如饥饿的蠕虫，
从二楼一直爬到三楼，
从五楼悄悄溜进六楼。
一边把坚硬与停滞称颂，
一边宣告着违禁的柔软。

二楼天花板即是三楼的地板；历史的传承——"背景的改换"——表面上仍然保留。"但这原本即是赝品。"新旧时代之间并非正常更迭，而是相互错位，关于这一点，曼德尔施塔姆在《世纪》一诗中也曾提到，他始终希望"用长笛的旋律……将狭隘的时日串联……"

帕斯捷尔纳克对同时代人具有非凡的影响力，甚至对扎波洛茨基这样跟他疏远之人也如此。对革命叙事诗而言，选择四步抑扬格本身就是重大的创举，只有列夫派们挑衅似的宣称，用抑扬格书写革命几近于叛卖，但帕斯捷尔纳克在1923年已然清楚地意识到，革命结束了，青铜骑士的四步抑扬格与新生国家制度的风格最一致。后来,扎波洛茨基用这种格律写下了《报栏》——成长中的"新生活"的最佳写照,现实的宏伟进程及其卑污的内容在诗中一览无余,每一诗行都具有石质的乐感,现实生活由内向外散发着废弃物的腐败之气;而这一写法的首创者正是帕斯捷尔纳克——用各种中国大豆填充他的四步抑扬格。欺骗与整体偷换的感觉——"但这原本即是赝品"——同样伴随扎波洛茨基,并将他直接推向他的前辈:

  ……而在涅瓦河上
  不知是丁香,还是一群姑娘——
  不是的,丁香——拔高身体,
  一袭淡青色的银装
  冰凉——却呼唤着
  把吻贴向浅黄色的唇,
  不动的金属一样的唇。
  但这不过是一场骗局。

(扎波洛茨基:《白夜》,1926)

  然而,帕斯捷尔纳克强调的是,历史传承的表象是虚假的——那宏伟进程亦如此,国家在更公正的基础上却造就出全然不同的事物。在现实生活中,需要经历若干世代方能理解:背景并没有什么改换,帕斯捷尔纳克距离这一结论不远,但直到晚年他还认为,革命是新俄罗斯的起点。换一种眼光来看,对旧俄罗斯的评价则要苛刻得多——布尔什维主义的胚芽(对生命个体、法律和真理的轻慢)在俄国古已有之。但更难猜解的是1923年以来的情势,问题不在于二三层楼或五六层楼,而在于底层与基础;或许只有"路标转换派"才知道一切将转向何处,而且从列宁身上,更多的则是从斯大林身上,他们看出了红色沙皇的苗头。但这种观点毕竟来自侨居生涯,来自"远距离"。

  《崇高的疾病》的革命观念与众不同。两版长诗均从一座被围困并最终陷落的城堡写起。城堡失去控制,开始自行坍塌,所以帕斯捷尔纳克认为,俄国革命的发生并非出于任何人的意图,只是因为"城堡的拱顶分崩瓦解"。布尔什维克党人似乎与所发生的一切无关,责任从他们身上卸去了;他们不是混乱的制造者,而是混乱的产物(准确的洞见,在今天尤其具有启示意义)。城堡中的居民"无人相信,他们相信的是火焰燃烧"——他们以"中国大豆为食"(当时很常见的食物,添加了桂叶以及随便什么调料,只为去除令人作呕的味道,"但这原本即是赝品"。这些玩意儿一起放在炉灶上烧煮,由于缺少木柴,报纸被用作燃料——帕斯捷尔纳克照相式的精准可见一斑,而现实本身则是象征性的)。

非但如此,作者事实上已然超越了个人观念。他对特洛伊史诗的联想,并非无缘无故。当然,这座城堡像任何城堡一样,注定要陷落,但美院学员展现的禀赋却是有目共睹。史诗出自一个最大的伪品——特洛伊木马。于是在这里,在一场伟大变革的掩饰下,残酷的暴力与空前的卑鄙横行于世。毕竟,坚硬与停滞为人所称颂,而"违禁的柔软"的代言者,则是作者把短暂希望交托给他们的那些人,或者说,他有过那样的念头。

5

谁与他们对立?何为最终湮灭"凶年唳叫"的音乐?

> 我们是冰中的音乐。
> 我诉说着周遭的一切,
> 我的心愿由此而生:
> 离开这舞台——这就离开。

> 这里不是蒙羞之地。

不夸张地说,这是《崇高的疾病》被引用最多的诗句,几乎每个读者都拿来为己所用。感谢上帝,"我们"不是阶级的概念。接下来,帕斯捷尔纳克对待阶级情感和阶级理论的态度清晰可见:

> 我生来不是为了以不同方式
> 三次对视同一双眼睛。
> 比歌曲更荒谬的是
> "敌人"这个愚蠢的词……

也就是说,将抒情主人公定义为革命的敌人,要比仅仅视其为歌者更荒谬。紧接着是准确的自喻:

> 我是过客。——崇高的疾病
> 客行四方。

客人！这一隐秘的自喻后来成为帕斯捷尔纳克诗歌的主旋律：三十年代初，他会感到自己像是客人，置身于"伟大原型的欢宴，瘟疫时期柏拉图的会饮"①。这种自我感受近似于阿赫玛托娃的"那时，我客居在大地上"，阿赫玛托娃这位个人主义者，只在特殊情况下才由自身处境转向"我们"（"我们知道，如今被称量的是什么"②），在这里使用的却是单数，而帕斯捷尔纳克则以一群同路过客的名义说：

> 我们是拥抱的音乐，
> 与音乐相伴的是屈辱。

再晚些时候，这种自我感受将会由另一国度和另一种生平的诗人罗伯特·弗罗斯特清晰地道出，他声称自己"同世界发生了爱的争吵"。

在如今看来颇为神秘的诗节中，更准确地揭示了帕斯捷尔纳克所从属的阶层：

> 我们是杯盏的音乐，是一群
> 逃离者的音乐，逃向黑暗中
> 喑哑的森林，就着寡淡的秘密，
> 一副蹩脚做派，品尝茶的滋味。

这里其实并无神秘可言。屡次遇到随意解读之后，帕斯捷尔纳克亲自向读者解释：诗中所述是茶具的出售，当年一项常见的行当，许多人都以此过活。俄罗斯幽暗的兽性的形象，将知识分子闲适家居生活的象征物替换一空的形象，只是倏忽而过，但这足以说明，《崇高的疾病》抒情主人公身处怎样的现实。这位主人公首先是被损伤和被放逐的，从布尔什维主义和钢铁般的意志中，他想象到乡村的俄国摆脱"蹩脚做派"，也就不足为怪：

> 红旗在戏剧之上招摇，
> 挨个扮演着所有角色，

---

① 参见帕斯捷尔纳克《夏天》（1930）。
② 参见阿赫玛托娃《勇气》（1942）。

>时而乡村之友,时而仇敌,
>时而奴仆,时而将它们背弃。

这种对布尔什维主义的双重理解极其精彩——"时而乡村之友,时而仇敌":刚刚获胜之际,它自己就蜕变为压迫者,孱弱的村庄不堪其苦,压迫甚于臭名昭著的沙皇专制。长诗初版耐人寻味地提到高尔基——敌视农村的著名人士,革命初期,他确信有觉悟的无产阶级会像一小撮盐,融化在乡村俄国的泥淖中,融化在野蛮、愚昧的俄国。对这样一个立即从火车站背后展开的俄国("那儿条条路基散乱如麻"),帕斯捷尔纳克做了丰富的描述,同时设置了密码,以免随便什么人都能理解;经由典型的乡村语汇和民众喜爱的诗歌旋律,特征得以呈现:

>那里,"昨儿个晚上"不绝于耳,
>克伦票子①被视为荣誉的尺码。
>更晚时,高尔基向那片小白桦
>径直投去了凌厉的一瞥。

到了1928年,高尔基放弃了他反农民的错误观念,于是帕斯捷尔纳克将这四句诗删除,不再提及,尽管"农民大众嘲弄似的双重面孔"他看得一清二楚,正如写给科罕的信中所说。

然而,应当把帕斯捷尔纳克不甚明朗的概括——"我们"——同整个知识分子,尤其是欣然接受现状的那一部分区别开来。

>在纭纭传奇的辉映下,
>白痴、英雄兼知识分子
>借助法令与招贴的火焰
>盛赞着黑暗势力的荣光,
>那力量却骄傲起来,躲在角落
>将他辱骂,因为他的功绩,
>如果不说是因为二乘二
>无法立即得出一百。

---

① 克伦斯基临时政府时期发行的20卢布及40卢布纸币。

事实上，二乘以二过去不曾，将来也不会得一百，这是无法实现的空想，无论看起来多么迷人，俨然近在咫尺。只能惊异于帕斯捷尔纳克独到且执着的预见，毕竟，在《日瓦戈医生》写到一匹马说它如何在驯马场上自己训练自己①之前三十年，同一位作者就写下了：

> 在纭纭传奇的辉映下，
> 白痴、英雄、知识分子
> 一边书写，一边印制
> 自己的落日的颂词。

在第二版中，"理想主义者兼知识分子"的形象变柔和了。然而，帕斯捷尔纳克并没有将自己等同于此类人物。"白痴、英雄、知识分子"，最有可能说的是"列夫"的圈子，1923年，作者仍与圈中人士保持着表面的一致（但很快就有人以书面方式告知，在这群人中间，他不过是客人而已。"列夫"进行了投票表决，以确定《崇高的疾病》是否为"我们自己的"，是否有必要在小组刊物上发表。本来对长诗就不满意的帕斯捷尔纳克简直懊恼至极）。

在帕斯捷尔纳克看来，革命另有值得珍视的地方，这就是《崇高的疾病》所说的"荒野之美"：

> 那里冰封如镜，车站像
> 管风琴，泛出神秘的光泽，
> 眼睛合不拢，忍受着悲苦，
> 因修缮与假期，音乐厅空了，
> 只好与车站论起荒野之美。

这里彰显着帕斯捷尔纳克最主要和最喜爱的主题之一，这也使他成为勃洛克的直接继承者（而《崇高的疾病》则成为《十二个》的莫斯科续篇）。"我喜欢毁灭，永远喜欢它"，勃洛克不倦地重复说。目睹了彼得格勒在冰雪和废墟中覆亡，勃洛克一声赞叹——"好"，乃是真正诗意的、灾难性的生命感受之产物。无独有偶，马雅可夫斯基时而称作《十月》，时而称作《二十五日》的叙事长诗，最终也定名为《好!》②。不应忘记，在濒临个人疯狂与

---

① 参见《日瓦戈医生》第十五章第7节。
② 马雅可夫斯基的长诗《好!》写于1926年12月至1927年初。开始题为《十月》，后改为《1917年10月25日》，全诗写完后才改为《好!》。

毁灭之际,象征主义者勃洛克道出他的感受,提到被焚毁的图书馆,并在同一语句中有意添加了革命的火焰。他通过死亡为革命祝福,他以注定失败者之名向革命致敬。具有象征意味的是,十年之后,也就是自杀前三年,马雅可夫斯基也道出他的一声"好"——他意识到自己内心也有一座被焚毁的图书馆。在帕斯捷尔纳克看来,只有在危机与悲剧的时代,关于人类的终极真理才尽显无遗。就此而言,帕斯捷尔纳克的自我感受与勃洛克相似。但区别在于,他并非以失败者伤怆的快乐迎接这些时刻,而是凭借基督徒的喜乐。他心中隐秘的猜想均得到验证。极乐的源泉在毁灭之中显现,人人都会成为像所愿望的那样,纯洁无瑕,准备接受相互的救赎,而灾祸只会将偶然的、卑劣的和非本质的事物消除殆尽。勃洛克就此吐露出自己的"好",便死去了;帕斯捷尔纳克则学会了活在此中。弗拉基米尔·阿利芬索夫在其著作中准确地陈述了这一点:"帕斯捷尔纳克并未迈向悲怆的认知,而是由此走出来。"对于几乎整个"年轻"一代,这是正常的生活背景——时代太过明显地孕育着灾祸。但只有在帕斯捷尔纳克那里,这一主题被如此乐观的色调渲染,洋溢着真正早期的基督教精神,在压迫下喜乐,在墓穴中欢庆。帕斯捷尔纳克喜欢常规的缺失,时间的消泯,喜欢假期空荡荡的音乐大厅里绝妙的轻盈和释然,甚至在战争前夕,在佩列捷尔金诺,当"厮杀的兽面"即将呈现,他还在为最后的真理和极度孤独的自由而感谢上帝。大地裸露身躯。光裸大地的形象时常出现在帕斯捷尔纳克笔下,当话题转向灾变论时,也随之出现在《崇高的疾病》中。

6

长诗的"代表大会"部分最为含混,因而也最薄弱;正如帕斯捷尔纳克惯用的手法,思想性的不足被充沛的激情弥补。在这一节中,主人公看到了他想看的一切,尽管放眼望去,局部细节、愚蠢和卑鄙令他难以忍受,但他仍然试图从革命后的俄国看到个人宣言的落实:

> 我一生都想活得像众人,
> 但一个世纪的美丽
> 比我的牢骚更有力,
> 它想活得像我一样。

这该如何是好。整个一生都在幻想。但透过革命,帕斯捷尔纳克总是——包括在晚年——善于发现其中暗藏的艺术家特征(而且如果说早期不成熟的革命是暴动者加颠覆者的形象,那么经由革命改造的国家制度的成熟阶段,在他的联想中则是"有才干的演员",具有"执拗的性格",已然抛弃了自己的过去。帕斯捷尔纳克继续将这种演变等同于他个人的变化,下文中我们还将对此进行探讨)。如果没有后来的长诗《一九〇五年》(1925—1926)开篇导言,就很难理解"想活得像我一样"的世纪那几句。帕斯捷尔纳克喜欢这个导言,胜过喜欢长诗本身:

> 冬日从一月闯入我们的散文,
> 跟它的丑态搅在一起。
> 天穹向大地缓缓垂落,
> 犹如一张大幕垂下流苏。
>
> 雪后散乱的辙印依旧新鲜,
> 像敏感又可怕的消息。
> 这些日夜,多少全新景象,
> 革命,你的本色全然不改。
> ············
> 漫天飞絮酒醉般的迷狂中,
> 仍是那骄傲踌躇的姿态:
> 像不满于自我的艺术家,
> 你在躲避欢悦的节庆。
>
> 你像诗人,思绪游离不定,
> 举步之间寻找着休闲。
> 你要躲开的不只是阔佬:
> 凡是渺小的,都令你厌恶。

帕斯捷尔纳克一番努力动人心扉(而且是绝对的无私,因为他根本不打算刻意显示其诚意),他试图把重点从革命的阶级本质转移到它的形而上学本质,从革命中找出艺术家的特征,从当下事态中发现反叛并非针对

"阔佬",而是针对"散文的丑态"。《崇高的疾病》中也有自我辩白的尝试,准确地说,是为现实辩白:也就是说,应当学会分辨悲剧加闹剧背后的要点。这也是勃洛克的主张——从"本来可以更多"的十月怪相(正如他给济娜伊达·吉皮乌斯①写信所言)背后发现十月的宏大。在长诗的前后两版中,帕斯捷尔纳克分别用一整节记述了1923年春天的日本地震,同时列举了新政权的种种愚蠢。苏维埃当局仅仅向日本无产阶级发去了慰问电,受难者明显被区分为"吸血鬼阶级与工人阶级":

> 很久以来我一直记得
> 那封亵渎神明的电报:
> 当富士山由躁动归于平静,
> 我们向剧中牺牲者发去
> 职业纵火宣传队②的读物。

帕斯捷尔纳克还谈到了阶级道德,并且彻底否定了(以隐晦的形式)马克思主义的历史观:

> 在此之前我可以发誓,
> 赫库兰尼姆③事件跟阶级无关。

至于帕斯捷尔纳克对1923年日本那场灾难的印象,最能说明问题的莫过于他在1924年5月8日写给妻子的信。当时他结识了1924年来到莫斯科的日本作家、记者内藤神治,后者下榻的"王公苑"饭店,就在沃尔洪卡街的一座院落里。整个"列夫"小组都拜访了内藤,在保留至今的一些照片上,还能看到马雅可夫斯基、布里克、爱森斯坦④、特列季亚科夫夫妇以及日本人相聚的情景。其中一张留有帕斯捷尔纳克随手写下的俏皮话:Томитесь и знайте—Тамизи Найто⑤。1937年,正是依据这些照片,当局宣称特列季亚科夫和他的妻子为日本特务,他后来被枪决,而她在监禁中总共度过了二十五年。日本人向帕斯捷尔纳克讲述了地震的详情:

---

① 济娜伊达·尼古拉耶夫娜·吉皮乌斯(1869—1945),俄罗斯白银时代诗人。
② 此处"职业纵火宣传队"系意译。原文 агитпрофсожевский 系作者自创词汇。
③ 古罗马城市,在今意大利那不勒斯附近,毁于公元79年的维苏威火山大喷发。
④ 谢尔盖·米哈伊洛维奇·爱森斯坦(1898—1948),苏联电影导演,蒙太奇手法的开创者。
⑤ 大致可直译为"受尽折磨,您就认识——内藤神治"。这里前后两个半句读音相近。

墙上挂着一幅巨大的东京地图。几道彩色条带,上面密密麻麻布满了弯曲的箭头、十字和数目字。彩色条带表示,六天当中某一天火情不断,起火地点涂以相应的颜色。箭头指示风向。主要是漏斗状的旋风。旋风只有几股。数目字(以千计)说明烧焦的和未烧尽的尸体数量。看到在这种弹丸之地有这么多人丧生,确实不寒而栗。城中共有二十五万间房屋被焚毁。一位见证者(俄罗斯外交官,在东京地震及随后的火灾期间,奇迹般幸免于难)向我们讲述了这一极度惨烈的、就恐怖程度而言简直超自然的现象。由于空气炽热,形成了旋风的涡流。它的吸力如此之大,甚至让早就窒息,身体却还在燃烧的死人飞起来,在天空中盘旋。他们越是燃烧,空气中的热量就越是增大,他们就飞得越高,数量也越来越多。许多死人晃动手脚,看上去仿佛还活着。荒唐的是,在此之后,还说什么"文学",说我们在思考"俄日友谊"云云。我向他们借了两天的日本杂志。可怖的毁灭景象。诗意的风景同坍塌的桥梁和铁路路基相结合,给人以不祥之感。但那又是怎样的文明和怎样的勤劳啊!画面很能说明问题。眼见为实,言语难以尽述。

但无论"亵渎神明的电报"——仿佛资产阶级是灾难的罪魁祸首,还是别的什么把戏——"没有多少事情比划分/庞贝城的类别更愚蠢"[1],都不应掩盖实质。而实质就在于跟彼得改革不相上下的改革:

> 再一次地,从礼堂,
> 从朝南开敞的门洞,
> 北极的彼得的暴风雪
> 蒲扇一样掠过灯盏。
> 护航舰再次驶向横堤。
> 叛卖与诡计的产儿
> 再次大口吞下巨浪,
> 继而不识故国。

假如"叛卖与诡计的产儿"意指革命前(尤其是战前)的俄国历史,帕斯捷尔纳克早在1914年8月就已发现其所有灾象,他在目睹布尔什维主义革

---

[1] 引自帕斯捷尔纳克《崇高的疾病》(1923,1928)。

故鼎新时的欣欣也就不难理解了。

长诗第一版收尾相当悲凉:原本就颇为离奇的情节突然间从1921年列宁做报告的那次苏维埃代表大会——跳回到尼古拉退位之前的1917年二三月间。

> 夜里全都入睡了,只有猎人
> 吆喝着猎犬,在沙皇列车近旁
> 在整个濒海郊区
> 在冰面上分散开,直到黎明。

猎犬巡猎和追踪沙皇列车的画面已经别具深意(同情猎物总是比同情猎人更自然),但接下来意蕴更直白:

> 真相不明的叛乱
> 收紧了围猎的圈套,
> 双头鹰精疲力竭,
> 盘旋在普斯科夫一带。

(这显然是对勃洛克的注解——

> 闻所未闻的变故,
> 见所未见的叛乱。①)

毫无疑问,帕斯捷尔纳克最希望一切以不流血而告终:

> 呵,倘若他们碰巧找到
> 地图上找不到的路。

(惊人的直露:哦,倘若他们能顺利逃离!只要——逃离,消失,免于死难!在三十年代,他是怎样让这些诗句得以重印的?莫非编辑们假装不懂?)

> 但地图上标注的铁道
> 迅速地隐匿了轨迹。
> 圈子变窄,松林呜咽,

---

① 引自勃洛克《报应》(1910—1921)。

> 两个太阳在窗口相遇:
> 一个从托斯纳河背后升起:
> 另一个坠入德诺车站。①

长诗第一版以这几行诗句收尾,剩下是作者的某种怅然("未来一片浑浊"),读者则一头雾水。在德诺车站,末代沙皇签署了退位诏书。一个月之后,列宁从托斯纳河对岸向彼得格勒进发。不妨在此直接引用普希金的诗句"曙光却已一线接着一线,/让黑夜只停留半个钟点"②:一个时代的黄昏同另一个时代的黎明不期而遇。帕斯捷尔纳克本人也意识到这种结局的偶然性,他在写给吉洪诺夫的信中承认,发表的只是长诗的片段,因为它尚未彻底成型——既然作者心中也还没有最终的定论。正是同样的原因,《斯佩克托尔斯基》也未能完成——帕斯捷尔纳克称这部诗体小说是一个不大的诗段,取自构想中的大长篇,意在书写革命与爱情,将诗歌和散文融为一体。直至《崇高的疾病》第二版,帕斯捷尔纳克才向自己发问——"我该如何结束我的片段?"他以列宁的形象结束了作品,在随后的作家第一次代表大会报告中,布哈林予以高度评价。这的确是一部极具表现力的作品。只要帕斯捷尔纳克愿意,他就能对列宁形象施以浓墨重彩;像以往一样,此处也略为笨拙,却显得更加率真。苏维埃诗歌看重粗粝的风格,这被视为真诚的表现。帕斯捷尔纳克宣称,列宁的声音像火光,带给他犀利的刺痛:"像球形闪电的簌簌声",绝非普通的赞颂之词,特别是考虑到,球形闪电出现时通常会有怎样的后果。接着,列宁的出场引发了一系列近乎神秘的征象:

> 人们站起身,目光徒劳地
> 扫过最边上的桌子——
> 他却从讲坛上长出来,
> 长出来比走进来还早。

这一切乍看非常有感染力。大厅专注的等待仿佛催生了列宁,但只要从字面上想象一下这画面,我们就会联想到某种类似蘑菇的东西,突然间从

---

① 此处一语双关,因为"德诺"这一站名,在俄语中写作 Дно,具有"底部"之义。
② 参见普希金:《青铜骑士》(1833,查良铮译)。

237

讲坛下面冒出来。列宁的样子确实像蘑菇——粗短、结实的双腿,硕大的鸭舌帽……大脑门儿……"他像花剑发出的击刺。/紧紧追赶说出的话语,/他坚持自我,劈开上装/抻开一双半高靿皮鞋":这四句诗被引用的次数,大概不亚于著名的"冰中的音乐",而且向来被当作巨大表现力的成功范例,但"劈开"和"抻开"像外乡人兀立在诗的结构中,勾勒出笨拙而又坚定的举止。诚然,帕斯捷尔纳克这种诗意的直觉不容否认,弗拉基米尔·伊里奇确实劈裂并抻开了勉强支撑俄国的一切。帕斯捷尔纳克想对列宁进行瞬时的印象主义刻画,但每一步都陷入歧义,与列宁形象及长诗本身的形式构造之间鲜有协调:

> 话语大可谈论重油,
> 他却弯下身躯
> 呼吸着粗陋皮壳中迸出的
> 赤裸本质的飘香。
> 这赤裸的 р 与 л 的混音
> 大声宣读着鲜血
> 昔日浇铸的一切:
> 他是他们声音的面孔。
> 每当他转向事实,便知道
> 是历史借用他嗓音的精华
> 从人群中间号啕而过,
> 令他们惊讶地闭上口舌。
> 就这样,尽管不够亲昵,
> 却比面对任何人都自在,
> 他随时准备数说历史,
> 唯有与它相邻他才惬意。
> 为那千百年的艳羡所羡慕,
> 为他们同一个妒意所嫉恨,
> 他驾驭着思想的潮流
> 只因为——驾驭着国家。

这大概终归是诗意的夸张,因为列宁从未真正驾驭思想的潮流;充其量他只是遏止了潮流,以便从潮头之上向自己的目标进发。在这里,帕斯捷尔纳克不无启蒙式的热情,一厢情愿地希望未来统治者能够思考,而不仅是领导。

这里首次出现了"嫉恨与羡慕"——帕斯捷尔纳克对于革命的两个基本定义(参见1931年《冰与泪的春日》中的"我们对自己的嫉恨/我们的憎恶与羡慕由此而来")。展开分析时,需要详述"嫉恨与羡慕"的起源,而首先要指出的是,"为那千百年的羡慕所艳羡"不带有一丝谄媚。话语的总体效果近乎怪诞:列宁被塑造为血腥往日的"声音的面孔",亦即直观呈示的残酷性;而"赤裸"一词两次用在他身上,尽管我们已经知道作者意指"赤裸的本质",但"赤裸的 p 与 л 的混音"这个组合不免让读者联想到讲坛上秃顶的领袖,随时准备数说历史。除开这些,历史用列宁声音的精华来漂洗事实。产生了纯属诗的生硬,对这种大师手笔而言未免怪异——"就这样,尽管不够亲昵,/却比面对任何人都自在",在这简单的两行中,"就""尽管"与"却"的连用,即便对鲍里斯·列昂尼德维奇也算是过量。总的来看,他从未有过真正成功的颂词。让那些不大承认他有败笔的狂热崇拜者感到安慰的是,任何诗歌(乃至整个文学)作品中的列宁形象,可以说都是不成功的。在阿尔达诺夫的《自杀》中,列宁出场的一幕单调而乏味;高尔基一篇随笔的两个版本也是虚情假意(文中的腔调是典型高尔基式的,正如这位作者的所有作品);无论阿维尔琴科①这样的讽刺作家,苔菲②这样杰出的心理学家,抑或索尔仁尼琴这样的政论家(《列宁在苏黎世》),都不曾塑造出活生生的列宁。无论卢那察尔斯基这样的友朋,还是布宁这样的敌人,也都不善于描绘他。此处隐藏着某种秘密——此人对一切形式的艺术都抱有敌意!笔者没有把列宁研究专家米·罗姆考虑在内,也不想说什么感人的列宁,身着对襟衫,专注地盯着扑出的牛奶,或者用茶水灌饱无数打零工的人。或许,只有在苏联笑话这种集体创作的民间口头文学中,才能找到自然而讥诮的列宁故事:"　口蜜吃下肚——让我不再唠叨叨!"叶赛宁写到"腼腆、质朴、可亲"的列宁就写不下去了。就是这么个腼腆可亲之人,一旦在路上遇到叶赛宁,必定让他领教什么是真正的可亲。马雅可夫斯基对列宁的塑造,同样成色不足。帕斯捷尔纳克则勇敢地冲向问题,回应时代的挑战,在

---

① 阿尔卡季·季莫菲耶维奇·阿维尔琴科(1881—1925),俄罗斯讽刺作家,曾被誉为"俄罗斯讽刺之王"。
② 苔菲(1872—1952),才华横溢的俄罗斯作家,原名娜杰日塔·洛赫维茨卡娅。

大背景映衬下,他的敷衍算是相当得体,但以他个人的文本来衡量,《崇高的疾病》结尾当然会很单薄,如果不是有这精彩的四句:

> 我想知道相联的重负
> 何以催生整个世纪。
> 天才的降临如同吉兆,
> 离去时却以压迫为报复。

审查机构将这四句诗从1935年出版的《诗歌》①中删除,也在情理之中——关于压迫,一切不言而喻。1957年,帕斯捷尔纳克打算在《诗选》中恢复原状,还为这部未能问世的诗集写下随笔《人与事》作为序言。严格地说,这才应是《崇高的疾病》的最终版本,如果考虑到晚年的他尽可能避免激情与晦涩,表达变得简洁直白,连意义都时常简化。玄奥意蕴的光环消失了,随之出现的是非常具体的宣言:

> 当我看清了他的形象,
> 就陷入无休止的沉思:
> 我想知道他的手笔,他以第一人称
> 勇于作为的权利。
> 许多的世代,总有人
> 从中走出来,迈向前方——

然后是上文的四句。②

耐人寻味的是,帕斯捷尔纳克在此有意无意地推翻了自己。正当他以为"相联的重负催生的世纪"不复存在,历史之链断裂了,终于能摆脱"罐笼",迈向一片新的空间,另一个链条立刻出现在眼前:天才带着前所未有的许诺("吉兆"所指的当然是自由与博爱)降临世间,要把压迫消灭殆尽,但接踵而至的是新的压迫,"比水泥更白更坚固",当天才离去之后,此种压迫不可避免。帕斯捷尔纳克后来在《施密特中尉》中发展了这一思想,并将其视为长诗的主旨。

---

① 帕斯捷尔纳克的单卷本诗选,由列宁格勒文艺出版社于1935年出版。
② 这样的结尾与《崇高的疾病》两个版本都不同。按照贝科夫的意见,如果有可能,晚年帕斯捷尔纳克应以这一结尾完成长诗。

帕斯捷尔纳克对列宁有很多思考,却几乎从未公开表露。这其实不难理解:如果说对斯大林的批判至少在他死后是被许可的,那么列宁则始终是绝对的苏维埃圣物。1924年,帕斯捷尔纳克参加了列宁的遗体告别。1月24日冰冷的夜,他从停放在昔日贵族会议圆柱大厅里的列宁棺椁旁走过。曼德尔施塔姆也在成千上万人汇成的同一个哀悼的队列中,马雅可夫斯基则先后三次排队,瞻仰了列宁遗容,但帕斯捷尔纳克没有跟他们两人深谈过列宁。在《人与事》补充的小节中,有关俄国革命领袖也谈得少而谨慎。甚至《日瓦戈医生》对他也几乎只字未提。更重要的是,1957年,在帕斯捷尔纳克那儿已不再有最终的答案——在是否值得以第一人称勇敢行事这个问题上,"我陷入无休止的沉思"。关于列宁,《人与事》这样说:

> 他满怀天才的热情,毫不犹豫地担负起空前的流血与毁灭的责任,他不惮于向人民发出呐喊……暴风雪因他的准许而飞旋。

有一些理论上难以臆想的时代,人们只需活在其中。十月的历史意义清晰明了——并非美学的,而是简单粗陋的意义,同任何浪漫情调都不相干,根据后果即可予以评断。还是在《人与事》这一章中作者写道:

> 四十年过去了,从那迢遥之地和古远的年代,从日夜汇聚在夏日广场上,仿佛参加古代谓彻①的开阔天空之下的人群中,已不再有声音传来。但即便相隔这样的距离,我依然将这些集会视为无声的景象或凝滞而鲜活的画面。

诚如所云,万物阒寂无声。"声音消失了"。而在1957年,帕斯捷尔纳克已经根本不认为,"因列宁准许而飞旋的暴风雪"是造福于人的。他已经不相信,列宁拥有驱遣暴风雪的权利。不过,暴风雪无需任何恩准,也会漫天飞舞,因为任何"细微的自我倾覆",迟早将转向狂暴的解体阶段。但即便如此,最起码"贵族们关于平等博爱的说教"②不会在声誉上受损,因为许久以来,"羼杂真理的谎言"已然是十月"声音的面孔"。

这便是帕斯捷尔纳克最后一次干预长诗文本之意义。诗作与作者一道发展,同时又像一面弥足珍贵的镜子,映照发展的历程。

---

① 古罗斯时代某些城市的市民大会,相当于最高权力机关。
② 参见帕斯捷尔纳克《夏天》(1917)。

7

史诗未诞生,却造就了叙事长诗——作者本想记录某种确定性,却记录了惶惑不安,根据成熟的反思,这可能更重要。帕斯捷尔纳克试图完成时代的主要命题,创造出新的诗歌语言,不仅适合抒情,也适合叙事乃至社会分析。不应钻进牛角尖,把诗人想象成潜伏者,设法将自己的真挚道白埋藏在混沌的呓语和呢喃之中。不过,此类阅读方式不无市场——帕斯捷尔纳克的文本确实被一些同时代人理解成"加密的暗语"。在1937年苏联作协执委第四次会议上,不是别人,正是他的友人德米特里·彼得罗夫斯基叫嚷道:

> 别对我说帕斯捷尔纳克诗歌的杂乱无章。这是发给某人的密码,其意图绝非模棱两可……问题不在于形式的复杂性,而在于,帕斯捷尔纳克打算利用这种复杂性,以达到反对我们、敌视我们的目的。

这既可算是政治告密,亦可理解为心胸狭隘的读者的抱怨;他更有可能怀疑作者政治上居心叵测,而不愿承认自己是门外汉。但如果抛开这番言论的告密性质,就不能不承认,彼得罗夫斯基距离实情也并不远。他知道,帕斯捷尔纳克本质上是理性之人,早已放弃了"越偶然,就越真实"的早期印象主义立场,他的作品无论多复杂,都不能从根本上说明它们是玄奥难解的。二十年代初期的读者还不习惯于复杂的文本,还需要一定的时间,才能理解所有扑面而来的谜题。在《斯佩克托尔斯基》中,一个由暗示、留白和引文所编织的集合体将臻于完满,但阅读它需要更仔细。届时,即便真正的读者,也会因为缺乏足够的智识而变得愚不可及,要么便是安静地待在一旁。

仿佛某种征兆,《崇高的疾病》即是转折点,它的两个版本,表明作者发展变化前后的两个阶段。这一变化的矢量(程度和趋向)在形式上符合时代的总体意向,也就是说,与返璞归真的运动相吻合,但需要强调,这只是形式上的吻合,而非内容上,因为时代的强行指令过于简单,规训的寓意也很肤浅,迥异于成熟期帕斯捷尔纳克的《圣经》式质朴。然而,从表面来看,时代与诗人似乎朝着同一方向行进,这是由六十年间俄国革命的民主矢量所决定。沿着这条路径,帕斯捷尔纳克迈向二十年代后期折中的、史诗般的叙事长诗,迈向《第二次降生》的诗篇以及1935年的绝径和危机。

第十三章 《空中道路》

1

1924年2月,帕斯捷尔纳克写下《空中道路》这一篇幅不长的中篇小说,半年后发表在《俄罗斯现代人》杂志。他这篇最奇特的作品,出现在当时出版的最奇特的刊物上——一份被准许拥有相对自由的刊物;但也就在1924年,杂志停止了发行。《俄罗斯现代人》由楚科夫斯基担任主编,编辑部所在地是彼得格勒。这是将貌似的自由与合法性归还于俄国期刊的最后一次尝试。它毫无希望可言,所有人都清楚这一点,除了杂志同仁。托洛茨基也发表了看法:"一帮聪明人,却不明白自己在干什么。"确实是一帮聪明人,基本上是1921年被取缔的《世界文学》编辑部原班人马。

然而,即便在《俄罗斯现代人》上,《空中道路》也未能完整刊登,因为小说太过尖锐地表达了作者对于革命残酷性的态度。

甚至在今天,对它的解读也莫衷一是,因为诸多奇幻虚构、浪漫想象和暗记堆叠在一个简短的故事里。前两章的情节发生在俄罗斯南部某地,时间是1905年。由美女列利娅、她的形象模糊的丈夫德米特里及儿子安东(托申卡)组成的一家人等待海军军官列夫·波利瓦诺夫的到来。丈夫和妻子去港口迎接客人。这时,一场暴雨将至;天气窒闷难耐,留在家照看孩子的保姆倚靠着一棵桑树,昏昏欲睡。小孩爬到篱笆边,几个过路的茨冈人抓住了他。

> 男人蓄有一副黑色的大胡子。女人一头乱蓬蓬的浓发随风飘拂。身穿绿色长衫、佩戴银耳环的男人抱着偷来的孩子。

("偷来的"和"令人赞叹的"[①]战利品——帕斯捷尔纳克特有的纯属下

[①] 在俄语中,动词"偷窃"和"赞叹"的完成体,词形完全一样,都写作восхитить,只是重音不同,它们的被动性动词形式分别是восхищенный和восхищённый,词形几乎一样,读音也相近。

意识的双关手法;比较一下玛丽娜·茨维塔耶娃的:"人们曾经见过沉睡的我,/被窃取与被赞叹的我,/沉睡在白日的梦中,/却无人见过我的梦境。"①)

这几个俨然在做戏的茨冈人将遇见住在附近别墅的中学生孪生兄弟,不知怎么(混乱的叙事语焉不详,仅有模糊的暗示),他们的勾当被两兄弟揭穿,孩子被归还给父母,但具体情形不得而知。随后发生的意外将决定未来的情节,并给故事平添几分近乎流俗的冒险色彩:事实证明,这个托申卡根本不是德米特里的儿子,他是波利瓦诺夫之子。因此,从列利娅那儿得知这些连环的细节后,波利瓦诺夫才格外卖力地去寻找他。

故事并未就此终止。十五年过去了。在贯穿这一准文学作品(паралитература)的两条叙事脉络之外,又增长出两条——动荡背景下的偶然相逢,责任与亲情的冲突。1920年,在国内战争如火如荼之际,列利娅找到省执委会主席团成员、旧俄军官波利瓦诺夫,为他们因参与反革命活动而被捕的儿子求情。波利瓦诺夫拒绝提供帮助,然后问起有关情况,当他确信任何努力都无济于事("他知道这个案子,被告没指望了,只是时间问题"),却突然抽风似的痛哭起来。这时,列利娅"像个硕大的不算太破的洋娃娃"陷入了昏厥,躺在黑暗中"被她当作地毯"的一堆锯末和垃圾上。到此为止。其实还没有了结,因为帕斯捷尔纳克曾多次说过,手稿缩减了三分之一,精髓在于结尾处作者反对死刑的愤怒独白,但这一部分却被无情删除。在1933年出版的《空中道路》这部文集中,恢复结尾的希望也都化为泡影。不过,现有结尾所描述的被当作地毯的那层垃圾同样意味深长,很可能这是有意为之(在二十年代的散文中,帕斯捷尔纳克尽力赋予每个细节以意义),其所道出的对革命的失望,甚至超过整篇小说。故事情节的双重连环令人恐怖——第一部分的骗局(孩子丢失了,又找了回来)和结尾的真正悲剧,他再次被找到,却是在不可能获救的受审判者的名单上。这可不是茨冈人的拐骗,而是"专政",是铁钳。

乍看起来,这篇小说荒诞离奇,博得《俄罗斯现代人》编辑部好感并使之做出有利决断的似乎只是作者非凡的技巧(即便如此,最主要的也只是与事件无关的细节描述)。作品缺乏平衡感,仿佛处在游离状态,但同时也

---

① 引自茨维塔耶娃的组诗《Н.Н.В.》之十六(1920年5月17—19日)。

体现着帕斯捷尔纳克对情节突出的传统散文的永恒追求,以及淋漓尽致的表现主义笔法。这种笔法使情节渐趋黯淡,直至漫漶不清。正是在《空中道路》中,首次表现出帕斯捷尔纳克散文的基本特点:情节有内外两个层面,外在事件几乎不被关注,所有主要事件均发生在第二个隐喻的层面,发生在"空中道路"上(跟狭隘的解释有所不同,小说名称的寓意就在于此)。《空中道路》——新的散文风格的宣言,开启《此世》《日瓦戈医生》和《盲美人》的形而上现实主义的密钥。

孩子被偷,不是因为茨冈人从旁边经过,是因为暴雨将至。保姆入睡,不是因为懒惰,是因为在密集的诗意夸张中,一切都在漂游,融化,桑树上浆果飘香,毛虫蠕动,空气中弥漫着浓郁的慵倦气息。孩子最终被找到也不是因为两个中学生将茨冈人阻拦,而是因为"近处的霞光依然萦绕"。这篇小说的主要角色——形式实验的本质就在于此——是雷雨、"小鸟和它的鸣唱",是草地上的脚印、桑树、天空、乌云。表现现实性的不是外在事件的更替,而是空气流动的神秘链条。发现内在的现实,探寻历史运动所真正依循的"空中道路",即是形式上的使命;这样的散文才可以称为象征主义散文。

后来,瓦连京·卡达耶夫就同一主题展开自己的变奏曲,其标题暗中引用了帕斯捷尔纳克(《维特故事已经写就》[①],1979)。外在事件的陈述含混不清,着墨甚少。(苏联审查机构总算放过这篇小说,使之得以发表在《新世界》杂志。小说讲述了一位母亲为儿子向一名昔日政治流放犯求情的故事。后者为解救她的儿子付出生命的代价。结果却是个可怕的错误——儿子的名字仍然留在公布的死刑犯名单中。母亲未能等到儿子的归来,在伤恸中死去。)故事情节沿着梦的逻辑展开,主人公乘坐火车,东奔西走,始终到不了想去的地方……云朵、铁道、炎热、卡车、监狱院墙内被马达的轰鸣掩盖的枪声,成为卡达耶夫叙事的主要角色。小说中两次引用了帕斯捷尔纳克,先是《断裂》中的语句:

> 我们的日子,连空气都透着死的味道,
> 打开窗子有如割开血管。

然后是《施密特中尉》:

[①] 瓦连京·卡达耶夫的中篇小说。标题来自帕斯捷尔纳克《主题与变奏》中的组诗《断裂》之九。

或许，当你们清除人类
也不会有一丝战栗。
说到底，教义的殉难者，
你们也是世纪的牺牲品。

2

《空中道路》显出帕斯捷尔纳克散文的另一个重要特点：作者运用一贯的极其传统的手法，刻意塑造故事情节（难怪他将狄更斯称为榜样），与之并行的是准确到惊人程度的心理观察。正是在《空中道路》中，帕斯捷尔纳克总结了自己的人生经历的规律之一：

> 有这样一条规律，只要遵循它，我们就永远不会遇见有可能经常发生在他人身边的事情。它的不容置疑就在于，当我们还能被朋友认出时，我们会以为不幸是可以补救的，一旦朋友认不出我们，那么，作为规则的验证，我们自己就会成为他人，即成为那种注定痛苦、受损、落入法庭乃至疯人院的人。

五十年之后，布罗茨基更简短地表达了同一思想："死——这是别人的遭遇。"（《纪念塔·博》）

还有一种对《空中道路》的解读；其依据来自第三小节的一段文字。帕斯捷尔纳克在此命名并描绘了"第三国际的天空"。或许，这是对于一九二〇年代真正现实的最精确描绘之一，因而也最具形而上意味。

> 这是一条条空中道路，李卜克内西、列宁及少数聪明头脑中迸发的直线条的思想，如列车一般终日运行在这些道路上。这是已然确定的道路，处在足以穿越任何界限的层面，无论它们被称作什么。

大气波澜无穷，各种躁动、念头、希望和关联充塞其间，给人以近乎实体之感，每当时代风起云涌，这样的感知便会造访帕斯捷尔纳克及其抒情主人公：世界被承载思想和警示的满负荷单位所填充，期待和预感的流体在空气中飞驰。这种可感知的空间密度也在同一时期（同样是1924年）出现于霍达谢维奇的诗篇。无论心理还是创作，霍达谢维奇跟帕斯捷尔纳克截然不同，但大诗人们对时代精神有相似的感受：

整个夜晚,带刺的无线电的光束

从我身体中穿行……哦,倘若你们自己知道,

可怜的欧洲之子,

你们还会被怎样的射线

于不知不觉间刺穿![1]

耐人寻味的是,1937年(此时帕斯捷尔纳克和霍达谢维奇都沉默了——前者是暂时的,后者则永远不再发声),在曼德尔施塔姆先知般预言着暴雨将至的《无名战士颂歌》中,空气和云海成为主要角色:"就让这空气成为见证者……无窗的海洋,物质……"[2]而稍晚些时候,它们又进入另一文本:"我转向充当仆役的空气,/等待它的服务抑或消息。"[3]空气—仆役、空气—信使、充满信号的空间:在霍达谢维奇那里是"带刺的无线电的光束",在"二战"前的曼德尔施塔姆那里是"细若游丝的速度之光"。而十四年后,帕斯捷尔纳克的"第三国际的天空"——"白日里被荒凉大地填充"的天空,则从曼德尔施塔姆"壕堑之上惨淡的天空,趸卖大宗死亡的天空"得到了回应;潮湿的、泥土的土色天空。

3

最后还有一个重要主题,首次出现在《空中道路》中:家里的孩子,未来的叛乱者,童年时被茨冈人偷走。茨冈人——变乱的象征;从家中走失或躲入地下,是类似于失窃的事件。男孩安东身上从一开始就带有命运的烙印:注定被自然之力窃取,被其虏获。奔向革命或反革命,投身于密谋或反叛,喻示着面向悲剧与危险世界的选择——与童年世界及其脆弱的舒适之间的必然决裂。谁被茨冈人窃取,谁就找不到通往日常现实的归路。

在帕斯捷尔纳克那里,失窃的孩子的母题始终与诱惑、执迷于罪恶及危险的主题相伴随。按照亚历山大·若尔科夫斯基[4]的说法,这是他的不变

---

[1] 引自霍达谢维奇《虚弱的我从床上起来》,发表于1923年而不是1924年。此处引文也与通行版本有出入。
[2] 引自曼德尔施塔姆《无名战士颂歌》(1937)。
[3] 引自曼德尔施塔姆《不要比较:生者无可比拟》(1937)。
[4] 亚历山大·康斯坦丁诺维奇·若尔科夫斯基(1937—),俄裔美籍学者,语言学家。

量(инвариант)。《空中道路》问世前三年,他就已展开了这一主题——在《主题与变奏》之《人人如此开始》这首广为引用,却同样晦涩难懂的诗作中。这是极为复杂、充满暗示和密码的精神自传,汇集着他所有的命题:

  可怕的美色坐在丁香花旁,
  坐在长椅上,假如实在无法
  偷走孩子,该如何是好?
  种种疑虑由此而生。

  恐惧由此成熟。他又该如何
  让星星高不可及,
  假如他是浮士德,是幻想家?
  茨冈人的行迹也如此开始。

  "他又该如何让星星高不可及",显得华而不实,跟帕斯捷尔纳克精神气质糟糕的一面最接近,因而无法做出明确的解释:1921年的帕斯捷尔纳克尚能允许自己有这种空洞的文字。不过,窃取孩子们心灵的"可怕的美色",其形象已然彻底明了:这一切源于可怕的童年记忆,关于茨冈人、关于暴风雪与惶惑、关于无可抗拒的危险而异样的美之诱惑。

  对于那些被非理性的反叛精神从惯常生活进程中窃取的人,帕斯捷尔纳克是否会羡慕?未必。倒不如说,他会有同情,当发现叛乱者身上"失窃的孩子"的形象。但任何真正参与叛乱和厮杀的行为,却又像一切茨冈风情一样与他格格不入。他比许多同时代人更多描写了漫游和漂泊,尽管他本人向来深居简出。而他童年的保姆是值得信赖的:她的名字就叫作俄罗斯文化,她并未因雷雨前的窒闷而昏然入睡,反倒越来越清醒。

第十四章 1923—1925年

1

1923年12月17日,大剧院里举行了瓦列里·勃留索夫五十寿辰的庆祝活动。

在沮丧和压抑中,勃留索夫迎来这场庆典。他深感文学的孤独,却公然书写着平庸造作的诗,他整个三十年间孜孜不倦的文学活动,只是给他平添无数敌人,就连曾经喜欢他许多诗作的茨维塔耶娃,也写了一篇对他不甚友善的随笔——《劳动英雄》。他在革命前为之奋斗的事业,已然烟消云散;同辈和友人不是死去,就是各奔东西。严格地说,这个新时代已不再需要他。在群贤毕至的大剧院,重要的诗人都没有发言,但马雅可夫斯基参加了晚会。幕间休息时,他来到后台,怀着敬意向勃留索夫热情祝贺。

"谢谢,可我不希望有人也为您搞这么一场祝寿。"劳动英雄答道。

总的说来,勃留索夫对一切都看得清楚。他知道自己投向布尔什维克并与之合作,要比勃洛克起先主张知识分子"能够并且应当"同革命胜利者合作更合乎逻辑。作为一个谨守原则、自律和勤奋之人,一个用铁的规则约束灵感,为每一种诗歌形式树立典范之人,他跟那些"一边把坚硬与停滞称颂,一边宣告着违禁的柔软"的人站到了一起。勃留索夫属于少有的严守秩序的俄罗斯诗人。一贯严谨、勤勉的帕斯捷尔纳克欣赏的正是这一点。在晚会上,他表演了诗朗诵,勃留索夫被深深触动,在答词中称帕斯捷尔纳克为"可敬的同道"。

> 我该说什么?说勃留索夫是苦命
> 注定浪游四方,奔波不停?
> 说头脑在愚人国里变得僵硬?

欢笑和痛苦并非出于闲心？

（说起"愚人国"，这是帕斯捷尔纳克绝妙的双重讽喻。好好想想，勃留索夫的头脑是在哪个愚人时代变得僵硬？或许，是尼古拉时代……当然，所有参加庆典的人都正确理解了诗的含义。）

说您最先为昏睡的公民诗歌
敞开了入城的大门？
说风剥去公民身份的外皮，
而我们又把羽翼撕成碎片？

说您为疯狂的韵脚定下条例
让它们不再飞旋着扎进黏土，
说您是每家每户的灶神，
是律令的魔怪非同儿戏？

说我以后也许将永远不死，
说您曾经每天早晨都亲自
拿直尺教我们长生之术，
如今却被空谈折磨得要死？[①]

对律令的颂扬正是这首献诗的关键所在，因为鲍里斯·列昂尼德维奇本人已决定打破艺术家的习惯，融入新的生活，担负起养家的责任。1923年至1925年这两年，是帕斯捷尔纳克千方百计挣钱谋生的时期，他想一下挣到至少维持半年之用的数目。他期待宏大的著作，构思着长篇小说——准备先用诗体，然后是散文体，再往后是散文与诗歌兼而有之；他打算出版一本新的抒情诗集，也想做些翻译。然而，在一份勉强将就的活计都得苦寻的情况下，一切期望都是泡影。1923年，他经历了几近赤贫的时光，只能有什么做什么，他意识到自己晦明不定的景况：名诗人，深受年轻人崇拜，国外有人为其撰写文章——不只是侨民，还有欧洲的评论家；已有两部诗集问世，许多人视之为新抒情的高峰；任何一个现代散文的话题都绕不开他的名

[①] 引自帕斯捷尔纳克《致勃留索夫》(1923)。

字,而他家里却没有吃的,儿子叶尼奇卡连个带响儿的玩具、完整的襁褓和小衣服都没有。

后来,是欧洲式的教养和超常的工作量解救了帕斯捷尔纳克。他成了一名多产的译者,这使他不仅能养家糊口,还能接济其他需要帮助的人。不过,二十年代的翻译作品基本上都是极其肤浅的外国廉价读物。高尔基开创的"世界文学"传统中断了,因为编委会领军人物离开了俄国①,而其他大部分成员不是移居国外,就是惨遭杀害。刊登和出版的尽是欧洲文艺小说家的长篇小说和历险题材的古典作家文集;译者之间竞争非常激烈——懂外语的大有人在。帕斯捷尔纳克得到了机会,为一部名为《年轻日耳曼》的诗集翻译一批不知名的德国诗人的作品。1924年5月,他写信对当时与父母同住在彼得格勒的妻子说:

> 如今,每当夜里着手翻译这些愚蠢的德国诗歌时,我就心神不安,我渴望的是真正的工作。

这段时间,帕斯捷尔纳克一直为住宅的命运担忧。人民教育委员部的一个部门入驻楼下,占据住房,房客被强行迁往莫斯科郊外,有的甚至无处可去。

> 恐怕整个夏天情况都不会改变,一天天就这么处在荒诞不经和平庸之至的俗务当中,倍感压抑,难以摆脱,没有任何自己的东西。

为排解苦闷,帕斯捷尔纳克独自弹奏一些钢琴即兴曲——不能面对叶尼亚,因为巨大的高音会吓着他;直到儿子年满两岁,帕斯捷尔纳克才时常为他演奏,培养他的乐感。

"啊,我们的生活,非人的生活!"在一封书信中,帕斯捷尔纳克忍不住喟叹。这并非无病呻吟。一个月后,他又写道:"可耻的年代,许多罪孽都应归咎于此。"

> 突然间,冒出形形色色的规则的代表,要求你提交那些只能证明你的面目被扭曲的东西。哦,在这前所未有的时期,平庸到极点的风尚,如同天然的墓穴,其使命就是要埋葬一个人鲜活的思想和事业!

---

① 1921年,高尔基离国出走,旅居欧洲长达十年。

这是他同样在1924年写给妻子的信,她在泰茨①车站附近租了一座宅院;这种风尚,剥夺的不是他的钱财,不是福利,而是有效工作的基本条件,他要为事业而奋争,除此别无他求!而他整个的生命,就消耗在反抗平庸的斗争中。他开始讨厌作为责任的自律,就像1912年7月在马堡一样:

哦,叶尼娅,我真对不住你!为了将自己冻结,就像以往发生的那样,我要把自我的意义全部扼杀……你是否相信,我已经永远忘记了以诗歌为生?

我感到伤恸难耐,无可挽救,我曾备受岁月的折磨,如今又要疲于应对各种支出,光阴似水,一天天流逝,夏天眼看就要过去,可我还没有去看望过你。哦,这是怎样的苦役!这段时间,我们应当设法从什么地方弄一些钱来,既然所有出版社,包括国家出版社,所有人,包括国家公职人员,都以种种理由拒绝向我们支付稿费,按照合同结算,诸如此类,不一而足。

在泰茨,叶甫盖尼娅经常在噩梦中梦见他。他确信,这些梦是灵验的:

命中的机缘多么相近,多么亲密。我就守在你身旁,哪怕周围是危险的偶然的威力。

直到1924年7月29日,在收到几笔早就答应要给的稿费之后,他才终于能够动身前去泰茨探望妻子。

回到莫斯科后,他又开始不懈地寻找工作。9月19日,他向曼德尔施塔姆宣称:"远望前方,我还从未有过如此充实的满足感。"十天后,他却对奥莉加·弗莱登伯格抱怨道:"我弄不明白,写作究竟意味着什么。"他的心境因为一些新的承诺与新的欺骗而急剧变化。譬如说,明明答应出版他翻译的本·詹森的《炼金术士》,却没有兑现;明明承诺要给他一些翻译的活计,或者预支稿费,或者出版一本散文集……这一时期的苏维埃生活杂乱无章,置身其中,只有像帕斯捷尔纳克这样的理想主义者才会对良心或规则抱有希望。大概就因为如此,当三十年代初期一切落入定轨,恢复秩序之际,他甚至松了一口气,尽管一切都笼罩在日渐滋长的恐怖氛围中。帕斯捷尔纳克同国家短暂的合作,是由于他痛恨以往那个根本没有国家、人人自作主

---

① 位于列宁格勒州的小镇。

张的时代——1924年的情势跟1919年一样令他厌恶。在此期间,他一心要找份可靠的工作,终于,期待已久的机会来临了。

> 机敏与热诚的友人不期而至。
> 未经耽搁,我就被吸引到
> 国外列宁生平的整理中来。

(《斯佩克托尔斯基》)

"热诚的友人"是雅科夫·切尔尼亚克,帕斯捷尔纳克在图书馆找到了一份工作。切尔尼亚克是那种伴随帕斯捷尔纳克一生的静默的守护天使:他在《出版与革命》编辑部工作,他对《生活,我的姐妹》热情的评论就发表在这份刊物上,这也成为两人相识的动因。切尔尼亚克指出,帕斯捷尔纳克的诗具有"普希金式的明澈与形式的单纯",较之于其他所有过誉之词,这一评断更能博得作者的好感。此后,帕斯捷尔纳克时不时来到《出版与革命》编辑部,切尔尼亚克和他年轻的妻子丽萨也经常一道去拜访他。就在这一年,丽萨得了重病,需要敷冰,但各家药房都找不到冰,于是帕斯捷尔纳克怂恿雅科夫到大脑研究所的院子里去偷,该所的创立对苏维埃政权具有战略意义,其目的是研究伟人们智力活动的奥秘。在研究所地下室,有几条做实验用的狗,饱受折磨,嚎叫声凄厉至极,每当听到这声音,帕斯捷尔纳克和切尔尼亚克便会尽快离开,两人不约而同地体会到剧烈的痛感。他们不需要另外的口令。

1924年,切尔尼亚克开始"国外列宁生平的整理",即整理外国人对于列宁去世的各种评论。帕斯捷尔纳克懂得数门外语,这项工作恰好适合于他。在当时的苏联,接触国外报刊已经受到限制,《斯佩克托尔斯基》则忠实地记录了作者的工作状况:"我了解到种种时下的新闻,也知道了康拉德和普鲁斯特。"时下的新闻,对他或许没有特别的吸引力,但康拉德与普鲁斯特却令他深深着迷,关于这两人,他后来曾兴奋地向茨维塔耶娃写信提及。在工作过程中他再一次确信,虽然欧洲是一片乐土,但西方的时代没落感比俄国更强烈,这证明他当初的选择或许没错。应当生活在这里。

1924年11月,他写信告诉曼德尔施塔姆,联共(布)中央列宁研究所"越来越吝啬了"。资料整理所得的报酬少得可怜。有段时间,帕斯捷尔纳克觉得,儿童诗倒不失为赚钱的最佳方式;其中的逻辑不言自明——应当书写任何制度下都需要的东西。

2

天才人物做零工的本领往往格外平庸。在严肃文学方面，他们才华出众，卓尔不群，但在不合心意的事情上，跟同时代人相比，却笨手笨脚，滑稽可笑。但帕斯捷尔纳克善于跟孩子们说话，就像跟成年人一样。他取得了成功。

首先转向儿童诗的是他的朋友，谢尔盖·布丹采夫的妻子，年轻诗人薇拉·伊利英娜，后来她成为《斯佩克托尔斯基》中玛丽娅的原型之一。伊利英娜发表了中篇儿童诗体小说《巧克力》。帕斯捷尔纳克写下了《旋转木马》和《动物园》，两首相当出色的长篇诗作。但他显然对其中许多方面都不满意。"他被赋予了永恒的童年。"阿赫玛托娃曾这样说起他，但这仅仅意指他孩子般的纯净和率真，其他方面，正如符·诺维科夫在《儿童世界》一文中的公正评断，帕斯捷尔纳克远比大多数同时代人更成熟，更复杂，更细致，也更有思想。如果说马雅可夫斯基写宣传诗和儿童诗毫不费力（他能立刻投身于天真明快的色彩及正面结论的本土氛围），帕斯捷尔纳克则要困难得多。

很显然，帕斯捷尔纳克本人对好坏之分（如果不算正派品行的基本表现——在电车上给女士让座，及时归还图书等等）的认识也模糊不清，无法给予孩子任何教谕。能做的只是描绘，在这方面他没有对手，但这种形象的表达却蕴含着深邃的忧伤和坦诚的自制，以至于读到他快乐的《旋转木马》，几乎不可能不落泪。真正的诗人善于掌握声音的秘密，这也就是扎波洛茨基的儿童诗听来如此伤感的缘故："我摇摇头，真想再看花园一眼／真想和你一起哭。"伤恸产生于声音与节奏，让人不由得同情主人公，同情作者，乃至同情所有人！帕斯捷尔纳克不比别人更快乐：

> 空地上，一群人聚在
> 汽车背后嗑着瓜子儿。
> 一个男人，身背手摇风琴
> 头戴铃铛似的尖顶帽。

>他一瘸一拐,歪扭的小手
>敲打鼓槌,晃动各种
>带流苏的小玩具,叮当声
>似澡堂里滴答的水珠。

可怜的身背手摇风琴的男人(简单地说,即是流浪乐师),颤颤巍巍,歪扭着手脚——这一形象分明隐喻着被迫将铃铛似的尖顶帽戴在头上的大诗人。"如何将木把攥紧,/让脚踝咯吱作响,/因为喜悦,因为嬉笑/铜在膨胀,在颤抖。"膨胀的究竟是何物——是铜吗?"他像一匹束在笼套里的马,/身体佝成三段弧弯,/一边击打掌中的尖骨,/一边把双脚搓来搓去"——一幅绝妙的诗人自画像。令人惊奇的是,各种声音贯穿诗行,在严肃诗歌中,它们能将不可聚合之物聚为一体。它们自身就像各种概念,把不同层次的词语汇成声浪,在儿童诗中则显得不自然,也不流畅:

>从十字路口到这些树丛
>是相当急骤的转弯。

从十字路口到这些树丛,是 переп…пруп…тпру 之类的拗口音节①。"这些旋风被罩在顶盖下。/顶盖中央是一根柱子。/每转一圈都越来越静,/越来越静,直到停止。"这显然是对索洛古勃的《魔鬼秋千》的回应:"啊,荡起来吧,魔鬼!/一切荡得越来越高,越来越高……"②当然,魔鬼秋千与苏联旋转木马的相似只是暗藏在潜意识中。事实上,这暴力的令人晕眩的扬抑格的飞旋,与帕斯捷尔纳克童年记忆中枞树环绕之下"魔怪圆舞曲"的旋风是多么不同!

作者本人也未料想到,从《旋转木马》居然产生了俄罗斯历史的奇异象征,周而复始来回打转的俄罗斯,在它近旁自残并自嘲的是身背手摇风琴的男人,是头戴尖顶帽的诗人。地点时而偏左,时而偏右——向左是小树林,向右是池塘……抑或正相反?这并不重要……"木马在重负下旋转,/帆布被撑得鼓胀起来。"但这是要飞向何处?值得赞许的是,原地打转的马的形象,贯穿于帕斯捷尔纳克思想中的非自由之象征,首次出现在这些诗行中:

---

① 《旋转木马》中的一些音节。如 переп 取自 перепутье (十字路口), пруп 取自 прутье (树条),由此可以感受到作者所说的"不流畅"。
② 引自索洛古勃《魔鬼秋千》(1908)。

这一额外的收获起码有助于揭示内心变化。1925年,带图画的《旋转木马》单行本在列宁格勒出版了(此前,这首诗刊登在儿童杂志《新鲁滨逊》上,配有德尔萨的插图)。

《动物园》是应马尔夏克①预约而作,已然是更严肃的作品,它进一步证实,所有大诗人在特定时期(通常为转折时期),总是能够听到同一种声音,并能够尽力传达。帕斯捷尔纳克与扎波洛茨基有许多共同点,库什纳②曾指出,他们的后期作品甚至可能被混淆;创作后期的扎波洛茨基对同一时期的帕斯捷尔纳克表示彻底认同,这绝非偶然。之前在"奥贝利乌派"③的圈子里,帕斯捷尔纳克一直被蔑称为"著名半诗人"。《动物园》却表明,假如帕斯捷尔纳克向自己提出像扎波洛茨基起初所提出的任务,他会毫不费力地写出"奥贝利乌"式的诗歌:刻意的简白与高度隐喻的复杂残余相结合,直观性、"实体感"和线条感,所有这些手法他都驾轻就熟。只不过,扎波洛茨基使用这种文字写作是为了普通读者,帕斯捷尔纳克的对象则是儿童,毕竟他希望普通读者更聪明些。扎波洛茨基自1925年至1927年创作的组诗《报栏》,与《动物园》极为相似——无论在节奏(亦庄亦谐的抑扬格)上,还是在名词性主语上。假如将《动物园》同《鱼店》《婚礼》和《红色巴伐利亚》并置在同一组诗中,不见得会有多么醒目:

> 但动物园里
> 这个红屁股的宠儿,
> 咧嘴大笑的狮尾狒,
> 却在寂静中失去理智。
> 它时而像猴子似的
> 乞求施舍,
> 时而用细小的手爪
> 抓耳挠腮,

---

① 萨穆伊尔·雅科夫列维奇·马尔夏克(1887—1964),苏联诗人,儿童剧作家。
② 亚历山大·谢苗诺维奇·库什纳(1936—),俄罗斯诗人,随笔作家,被布罗茨基誉为二十世纪最优秀的俄罗斯抒情诗人之一。
③ "奥贝利乌"(Обэриу),"现代艺术协会"的俄文简称。成立于1928年。"奥贝利乌"发展了现代主义文学开创的荒诞和离奇,声称要使荒诞"再荒诞",使离奇"再离奇"。扎波洛茨基是该团体的核心成员。

时而如卷毛狗一般打转,
时而鼓起勇气,
一跃而起,用杂技演员的
姿势,落到母狒狒身上。①

请比较:

她像浓浓蒸汽中
一只白色的潜鸟,
时而弯曲肩膀,
抻长手脚,飞舞。
时而孤独地发出低语,
游蛇般蜷成团儿
温柔地叹息,再次起舞——
漂亮的模样近乎赤裸。

(扎波洛茨基:《杂技》,1928)

恐怕帕斯捷尔纳克不会允许自己有"漂亮的模样近乎赤裸"这种列比亚德金②式的语句,所以"奥贝利乌派"才认为他不够激进,充其量是介于前卫和传统之间的诗人,而他们则是不妥协的人。但他随后就有了纯粹扎波洛茨基的风格,比扎波洛茨基本人还早一年:

在那厚墩墩的大盆里
腐烂着杂碎熬煮的肉汤。
有人说,这是一摊泥浆,
泥浆里,有一条尼禄的鳄鱼。
倘若它不曾彻底化作碎渣,
那它的样子还会更加叫怕。
这未成年的恶棍,自个儿
也不满意这样的命运。③

---

① ③ 引自帕斯捷尔纳克《动物园》(1924)。
② 陀思妥耶夫斯基的长篇小说《群魔》中的人物,一个自称退役大尉的可疑分子,酒鬼,时常做歪诗。

真妙,未成年的恶棍,纯属"奥贝利乌派"的风格。而且整个画面也很相似——这杂碎熬煮的肉汤完全可以放置在《鱼店》的语境下:

> 罐头盒到处叮咚乱响,
> 白鲑鱼跳进木桶,叫个不停,
> 刀扎进伤口,又杵了出来,
> 颤动的刀身铮铮有声……

(扎波洛茨基:《鱼店》,1928)

最后,以下场景已经预示着"农事盛典"。

> 草料仓库中央,大车般
> 矗立着浓密的草垛。
> 獠牙从顶棚下龇出来。
> 滑轮边,草茎弯弯曲曲。
> 秕糠在仓底飞旋,
> 像一股巨流,左奔右突,
> 房梁、干草、滑轮和仓库
> 几乎都要被它向后挪开。
>
> 沉重的轮辋挤压地基,
> 铁链辚辚,挥摆的长鼻
> 窸窸窣窣探过台面,
> 又在空中打着绳结,
> 地面上有什么被砍削:
> 要么是磨破的耳朵,
> 像轿式马车的两副外壳,
> 要么是枯干的一堆秸草。①

革命前(1913年),赫列勃尼科夫也写下他颇具灵性的《动物园》,诗中的海豹居然长着尼采的脑袋!拿这首诗对比上文阴郁的景象,就不难发现,

---

① 引自帕斯捷尔纳克《动物园》(1924)。

帕斯捷尔纳克两首儿童诗里充斥着多少非自由：木马迫于无奈的旋转、动物园里"被虏获的兽类"……大概他此时已读过乔治·威尔斯的《莫罗博士之岛》，因此产生联想："电车的喧声最后一次/同美洲豹的嚎叫相互交汇。"①2003年，尼·古希科夫发表了《关于马尔夏克组诗〈笼中的孩子〉的创作历史问题》一文，文中写道：

> 大多数儿童寓言都具有乐观主义情调。据说在圈养中，野兽的仁慈会战胜凶残。

在马雅可夫斯基笔下（《无论哪一页，不是大象，就是母狮》），情况确实如此：野兽们落入动物园的美妙世界，快乐地展示自己。楚科夫斯基的《鳄鱼》描写了野兽从动物园的逃离。帕斯捷尔纳克则不然：他一如既往，既不对压迫者抱怨，也不为压迫而高兴，他只是不理会发生了什么。他所看到的周遭一切，都不可理喻，不合逻辑：甚至他面前是谁也不清楚。像轿式马车两副外壳似的耳朵……挥摆的长鼻……也许，这就是所谓的大象？但它是幸福的，还是痛苦的？或者说，无论幸与不幸，它都有着我们无以言传的感受？同样的世界观在扎波洛茨基那里居于主导地位，确切地说，动物园已然扩展到整个世界那么大，他想让它退缩回去，缩成"一个老鼠洞"。

二十年代中期，两位时代不同（帕斯捷尔纳克比扎波洛茨基年长十三岁）、经历各异、价值目标和派别倾向也不相同的诗人，为何几乎同时采用了同一种艺术手法？扎波洛茨基随后由此走向荒诞，帕斯捷尔纳克以这种手法只写了一首诗，随后将抒情诗搁置了五年之久（几首献诗除外）。有意思的是，扎波洛茨基很快由《报栏》坚实的抑扬格转向扬抑格，俨然更符合新时期孩童似的蹦跳："小小的尸体，瞬间变得丑陋，/收敛在一片席草中"②……"一位绅士的吃人鬼/咬下一块破东西。"③帕斯捷尔纳克则相反，他转向了《一九〇五年》庄重的抑抑扬格（анапест），转向《斯佩克托尔斯基》的五步抑扬格，对于时局却只字未提，历史的、史诗般的画卷弥补了不足。不然，他可能也会写自己的《报栏》。

帕斯捷尔纳克用以书写儿童诗和扎波洛茨基书写"奥贝利乌"诗篇的

---

① 引自帕斯捷尔纳克《动物园》（1924）。
② 引自扎波洛茨基《群鸟》（1933）。
③ 引自扎波洛茨基《黄道十二宫》（1929）。

艺术手法,主要特点就在于作者所强调的中性语调:

> 一个分明拎着靴子,
> 另一个对卷毛小狗唱着歌儿,
> 第三个是红脸蛋儿,脏兮兮,
> 像敲鼓一样敲打饭锅①……残疾人排成一队:一个在弹吉他
> ……另一个小矮人向我们伸出双手
> ……还有一个,吹胡子瞪眼睛,
> 摆出战斗英雄的模样……②

生动的叙事被清单取代:目光扫视着现实。同样地,帕斯捷尔纳克《动物园》里的各个角色在笼中来回走动,观察着一个又一个丑陋现象——时而是腐烂的肉汤,时而是移动的草垛,时而是打算胡闹的狐狸("狐狸乜斜眼睛嗅闻地板,/打算胡闹一番")……动物们碰巧也会识破酷似文人知识分子的美洲驼无谓的暴乱——"当面吐口水,激动起来,/突然来一场逃亡。"

> 沙漠之舟忧心忡忡,任由
> 愚蠢的骄傲引发暴乱,
> "再蠢也不能向长者吐口水",
> 还是骆驼想得够周全。③

骆驼同志,您的话是金玉良言!难怪马雅可夫斯基说起您来,就像说自己的同志:

> 它生活在沙漠,
> 吃的是难吃的杂草,
> 一年到头都在劳作——
> 它
> 就是骆驼,爱劳动的牲畜。④

---

① 引自扎波洛茨基《蜻蜓的运河》(1928)。
② 引自扎波洛茨基《市场上》(1927)。
③ 引自帕斯捷尔纳克《动物园》(1924)。
④ 引自马雅可夫斯基《无论哪一页,不是大象,就是母狮》(1926)。

所以说,人人都应成为这种勤劳的牲畜,这总比徒劳地吐口水要好……或许,马雅可夫斯基正想拿骆驼同自己做对比(在他的信中,他亲切地称之为"世界佳肴"①)。对于这种牲畜的爱劳动的奇迹,帕斯捷尔纳克则是既怀有敬意,又不无旁观者的恐惧:

> 在它底下,人群涌动如潮。
> 它挺立着圆鼓鼓的胸脯,
> 任思绪像浪尖上的小船
> 航行在茫茫人潮中。
>
> (《动物园》,1924)

> 这位英雄正好拥有
> 一副肚皮和一颗脑袋
> 外加马刀把似的大嘴,
> 快乐的船舵由它掌握。

简直天衣无缝——以上引自扎波洛茨基《市场上》的四句诗,完全可以成为《动物园》的接续,尽管扎波洛茨基的刻画显然更大胆,更加超现实。使这两段诗相互衔接的(假如有谁还不知道,第二段出自《报栏》),是什克洛夫斯基所称的"陌生化"(остранение);这是对事物最初的描绘,摆脱了惯常的联想之环链。帕斯捷尔纳克笔下的兽类行为和扎波洛茨基可怕的小市民行为基本上都是不合逻辑的,只会让观察者既恐惧又好奇。帕斯捷尔纳克和扎波洛茨基的这些感受,源于对自然界的发现;不同的是,对于扎波洛茨基,"大自然"的概念还包括人类所有的嬉戏作乐,因为他认为人只是世界的大脑和"理性"。直到1929年,《动物园》才获准在莫斯科出版,十年后由青年近卫军出版社再版,未引起任何关注,即使插图作者是尼古拉·库普里扬诺夫。马尔夏克无法在1925年就刊发这首诗。作品被束之高阁,并非因为主题思想,而因为它太不像传统的儿童诗。帕斯捷尔纳克对《动物园》评价甚高,并将其收录在1956年整理的一部总结性诗集里。可见,他不认为这纯粹是儿童诗,也绝非泛泛之作。不管怎么说,他开创了新手法,又

---

① 系马雅可夫斯基对"骆驼"(верблюд)一词的戏谑式改写,原文为мирблюд。

未能充分运用。

3

儿童诗不能保证足够的收入。1925年8月16日,帕斯捷尔纳克写信对曼德尔施塔姆说(起初写给他的信相当频繁,但由于曼德尔施塔姆回信少而简短,两人的书信往来很快就减少了):"经历了这些周折,我总算遇到了对我全然陌生的编辑工作。这才是干净而又正当的活计!"在俄国,干净与正当的结合在任何时候确实都极其罕见。"这个冬天,我很想把文字编辑当成我长期的主业,能否实现还未可知……"他的愿望未能实现。想做编辑的人同样排成了长队。

他内心苦闷抑郁,像大多数同时代人一样,他也有些发蒙,弄不清这种情绪的缘由。问题不在于缺钱或无事可做,也不在于日渐滋长的文坛寂寞。最主要是生活本身及其基本机制无可挽回地陷入混乱;诗人不可能依然故我,不对自己和他人谎话连篇。1925年夏天,《新闻工作者》杂志以"作家畅谈联共(布)中央决议"(《关于党在文学领域的政策之决议》)为题,请帕斯捷尔纳克发表意见。他从来不认为那些决议有什么重大意义,甚至在1932年,在莫斯科大学俱乐部为其举办的创作晚会上,当被问及"拉普"①的解散,亦即党的领导层极具自由色彩的一项措施,他还回答说,决议之后,雪并不会从地面往天上飞(瓦尔拉姆·沙拉莫夫记住了这个回答,在回忆录里引用过)。然而,对于1925年的决议,他却觉得有必要表态。总的来说,这项决议是温和的,甚至有几分多元化。决议宣称,任何文学团体都不具有对其他团体的特权,所有人都应当避免"专横跋扈",因为真正无产阶级的作风不取决于创作者的出身,而是由艺术家的共同努力所创造。决议还明确宣布,苏联进入了文化革命时期。

帕斯捷尔纳克应编辑部的要求,仔细阅读了决议,以便展开评论。他发现自己对俄国革命所看重的方面全都遭到了背叛。

革命有助于杜绝诸多现象,这些现象一旦被欣赏就令人憎恶。我

---

① 俄罗斯无产阶级作家联合会俄文缩写(РАПП)的音译,成立于1925年,1932年解散。曾是苏俄最主要的文学团体,以捍卫无产阶级文学为名,大搞宗派活动,打击异己。

忘记了自己的部落、俄罗斯的弥赛亚主义、乡下人、我的使命之荣耀、许许多多的作家,忘了他们虚伪的单纯,凡此种种,不胜枚举。可是您恐怕不会相信,这就是整个重点,在我看来,革命似乎也忘了厌恨这一切,以便爱上唯一值得爱的东西,爱上历史。[……]

我们不是在经历文化革命,我们在经历文化反动。无产阶级专政的存在还不足以影响文化[……]最后,在根据平均值得以调和的时代矛盾之中,还没有什么能让人相信,适合于这个时代的风格已经形成。或者说,如果您愿意[……],此种风格已被发现,但正如平均统计所示,它虚无缥缈,一无所长。其主要特征在于"路标转换派"与民粹主义的结合。可以就此表示由衷的祝贺。

帕斯捷尔纳克的讽刺完全可以理解:人越是争取什么,就越会招来什么。在一个由"路标转换派"的帝国思想武装起来的国家,什么才是真正革命的因素?民粹主义同"路标转换派"其实难以拼合,因为前者崇尚人民,后者崇尚帝国;但这一矛盾又可轻易消除,倘若崇尚的不是单一个体组成的具体民众,而是专门预设的抽象物,它以伟大目标为名,不惜付出牺牲。"路标转换派"同民粹主义的结合,即是整个苏维埃官方爱国主义,是整个"被许可"的文学。三十年后,帕斯捷尔纳克对苏共中央文化部部长德米特里·波利卡尔波夫说,您好像出于便溺的需要,把人民这个词从裤裆里掏出来。当然,在1925年,他还没有把他的语言简化到如此禁欲的程度。"这是革命的风格,关键是——新的风格。"帕斯捷尔纳克继续嘲讽道:

它是怎么来的?很简单。非革命形式中最平庸者获得准许,而革命的形式也不过如此。[……]
面对首要的问题,我所有的想法都退居其次了:我是否被许可?是否太过劣质,就像一个图形,为黄金分割的构图而欣喜?现今风格的著作权不久前还属于审查员。目前他与当代出版商分享这一权利。印数的哲学与准许的哲学相互合作。(也就是意识形态的禁忌与商业贪婪相结合,禁令者的强制与庸才的强制相结合!这正是对于历次革命之后书刊出版的准确断言。——德·贝)我无事可做。时代的风格已经形成。这就是我的回答。

但还有这个。[……]最近,我开始不顾一切地工作,那些埋葬已久的信念似乎在我内心复活了。主要是我已确信,艺术应当是时代的极致现象,而不应与之一道运转,将艺术与时代联系起来的应当是艺术自身的年代和力度,只有这样,它才有可能像这个时代,从而让历史学家认为艺术反映了时代。这是我的乐观主义的源泉。假如我另有想法,你们也就不必来找我。

然而,这里没有任何特殊的乐观主义,倒像是表达了转向叙事诗,适当减少抒情诗需求的某种期望(1925年,《斯佩克托尔斯基》已经开了个头,他也喜欢书写1913年,甚至颇感振奋)。可帕斯捷尔纳克不写抒情诗时,就觉得不自在。对下一份问卷——这已是由《列宁格勒真理报》发起——有关现代诗歌的前景,他的回答更为严厉。那是1926年1月,在他关于1905的长诗刚动笔之际。他向戈尔农克坦承自己的回答带有讽刺,也不希望发表:

> 诗歌的现状令人沮丧。这一切都归因于可喜的事实。幸运的是,有这样一个领域,它不能伪装成熟或繁荣,在极度空洞并始终寄望于新人而发展的时期,再补充一句,这种寄望自身也是病态和变异的[……]诗歌陷入灾难境地,是谁的过错?二六年之所以是二六年,因为它不是三〇年。(他仍然认为,到三〇年,会逐渐形成新人,直至三十年代中期才终于定型,届时已然是苏维埃知识分子的第一代,譬如文史哲学院①的学生们,就会需要勃洛克、阿赫玛托娃和帕斯捷尔纳克。——德·贝)究竟是否需要诗歌?这个问题本身足以让人们认识到,诗歌的处境何等艰难。在它顺风顺水之时,谁会料到它也有无人问津的一天。等到这种情况不再引发疑虑,诗歌才会重新崛起……只有诗歌不会漠视新人是否真正形成,或者只是在记者的杜撰中。诗歌仍在阴燃并散发微光,可见它对新人怀有信心。诗歌在喘息,可见它不满足于表象。

1925年底,帕斯捷尔纳克做出一个对于他绝不简单的决定:为第一次俄国革命写一部作品。似乎是为父亲辩护,叶甫盖尼·帕斯捷尔纳克指出,1915年,帕斯捷尔纳克并非追逐热点,已写下《普列斯尼亚的十年》。如今他想以新的方式,"以成年人的方式",思考一个十五岁少年透过米亚斯尼

---

① 全称为莫斯科文学历史哲学学院,1931年从莫斯科大学分离出来,1941年重新归并莫大。

克街住宅窗口所目睹的景象。事实上,这首被帕斯捷尔纳克称作"片段"的诗,已有了《崇高的疾病》初版的某些征象。革命被解释为大自然的现象,像席卷天空的风暴,"就此消失,/消失在大罢工的广阔天空";甚至是同样的韵脚——исчез(消失)——небес(天空)。作乱的不是人群,是天空;人无非是乱象的反映。这便是帕斯捷尔纳克一贯的历史观,而整个历史无非是发生在另一些范畴内(也许是神的,也许如他成年时所感受,是自然的)大规模灾变之反映。不是人群在开枪射击,是"阴云驻留在枪口上"。"十二月仍是对英雄人物的永恒记忆。"而组诗《一九〇五年》即是重新的尝试,要以雄辩恢弘的气势对革命本质展开这种象征主义的和柏拉图式的审视。

当然,是第一次革命二十周年的盛典启发了他,牺牲的英雄,名字一一罗列,令人哀痛之至。严格地说,他打算书写的不是所谓革命,而是关于往昔时光的个人感悟,关于他与自己钟情的灾祸之初遇。周围所有人都焦虑不安,但陈规旧套结束了,奇迹如此慌张和喜悦,如此之近地来到身旁!天空紧紧贴向地面,十二月狂暴的天空以及冬天,总是让他联想到灾变和时代的喧嚣,就此而言,他与勃洛克不谋而合……"这是王国的崩溃,这是雪的醉舞。"后来,降雪始终喻示着灾难性新事物的来临,死的来临;这层含义将保留在未完成的剧作《此世》中,部分地保留在《日瓦戈医生》中。

与此同时,帕斯捷尔纳克开始认真向事业迈进,因为一旦按照订单着手某件事情,或者哪怕只是参与,他就认为自己应当承担责任,避免无聊的闲扯和投机,以最大程度的严谨杜绝最不起眼的放纵。文献研究开始了,随后是书信,写给永恒的"救星"切尔尼亚克,要求弄"一堆书"来。在这封信中,帕斯捷尔纳克谈到了他的目标,言辞之坦率几近轻狂——要么是在年轻友人面前故作强势(实则是因为要麻烦他而难为情),要么是对"身陷浅滩"忍无可忍,而其他人才华甚至不及他十分之一,却由于意识形态的订货而走红。"我打算夺回所有包税制主题的岗亭和门房。我再也不能忍受。我想从1905年开始。"

诋毁帕斯捷尔纳克的人会说,俄国知识分子,无论折腾得多么厉害,都会迫于政治形势而写一些"订制的"的应景之作,这便是整个俄国知识分子的特点。但首先要说,帕斯捷尔纳克从不折腾:在他看来这是浅薄之举。其次,他确实准备就1905年写一部并非颂扬革命(这种东西不算太难,一旦写出来,就会改善他的处境)而是完全忠实于他的历史认知的作品。最后,

"夺回所有包税制主题的岗亭和门房",意味着从那些只会败坏它们的庸人手中夺回;主题本身并不令人反感。起初他计划当年秋天结束作品,并在周年纪念刊物上发表,却忙到次年春天。幸好官方史学将第一次俄国革命界定在1905年至1907年,所以两年之后这部作品还有纪念意义。

这部篇幅不大的叙事诗(五卷本文集里的十五页),令他怅然若失:"近来,我为自己所做的事情感到绝望,心情简直糟透了……我陷入了死胡同,这烦恼足够我受用一生。"这是与革命现实初次接触的印象,应当加以无奈而狂喜的赞叹,但革命唤起的情感全然不同,因为对暴风雪既不能赞美,也不能谴责。事实表明,描述1905年对于帕斯捷尔纳克格外困难,因为这部作品缺乏人的形象,而只有群众运动、大自然和个人少年时代的记忆,但主人公杳无踪迹。无论阿赫玛托娃和茨维塔耶娃怎样异口同声地批评他,说他的诗歌中没有人,其实人物始终存在,始终在观察,感受,彻底转化为听觉和视觉,又一刻不停地借由其在场,赋予他之前无声息的生命以灵性。在《一九〇五年》中,但凡能感到脉搏跳动之处,便是这个敏感角色——这个十五岁男孩在场之处。他缺席的地方,即使妙手所得的短小分行的五步抑抑扬格,也于事无补。

整个第一章《父辈》,具有绝妙的乐感、准确的韵律和精湛的音节,但总的来说,这些只是无谓的音乐而已。帕斯捷尔纳克试图在这里,在描写人民意志运动①的过程中,深入挖掘他的主题——被侮辱的和反叛的女性特征,也就是他后来在《斯佩克托尔斯基》和组诗《第二次降生》里全力铺展的主题。结果,不是民意党中的男性,而是女民意党人,成为他的十九世纪八十年代的主人公:

  这里有过陀思妥耶夫斯基。
  而这些女隐士,
  并不在乎
  对她们的盘查,
  无论如何,
  也要将圣物带入博物馆,

---

① 1879年出现在俄国的民粹主义组织,参加者称作"民意党人"。主张以暴力、恐怖手段实施社会变革。

她们迈向刑场

迈向那密境，

以使密谋者涅恰耶夫将她们的美貌

掩藏在地底，

瞒过

时间、敌人和朋友。

也就是说，恐怖分子涅恰耶夫①之所以有罪，并非因为他将谋杀视为革命者唯一的美德，而是因为他导致了美丽的姑娘沦入地下生存，造成她们的陨灭。这种阐释纯粹是帕斯捷尔纳克式的，我们不妨记下，以便今后对《中篇故事》和《斯佩克托尔斯基》的革命主题展开讨论。不过，按照这种思路，革命起码对人类的一半是合理的——作为复仇，为了备受欺凌，甚至被驱遣到地下的女人。

下一个章节——《童年》，帕斯捷尔纳克二十年代中期诗作最动人的篇章之一。他回忆起父亲的工作室和高等艺校（Bxyтeмac）还是"雕塑学校"的时期，柔情充溢在字里行间，因此第一章关于1905年之前俄国生活是黑夜，直到革命后才突然绽放光明的议论便有了纯粹的宣言性质：

那年我十四岁。

高等艺校仍是——雕塑学校。

工农速成班所在的厢房，

最上层，

是父亲的工作室。[……]

节庆的时日临近了。几张二十五卢布的钞票。

半年终结了。

日日夜夜

弦乐器敞开着，

从里到外熠熠生辉。

---

① 谢尔盖·根纳季耶维奇·涅恰耶夫（1847—1882），俄国激进主义革命者。1869年9月，涅恰耶夫在莫斯科秘密建立了"人民惩治会"。同年12月，在其胁迫和唆使下，该组织一名试图从中脱离的成员遭到暗杀。"涅恰耶夫案"在俄国引起了全社会的轰动。这一案件的侦破和审理，也成为陀思妥耶夫斯基创作长篇小说《群魔》的契机。

这里能感受到对节日的热情期待,但无论如何都不是期待革命。1905年1月9日,和平游行遭到枪击,革命的灾难接踵而至。他有意在童年田园曲与灾难之间展开对比,确实做得成功,但这是因为他对莫斯科的童年回忆写得亲切,情感真挚,而整个彼得堡纪事则呈现出高蹈和激越:

> 涅瓦河上八次齐射。
>
> 紧接着是第九次。
>
> 疲惫了,就像荣誉。
>
> 这是——
>
> (从左边和右边
>
> 快马一般的飞驰。)
>
> 这是——
>
> (远处在叫喊:
>
> 我们要讨还血债。)
>
> 这是既定的
>
> 誓言的
>
> 王朝
>
> 骨节在断裂。

1月9日是革命史册里最黑和最红的日期之一:向和平游行射击使人有理由称尼古拉二世"血腥",而这个定义只是与他的死亡相符,与他的生活和统治无关;从高尔基那篇歇斯底里的特写①以来,1月9日事件的死难人数不断被夸大(他本人当天险些死于非命,所以对枪杀加邦②游行人群确实感受至深)。笔者根本无意偏向另一极端,淡化这些事件的规模:毕竟,在俄国以往的经验中,枪击和平示威是罕有的。俄国革命以及其后的一切,却被理解为报应——起因是一个半疯癫的奸细所组织的游行遭到射击。此种观念实为苏维埃官方意识形态对于真相最无耻也最虚假的扭曲之一。即使"既定的誓言的王朝"骨节已经开裂了大约三百年,也依然未曾断裂,而

---

① 可能是指高尔基针对"流血星期日"事件撰写的《一月九日》。文章写于1906年12月,1907年才在柏林出版单行本,1920年才在苏俄国内发表。

② 加邦(1870—1906),俄国神父。1905年1月9日,他鼓动彼得堡工人抬着圣像和沙皇像,到冬宫向尼古拉二世呈递请愿书,致使工人遭受血腥镇压,后被工人战斗队绞死。

1905年也不至于将它们断送。苏维埃政权曾经不止一次向和平集会开枪,至于它如何戕残自己的公民,无须在此赘述,我们要说的是,谁也没有解救这些公民,使他们摆脱誓言。然而,苏维埃政权成立初期,"流血星期日"正是布尔什维克们枪杀沙皇一家的主要理由,也是该政权为暴行开脱的主要合法性依据;1925年前后,这一主题已被彻底占有,帕斯捷尔纳克当然不可能使之恢复。此外,预想的莫斯科中学生打雪仗与彼得堡枪击和平游行之间的对比,却成了关于个人童年的好诗与象征性事件的牵强描述的对比,帕斯捷尔纳克并非事件的见证者,也就无从想象其真正底蕴。

> 雪下了三天。
> 到傍晚还不停。
> 一整夜
> 晶莹剔透。
> 早晨——
> 克里姆林宫传来隆隆巨响:
> 教育督学……
> 死于非命……
> 谢尔盖·亚历山德罗维奇①……
> 我爱上了暴风雨
> 在这二月初的日子里。

如果说帕斯捷尔纳克具有纯文学的罪恶感,那么以上诗段便是明证。由于天性使然,他不会为任何人被杀害而欢欣。谢尔盖·亚历山德罗维奇,当然远非招人喜爱之人,帕斯捷尔纳克的父亲对他也无好感。他自己对绘画一窍不通,作为教育督学,也谈不上多么出色。或许,杀人凶手卡利亚耶夫才是真正单纯动人的男孩,正如他的朋友们(包括伊戈尔·索松诺夫)在书信和回忆录中描绘的那样。在故基督者阿泽夫领导下名为"战斗组织"的恐怖教派里,他们全都像是圣徒。但尤论这个富有诗情的年轻杀手激进社团的合理终局,还是谢尔盖·亚历山德罗维奇之死闹得克里姆林宫沸沸扬扬的可怕细节,都可能促使帕斯捷尔纳克进行反思,起码卡利亚耶夫凶案

---

① 谢尔盖·亚历山德罗维奇(1857—1905),沙俄大公,亚历山大二世之子,1891年至1905年任莫斯科总督。1905年2月4日,被社会革命党人卡利亚耶夫刺死。

引发的二月之初暴风雨的狂喜会有所遏止。

双重意蕴是这部作品的主要特点。事件的官方版本叠加在童年回忆之上。帕斯捷尔纳克记住了孩童时的各种话语,关于总罢工、罗兹工人起义、彼得堡事件,还有报纸上散布的许许多多成年人的传言。如今,二十年过去了,哪怕只为自己,他也想尽力解答这究竟是怎么回事。来龙去脉很快就弄清了,唯一客观的事实反倒是这些童年回忆,官方版本的历史了无生气,关键是疑点重重。孩子目睹的一切是可信的,历史学家的宣说都是死的。这种杂糅的现象,有时在同一诗节里就能看到:

> 夏天。
> 五月或六月。
> 维苏威在罗兹近旁喷发。①
> 钉子楔入空气。
> 炙干了道路上的积水。②

(这里的描写生动逼真——帕斯捷尔纳克喜欢铁路和炙热。)

> 枢纽站另一侧
> 轰隆隆的回响
> 渐趋沉寂:
> 到处散落着
> 玻璃和子弹射击
> 蜕下的空壳。③

这已然是文学,随后却是令人难以忍受的景象:

> 像往常一样开始。
> 在城外,
> 与军队的冲突
> 成为推动力。

---

① 维苏威火山位于意大利境内,历史上曾多次喷发,公元 79 年最著名的那次喷发吞没了罗马帝国的庞贝城。此处喻指沙俄治下波兰工业重镇罗兹地区的工人起义。1905 年 6 月,罗兹工人举行武装起义,遭到沙俄军队镇压。

②③ 引自帕斯捷尔纳克《一九〇五年·农夫与工人》(1925)。

>双方都有人死亡。
>但葬礼日上
>对人群的再次杀戮
>点燃了工人的怒火,
>也让清洗的渴望高涨。①

点燃了工人的怒火,清洗的渴望高涨……够了,这就是写下"钉子楔入空气。/炙干了道路上的积水"的那只手吗?

4

《海上暴动》无疑是《一九〇五年》最出色的部分,在这里,帕斯捷尔纳克看待"一九〇五"年代的双重视角比在别处更明显。每当目睹大海,不可能不想起帕斯捷尔纳克对海的描绘:这才是天才诗歌的首要标志。很难想象,俄罗斯文学的海洋诗篇里缺少《海上暴动》前五节。在帕斯捷尔纳克笔下,一切如此鲜活,全凭记忆,一切——源于敖德萨……哦,上帝,随后又是什么!可以说,对"波将金号"起义②的记述,显示出帕斯捷尔纳克高超的水准,甚至也有准确的声调("我为何来找你,斯焦巴,/高级技师有谁可靠?")。但这怎能与起初就采用了精妙的五步抑抑扬格的动荡和喧响相提并论:

>一切令人腻烦。
>唯有你还看不厌倦。
>日夜流逝,
>岁月流逝,
>千百年的岁岁月月啊。
>你躲进
>波浪白色的热情,
>也许你,大海
>你将把那些光阴带入

---

① 引自帕斯捷尔纳克《一九〇五年·农夫与工人》(1925)。
② 1905年6月俄国黑海舰队"波将金号"战舰水兵为抗议沙皇政府的恶劣待遇,发动起义。

金合欢白色的馥郁，
带入虚空。

你浮在一堆网上
发出鹤鸣。
水流像喷泉般说笑，
像耳后的发绺，轻柔地
搔弄舰尾。
你到孩子们那儿做客。
可是，当远方召唤你回家，
你却用前所未有的风暴
做出回答！

洪荒时代的空阔
因飞沫而暴怒而嘶吼。
一向利落的潮水
也不堪拍岸的劳作，
变得穷凶极恶。
一切全都乱了，
各自咆哮，毁灭，
野蛮地掀起海藻，
各自撞击岸旁的木桩。

船帆的寡淡
被满目色彩的
单调
挤向后方。
暴雨的墙垣逼过来，
天空越来越低，
斜斜地垂落，
翻飞，

像海鸥一样触底。

电镀的昏暗
彻底搅浑了乌云,
比乌云还笨拙的
是一艘艘舰船,
跟跄着溜回港湾。
蓝腿的闪电
青蛙似的跃入水洼,
长胫的缆索
忽左忽右地
摇荡。

在此之后,就不必对波将金暴动再做赘述,这便是它——不羁的自然力的真正形象:"你到孩子们那儿做客。/可是,当远方召唤你回家,/你却用前所未有的风暴/做出回答!"仿佛来自另一群体的小女孩,在清纯的"天国的"孩子们中间做客——这种流行儿童文学的原型,后来又出现在《日瓦戈医生》中。"回家",亦即回到事物正常的背景和状态,回到灾变!这才是真正的帕斯捷尔纳克,因而整个革命(以及战争)都被他视为向自然之道的回归,以此为起点,正如以零度水平线为起点,对一切再做考量。

帕斯捷尔纳克自己承认,《一九〇五年》最难写的是最后两章,因为其中应包含所谓结论或至少是基本情节的暗示。此外,这部长诗仍是一些片段,并未形成一个整体,也不可能形成,长诗唯一的情节依然停留于历史,停留于成年帕斯捷尔纳克对少年帕斯捷尔纳克记忆的修正。缺失了他向来感兴趣的一点:事件的意义。还不清楚这意义是什么,为了什么。帕斯捷尔纳克作为见证者,记录了1917年革命,叙说了他从捉摸不定的领域所能获取的一切。关于1905年革命,他没有说出这些,也无法说出,而只是以自己旧的象征主义视角陈述了事件,革命作为一种现象被呈示,革命的发生不仅超乎民众意愿,而且往往与之相悖。这究竟是怎么回事,为什么波将金水兵忍受着屈辱,突然间再也忍不住了?为什么大学生热衷于集会,而无产阶级却在构筑街垒?是因为不堪压迫了吗?抑或感觉到当局的孱弱,从而断定"现在可以动手了"?其实没有任何外因,他们自己后来都颇感诧异。只有天空坠落大地,如此而已。

《一九〇五年》在评论界反响热烈。当时还有某种惯性,但凡出自帕斯捷尔纳克的作品,几乎都会得到赞誉,"拉普"的态度也不算苛刻,知识分子书写革命,将时事转化为诗篇抑或相反的尝试都受到尊重⋯⋯"列夫"宣称《一九〇五年》是自己的巨大成果。他们总是像真正的集体主义者一样对待创作:把失误归于个人,把成功归于集体。1927年,高尔基写信对帕斯捷尔纳克说,通过这部长诗,诗人变得更为经典,他说这是重大成就,尤其出色的是帕斯捷尔纳克自认为败笔的最后两章。这种情形在他们之间周而复始,彼此在各方面有意保持不一致。事实上,高尔基一生都想成为知识分子(却是为了不与人民争吵),帕斯捷尔纳克则始终避免成为知识分子(却是为了不脱离被荼毒的阶级)。高尔基推崇文化的物质表象,收集并珍藏书籍和绘画;帕斯捷尔纳克能够容忍一切物质损失,不会赋予其重要意义。高尔基,按照楚科夫斯基的说法,具有他自己的游蛇的所有特征,以及他的鹰隼的所有煽情手段,帕斯捷尔纳克则用一生保护游蛇和"避暑的人们"[①],现实中的行为一如鹰隼,无论安宁还是舒适,他都不在意。或许,双方交往的障碍还在于,他们以各自的方式逢场作戏,都离不开忠实的观众,而这种使对方成为忠实观众的演技,两人又太过熟悉。

至于作者本人对《一九〇五年》的评价,一封写给茨维塔耶娃的精彩书信足以说明。信中展现了真正帕斯捷尔纳克式的自贬与骄傲,这在他的许多信件和口头表述中颇为常见。帕斯捷尔纳克发觉,茨维塔耶娃与女儿阿霞私下交谈时对《一九〇五年》不以为然,而在写给他的信中则不吝赞美,对待这部作品的真实态度就介于两者之间。他写道:

> 这并不意味着作品的平庸,反而说明,可以并且应当对它进行评判的范围——就在近旁,也可能在前面,仅凭这一点,就不难推测。譬如萨维奇的遮遮掩掩的论断,或者说,更多是爱伦堡的,之所以不能打动我,是因为他们生活中缺少像你我生活中那样的节点,而这部作品正试图帮助解开它。这时有个人无意间很好地道出了构成这本小书的基本优点。把某些人性的、真挚的东西传递给官方,是难以想象的任务。假

[①] 游蛇和鹰隼分别是高尔基散文诗《鹰之歌》(1895)中的两个抒情形象,前者阴鸷、消沉,后者热烈、激昂。"避暑的人们"之说,源于高尔基的四幕话剧《避暑客》(1904)。

如还有两三人做到了,恐怕一本正经的鼓噪之风早就制止住了。想象一下吧,我的这段经历已经对马雅可夫斯基和阿谢耶夫一些新作产生了有益的影响。

谁知道呢,也许是这样——无论如何,《好!》都比《列宁》来得更亲切,更具人性,其中不仅有"我的/民警/保护/我的安全。拿指挥棒/指挥着,/靠右边/走",还有"我抓着绿色的小尾巴,提着/两个/小小的胡萝卜,/不是去做汤,/不是回家,/而是到爱人家/去做客"①。这封信的片段揭示出帕斯捷尔纳克内心的使命:为自己也为同道保留一份权利——以不忠诚的语言和个性化的语调表达政治忠诚。不是斯特尼奇②就是奥列沙,给社会主义现实主义下了一个经典的定义:"以上级领导所能接受的形式对其阿谀奉承。"帕斯捷尔纳克试图为至少是形式选择的权利添加些标签(在写给切尔尼亚克的信中称之为"绣花")。这项活动纯粹是战略性的,就此而言,这部长诗完成了它的使命。

5

对帕斯捷尔纳克来说,1926 年是少有的沉重一年:除了与茨维塔耶娃书信往来的罗曼史之外(参见下文),他还被日常生活、家庭和政治动荡的阴霾所困扰。他的岳母亚历山德拉·尼古拉耶夫娜跌了一跤,之后就病得厉害(她爬到椅子上,帮外孙够一件放在大衣柜顶上的玩具,不慎跌倒,摔伤了脊柱,此事后来写入《日乌利特笔记》,又几乎原封不动地出现在《日瓦戈医生》里)。岳母因摔伤引发脊柱肿胀,在列宁格勒找不到做手术的大夫,几经周折,只有布尔坚科答应了。岳母被转移到莫斯科。岳父留在列宁格勒,通过在克里姆林宫工作的老熟人列夫·列文,帕斯捷尔纳克为他弄来日常需用的药品。在另一位故友别帕·兹巴尔斯基(如今此人已是权威人士,是他对列宁遗体做了防腐处理并保持监测)帮助下,他开始为出国忙活起来,希望在国外与茨维塔耶娃相见。结果他本人未获准许,妻子和儿子倒是可以离境。1926 年 6 月 22 日,母子两人动身前往柏林。鲍里斯·帕斯

---

① 引自马雅可夫斯基的长诗《好!》(1927),余振译。
② 瓦连京·约瑟夫维奇·斯特尼奇(1897—1938),苏联诗人、翻译家。

捷尔纳克把他们托付给身在柏林的赖莎·罗蒙诺索娃,关于她,有必要多说几句。这位女士在帕斯捷尔纳克一生中发挥了重要作用,留下了光明的形象。叶甫格拉夫·日瓦戈①的诸多原型,就来自像她这样不期然施与他恩泽的女性或男性。罗蒙诺索娃的丈夫是一位苏俄工程师,俄罗斯铁路驻柏林办事处负责人(此前曾在临时政府任职)。她本人爱好文学,素来对文学家慷慨热情,在苏维埃文艺与资产阶级媒体之间扮演着独特的中介角色。她将一些有意思的新作寄到俄国去翻译,同时设法将好的俄语作品推向国外。她与楚科夫斯基关系特别要好,而后者也是一位安静的守护神,始终守望在远处,在其推荐下,罗蒙诺索娃结识了帕斯捷尔纳克这个才华横溢、认真严谨之人。她给他寄去了王尔德身后发表的一些文稿,约他翻译,并很快寄来预付的稿酬。这笔额外的进项犹如雪中送炭——他刚为妻子办理护照花费了200卢布,而非之前以为的30卢布(起初以为是阳关大道,而非铁幕)。罗蒙诺索娃也向帕斯捷尔纳克索要作品,他让叶尼娅把刚出版的短篇小说集带给了她。罗蒙诺索娃后来又多次帮助他,而他每次给她写信也都言深意切。在柏林,她亲切地接待了叶尼娅,称她为"任丁丁太太"(有一部美国系列电影,主角就是一条叫作"任丁丁"的牧羊犬)。

整个1926年,除了创作《施密特中尉》,完成《一九〇五年》结尾,寻找挣外快的机会,帕斯捷尔纳克还需要理清同妻子的关系。他恳求她:"给我一个更公正的评断吧,不要按照你以往的做法。"让她猜忌的不单是他可能爱上了茨维塔耶娃,并同她保持热烈的书信往来,更主要的是,她陷入内心的烦乱而不能自拔。他本人很清楚这一切:

> 总有一天,我们两个都会垮掉,会彻底崩溃。我之所以这样,不是由于雷电、火灾或地动山摇。原因不在于外部或世界。只是由于我个人的过错。日复一日,窗扇大开,门扉破败,疏于修缮和翻新,这些都是我为之哀泣的罪过。由于这哀泣一直被压抑。

这是他1926年精神状态的真实写照。他需要调理心境。此外,夏天又热又闷——"简直是地狱,血液沸腾,没有任何快乐,担心什么事情都做不了。"在莫斯科,岳母住在谢苗·卢里耶家里,饱受臭虫折磨。白天她坚强

---

① 日瓦戈医生的同父异母兄弟,小名叫作格兰尼亚。

地忍受病痛,毫无怨言,夜里服下安眠药后迷迷糊糊,被虫子咬得睡不着。最后她被送进谢马什科医院,临到手术前一刻,却因为害怕而放弃了。布尔坚科本人将手术推迟到8月底,接着又延迟到秋天。手术见效了,亚历山德拉·尼古拉耶夫娜病情好转,又活了两年。

这一次,城里孤独的夏天是在与诱惑的斗争中度过的(茨维塔耶娃写道,假如她处在帕斯捷尔纳克的位置上,她会向诱惑让步。显然,她觉得这样更自然,更真实,他却不能理解)。他在信中无休止地剖析他与叶尼娅的关系。叶尼娅则写信给帕斯捷尔纳克,描述自己和茨维塔耶娃的书信,不怕用"卑鄙"之类的字眼刺痛丈夫("自私自利"这种词是家常便饭)。

> 令人恶心和难以想象的是,两封不同的信分别呼唤着同一个名字,写给同一个人,沿着同一路线寄出去,却带着被分割和一部分被派送的心灵和命运返还回来。

他回信发誓说他忠实于妻子和儿子。要说他未感到憋屈,那也是不可能:"难道你还想把生活建立在我的内疚和悔恨之上吗?"她没想到这句话让她略为清醒了。从8月底开始,她写信的语气缓和了。不久以后,她告诉他,在波先霍芬的疗养地,有个名叫鲍威尔·费希特温格的德国商人(一位在俄国还不知名的作家的兄弟)想讨她欢心,遭到她断然拒绝。于是他们扯平了,家庭恢复了平静。

这段时间,燠热难耐的小市民的莫斯科,尤其是日益增多的犹太居民,令帕斯捷尔纳克心烦意乱:

> 一如既往,你我将面临困境:周围几乎都是犹太佬——应该听听这个——他们仿佛刻意摆出夸张的姿态,想要描画自己的形象:没有一丝美感。莫斯科值得被塞满吗?!马上就是十周年了,言谈举止总该有些分寸呀!(帕斯捷尔纳克说的"十周年",意思很明显,他把革命部分地视为犹太人的报复和挣脱束缚的企望,可是一旦挣脱,接下来呢?——德·贝)最令人不安的是,为那最后一个,那酷似猴子的家伙,为他所有的丑态——直到岁月尽头——你都要负起责任。他将吃着梨子,不停地扮鬼脸,而你则感到精神上的厌恶,因为他聒噪的存在。即便孩子也难免于此。有时我会为自己的行为而战栗。(摘自1928年8月27日的书信)

1928年,几乎就在同时,他写信给高尔基:

> 就我的出生地、童年的氛围、我的爱情、禀赋以及喜好而言,我不该作为犹太人来到人世。实际上,这样的变化并未给我带来任何改变。[……]可我岂能自主决断!要知道,我自己一直怀着不祥的预期,审视我的角色和命运,不仅因为我身处这迷人的、跟语言脱节的生活。

当然,这不仅是语言问题——人们指责他在语言上的过度自由,首先会将之归咎于缺乏素养——他的自我嘲讽实属无奈。长期以来,他作为犹太人,无法坦率地谈论俄罗斯道路和俄罗斯国家制度:这终归是局外人的意见。甚至在三十年代初,他承认国家和人民的命运已成为他的命运,仍然不愿把自己当作这场人生盛宴上的外来者。他期待为国家的选择分担责任,却担心不被许可。二十年代末,这些想法时常困扰他。而促使他对苏联生活颇多肯定的重要因素之一,或许正是早期苏维埃国际主义,当时人们不必非要属于主体民族,也能自视为国家的公民:不为特权,只为分担责任。

不过,他的心境很快就平复了。就在他信中提到去别墅拜访朋友列依波维奇(芬尼·兹巴尔斯卡娅的妹夫)那天,在他为雅罗斯拉夫火车站上推推搡搡的"犹太佬"而恼火的那个星期日,他突然萌生了善待自我的念头。对于他,恢复活力、摆脱困顿的方式只有一个——暂时投入大自然中,随便"在草地上,在野外的芬芳中"躺下休憩,"向后摊开手臂"……尽管只能满足于"索然寡味的棋盘格似的别墅小径",但在下一刻,他就沉浸在愉悦中了。

> 我清楚地回想起来,从童年开始,我就被"大自然的情感"难以捉摸的力量吸引(一种似是而非、无以言传的东西),现在我不打算展开细述,那会扯得很远。我记得这种情感总是与绝望相伴:[……]似乎永远无须向它偿还创作的债务。忽然,我想起了那两句诗:

> 草地被淡青色的暑热搅得发晕,
> 树林里,凝聚着教堂般的昏暗。[①]

[①] 引自帕斯捷尔纳克《树林里》(1917)。

有生以来我第一次意识到,这方面已有某种成果,哪怕是只言片语,也不失为这三十年的激动不安应得的献礼。在我的人生中,在一刹那间,我第一次感到了些许满足。

9月25日,叶尼娅和儿子(帕斯捷尔纳克的父母叫他叶年卡)踏上了驶向莫斯科的列车。一道同行回国的还有别帕·兹巴尔斯基,所以他们在海关没有遇到什么麻烦(有人给帕斯捷尔纳克捎带了许多侨民报刊和书籍)。帕斯捷尔纳克的儿子曾经提到,父亲喜欢延长迎送的过程——把出行者送到旅途的第一站,在最后一站迎接客人。他在莫扎伊斯克①迎来了妻子和儿子。苏联郊区火车的肮脏与国际列车的豪华,形成鲜明的反差,让他的心情再次沉重起来。用他的话来说,儿子个头猛长了一截,变得文雅了。小叶尼亚一个劲儿地唠叨:"儿子去找父亲,父亲来找儿子!"

1927年前夕,他就已经完成了《施密特中尉》前两部,以及第三部的初稿,也是最出色的一部。

---

① 位于莫斯科以西110公里的一座小城。

第十五章 1926—1927年：
《施密特中尉》 春天与苦役的广度

1

1927年，帕斯捷尔纳克与友人愉快地分享一九〇五年革命历史的著作：给布里克夫妇带去一摞记述"奥恰科夫号"巡洋舰起义①的读物，把切尔尼亚克夫妇专门挑选的莫斯科起义的文献归还回去。完成了《一九〇五年》和《施密特中尉》这两部长诗。

1927年初，遭贬黜的托洛茨基在租让委员会挂名（昔日的军事人民委员、革命舞台主角居然落到这般境地），忽然召集了一群作家，其中包括帕斯捷尔纳克、阿谢耶夫、特列季亚科夫（据卡塔尼扬②证实，马雅可夫斯基当时不在莫斯科；整个1927年他四处游走，但即便当时他在城里，人们也不可能相信，对党分外忠诚的马雅可夫斯基会跑去找托洛茨基，与他交谈）。托洛茨基突然向帕斯捷尔纳克发问："您的'施密特'和'一九〇五年'是真事儿吗？"据阿谢耶夫所述，帕斯捷尔纳克低声答道："喏，您知道，这类话题我甚至跟亲朋好友都不会谈论！"这个回答无可挑剔，符合帕斯捷尔纳克的价值体系：既回避了正面的提问，也表达了对话者尤其是失宠的对话者一贯欣赏的不满。在我们的时代，据说隔墙有耳……

托洛茨基为什么召集了列夫派，却向他们显出无视文学的态度，而且还是按照阿谢耶夫的说法，把所有问题"混为一谈"？他为什么突然问起《施密特中尉》是否真实？不难推断，他是在试探"列夫"有无可能组建新的反

---

① "奥恰科夫号"巡洋舰隶属于沙俄黑海舰队。1905年11月，该舰参与了塞瓦斯托波尔军港起义。
② 瓦西里·阿布加罗维奇·卡塔尼扬（1902—1980），苏联作家，马雅可夫斯基的传记作者。

对派阵营。他对文艺虽不在行,却意识到"列夫"及其激进的革命主张行将没落。果不其然,等到1927年夏天,列夫派们纷纷公开忏悔,"捶胸顿足,痛苦万状",继而散了摊子;而1927年前夕,与托洛茨基之名密不可分的革命禁欲主义乌托邦就已山穷水尽。显而易见,一个截然不同的世界正在被创建。四年前曾指责帕斯捷尔纳克脱离生活的托洛茨基,此时很清楚大势所向。他想知道帕斯捷尔纳克是否也明白这一切。

若想认真回答帕斯捷尔纳克写《施密特中尉》究竟有多真诚,首先需要承认,他是"激情革命者"系列丛书当之无愧的先驱。二十世纪六十至八十年代,政治文献出版社出过这样一套丛书,稿酬为最高档次。所有持不同政见的作家都曾经是丛书的作者,包括阿克肖诺夫、格拉吉林、奥库贾瓦……昔日"激情革命者"当中不乏贤良之士——思想的骑士,与列宁—斯大林分子的暴行关联最少,与他们继承者的愚蠢也不相干……奥库贾瓦写过《佩斯特里》①,格拉吉林写过《罗伯斯庇尔》……1925年,当帕斯捷尔纳克开始创作历史叙事诗,"激情革命者"系列还不存在,但国家正需要书写历史,亟待寻找英雄,任何一个被工人们自己处死的宣传鼓动家,都可能被奉为革命圣徒。施密特中尉或"波将金号"起义领导者之类的人物,用今天的话来说,成了偶像级热门人物。同时,他们代表了半官方订货与革命初期骑士精神之间近乎完美的折中。施密特似乎是革命长诗主角的最佳候选人,从他身上,帕斯捷尔纳克看到了自己的影子,而且没有看错:长诗完成之后三十年,(在写给苏联作协理事会的信中)他几乎一字不差地重复了施密特在法庭上最后的陈词。茨维塔耶娃却对主角的人选很不满:她觉得,帕斯捷尔纳克本人反倒看不见了。"你在这部作品中的形象,少于其他作品。你的高大处于这个小人物的阴影下,被它遮蔽了……一个小人物,动人却又无可救药。"对施密特如此评说,完全符合茨维塔耶娃的风格。按照茨维塔耶娃社会革命党式的古典主义英雄观,他当然算不上英雄。卡利亚耶夫才是最佳人选!她曾援引社会革命党家庭出身的丈夫的意见,向帕斯捷尔纳克探讨此类建议。但这只能说明,她对帕斯捷尔纳克的构思是多么不理解!帕斯捷尔纳克与茨维塔耶娃的关系,类似于施密特与卡利亚耶夫、知识分子与社

---

① 帕维尔·伊万诺维奇·佩斯特里(1793—1826),俄国青年贵族军官,1825年"十二月党人起义"的领导者之一。

会革命党激进分子的关系；他们在诗歌策略上的差别亦如此。知识分子的困厄是这部长诗的主题。"将一个人变成他不相信的事业的英雄，无异于摧残与毁灭。"这是作者在写给茨维塔耶娃的信中的概括。帕斯捷尔纳克关注的是道德高于意识形态：对施密特而言，出卖水兵比违背誓言更可怕。他领导着起义，但不认为自己能让起义者相信起义的前景。这完全是帕斯捷尔纳克式的抉择，与革命没有直接关系。

2

在1926年5月8日写给茨维塔耶娃的信中，帕斯捷尔纳克解释说：

> 后段甲板——舰船的中间部分，被视为船体最荣耀甚至最神圣的部分。缆柱——系套缆索的铁柱。滚甲板，意思是用舱盖封闭所有舱室的入口，冲洗甲板。带炮塔的甲板——巡洋舰中部的装甲上层建筑，设有通往鱼雷部和弹药库的入口。也许，这些解说毫无必要？看似笨拙的样子。你是怎么想的呢？

在这封信中，他还详细说明了《一九〇五年》当中水兵使用"吃掉"一词的理由，甚至用到了审理"波将金号"起义的卷宗。看来当然不只是笨拙，还有某种孩子般的动人：一个人准备做一番事情，正在研究材料。苏维埃政权要求作家不仅细节准确（列夫派的写实文学理论与之相呼应），而且要有坐冷板凳的非凡毅力（书呆子式的迂拙受到公然嘉许）：细节越多，哪怕有时过量，越写实，越生动逼真——就越好。多可怕的事情，当天生的勤勉与时代的刻板要求相互叠加，这一切就成了诗！

像大多数"激情革命者"一样，施密特的故事如今很少有人记得。其实，早在二十年代末，在革命浪漫史随风而逝的岁月，他就已经几乎被遗忘。伊利夫和彼得罗夫比所有人更准确地记述了此事。在他们合作的小说《金牛犊》中，主人公奥斯塔普·本德尔冒充施密特中尉的儿子，却不记得这位传奇革命英雄的姓名；第二位"中尉之子"巴拉甘诺夫，几乎连通俗读物《"奥恰科夫号"暴动》都无法复述。尽管如此，对于知识分子而言，无论二十年代还是略为相似的六十年代知识分子，施密特都不失为标志性人物。不妨回顾一下电影《活到星期一》中的伊利亚·梅利尼科夫老师著名的独白,编剧格奥尔基·波隆斯基显然借鉴了帕斯捷尔纳克对施密特形象的解读：

> 彼得·彼得罗维奇·施密特中尉,究竟是怎样一个人？俄罗斯知识分子。聪明人。天生的演员。又会唱歌,又会拉大提琴,还会画画儿……这些并不妨碍他成为职业水手,勇敢的军官。另外,施密特还是炽热的演说家,他能让听众痴迷……不过,感知痛苦的能力才是他主要的天赋,他对别人的痛苦之敏感,胜过对自己的痛苦。彼得·彼得罗维奇·施密特反对流血。如同陀思妥耶夫斯基的伊万·卡拉马佐夫,他无法容忍普遍的和谐,哪怕因这种和谐而受苦的只是一个孩子……他不相信,也不愿相信,机关枪和霰弹的语言是与沙皇谈判的唯一可行的语言。不流血的和谐！所有关心俄罗斯福祉之人理智的协商……天真吗？是的。错误吗？是的！但我请你不要鲁莽行事,而要感受一下这些错误的高昂代价！

"完美教师"梅利尼科夫还引用了帕斯捷尔纳克的语句,在1968年的背景下,这本身就是一种挑战；苏联的六〇一代（就像认可革命,却不接受暴力的二十年代知识分子）需要标志性人物施密特,需要这位浪漫派和理想主义者。重要的不是粗鄙实用的历史真相,而是为错误付出的代价,不是始终可疑的结果,而是纯粹的良知。

在帕斯捷尔纳克看来,个性的作用不在于创造历史,而在于摆脱历史的束缚并保持自我。面对历史不躲闪,不回避挑战,而是坦然接受,虽然几乎必输无疑；后来当他也陷入无望的斗争之际,这些思想经过归纳与整理,写进了《日瓦戈医生》和关于《哈姆雷特》的札记。帕斯捷尔纳克认为,直到四十年代他才从某种催眠状态中挣脱,获得了自由。但在1925年,他关注的主要命题乃是人与他的历史角色之间的抵牾,这个命题贯穿他一生,他个人的经历也成了解题的素材。在他的思想意识中,历史犹如一场戏剧,一场神秘剧,所有角色均提前分配完毕；可以要求消解人生悲欢,但不能拒斥。为自己不相信的事业而牺牲,是帕斯捷尔纳克叙事诗和小说的题旨。更宽泛地说,基督教伦理与历史逻辑的分歧是他一以贯之的主题。他对这个主题的处理大多取材于俄国历史,因为恰恰在这里,分歧才更加动人心魄。他打算写一部剧作——《盲美人》,以探究俄国往事的这种历史宿命及重复性之缘由。在此意义上,施密特的人生戏剧殊为典型:包括主人公在内,每个参与者都明白,正在上演的是一出愚蠢的剧目。护舰兵不愿保护施密特,法官们——不愿审判,射击手——不愿开枪,施密特本人不愿领导起义,水兵们不愿暴动(舰队里没有人支持"奥恰科夫号"起义)……总而言之,这是经典的俄国情景:所有人明知所有的一切,却听命于非理性的力量。这种力量随后报复了每个迫不得已杀害施密特的人,由此产生了周而复始的暴力之链。

> 继续宣判,迟早会有一天
> 为暴君的罪孽,他们自己也将
> 坐上同样的席位,坐在
> 一簇簇肮脏的白发间,
> 同样会有风吹的春日,
> 会有人可怕地成为活靶子,
> 会有至高无上的旨意
> 和淅沥沥的水滴的预言。
> 会有哮喘的抽搐。会有宣判
> 宣判,无休止的宣判。①

这算什么——对未来的报应幸灾乐祸?不,当然不是。这是"流血引发的连锁反应之恐怖",正如帕斯捷尔纳克的儿子所说,他认为,行刑者在处死施密特二十年后遭枪决,成为创作长诗的动因之一。然而,没有人相信,"淅沥沥的水滴的预言"比最高旨意更重要。此处的水滴无疑具有特殊的穿透力,喻示着生命无论如何都会存在;春天、风吹的日子……这样的春天不取决于现实的恐怖,如同历史进程——不取决于个人意志。沙拉莫夫记得(并告诉帕斯捷尔纳克),基洛夫的顾问奥尔洛夫临刑前在隔离室里朗诵的正是这些诗句。

3

参与这段历史的每个人原本都是正常人。不幸的斯塔夫拉基中尉,对

---

① 引自帕斯捷尔纳克《施密特中尉》第三章第 7 节(1927)。

施密特执行枪决的指挥者,扑通一下跪倒在人犯面前,后来,他本人也被苏维埃政权枪决(也怪他自己太愚蠢——活到了二十年代,要是一直在巴统①安安静静做他的灯塔看守人,也许谁都不会想起他,可他却跑到《灯塔报》发了一则简讯,声称灯塔上的汽笛必须修理。帕乌斯托夫斯基在《黑海》一文中曾提及此事,并做了补充,不过,斯塔夫拉基被指控的罪名是盗窃国家财产)。整个俄罗斯都在为施密特祈祷。令人吃惊的是,施密特本人却对审判自己的法官表示同情! 他知道,决定他命运的不是他们,判处死刑的要求来自彼得堡(据说,是尼古拉二世个人的要求)。他的话语,充满高尚的谦恭,几乎一字不落地被帕斯捷尔纳克转化为诗句。他谁都不怪罪——自始至终,他对历史抱着古典式的理解:历史自行流转,而不听从任何人的意见。

> 混沌岁月里,幸福的结局
> 渺然难寻。有人徒劳一场,
> 只留下号啕与忏悔,
> 有人把髑髅地当作尽头。
>
> 如同你们,我也是时代
> 大变迁的一部分。
> 我将接受你们的判决
> 而没有怨恨和怪责。
>
> 或许,当你们清除人类
> 也不会有一丝战栗。
> 说到底,教义的殉难者,
> 你们也是世纪的牺牲品。

事实上,若不是因为某些部分写得极其隐晦,不是因为绚丽炽热的意象、丰富的节奏变化,以及列夫派所推崇的纪实性的精准细节,早在1926年《新世界》杂志(8—9两月)增刊发表长诗第一部之际,帕斯捷尔纳克的历史观就可

---

① 位于格鲁吉亚境内,阿扎尔自治共和国首府,著名的黑海疗养地。

能引发尖锐的批评。但丑闻还是爆发了，因为《施密特中尉》一开篇，就是帕斯捷尔纳克为茨维塔耶娃写的贯顶献诗（акростихпосвящение）①，而在苏联刊物上提及侨民②（况且是正面意义），当时就已不受欢迎。帕斯捷尔纳克要么是不愿相信这一点，要么希望大多数读者——特别是当权者——看不出贯顶诗的名堂，可他们足够灵敏，从上到下读了每行的首字母。《新世界》主编波隆斯基险些丢掉职位。鉴于人们对《不灭的月亮的故事》③记忆犹新，这首不安分的献诗有可能成为激起轩然大波的最后一滴水珠。官方高层人士断定，作者有意采用隐秘的手法，怀念一名白俄女侨，编辑部则扮演了同谋的角色……帕斯捷尔纳克给波隆斯基写了数封检讨信：

> "献诗"的内容被形式的套路掩盖，其实跟政治没有一点关系。为诗人创作的东西，它是随意的，只能假定诗人们会揭示其奥秘。（1926年11月2日）

这一次，麻烦算是躲开了。

而当局也像往常一样看错了，因为主要的"不良思想"（在写于1926年5月8日的一封信中，帕斯捷尔纳克专门向茨维塔耶娃提示过——没准儿她不明白呢？）在第一部第六章，关于此章的结尾他解释道：

> ……历史的更替轮回，近似于庄严华美的教规：马戏舞台变成斗兽场的前排，苦役变成整个政府，或者更好的是：在凝望历史之际，人们可能会认为，理想主义之所以存在，主要就是为了否定它。

一切看似清晰明了，尤其是"庄严华美的教规"一说，即历史的图解式的对应性，它的机械的规定性；涉及理想主义的言辞则略显晦暗，其中蕴含着帕斯捷尔纳克首次表达的思想：整个历史都喻示着对理想主义的否定，原来我们面对的不过是与精神生活无关的机械运动！到后来，《日瓦戈医生》还将就此主题展开更直接的阐述——关于历史与植物王国之间的类比（就

---

① 一种特殊的诗歌句法修辞形式，类似于汉语中的藏头诗，通常由诗中各行第一个字母自上而下连贯起来，构成一个词或一句话。
② 茨维塔耶娃于1925年举家移居巴黎，1939年返回苏联。
③ 鲍里斯·皮里尼亚克的短篇小说，创作于1926年。小说抨击了产生专制者和暴君的温床——机械主义，结果招致"恶毒诽谤"的罪名，刊发这篇作品的《新世界》杂志全部被查禁。

连历史最积极的参与者,也不及酵母)。在俄罗斯出版的第一部帕斯捷尔纳克文集(1990)序言中,德米特里·利哈乔夫将他的历史观同托尔斯泰相提并论,但帕斯捷尔纳克的思想观念其实更激进:他甚至确信,"托尔斯泰没有完成自己的思想"。按照托尔斯泰的说法,历史是"千万种意志的合力"。在帕斯捷尔纳克真诚的理想主义观念中,历史是某种规定,正如一年四季的更替,托尔斯泰从叔本华著作中读出的千万种意志,解决不了任何问题。脚本自行存在,自行实现——这便是个体的戏剧,通常不受自身窠臼的局限。历史进程(起码是俄国历史)经由帕斯捷尔纳克之笔,呈现出图解般的清晰直观:

> 哦,国家的偶像,
> 永恒的自由的前夜!
> 世纪从牢笼中逃逸,
> 野兽在科洛西姆①游荡,
> 传教士之手勇敢地
> 伸向生猛的铁笼,一边祈祷
> 一边用信念驯化虎豹,
> 步调始终如一
> 从罗马各地的竞技场
> 迈入罗马教堂,
> 我们也以同样的准则活着,
> 我们,栖身于地穴和矿井的人。②

地穴——早期基督徒的栖身之所。这些基督徒被抛给野兽,抛到"罗马竞技场",由此步入那逐渐成为国家权力象征的"罗马教堂",帕斯捷尔纳克眼中的历史,即是这样一种永恒的轮回:思想来临时,只是异端邪说,后来战胜旧有压迫,继而成为新的压迫性的力量。帕斯捷尔纳克将自己和潜在的同道称作"栖身于地穴和矿井的人",同时强调自己无意参与个人思想的凯旋。但如果历史进程依然如故,苦役继续成为主导力量,那他显然还会预

---

① 即罗马斗兽场,亦译作罗马大角斗场、罗马竞技场、罗马圆形竞技场、哥罗塞姆等,建于公元72年至82年间,是古罗马文明的象征。
② 引自帕斯捷尔纳克《施密特中尉》第一章第6节(1926)。

见自己摆脱地穴的出口——进入半官方……而且他的预见不会出错。从施密特的遭遇中,他发现了这样一条被准确验证的路径(或许正是这个发现,令他产生了关于俄国历史中"地穴"与"教堂"不断交替的思想):施密特被捕后关押在奥恰科夫岛,暴动的战舰恰好以这座岛命名。"奥恰科夫——起义舰船的教祖。"①就这样,从"奥恰科夫号"到奥恰科夫岛,一切都在变动,而舰船与岛屿之间的选择却无法迷惑帕斯捷尔纳克:哪个更好——注定失败的水兵起义,抑或"国家的偶像"? 施密特在这里,人质在那里。

4

《施密特中尉》——散文诗歌化的冒险事业的巨大成就。遗憾的是,帕斯捷尔纳克在获得成功的同时,却难免勤奋学徒似的直观性。目标极其复杂:要写出一部思想张弛有度、忠实于历史、富有感染力的作品。在第二部分,形式的精湛与材料的粗糙相互冲突,造成趣味上明显的败笔:

> 施密特跟其余人都发现,
> 瞬间的延迟就能让
> 桅杆和缆索免遭弹雨,
> 又要尽快填满它的胃口,
> 以使炮击哪怕暂缓片刻,
> 这时,仿佛打盹儿的俄耳甫斯
> 从他内心苏醒,莫非他想起
> 另一紧要之事? 绕舰队环行,
> 让炮弹愧疚,
> 让船坞的钢筋铁骨动容。②

有时你会觉得,用散文陈述部分情节,或者将文献杂糅其中,也许更忠实也更简捷,这样就不必采取这些迂回的转文,直截了当的叙述就够了:施密特决定乘坐快艇绕舰队环行,以劝说军官和水兵不要向失去保护的"奥恰科夫号"射击。什么"打盹儿的俄耳甫斯"之类也大可免去,这种表述未

---

① 引自帕斯捷尔纳克《施密特中尉》第三章第 2 节(1927)。
② 引自帕斯捷尔纳克《施密特中尉》第二章第 6 节(1926)。

必得当,甚至Орфей("俄耳甫斯")与верфей("船坞")的绝妙谐韵也只是平添造作之气。1926年,帕斯捷尔纳克还深信一切都受制于他的诗行。到了1929年,他已打算采取散文手法,处理《斯佩克托尔斯基》中涉及战争与革命的部分:在通往宏大的小说形式的道路上,他的想法将变得简单而大胆。一些抒情片段交由诗歌,至于叙事的和更为动感的片段,直接陈述即可。

> 向后退!为何要把污水
> 泼洒到雨中?"锡诺普"
> 是否会跟"切斯马"①
> 一起丧失战斗力?②

帕斯捷尔纳克喜欢把通常不具诗意的词汇纳入诗行,并通过音列的整合抹平词汇的异质性。"日用"和"自创"在他的诗中水乳交融,但"战斗力"之类的叙说却格外突兀。在炮击"奥恰科夫号"之夜,以诗歌记述施密特的内心独白,终究是徒劳的。为协调叙事,帕斯捷尔纳克付出巨大代价,却导致文体失衡,许多节点掺杂其间。

长诗的节奏转换恰到好处,无可挑剔的独特韵律,时而如音乐,时而如絮谈。早在收到茨维塔耶娃的《捕鼠者》之前,帕斯捷尔纳克就开始创作《施密特中尉》,前者最大的难题在于,诗歌叙事的创建须以纯粹音乐的手法解决。这两部作品难以对比:《捕鼠者》——张扬、凌厉的传奇,内蕴丰富,角色被赋予双重情感,使得情节"变动不居";《施密特中尉》——有意营造的庄重之作,充满自由不羁的思想,但绝不是恐怖的中世纪童话。值得一提的是,当帕斯捷尔纳克于1926年6月收到《捕鼠者》时,不禁为方法的巧合而欣喜。就节奏的丰富多样而言,苏联诗歌中没有能与《施密特中尉》相提并论的作品。帕斯捷尔纳克的节奏处理无人能及,难怪他要让茨维塔耶娃相信:"我会把这座山吞掉。"在作品的第一部和第三部,他释放出真正的抒情的能量:

---

① 锡诺普,土耳其北部港口,克里米亚战争期间遭到严重毁坏。切斯马,土耳其黑海港口,因俄、土两国1770年在切斯马湾展开的海战而闻名。但这里也可能暗指俄国黑海舰队巡洋舰"切斯马号"。
② 引自帕斯捷尔纳克《施密特中尉》第二章第7节(1926)。

> 人犯共计四名,他们中间的两名
> 仍然以为——四除以二等于二。
> 夜风以它永恒的创建的精神
> 热情而忘我地抚慰着群星。
> ……………
> 其他人沉醉于春天与苦役的广度。
> 舱门洞开,像鳗鱼身上眼状的圆斑,
> 照明灯也在圆鼓鼓地张嘴呼吸。
> 舰船微微颤动,像昏睡的章鱼。①

每一道风景,每一个承上启下的点缀,都有对应的节奏。譬如下面这幅海港早晨的奇妙画面,单独来看就是一首完整的诗:

> 冬日的美景迷离空幻,
> 锚地在黎明的幽暗中打盹儿,
> 散乱的桅杆
> 恍惚之间被雾气笼罩,
> 昏死的灯影下,
> 桁架惶然失神,
> 仿佛浸在露水中
> 裹着银与贝的光色。
> 清晨的海水
> 妩媚地泛起柔波。
> 船身摇荡,
> 每一阵响动
> 无论多么细微和松弛
> 都依稀可闻。

绝美的景象——活生生的大海,完全是《起航》的意境。然而,仅仅过了二十行——

> 来自帕夫洛格勒的步兵团

---

① 引自帕斯捷尔纳克《施密特中尉》第三章第9节(1927)。

> 与第十三野战
> 炮兵部队一道
> 在潮湿的路面展开试验。①

一切结合都不复存在,只有互不相干的两个开端的剧烈冲突:不仅第十三野战部队显得异常突兀,美妙的海景也像是花哨的补丁,粘贴在纪实性的悲剧叙事之上。

《施密特中尉》——帕斯捷尔纳克三部情节长诗(包括未完成的《霞光》在内)中的第一部。在长诗体裁的道路上,他扮演了首创者的角色,这就像当初在无情节抒情长诗体裁方面,他的《崇高的疾病》也是开先河之作。沿着他蹚出的路,才华泛泛之辈争相前行。1936年2月9日,曼德尔施塔姆在沃罗涅日与阿赫玛托娃交谈时,或许也想到了这一点:

> 帕斯捷尔纳克是有害的。他比别人更早也更有目的地创造了别人趋之若鹜的东西。(据谢尔盖·鲁达科夫记录)

一时间,冒出许多冗长乏味的诗歌叙事,程式化的"诗体散文"。只要具备一定的机巧,给《战争与和平》添加韵脚也不费事。在《乌利亚拉耶夫习气》这部可圈可点的长篇之后,谢尔文斯基②接着又"炮制了"诗体小说《普什托尔克》,其荒唐程度,恐怕作者也未必意识不到。《普什托尔克》也就罢了。1933年,马尔克·塔尔洛夫斯基又以亚历山大式八行诗(октава)形式捣鼓了题为《原始积累》的长诗③。后来,诗歌被随意用于叙事,这项技能使得诗人纷纷沦为转述者。甚至到了解冻时期,叙事诗还占据主导地位。叶甫盖尼·叶夫图申科适时推出了他钢筋混凝土般的《布拉茨克水电站》,可是结构却松松垮垮,犹如仓促收工的新建筑。

帕斯捷尔纳克完成了目标,未留下明显的漏洞。晚些时候,也有人在诗歌叙事之路上取得了成功,例如帕维尔·瓦西里耶夫。帕斯捷尔纳克也高度评价了特瓦尔多夫斯基的《春草国》,并对他的《瓦西里·焦尔金》报以热

---

① 引自帕斯捷尔纳克《施密特中尉》第二章第4节(1926)。
② 伊利亚·利沃维奇·谢尔文斯基(1899—1968),苏联诗人,戏剧家,结构主义流派代表人物。文中提到的两部作品分别于1927年和1929年出版。
③ 作者有误。马尔克·塔尔洛夫斯基(1902—1952),苏联诗人,翻译家。此处的长诗《原始积累》作者是诗人、翻译家弗拉基米尔·杰尔查文(1908—1975)。

烈回应。这或许是整个苏联时期唯一一部真正伟大的诗体小说,即便如此,它也不是直接的叙事,而是通过主人公形象融为一体的战争情节。很难简单地回答,"诗体散文"在概念上是否像一切转述,属于"二手"体裁,或者从诗歌与散文的冲突中是否能够得到有益的结果。帕斯捷尔纳克亲自尝试了不同的选择:既有按照散文规则构筑的长诗(《施密特中尉》和《斯佩克托尔斯基》),也有按照抒情诗规则创造的长篇小说。他在两方面都取得了可观的成就,也付出了同样可观的代价。或许,成功之道就在于诗与散文的绝对融合,这条经验来自安德烈·别雷,他也一直痛苦地探寻着两者的合成——要么将散文分成诗行,如《交响曲》中所示,要么使其顺服于抑抑扬格的掌控,如《彼得堡》以来所有作品的一贯手法。纳博科夫称之为"圆白菜似的拟古短长格",但文人相轻并不能解决问题:叙事文学需要发展,文学体裁之间的界限渐趋淡化,长诗与小说的命运在每个新的时代都有待于重新处理。

在《施密特中尉》中,帕斯捷尔纳克向期待已久的合成迈出冒险的一大步。虽然我们看到的是一部颇具折中性的作品——角色的选择、体裁的构造、官方宗旨与内在使命的调和、个人抒情禀赋对叙事诗的适应——但在这些部分决定于时代、部分因作者个性使然的妥协之中,帕斯捷尔纳克取得了最大的成果。"春天与苦役的广度",正是作者对这部作品的最佳定义,它源于苦役,同样源于春天的广度。

5

1927年,帕斯捷尔纳克待在家里迎来新年,几乎就像纳博科夫的长篇小说《天赋》(1937)所描写的那样:戈都诺夫-切尔登采夫准备与济娜一道参加新年舞会,临出门之前,却坐下来,开始修改他的手稿《车尔尼雪夫斯基的一生》,渐渐入了迷,一整夜都在写,等济娜委屈地回到家,作品已经完工了。众所周知,帕斯捷尔纳克喜欢"让家人各自出行"①。节日之夜,身处幽暗和神秘,最惬意的不是独享盛宴,而是在书桌前坐下。怎样迎接,就怎样度过:1927年已然来临,它成了帕斯捷尔纳克紧张工作与倍感孤独的一

---

① 出自帕斯捷尔纳克1949年的诗作《秋》开头第一句。

年。新年的夜晚,他将已有的片段聚合起来,使之服从于统一的调性,勾勒出《施密特中尉》第二部的轮廓。就连莉利娅·哈拉佐娃夜半时分短暂的来访,也未能打破他工作的状态。哈拉佐娃来向他祝贺节日,随后悄然离去,正如这一年她从他的生活乃至所有人的生活中离去一样:她因感染伤寒死于9月13日。

哈拉佐娃对帕斯捷尔纳克意义重大。这是一位命运令人称奇的女性,经历了那个时代的坎坷。她生于1903年,她的父亲格奥尔基·哈拉佐夫("神秘的无政府主义者和才具平庸人士当中天才的恶棍,数学家,诗人,任你怎么说都行。"帕斯捷尔纳克在写给茨维塔耶娃的信中这样描绘他)当时作为政治侨民居住在瑞士。1914年,他把几个孩子留在苏黎世,独自回到格鲁吉亚,年仅十五岁的莉利娅随即返回俄国寻找父亲。她在俄国的漂泊,人们所知不多。帕斯捷尔纳克在她一部失败的诗集(哈拉佐娃用德语写作,笔名叫玛丽娅·威斯)前言中写道:

> 她陷入了永远不会给任何人带来任何福祉的境地,除了迷误与痛苦,她置身其中,十七岁时便做了母亲,看够了人间百态,饱受屈辱和折磨,累积了生活的观念,足以让她认识到,无论未来有怎样的欢乐,都注定会成为不幸,落在她头上。

在帕斯捷尔纳克看来,这是被尼采哲学和无政府主义所笼罩的环境:"咖啡馆时期的梯弗里斯①神童们"。哈拉佐娃始终未能清醒过来,她仿佛把什么永远忘在了苏黎世,帕斯捷尔纳克写道,应当尽快让她归返故地,而且为时不晚——却未能实现。帕斯捷尔纳克称她为美人、通灵术士,爱她充满灵气的面容,对她的诗却不以为然。他有时也责怪自己,没准儿"因为冷漠和固守个人的尺度而忽视了她过人的天资"。他不喜欢这些诗里的自由散漫、梦幻的意象和洛特雷阿蒙②学派的超现实主义,这一派别的根源不在于引领文学潮流的意图,而在于半梦半痴的状态,永远被俄国、被革命及个人的女性悲剧所迷惑的哈拉佐娃,正是在此状态中度过了一生。她的人生经历,让帕斯捷尔纳克看到了他本人或许会经历的另一种屈辱的命运,一种

---

① 格鲁吉亚首都,1936年起改称第比利斯。
② 洛特雷阿蒙(1846—1870),原名伊齐多尔·吕西安·迪卡斯,法国诗人,超现实主义先驱。长篇散文诗《马尔多罗之歌》为其代表作。

有可能也将他裹挟的极端性,如果不是因为他的精神健康和内在的自律。他宁愿哈拉佐娃不写诗,这样她才会是最高意义上的正常女人。这是他由来已久的信条——要写诗,就不要做一个狂热的疯子加通灵术士,而要做道德强韧的健康之人。他不允许自然力掌控自己,相反,是他在掌控自然力。这种鲜明的反浪漫主义立场,在整个二十世纪都很罕见。哈拉佐娃与帕斯捷尔纳克相识于1926年春天,在为他举办的晚会上。从他身上她感受到同类的精神,顿时被深深吸引。他试图挽救她,却来不及了,因为环境只会助长疯狂。

当天晚上,在帕斯捷尔纳克创作《施密特中尉》之际,身旁还睡着三岁的儿子,妻子则在"列夫"的圈子里欢庆新年。早上,马雅可夫斯基将她从卢比扬卡路口送回沃尔洪卡,并上楼向帕斯捷尔纳克祝福。后者感到由衷的快慰。马雅可夫斯基待了没多久便告辞了。这里也有某种象征意味。对他们来说,1927年即使不是彻底决裂的一年,起码也是久别的一年。

1927年在帕斯捷尔纳克的履历中,堪称转折的年份:与茨维塔耶娃难以弥合的分歧浮出水面,最终脱离了"列夫",与阿谢耶夫的关系变得复杂。他跟波隆斯基的交情倒是越来越深,名气也越来越大。帕斯捷尔纳克大有取代马雅可夫斯基之势,成为文学生活的核心。他已年满三十七岁,这对诗人是危机的年龄;确实如此——他与未来主义相联的第一次生命,仿佛终结了。不再有恍惚迷离、若隐若现的印象主义。人生转折时期来临了。他心力交瘁,他的第一次婚姻也到了尽头。

此时他已然是公认的文学权威,已经敢于要求每行诗的稿酬不少于三卢布(其实,这对文学专业人士几乎就是最低限度了,可他了解苏维埃出版界的风气,故而认为有必要把话说到前面)。1927年,《一九〇五年》及《施密特中尉》(尤其是后者)的发表,使得帕斯捷尔纳克成为时代的主角。革命十周年前夕,他发表了诗作《十月纪念》,后来在一些诗集中,他把创作时间标注为1925年,或许是因为不想跟纪念活动有关联。他曾经对《土地与工厂》丛刊主编谢尔盖·奥布拉多维奇说:"纪念十月革命的诗我根本就没打算写。"

相较于马雅可夫斯基的"十月长诗"《好!》,这首诗胜在意境,激情方面则相对逊色。革命对于马雅可夫斯基,是延续的现实,对于帕斯捷尔纳克则无疑是明日黄花:

阴雨天铺开土坡，
　　以铁的喧响碾过坡面，
　　颠覆政权，撕破招贴，
　　追捕一个又一个阶级。

　　篝火。纠察队。茫茫烟云。
　　诗人们已开始为后代
　　印制成包成捆的诗歌，
　　为我们分配马哈鱼和口粮。
　　…………
　　是的，这是纷争之源。
　　他们手上，是陨石。
　　感谢他们的发现吧，
　　即使它空得像世界的两极。

（不过，此处的表述也很典型："空得像世界的两极。"当自然界尘埃落定之际，世界确实立刻停止了运转，不妨回顾一下《断裂》和《崇高的疾病》描绘的极地般的场景。）

　　曾几何时，我们客居在
　　传说的领域。我们被带入
　　防备野兽的四分之一圆环。
　　我们——大地的初恋。①

在最后四句的悲情背后，可以清晰地听见：我们曾经是过客，是的，只做短暂的驻留，但如今，这已经无可挽回地结束了，就像鲜有幸福可言的初恋。

同样创作于1927年的《当一棵松树死去的劈裂之声》——帕斯捷尔纳克的阶段性作品，发表在1928年1月的《新世界》杂志上，但诗人生前从未再版。他的儿子对此诗情有独钟，认为它喻示着恐怖的来临。这是一首晦涩的、帕斯捷尔纳克式的隐秘之作，但通过细读，不难找到开启它的密钥：

　　当一棵松树死去的劈裂之声

---

① 引自帕斯捷尔纳克《十月纪念》(1927)。

传遍树林,被腐殖土掩埋,
历史,你就像砍不倒的
另一些树的密林伫立我面前。

叶脉沉睡,交织于岁月间,
但一两百年来,只要鸟兽
被猎杀,偷猎人便难逃捉捕
连同盗伐林木者与斧头。

丛林深处纷乱的枝条周围,
总是会及时出现官差
高过浓荫的可怕身躯,
奖章与护林员的木腿。

硕大的躯体,脚步咯吱作响,
树林在霞光映照下苏醒,
林木之上飘荡着残疾人的笑,
肉鼓鼓的腮帮犹如中国灯笼。

我们高兴,倒不如响应那呼喊。
我们欣赏余晖,而他,
他浑身被染红,像痛风病人,
透出死寂的亮色,像一盏小灯。

　　帕斯捷尔纳克把这首诗也寄给了茨维塔耶娃。经常读他作品的人,能轻易发现所有的暗示。护林员只是看似"发红",其实这是"肉鼓鼓的腮帮"病态的红晕,而"国家的偶像"则以"官差的可怕躯体"为形象。这里的要点就在于护林员捉捕偷猎人和潜藏的盗伐林木者,也就是说他似乎在行善事,但"我们高兴,倒不如响应那呼喊",因为这个护林人本身,也是死寂和恐怖的现象,不仅不会向盗伐林木者致以问候,也不会问候普通的别墅住客。"硕大躯体的脚步声"已然四处可闻。
　　1927年,他还经历了一件新鲜事——第一次乘坐飞机。冒险之后的第

二天,他便写信给茨维塔耶娃:

> 你,大概像我们所有人一样,不喜欢技术上的新事物。你以前坐过飞机吗?不妨把这想成是比坐火车更熟悉、更自然的事情,比骑马更像音乐,更吸引人。今天,我和叶尼娅第一次飞起来,跟我们一块儿的还有一位熟人、一名普通女兵——机场管理人员的妻子。[……]这是高达上千米的无人分享的孤独。这些白日里随时出现的美丽黄昏,如果说跟什么美景相像,那一定是真正的诗歌所描绘的大地美景,是存在于隐约之间那相联的、分散的、极其渺小的万物之美,是埋藏在空间的巨大伤恸中的不确定之美……这一切在生活中被千百遍地目睹和预见,一切都经历过,都像是与生俱来。

茨维塔耶娃怀着善意的嫉妒,欣然回复:通过他对飞行的描述,她验证了自己早先在一篇文章里关于他的论断。帕斯捷尔纳克的世界,果然是一个放眼望去空无一人的世界:一个无尽哀伤充塞于无尽空间的世界。她本人在航空方面的经历则悲惨得多:就在帕斯捷尔纳克飞行之前三个月,她眼睁睁看见一名飞行员坠机身亡,特里亚农①附近的游人纷纷跑来挑拣飞机残骸——"铁皮、小灯、丝绸碎片。"茨维塔耶娃认为这是亵渎,是"吊死鬼的绳索"这一古老迷信的体现,可她自己也捡了"一个锯齿状的碎片:作为纪念——给阿里娅"。

她的形象在此展现无遗,就像他——彻底展现于自己的飞行,以及描述飞行的书信中。

---

① 位于大凡尔赛运河右边,由大小两个宫殿组成,每个宫殿周围都是花园。

第十六章　镜中人：马雅可夫斯基

1

改革后的年代，帕斯捷尔纳克彻底占据了马雅可夫斯基在读者心目中的地位，后者连同其曾经希望与之融为一体的苏维埃帝国，已然沦入过去的时光。鉴于俄罗斯历史的循环往复，他的时代无疑还会到来——"从埋葬诗歌的书堆中"，还会屡屡发现悲剧抒情诗的杰出代表。马雅可夫斯基和帕斯捷尔纳克轮流居于主导，并非相互取代，而是相互挤压。在后苏联时代，如帕斯捷尔纳克在揭露一些陈词滥调时所戏言，"眼光固定下来"，于是人们断言，马雅可夫斯基始于天才的诗篇，结束于平庸之作，从1921年至1930年，他没有写过什么有价值的东西，也没有任何发展，除了从造反派变成一群空谈者的头领。乍看上去，这似乎是实情，尤其在帕斯捷尔纳克明显转变的反衬下，其实马雅可夫斯基在苏维埃时期也有不少杰作，譬如《关于这个》《纪念日的诗》《和财务检查员谈诗》等等。他最好的诗作——如果与那些宣传品分开来看——起码不亚于帕斯捷尔纳克二十年代的抒情诗。他的声调变了，世界观越来越绝望，对人世反而越来越容忍、仁爱和宽恕。所谓"停滞的马雅可夫斯基——发展中的帕斯捷尔纳克"，纯属牵强的比附，概念上也是虚假的。不过，二者的确差异迥然，既然帕斯捷尔纳克的发展终归是以生命为取向；他的使命——活下去，继而转向新的质变。无论如何，马雅可夫斯基都执着地倾向于死，即使看似并未遭受直接的威胁。从各种策略中，他凭直觉选择了自杀性的那一个。他这么做，并非出于英雄主义或自我牺牲的渴求，相反，这是某种投机的手段，只有当他最终为这一文学行为的选择付出整个生命，才是合理的。他如磐石一般保持了完整：最后的颓废派，颓废主义最高阶段和终极阶段的未来派骑士，他一生所作所为，只是更快地导致他在文学和为人方面的溃败、孤独、毁灭，并将所有挽救他的人士逐一排斥……他需要死,就像需要自动引发抒情的话题,这是他的抒情所依赖的主要燃料,他的整个爱之戏剧就在死的笼罩下展开。这种爱没有一天不是以自杀为恫吓,左轮手枪永远随身携带。他对新生活的赞美是如此狂热,又如此绝望,因为他自己不会看到这新的生活;一个注定一死之人为我们留下祝福,恨不得命令世人活得长久。死、自我消耗、自杀——马雅可夫斯基的抒情主题,在《人与事》中,帕斯捷尔纳克也许是短视的,他把自杀说成是私自的裁处和既往生活的勾销。恰恰相反,自杀对马雅可夫斯基而言,实为一切正当理由和意义之所在。

2

帕斯捷尔纳克和马雅可夫斯基儿时的照片,可以作为对比二者的珍贵资料,帕斯捷尔纳克那个舒适的、近乎小资产阶级世界(在波希米亚先锋派艺术家看来)的家庭,我们已经相当了解。鲍里斯有一个心爱的弟弟,两个妹妹,一个年轻时爱过的表妹兼女友;有许多亲朋好友;一家人从未离开莫斯科到别处定居,除了偶尔去南方和国外;即使改变住所,也仅限于花园环形路周边。他们喜欢互相写长信,其中充满文学和哲学的题外话。帕斯捷尔纳克不能没有这种日常生活。在他的世界观里,"活得像所有人"非但不可耻,反而是谦逊和不失尊严的。

马雅可夫斯基的童年全然不同。童年照片上的他,已经面露峥嵘,或是一副可怕的模样。愁苦的大眼睛的三岁小胖墩儿;咄咄逼人、郁悒不乐的一年级小学生;最后一张家庭合照上的拜伦气质的十二岁英俊少年,旁边两个姐姐丑得像漫画,据莉利娅·布里克回忆,姐弟之间从未有过真正的亲情,最后几年里,他无法忍受她们。写给母亲的书信表达无限敬意,甚至略带伤感,但绝非心灵的亲近。对母亲,他向来以"您"相称。父亲去世那年,儿子才十二岁。一家人日渐穷困。年轻的马雅可夫斯基深知什么是贫穷。他那颇能吸引艺术家的骄矜外表,显现着惊人的反差:一头漂亮的黑发,他却设法剃个精光;头部轮廓堪称绝美,牙齿却又烂又黑(新牙直到1922年才镶上)。出众的个头(一米八三)——糟糕的体格:经常性的伤风感冒,情绪低落,眼睛容易流泪,呼吸也不顺畅,加上严重的韧带炎症……超常的信心,舒展的身势——怀疑自我,绝望,神经脆弱……给人以胜利者的印象,但受制于每个人的目光和言语。如果说勃洛克在同时代人心目中是体态健康和优雅的典范,那么马雅可夫斯基则脆弱单薄,备受身心疾病的摧折……相比之下,帕斯捷尔纳克个头不高,身板结实,性格近乎腼腆:"我不该这么说……或许您是对的,我错了……"一看就是自信又健康的幸运儿,因而早年照片上的他,几乎总是快乐和善的神情!至于钱的问题,在马堡受穷总比在梯弗里斯或彼得堡要好。

不过,既然要比较两位诗人,就像学生作文里比较卡达耶夫的别佳和加甫里克(提纲:1.出身;2.性格;3.对待革命水兵罗季昂·茹科夫①的态度),那就不能不再说一点——而且,可能是决定性的差异。在帕斯捷尔纳克所有创新背后,伫立着他所信守的千百年文化传统。从现代性的航船上,他未曾抛下任何人,未曾拒绝过任何遗产,继而标榜自己不同于那些以创新为名脱离过去的人:"当我与拜伦一起抽烟/与爱伦·坡一起喝酒时"……帕斯捷尔纳克跟拜伦一起抽烟,给爱伦·坡斟酒的一幕,无论多么滑稽,都纯属抑制悲情的自嘲。他有理由营造这样的语境。

至于说马雅可夫斯基,在二十世纪最杰出的六位俄国诗人当中(勃洛克—马雅可夫斯基—阿赫玛托娃—茨维塔耶娃—曼德尔施塔姆—帕斯捷尔纳克),他似乎是最缺乏教养的一位(但愿这种论断能被谅解)。在某种程度上,他的创新是不得已而为之,他从零起步,不仅因为自认为天赋和气质非凡,还因为有意识地限制了个人文化行囊的容量。他所说"我给人们所创造的一切/打上两个字:'虚无'②",分明是对一切创造不甚了解之人的立场。后来有人曾向他指出,他根本无意认知自己觉得陌生的事物。楚科夫斯基试图对他阐说其个人的诗学谱系,解释其在文学进程中的地位,这一进程并非以未来派为起始和终结。楚科夫斯基还试图开导他,给他朗读惠特曼的诗。马雅可夫斯基心不在焉地听着,时不时地想要纠正翻译的错误(自己并不懂英语)。最后的日子里,他在一次讨论会上痛骂爱伦堡的作品(骂得还很俏皮),事后却承认,书他没读过,也不想把时间浪费在这等破烂儿上。莉利娅·布里克抱怨说(这也成为两人于1923年分手的主要原因之一),马雅可夫斯基经常批评柏林生活和西方市侩风习,可他自己来到柏

---

① 均为卡达耶夫中篇小说《白色的孤帆》(1936)中的人物。
② 原文为拉丁语:nihil。引自马雅可夫斯基著名长诗《穿裤子的云》(1914—1915),余振译。

林,却不出宾馆房间一步,只顾在那儿玩牌。他像是患上了抗拒症(негативизм),表现出宗教狂似的执拗,拒绝成长的理念:与过去脱节的文化,势必自动剥夺自己的未来。当他在赫赫有名的诗篇《150,000,000》中公然宣称:"把年老的一切——杀死。/把骷髅丢进烟灰缸。"那算是怎样的成熟!毋庸讳言,帕斯捷尔纳克也害怕老年("我曾经听说过老年。多可怕的预言!"),但这种诗句绝不可能出自他的手笔:"我们/也给父亲/浇一身煤油/摆在街上——/用来照明。"①

有许多帕斯捷尔纳克写作或阅读时的照片,还有大量回忆性的见证,均表明他在认真思考刚读过或看过的东西,但几乎没有一份材料能证明马雅可夫斯基也有同样的习惯。没有一份材料能证明他充分阅读了托尔斯泰的作品,但这不妨碍他口出狂言:"有个废物像托尔斯泰/庄严地从天空俯瞰人间。"②帕斯捷尔纳克将《生活,我的姐妹》献给莱蒙托夫,如同献给一位同时代人,一位活人;在《塔玛拉和恶魔》中,马雅可夫斯基对莱蒙托夫的引用则近乎狎昵:"来一瓶葡萄酒!/塔玛罗奇卡,给骠骑兵斟一杯!"这看似挺可爱,却超出了情趣的界限。布罗茨基曾为帕斯捷尔纳克语汇之丰富而赞叹——可以肯定,他在此方面无人能及。从俄罗斯读者都时常需要注解的语言矿层中,帕斯捷尔纳克居然"抠挖出会唱歌的葡萄干"。只需罗列一些在爱情抒情诗语境中分外奇异的词语:арум[海芋,一种沼泽植物,一个跟"徒然"(даром)押韵的词语。——德·贝]、хутор(乌克兰及俄罗斯南部的小村庄)、кессон(藻井)、доведь(王棋,跳棋中走到对方底线便能随意走动的棋子)、омет(禾秸垛)、шлях(乌克兰及俄罗斯西部和南部的大道)、волчец(刺草)、мураши(方言中的蚂蚁)、конноборец(马弁)、водобоязнь(狂犬病,恐水症)、гравий(砾石)、чистотел(白屈菜)、милиционер(民警)、кобза(科勃扎琴)、цейхгауз(兵器库)、вермут(苦艾酒)、рислинг(李斯陵酒)、бурнус(阿拉伯带风帽的斗篷)、полип(息肉,水螅虫)、уздечка(系带,翅棘)、бланк(表格,票据)、лесничий(护林员)……③这一切都出自相连的十页范围内!当生活如此丰富而广泛地卷入自己的爱之风暴,才真

---

① 引自马雅可夫斯基《那一方面》(1918)。
② 引自马雅可夫斯基《还是彼得堡》(1914)。
③ 作者列举的这些词汇,大多带有民俗文化的内涵,或者是一些专有词汇,直接译成汉语难以体现等值对应,故根据词典释义加以翻译。

正堪称姐妹。帕斯捷尔纳克不会错过可供汲取的水源，以便将必要的韵脚、联想及同音法（аллитерация）纳入诗歌。他有某种手工艺人式的思维，喜爱具体可见、最好取自日常生活的形象：借助具体的日常，《生活，我的姐妹》整个爱的哲学渐渐显现（并落到实处）。帕斯捷尔纳克任何一位读者，只要打开马雅可夫斯基的卷册，尤其是晚期的，则会惊异于语汇的贫乏、技法的单调、重复塑造单一模式的新词之呆板：时而生造出某个副词的最高级形式（вежливейше，最礼貌地），时而给某个动词添加不恰当的前缀（разулыбался，大笑起来）。这些诗作中更多的是抽象，缺少的是鲜活的具象，问题恐怕不仅出在是否致力于明白晓畅。马雅可夫斯基所依赖的储备是有限的，因而他对旅行的渴望也就不难理解：他无从深化自己的抒情，只能忙乱地扩展它的地理空间。"我被抛上几百个讲坛，/抛到千万个青年的眼前。/在我们的土地上有不同的种族，/不同的服装/和不同的语言！"[1]相较于帕斯捷尔纳克公开表示不愿四处走动，发表言论，展示自己，他的策略显得大而无当，格外无力……在写给纪齐安·塔毕泽夫妇[2]的信中，帕斯捷尔纳克解释道：

> 要让地钻扎得更深，别害怕也别留情，但扎入的是自己，是自己。假如您在那儿都找不到人民、土地和天空，就别再找了，这说明已经无处可寻。显然，另辟蹊径者将一无所获，即使我们并不了解他们。（1936年4月8日）

唉，我们知道——这里所说的可不单是奔走于各个突击工程之间，穿越荒漠和高山，漂流在白海运河上的作家队伍……[3]谈到"疯狂的行进"，马雅可夫斯基时而深感绝望，时而又踌躇满志。旅行掩盖了其诗歌资源的枯竭。马雅可夫斯基很早就耗尽了自己，整个二十年代后半期，他深陷于山穷水尽的境地，无论对文学、历史，还是对当下的时代（他害怕窥望时代会让他彻

---

[1] 引自马雅可夫斯基《给我们的青年》（1927），李海译。
[2] 纪齐安·塔毕泽（1895—1937），格鲁吉亚诗人，帕斯捷尔纳克的朋友。他的妻子名叫尼娜·塔毕泽。
[3] 作者在此有所指涉。在二三十年代的苏联，曾经掀起社会主义改造与建设的浪潮。当局专门组织文艺工作者，到各地走访，参观大型工程的突击建设。白海运河，全称为"白海—波罗的海运河"，于1931年至1933年间兴修，全长227公里。这项工程的建设者系在押劳改人员，其中数千人死于建设期间。1933年8月，一个以高尔基为首的苏联作家和艺术家代表团参观了运河工程，事后留下许多为斯大林歌功颂德的文字。

底失望），他都缺乏清醒的认知。他很快就发现，他已经没有能够用来"制作诗歌"的材料了，尽管如何作诗他似乎仍然懂得。在无望的简化的现实中，在一个缺氧的空间里，他自己扔掉了氧气包。

3

马雅可夫斯基和帕斯捷尔纳克的诗学，乍看鲜有共性，除了帕斯捷尔纳克在纯粹形式意义上属于未来派（其实他与这一派别没有多大关联，因为他认为任何群居性及"群体"，均为"平庸之辈的庇护所"）。马雅可夫斯基饱经挫折和创伤，跟周遭世界格格不入，而帕斯捷尔纳克即便身处不幸也能做一个幸福的人。马雅可夫斯基在沙皇时代经历了十个月的牢狱之灾，到了苏维埃时代，则刻意表现出忠诚；帕斯捷尔纳克无论在1913年还是1925年都保持着对政治的淡漠，基本上不关注党的斗争，他关注的只是关键的、形而上学的东西，而非政治上的纠葛。马雅可夫斯基早期叙事诗的主要特征——狂暴的激情，宣言和夸张的腔调充溢其间，但缺乏实在的形象；帕斯捷尔纳克几乎从不做宣言式的呼告，他钟爱并呵护自己的造型天赋，这甚至不是塑造，而是重新创造现实的可贵能力。帕斯捷尔纳克喜爱俄罗斯古典传统和家庭生活的安逸，喜爱马雅可夫斯基公然摈弃的一切。

然而，较之于所有这些差异，某种更显著的因素——诗学方法上的共性，却使他们相互亲近。帕斯捷尔纳克当初向长子解释他的诗歌开端时，首先谈到的便是对结构的洞察和整体轮廓的把握；马雅可夫斯基天生具有这种最高等级的交响合成的感知力。他的所有长诗都组织得极为出色，其中掺杂着许多虽则华丽却是一流的言说。毫不夸张地说，为了给《施密特中尉》和《一九〇五年》创建复调，帕斯捷尔纳克借鉴了马雅可夫斯基。帕斯捷尔纳克通晓且偏爱音乐，而马雅可夫斯基对音乐则无动于衷，但交响乐般的史诗的思维却是两人共同具有的天赋；帕斯捷尔纳克不能不叹服于《第十三个使徒》（付印时改名为《穿裤子的云》）的间架结构，马雅可夫斯基则为《生活，我的姐妹》的构造而着迷。两人均以博大的形式和宏伟的诗学体系进行思考。

4

《安全保护证》是帕斯捷尔纳克写给马雅可夫斯基和里尔克的墓志铭，某种程度上也是写给自己的（事实上，他的诗歌生涯的第一部分——他的第一次生命，也可以说正是随着马雅可夫斯基于1930年的死而彻底结束）。如果说1921年的马雅可夫斯基以"粗暴的爱"为帕斯捷尔纳克辩护，那么在1930年，从帕斯捷尔纳克的声音里也能听到同样的粗暴。自从在阿尔巴特街的咖啡馆（1914年春，《卢科诺克》丛刊问世后，就在这间咖啡馆，舍尔舍涅维奇与勃布罗夫理清了彼此间的关系）初次见面之后，帕斯捷尔纳克爱上了马雅可夫斯基，就像他通常爱上一个人那样。请看，他是如何温柔地描述他：

> 任何人，当他行走或站立时，人们都能看到其全身，马雅可夫斯基的出现却引起了人们的奇妙感觉——人们不由得回转头去看他。在别人身上是自然的，在他身上就成为超自然的了［……］他坐到椅子上像跨上摩托车座，身体前倾；他切开维也纳煎肉块，快速地吞咽；他玩扑克牌时，斜睨着，却不转过头去；他威严地在库兹涅茨克大街上漫步；他用鼻音瓮声瓮气地哼着他自己或别人作品中含义特别深邃的片段，像吟咏弥撒曲一般；他皱眉蹙额；他越长越高，到处登台亮相……摆姿态在最高的自我表现的领域里是很自然的，自然得像在生活中需要保持体面的举止言行一样。外在的严整是他选定的姿态，这是艺术家最难摆的姿态，对于亲朋好友则是最高尚的。这个姿态他摆得完美，现在几乎不可能再探讨它的意蕴了。
>
> 他是不知羞怯的，但不知羞怯的动力正是他的强烈的羞怯心。在他装模作样的意志坚强下面掩盖着他罕见的、多疑而易于无端陷入忧悒的优柔寡断。他爱穿黄色上衣，起的也是不可捉摸的作用。他的这种上衣完全不是用以抵制小市民阶层爱穿的西装上衣，而是用以对付他自身的黑天鹅绒般的天才。天才身上华丽得腻人的服饰早就使他愤懑不堪了，他的这种感情来得比天赋较低的人为早。因为他比任何人更知道不能被冰水慢慢浇熄的自然之火是庸俗的……我被马雅可夫斯

基迷住了,见不到他大有一日三秋之感。①

次日,在特维尔林荫路一家希腊咖啡馆,马雅可夫斯基又遇到帕斯捷尔纳克和洛克斯,当时他正在和霍达谢维奇玩猜硬币游戏(而且还赢了)。霍达谢维奇走了,帕斯捷尔纳克和洛克斯在马雅可夫斯基旁边坐下。马雅可夫斯基向他们朗读了自己刚出版不久的"悲剧"。

  以悲剧命名的艺术作品。悲剧叫作《弗拉基米尔·马雅可夫斯基》,这是多么贴切啊![……]就在那一次,我把他整个地从林荫路带进了我的生活。

帕斯捷尔纳克爱着马雅可夫斯基,年轻时几乎崇拜他,但当时就已经把他跟他的圈子截然分开。

  然而,没有伤痕和牺牲的爱是不存在的……时代和共同的影响使我与马雅可夫斯基亲近起来。我们有吻合的东西。我注意到了这一点。我明白了如果我自身不采取什么行动,这些吻合会越来越多。必须让他避免老一套庸俗习气的危害[……]我放弃了浪漫主义风格。

1917年,帕斯捷尔纳克已开始公开劝说马雅可夫斯基打发未来主义见鬼去。"他笑着,几乎同意了我的意见。"然而,未来主义非但未被打发,反倒蔓延到"列夫"那里。帕斯捷尔纳克不希望跟"列夫"搅在一起,尽管马雅可夫斯基出于个人好感,拼命要把他拉向"左翼阵线",对这种做法他忍了三年。严格地说,自《150,000,000》之后,马雅可夫斯基,连同他所有的探索,连同二十年代前期的许多杰出诗篇,便不再为帕斯捷尔纳克所需要,他们在各自的道路上越走越远,命运的逻辑也相差越来越明显。剩下要弄清的是,马雅可夫斯基为何不能容忍这样的事实。莫非因为喜爱他的人寥寥无几,即使喜爱,也并非以他想要的方式,而是各怀各的心思?

5

是什么让马雅可夫斯基守着帕斯捷尔纳克,不放他离开"列夫",不把

---

① 引自帕斯捷尔纳克《安全保证》,此处采用桴鸣先生译文。

他的姓名从同仁名单中划掉,甚至在帕斯捷尔纳克明确指斥列夫派的文学活动为"委任之下施行粗暴的粗暴行径"以后？难以想象,马雅可夫斯基这样性情直露、病态般易冲动和爱记仇的人,到1927年就已陷入绝境的人,居然对另一个人如此纠缠。他抓住帕斯捷尔纳克不放,就像舍不得自己的青春。他与帕斯捷尔纳克的分道扬镳,标志着对他自己的彻底否定,对只有他本人真正看重的名分之否定。诗人的迷误可能有千百种,代价只有自己知道。

1922年,帕斯捷尔纳克写道：

> 您还在唠叨着石油吗？
> 一副茫然失措的样子,
> 我想起一位内科医师,
> 他会把暴怒归还给您。
>
> 我知道您的道路方向明确,
> 但在这条真实的路上
> 您怎么可能被带到
> 这种养老院的拱门下？

这首诗没打算发表,我们见到的是作者在书上的题词。此处有个耐人寻味的巧合,令人想起列宁发表演说时动人心魄的一幕："话语大可谈论重油……"①如今则是"您还在唠叨着石油吗？"石油和重油,两种黏稠的黑色物质,均为世界枯燥乏味的象征。从上下文来看,"养老院的拱门"所指当然远不止"列夫",而假想的暴怒针对的也不应当是它：靶子太小了。在喧嚣的诗歌之路上,旧俄时代饱经摧折的马雅可夫斯基,在数公里长的隆隆诗篇中忍受并赞美十年前会令他燃起怒火的东西。未来主义造反派变成了半官方的传声筒！

而国家却不理解他,也不愿理解——他看得没错,当他歇斯底里地喊出："雪的丑怪,我不是你的！"②国人依然习惯于对一个人盖棺论定,但活着的马雅可夫斯基却搅得他们不安宁。他的文坛敌手尤为恼火,他们深知他

---

① 参见本书第十二章第6节。
② 引自马雅可夫斯基《致俄罗斯》(1916)。

非凡的才华和自己的平庸。总有宵小之辈出于最卑劣的动机,指责他忠实于当局。这些人对他谴责、排挤和怨恨,可是谁都知道马雅可夫斯基的无私胸襟,直至路尽头,他都不曾耍过滑头:"这些诗行/没能让我/攒下一个卢布。"[1]不过,某种私心终归是有的:马雅可夫斯基希望革命能成为文学斗争的依据,能清除他痛恨的旧艺术,1918年初,他与卢那察尔斯基还在报纸上就此展开激烈的争论,但这场斗争不是为了荣誉和个人的福祉,而是为了感召着他的新艺术!毫无疑问,他是党的真正意义上的——组织者和鼓动者,脱离群体对于他是不可想象的,但这绝不是什么个人动机!他始终明白,并非参与群体才使他有分量——恰恰相反!他独自一人,充当着俄国未来主义及其继承者"列夫"的核心与灵魂;他让所有攻击的矛头指向自己,让一切罪责落到自己身上。与此同时,他一生渴求平等,所以他才对帕斯捷尔纳克如此倾慕。马雅可夫斯基私底下毫无自利之举,没有抛弃过朋友,即使他有过不团结的行为,参与了对皮里尼亚克和布尔加科夫的迫害,那也是因为,他真诚地认为自己属于另一团体。

6

帕斯捷尔纳克在《安全保护证》中说:

> 一个人在他自己预计的时间里,如此之深地进入一种新的经验,尽管是以诸多困惑为代价,这种经验却会成为迫切的需要,但他彻底地放弃了它,这在历史上恐怕也绝无仅有。他在革命中的位置——表面上如此合乎逻辑,内在地又如此牵强和空虚,对于我将永远是个谜。

换句话说,在《150,000,000》之后,马雅可夫斯基的天才究竟消失在了何处?

答案就隐藏在《安全保护证》的第三篇第三节,帕斯捷尔纳克对马雅可夫斯基予以含混的评断,表面看似赞誉,实则相当尖锐:

> 他比其他人更深地处于现象之中。他表露在外,而且表露得相当彻底[……]他俨然活在博大精神生活逝去的第二天。他轰轰烈烈地

---

[1] 引自马雅可夫斯基的长诗《放开喉咙歌唱》(1930)。

度过这人生，是为应对不时之需，而大家遇见他时，他已陷入其不可逆转的一系列后果中了[……]紧随着他的言行，似乎有某种决定，一旦付诸实施，后果就无法取消。这决定其实就是他的天赋，同这种天赋的相遇曾使他惊颤，以至永远被他视为主题明确的指令。

这里没有对马雅可夫斯基的过誉之词，因为"主题明确的指令"已是对一切未来发展最严格的限制，是注定的贫乏。他主要的面貌特征——早在1913年他才二十岁的年纪，就被称为"最终的确定性"。说他"处于现象之中"，意指他"处于当下的现实"，甚至局部地置身于过去，置身于往昔博大生活的"一系列后果中"。因而帕斯捷尔纳克不可能接受马雅可夫斯基所想象的未来：这是一个社会乌托邦的无菌世界，而非他最感兴趣的个人的、充满着具象的生活。当马雅可夫斯基"整个儿处于纷纭现象"，帕斯捷尔纳克则处于发展之中，只有发展才会吸引帕斯捷尔纳克。当外部世界不能给予马雅可夫斯基任何东西，而仅仅作为背景出现于他的作品（1913年之前是兽类的嘴脸与罪恶的渊薮，之后是闪闪发亮的橱窗），他便彻底失去对它的热情，帕斯捷尔纳克则饶有兴致地向这世界敞开自己，甚至或多或少损害了个人的精神生活。

关键是，帕斯捷尔纳克在1913年前后还在羡慕别人的完善，认为自己的不确定性和"朦胧"是心灵不成熟的标志。在四十年代，尤其是五十年代，他却以同样的严厉和决绝，否定了曾经羡慕的一切。漫长痛苦的自我斗争，其结果是彻底放弃斗争，而他原先觉得马雅可夫斯基那种不可企及的博大，似乎也成了局限。局限成为确定性、终结性和过早成熟的同义词——五十年代，帕斯捷尔纳克更看重的是"笼罩在昏暗中的未践行的意图与未实现的设想"：

> 由此导致出场人物的不充分刻画，我也成为被批评的对象（与其说我在彰显他们，不如说是让他们模糊不清）。

安德烈·西尼亚夫斯基对马雅可夫斯基和帕斯捷尔纳克在心理类型及创作方式上的差异做了另一番归纳，却又极其准确。关于二者，他有过颇多思考：

> 有一种人，只用一半的生命和少于大自然分配的机会而活着。他们身后（前方）另有备用的机会，可让他们凭借另一种理由生活在别

处,他们就这么似乎未尽全力,又像是可有可无地存在着。因而他们向来不为人知,默默无闻,甚至肉体上也显得不够分量,未达到彻底呈现的程度。他们的背影仿佛渐渐融化,渐渐消散,他们从何处来,就从何处不落痕迹地从我们中间穿过,消失得无影无踪。只有人类的一道狭小印记在我们表面依稀可见。

而另一种人得到了充分的实现,找到了自我,他们行动在我们这些人中间,现实得超乎尺度,在这里进退自如,游刃有余,他们精力充沛,口若悬河,但这种酣畅的风格容易引发怜悯:他们一无所有,除了手头随着时间流逝而消耗一空的东西。(《合唱中的单声》)

我们认为,这里谈到的不完全是马雅可夫斯基和帕斯捷尔纳克。这更像是日瓦戈医生(的确是少有人知,未能彻底呈现:我们只记得,他长着一个翘鼻子)与马雅可夫斯基的抒情主人公(带有他造型宏大、锻打粗糙的突出特征)之比较。

马雅可夫斯基并非在衰退——他只是达到了极限。任何选择,他一经决定便不再更改,继而勇敢地付诸实施,为此不惜一切代价。帕斯捷尔纳克终生都在避免"确定性",他竭力超脱于任何阵营之外,痛恨宗派习气,因为归属某个派别,就要对该派别的一切承担责任;而马雅可夫斯基则是责任感的化身,他的整个生命即是一系列激进的选择,以及随之而来、挥之不去的报应。想到他的坚定不渝,甚至会让人觉得惊骇:自1915年起,他爱上莉利娅·布里克,与布里克夫妇离奇的三重生活延续至死。1922年加入"列夫",从此痴心不改,即便社团组织涣散瓦解,目标离实现越来越远,根本前提的虚假性日益明显。1930年,在肉体自杀前夕,精神和声誉上的自杀已然发生,他一反此前所有声明,加入"拉普"并留在那里,而不顾昔日同道的惊恐和不解,不顾谢苗·基尔萨诺夫[①]在诗作中声称要"从自己的手掌上刮掉"跟他握手留下的痕迹……自从他接受了1917年所发生的一切,便以无党派的布尔什维克自居,他不断为自己的选择付出代价,通过往日的残余以及现今的暂时消耗,他阐说着革命道路的扭曲、总路线的动摇、所有的卑劣

[①] 谢苗·伊萨科维奇·基尔萨诺夫(1906—1972),苏联诗人,曾属未来派阵营,被认为是马雅可夫斯基的弟子和朋友。1930年马雅可夫斯基自杀前夕,敌人越来越多。更为严重的是,昔日的盟友也纷纷背叛他,其中便包括以讽刺诗形式在报纸上攻击他的谢苗·基尔萨诺夫。

和非人性化……这正是浪漫主义立场的极端体现。而对于帕斯捷尔纳克和他的抒情主人公来说,这样的执念实属不必要:

> 究竟是什么人,才能凭借永无止息的炽热天赋,年复一年地醉心于早就终止的虚幻主题,对周遭却是一无所知,一无所见!

7

就本质而言,马雅可夫斯基的伦理学是武士道式的,直到众所周知的一刻,帕斯捷尔纳克都不理解,也不愿理解这一点。这正是所谓"理解的边界",他坦然承认此中之狭隘,在《安全保护证》简化而更有力的版本《人与事》中,他一针见血地说:

> 或许,这是可怕的孤独的后果,一经形成,就会与偏执一道自觉地加重,而意志有时也随之转向有意识的必然性。

也就是毁灭。

"对某个观点的英勇非凡的忠诚,让人无法苟同,因为其中缺少了谦卑。"1959年,帕斯捷尔纳克对瓦季姆·安德烈耶夫的女儿奥莉加·卡莱尔说道。当时她在佩列捷尔金诺采访他,谈到了马雅可夫斯基。

"帕斯捷尔纳克,他不可靠……"马雅可夫斯基对阿谢耶夫说。翻译成更客观的语言,这意味着"不能始终如一",而是倾向并善于变化。可靠的只是僵固的东西。假如帕斯捷尔纳克晚年有哪些诗句会博得马雅可夫斯基欣赏,那可能便是:"你是毁灭的脚步之美好,/当生存比敌人更丑恶。"[1]

马雅可夫斯基关于未来幸福生活的理想俨如基督教圣徒的天堂幻象:死后的王国,除此别无其他!一些来历无懈可击的光明本质在飞升……他所想象的人类未来严格遵循尼古拉·费奥多罗夫[2]的"共同事业的哲学"——人类主要的事业将是让死人复活。

---

[1] 引自帕斯捷尔纳克《秋》(1949)。
[2] 尼古拉·费奥多罗维奇·费奥多罗夫(1829—1903),俄国宗教思想家,未来学哲学家,俄国宇宙论学说创始人之一。

也许，

　　也许，

　　　　有一天

　　　　　　沿着动物园的小路

她

　　也来园中散步——

　　　　　　她喜欢动物——

像摆在抽屉里的

　　　　照片一样，

　　　　　　　　微笑着。

她十分美丽——

　　　　　　一定要让她复活。

(马雅可夫斯基：《关于这个》，1923)①

帕斯捷尔纳克根本不能理解列夫派的乌托邦，这超出了正常思维的范围。事实上，用今天的旨趣来衡量，"列夫"理论犹如怪异的杂烩，交集着肤浅的实用主义和荒诞不经的幻想，就好比一位物理学家突然间得出结论说，用双手走路消耗能量更少，并准备迫使所有人都这么做。不过，按照马雅可夫斯基的观点，革命是全方位的破坏，是对于旧生活的彻底否弃。此外，他的经历也是前所未有的悖论：作为向往毁灭的诗人、厌世之人和殉难者，从幸福的夫妻关系到自然风景，几乎一切事物都会令他感到刺痛，在他眼里都是虚假和嘲讽——这样一位诗人，突然发现了脱离绝境的出口。绚丽的前景闪耀在他面前。从一个人压迫人的世界——因丑恶的战争而使新手变成可怖的残肢断体的世界，男人们就着圆白菜汤还能倾听诗人，探讨艺术，任何风尘女子都比富贵美女更诚实，而她们其实都以出卖肉体为生的世界——发现了童话般的出口。就此而言，马雅可夫斯基与勃洛克的契合程度，超过了他与同时代任何人。马雅可夫斯基因此爱上了勃洛克，他对后者遭受的创痛感同身受。他们两人无疑都属于贵族文化（"沃洛佳②是庄稼汉，也是贵族。"什克洛夫斯基曾对利季娅·金兹堡说），身上都带有一切退

---

① 此处采用余振先生译文。
② 从俄语姓氏来说，马雅可夫斯基是姓，名叫弗拉基米尔，沃洛佳是小名。

化的特征。他们愉快地应和对方,当彼此相近的自我感觉与时代毁灭的"前夜"状态发生共振之时。他们追寻死亡,欢迎"恐怖世界"的毁灭,并且相信,一个不恐怖的世界从未有过。勃洛克最终有所醒悟,却死去了:他毕竟年长十三岁……头脑也聪明得多。至于马雅可夫斯基,他对革命的热爱恰恰是多年来厌恨生活的产物。"打倒你们的爱情""打倒你们的艺术""打倒你们的制度""打倒你们的宗教"——四个领域的四声呐喊……言下之意,似乎还有第五个,亦即不属于你们的领域!革命之于马雅可夫斯基,是既已实现的末世论,是确实来临的世界末日及世界的奇异变形。一旦确信于此,他就不允许自己的脚步有丝毫偏离。请注意,对于正在重返这个破败国家的所有正常生活的迹象,他是多么痛恶:"庸常的生活比弗兰格尔①更可怕!赶紧把金丝雀的脑袋拧下来,免得共产主义遭到金丝雀的攻击!"天哪,金丝雀怎么招惹了他?!但这里毫无人性的成分,纯粹是超人性!在一封温情脉脉的信中,莉利娅徒然向他发出问询:

> 难道你不想跟我一起像人一样生活?!你现在就会打动我,我也会爱你,假如你为了我,跟我在一起。不管白天在哪里,做了什么,我只要傍晚或夜里我们能挨在一块儿,躺在干净舒适的床上;待在空气清洁的屋子里;在温暖的沐浴之后!(1923年春)

这就是他想要的吗?!一切都很夸张——居然说到了沐浴……他当然关心清洁和秩序,但他的关心却达到了荒谬的程度:不是清洁,而是消毒和惧怕感染(这种恐惧心理来自童年,在父亲因装订纸张扎破手指而死于血液感染之后)。他总是随身携带一只折叠式水杯,用手帕擦拭门把手……只要不接触他人的生活!他不能忍受握手,难以接受任何人的出现和靠近,除非是他钟爱的女人;他会因陌生人在场而产生身体上的痛感,继而为腹内发冷和疼痛连连叫苦……这种对现实的英勇的憎恨,为高贵的男孩、永远的浪漫派和妥协之敌所固有,引起了庸俗之辈的敌意,他们树起人性的旗帜,却只因为超人性让他们心惊胆战,不为他们所容。这些庸人急于给一切高于人性和高于个性的东西贴上"法西斯主义"和"布尔什维主义"的标签,将它们等同于残酷和大规模的恐怖。在生活中,或许可以这么看,但在艺术方

---

① 彼得·尼古拉耶维奇·弗兰格尔(1878—1928),俄国旧贵族,步兵中将,苏俄内战时期白卫军首领之一。

面,浪漫主义终归是超乎寻常的,马雅可夫斯基展现了这一点。卡拉布奇耶夫斯基①写下《马雅可夫斯基的复活》一书,从而使这些庸人对他的怨怼达到顶点。可是该书作者的命运如此富有戏剧性(也如此耐人寻味),以至于只能放弃与他争论。

帕斯捷尔纳克对市侩习气的认识完全不同。在他看来,这更像是狗苟蝇营的小圈子,圈内之人假借革命名义,大肆利用马雅可夫斯基的声望及天才。他看到更多的是庸俗不堪的行为,试图开创"新风尚",建立"三人共有的爱",生殖繁衍,再把孩子的父亲赶走,就像特列季亚科夫的话剧《我想要个孩子!》里一样……需要在此意义上——在本能的自然的生活与人为的创造相互对比的意义上——理解马雅可夫斯基对帕斯捷尔纳克说的名言:

> 喏,还能怎样呢。我们的确各不相同。您喜爱天上的闪电,而我喜爱电熨斗里的。②

这当然不仅是说,抒情诗人帕斯捷尔纳克喜爱自然风光,而坚定的"结构主义者"马雅可夫斯基只在大自然为人类服务时才欣赏它。此种解读未免肤浅。帕斯捷尔纳克喜爱天空中的闪电,因为这是自然生活的生动现象;对于马雅可夫斯基而言,只有让人付诸努力的事物,只有不再是"唯一的生命",而是历尽艰辛使自己得以重生的事物,才具有其存在的价值。只有不再是自己的事物,才是可贵的。可怕的结论。但马雅可夫斯基的一生都浓缩为无休止的生命的创造,亦即永不倦怠的无情的破坏,而这也正是他以尼采学说和一部分费奥多罗夫学说为基础的所有理论创建之体现。

8

即使在诗歌最无望和最萧索的岁月里,除了报刊小品,马雅可夫斯基未写下任何佳作,却还有真正的、出色的抒情从他笔端进出,在长诗《好!》、献诗《致奈特同志——船和人》、致高尔基的诗体书信以及关于墨西哥和巴黎

---

① 尤里·阿尔卡季耶维奇·卡拉布奇耶夫斯基(1938—1992),俄罗斯诗人,文艺批评家。《马雅可夫斯基的复活》写于1983年,1985年首先在德国慕尼黑出版,随后为作者赢得国际声誉。1992年死于安眠药服用过量。
② 引自帕斯捷尔纳克《人与事·第一次世界大战前》。

之行的诗篇中,闪光点并不罕见。不可否认,帕斯捷尔纳克是个主观的人,但不至于无视他人的成就,哪怕面对的是异己的思想。按照他个人的说法,他与迥异于自己的叶赛宁既可展开血战,也可倾心交谈。而在马雅可夫斯基举步维艰的时期,帕斯捷尔纳克为何拒绝支持他,甚至连他最杰出的天才之作都不认可,反倒在其两篇自传性随笔中声称,不喜欢也不理解他最后十年的任何东西,除了他死前的长诗①?如果只是无言的反对也就罢了。马雅可夫斯基在自己不久前的崇拜者中间越来越引起敌意,甚至近乎愤怒。

1927年,帕斯捷尔纳克反感的与其说是马雅可夫斯基,不如说是"列夫"。当年1月,他就想公开离它而去——有人劝说他不要家丑外扬;5月,他要求将自己的名字从《新列夫》杂志编辑名单中划掉,但没有被接受。7月26日,他给编辑部寄去一封书信,语调比以往更强硬。

>《列夫》杂志编辑部:虽然在5月的会议上,我口头提出永远退出"列夫",但我的名字仍然留在编辑人员名单里。这样的忘性简直不成体统。你们编辑部十分清楚,这是无可挽回和无可商议的辞别。现在与冬天的情形不同。当时我看到了第一期杂志,随后召开的会议,成功地说服我放弃公开脱离的要求,同时让我满足于佯装参与实则漠不关心。现在我恳请将此声明完整刊登在你们杂志上。

声明未能刊登。帕斯捷尔纳克在《我们的同时代人》文集(1927)展开的问卷调查中答道:

>我开始陷入模棱两可和忍无可忍的境地。夏天,我给编辑部写信执意退出,并希望刊登此信。信件未能刊登,但有鉴于"列夫"作为空幻的现象,其构造与成分着实无可理喻,对这一不当处置我也就未加留意[……]我深信,最应该退出"列夫"的人首先是马雅可夫斯基,然后是我和阿谢耶夫。如今,国家与社会别无二致,它迫切需要的不是别的什么,而是自身各部分之间适当的抵抗力,只要这种抵抗力合乎情感冲动与现实的尺度。我对"列夫"感到心灰意冷,原因就在于它那过犹不及的苏维埃性,亦即令人压抑的奴性,亦即动辄借助官方授权行使的粗暴行径。

---

① 即马雅可夫斯基写于1930年的《放开喉咙歌唱》。

他同时强调,问卷材料不可用于征引,只能作为文集的一部分,以完整的形式公之于众。这份材料当时未发表。

一个颇具诱惑的说法是,帕斯捷尔纳克与维亚切斯拉夫·波隆斯基观点一致。后者是《新世界》杂志主编,曾经公开迫害过马雅可夫斯基。他在《消息报》上发表了反对"列夫"的言论(1927年1月25日和27日),对诗人更尖锐的抨击则是他的《虚张声势》这篇文章(《新世界》1927年第5期)。诚然,帕斯捷尔纳克写给波隆斯基的书信似乎表明,他更倾向于"新世界"立场,但与此同时,帕斯捷尔纳克在5月17日致赖莎·罗蒙诺索娃的信中写道:

> 反对者的论据俨然是"列夫"式的:虚伪围绕着虚伪。同样是对上司和权威的援引,就像援引某种活灵活现的思想,同样是公职人员诡辩术框架内的思维,同样是留声机般的漂亮辞藻。

帕斯捷尔纳克只是被波隆斯基立场当中的政治冒险所吸引。按照1927年的尺度,《新世界》编辑显然要比列夫派更具反革命色彩,尽管只过了一年,双方力量对比就改变了。正是基于这种印象,才有了帕斯捷尔纳克1927年7月1日致波隆斯基的书信,在这封信中,他向波隆斯基转述了据称是不久前写给马雅可夫斯基的信:

> 就冒险性而言,这是触目惊心的攻讦(所指即《虚张声势》一文),它反对的是我国文学近十年间最强有力的人物,实际上,他远比表面看上去更博大。这不仅是一个人运用进攻者的武器所实施的正当自卫。(的确如此:卡塔尼扬曾经痛骂波隆斯基,用词包括"肆无忌惮""自命不凡""以天才自居""夸夸其谈""好出风头""不知羞耻""造反的波希米亚人""向永恒献媚的那喀索斯"……"烂醉的自我中心主义""明显的癫狂,介于被通报的精神变态与妄想狂患者的呓语之间的某种状态"……是的,言辞够激烈。但马雅可夫斯基难道不也是这样攻击他的对手吗,把扎罗夫和乌特京变成茹特京①,一辈子都不放过伊万·莫尔恰诺夫、谢尔文斯基和别兹伊缅斯基,而夏里亚宾②被他责骂,又该

---

① 故意按谐音叫错对手的名字,以示羞辱。
② 费奥多尔·伊万诺维奇·夏里亚宾(1873—1938),俄罗斯著名男低音歌唱家。

从何说起?! 他自个儿受到刺伤,却不吝惜骂人的招数……——德·贝)这是让整个文学,包括"穿裤子的云"在内的文学免遭"列夫"方法侵犯的防卫,对这类作品,"列夫"向来充耳不闻。诗人也可能变成像波隆斯基所描述的您那样,如果遵循"列夫"美学,承认"列夫"在讨论叶赛宁时扮演的角色,接受"列夫"的论战手法,最主要的是,接受"列夫"宣称的艺术前景与理想。向您表示敬意,您作为诗人,承受了"列夫"愚蠢的理论原理,这些原理加之于您,就像加之于极其醒目的宏大现象,加之于公理。对波隆斯基的证明方法,我表示同意、欢迎和支持。在我看来,"列夫"的存在始终是个逻辑不明的谜。我不再对揭开谜底抱有兴趣。

在这里,对于波隆斯基用来反对马雅可夫斯基的方法,作者明显持批判态度。这些方法在本质上与"列夫"的方法并无二致;也就是说,这场论战中没有正确的一方,谁也不比谁高出一等。波隆斯基向早期马雅可夫斯基发难(对晚期马雅可夫斯基的责难却可能被视为反苏行径),同样是采用死抠字眼的方法,同样是贬斥他的夸张风格,这与拘泥于精准和朴实而反对夸张的列夫派们如出一辙。拉扎利·弗莱什曼①赞同卡塔尼扬的观点:帕斯捷尔纳克向波隆斯基引述的信,未必保留了他写给马雅可夫斯基那封信的原样,而更像是专为波隆斯基准备的文字,并且显然不是随便寄出的——帕斯捷尔纳克试图跟论战双方都保持距离。当时他已深知双方都不正确。双方的败局均已注定。1927年,如同争论中的人们感知的那样,亟须重新解决一切革命的首要问题——权力问题。一如既往,拟古派跟创新派争论不休。同样地,论战者都没有料到,在这种争讼中胜出的永远是第三方。在1917年革命中获胜的既非拟古派,亦非创新派。他们陷入论争,像以往一样厮杀。在俄罗斯,直至九十年代才开始理解这个悖论,甚至现今也不见得所有人都明白。斗争双方始终以消灭对方为己任,在他们留下的废墟上会出现某种完全异质的第三者;所以俄国专制制度与俄国自由主义的废墟上出现了布尔什维主义,无论君主主义者还是立宪民主党人,都与之格格不入。在拟古派与创新派的殊死较量中,最终是交战双方共同憎恨的"拉普"赢得胜局。

---

① 拉扎利·弗莱什曼(1945—),美国文艺学家,斯坦福大学教授,帕斯捷尔纳克的研究者。

9

在1927年3月23日的讨论会上,马雅可夫斯基引用了侨居国外的批评家阿勃拉姆·列日涅夫的文章(这位作者回到俄国后,于1938年被当局枪决):

> 当一个艺术崩坏的时代需要尖锐的、否定的、宣言式的、理论化的创新事业,推动着未来主义及其旗手马雅可夫斯基向前发展之际,帕斯捷尔纳克就被阴影笼罩了。

停顿之后,他补充道:

> 当时代推动帕斯捷尔纳克——马雅可夫斯基就隐没在阴影中。

二十年代末,马雅可夫斯基从公众意识中退至二流地位,几乎沦落为不受欢迎的人物。帕斯捷尔纳克则渐渐出现在舞台前端,所有目光聚集在他身上,尽管成就暂时少于期待,知识分子阶层乃至某些无产阶级作家,已将他视为自己最大的希望!对知识分子而言,他"在阶级属性上是自己人";对无产阶级诗人而言,他是异己的,却又如此大众化,如此善意!他背负着全社会的爱戴,不过,这当中的主要原因他不可能猜不透:马雅可夫斯基及其同道日益失宠,因为他们活生生地昭示着一个未实现的乌托邦。

帕斯捷尔纳克就这样初次陷入冲突,后来这种冲突像失控一般,屡屡再现于他的人生,他注定要在索套和钓钩之间做选择。突然间,他身边不仅出现了可憎的敌手,还出现了毫不相干的追随者。如果说他与敌手还有过共同语言(不管怎样,"列夫"之中还有相交已久的朋友阿谢耶夫,以及虽非深交却诚实可靠的特列季亚科夫),那么与这些追随者他却无法成为同道。起初帕斯捷尔纳克支持波隆斯基,觉得此人有助于艺术家抵御国家订货和国家的专横,但他很快就确信,国家不再站在马雅可夫斯基这一边了!1928年4月4日,他给马雅可夫斯基写信,措辞持重,语调委婉而不失同情。

> 或许我有愧于您,由于自己设立的界限和意志的薄弱。或许,我始终知道您是何许人,正如现在所知的那样,因而我理当更加热忱,以更

实际的行动来爱您,无论您是否愿意,都要使您摆脱这个虚无缥缈的领袖角色,这只是虚空幻境里不存在的队列的领袖而已［……］让我们再等半年吧。

在这封信的末尾,他承认,他们双方都有些焦躁。

1928年夏天,马雅可夫斯基终于从"列夫"退出,"列夫"也随即解体。列夫派开始高声叫嚷悔过,跟过去一刀两断,他们的腔调难以令人信服,而帕斯捷尔纳克俨然成为尴尬的胜利者!于是出现了二十年代末的痛苦冲突,帕斯捷尔纳克真诚地想要化解它。

10

1929年12月30日,最后一次尝试和解。

关于1930年的辞旧迎新为何在30日这天举行,有两种说法。第一种是"列夫"式的——新风尚的拥护者不希望跟旧习俗有任何交集,所以决定"提前一天"。按照另一种说法,庆祝新年活动不但被官方取消,而且几乎遭到禁止,马雅可夫斯基有意表示忠诚,提议在30日聚会,纪念大家一起"工作的二十年"。

宾朋云集,强作欢颜,一场蹊跷的晚会,仿佛有一道帷幕垂挂在来宾面前,一切俨如雾里看花。这道帷幕便是马雅可夫斯基的阴郁,吸引了所有人的注意力。阿谢耶夫本来要正式发言,准备将那些加入"'马普'(МАПП)①和'拉普'以及奴性的无产阶级作家各色组织"的人士痛骂一番。发言稿作者甚至未料到,马雅可夫斯基加入"拉普"已成定局——只剩下不到一个月了。基尔萨诺夫被委托做一场帕斯捷尔纳克式的发言,带着朦胧的含义、华丽的辞藻和他所擅长模仿的喧响。收尾应是标志性的语句:"喏,嗯——嗯——嗯……也许,我不该说这些……"这场即兴致辞未能发表,很可能是因为:"列夫"内部深知马雅可夫斯基喜爱帕斯捷尔纳克,不能容忍对他的戏谑;也许,提到帕斯捷尔纳克还会引起其他人不快——因为鲜明的反差:他荣耀加身,备受官方评论的宠爱。

---

① 莫斯科无产阶级作家协会的俄文缩略语。成立于1923年,自1928年起开始奉行"拉普"路线,1932年解散。

随后开始了卡塔尼扬回忆中描述的"亨德里科夫胡同①里空前的一幕":酗酒。浴盆用雪填满,里面插着许多酒瓶。家具搬出餐厅,沿墙根铺开褥垫。梅耶荷德和他夫人赖赫带来一箱子戏服和假发;大家戴上假发,裹起贝都因缠头,蒙上穆斯林面纱……由于郁闷,所有人都渐渐喝多了,几乎谁都不记得晚会的主要活动。黎明时分,什克洛夫斯基和帕斯捷尔纳克来了。

他们是一起来的,大概抱着和解的最后一线希望。帕斯捷尔纳克对马雅可夫斯基说,不管怎样他都爱他。发生了激烈的侮辱性的争吵。整个过程中,马雅可夫斯基只有一句插话说得最清楚,"伟大天才"之命运的半官方解读——列夫·卡西尔的回忆录《马雅可夫斯基本人》(1940)记录了这句话。马雅可夫斯基一边愤然将香烟捻灭在烟灰缸里,一边说道:"不,就让他走吧。就这样他还什么都不明白。"在与帕斯捷尔纳克之子的一次交谈中,莉利娅·布里克却强调,根本就没这回事——帕斯捷尔纳克是自己走的,因为他感觉到马雅可夫斯基心绪不佳。

在有些文献中,这次会面被认为是最后一次,但事实上还有一次——在某个中立的场所;这一说法来自叶甫盖尼·多尔玛托夫斯基的回忆,他当时几乎是个孩子,后来成为一名苏联诗人。在梅耶荷德家做客时,他遇到了马雅可夫斯基和帕斯捷尔纳克。据多尔玛托夫斯基回忆,马雅可夫斯基批评他的诗作带有"阿赫玛托娃习气",帕斯捷尔纳克则为他"辩解了一番"。也就是说,从1929年12月30日夜晚到31日之间激烈的谈话,并未使两人闹僵,达到不相往来的地步。如果我们认为多尔玛托夫斯基的证言是可信的,那就必须承认,两位诗人最后的会面应该是在1930年的新年之初。

四个月之后,帕斯捷尔纳克将徘徊在卢比扬卡路口的一间屋子里,将和各色人等碰面,将止不住地放声痛哭。有一张照片:帕斯捷尔纳克在马雅可夫斯基的灵柩旁,脸上一副挑战的神情:怎么,你们终于等到了?!对马雅可夫斯基的爱,越发彰显了他对周遭的恨,他的《诗人之死》一诗所表达的正是此意:诗人在其中的立场与自己的盟友及同道者截然对立。

坦率地说,这首诗并不流畅,因而帕斯捷尔纳克从未完整发表过它。此

---

① 莫斯科地名。自1926年起,马雅可夫斯基与布里克夫妇就住在这里。1935年更名为马雅可夫斯基胡同。

诗写于作者落入困境的时期,他那旧的印象主义诗学彻底坍塌了,他已触及叙述性的现实主义新诗学,使他得以承受重负,对于明显感知的时代崩坏展开严肃的思考。这也是他三十年代许多作品略显滞涩之缘由。不过,鲍里斯·列昂尼德维奇在此方面并非特例:无论怎样对待马雅可夫斯基,都不能不承认,大多数纪念其亡故的诗作,均属矫情、生硬的劣质品。这也更加映衬出马雅可夫斯基在文坛上的孤独。如何比较谢尔文斯基、阿谢耶夫、帕斯捷尔纳克,以及无论借助多么另类的隐喻冒险和激扬声调,风格都不易变化的茨维塔耶娃为他所写的作品!——还有他自撰的墓志铭《放开喉咙歌唱》?

《诗人之死》以《片段》为标题,刊登在《新世界》杂志1931年1月号上,随后收录于诗集《第二次降生》中。这两次都少了最后十二行,种种迹象表明,它们被波隆斯基删除了。作者犹犹豫豫,踟蹰不前,耽于细枝末节,迟迟不能转向正题:

> 人们不信。人们以为,那只是梦呓。
> 终于得知了消息:从两个人
> 三个人,从所有人那里。停滞时期
> 官员和商人的宅邸
> 院落和树木,
> 整齐地排列成行,白嘴鸦
> 落在上面,被太阳晒昏了头,
> 对小白嘴鸦们
> 厉声呵斥,以使某些蠢货
> 不再冒失犯错。这是
> 如同既往的一天。如同一小时
> 一瞬间之前。相邻的院落,相邻的
> 篱笆、树木、白嘴鸦的喧闹。
> 只有面孔上泪痕的交错,
> 像破烂的拖网的褶皱。
> 这一整天,平安的一天,
> 比你以往数十天更平安。
> 人群聚集,列队在前厅,

像是那一枪让他们摆好队形。①

描写小白嘴鸦冒失犯错的三句、皱巴巴的破烂拖网,即破烂的渔网,可以跟任何东西相像,只是不像人脸;关于马雅可夫斯基最后时日的一句——"像是那一枪让他们摆好队形",也颇为蹩脚……

像水雷的震响,砸扁了
欧鳊和狗鱼并将它们抛出水面,
那是苔草间烟花的鸣放,
宛如一重重地层的喘息。

这一节,整个构建在帕斯捷尔纳克喜爱的"сп—ст—плст"这种辅音重复法之上,营造出近乎荒诞的效果。欧鳊和狗鱼(还有小白嘴鸦们)与安魂曲的形象结构如此不协调,以至我们看到的不是向心爱的诗人伤恸道别,而是一个生动活泼的角落;苔草间鸣放的烟花发出水雷的震响,更是荒诞不经,即便水雷将鱼类震得发昏,那也跟烟花没有任何关系。至于说多重地层,读者只能凭借猜想。不妨假设此处所指是火山喷发,而且下文提到埃特纳火山②。但"一重重地层"着实生硬……下一行也因失之妥当的双关语而显得怪异,这一点,作者本人也未发觉:"你在流言之上铺开床榻,睡去了。""сп—ст—плст"的游戏还在继续,却带有几分侮辱的意味。死去的马雅可夫斯基睡在流言之上吗?也就是说,他对流言蔑视到了干脆在上面铺开床榻的程度?抑或流言包围着他的床榻?但照这样说,莫非诗人死时的卧榻同他的婚床有什么关联?

接下来,总算开始了这首诗最好的一小部分。这一部分频现于各类选本,甚至现今谈及马雅可夫斯基自杀的文章,很少有不加引用的;不过,这些诗句又像是转向主题之前的长距离过渡:

你睡了,不再颤动,寂静无声,
二十二岁的英俊青年,
仿佛预言了你的四部曲。
你睡了,脸颊贴向枕边,

---

① 本章此处及下文所引诗节均出自帕斯捷尔纳克《诗人之死》(1930),此诗另有不同版本。
② 意大利西西里岛上的一座活火山。

> 睡去了,抻开双腿和脚踝
> 几度闯入年轻人纷纭的传说。
> 你如此醒目地刻印在传说中,
> 轻轻一跳,就将它们超越……

躺卧不动的诗人,"抻开双腿和脚踝",刻印在传说中——这一形象不能算是帕斯捷尔纳克在造型上的成功。这里只是象征性地提到年轻马雅可夫斯基迅疾的人生之路,他"轻轻一跳",就获致一生的荣耀,也就是刚显露头角之际,即刻功成名就。他后来所做的一切,仅仅是重复——"几度闯入",他一次次迈向早已达到且立刻达到的高度。一个隐晦且重要的观察。但此前的一切仅为正题提供了土壤:

> 你的一枪好似埃特纳的喷发,
> 让怯懦的男男女女匍匐在山脚。

赞叹的声调清晰可闻,诗人最后的行为受到赞颂——怯懦的男男女女,当然永远不会有开枪自尽的勇气;要是有勇气就好了!在这里,在公开的论辩中,帕斯捷尔纳克只是对怯懦者略加批判,更关键的则是他的郑重宣言。谴责自杀在当时是一种时尚。人们说,自杀无异于临阵脱逃!马雅可夫斯基本人在《臭虫》里也对自杀予以刻薄的嘲讽:"卓娅·别廖兹京娜开枪自杀啦……唉,这回支部里该处理她了。"①他像是感觉到,"支部里"对他本人的处理:

> 如果说自杀根本不可能被我们认可,那我们到底该向马雅可夫斯基致以怎样愤怒而痛苦的谴责之词!

这句话出自 1930 年 4 月 15 日《真理报》上的悼词《纪念友人》,马雅可夫斯基身边几乎所有重要人物(除了当时不在俄罗斯的布里克夫妇),从国家政治保卫联合局(ОГПУ)秘密政治处主任阿格朗诺夫,到该部门国外处工作人员艾伯特,都在上面签了名(总的来说,这是一个耐人寻味的群体,签名顺序也带有象征性:两端是两名契卡成员,中间是阿谢耶夫、基尔萨诺夫、柯里佐夫、特列季亚科夫、罗琴科,仿佛在押解之下……恰似"那一枪让他们摆好队形")。

---

① 参见马雅可夫斯基的喜剧《臭虫》(1928—1929)。

相形之下,帕斯捷尔纳克就像一名公开的反叛分子,不但拒绝谴责自杀者,而且称颂其决定为英勇之举,而《诗人之死》的主要意义也就在于此,如果用简单的词语来表达这一意义,就会得出相当可怕的结论:做得对!

自杀显然令帕斯捷尔纳克感到恐惧;后来,在《致夭亡者》(1936)一诗中(纪念因精神病发作而自杀身亡的年轻诗人尼古拉·杰缅季耶夫),他完全按照时代精神,温和地谴责了自己的同行:"那么——自杀是否能让人得救和解脱?"但马雅可夫斯基之死另当别论:他做了别人没有胆量做的事情。帕斯捷尔纳克坚决反对谴责这样的自杀。对此行为他甚至予以盛赞!诗人找到了唯一的出口,最终与他自己,与"二十二岁的英俊青年"融在了一起(就这样,晚期马雅可夫斯基仿佛整个儿被一笔勾销了)。

这样的评价具有多少道德的成分,值得商榷,但至少表明了帕斯捷尔纳克对马雅可夫斯基最后几年生活和思想方式的愤慨;他以自己的一枪最终完成了帕斯捷尔纳克徒劳地敦促他去做的事情——摆脱了虚假的向往与自我迷惑,也摆脱了周遭的一切。他们无奈地留在此岸,而他已然身在彼岸,遥不可及;现在帕斯捷尔纳克又可以重新爱他了。

《诗人之死》与马雅可夫斯基一首挽歌《致谢尔盖·叶赛宁》①的对比耐人寻味。相对于马雅可夫斯基与叶赛宁亦敌亦友的关系,帕斯捷尔纳克与马雅可夫斯基之间则温暖得多,某种程度上更具人情味,也更持久。但我们本来有理由从敏感又感伤的帕斯捷尔纳克那里所期待的情感,在马雅可夫斯基的诗中却如此之多!"有什么好笑,/悲痛的石块梗在/喉咙里。"的确是悲痛,你对它不会怀疑,你会看到,作者竭力用粗鄙可怖的笔调描绘他人的自杀,以使自我毁灭的渴求不至于如此沉重,吞噬一切!"我看见——/慢条斯理地举起有切口的手臂,/您摇荡起/自己/肥胖笨重的身体"……马雅可夫斯基——一个时常腼腆到极点,痛恨感伤情绪流露的人,掩盖了诗的意图:他写下此诗,似乎只为了防止叶赛宁年轻的崇拜者步其后尘。这种牵强的理由在《如何作诗》一文里也有所表达,或许是作为社会订货的例证给予他自己。同时这首坦诚炽烈的诗也证明着一点——如果说马雅可夫斯基试图劝说谁放弃自杀,那无疑是他自己:从出现的频率来看,这

---

① 1925年12月,诗人叶赛宁自杀身亡。马雅可夫斯基于次年1月至3月创作了此诗。引诗采用李海译文。

是对他至关重要的主题。在他那里,有多少诚挚的爱,又有多少由衷的赞赏,枉然投向他"亲爱的敌人"(就像另一个未来的自杀者茨维塔耶娃称呼马雅可夫斯基那样)!"人民,/语言的缔造者,/丧失了/一个响亮的/高歌豪饮的帮手。"帕斯捷尔纳克的诗里找不出类似的东西。有的只是事实的确认,并且是郑重宣告:马雅可夫斯基进入了传说。他一生中最后十年,让帕斯捷尔纳克倍感伤痛!

遭到《新世界》编委会删除的《诗人之死》结尾,显得颇为怪异:这是帕斯捷尔纳克式的朦胧的例证,几乎超越了正常的尺度。唯一的相似之作(标题即可说明)是莱蒙托夫的《诗人之死》——同样在发表后很长时期内,缺少言辞最激烈的、致使作者被囚禁的最后几行。帕斯捷尔纳克在结构上也借鉴了莱蒙托夫的文本,把安魂曲转化为檄文:莱蒙托夫留下了污血"洗不净诗人正义的血痕"这样的名句,而帕斯捷尔纳克则把控诉直接指向几近谋杀的背叛:

> 而朋友们善于种种争论,
> 忘记了身边——生活和我。
> 喏,还说什么?说你将他们
> 逼到墙角,清除干净,恐惧
> 把你的火药当作烟尘?
> 但恐惧只跟废物亲近。
> 推论一重又一重,
> 为的是大机遇的水流
> 不至于溢出极限,
> 对于病夫,它太过迅疾。
>
> 庸俗,就这样把生活的
> 灰色乳皮卷成乳渣。

诚然,当帕斯捷尔纳克和他的"生活—姐妹"就在近旁,谁敢为琐屑之事而争论!再往后,朋友们被打上"废物"的标记,点睛之笔则是"对于病夫太过迅疾的大机遇的水流"。此诗结尾转换成口语并不难:诗人的伪朋友们,试图以伪推论限制其人生之路的伟大意义,对于精神乞丐而言,他的步履过于沉重。但这种表达却含混不清,即便对帕斯捷尔纳克也很罕见,此处的乳皮和乳渣之突兀,丝毫不亚于欧鳊和狗鱼。

这首诗整体上的论辩色彩如此浓厚,以至于马雅可夫斯基本人似乎不在其中,而他所有的长处也简化为四部曲再加那一枪。《人与事》里的评论将会更加尖锐:

> 我当时不理解他为何对宣传如此尽心,竭力培养自己和同道者的社会意识、哥们儿义气、帮派习气,我不理解他为什么要让喉咙服从于庸常的现实。以他为首的《列夫》杂志、编辑人员及杂志所维护的思想体系,更是让我感到不可理喻[……]这些蹩脚的押韵的文字、这些看似巧妙的空洞内容、这些人云亦云和老生常谈的实话,表达得如此造作、混乱和生硬,这一切,已经无法触动我了。在我看来,这不是什么马雅可夫斯基,而是一个子虚乌有的马雅可夫斯基。蹊跷的是,这个什么都不是的马雅可夫斯基居然被视为革命的马雅可夫斯基。(这一"蹊跷的是",显然是拜时代之所赐:《人与事》毕竟是作者本人计划为其《诗选》撰写并打算发表的前言。对于帕斯捷尔纳克,这里恰恰不存在早已有之的蹊跷。——德·贝)但我们还是被误认为朋友……

马雅可夫斯基死去二十七年之后,帕斯捷尔纳克才与他脱离了关系。这在他一生经历中前所未有。这样的博弈,只可能在抵御难以招架的诱惑中展开,在与自己真正亲近之人的交锋中展开,而"诗人的席位"本身则因此受到损害。不妨大胆地说,这是被损伤的爱的悲鸣——对一个行为渐趋放纵与失当之人的爱。帕斯捷尔纳克(尤其在私下的谈话里)时常以马雅可夫斯基与某些坏男孩进行类比,为了获得他们的认可,好的"家庭"男孩刻意损坏自己清纯的嗓音,使之变得粗鲁;但毕竟没有人强迫过这个男孩……而他之所以寻求"坏男孩"的认可,是因为这个忧郁的永远被伤害的少年是天才,仅此而已。

1939年,在一位旧书商那里,奥西普·布里克发现了马雅可夫斯基的单行本《好!》,还带有题词:"沃①赠给鲍里斯,怀着友爱、柔情、爱戴、尊敬、

---

① 马雅可夫斯基的名字弗拉基米尔昵称为沃洛佳,此处的"沃"系"沃洛佳"俄文拼写的第一个音节。鲍里斯(鲍里亚)是帕斯捷尔纳克的名字,但因为姓氏与父称不明,文中提到的两本书有可能是赠给别人的。

同志情谊、习惯、同情、赞赏,等等(1927年)。"就在同一地点,他还发现了马雅可夫斯基选集第五卷,扉页上题写着:"赠给亲爱的鲍里亚。沃。1927年12月20日。"于是他问帕斯捷尔纳克,这两本显然题赠给他的书,究竟是怎样出现在旧书店里的?帕斯捷尔纳克当时就解释道,赠言不是给他的。在克鲁乔内赫编选的一部纪念册中,他甚至附言说自己还没沦落到变卖个人藏书的地步。1958年夏天,卡塔尼扬再次向帕斯捷尔纳克询问:这些书怎么会落到旧书商手里,他怎么会把它们卖掉?

"那不是我的书,"帕斯捷尔纳克答道,"题词也不是给我的。"

随后突然转换了话题。

在研究帕斯捷尔纳克的文献中,有各种各样的观点,其中某些认为,书上的赠言的确是题写给他的,但是把带有亡友亲笔题词的书转赠他人甚至变卖,这样的行为实在不符合他的风格。叶甫盖尼·帕斯捷尔纳克则推断,马雅可夫斯基把这两本书赠给了一位故友,鲍里斯·马尔金。

不管怎么说,一个不争的事实是,帕斯捷尔纳克逐年远离了马雅可夫斯基,在《人与事》中他声称:"我们之间从未有过亲密的交情。他对我的认可总是被夸大。"是谁在夸大呢?难道不是他本人在《安全保护证》中承认"他第一个听我朗读了《生活,我的姐妹》的片段。我听到的是十倍于我所能预料从任何人口中听到的称赞"?五十年代的帕斯捷尔纳克越来越不愿表达对马雅可夫斯基的谅解和同情。随着自己的过往及梦幻渐行渐远,疏离感也愈渐增长。马雅可夫斯基成了帕斯捷尔纳克痛苦反思的牺牲品——不能摆脱他,也就不能使自己解脱。

如果不提《日瓦戈医生》主人公之一安季波夫-斯特列里尼科夫,对马雅可夫斯基与帕斯捷尔纳克关系的探讨就不会完整。在帕斯捷尔纳克对马雅可夫斯基个性和命运的诸多述评中,这一点最具本质意义,因为这涉及一个艺术文本,而且是总结性的文本。帕斯捷尔纳克负有最大限度的责任。

马雅可夫斯基并非那位"无党派政治委员"最明显的原型(虽然无党派身份是直接指向弗拉基米尔·马雅可夫斯基的标志性细节)。斯特列里尼科夫的人生经历,似乎与马雅可夫斯基差异迥然,除了自杀及自杀的方式。倒是斯特列里尼科夫的命运促使帕斯捷尔纳克得出一个基本结论:自杀喻示着俄国革命浪漫主义的终极表现。在帕维尔·安季波夫身上,建功立业乃至自我毁灭的倾向从一开始就令人震惊。唯有一死才能让他跟恋人般配,赢得她的芳心。拉拉与俄罗斯之间的同一性是小说形象体系的基础,故而隐喻需要更宽泛的理解:斯特列里尼科夫的整个斗争,他的所有追求,都取决于一个至少像是属于自己的朴素愿望。

我不是你的,雪的丑怪!

而帕斯捷尔纳克始终属于自己,他是这些景象的有机组成部分,是这一文化的继承者,他无须为任何事物付出生命的代价。一切尽在掌握。生活——他的姐妹,国家——他的恋人;至于马雅可夫斯基,无论国家还是恋人,几乎都以同样的方式对待他——专横任性,最终将他抛弃。他与姐妹之间的默契却从未有过。

斯特列里尼科夫开枪自尽,并非因为被革命欺骗——这是后果而非原因。他的毁灭是因为拉拉从未真正属于他;总有一些东西是争也争不来的。

我们把生活看成是行军,为所爱的人移山倒海。尽管我们带给他们的只有痛苦,但他们毫无怨言,因为我们比他们要忍受更多的痛苦和折磨。……

她小时候在学校读书时,真是美极了!①

她固然美好,却与你不相干。任何形式的行军都无济于事。谁以生活为姐妹,谁就永远不会理解以死为姐妹的人。

---

① 参见《日瓦戈医生》第十四章第17节。此处引文是斯特列里尼科夫自尽前对尤里·日瓦戈的道白。

第十七章　镜中人：茨维塔耶娃

1

众所周知，帕斯捷尔纳克与茨维塔耶娃在莫斯科过从甚少，他为此深感自责。他们原本就游离于狭隘的圈子之外，不属于那种"应召"的文学人士，身不由己地定期相聚在晚会、朗诵会和杂志社等场所。帕斯捷尔纳克勉强算是未来派边缘组织的成员，茨维塔耶娃则未参加任何团体。两人相见的机会不多。初次见面，本书已经提到，是在蔡特林－阿马里那儿，时间是1918年1月末。第二次见面，起码按照茨维塔耶娃记忆是第二次，在一年之后，当时帕斯捷尔纳克准备把索洛维约夫的《远古以来的俄罗斯历史》卖掉①。第三次还是一年后，茨维塔耶娃在作协②朗诵了童话诗《少女王》(《Царь-девица》,1920)，帕斯捷尔纳克称赞她善于使情节呈现"分散的、单个的迸发"。第四次是1921年秋天，在鲍里索格列勃胡同，帕斯捷尔纳克把爱伦堡的一封信带给茨维塔耶娃，他隐约地说起他写不下去了，还说感觉自己像是在河中央，看不见两岸。这次会面他也记得：茨维塔耶娃凌乱的住所和不连贯的话语（"我夜里不睡。/这儿什么都有来历"……），都被写入《斯佩克托尔斯基》。最后是1922年4月11日那次，他们在塔季扬娜·斯克里亚宾娜——音乐家斯克里亚宾遗孀的葬礼上交谈了几句。帕斯捷尔纳克向茨维塔耶娃转达了马雅可夫斯基对她一部诗集的意见：他被打动了。"这是莫大的喜悦……真——让人——喜出望外。"

他们起初几乎不了解对方的诗。在洛克斯妻子的建议下，他才开始阅

---

① 茨维塔耶娃在1922年6月29日写给帕斯捷尔纳克的信中提及此事："1919年冬天。相遇在莫赫街。您把索洛维约夫的著作拿来出售——'因为家里根本没有面包了。书——面包——人。'"

② 此处的作协是"全俄作家协会"(Всероссийский союз писателей, 1920—1932)。

读茨维塔耶娃。

> 对她应加以细读。当我这样读时,我为纯净和力量的深渊向我敞开而惊叹。别处找不出任何类似的东西。还是把论证省去吧。即便我说出来,内心也不会愧疚。除了安年斯基和勃洛克,以及略带局限的安德烈·别雷,早期茨维塔耶娃是其他所有象征主义者全都可望而不可即的人物。这在《人与事》里已经说过。

帕斯捷尔纳克1922年6月14日写给茨维塔耶娃的书信洋溢着欢欣:"亲爱的、可贵的、无与伦比的诗人。"回信中,她坦率地承认自己一共只读过他五六首诗,她欣赏其中的"震颤和鸣响"以及撞击:

> 所有的一切都突显锋芒! 还没等人回过神,就一闪而过。密谋的诗歌——您同意吗?

他给她寄去了《生活,我的姐妹》,这让她欣喜不已。她的评价是:"光的骤雨。"从他的书信她很快就确切地想象出他的形象,或许,能做到这一点的只有她一个——根据词语、暗示、笔迹,尽管他的信中也有很多内容她压根儿不理解(谁又能理解呢?)。她无法想象生活中的他:

> 您像是授予了自己的影子以全权,差遣它代替您来到生活中。

(这句话格外醒目,表明茨维塔耶娃本人也很看重这一断言。应当承认,没有人如此贴切地写过帕斯捷尔纳克。他确实将一切权利都授予了自己那面目模糊、行为近乎无意识的同貌人,他本人对待现实则是心不在焉。)可她又说:

> 您是我平生所见第一位诗人。诗人的苦役烙印我从未在其他人身上见过:如今它却烧灼着,远远就能望见! 而我愿平静地为帕斯捷尔纳克的明天担保,就像为拜伦的昨口担保一样。(顺带说说我的顿悟:您将变得非常老,等待您的将是漫长的飞升……)

她猜出了他身上许多不解之谜,虽然也有许多是来自她对他的臆想:譬如说他的旧教信仰(他的信仰是自由的,不受教会约束,但偶尔确实倾向于旧教)、对贝多芬的喜爱(他对贝多芬并不热衷,他爱的是肖邦),以及他是为了一部散文体长篇小说而生,有责任完成这部作品,否则简直要憋闷死。她比其他人更准确地描述了这种关系:"这并非爱的表白,而是命运的表白。"

在她提议下,他们之间先是省去了父称,接着又以"你"相称(她解释说他是自己心目中的兄长)。事实上,这也真不是爱情,而是涵盖一切、战胜一切的亲情,尽管取决于一定的前提条件,因为他们之间的差异总是多于相似(不过,他们的相似却是决定性的)。两人都是莫斯科知识分子家庭出身,获得认可的时间都相对较晚,都秉持着严格的道德准则。多年以后,在写给一份夭折的儿童移民杂志读者的信中,茨维塔耶娃出色地阐述了这些准则:

亲爱的孩子们!

千万不要丢弃面包。要是你们走在街上发现脚底下有块面包,那就放到附近的栅栏上吧,因为不光是沙漠会让人死于缺水,还有贫民窟,人在那儿会由于没有面包而死去。也许,当一个挨饿的人发现那块面包,从栅栏上捡起,他的羞愧要少于从地上捡起。

千万别害怕一个荒唐的人,如果看到一个人处在荒唐的境地,那么你就:尽力使他摆脱,如果不行——就跳进里面去,像跳进水里,接近他,愚蠢的情境对半分开;每人承受一半——或者是最坏的结局——在荒唐的地方,没找见那荒唐的人。

千万别说,大家都这么做:大家总是做得糟糕,既然他们如此乐意被仿效。要是有人对你说"没有谁这么做"(比如穿衣服,思考),那就回答说:"我,就是那个谁!"

不要借口说"不时髦",只能借口说"不高尚"。

不要对父母大发脾气,要记住,他们也曾经是你,而你也会是他们。

此外,对你来说他们是父母,对他们自己来说他们是我。不要因为他们是父母——就把他们耗干。

不要羞于在电车上给老人让座。不让座——才是羞耻!

别把自己跟其他人区分开——在物质上。其他人也是你——同一个你。

别为战胜敌人而欢庆。想想就够了。获胜之后,伸出你的手。

当别人嘲讽你所爱的人(哪怕是你的宠物!),不要反唇相讥;别人会走开——自己人会留下。

这里的每字每句,想必帕斯捷尔纳克都会深表赞同。

茨维塔耶娃不像帕斯捷尔纳克那样在钱财方面计较,她更不愿计较跟非诗人之间的关系(不过,像是作为补偿,她甘愿为自己人,为那些与她在血脉和精神上相通的人倾尽全力,在所不辞;帕斯捷尔纳克则更爱护自己,时常歉疚地为自己悄声辩解)。但大体上让他们彼此亲近的正是不容妥协的正派,让他们情意相投的是对待同道的真正骑士风范和崇高情怀,更不必说两人对各自手艺的珍爱。两人童年时都学了很多音乐知识(帕斯捷尔纳克当然更专业);都是德意志的崇拜者。更主要的是,他们在二十年代都饱受文坛与人际的孤独,倍感周遭的冷漠,因而他们满怀蓄积已久的爱的渴望、认同与理解的渴望,朝向对方奔去。两人都渴求平等。

诚然,茨维塔耶娃对帕斯捷尔纳克的爱也有某种……"私利"一词,岂能适用于诗人抒情的渴望?!

> 吻过,就会爱上。这是从天而降的急雨。两只手都不够用来写诗。
> 暂且只能说不——不应该,应该是不能不。我需要你。

帕斯捷尔纳克需要充当的不只是诗人、对话者、评论者,不只是地位同等之人,还要充当抒情表达的缘由。在抒情几乎被废除的时代,他为茨维塔耶娃写了几首抒情诗,可见这种需求是相互的。我们也发现,这些诗作无论在帕斯捷尔纳克那儿,还是在茨维塔耶娃那儿,都不太出色;此处有个可怕的猜想会把我们刺伤。诗人不属于他自己,相较于个性乃至国家的演变,诗人遵从的法则更复杂。帕斯捷尔纳克和茨维塔耶娃未能在1926年相见(鲍里斯·列昂尼德维奇那时确实想丢下妻子,而她也想为了他,与丈夫分手),并非因为里尔克去世,帕斯捷尔纳克未完成《施密特中尉》,当局不想给他发放签证……唯一的原因是,从这种相见中不会产生好的诗歌——由于大量不确定因素,在二十年代后半期,不可能书写真正的抒情诗。没有谁——无论帕斯捷尔纳克、曼德尔施塔姆、阿赫玛托娃、马雅可夫斯基,还是哪个二流诗人——能做到这一点:都在探索新的形式和新的语言,甚至扎波洛茨基在完成他的组诗《报栏》之后也沉默了很久。常有丰收之年,旱涝不定的年景也非偶然。帕斯捷尔纳克和茨维塔耶娃没有理由结合。这是上帝的旨意,他关心的首先是好的文本,正如养蜂人关心的首先是获取蜂蜜,对蜜蜂的个体生活却不感兴趣——这一旨意有助于解读历史,至于说能否解读诗人的生活,那就不得而知了。帕斯捷尔纳克实际上拒绝了茨维塔耶娃,并非担心共同生活会有诸多困难,而是因为他不可能就这种生活写下什么好作品。倘若他们相逢于1917年,那就另当别论了。可当他遇到济娜伊达·尼古拉耶夫娜,似乎一切都可能将他们拆散(朋友之妻,两个孩子的母亲,自个儿也有家室,居无定所,亲友的担忧),上帝却不顾重重障碍,放过了他:真想读一读《第二叙事曲》(1930)和《屋里不会再有人来》(1931)。而这都是因为,在1931年,帕斯捷尔纳克终于又能写出来了。天哪,这一切多么伤感!

茨维塔耶娃曾经写道,帕斯捷尔纳克的诗集《主题与变奏》仿佛从皮层下喷涌而出,眼睁睁地在读者面前成长起来。可以说,她个人的文学策略更倾向于曼德尔施塔姆式,而非帕斯捷尔纳克式,更像是向中心聚拢,而非由中心向外发散。她就这么竭力挣脱一身皮囊,朝某个最后的闪光点奔去,但她与曼德尔施塔姆最主要的区别在于,她的目标不是自己。被曼德尔施塔姆视为向自己的我之深渊的坠落,对茨维塔耶娃则是向自己终生崇拜的超我的飞升。曼德尔施塔姆不能区分作为人的自我与作为诗人的自我,他要求对自己的崇拜,并为自己设立特殊的条件。茨维塔耶娃同她的天才意识共度了一生("骑在红马上"![①])——而她,玛丽娜·伊万诺夫娜·茨维塔耶娃则向下沉陷,甚至可以被忽视,因为她在生活中是无助的,一切肉身的和外在的因素都令她压抑。她对恋人的态度首先是同志式的,像某种对陷入困境的兄弟之同情:倘若真的需要这么做,那她会毫不犹豫……尽管最好是直接亲吻对方的双手,抚摸他的脑袋,这是她最喜爱的方式(唯一的例外是她与罗杰维奇[②]的交往,这件事情她不喜欢回忆)。她将这种对待隐秘超我的态度也加在帕斯捷尔纳克身上:

> 人向上帝表白,不是向神父。我向您内在的灵魂表白(我不后悔,反而心怀崇敬!),不是向您。它比您更丰富——此等丰富,简直闻所未闻![……]您的创作中更多显现的是天才,而不止于诗人(天

[①] 红马,传说中带翅膀的飞马,诗歌灵感的象征。茨维塔耶娃写有《骑在红马上》一诗(1921年1月13—17日)。

[②] 康斯坦丁·波列斯拉沃维奇·罗杰维奇(1895—1988),苏联翻译家,雕塑家,与茨维塔耶娃的丈夫埃夫龙是好友。茨维塔耶娃曾为他写过两首长诗,其中包括下文提及的《终结之诗》(1924)。

才——就在背后!),诗人被天才战胜,心悦诚服地归降于他,甘愿充当喉舌,就此得解脱。

很难说,这种看法对帕斯捷尔纳克而言有多正确。他并非浪漫到了坚定不移的程度,心目中也不存在诗人和人的两分法。而这对茨维塔耶娃而言无疑是正确的。她恰恰是个浪漫主义者,而且不是在帕斯捷尔纳克那种略带贬损的意义上,在他谈及生命的创造以及渴求"以诗人的生命"而活着时,用到了这个词。她的浪漫主义是最真实的,它毫不妥协地服务于她个人的灵魂。"浪漫主义即是灵魂",在那封致孩子们的信中,她建议这样回答所有关于浪漫主义的问题。"我独自一人,深爱我的灵魂。""我祝贺自己有着四十七年不枯竭的灵魂。"除了这灵魂,别无其他;一切都意味着对它的服务,对它的保障和供养。茨维塔耶娃是毫不妥协的二元对立的诗人:我——与世界,我——与超我,诗人——与非诗人。她认为被神标记不仅是自己的美德,也是负担和烙印。她始终深信自己与最高本质的世界休戚相关,这使她得以轻松应对诸多苦厄。

正是不可或缺的闪光点的信念,将她与帕斯捷尔纳克联系起来。但如果说帕斯捷尔纳克与他的抒情之"我"相得益彰(所以这个"我"才显得偏弱),那么茨维塔耶娃则是在为自己而战,她左冲右突,始终以自我为目标,绝望地与承载着个人天赋的肉身交战,这些构成了她的抒情诗的主要情节。在帕斯捷尔纳克那里,从来没有灵与肉的冲突,茨维塔耶娃却一直身处其中。茨维塔耶娃被相互排斥的愿望撕扯着:时而是"您还爱着我,/因为我会死去"[1],时而是"您别爱我,别再爱我"[2],时而是"你看了一眼,还是如此熟悉,/你升了起来——就这么活着吧"[3],时而是"请在天堂的港湾为我祈祷,/但愿那里没有别的水手"[4]。一方面是真挚的爱,是对她心中被另一人唤醒的情感的眷恋,另一方面却是对此人的全然冷漠;一方面是对于被拣选之人的深情厚谊,另一方面却是对其他人的绝对藐视,她甚至不把这些人算作人类,而是称之为一道道熟食。"我们与这些熟食的韵事结束于牙刷。/

---

[1] 引自茨维塔耶娃《他们有多少人坠入这深渊》(1913年12月8日)。
[2] 引自茨维塔耶娃的组诗《女友》之十七(1915年5月6日)。这是作者写给自己的女友,诗人索菲娅·巴尔诺克(1885—1933)的一组抒情诗。
[3] 引自茨维塔耶娃《我的样子如此简单》(1920年8月)。
[4] 引自茨维塔耶娃《亲爱的朋友,去了比海更远的地方》(1915年6月5日)。

记住！千万别再动手！"①

在帕斯捷尔纳克那里，从未出现过如此坚硬和严厉的警句。他的大多数诗句，即便引用了喜爱的格言或报刊标题，首先也是音乐性的，少有警句的味道。他不大喜欢警句。"我们是冰中的音乐"，看似过于虚幻，而这正是音乐，不是精简的断语。茨维塔耶娃笔下则处处是断语，因而她的诗句凝练、厚实、精准。帕斯捷尔纳克写了许多他自己都无法容忍的东西（连莎士比亚也未能免遭他的批评）：语汇密集、铺叙繁复、线条朦胧——其实，严整的直线应该更妥帖；数十个同义词——其实，一句话也就足矣。他的父亲也是这么作画的：晕线、旋流和阴影，构成整个画面。茨维塔耶娃写道，为了将思想从音乐语言转化为人的语言，帕斯捷尔纳克颇费周折。她的诗歌元素却永远只有词语：她从不勾画图案，也不编创音乐，对形象艺术几乎毫无兴趣。一切各有所称。每个语句她都力求精确到极致，当上帝为这份努力赐给她最精准的词语，她便欢欣鼓舞。帕斯捷尔纳克则根本不愿用事物的名号指称它们。潮湿未干的颜料、潮湿的风景和潮湿的泥土：整个世界尚未凝固。不像茨维塔耶娃那儿：一切都是结晶体，没有什么模棱两可，从一开始就这样。她的抒情从来不是印象主义的。风景在她诗中是难得的访客，她以自身为关注的焦点，别无旁骛。

他们的相互吸引恰恰是对立面之间的吸引，两人起初都未意识到这一点。茨维塔耶娃对说出的每句话都非常认真：在她看来，原本约定两年后在魏玛的相会是不能取消的。帕斯捷尔纳克则挥霍话语，慨然应允，不计后果，他知道自己是这种性情，却无从改变。这是最终导致两人关系破裂的情况之一：茨维塔耶娃不理解，对她的爱怎么可能诉诸笔端——既然他与妻子生活在一起，然后离开这位妻子，转向另一人。他所承诺的一切，成为她人生经历的事实，为此她痛苦又委屈地放弃了他偶尔出于善心所给予的幻象。

2

他们经常遭受非议：矛头指向他的个人主义，她的自我主义。两人交往中的主要情节——1926 年至 1927 年间的经历，几乎以分手而告终——与

---

① 引自茨维塔耶娃《公共汽车》（1934 年 4 月—1936 年 6 月）。

她的贪求、与她不论实现与否都要绝对掌控一切的愿望密不可分。两人与里尔克之间的三方通信被阿扎多夫斯基和帕斯捷尔纳克的妻子（叶甫盖尼娅·弗拉基米罗夫娜·帕斯捷尔纳克）及儿子分别解读，为理清来龙去脉，本书需要在此加以引述。在三位诗人的书信中，思想和形象如此密集，泛泛引用势必使画面减色，我们能做的，就是让读者参阅原文。总体情形便是如此。

帕斯捷尔纳克将里尔克视为同时代最杰出的诗人。他通过父亲了解到，里尔克客居巴黎期间，听说过他的名字，在爱伦堡选编的诗集中读了他的诗（里尔克能熟练阅读俄语）——对于他，这是莫大的幸福。后来删去的《安全保护证》后记中说："假如有人告诉我，天堂里也有人读我的作品，我都不会更惊讶。"令他惊奇的事情发生在 1926 年 3 月 22 日，而非帕斯捷尔纳克后来标注的 2 月末。这天早晨，帕斯捷尔纳克读到了茨维塔耶娃的《终结之诗》。长诗产生了巨大的震撼——他甚至没有嫉妒，因为他知道这部充满爱的作品是写她和另一个人分手的。他称之为"令人神伤的抒情的深渊，米开朗基罗式的晦暗与托尔斯泰主义的漠然充塞其间"。他所说的"托尔斯泰主义的漠然"是什么意思？或许，这是对一切次要的或不相干的东西漠不关心，但也可能正是托尔斯泰式的自我主义本身，病态般地沉溺于自我，对于外在的一切无动于衷。

> 你是这样美，这样的姐妹，我生命中的姐妹，你从天上降临到我身旁；灵魂最后的极点与你相贴合。你是我的，永远是我的，而我整个的生命——都属于你……我所能表达的最强烈的爱，不过是我对你的情感的一部分。

可以想象茨维塔耶娃对此番表白的反应。

1926 年 4 月 12 日，帕斯捷尔纳克给里尔克写了一封信。分析他与这位或许是二十世纪最杰出德语诗人之间的关系，恐怕也要单独撰写一部专著。信中这样写道：

> 敬爱的大诗人！我不知道，这封信会在何处结束，会以何种形式区别于生活，请允许我放声说出我的爱戴、惊奇以及二十年来的谢意。我性格的基本特征与精神生活的格调，全都归因于您。这些均由您所创造。[……]直到现在，我还对您无限感激，因为您的诗歌所蕴含的博

大的、无穷尽的慈爱。您对我的命运施以仁慈的干预,它来得突然而密集,它以如此不寻常的表现影响了我。

接着,就在同一封信中,他谈起茨维塔耶娃——这就是他的特点:一旦沉醉于什么,跟任何人便不会有别的话题。在这封第一次写给里尔克的信中,他谈论茨维塔耶娃比谈论自己更多。

我自己都能想象得出,带有您亲笔题词的大作,比方说我仅仅有所耳闻的《杜伊诺哀歌》,对她意味着什么。[……]请允许我认为您的回复将满足我的跟茨维塔耶娃有关的请求。

这封信是通过帕斯捷尔纳克的父亲转交的(里尔克当时居住在与苏联既无外交关系也无通讯往来的瑞典),连他也怀疑:

你要求里尔克给一位不认识的作者——玛丽娜·茨维塔耶娃寄去他亲笔签名的书,这是否有些不妥。

儿子写给里尔克的信让列昂尼德·奥西波维奇感到喜悦,他为鲍里斯富有表现力的德语而骄傲,激动之余,将这封信寄给了在慕尼黑的女儿约瑟芬娜;她读过之后又将信寄还柏林。此时的帕斯捷尔纳克,却在等待里尔克的回复中度日如年!

里尔克被感动了。他马上给茨维塔耶娃写信:

亲爱的诗人,我刚刚收到鲍里斯·帕斯捷尔纳克一封让我无比惊奇的信,其中充满了快乐,洋溢着极其强烈的情感。激动与感谢——他的信在我内心所引发的一切——应当首先由我(我是这么理解他那封信字里行间的含义的)传递给您,然后,再通过您的中介——回到他那里去!紧随这封信之后将要寄出的两本书(我最近出版的作品),是专门给您的,归您个人所有。[……]他向我说出的话语是如此有力和深刻,我为之震惊,以至今天不能再说什么了。[……]可为什么——我问自己——为什么我不能有缘见到您,玛丽娜·茨维塔耶娃。如今,在收到鲍里斯·帕斯捷尔纳克的信之后,我相信,我们的相逢一定会给你我内心深处带来莫大的愉悦。我们能否在什么时候处理好此事?!

里尔克收到帕斯捷尔纳克的信之后,立即将他的书寄给茨维塔耶娃,急切的回复和兴奋的腔调说明,他在1926年同样也是孤寂难耐(而且病得厉害——他患上了白血病,自己却还不知道);他没料想到在俄国和俄国人的巴黎有这样的崇拜者。他寄给茨维塔耶娃的是《杜伊诺哀歌》和《献给俄耳甫斯的十四行诗》。《杜伊诺哀歌》上题有一首简短的献诗。茨维塔耶娃立刻回信说:"您——诗歌的化身。[……]您——未来的诗人攻不破的难题。"

接下来发生的事情,或许是帕斯捷尔纳克潜意识里想要的(他不可能不明白,他托付给里尔克的人是谁!)。茨维塔耶娃不愿跟任何人分享这位诗人。是她,而不是帕斯捷尔纳克,开始了跟里尔克持续的通信。加之她有这样的机会,帕斯捷尔纳克则无法与自己喜爱的作家直接联系。这并不表明,茨维塔耶娃有意挤开帕斯捷尔纳克:就在这第一封信中(她在信中很快便对里尔克以"你"相称,准确地说,是满含敬意的"你"),她将帕斯捷尔纳克称作俄国头号诗人。但主要的是,她抓住通信的机会就不松手:

> 我对你何所求,莱纳?一无所求。求得一切。请你允许我用我生命的每时每刻仰望你,像仰望保护我的山峰(宛如石刻的守护神!)。
>
> 我暂时还不了解你——我会了解的,如今,当我正在了解你时——我需要获得准许。
>
> 因为我的灵魂有教养。
>
> 可是将来我给你写信——就不管你愿不愿意。

她给他寄去了《献给勃洛克的诗》和《普叙赫》①。

收到来信后,里尔克立刻回复了茨维塔耶娃,并开始寻找见面的时机。他从回信中得到的表白更炽热:"只有你向上帝说出了某种新的东西。"

与此同时,帕斯捷尔纳克却决定将柏林之行推迟一年,因为《施密特中尉》还有待完成。他已写信给里尔克,说不喜欢1918年以来所做的一切,而且本来也没做什么,所以决定暂时不见茨维塔耶娃和自己的偶像,直到写出无愧于他们的作品。此类誓言在帕斯捷尔纳克一家人那里屡见不鲜。行程取消刺伤了茨维塔耶娃的心。(而等到1930年,他已经不被准许出国,他的妻儿却去了柏林)1926年5月18日,帕斯捷尔纳克通过茨维塔耶娃,终于收到了里尔克向他表示感谢和祝福的信。

---

① 普叙赫,希腊神话中人的灵魂的化身。

里尔克将一首《哀歌》献给茨维塔耶娃。他们的通信越来越频繁,短暂的间歇(因为里尔克提到自己生病,茨维塔耶娃受了委屈,认为他是借口疏远她)过后,变得比此前更密集。误解消除了,书信的罗曼史又焕发生机。帕斯捷尔纳克几乎没有参与其中。他正在埋头创作《施密特中尉》,还为它写下一首十四行贯顶诗,作为这部长篇叙事诗的引言,随后又删除了。对长诗相当苛刻的茨维塔耶娃为此耿耿于怀:她觉得出自他的一切都是宝贵的,甚至包括她不喜欢的《施密特中尉》。他未发表这首十四行诗,应该不只是出于审查方面的考虑,更主要是因为它本身的晦暗不明。在处理极其复杂的技术难题时,他不能不格外留意文字的清晰,茨维塔耶娃坦言,她压根儿不理解此诗。不过,其中一个绝望的句子"时代,何以连荼毒都不情愿?!"已经完美传达了长诗的本质,历史的形象则犹如平静冷漠的森林,其中发生的毒害,并非首次出现在帕斯捷尔纳克作品中。

茨维塔耶娃对《施密特中尉》的态度让帕斯捷尔纳克失望。从叙事中,她感觉作者似乎抛开了抒情的征服、以往的作品,以及《生活,我的姐妹》和《主题与变奏》丰富悦耳的喧声。他内心流露的许多东西渐渐让她心神不安,譬如他写信说,家人被送到德国去度夏,他自己却留了下来,唯恐受到各种诱惑:"我害怕恋爱,害怕自由。我现在不能。"他怎么敢说害怕恋爱,既然不久前还痴狂地沉迷于她?她则回复道:

> 我不可能与你一起生活,并非因为不理解,是因为理解。为别人的,同时也是自己的道理而痛苦,为任何道理而痛苦——这种屈辱我是不可能忍受的。[……]远在千里之外,我也能理解你,但假如我发现你被什么诱惑,我的内心会泛起夜莺之歌般的鄙夷。我会为此而喜悦。我会立刻摆脱你。[……]请理解我吧:普叙赫对夏娃难以餍足的那种宿仇,在我心中找不到痕迹。

他可能会迷上某个人,这样的念头萦绕在她脑海。但她丝毫没有被个人的心思所困扰:

> 听着,莱纳,从最开始你就应该知道:我是个坏人。鲍里斯是好人。哦,我是坏人,莱纳,我不想要一个同谋,即便他是上帝本人。

6月,帕斯捷尔纳克突然开始坚决要求茨维塔耶娃别再写信给他。个中原因有许多:他激发了她内心的情感,自己也受到感染,这种越发强烈的情感把他吓怕了。他需要集中精力来完成《施密特中尉》，而不回复她又不可能。同时里尔克写给她的信也越来越温柔，越来越有些亲密："不要拖到冬天！"但茨维塔耶娃恰恰在拖延：

> 萨伏依①。（沉思）：列车。车票。旅店。（感谢上帝，不需要签证！）以及……轻微的洁癖。某种备好的、攫获的……求讨来的。你会从天上坠落。

1926年12月26日，里尔克去世了。茨维塔耶娃向他通告了噩耗。随后她写信说道：

> 我知道我自己：我不能不吻他的手，不能不吻这双手——甚至当着你的面，甚至就像当着自己的面。我简直要崩溃了，我的心在碎裂，饱受摧折，鲍里斯，因为这世界终究还存在。鲍里斯！鲍里斯！我多么了解那另一世界！从睡梦，从梦中的空气，从梦的拥塞和急迫，了解那个世界。对这个世界，我却是多不了解，多不喜欢，身在其中多么委屈！

委屈成为茨维塔耶娃书信的独立主题：在与里尔克和帕斯捷尔纳克的通信中，她时常自视为女神，对许多同时代人刻意贬损，极力挖苦阿达莫维奇②，说了也写了许多难听的话，以致很长一段时间，她都不得不为此付出代价。

1927年以后，茨维塔耶娃与帕斯捷尔纳克的通信逐渐从有到无，虽然后来也有过书信往来，却越来越少。原因有许多，最关键的是：不再有相见的期盼（见面的可能性越来越小，从俄国出境很难，茨维塔耶娃回国也是不可想象）。茨维塔耶娃真以为帕斯捷尔纳克准备离家出走，她不能理解，他为何一直拖延。她对他的倾诉、表白、痴心，她的自我奉献和自我主义，无不让帕斯捷尔纳克感到惶恐，最主要是——他越来越清楚，这种关系不会有未来。注定不能生活在一起，而远距离保持这种热度，对于阿伯拉尔和爱洛漪丝是可行的，放在二十世纪却不合时宜。茨维塔耶娃需要精神支柱，不仅在做人方面，而且在文学方面。显然，帕斯捷尔纳克的影响力和越来越高的声望，并不能成为这样的支柱，尽管她为他们之间的关系而骄傲，并且经常向

---

① 法国东南部和意大利西北部历史地区。
② 格奥尔基·维克多罗维奇·阿达莫维奇（1894—1972），苏联诗人，文学批评家。

许多人说起。

> 我爱着你,当然,我将会比任何人在任何时候任何地方对任何恋人都爱得更深,但不是按照自己的尺度。按照自己的——尺度——还不够。

痛苦的表白,略带屈辱,但不失真挚。

> 你轻轻悄悄地——为了不那么忧伤——将我转手奉送给——谁?——阿谢耶夫吗?没关系。只要能保持联系——哦,不是你与我,而是我与莫斯科。让我与这些结为知己,以使我不至于如此孤单。

早在1926年8月,茨维塔耶娃对情况就有所预料,她料到分手,说过的话成了谶语。她觉得帕斯捷尔纳克想要使她重返俄国文学的语境,这一感觉无疑是正确的。她的确——兴许是平生仅有的一次!——彻底沦入无所适从的境地。"我根本不需要任何人,除了你之外。"她在自我欺骗吗?有可能。她最不能忍受的是,有人猜透她的策略,率先发起攻击:放弃帕斯捷尔纳克——没有委屈,没有伤害,固然是高尚的——她能做到,他却首先表示希望"只做兄长",就她的性格(和战术)而言,这是难以忍受的。

另外,将他们拆散,又使他们聚合的里尔克去世了。茨维塔耶娃本来还可以去找他。再没有可以去找的人了。除非等到三个人跨越生死之间的障碍,才能够重逢。

三十年代,帕斯捷尔纳克完全变了模样,只有姓名,或许再加上一些回忆,联结着他和原先那个自己。在他的"苏维埃"时期,他与茨维塔耶娃的关系几乎归于尽头,这或多或少是因为,他不愿再想起跟她密切相联的失去的和被颠覆的机会。她也从他的诗歌中渐渐消失:她的形象在《斯佩克托尔斯基》中一闪即逝,留在其中的恰恰是未能实现的因缘际会。"玛丽娅——并非普通女人。"《中篇故事》中如是说。选择她,也就意味着选择一种抽象,而帕斯捷尔纳克选择的永远是生活。

1934年12月,基洛夫遇刺后,在苏联作协举行的追悼大会上,帕斯捷尔纳克向塔拉先科夫[①]说起茨维塔耶娃:

[①] 阿纳托利·库兹米奇·塔拉先科夫(1909—1956),苏联文学批评家,诗人,与茨维塔耶娃及其子格奥尔基交往密切。

>她是了不起的诗人,但我原先不知道,她还是那样愚蠢的女人!简直就是穿裙子的魔鬼。

塔拉先科夫把最后一句话归因于茨维塔耶娃对苏联的敌意,而我们有理由加以相反的解释。正是在1934年,茨维塔耶娃写下唯一一首明确表达亲苏好感的诗作《"切留斯金号"船员》。"今天——苏维埃联盟万岁!"然而,这并非政治好恶问题。关键是苏联和国外的不妥协氛围,令帕斯捷尔纳克越来越激愤。茨维塔耶娃的浪漫极端主义对他来说总是充满敌意,因为它是命令式的,毫不容情的。而如今,在陶醉于相互表白、巧合、天赋上的平等之后,帕斯捷尔纳克只得承认,这样的生活策略在他看来绝对是异样的。对每个人的极度苛刻、对自我的绝对宽容、不愿设身处地为他人着想……当一切都带有苏维埃标记,还谈得上什么浪漫主义?这种愤怒不难理解,其中也有几分妒意。他始终无法明确回答他自己的问题:"是否比我的境地更加幸福和自由,/抑或更受奴役,更为死寂?"①也就是说,需要向自己解释清楚,在哪里更有希望继续当一名诗人——在苏联,还是在茨维塔耶娃停留的地方?尽管他鄙视极端主义,但又暗自羡慕:这对于诗人不失为更有优势的立场。纯属美学意义上的优势。他做出了倾向于现实、鲜活的女性和肉体之爱的选择(在《斯佩克托尔斯基》中,对这种选择做了隐喻的描绘),收获颇丰,同时又错失许多。茨维塔耶娃在他心中留下永恒的印象,让他想起另一些绝佳的机会,也想起被他在三十年代埋葬的自己,改换了妻子、住宅、性格、风格乃至一部分观点的自己。

他们在三十年代的会面,将在本书第二部继续讲述。茨维塔耶娃恰如其分地称之为"未相会"。相逢于1935年的两人,已然不是1926年里那般相爱之人。

3

或许,还需要根据主要标准来比较他们的命运。从1918年到1919年,帕斯捷尔纳克精神低落——茨维塔耶娃正在崛起。1941年,当德国人兵临莫斯科城下,帕斯捷尔纳克经历了不可思议的上升——茨维塔耶娃结束了

---

① 引自帕斯捷尔纳克《饥饿的日子里》(1930)。

自己的生命。

当然,这种比较并不恰当:1918年,帕斯捷尔纳克的亲友当中无人被捕,而失去丈夫和女儿,时刻为儿子担忧再加恐怖的氛围,这一切对茨维塔耶娃的打击无疑更为沉重。但她的死因终归不是这些人生遭遇。"茨维塔耶娃家族不会在命运打击下死去。"这是出自她妹妹回忆录的精彩断语。根源在于启示录般的预感,在于时代终结的氛围。1918年的茨维塔耶娃,自认为是伟大转折的代言人,唯一被赋予远见卓识的浪漫诗人。革命年代造就诗人,也需要诗人。但帕斯捷尔纳克以他诗性的思维从这个时代只看到鄙俗和放纵的全胜,而革命中曾经有过并获验证的所有真实深刻的东西,似乎被逼入极为幽深之境,如果说不是被彻底战胜的话。二十年后,在这个恐怖、畏怯和万马齐喑的国度,就连任何复兴起初所应允的"诗人的席位"都不复存在。革命是前所未有的精神自由的时代,随着这种自由逐渐沦为失序与放任,帕斯捷尔纳克倍感压抑。恐怖和战争成为艰巨考验的时期,他也因此恢复了信心和力量。帕斯捷尔纳克认为,战时共产主义是俄罗斯为世界其余部分所蒙受的最大牺牲,也是"叛卖和阴谋"时代应得的报应。在他看来,1941年已不再是报应,而是向人民展开的考验,以使人民还原其本来面目。茨维塔耶娃对待时势的态度正相反:1917年及随后的岁月,是对于人民(既有赤色,也有白色,二者在她眼中时常没有差别)的宏大考验,为的是同样宏大的精神改造。由此滋生了她在追忆革命时的温情,以及对"路标转换派"的同情。1941年对于茨维塔耶娃是全世界罪恶的报应,是世界末日。在浪漫主义诗人难以书写,难以呼吸的地方,帕斯捷尔纳克反倒"越来越好,就像沸水中的虾":他的这一夫子自道,下文里还将不止一次提及。

在最初的一封信中,茨维塔耶娃曾预言,帕斯捷尔纳克在晚年将会出家修行。对修行戒律的某种认同、强加于自己的使命、对劳动的颂扬,所有这些在帕斯捷尔纳克那里都有。茨维塔耶娃真诚地表达了她的疑惑:

> 你是世所罕见的抒情诗人,鲍里斯,这样的诗人,上帝也未曾创造过。你是内在精神所有层面的集合体——在最底层,在最开始的那一层——是无尽的深渊。[……]"有人生来是抒情歌手,却不让叙事诗休憩。"(茨维塔耶娃引用的是著名批评家和文艺学家、欧亚主义者德

米特里·斯维亚托波尔克-米尔斯基①对《施密特中尉》和《斯佩克托尔斯基》的评论。——德·贝）鲍里斯,抛开故事情节吧！［……］任何一名编剧都比你强。无需诸多事件。存在自身是不依赖于事件的……你在书写意志,关于意志方面某种自愿与良善的进展。被定罪的人就是这样写的,他不想死在"行刑者"手里,他想自己死。是谁向你宣判,鲍里斯？

没有谁——是帕斯捷尔纳克的天赋逻辑将他引向叙事、客观化与合成。他听从逻辑的发展,自觉而真诚地埋头苦干,不允许任何外在因素对他的事业有丝毫影响。所以,茨维塔耶娃说得对：

通过这坚毅的一步［……］你在我们之间划出一道界线,决定着我留在这边——不得迈向——你那边。

还有更坦诚的言辞。1927年8月,她说道：

你,鲍里斯,拥有头脑和理想。我不是这片疆土的王侯。我拥有的是思想和信心。

这种先验的信心——包括对个人天赋的信心——她向来不缺乏,也不需要证明,而帕斯捷尔纳克则始终在证明其存在的权利——向世人,关键是向自己：从抒情角度来看,他的思想观念较单薄,但从人性角度来看,却具有无与伦比的魅力。失去自我否定,他的发展便难以理喻；在她的价值体系中,自我否定永远喻示背叛。帕斯捷尔纳克在所有书信中都不忘自责,她却几乎从不责怪自己。不过,她还是暗自意识到,他的观念还有更多基督教的因素,温顺谦恭,有利于成长和发展。在1927年10月写给他的信中,她不无痛楚地说到自己：

取代上帝的——是众神,再加上半神,每天——各不相同,取代显

---

① 德米特里·彼得罗维奇·斯维亚托波尔克-米尔斯基(1890—1939),俄罗斯文艺学家,文学批评家。自1920年起流亡欧洲,1921年至1932年主要生活在伦敦,在伦敦大学国王学院教授俄国文学,用英文撰写了多部著作,其中最有名的是两卷本《俄国文学史：从远古到一九〇〇年代》(1926、1927),被纳博科夫誉为"用所有语言包括俄语写成的最好的俄国文学史"。1932年在高尔基帮助下返回苏联,1937年因间谍罪被捕,1939年死于苏联远东地区的劳改营。

在圣塞巴斯蒂安①的——是那些个希波吕托斯和忒修斯②,取代一个的——是众多,是哀伤的群魔。哦,我早就开始怀疑自己,如果说有什么能安慰我,那就是——这一切在我心中的力量。我仿佛被占满了。鲍里斯,我毕竟知道,良心大于荣誉,而我转身离开了良心。我知道福音书——大于一切,而我在入睡前喜欢读宙斯的金雨之类。

蓦然间,找到了那个词:他们的对立,是荣誉和良心的对立。她高傲的独立不羁的荣誉感——他"伤痕累累"的羞耻心("书是热气腾腾的良心的立方体")。阿赫玛托娃说得对,不应拿伟大诗人做对比,应该庆幸我们拥有如此之多了不起的诗人。幸好我们还拥有帕斯捷尔纳克和茨维塔耶娃——"我们的时代"真正的荣誉和良心,只有在一起,他们才能证明这个时代。

由于确信帕斯捷尔纳克放弃抒情诗并非心甘情愿,加上个人的女性创伤感,茨维塔耶娃得出了离奇的结论:"我明白了:你在捞党票。你理解我的恐惧吗?"不过,困惑很快就消除了,茨维塔耶娃对时势有了另一种判断:

你告别我,也告别所有的一切:(我是过客——客居在各个世界)告别你的客居生涯。你会变成别的什么人(并非匿名)。

这正是个性,也可以说是人性,开始萌生并逐渐胜出。然而,茨维塔耶娃钟爱的帕斯捷尔纳克,却出自她的臆想,因而她不愿看到也不愿接受他的动态,宁可视之为背叛。她认为他的变化是迫不得已,但在他本人看来,向自己提出任务并促使自己改变,是再自然和再自由不过的了。对他而言,不满于自我和不相信自己同样是自然的,正如她——崇尚个人至高无上的"我"。这一决定性的差异最终导致了他们的分手,尽管一开始也使他们更接近。"对你那疯狂的世界/唯有报以——拒绝。"③这是茨维塔耶娃后来的宣言。"我悄声向它低语:谢谢,/你的惠赐,多于对你的祈求。"④几乎在同一时间(相隔一年),帕斯捷尔纳克做出了回应。

---

① 基督教圣徒,生活于公元三世纪,287年被罗马教皇杀害,也被视为同性恋者的保护神。
② 希波吕托斯与雅典国王忒修斯是父子关系。其后母淮德拉狂热追求希波吕托斯,遭到拒绝后,淮德拉在忒修斯面前诬陷他。忒修斯请海神波塞冬惩罚自己的儿子,将其置于死地。
③ 引自茨维塔耶娃《哦,眼里的泪水!》(1939年3月15日—5月11日)。
④ 引自帕斯捷尔纳克《霜》(1941)。

第十八章 《斯佩克托尔斯基》《中篇故事》

1

在帕斯捷尔纳克的创作中,构思上变动最大的莫过于围绕年轻诗人谢尔盖·斯佩克托尔斯基而展开的长篇诗体小说。作品早在1922年就已动笔,当时帕斯捷尔纳克写下《中篇小说三章》并发表在《莫斯科星期一报》(6月12日)。未完成的长篇小说所有主要人物都已出场,它的"零碎的部分",正如帕斯捷尔纳克在《中篇故事》中所述,浮现于他眼前已有十年之久,也就是说从1919年开始。《中篇故事》①只写到1914年夏天。1930年,"为了结不甘于完结的思绪",帕斯捷尔纳克将小说情节向前延伸了六年,结束的时间是1919年。

帕斯捷尔纳克早有创作一部大作品(称之为散文作品更合适)的夙愿,《斯佩克托尔斯基》意味着夙愿的实现,第二次见到茨维塔耶娃时,他曾对自己的想法有所提及。经过漫长的踌躇和徘徊,他才醒悟过来,即便魔法水晶也无法向普希金展现小说的结局,因而需要下决心行动,向前迈进。帕斯捷尔纳克愉快地畅想作品的开头:对他的诗歌成长的幸福年代及青春岁月的追忆,足以让他摆脱1923年至1925年的压抑状态。他就此向曼德尔施塔姆解释说:

> 作品与现今的时日相距遥远[……]。其动人之处就在于此。它让人想起被遗忘的事物,让看似过时的潜在力量得以复苏。终结的风格(世纪末、革命结束、青春一去不返、欧洲的毁灭)摇曳在两岸之间,

---

① 帕斯捷尔纳克的《中篇小说三章》(1922)和《中篇故事》(1929)互为补充。另外还有《中篇小说一章》(1918),均与《斯佩克托尔斯基》直接相关,并在情节上进一步补充和发展了后者,促进了其最后几章的书写。

渐渐淡退,越来越浅,终于停下来不再波动。打引号的文化之命运,像曾经某个时候,重新成为选择与善意的事业。

可以理解,二十年代的文化所能期待的也只是这样一种自觉性。然而,情节的逻辑终究更加强大——开端是愉悦和希望的作品,末尾变成了"终结的风格"最苦涩的例证之一,并且结束了帕斯捷尔纳克创作的第一阶段。

越往前进展,《斯佩克托尔斯基》对于帕斯捷尔纳克就越像是履行他向自己提出(其次是向同时代人提出)的责任和义务。将诗歌与历史散文和情节散文结合起来的尝试通常出于两种情形:要么借助诗歌使情节的陈述更为突出与简洁,具有更大程度的概括性(因为诗的语句在展现时空方面天然地具有更大自由度),要么通过诗歌来表达某种隐藏于抒情迷雾背后的未尽之意。帕斯捷尔纳克显然倾向于第一个选项(在写给奥莉加·弗莱登伯格的信中,他并非随意地称《斯佩克托尔斯基》为自己的"青铜骑士"),但偶尔也会偏向第二个,因为有些主题当时尚未考虑清楚,或者说他不允许自己考虑清楚。他对茨维塔耶娃写道,按照他的理解,《斯佩克托尔斯基》相当于将脱离历史的一代人及其共有的一切返还给历史的尝试。在某种意义上,这一代的确是从历史之树上凋落的一代。这主要是因为,1905年来临时,他们尚为懵懂少年,到了1917年,他们正当二十到三十岁的年纪,也就是说,在旧政权下长大成人,却不得不生活在新制度下。从各方面来看,他们都像是置身于铁锤与砧板之间。由于世事变迁,他们难以弃绝本阶级的偏见,又不能不对复仇的人民抱有同情。将这支离破碎、无所适从的一代人写入大历史的语境,辨析其历史作用之所在,正是帕斯捷尔纳克大散文的主旨。今天重读这部作品会感到吃惊,在一个僵化的、审查无处不在的时期,他居然说出了那么多东西。这是因为,他向来倾向于"调和一切,抚平一切",他本人似乎并未直接做出精准的预判和痛苦的断言,而是使之隐藏和融化在抒情的迷雾中。读者,尤其是大众当中像审查员一样狭隘的读者,也隐约感觉到这些话语别具隐喻,但它们还是越过了猜疑而得以发表。

《斯佩克托尔斯基》——渐趋增长的败亡迹象的编年史,关于世界衰变的小说,关于它可怕的极度简化。相比《日瓦戈医生》,这里记录的与时代之间不可调和的抵牾或许更突出。不同的是,帕斯捷尔纳克在1931年依旧认为自己有过错,这部当初令他欣然动笔的作品之悲剧性也尽在于此。

2

首先介绍《斯佩克托尔斯基》的梗概。大学生谢尔盖·斯佩克托尔斯基爱上了已婚的奥莉加·布赫捷耶娃——一位年轻美女,丈夫是工程师,婚姻似乎是幸福的。而她对斯佩克托尔斯基的青睐也并非模棱两可:

> 爱情,跟心灵捉够了迷藏,
> 突然变成了真正的事业。
> …………
> 它越可爱,越迷人,期限就
> 越临近,因为这是白日的事业。①

日子一天天过去,一个冬天,为迎接1913年新年,一帮莫斯科青年演员提议出城去别墅。这些年轻人喝得醉醺醺,快活地坐着雪橇来到别墅区,在众人欢快嬉闹之际,谢尔盖和奥莉加单独待在了一起,接下来是帕斯捷尔纳克整个诗歌遗产中绝无仅有的一幕情色场景(尽管《日瓦戈医生》的不少诗作都不乏明显的情色暗示,譬如《秋》《表白》及《冬夜》)。这一片段备受同时代人赞誉,包括吉洪诺夫,但这或许也是作者将其从文本中删除的诸多原因之一。他恰恰不喜爱自己为众人所喜爱的作品。不过,我们援引此片段,是因为这对于理解作者及故事情节的发展相当重要。《斯佩克托尔斯基》——一部情欲之作,就此而言,帕斯捷尔纳克的革命观本身也带有同样的情欲意味。可以说,《斯佩克托尔斯基》以及与之邻接的《中篇故事》皆为讽喻性的作品,讲述了夜晚的布谷鸟如何比白天的叫得更动听②,肉体之爱的诱惑(暗合于革命与新体制的诱惑)如何比精神之爱更有力。

以下是谢尔盖·斯佩克托尔斯基与奥莉加·布赫捷耶娃之间发生的一幕:

---

① 本章所引诗节除了专门标注之外,均出自《斯佩克托尔斯基》(1925—1930)。穿插在行文中的重要诗句,依本书体例,仍分别加注。可以看到,诗的不同章节,创作年代也有所不同。
② 这是一句俄罗斯谚语,意思是妻子对丈夫的影响超过其他任何人,包括丈夫的亲友和母亲。在古代俄国,"夜晚的布谷鸟"用于对妻子的戏称,"白天的布谷鸟"则指婆婆。

无需借助双手,衬衣滑向
腰间的束带,滑落到肘弯,
她拢起双肩,把肩与脸的惊恐
一齐埋入朋友的臂膀,

那不是羞赧与激情,不是对于
诸多原则的畏惧,而是同自己
冷颤连连的美色独处的渴望,
就像独对妆镜,哪怕仅有一瞬。

接着,当浑身战栗的牝兽
被两掌中的热风剥去衣衫,
两颗心便开始波动起来,
在胸骨相互碰撞的交叉点

两股疯狂的巨浪搅在一起,
她喘息着,胸脯连带脖颈
拼命扭向心爱之人,
就快要把自己的脑袋扯掉,

耳鬓厮磨的缠绵终于退去,
爱慕之情的迅疾水流
让床榻上饱经折磨的女骑手
摆正方向,重新进入主河道。

那双嘴唇仍然像最初一样
触碰着她僵尸般的身体,
并且发出赞叹,让另一双
痛苦紧闭的嘴唇羞愧不已。

  这六个被删去的诗节在隐喻上的冒险虽有违规之嫌,却无损于它们极大的成功。不妨想象一下这副胸脯,差点扯掉主人的脑袋,还有"两股疯狂的巨浪"……但阅读帕斯捷尔纳克,尤其是早期的他,太过清醒的目光会让人失去很多乐趣。这不是作品的目的。狂热的爱情戏过后,主人公一大早就试图向恋人的丈夫招认。谢尔盖·斯佩克托尔斯基从坠入爱河到婚姻的道路通常很短,譬如在《中篇故事》中,他就将向瑞典女教师倾吐衷情,虽然他们的认真交谈总共只有三次。丈夫居然是个眼界开阔之人,反倒彻底恢复了谢尔盖对低俗"自由关系"的反感。或许,正因为对"三人共有的爱"的容忍,让帕斯捷尔纳克后来断绝了与布里克夫妇的交往。他从中看到了无可否认的变态。顺便说一句,这些句子(第二章的结尾)也从小说单行本中删除了。

不,我要疯了。他知道一切,这畜生。
难道这些独白都是无用的劳作?
沉默,叫嚷?欣赏冬日的画卷?
耳朵冻僵了,那就以雪为火绒。

(也就是说,可怕的事情越发严重。面对这种极度尴尬的局面,主人公似乎应该保持沉默,俨然什么都没发生。——德·贝)

"听着!我对您说那么两句。
我爱上了奥莉加。我的责任……"——"那又如何?
你我并非小市民,同在一个屋檐下,
您干吗激动不安,谢廖沙。"

帕斯捷尔纳克很有可能想起了自己对鲍里斯·兹巴尔斯基的一番辩白,1916年,他们的关系出现了暧昧的状况。这也让人想到,奥莉加·布赫捷耶娃身上起初保留了芬尼·兹巴尔斯卡娅的某些特征,但在1930年,情况完全偏离了当初的发展方向。如果说普希金真的未曾料到,他的塔季扬娜居然"招惹"了一身麻烦,那么对于动笔创作《斯佩克托尔斯基》的帕斯捷尔纳克而言,1930年完成的结尾将会是更大的意外。他的奥莉加参加了革命队伍,这当然是远比"嫁给一位肥胖的将军"更强烈的突变。诚然,在这两种情形下,主人公向女主角最后的道白都有些难堪——"多余人"总是失去自己的女人,而这正是所有"多余人"小说——从《叶甫盖尼·奥涅金》到《斩首之邀》普遍的情节。

3

一年后,也就是1913年4月,谢尔盖的姐姐,比他年长五岁的娜塔莎来到莫斯科看望他;她与丈夫巴沙——一位工厂医生通常生活在乌拉尔。随着她的到来,这部小说实际上才算开始。很难说这种倒装手法用意何在。不过,当姐姐到来时,谢尔盖与奥莉加已经断绝了来往,正如我们从《中篇故事》中所知的那样。小说中也详细列出了娜塔莎在莫斯科停留的日程。按照接下来的构思,娜塔莎绝非末流角色,而是被设定为"老一辈"的代表——正因为像她、像斯佩克托尔斯基及其创造者这样一些人,一直感觉自己是年轻一代,其实已完全脱离了历史。

> 那寥廓的往昔,曾经联结了她与那些如今跟她在艺术学校共事,共有着柯尔沙的人们。[……]人们之所以不说往事是因为,他们深知这一切,知道革命将再次来临。由于时下情有可原的自欺,他们把革命的到来想象成一场戏剧,不定哪天就会临时收场,突然间又可能再度上演,演职人员还是原班人马,扮演各自的旧角色。这一错觉反而更自然,因为他们依然固守己见,深信各自理想的全民性,认为让一群有活力的人民相信他们的这种信心是有必要的。[……]像他们所有人一样,娜塔莎也相信,她的青春的美好事业只是被延迟,不管时光怎样流逝,她跟青春都不会擦肩而过。从这一信念即可解释她性格上的所有缺点。由此也能解释她的自信[……]那些空洞正义感与宽容大度的特征,像无穷的光明,照亮了娜塔莎的内心,与任何事物都不相容。

这段阐述很精彩,也很重要,在《中篇故事》发表的1929年,以帕斯捷尔纳克独有的隐秘风格搭起通往现代性的桥梁。"由于时下情有可原的自欺"——开启引文真正含义的密钥就隐藏于此。显而易见,下一段落所说的是社会革命党立场的革命青年,1917年,他们惊异地发现,在接踵而至的革命中,发挥主导作用的并不是自己。或许,随着小说进一步发展(《中篇故事》本来打算叫作《革命》),娜塔莎应该会以某种方式卷入革命斗争。她虽然感觉身处革命的边缘,却彻底浸没在新政权的潮水中,就像大多数社会革命党人——1905年事件的参与者所经历的那样。此处的平行关系在于,在创作《中篇故事》的二十年代末,历史的推动力再度改变,高高在上的根本不是无产阶级,当然也不是旧的革命者,而是新的官僚制度。帕斯捷尔纳克小心翼翼,试图为第二次俄国革命中那些动机真诚的人辩护。他提醒说,如果他们仍然自认为时代的英雄,那他们的错觉是可以谅解的。1917年,高等女校学生娜塔莎会困惑不解,布尔什维克究竟如何从"这如此复杂、如此微妙的事业"脱颖而出。但这种苦涩的困惑同样贯穿于二十年代后期的许多文本,从阿·托尔斯泰的《讨厌鬼》直到列昂诺夫的《小偷》。昔日的红军战士、政治委员和宣传员们惊恐地发现,新生活的主人绝非他们这些曾经奋力促使它到来的人。可以想见,随着小说的进展,娜塔莎注定要牺牲或者迁居国外。她暂时仍以特有的决心抚养着弟弟。她不仅努力为弟弟整理各种杂念,也要把他的房间整理好("对了,这地板大概一年没洗了吧?")。

接下来是一段强有力的插笔,似乎与小说情节无关,意蕴却与之相得益彰。斯佩克托尔斯基——俨然是沉睡的主人公,仿佛透过梦境,感知对话、时代的征兆及其进程。这不是《崇高的疾病》抒情主人公沉湎其中的昏乱迷梦,而是创造性的理想之梦,帕斯捷尔纳克急欲告诫小说人物及读者,这种自外于生活的态度是危险的:

> 别在白日里睡。蒸气暖炉
> 喘息着,吐出长长的烟雾。
> 等您一觉醒来,就会成为
> 极度慵懒与感伤的俘虏。
>
> 陷入迷梦的人躲不过劫数,
> 从生命的日头升起直到坠落。
> 纵然这一天——哪怕这个白天
> 曾经是一三年的某个春日。

在第四章,一个异常温暖的春日,姐弟俩在莫斯科的店铺里购物(还买了谢维里亚宁①的诗集《沸腾的大酒杯》)。一路上,姐姐了解到弟弟的爱情故事,立刻以列昂尼德·安德烈耶夫式的九十年代精神将其浪漫化。

---

① 伊戈尔·谢维里亚宁(1887—1941),俄罗斯白银时代诗人。原名伊戈尔·瓦西里耶维奇·洛塔廖夫。

《中篇故事》对此有更详尽,也更具讽刺意味的描述:

> 她了解了一切,从谢廖沙意中人的名字直到奥莉加是有夫之妇,跟一位工程师的婚姻可谓美满。她不打算再向弟弟询问什么了。[……]她希望他能幡然悔悟,她以职业化的焦急期待着,假如说有人会嘲笑弟弟的忏悔,并从他的风流韵事中看到自由的爱情与世俗的婚姻枷锁的深刻矛盾,以及强烈而健康的情感权利,那这个人,我的上帝,多半儿就是列昂尼德·安德烈耶夫了。然而,拦河坝下作用于谢廖沙的庸俗,其实比任意的愚蠢更糟糕。

(这里带有帕斯捷尔纳克自述的成分:相比自命不凡的庸俗和个性光鲜的等级意识,无知乃至心智不全更容易得到他的宽谅。——德·贝)"比她那一代晚生了五年零一个月"的弟弟不准备向姐姐敞开心扉。两人之间紧张的谈话并没有停止。他们争论的也是帕斯捷尔纳克跟朋友们探讨的问题,其中首次出现了是非对错的冲突,或者准确地说,是陈腐的套话与意识形态不确定性的冲突,前者提升了姐姐的自尊感,后者在弟弟看来弥足珍贵。斯佩克托尔斯基根本不愿分担共同的谬误(或者共同的道义。对他来说,"共同的"一词正是此处的关键词)。

送走姐姐,斯佩克托尔斯基赶去上课。他感到十分气恼("别争了,娜塔莎。难道是我的错?/你就是个女卫道士,你请便吧"①),无法接受她的风格和观点,可他却像年轻时的帕斯捷尔纳克,不懂得如何向她清楚地解释个中原因。在路上,望着城关附近半城市半郊区的景致,他平静下来。"晚霞像暖烘烘的莱卡狗,/弓着身子,引领他向前走,/证实了他的命运/体格和事业的正确。"②这显然不是思想观念的正确性,其含义要比这宽广得多,而且难以公开表达。像帕斯捷尔纳克所有主人公一样,斯佩克托尔斯基在争论中取胜,是因为他能置身其外。这甚至不是旁观者相对于行动者的正确性,而是他参与自然生命的意识,对于"不可靠因素"的意识,它"永远不会被羁绊",亦即不受既定套数的束缚。"森林比社会革命党人的感知更清晰。"帕斯捷尔纳克早在1916年就写道。

在第五章,主人公看似和谐的梦幻遭遇到现实:"现实像刚睡醒的野

---

①② 引自帕斯捷尔纳克《斯佩克托尔斯基》(1925—1930)。

兽,/伸着懒腰,在蒙眬中起身。""厄运准备跳将出来,/随身备有一小瓶硫酸。"①厄运借助萨什卡·巴利茨(即此前《中篇小说三章》中的休茨)的形象粉墨登场。巴利茨身上应当体现冒险的尼采主义主题,而莉利娅·哈拉佐娃当初就深受其害。相比政治说辞和各路斗士的阴险诡诈,帕斯捷尔纳克及其人物更痛恶的是对各种低俗、危险的时代思潮的热情,对它们最为粗鄙的大众版本的沉迷。在这部诗体小说中,像在其他散文创作中一样,帕斯捷尔纳克构筑了狄更斯式的情节——在动人的巧合和偶遇基础上:巴利茨,据说"身体不好,在日内瓦养病",实际上他刚巧与我们的主人公碰了个照面,就在"有人等候谢廖沙给那笨小子上课"的楼门口(年轻的主人公,像作者当年,也以授课贴补生活)。这座住宅里"设立了巴利茨新的大本营",他的某位妻子的继父就住在这里,对他那些妻室,不但朋友分不清,连他自己也时常弄糊涂。接下来是两个平行展开的场景。斯佩克托尔斯基先来到一个典型的斯拉夫主义家庭,给笨小子米沙上课,一家人"读的是《鞭子》,订阅了《谓彻》"②,然后履行承诺,去看望萨什卡·巴利茨,顺带说一句,他其实对那儿根本不感兴趣。为强调对称性,两段情节几乎同时展开:

> "我们开始吧!"谢廖沙进门说道,
> 一边暗笑,"米沙,情况如何?"
> 一边竭力控制住情绪,
> 在窗台边的圈椅上坐下。
> ············
> "你看,萨什卡,"谢尔盖进门就喊,
> 一边浮想联翩,"我不是骗子吧?"
> 一边尽可能沉住气,
> 在桌边坐下,挪了挪茶杯。

年轻的斯佩克托尔斯基到访的两家,只让他产生了一个念头:"'多么荒唐!'——谢廖沙思忖着。"愈加突出的对称性由此可见。从学生家里,他仿佛看破了俄国斯拉夫主义的衰败特征及其色厉内荏的本质——"但全世

---

① 引自帕斯捷尔纳克《斯佩克托尔斯基》(1925—1930)。
② 1905年至1910年间的两份俄国幽默报刊,具有保皇倾向。"谓彻"系俄语古词,专指古罗斯时期某些城市公国的市民大会,实施某种程度的直接民主原则。

界都没有谁/像这蒙昧堡垒中的人们/外表神气，内心困顿，/命运凶险且痛苦不堪。"①刻意仿制的富足被称作"分期付款营造的舒适生活"。而"臭虫从墙上径直扑向来客"，则使寒酸的窘境达到极致。相反，在巴利茨家的客厅，首先映入眼帘的就是奢华——"英俊的岳父没有在场，/但日子过得阔气得很"。眼前景象也让斯佩克托尔斯基感到讽刺，却是启示录意义的另一种讽刺：

> 油画、铜器——都想吃下去。
> 一切甘愿被吞吃，像在面包房。
>
> 突然一闪念："真的会吃光。
> 不仅是房子，迟早还有
> 这个夜晚，连同待在这儿的人。
> 多么荒唐！"谢廖沙暗想。

倒也不算荒唐。斯佩克托尔斯基想到奢华和舒适的必然消亡，是因为"两个人满怀忧虑，将诗人们骂个不停"。关于这种忧虑，构成了美人鸟出版社（《Алконост》）②推出的勃洛克抒情诗整个第二卷，这也是帕斯捷尔纳克喜爱的话题，《人与事》中也曾有所提及。同样是作为生活正常背景的灾祸感，对于勃洛克是崩溃，对于帕斯捷尔纳克及其人物则是常态，所以他们会觉得，营造惬意或者为住所增添奢华，均属荒诞之举。所以在两个场景中，他们才"竭力控制住情绪"，以免发出尖刻的讥嘲。但主人公两次都默不作声，是因为斯佩克托尔斯基像后来的日瓦戈一样，只有迫不得已或率真抒情勃发之际，才会大声说话。他想的事情太微妙，并非跟谁都能解释清楚。如果说日瓦戈虽则形象晦暗，却具有清晰的世界观，斯佩克托尔斯基则一直在运动和成长（就像塑造他的作者，直到四十年代末才感觉到自己在精神上的成熟），因而这位主人公在整部小说里都几乎不谈自己。为表现他的形象，解决这一难题，帕斯捷尔纳克从反面入手，通过诸多相遇的镜像照映他：尼采主义者巴利茨、斯拉夫主义家庭、姐姐这个女卫道士——这些

---

① 引自帕斯捷尔纳克《斯佩克托尔斯基》（1925—1930）。
② 由萨·米·阿里扬斯基于1918年在彼得堡创办的私人出版社，主要出版象征派作家的作品，其中包括勃洛克在革命后的几乎所有作品，1923年被关闭。

都不是斯佩克托尔斯基。他究竟在哪里？或许就在题外的风景和奇异的预感中："不明的状况，俨如未开化的野人/扫视着面前的情景。"也可能在对一切事物的暗讽中，因为从未来灾祸的不确定性来看，其他角色的所有诡诈、执念和劳碌都是荒唐的。斯佩克托尔斯基——嘲弄者，这是标志性的特征；他与未来融为一体，现实世界在他眼中却好像来自空无的时代，在此意义上，玛丽娅·伊利英娜跟他不谋而合，"像他一样，外表显露着讥嘲"。伊利英娜出现在第六章，弗莱什曼认为，这改变了小说发展的整个进程。

从《中篇小说三章》来判断，按照起初的构思，休茨——亦即未来的巴利茨——在《斯佩克托尔斯基》中将成为第二号人物，两者之间具有神秘的关联，根据这种关联的逻辑，他们时常相互结合，从而构成错综复杂的情节。或许，正是为了巴利茨的出场，帕斯捷尔纳克才苦心孤诣，在《中篇故事》中赋予斯佩克托尔斯基（谢廖沙）以率直爽朗的特征：

> 能让他当面恨起来的只有他的对手，也就是说，他恨的是以挑衅的姿态轻易战胜生活，却无视生活中最艰难、最可贵的东西。不过，能察见此情者毕竟不在多数。

帕斯捷尔纳克对爱伦·坡情有独钟，他经常运用《威廉·威尔逊》式的人格矛盾的母题，塑造出相貌与身世相似，性格特征却相互抵触，彼此间难免冲突的人物。弗莱什曼引用的《中篇小说三章》片段，确实很有启示意义：

> 休茨是富家子弟，有几位亲戚是著名革命者。这足以让人将他视为革命者和富有之人。休茨的其他长处也因同样的特点而格外醒目。他身上具有惊人的神秘感，令人难以猜解，因为在断定病人体内长有绦虫之前，需要先提出二十个假设。欺骗性即是休茨的神秘绦虫。绦虫在他身上取乐，每当它想吃，就用脑袋搔弄他的喉咙。他觉得，这一切都是理所应当，这种卑微蛆虫是他从尼采那里读到的。[……]斯佩克托尔斯基迟早会遇到休茨，因为正如休茨到处撒谎、亵渎和吸引人一样，斯佩克托尔斯基到哪里都会入迷和惊讶。在真正开始叙述的1916年[……]不知是休茨抛弃了自己的新婚妻子，还是他要被她所抛弃，他从国外回来，已然是一个不折不扣的瘾君子。

而斯佩克托尔斯基，按照作者在1922年的构思，正巧于1916年从前线回来:他成为一名军官,受了伤,住在父亲家里,对战争只字不提,因为经受了太过强烈的打击。

与休茨相关的还有列莫赫兄弟的话题,本来应当主导小说第二部分的内容。兄弟俩也是"非常著名的革命者",如果革命对休茨而言纯属冒险,对他们而言则是服务。列莫赫兄弟在第六章里出场①,以后就再也不见踪影:

> 他们自报了姓名,但不承想,脑子里
> 只留下什么"莫赫"或"列梅赫",
> 谢廖沙无法再问什么,
> 既然亲密一家的调子已经定下。
>
> 他观察他们的举止言谈,为他们
> 各执一端却又同源所出的争论而触动。
> 年少的那位具有未来英雄的潜质,
> 年长的主张暴动,实属独断之人。

从各方面来判断,列莫赫兄弟都应在剧情中扮演重要角色,这也是帕斯捷尔纳克一贯的写作手法:在他那里,关键人物仿佛始终环绕主人公,后者则保持静止,一成不变,有如太阳系的中心。这一结构性原则将成为构建《日瓦戈医生》的基础。假如斯佩克托尔斯基定期地遇到某个人物(就像后来未完成的《帕特里克手记》的帕特里克),那么可以打赌,此人迟早会成为叙事的重要推动力。伴随着虚空的旋律,巴利茨在其轨道上旋转,却又身不由己,而这种空虚是神秘的,具有无可名状的吸引力。小列莫赫更容易让人产生好感,他也有自己的轨道,大学毕业那天,他与斯佩克托尔斯基相遇在萨莫杰基胡同。1916年春,斯佩克托尔斯基去索利卡姆斯克探望姐姐,大列莫赫突然出现。这是一个

> 严厉、坚毅和举止利落的人。[……]谢廖沙觉得,有某种高大而又陌生的东西挡在面前,从头到脚都在贬低他。这是事实上的阳刚之

---

① 斯佩克托尔斯基与列莫赫兄弟相遇在第五章末尾。按照作者的构思,这两个人物应在小说中占据重要地位,但这个构思并未实现。

气,是最冷酷和最可怕的气质。

这位大列莫赫很可能会在革命期间脱颖而出,成为布尔什维克政府的重要人士,他要么会判处他可爱的弟弟以死刑(就像对待《空中道路》主人公),要么放弃他,拒绝拯救他……简言之,两位至亲将在街垒两边展开对决,这是帕斯捷尔纳克长期看好,并且被无数浪漫主义者演绎过的主题。在《斯佩克托尔斯基》的最终版本中,一整条脉络被糅成一团——1919年,大列莫赫果真成了大人物,不是在布尔什维克那里,但可以想见,是在社会革命党人那里(他被称为"立宪会议分子"),弟弟当时则属于"第一批奋战在萨列普塔和乌法城下的红军师团战士",遭到捷克白匪俘房,英勇牺牲。这条脉络后来经过解构,转移到《日瓦戈医生》中。主人公也有一个弟弟(同父异母),是布尔什维克政府要员,但他的无限权力所从何来,读者并不清楚。全能和神秘,始终是帕斯捷尔纳克的同伴。然而,正直而诚实的"立宪会议分子"大列莫赫未必有希望活下来。革命不仅吞噬了弟弟这种温顺可靠的人,也以同样的胃口吞噬了立宪会议坚定不移的支持者。

谢廖沙·斯佩克托尔斯基倒有可能幸存,作为永远的局外人,他与某种胜过一切社会灾变的力量保持着共谋:这是自然的创造力以及他个人"嘲讽的天性",亦即对所有宗族真相的相对性意识。另一个幸存者无疑是神通广大的巴利茨,在任何制度下,他都会安然无恙——"列梅赫与莫赫"①的矛盾将被诗人与骗子手的公然冲突所取代;前者在二十年代初期堪称典型,后者则属于时代末期,届时真正的赤色分子与白色分子几乎都不存在。冒险分子和无赖,以不朽的战士为幌子,时常显出英勇气概,甚至还有几分可爱,他们是最受欢迎的时代英雄,就像马纳谢维奇-马努伊洛夫②、勃留姆京③、阿·托尔斯泰的涅夫佐罗夫④、伊利夫和彼得罗夫的本德尔。但帕斯捷尔纳克的巴利茨,想必会彻底失去魅力。

---

① 在俄语中,列梅赫(лемех)的意思是犁铧,莫赫(мох)的意思是苔藓。列梅赫与莫赫之间的矛盾,大约指的是无产阶级与资产阶级或知识分子之间的矛盾。
② 伊万·费奥多罗维奇·马纳谢维奇-马努伊洛夫(1869或1871—1918),俄国记者,间谍,一生经历富有传奇色彩。
③ 雅科夫·格里戈里耶维奇·勃留姆京(约1900—1929),俄国革命者,苏俄暗探,肃反委员会成员。
④ 阿列克谢·托尔斯泰小说《涅夫佐罗夫奇遇记,或伊比库斯》(1924)中的主人公。

《斯佩克托尔斯基》初版的情节就这样从总体上被重构,如果考虑到帕斯捷尔纳克作品的情节构造的特点。无论如何,在力图将脱离历史的一代归还于历史的过程中,他几乎抓住了一代人的所有主要类型:讥讽的旁观者、以绝对虚空代替所谓良心的尼采式冒险分子、顽固的社会主义斗士、理想主义英雄,以及有"某些需求"的恶魔般的女性,由于大事业和大灾变的缺失,这类女性往往寄情于如第一章所描述的私通行为。然而,随着一个新人物介入事件,打破了整个逻辑,同时也将作者的注意力转移到自己身上:如果说1922年至1923年间帕斯捷尔纳克与茨维塔耶娃的通信纯粹出于友谊,是相互的应答与唱和,那么在1925年,尤其在1926年,两人之间则开始了真正的鱼雁传情。正如我们所见,这种陶醉未持续太久,但双方不可能没有幻想——假如他们相逢在1912年、1913年或者1916年,情况又该如何?这些幻想构成了《斯佩克托尔斯基》第六章的新版,主要角色变成了玛丽娅·伊利英娜——也是"像他一样,外表显露着讥嘲"。

4

帕斯捷尔纳克本人,据他的长子证实,称诗人玛丽娅·伊利英娜的原型是两位女性——玛丽娜·茨维塔耶娃和薇拉·伊利英娜。事实上,薇拉·伊利英娜留给《斯佩克托尔斯基》这位女主角的只有姓氏。伊利英娜和帕斯捷尔纳克属于同一个圈子,准确地说,是"文学界":这个作家群体时常推出自己的丛刊,《斯佩克托尔斯基》最初的片段就发表于这类刊物,在这里发表作品的还有爱伦堡、卡维林、左琴科、费定和布丹采夫等人。伊利英娜给帕斯捷尔纳克留下了深刻的印象,当然不是作为诗人,而是作为女人。她于1894年出生在彼得堡,二十三岁时出版了诗集《天国继子》——纯属模仿之作,颇具"帕斯捷尔纳克倾向",不乏精彩的语句。总之,伊利英娜的诗能让人更好地理解,帕斯捷尔纳克如何影响着同时代人,以及他在他们的衬托下是何等杰出。在他那里是驾轻就熟的东西,对他们则像是不可承受的重负,超出了气质和能力的范围。他的诸如"打谷子"之类的天然的方言,无需楔入诗的机体,而是兀立在表面,犹如圆白面包上的蟑螂。伊利英娜有些文字与未来的《斯佩克托尔斯基》也有相像之处,这就出现了谁影响了谁的问题:她在二十年代初期的莫斯科诗篇,与他1928年完成的某些小说片

段可谓遥相呼应:

> 将莫斯科分割成块,送交拍卖。
> 他们在惋惜什么?又在追忆什么?
> 整个命运——超过长度与重量。
> 整个希望的喜悦在破衣裙中掩藏。

(伊利英娜,1921)

> 它污浊的栏板已经被搬走。
> 有位魔法师用夜晚的队列
> 竖起活动的墙体,代替围栏,
> 隔开密林中传来的木质喧响。

(《斯佩克托尔斯基》)

新的女主角是斯佩克托尔斯基的同龄人,像他一样不能容忍激情。在巴利茨家的一次聚会上,她独坐窗台,嘲讽地环视来宾,显然在思考遥远的和她自己的事情。伊利英娜是教授的女儿,茨维塔耶娃也是。当初帕斯捷尔纳克曾向茨维塔耶娃倾诉他的迫切心情,急欲猜解自己的眷恋、疑虑以及她人生经历的点点滴滴,他以同样的笔墨描述伊利英娜与斯佩克托尔斯基之间的情感交集:

> 事情千头万绪,细节的熔岩
> 以正面攻击的方式增长,
> 又像迫近的雷雨,一出生
> 就被赋予坟墓的权利。

他写信向茨维塔耶娃直接道出了自己的权利,而伊利英娜与斯佩克托尔斯基相互接近,一见倾心的情景,同样也是突如其来,同样预示着疾风骤雨。

女主人公的形象明显取自茨维塔耶娃,耐人寻味的是她置身其中的背景:她生活在所有设施均已崩塌的环境,住处周围进行着无休止的修缮,第七章城市风景的画面因为"修缮和节假的间歇"而出现了新的状况,在帕斯捷尔纳克笔下,这通常是大灾变的预兆。耐人寻味的是,大规模的重建——无论世界还是屋舍,总是被帕斯捷尔纳克视为假日:历史运转起来,人类暂时无事可做。因此,在后来的剧作《此世》中,当苏联军队于1941年弃城而退之际,主人公甚至感受到额外的节日喜庆。一切已然发生,何必操心劳碌?

帕斯捷尔纳克以欣悦的笔调描写了修缮和重建。读者会发觉,这与他描写舒适奢华的内饰截然不同。对伊利英娜住所的刻画,堪称《斯佩克托尔斯基》最出色的片段。

> 滤灰池里杵着搅拌杆。
> 粗草席勉强漏过光线。
> 工人离开脚手架去吃午餐,
> 一片空荡,一如平日正午。
> …………
> 那边隆起的是学院后场,
> 散落着木料、石块和汗水,
> 垃圾遍地,仿佛掀起骚乱,
> 海量的工程无休无止。
>
> 马匹杂沓,人声喧哗,衣衫破烂,
> 充满碳酸气的院落热火朝天,
> 用铁锹掘开水池,像吮吸
> 格瓦斯,从砖块下抽出隔板。

斯佩克托尔斯基与伊利英娜的再度相逢,重复着帕斯捷尔纳克第二次见到茨维塔耶娃时的情景(像在小说里一样,初次会面发生在做客时)。一个偶然的机会,帕斯捷尔纳克来到茨维塔耶娃在鲍里索格列勃胡同的家,他听到的话语跟后来小说里如出一辙:

> 哦,是您吗?闭上眼睛,站住别动……
> 怎么啦?吃惊了吗?我这就出来。
> 我夜里没睡。这儿什么都有来历。

茨维塔耶娃简短而友善的腔调,即刻被帕斯捷尔纳克领悟,而熟悉她《索涅奇卡的故事》和《我的职责》的读者,也能立即听出这腔调。另外,伊利英娜还说她打算离开俄国:"我的出国护照/早已召唤我离开这些厅堂。"

斯佩克托尔斯基与伊利英娜的关系随着每次会面而愈加复杂,尽管"工地的线条越来越简单",他们之间"混乱却是丝毫未变"。

帕斯捷尔纳克准确地指出混乱的根由,这使得他复杂的抒情分解成谚语般的语句:

> 两人都向往着神奇的幻境,
> 心扉一敞开,即是陌路人。

> 如今,他们之间裂开了鸿沟,
> 他们目标一致,却各行其是。

这就是问题之所在:他们彼此相像,有许多共同爱好和情趣,在关键的创造方面,却终将各自离散,因为两人不可能一同奔向神奇的幻境。他们一旦敞开心扉,就会相互排斥,无论在字面意义,还是在转义上。由此即可轻而易举地得出一条基本规律,诗人在其作用下注定难以共存——根据这条规律,一场始于激情邂逅的恋情,注定终结于 1913 年的夏日。帕斯捷尔纳克秉持俄罗斯诗体小说的优秀传统,引用了伊利英娜的诗句:"诗歌得之于偶然,我照原样拥有它们。"她的抒情风格迥异于茨维塔耶娃,断言却和茨维塔耶娃一样冷酷:"生活有许多宠儿。/我们似乎不在其中。"在第七章里,两人就已分道扬镳,斯佩克托尔斯基则陷入了更深的孤独:"结局比预想来得更突然,更快。"情节的收束同样秉持浪漫主义的传统——意外的消息、凌乱的头绪、阴差阳错:斯佩克托尔斯基得知母亲生病,未及告知伊利英娜,便匆匆赶往彼得堡。她因许久不见他人影而惴惴不安,又不知他的住址,情急之下去阅览室找他,"谢尔盖·斯佩克托尔斯基大概是失踪了。/说他去了阅览室,便杳无踪迹"。最后,她未能等到他回来,独自离去了。(这一情节神秘地预言了帕斯捷尔纳克 1935 年在巴黎与茨维塔耶娃的分手:他出门买烟,从此一去不返)两星期过后,斯佩克托尔斯基从彼得堡返回莫斯科。他确信母亲身体没有大碍,并且认为自己很快就回来,用不着写信给玛丽娅。然而,当他来到她的住处,眼前却"到处是尘土/拆毁的墙壁和丢下的活计"! 又一条脉络未能展开,就中断了,但斯佩克托尔斯基的形象在另一面镜子里呈现出来:一如事实所证明,无论诚挚的"明亮个体"、同龄的冒险家、渴望斗争和历险的亡命的美人,还是同龄女诗人,都与主人公形同陌路。起初近乎节日般的孤独，越发难以排解。他发觉世界少了他也照样运转！在小说结尾的第八章和第九章，这种感觉将占据上风，而《斯佩克托尔斯基》也将在悲剧旋律中结束：惯于讥嘲的年轻文人，沉醉于自己与世界的疏离，在叙事接近尾声时，被疏离状态碾得粉碎。怀着这样的感受，帕斯捷尔纳克走到了1930年。他当时真以为，他个人的文学命运也要结束了。

5

伊利英娜意外离去之后，谢尔盖·斯佩克托尔斯基又经历了什么——这是《中篇故事》记述的内容，主要事件发生在1914年夏天。

对于构想中的小说而言，这篇作品厘清了许多东西，并非在情节上，而是在结构上。从布局来看，《日瓦戈医生》要复杂得多，其结构呈同心圆状，人物更多，尤里·日瓦戈的镜中形象也多种多样。在《斯佩克托尔斯基》中，一切都建立在二元对立之上，所以人物形象是二维的，扁平的，主要特征呈单一化。按照事件基本脉络的数量，构建情节的对立关系有三种：其一，反思者和行动者（大列莫赫和小列莫赫，谢尔盖和姐姐娜塔莎）；其二，诗人和冒险分子、虚伪之徒、变化多端之人（斯佩克托尔斯基和巴利茨）；其三，精神之爱和肉体之爱、情欲和共同的创造（布赫捷耶娃和伊利英娜）。最后一个话题统摄《中篇故事》，通过主人公对两个女人的爱而展现，除了与他的亲密关系，这两个女人没有任何共同点。她们是家庭教师安娜·阿里尔德和妓女萨什卡。

1914年夏天，谢尔盖·奥西波维奇（在《中篇小说三章》中，父称是根纳季耶维奇）·斯佩克托尔斯基大学毕业，来到生产呢绒的厂主弗雷斯特利恩家做家庭教师。他内心充满喜悦，1913年里折磨他的世界末日的预感荡然无存（同时，战争已迫在眉睫——偶遇的后备军士官生小列莫赫充当了战争的信使）。弗雷斯特利恩付给这位年轻教师的薪水不低。在雇主家，他遇到了安娜·阿里尔德·托尔恩斯科利德，年长他六岁的丹麦女人。这是一个颇有戏剧经历的女人，前一年刚失去丈夫，年仅三十二岁的神父；关键是，她饱受屈辱，对俄国人怀有嫌恶和鄙夷，在她看来，心理病态与心灵的晦暗是他们独有的天性。她厌倦了自己在弗雷斯特利恩家不得不扮演的角色("我被聘用为女伴,而非勤杂工")。此外,她确信工厂主一家是犹太人,只是极力掩盖了事实(谢尔盖害怕向这位新的女友承认,他本人也有一半的犹太血统,因为父亲是犹太人)。一番突然而热烈的道白之后,她提醒他说自己是"一个北方女人,虔诚的信徒,容不得胡来"。这一切,正如我们所理解,足以让斯佩克托尔斯基产生由衷的爱。

他一向怜爱被损害的女性,倘若现实的损害还不够,就为她们添枝加叶地臆造出来。出于这种特殊的情爱,他喜欢上了她。这让人不禁想到,尤里·日瓦戈爱上托尼娅时,也觉得她既瘦又弱,尽管她是一个"非常健康的女孩"。阿里尔德太太的主要特征是轻盈和单薄:纤细的栗色头发最引人注目。一想到与她在黑暗中的独处,斯佩克托尔斯基就感到恐惧——他们在索科利尼基公园游玩时,进去没多久,就急忙从里面冲出来,只为了趁天黑前赶回城里。正是与阿里尔德的相识,让已非男孩的主人公平生初次认真考虑金钱问题。他急于获得钱财:"他会把钱财交给阿里尔德,并请她继续分配,把一切都分给女人。"令人惊异的幼稚病(在孩提时代,有谁不曾梦想过为人类受损害的另一半造福,甚至不惜付出个人的生命?)与他痴狂的创造性的幻想相结合,堪称帕斯捷尔纳克再形象不过的自画像。

斯佩克托尔斯基的这种双重人格——强大的想象力和天真的性格,乃至日常生活中的软弱——正是贯穿文本的二元性之延续。他喜欢安娜·阿里尔德和风尘女子萨什卡这两种不同类型的女人,每天早晨,他都从后者那里回到弗雷斯特利恩家。女主人知道他不会撒谎,也就从不过问他在何处游荡,以免发生尴尬。尽管帕斯捷尔纳克的词汇取之不尽,但加在萨什卡身上的笔墨还是出人意料:

> 无论她做什么,总是在移动中进行,像一股波浪,保持着奔流,没有衰退和增长。几乎一直在唠叨着什么。她猛地抻开富有弹性的双臂,脱掉衣服,直到拂晓时分,还说个没完,同时把肚子抵在桌边,滚动着几只空酒瓶,一口气喝干了她和谢廖沙剩下的瓶底儿。几乎还是以同样的架势,同等的畅快,她罩上一件长衫,背对谢廖沙,扭着脑袋答话,没羞没臊地往那个放他们进屋的老太太拿来的洋铁盆里撒尿。……人类的整个天性都在号叫,发出污言秽语,又像是悬在绞架上,达到四处可见的灾难的高度。这里透散着基督教征兆的浓烈气息,胜过一切浓烈之物。

"喝干瓶底儿""往洋铁盆里撒尿""没羞没臊"——哦,这里的气息似乎难以同基督教征兆相提并论……不过,在箴言集《意外的思想》中,安德烈·西尼亚夫斯基比所有人更准确地阐说了这一问题。按照书中说法,基督教——始终处在为人类而战的前沿,始终居于战斗的前哨,而帕斯捷尔纳克所说"征兆的浓烈气息"也正好应在此意义上解释。相应地,"谢廖沙……对萨什卡的爱,比任何时候对任何人的爱都更强烈"之含义也就完全清楚了:更准确地说,他对众人的爱,以及对具体某个人的爱还从未经受过如此的考验——现实的反差、日常生活的丑陋、萨什卡那位嗜酒同屋的突袭,那只洋铁盆等等,无限地加剧了他的爱。关键在于,对于帕斯捷尔纳克和他的抒情主人公,这样的爱是合乎理想的:斯佩克托尔斯基和后来的日瓦戈一样,只能爱上抹大拉的马利亚①,爱上渴望同情的被侮辱与被损害的荡妇。从低级庸俗的情色角度来看,这完全可以理解——风尘女子对一定类型的男人具有吸引力,这当中蕴含着风流韵事的荣耀、经验和色欲。但在帕斯捷尔纳克和他的主人公那里,显然是不同的情形。他们只可能爱上备受凌辱的女性,这或许是因为,他们将一切胜绩都视为可憎,还因为他们无法容忍随意利用女性,帕斯捷尔纳克的主人公需要的是某种道德补偿。

这一主题后来得到充分扩展——通过《第二次降生》的诗篇,以及形象酷似马利亚的拉拉。帕斯捷尔纳克不惮于将她对尤拉的爱比作马利亚对耶稣的爱,他甚至不顾忌用这种类比为福音书中耶稣与女罪人的故事增添明显的情欲意蕴。但在帕斯捷尔纳克看来,一个与一切人性无关的耶稣才是不可理喻的。披散着头发哀哭的女人,悔过的马利亚,不能不激起他最平常的尘俗之爱。试想尤拉和拉拉,倘若少了肉体吸引,少了这样的幸福,又怎么能相互触碰,将手臂和头发交缠在一起!自青春年少时,帕斯捷尔纳克就把"手臂的交缠、双腿的交缠"与"命运的交缠"等量齐观:基督教、情欲与革命,交集在同一节点上。革命——为女性的屈辱而展开的复仇。基督教——对受辱女性的爱和怜悯。这是帕斯捷尔纳克思想的内核,也是他与勃洛克的主要差异。我们还将加以更详尽地探讨。

---

① 根据《圣经》正典之外的传说,抹大拉的马利亚原是沦落风尘的失足女子。在《圣经·新约》中,耶稣为她驱除了附在身上的"七个鬼"。此后,马利亚以财物侍奉耶稣及其门徒,听他传道,更重要的是她目睹了耶稣被钉上十字架与被埋葬,并最先见证了耶稣的复活。

第十九章　镜中人：勃洛克

> 夜晚，与斯佩克托尔斯基漫步在华沙。
>
> 亚·勃洛克：书札；1909年12月1日。①

1

帕斯捷尔纳克与勃洛克几乎未曾有过私人交往，如果不算1921年5月5日在综合技术博物馆仅有的一次短暂会面。那里在举行勃洛克的纪念会，帕斯捷尔纳克想在当月3日勃洛克首场朗诵时与之结识。他出席了当天的晚会。此前，马雅可夫斯基告诉他，为勃洛克准备的是一场"刁难、批斗和猫的叫春"。他们一道赶往博物馆，希望能制止丑剧。演出开始的时间早于预想，他们赶到时，勃洛克已经离开现场，去了意大利协会。丑剧果真发生了（司徒卢威②试图证明，勃洛克已死——勃洛克本人也不辩驳）。勃洛克情绪低落，没有读多少作品，他觉得，全场观众就像怪异的红军战士，坐在舞台近旁，"帽子上别着那么一颗星"。他读了四首诗就退场了，为回应演出组织者楚科夫斯基和科罕的千呼万唤，才又一次登台，用拉丁语原文朗读了弗拉·菲利波·里皮③自撰的墓志铭。5月5日，帕斯捷尔纳克和马雅可夫斯基又来到综合技术博物馆。这次表演大获成功，勃洛克读了很多，

---

① 1909年12月，诗人勃洛克的父亲、华沙大学教授亚历山大·利沃维奇·勃洛克去世。诗人赶赴华沙参加父亲的葬礼，并在那里停留了十八天，写下了关于此行的书札。勃洛克提到的斯佩克托尔斯基，是他父亲的弟子，一位年轻的法学家。

② 彼得·伯恩加尔多维奇·司徒卢威（1870—1944），俄国社会活动家，哲学家，《路标文集》（1909）作者之一，1918年末流亡法国。1921年，写了评论勃洛克的短文《亚历山大·勃洛克的"十二个"》。

③ 弗拉·菲利波·里皮（1406—1469），佛罗伦萨画家，意大利文艺复兴早期巨匠之一。

并陶醉其中。据楚科夫斯基回忆,马雅可夫斯基"感到乏味,在一旁提示着韵脚",帕斯捷尔纳克则在晚会后走上前来,向勃洛克做自我介绍。勃洛克说自己听说过很多关于他的美誉,等身体康复,可以再次相聚。可他却注定无法康复了。

勃洛克对帕斯捷尔纳克创作产生影响的唯一特征,按照《人与事》的说法,就在于"急骤的行文、游移的视角和敏锐的观察",而形象的塑造从来不是勃洛克的强项:与其说他是一位造型艺术家,不如说是暗示和预言的大师。"像捉迷藏一般,处处是惊惶的神情、一闪即逝的渺小身影、不连贯的片段。"这是帕斯捷尔纳克对勃洛克风格的描述,用于他的彼得堡诗篇、帕斯捷尔纳克喜爱的《可怕的世界》以及《雪面具》的神秘剧,无疑是正确的,但总体上距离勃洛克又是何其遥远!

他们的相似和差异都很显著。革命之于勃洛克,喻示着人性的消除,其中包括爱,精神之爱抑或肉体之爱都不重要。正如《崇高的疾病》是与《十二个》论辩的延续——试图在万籁俱寂之境谛听"冰中的音乐",《中篇故事》和后来的《日瓦戈医生》则继续着勃洛克的革命主题,从事物旧有秩序的毁灭中看到一切事物不完全的和最终的结束,但这只是新的真理的开端,是真正意义的基督精神的盛典。假如《十二个》这部关于红军巡逻队的叙事诗由帕斯捷尔纳克来书写,彼得鲁哈就不可能杀死卡奇卡,他会使她摆脱一个士官生贪婪愚蠢的爱,使她重获新生……总之,死去的将不会是她,而是那位"跟卡奇卡一道泡在小酒馆"的万卡。而十二个之外会增添第十三个——抹大拉的卡奇卡,她将走在所有诚实的人前面,与基督手挽手,披戴着玫瑰编织的白色花环。

2

在《日瓦戈医生》中,帕斯捷尔纳克通过一段广为引用的比较,界定了"两京青年为之痴狂"的勃洛克在主人公心目中的地位:

> 忽然,尤拉意识到,诗人勃洛克,就等于俄国生活各个领域中、北方的城市生活中和新的文学中、现代城市星空下和现代客厅里点燃的枞树周围的圣诞现象。他想,不需要写什么有关勃洛克的文章,只消写下俄国人对魔法师的崇拜,就像荷兰人所写的那样,再加上严寒、狼群和

幽暗的枞树林,就够了。①

同时,正是在圣诞题材的演绎方面,勃洛克和帕斯捷尔纳克显得截然不同。不妨对比帕斯捷尔纳克的圣诞诗篇——首先当然是《魔怪圆舞曲》——和勃洛克一首主要的圣诞诗《金箔天使》。

> 当波尔卡舞曲从远处传来,
> 我仿佛透过钥匙孔看见:
> 灯熄灭了,椅子搬走了,
> 像蜂群扑棱棱地飞向灯芯,
> 假面与乔装的人们忙个不停。
> 这是孔隙后面将枞树点燃。
>
> 胴体、脂粉和茶色的相片,
> 蓝色的、鲜红的、金黄的
> 雄狮和舞者、母狮和漂亮女人,
> 都不及眼前这壮观景象,
> 衣裙飘拂,门扇歌唱,
> 胖小子哭闹,母亲们嬉笑,
> 海枣、书本、游戏、牛轧糖,
> 针叶、蹦跳、奔跑、圆面包。

(《魔怪圆舞曲》,1941)

自《生活,我的姐妹》以来,帕斯捷尔纳克还未有如此和谐的作品。当然,就像任何狂欢,圣诞欢舞中也有白银时代人们所想象的不祥之物(想想阿赫玛托娃《没有主人公的叙事诗》中的乔装者——"从童年起,我就害怕乔装的人")。但那是手工制作和家养的怪物,为的是让孩子们感到更可怕,更有趣。否则将全然是幸福和节日的颂歌。在共同的喜庆之中,圣诞节将所有一切置于平等地位("人与物居于同一水平"),就连疲倦也是幸福、轻松和清爽的。相形之下,《金箔天使》(1909)却发出令人惊异的讽喻之音:

---

① 引自《日瓦戈医生》第三章第10节。

透过一扇紧闭的大门,
金箔天使①从门缝里
凝视五彩斑斓的枞树
和那些玩耍的孩子。

保姆在儿童房将火炉生起,
火苗爆裂,烧得正旺……
天使却在消融。他来自德意志。
他感觉不到温暖和疼痛。

先是翅膀一滴滴地融化,
小脑袋耷拉到身后,
糖塑的一双小腿断了,
落入一摊甜甜的水洼。
…………
创造物的脆弱的梦想,
断裂,融化,熄灭吧,
在种种事件的光焰下,
在人生虚空的喧嚣中。

好吧,毁灭吧!道理何在?

凡此种种,看似完全符合勃洛克创作中的苏维埃概念,说明他弃绝了浪漫的幻想,转而选择沸腾的革命现实。其实弃绝无从说起,恰恰相反:"那颗心,为逝去的旧梦痛哭,/因为它将步入一条新路。"②对勃洛克和帕斯捷尔纳克而言,革命是冬季和夜晚的现象,无疑也是圣诞现象。确实有一些事物在诞生,谁会争辩说,勃洛克甚至还想从革命中发现基督教的开端,听到"燃烧着的耶稣的消息"。不同之处在于,在帕斯捷尔纳克看来,圣诞是幸福的节日,尽管略带不祥和可怕的意味(显然,正在发生的是大事,就像在

---

① 用于圣诞节的装点。内部是糖塑人形,外裹金色的箔层。可用作儿童的玩具,也可食用。
② 引自勃洛克《圆月散发三月的芬芳》(1910)。

任何神秘场合,置身其中是有些吓人)。在勃洛克看来,圣诞不仅是新的真理诞生之日,也是个人生命毁灭之时。作者将自己等同于《金箔天使》的某个形象,毕竟是显而易见的。尽管背景和词汇彼此相像(甚至两个文本里都出现了 щелка—елка① 这样的韵脚),但《金箔天使》和《魔怪圆舞曲》在调性上迥然有别,正如勃洛克和帕斯捷尔纳克对基督教的解读也是大相径庭,即使表面上有许多共同点。据亚历山大·格拉德科夫回忆,勃洛克有一个关于耶稣的剧本梗概,引起了帕斯捷尔纳克的强烈反感(许多俄罗斯作家也有同感,例如布宁)。他称这一构思为"知识分子对神的恣意亵渎"。"他说,哪怕其中有更多的流血和恐怖,哪怕是否定,他也会与之和解……"

在勃洛克涉及耶稣的所有作品中,帕斯捷尔纳克最欣赏的只有一首鲜为人知的早期诗作,即1902年的《关于传说、童话和秘密》:

> 我们饱经沧桑,面目全非,用铁锻造了自己的心……
> 我们在他面前垂下目光,
> 僵立在一条细线上:我们的梦想受困于铁
> 无从领会黄金的动词。

这与帕斯捷尔纳克的基督教可谓异曲同工:

> 我整夜阅读你的遗训,
> 仿佛从昏厥中苏醒。②

但这毕竟是早年的二十二岁的勃洛克,对于晚期的他,黄金的动词听来已像是真正的铁!帕斯捷尔纳克坚决不能接受这一点。

毋庸讳言,勃洛克在本质上并非基督教诗人(这就是为什么圣诞对他喻示着个人的毁灭):他意识到自己属于旧日的、前基督的巨灵的信仰——尼采和瓦格纳的信仰,他的抒情诗和哲学深受后者的观念之影响。他把耶稣的形象带入长诗,随即向安年科夫坦言:"我本人对这个女性的幽灵深恶痛绝。"对他来说,耶稣只有一个位格——燃烧着的耶稣。他欢迎他,但不可能跟从:这是他力量的极限。这位魔法师前来迎接马利亚,并将死在洞窟的入口。

---

① щелка——缝隙,孔隙;елка——枞树。
② 引自帕斯捷尔纳克《黎明》(1947)。

至于帕斯捷尔纳克,成年以后他几乎从未提到瓦格纳[尽管据儿子回忆,他偶尔也听 BBC(英国广播公司)电台播放的瓦格纳],他对尼采的兴趣转化为《斯佩克托尔斯基》中恶棍萨什卡·巴利茨的典型特征,诚然,令他鄙薄的是尼采主义者,而非他们不幸的祖师。他的艺术文本并没有一句话提及尼采本人。无论易卜生、斯特林堡、日耳曼或瓦兰吉亚①的巨人,还是什么超人,都无法引起他的兴趣,除了文化方面的共同点:"非人性的,太过非人性的。"②他只留下一句口头评论,由格拉德科夫于1940年2月10日记录:

> 我喜欢尼采的一个思想。他曾经说:"你的真正的本质并非深藏于你里面,而是无比地高于你。"③这已经接近于基督教了。

在帕斯捷尔纳克看来,尼采接近于基督徒,是未圆满的基督徒,故而无从给人以教益。他认为,推崇诺曼文化与斯堪的纳维亚文化,就像曼德尔施塔姆推崇"纳德松"④和"九十年代":体现着媚俗的取向。1959年9月23日,在写给音乐家彼得·苏夫钦斯基的信中,帕斯捷尔纳克严厉批评了尼采的"敌基督"思想:

> 他怎能不明白,他的超人本来就是源于并汲取了福音的深沉水流,伴随着耶稣仁爱训导的一面,这股水流在基督的教诲中生生不息……

对于一切非道德的、道德之外的和伪道德的,帕斯捷尔纳克都觉得枯燥无趣。

难怪帕斯捷尔纳克不喜欢谈论,并竭力避免谈论自己与勃洛克的根本分歧,因为这意味着把过于严重的罪责加在这位重要先驱身上。他没有向格拉德科夫展开这一话题,1946年他与以赛亚·伯林谈话时,也只是一语带过。

> 勃洛克的天才在他的时代无疑占了上风,但勃洛克的抒情感受对于他依然是陌生的。关于这一点,他不想细说。

---

① 古代俄罗斯对北欧诺曼人的称呼。
② 这句话是对尼采"人性的,太人性的"的反说。
③ 这句话出自尼采的《成为你自己》。
④ 谢苗·雅科夫列维奇·纳德松(1862—1887),俄国诗人,曼德尔施塔姆在其散文作品《时代的喧嚣》中称他为"永恒的少年"。

3

这主要的抒情感受,"秘密的痛苦水流",显然拉近了勃洛克与帕斯捷尔纳克之间的距离。尽管以赛亚·伯林断言,这种感受对于帕斯捷尔纳克"依然是陌生的",但它究竟是什么?

有时候看起来,帕斯捷尔纳克与其说喜欢书写《斯佩克托尔斯基》,不如说喜欢扮演他,想要成为他:这位主人公更自由,更年轻,相比越发严肃的成熟期的作者,他的讥嘲也来得更多。1925 年,就这样写下与情节并无直接关联的片段《斯佩克托尔斯基笔记》,但构思及篇幅仍未确定。总的来说,片段(誊抄给"列夫",被弃置一旁)的基调比小说更欢快,也更自由。其中有些东西来自帕斯捷尔纳克喜爱的"城里的夏天":大家各自出行,可也不必急于去任何地方。主人公租了一套房子,夜晚谱曲或写诗,白天闷头酣睡或者去上课。有一天黎明,突然传来一股浓烈的怪味,主人公还在专心写作,当时没有感觉到,"屋里散发着甜腻的焦糊味"。火势蔓延开,斯佩克托尔斯基这才发觉:

> 哦,我们变得多年轻,当意识到
> 我们在燃烧……(剧情只差结尾)

火灾发生之际,帕斯捷尔纳克的主人公表现出他的天性,近乎快乐地年轻起来,我们也会屡屡想起帕斯捷尔纳克的勇敢和同样的快乐,当他参与扑灭燃烧弹或者费定别墅的火灾时。但"我们变得多年轻……"这句,几乎就是对勃洛克叙事诗《报应》第三章的直接化用,整个一章讲述的是,一场悲剧如何突然间将主人公解救,并赋予他的生活以新的音乐意涵。《报应》的主人公前去华沙参加父亲的葬礼,这正是帕斯捷尔纳克心目中最具勃洛克风格的段落:

> 穿过陌生的广场
> 人们列队跟随灵柩
> 从城市来到旷野……
> 那墓地就叫作:"意志。"
> 是的!我们将听到意志的咏唱,

当掘墓人挥动铁铲
拍打大块的黄土；
当牢狱的大门敞开；
当我们背叛妻子，
妻子——背叛我们；当闻知
对某某权力的批判，我们
会让那些出自深宅的
大臣和法律陷于险境；
当资本的利率
脱离理想的目标；
当……①

勃洛克在此中断了他的罗列，帕斯捷尔纳克则随声应和："当意识到，我们在燃烧。"

帕斯捷尔纳克对《报应》第三章这一片段印象深刻，他在《第二次降生》中向勃洛克的回望即是明证。这是一首悼亡诗，写给海因里希·涅高兹的叔父、钢琴家和指挥家费利克斯·布鲁曼菲尔德。布鲁曼菲尔德死于1931年1月21日，济娜伊达·涅高兹与帕斯捷尔纳克的恋情当时才进入关键阶段。他下葬的日子，就是帕斯捷尔纳克初次在济娜伊达那儿留宿后的第二天。诗歌由此开始："责难未及停息"……令人惊奇的是，他的生命的终结和开端、死和新生命的起始居然如此象征性地交集在一起！正是布鲁曼菲尔德的葬礼，赋予"第二次降生"以特殊悲剧意义和崇高之感。葬礼上，帕斯捷尔纳克没有跟济娜伊达·尼古拉耶夫娜交谈，重要的话语于无声处已然道出。这里不存在任何亵渎：共同的悲悼使两人愈加亲近，况且在帕斯捷尔纳克看来，死向来不仅是一场悲剧，而且是一个谜，是精神得救的庆典。对勃洛克的借用出现在第二部分，即音乐家下葬的场景：

风刮过城关，雪天
像在华沙郊外一样，
把邻国的雪花

---

① 引自勃洛克《报应》(1910—1921)。

洒落在眉毛和皮衣上。

冻僵了的莫斯科人
走在田间,暴风雪的亡灵
已经拿出了钥匙,
将最后的禁地开启。①

"列队跟随棺椁/从城市来到旷野"和"冻僵了的莫斯科人,/走在田间",形成直接的对应。此处提及华沙,不可能有别的理由,善于理解的读者会发现帕斯捷尔纳克对勃洛克的呼应——一如既往,论辩式的呼应,如果说《报应》里父亲葬礼的一幕早于儿子的夭亡,那么帕斯捷尔纳克描写的葬礼则变成死后的盛会,预示着"幸福长久的生活":

但他仍然被爱着。什么
都不会消失。更持久的是
家庭和才华。他还留下
一堆急就的篇章。②

(耐人寻味的是,"家庭"和"才华"被置于同一语境:两者都被视为永生的权利。如果说象征主义者的生命创造力基本可归结为摧毁家庭与日常生活,在帕斯捷尔纳克看来,反倒是稳固的家庭与和谐的生活,包括"急就的篇章",才是艺术家真正的建树。)

情节的对称性也让帕斯捷尔纳克感到吃惊:安葬了父亲之后,《报应》的主人公与自己最后的恋人相会于华沙,《第二次降生》的抒情主人公则在心上人的亲戚下葬时跟她越走越近:

赞美诗迸发,像参孙
冲出封禁他的砌块。
....
它化作歌声飞入豁口,
吟唱着你我的订婚。③

---

①②③　引自帕斯捷尔纳克《责难未及停息》(1931)。

在葬礼上订婚——勃洛克也不可能允许自己这么做,即便帕斯捷尔纳克曾经指责其"知识分子式的渎神"。而帕斯捷尔纳克独特的生死观我们已经谈论过。在小说中,与日瓦戈医生的离别将成为日瓦戈身后的节日和他的验证,后来帕斯捷尔纳克本人的葬礼也变成他的庆典,变成诗人与听众、诗人与大自然,最后当然还有祖国,相互统一的节日……《报应》主人公与一位普通女孩玛丽娅的会面将导致他的死[1],在整个阴沉的基调下,短暂的亮色出现在第三章结尾:"你将为一切祝福。"只不过这是死的前奏。非但如此,《报应》写到这里,还将出现弃绝恶魔精神(демонизм)这一真正意义的基督教母题——"当你懂得,生活远不止于/布朗德头脑中的 quantum satis"[2]。布朗德式的超凡的自我主义被战胜,却只为了让主人公尽快死去,像卖火柴的小女孩,或者像涅克拉索夫《严寒,通红的鼻子》里的达利娅一样被冻死:"感觉之甜蜜——你飞翔着,/飞在严寒那铅灰色的拥抱中"[3]……不用说,《报应》里绝无肯定生命的成分,因为,如果说帕斯捷尔纳克的"大音乐家"还留下了"急就的篇章"、家庭和感恩的记忆,那么勃洛克这部长诗里恶魔般的父亲则只留下一堆废料——"小纸片、破布头、碎木块、面包渣、羽毛笔、装烟卷儿的空盒子"……《报应》这一章刺痛了帕斯捷尔纳克,1931 年,即使在《斯佩克托尔斯基》停笔之后,他还是激烈地反驳了勃洛克!《报应》中的父亲也是一位音乐家,那音乐"始终要把沉重的梦想唤醒",却拯救不了任何人:

> 已经没有情感,没有思想:
> 空洞的眼眸也不再有闪烁,
> 心灵仿佛因为漫长的漂泊,
> 突然间老去了十年……[4]

---

[1] 《报应》是一部未完成的长诗,写到第三章即告结束,这里提到的主人公之死,见于作者未发表的草稿。
[2] 此句引自《报应》,接上一句"你将为一切祝福"。quantum satis,拉丁语:"全有(或者全无)"。布朗德,易卜生同名剧作中的主人公,"全有或者全无"为其人生格言。他的自我主义,常常包含"利他"的一面,又被某些研究者称作"自他主义"。勃洛克《报应》一诗所表达的思想,深受易卜生影响。
[3] 引自勃洛克《报应》第三章草稿。
[4] 引自勃洛克《报应》(1910—1921)。

帕斯捷尔纳克则以"我们每日的不朽"结束了他为音乐家撰写的墓志铭。《第二次降生》时期的他坚持认为,一切不会就此终结!是的,主人公和恋人正在一个新的世界等待幸福,那里什么都不会消失,更持久的是才华和家庭。帕斯捷尔纳克同勃洛克的论辩还从未如此尖锐,如此深入……道德上又如此可疑,无论承认这一点多么令人伤感。

4

早期和成熟期的帕斯捷尔纳克仿佛一直在尽力兑现勃洛克留给艺术家的遗训——活着,就应该让未来的快乐青年这样说起你:"他纯粹是——善与光的产儿!"①此诗并非勃洛克的杰作,帕斯捷尔纳克意在提供某种勃洛克式的镜鉴,但他的声调是高昂的,他要以论辩般的且不无挑衅的方式重新考量勃洛克。利季娅·楚科夫斯卡娅在日记中(1960年6月12日)也记录了这一点,当时她正以个人名义为帕斯捷尔纳克书写未打算发表的悼词:"他喜爱并且也愿意重复勃洛克,声音却总是高亢激昂。"喜爱吗?——是的。愿意重复吗?——是的,却是以另一种方式,如果愿意,那就以论辩的方式。

以帕斯捷尔纳克的《在早班火车上》为例。这首诗不像是别的,而正是勃洛克《在铁路上》(1910)的苏联现代翻版,就连标题也完全是有意识的对应。置身于勃洛克笔下人物在那儿"又哭又唱"的"绿色车厢"②(如今乘坐蓝色与黄色车厢的,显然是领袖和军人),帕斯捷尔纳克的抒情主人公自感十分惬意。"三只飞转的明亮眼睛"③已不再令人恐惧。这是友善的强力,狡黠地微笑着:

> 突然,光的狡黠的皱纹
> 聚集成一团触须。
> 照明灯拖着庞然大物
> 冲向通体明亮的天桥。④

---

① 引自勃洛克《哦,我渴望疯狂的人生……》(1914)。
② 在沙俄时代,绿色车厢是三等车厢,蓝色与黄色分别是一等和二等。
③ 引自勃洛克《在铁路上》(1910)。
④ 引自帕斯捷尔纳克《在早班火车上》(1941)。

当主人公目睹这传统的俄罗斯景致("站台、发蔫的灌木花园/她和她身旁的宪兵"①),非但不觉得无限惆怅,反倒被清晨的朝气所感染。无论勃洛克还是帕斯捷尔纳克,都能从铁路辨别出"俄罗斯独一无二的特征",都把描写铁路的诗篇列入爱国主义系列,但火车却将勃洛克的女主人公抛下铁道("在路堤旁,在未收割完的垄沟中,/她躺着,看着,像活着一样"②)。帕斯捷尔纳克的主人公在这班火车上却如鱼得水,为他个人的平民主义而自豪:

> 我强忍住爱慕,
> 一边祝福,一边观察。
> 那儿是村妇,是小镇居民,
> 是学生,是钳工……穷困未能在他们身上
> 烙下奴仆的一丝印痕。
> 他们像主人一样,
> 承受着困苦与艰辛。③

多么令人惊奇,但在写就这些诗行的1941年,他自己也对此深信不疑!他的大众化激情也确实值得赞赏……只要忘记勃洛克的哀叹:"道路的愁伤,铁的呼啸,/撕扯着人心……"④可也就是在此处,你会感觉到恐惧,当你始终爱着帕斯捷尔纳克,爱这个人和诗人,爱他平常的仁爱和生活的热情——相对于勃洛克的忧郁;爱他知识分子的适应能力和忍耐的谦卑之心——相对于勃洛克的绝望。

不过,决定性的差别还在于,勃洛克是贵族,帕斯捷尔纳克则是犹太知识分子,由此也决定了帕斯捷尔纳克某种平常人的立场。至于说勃洛克,尤其重要的一点是,他并不把自己归于知识分子。在《人道主义的覆灭》这份报告中,勃洛克以近乎喜悦的腔调谈到知识分子理想的破灭,从中不难发现其历史观的主要特点:从道德视角来看,这是一种矛盾的态度。勃洛克认为,世间万物,无所谓好也无所谓坏,只要承认旧者之为旧,新者之为新。在他的立场和诗歌中,有着素来为知识分子所欠缺的高尚的激进主义。对勃洛克而言,存在着审美的慰藉,亦即过往遭遇之壮丽:"革命的喧声,永远陈说伟大的事物。"在此情形下,知识分子该如何行事?勃洛克发出了绝望而徒劳的召唤:

---

① ② ④ 引自勃洛克《在铁路上》(1910)。
③ 引自帕斯捷尔纳克《在早班火车上》(1941)。

"以整个身体、整个心灵和整个意识——听从于革命!"有别于百年来为其历史命运惶恐不安的贵族,知识分子基本上不属于上流阶层。勃洛克痛恨资产阶级,他向资本家叫嚷道:"离开我,撒旦!"——而知识分子已经无保留地完成了资产阶级化,所以勃洛克对知识分子躲在角落里的乱弹琴才会感到厌恶。勃洛克呼吁领略毁灭之壮阔,知识分子却为保全性命不遗余力,不愿抛下享受、舒适和廉价的暖意。此处所指当然不是整个知识阶层,而是"识文断字的大多数",是"庸人",他们在九十年代关心的是两性问题,新世纪初年——是政治,到了1918年——则是劈柴。因而勃洛克的绝望确乎蕴含着毁灭(只不过是自然力造成的毁灭,在伟大的时刻,由于伟大的原因),蕴含着真正的高尚情怀:"我相信,上帝用雪将我掩埋,/一场风暴却保全了我!"①相比之下,帕斯捷尔纳克始终与知识分子血脉相联,他是"典型的代表",不会背叛这一"可亲的"阶层,不无自豪地敞露其迷惘和过失。他善于折中,偶尔甚至略显俗气。与之对应的是勃洛克的媚俗、他所有的破绽、晦涩的文辞以及几十首着实糟糕的诗(帕斯捷尔纳克的平均水平比他高)。

直至四十年代初,勃洛克都是帕斯捷尔纳克亟待克服的问题。在整个旅程中,他都觉得自己是勃洛克的继承者和接班人,却从未直接承认这一点。然而,他不可能不明白,他们相互之间的关系,有如九十年代与二十年代、贵族阶层与平民思想者、教授之子与第二代知识分子之间的关系。帕斯捷尔纳克与勃洛克的内在冲突,未必有意识,却很折磨人——这也是知识分子与贵族的对立。知识分子注定处于弱势。

5

《报应》对于《斯佩克托尔斯基》乃至后来《日瓦戈医生》的直接影响,未能得到透彻研究(但这里潜藏着帕斯捷尔纳克整个散文的源头),这至少是因为《日瓦戈医生》几乎直接重复了《报应》的主题,但强调的却是其中另一些片段。勃洛克及其主人公始终对父子关系更感兴趣;在帕斯捷尔纳克的小说中,父亲的在场不露痕迹,尽管他也扮演着恶魔的角色,就像《报应》中一样。(后来,这位异乎寻常的父亲在纳博科夫那里又化身为《阿达》中

---

① 引自勃洛克《诗人们》(1908年7月24日)。

的恶魔形象,似乎要向勃洛克和帕斯捷尔纳克展示,应该如何书写一个家庭在新时代压力下崩溃的史诗!)有意思的是,帕斯捷尔纳克曾写过《带有前言的二十个诗节》(1925),作者称之为"小说《斯佩克托尔斯基》的萌芽",主人公正是斯佩克托尔斯基的父亲,一位有些古怪的教授,生活在阿尔巴特区。我们已经知道,在帕斯捷尔纳克看来,作为教授子弟组成的了不起的秘密会社的一员,意义非同一般:勃洛克——性情怪异、不到四十岁就精神失常的华沙大学教授之子;别雷——孤僻的、精神有些失常的数学家的儿子;茨维塔耶娃——创立了造型艺术博物馆的孤独敏感的教授的女儿……按照构思,斯佩克托尔斯基也属于这荣耀的阶层:"比寒鸦和树木更老的教授,/烟灰缸被他用烟卷儿戳破。"①在这里,教授被设定为医生,而在小说初稿中(当时斯佩克托尔斯基的姓名还是谢尔盖·根纳季耶维奇),他从事着情况不明的语言学研究,头脑几近疯狂:

> 斯佩克托尔斯基有位令人吃惊的父亲。他是某个董事会的成员。事业早就丢到了一边。终日周旋于文学家和教授们的世界。行为古怪。[……]任何一个新人都会下意识地对他做一番猜想。倘若在这些怪异行状之外,他还会跳到窗台或者别的什么上面,那就表明,他真是个疯子。眼下还不清楚他在搞什么名堂。

后来,疯狂的教授父亲的话题从小说中彻底消失了,但帕斯捷尔纳克最初的构思,确实重复了《报应》的概要。

勃洛克的这部长诗,按照其本人的说法,"充满革命的预感",更准确地说,分明是启示录式的预感。在第三章第一版前言(1919)中,勃洛克描绘了1911年即整部作品构思形成时的险恶局势,他提到一个重要的时刻——"莫斯科的报纸上出现了一篇预言性的文章:《大战临近》。"他说的文章刊登在1911年9月25日的《俄罗斯晨报》上。年轻的帕斯捷尔纳克当年也可能注意到此文。是呀,他怎么可能没注意到呢——非常有意思的署名:亚历山大·梅尔特瓦戈②。

---

① 引自帕斯捷尔纳克《带有前言的二十个诗节》(1925)。
② 亚历山大·彼得罗维奇·梅尔特瓦戈(1856—1904),俄国经济学家,政论家,对俄国农业问题有专门研究。根据时间判断,这里提到的文章,显然系假托梅尔特瓦戈之名,故作者称"非常有意思的署名"。

按照构思,《报应》的主人公应叫作德米特里("人们想要这样称呼我"),他和谢尔盖·斯佩克托尔斯基以及尤里·日瓦戈,都有父系的近亲:德米特里和谢尔盖有一个姐姐,尤里有一个弟弟,姐姐和弟弟分别充当着遥远而神秘的保护者。德米特里、谢尔盖和尤里,同为铁路上的长途旅行者,三个人的旅行同样具有象征意义,但更具象征性的是,他们的去向各不相同:德米特里——向西去往华沙,谢尔盖和尤里——向东去往乌拉尔。《报应》中的德米特里(不过,在最终的文本中,主人公始终没有姓名)安葬了父亲之后,在夜晚的华沙遇到一位"普通的女孩":

"你叫什么名字?"——"玛丽娅。"
"你从哪里来?"——"喀尔巴阡山。"

她微笑着向他敞开
自己的拥抱,
曾经的一切,渐渐消退
并消失(在忘川)。①

他死在了她的胸口。"所有朦胧的冲动,/未能应验的念头,/(永远)无从实现的功名之心,/都融化在这个女人的胸口。"(《报应》结局草稿)

《中篇故事》里的萨什卡——一位同样"普通",甚至太过普通的女孩之堕落,同样发生在她称之为"波兰王国"的波兰。一名"兴许一切起因都来自他"的"善良士官"勾引了她。勃洛克笔下"一位普通女孩出现在他面前"的一幕,就这样得到回应,可斯佩克托尔斯基根本不打算死在她胸口。他反倒急于向她施以援手!诚然,在《斯佩克托尔斯基》结尾,他也未能躲开报应——让他遭报应的恰恰就是他昔日的恋人。跟革命调情可不是闹着玩的。

《日瓦戈医生》的创作也是始自对勃洛克的思考,始自向他的回归。按照起初的构思,小说的标题是《少男少女》(显然是对勃洛克的援引——"少男和少女们/手持蜡烛和柳枝/一道回家。"②在《日瓦戈医生》中,帕斯捷尔纳克与生俱来的生活乐趣已然所剩无几,而在小说结尾,再次明显借用了勃

---

① 引自勃洛克《报应》(草稿)。
② 引自勃洛克《柳枝》(1906)。

洛克的叙事诗构想，只是他走得更远，创造了二十世纪俄国文学最具悲剧性的形象。勃洛克曾打算用后来改写为诗作《鹰》的一个片段结束《报应》：主人公之子成长在喀尔巴阡山区一个普通农妇家里，对于和她在1911年冬天共度了唯一一个华沙之夜并在当夜死去的青年，孩子的父亲，她一无所知。这个孩子自然也无从知晓，是谁在死前播下生命的种子，他却准备接受无可挽回的牺牲的命运："成长吧，顺服吧，拿起十字架吧"……（"为了你，我的自由，我愿登上黑色的断头台。"他按照作者的原意如是说。）如此一来，勃洛克本人定义的由几个紧凑环链构成的长诗，便顺理成章地——也几乎超越了作者的意志——从永恒的父与子的贵族冲突转移到一片粗野而又平凡的新土地，并以此而告终。一个不知父亲是谁的农家子弟，注定在历史新的螺旋中重复父亲的抗争和遭遇。在勃洛克的长诗中，这一幕最终未能上演。不过，在《日瓦戈医生》尾声，出现了管被服的姑娘丹卡·别佐切列捷娃，尤拉和拉拉的女儿。对父亲和母亲，她同样一无所知。这个在新的历史螺旋中经受着农业集体化的恐怖，在新的极度严酷的层面上重复着父母悲惨命运的农家女孩，显然出自《报应》。而她本身其实也是报应，就易卜生的"青春是一场报应"[1]而言。二十世纪，这一意义变成更可怕的现实，远远超出易卜生本人所料想。勃洛克曾经希望其主人公之子能"攫住历史的车轮"（《报应》前言）；帕斯捷尔纳克则已经知道，他的主人公的女儿将跌倒在这车轮之下。

正如所见，试图解读帕斯捷尔纳克和勃洛克观念中的革命，已经离题太远，但不要忘记，帕斯捷尔纳克是勃洛克认真的读者。在思考个人的叙事诗之际，他研究了勃洛克的生平和主要的长诗。而勃洛克那位恶魔般的父亲的真实履历和成长，则首次在《亚历山大·利沃维奇·勃洛克，国家法学家与哲学家》（华沙，1911）中被记述，此书的作者便是老勃洛克的忘年交和弟子，法学家叶甫盖尼·斯佩克托尔斯基。

说到斯佩克托尔斯基姓氏的由来，研究者指出，它是"帕斯捷尔纳克"这一姓氏的特殊换位[2]（更痴迷此类游戏的是帕斯捷尔纳克永远的对跖者

---

[1] 出自易卜生的剧作《建筑师》（1892）。这也是勃洛克《报应》的题记。
[2] 字母换位是一种语言游戏。其规则是：变换词或句中字母的位置，构成另一个词或句子。пастернак（帕斯捷尔纳克）变换字母位置之后，近似于спектр（斯佩克托，即"斯佩克托尔斯基"这一姓氏的词干）。

维维安·达尔科布洛姆①);研究者还提到"光谱"②,小说主人公独特的个性仿佛呈现为光点,散布于此(他本人是复杂的,他的映象是简单的,这些汇集起来,构成他整个人格的光谱)。最后,小说引言中的自白也经常被引用:

>　　我不会为主人公付出什么,
>　　　　对他的评判也不会马上开始,
>　　但我写的是光的集束,
>　　　　他就在里面向我闪烁。③

　　光的集束,即是光谱。"莫斯科街灯歪斜的灯罩,/怀着落入焦点的雨滴的愁绪。"④但还有一个从未探讨过的问题:"斯佩克托尔斯基"这个姓氏对二十年代的读者究竟意味着什么——这是一位著名法学家,发展了老勃洛克关于人文科学高于自然科学的思想。斯佩克托尔斯基并非常见的姓氏,反而容易让人忽略这个巧合,而一般情况下,帕斯捷尔纳克作品里别具寓意的姓氏是随处可见的。

　　然而,如果说《报应》的主人公自视为家族最后的代表(勃洛克曾将其长诗与左拉的《卢贡-马尔卡家族》相提并论,也就是说,他从长诗中看到了一部关于堕落的编年史),那么帕斯捷尔纳克所倾力创造的主人公,则终将成为联结两个世界的纽带。这也是其创造者面临的使命。

---

①　即弗拉基米尔·纳博科夫。调整字母位置,由 Владимир Набоков(弗拉基米尔·纳博科夫)即可得到 Вивиан Даркблоом(维维安·达尔科布洛姆)。
②　俄语拼写为 спектр,读作"斯佩克托",可见"斯佩克托尔斯基"这个姓氏之寓意。
③④　引自《斯佩克托尔斯基》(1925—1930)。

第二十章 《斯佩克托尔斯基》 《中篇故事》 结局

1

现在让我们回来,看看谢廖沙·斯佩克托尔斯基是如何将勃洛克一生盘桓于此的两种激情幸福地糅合在一起。白天他崇拜地望着阿里尔德,夜晚则是在萨什卡那儿度过。

他必须弄到钱。起初只要一点儿——为萨什卡,好让她结束皮肉生涯(至于她本人是否同意,主人公却未加考虑),然后是一大笔——为阿里尔德。然后是许许多多——为所有人。拉斯科尔尼科夫[①]式的幻想开始了,但放高利贷女人终究不如渐老的萨什卡——斯佩克托尔斯基自忖。也就是说,应当采取别的手段。主人公终日沉溺于这些病态的念头,以柏拉图的方式爱着阿里尔德,也以近乎柏拉图的方式——爱着萨什卡(有意思的是,人们管她叫女巴利茨。卖淫的话题兴许在这个假面男人身上投下了奇异的光影)。

斯佩克托尔斯基并不期望社会变革。他的所有梦想暂时局限于让女人"不是脱下衣服,而是穿上"。"关键在于,不是让她们挣钱,而是把钱发给她们。"离奇的梦想,就好比要把风尘女子改造成会计师。斯佩克托尔斯基绝非斗士,对他来说,革命主题与爱情主题尚未纠结在一起,像小说中稍晚发生的那样。他想要的甚至不是报复,而只是某个未知的恩主有朝一日带给女人们的自由。因为这些梦想,主人公简直要疯了,但这是被双重之爱照彻的疯狂。

一个星期六,弗雷斯特利恩女士离开家,去往克里亚兹玛,"他自个儿

[①] 陀思妥耶夫斯基长篇小说《罪与罚》中的大学生,因生计所迫,杀死了放高利贷的女房东。

也出了门"！怀着异样的预感,谢廖沙去找安娜·阿里尔德。他觉得,她好像已经死了,从一大早,她就再也没有从房间里露面,加之病了很久。果然,当他走进时,她正处于深度昏迷。氯化铵使她恢复了知觉,谢廖沙因恐惧、幸福和压力的释放而啜泣。阿里尔德抚摩着他的头发。

"安娜,"他说道,他也压根儿没料到自己会这样,"我请求您伸出手来。我知道,话不是这么说,可我又该怎样说出口？做我的妻子吧。"

安娜激动地跳将起来,向谢廖沙承认,他对她来说早已不是无关紧要之人("您,当然,已经猜到了。不是吗？"),但又补充说,她一直在观察他,并且有些怕他。

> 在你身上,任何比人渺小的事物都无法长期频繁地停留。……但还有一些东西大于我们。

正是这些东西让安娜对斯佩克托尔斯基心生畏惧。他默不作答,担心自己会放声大哭,于是她像母亲似的安慰他,以更明确和更坚定的同意作为回应：

> 我可以等下去,要多久就等多久。但首先您得理出个头绪,我不知道这算什么,这对我也是多余,或许您自个儿最清楚。

谢廖沙回到住处,整个故事到这儿,他忽然第一次想起了玛丽娅·伊利英娜,是她去年夏天莫名其妙地中断了他们的恋情。

> 嗯,还有玛丽娅。就算是吧。玛丽娅谁都不需要。玛丽娅不是个女人。[……]空荡荡的学院建筑、嘈杂的脚步声、尚未遗忘的去年夏天的往事、玛丽娅没有搬走的大包小包,带着令人厌恶的愁闷,从他面前一掠而过。他因为这些冰冷的形象而痛苦,就像因为空寂的心灵掀起飓风,因为空洞的说教连绵不绝而痛苦一样[……]。胡扯来胡扯去,蓦地冒出另一个,而她连影子都再也找不着。

正如所见,主人公更愿意采取对她和对自己都更为荒谬的方式,猜解玛丽娅的意外离去——"冒出另一个",尽管小说对"另一个"只字未提。关键在于,想起那些沉甸甸的篮子和箱包,以及他与伊利英娜同样沉重和华而不实的交谈,他不禁感到些许嫌恶和羞耻。

想到这里,主人公暗自怀疑,那"另一个"有可能是巴利茨,是他"将她拐到了国外"。"突然,他觉得确信无疑——他猜到了。他的心一下收紧了。"此时,主人公终于抛开了伊利英娜以及对她的美好回忆,尽管从她形象的逻辑,根本不可能推导出她与巴利茨之间的亲密关系,况且巴利茨似乎爱的是另一种类型的女人……但无论作者还是主人公,均未困惑于这种牵强附会。他们——在报复:尤其是因为,玛丽娅"不是女人",故而无法对她施以怜悯。这正是小说玄机之所在,由此可见女性特质(而非"空寂的心灵")的倾向,生命和肉体(而非"幻象")的倾向。这种倾向成为小说最后几章的核心,随后的一切,只是它的进一步发展。

斯佩克托尔斯基独自待在房间,开始撰写一部戏剧(诗体或散文体)的提纲,并准备寄给出版商科瓦连柯,赚取家庭生活初期所需的费用。戏剧的主人公打算卖身为奴,卖给谁都无所谓,只要能得到一笔钱。这些钱他必须独自掌握,作为交换,他承诺哪怕自杀也在所不辞。主人公被标新立异地叫作伊格列克三世(因为总得叫个什么,斯佩克托尔斯基天真地解释道)。在这场匪夷所思的拍卖会上("不乏王尔德意味"①,尽管一切"完全是正儿八经的"),伊格列克表示愿意向聚集的人群朗读其诗作,并演奏一首即兴曲,以使潜在的买主见识商品的真容。这时下起雨来——在戏剧中,也在小说的现实中。阿里尔德来找斯佩克托尔斯基,按照约定,要和他一起散步,但她却看见他背对她坐着,疯狂地埋头于写作。她忽然觉得,他的面孔在向她展现着某种隐秘的羞耻,而这正是她害怕的。"安娜[……]看清了他的困厄,也看清了她终生无可挽回的错。"也就是说,他的写作注定要失败,而她不能把自己的一生与这个狂热之人绑在一起。整个这一幕极具表现力,转述时却显得格外牵强:安娜带着收紧的雨伞,向主人公的房间扫视了一眼。主人公没注意到她,也没注意到窗外的大雨以及她的决断:"拒绝他该不会太费事。"安娜去找一位相熟的英国女人,打算在她那儿借宿一晚,谢廖沙还在一个劲儿地写着他的剧作草稿:伊格列克又是演奏,又是朗诵,让周围的人很开心。这之后,他谦恭地宣布,他们爱上他还不够,他还需要筹集一笔资金。接着是一句精彩的表达,就像帕斯捷尔纳克所有的自道,可谓恰到好处:

在一个人身在其中的巨额票面上,对他的添头无从谈起。他需要

---

① 此处或许是暗示王尔德的格言:"活得快乐,就是最好的报复。"

兑换自己，而他们在此方面也应对他有所帮助。

出现了一位善人，一个恪守规则的人。伊格列克立刻成为他的私产，暗地里则把百万钱财提供给革命。伊格列克在这位善人的宅邸住到第四天，善人来找他，表示占有一个人是难堪的事情，何况还是这么好的人，所以还是请他另谋高就。伊格列克自己也觉得很尴尬，忽然，他们收到通报，说一些骚乱活动在伊格列克资助下组织起来……就在这极其微妙的时刻，谢廖沙的创作被弗雷斯特利恩夫妇的到来打断了。工厂主太太对"贴身侍女"的缺席感到很恼火，谢廖沙这才发觉已经是晚上了，安娜不见了。从女主人的话里他得知，安娜每个星期天都去英国圣公会教堂做日祷。黎明时分，他就去了教堂，看见了安娜在对面房间里的侧影。她也没睡，一直在等他。

和解之后（尽管没有什么好和解的），安娜被斯佩克托尔斯基送到新的住处——世袭军人斯科别列夫家，然后满怀幸福的期待，随同弗雷斯特利恩一家去往他们在图拉的庄园。安娜动身前，他们有过一次倾谈，她向他讲述了自己的苏格兰血统，隐约提到了玛丽·斯图亚特的名字。当然，这对于绝对的爱已经足够了。在列车走廊里，谢廖沙陷入遐思。只有作者知道他们的厄运：

> 就这样，人们在剩下的最后一个夏天里来回奔忙，从表面看，生活仍然垂青于个别人，在这个世界上，爱毕竟比恨更容易，也更符合本性。

这就结束了《中篇故事》的叙事部分，由此架起一座桥梁，直接通向《斯佩克托尔斯基》最后的诗章（第八、第九章）。安娜·阿里尔德在小说中再也未被提及，跟"个别人"相关的一切，永远结束了。

> 以铜质弹丸般沉重的困惑
> 让呼吸紧促，向读者发问：
> 活在那幅画的笼罩下，难道
> 他还相信个别人物的经历？[1]

个别人物——昔日幸福的大学生谢廖沙·斯佩克托尔斯基的遭遇，在过去五年里变得越发离奇。我们还记得，他于1916年曾去乌索里耶看望过

---

[1] 本章所引用诗节及诗句均出自帕斯捷尔纳克《斯佩克托尔斯基》（1925—1930）。

姐姐,偶尔与大列莫赫见面。从《中篇小说三章》来看,他还去过前线,革命期间做过什么则不清楚。

> 岁月流逝。散去了往事的烟雨。
> 散去了,只在朱比特的额上投下阴影。
> 倘若趁喝茶工夫把结局拼接——
> 它们兴许有百种。但时间仅仅过去六年。

接着是对战后以及革命后莫斯科的插叙,半数当地居民像草一样被刈除:

> 炮弹也曾在这里纷飞,洞穿远方,
> 祖国的空气因此被憎恨,
> 国土的一半是干部人员,
> 无条件地牺牲是他们的制度。

读到这里,有时不禁想用"无道理地"来替换"无条件地"。斯佩克托尔斯基显然并非干部人员(即肩负责任之人)。他不想无条件地牺牲,因为他自认为身上潜藏着博大的内涵,至今尚未实现。在小说写作过程中,对于"干部人员",帕斯捷尔纳克及其主人公仍有可能产生愧疚和崇敬之感。在第八章前半部分,帕斯捷尔纳克再次描绘了《空中道路》中谈到的"第三国际的天空",并努力让革命保持天然的诗的本色,而不是"干部"的本色。

> 它在成长,像玻璃的哨兵
> 目光未离开注定的败亡者,
> 凭借灵感,而非凭借章程,
> 阶级务必战胜单一的个人。

正如我们所见,帕斯捷尔纳克尚能容忍一个阶级"凭借灵感",亦即历史的意志而战胜单一的个人;阶级"凭借章程"的获胜,他却坚决不接受——也不相信。他认为革命绝非阶级现象;由此直接引出一个革命的话题——复仇的女性特质的话题,任何革命的言说在他那里都会归结于此。第八章写作的时间比其余章节晚了许多,如《安全保护证》中所云,时值"悬而未决的构思突然结束"。《斯佩克托尔斯基》第八章和第九章,是作为遗嘱创作于1928年至1929年间。

帕斯捷尔纳克何以在1914年这个节点陷入停滞,无论1928年还是后来创作《帕特里克手记》的1936年,他都未能就此年份写下任何东西?在四五十年代,当他不愿顺应时代,不愿遵从其乖戾多变的要求,他却为何又能应对困局?第二个问题相对简单。仅凭帕斯捷尔纳克的努力当然是不够的——只有当时代变得糟糕透顶,最终才想到唾弃它,而1946年的情形正是如此。1929年,帕斯捷尔纳克开始以隐喻手法描述革命,但根本未曾提及战争。在《斯佩克托尔斯基》中,革命被塑造为"储藏室里的少女":

> 突然传来储藏室里少女的叫喊,
> 门扇碎裂、跑动、眼泪、叮叮当当,
> 院落笼罩在压抑的欲望的烟雾中,
> 笼罩在赤足举旗者杂沓的脚步间。
>
> 那少女用围裙将浓密的羞耻遮挡,
> 终于,她受够了折磨,变得疯狂,
> 她冲向那洞开的特权的豁口,
> 飞在永不停歇的等级的浪尖。

(实话说,此处"永不停歇的等级"的说法十分牵强,帕斯捷尔纳克晚年也不喜欢不精准的韵律。当狂热和偏激开始出现——这在抒情诗中向来不罕见,在他希望写得"尽可能硬朗些"的叙事诗中,听起来却非常刺耳。)

> 于是烟霞失去了女儿的羞涩。
> 她用鞋跟击碎了窗户,
> 转而飞向黎民百姓的手掌,
> 又从他们的掌中冲向云霄。

她好像刚刚还在击打大门——"门扇碎裂",但何必计较呢,既然冒出了这般任性的女人,那就连窗户一道击碎……这里暗藏着微妙的意涵:恰好在二十年代,当年被删除的《群魔》第九章(《在吉洪的修道室》)公之于世,帕斯捷尔纳克一定读到过斯塔夫罗金的自白。正是基于这种印象,他联想到"储藏室里的少女"——遭到斯塔夫罗金奸污的马特廖莎,就是在储藏室里上吊自杀的,她成为其疯狂的实验品。众所周知,在文学家的意识中,性

(此处是性侵害)与革命的主题从萨德侯爵①开始就联系在一起,但在帕斯捷尔纳克之前,还没有谁把革命理解为女性的复仇。人们似乎更倾向于把革命看作男人的恣意妄为、纵情无度的欢宴、"所多玛的一百二十天"——维尔霍文斯基②意欲使之成为革命象征的斯塔夫罗金,也是个变态之人,几近于躁狂症患者。按照帕斯捷尔纳克的理解,革命的正当性在于它是为"浓密的羞耻"和"女儿的羞涩"而复仇;为革命辩护也是理所应当,否则帕斯捷尔纳克又该如何生活,思考,写诗?他在西方做不到这些,那里没有合适的氛围,而为了留在俄罗斯,就需要暗自设想出不至于辱没他心目中的人和诗人的革命。于是《斯佩克托尔斯基》最终迈向了爱情、"复仇和忌妒"的主题;《中篇故事》只是小心地触及了这一主题,将主人公的爱情与社会正义的梦想连接起来。

显然,这种为时事的辩护并不表明从总体上接受了革命。革命宣称,"你和生活皆是旧玩意,/孤独,也无非是洛可可风格而已。"你和你的孤独正在成为陈旧过时和注定被清除的东西。那么,在喧嚣中经过剪裁的洛可可,又会是怎样的!

> 那时你呼喊。我并非玩偶!暴行!
> 我同你们一样活着。但回答已注定:
> 历史不在于我们穿戴什么,
> 而在于我们如何赤条条地降生。

在这里,作者心中昔日的讥嘲者谢尔盖·斯佩克托尔斯基又苏醒了。毫无疑问,历史并不在于衣物的穿戴,而在于如何选取这些衣物。假如你是勃洛克所称"将刨花拢入篝火"(《知识分子与革命》)的知识分子,那么,大呼小叫地围绕篝火转圈即是愚蠢之举。暴行吗?是的,这是暴行。可你真正想要的是什么?由此追问下去,就暴露出上文所述知识分子立场一贯的脆弱性。贵族阶层虽难逃败局,至少还能把伟大时刻当作慰藉,而"赤条条地降生"的知识分子却把自己呈现为悲喜交加的景象(无独有偶,就在同一

---

① 弗朗索瓦·德·萨德(1740—1814),法国贵族,因放荡不羁的言行而闻名,著有一系列色情和哲学作品,包括下文提及的《所多玛的一百二十天》(即《所多玛的一百二十天或放纵学校》)。所多玛,《圣经》中的纵欲享乐之地,跟蛾摩拉一道毁于上帝降下的天火。
② 陀思妥耶夫斯基小说《群魔》主人公,自由主义者,历史学教授,曾在斯塔夫罗金家担任家庭教师。

时期,伊利夫和彼得罗夫的工程师休京①赤条条地降临人世)。

到了1919年,斯佩克托尔斯基已成为作家协会的一员。

> 饥荒的日子里,当通知书为你们
> 送上家门,而你们不再受人怜惜,
> 在希罗米亚特尼科夫旧仓库近旁,
> 从一大早就徘徊着几个怪人。

在第九章这个看似平淡的开篇,帕斯捷尔纳克以几近散文的形式铺叙情节,成熟期强有力的艺术风格已然显露端倪,没有一丝狂热。"请保持鲜活的准确性——谜的准确性。"这是他在《斯佩克托尔斯基》第八章对其本人诗歌的期望。在小说最后一章,他的文字比以往都节制、清晰和准确。

> 那是几个文学家。政权委托
> 作家协会整理棚屋里
> 充公的家具和杂物,
> 它们堆在原交通部办公处。

作家们显然为这一使命而自豪,他们需要理清,"什么东西应该归哪个部门"。当局知道,这些"怪人"不会对"充公物品"偷偷摸摸。忙碌于昔日生活一堆可爱碎屑之间的斯佩克托尔斯基,俨然是一代人真正的象征。他清理无用的杂物,同时觉得自己也是废品,不过,当落日的余晖投在格子架上("落日的余晖扑向格子架和储藏品,/将编号逐个清点才淡去"),昔日惯常的景象才真正显出凋敝。正是在这里,在这间仓库,交集着这部未完成的小说所有的节点:斯佩克托尔斯基首先认出自己在伊利英娜住处曾经穿越其间的家具——"玛丽娅的迷宫"。眼前的景象令他战栗,他忍不住跑到街边去抽烟,一个永恒的问题浮现在脑海,这也是留下来的人们在追忆离去者之际想到的问题:

> 他在想:"此时,今日——她在哪里?"
> 他听到旁边说:"绸缎。长筒袜。波尔图酒。"
> "她过得比我更幸福,更自由

---

① 伊利夫和彼得罗夫合著的长篇小说《十二把椅子》里的人物。

还是更不自由,了无生气?"

玛丽娅再也回不到小说书页里去了,斯佩克托尔斯基自己提出的问题也未能解答,就像1929年的帕斯捷尔纳克,思考着茨维塔耶娃流亡的命运,却找不到答案。也正是在这间仓库,发现了主人公的纪念相册——早在《日瓦戈医生》之前,帕斯捷尔纳克就喜欢将所有脉络骤然收紧,如同每个诗人,在散文情节里铺排韵脚。就在斯佩克托尔斯基思忖之际,另一名叙事者从旁边经过,刚出场时,他并未作声,而是"用一包'伊拉'牌香烟作为诱饵"("旧世界/给我们留下的/好东西嘛,/只有/这一种香烟:'伊拉'"——马雅可夫斯基的广告诗①),将斯佩克托尔斯基吸引到其住处。原来,这位叙事者居住的楼房,正好是斯佩克托尔斯基当初给那"不可救药的呆瓜"上课去过的地方:"他对这住宅的了解不比我差,/想当初某人正是在他眼皮下长大。"半道上,斯佩克托尔斯基回想起这座楼里的一天傍晚,那是在六层,他初次见到列莫赫兄弟俩和伊利英娜。他向叙事者告知了两兄弟的命运。这也是将作品推向高潮的最后一次巧合:

> 我们的住房像水果罐头,
> 塞满了五花八门的产品:
> 缝衣女工、大学生、某部门负责人、
> 女歌唱家和服帖的社革党。②

无形中,两个饮食的隐喻构成了奇妙的对称关系(作者有意为之吗?要知道第五章结束距今已有两年)。位于六层的居所好似面包房,斯佩克托尔斯基的呆瓜弟子先前的住房现在则叫作水果罐头。显然,又在吃吃喝喝。如果看看住户的名单,起码不用怀疑某部门负责人和服帖的社革党是何等吃相,而那缝衣女工,想必也不逊色。

就在此时,住处来了客人,结局突然转向公事,并依照帕斯捷尔纳克一贯擅长的手法,保持到收尾。

> 我知道,这女人是来找党员……

---

① 1923年到1925年,马雅可夫斯基为苏俄工商企业创作了三百首广告诗,发表在报纸杂志上,印在广告、糖果商标上,印成传单或写在商店招牌上。此处《"伊拉"牌香烟》即是一例,汉译采用余振先生译文。
② 即社会革命党。俄国主要政党,成立于1901年,十月革命后,于1922年被解散。

也就是说,找的是那位部门负责人,因为负责人不在,来客就坐在昔日的"厅堂"边,拿起一本书来读。叙事者把斯佩克托尔斯基带到自己的房间,他们从读书的女人身旁经过,只看见她"浑圆的双肩",以及投在墙壁上的身影。这个女人随后又成了叙事者的领导——"布赫捷耶娃是我名义上的头儿",所以他没有刻意停留于斯佩克托尔斯基与她的相遇。泄露顶头上司私生活的细节,毕竟不大得体①。

> 我们走着,突然听到:"斯佩克托尔斯基,
> 你我是熟人。"身后传来傲慢的声音,
> 我对这种情况毫无准备,着实不该
> 充当他俩单独会面②的第三者。

好吧,既然连叙事者都没准备好,面对如此之多的意外事件,读者又怎能理出头绪?!主人公先是在仓库里看到了伊利英娜的物品,然后遇到早年的故交,无意间来到昔日弟子的住房,又在此处发现了与他一道迎接1913年的那位布赫捷耶娃……奥莉加·布赫捷耶娃像白银时代许多少女,试图以爱的冒险抚慰骚动的心,经过漫长的历练,成为一名女政委:"她玩笑似的提了提手枪,/整个人就表现在这个动作中。"按照弗洛伊德学派的观点,人的动作确实说明问题。

> 布里亚特女人③乜斜着狡黠的目光
> 无声地说:"我的朋友,你真可怜!"

有趣的是,布赫捷耶娃在这里变成了布里亚特女人。记得在小说最初几章,她还带有芬尼·兹巴尔斯卡娅的形象特征,二者的关系改换形式,构成小说的开局。在这种碰撞中,很难想象她就是这个细眼睛的布里亚特女人。倒是可以设想,布赫捷耶娃由莫斯科工程师太太成为乌拉尔的女政委(她担任政委所在的地区,碰巧居住着斯佩克托尔斯基的姐姐一家),但她随着革命化进程而变成一个布里亚特人,却令人费解。莫非是革命风暴对

---

① 原文为法语,comme il faut,固定词组,此处可译作:得体,得当,合适。
② 此处"单独会面"在原文中写作 tête-à-tête,系根据读音用俄语转写并标注语调的法国俚语,带有戏谑色彩。
③ 布里亚特人,蒙古人的一支,属于蒙古人种西伯利亚类型。

她的作用力所致①？不管怎样，这面具变换的过程仍然包含着深刻的逻辑。通过《中篇故事》，帕斯捷尔纳克已经描述了知识分子之惊诧，1917年，他们看到了革命的另一种力量，全然不同，变动不居，又无可预见。起初革命女神确实像是被损害的颓废少女。然而，在1917年和随后的年代，革命表现为来自人民的女性形象，甚至是狡黠的布里亚特女人，如果愿意的话。

惶然失措的斯佩克托尔斯基和面目全非的布赫捷耶娃，一对邂逅于1912年的恋人，展开了扑朔迷离的对话：

谈到了虚伪之徒的卑劣行径，/谈到种种原则和公子王孙，但重点/始终是母性幽暗的伴音，它埋藏于/鄙薄、抚爱和怜悯，埋藏于一切。

关于母性的伴音，恰恰不难理解——这喻示着一个"成年"女人的高傲和冷漠，她自认为比主人公更聪明，也更年长，只因为她开枪射击足够多。当初在勾引之前，她也是出于母性而可怜他——她认为自己要有经验得多。不知何故，私通和射击，向来被勾引者和射手视为心灵成长的重要因素。二十年代，布尔什维克以同样的冷傲教训了诗人，而白银时代的少女们，在融入新生活之际，则教训了自己先前的导师，当年正是他们让这些少女领略了爱与诗的秘密！假如古米廖夫活到1922年，莱斯纳跟他或许也会有这样一场对话，尽管她不同于奥莉加·布赫捷耶娃——她真正爱着他。至于虚伪之徒的卑劣行径，其意指的对象可任由理解：不管是人民，还是艺术活动家。种种原则和公子王孙②，则显得晦涩和呆板；意思难道是说他们在谈论昔日贵族的命运？最奇怪的是，布赫捷耶娃母性气质十足，对斯佩克托尔斯基却非常恶毒。她为什么要报复他，也是不得而知。

"您可记得圣诞晚宴上的来宾？……"
她有些失态，难掩羞涩的红晕，
发问却很响亮。"我是民意党人的女儿！
您当时难道不知此情？"

斜体字系作者标注，准确地说，也是布赫捷耶娃自己的标注：看起来像是她情不自禁的呐喊。试问斯佩克托尔斯基有何必要知道此情？莫非布赫

---

① 在俄语中，布里亚特人（буряты）与风暴（буря）读音相近。此处带有双关意味。
② 在俄语中，种种原则（принципы）和公子王孙（принцы）读音相近。

捷耶娃在向他暗示"浑身战栗的牝兽被两掌中的热风剥去衣衫"？或者说，民意党人的子嗣具有别样的体征？对于斯佩克托尔斯基，工程师太太的家世似乎不重要，毕竟她本人的行为就像通常的高级娼妇。而布赫捷耶娃想必也难以宽恕自己，因为在时代的洪流中，她不仅以女政委的方式支配一切，同时我们也看到，她也曾委身于一个炽情的大学生。她继续用女政委的声音激动地说："我——生来是爱国者。除此之外，/还能有什么武器能把您战胜？……"

局面越来越难堪了：如今她居然还是个爱国者！很有可能，从女政委当下的高度来看，她会觉得先前对那青年的爱是脆弱和庸俗的，但问题是到底谁诱惑了谁?！是谁声言，"童年的阴影将在亲吻中消融"？布赫捷耶娃的重生本身也耐人寻味——无论帕斯捷尔纳克怎样为革命辩护，他都会有一些出乎意料的东西。正因为这一点，起初《斯佩克托尔斯基》连出版意向都成了问题（此事留待下文里再说），尽管其中并没有什么煽动性的思想。当然，斯佩克托尔斯基不曾强暴或拘禁过储藏室里的任何人，也不曾有谁击碎窗玻璃，从他身旁逃脱。可是任何利用女性之人对她都应当负有罪责。只不过斯佩克托尔斯基的所作所为也不能说与爱无关——阿里尔德说过，他不是可以被怀疑的小人！即使多疑的伊利英娜也明白，"此人绝非唐璜，也非骗子"。究竟因为怎样的劣迹，从来没有从仓库里偷过东西的斯佩克托尔斯基，诚实的知识分子，竟遭到布赫捷耶娃"母性的鄙薄"，外加聆听她关于民意党的宣讲？让人感到矛盾的是，斯佩克托尔斯基经受了革命的考验，没有背叛自己；而世事则把布赫捷耶娃造就成复杂的怪物，永远坚持认为自己是正确的，比斯佩克托尔斯基的姐姐娜塔莎还要顽固。

诚然，"还有什么武器能把您战胜"这一句，会让人联想到先知以赛亚：

> 嗐！犯罪的国民，担着罪孽的百姓，行恶的种类，败坏的儿女！……你们为什么屡次悖逆，还要受责打吗？你们的地土已经荒凉，你们的城邑已经被火焚毁，你们的田地，在你们眼前为外邦人所侵吞，既被外邦人倾覆，就成为荒凉……你们要洗濯、自洁，从我眼前除掉你们的恶行，要止住作恶……①

---

① 参见《圣经·旧约·以赛亚书》第一章第4节至16节。

于是奥莉加·布赫捷耶娃的责难就有了另一个目的,并非羞辱,而是唤醒斯佩克托尔斯基,促使他用新的目光看待个人的荒废。"担着罪孽的百姓",大可理解为知识分子,他们的土地(文化土壤)确实被毁坏了,仿佛遭受了外邦人的蹂躏。因而布赫捷耶娃对斯佩克托尔斯基所说的一切,都是为了让他"洗濯和自洁"。此处谈及的母性也别具意蕴——母亲不至于就这样惩罚自己的孩子,她的惩罚是以教育为目的……但请相信,"还能有什么武器能把您战胜"和"你们为什么屡次悖逆,还要受责打吗"这两句之间,存在着本质性的区别。从布里亚特女政委口中发出先知的训示,那该是何等怪异。

《斯佩克托尔斯基》以"在我瞌睡的当儿,他俩不见了人影"为终结。此句也使得整部作品首尾连贯,因为第一章是以"一整天我都睡着"为开端。这样一来,所有这些童话般的巧合均可解释为叙事者比平日稍长的睡梦,斯佩克托尔斯基的故事无非是他梦中所见而已。"别在白日里睡"!因此出现了对个别细节过度的关注、整体的粗疏、各色人等(抑郁之人、少女、无赖汉)无休止的相遇……假如抛开梦有所示的说法,小说最后一句仍不失特殊含义:两位主角从叙事者的生命中销声匿迹,因为现实中不再有诚实的知识分子和激愤的女政委这两类人物的位置。对于1929年来说,这样的结论是十分贴切的。

2

无论帕斯捷尔纳克是否有意为之,他的结论都令人胆寒:与革命相周旋的知识分子应当意识到,革命不会因其早年对它的青睐而宽恕他,革命将实施报复性的毁灭(最起码也是道德上的毁灭,毕竟"她携带着左轮手枪")。革命不会宽恕知识分子,因为后者了解它,也可说了解它的青春、怯懦直至最终的兽性勃发……幸好,在那水果罐头般的住房的帘幕下,未出现安娜·阿里尔德(作为"歌手")和风尘女子萨什卡(作为"某部门负责人")的身影。否则连她们也不会宽恕主人公。他曾经博取了她们的芳心,如今充其量是个文学工作者——还能是什么呢!相形之下,她们——哦,她们……

小说完成于1930年——帕斯捷尔纳克写下《引言》,阐明了自己之所以对斯佩克托尔斯基这一人物感兴趣,起因是身居英国的玛丽娜·伊利英娜的创作引发了他的兴趣。她的作品(《引言》未说明是散文体还是诗体)让俄罗斯"举世瞩目"(众所周知,帕斯捷尔纳克过分夸大了茨维塔耶娃在国外的知名度,却又嫉妒地自认为,在西方他也会很有名)。在这里,主人公干脆被称作"碌碌无为之人,同上文提及的莫斯科女人关系密切"。在这部成型于三十年代的作品中,充溢其间的情绪表达得淋漓尽致:

  天欲破晓。秋日、黯淡、浑浊、衰老。
  便盆与剃刀、刷子、卷发器。
  人生匆忙,倏忽即逝,仿佛
  脏破的马车碾压的暗夜。

  铅灰色的苍穹。黎明。积水的院落。
  铁皮屋顶威严的线条。但何处是
  那座屋,那扇门,那突然间
  一个梦想世界从中浮现的童年?

  何处是朋友的心?——狡黠的眼睛眯缝。
  你可曾与此人相识?——道听途说而已。
  是啊,看来生活简单……但过了头。
  甚至不乏说服力……但嫌多余。

  陌生的远方。陌生的,陌生的雨水
  从排水管流出,拍打沟渠和帽檐,
  陌生的艺术家,像普希金的磨坊主[①],
  被孤独造就成一棵橡树。

  普希金的磨坊主,众所周知,痛苦得发了疯。
  帕斯捷尔纳克四十岁了,周遭的世界陌生到极点。实在难以想象,就在这些院落里,在这样的空气中,奇妙的灵感如何于不经意间向他显现。如今,取而代之的是"铁皮屋顶威严的线条":一切都很简单,简单得过了头,

---

① 普希金童话剧《美人鱼》(1829—1832)中的人物。

不乏说服力,只是惹人生厌。像斯佩克托尔斯基一样,他后来也摆脱了这场危机,代价是离家出走和部分地放弃个人对世事的看法。但距离"第二次降生"(也是"第二次呼吸")还有将近一年①,而《斯佩克托尔斯基》便是在帕斯捷尔纳克最悒郁时完成的。幸运的是,精神压抑未能影响到他的创造力。

《斯佩克托尔斯基》的创作过程,伴随着审查制度的收紧,以及俄国语言文学并非每天,而是每时每刻趋于贫乏和单调的退化过程。尽管如此,小说还是顺利地按章节发表了。一部分发表在《港湾》文丛,一部分在《红色处女地》杂志,《引言》刊登在《新世界》,但通篇出版却严重受阻,悬而不决。帕斯捷尔纳克表现出非凡的人格尊严,终于得偿所愿。他将完整的文稿带到列宁格勒出版社,希望以此改善物质状况。1929年11月6日,稿子送交帕维尔·梅德维杰夫——批评家、编辑、巴赫金学派语言学家。二十年代末,即便允许知识分子的题材,也必须是最终被重新锻造的那种,若能义无反顾地跟过去了断,就再好不过了。(连这样的书写也是莫大的自由。在三十年代的文学中,知识分子几乎跟害人虫无异)帕斯捷尔纳克甚至打算写一篇序言,"将承认这部作品的不成功,并对其展开分析"。(长期以来他竭尽全力,也未能获准为自己的作品撰写序言——无论个人文集,还是《浮士德》或莎士比亚戏剧等译著,虽然他曾专门为《诗选》撰写过随笔《人与事》。他打算解释一切,但是很显然,有人惧怕他的明朗,甚于他的幽暗)他暂时只能向编辑解释自己的构思,以及在他看来不可避免的失败:

> 我不仅向后看,也向前看。我曾经期待日常生活和社会的转变,从而恢复个人纪事的可能性。也就是说,个别人物的故事情节……(请看:他期待个人的私生活再度彰显意义——情节也将成为可能,纪事将不仅反映时代,也反映自我。——德·贝)在这一点上,我想错了,我像个孩子似的,夸大了我们的社会和部分旧事物在新条件下明显分化的速度,还有人们通常出于虚情假意才会说起的那一部分:它的缺失俨然只引起时评的幸灾乐祸,并不会在空气中留下明显的虚空;分离俨然不是用来指称多数人乃至绝大多数人当前所经受的一切。

---

① 帕斯捷尔纳克于1931年完成组诗《第二次降生》,1932年正式出版。

这又是他独特修辞的精彩例证:一团朦胧的云雾,"分离"一词精准又犀利,像一道伤口在云雾中赫然张开。一个词,即是整个异乡(诗人的儿子认为,此处所指仍是与侨民的被迫分离,以及不仅贯穿于俄国文化,而且贯穿于帕斯捷尔纳克个人家庭的裂痕)。

> 我怀着几分希望开始认为,被摧毁的生活的同质性及其可塑的直观性将在一年内重新恢复,而不是数十年,将在一个人生前,而不是在历史的猜度中[……]。因为即使关于毁灭,也只有当社会已然将其战胜,并再度处于生长状态之际,才能用浓墨书写。

言下之意,在1929年这个大转折的年代,社会并未处于生长状态吗?帕斯捷尔纳克自己也意识到,他触及的话题就算对私人书信而言也都有风险,所以赶紧避开不谈了:

> 然而,说的已经够多了。假如您理解了我,剩下那些关键得多的问题,您可以自己来补充——您会远比我做得更好。我只想说,我的言论并无任何不妥,就比方说,假如五年计划的服务者是残腿之人,那就不能以五年计划的健康之名义,要求他隐瞒腿被截短,遇到坏天气就感觉疼痛这一事实。

拖着截短的腿脚生活是何种滋味,帕斯捷尔纳克有着亲身体会,而非得之于耳闻。

换言之,叙事诗未能实现,也不可能实现,因为不同时代的关联未曾恢复,这样一来,能够叙说的便不是斯佩克托尔斯基如何融入新生活,而是这新生活如何将他排斥在外。所有这一切都表达得委婉曲折,帕斯捷尔纳克有理由期待人们的理解和思考。不过,梅德维杰夫的答复也同样委婉:说什么他本人对《斯佩克托尔斯基》评价极高,出版单行本却不可能,领导会不高兴云云。

帕斯捷尔纳克不能忍受"领导不高兴""有意见"之类的说辞。他断定不满主要是针对结尾含混不清,并就此展开了辩驳:

> 您手头的整部手稿当中,最有价值(诗歌和人性意义上)的就是结尾那几页,它们反映的是时代如何侵犯人,排斥人[……]我永远不会放弃自己的想法,我认为,正是通过这种形式,我才道出了近年来的革

命,相较于描述 1905 年革命的"一九〇五",其内容要宏大得多,也丰富得多。

[……]作品的部分篇章是否绝对不准出版?倘若是,那就没办法了,该问题的决断应当搁置,没准儿需要等上一年,直到散文以诗歌情节片段最宽泛的补充形式而出现,并且为现今那些反对者的评论所认可。您不妨想象一下,这件事情在物质上会将我置于怎样的境地,而强行出版毕竟不现实。假如能有哪怕一线机会来说服持不同意见的人……

可是机会却不存在,况且帕斯捷尔纳克本人在下文里写道:

任何改动都不能接受,因为无法在可能被准许的不确定范围内进行改动。

一周过后,帕斯捷尔纳克的措辞更加尖锐:

对结尾非常满意,编辑方面的质疑令人诧异,着实不可理喻,这些我一概不考虑。怀着轻松的心情建议您:出版这部作品。任何阻碍我都将视为不相干的外在的作用力。无意从中寻求开导,也不会在此事件基础上重建自己的哲学。急于同您分享这愉快的信心。

(确定人称形式①在他那里往往与尖锐和极端相伴。请看他在致马雅可夫斯基的信中所云:"感觉'列夫'现今的存在一如既往,始终是逻辑不明的谜。不再对揭开谜底抱有兴趣。")

愉快的信心并未传递给梅德维杰夫。提出的要求更具体了:要求删除的恰好是作者最看重的,即关于乌拉尔地区革命的一节,特别是"乌拉尔遭到了矿井的讥嘲"那句。(弗莱什曼推断,有关人士从中看出了对沙皇一家人命运的暗示:据悉,他们遭枪决后,遗体被抛入矿井)列宁格勒出版社另一名工作人员阿·列别坚科陈述了编辑方面的要求。12 月 30 日,帕斯捷尔纳克以一封态度坚决的书信回复梅德维杰夫,解释说自己坚持作品的出

---

① 俄语名称为 определенно-личная форма,一种俄语语法现象。确定人称句里没有主语,但相当于谓语的主要成分能明确指出行为主体。句子的主要成分只用动词陈述式现在时和将来时的第一人称或第二人称形式及第一、第二人称形式表示,使语句简洁,富有表情色彩。汉译不易体现这一特点,例如引文里的"(我)对结尾非常满意""感觉(我认为)""(我)不再对揭开谜底抱有兴趣"等等。

398

版，只是迫于极度困难的经济状况；他放弃了根据合同提交手稿后所得的部分稿酬（列宁格勒出版社还欠他600卢布——不知什么款项），甚至承诺归还上一年收到的625卢布预付款。冲突中掺杂了物质利益，这让素来严谨的帕斯捷尔纳克难以容忍。最后他决定取消合同，并给梅德维杰夫写了一封措辞得体但不失严厉的信：

> （列宁格勒出版社）不信任我，在困难时刻未能向我提供帮助，出版社之所以对作品感兴趣，只是考虑到合同的执行，在它看来，这份给我带来巨大利益的合同，本身就已超出常规。[……]交流似乎是同一个被揭穿老底的骗子手之间进行的：一味坚持思想意识原则，这俨然就是——契约的原则。合同的内容俨然表明，下到矿井去，后果并不严重，被三氯甲烷或局部麻醉，也不会感觉痛苦，甚至反倒令人愉悦；恐怖也不可怕。俨然是我依照合同——表达了描绘革命的愿望，我会把革命写成是以文明方式提交科学院委员会会议，在良好的照明和供暖条件下，在设施完备的图书室里加以讨论的事件。最后，合同中俨然列入了专门的一项，提醒我注意，描写火灾——意味着引燃火焰。这样一来，我倒是违背了合同规定的结算条款，为此我应当付出代价。

在已经与公事无关、语气也大为和缓的附笔中，像说话喘不过气似的，他补充道：

> 所有这一切，总的来说，是多么沉重！环顾左右，有多少虚假的功名、虚假的声望和虚假的追求！凡此现象之中，莫非我是最显眼的一个？可我从来没有奢求过什么。恰恰为消除这无可忍受的假象，我才开始书写"安全保护证"。[……]因此我的一些近作增强了自传色彩：我不为其中任何东西而陶醉，因为早已自感进退两难，我的所作所为似乎只是对责难的回复。但愿这些解释工作尽早彻底地结束。到那时我才会有长久的自由，我将放弃写作生涯。

怀着这样的心情，他迎来了1930年。

当年9月28日，帕斯捷尔纳克把《斯佩克托尔斯基》交给国家文学出版社。这是他第二个时期的开端，也是"第二次降生"，其标志是与济娜伊达·涅高兹相爱。而且他好像开始走运了：作品未遭到一致否决，出版社举行了公开讨论。帕斯捷尔纳克于次年3月14日在出版社朗读了长诗，两星期后又在作家俱乐部读了一次。出版社组织了批评家的茶会，作品几乎无人理解，只有什克洛夫斯基称赞并论证了其高度连贯性和完整性。在作家俱乐部面向公众的朗诵，则像往常一样，大获成功。人们不相信意义，而相信声音，普通读者对帕斯捷尔纳克的理解，胜过处处寻求"双赢"的批评家。既然谁都不理解，就表明没有大麻烦。决定出版。1931年7月，《斯佩克托尔斯基》终于在莫斯科公开发表（删除了储藏室里的少女以及她赤裸身体的段落），耐人寻味的题记——"这里有一扇大门"，取自《青铜骑士》。在1933年列宁格勒作家出版社印行的单行本中，帕斯捷尔纳克恢复了删节部分，省略了题记。

3

帕斯捷尔纳克为何一度将《斯佩克托尔斯基》称作他的《青铜骑士》？例如在1930年10月20日致弗莱登伯格的信中他说：

> 奥莉娅，我写下了自己的"青铜骑士"，灰色而完整的，似乎也是真正的。它也许见不到天日。审查机构开始肆意删改我的一些再版作品，为弥补以往对我的忽视，尚未出版的手稿也被死盯住不放。

此处的平行关系，与其说因为内容，不如说因为体裁：普希金的"骑士"并非叙事长诗，而是"彼得堡故事"，是俄国文学独一无二的诗与散文的合成，难怪安德烈·别雷在帕斯捷尔纳克之前就引用了其中的诗句，作为其《彼得堡》的题记。此外，普希金所有长诗的主体也正因《青铜骑士》而得以落成。或许，吸引帕斯捷尔纳克的还有另一条平行线——这是普希金最好的总结之作，是他关于国家与时代的思考的顶点，作者生前一直束之高阁。尼古拉一世曾要求修改，普希金未能接受。

从某种意义来说，贯穿帕斯捷尔纳克整部作品的动因就在于从史前进入历史，从激情的喘息和唱叹进入首尾连贯、中心明确的清晰文本。内容上同样也有来龙去脉。即使《斯佩克托尔斯基》及后来《日瓦戈医生》中的风景远比情节和对话更具说服力，重要的也终归不是这种说服力。重要的是，帕斯捷尔纳克走出了停滞在二十年代史前燠热中的天堂花园，转而迈向贫瘠大地上漫长艰难的道路，迈向有待认知的历史存在，这并不保证完美的艺术效果,却能将生活本身转化为艺术的成就。

《斯佩克托尔斯基》便是这条道路的中途,是合成现象,也是从诗歌到散文的决定性转折的开端,故而看起来好像既是巅峰,又是危机——巅峰无不喻示着危机,因为坠落正好由此开始。帕斯捷尔纳克在不惑之年尚未写出比《斯佩克托尔斯基》更好的作品。而《斯佩克托尔斯基》之后,像以往一样写作却又不可想象:这里有最高成就,也有死路一条。

这里有帕斯捷尔纳克为人所喜爱的一切。有精妙的形式,譬如对春雨的这番描绘:

> 雨滴带着出行的消息
> 淅淅沥沥驶过整个夜晚,
> 这儿,那儿,这家那户门前
> 响起铁钉下橐橐的马蹄声。

也有稚拙的会话和口令式的调侃:

> 究竟为何饮酒?为四位女主人,
> 为她们的眼眸,为开斋期的相逢,
> 为了让散文家成为诗人
> 诗人成为半神。

同音法的奢华,形象的鲜活,各个自得其所,却少了从最初的文本就显出帕斯捷尔纳克之独特的率真。《斯佩克托尔斯基》是有意为之的作品,其丰美的意象与节制的叙事之间虽已达成折中,却又悬于一线。稍有闪失,就可能沦为纪要或玄谈。这样的作品确实需要写到岁月尽头。然后应是全然不同的开始。

这部作品令读者感到局促。(但此处的紧张感也推动了构思,以使年轻自由快乐之人陷入作品的桎梏,像陷入自己的时代)之所以会有如此密闭的效果,是因为在五步抑扬格框架内,帕斯捷尔纳克狂放的句法受到紧束。它向外奔突,哪怕奔向散文也好,却始终被节奏羁绊,被音效填充,还要在五十多页的篇幅内担负所有功能。在普遍喜爱帕斯捷尔纳克诗歌的背景下,这种状况能够解释《斯佩克托尔斯基》引起的共鸣何以相对较小,读者对它和《中篇故事》的兴趣又何以相对平淡。尽管如此,这独具匠心的散文兼诗歌的创想仍然值得认真对待:不仅因为这是帕斯捷尔纳克平生期望的

第一部或多或少已完成的自传性叙事诗,还因为革命的历史犹如诱惑,须要为之付出未来的屈辱,其深刻与精准程度,甚至远甚于帕斯捷尔纳克本人在1930年秋天所能想象。

第二十一章　《安全保护证》　诗人的最后一年[①]

1

1929年夏天,帕斯捷尔纳克经历了一场痛苦的手术。折磨他多年的牙疼,终于迫使他去看医生,做颌骨透视。医生诊断是神经痛,却发现了颌下囊肿,病变已侵蚀了相当一部分骨骼。手术势在必行,先拔去七颗下牙,包括所有的前牙,然后清除囊肿,计划二十分钟内完成,却忙活了一个半小时。此外,医生害怕全身麻醉会损伤面部神经,而局部麻醉又不起作用,每次被触碰,他都疼得大喊大叫(怎能不喊叫呢?!)。妻子守在门外,心惊胆战地听着。他写信给弗莱登伯格,精神依旧饱满,可又忍不住承认,他的情况糟糕到何等程度:

> 感谢上帝,现在全都过去了,只是偶尔还会想道,毕竟这些都是尽可能不造成痛苦的医生;人在酷刑下又是怎么挺过来的?幸亏我们的想象力迟钝,对这一切没有活生生的联想。

言下之意,他仍然尝到了酷刑的滋味,不仅像所有敏感的读者,也像平时就会想到恐怖和刑讯的人。一个人的想象越鲜活,预感就越敏锐。

伤口愈合得很快,只是两星期内不能说话,重要的工作只好暂且搁置。帕斯捷尔纳克可以在艰苦的条件下写作,但身体起码要相对健康。尽管状态不佳,他还是完成了里尔克最复杂的《安魂曲》之一 *An eine Freundin*[②] 传神的翻译:在边境的逗留、死亡与痛苦的提醒,如同他以往所有严重的病痛,

---

[①] 随着三十年代来临,苏联政治形势日益严峻,社会氛围空前压抑,帕斯捷尔纳克许多未完成的构思骤然中断,他把这个"无以名状"的阶段称为"诗人的最后一年"。这更像"死亡,然而并非死亡",这或许也将是"第二次降生"的开始。

[②] 德语:《给一位女友的安魂曲》。

让他找到了唯一准确的词语,用于翻译这部同彼岸之人的对话。

> 翻译进展顺利,自经历种种苦痛以来,我一直处于兴奋状态(不失为这些幽深岁月的漫长持守之后第一次非抽象的体验)。

可见,他善于从一切事物中提取素材——以及感谢命运的理由。

帕斯捷尔纳克生病的消息传开了,很多人前来探望(他只能以点头和微笑致意),但即便这些友好来访也无法使他摆脱文坛的寂寞。1929年12月1日,他写信对茨维塔耶娃说:

> 我孤独又伤心地活着,完全置身于本地文学之外,也就是说,我的友情不在这里。我爱梅耶荷德夫妇(这意味着:不管怎样,我们一年里还能见上一两回)。认识了一个哲学家,几个音乐家……跟马雅可夫斯基见了面,他已走向了末路。

从这段话就可以看出,预感没有背叛过他。在12月24日的信中,他为茨维塔耶娃祝福,其实也是为自己:

> 我活得太难,写作也举步维艰。那就祝你拥有新的精力,新的耐力吧!

她回信道:

> 表面上,我把自己变成了铁石。只有此刻,我才觉得内心隐隐作痛!我知道,我对你(对自己)的遗忘有多深。[……]谁都没有邀请我迎接新年,就像是要把我留下——交付给你。这样的孤独,我只在莫斯科有过,当时你也不在身边。

帕斯捷尔纳克忧伤地迎来新年,忧伤地度过他的前半生,开始了后半生艰难的重生。

2

帕斯捷尔纳克与弗拉基米尔·希尔洛夫及其夫人奥莉加相识于1922年,在米亚斯尼克街绘画雕塑建筑学校九楼阿谢耶夫的住处。新婚的希尔洛夫夫妇,妻子二十岁,丈夫二十一岁,不久前应卢那察尔斯基之请,作为文学小组"创造社"的一员,从赤塔来到首都。小组是阿谢耶夫在访问赤塔期间创办的,他赞赏这些外省年轻居民的饱学和锐气(譬如希尔洛夫,当时已经编纂了内容详尽的赫列勃尼科夫作品索引,精通现代诗歌,他本人也写诗),就通过人民委员部为他们办理了前往莫斯科的邀请:学习知识,开阔视野。

阿谢耶夫让希尔洛夫夫妇暂时住在自己家。一天傍晚,帕斯捷尔纳克和妻子一起来串门。聊到了建立诗歌出版社之事。帕斯捷尔纳克高深的谈吐,随和的举止,让这对年轻夫妇大为倾倒。此后,他们时常见面。需要将才华横溢的赤塔人安顿下来,却找不到住处。于是平常粗疏却永远好客的马雅可夫斯基安排夫妻俩在沃多皮扬胡同住下。帕斯捷尔纳克也还常去那里。后来总算为他们在阿尔巴特街找到了住房。房间是空的,几乎没什么家具,但正中央有一架巨大的钢琴。自打从柏林回来,帕斯捷尔纳克常常从沃尔洪卡步行到阿尔巴特,走到希尔洛夫家刚好二十分钟。偶尔兴之所至,他会弹弹钢琴,一旦摸索到旋律,就立即中断,然后是另一段飞扬的乐曲……希尔洛夫成了一名记者。他的夫人在爱森斯坦的影片《罢工》里担任了角色,考入了高等文学艺术学院(在考场上,院长勃留索夫亲自向她提问,最欣赏的现代诗人是谁,得到怯生生的回答"帕斯捷尔纳克"之后,他与她一道朗诵了《生活,我的姐妹,至今仍像汛期的……》。帕斯捷尔纳克闻之,既得意又难为情,禁不住笑起来)。后来,奥莉加专心从事英文翻译,弗拉基米尔研究革命运动史,帕斯捷尔纳克曾向希尔洛夫借阅成套的杂志《往昔》,并且在创作《一九〇五年》时咨询过奥莉加的父亲。

他对妻子坦言:"我想结交这对新婚夫妇——我喜欢他们求知的精神。"关键当然不仅在于希尔洛夫夫妇的求知、进取和外省人士的纯朴,不在于帕斯捷尔纳克需要一群年轻的粉丝(尽管这也很重要),关键是弗拉基米尔和奥莉加向他展现了一点:"列夫"的理论原则越来越僵化。他们是新人,是许多事物的见证者。而这样的见证恰是他所需要的。帕斯捷尔纳克写信对父亲说:

> 就信念的纯洁与道德品质而言,兴许他是我周围各色人等里唯一让我自惭形秽之人,他让我看到,我跟他不相像——不是一个马克思主义者,等等等等。

在另一封写给尼古拉·楚科夫斯基的信中,他回忆道:

  在以现代面孔示人的"列夫"派当中,这是唯一诚实的、活生生的、令人羞惭的高尚榜样,我从未追求过这种道德的新境界,因为它根本无法实现,并与我的性情迥然相异。然而,为了它的体现(徒劳无功的、仅仅口说的),整个"列夫"不惜践踏人的良心与天资。只有一个人,能够在一瞬间赋予那不现实的造作的神话以真实性,此人便是弗·希①。更准确地说:在莫斯科,我只知道一个地方,每次去那里,都会使我怀疑自己的想法是否正确。这就是位于沃兹德维冉卡街无产阶级文化协会宿舍希尔洛夫一家的住处。

与"列夫"决裂之后,帕斯捷尔纳克也离开了希尔洛夫夫妇,总的来说,在二十年代末,他已经很少与故交相见。青春结束了,不必揭开旧的伤痕。1930年3月17日,帕斯捷尔纳克在《澡堂》首场演出上(邀请他的不是剧作者马雅可夫斯基,而是导演梅耶荷德。演出枯燥乏味,梅耶荷德本人也感觉到了,却无从驾驭这场话剧)遇见基尔萨诺夫,后者告诉他,希尔洛夫被枪决了。

"你居然不知道?"基尔萨诺夫冷冷地表示出诧异,"老早了……"

帕斯捷尔纳克与其说从此开始厌恨基尔萨诺夫(他一般不会对谁怀有恨意),不如说将其从内心和记忆里删除了,这种事情他知道该怎么做。"他是这么说的……好像说的是一场婚礼!"他悻然转述道。

希尔洛夫是在当年2月被处决的。帕斯捷尔纳克冲出剧场,直奔沃兹德维冉卡,去找奥莉加。她手上的伤口已经结疤了——得知丈夫遭枪决,她用拳头砸碎了窗玻璃,想从窗口跳下去,被拦住了。

帕斯捷尔纳克搞不懂是怎么回事。希尔洛夫是极其忠诚、极其单纯的共产主义者。帕斯捷尔纳克通常说到恐怖——"这不公正,这就像宿命",不过是对恐怖的泛泛而论。而如今一切都发生在眼前,发生在朋友身上,"发生在我个人的生活中。"他写信对年轻的尼古拉·楚科夫斯基②说。他向父亲解释道:

---

① 弗拉基米尔·希尔洛夫名和姓的缩写。
② 尼古拉·科尔涅耶维奇·楚科夫斯基(1904—1965),苏联作家,散文和诗歌译者。科尔涅·楚科夫斯基之子。

> 他死了,跟已故丽萨的前夫是一样的死因[……]他才二十八岁。据说,他一直写日记,一个革命信徒而非庸俗之辈的日记,思考得太多,有时就会导致此种形式的脑膜炎。

丽萨·戈吉亚松是帕斯捷尔纳克的表姐,她的丈夫于革命初期遭枪决。这里没有什么黑色幽默。帕斯捷尔纳克清楚地知道,他的书信,尤其是写给国外的那些,均受到暗中检查。他不想给父亲招惹祸患,也不想被指控向国外邮寄反苏信件,但与同胞之间他还能直接地表达。可他也在猜想,写给楚科夫斯基的信或许会引起更高的警觉。其中的挑战之声清晰可闻:

> 在失去亲友之际,如果我们还必须装出一副他们好像活着的神情,而不能怀念他们,不能说他们已不在人世;如果我的信给您带来麻烦——我恳请您不要对我留情,请将它寄还给我,就算我是罪人一个。这便是我用全称签名的原因(通常我签名都很随便,有时干脆用姓名的首字母)。

这是对无意义地惨遭杀戮的友人的哀悼,带有高尚的示威意味。同样是示威般的诘问——凭什么掩盖悲剧,佯装什么都没有发生?帕斯捷尔纳克在《安全保护证》中提到奥·希(聪明的读者不难认出奥莉加·希尔洛娃),他写道,他约好她,去了马雅可夫斯基刚刚自杀的现场,希望这场悲剧"能让她排解自己的哀恸"。皮里尼亚克被捕以后,在佩列捷尔金诺,在大庭广众之下,帕斯捷尔纳克同样宣称要去看望皮里尼亚克的家人。他绝不愿看到恐怖变成常态,他不断提起消失后便被善意地遗忘的人,仿佛他们就没有在自然界存在过。对他而言,这是针对时势表明态度的唯一可行的方式,或许还是引火烧身的方式,好让自己不再因友人之死而受到愧疚感的折磨。

与其说希尔洛夫遭枪杀事件扑朔迷离(直到九十年代,他死亡的详情才公之于世),倒不如说是有悖常理,像1921年古米廖夫之死一样没有意义。运动正在展开,所有人均被席卷,无一幸免,最无辜的人遭戕残,仅仅因为他清白,因为无人替他求情或无力求情……这场运动是反对托洛茨基主义的斗争。如同十年前彼得格勒的"塔甘采夫案",知识分子被告知,玩笑已结束,枪口开始指向反对派(像古米廖夫案件一样,不需要证据,只要根据诬告抑或孟浪的自我构陷),三十年代初的党员们同样被告知,异议和宗派斗争已成为过去,如今要对托洛茨基主义实施的不是批判,是杀无赦。在时代的崩坏中,冒险家、大恶棍、社会革命党浪漫分子勃留姆金①(如此神秘的延续——被古米廖夫称作其理想读者之一的正是此人:"一个枪杀了帝国大使的人,从人群中向我走来,跟我握手,感谢我的诗……")第一个成了牺牲品。显然,此类浪漫人物在斯大林的俄国再无立足之地。勃留姆金盲目相信自己的运气,携带托洛茨基的信件从波斯(他在当地做过戈列勃·波基②的私人代理)回到苏联,却立刻遭到逮捕,随即被处决。他要么出于病态的虚荣,要么想提醒同道,时代崩溃了——临刑前,请求格伯乌③人员公布其死讯,他得到了承诺,起码这是著名托派维克托·谢尔扎的说法。但勃留姆金却被秘密处决,相关新闻仅出现在西方,刊登在德国《科隆日报》上。据谢尔扎说,是格伯乌一名工作人员、年轻共产党员拉宾诺维奇"走漏了消息",他写下一份关于勃留姆金之死的材料,分发给同谋,而希尔洛夫协助他做了此事。整个莫斯科和列宁格勒当时大约有三百名托洛茨基主义者被捕,但许多人,包括托洛茨基的忠实追随者和早年战友,被处以有期徒刑或流放。希尔洛夫以清白无私招来一死,他完全属于已经开始被遗忘的时代,矗立其上的是新帝国的大厦。

3

《安全保护证》——文体的集大成者:自传、中篇小说、随笔、文学宣言,但首先是自撰的悼文。帕斯捷尔纳克开始了新的生活,他已经意识到这一点。他向济娜伊达·涅高兹坦言,完成小说的过程中萦绕着对她的思念,而为她增色的天才与美人的沉思,也是源于新的恋人形象。然而,在开始新生活之前,需要总结旧的——这正是《安全保护证》所要探究的:这是保存个人的过往,是向伟大和挚爱的里尔克及马雅可夫斯基的影子告别……也是

---

① 雅科夫·格里戈里耶维奇·勃留姆金(1900—1929),俄国革命者,苏俄特工,契卡成员。1918年7月6日,勃留姆金作为全俄肃反委员会(契卡)德国处处长,领导并参与了对德国驻苏俄大使冯·米尔巴赫的暗杀,致其当场死亡。
② 戈列勃·伊万诺维奇·波基(1879—1937),苏联特工部门主要领导人,古拉格体系的积极创建者。
③ 俄罗斯苏维埃社会主义联邦内务人民委员会国家政治局俄文缩写音译,前身是契卡,随后改组为国家政治保卫总局。

向自己永远留在那些岁月里的影子告别。二十年代，出于不同的原因——却以同样的残忍，杀害了马雅可夫斯基和里尔克，以及四十岁之前的帕斯捷尔纳克。幸亏机体的活力和神奇的再生能力，帕斯捷尔纳克才活了更久，但这种获得是以诸多损失为代价——《安全保护证》的立意就在于此。这是他艺术经验的陈述，当然不止于此。这还是苏俄第一个十年的结果，令人不安而又明确的结果：马雅可夫斯基被称为理想社会主义国度唯一的公民，他比谁都盼望它的实现，而终究未能如愿。不幸属于唯一真正的公民开枪自尽的国度。

《安全保护证》的创作始于1928年，当年写到第二篇。两年后，灾难性的事件接踵而至：希尔洛夫和马雅可夫斯基之死、公开的审讯、逮捕知识分子的浪潮、"破坏分子"一词的出现，审判"工业党"①，揭露"瑟尔佐夫—洛米纳泽核心"（据说图谋推翻斯大林），发现人民交通委员部、最高国民经济委员会、国家计划委员会中的破坏分子……因为对这些事件有所指涉，帕斯捷尔纳克1930年10月12日写给别雷的信被广为引用：

> 近些天来，时常想起您的《彼得堡》和《怪人笔记》中的大臣。陀思妥耶夫斯基捕捉到的涅墨西斯②，又是多么可怕！而您和他的幻象却被现实超越。哪个是替身，哪个是计划中的原型，现在倒是一目了然，但往后会越来越难以理解〔……〕斯威夫特不也搞错了吗：不知道自己生于何时何地。真荒唐啊。

帕斯捷尔纳克给奥莉加·弗莱登伯格和父母写信，说到"行将离别"，说他时日无多。意思不是说肉体的消亡：说的是——先前的他已经销声匿迹，说他无处容身，无事可做。

当帕斯捷尔纳克书写《安全保护证》时，他感受到了这一切。这部作品是他与自己的告别、他的精神遗嘱、他的自我见证，因为二十年代的文学里，还没有如此强大的理想主义宣言。它也因理想主义而饱受非议，能在《星》和《红色处女地》杂志上发表，实属奇迹。作品单行本于1931年在列宁格

---

① 1930年11月25日至12月7日，苏联最高法院特别法庭公开审判了所谓"工业党"案件。官方宣称，破获了一个由两千多人组成的"工业党"，是"资产阶级技术知识界上层反革命分子集团"，同国外反动分子有联系，"企图在苏联国民经济各部门进行间谍破坏活动"。

② 希腊神话中的复仇女神。

勒出版，此后在作者生前一直未再版。他也未能获准将其收入1933年的散文集。

他内心还有太多未实现的可能性，以至于还不能死。三十年代前夕，他生命的一半化作空无。到了1930年，我们所知道的一二十年代的诗人鲍里斯·帕斯捷尔纳克不复存在。他所做的一切，足以使他在俄罗斯文学史上与马雅可夫斯基和茨维塔耶娃并驾齐驱，但不足以使他相信，使命业已完成。

他必须经历新时代的种种诱惑，才能更果决地拒绝诱惑，才能让传承的脉络穿越二十年的苏俄时光，延伸至"少男少女"的新一代。而仅仅为了这些少男少女，就值得活下去。

帕斯捷尔纳克传
修订版
下

Борис Пастернак
〔俄罗斯〕德米特里·贝科夫 著　王嘎 译

人民文学出版社

第 二 部

七月　诱惑

第二十二章　济娜伊达·尼古拉耶夫娜

1

帕斯捷尔纳克与叶甫盖尼娅·卢里耶的生活，始终是一团乱麻。两人离异后，他向表妹解释其中缘由，说了一些对前妻未必公正的话：

> 和她生活的这些年来，我养成了不自然也不快乐的思虑，时常与我所有的信念背道而驰，让人惶然失措，因为我还没见过像她那样自私的人，自私得愚蠢又盲目，像个孩子似的，无所用心。

为俗务所牵累，在他的圈子里被视为羞耻，问题不仅在于日常的平淡无奇：在一个困顿的时代，出于共同的寂寞，他与叶尼娅·卢里耶几经周折，各自冲向对方。二十年代，帕斯捷尔纳克势不可挡地成长起来（尽管他对这一时期的评断有所保留），叙事性不仅表现于他的文学风格，也表现于历史观方面。他期待宏大、严肃、"真正"的工作，但直到四十年代，他依然活得像个少年：焦虑、慌乱、局促。他越发频繁地将自己的作品称为"胡扯""草稿""习作"。

正如一切真正的爱情，帕斯捷尔纳克与济娜伊达·尼古拉耶夫娜的相遇也酝酿了许久，经历了试探、错误和演练。这些浪漫色彩的"铺垫"，后来在《日瓦戈医生》中屡屡上演，好像是到了第六次尝试，命运才将一对有情人聚合在一起。帕斯捷尔纳克与涅高兹夫妇应该是相识于二十年代初，海因里希（加利），基辅著名的钢琴家，刚刚来到莫斯科。一年之后，涅高兹在新地方安顿好，妻子就来跟他团聚了。这是一个绝美的基辅女人，一半得之于母亲的意大利血统，细腻黝黑的皮肤，栗色的大眼睛。

当时常有的小说般的巧合说来也简单：整个莫斯科从事创作的知识分子都相互认识，即便只是泛泛之交。涅高兹的学生伊丽莎白·杜宾娜于

1920年嫁给了上文提到的年轻批评家雅科夫·切尔尼亚克。切尔尼亚克一心想让帕斯捷尔纳克贴近当下,参与社会生活。诗人比他年长八岁,但还是感谢他的"政治教育"。切尔尼亚克介绍帕斯捷尔纳克与他年轻的妻子相识,后者又想让他认识自己的老师涅高兹,她觉得这两人会成为知己。这就是来龙去脉,只不过五年后才尘埃落定。如果这次会面早点到来,也许一切就不会发生了:直到二十年代中期,帕斯捷尔纳克还没想过要和第一任妻子分手。叶甫盖尼娅·卢里耶似乎更有预见:伊丽莎白·切尔尼亚克生下女儿娜塔莎之后,她去探望,并拿来儿子叶尼亚穿过的几件小衣服,她一句忧伤的答话让伊丽莎白吃了一惊。伊丽莎白问道:"叶尼娅,你怎么给儿子取了这名字?用孩子的名字纪念在世的亲人,是不妥当的。"犹太家庭确实有这样的规矩。"我想要一个真正的叶尼亚·帕斯捷尔纳克,"她回答说,"我感觉,我作为叶尼娅·帕斯捷尔纳克的日子不长了。"

1928年,帕斯捷尔纳克的好友、哲学家瓦连京·阿斯穆斯和妻子一起拜访著名钢琴家海因里希·涅高兹。阿斯穆斯的妻子伊琳娜带来一本帕斯捷尔纳克诗集,赞不绝口,涅高兹认同她的看法。当晚,钢琴家和哲学家轮流向对方朗读《跨越障碍》,彻夜未眠。于是三十三岁的济娜伊达·涅高兹——钢琴家的妻子和他孩子的母亲,第一次听说了诗人帕斯捷尔纳克,他的诗却没有给她留下多少印象。

第二年,阿斯穆斯的妻子在电车站遇到帕斯捷尔纳克,她从一本书的照片上认出了他,走上前去,说自己喜爱他的诗歌。当初,这样的夸赞对帕斯捷尔纳克很重要。伊琳娜·阿斯穆斯当即邀请帕斯捷尔纳克做客,他爽快地接受了,在阿斯穆斯家待了一夜。阿斯穆斯夫妇成了他一生的挚友,而对于伊琳娜·谢尔盖耶夫娜来说,他不仅仅是朋友。她没有隐瞒对他的爱慕,他未作回应。

命运几乎再次落了空:阿斯穆斯一家被邀请到沃尔洪卡回访,他们顺带也请了涅高兹夫妇,济娜伊达怎么都不肯去。她骨子里有种逆反的气质:大家都在赞美那个什么帕斯捷尔纳克,伊琳娜·谢尔盖耶夫娜也一个劲儿念叨他,济娜伊达后来却调侃道:"我害怕跟这种大人物见面。"但这个人其实颇有魅力,容易激动而不失率真,虽然谈吐有些费解。他的诗依旧未能触动济娜伊达·尼古拉耶夫娜,她反倒觉得"作为一个人,他高于他的艺术"。他一双眼睛在燃烧!种种迹象表明,帕斯捷尔纳克似乎从初次相见就被征服。"我将为了您而写得简单!"他热切地承诺。

济娜伊达对这次会面印象冷淡:"我实在不喜欢帕斯捷尔纳克的妻子,这种感觉也传到了他身上。"或许,这位未来的情敌对叶甫盖尼娅的反感,是出自下意识的忌妒:显然,帕斯捷尔纳克平常不被关心和尊重,妻子当着众人与他激烈争吵,当她觉得他表现得不着调时,就会直接制止(帕斯捷尔纳克与朋友的交往带有浓厚的嬉戏色彩,他善于展示魅力并乐此不疲,而少许的造作,也会让叶尼娅反感)。最主要是,深谙世故人情的济娜伊达不可能不明白,相比叶甫盖尼娅·弗拉基米罗夫娜,她明显输于所谓做人的格局。丽萨·切尔尼亚克后来直言不讳地写道:"叶尼娅符合帕斯捷尔纳克的标尺。济·尼这个人,尺码绝对小一号。"

出于怀旧之心,涅高兹与阿斯穆斯两家通常在基辅郊外度假。这一次,还有两家人——帕斯捷尔纳克兄弟俩和他们的妻子,也想加入进来。精明能干的济娜伊达·尼古拉耶夫娜去到伊尔平,租下整整四套别墅。伊尔平是基辅附近的疗养地,距离城区三十公里,这个名词很快就会像先前的勒扎克萨和穆奇卡普,在帕斯捷尔纳克的诗歌里发出天籁之音。它也确实符合他的精神气质:这里有"飞沫"、"丁香"("利连",如阿谢耶夫过去常说的)、"浪花"和"歌唱"①,突然又冒出一把"大鱼叉"……众所周知,恋人们往往有先见之明:济娜伊达觉得,与帕斯捷尔纳克频繁相见不会有好结果,就给他租了一座离自己稍远的别墅(给阿斯穆斯租的倒是更近一些)。此外,她还跟文学家佩尔林——她的一位密友的丈夫有过一段柏拉图式的恋情,可是当"惶然失措的神"坠入爱河,还说什么佩尔林……

几家人都搬来了。时值基辅炎热绚丽的7月,大雷雨经常不期而至。关于这些日子,帕斯捷尔纳克后来写了两首相互关联的诗,相对于双联诗。漫长的中断之后,他笔下首次出现了略显沉滞而又庄重的抑扬抑格,这正是他追求的韵律,他试图以诗歌表现钢琴的声音和节奏。此处可参见"我随手喂养着一群琴键鸟"(《即兴曲》,1915)或"晚些时候,我认出死去的肖邦"(《叙事曲》,1916)。本来还是《最初的时节》和《云雾中的双子座》的抑扬抑格,节奏还不均匀,带着停顿和切分音,现在听来好像越来越平静:

---

① 这里提到的几个词,在读音上都与"伊尔平"(Ирпень)有相近之处。"利连"是阿谢耶夫组织创办的一个未来派文学社团;1914年在莫斯科成立了一家以出版未来派作品为主的出版社,也叫"利连"。

> 伊尔平——这是人与夏天的记忆，
> 关于自由，关于奴役之下的逃亡，
> 关于暑热中的针叶，灰色紫罗兰
> 以及阴雨、晴天和雾霭的交替。
>
> 关于白色马鞭草，松脂苦涩的
> 忍耐；关于友人，还不够多的是
> 我对他们的夸赞，我的崇敬，
> 我的美言，我的无尽的称颂。①

但问题也随之而来：一方面是"苦涩的忍耐"（这里隐藏着"松节油"——松脂的旧称），另一方面则是刻意和过度的赞美，借此掩饰突兀的局面。停滞时期的压抑感和孕育着变局的虚幻田园诗之寂静（"林蛙从枝头宣告天气变化"），在结尾处以倾诉的形式骤然迸发：

> 最后在出发之前，踩踏着
> 昏热中飘零的树叶，就像
> 从布满疹子的紧绷的嘴唇，
> 我从天空用衣袖拢起话语。
>
> 那时，大麻鸦还在为秋天哀泣，
> 秋天清了清喉咙；终于明白
> 我们身在世纪原型的欢宴——
> 瘟疫时期柏拉图的会饮。②

柏拉图的"会饮"作为讨论崇高的友好对话之传统隐喻，形成精彩的交感，与普希金"瘟疫流行时的宴席"③一起，强烈映现着情景：秋天"清了清喉咙"，九月的明媚到来了，含混的话语结束了，各种关系确定下来。弥散在空气中，潜伏在角落里的灾祸，化作实在的物质。伊尔平的"欢宴"，确实发生在瘟疫流行时期。人们后来经常从这些诗行里寻找政治意味的暗示，

---

① ② 引自帕斯捷尔纳克《夏天》(1930)。
③ 指普希金1830年翻译的英国诗人约翰·威尔逊诗剧《鼠疫城》中的一场，其中主要的唱词系普希金本人原创。

却忘记了政治只是时代大规模崩坏的表现之一（而且并非主要表现），发生在其他更高的领域。帕斯捷尔纳克也感受到时代的变迁，他的外在的经历从属于这些领域。瘟疫的时代来临了，那是集体化、迫害、社会及个人悲剧的年代。

1930年夏天的伊尔平，在宁静和休闲的表象之下，酝酿着一场风暴，终将席卷四个家庭中的两个。帕斯捷尔纳克一家比涅高兹夫妇晚了三周来到别墅。鲍里斯·列昂尼德维奇去拜访他们，正赶上济娜伊达光着脚，衣衫不整，在走廊里擦洗地板。这一幕令他兴奋不已："真遗憾，我不能给您拍个照，再把照片寄给我父母！我的父亲是画家，他会赞叹您的模样！"济娜伊达为他的热情感到尴尬，况且这恭维本身也显得可疑：她不喜欢自己冷不丁被人撞见。

正如下文所述，济娜伊达绝非戒律严谨的女人。她很早就成熟了，青春年少时便熟知爱的欢悦，从不为自己的美貌而羞涩，反而依照俄国浪漫艺术家的惯例，周期性地展开一场场"罗曼史"。加利·涅高兹并不介意妻子来去匆匆的韵事。（特别是，如果考虑到米利察·谢尔盖耶夫娜于1929年为他产下一女——他最终在济娜伊达离开后娶了这个女人。妻子知道此事，始终耿耿于怀）问题出在帕斯捷尔纳克身上：他不善于轻松地用情。涅高兹家的别墅对他有着磁石般的吸引力，他也被频频邀请去听肖邦或勃拉姆斯。加利是他的崇拜者，跟他谈起音乐没完没了，他们相互为对方弹奏心爱的片段，交流音乐和哲学的话题，帕斯捷尔纳克每每借机向济娜伊达投去炽热的目光，让她的脸上泛起红晕。叶甫盖尼娅当时还浑然不觉，她忙着工作，画了大量习作，"给小草涂上颜色"。

济娜伊达·尼古拉耶夫娜喜欢在树林里捡树枝，给别墅的火炉生火。在林子里，她越来越频繁——似乎又是偶然地——遇见帕斯捷尔纳克。她既有些恨他，又乐于跟他相遇。他向她大谈其童年和莫斯科的生活，谈他喜欢亲自生炉子（涅高兹的妻子欣喜地发现，原来叶尼娅压根儿不会这一手）。而在这方面，他们之间有很多东西可以分享：加利同样缺乏生活能力。"他有一回生茶炊，里面放进木炭，水却倒进了烟管！""可我喜欢生茶炊，我总是自己动手。""您？诗人？加利连领带上的别针都不会扣！"于是，据济娜伊达在回忆录中所述，他滔滔不绝地给她上了一课，说人应该喜爱生活，生活中没有什么是可耻的，说涅高兹家的锅和钢琴同样都是诗……还说应该逐渐学会让写诗像家常便饭一样不可或缺,像生炉子和洗床单一样出于本性……他坦言,喜欢干净床单的味道(在涅高兹家里,床单向来是浆洗过的——帕斯捷尔纳克被感动了)。

来到伊尔平做客的尼古拉·维尔蒙特,也有一段回忆:有个小孩从别墅的院子里跑丢了,大家赶紧出去找他,忙乱中,几口井也搜遍了,后来总算找到了。(据济娜伊达回忆,其实没有什么小孩,只有六个人在寻摸一只落井的水桶。)维尔蒙特还记得这样一幅画面:济娜伊达像个梦游者,一边用带钩子的长竿搅动水井,一边倾听帕斯捷尔纳克,而他兴奋地说着什么,一刻也不停,她听得入了迷,两人完全被对方吸引了。很有可能,孩子真的没有失踪,他们说的是水桶,如果为了那孩子,帕斯捷尔纳克肯定不会只顾自己的恋情。

在济娜伊达·叶列梅耶娃(出嫁后改姓涅高兹)早年几乎所有照片上,她都是一副谦和低垂的眼神,赋予她以特殊的魅力。成年的她更不爱看镜头,而是把目光偏向一侧或者垂下。她当然知道,这会为她增添美貌,但这只因为天生丽质。她的精神生活隐秘地深藏于内心,个人的情感连她自己也经常弄不明白。1930年夏天,她是否已经爱上了帕斯捷尔纳克?回忆录里没有明说。当年秋天,她所称的"轰轰烈烈的情感",在他们尽可能避免相见的时节渐趋成熟。

与此同时,第一次示爱,或者起码是第一次表白关系,发生在去往莫斯科的路途中。几家人分别乘两趟火车离开基辅:先是阿斯穆斯夫妇——伊琳娜·谢尔盖耶夫娜因济娜伊达·尼古拉耶夫娜而心生醋意,丈夫则对帕斯捷尔纳克产生了忌妒。帕斯捷尔纳克夫妇和涅高兹一家乘坐后面一趟列车,两家包厢挨在一起。涅高兹很快就躺下睡了(他的心智简单得像孩子)。济娜伊达来到过道里抽烟,帕斯捷尔纳克立刻从旁边的包厢里冒出来,和她聊了三个钟头。这场交谈让她心旌摇荡:"他说了许多恭维的话,不仅夸我的外貌,还夸我的人品。"他称道的品格,可归结为两点——高尚与谦和。对于美貌的女人,最好是夸赞她们的智慧、情操和天资,可偏偏谁都不明白这一点,所有人只想得到一样东西!帕斯捷尔纳克大概不是在花言巧语,济娜伊达是他心目中完美的化身,但在诗人那里,意图和直觉之间的界限通常是微妙的。

济娜伊达坦然接受了他的赞美,自己也为之惊讶。她向他叙说了青春时期的往事：十五岁那年，在彼得堡，出于相互爱慕，她跟表兄尼古拉·米利金斯基同居了。这位两个孩子的父亲、四十岁的男人，把所有事情都告诉了妻子。米利金斯基的妻子找到济娜伊达，答应和丈夫离婚，同时请求留在他身边。济娜伊达可怜她，称她为圣女，扑到她怀里痛哭，却无从应对米利金斯基的情感。他在旅馆里租了一个房间，她戴着黑色面纱，从公费就读的奥登堡公爵学院直接去找他。据济娜伊达回忆，她显然很喜欢这种双重生活，尽管会有不少痛苦，可这却是美妙的、电影艺术般的痛苦！像成熟、美丽、濒于绝境的女人，奔向四十岁的有妇之夫。在旅馆里也戴着面纱。这种消沉略带自恋，与她相伴终生，这个纯粹文学化，甚至有些低俗的故事，也给帕斯捷尔纳克留下刻骨铭心的印象。不在场的米利金斯基，立刻引发了他的厌恨。济娜伊达怎么也忘不掉他的喟叹："似曾相识！"或许，他从中看到了与之平行的另一种"表兄妹关系"——列娜·维诺格拉德与表兄舒拉·施蒂赫的罗曼史。

多年以后，米利金斯基被塑造成科马罗夫斯基，《日瓦戈医生》中尤拉和拉拉的邪恶天才。济娜伊达认为这种转换不公平，其实尼古拉·米利金斯基跟那个为富不仁的勾引者并不像，他在现实中的命运也比小说中惨得多。认识了涅高兹以后，济娜伊达·叶列梅耶娃就丢下表兄，表兄跪倒在她脚下，请求和他一起去南方，她也向他跪下，请求原谅并放过她。结果，他独自去了南方，第二年就在安纳普死于斑疹伤寒。济娜伊达·尼古拉耶夫娜已经改嫁帕斯捷尔纳克之后，米利金斯基的女儿卡佳曾来看望他们，完成了父亲的遗愿，把一张济娜·叶列梅耶娃"梳着小辫，扎着蝴蝶结"的照片还给她。临终前，米利金斯基把照片作为最珍贵的物品交给女儿。济娜伊达生来喜欢浪漫效果，她记忆中的往事也许有些美化，但有一点是无可争辩的：帕斯捷尔纳克痛恶她的过去，撕碎了那张照片。济娜伊达很伤心，不理解他对过去的嫉恨，如同所有坚定的、植根于生活的女人，她习惯于活在当下。后来，她与米利金斯基的浪漫史，成了帕斯捷尔纳克挥之不去的梦魇，不仅在二十年代困扰他，而且在这之后，尤其在三十年代前期，贯穿于所有的一切，包括他的历史观。甚至在与妹妹约瑟芬娜短暂相聚期间，他还反复说："我要写一部长篇小说……一个少女，披戴着黑纱，来到一个勾引者身边……"妹妹想不到哥哥竟如此庸俗，她觉得他简直疯了。

返回莫斯科不久，帕斯捷尔纳克来到涅高兹位于制管工胡同的家，请求和加利单独商谈,还分别赠给夫妇二人两首特意重写的叙事曲(《汽车场车库颤抖》——写雷雨之前涅高兹在基辅露天舞台的一场音乐会;"别墅里入睡了"①写的则是对济娜伊达的爱)。他很快就向涅高兹承认了对他妻子的爱慕。涅高兹哭起来,帕斯捷尔纳克也哭了。他们真诚地爱着对方。(有个不可信的传闻,大概源于涅高兹后来对这次会面的挖苦——说涅高兹当即燃起怒火,拿起一本沉重的乐谱,砸向朋友的脑袋,接着又赶紧察看天才的那颗脑袋,看是否不小心伤着了它……)帕斯捷尔纳克离开了,涅高兹把妻子叫进书房,问她如何抉择。她大笑起来,未作回答,只是建议他忘掉一切,还说会尽量少跟帕斯捷尔纳克见面,除非根本不可避免。但济娜伊达不可能见不到帕斯捷尔纳克——无论在涅高兹的音乐会上,还是在阿斯穆斯家里。

1931年1月,涅高兹去西伯利亚巡回演出。"爱情,跟心灵捉够了迷藏,/突然变成了真正的事业。"帕斯捷尔纳克来找济娜伊达,承认自己跟叶尼娅不可能再过下去,而且早在头年12月,他已离开家,搬到了阿斯穆斯那儿,然后是皮里尼亚克家。他来找她的次数越多,他的絮叨就越难理解,也越冗长,她听得也越像着了魔。终于,在1月的一个夜晚,济娜伊达没让他走——时间晚了,外面是暴风雪——他留了下来。

2

据济娜伊达·尼古拉耶夫娜所述,随后的情形确实像一场暴风雪。与帕斯捷尔纳克共度第一个夜晚之后,她给丈夫写了一封措辞坚决的信,承认了一切,声称再也无法跟他一起生活了。他在例行演出前读到了信。他登上舞台开始演奏,未等结束就盖上钢琴,双手掩面,号啕痛哭。随即中断了巡演,返回莫斯科。济娜伊达见到他痛苦的面容,知道不该把那封残忍的信寄给他……帕斯捷尔纳克来了。三个人展开了极其难堪的交谈。他和涅高兹都问济娜伊达接下来想怎么办。她做出了唯一可行的决定,说打算去基辅找女友,在那儿缓口气。

实际上,事情远非表面上那般浪漫。1931年1月的那一夜之后,济娜

---

① 指帕斯捷尔纳克《第二叙事曲》(1930)。

伊达并不急于跟丈夫了断。帕斯捷尔纳克时不时还来,还是说个没完,涅高兹快气疯了,不得不继续巡演,挣钱,把妻子留在莫斯科。涅高兹去基辅演出前,又有过一番表白。基辅的首场音乐会观众爆满,涅高兹的表演无精打采。演出就要结束时(这次不是在节目中间),他一拳砸在琴键上,跑到后台,当着管理人员的面哭起来。他的妻子收到了从基辅寄来的信:他们一位共同的熟人在信中说涅高兹精神崩溃,要她前来。于是济娜伊达在3月12日这天赶往基辅,不是要离开涅高兹,而是来到他身边。她并未过多考虑自己的未来,反倒试图弥合过往的生活。显然,就在接下来的几场音乐会过后,他们的夫妻关系有所恢复,而她后来每每忆及当初,便感到不寒而栗。她把长子亚德里安(阿季克)带在身边,幼子留给保姆照管。

帕斯捷尔纳克送她到火车站。回来的路上,他走在阿尔巴特街,回想起一年前从基辅郊外别墅返回时,乘车行驶在一夏天路面就铺砌一新的莫斯科(他立刻将这些思绪写入书信,当天傍晚就发了出去)。

> 它的人流与灯火在眼前闪现,我向它们宣告我响亮清晰的消息:大大的你,充满整个夜晚与城市……有生以来,我从未像现在这样了解自己,但我不了解也不敢了解你。我不知道,你是否会爱上我。我向路边的招牌发出问询。

有趣的是,帕斯捷尔纳克有取之不尽的热情修饰语,用于赞美恋人,其中最常见的词就是"大的"。而后来,当拉拉向尤里·日瓦戈俯下身子,他从昏迷中清醒过来,最先看到的也是"一双雪白宽大的臂膀"[①]。不过,济娜伊达个头并不高大,比帕斯捷尔纳克矮一头,她自豪的是古典式的匀称……可她确实在人们心目中是一副高大的形象,或许是因为她的精力和坚毅。她身上蕴蓄着巨大的生命力,不仅未及消耗,似乎还没开始消耗。顺便说一句,叶甫盖尼娅个头更高些,却从未让帕斯捷尔纳克(乃至任何人)觉得她"高大",相反,她给人留下的印象是脆弱和萎靡。新的恋人是各方面都强势的女人,利落,坚韧,善于自我克制。浑然自足的天性,早就让帕斯捷尔纳克为之倾倒。

在基辅,涅高兹夫妇要分手的消息在钢琴家的弟子中间传开了。说客

---

① 参见《日瓦戈医生》第十三章第10节。

纷纷前来,告诫济娜伊达·尼古拉耶夫娜:"别这样对待一位大音乐家!"而帕斯捷尔纳克也在向她施压,写下了连篇累牍的书信。应该承认,这些信在策略上无可指摘:

> 倘若你强烈地想要回到加利卡那儿,就请相信感觉吧。[……]请理解这些建议的目的:你应当拥有自己的幸福。(1931年5月14日)

这有什么费解的?真正的高尚就是,有一个女人被你唤醒,在你的爱的辉映下更加美丽,然后你将她归还给另一人,任由他们就此经受第二次考验,把催化剂的角色谦逊地留给自己。要知道,他当时绝对是真诚的,尽管他同样真诚地认为,济娜伊达太过诚实,他的疯狂情欲造就的那个她,不可能回到丈夫身边。上帝,你的作为何其完美!1931年5月14日。一年零一个月前,马雅可夫斯基开枪自尽!帕斯捷尔纳克来到其住所放声痛哭,也为自己哭泣,他觉得个人的生命永远毁灭了,只能怀着这种心境苟活,直到1930年夏天。但重生的力量又是多么强大!奥莉加·弗莱登伯格的看法绝对正确:没有人能像他那样起死回生。经过了一年,"诗人的最后一年",春天再度来临,他又年轻起来,生气勃勃,坠入了爱河,莫斯科也暖和得出奇,幸福近在身旁,不堪忍受的家庭危机缓解了。妻子带儿子准备去欧洲,到罗伯特·法利克那儿进修一年,后者是她当年在雕塑建筑学校的老师,如今在巴黎工作。的确,最黑暗的夜晚就在黎明之前。

5月5日,帕斯捷尔纳克送妻子和八岁的儿子前往柏林。紧接着,一封动人的信飞向远方,他在信中要妻子相信,他们的精神结合不可分割。几乎同样的意思在他的《别激动,别哭泣,也别为难》里也有所表达,只是以诗的形式。这也正是阿赫玛托娃所鄙夷的:

> 他在那儿劝说妻子不要为其出走而太难过。新郎官儿的大作。安慰了这一个,别上了胸花,又去找另一个。

实际情况看来也是如此。诚然,在家人离去和他本人前往基辅的间隙,诸多"离奇的巧合"令他深感诧异。5月14日,他去了布良斯克火车站(现今的基辅火车站),要把写给济娜伊达的信投入邮车,好让信件更快送达。在车站上,他遇到了那位玛丽娅·普里茨,1921年,他就是向她租了一间住房,位于石榴胡同和格奥尔基胡同之间。他在那里筹备《主题与变奏》的出版,也是在那里认识了叶尼娅。他与老太太多年未见,虽然不久前打过电话,问她那间房屋是否空着。屋子被占用了,上面安排人住进来,挤得满满当当……普里茨到火车站是送一位敖德萨朋友,她来探望普里茨,现在要赶回去。她乘坐的特快列车,就是帕斯捷尔纳克把信件投进邮政车厢的那趟。意外而伤感的巧合。

> 我并不激动,他们几近灰土色的石头般的脸孔,那脸上衰老的印记,却令人震惊……我暗自决定,短暂、疾速、内心强大地活下去,不需要什么理由。

这是不多的证言之一,表明帕斯捷尔纳克对他人的老态是何等畏惧,对幸福地重归于他的青春又是何等珍惜。

家人走后,帕斯捷尔纳克独自度过了一星期,畅想着与济娜伊达未来的生活。他把这生活想象得五彩斑斓:

> 我一直在想你我终将拥有的亲密生活,它将占满我的分分秒秒、我的境况、事业和成就,而所有这些,都在平淡之中明亮而真实地显现,如同箱子或绗缝的棉被。我期待这充实的、时常因种种冲击而撕裂的欢乐,就像期待盛夏早晨空气里的煎蛋,这时节会有无数夏日的光点,宛如一颗颗小眼睛,投射在平底煎锅里:天心是蛋黄,白云是蛋白;蛋黄是杨树叶,蛋白是房屋。我真喜欢和你在一起的生活,它就像世界无比丰盛的早餐的鲜亮早点,像我们饥饿的力量所应得的用光明烹制的美食……

姑且认为,这是绝妙的比喻——炎炎夏日里的煎蛋(同样是1931年,在长篇小说《斯库塔列夫斯基》中,列昂诺夫让饥饿的主人公、共产党员切里莫夫把冬日天空里的太阳比作煎蛋,可他的确是想饱餐一顿。不排除帕斯捷尔纳克孤独时也会遭受美食幻觉的折磨)。最值得注意的也恰恰是这些"明亮而真实的平淡事物"——煎蛋、世界的丰盛早餐、箱子、绗缝的棉被……可以理解,一个在抽象概念里生活太久的人,反而渴望平淡、具体的事物(帕斯捷尔纳克一直有这种渴望,而他的清高脱俗所引起的愧疚感,又使之越发强烈)。然而,对于情书来说,这一切太过物质化。帕斯捷尔纳克仿佛在履行承诺,要让自己被新恋人彻底理解,而她所能真正理解和亲近的,却只有日用品。这封信里还有意提到了分配站(商店里已经一无所有,只能凭借特殊的票证,有时甚至是作家证,从不对外开放的分配站弄到东西):帕斯捷尔纳克正巧得到了一张票证,他请求分配站经理将有效期延长到预计济娜伊达返回莫斯科的日子。"你给孩子买得太多,你积攒了琳琅满目的物品……"物质的盛宴!还能用什么来诱惑一个正派人呢?

此类话题开始在《第二次降生》的抒情诗里出现,致使一些开篇甚至很出色的诗作都不讨人喜欢。帕斯捷尔纳克书写着,同时操持着家务,在写给心上人的信里详细罗列了干家务活的成就:交房费,收拾屋子,清扫灰尘……5月的天气热起来,杨絮飘飞,将小小的种核撒落在人行道上:

> 到处是结籽的棉绒,
> 被风从林荫路卷起,
> 白杨树松软的短絮
> 漫步,如堕落的幽灵。
> …………
> 你是我如此可贵的生命,
> 不相干的东西都要抛弃
> 就连喝口鱼头汤的念头
> 也恶心,如鱼的腐烂。
>
> 我就这样摸索着深入
> 一个真实故事的幽暗。
> 冬天我们要扩大住所,
> 我要占用兄弟的房间。①

扩大住所是好事,相比《施密特中尉》字里行间的"战斗性",这出自抒情诗的诱人许诺却更显刺眼和突兀。帕斯捷尔纳克从来不善于自我欺骗:扩充抒情的语汇和主题范围一向是他真正的志趣,但与生活空间的扩大几乎没有共同点。

帕斯捷尔纳克描写雷雨前夕的军事用语耐人寻味,经得起推敲。以《雷雨将至》(1927)为例:

> 那时,忧伤如侵略者

---

① 引自帕斯捷尔纳克《到处是结籽的棉绒》(1931)。

包围旷野。掩体隐约可见。
…………
寒气经由先头的侦察，
翻涌着突入后防。

然而，《第二次降生》的诗篇里却没有雷雨的迹象，有的只是激情过后（雨后）的休憩、舒缓和平静——家庭的和田园诗的特征，略带小市民气：

会有喧声闯进来："暴雨
被遣送远方，连马卡尔放牛①
都不曾到过那儿……"会有
太阳用沥青油浇拌色拉。

追逐雷电与先知以利亚②的
四套马车，激流之下——
会有我牛犊般的欢悦，
有你牛犊般的柔情。③

应该再上一份奶油拌色拉（就在上一节，发霉的窗户也被打开，像打开酒瓶——款待幸福的夫妇），还有牛犊的欢悦，沉浸于牛犊的柔情（唯独缺少了牛肉丸子）。总之，幸福的爱情表征尽在此中，由于迟来的嬉笑，甚至有些纠缠不清。透过所有这些欢悦的爱的抒情和厚重的抑扬格，经常阅读他的读者会隐约看到某种不幸，而他们更习惯于他向来动荡不安和近乎负罪感的幸福。曼德尔施塔姆曾在他的基辅随笔中形容杨絮"如浩劫"，这是他回想起犹太人惨遭屠杀，羽绒从开膛破肚的被褥中飞散的情景。《第二次降生》中的杨絮则像是舒适的被褥，跟浩劫毫不相干。从读者的主观感受来说，这别样的田园诗却比大屠杀更可怖。

不过，济娜伊达也许并非耽于尘俗之人，也许他是依照个人的"第二次降生"，才把她设想成这样？话说回来，假如她是出色的家庭主妇的化身，

---

① "马卡尔放牛都不曾到过的地方"是俗语，比喻非常遥远的地方。
② 《圣经》中的重要先知，按神的旨意审判以色列，施行神迹，未经历死亡，就被神以火车火马接送升天。
③ 引自帕斯捷尔纳克《雪绵延不绝，唯有忍耐》(1931)。

425

帕斯捷尔纳克恐怕也不会爱上她。

三十年后,济娜伊达·尼古拉耶夫娜这样描述当初的情况:

> 像往常一样,每次成功的音乐会之后,我对海因里希·古斯塔沃维奇好像就会爱得死去活来,再也不想给他平添痛苦了。(这次)音乐会过后,他又来找我,我们的夫妻关系马上就恢复了。真可怕啊[……]他要去莫斯科,临行前对我说:"你只是在精彩的音乐会之后才肯爱我,平常的日子里,我却让你感到厌倦,让你不堪忍受,因为日常生活里的我像十足的傻瓜。鲍里斯远比我聪明,而且很显然,你背叛了我。"与海因里希·古斯塔沃维奇告别时,我答应忘掉一切,跟他重归于好,如果他能原谅并忘掉所发生的事情。

5月18日,涅高兹离开基辅,帕斯捷尔纳克立刻赶去找他的心上人,动身前还收到几位格鲁吉亚作家的电报,邀请他去高加索度夏。他没有回复,因为他想先跟济娜伊达商量,说服她同去。于是在基辅,一场罗曼史重新上演。一个月后,帕斯捷尔纳克就此写下《你在这里,我们在弥漫的空气中》,稍后又写下名诗《又一次,肖邦不求好处》,昭告生命的再度复苏:

> 又一次吹奏,追逐,叮当作响,
> 剖开血红的肉瓤——又一次
> 产生哀号,但不是哭泣,
> 不是死去,不是死去吗?

离开基辅之前,帕斯捷尔纳克给前来讲学的卢那察尔斯基写了一张便条,要求把济娜伊达母子安顿在基辅郊外普列奥布拉任尼耶的疗养院:

> 您一句话就够了……请允许我不对您解释,我为何要争取这件事,以及它对我是何等重要。当然,您或许也有所了解。

给卢那察尔斯基的便条本应由济娜伊达·尼古拉耶夫娜转交,但她改变了主意,或许是因为难为情。5月27日,帕斯捷尔纳克已回到莫斯科,以便次日随同首批派往生产一线的作家团队之一,前往车里雅宾斯克和马格尼托戈尔斯克进行表演。

5月28日,帕斯捷尔纳克、马雷什金、格拉德科夫和线条画家斯瓦罗格一行踏上旅程。一路上书信频传:

亲爱的朋友，早晨好！列车颠簸得厉害，铅笔在手中跳动。一群有点儿傻气的好伙伴，几个可爱的人。一路上都在吃喝，酒食花费了四百卢布。命运派来素描插图画家斯瓦罗格做我们的旅伴。神奇的吉他手[……]——他演奏自编的狐步舞曲，没有伴唱的曲调不堪一听；就这样还兴头十足。我甚至也用脚轻轻踏地，合着节拍。（可以肯定地说，他失去了二十年！——德·贝）我把这次旅行看作一连串的晚宴，只不过是在车轮上。（1931 年 5 月 29 日）

二十二年之后，他对瓦尔拉姆·沙拉莫夫叙说的情形全然不同：

1931 年，我作为一个作家代表团的成员去了趟乌拉尔，整个旅行令人震惊，车厢两侧随处可见流浪的乞丐，身穿南方式样的土布衣裳，讨要着面包。停在铁路上的专用列车一眼望不到头，满载着被押送队包围的家庭、孩子、叫喊、哭号——这是把当时的富农遣送到北方的死地。我指着这些列车让我的作家同行看，他们却没说出什么名堂来。

1931 年，幸福地坠入情网的他，还能让自己忘掉旅途见闻，到了 1953 年，他也就只记得这些了。

济娜，我的命，我的心尖儿，我的唯一，我最大的和至爱的宝物，我的欢悦和哀伤，我终究与你同在。我来到车里雅宾斯克。[……]我已经知道，这一切是怎么回事。确实，有许多宏伟的建筑落成了。[……]不禁联想到彼得当年的工程。这是一方面。另一方面，只有在类似这趟旅行的氛围中，人的常见的愚蠢才表现得如此齐整。仅为这一点，也不虚此行。[……]现在我终于明白，一直以空虚和庸俗而令我反感的事物背后，除了有组织的平庸之外，没有任何使人高尚和可以解释的东西，也没有什么可找寻的[……]。

但如果你想和我一起生活，那我就无所畏惧。

在这些信中（她的回信未能保留，而且她几乎不给他写信），济娜伊达仿佛是所有完美的集合体：

我的亲人，我的神奇的、亲爱的女人……在社会主义建设的岁月里，你是伟大俄罗斯抒情创作的亲密伴侣，你的气质酷似于它，你正是它的姐妹。

早先随风而逝的那个,是生活的姐妹,如今的这个,则是社会主义建设的姐妹……对心上人的赞词多么美妙!但在 1931 年的信中,在幸福的巅峰,帕斯捷尔纳克被建设新生活,也包括建设个人生活的思想所感染,他的书写开始有了马雅可夫斯基式的音调,就在同一封信中,会读到"心灵、嘴巴、腿脚之间博大的友谊",这让人不禁想起:

> 无论是吻手,
> 还是吻嘴唇,
> 在我的亲人的
> 身躯的颤动中,我的共和国的
> 殷红的
> 颜色
> 也
> 应当
> 烧得通红。①

此处的诗句出自马雅可夫斯基俗气而煽情的《致塔季扬娜·雅科夫列娃的信》(1928)。帕斯捷尔纳克则在信中写道:

> 如今我被信任,被馈赠,当我得到你,我对人生的责任便增长了十倍,无论先前它有多大[……]。我想活得透彻,活得炽热。

同时,莫斯科也到处都在建设!新的楼房拔地而起,旧的被拆除,电车线路在延伸。尘土飞扬,砾石路面,修缮与土木工程,这一切对于他都是快乐重建的象征。他提前返回了莫斯科,像是急着要查看信箱。马雷什金、潘菲洛夫和斯瓦罗格继续前往马格尼托戈尔斯克和库兹涅茨克。在莫斯科,帕斯捷尔纳克收到帕奥罗·雅什维利一封详细的信,极力邀请他去高加索,并以炫丽的辞藻表达了对他的爱戴。这封信是用完全准确且又华美的老派俄语写的。命运本身以最佳方式将一切安排妥当:"进展顺利,就好像周围的一切都在为我着想。"(6 月 13 日,写给济娜伊达·尼古拉耶夫娜的信)

帕斯捷尔纳克先把雅什维利迷人的信转寄到基辅,随后自己也赶了过去。"一如既往,我一见到鲍里斯·列昂尼德维奇,立刻服服帖帖,对他言

---

① 此处采用乌兰汗先生译文。

听计从。"6月11日,被征服的恋人和她的儿子阿季克跟帕斯捷尔纳克一道去了梯弗里斯。

3

帕奥罗·雅什维利和纪齐安·塔毕泽是格鲁吉亚"蓝角"诗社创始人,该社倾向于象征主义,但又充满朝气,具有鲜明的民族特色。两人密切关注俄罗斯局势,喜欢招揽四方宾朋,飨以梯弗里斯美食。别雷也曾被请到格鲁吉亚,度过了愉快的时光。1930年,雅什维利去了一趟莫斯科,决定与神交已久的帕斯捷尔纳克结识。

雅什维利是贵族出身,欧洲人,脸色幽深,但不显黧黑,而像是激情之火炙烤的颜色。额头上过早出现的"聪明的"秃顶、短髭、高个头、优雅清瘦的身形、无可挑剔的旧式礼仪,所有这些都与他相得益彰,赋予他以异乡人的样貌,令帕斯捷尔纳克难以忘怀。那是当年秋天,雅什维利来到沃尔洪卡。帕斯捷尔纳克很久没跟人倾心交谈了,几乎忘了还有这种事情。他们聊得投机,真情四溢之际,他向客人诉说了平日的困苦,说自己坠入情网,不知怎样才能与恋人结合……他还读了他的"别墅里入睡了"。

雅什维利一回到梯弗里斯,就召集朋友,向他们讲述此次旅行。塔毕泽夫妇、瓦列里安·加普林达什维利、科拉乌·纳季拉泽等人都来了。雅什维利兴致勃勃,朗读了《第二叙事曲》,说他从未遇到过像帕斯捷尔纳克这样活生生的奇迹,这样的灵感的化身。大家都很好奇,都想见识一下这些惊喜的源头。1931年2月下旬,雅什维利重访莫斯科,再次发出诚挚的邀请。波利沙科夫、帕夫连科①和帕斯捷尔纳克一起请他吃了午餐。7月14日,帕斯捷尔纳克偕济娜伊达·尼古拉耶夫娜和她的长子阿季克,来到1936年之前一直叫作梯弗里斯的格鲁吉亚首府。

对帕斯捷尔纳克而言,格鲁吉亚不仅成为应许的天堂,也成为一方乐土,汇聚着被遗忘的情感和似乎消失已久的关系。这里古风犹存,骑士精神完好——不是倨傲的或大众化的。他从车里雅宾斯克的贫寒和困顿失落的日常来到这里,远离了化批判为戕害的环境和同行的不解,犹如进入一间暖

---

① 彼得·安德烈耶维奇·帕夫连科(1899—1951),苏联作家,四次获得斯大林文学奖。

融融的浴室,沉浸于众人的爱和诚意,等待他的是周全的款待,丰盛而漫长的宴席,少不了华丽的祝词和他喜爱的白兰地。在这里,他第一次不必压抑自己的欢悦,因为每个人都热情洋溢,外露的情感和滔滔不绝的话语,是通行的交际方式。帕斯捷尔纳克他们在雅什维利家里住下。当晚,"冲着帕斯捷尔纳克",客人们就聚齐了。塔毕泽,据他妻子尼娜回忆,非常担心——这位帕斯捷尔纳克,是否跟他的诗和帕奥罗·雅什维利叙说的一样。果真一模一样。"他内心里蕴藏着多少热量啊!"尼娜·塔毕泽回忆道。帕斯捷尔纳克对来宾敞开笑脸,他们同样报以爽朗的笑。"我们当时就成了永远的朋友。"他朗读了很多,大家也为他朗读。他倾听着,一句也没听懂,却被奔放的格鲁吉亚语言打动了。行程当即确定下来:卡赫蒂亚、博尔若米、阿巴斯图曼、巴库里阿尼①。塔毕泽说道:"我不相信,您是第一次来我们这儿。一个写下'每当夜晚,在冰川的蓝光下/从塔玛拉身边来到这里'②的人,一定见识过高加索。"帕斯捷尔纳克答曰,任何了解俄罗斯诗歌的人,都会觉得高加索是故乡。他们开怀畅饮直至深夜,次日早晨,带着帕斯捷尔纳克和济娜伊达游览古老的梯弗里斯。梯弗里斯当时(后来很长时间也是)就像一座欧洲的中世纪城市:狭窄的小巷、交缠的藤萝、数不清的小酒馆、刀具作坊、皮革店、露天市场、当街做活儿的手工匠、院子里和蔼可亲的老太太、五光十色、热情好客、劳动与节庆最幸福的结合——像以往一切世代,劳动是出于自愿。帕斯捷尔纳克不禁爱上了格鲁吉亚的骑士之风。大地自行生产,太阳慷慨地挥洒热量,每个院落里都备有待客的美食,没有什么会是负担,苏维埃政权的气息——压根儿感觉不到!群山绵延不绝。五年后,他在小型长诗《夏日笔记》③里写道:

> 大地阻止了时间,
> 那里翱翔着它的精灵,
> 我们也像大地精灵
> 胡扯,憧憬着浪游的生涯。

塔毕泽——雅什维利的亲密朋友和对跖者,成了帕斯捷尔纳克心目中

---

① 均为格鲁吉亚地名。
② 出自帕斯捷尔纳克《怀念恶魔》(1917)。
③ 又作《旅途笔记》,亦可称之为组诗。

民族诗人的化身：

> 他抽烟，一只手
> 托着下巴。
> 他冷酷，如浅浮雕，
> 纯净，如天然的金银。
> 他结实，他脆弱，
> 他死气沉沉，然而——
> 罗丹塑造了
> 像他一样的巴尔扎克。①

他们去了穆茨赫塔，参观了贾瓦里修道院。8月，来到科焦雷，住在"疗养院"宾馆8号房间。这是婚礼前的蜜月，是人间天堂和所有愿望的实现。尼娜·塔毕泽偶尔会发现济娜伊达·尼古拉耶夫娜脸上"深深的忧伤"，但她还不知道，济娜伊达通常很矜持，在众人面前更愿沉默，不轻易流露情绪。

那座宾馆让帕斯捷尔纳克终生难忘：

> 楼房矗立在科焦雷附近的道路转弯处。道路顺着房子的正面抬升，然后绕过房子，从后墙旁边经过。从这座楼房可以两次看到路上所有步行和乘车的人。

这是自传体随笔《人与事》里的片段。1956年春夏之交最后的自传，为原定1957年出版的《诗选》而撰写。《诗选》未能出版，随笔直到1967年1月才发表在《新世界》杂志。在《人与事》中，帕斯捷尔纳克以优美的笔法简明扼要地总结了一生。他把科焦雷的房子写入自传，或许是想在随笔中记录生活的主要"情况"：他喜爱的和最具象征意义的场景，也是频现于《斯佩克托尔斯基》以及《日瓦戈医生》的场景。

三十年代苏联报刊乃至作家界，常常把帕斯捷尔纳克称作"住别墅的人"，嘲笑他是透过佩列捷尔金诺寓所的窗口窥望生活。而山路转弯处的房子，远比别墅更能准确隐喻他的处境。在他的个人生活中，一切都是偶数的，所有人与事，他都分先后两次来看：譬如马雅可夫斯基，先后成为《安全保护证》和《人与事》的主人公；茨维塔耶娃，先是《施密特中尉》赠予的对

---

① 引自帕斯捷尔纳克《夏日笔记》(1936)。

象,再是双联诗《怀念玛丽娜·茨维塔耶娃》的主人公;而革命则成为他的隐秘主题,贯穿于两部书写爱情的主要作品《生活,我的姐妹》和《日瓦戈医生》。这种从两扇窗口透出的目光,两面镜子里的影像,即是帕斯捷尔纳克创作之道的典型特征。年轻时,他以喜悦和愧疚看待世事,等到成熟之际,则是以谴责和同情。对世界的两种不同感知之间,横亘着一道界线,一道密实的木墙。这便是三十年代。

然而,无论何等幸福,无论在何种情况下,倘若未经羞耻和惶恐的映照,都会令他感到刺痛,这便是帕斯捷尔纳克的心理学。在一个黄色便笺本里(未来新诗集《第二次降生》有许多诗都出自这里),帕斯捷尔纳克随手记下"对叶尼娅和叶尼奇卡的忧虑",记下"济娜和阿季克来到草地"。就在科焦雷,他写了一首未收入新诗集的幸福而惶恐的诗:

> 未来!云朵蓬乱的侧影!
> 灰帽子!年轻的雷雨!
> 天堂的苹果,成熟在
> 我将如上帝的年月。
>
> 我经历过这些。我偿清了。
> 我知道这一切。我体尝过。
> 炫目的夏日。晴朗的酷暑。
> 炽热的蕨草。阒寂无声。
> 苍蝇不停歇。野兽不蹦跳。
> 鸟儿不飞舞——焦灼的夏日。
> 草叶不拂动——棕榈如墙垣。
> 蕨草和棕榈——这也是
> 树。这是篮子里的皇后苹果,
> 把受伤的阴影投进燥热,
> 少女之树与禁忌之树。
> 这是如墙垣的棕榈,是"喏,那边,
> 不管有什么,我要去瞧瞧……"
> 棕榈如墙垣,不知谁是另一个,
> 谁像强力,像饥渴,像痛苦,

> 谁像大笑和彻骨的冰冷——
> 掠过脑门和手掌上的寒毛，——
> 蝰蛇——烙铁似的盘在水洼。
> 针叶松的蓝色线条。阒寂无声。
> 蕨草和墙垣般的棕榈。

恍如梦境的诗，略显不祥，尤其是斜体标注的"这也是树"，魔鬼的在场清晰可辨，仿佛寒颤滑过肌肤。宁静窒闷的夏日，令人联想到他的早期作品，联想到《生活，我的姐妹》——"蓝天把灼热的面孔／俯向河流那憋闷的宠儿的脸"，以及整部诗集中最茫然、最具转折意味的一句："不要拼接首尾两端，不要抬起手臂。"[1]天堂就是天堂，却已经有了蝰蛇；幸福对于帕斯捷尔纳克，始终是某种需要救赎的东西："这样我们才会获得原谅，／我们要相信、等待、活着。"问题再次出现——难道可以责怪他的自私吗？回答是肯定的，他备受怨责，这显然也是他写下这些诗句的缘由：

> 莫非我想要更甜蜜的生活？
> 不，绝不，我只想
> 逃离半梦半醒的丛林。
> 但我该从何处获取力量？
> 假如夜晚，伊尔平的梦境
> 容不下我一生的行装？[2]

这是《屋里不会再有人来》一诗的初步勾勒，是陈说一切的自我辩白。新的爱情，不是对愉悦的追求，而是战胜生活，又要使之摆脱停滞的强劲动力。可怕的险境和隐秘的伤感也就在于此——一切乍看如此真实，如此和谐美好：诗人博得美人的芳心，迈入一座山、海和花园的天堂，朋友簇拥在身旁，妻儿被他送到德国，似乎已经安顿好了……然而，在这些幸福的深处，却是躁动不安的渴望。他必须时刻让自己相信，济娜伊达是最好的，她生来就是他的女人，她是一切完美的宝库，为她而写的诗充满狂喜，因而有时也就不大可信。

---

[1] 这一句和前面的"蓝天把灼热的面孔……"，均引自《生活，我的姐妹》中的《他们那里如何》（1917）。
[2] 引自帕斯捷尔纳克《莫非我想要更甜蜜的生活？》（1931）。

这段时间里,他也写信给约瑟芬娜:

> 我从未像现在这样爱着叶妞拉和叶年卡①,我相信并且知道,像我一样,他们两个及所有亲人的情况,很快也会好起来,起码比以前要好。无论如何,你都会看到,一切都会以光明和美好的方式结束。[……]我是一个负债累累的人,一个无可辩白的罪人。但即便如此,有朝一日这些都会得到补偿。

这似乎又是帕斯捷尔纳克的一个悖论,但这里并无难解之谜:长期的相互习惯和持续争吵过后,迷惘岁月里让心灵为之困惑的东西,突然释放出新的能量,同时,对济娜伊达的爱也给他带来精神力量。对于如何真正保持情感的充沛,如何充分把握文学机遇,帕斯捷尔纳克向来懵然无知,他善于领会的唯有幸福。并非在顺境中领会,因为他所遭遇的幸福,无论对他还是对周围人,几乎都是灾难性的,但恰恰又是在他处于自我平衡之际。

游览了科焦雷,雅什维利将他们带到柯布列梯海滨,度过了9月和10月初。用餐是在政府食堂。同住一所宾馆的还有诗人西蒙·奇科万尼和维萨里昂·日根季,帕斯捷尔纳克畅游大海,引得他们连连称赞。奇科万尼的房间在一楼,每天早晨,他都能听到二楼的帕斯捷尔纳克吟诵新的诗句。帕斯捷尔纳克开始了小型长诗《波浪》的创作,这标志着他的抒情将进入严肃、庄重和沉稳的新阶段。成熟期终于到来了。就像他所期望的"清醒、干爽、老成"的阶段性作品《崇高的疾病》,《波浪》也采用四步抑扬格。它有两个已知的版本:第一个短小而流畅,作为待发表作品留给梯弗里斯的朋友;另一个收录在《第二次降生》里,已然扩展为博大的诗歌宣言。有些句子令人赞叹,构成了音色和声调极为纯正的节段,足以传世,其中的忧伤却驱之不散:

> 我想回家,回到斗室的
> 辽阔,它勾起我的感伤。
> 我要进入,脱衣,凝神,
> 让街上的灯火把我照亮。
> ……………

---

① 帕斯捷尔纳克妻子和儿子的昵称。

> 树木和房屋又将传来
> 浅唱的故调，
> 四面八方又将开始
> 冬日的主宰……①

叶甫盖尼·帕斯捷尔纳克注意到，"像你一样爬行，升起，/挺直，树立起来，莫斯科"这句，在第一个版本里表达得更为直露："像你一样终结，莫斯科。"重生原来是死的同义词，而《安全保护证》也道出了这个预言："这难道不是第二次降生？这难道就是死？"

《波浪》——一部非常严谨的诗作：

> 仍是旧有的迹象：冬日在门边，
> 我们却怀念着夏日的尾声。
> 我们同它道别，来到岸上，
> 把双脚浸没在一片白沙中。

作品中的阴郁景象（虽然也有少许阳光），犹如古斯塔夫·多雷笔下的炼狱。从各方面来看，柯布列梯之旅都是天堂和地狱之间的炼狱。整部长诗里未出现一个鲜活的人物，连牧羊人和向导也都威严雄健，宛若群山。应当习惯，适应……竭尽所能，服务于人民，或者是自己的天赋……但纪律的声音压倒了一切。这是被发配从军的人在行进："一年又一年，一个又一个部落"，尽管他们自己后来也会爱上这片土地：

> 这股人潮何以涌动？是因为
> 有人将他们驱遣到杀场？
> 或是他也爱上了这片土地，
> 从此不由自主地陷入迷惘？

当然，除了别斯图热夫-马尔林斯基②，再勉强算上波列扎耶夫③，大概不会有哪个俄国流放犯热情地"爱上这片土地"；但还是应以平和的心态看

---

① 本节所引诗节及诗句，除注明外，均出自帕斯捷尔纳克《波浪》(1931)。
② 俄国浪漫主义作家，十二月党人。马尔林斯基系笔名，全名为亚历山大·亚历山德罗维奇·别斯图热夫(1797—1837)。
③ 亚历山大·伊万诺维奇·波列扎耶夫(1804—1838)，俄国诗人，曾经在高加索服兵役。

待关于征服高加索的思索,关于它被强行纳入帝国领土和人们被遣送至军旅……这毕竟不是漫游在俄罗斯中部平原(那里当然也有过纷纭往事),而是踏上征战之地——"战斗在山涧激流中持续了两小时;/如野兽般残酷地厮杀"①——战斗不是持续了两小时,是百余年;莱蒙托夫当初来到这里,不是为了矿泉,是为了全然不同的水——"但浑浊水浪已变得/暖融融,呈现绯红"……帕斯捷尔纳克试图给这幅画面配上舒缓的和声:高加索之被征服——是因为爱,而流放犯来到这里,几乎也是主动爱上了这片土地。要知道,作者起初也觉得自己是新现实的俘虏,而后居然爱上了这种囚徒的境遇。被迫爱上被强加的伟业,成为《波浪》的主题思想,影响着作品的音调、底色和韵律。

直至帕斯捷尔纳克回到莫斯科,追忆格鲁吉亚,那里的山山水水才唤起他的愉悦,但阴郁的色彩始终笼罩着《波浪》:

> 天蒙蒙亮。弗拉季高加索城外
> 愈显昏暗。沉重地游移着
> 阴云。黎明并非骤然而至。
> 一片曙色,光明却在远处。
> …………
> 那里飘来梦一样的影子。
> 像架在炉灶上的大锅,
> 像盛满有毒饭食的瓦罐,
> 达吉斯坦在里面冒着烟气。

这里尤其动人的是,作者想从审美上为国家的形势寻求辩解,想把俄国的变迁描绘得宏伟壮丽,如同自然景观;他希望自己能接受这些变迁,哪怕是以这样的形式:

> 整个高加索如在手掌心,
> 整个如同揉皱的床褥,
> 一簇簇冰峰闪耀着蓝光,

---

① 此句及下文"但那浑浊的水浪……",参见莱蒙托夫《我是偶然给您写信;说真的》(原名《瓦列里克》,1840)。

让燠热的山岚也为之失色。
…………
我以队列殿后者的目光
凝望着这一片美景,
这一道道屏障之鲜明
让我感到多么羡慕!

哦,愿我们也有同等的机遇,
愿我们的日子和总计划
穿越时光,像穿越云雾,
同样陡峻地注目于我们!

愿它迈开步伐,日日夜夜
在我面前不住地行走,
愿它用自己崇山的脚掌
将我的预言之雨踩成泥浆。

不该跟任何人争吵,
也不该被任何人猜疑,
我愿抛开劣等诗歌的经营,
去塑造我的长诗的生命。

  多么奇异的田园诗!塔毕泽喜欢说:"不是我在写诗,是诗在写我。"①帕斯捷尔纳克后来将这首 1927 年写的诗译成了俄语,此诗并非两人共同创作的杰作,但鲍里斯·列昂尼德维奇欣赏开头的警句。这是怎样的基督教立场!作者不是我,而是我的主宰者!还有帕斯捷尔纳克诗歌里永远的渴望——融于现实,成为造物主的工具。"我将一抹雪青色的光泽/缀挂在造物主的鹅毛笔上。"②帕斯捷尔纳克于不同年份,分别写下五首题目同为《夏

---

① 出自塔毕泽的一首抒情诗,原诗无题,起始的一句为:"不是我在写诗,诗歌像故事,书写着我。"
② 引自帕斯捷尔纳克《夏夜之梦》(1922)。

夜之梦》的诗。这表明对最高等级之存在的意识,而非对责任的畏惧。诗人与非诗人易于区分:在非诗人那里,一切皆为自由放任。而诗人则知道,和谐的法则不是由他所创想,亦非他所能取消:诗人的活动不在于创造,在于获取;不在于发明,在于探索和清理。把这种温和的、顺服天命的创作立场挪移到人类共同体方面,是多么诱人——让它创造自己,塑造诗的生命,而非作者的!正是在格鲁吉亚,帕斯捷尔纳克开始转向这条思路,并且在1936年的组诗《夏日笔记》中,回顾了他当时对于人民的思考:

> 没有他,你即是虚空。
> 是他,将你的理想和目的
> 拿来雕琢,就像雕琢
> 他自己的一件制品。

二十年后,正是这件"制品",将会从一首写医院的诗里发出回响:"你占有我,/像占有一件制品,/你收存时,像把戒指放回匣子。"[1]只不过它已掌握在上帝手中,而上帝无需斧凿也游刃有余,不会损毁脆弱的工具。这一层次的诗人,其声音和语调所能言说的,终究比意义更多,因而《夏日笔记》刚一发表,苏联作协总书记、《新世界》杂志主编弗拉基米尔·斯塔夫斯基(曼德尔施塔姆死于他的告密)立即向帕斯捷尔纳克发起攻击。1936年12月16日,他在莫斯科作家会议上叫嚣:"他在诋毁苏联人民!阅读并谈论这些玩意儿,怎能不令人愤慨!"大概是这些"玩意儿"缺少了幸福感。帕斯捷尔纳克不得不在次年第一期《文学报》上替自己辩解:"人民乃工匠(车工或木匠),而你,艺术家,你是材料。"

这里反映出他的坦诚,这也符合他的基督教世界观,他永恒的"是非观",以及成为造物者手心里的"工具"或"制品"的愿望,也都来源于此。然而,正因为用人民代替上帝,用总计划代替自然景观,帕斯捷尔纳克很快陷入创作的僵局。代价是沉痛的,诱惑却又如此强烈,与格鲁吉亚的相遇又是多么及时!它的无限风光,激发着关于劳动、忍耐、事业和压迫的思想!他渴望像自己预言的"所有雨水",抛洒在山脚下,只要压迫的力量像高加索山一样雄浑壮阔!确实,当障碍显而易见,还可能生活下去,一旦它们落入共产主义诡辩

---

[1] 引自帕斯捷尔纳克《在医院》(1956)。

术的窠臼,时而以左派为标志,时而以右倾为象征,时而表明被胜利冲昏头脑,一切则另当别论……如果掌管国家的高加索人①是伟岸的,一如生养他的山脉,顺服就会是一种愉悦。关键在于,如果是心爱的女人指引着真理之路(济娜伊达·尼古拉耶夫娜恰好是真诚的苏联爱国者,她觉得这个稳定的新时代符合自己的认知),那么就连思想的引领也可以同意:

> 社会主义远方,你就在身旁。
> 你说——在近处?——在我们
> 聚集的方寸之地,以生活之名——
> 重新修正吧,但只能是你。

帕斯捷尔纳克准备接受这位"检查员"。对于理想生活——劳作的、公正的、充满美和友善的、贫瘠与繁荣交融的生活——的期望,同样表现在《波浪》中:

> 我们身在格鲁吉亚,用穷困
> 加以柔情,地狱加以天堂,
> 再把山麓当作冰川的温室,
> 我们就会得到这片地方。
>
> 我们懂得,在大地与天空
> 精细的合成中,还须增添
> 成功与劳作,责任与空气,
> 才能造就一个人,就像在此地。

耐人寻味的是,帕斯捷尔纳克是否对那个人有所指涉?看起来,随后的内容像是直接取材于他的生平:

> 为锻造自己,他经历了困顿
> 失败和非自由,
> 他成为典型,形成
> 盐一样可靠的品质。

---

① 暗指格鲁吉亚人氏斯大林。

从人生履历来看,这段描写跟任何一位格鲁吉亚新朋友都不相符。困顿、失败和非自由,这正是钢铁的柯巴①走过的路,尽管也可能是指充斥着战争和奴役,高贵而贫寒的格鲁吉亚历史。不管怎么说,格鲁吉亚对帕斯捷尔纳克而言,都是理解斯大林个性的关键之所在:他爱上了这片国土及其子民,由此生发的一切,不能不引起他的崇敬。这种情感真正发生动摇,是在斯大林和他的朋友、那位梅格列尔大人物②开始热衷于宣扬他们的生身之地,大张声势地纪念他们在这里的经历之际;曾几何时,他们不过是凡夫俗子,一些人对他们的印象亦如此。三十年代前期,"格鲁吉亚人"一词对帕斯捷尔纳克而言,可谓神圣的代名词——这一点不该忘记,当我们谈起诗人与领袖的关系时。其实不足为怪——曼德尔施塔姆游历了亚美尼亚之后,对每个亚美尼亚裔布尔什维克也都很赞赏,他相信,一个人不可能从自己身上清除贫寒故土的"盐"和本色。

如果成功与劳作、责任与空气以及所有这些兼而有之就好了!在帕斯捷尔纳克看来,格鲁吉亚是完美的折中。"如同创作中的诗人,拥抱了生活中/分别向两个人显现的事物",亦即结合了只有诗人才能结合的东西。因为使极端性相互衔接,正是诗人的事业,若非如此,一切文学都将单调至极!温室与冰、自由与责任,这便是合成,也是他在格鲁吉亚亲眼所见,真正吸引他的当然是这些,而非美酒与盛宴。是否应当尝试倾吐衷肠,以便被理解?!笔者无法贸然引用以下诗句——这是帕斯捷尔纳克为数不多的因频频引用而受损耗的句子:

> 大诗人们的经验具有
> 这样一些自然的特征,
> 感受到它们,就不能不
> 结束于彻底的沉默。

---

① 斯大林在十月革命前的众多化名之一,格鲁吉亚语里的意思是"无所畏惧的"。据说这一化名来自他喜爱的格鲁吉亚作家亚历山大·卡兹别基(1848—1893)的长篇小说《弑父者》。小说主人公是一个侠盗,名字就叫作柯巴。而"斯大林"这个名字则来源于俄语里的"钢铁"。

② 梅格列尔人,生活在格鲁吉亚西部的一个部族,苏联秘密警察头目贝利亚(1899—1953)即出身于此。"梅格列尔大人物",是对贝利亚的谑称。

> 既然与存在的一切结缘，
> 相信并知悉生活的未来，
> 就注定陷入终局，如同
> 陷入异端和空前的单纯。
>
> 可是我们不会得到谅解，
> 倘若这种简洁不假掩饰：
> 人们原本最需要的是它，
> 可他们对繁复却更明白。

这里谈到单纯，当然是将其作为最大限度的坦诚和形式上的节制，而不是作为通俗性，但这种倾向是否会导致语言贫乏，乃至作者个性的缺失？当我们遇到大潮流趋于简化的时代，是否会有随同这时代一道衰退的危险？最后还有一个问题——托尔斯泰是否会把俄国第一散文家的殊荣归结于单纯？事实上，此处的单纯不表示目的，而更像是诱惑、异端和最好避而远之的必然性，然而——又能退避到何处……

这部长诗，充满了顺应时代甚至与之共同完成总计划的坚定决心，与其说是诗歌自身的成就，倒不如说是承诺和宣言：

> 这里会有一切：往日的经历，
> 我依然赖以生活的事物，
> 我的追求与坚持
> 以及清晰可见的现象。

诚然，如果认为这不仅是《第二次诞生》的序曲，也是帕斯捷尔纳克在格鲁吉亚感受到的创作新阶段的起点，它就会有不同的声音。但即便如此，也必须承认，承诺始终未能实现。在他一生中，没有哪一年比三十年代更缺乏诗意了。

波浪"忧郁地发出喧嚣"。通过这部长诗，帕斯捷尔纳克欣赏着他从未赞美过的壮丽景象。他的大自然永远处于运动和慌乱中，他的抒情诗的景观发生改变这一事实——从凄惶凌乱的俄罗斯中部风光，到巍峨雄浑的高加索气象——可谓意味深长。有许多事物，在规模和数量上令人迷狂："柯布列梯的巨岸""广阔的海滩""一个个巨人，一个比一个险恶和俊美"……

整部长诗,都是基于这种险恶之美的礼赞。

  一场诗歌论战与这一母题相关,此前似乎未有深入研究。我们已经说过,并且还将说起,帕斯捷尔纳克对于扎波洛茨基是何等重要。双方关系错综复杂:从扎波洛茨基写于1936年的一篇文章,采取近乎密告的方式,宣称帕斯捷尔纳克不愿按照时代的要求重新改造,直至他热情洋溢(尽管艺术上乏善可陈)的评论——《俄罗斯雷雨锻造心灵的对话者和诗人》。他似乎应该欣赏《波浪》简朴庄重的形式和精当的抑扬格,但这只是肤浅的看法。扎波洛茨基恰好是一名伪古典主义诗人,在他清晰的行文中"隐约闪露着混沌"。帕斯捷尔纳克与他的论战,主要发生在哲学和思想观念的层面。二十五年后,扎波洛茨基以他强有力的《卡兹别克》回应了《波浪》:

  曙光升起,我也醒了,
  雪的囚徒卡兹别克①
  将燃烧的金属的双峰
  投映在窗口。

  我来到空气铁硬的户外。
  远方,高大的山体底部,
  雾的深窟从石头蜂巢的
  塌陷处喷吐烟气。

  大地开始祈祷,为那个
  威风凛凛的统治者。
  在这喧嚣缭绕的气息中,
  他却让我感到陌生和敌意。

  在冰封的卡兹别克脚下,
  人类的活生生的灵魂
  调理着人间万事,
  痛苦,呼吸,活着。

---

① 大高加索山脉最高峰之一,位于格鲁吉亚与俄罗斯交界地带,为双锥形死火山。

而他，远离耕作的农田，
高踞在凌驾世界的绝顶，
他只是无谓地向人们
施以恐吓和加倍的凶险。

难怪那些赫夫苏尔人①
无精打采，只在半梦半醒间
从自己的村庄，向山脚
他死寂的疆界投去一瞥。

一首无需注解的解冻时期的典型诗作。这种作品，只有在苏共二十大之后才可能发表，更主要的是，才可能写出来。从帕斯捷尔纳克为饱览雄伟山川而狂喜，到扎波洛茨基对非人类的凶险美景表示蔑视，两者之间横亘着二十年之久的政治恐怖。争论的对象不只是斯大林，当然，他也不成其为唯一的问题。诗的主题并非"偶像的国度"，而是全然死寂的宏大景象。成熟期的扎波洛茨基，强烈反对从冰封的山崖发现什么温情和灵感，吸引他的是贫穷而顽强的山村生活。争论围绕着躺倒在山脚下的诱人却致命的渴望而展开。但我们要看到，帕斯捷尔纳克的自我牺牲和有意成为人民与历史的工具，均由他个人的气质所决定，关键是该把自己献给哪一路神灵。在《波浪》中，他似乎并不迷恋平生热爱的博大境界，因而这部描写自然界的长诗，竟然绝少自然的特征。与之对应的是"汇聚着诗之自由元素的自然力的自然界"②。帕斯捷尔纳克的大海庄严肃穆，束缚在严谨的抑扬格中——"惊涛拍岸，像拍打待烘烤的华夫饼干"。（他曾想删改这一句，他童年的华夫饼干是圆球状，装在小圆筒里，后来变成了扁的。幸亏文艺学家班尼科夫劝阻了他）随着波浪的奔涌，随着士兵队伍没完没了地向高加索行进，随着盘山公路的绵延起伏，可以感觉到历史一往无前的单调律动……"我接受你，像接受挽具……"这正是整个诗篇悲凉如秋日海岸的缘故，尽管"时值

---

① 格鲁吉亚人的一支，生活在格东北部大高加索山区。
② 语出帕斯捷尔纳克《原变奏曲》(1918)，原文为 стихия свободной стихии с свободной стихией стиха。

十月,而太阳灼热,/一如你的八月"。

不过,感伤的音调也可能是因为要回莫斯科了。帕斯捷尔纳克已经开始想念这座城市,就像想念冬天。此时在他的故乡,酝酿着一场扑朔迷离的变局,需要重新解开缠绕的死结。10月中旬,大家一起去了梯弗里斯,帕斯捷尔纳克把《第二次降生》已完稿的部分留给外高加索联邦出版社,并提出要签合同。签好的文本直接送至火车站。梯弗里斯《速率》周刊采纳了他的三首诗,很快就发表了。10月16日,帕斯捷尔纳克与济娜伊达及阿季克一道动身,去往莫斯科。

4

还在半道上,他们就不得不给涅高兹拍电报,让他把济娜伊达的毛皮大衣送到火车站。莫斯科1931年的冬天来得早,10月底,气温就降到零下十五度,而他们只带了夏天的衣物。涅高兹本人没去火车站,帕斯捷尔纳克应该会感到高兴,济娜伊达却好像被刺痛了。不管当时的情况如何,她在回忆录中说:"我知道并确信,海因里希·古斯塔沃维奇不会来接我们。"涅高兹派了斯塔西克①的家庭教师亚历山德拉·阿尔卡季耶夫娜替代自己。一见面,这位家庭教师就说,斯塔西克身体健康,但济娜伊达回到涅高兹那儿是不可能的。当初,他们匆匆忙忙、兴高采烈地从基辅前往梯弗里斯,压根儿就没考虑还得回来。帕斯捷尔纳克不顾寒冷(谁也没来给他送大衣),热切地请求济娜伊达母子去他在沃尔洪卡的住处。她拒绝了,去别人家她感觉不自在,尽管屋子已经空了一年。可是没别的去处,也就只好去了。涅高兹也到沃尔洪卡找他们了。又是一番争执:帕斯捷尔纳克要求把斯塔西克带来,涅高兹坚决不同意。

1931年12月,帕斯捷尔纳克再次遇到令他伤感的事情——《新世界》杂志换了主编。前任主编是深爱帕斯捷尔纳克的波隆斯基,如今轮到了伊万·戈伦斯基,一个无害的,甚至更具自由倾向的人,但完全失去了个性。开始的变动往往如此——被委以领导职务的并非托尔克威玛特②这样的人

---

① 济娜伊达·尼古拉耶夫娜与涅高兹所生的幼子。
② 托马斯·托尔克威玛特(1420—1498),西班牙宗教裁判所创建者,也是西班牙第一任宗教大法官。

物,而是尽职尽责、安分守己的公务人员。按照"拉普"的说法,波隆斯基之被撤换,是因为跟右倾"同路人"①和机会主义者过从甚密。戈伦斯基继续发表帕斯捷尔纳克的作品,却未能成为他的朋友和对话者。

从12月10日到15日,作协举行了一场诗歌讨论会。这样的活动总是周而复始,无果而终,起初帕斯捷尔纳克还参与其中,随后就感到疲惫不堪。在此期间,几乎没有人能潜心写作,只好相互争吵。雅什维利也从梯弗里斯赶来。做主题报告的是阿谢耶夫。他将所有诗人分成三类:创新派、折中派和拟古派。帕斯捷尔纳克几乎未被提及。(四年后,这位旧友开始批评他脱离现实)但帕斯捷尔纳克还是于12日发言,以惯有的惊人之语,阐述了他认为的几条最基本的真理:

> 有些东西不会毁于革命。人类先前的发展阶段,为我们留下了艺术这一神秘之至和永世长存的事物。可我们却昏乱到这般地步,以至于诗人总是被教训:"必须这样!""必须那样!"艺术向来自己给自己提出目标……我们实行的是无产阶级专政,而非庸才的专政。这是两个不同的概念!首先应该谈论诗人自己的需要:时代为人而存在,人不是为时代而存在,我是这个时代的人,我深知这一点。

在这里,他明显是带着挑衅套用了耶稣的话语:"安息日是为人设立的,人不是为安息日设立的。"(马2:27)帕斯捷尔纳克此番言论引起了激烈的争议,当然,还不是恐怖高潮时期那种唇枪舌剑,他只是被暗示(经由最后结束讨论的"拉普"成员亚·谢利瓦诺夫斯基之口),在社会主义时期,不允许任何人站在主观唯心主义立场上。据称,《安全保护证》即是主观唯心主义的一面旗帜。不过,那个时代还算比较得体,毕竟还记得"主观唯心主义"之类的用词,到了1937年,便索性称之为"颠覆"了。尽管如此,这场讨论加剧了帕斯捷尔纳克沉重的心情,他对自己的发言也不满意,只有帕奥罗·雅什维利热情的话语让他略感欣慰。最伤感的事情,莫过于对昔日好

---

① 苏俄政治用语,专指布尔什维克政党和组织的同情者,乃至与之合作的人士,但不具备组织身份。在十月革命早期,"同路人"只是中性词汇,指的是对布尔什维克有好感的非党作家和艺术家。通常认为,其最早使用者是卢那察尔斯基,自1923年起,被托洛茨基广泛使用。皮里尼亚克、普里什文、巴别尔、列昂诺夫以及帕斯捷尔纳克,均被视为典型的"同路人"。二十年代后期,"同路人"一词转向贬义,指潜在的敌人——"资本主义的同路人",或是有缺陷的朋友,赤贫的农民——"无产阶级的同路人"。

友阿谢耶夫的失望,后者始终不肯原谅帕斯捷尔纳克同"列夫"的决裂。12月16日,讨论会最后一天,阿谢耶夫突然说起,因为不接受"列夫"所主张的创作"工艺化",帕斯捷尔纳克远离了具有普遍意义的主题,致使《斯佩克托尔斯基》成为一部远不如《一九〇五年》的倒退之作(让阿谢耶夫倒退半步试试看!)。他最后警告说,帕斯捷尔纳克对年轻诗人的影响是危险的。如此卑劣的叛卖,帕斯捷尔纳克此前尚未经历过。

此外,叶甫盖尼娅·弗拉基米罗夫娜写信说,她将于新年前返回,于是所有问题都扭成一团乱麻,半年后,帕斯捷尔纳克在信中对妹妹恰如其分地说:"哎,多可怕的一个冬天……"叶甫盖尼娅从德国寄给他的信,即便是旁人读了,都不可能不为之落泪。简直不敢想象,仍然怀着幸福的私心,头晕目眩的他,又会有怎样的感受。需要说明的是,写这些信的正是永远责怪他的激情,而自己动不动就泪如雨下的叶尼娅,由于缺乏自制力,她哭号的样子好像被人抽去了脊梁骨。

她于1931年11月至12月间从柏林写给丈夫的信,时而充满愤怒,时而是侮辱性的责备("你就像穿着不系纽扣的长裤,大摇大摆。别人假装理解你,倾听你,可是等他们转过身,都会感到惊讶"),时而是孩子般无助的怨诉。("我不想满世界晃来晃去,我想回家。九年来我习惯了我们在一起,这对我至关重要。我要你把这个家重建起来。我无法独自抚养叶尼亚。")

最可怕的是,叶尼娅当真不知道,一切已然于事无补。丈夫的温柔、随和、平常看似的谦让、天生的知识分子气质,所有这些让她以为,他会回心转意,会因为她提到无力独自养育的孩子及她本人的精神疾病而悬崖勒马。一些似乎最具穿透力的论据也派上了用场。动辄无来由地悔过和自责的帕斯捷尔纳克,相信"他是上帝派来折磨自己和亲人,折磨那些为罪孽所困扰的人",面对一个生病的女人、他孩子的母亲泪水婆娑的信,是否会不为所动?

> 天哪,我不明白,为什么这场噩梦会闯入我的生活,没有一面镜子也没有一个人能回答我。我等待着完全失去理智的时刻,我又害怕它的到来。好痛啊,憋闷得喘不过气。行行好吧。救救我和叶尼亚。就让济娜回到自己的位置去吧。

上帝啊,这与济娜有何干系?!帕斯捷尔纳克的一个永恒主题之可怖就在于:不确定的意志,比个人意志更多地介入私人生活。有时介入其中的是历史,有时是命运的最高逻辑。这关乎他的生活及天赋的保全。由自我保全和发展的必然逻辑所决定,他必须离开故友,摆脱周遭的羁绊,放弃旧的诗歌。此种逻辑,局部的结果便是与第一任妻子分离,不失时机地把第二任留下。存在着既定的机制,一种自我实现的奇迹——落入这一天体轨道的人是不幸的,因为天体无从理解自己的运转规律。在这条轨道上,帕斯捷尔纳克本人也被引向"养老院的拱门下",以至他在1939年向阿赫玛托娃谈起跟第二任妻子可能要分手时,自己也着实不明白,他居然跟这场"美发店里的风暴"联系起来。要是没有她,也会有另一个心爱之人,与他琴瑟和鸣,与时代步调一致。说来可怕,帕斯捷尔纳克生命中的任何女人,其自身都不具任何意义,她们每一个都只是他发展变化中的某个阶段、缘由和转折……当每个人完成各自的角色,对他也就不再有意义。当然,存之久远的会是情感、谢意、物质上的接济,是一个有教养的人应做的一切。但他寄往德国的信却表明,当时他对第一任妻子的痛苦是何等冷漠。既然他把济娜伊达·尼古拉耶夫娜和儿子带回安乐窝,那还能指望唤起怎样的慈悲,又能谈什么良心?通常的人道精神、良心、善良,诸如此类的美好事物与天意无关。神的(或者历史的)逻辑与个人逻辑之间的偏差,才是帕斯捷尔纳克"叙事实验"的主要题旨,正如他所有真正的散文主题。"无花果树烧成了灰烬。"这一次,充当无花果树的是他无辜的前妻。济娜伊达后来并不比她更幸运。

可以理解,试图以诗人的使命为之正名,这是多么诱惑的事情。如此一来,任何一个抛弃妻儿的人,都会把所谓最高意志当作理由。然而,帕斯捷尔纳克忠实于自己的使命,并不只是在他听凭其摆布,将两个家庭拆散,在废墟上重建新家之时。从他在1941年秋天的佩列捷尔金诺面临死亡威胁,到他向斯大林及其软骨的仆从发起挑战,直至迈出自杀式的一步——将《日瓦戈医生》交由国外出版,他始终忠于使命。

究竟怎么回事,我的朋友?应该好好活着,应该克服生活的艰辛。让我来帮你,事情总得有个结果,可别以为这只会加剧你痛苦的抽搐。帮帮我吧,否则我会重新陷入窘境,而我一向为你所背负的压力,也会依然沉重。

他们之间的相互威逼显而易见:"救救我和叶尼亚!"——"帮帮我吧。"她赌咒:如果你不回头,我会疯了,儿子我也没法养下去。他回答:如果你再不停止绝望的央告,我甚至不会把你当作朋友……他希望她"内心坚强"。最后,他道出了关键之所在:

> 你要明白,我没有抛弃你,你也没有遭到什么失败,我们最终所做的,早就试探着做过了。这里谈的不是你,而是我们的家庭生活,对你我而言,它从未真正实现,长年累月的坎坷让你觉得委屈,也让我在你面前无辜地成为罪人……你是否明白,我不是在怨天尤人,也不想为自己辩解,我只想让你知道,你并非牺牲品,你是——参与者,是你我二人共同走到了这一步,既然以往我们相互平等,那我们现在仍旧是平等的。

"我很欣慰,"他告诉她,"许多人坚定地支持你。"丈夫向妻子投去十足的诚意,对她的自尊照例致以应有的恭维,可他还是没有意识到,自尊其实早已不复存在,否则,她在12月写给他的信中,就不会有这番压抑到崩溃的道白了:

> 多么幸福,能这样痛痛快快地哭,就像我现在号啕着,这是因为痛苦达到极点,它自己就迸发出来。我觉得,我们再也听不到彼此的声音了。离开莫斯科时,我是多么爱你,我天真地想,我明明控制着自己,心思却飘向了别处,就像还跟你在一起,爱着你。[……]还记得我们最后一次一起逛街的情景,你对所有人,对每个人说——这是我的妻子,仿佛我们的生活重新开始,那天你戴上了戒指……我深信(因为我爱你,爱我们的生活,连同叶尼奇卡),你不可能不回来……你现在为什么说,我们的生活对我是一场考验,你又为什么要让别人相信这一点,相信不管有过多少麻烦,我们的关系、情谊和生活依然稳固。我什么都不明白。我在哭泣,犹如一个讨厌的女人。莫非所有人都正确,唯独我是错的?

接着,她说出了最主要的:

> 1926年之前,我们争争吵吵,也许我争的是某种平等,或者说,反对某种不公(荒谬的字眼儿),可后来你为什么旧事重提,难道我不是

以生命向你证明了吗,那些琐碎的言谈不值得回忆,你不是从早工作到晚吗,我们的家里不是尽可能保持着舒适吗——啊,我实在羞于向你提起,要知道,从回忆当中会翻找出五花八门的东西。但我说的不是这个。有人把你信中的片段读给我听,简直让人不寒而栗。

然后她又说起一些难堪的事情,说她感觉自己在他妹妹家是多余人,是大家的累赘,以及:

> 费佳(约瑟芬娜的丈夫——德·贝)几乎歇斯底里地对我说,这是我的家,我的妻子,真希望这个家能有一份安宁。[……]反正他们所有人,爸爸、妈妈、费佳,到头来都是对的。

还有什么可说的呢,从这番话不难看出,她下意识地显出不幸和委屈的样子,叶甫盖尼娅·弗拉基米罗夫娜善于此道,可我们不妨将自己摆放在她的位置上:丈夫变了心,她跟他的家人住在一起,带着个孩子,身在异国他乡……她描述了难耐的孤独和"对一切的惧怕":

> 我走到了绝路。……我到底为什么要见你,既然你已经料到,我们不会再有自己的家。喏,够了。你父母觉得(你的)这些信很美妙,他们从中读到了对我们的爱,以及为他们和我们而牺牲一切的愿望,他们读到了他们想要的,他们能理解和辨别的。我和叶尼奇卡在你眼里是如此糟糕,你把我们拔高为英雄,又降格为总是抱怨和哭泣的可怜虫。可我们无非是普通人而已。

这封信还附带了一张小照片——确实,"还能用什么武器将你击溃?"照片被复制过多次,上面的人物表情难以描绘:叶甫盖尼娅一脸庄重和哀恸,怀抱着叶尼亚,俨然在向观众展示她的儿子,他则是以令人心酸的迷惘和不应有的委屈打量着世界。

> 你变得多漂亮了!可你们又显得多忧伤!你无法想象,这张照片给我的心灵带来多大的打击。它为你们而落泪。我都干了些什么,干了些什么呀!你为何如此急迫,如此执着地爱我,就像战士爱自己的理想,为何把自己的痛苦当成某种状况或要求,展现在生活面前,这是否就好比说,干脆让生活来诉说,而我死了算了,既然它说的是另一码事儿。你为何不参与生活,不信任它,为何不明白,它并非争辩的对手,反

倒对你充满柔情,渴望向你证明这一点,只要你走出隔绝,抛开你预先向它展开而它未予答复的絮谈,你就会径直靠近它,与之合作,面向每天周而复始的需求,心甘情愿地实现它们,起初你会觉得有些痛苦,随后就越来越快乐。

在这封写给一个因他离去而崩溃的女人的信中,一切都可能像是在蛊惑人心,假如我们已经不记得他1914年写给父母的信。信中说,上帝为每个悲惨的境况都设置了出口,每个人都是生活的宠儿……他凭借这样的处世之道而活着,其他人则难以领悟,或者根本不为所动。

然而,不能说帕斯捷尔纳克这些天的生活风平浪静。《日瓦戈医生》里有些片段,正是他自身的写照,譬如,尤里·安德烈耶维奇看着拉丽萨·费奥多罗夫娜把她女儿放到他儿子的小床上,顿时"脸色大变,差点昏过去"。他感到沃尔洪卡的日子苦不堪言,就跑到列宁格勒待了几天,打算找一处住房,却一无所获。或许,对他父母的看法,叶甫盖尼娅终归是错误的。列昂尼德·帕斯捷尔纳克给儿子写过一封相当严厉的信:

> 不管你过去和现在作何感想——且不谈叶尼娅,单说可怜的叶尼奇卡,他没能待在沃尔洪卡,而是流落在别处,她又该怎样回答他那些聪明的和成人的问题(要知道,他有多敏感)?你们两个现在必须搬到列宁格勒去,就是说,腾出这套房子。假如叶尼娅和孩子下了火车就能进入自己的小窝,多少也算是精神上的安慰了。

他还特意打电话给儿子,以更严厉的口气重申了这一要求。帕斯捷尔纳克为这次谈话潸然泪下;他还不习惯聆听父亲这般强硬的话语。

……叶甫盖尼娅母子于12月22日离开柏林。叶尼亚期待父亲像当初一样,坐上火车朝他们驶来,在莫扎伊斯克迎接他们。奇迹当然没有重现。叶尼亚来到站台,呆立在那儿,泪水挂满了脸颊。当列车还在开往市区的途中,他想透过车窗看看救世主教堂①,但这份期望也落了空:在他们离开莫斯科期间,教堂炸毁了,许多残骸就堆积在沃尔洪卡住房的窗下。叶甫盖尼·鲍里索维奇回忆道:

---

① 莫斯科最具传奇色彩的教堂之一,为纪念1812年卫国战争死难将士而兴建,1839年奠基,1883年落成,1931年在苏联反宗教运动中被炸毁,1997年重新修复。

等待我们的是饭桌上变凉了的晚餐：土豆炖鲱鱼。在隔壁房间里，我看见两张铺开了一半的小床。济娜伊达·尼古拉耶夫娜和两个孩子马上就该回来了。妈妈急着要离开。我们被带到阿尔谢尼胡同，去找谢尼亚舅舅。

——在帕斯捷尔纳克四年前去世的岳母亚历山德拉·尼古拉耶夫娜家里住下。

爸爸经常来看我们，带我去玩耍。对于他在精神上的犹疑，间或承诺回到我们身边，朋友们的看法跟海因里希·古斯塔沃维奇如出一辙，都认为是闻所未闻的疯狂和背叛。爸爸鲍里亚将这一切毫不掩饰地讲给了妈妈听。

叶甫盖尼娅的兄弟谢苗要求腾出沃尔洪卡的住房。

无奈之下，帕斯捷尔纳克带着新恋人来到果戈理林荫路的弟弟家。空间很窄，只能睡地上，帕斯捷尔纳克强作欢颜，开玩笑说，跟心爱的人在一起，住窝棚也好似天堂……另外还有件麻烦事，亚历山大·列昂尼德维奇的儿子费佳正在出麻疹，耳部还有并发症。寄人篱下，置身于别人的不幸和忙乱，教人在肉体上都吃不消。阿季克被交给了他父亲。济娜伊达·尼古拉耶夫娜过着忙乱的生活：

早晨，我来到制管工胡同（海因里希的住处），让两个孩子穿好，吃饱，跟他们一起玩儿，傍晚带他们到辅导老师家里上课。我感到心力交瘁，鲍里斯·列昂尼德维奇的乐观情绪令我吃惊。

（他大概只是在强打精神。毕竟不能大声承认，情况糟透了。）

5

1932年1月底，济娜伊达·尼古拉耶夫娜回到了丈夫那儿。从她的回忆来看，她向他展开了戏剧化的告白："我告诉他，让他把我当作孩子的保姆，仅此而已。"海因里希·古斯塔沃维奇表现得颇有分寸，他许诺不揭伤疤，也就是说"不重提旧事"。但就像当初在基辅时，涅高兹的崇拜者纷纷登门向济娜伊达问罪，在莫斯科，帕斯捷尔纳克的崇拜者也前来围攻她，让她不要一意孤行。最先来的是帕斯捷尔纳克的弟弟,然后是尼古拉·维尔蒙特。两人都说济娜伊达没心没肺,而帕斯捷尔纳克在原来那个家怎么都待不住,愁闷得要发疯,三天后就跑了。维尔蒙特告诉涅高兹,要把帕斯捷尔纳克带来,涅高兹大度地说他也是人,不会只考虑自己。维尔蒙特走后,他再次追问济娜伊达,她自己到底想要什么。按照她在回忆录中的说法,她以古典式的坦率答曰:对于她,最重要的是做母亲的使命,她希望独自和孩子一起生活。实情是否如此,今天谁都说不清楚。失魂落魄的帕斯捷尔纳克开始寻找住房,甚至又打算搬到列宁格勒去,在2月1日写给谢尔盖·斯帕斯基的信中他提到此事("如果顺利,恨不得立刻动身")。到了2月3日,他竟然试图自杀,这是他平生唯一一次真正的寻死。

他本人向妹妹约瑟芬娜描述了事情的经过:

> 大约是夜里十二点,天气很冷。我心里骤然涌起极度痛苦的破灭之感。刹那间,我看到自己整个人生都坍塌了,没有谁理解这一生,出于对死的惶恐,现在连我也不理解它,叶尼娅和叶尼奇卡从我脑海里浮现。[……]前年冬天,我还和叶尼娅在一起[……],我总是想,等到最后的日子,了断的、告别的、致谢的日子,我要跟济娜从早到晚(最好是三月冰消雪融时)两厢厮守。她当时还是济娜伊达·尼古拉耶夫娜,了不起的涅高兹的太太。[……]我要跟她一起度过最后一天,在她面前告别人世。[……]我急匆匆地去找她,因为害怕自己活不到早晨,我低声呼唤她的名字……海·古①给我开了门。我走到济娜身旁。她问我,有什么新鲜事儿,我怎么跑来了。我一句话也答不上来。
>
> 这时,亨·古赶去参加一场团体演出了。"你怎么不吭气呀?"她说完,就出去锁门。我发现医药架上有一小瓶碘酒,立刻喝了下去。我的咽喉顿时火烧火燎,嘴里不由自主地咀嚼起来,这是咽喉韧带收缩的感觉引起的。
>
> "你嚼什么呢?怎么一股碘酒的味道?"济娜回到屋里,问道。"碘酒哪儿去了?"她大喊一声,哭了起来,赶紧忙活开了。幸亏她在战争期间做过护士。[……]医务人员给我接连做了十二次人工催吐,灌洗了肠胃。做完这些,我累得要命,就像在大街上奔跑似的。

---

① 涅高兹名字与父称的缩写。

帕斯捷尔纳克被留在涅高兹家里休养,加利起先不相信究竟发生了什么,随后又无比震惊,二话不说就把妻子让给朋友,甚至还责怪她从帕斯捷尔纳克身边离去:"喏,这下满意了吧?他向你证明了他对你的爱?"关于自杀事件的整个经过,尼娜·塔毕泽另有说法。(如果她所言属实,那么这一切应该发生在白天,她也在场。事后,济娜伊达给帕斯捷尔纳克灌喂了家里随时为孩子准备的牛奶)

这段插曲对帕斯捷尔纳克的健康几乎毫无影响,如果不算他在"颓丧的极点"短暂地显出男人的疲弱:

> 第一个星期那种直接由中毒所致的完美幸福消失了,取而代之的是一个个恼人的谜团,这些前所未有、匪夷所思的感觉纠结在一起,我也弄不明白,这究竟是精神上的疲态,还是碘酒开始发挥作用。但这并不重要。

这段表述之委婉与考究引人注目。幸运的是,他很快恢复了体力,继而恢复了内心的平静。

帕斯捷尔纳克和济娜伊达再次来到弟弟家。1932年6月1日,在写给奥莉加·弗莱登伯格的信中,他这样描述冬天和春天的事情:

> 我对叶尼娅太过怜悯了,整整一年,我像是在给她提供行善的机会,让她承认并谅解既有的事实,但不是像现在这样冷酷、愤怒或讥嘲,而应该举止宽容得体……可她却莫名其妙地彻底失去这些禀赋,她甚至嘲笑人心软。嗯,情况就是这样:我和济娜在舒拉那儿住下,叶尼奇卡突然染上猩红热,我大概是最后一次天真地为她(叶尼娅)担心起来,于是济娜建议我在他生病期间到沃尔洪卡去住,她自己留在舒拉家。叶尼娅再次被告知,我只是以朋友的身份在她那儿住六个星期[……]虽然我用蘸有氯化汞的刷子清理衣物,但与济娜在院子里或户外见面,对她的两个孩子仍是极大的危险,简直不可思议,他们至今还没有被传染。

到了5月,困局意外地打破了——帕斯捷尔纳克和恋人从作家公寓"赫尔岑之家"分得一套未装修的两小间住房。这要归功于散文家、长篇小说《钟》的作者伊万·叶夫多基莫夫亲自请托。叶夫多基莫夫对帕斯捷尔纳克向来很有好感,欣赏其勇敢反对文学领域的"国家订货"思想。他本人也曾大胆地表达过同样的观点:"文学不是第聂伯河水电站,它不能根据计划来兴建。"叶夫多基莫夫是苏联作家联盟经济委员会主任,他有能力帮助帕斯捷尔纳克,高尔基也进行了斡旋。作家公寓没有空余,叶夫多基莫夫和散文家维·斯列多夫就从他们的住房各自"凑出"一间,将它们跟自己的隔开,就有了一间直通式的住房。帕斯捷尔纳克还分得一间厨房,配备烧木柴的炉子,令他欣喜不已。

叶尼奇卡一直病到夏天,三四月间,帕斯捷尔纳克在沃尔洪卡度过的时间,不少于在弟弟家,偶尔甚至更多。他坐在儿子床边,整理着一堆旧纸头,早期作品的手稿,几乎都被他无情地付之一炬。那部关于伊斯托明娜的小说眼看就要完稿,同样毁于炉火,《柳维尔斯的童年》便是残存的第一部(也是唯一公开发表的部分)。与往昔的了断,再没有比这更决绝的了。每天傍晚,帕斯捷尔纳克都要回到济娜伊达那儿。身体逐渐好转的儿子叫嚷着,不放他走……甚至拿起一截引火的劈柴,拄着,跟跟跄跄地倚在门口……帕斯捷尔纳克离去时的心境可想而知。3月30日,他试图调和他这两个家庭之间的关系,却弄巧成拙,尴尬至极。叶甫盖尼娅被请到亚历山大·列昂尼德维奇家里做客。在场的有主人一家、洛克斯、皮里尼亚克夫妇、艺术理论家加布里切夫斯基(善良的、漂泊的、口齿不清的酒色之徒,每个夏天都在科克杰别里①的沃洛申②那里度过)等人……楚科夫斯基在日记里写道:

> 叶·弗进来没多久,情况就一目了然——她不该来这里。济·尼没有跟她搭腔。鲍·列③非常慌张,说话前言不搭后语,显然害怕向叶·弗投去温存或亲热的目光,皮里尼亚克夫妇明显在排斥她,她唯有一样东西可以求助:那就是伏特加。我们在她旁边坐下(可见楚科夫斯基的美德——支持受折磨的人,坐在被排斥者身边。——德·贝),她急匆匆地一杯接一杯喝着闷酒,随后胆子变大了,也加入大家的闲谈,加布里切夫斯基喝多了,开始向她献殷勤——如此嬉闹,仿佛对方不过是"无主的名花"。[……]帕斯捷尔纳克疲惫极了。[……]回去

---

① 位于克里米亚半岛南部,是海滨气候疗养地。
② 马克西米连·亚历山德罗维奇·沃洛申(1877—1932),原姓基里延科-沃洛申,俄罗斯诗人及画家,曾在科克杰别里创办了创作之家,成为当时许多艺术家聚会的场所。
③ 此处的鲍·列、叶·弗、济·尼,分别为帕斯捷尔纳克及其前后两位妻子名字和父称的缩写。

的路上,她说起帕斯捷尔纳克不想跟她分手,每当他感觉不好,都会给她打电话,来找她,在她那儿寻求安慰("他感觉不错的时候,就不会想起我。"),但每次都许诺要回来……如今我明白了,为何济·尼对叶·弗这般敌视。交战尚未结束。

在这种情况下,在这样的冬天过后,邀约中的一轮又一轮研讨、切磋、创作交流,似乎会让帕斯捷尔纳克格外头疼,可是恰恰相反,他倒觉得应该对作家联盟承担某种道德义务:人家表示了支持,房子也给了……再要拒绝参与文学生活,无论如何都说不过去。

至于文坛活动给他带来何等困扰,从他1932年2月11日写给妹妹的书信便可见一斑:

> 如同脱胎换骨,这一命运,这普遍所有权的占有,这来自各处的暖融融的非自由,造就着怎样的时代囚徒。因为这就是不幸的俄罗斯历来的残酷:只要它把爱赋予谁,那幸运之人就逃脱不了它的目光。他像是在它面前落入罗马竞技场,为了爱,他有义务给它表演一场。

说到时势,难以想象还有比这更准确的评断:作家们确实在竞技场上受到挑逗,不无愉悦地参与厮杀。他们有的因理想主义而遭批判,有的被指斥为脱离生活,有的被扣上右倾机会主义的帽子,所有人都陷入狂热的争斗,为自己开脱,将罪责转嫁于他人……作为时代最耀眼的诗人,帕斯捷尔纳克备受瞩目,可他希望的也许是"躲开注视",正如四年后他在《艺术家》一诗中所云。因为他意识到,时代将越来越凶险,他今天说出的每句话,明天被提起时,都会伴以愈演愈烈的人为制造的愤慨,就像《生活,我的姐妹》那些无辜的诗句为他招来无休止的怨恨一样。"可爱的人儿,我们居身在第几个千年?"然而,"命运不会埋入地坑":假如你果真引人注目,你就会饱经摧折,直到你死去或者换上另一人。应该说,正是在1932年,帕斯捷尔纳克开始磨炼他在竞技场上天才的行为策略——歉疚的低语,善意的微笑,模棱两可的表达,在引来关注的那一刻就销声匿迹。有些人不甘心默默无闻,千方百计地吸引公众的关注。从1932年4月至1936年5月间,帕斯捷尔纳克处在激烈论战的中心,很快就明白了,公众的兴趣究竟包藏着什么。第一场交锋于4月6日在"文学家之家"展开,帕斯捷尔纳克朗读了《波浪》和《第二次降生》里的诗篇。

弗谢沃洛德·维什涅夫斯基,一个跟帕斯捷尔纳克打过多次交道的怪异人物,以火热的演讲为帕斯捷尔纳克申辩。这位不久以前的波罗的海水兵,再早之前的彼得堡中学生,将苏维埃文学界中并不罕见的天生禀赋和少许愚钝集于一身,但随着岁月的增长,他的禀赋也越来越突显,因而会有一些强有力的作品问世,譬如三幕话剧《奥林匹亚悲剧》这种正面讴歌革命的火热篇章。维什涅夫斯基甚至不乏开阔的视野,他不能容忍强加于文学的现实主义,为表示抗议,他极力称颂詹姆斯·乔伊斯——瞧,他说,这才是书写现实的方式,只有这样的技巧,才应当用来服务于社会主义。维什涅夫斯基对帕斯捷尔纳克的态度很复杂,简言之,他喜爱帕斯捷尔纳克,满怀妒意和艳羡,狂热地爱着,伴有情绪失控和委屈,并且痛苦地意识到这只是一厢情愿。1948年,因为他一次卑劣的告密和捏造,几乎将帕斯捷尔纳克置于死地。帕斯捷尔纳克则对他颇多嘲讽,不把他放在眼里。1932年4月6日,维什涅夫斯基针对帕斯捷尔纳克发表了一番不知所云的高谈,说什么只要他们奔赴喀尔巴阡山或阿尔卑斯山的疆场,帕斯捷尔纳克就将与他们同在:"帕斯捷尔纳克是纯洁的,帕斯捷尔纳克是正直的"……同为军人出身的马特·扎尔卡①回应说,帕斯捷尔纳克不是"我们的",对他不值得如此夸赞。雅什维利(三十年代初,他几乎每个月都来莫斯科)试图让两位"军旅画师"和解:

> 无论他(维什涅夫斯基),还是您(扎尔卡),都是红旗勋章获得者,所以我想,你俩谁也吓唬不了谁,可是请二位不要吓唬我们——这些第三者(热烈的掌声;1932年,对这样的玩笑还不怕鼓掌……)。扎尔卡同志,既然您是军人,就一定知道,一个未掌握兵器技术的士兵是否中用。该士兵不可能是优秀的射击手,假如他只会挥舞枪支,高呼"苏维埃政权万岁!"(笑声)在最危急的关头,不仅是文学斗争的危急关头,也是政治斗争的,或许,帕斯捷尔纳克的话语更有意义,相比充斥于现代文学的油漆匠和马大哈的胡言乱语。

就这样,雅什维利帮助朋友摆脱了窘境,尽管此举又将他推向脆弱的艺术形式,但这毕竟是一个较为隐蔽的"技术的"和"技巧的"位置,只需填充

---

① 马特·扎尔卡(1896—1937),匈牙利作家和革命家,参加过1918年至1921年间的苏俄内战。

实际内容即可。

帕斯捷尔纳克自己的言论,堪称精心编织的谜团和歉疚的低语之范例,用他写给塔毕泽夫妇信中的原话来说,当时还可以"鼓掌和宽恕":

> 我想说,在真正的艺术家心目中,占据首位的永远是人。在我看来,扎尔卡同志和维什涅夫斯基同志的分歧是可以理解的——这是托尔斯泰的论题,也是困扰过托尔斯泰这位巨匠的老问题。(对争论各方微妙的恭维——如此一来,维什涅夫斯基和扎尔卡俨然被带入托尔斯泰的语境,与之同在一个层面!——德·贝)问题就在于,客观的艺术在现实性面前也难免失当。就算是大艺术家,当他发现周遭的现实,也会因为赋予他的预期和权利而自嘲。然而,他一旦陷入这种心境,就应当放弃艺术,转而从事体力劳动。在这里,许多人运用了隐喻式的类比——射击、街垒等等。在我看来,这并非隐喻。跟托尔斯泰一样,我不喜欢这种东西。假如你觉得,这是微不足道的琐事,这是教育的结果,那就应当将这些通通抛弃,想当初就是这样抛弃艺术的……毕竟,真正的艺术是一个过程:这个造就纯正艺术的过程需要充足的热量。

请仔细听:艺术是一个过程,这个造就艺术的过程需要充足的热量……尽管一切都可以理解,却是以同等程度的无奈来表达,以免遭到践踏。

1932年4月,难关果真渡过去了,帕斯捷尔纳克参与其中的"文学十日谈"不了了之。这引起了"拉普"的愤怒。在4月16日的例会上,"无产阶级作家"头领利奥波德·阿维尔巴赫公然叫嚣,除了布尔什维克技巧,不存在任何技巧。"拉普"女批评家特罗申科则宣称,在当前形势下,帕斯捷尔纳克的"同路人"本质开始暴露出资产阶级的危险性。总之,《第二次降生》险些被扼杀在摇篮中……但就在此时,文坛形势突然发生了不可逆转的变化——威严的、无敌的、几乎将整个文学压垮的"拉普"解散了。

6

4月23日,苏共中央突然出台决议,取缔"拉普"。24日,决议发布在报纸上,各界人士都松了一口气。不久前还因"拉普报告单"(要想如此嘲讽地称呼无产阶级呈文与密报,有必要成为曼德尔施塔姆)而惴惴不安的作家、饱受"拉普批判"之苦的"同路人",以及私底下拿"拉普奴隶制"①说笑的俏皮话爱好者——全都难掩兴奋之情,不再将失势之人推倒在地,而是开始向落败者施以拳脚,不过,这确实也是他们咎由自取。利奥波德·阿维尔巴赫,可怕的、面颊剃得精光的狂热分子,同他那一帮快活的弟兄一起——其中闹得最欢的当数基尔尚,砖红色粗脖颈的原罗斯托夫地区契卡成员,两个粗劣剧本《面包》和《列车轰鸣》的作者——曾经对布尔加科夫和阿列克谢·托尔斯泰大肆迫害,列昂诺夫、费定、左琴科和扎波洛茨基也遭受过他们的批判。他们的立场难以概括。所谓无产阶级文学,乃是以塑造工人或农民为己任的文学,思想性鲜明,书写乏善可陈。阿维尔巴赫及其同道具有非凡的阶级嗅觉,来历和气质均属无产阶级性质的作品,但凡略有文采,都被宣称为不够格的无产阶级作品。在他们看来,大概连杰米扬·别德内也是个唯美派……(更讽刺的是,论出身阿维尔巴赫本人跟无产阶级并无关联,他是杂货店老板的儿子,不久便有人向他提起这一点。"无产阶级的",在他的理解中,并非阶级评判,而恰恰是审美评判。)

这不是托洛茨基主义,尽管无产阶级艺术理论家激进的革命精神会让人想起托洛茨基的观点。这不是马克思主义或斯大林主义,也不是庸俗社会学,而纯粹是逆向的选择:面对任何文本,潜意识里都认为,有可能写得还更糟,因而真正的无产阶级之作是不可企及的,正如绝对的阶级纯度。阿维尔巴赫本人或许不知道"逆向选择"一词,却以萨沃纳罗拉②式的狂热服务于此项事业。他压根儿未料到,事情有可能更简单。没过多久,他这个也算具有为高尔基本人所赏识的信念乃至组织能力的人,就被只会破坏的十足的无耻之徒取代了。

早在1932年4月之前,阿维尔巴赫及其随从大概就揣测到高层领导有所不满的最初迹象:根据斯大林个人的指示,《图尔宾一家的命运》③重返莫

---

① "拉普报告单""拉普批评""拉普奴隶制"均系对"拉普"的揶揄。在俄语中报告单(рапортичка)、批判(проработка)、奴隶所有制(рабовладение)这三个词,都包含与"拉普"(РАПП)读音相近的音节。
② 萨沃纳罗拉(1452—1498),意大利多明我会修士,曾担任佛罗伦萨的精神与世俗领袖,以反对文艺复兴艺术和哲学,以及严厉的布道著称。
③ 由布尔加科夫小说《白卫军》改编的话剧,1926年在莫斯科首演。该剧因被认为"美化了白卫军运动"而引起很大争议,1929年遭禁。1932年2月,在斯大林亲自干预下恢复上演,直至1941年6月。

斯科艺术剧院的舞台。有一次,在高尔基的私人寓所,斯大林会见了一批作家。基尔尚凑上前来,向总书记探询关于《面包》的意见——前一天,领袖莅临该剧首场演出。"您的印象对我很重要,斯大林同志……""不记得了。十五岁那年看过席勒的《强盗》——现在还记得,可是您的话剧——我不记得。"这是公正的评断,而且即便没有那个"可是","拉普"的覆灭也理所应当。历史上,坏的事物时常被更坏的击败,正如沙皇制度被布尔什维克制度击败,苏维埃帝国后来被全面的放纵和涣散击败;整治"拉普",实为大恐怖的开端,但恐怖本身往往始于激起公愤者。对于方才还无所不能,转瞬间沦为败寇之人,谁都急欲踩踏一脚而后快。当所有人都因这场普遍的折腾和欢跃而遭到败坏之际,逐个摆布欢跃之人便易如反掌,对他们的迫害也已不受任何道德的约束。人们很难意识到,"对坏分子的非法惩治"一说,其中关键的字眼终归不是"坏分子",而是"非法",因为不管是谁,都可以被指认为坏分子,可是法律一旦废止,即成为永久事实。

情报人员偷听了作家们对于取缔"拉普"的反应,密报后来公之于世。有人说,感谢上帝,还没来得及做出最卑劣的事情——加入"拉普",有人说可以喘口气了,还有人欣喜地以为,一切终于要彻底回到罗曼诺夫王朝的老样子了——这个无用的红色附庸将被抛弃,可以像原先那样正常写作了……最兴奋的莫过于青年人,首先是早在1930年成立的所谓"马雅可夫斯基大队",其目的是帮助诗人筹办展览,在他身故之后,该组织还在运转,一帮大学生举办晚会,宣传自己偶像的诗歌……1932年以来,小组领导是十八岁的丹尼尔·达宁,未来的著名批评家和科普作家。4月24日晚上,大队成员一起喝酒,借机狂欢……十八岁的年纪,还需要怎样的机会?春天、青春,还有"拉普"的解散。趁着酒劲儿,决定搞一场残酷的恶作剧,给大家痛恨的阿维尔巴赫打电话,就以……帕斯捷尔纳克的名义!这应该是正在挨整的他最想不到的电话!

应当公正评判丹尼尔及其同伴的行为:戏弄固然残忍,意趣无可指摘。通常,越是深受"拉普分子"迫害的人,就越能宽容地对待"拉普",因为他们痛切地知道何谓迫害。1936年,即将被捕的阿维尔巴赫竟躲入自己曾经何止摧残过的宿敌肖洛霍夫家里,他以为,没有人会发现他躲在敌人那儿(到头来还是被发现了。利季娅·金兹堡记述的情形很说明问题)。饱尝"拉普"之苦的布尔加科夫,未参加任何一场针对昔日批判者的批判会。帕斯捷尔纳克没有给阿维尔巴赫打电话,只因为实在无心顾及——家事尚未处理妥帖,孩子病了。不过,打电话给落难的敌人,完全符合他的精神,广义地说,也符合基督教精神。年轻的丹尼尔对帕斯捷尔纳克说话的风格进行了绝妙的戏仿。在回忆录《耻辱的负重》中,他再现了当时的对白:

"利奥波德·列昂尼德维奇!请别对我的冲动感到惊讶。在这清晨时分,当家人给我读了政府的美好决议……"

"不是政府,鲍里斯·列昂尼德维奇,是中央的决议,亲爱的鲍里斯·列昂尼德维奇。但也无所谓,敬请赐教……"

"哦,居然是这么回事!我被弄糊涂了,简直是无知。嗯——嗯——嗯,那我该说什么呢?从早晨那个让大家开心的时刻起,我的思绪就被您吸引……由于生性执拗,即便在这样的日子里,艺术也不可能迎合历史的必然性——迎合它的健忘,以及它的无情无义,凭借不可思议的任性,它自己为自己选定了宠儿,它却未能善待他们……您就是其中之一。我能想象到,这春日对于您被践踏的真诚是多么漫长,而我总是远远地欣赏您的真诚,尽管并不认同其着力点……真想表达对您的理解,而不是等到被春天弄晕了的莫斯科变得黑暗时,使得打电话表示同情这种简单的事情都不可能……您最料想不到的大概就是我的电话,这反倒促使我冒昧地拿起话筒……再次请您原谅。希望我们有机会开诚布公地详谈……晚安!"

难怪阿维尔巴赫上当了,并提议立刻见面,现在已经就是明天!他愿意亲自登门!丹尼尔慌了,他不知道帕斯捷尔纳克的确切住址:沃尔洪卡,第14栋……几号房呢?9号!未及多想,便脱口而出。哦,真是奇迹,蒙对了!在这场诡异的表演中,准是魔鬼牵拉着每个人的线头。小伙子们事后翻开作家名录(有些还附带电话号码及住址):没错儿,帕斯捷尔纳克,沃尔洪卡,14栋9号!偏偏就这么巧,此前,帕斯捷尔纳克与济娜伊达已经在弟弟家住了一个月,4月25日他刚好在自己家,守着生病的儿子!

几个年轻人决定赶紧揭穿他们的恶作剧。中午两点,丹尼尔骑上自行车,赶往沃尔洪卡,但他太急了,不小心撞上一辆电车。民警处理了事故,自行车修好了……简略地说,等他来到沃尔洪卡已经两点多了。他在楼门口守候了一个钟头,没见到人影儿。一星期之后才查明,两点钟阿维尔巴赫真的来了。帕斯捷尔纳克惊愕不已,给他开了门:"不,我不能请任何人来家里……这是误会!我早就住在了别处。我现在实在没有理由让人进来,即便是您。您有小孩吗？没有？好吧，反正都一样！"

说完，咣当一声关上了门。阿维尔巴赫蒙了，只好悻悻而去。

帕斯捷尔纳克后来评论了此事："有人恶意捉弄了我们"……但这里重要的不是年轻人不知身家命运，在一个特殊的年代，开了一场残酷的玩笑。重要的是，帕斯捷尔纳克俨然是一个敢于向落败的敌人表示由衷同情的人。相比热情洋溢的赞美，这其实更能说明他的声誉。

5月29日，《文学报》底栏上发表了一篇署名为"K"（弗莱什曼推断，这简单的字母背后，隐藏着弗拉基米尔·基尔波京，苏共中央委员，重建后的作家联盟组委会书记，反托洛茨基主义的主将）、标题为《论帕斯捷尔纳克》的文章，主张以"后拉普"时期的新眼光看他。文章将帕斯捷尔纳克与勃留索夫相提并论，也就是说，不怀疑他对革命的真诚同情，尽管称他的诗为"旧日的知识分子诗歌"。该文向帕斯捷尔纳克承诺"提供必要的帮助和支持"。这既是要求，也是预支。8月11日，同样在《文学报》上，一则报道乌拉尔作家之旅的简讯（《从危机时刻的幽暗——到乌拉尔高炉的烈焰》），已然将帕斯捷尔纳克称作"苏联当代最出色的诗人之一"。

7

《第二次降生》初版总共发行了五千二百册，编辑是爱德华·巴格利茨基。帕斯捷尔纳克的文坛地位得到极大巩固，因为主要敌人被消灭以及党和作家领导人的赏识和期望。个人生活看上去也越来越乐观：

> 我跟济娜在一起幸福极了。[……]她是非常单纯的人，对我怀有深深依恋和亲情，她这样一个妙不可言的人，自然地成了我命中注定的妻子。

这是他寄往列宁格勒的表妹和姑妈的书信。他对济娜的情感当时完全是真诚的。自童年以来，他第一次被另一个人贴心而热情地照顾着。他痴迷于济娜身上的率真、纯朴、直爽。所有这些，九年以后他都不知该如何摆脱。但我们不会忘记，1948年他在国立儿童出版社《哈姆雷特》上的题词，正是写给她的：

> 当我死去时，请别相信任何人：只有你才是我活到最后，延续到最后的整个生命。

米哈伊尔·佐洛托诺索夫在他的文章《二夫一妻》(姑且把这一猥亵的意味归因于作者的良心)中,表达了不同寻常的见解。该文是对济娜伊达·尼古拉耶夫娜回忆录的评论,刊登在《莫斯科新闻》周刊上(2004年3月26日)。此前,这部回忆录至少发表过三次,虽然有相当多的删节。佐洛托诺索夫首先公正地指出,当帕斯捷尔纳克需要为其抒情寻找新的女主人公时,这位聪明、胆怯、优雅的诗人就会显露冷酷的一面。接着,作者颇有见地地说,诗人跟济娜伊达·尼古拉耶夫娜的婚姻不仅因为"赞赏她的容貌",或者,与其说因为她的容貌,不如说他需要在新基础上重建整个生活和世界观(这还是帕斯捷尔纳克本人在《我是否想要更甜蜜的生活?》一诗中所表达的,所以没什么可争论)。接下来,佐洛托诺索夫却盘桓于他偏爱的民族话题:帕斯捷尔纳克离开前妻,转向济娜伊达,似乎喻示着他弃绝个人的犹太身份,最终选择了同化。作者认为,叶甫盖尼娅有着支配帕斯捷尔纳克的莫大权力,而他则倦于任何权力,所以转向了既体贴又温顺的另一个女人。可是我们认为,无论由谁来书写,济娜伊达性格中的强势都不容忽视,即使与叶甫盖尼娅相比,她也绝不像一只绵羊。"犹太人的权力"——亦即前妻的权力,应另当别论——体现得更为微妙,更像是虚弱无助的自私的游戏,可能连带着种种心机,但我们最想驳斥的,恰恰是佐洛托诺索夫这种解释。首先,叶甫盖尼娅像帕斯捷尔纳克一样,深受俄罗斯文化传统影响,并未赋予其犹太血统以特殊意义(非但如此,她还有意给儿子取名为叶甫盖尼,违背了犹太人不以在世亲人的名字为小孩取名的习俗)。无论叶甫盖尼娅·弗拉基米罗夫娜,还是叶甫盖尼·鲍里索维奇·帕斯捷尔纳克,都未养成犹太人的自我认同。其次——这一点尤其重要,帕斯捷尔纳克本人当时也不觉得犹太问题具有实质意义,而佐洛托诺索夫试图以他两位妻子的民族身份大做文章,实际上只有一个目的:暗示同化从一开始就是不道德的,暗示个人民族身份的背叛,后者被庸俗地与背叛妻子捆绑在一起。在某些派别的言论家那里,此种伎俩实属司空见惯,幸亏他们的文字未能行之久远。无论1931年的思想剧变对帕斯捷尔纳克何等重要,都无从说明他的民族身份从犹太人变成了俄罗斯人,他只是离开一个女人,来到另一个女人身旁。1948年,他已经学会将家庭生活与新的恋情结合起来[1],继而在两个

---

[1] "新的恋情",指帕斯捷尔纳克与他的情人奥莉加·伊文斯卡娅之间的关系。

俄罗斯女人之间进行选择。然而,这无碍于他的思想在战后的根本转变。只有一点确切无疑:他在改变自己的同时,也改变了他的抒情主人公。

像苏维埃政权一样,济娜伊达·尼古拉耶夫娜·帕斯捷尔纳克向来不被公众意见看好。遗憾的是,大量见证主要来自帕斯捷尔纳克备受瞩目的四五十年代,当时到访他的佩列捷尔金诺别墅的人数,仅仅略少于亚斯纳亚-波良纳的拜谒者。济娜伊达被视为一道屏障,几乎就是警卫员。"诗人成为家庭的俘虏",一位回忆录作者辛辣地讽刺道。又能说什么呢?在那些岁月里,她与帕斯捷尔纳克一同度过了何其艰难的二十个春秋——儿子阿季克的夭亡、遍及各地的逮捕、战争!相比丈夫六十岁上下还葆有青春的俊朗和精力,她却像个敏感而又霸道的老太婆。"济娜伊达·尼古拉耶夫娜拥有一副战士的臂膀""晒得黝黑的脊背""肩膀和脖子长得不像样子"——利季娅·楚科夫斯卡娅对这具太过丰满的、前鼓后凸的肉体格外留意。"她纯粹是一头犀牛,而这些小碎花边儿,她居然用了一辈子!"这句话出自另一位回忆录作者、一位聪明且无恶意的女性之口。诚然,女性的回忆录未必完全可信——女客人不可能不喜欢上帕斯捷尔纳克,哪怕只是片刻,哪怕清醒地意识到,他向她们展现的热情是何等夸张。不过,这里还有出自男性的要命的见证:1959年安德烈·西尼亚夫斯基拜访了帕斯捷尔纳克。济娜伊达给他留下了可怕的印象:"我看到一个叽喳叫着的肉块……"

然而,济娜伊达·尼古拉耶夫娜虽说霸道,绝非愚蠢。帕斯捷尔纳克不可能倾心于某个一无是处之人。在三十年代,见过他平日生活、聆听过他表演的人们,都记得他们之间的夫唱妻随。济娜伊达总是在观众席第一排就座,对他幸福而茫然的问询——"济娜,我该读点儿什么?"——报以温柔的回答:"想读什么就读什么。"许多人,尤其是不知道帕斯捷尔纳克前妻的人,往往称他们为理想的一对儿。除此之外,济娜伊达还有钢铁般的自律、过人的胆量和犀利的口才。她的一次巧辩格外精彩:解除了疏散①的作家大规模返回之后,他们当中不断出现耸人听闻的消息。流传最广的是:现在要重点审查不愿疏散到外地的文学家。据说他们曾妄想德国人到来……众所周知,帕斯捷尔纳克一直拖延到最后时刻才动身。这一天,苏尔科夫②又

---

① 苏联卫国战争期间,大批人员从各地疏散到后方。随着苏军转败为胜,疏散人员陆续返回。

② 阿列克谢·亚历山德罗维奇·苏尔科夫(1899—1983),苏联诗人,记者,社会活动家。

提起这个话题,济娜伊达也在场。她实在忍无可忍(喝干的酒杯起了作用),扭过头恶狠狠地说:"我倒听说,目前被怀疑的是那些溜得比谁都快的人。也许,我们会搞清楚,到底应该怀疑谁?"有时,她厌倦了恐惧,也就没有什么能阻拦她。

有必要指出帕斯捷尔纳克两封信(一封给表妹,一封给父亲)之间重要的对应关系。给父亲的信写于 1934 年 12 月 25 日:"我成为我的时代和国家的幸运儿,国家的利益也成为我的。"他在写给奥莉加·弗莱登伯格的信中说,济娜是他"命中注定的妻子"。按照帕斯捷尔纳克的价值体系,在他内心世界里,第二次婚姻是接受周围世界的代名词,是接受"与所有人合作,与法律秩序保持一致"之诱惑。简而言之,放下无休止的争讼,我们可以说,济娜伊达·尼古拉耶夫娜正是苏维埃政权的某种化身。当然,苏维埃政权在这里指的不是社会制度,而是被灌输的各种价值的总和:质朴、快乐、垂直的严格等级、果决、灵与肉的健康等等。这一时期,在帕斯捷尔纳克的抒情诗中,合作乃至直接顺应的母题同爱与互谅的母题彼此交融。如果 1917 年的他宣称生活为姐妹,那么在 1932 年,假如可以这么说的话,国家则成了他的妻子。事实上,帕斯捷尔纳克与济娜伊达的关系,几乎就是他与政权——而且是苏俄政权相互纠葛的翻版:1930 年他被诱惑,1932 年坠入情网,而 1935 年,极度的惶恐将他攫住,他担心她背叛自己。1937 年他与她发生龃龉,1947 年他厌倦了她,到了 1956 年,她越发衰老,但继续同他吵吵闹闹;直到 1960 年,他溘然离世,她还活着,诚然,活了没多久,但无论如何,济娜伊达·尼古拉耶夫娜的最后岁月比苏维埃政权的终结体面得多。

难怪他说,想要死在她怀里:在上文引述的写给约瑟芬娜的信中,在与妻子的闲谈间,乃至在他临终前拒绝去医院的时刻,他都在重复这一点。这个夙愿早在初识济娜伊达之际即已萌生,最终果真实现了。或许,济娜伊达·尼古拉耶夫娜真是一个可以让人死在她怀里的理想女人,就像苏维埃政权,适合于为之赴死,而它为此提供着一切机会。但与之两厢厮守似乎大可不必。结果他死去了,一如他所愿……他似乎应该活得更好些。

与帕斯捷尔纳克生活了三十年的第二任妻子是否爱他?毫无疑问。这两个,无论他的新妇,还是改头换面的故国,始终都爱着他,都希望彻底占有他。他却未能成为谁的私有物——二者都需要他,为了最大程度地自我实现。二者最后都成为他个人策略的一部分。为他辩白的理由仅仅在于:活过了一生的不是他个人,不是具体的鲍里斯·列昂尼德维奇·帕斯捷尔纳克,而是一位无意识地探寻适宜的条件以实现其禀赋的诗人,是上帝的工具。

第二十三章 《第二次降生》

1

《第二叙事曲》(1930)是整部诗集《第二次降生》的重点,或许也是帕斯捷尔纳克三十年代诗歌创作中最有力的作品,他的两个情节单位从头至尾交汇其中:雨和梦,梦之雨:

> 别墅里入睡了。背风的花园
> 纷纷扬扬洒落一片喧声。
> 像排成三列航行的舰队
> 树之帆在喧腾。
> 白桦和山杨挥动铲形的
> 船桨,仿佛行进在叶浪中。
> 别墅里入睡了,盖住脊背,
> 像幼年时一样睡着。
>
> 巴松管咆哮,更漏声低鸣。
> 别墅里隐匿了肉身,入睡了,
> 伴着均匀嘈杂的和声,
> 连同夜风狂怒的蛮力。
> 雨滴零落,此前还倾泻如注。
> 树木展开船帆,泛起水花。
> 雨滴零落。别墅里两个儿子
> 入睡了,像幼年时一样睡着。

我醒了。一个敞开的世界
将我裹挟。我打消了顾念。
我置身于你们生活的土地,
那里还有你们白杨的喧腾。
雨滴零落。雨水仍将如此圣洁,
宛若它们纯净的涌溅……
可我已经睡过了半宿,
像幼年时一样睡着。

雨滴零落。依稀有梦。我被
捉回处处是阴谋的地狱,
女人自幼饱受姑婆的折磨,
婚嫁之后又是儿女的厮缠。
雨滴零落。我梦见从孩子中间
我被捉去领受巨灵的教诲,
睡在碾碎黏土的喧嚣之下,
像幼年时一样睡着。

天亮起来。浴室里昏沉的雾气。
阳台漂浮,仿佛行驶在渡船上。
到港停靠的——是一簇簇灌木
和篱笆墙湿漉漉的围栏。
(我接连五次看见你们。)

睡吧,花园。睡完一生的长夜。
睡吧,叙事曲,好好睡吧,歌谣,
像幼年时一样睡着。

帕斯捷尔纳克写的是所谓"法兰西叙事曲"——按 ABBAACCA 押韵,主体为四节八行诗,附带结尾的"献词",只是没有具体的接受方(在典型的叙事曲结尾诗行中,envoi① 应当提到接受方)。形式的考究,本身就显示出

---

① 法语:跋、后记、诗节末尾的献词。

《第二次降生》这部以生活的安顿和塑造为主题的诗集之神韵。但帕斯捷尔纳克看重的不仅是诗集的规范性,还有流动性。韵脚贯通上下,从一个诗行流向另一诗行,像玻璃表面的水滴,沿着诗作径直滑落。而整首"叙事曲"之独特就在于动静结合,以及梦境背后的风雨。

这首诗描绘的别墅,正是涅高兹夫妇在伊尔平租下的,1930年他们与帕斯捷尔纳克一家在那里度过了夏天。诗的不平静音调源于作者的思虑,透过梦境,他想到别人的两个儿子,想到即将被他毁坏的生活。他再度感到自己是偶然的过客——"我置身于你们生活的土地",继而从惶恐中醒来,"一个敞开的世界将我裹挟":"我打消了顾念。"这表明,一切已然安顿和预定。

"别墅里入睡了,盖住脊背,/像幼年时一样睡着",还能有比这更安详的画面吗?随后却是"巴松管咆哮,更漏声低鸣":四个严整的抑扬格双音节词语,犹如击打声袭来,骤然改变了整首诗的调性。这里不仅有暴风雨,也不单纯是与风暴搏斗的舰船形象("像排成三列航行的舰队")——不,这里是一场席卷整个世界的灾难,声音近似于杰尔查文的"时间的动词,金属的铿锵!"①梦,即是逃离惶恐,逃离"狂怒的蛮力"。但即使在梦中,焦虑和恐惧也如影随形,转化为持续压迫的形象:"女人自幼饱受姑婆的折磨,/婚嫁之后又是儿女的厮缠"……这个形象(在帕斯捷尔纳克笔下尤显突兀)更为可怕之处在于:对帕斯捷尔纳克而言,童年原本是天堂的化身,婚姻是爱的结合、灵与肉的交融;但如今,在"连同夜风狂怒的蛮力"的不安梦境中,童年变成了彻底非自由的王国,婚姻被日常生活扼杀。这人世间可怖的内幕,向日渐生长和成熟的心灵徐徐展开——"我梦见从孩子中间/我被捉去领受巨灵的教诲"。"碾碎黏土的喧嚣",则让人联想到《圣经》的篇章。与神的对话比任何时候都严肃和紧张——巨灵似乎打算向胆怯的学童展示,他从那些骇人的梦幻中究竟猜到了什么。整首叙事曲自始至终交织着天真的近乎孩子式的避世主义(隐匿,逃离,入睡,"盖住脊背",无论用棉被还是用这威严天空的穹顶),以及预感中挥之不去的惶恐。雨是情欲,梦是逃离。他的整个三十年代也如此流逝,恍若穿越梦境的雨。

---

① 引自俄国诗人加甫里尔(加甫里拉)·罗曼诺维奇·杰尔查文(1743—1816)的《纪念梅谢尔斯基公爵之死》(1799)。杰尔查文的创作对十八世纪末至十九世纪的俄国诗人,包括早年的普希金,产生了重要影响。

2

同时,这部诗集里还有几首罕见的洋溢着喜庆与鲜活气息的诗。首先就是以四步抑扬格书写(这是帕斯捷尔纳克作品里少有的特例。总的来说,他使用抑扬格的次数不多)的《屋里不会再有人来》。

对于苏联读者乃至后来的后苏联时代的读者来说,自1975年起,这首诗就同电影《命运的捉弄》[①]紧密相联,与之相得益彰。这部电影通常在节庆之际放映,而歌曲本身在影片中的演唱则是在新年前一天,为这种辞旧迎新的期待选配合适的歌词并非易事。这里的一切都指向未来,并以将来时态书写,从而使这未来首次兼具喜庆和神秘的色彩。正因为这预感的幸福和神秘(他无法想象少了神秘性的幸福),帕斯捷尔纳克才如此喜爱新年:

> 除了黄昏,屋里不会
> 再有人来。但见冬日
> 透进虚掩的窗幔
> 敞露的缝隙。
>
> 唯有潮湿的白团儿
> 飘飘洒洒,
> 唯有屋顶和雪——除了
> 屋顶和雪,空无一人。

这幅画,简洁中透着壮丽——白茫茫,静悄悄,又因永远掩盖声音的柔和降雪而愈显阒寂——呈示着奇观,新生活将由此展开,就像从白纸上展开。当然也有一些压抑的回忆:

> 又是严霜勾出线条,
> 又是昔日的忧郁
> 和另一冬天的往事

[①] 《命运的捉弄》系苏联著名导演梁赞诺夫执导的影片。1976年新年首次在电视上播映,随即风靡苏联,经久不衰,甚至成为贺岁的传统。影片中有多位诗人的作品被改编成歌曲,包括帕斯捷尔纳克的《屋里不会再有人来》。

搅得我头晕目眩，

又是难以释怀的愧疚
至今刺痛着内心，
又是十字格的窗口
受困于木柴的短缺。

这不正是那个有着"雪白流苏"的冬天，帕斯捷尔纳克一边翻动煎锅里的土豆，一边读着里尔克的来信？但不应该认为，此处叙说的只是良心的苦痛和原先的家——"木柴的短缺"令人联想到1917年和1918年的冬天，以及那些岁月里的绝望和贫寒。然而，忧郁转瞬即逝：

可是，会有一阵战栗
突然掠过厚重的门帘。
你会像未来，用脚步
丈量寂静，走进来。

你会出现在门边
身穿没有花饰的白衣，
织成你一身衣料的
就是漫天的飞絮。

恋人的两个形象特征映入眼帘：单纯和自然。这也将成为帕斯捷尔纳克作品一个长期的主题思想，贯穿于所有现实问题的描述，直至1940年的佩列捷尔金诺组诗：革命对他来说是固有的简化现象，起码按照他个人独创的神话学来看是这样。

这"没有花饰"，随后也将重现，而且更为拙朴，几乎是弗洛伊德式的，以四行诗节（четверостишие）形式用在另一部苏联贺岁电影中，表演者是同一位演员：

爱别人，就是背负十字架，
可你没有弯折也很迷人，
猜解你魅力的秘密

无异于猜解生命之谜。①

"没有弯折"——绝妙的双关语,单纯之诱惑在此显现,清晰至极。而且这般迷人,让人难以抗拒。帕斯捷尔纳克直接用它来对比昔日的恋人和妻子叶尼娅。这种对比在《安全保护证》被删除的结尾尤其明显:

> 那时我还有家。我以犯罪的方式开始了力所不逮的行为,并将另一种生活带入这尝试,同时又开始了第三种。
>
> 笑容收卷成一团,使年轻女艺术家的下巴越发浑圆,脖颈和眼睛也熠熠生辉。而且当时她那双眼睛似乎因为阳光而随意眯缝着——散淡地半睁半闭,就像近视眼或者身姿柔弱的人。[……]她脸上洋溢着陶醉的表情。因为她总是需要光亮,为了显出绰约的美,正如她需要幸福,为了打动别人。
>
> 有人会说,所有的面孔都是如此。未必。——我的见识有所不同。我熟悉这样一张面孔,无论处于痛苦还是欢乐,始终如同雕刻般漠然,相比在喜乐悲欢中黯淡了另一种美的较常见的面孔,它反倒更显美好。
>
> 这位女性要么向上飞升,要么低头俯冲;她那可怕的魅力令人无奈,她在尘世间的需求,无论如何都远不及尘世对她的需求,因为这就是女性特质本身,是坚不可摧的高傲,宛如采石作业中挖凿下来的一整块巨石。因为外貌的法则最能决定女性的体态和性情,所以这样一位女性的生命和本质、荣耀和激情,也就不取决于光亮,也不会像第一位女性那样害怕悲伤。

请注意作者提到济娜伊达时的单音节词堆叠:"生命、本质、荣耀、激情"……如果想起他献给她的另一些词句,又该有何感触?"我的美人,你整个的气质,/一切的本质,全都在我心里……/我的美人,你的本质,/你的气质,美人哟,/你使我胸口憋闷,急欲奔向远方,/急欲吟唱,而我喜欢这一切。"②如果说这本质和气质有什么特别之处,那便是她的单一性,让人也想用单音节吟唱。

无论对传记作者还是对语言学家而言,帕斯捷尔纳克都大大降低了问

---

① 引自帕斯捷尔纳克《对别人的爱》(1931)。这一节作为男主角的道白,出现在梁赞诺夫导演的苏联名片《办公室的故事》(1976)。
② 引自帕斯捷尔纳克《我的美人》(1931)。

题的难度。用于描绘新恋人(他在另外的时间和地点称之为"保持笑容的高贵女人")的动词和形容词,均有惊人的力度,并暗藏威胁:她的脸"如同雕刻",她的女性特质"宛如采石作业中挖凿下来的一整块巨石",她"可怕"的魅力……而关键是:世界对她的需求,多于她对世界的需求。从引文即可断言,她其实不需要什么特别的东西。此处对比的不是两位妻子,是两种现实:苏俄早期和帝国早期的现实。新时代不会受制于悲伤,其自身即是法则和正确的理由,当然也就不具有那种需要幸福以成就其美好的女性特质和脆弱。

3

在帕斯捷尔纳克的世界里,怜悯作为主要的情感,很大程度上同他的情欲观念交集在一起。这种女性观也投映于革命,准确地说,是投映于现实:按照帕斯捷尔纳克的诗学,现实性之于历史,犹如少女之于妇女。

> 现实好比私生女,衣衫不整地逃离了明天,相对于合法的历史,它就是彻头彻尾的非法产儿,是没有嫁妆的姑娘。

这衣衫不整的、非法的、没有嫁妆的姑娘,分明是情欲的意象。帕斯捷尔纳克对革命怀有看似无以言说的同情,其关键就在于此。在他看来,革命是对强暴的复仇,而他与济娜伊达·尼古拉耶夫娜的新生活,也成为新生活本身的隐喻。这一题旨在《冰与泪的春日》(1931)中表现得淋漓尽致。

在这首诗里,革命犹如奇特的复仇,针对残酷折磨女性的制度。"婢女的心灵/刻不出花边。"帕斯捷尔纳克如此谈论平等和人道之类的法则俨然大获全胜的变年轻的祖国。他笔下连萨尔蒂契哈[①]都无从想象的兽性戕残,很难说有什么凭据。莫非是隐喻?如果是,那也无异于马雅可夫斯基的血路之隐喻。

在任何从内心发出狂怒的地方,帕斯捷尔纳克都会显出他的天性,这里几乎看不到模棱两可和无所适从。可他越想要显得自然,就越是落入形式的窠臼:"因为从幼小的童年,/我就被女性所伤"("幼小的"和"童年"这一

[①] 系俄国女地主达里娅·萨尔蒂科娃(1730—1801)的贬称,素有虐待狂之恶名,曾将许多农奴折磨至死。

组合是冗余的,而且带有风格化的民间色彩)。听起来像是大会上的忏悔之辞:"我作为一名重伤员"……诚然,接下来的两行,将空幻的暗示成功地转移到永恒的女性特质,沿此路前行的唯有歌者。

但这首诗的悲情主要不在于此,而在于革命为千百年的凌辱报了冤仇:"世代流传的故事在诉说／人们如何不配那美色,／它鲜活的果实不被顾惜,反倒遭到踩踏。""革命"和"羡慕"对帕斯捷尔纳克不仅是谐音词,在具体语境下还是同义语。此处还出现了另一个关键词语"嫉恨",它成为对革命的最终解释,取消了此前的整个精心构造。

1931年,由于认识不足,帕斯捷尔纳克陷入了忠于国家和家庭幸福的诱惑,他当时还相信,革命的目的是恢复和捍卫正义,而不是毁灭正义,更不是助长非正义。抱有这种真诚错觉之人不止他一个。不妨与巴格利茨基做个有趣的对比。这位诗人似乎与帕斯捷尔纳克相去甚远,尽管他在联邦出版社编辑了《第二次降生》。

但他们也有许多共同点:巴格利茨基比帕斯捷尔纳克小五岁,出身于犹太文化,后来又与之决裂,接受过马雅可夫斯基的教诲,就气质而言,这是一个乐观热情的南方人,他的世界也在"呼啸、喧哗、鸣响",如同帕斯捷尔纳克《诗的定义》所云:"这是悲欣交集的呼啸……这是两只夜莺的决斗……"大约在同一时期,巴格利茨基开始创作长诗《二月》(1933年动笔,始终未完成)——一部可怕的作品,对女性永恒特质的捍卫公然采取了强暴的形式。大诗人的言谈确实比他们的宣言更精辟!长期以来,抒情主人公无望地爱着一个对他冷若冰霜的女孩。他是何许人也?可怜兮兮的犹太青年,患有哮喘("我未曾以应有的方式爱过……我是个矮小的犹太男孩")。1917年2月,一场带有特殊民族情欲意味的复仇开始了:"我那犹太人的高傲发出奏鸣,像快要绷断的琴弦。"二月革命期间,主人公无意间闯入一个黑窝,那是将军大人兑莱门茨开办的风月之所,处处散发着"人类种子的气息和烈酒的甜腻味"。他看到了什么?!他的女神正在服侍一个恶棍!她的人生何以沦落至此,诗中未作详解,或许对作者更重要的是,证明永恒的女性特质必定沉沦于沙皇专制窒闷的黑暗。主人公赶走了朋友(撑开了一帮"身穿浅蓝色衬裤和绒马甲"的敖德萨无赖),占有了他理想中的女人,继而可以想见,使她得到了净化!革命勇士投向半裸美人的嘲讽和责备尤其醒目:"一次该给您多少?"而她显然希望通过顺从获得解脱,既然她对这位身着学生装、脚蹬皮靴、挎着手枪皮套的深夜来客并无任何爱意。她呻吟着,连嘴唇都没张开:"可怜我吧! 不要钱"……

> 我把钱扔给她,未等
> 脱下靴子,摘去枪套,
> 解开学生装,

(似乎靴子、枪套和学生装才是主人公男子汉气概的充分保证。——德·贝)

> 我就径直跌进羽绒的
> 漩涡,跌进被窝,
> 被窝下面抽搐和喘息着
> 我的所有前辈——沉浮于
> 重重幻象幽暗的浊流……
> 我占有你,是因为我的岁月
> 曾经怯懦,因为我的腼腆,
> 我流浪的先祖们的丑态
> 因为鸟儿偶尔的呢喃!

(在这强有力的报复过程中,鸟儿显然来得不是时候——按照为施暴者恢复名誉的浪漫主义原则来看。——德·贝)

> 我占有你,等于报复世界,
> 一个我走不出的世界!
>
> 让我进入这片连野草
> 都不能发芽的荒凉腹地,
> 或许,我的黑夜的种子
> 会使你的荒漠孕育生命。

美其名曰孕育生命——苹果树将在火星上开花! 行文至此,还应该详细评说革命的报复如何孕育了俄罗斯文学乃至俄罗斯生活,世纪之初飞速的繁荣过后,事实上已然呈现出令人忧心的败象,只不过这超出了我们探讨的范围。相比之下,另一个话题更加耐人寻味:饱读诗书的巴格利茨基本人没意识到,他是在复述列昂尼德·安德烈耶夫名噪一时的小说《深渊》。小说主人公与漂亮的女学生一起散步,撞见了一帮醉醺醺的流氓,脑袋挨了一酒瓶,暂时失去知觉,当他醒过来时,发现他的理想中人遭到奸淫,衣衫破烂,躺在地上昏迷不起。刚从打击下缓过神的主人公,不禁被"性的滚热的秘密"吸引,在那几个醉酒的工人之后,奸污了自己渴慕的对象——是瘫软在他面前的遭蹂躏的清白之躯刺激了他。总的来说,巴格利茨基这部长诗主人公的行为并不算特殊,以强暴隐喻政权更迭,在后革命时代的诗歌中相当普遍,譬如阿赫玛托娃描绘饱经磨难的都城:"像一个醉酒的荡妇,/不知是谁在占有她……"①不同的是,巴格利茨基认为,向晚上刚被醉酒的强盗占有不久的女人施暴,是对其社会意识和心理意识的修复行为。他才是她真正的主宰者,有意引导她走正路。当然,在帕斯捷尔纳克那里,这一切全都有所不同,但总体意涵是相同的:你们在前政权下被强暴,但我们会爱你们。

> 因为我只被她(女性的那份)触痛,
> 她犹如我们的乐土,
> 我甘愿在革命意志中,
> 彻底地迈向空无。②

(这俨然是勃洛克式的"革命的"!是又一次对《十二个》的借鉴。)

但在这爱的基础上,是报复和嫉恨。就此而言,直觉并未欺骗帕斯捷尔纳克。而所有为暴行辩解的企图(据说这对跟我们相关的女人很糟糕),"在隐瞒和粉饰的阴影中",都被这象征性的供认粉碎了:我们嫉恨是因为,我们所拥有的并不属于我们。整个冲突就在于此。

其实,《日瓦戈医生》从头至尾叙说的也正是这种冲突:拉拉·基莎尔-安季波娃,一个生来注定与医生有缘的女人,从最初的岁月开始,她的命运就与日瓦戈的命运一道发展变化。她缠绕着他,宛若藤蔓缠绕树干,时而以祈求的方式,时而又像母亲,俯伏在他身旁。在两次成为别人的女人之后(被科马罗夫斯基奸污,又嫁给了巴沙·安季波夫),她才终于为他所拥有,而他们的相逢只是革命的结果。他们终将永远相爱,但他们的生活一无所

---

① 引自阿赫玛托娃《当人民怀着寻死的愁苦》(1917年秋,彼得堡)。
② 引自帕斯捷尔纳克《冰与泪的春日》(1931)。

有:唯有梦幻般的革命年代暂时还散发着些许自由的气息。然后拉拉再次被科马罗夫斯基占有——还能有怎样的期待呢？既然拉拉是祖国的象征（这起码是可行的解读），意思也就很明显了:只有在历史转折的关头,才能感受到祖国属于自己。之后她又将投向别人的怀抱。革命同样可以是诗人的,假如将它视为向所有攫取了永恒女性特质的施暴者的复仇。但革命总是落入他人之手——这就是悲剧:你想要制止,你就得杀戮。

在《第二次降生》中,引用最多的一首诗是《当我开始厌倦》,它比其他诗作写得晚,表达了作者三十年代初的基本文学立场。以帕斯捷尔纳克的标准来衡量,此诗不算重要。不妨做一个无伤大雅的文学游戏:

当我开始厌倦诏媚者千百年
挥洒自如的高谈,我便希望
生活浮现如阳光下的梦境,
我还想要凝望它的面容。

我不愿跟一群温室青年
兑换心灵最后一枚铜板,
可是,像个体农户进入集体农庄,
我进入这世界,才发现人的良善。

正值建设事业的计划年代,
冬日重现,已是第四个年头。
两位妇女,像斯维特拉娜的灯影
在岁月的重压下散发光热。

而你,莫斯科,我轻浮的姐妹,
当你在电车第一声铃响之前
坐在飞机上迎接兄弟:
你比海更温柔,比树、玻璃和牛奶
混合而成的色拉更杂乱。

我向他们强调,未来的我们

一如活在今天的所有人。即使
落下残疾也无所谓:新人驾驶
规划的大车已将我们超越。

我应该生活,呼吸,成为多数派,
锤炼话语,不信从,——以己为友。
我听见苏联马达在北极的突突声。
我记得所有事:德国兄弟的脖颈
以及园丁和刽子手打发闲暇的
罗蕾莱①淡紫色的高崖。

既然药片儿难以救人于死命,
时间就该更自由地奔向远方,
在那里,第二个五年计划
让心灵的提纲得以延长。

我未遭劫掠,也不曾断折,
我只是对这一切感到惊颤。
我的弦歌鸣响如《远征记》,
当窒闷过后,我的喉咙里
发出土地之声,那是万顷黑土
最后的武器,是干爽的潮气。

以上所有奇数行诗句均出自帕斯捷尔纳克的《当我开始厌倦》,偶数行则出自曼德尔施塔姆的沃罗涅日诗篇《我不想跟一群温室青年……》(1935)。写下前一首诗的人,正在成为享誉整个俄国的新星,并渐渐接受现实,尽管不无保留;后一首诗写于流放期间。两个文本分属不同的两人(在很多方面,正如我们所见,他们是对跖者),而且是在相反的方向上(帕

---

① 莱茵河中游东岸一座高 132 米的礁岩。罗蕾莱礁岩下的河段是整条莱茵河最深和最窄处。传说在罗蕾莱顶端有个女妖,以美妙歌声诱惑经行的船只并使之遇难,而女妖的名字就叫作"罗蕾莱"。

斯捷尔纳克正处在与政权之间短暂和谐的前期,曼德尔施塔姆——即将与之决裂),音调和手法却如此相近,风格上又各自不同。由此可以强有力地推导出唯一的结论:这两个文本,由众所周知的形势所造就,它们无疑是真诚的,但对两位诗人来说又极其偶然。常见的情况则是:诗人真诚,文本虚假。帕斯捷尔纳克认为,不应为我们蒙受的损伤而绝望,这个想法格外伤感:就让我们被超越,但要看谁是超越者! ——是新人! 是五年计划的大车! 在他1931年写给朋友皮里尼亚克的诗作中,如果说对新现实的接受远非无条件(正如曼德尔施塔姆的莫斯科组诗所表述),那么在《第二次降生》中,同未来的争辩已然毫无意义:它到来了,我们身在其中。我们深陷于未来。请比较:

> 难道我不是以五年计划为尺度,
> 同它一道升起,一道落下?
> 可我又该如何充实我的胸腹
> 安置一切陈旧中的陈旧?①

一年之后,这样的问题已不再出现。生活进入了自己的轨道。

> 她不请自来,首先将既成的事物
> 带入一切,我无从选择它们那些
> 立意宏大的趣味,无心领会其本质,

(请比较《崇高的疾病》中"吞咽壮阔的波浪"。——德·贝)

> 其实我并非在渴望,而是在料想。

这近乎委屈的声音,隐约透露出对当年之勇的追怀:是的,我当然不渴望这新现实的到来……我只是在料想,我料到了! 就这样记下来吧! 曼德尔施塔姆的莫斯科组诗与沃罗涅日诗篇相比较,同样令人压抑:

> 我觉得,像任何别的事物,
> 你,时间,也不合法。像小男孩
> 跟从大人,落进起皱的水潭,
> 我仿佛正在迈入未来,

---

① 引自帕斯捷尔纳克《致鲍里斯·皮里尼亚克》(1931)。

>   我大概见不到它的面容。
>
>   我已不再和年轻人一道
>   去那些画有方格的体育场。
>   ············
>   我的呼吸一天比一天沉重,
>   尽管如此,却不可迁延。①

非法的时间——让人不得不"像小男孩跟从大人",随同大多数人进入其中——如今被尽可能愉快地接受,"开始与人们一起歌唱和嬉戏"。所有这些并不足以说明帕斯捷尔纳克和曼德尔施塔姆当时的思想,却能说明冲突的绝境、选择的悲剧性缺失、已然来临的时代的强制性。这个时代像其他任何时代一样非法,却未留下异议的空间。帕斯捷尔纳克和曼德尔施塔姆本来是迥然相异的两人,但有一个共同点:厌恶一切似是而非的东西。时间需要回答——是或者否,以"既非是,亦非否"来作答已经不可能了。

1931年,帕斯捷尔纳克说出了"是",并将这一立场坚持了五年。而曼德尔施塔姆,由于人生境遇使然,道出"是"的时间更晚,听起来更弱,却更早地停息了声音。

---

① 引自曼德尔施塔姆《今天可以摘去……》(1931)。

第二十四章　时代的音调

1

　　1936年,帕斯捷尔纳克曾向阿纳托利·塔拉先科夫说起四年前的往事。1932年4月23日,根据联共(布)取缔"拉普"的有关决议,成立了苏联作家联合会(ФОСП,以下简称作联)①,即苏联作协的前身。作家们被鼓动到民间去,到"现场"和厂矿企业去。帕斯捷尔纳克也收到邀请——一位工人,某个所谓群艺部门的负责人,请他去工厂,"在广播上读诗"。他在中午时分到达,用厂里广播站的麦克风朗读了《第二次降生》的几首诗,他自己都不明白"有谁需要这个"。那位工人极力邀请诗人到家里做客。帕斯捷尔纳克担心谢绝会伤害对方,便答应了。他们来到一间"扬声器徒然号叫"的宿舍,群艺工作者的孩子们径自睡着。主人觉得无酒不欢,买来了伏特加。不爱喝酒的帕斯捷尔纳克没有拒绝——没办法,兄弟情谊嘛!又来了一帮朋友。帕斯捷尔纳克不一会儿就醉了,并且在劣质酒的作用下失去了记忆。夜幕降临,然后是夜晚。几个人开始以"你"相称,为友谊发誓。他依稀记得马路上的吵嚷声,大约凌晨两点,酒友们叫来一辆神奇的汽车,送他回家,刚驶出院子,就撞上了一个过路人,差点打起来……事后才知道,与他们不期而遇的正是群艺工作者的顶头上司,于是这可怜的家伙不仅丢掉了工作,还被撵出宿舍。帕斯捷尔纳克从电话里得知了此事,打电话的是一个古怪的工人,对他一张口就是"你",就像对朋友一样。帕斯捷尔纳克只好给时任《消息报》主编戈隆斯基打电话,为那位群艺工作者寻找新的差事。可这人却总是喝多,总是被撵走,事后每次都按照固定的程式,打电话

---

① 作者此处有误。苏联作联成立于1926年,解散的时间恰是作者所说的1932年4月23日,而苏联作协则成立于1934年。

给帕斯捷尔纳克,他只好尽心尽力地为其安排去处……很难说,现实中是否确有其事,没准儿这只是帕斯捷尔纳克开心的杜撰,却非常符合他的精神气质:忍耐到底,忍受与异己者及陌路人的豪饮,面对他们自感愧疚,最终对这些有心体验美好事物的流氓无产者产生厌恶。

战后,帕斯捷尔纳克屡次大胆地宣称,透过佩列捷尔金诺看到的生活,远比透过车窗看到的更美好:为了解现实,作家不必非得把自己当作好奇的(实则是多余的)客人,走遍整个国家。在帕斯捷尔纳克那里,良知不可剥夺,他一旦做出选择,便始终忠实于它,除非这一选择威胁到他的精神健康(他在这一点上有别于马雅可夫斯基,后者走得更远)。他以国家事业为己任,自认为有义务履行新形势所预期的目标。1932年6月8日,他与家人一道前往乌拉尔——斯维尔德洛夫斯克州委会的邀请发到了作联,帕斯捷尔纳克被选中了。他没有拒绝,因为熟知乌拉尔,他想向济娜伊达·尼古拉耶夫娜展示自己从青年时代就热爱的地方。条件只有一个——带上妻子、她与前夫所生的两个儿子及涅高兹的表妹纳塔利娅·布鲁曼菲尔德。请纳塔利娅来并付给报酬,是为了照看孩子;据济娜伊达回忆,她"跟孩子们处得很好",当帕斯捷尔纳克夫妇去工厂和集体农庄参观访问时,她就留下来陪他们。

帕斯捷尔纳克的任务是撰写并发表一篇关于集体化或工业化进程的特写(或者长诗,如果顺利的话)。预计不早于秋天返回莫斯科。起初他们被安顿在斯维尔德洛夫斯克的"乌拉尔宾馆",整日都在国家政治保卫联合局所属餐厅用餐。不用说,帕斯捷尔纳克对该机构毫无兴致,对膳食提不起胃口,况且步行到餐厅,单程就得一个半钟头。帕斯捷尔纳克写信对前妻(她整个夏天都困守在城里,他试图将她安排在不久前成立于马列耶夫斯克的作联"创作之家",结果一无所获)说道:

> 这里是恶劣的大陆性气候,由极冷到酷热的变化异常剧烈,狂暴的沙尘叶常席卷这座亚洲中部城市,城里到处是工地,时刻在翻修和挖掘。这里的干热风实在难以描述。

后来他们总算搬到了沙尔塔什湖边,住在一个类似于州委度假村的地方,那儿有一流的餐厅。滚热的小馅饼和黑鱼子酱给济娜伊达留下难忘的印象。农民们经常来度假村,站在窗前讨要施舍或者面包。(主要是在晚上,白天他们会遭到驱赶)起先,帕斯捷尔纳克一家悄悄地从餐厅给他们带些面包回来,没过多久,鲍里斯·列昂尼德维奇就大动肝火:他停止了用餐,对妻子大声叫嚷,抱怨说他被派来是为了热情洋溢的特写,可周围却是竭力向客人隐瞒的赤贫和凌辱……蘑菇、浆果和他年轻时爱过的乌拉尔风光,都未能使他感到快乐。他继续拒绝一日三餐,济娜伊达称他这么做毕竟对谁都没好处,但他不顾她言之有理的劝阻……出于冲动,他给前妻的书信又开始直言不讳,之所以还能有所收敛,只因为济娜比叶甫盖尼娅"更成熟,也更随和",而他自己也变得"更老,更有耐性"了。

令他自感失望的主要是,他平生第一次利用了国家的直接帮助。就在1932年他已经明白,这注定不会有什么好结果。对于前妻,他能十分坦诚地说:

> 眼下我只关心我们三个,我可以保证自己在艺术上和日常生活中的独立性不被触犯。我可以无视通过有关组织(策库布①、工会等等)得到的种种机会。如今我意识到,在几乎不依靠外界资源而坚持私人生活方式的同时,我本能地遵从着自己的志趣……现在,由于成倍增长的牵挂,如果不说是三倍的话,我不得不向我一贯藐视的机构寻求帮助。[……]而这正是出人意料的事情。你知道吗,为了这种待遇,我已经被迫付出了怎样的代价?付出的是工作效率,不管这有多么荒唐。[……]提供国家支援的是矛盾百出的部门。要想得到它准备赋予我的那些优待,我就必须闲待一整月。所有时间都消耗在一堆杂务,以及懊恼不堪地等待执行一系列经济指令上了,尤其令人沮丧的是,许诺总是近在眼前,明日复明日……在这一个月里,我根本没见到独具工厂特色的东西,或者表明乌拉尔之行确有所值的东西。更有甚者,我当年在柏林埋头苦读狄更斯时,都不曾如此远离自己的大自然,不曾置身于这样一种始终夹杂着电话铃声,来回奔走于各部门的牲畜般百无聊赖的生活。城里有电话,但每天都会坏掉……宾馆里有电灯,但亮不起来……水也如此,人也如此,交通工具也如此。所有这些都只发挥着一

---

① 系俄文缩略语 Цекубу 的音译,全称为 Центральная комиссия по улучшению быта ученых,即:改善知识分子生活待遇中央委员会,直属俄罗斯社会主义联邦人民委员会,经高尔基提议于1920年成立,1937年解散。

半的功能，却足以剥夺你身上的技能，借助于这一切，人即可适应没有自来水、电话和电灯的生活，不过，这也是可以想见的现实生活，它暂时还忠实于自己。[……]我从未像现在这样被承诺和义务缠身，而将近半年时间，就这么在烦恼中徒然度过了。我感到伤心和忧虑，为自己，为你，为叶尼亚，为济娜，为孩子们——为所有人。

当然，这里的"为所有人"应该广义地理解，因为这是记述帕斯捷尔纳克与苏联管理体系之间的第一次冲突。他发现任何事物都不运转，或者更糟的是，都只发挥一半的功能，这一点他尤其不能忍受；他发现苏联体制的主要特征乃是假模假式，是下级对上级的万状惊恐，同时，革命与工业化的真正目标却被遗忘。实际上，1932年以来帕斯捷尔纳克就开始认识到，按照苏联方式工作，意味着徒劳无益地工作，意味着将灵魂托付给冷冰冰的字母，以表象的名义拒斥意义。正如无产阶级之于"拉普"，犹若"反艺术"的同义语，对于苏联领导阶层，苏维埃则是艰巨和低效的同义语，而帕斯捷尔纳克以其勤勉和实干，并不能融入这个体制。他后来还一直奇怪，为何不让他做擅长的事情？为何真正原创的作品不允许出版，只能被迫从事翻译？为何译著会遭到歪曲？为何平庸、冷漠和愚蠢总是被鼓励，却不让有才之人为人民和国家的福祉去做他们想做和能做的事情？庆幸的是，他没有活到后苏联的"资本主义"时代，在这个时代，最贪婪和最无耻者再度活跃起来，而富有才华和创造力的人士，要么被践踏，要么被无情地剥夺。

他在斯维尔德洛夫斯克度过了创作休假的第一个月，此后的情形，通过沙尔塔什湖上的一次横渡即可说明：他们坐小船到湖对岸去采摘马林果。摘了很长时间，突然起了风，水面上泛起浪花，帕斯捷尔纳克要求立即返回。济娜伊达·尼古拉耶夫娜建议再待一会儿，可他却坚持自己的意见，在这种情况下，要想说服他绝非易事。大家上了船，他划桨，纳塔利娅·布鲁曼菲尔德掌舵，济娜和孩子坐在小靠椅上。行至湖心，波浪漫过船舷，他们险些被掀翻在水中。灾祸，依然是可亲的灾祸——生活永恒而隐秘的背景——再一次挽救了他：每当出现致命的危险，他总是凭直觉迎上前去，转瞬间就镇定自若。据妻子回忆，上岸后，他的脸"整个儿都白了"，但正如罗马人所云，最优秀的战士是危险过后脸色发白的那个。懦夫在战斗前胆怯，勇士——在战斗之后。意外事件使他恢复了平静，他坚决要求将他们送回莫斯科。州委方面请他再等一星期——会弄到软卧，帕斯捷尔纳克不为所动：

我们坐硬卧,只要马上动身!不顾他的反对,工作人员准备了一大篮子吃的,送到了火车站,济娜伊达像奥西普面对众商人簇拥下的赫列斯塔科夫①,没让他拒绝这些赠品。列车开动了。帕斯捷尔纳克要求立刻将食物分给所有同行者,济娜伊达偏要为难他,称那样的话,孩子两天两夜都没东西可吃!可他还在坚持,她只好想办法藏了一些,偷偷拿到卫生间里给两个孩子吃。一回到莫斯科,帕斯捷尔纳克就去了苏联作联组委会办公室,声称从乌拉尔"溜了回来",什么都不打算写,还说他目睹的景象是人类无法理解的。后来,那已是1958年,他向曾为自己塑像的雕塑家卓娅·玛斯连尼科娃讲述道:

> 这是非人的、难以想象的痛苦,如此可怕的灾难,仿佛变成了非意识所能容纳的抽象事物。

这是导致他后来同时代决裂的第一个动因,可就在1932年,帕斯捷尔纳克还希望错位能得到补救。有济娜相伴,这便弥补了一切。他对约瑟芬娜写信说:

> 她也像我一样愚钝、荒唐,她是我的第一要素。在完全败坏的同时,她又是如此纯净和圣洁,如此快乐和忧郁。

斯维尔德洛夫斯克州委随后寄来一份账单,罗列了它提供的各种便利,帕斯捷尔纳克不得不赶紧寻找挣钱的机会。因为这趟旅行,他对采风途中"研究生活"永远失去了兴致。

2

1932年秋天,帕斯捷尔纳克一家回到沃尔洪卡,因为叶甫盖尼娅·弗拉基米罗夫娜和叶尼奇卡在特维尔林荫路分得一套住房。春夏两季,叶甫盖尼娅未能及时把救世主教堂被炸毁时震碎的玻璃安装好。济娜伊达·尼古拉耶夫娜立即动手解决了这个问题。她还更换了坐瘪的沙发包面,擦洗

---

① 此处典故出自果戈理的讽刺剧《钦差大臣》。剧中主人公赫列斯塔科夫和他的仆人奥西普假冒钦差大臣,招摇撞骗。一群商人向假钦差送礼请托,赫列斯塔科夫故作清廉之状,奥西普则替主人揽下了礼物。

了地板,沃尔洪卡合作住宅楼里的这两间屋子收拾得焕然一新。帕斯捷尔纳克还在列宁格勒,从10月11日到13日,接连三天参加了几场创作晚会,尽可能挣些钱来偿还斯维尔德洛夫斯克州委预支的款项。晚会的组织者是曾经将马雅可夫斯基推向全国的帕维尔·拉乌特——当时最出色的诗歌巡回活动组织者。奥莉加·弗莱登伯格告诉帕斯捷尔纳克的父母,他获得了巨大的成功,甚至在表演之前也不那么紧张了。列宁格勒合唱团大厅里连续三个晚上座无虚席。

其间,他未有任何新作。9月,联邦出版社——大约是三十年代最好的出版社,计划出版一套作家自传选辑。帕斯捷尔纳克以苛刻的笔调谈到了自己:

> 所有或多或少能够传达的有趣的东西,都在《安全保护证》里说过了。我最看重革命内在的道德意义。将革命行为跟高不可及的托尔斯泰的行为相提并论,未免有些离题。[……]它对待千百万人之严酷闻所未闻,对待专业人士和名人则相对温和。(这正是斯维尔德洛夫斯克印象之作用,以及为全民族负担尚未落在创造性知识分子身上而羞愧;没关系,"许多希望就在前面"。——德·贝)这种对自我的不满原本不难摆脱,倘若与革命的基调保持一致,并且自己也像杰米扬·别德内、高尔基和马雅可夫斯基那样进行责备和教导。我可以冷淡地接受第一位,另一位,我视之为值得尊敬的大作家和人,我始终热爱的是第三位。他们的共同点是个人天生的和超拔的正义观念,我却不具备这种道德说教所不可或缺的思想意识。
>
> 只有这一点,过去和现在都是革命性的。

说白了,他对革命的评价是负面的——它"过去和现在都是革命性的",如此说来,革命只是责备和教导的方式,只是对其正义性的不可动摇的信心。这些语句背后是只可意会的傲慢,后来令费定及帕斯捷尔纳克其他故旧深感羞辱,在他们读到《日瓦戈医生》之际:那是隐秘而坚定的信念——确信其非正义的正义性。帕斯捷尔纳克将马雅可夫斯基和别德内相提并论(恰恰是根据"责备""教导"和道德说教的特征),有意无意地再次贬损了"始终热爱"的朋友。众所周知,马雅可夫斯基与别德内互不相容,马雅可夫斯基终究是伟大的诗人,而别德内却连鲍里斯·列昂尼德维奇最喜欢拿来跟他比较的汉斯·萨克斯都远远不如。

1932年10月和11月以声势浩大的党内"清洗"而著称。党先是谴责了柳亭①的纲领，他以集体化已导致农民饥荒和大规模死亡为由，要求停止集体化。11月，粉碎了"右倾"的"爱斯蒙特—斯米尔诺夫集团"。12月，在宣传鼓动部要求下，列宁格勒作家出版社取消了同帕斯捷尔纳克的五卷本文集出版合同，他曾经对此寄予厚望，当然不仅是经济方面。在原社长、阿克梅派诗人弗拉基米尔·纳尔布特因隐瞒其1919年与白军合作而被撤销公职并开除党籍之后，由土地与工厂出版社改组重建了国家文学出版社，后者三年来都在计划出一部帕斯捷尔纳克散文集。帕斯捷尔纳克希望把此前在杂志上发表后只出版过一次的《安全保护证》纳入其中，却遭到审查机构的否决。他怎么也想不通，为什么两年前还能过关的作品，如今却不能再版。他被告知，叙事散文在写作圈不受欢迎。帕斯捷尔纳克回应说，写作圈跟"拉普"批评不是一码事，但都是虚伪的。于是他在1933年春天就确信，罗网在迅速收紧。在写给别雷的信中，他贴切地描述了自己的境况。他敬重别雷，觉得向其汇报仿佛是某种需求：

> 半年多来，我无所事事，提不起工作的劲头。这大概是因为，春天带来了相对自由实为虚假的愚蠢的幽灵，也许与我们的现实并不相干。（这里再次表现出对一切似是而非的反感：独裁政权绝不会有自由的光泽。——德·贝）这无谓的幻象形成了一种责任感，在当前形势下却无可兑现。

接着，帕斯捷尔纳克引述了布哈林和李可夫②在1月份的联共（布）中央委员会与中央监察委员会联席会议上悔过的发言，称"他们正在毁坏这模棱两可的表象"，也就是说，正在迫使人们结束自由的幻想，连同在党内及作联等机构展开讨论的可能性。

像所有遇到麻烦的苏联作家，他也开始向高尔基求助。

> 我怎么敢打搅您？但也许您愿意并有可能帮我。实话说，也只有

---

① 马尔杰米扬·尼基季奇·柳亭（1890—1937），苏联政治活动家，曾任联共（布）中央候补委员。
② 阿列克谢·伊万诺维奇·李可夫（1881—1938），苏联政治活动家，曾担任苏联人民委员会主席（1924—1930）。

您才能做到这一点。[……]有人向出版社授意,由其出面建议我放弃《安全保护证》……这让我感到痛心,"证书"本来会展现作者的面容。通过作品任何人都会看到,他并未将外在形式奉为圭臬,因为他始终在谈论内容;看到他并非在做戏,以及他将剩下未完成的片段视为痛苦,而不是对"零散篇章"理所当然的模仿……

苏联审查制度的逻辑是非理性的,也是不可理喻的:帕斯捷尔纳克的早期散文,既主观又不连贯,有时还晦涩难懂,却能完整地发表,而真诚剖析个人理想主义且无任何虚饰的《安全保护证》,居然从现有文集中被删除,原计划印行的十四个印张也因此只剩下九个。但问题是,《安全保护证》中有当局最不能容忍的直抒胸臆,帕斯捷尔纳克很长时间却不明白这一点。还有关于时代和自己的真诚道白,篇幅也超过了他早期的散文创作。可恰恰是篇幅,也成了攻击的靶子。

在致高尔基的同一封信中,帕斯捷尔纳克说他开始创作一部大散文,同时又诉苦说,没有物质条件能让他专注于此:文集的出版原本还能解决一时之需(他提到,文集已经在阿谢耶夫甚至扎罗夫那儿出过!),可是偏偏未获准许。高尔基没有回复。从实际情况来看,他一般不会接受帕斯捷尔纳克的请求,因为担心他不可靠,对两人交往中时常出现的混乱情况也有所顾忌。

形势的戏剧性还因纳粹于1933年登上德国政坛而加剧。1933年6月3日,在写给弗莱登伯格的信中,帕斯捷尔纳克对小妹利季娅尚未失去在慕尼黑的工作表示惊讶。显然,帕斯捷尔纳克此时对国内自由已不抱幻想,因此出现了伊索式的隐晦语言:犹太人被称为爱尔兰人。从苏联往德国写信只能点到为止。帕斯捷尔纳克的父母至死都想离开这个国家。以他们的年纪,脱离当地生活去寻找新的栖身之所,并非易事。无论鲍里斯·列昂尼德维奇还是奥莉加·弗莱登伯格都不敢劝阻他们回国,尽管苏联已经远不是安全的了。2月召开的作协组委会二次全会给帕斯捷尔纳克留下了悲观的印象。在会上戈隆斯基明确表示,现实主义大方向——新型社会主义现实主义,系由克里姆林宫直接提出。(弗莱什曼甚至认为,这种说法太过直露,导致其组委会主席一职于1933年夏天被撤销)在沉闷和贫乏的1933年上半年,《新世界》编委会于4月4日举办的瓦西里耶夫创作晚会,堪称为数不多的亮点之一。瓦西里耶夫来自西伯利亚,是克柳耶夫①圈子里的一员,与农民诗人关系密切,但很快就超越了这帮人。帕斯捷尔纳克认为,这是一位才华横溢、"前途不可限量"的诗人。帕斯捷尔纳克最看好的大概是瓦西里耶夫鲜明的叙事手法、对宏大诗歌形式的追求、诗歌语言的纯熟运用——以及早熟,他一向看重别人的这一特征,自己却很晚才开始了成熟的过程。此外,瓦西里耶夫还有文学流氓、好斗分子和酒徒的名声,因此常常遭人攻击,放荡的私生活成了把柄。他的庇护者是戈隆斯基(瓦西里耶夫娶了他的妻妹,并住在他家里)。在《新世界》晚会上,帕斯捷尔纳克为瓦西里耶夫辩护,对其评价颇高。二十三年后,他还将在《人与事》中以善意的笔触追忆这位被镇压的诗人,指出他比叶赛宁好的一面是,他没有叶赛宁那种神经紧张,也就是说,他能够"冷静地掌握并发挥其狂暴不羁的天赋"。诗人被要求"重新改造",帕斯捷尔纳克在《新世界》的研讨中却说,改造只能顺其自然,不能把任何强制性的进化强加于文学家。"如果作家必须依照本能改造自身,那将是我们的诗歌的悲哀,文学的悲哀。"我们熟知的这句话是对批评家努西诺夫的反驳,事后公布在删改过的讨论会速记中。帕斯捷尔纳克坚持说,瓦西里耶夫需要的不是改造自己,而是保持本色。在讨论会末尾,瓦西里耶夫本人相当刻薄地回应了帕斯捷尔纳克,他承认,改造自新是他,瓦西里耶夫的第一要务,而克柳耶夫未经改造,所以仍是苏维埃政权的死敌。

    5月,高尔基刚从国外回来,立刻以其惯有的风格,积极行动,吸引作家们投身社会生活。8月25日,他组织的参访队伍就已踏上白海—波罗的海运河工程的旅途。文学家首次对奴役劳动的颂扬从此载入史册。索尔仁尼琴的詈骂犹在耳边,没有理由同他争辩②。共有一百二十名作家乘坐轮船去为重建与改造唱赞歌。同时,高尔基提出了他心爱的创意,派遣作家编队"到社会主义工地去"。帕斯捷尔纳克被编入其中最大的一队,计划走遍俄罗斯联邦,但他要求加入彼得·帕夫连科带领的格鲁吉亚分队,吉洪诺夫也

---

① 尼古拉·阿列克谢耶维奇·克柳耶夫(1884—1937),苏联诗人,二十世纪"新农民流派"代表人物。
② 在索尔仁尼琴的《古拉格群岛》中,大篇幅记述了白波运河不光彩的修筑史,并严厉谴责了为运河工程歌功颂德的文人,称"这项二十世纪最野蛮的工程",应当建立在统治者的骨头上。

位列其中。为证明自己有能力帮助年轻的格鲁吉亚文学,帕斯捷尔纳克匆匆翻译了塔毕泽和雅什维利的几首诗。曼德尔施塔姆尖锐批评了帕斯捷尔纳克的翻译热情:

> 您的作品全集将包括十二卷译著和一卷您自己的诗!

他认为翻译会让"头脑变得干枯"。不过,帕斯捷尔纳克很快就意识到,只有通过翻译,才能使自己和亲人摆脱困境,消除关于他脱离生活的非议。8月底,提议他去阿塞拜疆,他同意了,但同在一队的皮里尼亚克邀请了叶甫盖尼娅·弗拉基米罗夫娜,他对朋友的前妻显然不是无动于衷。当得知她也参加旅行,帕斯捷尔纳克放弃了出行。大概他希望叶尼娅料理好自己的生活,但也许是害怕这种情况下难免尴尬。一行人从阿塞拜疆转向格鲁吉亚,在柯布列梯稍作停留,然后去了梯弗里斯,皮里尼亚克为叶甫盖尼娅安排展示了当地艺术博物馆收藏的皮洛斯玛尼①的大量画作。这些作品令她震撼。在梯弗里斯,叶甫盖尼娅还去了格里鲍耶陀夫大街18号,拜访了纪齐安·塔毕泽一家,给所有人留下了完美的印象。

10月,帕斯捷尔纳克意外染病:由于沃尔洪卡的供水系统定期出现故障,大部分区段根本就没有热水,只能利用一切机会,到朋友家或者有熟人住宿的宾馆去洗漱。这次的情况也一样。帕斯捷尔纳克在一位熟人入住的宾馆里洗完脸,用一把不知是谁落在房间里的梳子梳了头,引起了感染。头部出现大量溃烂和疮痂,一向多疑的他还以为自己得了梅毒,好在只是皮肤发炎,很快就消退了,未留下什么后遗症,除了偏头疼。就在给表妹和姑妈描述由梳子引发的悲喜剧的同一封信中(1933年10月18日),他突然针对最近令他深感厌恶的苏联现实,发表了一番宏论。

> 无论在党内清洗中,在艺术和世俗评价的尺度方面,还是在孩子的意识和语言里,某种尚未命名的真理呼之欲出,构成制度正确性及其变幻不定的新貌暂时的孱弱("变幻不定的新貌暂时的孱弱",是他特有的表述,非常艺术化。这正是丹尼尔·达宁给阿维尔巴赫打电话时戏仿的风格。帕斯捷尔纳克常常这么说话,当他不愿被正确理解,或者起码想表现某种矛盾的情感时。——德·贝)。一场九十年代的夜谈经

---

① 尼科·皮洛斯玛尼(1862—1918),格鲁吉亚著名画家,原始主义流派代表人物。

久不停,变成了生活。俄罗斯革命贵族这种烟圈缭绕的临近源头的呓语,曾经因为其半疯癫而令人着迷,如今它是否已不再癫狂,当烟气日渐凝固,而倾谈也化作如此博大的地图的一部分!可是,相比我们赤裸而粗野的、眼下仍遭咒骂的呻吟的现实,这一切反倒更有贵族气派也更自由。

请注意,帕斯捷尔纳克在这里也是矛盾的,也就是说,信中的用词——疯癫、呓语、凝固、赤裸、粗野——同话语的正面意义截然对立。这也许是为了防止暗中检查,也许是真挚激情之余绪,但语调不可能伪装:它激动不安,因而是艺术的。

对于帕斯捷尔纳克为什么在1933年上半年抱怨没有自由,不能写作和发表作品,下半年却积极参与协会活动,并要求派他去格鲁吉亚,一直众说纷纭。或许,在帕斯捷尔纳克心目中,格鲁吉亚依然是天堂的绿洲,葆有着于他不可或缺的环境、仪节、骑士风度、对诗歌的爱……此外,翻译也成了迫切需求:他当时无法进行原创,而失去艺术形式亦非他所愿。需要逐字研读的文本。他翻译了塔毕泽的作品,由于翻译质量,他自感愧对友人。这些译作脱离了字面意思,声音的力度却不亚于深沉的原作。1933年11月,一个前往梯弗里斯访问的代表团成立了,帕斯捷尔纳克踏上了旅程,同行的还有戈利采夫、尼库林、科洛索夫、吉洪诺夫和联共(布)中央文艺处副书记基尔波金等人。

帕斯捷尔纳克几乎每天都给济娜伊达·尼古拉耶夫娜写信,详细记录这次旅行。他还像往常一样宠爱她,称她为"猫咪"。他们乘坐特殊的"文化"列车,负责行程的是一名善于逗乐的群艺组织者,钢琴弹得不错,会演唱也会朗诵诗歌,唯有字谜游戏不大能玩。列车上甚至还能放电影。"一直在喝酒",帕斯捷尔纳克补充道。的确,整个旅行伴随着空前的豪饮。现在很难说,大家是否以此种方式排遣时势的虚幻之感,或者只是乐得一道出行、歌唱、玩乐一番,或者按照作家的惯例,不愿错过国家"免费大餐"的便利。不管怎样,新兴的俄罗斯国家喜欢给作家开小灶,而他们也很少有拒绝的力量。帕斯捷尔纳克在路上着了凉,但11月16日傍晚,刚到达梯弗里斯,他就被灌了一顿葡萄酒。奢华的晚宴到凌晨五点才结束。17日早晨,所有人都去参加高加索文化宣传大会,帕斯捷尔纳克以身体不适为由,待在跟戈利采夫和吉洪诺夫同住的"奥里安特"宾馆客房里。直到最后他都没

有出席大会,而是跟朋友一起交流,翻译他的格鲁吉亚诗歌。梯弗里斯给他带来无比的欢悦:

> 像从前一样,哪儿都弄不到东西,什么都贵得要命,不过,所有本地事物还像从前一样颇具欧洲情调,看得出来,屋舍和街道是为活人准备的,而不是为了幽灵或套式。

然而,最让他不安的是:

> 一行人崇高的国家使命。无论我怎样躲避,都有人随时随地向我提示这一点。据说,问题不在于人之各异和天赋不同,而在于有组织的苏维埃式的空谈。

当然不仅限于空谈——那毕竟是格鲁吉亚:"昨天,在库塔伊斯的宴席上,我们一共喝掉了一百一十六升!!!"(即便按平均数,代表团每个成员由接待方三名人员作陪,那么每个人大概也都喝了五升葡萄酒;真可谓艰难的旅程)。11月26日那天,帕斯捷尔纳克本想不辞而别,却没有被放过——答应向他预支稿酬,请他朗诵,三天后,他总算离开了梯弗里斯。这场旅行已经成了他的负担,首先是因为,需要他翻译的根本不是他喜爱的塔毕泽和雅什维利(如同昔日的象征派,他们在格鲁吉亚本土被视为另类,通常是被嫉恨的对象。他们在俄罗斯的名气反倒更大,而真正的文学生活,正如人们所知,也是在那里建立的)。要翻译的是另一些作者,以业余人士居多,他们的诗都很平庸,但政治思想突出。总之,选择的权利不属于帕斯捷尔纳克,而属于梯弗里斯方面负责俄格文学友谊的米奇什维利。他带着一大堆逐字翻译的译文(自己没学过格鲁吉亚语),回到莫斯科,因为那些不眠之夜和纵饮,瘦了五公斤。

他从梯弗里斯回来,正赶上济娜伊达的两个儿子出麻疹,阿季克随后又染上猩红热,斯塔西克开始出水痘,因此1934年新年他们是在不停的消毒中度过的,加之缺少劈柴和水,增加了消毒的难度。两个房间、所有家具和物品,都必须用福尔马林喷洒。但帕斯捷尔纳克一家人还是强打起精神。他在信中对吉洪诺夫说道:"1号那天,我和济娜相对而坐,想看看谁先受不了对方沉默的目光,笑起来。"两人都笑了。他们毕竟依然年轻,依然深爱着对方。

3

1934年初,帕斯捷尔纳克的命运发生了神秘而又合乎逻辑的转折,其结果是他为期不长的饮誉苏联的声望(大约到1936年中期为止)。其间,他无疑被寄予厚望:要把他当作国家诗人的化身。他俨然成了人们理想中的折中人物。知识分子的宠儿、诗歌的巨匠,积极参与作家协会工作(哪怕是作为格鲁吉亚分队的一员)、明确的自我历练、从领袖的母语翻译诗歌……还需要什么呢?

他的亲苏倾向毋庸置疑,不过,1934年初的《第二次降生》第二版,并无曲意逢迎的印记。他备受妒忌。他与布哈林的友谊格外惹眼,经由精心策划,后者于1934年4月22日调任《消息报》主编,取代了戈隆斯基(据称因病辞职)。因为上一年的悔过,布哈林的地位有所恢复,"解冻"迹象再度显露(斯大林以高超的手段摆布着布哈林等人)。取缔"拉普"之后,"同路人"受到尊敬。简而言之,马雅可夫斯基早在1927年的预言应验了:时代推开马雅可夫斯基,推出了帕斯捷尔纳克。

这一过程相当复杂,不易立刻觉察。1934年3月6日,《消息报》刊登了帕斯捷尔纳克的长篇专题文章《格鲁吉亚诗人》。他成为向《消息报》经常供稿的作者。不久后,新成立的苏联作家协会开始吸收会员,帕斯捷尔纳克是首批加入的作家之一。全苏诗人大会正在筹备中,就在当年5月,帕斯捷尔纳克再次遭到"抒情诗"小组及"列夫"昔日盟友的攻讦。这一次,招致阿谢耶夫不满的是,鲍里斯·列昂尼德维奇对"社会主义远方"兴味盎然,对紧迫的议题却背过脸去。5月13日,在一场诗歌报告中,阿谢耶夫指责帕斯捷尔纳克"以现实为代价,对往昔进行蒙昧主义的赞颂"。阿谢耶夫对比了基尔萨诺夫"我们的"苏维埃技巧和帕斯捷尔纳克的考究,就连一生都在嫉妒帕斯捷尔纳克的苏尔科夫也反对说,基尔萨诺夫的艺术造诣同帕斯捷尔纳克虽则"异样",但货真价实的技巧之间绝无共性可言。

这场在官方支持下的抒情诗大讨论,在今天的读者看来,或许匪夷所思。当整个国家处在工业化、集体化、饥荒、大破坏和残酷之至的党内斗争之际,作家们却为诗歌争得不可开交,相关情况刊登在报纸上,就差党中央出台决议了!然而,问题远不止于诗歌,当然也不仅涉及帕斯捷尔纳克一人。微妙婉转的话语系统在运转。由于众所周知的原因,不得不绕开事物原有的名称:唇枪舌剑背后的问题是,苏维埃艺术,亦即使技巧与思想坚定性相结合的艺术是否可行;是否应该把强调无产阶级出身和共产主义思想性的"拉普"理论学说抛在脑后,或者只需对该学说做些修正。也就是说,形式上的技巧已获许可,自由的写作却不可能。

阿谢耶夫在报告中把所有诗人分成三类,分别以"负1""负2"和"负3"为标记。列入"负3"的不仅有帕斯捷尔纳克,还有一批据称刻意回避当代主题的作者。阿谢耶夫觉得,给对手贴标签是最有效的论战方式:称帕斯捷尔纳克为蒙昧主义者,即是合适的标签……"扭曲现实者"被列入"负2",这些人又可分为两种:主动的,即不怀好意的(作为例证,提到了扎波洛茨基的《农事盛典》)——和被动的,即身不由己的(代表人物是年轻有为的卢戈夫斯科伊,结构主义浪漫派作家,不久前才出版了一部出色的诗集《草原与春天的布尔什维克》)。"游移在主题表面"的作家属于"负1",特征是粗疏、草率、浅薄等等。至于正面典型,即列入"正数1"的则是基尔萨诺夫、杰缅季耶夫和科尔尼洛夫。值得一提的是,这三人当中只有基尔萨诺夫是寿终正寝,杰缅季耶夫因精神失常自杀身亡,科尔尼洛夫于1937年被镇压。没过多久,他怀有身孕的妻子奥莉加·贝尔戈里茨也被逮捕,并在监禁中流产。真正热爱自己的时代,远比跟它保持距离更危险:扎波洛茨基身陷囹圄五年之久,总算活了下来,卢戈夫斯科伊未遭迫害,帕斯捷尔纳克在解冻之前未与国家发生过直接冲突。

帕斯捷尔纳克的回应十分精彩。5月22日,他在围绕这场报告而展开的讨论中发了言。之前在特维尔林荫路的小花园里,他和塔拉先科夫坐了很久,对阿谢耶夫的思想扭曲和"'列夫'的经院哲学"深表愤慨。塔拉先科夫要他在讨论会上发言,他回答道:"我又能说什么呢?!"据塔拉先科夫记录,帕斯捷尔纳克还是发表了"艰难而又绝妙的言论"。他的两个论点对阿谢耶夫的报告是致命的。首先,他指出:

> 如果韵律的选取不是根据词语,而是根据石油或者普罗旺斯橄榄油,那么列夫派们的诗歌势必空洞无物。

这个比喻无需猜解:如果仅仅把词语当作工具,把文学完全视为语用学,那么文学就会彻底失去意义,失去存在的价值。其次,如果塔拉先科夫

的记录属实,那么帕斯捷尔纳克还说过以下这段话:

> 我不希望,我们谈论自己的爱情和自己的丁香时,一定要指出,这不是法西斯的丁香,不是法西斯的爱情。就让法西斯分子把他们的爱情和丁香写得更好,让他们说这不是什么马克思主义的爱情,不是马克思主义的丁香吧。我不希望,诗歌中一切苏维埃的都一定是美好的。不,恰恰相反,我希望一切美好的都成为苏维埃的。

结束发言时,帕斯捷尔纳克说,阿谢耶夫的正负数"体现着一个有待培养的阶级之情趣",他呼吁诗人们"珍惜同志情谊"。

5月23日,即讨论阿谢耶夫报告的第二天,彼得·尤京宣布,鉴于诗人自己不善于足够清晰地表达,将由布哈林来做作家代表大会的主题报告。对帕斯捷尔纳克颇为欣赏的布哈林,是党内自由派思想的标志性人物。这表明,至少在短期内,帕斯捷尔纳克摆脱了批判的火力,而且不管有多么离奇,他已然被树立为一面旗帜。

第二十五章 "诗人的席位"

1

帕斯捷尔纳克对三十年代最直露和最明确的见解，蕴含在一首经常被称为《斯坦司》的诗作中①。原稿虽未命名，实则堪称对普希金《斯坦司》②的演绎。普希金这首写于1826年的诗，标志着诗人对待权力的态度——由温和而歉疚的反对转向全面而愉悦的顺从。关于这一转变受到何等威迫，至今仍有争议。

普希金命运的转折发生在1826年的9月之夜。尼古拉一世亲自将他带到"左右近臣"面前，自信地宣称"这是我的普希金"。《斯坦司》是俄罗斯最杰出诗人的自我辩白，抑或其创作发展的合理阶段，这是一个永恒的问题。帕斯捷尔纳克的观点清晰明了——为普希金辩解，同情他的处境，以尼古拉一世统治的开端喻示现今，阐释国家幻象的必然破灭。

> 一百多年并不是昨天，
> 这是往昔诱人的力量
> 怀着荣耀和善的希望
> 向万物投去无畏的目光。
>
> 让他有别于浪荡子弟，
> 不要将短暂人生虚掷，

---

① 在《第二次降生》通行版本中，这首诗以起首的诗句为标题，即"一百多年并不是昨天"。
② 斯坦司，一种诗歌体裁，每个诗节由四至十二行诗句组成，每节均可独立表达完整的含义。普希金将自己这首作于1826年的《斯坦司》视为进步政治见解的宣言。但普希金的友人却认为，这首诗背叛了诗人原有的信念，表达了对沙皇尼古拉一世的逢迎。

让他与所有人共同劳作，
与法律秩序保持一致。

依然会立刻陷入僵局，
当头脑出现慵倦的状况，
依然是故纸堆中的抄写，
是不同时代之间的对比。

但现在到了诉说的时候，
时代的区分在于壮观与否：
彼得开创的光辉岁月
因叛乱和酷刑而黯淡。①

就这样前行，不必战栗，
把同类现象当作安慰，
当你活着而非一具圣骨，
没有人为你感到怜惜。

这首诗初次发表时（《新世界》杂志1932年5月号）缺第四节。帕斯捷尔纳克本人删除了它，一年后，《第二次降生》再版时才恢复。

个人命运与普希金命运的对应关系，以并非帕斯捷尔纳克式的直白手法呈现于此，就连作者也引以为荣，难怪他要让自己"把同类现象当作安慰"。"依然是故纸堆中的抄写"，显然暗示作者于1924年参与的"国外列宁生平的整理"，与之相对的是普希金于1833年至1836年的史料搜集。依然是"不同时代之间的对比"，亦即在现政权与彼得改革之间寻找相似性，带有双重目的："以其所能接受的形式"赞颂权力，同时向它提出价值目标，呼唤创造性和宽容。在普希金那里，此种呼唤更为明显，简直是命令式的——"像他那样勤勉而坚定，/也像他，给人以善的回忆。"②帕斯捷尔纳克的呼声是隐蔽的。总之，如果说普希金诗作的主要意图是向沙皇政权施加

---

① 这两句系对普希金《斯坦司》的直接引用。
② 引自普希金《斯坦司》(1826)。

影响,向友人告知自己新的境况,那么在帕斯捷尔纳克这里,整个问题都可归结为自我辩护。对他这位享有充分权利的国家公民加头号诗人而言,扮演忠于当局的角色确乎非同寻常。

耐人寻味的是,从帕斯捷尔纳克身上,苏维埃政权能够感受到普希金继承者的气质和类型学上接近普希金的人物,其对帕斯捷尔纳克世界观基础的认知,超过其他批评家,譬如说,远比霍达谢维奇高明,后者曾经这样写道:

> 当然,我不会一本正经地将帕斯捷尔纳克同普希金"相提并论"[……]。时代与时代的比较倒是可行的[……]。除了仍在抗争的人们,还有一些遭到重创和损毁的(听起来比他们的声音更大):帕斯捷尔纳克们。就精神气质而言,他们是了不起的小市民,从小市民的布尔什维主义中,他们觉察到它那无赖汉式的骁勇意味,并设法"响应时代的呼唤"。

接着还谈到语言的毁灭,俨然是帕斯捷尔纳克摧毁了它……

2

有一种错误的认识,将俄罗斯历史看作解冻与冰封的交替,实际情况显然更复杂。这不是两段式的循环,而是四段式的。四个周而复始的阶段构成俄罗斯历史发展的周期:以激进方式摧毁旧制度的改革,继而蜕变为逍遥法外的罪恶盛典;随之而来的律令严酷的禁锢;一边维护"体制",一边释放泡沫的解冻;转至衰败的停滞。自统一俄罗斯国家成为议题以来,这条规律一直清晰可见,延续至今。无论个别英雄,还是"人民群众",对这种周期性的循环都不具影响力:在复辟时期,甚至最智慧与最英明的反对派都难逃败局,而在革命停滞的末期,他们则以微不足道的代价获得成功。由于公民社会的缺失,权力未遇到任何阻力,因而在其自身重负之下趋于崩溃,失去所有适应性,如此一来,革命的实现便可能无需任何革命者(其实1801年3月事件①就是这样发生的)。一切"禁锢"都是以驱逐"寡头"——改革者非法

---

① 1801年3月23日至24日(俄历3月11日至12日)夜间,俄国沙皇保罗一世在圣彼得堡米哈伊洛夫宫被反对他的贵族谋害。有历史学家认为,这一事件的主谋可能是保罗一世之子、随后即位的亚历山大一世。

壮大起来的同道——为开端,随后是对改革者的崇拜,同时其成就却遭到实质性的全面否定。"解冻"兼具相对自由与生存的相对稳定,艺术随之蓬勃发展,这是有利于艺术家的状况。历次解冻与改革的区别在于,改革者想从根本上改变国家制度,解冻则是对其加以"优化",略作粉饰和修补。

列宁主义的改革以右翼反对派的反叛而告终,接踵而至的是斯大林主义的公然禁锢,伴之以托洛茨基的被驱逐、领袖崇拜,以及对领袖开创的改革之全盘否定。看来,帕斯捷尔纳克正是深刻意识到这种形势,才写了《致鲍里斯·皮里尼亚克》一诗,落款时间也是 1931 年:

> 在伟大苏维埃的日子里,
> 崇高激情也有一席之地,
> 徒然为诗人留下了席位:
> 它是危险的,假如被填充。

后来,在向诗人和签名收集者阿列克谢·克鲁乔内赫赠予作品单行本时,帕斯捷尔纳克做了解读:"它是危险的,当它未有空缺时(当席位被占据)。"无论对于当局还是诗人,"诗人的席位"都是危险的。这一节表明帕斯捷尔纳克对俄罗斯历史类型学的理解:事实上,每当"钳制"时代来临,总是会产生与权力相对立,为其所掌控又与之抗衡的主要诗人的席位。强有力的独裁者假定文学界存在着同样强大而孤独的对手。在尼古拉一世统治下,普希金扮演了这一角色。帕斯捷尔纳克明白,现在希望由谁来填补空缺。

他比谁都适合。这不仅因为他的才华无人能及,甚至他与普希金的类比已经广为传扬——一些兴奋的女读者发现,他的面色同样黝黑,性情同样易冲动,甚至同样有着黑人的嘴唇!最主要是,他与此前急骤的变革没有关联,当时他甚至有些像个局外人。别忘了,正是在倾向于自由的亚历山大一世时期,普希金遭到流放,他从流放中归来并受到宠幸是在尼古拉一世时期。一个禁锢和全面僵化的时代,需要一位注重传统、注重古典模式的诗人——与帝国声威和规模相匹配的诗人。所有目光聚集在帕斯捷尔纳克身上,令他十分难堪。为了达到充分的相像,仅有斯大林对济娜伊达·尼古拉耶夫娜的关注是不够的①,然而,历史何其微妙,不会一味玩弄字面上的类

---

① 暗示沙皇尼古拉一世对普希金妻子的觊觎。

比。倒是也不错,他们两人在三十年代(前后相差百年)都娶了同一父称的美人为妻①。

为什么说"诗人的席位"属于改革之后禁锢时期固有的类型学特征?因为这是国家与社会相互影响,并使第一大艺术家的地位免于侵害的唯一方式。诗人应具备各种殊异的特征:躁动的青春,参与拟古派与创新派的论争并支持后者,屡遭改革派政权打压的年轻叛逆,当局以此为标记,好让"冬季的"新制度向他施以恩泽;天赋的叙事风格,对宏大形式的向往和不懈努力(普希金平生所愿即是宏大散文);对客观化的追求——娜杰日塔·曼德尔施塔姆从帕斯捷尔纳克身上准确地发现了这一点;对反叛和宗派活动的厌恶,成年后温和的保守主义,对家庭和舒适生活的渴望("青春年华不需要居家生活",普希金在1836年痛苦地写道);短暂效忠过后的强烈失望,沉重的精神危机……

神龛吸引着帕斯捷尔纳克,空缺的席位召唤他。责任感也与日俱增。他的创作行为正是以神秘和含蓄为特征,他后来写信对斯大林说,这种神秘是他的诗和人类生存的条件。但在历史的作用下,诗人的席位注定无以摆脱。1947年,他将如是说:

> 天上的父啊,如果可以,
> 请从我身边移去这苦杯!
> …………
> 然而戏的场次已经编定,
> 最后的结局也无可更改……②

"席位"——受制于那无可更改的场次之现象,领导人或许也想废除它,但这却是他们无力左右的事情,正如演员无法任意取消莎士比亚编年史的角色。既然说"诗人进场",就意味着应当进入。这一深刻悲剧角色的唯一好处是,他不会受到损害,即便遭到辱骂,身受冷遇,也毫发无伤。在心怀妒意的同时代人(无论受难者还是免于磨难的幸运儿)眼里,他的形象会显得越发暧昧。

利季娅·楚科夫斯卡娅回忆,有一次,在佩列捷尔金诺的雪地上,她父

---

① 普希金的妻子纳塔利娅·冈察洛娃父称也是尼古拉耶夫娜。
② 引自帕斯捷尔纳克《哈姆雷特》(1946)。

亲称赞帕斯捷尔纳克在翻译莎士比亚方面的"腾飞",谁知他突然嚷起来,甚至是"吼叫","大声地,带着撕裂感和绝望,甚至因用力过猛而蹲下,好像要从喉咙里抠出一块石头来":

  打住吧!……请别再说了。哪来的什么腾飞!我应该从自己身上看到,我还算个正派人……而不是从您那里。绝不是!

此即"席位"之负担。

但还有一种更可怕的负担——忠诚之重负。在俄罗斯的传统中,忠于当局的大艺术家并不多见,而且几乎全都付出了代价,要么是才华,要么是声誉。

没有国家与社会的联合,就不可能摆脱危机,但这样的联合仅在人民与统治者目标一致的前提下才有意义。这种共同目标(以及相应的团结)的幻象在俄国历史上亦非常见。全身心奉献于国家事业的马雅可夫斯基已是前车之鉴,帕斯捷尔纳克会认真看待与国家合作的可能性吗?

可是问题就在于,1931年至1935年间,帕斯捷尔纳克见识了另一种国家,他自己对此深有感知。二十年代的乌托邦建立在否定生活的基础上,三十年代的反乌托邦则建立在重返常态、舒适、近乎庸俗习气的基础上。站在前一个时代的对立面,在实践乌托邦的岁月里,帕斯捷尔纳克难以找到自我,故而在激进主义覆灭和渐进改革来临的时代,他不会不略感适意。他曾经对"委任之下施行粗暴的粗暴行径"严加谴责,却对"委任之下进行建设的建设事业"相当宽容。

直到1939年,或许还更晚些,帕斯捷尔纳克才明白,上述两种国家类型之间并无原则性的区别:看似清醒且渐趋有序的政权,转过来就成为远比"委任之下施行粗暴的粗暴行径"更恐怖的政权。这已然是"委任之下实施杀戮的杀戮事业",三十年代初期的帕斯捷尔纳克当然不可能理解。像每个困守迷局,甘愿为时代分担责任的人一样,他在1931年的立场实属人之常情。持同样立场的还有对"躲在被窝里叮咬苏维埃政权"加以嘲讽的布尔加科夫。那些当时就已"明白了一切"的人,不会经历"第二次降生":他们掌握了"永远正确"的简单技巧,善于重复心爱的本土誓言——"我们说过",相对于他们的彻悟,头号诗人的迷误显然更可贵。

1934年5月,帕斯捷尔纳克实际上已被指定为头号诗人。

5月13日深夜至14日凌晨之间,奥西普·曼德尔施塔姆被捕了。

第二十六章 镜中人：曼德尔施塔姆

1

阿赫玛托娃喜欢向新认识的人提问：茶还是咖啡？猫还是狗？帕斯捷尔纳克还是曼德尔施塔姆？

这充分反映出她向来对简单精确的决定之偏好。事实上，人性的两极很容易被这两个二分法所定义：两个极其清晰的选项——"茶、狗、帕斯捷尔纳克"和"咖啡、猫、曼德尔施塔姆"，在各方面都相互对立。帕斯捷尔纳克与曼德尔施塔姆，尤其在三十年代，是显而易见的对立面。

这种对立就体现为：在许多清单及罗列着欣赏和反感的名录上，在批判或赞誉的文字中，他们的名字总是两相并列，由时间、友人、交往乃至命运的共性紧密联结。永远的幸运儿帕斯捷尔纳克和永恒的失败者曼德尔施塔姆，未能逃离各自的髑髅地；劳改营浴室是曼德尔施塔姆的死难之地，帕斯捷尔纳克死在佩列捷尔金诺的别墅，当然，没有人将这两个地方相提并论，但他们都是被扼杀的牺牲者。对于某些人，"曼德尔施塔姆和帕斯捷尔纳克"这一固定组合，意味着艺术中的一切异类：荒谬、耍酷、假斯文。甚至还有两个表示戏拟的术语——"曼德尔施塔姆印记"和"帕斯捷尔纳克浮沫"。对于另一些人，"曼德尔施塔姆和帕斯捷尔纳克"则是书桌玻璃板下两张必定相邻的照片，两卷蓝色封皮的"诗人丛书"。

对曼德尔施塔姆和帕斯捷尔纳克的喜爱，被同等地视为反抗的标志。甚至有些人竟然同时仿效他们。在七十年代知识分子思想意识中，二者要么变成了罗森格兰兹和吉尔登斯吞①，要么便是格拉森纳普

---

① 罗森格兰兹和吉尔登斯吞是穿插在莎士比亚《哈姆雷特》中的两个人物，哈姆雷特从小到大的伙伴，只在捕鼠机那场戏中戏出现过，然后就是结尾处横死。有评论认为，他们在哈姆雷特的叔父欺骗下成为谋杀计划的两枚棋子，又在哈姆雷特欺骗下，成为他的替死鬼。他们被悲剧裹挟，毫不知情且毫无反抗。

和布杰诺普①式的人物。

2

娜杰日塔·曼德尔施塔姆称他们为对跖者。区分的依据是：帕斯捷尔纳克植根于日常生活，曼德尔施塔姆则缺乏日常生活的根基；帕斯捷尔纳克生来拥有对莫斯科的权利，曼德尔施塔姆则无以为家；帕斯捷尔纳克希望与写作上的同行及国家和谐共处，曼德尔施塔姆则是官方文学及政权的陌路人。这样的区分不仅主观，也可说是表面化的，就像娜杰日塔·曼德尔施塔姆作品中许多尖刻的评述。但她在主要一点上又是正确的：他们两人确乎是对跖者，只是要看由何种标志所决定。致使他们判然两分的关键因素是什么？丹尼尔·达宁②指出，曼德尔施塔姆追求古典式的完整，帕斯捷尔纳克则倾向于率真、天然和不确定性。此种观点仅仅适用于早期曼德尔施塔姆和帕斯捷尔纳克，因为相比成熟期的帕斯捷尔纳克，混沌、炽烈、以"灌木系列"为书写工具和基本不事雕琢的曼德尔施塔姆反倒更显天然本色，更少逻辑性。笔者认为，两者之间有着更为深刻的区别。帕斯捷尔纳克和曼德尔施塔姆沿着两条平行的路线各自行进，他们的区别首先取决于各自固有的气质特征：曼德尔施塔姆——向心型诗人，帕斯捷尔纳克则属于离心型，他加入的第一个文学团体叫作"离心机"，并非毫无来由。

娜杰日塔·曼德尔施塔姆的见解正好相反："帕斯捷尔纳克为向心力所掌控，而奥·曼则处在离心力之下。"这句话的语境与其说是文学的，不如说是社会的，其所表达的含义是：帕斯捷尔纳克一边寻求"圆柱纪念碑旁的座席"，一边竭力扎根于世界（《第二次降生》中的一句"圆柱纪念碑旁的座席入场券"，曾经激怒了曼德尔施塔姆）；曼德尔施塔姆则向外迸发，不愿

---

① 十九世纪五十年代到六十年代，阿·康·托尔斯泰、阿列克谢·热姆丘日尼科夫、彼得·叶尔绍夫等俄国作家，运用"科兹马·普鲁特科夫"这一集体化名，在《现代人》《星火》等杂志上撰写了许多讽刺诗和带有戏仿和幽默色彩的格言警句，格拉森纳普和布杰诺普即是出现在这些作品中的两个人物，而科兹马·普鲁特科夫本身也成了其中的主要人物形象。

② 丹尼尔·谢苗诺维奇·达宁（原姓普罗特克，1914—2000），俄罗斯文学评论家，小说家，科普作家。

成为这个系统的一部分。"帕斯捷尔纳克始终在考虑,怎样的文学形式会赋予他以地位及这种稳定性。"关于帕斯捷尔纳克向心性的断言,在惯于妄下评判的布罗茨基那里得到了呼应,尽管不是直接的引用。1991年,在与戴维·贝萨的对话中(访谈发表时的标题为《理想主义的公然布道》)他宣称:

> 严格地说,帕斯捷尔纳克跟茨维塔耶娃和曼德尔施塔姆相比,不算是大诗人,某种意义上甚至不如阿赫玛托娃。帕斯捷尔纳克——小宇宙的诗人。俄罗斯人喜爱他,我也爱他。他的小宇宙的激情,彰显着爱之壮丽,细节之绚烂等等。他的诗行,也是个小宇宙,就此而言,我认为他是普通的犹太人……作为手艺人,他非常有趣,简直让人着迷。可话说回来……我不欣赏他的取向。帕斯捷尔纳克——向心型诗人,而非离心型。而这三位都是离心型诗人。我喜爱曼德尔施塔姆,因为他放射性的思维,因为他由中心向外发散的运动。

在同一次访谈中,他还说,曼德尔施塔姆首先是个欧洲人——比所有阿克梅派更像。可见,这里再度谈论的离心和向心乃是就地理意义而言,并非指诗歌发展的方向。帕斯捷尔纳克向往封闭的空间,向往他的斯坦司诗行和安全稳固的家园,而曼德尔施塔姆则意欲冲破束缚,他的家园是整个欧洲文化。这样的观点并不新颖,却将帕斯捷尔纳克简化为追求幸福爱情和琐碎细节之人……此处可以听到完全可辨识的阿赫玛托娃式的轻慢,因为她对帕斯捷尔纳克几乎所有的评论(除了写给他的献诗),有多少敬意,就有多少贬损。围绕上述观点,争论始终余音不绝,这是唯美主义者与现实主义者、乖戾的叛逆者与同时远离地下状态及官方的落败者之间的争论。在帕斯捷尔纳克看来,这些人全都太过自恋,而他们则认为,他受的苦还不够。

帕斯捷尔纳克的向心性是臆想的产物。我们已经说过他对义学之"我"客观化的永恒追求。他的道路,犹如螺旋上升的曲线,在扩展过程中不断攫获新的主题,开辟越来越宽广的生活领域。帕斯捷尔纳克以极其主观的抒情为起点,直抵散文叙事,由有意识的印象主义的朦胧归于古典的、传统风格的明晰。反观曼德尔施塔姆,其向心性就在于:始终趋向于自我,越来越深地沉浸于自身。他从一开始就有非常好的诗,他获得了成功,最终却沦为贱民。这不仅是社会变迁对其命运造成的后果,也是他对一切表象及所有轮番转换的身份合乎逻辑的拒斥：他如此绝望地消耗着真正的自我，甚至断绝了与"浩瀚世界"之间所有的联系。与世界相联系的是年轻的阿克梅派、西方派兼国家至上论者、彼得堡人、恰达耶夫①的继承者。勉强保持联系的还有绝望的犹太人、流亡者、"先前取出的面包干瘪的添头"②，他们起码还能依靠各自的放逐生涯和可恶的犹太血统，但曼德尔施塔姆颠覆了这种自我认同，他走得更深远，最后落入了绝对的混沌，史前的非理性的混沌。他向自己——向他面前主要的无尽的奥秘——窥望得越深，就越是不能清晰地回答：那根基之中究竟是什么？

关于这种方法或曰这场世界观的灾难，曼德尔施塔姆有一首精确至极的诗作。呈现于我们面前的，是意识痛苦地涌向其源头的编年史，当意识抵达本源，却发觉除了阒寂的黑暗别无所有。这首诗便是《拉马克》，1932年在《新世界》杂志首次发表，在苏联国内外引发了许多善意的误解。这首诗的声音以及可怕而异样的意象，显然是强有力的，但长期不被理解。在与曼德尔施塔姆相关的回忆录中，曾担任《阿波罗》杂志编辑的谢尔盖·马科夫斯基坦言，这首抒情诗对他而言是晦涩的。今天看来，这却是曼德尔施塔姆最易懂的诗作之一。尤里·卡里亚金③尝试过有趣的解读："沿着拉马克晃动的楼梯"下行，在社会意义上被解释为国家人道精神沦丧的写照。然而，曼德尔施塔姆书写的不是人类共同体的堕落，而是个人的演变历程。让我们同他一道走过这段楼梯：

> 如果在不可继承的短暂时日
> 一切生物只是涂改的墨痕，
> 那么，在拉马克晃动的楼梯
> 我将占据台阶的最后一级。

（这里的基本条件是，"一切生物只是涂改的墨痕"，亦即偶然性，即地球物理学和生物学的奇迹；对人类特殊现象的非宗教立场尽显无遗。）

---

① 彼得·雅科夫列维奇·恰达耶夫（1794—1856），俄国作家，曾任御前近卫军军官，俄国十九世纪前期进步自由观念的代表人物。
② 语出曼德尔施塔姆《好像一团面粉在发酵》（1922）。
③ 尤里·费奥多罗维奇·卡里亚金（1930—2011），俄罗斯文学家，社会活动家。与下文提到的文学译者瓦·卡里亚金（1872—1938）不是同一人。

我将降至环节动物和蔓足动物，
在蜥蜴和蛇群中窸窣响动，
在弹性的踏板的起伏之间，
我将缩短，消失，像普洛透斯①。

我将身披角质的袍服，
拒绝热血的涌流。
我将长出吸盘，用卷须
吮饮大海的浪沫。

我们见识了各种昆虫，
它们的眼睛像斟满的酒杯。
他说：大自然整个都毁了。
没有视觉——这是你最后的窥看。

他说：无须更多饱满的声音。
你对莫扎特的爱是虚空一场。
蜘蛛的寂静悄然来临，
这里的崩塌强于我们的力量。

大自然从我们身旁退去——
似乎它已不再需要我们，
纵直如长剑的脑髓，也被它
插入柔韧的鞘囊。

可它忘了有座吊桥，来不及
放下桥身，让那些绿色坟墓、
红色呼吸和柔顺笑容的人们
从桥上通行……

---

① 希腊神话中听从于波塞冬的海神，老人，能变成任何形状，又作"普罗特斯"。

这可怕的终极的形象——沼泽浮萍的"绿色坟墓"、无数失去话语和思想的颤动不定的微生物,无论在社会意义还是传记意义上,都是预言性的。曼德尔施塔姆的整个沃罗涅日时期,连同少有的奇异和谐的小岛,正是下行至自我、原子及不可分解的最小单位的逻辑延续,是趋向于混沌与破碎的痛苦沦陷。驱之不散的恐惧、无力忍受的孤独、周而复始的迷狂,均属此种"沉陷于自我"的征象。曼德尔施塔姆的整条道路,是对于外在身份——欧洲人、犹太人、社会的弃儿、诗人——接连不断的拒斥之链。这一切越来越渺小,越来越琐屑,直至化为"飞蛾扑灭的零",化为《无名战士颂歌》当中席卷大众的非人的恐怖。从史诗般庄严澄澈、时常具有故事性的诗篇开始,曼德尔施塔姆英勇地向幽深和黑暗挺进,像世纪初的物理学家一样,最终迎来了"物质的消失"。这个下行的隐喻,将更直观地重现于《沃罗涅日诗抄之二》最后的诗篇①:

> 我陷入狮子的沟壕和城堡,
> 沉得越来越低,越来越低……
>
> 远方传来你的呼唤,如此之近——
> 直抵氏族的戒律,宛然初现——
> 采自大洋的一串珍珠
> 和塔希提女人柔软的花篮……

也就是说,下行至最为深远和荒蛮的高更式的古风,沉入同样的"大海的浪沫"。

帕斯捷尔纳克的方向恰恰相反。如果说曼德尔施塔姆经典的明晰之下波动着混沌,那么,在帕斯捷尔纳克那里,甚至在他最躁动的诗篇,在《断裂》的绝望和《致海伦》的喟叹中,依然能感受到少有的心灵和谐与绝对的健康。早期的帕斯捷尔纳克像晚期的曼德尔施塔姆——讲求理性,同时又是朦胧、主观和富于联想的。只要比较一下帕斯捷尔纳克的《帕格尼尼小提琴曲》和曼德尔施塔姆的《女小提琴手》(《在长襟的帕格尼尼身后》)就够了:

---

① 即此处引用的《我陷入狮子的沟壕和城堡》(1937)。这是《沃罗涅日诗抄之二》四十五首诗里的最后一首。

我爱那些经过句①燃烧后
飘逸的行板和柔板的余烬里
你被烟炱熏得黝黑的面容,
连同炉口边叙事曲的白灰,

连同音乐留给劳作的心灵
硬结的疮痂,就像爱着
笨拙的人群之外,在矿场上
度过一夜的女工。

(帕斯捷尔纳克,1914)

小姑娘,好出风头的女孩,
骄傲的女孩,声音宽广如叶尼塞河,
用你的演奏来安慰我吧:
在你的头顶,骄傲的女孩,
是玛丽娜·穆尼谢克②卷发的丘陵,
女小提琴手,你的琴弓疑虑重重。

用大动脉的断裂奏上一曲吧
连同嘴边的"猫脑袋"③,
有三个鬼怪——你是第四个,
最后一个绽放的妩媚的鬼。

(曼德尔施塔姆,1935)

曼德尔施塔姆这些诗的创作风格,甚至与帕斯捷尔纳克如出一辙,也有一系列近音词和紧凑的音效——"有的身穿捷克式的外衣,有的跳着波兰舞,/还有的哼唱着茨冈的顺口溜。"④帕斯捷尔纳克早期和曼德尔施塔姆晚

---

① 音乐专有名词,俄文为 пассаж。
② 玛丽娜·尤里耶夫娜·穆尼谢克(约 1588—1614),波兰大地主的女儿,伪德米特里一世和伪德米特里二世的妻子,被亚伊克哥萨克交给俄国政府,死于狱中。
③ "猫脑袋",一种蝴蝶的俗称。
④ 引自曼德尔施塔姆《在长襟的帕格尼尼身后》(1935)。

期作品,充满癫狂的跳跃式联想的意象,显得同样艰涩,同样迷人,尽管手法各不相同。反过来看,曼德尔施塔姆早期诗作与日瓦戈组诗在遣词造句上的吻合也显而易见。

> 我枯燥的生活
> 被一把火烧光,
> 如今我不为石头唱歌,
> 我把木材歌唱。
>
> 木材轻巧而粗壮,
> 只需用一块木材
> 就能造出渔夫的桨,
> 也能造出大船的船台。①
>
> (曼德尔施塔姆,1915)
>
> 雪水从头巾上流下来
> 顺着衣袖流进袖口,
> 一滴滴小水珠
> 闪亮在你发间。
>
> 睫毛上的雪湿了,
> 你的双眼满是忧伤,
> 你整个的模样,
> 宛若一块白玉雕成。
>
> (帕斯捷尔纳克,1949)

曼德尔施塔姆带有暗示性的抒情诗和帕斯捷尔纳克的抒情叙事诗,均是无可争议的艺术成果。这是两种截然相反的策略:从自我出发和趋向于自我。对于勇敢地置身于混沌状态,向其道路的逻辑终点迈进并延续着创造的一位天才,只能表示敬意。对于从自省之中看到坚实基础而非混沌虚

---

① 此处采用智量先生译文。

空的另一位天才,唯有心怀仰慕。

甚至帕斯捷尔纳克著名的形似词错综格(парономасия)的堆叠、时常勾连缠结的谐音之链,也都体现着他主要的世界观原则:与世界天然有机的联系,而曼德尔施塔姆则避而远之。"若是没有一点亲情/人世间便一无所有。"①这是谢尔盖·斯佩克托尔斯基的世界观的基础,对于他和作者都至为重要。人生的种种遭际,现实性的所有标志,皆是"与生活一起私生的产儿"②。(这当然会产生某种乱伦——起先,"我"把生活视为"姐妹",紧接着便已同她有了私生子,不过这也正是"同胞关系"向"夫妻关系"的演进,也是帕斯捷尔纳克发展变化的隐秘母题之一:从半大孩童般的无意识的亲情,转向有意识的选择,转向自己所认定经由斗争方能赢取的勇敢的爱)。曼德尔施塔姆与帕斯捷尔纳克迥然不同,他向艾玛·格施泰因③解释说他的方法是"用缺失的环节思考",也就是说,他反对链条:在一系列奇异联想中,第一个和最后一个词语彼此相邻,其余的可任由读者自己揣想。曼德尔施塔姆也把这叫作"词语之间遥远的相识"。他的诗作中的词语确实几近于互不相识,而在帕斯捷尔纳克那里,词语则是由意义和声音紧密结合。相对于帕斯捷尔纳克词语之链的密不可透,曼德尔施塔姆的结构是空灵的:"针刺、洞穿、漫步"④(《第四散文》),精雕细镂的字句,这些正是他最看重的文学要素。在帕斯捷尔纳克的世界里,一切事物皆有密切的亲缘关系,对话无休无止;在曼德尔施塔姆的世界里,谁都不会跟谁打招呼。三十年代初,曼德尔施塔姆尽量不去作家食堂,因为那里有太多他根本不会向他们"躬身致意"的人。毫不夸张地说,他对大多数事物也不会躬下腰身。

3

1922年1月初,他们相识在莫斯科。帕斯捷尔纳克有着堪称幸福的交往能力,善于跟人轻松地相处,但他与曼德尔施塔姆的关系谈不上密切;气质和经历的差异是一大障碍。二者在1922年之前都已成名,尽管帕斯捷尔

---

① ② 引自帕斯捷尔纳克《斯佩克托尔斯基》(1925—1930)。
③ 艾玛·格里戈里耶夫娜·格施泰因(1903—2002),俄罗斯作家,曾与帕斯捷尔纳克、曼德尔施塔姆、茨维塔耶娃、阿赫玛托娃等人交往,她的回忆录具有重要的文学史料价值。
④ 在俄语中,分别为 укол, прокол, прогул,并采用复数形式,拼写和读音相近。

纳克的名气略小：他是不久前问世的《生活，我的姐妹》的作者，曼德尔施塔姆才出版了 Tristia（《哀歌》），再版了《石》，作品比帕斯捷尔纳克少得多，背负的期望却更高。

在曼德尔施塔姆看来，帕斯捷尔纳克是地道的莫斯科人，生活优裕、精力旺盛、性情爽直。帕斯捷尔纳克屡次写信给他，曼德尔施塔姆都没有回复，并非因为反感其人（在二十年代的述评中，他对帕斯捷尔纳克的盛赞令人目眩），而是因为他自己通常也很少写信，除非写给妻子，而且是在他的成熟期。他的信件存世不多，都很简短。

重要的是，帕斯捷尔纳克早在1925年就已写信告知曼德尔施塔姆，称自己正在竭力摆脱"列夫"。与其说他想讨后者喜欢——即便如此，也只因他对曼德尔施塔姆确实不乏好感，并期待对方也能有所回应——不如说他已经注意到，与"列夫"的来往，损害着他在同行心目中，尤其是彼得堡同行心目中的形象。

> 什克洛夫斯基是否对您说过"列夫"的会议情况？［……］我这辈子还没见过比这更空洞、更滑稽而又更能说明问题的场面。我就像观众席里的来宾，如果不是对马雅可夫斯基和阿谢耶夫略有不满，一切都会很美妙：我平心静气地感受着喜庆。从诸多年深日久的荒谬假设得出的结论尽显无遗。这是活灵活现的荒诞，田园牧歌式的荒诞。他们就差将艺术称作清洗铜质门把手了，而马雅可夫斯基已经开始期待这样的宣告，就粉笔的益处发表了一通演讲。我看他们活像可怜的年老体弱的骑士，以他们无人知晓也无人需要的女士的名义，在屈辱与屈辱之间游荡。（1925年1月31日）

他们外在的生活及人生经历差异极大：漂泊不定的曼德尔施塔姆，永远被诗人行会（Цех поэтов）①的氛围和1913年至1917年彼得堡的文学生活所毒害，而帕斯捷尔纳克则把任何漂泊视若苦旅。曼德尔施塔姆居无定所，缺少日常生活，与之相对的是帕斯捷尔纳克在日常生活中的根基，对劈柴火和侍弄菜园的喜爱、对居所和家庭的关心、他对自己和亲人的供养能力，包括曼德尔施塔姆最不擅长的零活儿……帕斯捷尔纳克的负罪感挥之不去，

---

① 二十世纪初的诗歌团体，分布在彼得堡、莫斯科、梯弗里斯、巴库等地。第一个"诗人行会"由古米廖夫和戈罗杰茨基于1911年创办，1914年解散。

尤其在民众、读者和大地上每个做工的人面前，他觉得自己忝居劳动者之列，既偶然又不合法。而曼德尔施塔姆的清高则接近于故作斯文，他将诗人的崇高使命和他自己对诗人所需一切的先验权利奉为神圣。可以领受别人的粥饭，拿走别人的书籍，因为诗人更需要。1929年5月30日，帕斯捷尔纳克在给茨维塔耶娃的信中写道：

> 他对正义性的信心让人羡慕。如果我撒谎，我会把谎言视为不相干的意外事件。客观地说，他从未如此行事，哪怕间接地为他遭受的打击辩护。非但如此，他自己还不断助长和增添着打击[……]。在他和他妻子看来，我就是个庸俗的人，而这次谈话之后，我们几乎闹翻了。

耐人寻味的是，曼德尔施塔姆在生命尽头突然萌发了大众化倾向和对于同时代人的歉疚感，其个人主义者的自傲几乎让他为之痛悔，帕斯捷尔纳克正相反，他挺直了身子，让他的医生主人公带着难以言传的鄙夷说：

> 你们身上唯一生动和闪亮的地方就是，你们与我在同一时代生活过，认识我。①

不难想象，这种话也会出自曼德尔施塔姆之口，他不止一次宣称："你们身上所有可贵的东西，归结起来，便是你们曾与我相识。"或许，帕斯捷尔纳克也有所耳闻。

甚至在外表上他们也是对立的：所有人都觉得帕斯捷尔纳克高于他的中等个头，而曼德尔施塔姆在大多数回忆录作者的印象中，都比他同样是中等的个头要矮，这并非毫无来由。晚年帕斯捷尔纳克看上去比实际年龄年轻得多，直到生命的最后一年，据楚科夫斯基见证，他才变成了"一个小老头儿"。曼德尔施塔姆年届四十，就显得老态龙钟，还有一众评论家要他相信，他已经完了，老了，还停留在三十年代……帕斯捷尔纳克青春的朝气、向世界的敞露、英俊的面容、健康的体魄，无不夺人眼目，尤其是相比曼德尔施塔姆沉重的喘息、笨拙的举止、邋遢的衣着、冲动易怒的性格……有人也曾多次指出他们命运之间的平行关系，这反倒映衬出他们深刻的差异：两人的母亲都是钢琴家，都是安东·鲁宾施坦的崇拜者。两人都出生在冬天，前后相隔一年。都以优异的成绩从中学毕业，都想报考法律系。都于1923年成

---

① 引自《日瓦戈医生》第十五章第7节。

婚。三十年代初,两人都从莫斯科踏上漫长的南方之旅,但曼德尔施塔姆和妻子去的是贫瘠多山的亚美尼亚,帕斯捷尔纳克和妻子(当时还是别人的)则去了遍地果实的富饶的格鲁吉亚。三十年代中期,他们都像是莫名其妙地经历了突发的心理疾病,症状也相似:情绪低落、无来由的恐惧、不能独处、失眠、创作衰退……曼德尔施塔姆得病是在他因莫斯科同行密告而被流放沃罗涅日期间;帕斯捷尔纳克则是在他应欧洲同行力邀,受政府派遣去巴黎参加的作家代表大会上。

帕斯捷尔纳克说过一句重要的话,不失为解读他们的创作方法、创作宗旨和人生经历之差异的关键。他对曼德尔施塔姆说话的口吻向来认真,因而他们的通信和为数不多的会面格外有意义。1932年11月10日,在《文学报》为奥西普·曼德尔施塔姆举办的晚会上,帕斯捷尔纳克向他道出肺腑之言:

> 多么羡慕您啊!您就像赫列勃尼科夫……您需要自由,而我需要非自由。

1932年的帕斯捷尔纳克,俨然拥有了全国头号诗人的头衔,尽管他内心不无抵触;而曼德尔施塔姆,到1932年已然沦为几近赤贫的边缘人。他们此时的名位天差地别,以至于帕斯捷尔纳克坦言"我羡慕您",听来也像嘲讽。不过,他的羡慕确实是真诚的,他向来苦于自己的"正常"与明晰,故而那些很少依赖读者,善于写得艰涩、晦暗和凝重的作者,无形中也会对他产生吸引力。

至于他提到赫列勃尼科夫,无论如何都不算是恭维。帕斯捷尔纳克对这位俄国未来主义先驱的态度,无法一概而论,而且他在称颂别人、贬低自己的同时,始终秉持着个人的艺术原则。在《人与事》中,他承认对赫列勃尼科夫"评价不到位",在《安全保护证》中,他又谨慎而委婉地说:

> 赫列勃尼科夫确实有他细致入微的真实性。但直到今天,他的一些长处我仍然无法理解,因为我所理解的诗歌始终在历史中流动,并与现实生活相互结合。

将曼德尔施塔姆与赫列勃尼科夫相提并论的缘由就在于,二者在他心目中是自由人,他们摆脱了罪恶感,摆脱了他本人过多承担的责任。但这何尝不是一种脱离"现实生活"的自由。这就是为什么他们两人会让他感到

"疏远"。

"我需要非自由"这句道白,可谓理解帕斯捷尔纳克立场的关键之所在。就此话题,他曾在同奥莉加·伊文斯卡娅的交谈中有过更坦率的表达,当时在场的利季娅·楚科夫斯卡娅做了详细记录:

> 我是个惹人生厌的人。只有丑恶的事物对我有益,美好的却有害于我。说真的,我就像一只在沸水中越来越好的虾。

关于帕斯捷尔纳克的书,以"一只沸水中的虾"为书名,或许也不错。

4

据娜杰日塔·曼德尔施塔姆回忆,早在1923年,帕斯捷尔纳克就对她丈夫说过,往日的读者消失了,往日的文化也不复存在……与时代不合拍乃至"不公正"的情形,在帕斯捷尔纳克看来,恰恰是理想状态,曼德尔施塔姆则视为荒谬绝伦。帕斯捷尔纳克1929年写给吉洪诺夫的一封信,即是典型例证:

> 在我看来,曼德尔施塔姆将会彻底成为一个谜,如果他不能从最近的遭遇中汲取任何崇高的成分。这份赐予他并落入他手里的经验,正被他变成毫无教益、难以消化的留声机加报刊式的琐屑,这本来可以成为全新力量之源[……],只要他敢于承认自己的罪错,而不是在意识到社会异议、"对作家的迫害"之类的十足细故之际,反倒喜欢上这种意识苦涩的乐趣。
>
> 近日成立了一个调解冲突的委员会。他没有到场,我作为辩护人,第一个认定他是有过错的——以愉悦的、对待同志的方式,然后我又以同样的语气提醒说,读报纸(对"故人"的"揭发"运动等等)有时也会是多么艰难,反正不管有多人力量,我都竭尽所能,为社会洪流添加推动力,洪流的翻滚净化了理应属于并适合于被告的空气。现在整个问题就在于,奥西普·曼德尔施塔姆是否能利用这种纯净,是否有理解它的意愿。

何谓"第一个认定他是有过错的——以愉悦的、对待同志的方式"?难道是以愉悦的、对待同志的方式参与了迫害?但帕斯捷尔纳克的行为完全符合康德的绝对律令,也就是说,他做了想对自己做的事情。当同行开始批评他——有些人的确采取了同志的方式,尽可能缓和不可避免的责难——他没有感到愤怒,而是松了一口气,把正在发生的事情看得平常。非但如此,他还同情那些持不同意见者。适当的时候,我们将援引他于1949年7月20日写给法捷耶夫的信,他在信中表示,法捷耶夫关于他的所有说法都完全正确,而法捷耶夫关于他的说法是,帕斯捷尔纳克属于过去的时代,是双料的个人主义者,既不被大众理解,也不受人民喜爱,说他应该被带走接受调查,等等等等。即使考虑到法捷耶夫作为一名官员,有责任说出这一切,而他本人同时又在扮演着帕斯捷尔纳克的保护神,给他提供翻译的活计,或许还在保护他免遭镇压,在这些侮辱性的言辞当中,也没有什么特别高尚之处,更没有值得同情的理由。而帕斯捷尔纳克只有点头称是,仅仅解释说,当时他迫不得已,才指出整个俄罗斯知识分子的落后性。

曼德尔施塔姆将帕斯捷尔纳克的言行视为粗暴的侮辱,也不足为奇。我们简单回顾一下事情的来龙去脉。

1928年9月,土地与工厂出版社出版了《蒂尔·乌兰斯匹格》①。扉页上译者的名字印成了曼德尔施塔姆。其实他只是润色和编排了阿·戈伦菲尔德和瓦·卡里亚金的两篇译文。得知出版社的"疏忽",曼德尔施塔姆急忙从克里米亚赶回列宁格勒,向戈伦菲尔德致歉。应该说,当时的戈伦菲尔德比曼德尔施塔姆更受排挤和迫害,后者于当年好歹也算出了两部作品:《诗篇》和《论诗歌》(谁都没料到,这竟然是诗人最后两部作品)。戈伦菲尔德是残疾人,双腿发育不全的侏儒,批评家和翻译家,几部随笔集的作者,偶尔也写得很妙。他年事已高,生活贫困,像大多数旧知识分子一样,依靠翻译经典著作维持生计。曼德尔施塔姆跟他谈得融洽,这之后,11月3日的《红色报》晚间版刊登了出版社编委亚·本尼迪克托夫的书信,解释了事情的原委。曼德尔施塔姆本人也给《莫斯科晚报》写了一封信,表示要用"自己在文学上的全部进项"来保证戈伦菲尔德的稿费。

整个这场冲突对曼德尔施塔姆来说更为痛苦,因为昔日的阿克梅派、他的同志纳尔布特是出版社领导,而且他不得不跟另一位原阿克梅成员——本尼迪克特·利夫希茨争夺翻译的生计,可他俩的关系也好不到哪儿去。

---

① 流传于德国与荷兰的中世纪民间传说,蒂尔·乌兰斯匹格为其中的主人公。

还有最主要的:在与戈伦菲尔德产生龃龉之前,曼德尔施塔姆反对"土地与工厂"已有半年之久,因为该出版社的翻译实践着实离谱。在二十年代,苏俄对文学的领导路线还具有强烈的"文学使命",声称要把重新翻译和修订的经典遗产带给大众。有别于世界文学出版社,"土地与工厂"不仅出了天才的散文作品(《乌兰斯匹格传奇》即属此类),还出了不少相当平庸的侦探小说、历险记和游记,甚至有意出版迈因·里德①全集,再版了十九世纪九十年代一些极为粗鄙的侦探故事——曼德尔施塔姆称之为"零意义"读物。稍晚些时候,他在《消息报》(1929年4月7日)发表文章评论了这些情况,编辑部自作主张,给文章定名为《粗劣之作的洪流》。也就是说,在他与戈伦菲尔德发生冲突之际,他已是无辜的罪人,还要被迫与那些在文学方法上为他所憎恶的人分担责任。

这场持续两年的纠纷,今天来看就像是小题大做,在几个不幸的人之间展开,他们各有各的道理,又好像谁都没有过错。同时,纳尔布特的手段也堪称布尔什维克式,无论1921年他在南方做调查员时,还是在后来的出版生涯里。曼德尔施塔姆记恨"土地与工厂",并非因为出版德·高斯特②方面的疏忽,而是因为翻译的屈辱,多年来,他不仅被迫从事不适合于自己的工作,在压力之下还做得很糟糕。戈伦菲尔德记恨曼德尔施塔姆——他所认为新现实的一部分和野蛮一代的代表,是因为被窃取的译作,平心而论,他的翻译并不坏。

11月28日,同样在《红色报》上,戈伦菲尔德发表了一封愤怒的书信,报社取的标题是《翻译的劣质品》。12月10日,曼德尔施塔姆在《莫斯科晚报》上做出回应:

> 难道戈伦菲尔德无视一名为纠正那恼人的疏忽(自己的和出版社的),从两千俄里以外赶来,向他解释详情的作家的平和心态与道德力量?难道他要让我们为博得市侩的愉悦,像两个小贩一样揪住对方的头发不放?难道我需要戈伦菲尔德成为文学窃取行为的榜样?……我本该坚持让出版社及时与译者协商,却迈出了错误的一步,这跟戈伦菲

---

① 托马斯·迈因·里德(1818—1883),英国作家,著有一系列以冒险为题材的长篇小说。
② 夏尔·德·高斯特(1827—1879),比利时作家,出生于德国,主要用法语创作。上文提到的《蒂尔·乌兰斯匹格》和《乌兰斯匹格传奇》(一译《欧伊伦斯皮格传奇》)为同一本书,即高斯特根据相关民间故事编创的长篇小说(1867)。

尔德在报纸上扭曲我整个的作家形象之过错不是一回事。他采取的手段既荒唐又下作。[……]一些丑陋的规则和习惯需要拧脖子,但这并不表明,作家们应该相互拧着脖子纠缠不休。

唉,对某些市侩(其中不乏当事人自己的作家兄弟)来说,莫大的享受恰恰是看着两个作家揪住对方的头发,扭在一起。两位知识分子,还是犹太人,依靠出版界新强人的施舍过活,用改头换面的旧译赚取几个可怜的铜板,在报刊上绝望地抨击对方,吵吵嚷嚷,口沫横飞——这是怎样的节日啊!文学界以极大兴趣关注着事态,1929年5月的《文学报》发表了德·扎斯拉夫斯基的杂文《论谦逊的剽窃与放肆的敷衍》。随后的一期,刊登了曼德尔施塔姆的答复,称该文为诋毁之作,同时还刊登了为曼德尔施塔姆辩护的联名信,签名者包括帕斯捷尔纳克(以及皮里尼亚克、谢尔文斯基、法捷耶夫、奥廖沙、列昂诺夫,甚至还有"拉普"头目,性情暴烈的利奥波德·阿维尔巴赫!)。作为回应,扎斯拉夫斯基将曼德尔施塔姆的一封私人信件公之于众,曼德尔施塔姆在信中表示要给戈伦菲尔德一笔钱,希望他别把丑闻搞大。应曼德尔施塔姆的请求,苏联作家联合会受理了此案,却明显偏向于控方,即在认定曼德尔施塔姆没有过错的同时,又一再要他承认自己在道德上的责任。1929年12月,做出了正式的裁决(尽管扎斯拉夫斯基的杂文也被视为"错误")。正是鉴于这种情况,帕斯捷尔纳克才建议曼德尔施塔姆自作结论,利用"落入他手里"的经验,欣然领受集体的公正,而不是沉湎于公正的"苦涩"。

要说曼德尔施塔姆没有利用此事,那就错了,可他又是怎样利用的!从这场看似琐屑的风波中,他得出了让同时代人感到出格,后来又可怕地应验了的总结论。于是就有了《第四散文》,这个时代最重要的事情尽在其中。道出这些的,是曼德尔施塔姆,不是帕斯捷尔纳克。

  肉体的恐惧敲击着打字机,肉体的恐惧把中国式的涂改留在手纸上,把种种密告编排成文字,殴打躺倒的人,要求处决俘虏。一群顽童怎样当众把小猫淹死在莫斯科河里,我们快乐的伙计们就怎样挤来挤去,像在大课间玩闹似的挤黄油。嗨,使劲儿呀,挤呀挤,就是要让大伙儿挤的那人不见踪影——私刑的圣明的规则便是如此。

  店伙计把女工吊在奥尔登卡街——打死他!

> 女收款员少算了五个铜子儿——打死她!
>
> 掌柜的因为犯浑说了胡话——打死他!
>
> 庄稼汉在谷仓里藏了点儿黑麦——打死他!
>
> 我们是些什么人呢?我们是不读书的中学生。我们是共青团的淘气包。我们是一群获得许可而无视一切神圣事物的捣蛋鬼。

(帕斯捷尔纳克所云"委任之下施行粗暴的粗暴行径",他当然没听说过。——德·贝)

> 我把世上所有文学作品分成两类:被准许的和不被准许的。第一类是废料,第二类是偷来的空气。书写着明知是被准许的玩意儿的作家,我要朝他们啐口水……我要是可以禁止这些作家结婚成家生儿育女就好了。他们怎么能有孩子呢?要知道,孩子们应该接替我们继续下去,替我们把最主要的说完,既然他们的父辈早在三代之前就已经预售给了那麻脸的鬼怪。

这段话写于(准确地说,向妻子口授于)1929 年至 1930 年间的冬天,当时似乎还未达到普遍的"肉体的恐惧"——大恐怖第一波浪潮出现在 1935 年,甚至"沙赫特案件"①也未披露。可见曼德尔施塔姆对"地震"何等敏感!难道帕斯捷尔纳克没看到这一切?好吧,他毕竟没有遭到迫害,没有跟一帮"订货商"和杂文作者发生过持久的争讼。就算有人加害于他(后来果真开始了),他也会潇洒地报以微笑,像对待同志似的欣然悔过!1936 年,当"肉体的恐惧"已是生活的常态,他突然以直白的声音说:

> 假如一定要在文章里吵吵嚷嚷,能否用不同的腔调?这样终归更容易理解,因为用一种声音吵嚷,什么也听不明白。或许大可不必吵嚷——这将是非常美妙的……

在 1929 年作联调解冲突委员会的讨论中,帕斯捷尔纳克或许也是用这种声音为曼德尔施塔姆辩护,同时也对他的狭窄心胸,对报纸上的唇枪舌剑

---

① 苏联当局于 1928 年 5 月至 7 月对一个所谓地下反动组织的诉讼案,四十九名顿巴斯煤矿工作人员被控在顿巴斯沙赫特矿区暗中从事破坏活动,犯有"经济反革命罪"。五名工程师被判处死刑,其余被处以年限不等的有期徒刑。2000 年,俄罗斯联邦总检察院为此案平反。

表达了不满。是否能想象得出一个跟工会人员调侃的曼德尔施塔姆?

在立论和断言的细节上,帕斯捷尔纳克与曼德尔施塔姆是一致的。1935年,布尔加科夫和维列萨耶夫①合写一个关于普希金的剧本。有一次,帕斯捷尔纳克见到维列萨耶夫,对他说:

> 我也喜欢您,维肯季·维肯季耶维奇,您写的东西虽好,却是被准许的。米哈伊尔·阿法纳西耶维奇②则属于非法现象。

没有任何证据表明,帕斯捷尔纳克此前读过《第四散文》,知道它的人仅有曼德尔施塔姆夫妇的几位至交。字句的重合耐人寻味。只不过帕斯捷尔纳克视历史为必然,他写作的策略就在于,从细微事物中获取满足感,接受妥协,只要不违背良心,就只管写自己的。在沃罗涅日流放期间,曼德尔施塔姆曾向谢尔盖·鲁达科夫谈到这种对待现实的态度:

> 一个健康的人,把一切都看作现象:动不动就是雪啊、天气啊、人们来回走动啊……

人终究不能跟大自然争辩,再没有比大自然更自然的了。

在《第四散文》结尾,针对所有被准许的作家——也包括为他辩护的,曼德尔施塔姆一针见血地指出他与他们在创作旨趣上的差别:

> 此处有不同的方法:对我来说,面包圈中间的窟窿才是可贵的。而面团除了做成面包圈又有什么用呢?面包圈可以吃掉,留下来的是窟窿。

对于一名阿克梅派诗人而言,这种道白颇显怪异。他向来看重诗歌中的物质和表意的词汇,大量感触鲜活的现实充满他的文本,突然间,却转向对物质的拒斥,转向了空洞和虚无。当然,这不是诗的宣言。在未来的莫斯科和沃罗涅日诗篇中,曼德尔施塔姆依然专注而敏锐,一如他年轻时。这不是作家的旨趣,而是人的:意欲拒斥饱足的血肉丰满的生活,而营造生活乃至幸福,恰恰是帕斯捷尔纳克追求的目标。

在曼德尔施塔姆看来,帕斯捷尔纳克苦心经营的一切,不过是制作面包

---

① 维肯季·维肯季耶维奇·维列萨耶夫(1867—1945),苏联作家,斯大林文学奖获得者(1943)。
② 布尔加科夫的名字和父称。

圈的面团而已。1932年的一天,帕斯捷尔纳克到纳肖金胡同看望曼德尔施塔姆。他关切地说道:"瞧,有了住房,就可以写诗了……"曼德尔施塔姆未置一词,等他走后却大发雷霆:这么说,要写诗,非得有住房不可?而且还是那种纸板墙的房子?但帕斯捷尔纳克并未说什么伤人的话:他需要一个自己的诗歌角落。不是为了有地方写诗,而是为了归属感。

5

除非回到帕斯捷尔纳克与曼德尔施塔姆世界观的源头,回到他们各自迷恋斯克里亚宾的一九一〇年代,乃至他们的基督教观念开始形成的时期,否则我们将无法理解二者之间固有的差别。

首先,帕斯捷尔纳克和曼德尔施塔姆都是犹太人,都弃绝了犹太教信仰。帕斯捷尔纳克未受过洗礼,但常去教堂(尤其在青少年时代),熟知并喜爱东正教祈祷仪式。曼德尔施塔姆于1908年受洗,接受了路德宗(这是进入彼得堡大学的必要程序)。帕斯捷尔纳克根本不了解犹太教,他完全是俄罗斯文化的产儿。曼德尔施塔姆的情况正相反:他的诗歌中几乎看不到福音书的意象,却能发现大量《旧约》事物。二十世纪任何一位俄罗斯诗人,都不如他那样深受犹太教影响。

在《时代的喧嚣》这部真挚程度不亚于《安全保护证》,而行文更清晰的作品中,曼德尔施塔姆不厌其详地写道:

> 彼得堡婀娜的幻影,无非是一场梦,是添加在深渊之上的炫目的覆盖物,四周则蔓延着犹太文化的混沌,不是故乡,不是家园,不是源泉,而正是混沌,是陌生的胎腹中的世界,我便来自这个让我畏惧和隐隐猜想的世界,从这里,我总是一再地想要逃离。

> 正像一小块麝香就能将香气填满整个屋子,犹太教最细微的影响填充着全部的生活。哦,这是怎样一种浓烈的气息!难道我会觉察不到,真正犹太人家里的气息,不同于雅利安人之家?而散发出这种气息的,不仅仅是厨房,还有人、物品和衣服[……]唯有父亲的家庭工作室,不像我匀整的漫步所抵达的花岗岩天堂,唯有它,通向一个陌生的世界[……]

> 底下一层格板我记得总是一片狼藉……这是陷入灰尘的犹太式的

混沌。我的古犹太语知识就从这里迅速消失,我无论多么努力都没有学会它。由于民族悔恨的勃发,家里给我请了一位真正的犹太语教师。他从自己居住的商业街过来教我,帽子每次都不摘,这让我觉得很别扭。标准的俄国话说得走了调。犹太语识字课本绘有各式各样的插图,里面的人物要么抱着小猫,要么在读书,要么拿着水桶,拿着喷壶,却始终是同一个戴着大檐帽的男孩,一副过于忧伤的成年人的面孔。从这个男孩身上我未曾认出自己,我全身心地抵抗书本和科学。这位教师身上倒是有一种东西令人吃惊,尽管不大自然,这便是犹太人的民族自豪感。他谈论犹太人,仿佛法国女人谈论雨果和拿破仑。但我知道,一旦他走到大街上,他就会藏起他的自豪感,所以,我并不相信他说的。

这是彻底理解曼德尔施塔姆,起码是理解其犹太观念的关键。他弃绝了自己的犹太身份,为的是重新回到犹太教;弃绝了犹太人的虚与委蛇、同化的诱惑、假作的负罪感,为的是以孤绝的自傲和胜者的绝望来抗拒这一切。曼德尔施塔姆二三十年代的诗歌世界,完全是《旧约》的世界,是绝不会向世人隐藏其自豪感的人的世界。

在曼德尔施塔姆的文本中,犹太世界始终带着软弱和"战栗"的印记:畏葸、憔悴、无可避免的败亡,非但如此,那个虚矫的世界——永远充满庸俗。犹太教信仰既是异样而费解的,又是暴烈而庄严的,犹太身份则令人感到滑稽和羞耻。这些感触在《时代的喧嚣》中描写得淋漓尽致:

> 唱诗班领唱,好似大力士参孙,要把狮子的建筑摧毁,天鹅绒法冠响应他,元音和辅音的古怪和声,从词句中清晰地吐露,使赞歌显出坚不可摧的气势。然而,拉比的虽则流畅而又粗陋的话语,却给人以怎样的屈辱!当他口称"皇帝陛下",这是多么庸俗啊!甚至他所说的一切,也都庸俗不堪!

同化对俄国犹太人的诱惑历来是强大的,这主要是因为洗礼能够提供学业和职业的前景,使人摆脱犹太地理区域和文化区域的束缚。但这种同化几乎注定要与根脉分离,陷入孤独,难免家人的厌弃。巴别尔的道路即是如此。被同化的犹太人总是背负着责任,对他人怀有负罪感,本质上低人一等。二十年代,曼德尔施塔姆热情自信地赞颂他骄傲的弃儿生涯,而不是充当"先前取出的面包干瘪的添头"。二十年代的曼德尔施塔姆,是罗马的犹太人。

彼得堡、帕夫洛夫车站、皇村——"我们要去皇村,枪骑兵在那里微笑!"①曼德尔施塔姆童年和青少年时代的彼得堡在文化上是自足的,其魅力令人倾倒,不可能不心向往之——这个值得为它做弥撒的巴黎!为了这庄重严整和错杂繁复的帝国气象,为了彼得堡之石沉重的轻盈,值得忍受同化对家族的创伤,克制犹太身份的耻辱。石头——曼德尔施塔姆早年的主要意象,为他的第一部诗集命名;古典建筑的结构,轻巧稳固的基础。曼德尔施塔姆的彼得堡,是俄国的西方前哨,欧洲的岛屿,"深渊之上的覆盖物"。深渊在各处颤动,它不仅是散落尘世间的蒙尘的《塔木德》,也是兽性的陌生的莫斯科;当然,它也许一开始就引人入胜,但只能凭借它那些让人联想到圣马可广场的意大利教堂和鸽群。茨维塔耶娃曾将莫斯科赠予曼德尔施塔姆,用她本人的话来说,她等来的是一首可怕的诗《在铺满麦秆的无座雪橇上》(1916):曼德尔施塔姆的莫斯科,是一座刑讯之都,是"娼妇"("为了游遍整个娼妇——莫斯科"②)。他只喜爱它跟亚洲关联最少的地方——一座座公园、忘忧苑(Нескучный сад)③、莫斯科河,其余部分则是野蛮的都城,缺氧、缺乏运动与发展的城市,封闭在环形花园路以内,失去历史的佛教城市。在西方文化光辉而又脆弱的覆盖物下面,不安地颤动着两种混沌——犹太人的和亚洲的。难怪尼基塔·司徒卢威一篇关于曼德尔施塔姆的随笔题目就叫《欧洲之子》。为了欧洲,值得放弃的不仅有支离破碎的古老犹太教,还有俄罗斯。在写于1915年的《彼得·恰达耶夫》一文中,曼德尔施塔姆赞成放弃祖国——为了历史,为了迈向欧洲之路,开始一场运动。

然而,在二十年代,彼得堡消亡了。

彼得堡之殇成为1917年至1920年一个关键的诗歌主题:"我们将死在透明的彼得罗波尔"④……"你的兄弟彼得罗波尔,正在死去"⑤……"我们

---

① 引自曼德尔施塔姆《皇村》(1912,1927)。
② 引自曼德尔施塔姆《不,不要向我隐瞒伟大的胡言》(1931)。
③ 音译为"涅斯库什内花园"。莫斯科历史中心最大的景观花园,位于莫斯科河右岸,最早得名于十八世纪二十年代,原为沙俄贵族庄园。
④ 引自曼德尔施塔姆《我们将死在透明的彼得罗波尔》(1916)。彼得罗波尔系彼得堡在诗歌中的希腊化名称。
⑤ 引自曼德尔施塔姆《火光游荡在可怕的高空》(1918)。

仍将重逢于彼得堡"①……旧生活结束了,暂且以克里米亚的希腊化幻象为慰藉。但混沌渐渐渗入诗篇,结构在消失:"我将徘徊在茨冈人聚集的幽暗街边"②……出现了茨冈人流浪和居无定所的主题。既然帝国的彼得堡不复存在,那就意味着一切都不复存在,正如安德烈·别雷钟爱的思想:彼得堡只能是首都,只能留在帝国之内。

如今,世上已无彼得堡,只有列宁格勒。"列宁格勒河岸灯火的鱼肝油"③!(在曼德尔施塔姆那里,鱼肝油永远表示"令人喜悦的厌恶"),只有无谓的温暖笼罩城市,镣铐似的门链拴起的城市,犹太人的混沌从茫茫尘烟中浮现。穷酸食客可怜的低语,也被先知雷霆般的声音所取代:

> 我坚持认为,文学写作应保持其在欧洲,尤其在俄罗斯所形成的样式,它与我为之自豪的犹太人的光荣名号并不相容。我的血脉承载着一代代牧羊人、长老和沙皇的遗产之重负,抗拒着作家部族惯于偷摸的茨冈习气。早在孩提时代,我就被一群舞乐污浊的嘈杂的茨冈人窃取,多年以来,他们游荡在自己淫猥的路线上,徒劳地教我学习唯一的手艺、唯一的职业、唯一的艺术——偷窃。

如果说帕斯捷尔纳克浪漫的茨冈人不仅偷窃孩子,也赞美孩子,那么对于曼德尔施塔姆而言,他们则是"舞乐污浊的嘈杂的茨冈人",此处联想到的不是"窃取"《空中道路》主人公的革命,而是丧失伦理观念的作家族群。但在援引的片段中,关键在于"犹太人光荣的名号":放弃与时代的任何契约并顺应时代。不仅如此,这还是对童年及青春期的帝国神话的弃绝:

> 我与强力世界的联系仅限于孩子的方式,
> 我连牡蛎都怕,只敢偷眼瞧那些近卫军,
> 对那个世界,我的灵魂没有一丁点亏欠,
> 无论我怎样学着别人的模样折磨自己。④

难道真的没有一丁点亏欠吗?先前,他曾经坦言:

---

① 引自曼德尔施塔姆《我们仍将重逢于彼得堡》(1920)。
② 引自曼德尔施塔姆《我将徘徊在茨冈人聚集的幽暗街边》(1925)。
③ 引自曼德尔施塔姆《列宁格勒》(1930)。
④ 引自曼德尔施塔姆《我与强力世界的联系仅限于孩子的方式》(1930)。

> 我热衷于近卫骑兵军的铠甲、近卫重骑兵的罗马式头盔、普列奥布拉任斯基乐团的银号,除了5月的阅兵,近卫骑兵军在圣母领报节的欢庆成了我的赏心乐事。(《时代的喧嚣》)

六年之后,他却抛弃了这些,俨然什么都没有过!你们——俄罗斯人,我——犹太人,我们各不相干;他断然拒绝被新文化同化,也属于同样的性质。倘若这是欧洲的东西倒也罢了,就像在阿克梅时期的彼得堡,可这偏偏不是文化,而是粗制滥造,实话说,专制独裁才是这副样子。要他跟这新文化相融合,适应它?得了吧。

> 随便哪个造型艺术家,
> 集体农庄的亚麻梳理工,
> 墨水和血的搅拌者
> 都配得上这种削尖的木签。①

第三行可能让人想到"近亲之间的性关系"。在这里,"血的搅拌者"是关键词②。不能对外来的部落退让一步!

> 我不再是孩子。
> 你,坟墓——不许
> 教导驼背。别作声!③

如此一来,《时代的喧嚣》里写到的面包圈和窟窿就可以理解了。不过,在《埃及邮票》(1928)这篇颠覆性和预言般的文章里,也有对这层含义的暗示:

> ……白面包,普通的挂锁形白面包,已经不再对我隐瞒,面包师设想的它就像无声的面团制成的俄罗斯竖琴。

无声的面团制成的竖琴,便是他对新帝国时代文学的指称。那间来自"他们"的住房,亦非安居之所,而是不可救药的次等品的象征:

---

① 引自曼德尔施塔姆《房间寂静,有如一张白纸》(1933)。
② 原诗中的 крови(血的)和 смеситель(搅拌者)两个词拼写在一起,就成了 кровосмеситель(与近亲发生性关系的男子)。
③ 引自曼德尔施塔姆毁弃的诗歌断篇之四(1931年6月6日)。

昔日恐惧的源流
取代涓涓马泉①，
涌入莫斯科凶险的住宅
粗制滥造的墙壁。②

6

在写给多年未见的奥莉加·希尔洛娃的一封信中，帕斯捷尔纳克说了一句耐人寻味的话，他要对方相信："我还是原先的样子。"在信的末尾他又补充道：

> 请向曼德尔施塔姆夫妇致敬。他们是了不起的人。他是比我大得多的艺术家。但就像赫列勃尼科夫一样，我从来不追求那种不可企及的抽象的完美。
>
> 我觉得自己从来不是孩子——即便在童年。而他们是。
>
> 不过，或许我也有失公允。

嗯，当然，"也许，我不对……也许，我不该这么说"……但说得却很坦然，尤其是考虑到，这封信写于1935年2月22日，他正处于崩溃的边缘，而且收信人是他一向尊敬、以诚相待的女人。悖论就在于，大家认为他才是个孩子。阿赫玛托娃说"他被赋予某种永恒的童年"；曼德尔施塔姆称他是"一个健康的人"……而他，反倒将他们视为孩子。在《安全保护证》中他写道："我懂得这种不为孩子所知的东西，我称之为对真实的感知。"对真实的感知，即是对事物真正属性的秘密猜想：自然界不存在曼德尔施塔姆梦想的理想自由、近乎放任的自由；一切事物的基础是"斗争、苦役、中世纪的地狱和手艺"，换句话说，是周而复始的劳作，以及"集体—组合"或"激励—强化"的服务和自觉自律。像赫列勃尼科夫一样，曼德尔施塔姆也是"抽象自由"的艺术家，拒绝承认生活的强制，这种置语境于不顾的态度，让帕斯捷尔纳克难以接受，他觉得这是不负责任和孩子气的表现；而顺应时代的需求及创作自律的需求，对他而言类似于芭蕾舞的"激励—强化"训练。不能克

---

① 希腊神话中灵感的源泉，据说是神马珀伽索斯用马蹄踩出的，具有启发诗兴之功。
② 引自曼德尔施塔姆《房间寂静，像一张白纸》（1933）。

服环境压力的诗歌(无论做零工、翻译还是对时代应尽的其他义务),他认为是可有可无的。在帕斯捷尔纳克的词典中,最尖刻的词语之一便是"放任自流";他不能容忍放任,因为这是自己干扰自己的工作,远比任何外界压力更沉重,也更麻烦。

十年前,盛怒中的马雅可夫斯基说:"曼德尔施塔姆,他这人不可靠……他以为可以跟时代讨价还价……"三十年代,曼德尔施塔姆或许也能以同样的确信把这句话用在帕斯捷尔纳克身上。

> 做一个犹太人,究竟意味着什么?为何会是这样?这种无力的挑战,除了痛苦,什么都不会带来,又有什么能够作为对它的补偿呢?

这个问题,折磨着《日瓦戈医生》中的小戈尔顿。也就在这部小说里,问题得到了解答。小说第一部第四章第11节和第12节专门谈论了犹太人问题。在一座靠近前线的村庄,目睹了哥萨克欺负犹太人,日瓦戈对戈尔顿发表了一番独白:

> 真难想象,不幸的犹太人在这场战争中蒙受了多大的苦难……他们除了受苦受难,还遭到洗劫和凌辱……仇恨他们是没有道理的,仇恨的理由是站不住脚的。教人仇恨的,恰恰是应该同情的。他们贫困、人口密集,他们软弱,不会反抗暴力。不可理喻。他们的厄运像是注定的。

日瓦戈的思绪就此中断,戈尔顿听了,"一句话也没有说"。直到夜晚,他才打开话匣子(每天晚上,两个朋友都在交谈中度过,即使两星期的交流即将结束,他们该各自上路时。在这部非凡的作品中,没有人关心低级生活的需求)。

> 我的这些想法和你的一样,都是来自你的舅舅(日瓦戈的舅舅,尼古拉·维杰尼业宾,一位集智慧和美德于一身的历史学家,创立了独特的宗教观念,帕斯捷尔纳克经历了三次革命和两场世界大战之后,才得出这些观念,而这位舅舅早在世纪初就奇迹般地知道了这一切。——德·贝)。[……]在心里想出来的新的生活条件、新的社会形式中,即所谓天国中,没有民族之分,只有人与人的区别。[……]我们谈到过那些平庸之辈,他们从来不曾从整体上看待人生与世界,还有那些二流

人物,他们的眼界非常狭隘,只热衷于谈论某个民族,首先是受苦受难的某个弱小民族,这样就可以大发宏论,百般赞美,就可以赢得同情弱小的名声。犹太人就是这种灾害的真正牺牲品。民族意识使他们深信,他们必须是一个民族,世世代代是一个民族,而在这千百年间,由于当初来自他们当中的一个人的力量,全世界已经摆脱了这种有害的束缚。[……]谁需要他们这种自愿的受难,谁需要他们世世代代被嘲笑,谁需要那么多有灵魂、有感情的无辜老人、妇女和孩子去流血?为什么所有民族的主张尊重人民的文人都表现得如此怠惰和无能?为什么这个民族的智者们在世界性灾难的表象上裹足不前,只是一味满足于讽喻的机巧?

许多人倾向于认为,帕斯捷尔纳克对同化的主张是一种背叛。他本人可以在童年时代的偶像列夫·托尔斯泰之后重复说:"对我来说,犹太人问题远在九霄云外。"在与国外人士的多次谈话中,当被问到"犹太人问题",他总是回答,除了同化之外,他不承认还有别的前景。事实上,他不太关心犹太人问题,他还要求来访者不要提他的出身。这既非触碰不得的创伤,亦非有意识的隐瞒,他只是不想让话题仅限于此,而"世界性灾难"和"讽喻的机巧",也像离开俄罗斯的念头一样,跟他的天性相去甚远:他恰恰想要与俄罗斯一道承担它所有的错误,在他看来,命运的博大与悲剧的广阔,比正义本身更可贵。耐人寻味的是,在所有杰出同行当中,巴别尔是唯一跟他没有任何交情的,除了最一般的客套;爱伦堡连同其犹太人的怀疑主义,他也不是很欣赏,他把爱伦堡叫作"身上撒了卡宴辣椒粉的赫尔岑"。他对犹太剧院①的态度始终冷漠(曼德尔施塔姆写有一篇高度赞赏米霍埃尔斯②的文章),他的书信和回忆从未有一处提及1948年至1953年的反犹运动、米霍埃尔斯的遇害,以及"医生投毒案"③。犹太反法西斯委员会的活动对他

---

① 苏俄时期有两座犹太剧院,一座在莫斯科,一座在乌克兰的利沃夫。此处提到的是前者,全称是"莫斯科国立犹太剧院",建于1920年,1949年因苏联反犹运动而关闭。
② 萨洛蒙·米哈伊洛维奇·米霍埃尔斯(1890—1948),苏联犹太演员,导演,莫斯科犹太剧院的主要改革者之一。1948年遭到同事的谋害,在当时的媒体上,其死因被宣布为车祸。
③ 即轰动一时的"克里姆林宫医生案"。1953年1月,苏联政府宣称破获一个医生恐怖集团,该集团被指控谋害包括日丹诺夫在内的苏联高层领导。多位著名的犹太族医生因此案而遭到迫害。这是苏联新一轮政治大清洗的信号,但由于斯大林当年3月去世,"克里姆林宫医生案"很快被宣布为"假案"。

也没有吸引力,尽管那个"被诅咒民族"几乎所有重要的文化活动家都加入了进来。1941年7月,他先是答应参加一场犹太人反法西斯集会,可随后就收回了决定,称反法西斯的理由无关犹太身份,尽管他从不隐瞒自己的民族属性:他只是在写给希尔洛娃的信中表示,希望护照里填写的不是"年龄、犹太人之类",而是自己对"梦幻的、争议的、令人痛苦和费解的事物"之信念。

在一封时常被引用的写给沙拉莫夫的信中,他提醒道,以"时代的非正义"换取正义,这就像以人为的"世界悲苦"(мировая скорбь)①和讽喻的机巧进行敷衍一样容易。无论身处任何潮流和队列,都不应躲避生活本来的面目。做自己而不是犹太人、"列夫派"、作协会员等等,才是他唯一可行的策略。"活着——就这么活下去,直到终点。"

承认现存国家并与国家和时代一道分担它们的兴衰,这种自我牺牲的愿望显然危及人的声誉,尤其是考虑到,"孤单的贱民"将永远正确。从这一角度来看,时势似乎更显无情,也更为确切。关于斯大林恐怖的最初岁月,关于主流思想倾向以及从人类身上清除人性的方式,将由曼德尔施塔姆而非帕斯捷尔纳克来评判。然而,帕斯捷尔纳克选择的道路,却使人免遭自傲这一最可怕事物的侵害,其所独具的牺牲精神,并不亚于曼德尔施塔姆之路。此外,在写给吉洪诺夫的信中,他将磨难视为喜乐,这也是真正基督教意义的个人生命观。

也就是说,三十年代初,帕斯捷尔纳克"亲苏"的或曰国家主义的选择,是由他的基督教观念所决定?

是的,从他的经历来看,希望和负罪感比先验的正义更重要。帕斯捷尔纳克厌恶人的自傲。他认为——并且不无根据——反对派人士不爱人民也不理解人民,他们不认为革命是对千百年凌辱的复仇。在此情况下拒绝与国家合作,在帕斯捷尔纳克看来即是背叛。

有趣的是,曼德尔施塔姆此时也谈到革命知识分子的传统,但理解方式截然不同:

---

① 德国作家让·保罗于1827年创造的术语,原文为Weltschmerz,字面意思是世界的痛苦,世界的疲惫,意指因世界的不足(缺陷)而深感悲痛和苦恼。翻译根据上下文而有所不同,提到自我时,可以指"世界的疲倦",提到世界时,可以指"世界的痛苦"。这种表现出浓厚悲观情绪的世界观在十九世纪欧洲浪漫主义和颓废主义作家中普遍存在。

> 文人知识分子为何
> 踩着开裂的皮靴,
> 莫非要我现在就把他们出卖?!
> 我们终将死去,像一群步兵,
> 但无论劫掠、谎言还是零工
> 都不会被我们颂扬。①

这里交集着两种形式的知识分子牺牲精神。很难说,谁的立场更具悲剧性。对曼德尔施塔姆而言,忠实于"第四阶层",即是对知识分子良心法则的信仰,这一法则包含着对权力的不信任、拒绝与之合作和反国家主义。对帕斯捷尔纳克而言,忠实于知识分子的理想,恰恰意味着甘愿接受革命连同其所有的丑态,因为这正是人们曾经希望和期待的!如今,接受革命变得轻而易举,既然"冒进"似乎开始扭转,甚至《斯佩克托尔斯基》也已公开出版……帕斯捷尔纳克的立场,与终极阶段的勃洛克立场大体相同:为火堆添加柴火,然后围绕着它叫喊"哟嗨,我们在燃烧",在他看来是荒诞的。难道曼德尔施塔姆——中学时代就学习过《爱尔福特纲领》的自学成才的马克思主义者,现在不该抛弃三代俄国知识分子所梦想的那一切?

从长远的历史来看,正确的是曼德尔施塔姆,是他最先发觉,知识分子的理想非但未能实现,在旧帝国的废墟上,反而迅速建起新的帝国。当时已写下《斯坦司》的帕斯捷尔纳克,也看到两个时代之间明显的相像。但这毕竟是人民的选择!文人知识分子的牺牲,毕竟不是为了抽象的理想。一切为了人民,而"一百人的空洞幸福"②则不值得同情。正当帕斯捷尔纳克弃绝了本阶级的理想("新人已将我们超越")之际,曼德尔施塔姆却还在从家庭、阶级、民族性这些族类标志中为他独力对抗世情寻找支撑。

究竟谁是正确的?

艺术家唯有作为艺术家才是正确的。三十年代初,帕斯捷尔纳克正在创作《第二次降生》,曼德尔施塔姆也在整理他未问世的作品《新诗集》。两个集子都有无可争议的高峰,几乎都没有什么缺陷。二者都正确,也都被迫付出了代价。区别在于,当时的曼德尔施塔姆,重新"意识到自己的正义

---

① 引自曼德尔施塔姆《莫斯科午夜》(1931年5月至6月)。
② 语出帕斯捷尔纳克《致鲍里斯·皮里尼亚克》(1931)。

性",帕斯捷尔纳克则越来越深地意识到非正义。但这难道不是他想要的?

难怪到了1934年,他们的关系终于恶化。而这正是使他们久别的一年。

7

三十年代的曼德尔施塔姆,行为举止越来越疯癫。他不停地要求对其公断,不停地跟人争斗,惹是生非,他的生活变成了悲惨的闹剧。他和妻子有时也去帕斯捷尔纳克家。主人在他一再请求下同意读点什么。曼德尔施塔姆往往打断朗读,开始读自己的作品。他急欲成为关注的焦点。他总爱讲一些出格的东西,徒劳地抨击政权,讲政治笑话。济娜伊达·尼古拉耶夫娜厌恨他。

> 他就像一只好斗的公鸡,对鲍里亚蛮不讲理,批评他的诗,一个劲儿读自己的。[……]鲍里亚终于同意了我的看法,认为曼德尔施塔姆的行为不可接受,但还是对他的技艺给予了应有的评价。

曼德尔施塔姆——帕斯捷尔纳克为数不多的可与之倾心交谈的对话者,但他有自己的伤恸和骄傲:帕斯捷尔纳克的作品不断出版,广为人知,很受欢迎,被同行认可,他却无处可以朗读自己新写的诗,也没有人听他朗读,没有文学界的朋友,当然也不再与特维尔林荫路上舞乐的茨冈人来往。他开始跟一些生物学家和自然学家交往,向利普金[1]这位年轻弟子推心置腹,也经常对其乱发脾气……"一个劲儿读自己的。"可他又能在哪儿读这些诗呢?这种逢人就拿诗来读的习惯也算是佯狂和挑衅。据纳塔利娅·施坦佩尔[2]回忆,那是在沃罗涅日流放期间,曼德尔施塔姆用街上的公用电话向监督其流放生活的侦查员喊话:"不,听着,您一定要听!"接着,就读起了《沃

---

[1] 谢苗·伊兹莱列维奇·利普金(1911—2003),俄罗斯诗人,著名诗人英娜·丽斯年斯卡娅的丈夫。
[2] 纳塔利娅·叶甫盖尼耶夫娜·施坦佩尔(1908—1988),曼德尔施塔姆流放沃罗涅日期间最亲密的好友之一,1935年至1971年在沃罗涅日航空技术学校担任俄罗斯语言文学教师。1936年9月初与诗人相识,迅速成为他精神上的知己。曼德尔施塔姆为她写有多首诗作,并将1932年至1934年的三大本诗歌手稿交由她保管。"二战"后,诗人遗孀几经辗转找到施坦佩尔,所有诗稿完好无损。两人由此结下终生友谊。

罗涅日诗抄》里面的诗……最终,曼德尔施塔姆与帕斯捷尔纳克的关系自然冷却了,起因是一场大型招待晚宴:从远道来了几位格鲁吉亚诗人,吉洪诺夫也来了(他从列宁格勒来莫斯科,常常在沃尔洪卡停留)。客人们赞扬帕斯捷尔纳克,请他朗读。没等他读,曼德尔施塔姆却读了起来。他的新作谁也不懂,他摆出挑衅的架势。晚宴不欢而散,从此他不再被人邀请。

而他们还继续见面,尽管次数不多。1934年,曼德尔施塔姆在街上遇到帕斯捷尔纳克,把他拉到一旁,读了以下这十六行:

> 我们活着,感觉不到脚下的国家。
> 十步之外,听不到我们说话。
> 可是,只要从哪里冒出半句,
> 哪里就会想起那克里姆林的山民。
> 他肥胖的手指,像油腻腻的蛆虫,
> 贴切的话语,像重量级的秤砣。
> 他一丛蟑螂的触须满含笑意
> 还有一双大皮靴光灿四溢。
>
> 一群细脖颈的头领凑在他周围,
> 半人半妖的仆从任凭他游戏,
> 有的嘘嘘,有的喵呜,有的哭啼啼,
> 唯独他一个,像个粗婆娘杵在中央。
> 他发出指令,犹如钉马掌——
> 朝大腿根,朝脑门,朝眉心或眼眶。
> 无论怎样的处决,都是他的马林果
> 让他挺起奥塞梯人宽阔的胸膛。

帕斯捷尔纳克的反应迅速而冷漠:

> 我没听过这首诗,您也没给我读过。我建议您别再给任何人读。这不是诗,是自杀。我可不想参与您的自杀。

帕斯捷尔纳克对这首诗的态度后来也未改变。在娜杰日塔·曼德尔施塔姆从沃罗涅日流放地来访期间,帕斯捷尔纳克仍然忿忿地感叹:"他怎么能写出这东西?!亏他还是个犹太人!"娜杰日塔·曼德尔施塔姆起先不理解,犹太人怎么就不能写政治讽刺作品,但她很快就明白了,原来他不满的是对于民族问题的一味强调:作为犹太人并深知何谓民族不宽容的曼德尔施塔姆,岂可挖苦他人的民族身份,即便针对一个暴君?帕斯捷尔纳克反对此诗,显然不是出自对斯大林的爱戴,尽管他起初也曾对其不乏尊敬和善意的期望。这是一首建立在非帕斯捷尔纳克乃至反帕斯捷尔纳克原则之上的诗。在帕斯捷尔纳克看来,这是一件肮脏的作品,超出了艺术的界限。

1923年,曼德尔施塔姆写道:"诗歌对谁都不亏欠什么。"时隔十年,他又对阿赫玛托娃说:"今天的诗歌应当成为公民的诗歌。"帕斯捷尔纳克未能从曼德尔施塔姆的行为中看出公民性,他倾向于视之为反社会和反公民的。

1934年5月14日,就在那首煽动性的诗出现两个月后,曼德尔施塔姆被捕了。娜杰日塔·曼德尔施塔姆急忙向帕斯捷尔纳克求救,他动用了自己所有的关系。原指望杰米扬·别德内替曼德尔施塔姆求情,但后者显然深知其中的利害。他没有接受帕斯捷尔纳克到家里会面的秘密计划,而是跟他一起坐出租车在莫斯科兜了一圈,声称求情无济于事。一些研究者推断,别德内不仅知道此诗,而且知道"油腻腻的蛆虫"这一细节正是源于他本人的讲述:斯大林曾经向他借阅私人藏书,其中一些珍稀善本归还时,书页上都带着油腻的指印。

据称帕斯捷尔纳克"未能替朋友辩护",其实是延缓了惩治的那场与斯大林的谈话,留待下文再讨论。但帕斯捷尔纳克愿意为曼德尔施塔姆尽其所能,并为当初的辩护不力而长期自责,却是众所周知的事实。无论(很少宽容的)娜杰日塔·曼德尔施塔姆,还是阿赫玛托娃,都不曾对他有过任何怨言。在处理同帕斯捷尔纳克的关系方面,曼德尔施塔姆的行为也无可指摘:他没有说出前者也是那首诗的听众。艾玛·格施泰因抱怨他提到了她的名字,他忿然反驳道,难道要我说山帕斯捷尔纳克不成!

流放沃罗涅日期间,曼德尔施塔姆给帕斯捷尔纳克写了两封信。第一封的日期是1936年4月28日。

> 亲爱的鲍里斯·列昂尼德维奇,谢谢您记得我并为我发声。对我来说,这比一切现实的支援更可贵,也就是说——更现实。我真的病得很厉害,未必有什么可以帮助我:大约从12月起,我就一天比一天消瘦,现在连出门都困难。我的"第二次生命"之所以还能延续,全都归功于我唯

一的无与伦比的友人——我的妻子。无论身体的疾病如何发展,我都希望保持自己的意识。应当告诉您的是,它现在越来越钝化,我为此而恐惧。在沃罗涅日的被迫居留,因疾病之故已使我身陷绝境,这有可能是致命的。一想到再也见不到您,我简直悲痛欲绝。不知您是否考虑过,您或许可以来看我?我认为,这就是您能为我做的最大和最紧要的事情。请代我向济娜伊达·尼古拉耶夫娜问好。您的曼德尔施塔姆。

帕斯捷尔纳克没有去。对于流放中的曼德尔施塔姆,他感到难以释怀的愧疚。这封信的谦和语调没有欺骗他,他知道曼德尔施塔姆的立场是正确的,而且很清楚,在这一立场上他将表现得更具挑战性。甚至就在当下。甚至就凭借一具饱受摧折的病体。信中隐约带有论辩式的进击:既是对自己"第二次生命"的暗示,又是与帕斯捷尔纳克"第二次降生"之后的对比。而帕斯捷尔纳克不愿进行此类比较,因为这是不公平的,尤其在 1936 年。

在曼德尔施塔姆被流放的日子里,帕斯捷尔纳克只能向他暗施援手,也不外乎给他妻子一些钱,与她谈话时称赞他的沃罗涅日诗篇。她给帕斯捷尔纳克看了《沃罗涅日诗抄》,他最欣赏的是《微笑吧,拉斐尔笔下愤怒的羔羊》,强有力的作品,但远非这个集子里最出色的。或许,作为绘画艺术鉴赏家和画家之子,他首先关注的正是这种意大利风情的诗,但也可能他对别人的诗已经失去了兴趣,就像他在后半生里大多数时候一样。

曼德尔施塔姆的第二封信写于 1937 年新年伊始:

亲爱的鲍里斯·列昂尼德维奇,新年快乐!

想起您生命创作的宏大规模,想起它整个无可比拟的生命内涵,感激之情就无以言表。

但愿您的让我们每个人备受恩惠却又受之有愧的诗歌行之高远,不断奔向世界、人民和孩子们……

哪怕一生只有一次机会,也请允许我对您说:谢谢所有的一切,谢谢这"一切"还"不是一切"。

敬请原谅我似乎逢到周年纪念日才给您写信。我自己知道,根本不是因为什么纪念日:您只是在呵护生活连同生活中的我,虽然我配不上您,却对您无比敬爱。

奥·曼德尔施塔姆

奇怪的一封信，绝对是帕斯捷尔纳克早年的风格："感激之情无以言表""备受恩惠却又受之有愧""奔向……孩子们""呵护生活连同生活中的我"……帕斯捷尔纳克没准儿会把这些当作挖苦，尤其是考虑到，他们的关系一向不对等，近来他并无任何了不起的成就，他本人对那部《夏日笔记》也不满意，而他没有去看望曼德尔施塔姆，更是让他感到自责。事实上，曼德尔施塔姆当然不是在挖苦：他正经历着忠诚乃至爱国激情的短暂迸发，为斯大林写了一首"颂诗"①。他后来亲口对阿赫玛托娃说，这实属一场疾病。他与帕斯捷尔纳克再度处于相反的方向：1937年初，帕斯捷尔纳克正好恢复了健康。

曼德尔施塔姆本人没有将这封信寄出——很难说为什么。也许他不想强人所难，也许他还对帕斯捷尔纳克未能前来耿耿于怀。信件由娜杰日塔·曼德尔施塔姆保留，直到1944年5月，阿赫玛托娃从塔什干经莫斯科返回列宁格勒时，她和阿赫玛托娃才转交给帕斯捷尔纳克。帕斯捷尔纳克表达了热诚的谢意。

从流放中短暂归来后，曼德尔施塔姆去佩列捷尔金诺拜访过帕斯捷尔纳克。据利季娅·金兹堡转述帕斯捷尔纳克的原话，他们又争了起来——曼德尔施塔姆再次指责鲍里斯·列昂尼德维奇。这次是责怪他对斯大林爱得不够。

1938年1月27日，曼德尔施塔姆因伤寒死在劳改营浴室。帕斯捷尔纳克尽其所能帮助娜杰日塔·曼德尔施塔姆，后者跟他一样还不知道，她已经成了一个孀妇。不过，他们很少见面，她也不再提出种种要求，增添他的负担。

还是据利季娅·金兹堡的证言，娜杰日塔·曼德尔施塔姆曾向她说起苏联政权。"帕斯捷尔纳克在'他们'眼里是住别墅的人，曼德尔施塔姆则根本不知是何许人。"

"住别墅的人"——同样是糟糕的，可这起码是定居的个体。尽管离群索居，但又相去不远，一些主要的原则似乎也可分享。总之，这是"自己人"，即使不彻底；是听话的人，即使只是暂时的。至于曼德尔施塔姆，则不

---

① 即《如果为绘画不容置疑的快乐》（1937），其中不乏"斯大林的眼睛能让高山挪移，／让远方的平原隆起褶皱"之类的语句。

知其所从何来,一个漂泊各方和各个时代的浪子,苦行僧,不愿顺应任何事物的疯子,时而狂热地爱这个国家,时而对国家丝毫不能谅解;时而自暴自弃,时而自高自大,神经质的程度令人心惊……这是怪异的事情:要知道,"神经质"一词对帕斯捷尔纳克永远不适用,无论他发出怎样的沉吟、战栗和狂喜的赞叹。

可以想象,帕斯捷尔纳克会从流放中带来多少欢悦的诗篇。独守卡马河沿岸或沃罗涅日的大自然,他会多么幸福。他会以何等单纯的快乐去经营日常生活,劈柴,侍弄菜园……但另一方面,他拥有感激磨难的幸福禀赋,前提是这些磨难尚未真正触痛他。谁都不敢说,假如他也得到曼德尔施塔姆那"负 12"——禁止在十二个最大城市里生活和停留①,在他身上又会发生什么。

"我不能陷在牢狱里!"1921 年,曼德尔施塔姆落入费奥多西亚警察局②,他一声凄厉的呐喊,伴随着他在尘世间的一生。是他,而不是帕斯捷尔纳克,自认为世上的一切理应属于他,只是因为偶然才赋予了别人。帕斯捷尔纳克几乎愿意跟一切和解,曼德尔施塔姆——几乎什么都无法容忍。在这个世界上,诗人可能采取的策略,其实均可归结于这两种立场。

---

① 1934 年 5 月,曼德尔施塔姆被捕,起初被判决流放到乌拉尔地区的切尔登,后改判为流放到沃罗涅日,同时禁止其出入莫斯科、列宁格勒等十二个苏联大城市。
② 当时,曼德尔施塔姆被占据克里米亚半岛的白军当作布尔什维克间谍,关押在位于海滨小城费奥多西亚的牢房。

第二十七章　第一次代表大会
《格鲁吉亚抒情曲》

1

1934年8月17日至31日,苏联作家第一次代表大会在苏维埃宫(Дом союзов)圆柱大厅召开。

受命在大会上做报告的正是布哈林,所有人都认为,这表明一个按照思想坚定性评判文学的时代彻底终结了。看起来,报告的主题是恢复传统,揭露思想冒进——简言之,关于文学领域中类似于"被胜利冲昏头脑"(这原本是斯大林一篇论述集体化运动冒进行为的文章标题)的现象。这也是一个精明的策略:肮脏和血腥的工作交由狂信者办理,而后再以"一些个别错误"为由消灭狂信者。布哈林在作家代表大会上发言时,又怎能料想到,他自己的生命仅剩下四年,思想的"松动"不过是又一场骗局。为了这份像他所有文章一样冗长,多少有些轻浮的报告,他做了十分严肃的准备。大会期间,高尔基不仅跟布哈林声气相通,而且着重陈述了一项基本要求:由他当初就反对过的马雅可夫斯基的夸张文风回到现实主义。

早在上文引用过的一次问卷调查中,帕斯捷尔纳克就将这种新规定义为路标转换派与民粹主义的混合体,因而当听到大会主席台上提出"社会主义现实主义",他显然并不吃惊。反对这种风向已经毫无意义。谁都不怀疑,现实主义新路线得到了党内最高层的认可,布哈林(因无产阶级诗人们所遭受的严厉批评,他甚至不得不以书面方式补充表达了歉意)在其报告中也明确表示,他的观念就是党的观念;党已等同于斯大林,据说"社会主义现实主义"的提法就出自斯大林本人。而帕斯捷尔纳克自己的定位也早已从先锋转向写实,并去除了华丽的造型手法。就形式而言,他的方向与时代的方向是一致的。他差点就成了新立场最理想的代言人——与个人主义展开痛苦斗争,奔向人民大众的诗人……"难道我不是以五年计划为尺度,/同它一道升起,一道落下"——即是把五年计划当作标准和规范。帕斯捷尔纳克明显朝着正确方向发展,而且不像许多人那样是按照指令,而是按照内在发展的逻辑。正因如此,他才备受称赞。既然宣告了现实主义路线,一切都会很美妙,可它被称为"社会主义的",也就是说,实际上承担了社会乐观主义的责任,亦即肆意地粉饰,为现实配备图表。

当一群地铁建设者登上前台祝贺大会召开时,在主席台就座的帕斯捷尔纳克突然站起身,试图帮助一个吃力地拿着风镐的姑娘。大厅里顿时爆发出笑声和掌声。亚历山大·格拉德科夫甚至认为,帕斯捷尔纳克的举动出自最真诚的觉悟,但这位远见卓识的诗人之天真未必可信:在这次大会上,帕斯捷尔纳克做了很多事情,为的是树立一位脱离当代现实却又心向往之的老派知识分子的形象。不过,这也可能是一个人自然的举动,尽管他还没有立刻意识到,他所面对的不过是伪装的场景。姑娘出场了,携带着重物;对于一个被女性伤害过的人而言,最自然的反应,莫过于跳将起来,向她伸出援助之手。

帕斯捷尔纳克主持了 25 日的会议,他自己的发言是在 29 日。之前,与会者就帕斯捷尔纳克天赋的高低和他的发展方向展开了激烈的争论,但他在讲坛上的亮相还是引起一片欢呼。

在作家代表大会上他做了如下发言:

> 我已经准备好并写下了简短的发言,现在就开始宣读,但就在此刻,我突然意识到,我们正在进行一场辩论,大家从我的发言当中或许会发现一些暗示。请记住,在此意义上我不是一名斗士。请不要从我的言论中寻找个性的东西,我的发言面对的是同龄人以及岁数和工作方面比我年轻的人。
>
> 同志们,我登上这个讲坛,并非出于自发。我担心,如果我不发言的话,有些人会觉得不妥。
>
> 十二天来,我和我的同志一道在主席台同你们所有人展开了无声的交谈。我们交流眼神和感动的泪水,用手势传达心意,用鲜花相互致意。在这十二天里,我们被动人心魄的幸福团结在一起,这幸福来自一个事实:最高的诗歌语言就诞生于它同我们当代现实的对话中,这是脱离了个体的束缚,在可以想见的人生空间自由翱翔、漂流和飞驰的人们

的现实。

在我们中间,既有行使决定权和发言权的成员,也有凭票证入场的客人。

我向大家提到的诗歌语言,越来越清晰地回响在那些拥有更大决定权的人们的言语中,他们是没有票证的客人,是前来看望我们的各界代表团的成员[……]。当我不由自主地想从一位地铁女建设者肩上取下那不知叫作什么,却快要把她肩膀压弯的沉重的作业工具(现场笑),主席台上笑我一颗知识分子善感之心的那位同志是否知道,在形势造就的缭绕雾气中,在那一瞬间,她就是我的姐妹,而我想帮助的正是这样一位可亲的相识已久的熟人。

(有意思的是,他难道真觉得自己是一个不知风镐为何物的人?——德·贝)

什么是诗,同志们,既然它就这么诞生在我们眼前?诗即散文,散文可不是随便什么人的散文作品的总和,散文就是散文,是散文的声音,是行动中而非小说文学转述中的散文。诗是有机事实的语言,亦即具有生动结果的事实的语言。当然,正如世上的一切,它可以是美的或丑的,这取决于我们是保护它不被扭曲,还是刻意加以败坏。但不管怎样,同志们,正是这种处于初生的紧张状态的纯粹散文,才是真正的诗。

我再表达几点真诚的祝愿作为收尾。当大会落幕,当我们所见所闻和所经历的一切如潮水般退去,当新的高潮尚未来临,我希望,在裸露出底部的一派寂静中,我们每个人仍然能够与现实的和完美的事物同在,希望所有轻飘无益的空谈被大会上的感受、大会的现象以及我们最优秀的同志在大会上的精彩发言所清洗、冲刷和席卷! 幸运的是,这样的感受、现象和发言是如此之多!

存在着一些可以减轻艺术家劳动的行为标准。应当利用它们。譬如其中之一:假如幸福向我们当中某个人微笑,我们将感到充实,而不会在意让人精神空虚的物质财富。"不要脱离群众"——党在此情形下如是说。我没有权利使用党的说法。"不要为地位而牺牲脸面"——这是我要表达的跟它完全一样的意思。在人民与国家用以包围我们的巨大温暖中,成为社会主义权贵的危险性实在太大。远离这种亲近吧,以它本源的名义,以对祖国的爱、对其现今最杰出人物的充实而丰硕的爱的名义,正是这些人物,始终立足于实干和辛劳,保持着与权贵的距离。

每个不明白这一点的人,都会从狼变成哈巴狗,话说回来,即便要改变我们所从属的类别,那也应该是朝向更高的层次。

最后一段话淹没在掌声中。帕斯捷尔纳克不能不以玩笑结束其发言,既然他不能忍受公开演说的激情,而他也不能在大会讲坛上平淡如常地说:"也许,我不该说出这些。"尽管直到最后,他都不确信,究竟应该说些什么。他出格地开了个玩笑,又把这些话从修订的会议速记中删除,虽然它们相当重要——关键是与《若干原理》中关于诗的定义遥相呼应:"这可是纯粹的,在任何情况下,都是至为纯粹的狂热!应当自然而然地追求纯粹。"

有意思的是,他的发言提到了狼。帕斯捷尔纳克想必不知道曼德尔施塔姆的"猎狼犬的世纪扑落在我肩上,/但我就血缘而言并不是狼"[1]。他的动物崇拜式的自我认同经常改变,与马的比较是其中最持久的:"他,把自己比作马的眼睛"——阿赫玛托娃在谈到组诗《断裂》时说[2];帕斯捷尔纳克喜欢茨维塔耶娃形容他"像一个阿拉伯人和他的马"[3],这完全符合她喜爱的二分法——"诗人及其天赋"。而他突然将诗人比作狼,并且是在他获得国家最高级别认可的时刻,就更加耐人寻味了。再想想《动物园》里的狼群,同样意蕴深长:

狼牙咯吱吱作响
像门锁之间的碰撞。
它们被贪婪炙烤,
眼睛充满干热。
母狼怒气冲冲,当有人
取笑狼崽的模样。

现成的一幅自画像,尤其是考虑到,在帕斯捷尔纳克归纳诗人的必要品

---

[1] 参见曼德尔施塔姆《为了未来岁月喧嚣的荣光》(1931)。
[2] 参见阿赫玛托娃《诗人》(1936),诗人即指鲍里斯·帕斯捷尔纳克。
[3] 这个著名的比喻出自什克洛夫斯基书信集《动物园或不谈爱情的信札》(1965)里的记述,原话是:"玛丽娜·茨维塔耶娃说,帕斯捷尔纳克像一个阿拉伯人,又像他的马。"

质时,"贪婪"作为对印象与生命的渴望,几乎总是被视为首要。1934年夏天,干燥炎热,充满激动的期待,而他浑身也确实充满"干热"。

当然,这场发言在其他方面也无懈可击:"诗即散文",尽管布哈林并不认同这样的结论,他在报告中坚持认为,诗歌只是间接的隐喻的表达。帕斯捷尔纳克强调,诗歌的使命在于尽可能贴近生活(当然不是报刊宣传意义上,而是在《若干原理》所引申的意义上):诗歌并非从抽象事物中,而是从一切可感知的现实中选取其主题,也唯有诗歌才能最终反映这一现实。愿意"跟所有人一道共同一致地"为"法律秩序"而工作,并非像字面含义那么简单——作者对苏联显赫人物的境遇心存戒惧,提前拒绝接受犒赏。公开的文字表明,应当与权力保持距离,就此而言,帕斯捷尔纳克表现得不仅像一个杰出的策略家,还像一位胸襟开阔的同志,尽可能预先让同行们避免那主要的诱惑。他已经意识到,向权力靠拢的后果是什么。一些人听从了他,另一些人被深深地刺伤。

从帕斯捷尔纳克在大会上的言行来看,他的个性和诗歌远非布哈林报告中的乏味定义所能概括:

> 他"脱离了"世界,一去不返,封闭在个人体验的珠贝中,任由感伤易碎的心灵发出柔弱纤细的颤动。

面向大厅讲话的是一个跟任何人都没有脱离关系的人:相反,他起码在表面上敞露无遗,渴望同现实合作。

这是一次非凡的胜利,当天晚上,帕斯捷尔纳克和阿列克谢·托尔斯泰及批评家亚历山大·吉洪诺夫去到特维尔林荫路新开张的"阿拉格维"餐厅吃饭。演员鲍里斯·利瓦诺夫也受到邀请,他跟帕斯捷尔纳克的交谊正好始于1934年,而他又叫来了自己的未婚妻。餐桌前聊起创作成功的主要条件——稳定的家庭后方和善解人意的女友。阿·托尔斯泰首先说到纳塔利娅·克兰吉耶夫斯卡娅①,接着吉洪诺夫也夸起了自己的妻子,然后是帕斯捷尔纳克……据叶甫盖尼娅·利瓦诺娃回忆,人家明显是要劝说她接受利瓦诺夫不久前提出的求婚,面对这种进攻她难以招架,犹豫不决,无论她还是他,都没有天使的品格。不过,就在那天晚上,利瓦诺夫吐露了决定性

---

① 纳塔利娅·克兰吉耶夫斯卡娅-托尔斯塔娅(1888—1963),苏联诗人,阿·托尔斯泰的妻子。

的表白,听到了梦寐以求的一声"同意"。第二天,帕斯捷尔纳克在他的《长诗》(一部新出的诗集,其中收录了《斯佩克托尔斯基》)上题词给她:

> 无法给您在书上题写什么。很好,与你们一起如此艰难地活着,而您自己也这么难。我们整个的不眠之夜及我们昨天跟鲍里斯、阿·尼和亚·吉①的畅谈之后,于大会会场。1934 年 8 月 30 日。鲍·帕。

据阿纳托利·塔拉先科夫回忆,代表大会的日子给帕斯捷尔纳克留下了节日般幸福的印象:在作协理事会 3 月全会上(1935 年),他虽然表现出抑郁的症状,却还是面带微笑,说道:"我们每天都能再次相见,就像在代表大会的日子里。"而他吐出"代表大会"一词,"就像是强调某种爱和温暖的东西"。

在 1934 年 9 月 27 日(从图拉附近的奥多耶夫疗养院)写给谢尔盖·斯帕斯基的信中,他对大会的看法有了更多怀疑。这或多或少是因为,斯帕斯基(一位自视甚高的诗人,帕斯捷尔纳克对他也不乏美誉)并非出席大会的代表。帕斯捷尔纳克不想让意气消沉的同行受窘,所以有意贬低了对事情的感受。但他与斯帕斯基通信时向来坦诚,因而此处的评论不容忽视。在所有关于第一次作家代表大会的文字中,这几段话也许是最贴切的:

> 代表大会上对我的态度纯属意外,但这远比您所能想象的更复杂,而主要则是:更灰暗,更不乐观——根据我和这些东西相联系的种种缘由的间接性来看(帕斯捷尔纳克在上文还提起斯大林打来的电话,"关于电话"云云,可见间接性所指既是与总书记的交谈,也是大会上谈及的内容。——德·贝)。

> 代表大会自身在更大意义上所呈现的混乱,对我们大家和我个人而言,完全是不寻常的现象。要知道,它最让我惊讶,可能也会让您诧异的正是它的直截了当。在这种气氛中,它从火热径直投入冷冰,用一个早已熟悉和消灭一切的结尾取代了某种快乐的预期。

> 这就好比我们已经习惯的一段乐律,在其中三个正确的音符之外,又添写了两个虚假的,可是……整个交响曲得以完成的关键点就在于此,而这,当然是新的。[……]大会的结构有一半,如果不说是全部的

---

① 即阿列克谢·尼古拉耶维奇·托尔斯泰和亚历山大·吉洪诺夫。

话,是偶然产生的……关于我自己,没什么可写的,等到见面时再聊。

显然,附加于三个正确音符的两个虚假音符,指的不仅是假模假式的赞颂和表白忠心的誓言,还有跟帕斯捷尔纳克本人相关的传闻,在他看来,这些褒扬抑或非议全都不合实情。有人称赞他的朦胧与小众化,而他早就摆脱了这两点;有人批评他脱离现实,他反而致力于此;有人称赞他的技巧,他却视之为诗歌的自然组成部分,从不有意为之;还有人批评他的敏感,而且援引的是《生活,我的姐妹》(无论称赞者还是批评者,都喜欢引用这部作品),不是计划再版的《第二次降生》。这更加刺痛了他:看样子,他的新诗不那么吸引人,不那么令人难忘。这要么是因为他们还不具备足够的理解力(的确如此,直到后来《第二次降生》才被广泛引用),要么是它的艺术性不如《姐妹》(事实上,它的艺术性甚至更高,但缺乏《姐妹》那样的鲜活和明朗——而帕斯捷尔纳克1917年的诗作始终遭受诟病,也正因为这两个特点)。

在总结发言中,高尔基特别赞扬了无党派作家列昂尼德·索波列夫,长篇小说《大修》(《Капитальный ремонт》)的未来作者。索波列夫在大会上说,党给了艺术家一切,艺术家被党剥夺的只有写得糟糕的权利。在高尔基推动下,这一庸俗的格言开始在所有关于第一次代表大会的文章和报告中流传。再没有比这更愚蠢的事情了。究竟谁能剥夺作家粗制滥造的"神圣权利"?谁又能控制他写得出色或糟糕?当然,作家有时必须粗制滥造,正如两年后帕斯捷尔纳克在他的明斯克会议发言中宣称的那样。国家对文学的管控让帕斯捷尔纳克极其沮丧:他没有听高尔基最后的讲话(斯杰茨基做过总结之后,他就离开了会场),索波列夫的发言倒是听了。泪水、欢笑及鲜花的交流并未妨碍他发现充斥于大会讲坛的虚假和愚蠢。他后来对大会的回忆越来越伤感,越来越厌恶:在赠给利瓦诺夫夫妇的诗集《抒情诗与长诗选》(1935)扉页上,帕斯捷尔纳克向他们表达了谢意——"在这些备受关怀的岁月里",没有他们,他可能会"死于忧伤"。

2

在作协第一次代表大会上,帕斯捷尔纳克当选为主席团成员(直至1945年)。大会结束后,翻译格鲁吉亚语作品成了他的主业。诗集《格鲁吉亚抒情曲》大体上完成于1934年,于1935年正式出版。帕斯捷尔纳克原打算将诗集命名为"编创集",以强调对于被动摹写原作的有意识拒斥,他把自己的想法也告诉了茨维塔耶娃,出版社却建议采用现在这个更正式的名称。

这是一部浅薄的作品。无论多么喜爱帕斯捷尔纳克,无论多么感动于他不合时宜地要向俄罗斯读者打开一方不为人知的文学天地,都不能不承认主要的一点:帕斯捷尔纳克为了生计所做的一切,出于理论构想也好,按照订货也罢,全都远远低于他的才华,甚至比一般同行的零活儿都不如——平凡的才具最适合完成订货,在天才那里只能产生不伦不类的混合体。

在1934年,译者只能翻译同时代人的作品,而成长于东方最优秀欢歌传统的同时代人,却已经转向了颂诗的演练,主要书写的是故乡如何日益繁荣,他们如何为时代骄子、非凡的约瑟夫·维萨里昂诺维奇而自豪。即使在一些较成功的译诗当中,比如瓦列里安·加普林达什维利出色的《大海》,帕斯捷尔纳克也不是用自己的嗓音在歌唱:

> 大海梦想着细微的事物,
> 譬如变成一只蜂鸟
> 或者像星星闪亮在天空,
> 就算规模缩小也未尝不可。

诗的意境很好,纯粹的马雅可夫斯基的风格,尤其是开头前两句;接下来不比前面更简单:

> 漫涨的潮水令它多么厌倦!
> 心乱得像被吸血的蚂蟥叮咬。
> 它一边吻着订婚戒指的轮缘,
> 一边想把自己塞进那小孔。

"把自己塞进那小孔"! 妙极了,弗拉基姆·弗拉基梅奇!①

帕斯捷尔纳克这些译作的主要价值(除了直观的价值,因为可以借此判断做零工对一位严肃艺术家的损害程度)在于,它们有助于认知他本人

---

① 此句为作者的调侃。"弗拉基姆·弗拉基梅奇"系马雅可夫斯基的名字与父称"弗拉基米尔·弗拉基米罗维奇"口语化的称呼。

诗歌作品的构造，当然，这是一种反向的认知。塔毕泽、雅什维利、加普林达什维利、列昂尼泽、卡拉泽等人的诗歌，主要根据两种模式而构建：要么是情节与歌谣，要么是画面的转换。帕斯捷尔纳克诗歌的布局与结构则遵循着更复杂的规则：形象的铺展犹如蓓蕾渐次绽放。在比喻或对比的基础上建起繁复的隐喻结构，以此主导整个布局，譬如把时间的流逝比作落雪，把骑士的巡行比作黄昏来临，把军事行动比作雷雨，把爱情比作亿万年沉睡在石炭纪地核中的恐龙的复苏。按照什克洛夫斯基的说法，帕斯捷尔纳克怀着善意被迫翻译的大多数同时代人，都是"沿着主题表面"写作，帕斯捷尔纳克则漂行在它的主航道上。在他的每一首诗中，最主要的便是"脊柱与纵直的脑髓"。他的诗犹如由种子孕育而成的大树或灌木，而他几乎所有的译作则像是一排排摆放整齐的原木。使得这种差别更明显，从某种意义上说也更让人难堪的是，即便在译作中，也会出现帕斯捷尔纳克文体的诸多特点，出现他惯用的近音词、谐音、语汇以及他钟爱的行话和词串，就好像一位细木工在钉合刨花板时，决不会抛开得心应手的习惯和技巧。这并不是说，塔毕泽或卡拉泽是拙劣的诗人（雅什维利的情况要复杂些，他写得确实一年比一年糟）。这仅仅表明，他们跟帕斯捷尔纳克无法相提并论——与其说他们的水平，不如说艺术思维的方式。

> 在某些诗篇中，我就是财主。
> 无论其他东西怎样被称颂
> 都没有任何别的乐趣
> 曾经让我为之心动。

这完全是帕斯捷尔纳克式的口吻（原作题为《梦想》，作者是才华超群的加普林达什维利），是他的声调和他的含混不清。"在某些诗篇中，我就是财主"听来有些生硬，几乎像是出自年轻的帕斯捷尔纳克之口，因为此句可能暗含另一句"在另一些诗篇中，我就是乞丐"，或者别的什么类似的喻示，既然作者本人想要说明的是，诗歌无异于他全部的财富。而译者的表达却体现着他自己的风格，虽则模棱两可，却又直截了当。"无论其他东西怎样被称颂"，也是一个不贴切的说法，在帕斯捷尔纳克那里，在他抒情的语流中，固然曲折婉转，但在加普林达什维利明朗的诗篇中，却是多余的。他只不过想告诉人们，除了诗歌之外，他对别的事情都提不起兴致，无论它们受到怎样的赞誉。这一节的另外两行,含义十分清晰。总的来说,帕斯捷尔纳克是根据这样的原则来译诗的:两行较随意,另两行是口语化的漂亮语句。他也曾向年轻诗人们提过建议:先把原作每一诗节中的前两句译好,其余的不妨加以发挥或填入自己的东西。依照他的速度(他曾对茨维塔耶娃说,每天应当翻译不少于一百行,最好是三百行,否则就没有意义),难免翻译的匠气。

有一首诗的翻译尤其值得关注,这就是帕奥罗·雅什维利的《斯大林》,雅什维利指望此诗为象征主义的过去正名,帕斯捷尔纳克当然也愿意帮助他。这首诗刊登在1936年第34期的《星火》杂志上——整个一期都是对领袖的政治颂歌,作者还包括苏莱曼·斯塔利斯基、江布尔·贾巴耶夫以及其他一些高加索诗人。这些民间歌手在歌功颂德方面无师自通——东方诗歌传统本来就以甜腻腻的赞歌见长。相形之下,雅什维利这首写给斯大林的诗就显得矫揉造作,或许还有些滑稽。

斯大林

像苍穹笼罩大地,对你的感念
没有一天不将我笼罩在其中。
我多想赋予这些念头以行动,
让它们像旗帜招展在十月。

克里姆林宫敞开了,你身着灰色大衣。
呢子的衣料有着青铜般的厚重。
你和蔼可亲,却让伪君子畏惧,
你执着而坚毅,跟党合为一体。

你就是那千百个站姿的信心之源,
十月借此让个别人士感到了分量。
不是陵墓,是你的精神透出安详,
保持着熄灭于光荣的列宁的目光。

你跟他永远同在,他笔直的道路

你从未扭曲过寸尺。
你守护着它们,以防敌对者侵害,
你是先锋中的先锋,准则中的准则。

是你使我们的联盟免遭进犯,
哪怕对莫斯科有丝毫的怨恨
也会在你无比英明的头脑中
产生出战略家迅疾的回应。

我们要铲除贫穷,杜绝懒惰,
农民也为新的劳动而振奋。
像群星一样,知识的雨露
将洒满刚开辟的处女地的天空。

从帕米尔到乔洛赫①,一支支队伍
在一句话的感召下准备进发——
为了将你所预见的景象
尽情地展现于时代面前。

这首诗写得如此不堪,近乎屈辱,其原因就在于,本来是低声下气的颂歌(即便了解雅什维利的气质,也很难相信这是真情的流露),却要唱出尊严的腔调,并且不失机巧乃至哲理:"十月借此让个别人士感到了分量。"然而,这种"分量"听来又有些可怕。"雨露般洒满天空的知识"一说,显得很不得体,而读到"你无比英明的头脑中产生出战略家的回应",也不能不惹人发笑。至于列宁墓的真正建造者并非休谢夫②,而是斯大林同志,"熄灭于光荣的列宁的目光"至今保留在他身上,当然更属可疑的恭维。"克里姆林宫敞开了",听上去就像"商店敞开了"或者只是"窗帘敞开了",虽然这里所说无非是出现了他的形象。一句繁冗的"先锋中的先锋,准则中的准则",也未必能讨得对方欢心——毫无疑问,他读过这麦芽糖似的颂词。在

---

① 流经土耳其和格鲁吉亚境内的一条河,在格鲁吉亚城市巴统附近注入黑海。
② 阿列克谢·维克多罗维奇·休谢夫(1873—1949),苏联建筑师,列宁墓的设计者。

帕斯捷尔纳克的价值体系中,这种保全脸面的尝试比愚蠢的谄媚更糟糕。不妨比较一下同期刊登在相邻页码的萨肯·赛伊夫林的诗作,译者是文笔甜蜜流畅的马尔克·塔尔洛夫斯基:

献给人民领袖斯大林

英勇的巴图鲁,你给了我们幸福。
就让基尔之歌唱响你的荣光,
那往日里身着破烂长袍的人
也开始变得心明眼亮。

哈萨克丘伊什向我们唱起歌谣,
悲戚的心之颤音依然清晰可闻,
它好像锡尔河凄凉的芦苇
随同夜晚的风暴沙沙作响。

在我们锻打与铸造的荣耀中,
一丛丛锋利的刺刀闪着光芒,
只要听到你雷电般的名字,
我们的敌人必将畏缩如胡狼。

多么具体的地方情调,多么奇妙的巴图鲁、基尔、丘伊什、胡狼和长袍,就差马奶酒加羊肉面条了[1],但这起码在修辞上是严整的。在帕斯捷尔纳克的译作中,最不堪的恰恰是为了使它们显得像诗而付出的努力,因而除了少许例外,这些文字唤起的只是沮丧和尴尬——不仅为他,也为那些被翻译的诗人。

尽管如此,1934年秋天,帕斯捷尔纳克还是不断地向公众朗读他的译作:11月22日,他在"作家之家"[2]读了普沙维利的《短趾雕》,之前他再三要求速记员什么都别记录,因为他要说点不成章法的东西,但速记员不为所

---

[1] "巴图鲁",蒙古和中亚某些东方民族授予军人的荣誉称号,意即"英雄""勇士"。"基尔",流传于中亚地区的情歌。"丘伊什",哈萨克民族主要以冬不拉进行弹唱的民间歌手。此处提到的其余词汇,也都源于中亚地区民族语言。
[2] 位于莫斯科市内的米亚斯尼克街,隶属于苏联作家协会。

动,然后他开了腔。塔拉先科夫记下了一些内容:

> 问题是,我们需要工作。在1931年至1932年之前,人们一边打斗,一边工作。等到作家代表大会召开,似乎人人都成为正人君子,所有目的都达到了,大会结束后,只需要发言、记录、总结就够了。究竟如何继续前进?倘若一味地拒绝表达,那只会造就某种秘密或某些胭脂与香粉的效果。如今应该迈出相反的步伐——公开的表达。表达也是一种意义,如果这里面有什么新东西的话。而我以让步为前提的言论,是毫无意义的。

事实表明,此番言论确实没有什么意义:帕斯捷尔纳克在开场白中极力赞扬的普沙维利的长诗,果真枯燥乏味,以至其中一部分对话不得不省去,代之以散文形式的转述。据塔拉先科夫记述,听众之所以鼓掌,只是出于尊重而已。

10月26日,在纪念莱蒙托夫诞辰一百二十周年的晚会上,帕斯捷尔纳克的表演比上次成功得多。此前同样有一番开场的发言。塔拉先科夫也做了记录。他当时正迷恋帕斯捷尔纳克,后者的每一场公开朗诵,他都不会错过。帕斯捷尔纳克首先为将要进行的仓促发言表示歉意:他准备谈谈普希金与莱蒙托夫,但也只能以即兴的方式,因为"希望我们大家都能活到1937年和1941年"①(哦,他要是知道的话!……)。

> 在我看来,普希金和莱蒙托夫实为不可分割的一对。[……]普希金是建设者、开创者和现实主义者。如果使用现代术语来说,我想把普希金与莱蒙托夫比作创建的五年和探索的五年。莱蒙托夫拓展了普希金缔造的事业。
>
> 较之于生活,我们俄罗斯人向来更善于忍受并推翻鞑靼人的桎梏,更善于征战和罹患瘟疫。对于西方人,生活则是轻松平常的事情。

这段话似乎与发言主题并无直接关系,却让塔拉先科夫感到震惊,于是随手就记下了。事实上,帕斯捷尔纳克理解俄罗斯之关键也就在于此,在他看来,这是一个以功绩为标准,而准则早已被视为功绩的国家。他既为这个

---

① 这两个年份,分别为普希金和莱蒙托夫决斗身亡一百周年,也是苏联大清洗高潮期和苏联卫国战争爆发的年份。

国家而自豪(因此他的斯拉夫情怀才会在萨马林和曼苏罗夫①那里得到共鸣),也对它怀有恐惧(他最珍视的,乃是他称为心爱小词的"日常生活")。塔拉先科夫没有指出,在这番关于普希金与莱蒙托夫的言论中为何提到俄罗斯与西方。或许,这里自有独特的类比:普希金之于帕斯捷尔纳克,犹如快乐而合宜的准则;而莱蒙托夫则意味着极值与功绩的最高点。莱蒙托夫不懂得动词"活着"在日常中的寓意。正常状态对于他便是战斗、骚动和悲剧性的恋情(所以《生活,我的姐妹》也是献给莱蒙托夫的作品)。普希金是生活的天才:"熬菜汤的瓦罐,自己说了算"②,即使淡泊与舒适之类始终是他未实现的梦想。1917年的帕斯捷尔纳克,正在为莱蒙托夫而痴迷。到了1934年,他开始尽可能像普希金一样活着,并把写下《斯坦司》《致俄罗斯的诽谤者》和《博罗金诺纪念日》的普希金奉为榜样。在他的视野之内,沙皇自然成为这一时期的主要人物,鉴于诗人与沙皇作为俄国政权两个主要代表的对立与制约已是晚期普希金和成熟期帕斯捷尔纳克的基本命题。

基洛夫于1934年12月遇害之后,这些想法就在帕斯捷尔纳克脑海里挥之不去。他参加了苏联作协举行的追悼会。他感觉到,基洛夫的遇害将成为新一轮恐怖的导火索。很难说,他是否相信斯大林与差点在苏共十七大当选总书记的"党的宠儿"之死有牵连,时至今日,这仍是争论不休的问题。唯有一点是明确的:1934年末,斯大林是最高领导层仅有的大人物。随后两年里,帕斯捷尔纳克保持着对斯大林的关注,不断调整着与他而非与国家或时代之间的关系。

---

① 参见本书第六章第4节。
② 俄罗斯谚语,意思是自己料理生活,无须依赖他人。普希金在《叶甫盖尼·奥涅金》附带的片段《奥涅金的旅行》中用到了这一谚语。

第二十八章 镜中人：斯大林

1

有时候觉得，这种人为数不多。一个人不可能审阅所有冠以他名字的获奖作品①，不可能掌握苏联主要作家言论和出版动向，不可能一边阅读对他们的审讯记录，一边深更半夜给未及讯问的人士轮番打电话。这本来就是一个不轻松的时代——工业化、农业集体化、大恐怖和人员更迭，已经够受了，况且还要指挥工业生产，向学员发表讲话，跟棉农合影留念！看起来，哪还有从事文学的余地？索性让文学放任自流得了！但苏联作家是幸运的。他们的命运取决于一个唯美主义者。

他可并非等闲之辈。那些将他描绘成蠢货及便秘患者的人，无疑是愚蠢的。谁得什么病不重要。每两个作家就有一个得痔疮，没关系，这不妨碍跟神灵的沟通。他很清楚，任何时代最终留下的都不会是工业化加集体化，而是真正的文学。关心永恒不死，归根结底是关心美。工业化和集体化算什么？这些劳什子为的是人民，而人民会灭亡，一堆白骨间会长出牛蒡。所以他对领导工业或农业之类的其他职责漫不经心。忠心耿耿的官员够多了，他们出于恐惧，全都像超人般勤勉，随时准备挥舞拳头，安排夜间全体动员，从人民那里榨取生产纪录。唯有文学不听命于领导。也就是说，决议出台了，组织成立又解散了，与形式主义展开了斗争，马屁也拍得很到位，写得却越来越糟。时代的纪念碑，大有沦为劣质品金字塔之势，垒砌它的一堆堆小说的砖石，乃是依照典型社会主义现实主义精神而打造。

他的马格尼特卡②和集体农庄搞成了，在文学上却一无所获。许多头

---

① 指获得斯大林文学奖的作品。
② 苏联城市马格尼托戈尔斯克的别称，位于乌拉尔地区；也可用于指称"马格尼托戈尔斯克冶金联合体"，系斯大林工业化的象征。

脑不失清醒的人,有的饮弹自尽,有的上了吊,还有的正在离开或请求离开这个国家。阿维尔巴赫没有提出申请,基尔尚在这里过得还不错,维什涅夫斯基、帕夫连科和格拉德科夫哪里都不打算去,可是扎米亚京①出国了,如今布尔加科夫也想出去。书刊杂志上充斥着劣等诗作,像样点儿的诗人则无视时代特征,写着不知所云的东西。更有甚者,他们当中还有一个,据说水平高超,写了一首对他的污蔑之作。好吧,写了就写了,可他不管遇到谁都读给人家听。应当对作者采取点行动,但要谨慎为妙,因为还能写东西的人本来就所剩无几……

三十年代,每一位生活在苏联的大艺术家都和斯大林有一段故事。当然,人类灵魂的工程师往往会夸大他们的重要性,像布尔加科夫一样相信,当局恰恰是与他们保持着血肉的联系。这种夸大也无可厚非:他不会迁就平庸的多数,却一心要亲自"引领"天才人物,尽其所能地予以监护。他并非只想着消灭谁。就连曼德尔施塔姆他也不会消灭,假如他意识到此人真实的水准。斯大林没有把帕斯捷尔纳克、阿赫玛托娃、布尔加科夫这些公认的大作家关进监狱,甚至还有普拉东诺夫"这个混蛋"②。他倒是把茨维塔耶娃的丈夫和女儿关了起来,却没有动她本人。什么,有人在搅局?是那个将多少有点才气的作家们纳入其中的"拉普"在搅扰"同路人"同志吗?那就不要"拉普",我们要摧毁"拉普"。难道谁有资格代替我们领导文学不成?我们将自己领导,只是不能动用斧头!于是他开始了领导文学。这也是唯一未能始终遵循他的路线发展的领域。

帕斯捷尔纳克准确地将斯大林称作前基督时代的"巨灵"(或者"恶魔"。记下这一观点的格拉德科夫不明白其中的含义,曾经多次询问:也许是后基督时代?帕斯捷尔纳克坚持说:"前基督。"对于基督教而言,不存在所谓"后基督时代",帕斯捷尔纳克的无神论友人却不理解这一点)。当需要处置简单粗陋的事物时,作为前基督时代公认的大牌领袖,斯大林的恐

---

① 叶甫盖尼·伊万诺维奇·扎米亚京(1884—1937),俄罗斯小说家,剧作家,著名的"反乌托邦三部曲"之一《我们》(1921)的作者。1924 年《我们》英译本首次在美国问世,另有其他语种译本在国外也相继出版,扎米亚京因此遭到苏联方面严厉批判,1929 年在巨大压力之下,被迫退出苏联作家协会,1931 年离开苏联,最终客死巴黎。
② 1931 年,斯大林读过普拉东诺夫发表在《红色处女地》上的中篇小说《有过怀疑的马卡尔》(«Усомнившийся Макар»)之后称作者为"天才的作家,但也是个混蛋"。

吓、动员和诡诈也是滴水不漏。在一切看似死寂的事物上,他都做得很出色,但文学是活物。他觉得它正在悄然滑脱。因而他惦记文学,比惦记重油和棉花更多。帕斯捷尔纳克相信"大相径庭的两极之间,也会有相互的认知",在这一点上他同样没错。

2

他们个人的会面和交谈屈指可数。让传记作者犯难的是,帕斯捷尔纳克向不同对话者谈起这些经历时,往往说法不一,出于谦逊,更是对许多事情只字不提:谈论"我与领袖",绝非他的风格。大多数同时代人都会借助此类消息抬高自己的文学身价,帕斯捷尔纳克则认为,这种事情太过重大乃至私密,难以反映真实的交流。他知道,斯大林讨厌别人跟他交往时的轻狂和张扬;而宫廷礼仪在帕斯捷尔纳克看来也是微妙的学问,需要格外婉转。他在这方面的策略无懈可击,就像在几乎所有方面一样。斯大林不喜欢愚蠢的奉承、示威般的异见、百分之百的忠诚以及反对的立场——应当始终行进,不问去往何方,应当获取,不管结果是什么。斯大林时代的主要作家当中,帕斯捷尔纳克是最幸运的一个。

奥莉加·伊文斯卡娅记录了帕斯捷尔纳克口述的初次会面,多数研究者都觉得十分离奇(要么是鲍里斯·列昂尼德维奇把事情弄混了,要么是回忆录作者有误)。弗莱什曼推断,这其实是与托洛茨基在1925年的会面,当时帕斯捷尔纳克、阿谢耶夫和谢尔文斯基找到托洛茨基,向他抱怨不能发表诗作。纳塔利娅·伊万诺娃则认为,1925年帕斯捷尔纳克有可能见到了斯大林。据她推断,叶赛宁、马雅可夫斯基和帕斯捷尔纳克被邀请到克里姆林宫,探讨格鲁吉亚诗歌翻译问题。三个人被同时请来,但斯大林与他们的谈话大概是单独进行的。帕斯捷尔纳克这样描述了他的外貌:

> 半明半暗中,一个螃蟹似的人朝我走来。他整个脸都是黄的,布满了麻子。小胡子撅着。这个小矮人,身板儿宽极了,个头却只跟十二岁男孩一般高,长着一张苍老的大脸。

帕斯捷尔纳克称他的显著特征为粗鲁,他的相貌给人的主要印象是丑陋。

此后很长时期,他们之间未有任何交集。帕斯捷尔纳克没有在诗中提到过斯大林,没有给他写过私信,请求发放出境签证或者出版被禁的作品。他个人同领袖第一次接触是在1932年11月,当时《文学报》刊登了一封对娜杰日塔·阿利卢耶娃①自杀表示哀悼的联名信,并且也发表了他的附言。

阿利卢耶娃之死扑朔迷离。各家报纸只说是意外身故,没有解释原因。这一事件正值斯大林自由化的高潮期,"同路人"对领袖的爱戴也达到顶点:当年4月,"拉普"被解散,10月26日,斯大林在高尔基宅邸会见了一批作家,将他们一通猛灌,进行了友好的交谈(帕斯捷尔纳克不在场,他还不是所谓大型"社会活动"的常客,况且这也不是他的追求)……就在此次会见之后不久,阿利卢耶娃于11月9日自杀身亡。文学界发布了公告,以表慰问:

> 亲爱的斯大林同志!我们因为自己蒙受的损失,很难找到合适的语言表达遗憾之情。请接受我们对娜·谢·阿利卢耶娃故去的深切哀悼,是她把所有力量都献给了千百万被压迫人民的解放事业、您所领导的事业,为了这项事业,我们甘愿献出自己的生命,以证明它坚不可摧的生命力。

写出这番套话的作家,真是糟糕透顶。言下之意,为了见证您事业的生命力,我们全都准备在您的指示下饮弹自尽。签名倒是值得观瞻:列昂诺夫、什克洛夫斯基、奥列沙、伊利夫和彼得罗夫、卡达耶夫、法捷耶夫……许多人都想知道帕斯捷尔纳克何以单独发表一份附言。乍看起来,这的确有些奇怪——他不喜欢在集体中惺惺作态,而自我证明也不成其为理由;同领袖的直接接触亦非他所求。或许,他只是不想在那样劣质的文本上签名。帕斯捷尔纳克从窗口看到了送葬的队列——斯大林独自走在灵柩后面,惊恐的随从恭敬地跟他保持着距离。放眼望去,送葬的场景线条分明:黑色的街道,雪花大而稀疏。帕斯捷尔纳克后来向许多人讲述了自己的观感。事实上,他和大多数其他莫斯科人一样,看到的不是斯大林:只有在马涅什广场那一段,斯大林才跟在亡妻后面,然后坐进了汽车。从沃尔洪卡住处的窗外,帕斯捷尔纳克见到的那个独自跟着灵柩的人是阿列克谢·斯瓦尼泽②,

---

① 娜杰日塔·谢尔盖耶夫娜·阿利卢耶娃(1901—1932),斯大林的第二任妻子,1918年与斯大林结婚,1932年开枪自杀,通常认为,她自杀的原因是身体健康恶化。
② 即亚历山大·谢苗诺维奇·斯瓦尼泽(1886—1941),斯大林前妻叶卡捷琳娜(卡托)·谢苗诺夫娜·斯瓦尼泽的弟弟,也是斯大林少年时代的同学和朋友。

也是矮个子、短须、黑头发。他身后几步之外，是送葬的人群。

应当找到一些人类的语言。帕斯捷尔纳克找到了：

> 我与同志们感觉一致。对斯大林连绵而深情的感念就在此前；作为艺术家，实为第一次。早晨读到了消息。震惊，仿佛自己就在近旁，活着并看着。鲍里斯·帕斯捷尔纳克。

有人认为，帕斯捷尔纳克的附言将他拯救于恐怖年代：一份绝无仅有的慰问之词，对工人阶级解放事业只字未提，却唤起了斯大林心中人性的东西。这显然是有争议的观点。他收到的那些信件，那些泪水涟涟的祝福和爱的表白，不见得有什么两样！诚然，那都是被判处死刑的人写的，而帕斯捷尔纳克是无私的。也许他的附言确实显示了他在文学界的与众不同，从而使他免于灭顶之灾……但帕斯捷尔纳克本人极力反对从恐怖中寻找逻辑："我们像扑克牌，被洗来洗去。"① 何况斯大林也并非心慈手软之人：最后几年里，他对待妻子很粗暴，就差亲手将她送进坟墓，所有还记得他不是"红色沙皇"，而是钢铁意志的剥夺者柯巴的故人，也都遭到了同样的命运。帕斯捷尔纳克独自表达挑战般的同情，有可能被斯大林视为不可容忍的冒犯，他也应该会考虑到这种可能性，但又不能不对阿利卢耶娃的悲剧做出回应。他从中看到了自己钟爱的悲惨女性之主题，情欲与革命的主题。革命，犹如为自己复仇的女人。变革的理由和意义也就在于此。如果获得解救的女人死去，这便是双重的悲剧。（勃洛克也曾预言，自女性死去的那一刻起，将出现最可怕的一幕：

> 那唯一在她身上陨灭的
> 已经一去不返……
> 但不能为之哀泣，
> 也无可追忆。

《俄罗斯吓语》，1918）

帕斯捷尔纳克为莱斯纳写了挽歌，为哈拉佐娃写了悼词，翻译了里尔克

---

① 引自塔拉先科夫记录的与帕斯捷尔纳克的谈话，时间是1939年11月。

的《给一位女友的安魂曲》,后来又为茨维塔耶娃之死写了双联诗。他心爱的女主人公是奥菲利娅、苔丝狄蒙娜、玛格丽特①和玛丽·斯图亚特。帕斯捷尔纳克年轻时代的偶像之一爱伦·坡,也曾将曼妙女人之死称为最具诗意的主题。当斯大林年轻的妻子不幸身亡,帕斯捷尔纳克表达了同情,就因为这是他的主题,仅此而已。

但弗莱什曼强调"对领袖的心意超出了既定的集体框架",他的观点也完全正确。这已是问题的关键之所在,诗人与权力的关系由此转向另一层面:帕斯捷尔纳克不乏忠诚与同情,但并非跟所有人一道,而是单独按照自己的方式。在没有强迫与指令的前提下,爱与同情皆有可能,保持本色的同时,也可在与时代交汇的领域为自己赢得地位。这也可以用来解释帕斯捷尔纳克一贯的策略,在此意义上,帕斯捷尔纳克的寥寥数语便成了独树一帜的宣言。斯大林不可能看不到这一点。

这一时期,帕斯捷尔纳克没有写过和发表过一首哪怕是与斯大林间接相关的诗。诚然,格列布·司徒卢威在语文学文献综述《作家日志:斯大林与帕斯捷尔纳克》中提出了不同的证言(《新俄罗斯言论报》,1959 年 2 月 15 日)。弗莱什曼汲取了其中的信息,认为是可信的("本文的记述总体上毋庸置疑")。信息的源头是《新理性人》(New Reasoner)一篇匿名文章。(英国曾经有过这样一份"社会主义人道主义"季刊。这篇题为《鲍里斯·帕斯捷尔纳克印象记》的文章,刊登在 1958 年春季号上。帕斯捷尔纳克当时还在世,也还能工作,尽管相对孤立,而西方居然已有了对他的回忆!)匿名者声称与帕斯捷尔纳克在战后有过一次交谈,后者向他介绍了自己关于农业集体化的诗歌构思:一天夜里,斯大林乘车驶过一座座毁于三十年代的村庄,不禁想到他那些计划的可怕代价,黑暗中,汽车大灯照亮了空荡荡的农舍的墙壁,照亮了树木和废墟……也就在此时,他眼前浮现出强大新俄罗斯的建设全景,经过痛苦的犹疑,他断定自己是正确的。此诗虽然只是构思,作者还是感觉到了风险,也就没有写下来。

这似乎不像帕斯捷尔纳克的风格,起码不符合他的品味。但我们知道,一如所有天才,帕斯捷尔纳克的品味绝非永远完美。他的特点在此另有体现:哪怕以颂诗的形式,也要尽可能让人知道无人敢于言说的东西——集体

---

① 分别是《哈姆雷特》《奥赛罗》和《浮士德》中的悲剧形象。

化的噩梦,"伟大转折"的惨痛代价。他应该能想出这样的诗,而仅凭定义不可能写好一首诗,则是另一码事。帕斯捷尔纳克不会做那种注定无望的事情。

3

直到1934年,才有了与领袖的下一次接触。在关于曼德尔施塔姆的章节中,细述了帕斯捷尔纳克如何周旋,以减轻被捕诗人的厄运。斯大林的奇迹(赦免死罪和流放至切尔登)降临之后,曼德尔施塔姆又陷入迫害狂症,就在切尔登,他从医院窗户跳了下去,试图结束生命。鉴于慈悲心有可能失效,需要在曼德尔施塔姆一事找到新的兴奋点——得知他摔断胳膊没过多久,斯大林就给帕斯捷尔纳克打了电话。

在此前的俄国文学史上,像这样吸引研究者的对话大概只有一次,即流放归来的普希金于1826年9月18日同尼古拉一世的对话。这两次均发生在诗人与最高统治者之间,均以多种不同说法而著称,而且两件事情均有多重意蕴:一些研究者认为,普希金的言行是导致其陨灭的致命错误,另一些则认为这是了不起的胜利,使他从统治者那里赢得了生命与充分创作的十年。至于帕斯捷尔纳克在与斯大林谈话中的表现,同样众说纷纭:从阿赫玛托娃认为的——"他的行为可以稳拿四分"(娜杰日塔·曼德尔施塔姆也持同样的看法),到纳吉宾在日记里所云:"帕斯捷尔纳克失策了。"还有一些更激烈的评论。可以想见,它们主要来自昔日的友人。谢尔盖·勃布罗夫直露地说(杰出语言学家维·杜瓦金用录音机记下了他口述的回忆录):帕斯捷尔纳克"吓得尿了一裤裆"。1934年,因为一部在朋友中间流传,并不出格的幻想讽刺小说手稿,勃布罗夫遭到了流放。他妻子去找帕斯捷尔纳克,要他替丈夫说情。帕斯捷尔纳克的答复是,在他跟斯大林谈过曼德尔施塔姆的问题以后,他的说情反倒会把事情搞砸,然后他把那次谈话的大体内容讲了一遍。听了妻子的转述,勃布罗夫认定,假如帕斯捷尔纳克肯为曼德尔施塔姆说话,斯大林就有可能在某人担保下放过他。"斯大林就是这样一个人……"勃布罗夫含混地暗示道,也就是说,是遇到别人表现出英勇和顽强时,偶尔也会可敬地做出退让的人。这一评断显然跟实情相去甚远。斯大林经常遇到顽强的态度,只不过很少让步,让的话,也只是戏弄般地做给人看。1957年的争吵过后,勃布罗夫对帕斯捷尔纳克的怨恨可以理解,但他称帕斯捷尔纳克决定着曼德尔施塔姆的命运,这一说法却不能被接受。维克托·什克洛夫斯基的论断略有节制,可他也认为,帕斯捷尔纳克大可以说:"把他还给我!"当什克洛夫斯基向杜瓦金讲述这些时,已是年迈的老者——他的措辞之极度天真也只表现在这一点,除此之外却不失健全的思维。他也不见得会认为,"我们该如何处理曼德尔施塔姆"的问题仅仅取决于斯大林。况且曼德尔施塔姆一案当时已成定局,斯大林这才开始了随后的举动,因此,除了个人命运,没有谁的命运可以由帕斯捷尔纳克在这次谈话中决定。长期以来,几代人都被斯大林安排的这场对话搞得云里雾里。他打电话给帕斯捷尔纳克,不是为了征询关于同行的意见,而是为了招纳新的,或许也是主要的支持者。如果不成功,那就将其塑造成一个背弃诗友的小人。

幸运的是,根据种种细节,这场经众人转述的对话不难还原,极端性也可轻易排除。可靠的见证者有三位:当时在场的尼古拉·威廉-维尔蒙特、因肺炎在隔壁房间休息的济娜伊达·尼古拉耶夫娜,当然还有帕斯捷尔纳克本人,而主要的谜团也恰恰来源于他,因为他一再提起这段经历。就像涅克拉索夫在临终的病痛中,依然急于向世人讲述他写给镇压波兰的刽子手穆拉维约夫①那首颂诗的动机,在最后的岁月里,帕斯捷尔纳克也不断叙说着与斯大林的交谈。

这场谈话的时间和场景模糊不清,无法确知,日期倒是比较明确,即1934年6月13日。据济娜伊达·尼古拉耶夫娜回忆,事情发生在白天——沃尔洪卡的一位女邻居叫帕斯捷尔纳克接电话。当天在帕斯捷尔纳克家里吃午饭的威廉-维尔蒙特确信,那是下午三点半。而以赛亚·伯林在转述帕斯捷尔纳克的谈话时则指出,事情发生在晚上。这也许是他的记忆有偏差——这位英国人或许以为,斯大林总是在夜里打电话。

---

① 米哈伊尔·尼古拉耶维奇·穆拉维约夫(1796—1866),俄国军事统帅,国务活动家,因对俄国革命民主主义奉行强硬政策而被称为"刽子手穆拉维约夫",也是1863年波兰起义的镇压者。1866年,沙皇亚历山大二世遭到未遂刺杀,穆拉维约夫被任命为调查委员会主席,俄国政治气候趋于紧张,革命派知识分子与政府之间对立加剧。为使自己一手创办的进步杂志《现代人》免遭查禁,涅克拉索夫写下了《我即将死去。哦,祖国,可怜的遗产!》,通常认为这是一首献给穆拉维约夫的颂诗。俄国知识界普遍视之为革命理想的背叛,涅克拉索夫为此备受精神打击。

这一年,帕斯捷尔纳克四十四岁,斯大林五十五岁。当济娜伊达·尼古拉耶夫娜听到丈夫的应答,不禁为他的语调而震惊:"他跟斯大林说话,就像跟我一样。"无论对总书记还是钳工,帕斯捷尔纳克说话的风格都一样,他不会在这方面故作姿态。据奥莉加·伊文斯卡娅说,斯大林对帕斯捷尔纳克以"你"相称,但此说极不可信,斯大林向来只对最亲近的朋友称"你",这是他表示亲昵而非侮慢的方式;因为他预料到,他与知识分子的谈话往往很快就会传开(他不无根据地认为,从事创作的知识分子难免饶舌),所以几乎不可能再让自己表现得像个野蛮人和专制者。

帕斯捷尔纳克先是接到克里姆林宫接待处的电话,通知他,斯大林马上要和他通话。

"别胡闹了!"帕斯捷尔纳克放下了话筒。(像布尔加科夫一样,他起初也不相信有这回事①。)

电话铃又响起来。

"斯大林同志将与您通话,"一个年轻的男声重复道(听起来,这好像是斯大林的秘书波斯克列贝雪夫),"如果您不信,请拨这个电话……"

那人向帕斯捷尔纳克口授了一个电话号码。(有意思的是:他是否记下了这个号码?他后来是否禁不住诱惑,有过动用它的念头?说来这只是象征性的行为,毕竟没有人得到过这样的电话。)

他立刻打了过去。这次接听的是一个年轻、熟悉的声音。只听一阵噼啦啦的杂音,线路连上了。

"我是斯大林。"总书记开口说。(据有的材料说,他嘲弄般地说自己就是"那个叫作斯大林的"。)

"您好,约瑟夫·维萨里昂诺维奇。"帕斯捷尔纳克平静地答道。据妻子回忆,他还补充说,公共住宅里声音嘈杂,电话可能听不清楚。(娜杰日塔·曼德尔施塔姆回忆,帕斯捷尔纳克在沃尔洪卡的每次通话,都是从这样一番解释开始。)

斯大林回复道,曼德尔施塔姆的案子复审过了,会有一个好的处理结果。根据大量证词,总书记的第一句问话很容易还原:

---

① 1930年3月28日,布尔加科夫写信给斯大林,希望政府在莫斯科艺术剧院给他安排一个助理导演的职位。4月18日,斯大林亲自打电话到布尔加科夫家里,答复了他在信中的要求。

"请问,曼德尔施塔姆是您的朋友吗?"

这个问题非常难以回答。如果说"是",就表明自己和曼德尔施塔姆是一伙的,说"不是",则意味着背信弃义。帕斯捷尔纳克的回答机敏而得体:

"诗人之间难得成为朋友,他们像美女一样相互嫉妒。我和他走的路截然不同……"

"我们布尔什维克,不会丢下自己的朋友不管。"斯大林说。在几乎将所谓朋友消灭殆尽的大清洗前夕,他仿佛觉得更有必要强调,布尔什维克对朋友情深义重。

"这一切要复杂得多,"帕斯捷尔纳克解释道,"我们两人确实不同……"

"您怎么没来找我,或者找那些作家组织?如果我的朋友落了难,我会千方百计帮助他。"

"要不是我在张罗,您也许什么都不会知道,而作家组织从1927年起就不管这种事情了……"

娜杰日塔·曼德尔施塔姆向丈夫复述了帕斯捷尔纳克的原话,曼德尔施塔姆特别赞赏他的辩驳之词:"好样的!滴水不漏的答复!"为什么是1927年?因为在这一年,要么迫于压力,要么出于自愿,所有作家团体都停止了活动,除了为官方代言的火药味十足的"拉普"。耐人寻味的是,斯大林的指责——"如果我的朋友落了难,我会千方百计帮助他",居然是这场离奇交谈唯一记录在案的细节:1935年,为保护安娜·阿赫玛托娃的丈夫和儿子,帕斯捷尔纳克本人在一封写给斯大林的信中用到了这一细节:"您当时责备我不善于保护朋友。"[①]无须揭穿斯大林的虚伪,众所周知,狂暴的维萨里昂诺维奇是何等忠诚的朋友。刽子手的基本策略是,从肉体上消灭潜在的牺牲品是不够的,必须从道义上羞辱他,以便堂而皇之地实施肉体的摧残。斯大林显然达到了目的:责难刺中了帕斯捷尔纳克的心灵。直到晚年,他都不能原谅自己没有直接明了地为曼德尔施塔姆辩护,却想要解释他们两人在创作手法上的细微差别。

"可他是大师,"斯大林追问道,"对吗?"

这里有不同的说法。按照一些人的回忆,帕斯捷尔纳克的回答是肯定的:是的,他是大师,但问题不在于此,任何人都不能因诗歌而被捕,无论好

---

① 此处引文与下文引用的这封书信有出入。

诗还是坏诗。另有一些记述则是,帕斯捷尔纳克当时答道:"哎,这有什么意义?!我们为何一直谈论曼德尔施塔姆!我早就应该见您一面,说说……"接下来,仍然说法不一。不清楚斯大林究竟是否直接问到曼德尔施塔姆为之获罪的《我们活着,感觉不到脚下的国家》。倘若斯大林有所提及,交谈就会变成直接的审讯,继而将帕斯捷尔纳克置于真正两难之境:承认听了此诗而没有汇报,无异于自寻死路;说没听过,则意味着撒谎,而且是盲目的,因为他并不知道曼德尔施塔姆在调查中的证词(曼德尔施塔姆列出了所有听他读诗的十一人,但帕斯捷尔纳克和什克洛夫斯基不在其中)。这首诗不能被问及,还有一个主要原因:一旦斯大林说起曼德尔施塔姆辛辣的嘲讽——"他肥胖的手指,像油腻腻的蛆虫……/让他挺起奥塞梯人的胸膛",就说明他受到了伤害。双方似乎都不想触碰这首不祥的诗。

娜杰日塔·曼德尔施塔姆的《回忆》有一处神秘的省略:

> 帕斯捷尔纳克有一句答话我不能引用,如果不了解他,这可能对他不利。这句话其实说得没错,但其中透露出帕斯捷尔纳克的自怜自爱和自我中心主义。在我们这些熟知他的人看来,这话说得未免有些荒唐。

整个谈话在《回忆》中只有一句未被引用:"哎,这有什么意义?!我们为何一直谈论曼德尔施塔姆!我早就应该见您一面,说说……"因此可以断定,这里说的正是她。

弗莱什曼认为,帕斯捷尔纳克已经竭尽所能。盛赞一位因诗获罪的诗人,或许意味着毁灭自己也毁灭他。我们不能说,鲍里斯·列昂尼德维奇表现出坚毅的品格,但他平生第一次明确展示了对艺术家唯一可行的与权力周旋的策略,即跳出政治的游戏,将交谈转到另一方向。在三十年代,这一策略挽救了他,在五十年代则毁了他。三十年代,政权之卑劣一如既往,到了五十年代,偶尔也有爱自由乃至仁慈的一面,但前后并不一致,而这有时反倒更可怕。

通常用于这场著名交谈的修饰语("隐晦""神秘",尤其是"双重含义")都是贴切的,因为这当中确实存在着双重意蕴。至少有三次,帕斯捷尔纳克固执地使对话脱离了斯大林铺就的路径,没有回答一个提问,示威般地拒绝在他设置的逻辑框架内思考。另一个问题是,此种行为究竟是有意识还是无意识？我们倾向于前者,鉴于三十年代中期之前,帕斯捷尔纳克已形成精密的处世策略,一如他在诗歌方面的主张。他已经意识到,在当权者的地盘内与之游戏,注定会失败,既然其(起码是布尔什维克的当权者)主要原则永远只有一个:将规则强加于对手,同时不承认它们适用于自己。这正是斯大林在交谈过程中的意图,要让帕斯捷尔纳克不忘小圈子里的良心("可他是您的朋友,对吗？"),却不接受任何小圈子的规则对自己的约束。必须绕开问题,含糊其词,分散对方的思路。总之,如果以其人之道还治其人之身,就不会让自己进退两难,陷入死局。帕斯捷尔纳克屡次避开直接的回答,一举一动,都像是按照格里戈里·斯科沃罗达①的套路:"世界捉捕我,却捉不着。"

斯大林的恼怒可想而知:他精心谋算的所有打击都撞在了浓雾上,落进棉花堆里,一招一式均未奏效,反倒处处露出马脚。这个神经更强大的人,就差把话筒摔到地上了。

将自己定位为最高权威,独立于规则、对手乃至他浅薄的常识之外,才是斯大林与作家知识分子所有谈话的真实目的。他,当然会禁止出版布尔加科夫的《大师和玛格丽特》,但小说他有可能喜欢。他可能会赞赏魔法师这一角色,赞赏这位来去无踪、法力无边、主宰尘世和维护正义的神秘巫师,因为对上帝来说,正义又算得了什么事业？他早已忘记了这片土地。让他管好自己的事情吧,而我们暂且滑行在污秽与血泊中；我们没有洁癖。况且善永远是由意欲作恶的力量所创造,这力量本身即是恶,因为哪还有别的力量能应对一切?！从某些细节来看,《大师和玛格丽特》实为斯大林主义意识形态的极端化表达。显然,这不是旗帜飘扬,高呼"四年之内完成五年计划"的苏维埃式表达,而是真正地下的神秘主义的表达,它的大祭司也并非在用苏维埃宣传的语言自说自话。斯大林想要的,正是以一副全能而险恶的魔法师形象出现在惊恐的知识分子面前:就这样,深更半夜打电话——虽然白天打也没问题,以突如其来的仁慈令人陷入窘境,向艺术家内心投入略显阴邪的理想,使其相信每个真正的天才都会与世界的罪恶达成契约。而天才与罪恶共生的观念,曾经在二十世纪流行一时,为了推翻它,托马斯·曼需要写下他的《浮士德博士》(1947),虽然他从未听说过斯大林的那几次

---

① 格里戈里·萨维奇·斯科沃罗达(1722—1794),俄罗斯和乌克兰流浪哲学家,诗人。

电话,也没读过《大师和玛格丽特》。然而,斯大林与作家的谈话、沃兰德与大师①、魔鬼与莱维屈恩②却依循着同样的调性和逻辑。所有这些全都源于《浮士德》(歌德)中梅菲斯特的基调——狡黠的蛊惑、对传统道德诡诈的攻讦,以及帕斯捷尔纳克所痛恨的:两分真理混杂三分谎言。第一次作协代表大会结束之后,帕斯捷尔纳克立刻抨击了这种苏维埃式的招数。1935年,他已经清楚地意识到,无论魔鬼表现出怎样的仁慈乃至艺术的品味,魔鬼终究是魔鬼。诚然,在他看来这一切尚未与革命联系起来,尚未败坏人民政权自身的理念。三十年代,帕斯捷尔纳克依然坚持把斯大林政权与苏维埃乌托邦区分开来,这完全情有可原,三十年后,大多数六十年代人已有足够多的认知,还在重复同样的错误。但帕斯捷尔纳克对权力同艺术家的调情已不抱幻想。黑暗魔法师不会再度出现。

4

在与领袖的交谈中,帕斯捷尔纳克不断周旋,就像俄国古代岔路口的勇士,向右——不行,向左——更糟,径直向前——最好也别考虑。好吧,那就飞起来吧。

飞行者,或者准确地说,飘行在天空、为少女而战的骑手的形象,后来出现在日瓦戈最神秘的诗篇《童话》中。这是一首非理性的、略带恐怖色彩的诗。天空勇士的形象,显然源于果戈理的《可怕的复仇》:一个超越时空的神秘幽灵,骑着他的高头大马,飘游不定,直到他的恶人家族里最后的也是最可怕的恶棍受到惩罚……但这里也有来自个人的隐秘的梦想:一位骑手,在决斗中既不能失败,也无法取胜,只好逃离时间和空间:

> 马和恶龙的尸首
> 并排倒在沙滩上。
> 骑手失去了知觉,
> 少女愣着发呆。

---

① 布尔加科夫《大师和玛格丽特》中的文学形象。
② 托马斯·曼《浮士德博士》中的主人公。

因为流血过多
因为失去了力气,
时而恢复如常,
时而僵住了血脉。

阖上的眼帘。
苍穹。白云。
水泉。浅滩。河流。
岁月和世纪。

人不可能在未遭致命损伤的情况下战胜恶龙;剩下的会是什么? 只能是逃向天空和白云,岁月和世纪。这也体现在与斯大林的交谈中——当帕斯捷尔纳克面临着毁灭自己,毁灭自己的荣誉或朋友时,他牵制着谈话者,兜了一大圈。

诚然,这场谈话之后,帕斯捷尔纳克自责了许久,他曾经亲口告诉朋友,整整一年他都无法写作。这是正常的反应,这样的接触毕竟不会白白发生。紧要的事情办完了。但就在斯大林撂下话筒的那一刻,帕斯捷尔纳克又冲过来,往克里姆林宫打电话,要求波斯克列贝雪夫来接(仍然还有可能! 线路一下就连上了!),请他转接斯大林……"斯大林同志在忙。""可他刚刚才和我通过话!""斯大林——同志——在忙!"威严的克里姆林宫长官答复他。"那么……那么请问,我是否可以把这次谈话的内容告诉别人?""您自己决定。"波斯克列贝雪夫冷冰冰地答道。

他决定,立刻与娜杰日塔·曼德尔施塔姆的哥哥取得联系并告诉他,案件的结果很可能是积极的。叶甫盖尼·哈金①认为,这又是帕斯捷尔纳克惯有的短视的乐观主义,与斯大林的谈话他也不觉得有什么意义。另一个话题是,帕斯捷尔纳克为何没有首先向娜杰日塔·曼德尔施塔姆或安娜·阿赫玛托娃告知这场电话交谈。最有可能的是,他感到难为情。有些事情,当事人需要尽快了解,但也有些事情一旦触碰,就会是痛楚和伤感,这次谈话便是如此。不过,这里同样是众口不一。阿赫玛托娃对利季娅·楚科夫

---

① 叶甫盖尼·雅科夫列夫·哈金(1893—1974),娜杰日塔·雅科夫列夫娜·曼德尔施塔姆的哥哥。

斯卡娅说:"他当时就向我一字不落地转述了谈话的内容。"娜杰日塔·曼德尔施塔姆写道:"不知什么原因,他对任何亲友,无论是我、叶甫盖尼·埃米利耶维奇(奥西普·曼德尔施塔姆的弟弟——德·贝)还是安娜·阿赫玛托娃,都没有提及此事。"

这场谈话在三十年代的莫斯科引起了种种说法,我们认为,这些说法绝非出自帕斯捷尔纳克的授意。斯大林未能将意中的支持者招至麾下,便反过来诋毁这位谈话对手"不善于保护朋友"。也只有涉及这一问题时,帕斯捷尔纳克才会把他的经历讲给别人听。据他的长子回忆,1958 年的一天,当他听说国外媒体有传言,称他似乎对曼德尔施塔姆保护不力,不禁勃然大怒:

"除了我,他们还能从谁那儿得知此事?要知道,斯大林可没有散布这些消息!"

除了他,那还会是谁?归根结底,斯大林的目的在于,要么使帕斯捷尔纳克变成"自己人",要么败坏其道德声望。而他散布消息的渠道,可以想见,肯定不会少于搜集的渠道。

5

过了一年,帕斯捷尔纳克个人再次向斯大林致信,那是安娜·阿赫玛托娃的丈夫尼古拉·普宁和儿子列夫·古米廖夫[①]于 1935 年 10 月 24 日在列宁格勒被捕之后。

阿赫玛托娃匆忙赶到莫斯科,四处奔走,但她压根儿不知道该怎么办,也不知道该找谁。她先是来到艾玛·格施泰因那儿(后者曾回忆起她可怕的状态——"仿佛身上压了块石头")。她的样子着实吓人,就像一个女巫,头戴一顶细毛毡大圆帽,身上是一件肥大的蓝色披风,走路时不看四周,害怕过马路。据格施泰因回忆,阿赫玛托娃只顾念叨着:"科里亚……科里亚……血……"(后来,又过了二十五年,她对格施泰因说,她当时是在写

[①] 尼古拉·尼古拉耶维奇·普宁(1888—1953),苏联艺术史学家,文艺批评家,阿赫玛托娃的第三位丈夫(1923—1938)。列夫·尼古拉耶维奇·古米廖夫(1912—1992),阿赫玛托娃与前夫、诗人尼古拉·古米廖夫所生之子,东方学家和地理学家,欧亚主义理论的鼓吹者。

诗。这显然不可信)。

阿赫玛托娃要人带她去找利季娅·塞富琳娜,这位作家的丈夫瓦列里安·普拉夫杜欣是《真理报》记者,有门路与克里姆林宫直接联系。塞富琳娜当即自告奋勇地写了一封信,为普宁和古米廖夫担保。普拉夫杜欣开始考虑如何把信尽快送到最高层。皮里尼亚克来了,带阿赫玛托娃去找帕斯捷尔纳克,请他以私人名义给斯大林写信,因为他的信会更具分量。帕斯捷尔纳克二话没说就同意了。阿赫玛托娃本人也写了一封信,非常简短,一如她几乎所有的信件。她保证丈夫和儿子是无辜的,信的结尾简直就是哀求:"行行好吧,约瑟夫·维萨里昂诺维奇。"帕斯捷尔纳克自己的信写于10月30日。起初,就像帕斯捷尔纳克在后来写给斯大林的信中所说的那样,这封信本来还长得多,关键是更具私人色彩,仿佛除了少数几次表面意义的交往之外,将作者与收信人联系起来的还有相互的惦念;仿佛不仅仅是帕斯捷尔纳克"首次作为艺术家"想到了斯大林,而且领袖也会"首次作为总书记"想到诗人。皮里尼亚克觉得这样的表达太过私人化,甚至近乎亲昵。这封信被大家否定了。据济娜伊达·尼古拉耶夫娜回忆,帕斯捷尔纳克重新写了一封信,亲自来到克里姆林宫,投到信访专用的邮箱里。更可信的似乎是格施泰因的说法:"皮里尼亚克开着自己的轿车,把安娜·阿赫玛托娃送到克里姆林宫管理处,谁来收信并转交斯大林,都已经商量好了。"她还提到,帕斯捷尔纳克和阿赫玛托娃两人的信是装在同一个信封里的。

帕斯捷尔纳克的信件保存在克里姆林宫档案馆,1991年才公之于众:

> 敬爱的约瑟夫·维萨里昂诺维奇,10月23日,安娜·阿赫玛托娃的丈夫尼古拉·尼古拉耶维奇·普宁和她的儿子列夫·尼古拉耶维奇·古米廖夫在列宁格勒被拘捕。您曾经责备我不关心同志的命运。阿赫玛托娃的生命除了对我们所有人和我们的文化具有可贵的价值,对我更是弥足珍贵,犹如我个人的生命,这么说,是因为我对它的全面了解。从我开始文学生涯的那一刻起,我就见证着它诚实、艰辛和无怨的存在。我请求您,约瑟夫·维萨里昂诺维奇,帮帮阿赫玛托娃,解救她的丈夫和儿子,在我看来,阿赫玛托娃对他们的一往情深,就是他们忠诚可靠的绝对保证。
>
> 您忠实的帕斯捷尔纳克

信中的文字充满尊严,并且与"政治"无关。帕斯捷尔纳克为普宁和古米廖夫求情,并非因为相信他们遵纪守法,而是因为阿赫玛托娃为他们的担保,对她的诚挚之心,他从未怀疑过。他也谨慎地暗示了阿赫玛托娃对国家的忠诚。("诚实、艰辛和无怨的存在",也就是说,在苏维埃政权之下,即使生活不堪忍受,她也不会怪罪任何人)这里潜藏着某种完全可以理解的风险——帕斯捷尔纳克并不知道阿赫玛托娃亲人被捕的原因,它们有可能相当严重,会让他背上包庇的罪责,但他又不能不为他们说情,因为斯大林特意指出了他对同志的命运漠不关心。如此一来,他的说情俨然是依照领袖的直接指示,无论朋友有罪还是无辜,情谊终究高于法律:应当"千方百计"去营救。

　　信件于11月1日送达克里姆林宫,两天后,普宁和古米廖夫就获得自由。波斯克列贝雪夫亲自打电话到帕斯捷尔纳克家,告知他们的获释。

　　当时是大清早。济娜伊达·尼古拉耶夫娜赶紧叫醒阿赫玛托娃。据她本人回忆,她一头"冲进了"分给客人住的房间,想让她立刻高兴起来。阿赫玛托娃说了一声"好!"把身子扭到另一侧,又睡着了。

　　济娜伊达叫醒了帕斯捷尔纳克。他非常吃惊,没料到自己的信如此管用。妻子抱怨阿赫玛托娃的冷漠。"她怎样看待所发生的事情,对我们难道不是无所谓吗?"帕斯捷尔纳克问道,"重要的是,普宁自由了。"阿赫玛托娃一直睡到午饭时间才醒。

　　多年以后,当济娜伊达质问她为什么"那样冷漠",阿赫玛托娃自嘲般地答道:"我们诗人,全部心思都放在了创作上……"事实上,她当初的状况是值得同情的,那不是昏睡,而是极度惊诧的结果。安娜·格里戈里耶夫娜·陀思妥耶夫斯卡娅①回忆,在她怀第一个孩子的时候,有一次,阵痛突然袭来,她叫醒了丈夫,可丈夫却咕哝了一句:"可怜的女人!"又睡了。高度紧张之际,神经系统时常陷入昏沉和失忆,这就像某种反射之下的自我保护。不过,在信件呈交之后,敏感过人且预见能力屡屡应验的阿赫玛托娃,或许已经感觉到会有好的结果,所以才放下心来。而最有可能的则是,她已经没有高兴的力气了。

　　大家纷纷对这突如其来的奇迹表示祝贺,客人来了一批又一批,皮里尼

---

① 安娜·格里戈里耶夫娜·陀思妥耶夫斯卡娅(1846—1918),陀思妥耶夫斯基的第二任妻子。

亚克播放着欢庆的乐曲,快乐地高呼阿赫玛托娃的名字,领她去见新来的客人。安娜·阿赫玛托娃自个儿后来说,她一直对塞富琳娜怀有最美好的感念,甚至对斯大林也心存感激("这是他一生中唯一一次合乎人性的行为。"),但她的回忆中找不出对帕斯捷尔纳克的谢意。就连艾玛·格施泰因也得到她无言的感谢——一个临别的吻。她为何对参与此事的帕斯捷尔纳克只字未提?很难说这就是忘恩负义,关键可能还在于另一面:阿赫玛托娃生性过于自尊,当处在请求者的境地时,她会觉得痛苦难耐。她的大多数朋友都能感觉到这一点,所以不会戳到她的痛处,可是在帕斯捷尔纳克家里,阿赫玛托娃却不忘自己的处境,尤其是济娜伊达·尼古拉耶夫娜的言行,始终在提醒她。对帕斯捷尔纳克仅有的不露声色的——也是背后的——致谢,应该是写给他的那首《他,把自己比作马的眼睛》:诗的日期"1936年1月"本身就足以说明问题。

阿赫玛托娃并未以书面形式感谢领袖创造的奇迹,因为很难找到合适的语句,同时又不失尊严。按照阿赫玛托娃的风格,更得体的做法是,在优雅持重的沉默中接受这个奇迹。四分之一世纪过后,她才为自己被迫向斯大林求助表示了悔恨:

> 我和您跪倒在
> 刽子手血腥的玩偶旁
> ……那时,我和我的人民同在,
> 不幸的是,我的人民也曾经在那里。①

帕斯捷尔纳克则写了一封感谢信以回应斯大林,这是诗人对领袖最透彻的一次倾谈,在两者关系中极其重要。同样是在1991年,这封信首次刊登在《源泉》杂志上。之前人们知道它,是通过帕斯捷尔纳克在《人与事》中的转述:

> 关于时代,有两句名言。所谓生活越来越好,生活越来越愉快,所谓马雅可夫斯基曾经是,现在仍然是时代最杰出的天才诗人。为了第二句话,我以个人名义给作者写了一封信,向他表示感谢,因为这句话使我的意义不再被吹捧,而我受到这些吹捧,是在三十年代中期之前,

---

① 引自阿赫玛托娃《我们并非无故受难》(1961)。

在作家代表大会前夕。我热爱并满足于自己的生活。我不需要额外地为它贴金。超乎秘密与隐微的生活,展柜镜面反光里的生活,是我所不能想象的。

起初,为普宁和古米廖夫的获救,帕斯捷尔纳克写了一封感谢信,但在朋友劝说下没有寄出,因为情况暂时还不明朗。他随后再次致信斯大林,直接缘由是后者对莉利娅·布里克1935年11月24日来信的批示。布里克夫妇之所以决定求助于斯大林,主要不是因为他接受阿赫玛托娃和帕斯捷尔纳克的请求,很快向她提供了帮助(有人从中看出自由化的迹象)。莉利娅·尤里耶夫娜向领袖抱怨,马雅可夫斯基的作品不再出版,中学课本里将他的诗作删除(《好!》和《弗拉基米尔·伊里奇·列宁》),计划冠以诗人名字的街道尚未更名,甚至根德里科夫胡同里也未建起博物馆。这封信听起来不是请求,而像是要求,带着指令般的语气:

> 我们的机构不懂得马雅可夫斯基的巨大意义……他的诗选非但没有成千上万册的发行量,反而出版得既少又慢。

但斯大林并没有被这种语气惹恼,他从信中获得了重要的启示:就在这之后,马雅可夫斯基的作品开始被推广,用帕斯捷尔纳克的话来说,"如同叶卡捷琳娜时代推广马铃薯"。

斯大林的批示如下:

> 叶若夫①同志,我恳请您关注布里克的来信。马雅可夫斯基过去是,现在仍然是我们苏维埃时代最杰出的天才诗人。淡忘他和他的作品,无异于犯罪。布里克的抱怨,在我看来是对的。请联系她(布里克)或者邀请她来莫斯科。要让达里②和梅赫利斯③也参与此事,去完成被我们错过的那一切吧。如果需要我的帮助,我愿随时提供。此致,敬礼! 约·斯大林。

---

① 尼古拉·伊万诺维奇·叶若夫(1895—1940),苏联政治人物,1934年当选为苏共中央委员会委员,曾任苏联内务人民委员(1936—1938),苏联大清洗运动前期阶段(1937—1938)的主要组织者和执行者,以残酷暴虐而著称。
② 鲍里斯·马尔科维奇·达里(1898—1938),《布尔什维克》杂志主编,曾任联共(布)中央新闻与出版社局长(1935—1937)。
③ 列夫·扎哈罗维奇·梅赫利斯(1889—1953),苏联政治人物,三十年代苏联新闻出版方面的主要负责人,曾任《真理报》主编(1930—1937)。

通常,当约·斯大林表示敬礼,事情会处理得很迅速。于是一切运转起来:关于马雅可夫斯基的文章和论著成为热点,出版了生平年表,所有与他形象相关的鲜活素材被一挖到底……好在绝无可能塑造他的青铜之躯。马雅可夫斯基与文学界的关系得到研究,同时也涉及勃洛克、叶赛宁、法国人、美国人、墨西哥人……社会关注点的转移也有益于帕斯捷尔纳克:成为苏维埃时代最杰出的天才诗人的责任,从他身上卸除了。

1935年12月,他将自己的译著《格鲁吉亚抒情曲》寄给斯大林,并附带以下这封书信:

> 亲爱的约瑟夫·维萨里昂诺维奇!您奇迹般地迅速解救了阿赫玛托娃的亲属,我却未能依照当初最大的愿望向您表示感谢,我为此深感不安。因为羞于再次打搅您,我决定把对您的谢忱深埋内心,我相信,冥冥之中,它终将来到您身边。

> 还有一种沉重的感觉。起初,我以自己的方式给您写了一封信,有些离题,也较为冗长,除了人所共知和共通的缘由,我给您写信,是听从了某种秘密的感召,这使得我与您联系起来。但有人建议我写得简短些,现在,我仍然惶恐不安,仿佛寄给您的不是一封自己的书信,而是别人的。

> 我早就希望将我微不足道的创作成果奉献于您,可是,这一切却如此平庸,以至于梦想可能永远不会实现。或许我应该勇敢些,依循那最初的动机,而不是翻来覆去,犹豫不决?《格鲁吉亚抒情曲》——一部非独立的单薄之作,荣誉和贡献全都属于它的作者,很大一部分属于其中杰出的诗人。在翻译瓦扎·普沙维拉①时,我有意识地绕开了形式上的忠实,以期更自由地传达原作无穷的音色和神韵,同时又担心,我的这些想法会使您厌烦。

> 最后,我还要衷心感谢您不久前对马雅可夫斯基的评价,您的话语令我感同身受,我始终爱他,并为此写下整整一本书。除此之外,您关于他的寥寥数语,也解除了我的窘境。近来,在西方的影响下,我被捧得太高,被赋予言过其实的意义(我甚至因此而痛苦);也有人开始质

---

① 瓦扎·普沙维拉(1861—1915),格鲁吉亚著名诗人卢基·拉吉卡什维利的笔名,意思是"普沙夫(格鲁吉亚境内的一个民族)之子"。

疑我是否具有真正的艺术家的能力。如今,在您将马雅可夫斯基放在首位之后,对我的质疑消除了,我又能以轻松的心情像从前一样生活和工作了,置身于平常的宁静,伴着惊喜和神秘,而没有这些,我可能就不会喜爱生活。

以这种神秘的名义,热爱您并忠实于您的鲍·帕斯捷尔纳克

这封信不仅清晰展现出帕斯捷尔纳克的状态,还让人联想到笼罩整个国家沉重至极的精神幽暗。如果说布尔加科夫临终前依然念叨着自己跟一堆"白石"丛中①的斯大林之间的交谈,如果说成千上万遭到镇压或终究难逃厄运的作家与非作家向克里姆林宫寄去一封封哀泣、央告、爱戴的信件,那么,对帕斯捷尔纳克这位最善于感受时代气息的诗人,又能有怎样的苛求?用平常和直接的语调,像跟妻子或者朋友一样同领袖展开谈话,这样的尝试极具吸引力——瞧,我本想按照自己的方式给您写信,却被人劝阻了……现在,哪怕试试另一种方式也好……为传达普沙维拉的神韵,脱离了原作。(只有领袖才把普沙维拉的原作也当作克里姆林宫的事业,但帕斯捷尔纳克最后的努力却是为了唤醒他身上格鲁吉亚人的潜质,要知道,格鲁吉亚人错不了!)那看似痴愚的谢意则是因为,被称为最杰出者不是他,而是马雅可夫斯基……

事实上,成为"最杰出和最天才的",就意味着参与各种考察活动和集体旅行,为当局的每个举措欢呼,接受勋章,编造一曲又一曲东方式的甜腻腻的颂歌——有朝一日,这些都可能废弃不用,只因为曲调高了或低了半个音阶,更主要的却是领袖听得厌烦了。帕斯捷尔纳克向斯大林表达诚挚的谢意,是因为席位被一位亡故者填补,这一点具有深远的意义:感谢上帝,如今我将不再遭诋毁,终于可以继续写作,像从前一样置身于"神秘性"!在此氛围中,我和您,斯大林同志,我们之间是如此默契:毕竟,您也喜欢神秘……

新年前夕,布哈林约请帕斯捷尔纳克为《消息报》节日版写稿,回应他的是"按照时代思想及其音调而生活的真诚热烈的(也是当时最后的)意愿",正如帕斯捷尔纳克事后对其《诗二首》的解释。两首诗当中,起码《艺术家》还保持着他一贯的水准(不乏精彩的语句),而《我懂得万物有生》却

---

① 俄国古代宫殿和教堂常以白色石灰岩修筑,或以这种材料垒砌围墙,莫斯科的克里姆林宫也是如此,因而"白石"又被用于它的代称。

是他发表过的最差作品。这可不是马儿在练马场上自己打转——它在按照短长格奔跑；这种双步抑扬抑格的效果就像跨越畜栏。马冲向板壁，就摔倒了，一次又一次摔倒……引用帕斯捷尔纳克的好诗，是一种愉悦，而引用这首诗，愉悦却不复存在，我们不无痛苦地看到，诗歌天赋如何反过来戏弄一位有意使之驯服的诗人。《消息报》上的这一劣作，帕斯捷尔纳克再未重新发表，但唱过的歌儿已不可收回，但愿他能原谅我们。

> 我懂得万物有灵。
> 岁月不会落空，
> 未曾过够的生活
> 同样值得赞赏。
>
> 曾经有过许多厮杀，
> 活物也曾被生吞，
> 但我们的双生子
> 依然鸣唱如夜莺。
>
> 苍茫的暗夜，
> 他为众人而劳神，
> 难道不是他，预见
> 并道出了你我的未来？
> …………
> 感谢先行者，
> 感谢领袖们。
> 无以为报，不正是
> 我们所能付出的报答？
>
> 我们提着灯
> 走过一座座屋舍，
> 我们也将寻觅，
> 也将死去。

崭新的年代
冲出封闭的舱室，
奔向一月号角声
嘹亮的天穹。

渺小中的宏大
如雪崩向外迸发，
留下喧响，始终
在我内心回荡。

土台旁的笑容，
木犁边的沉思，
列宁，斯大林，
还有这些诗。

远眺的目光
凝聚着钢铁与火药，
还有一簇簇
不可磨灭的星辉。

6

  这首诗发表之后，同时代人自然对帕斯捷尔纳克的精神健康产生了怀疑。1936年1月7日，特尼亚诺夫对楚科夫斯基说："因为空虚，帕斯捷尔纳克书写着鬼才知道的玩意儿。"（帕斯捷尔纳克本人在苏联作协明斯克会议上也说，这首诗"鬼知道是怎样写出来的"；巧合并非偶然，没有鬼，显然说不过去）同样是在明斯克会议上，米哈伊尔·戈洛德内想要弄明白，"鸣唱如夜莺"的"双生子"意思是什么，他觉得，这有可能指的是帕斯捷尔纳克和拜伦（按照帕斯捷尔纳克自己的说法，他与拜伦曾经一起抽过烟[①]）。弗

[①] 参见帕斯捷尔纳克《谈谈这些诗》(1917)。

莱什曼谨慎地推断,这个比喻出自《诗的定义》("这是两只夜莺的决斗")。按照同样的思路,这里还可能影射艺术家与领袖,亦即大相径庭的两极之间的联结,马克思—恩格斯或者列宁—斯大林之间的夜莺对决。感谢上帝,在1936年第四期的《旗》杂志上,帕斯捷尔纳克删除了这一节和下一节,尽管"曾经有过许多厮杀,/活物也曾被生吞"听起来很不错,叙事色彩也很浓。一切皆有可能,活物的确曾被吞吃,甚至是肆无忌惮地吞吃,但在夜莺的鸣唱中,一切似乎都过去了……主要是,历史继承性再度复苏:万物有生,岁月不会落空。曾经被宣称为资产阶级遗产和文化陈迹的东西,重新恢复生机:经典作品得到研究,芭蕾舞跳起来——还能怎样呢?事实上,帕斯捷尔纳克感受到自己与时代的关联,恰恰是在帝国特征开始恢复,伪经典的滞重风格蔓延之际,这一点再次表明,他是一个深受经典文化熏染的人,一个有着近乎保守的传统观念的人。相对于形形色色的未来主义,他宁可选择现实主义,而且是表现手法尽可能节制的现实主义……那愉快的、孩子气的谢意——"感谢先行者!感谢领袖们!"简直像出自少先队员的手笔。整首诗中,只有一节在音色上是得体的,即"我们提着灯/走过一座座屋舍,/我们也将寻觅,/也将死去"。提着灯,大概是为了像第欧根尼一样找人①,但从诗的语境来看,却更像是夜间的巡查;况且第欧根尼走过的不是一座座屋舍,而是大街小巷。接下来,纯粹是恍惚的呓语,"土台旁的笑容"也可能产生类似的效果,"木犁边的沉思"倒是相当精彩……最不可理喻的是"远眺的目光/凝聚着钢铁和火药",或许还有那"不可磨灭"而又令人难堪的"星辉"。

无论这首诗多么一反常态,我们都不能忘记,由此开始,帕斯捷尔纳克迷上了短句,写下了简洁、精妙的《童话》《婚礼》和《蓝色》:在每个新阶段的开端,都需要有勇气书写糟糕的作品。帕斯捷尔纳克的明朗风格尚未定型,语言对节奏的强行干预,只会给人留下蹩脚的印象。托尔斯泰的发展同样如此:他写于《战争与和平》之后的童话故事,读来实在拙劣,但正是从这些故事开始,才有了天才的纯散文《哈吉穆拉特》和《谢尔盖神父》。

在明斯克,帕斯捷尔纳克对此解释道:

> 在一段时间里,我会从旧有观念出发,写得很糟,直至我对想要触

---

① 第欧根尼(约公元前404—前323),古希腊哲学家,犬儒学派代表人物,以行为怪异而著称。据说他曾经大白天打着灯笼在街上"找人"——寻找"真正的人"。

及的新问题与新事物不再陌生。从许多方面来说,这都不是什么好事:譬如,不利于艺术的发展,因为这种从一个立场到另一立场的周折与转换,必须在一个被政论体与抽象性割裂开的既缺少形象又不具体的空间之内完成。就写作这件事情的目的而言,我所说的情况同样是糟糕的,因为在我们大家的这些共同的问题上,我并不准备使用共同的语言,我不会重复你们,同志们,而是要和你们争论,可你们是大多数,所以这将是一场不幸的争论,其结果势必有利于你们。我不会让自己丧失希望,但我也别无选择,我现在的心境便是如此,不可能再有其他。我有两首这样的诗作发表在元月份的《消息报》上,它们出自热切的意愿,鬼知道是怎样写出来的,它们的轻巧,在纯抒情诗中不足为怪,对于需要艺术构思的主题则是行不通的,然而,这种情况仍将出现,我无法使之改观,有些时候,我会写得像鞋匠一样,请各位原谅我。

这番光明磊落的自贬,赢得了善意的笑声,此后,他得到了暂时的安宁:人毕竟是可以被改造的……况且《我懂得万物有生》的主要对象并未有任何反应。至于《艺术家》的真正对象,则是无可置疑的,这一诗篇的力度与清晰,非上文引用的诗作所能企及:

> 我欣赏演员在盛年期的
> 执拗性情:他疏远了
> 语句,躲避着目光,
> 他为自己的书感到羞愧。

接下来的五行非常有名,描绘了这位"盛年时期的演员"的特征。其中包含着重要的意涵:并非艺术家在迎合时代,而是时代在适应艺术家。这是《崇高的疾病》既有主题的延续——"时代想要活得像我":

> 他并不一味地强求。
> 他像所有人一样活着。

(对《崇高的疾病》的再度借用——"整个一生,我都想活得像所有人"。——德·贝)

> 这便是事情的原委:
> 岁月的航向一如既往,

他的舞台矗立如世纪。

或许是觉得最后一句显得稚拙——"他的舞台矗立如世纪",即"舞台如百年岁月般矗立",而非"舞台始终矗立",帕斯捷尔纳克为《旗》杂志修改了整个这一节:

他渴望自在与安宁,
岁月的流逝却好像
云从工作间上空飘过,
那里有他拱起的舞台。

重要的主题消失了,而帕斯捷尔纳克却想提醒人们,大艺术家并非有意与时代保持一致,只不过两者发展的总体趋向通常是重合的。数年前他曾为顺应尼古拉时代的普希金辩解(但并未纠结于此。他很快就相信了普希金是对的),如今他又在强调自己同时代的契合——在追求简约方面,在尊重"事业"与"行动"方面。是"时代想要活得像我",不是我急匆匆地追逐时代,因为我与时代正在实现同样的意愿。这不是比例问题,而是共同的矢量问题。正是按照这样的逻辑,出现了一个与艺术家平行的形象,但帕斯捷尔纳克后来未将其收录进诗集《在早班火车上》[①]:

就在那些日子里
在古老的石墙之外,
存在着事业而非人类:
蔓延于世界的行动。

作为往昔必然的结局,
命运赐予他一片空白:
他是勇敢者梦中的形象,
却无人敢于实现这梦想。

[①] 事实上,《艺术家》是由单独五首诗构成的组诗,上文引用的是其中之一,即《我欣赏演员在盛年期的执拗性情》。这首诗有两部分,第一部分收录于《在早班火车上》,被帕斯捷尔纳克删除的是下文引用的另一部分。二者构成下文所说的双联诗。

>　除了这项奇异的事业，
>　事物的形式完好无损：
>　既不曾飞旋如天体，
>　也不曾扭曲和腐坏。

在《旗》杂志发表的版本里，以上几节被帕斯捷尔纳克删除了，因为对有心的读者而言，其中的含义太过鲜明：他暂时还能把控自己身上发生的奇异转变，事物的形式完好无损，时代之间的联系得以恢复，所有这些都要归因于"行为的天才"。革命在继续，却不是依照"往昔"对它的引领（众所周知，是谁引领着斯大林）。再不会有什么能够飞旋如天体，或者扭曲与腐坏，生活运行如常，有条不紊，甚至不失惬意，可是表面的稳定之下，却在发生巨大的变迁！

>　童话和圣物在莫斯科流传，
>　汇聚成克里姆林宫的殿堂，
>　百年岁月对他如此适应，
>　就像适应塔楼上的钟鸣。
>
>　但他依然是人类的一员，
>　假如截断兔子的去路，
>　在冬日的林区开枪齐射，
>　森林将回应他，像对所有人。
>
>　就这样，另一位诗人
>　被行为的天才吞没，
>　像海绵，越来越沉重，
>　饱含着他一切的特征。
>
>　在这双声调的赋格曲中，
>　他原本无限渺小，却相信
>　大相径庭的两极之间
>　也会有相互的认知。

抛开始终取决于时代的道德评判来看，情境的描绘准确到位。正如所有真正的抒情诗，《艺术家》的意涵也不确定，可对其进行多种解读，比如艺术家为领袖所吸引。但此处的关键词却是"变得越来越沉"——这种满胀感令艺术家不堪承受，即使帕斯捷尔纳克一向（自《若干原理》发表以来）把艺术比作吸收一切的海绵。是的，"行为的天才"塑造得简单而富有人性——"他依然是人类的一员"，可资佐证的恰恰是狩猎的场景，而我们通过《崇高的疾病》就已知道，在帕斯捷尔纳克那里，追踪和驱赶永远是预示灾祸的悲剧命题。最后，艺术家与"蔓延于世界的行动"被称为"大相径庭的两极"。如果可以认为艺术家将人文精神和创造性的品质集于一身，那么，在与之相对的另一端，则呈示着非人性和毁灭。这种对比并非无关紧要，在一个愈渐残酷的时代，简直就是胆大妄为之举，所以帕斯捷尔纳克没有发表这组双联诗的第二部分，于是第一部分就成了平庸的宣言，表明创作的成熟以及对既往之作的羞惭。

完整版的《艺术家》则证明了全然不同的情况——对于个人的演变和国家道路的发展，帕斯捷尔纳克采取了同等的理解方式。至于这条道路通向何处，《新的成熟》一文做了更详细的说明，这是帕斯捷尔纳克一篇不长的时评，1936年6月15日刊登在布哈林主编的《消息报》上：

> 在丰收的重压下弯向地面的苹果树是自由的。它未曾开出不孕之花，未因传粉不顺而凋萎，未遭干旱和蛆虫侵害，未以不结果实为代价使枝条轻盈而顺直。

正所谓：你们需要自由——我需要非自由。开花结果才是目的。

《新的成熟》这一标题，既是对个人诗歌创作的概括，也是对《安全保护证》中一段文字的呼应：

> 其余的朋友已将我视为立稳了脚跟的音乐家，我向他们仔细隐瞒了我那些新的未成年的特征。

这段文字是说帕斯捷尔纳克经历的第二个少年期。他毅然放弃了音乐，从零开始，投身于诗歌。在1936年的这篇文章中，他公开地将个人的阶段性发展与同样不连贯的国家之路相提并论，这个国家，也与以往的历史割断了联系，并且也是从零开始，最终在重新选择的道路上臻于成熟。"新的成熟"，实为继承性得以重现之奇迹，经历了动荡与剧变的时期，以及二十年代未来主义和种种乌托邦风潮,成熟的艺术家将目光转向自己的过去。我们如今已经知道,传统表面上的复兴,需要付出远比其崩溃更大的代价;修复仅仅制造假象,错位看似得到矫正,其实却带来更大的损伤……但这可怕的教训仍然没有被牢记。

斯大林宪法——实际上是由布哈林起草①——在形式上赋予人民以一切政治自由(除了"各联盟的自由"),西方左翼知识分子为之欢欣鼓舞,他们从中看到了一个民主国家的典范,看到了俄国重返文明民族的大家庭,与此同时,德国和意大利则卷入褐色瘟疫,抛弃了这个家庭。帕斯捷尔纳克将自由理解为非自由,让人不禁联想到奥威尔所云"和平即战争,自由即奴役",但他的自由观却是自然地源于其整个世界观和基督教信仰。诗歌即责任(无论四十年代还是五十年代,帕斯捷尔纳克都时常向朋友们提到这一点。1957年,他对儿媳加琳娜·涅高兹②说:

> 上帝只把才华赐予被拣选者,得到它的人,没有权利用它来满足自己的愉悦,反而有责任让自己服从于劳作,甚至是苦役般的劳作。

为表示强调,他还引用了自己《夜》中的名句——"别睡,别睡,艺术家")。作为一个基督徒或大师或多情之人,他能够言说的是怎样的自由?根据自愿选择,这三种身份严重受制于崇高的奉献。苹果树的自由就在于开花结果,因而它需要园丁保护它"免遭干旱和虫害",这就是帕斯捷尔纳克对国家职能的看法。

7

基于以上所述,有必要回顾一下纳塔利娅·伊万诺娃在其《小树林的对话者与领袖》文中提出的猜想,即叶甫格拉夫·日瓦戈的原型是约瑟夫·斯大林。

这一想法并不像看上去那样荒谬。《日瓦戈医生》——一部隐喻性的

---

① 1936年,苏联颁布了新宪法,标志着斯大林主义的确立,所以该宪法又被称作"斯大林宪法"。1935年至1936年,布哈林作为苏联宪法委员会的主要成员之一,参加了新宪法的制定工作。
② 即帕斯捷尔纳克的继子谢尔盖·涅高兹的妻子。

自传,从中不难辨认出马雅可夫斯基(安季波夫)、叶甫盖尼娅·卢里耶(托尼娅)、她的母亲(安娜·格罗梅科)、伊文斯卡娅和局部的济娜伊达·尼古拉耶夫娜(拉拉)、米利金斯基(科马罗夫斯基)……这里为什么不能有斯大林,或者准确地说,不能有某种几乎从不出场,却在暗地里保护日瓦戈,为其解决难题的神秘力量的化身?有几位作者共同的观点广为人知:在小说中,叶甫格拉夫身穿一件翻毛皮袄,《圣诞之星》中的星相家也穿着同样的皮袄,前来向耶稣致敬,"为你们两个唱响赞歌";星相家,来自"游牧部落";可见叶甫格拉夫是牧人的象征,是给日瓦戈带来礼物(面包、黄油、咖啡),并为其提供保护的另一个斯大林……向帕斯捷尔纳克表示敬意的斯大林。这种解读给人以强烈的印象,尤其是结论如果以翻毛皮袄为依据的话。

小说的整个艺术结构足以颠覆这种语言学推论。体态匀称的黑头发的叶甫格拉夫,长相略带亚洲人特征,但一点也不丑陋,从他身上找不出任何与前基督时代巨灵、"一脸麻子的卡里古拉"①相像之处。对于这位神秘的叶甫格拉夫,娜杰日塔·曼德尔施塔姆有过更准确的阐释,在其《回忆录》中,有一页专门谈到了他:

> 帕斯捷尔纳克想要在知识分子与人民之间建立一道国家保护墙。日瓦戈医生这位神秘莫测的弟弟,这个长有一双吉尔吉斯人眼睛的贵族模样的人,这个像天使一样总是带着配给物品、金钱、宝贵的建议、"暗中的保护"与帮助而到来的人,究竟是谁?"他的能力之谜,说不清道不明。"帕斯捷尔纳克说。与此同时,他同胜利者及国家的联系贯穿于整部小说,而他向哥哥提供的帮助,显然属于"国家的奇迹",为此需要专线电话、传送的渠道和高尔基提议的负责改善学者日常生活的委员会。他拥有如此显赫的地位,才能够向哥哥承诺送他到国外,或者为他流亡到巴黎的家人重返莫斯科出具公文。帕斯捷尔纳克清楚地知道,在三十年代初,统治者当中有谁能办到这些。[……]这种对国家及其奇迹的寄望,在曼德尔施塔姆看来是不足取的。

这种寄望在曼德尔施塔姆看来是否不足取,实为值得商榷的问题。娜杰日塔·曼德尔施塔姆本人用一章的篇幅记述了1934年那场惩罚的延缓,

---

① 罗马帝国第三任皇帝,著名的暴君。"一脸麻子的卡里古拉"出现在俄文版《日瓦戈医生》第一章第5节,被研究者认为是对斯大林的影射。

章节标题就叫作"奇迹的本质":

> 集中化程度越深,奇迹就越奏效。我们为种种奇迹而欢喜,并以东方贱民也许甚至是亚述贱民的诚挚之心接受了它们。[……]不管怎么说,奇迹拯救了我们,赐予我们为期三年的沃罗涅日生活。

至于曼德尔施塔姆的国家观,同样不可一概而论——他的观念时有变化,而且在《石》与《黑土》两部诗集的作者那里,这些观念之间的共性,并不多于石头与黑土之间。因而大可不必指责帕斯捷尔纳克对国家的寄望,尤其在他写下"哦,偶像的国度!"这样的语句之后。不过,这一"施密特式"的插笔①显然预示着,有朝一日"栖身于地穴和矿井的人"将不得不走出地穴,"由罗马杂技场迈向罗马教堂",也就是说,无论生前抑或身后,他们终将成为官方思想的一分子。但在帕斯捷尔纳克的价值体系中,国家却并非使艺术家免遭民众侵害的保护神,如果这么认为,那就混淆了他所强调的道德原则。在帕斯捷尔纳克那里,民众自身从来不是恶的源泉,而只是恶的工具——在群体性癫狂爆发之际。他以这样的眼光审视民众,同时不失对他们的"崇敬"。确切地说,是叶甫格拉夫像保护神,使艺术家免于民众与国家的双重侵害,而"叶甫格拉夫"在希腊语中,意思恰好是"写得好的"或者"对写作者的益处"。由此出现了与沃兰德平行的形象,但他身上却没有梅菲斯特的影子。在翻译《浮士德》时,帕斯捷尔纳克创造了自己的梅菲斯特。他笔下的魔鬼成了促狭鬼和蛊惑家,与其说在帮助艺术家(像沃兰德帮助大师),倒不如说在诱惑、考验和暗中毁坏他,而魔鬼的工具,正是自由和放任。

在叶甫格拉夫的保护下,日瓦戈躲开了混沌而非民众。混沌——帕斯捷尔纳克的绝对敌人,因为他以和谐为追求,甚至在矛盾与绝望中都尽力保持和谐。如果说在他的价值体系中,灾祸即是避免虚假与谎言,继而重归真理,那么混沌则与之毫无关联。正因如此,英诺肯季·杜多罗夫——帕斯捷尔纳克未完成的剧作《此世》主人公,召唤着留在被占城市里的同胞自发组织起来;那场在铁路线上清除积雪的有组织的集体劳动,也成为乌拉尔之旅留在尤里·日瓦戈记忆中最幸福的时刻。帕斯捷尔纳克并非"强力之手"

---

① 参见帕斯捷尔纳克《施密特中尉》。"哦,偶像的国度!"出自这部长诗第一章第6节。

的辩护士,他只是混沌状态的反对者。而斯大林身上这种反对混沌和调整秩序的开端,正是为他所看重的。

最简单的说法是,帕斯捷尔纳克不需要护佑,反倒是一些远比他走运的作家,在气节上远不如他。以科尔涅·楚科夫斯基1936年4月22日的日记为证:

> 昨天,我坐在(苏联列宁共产主义青年团第五次代表大会)会场第六排或第七排。一回头,看到了帕斯捷尔纳克。我走到他跟前,把他领到前排(我身边还有一个空位)。忽然间,卡冈诺维奇、伏罗希洛夫、安德烈耶夫、日丹诺夫和斯大林出现在主席台。会场喧腾起来!而他就站在那里,略显疲态,若有所思,气度非凡。能感觉到他对权力的驾轻就熟、他身上巨大的力量,同时还有某种女性的、轻柔的东西。(肖像相当传神,无疑也相当险恶。还有什么比这令人倾倒的柔婉的魅力更可怕呢?——德·贝)我环顾四周,每个人都是一副沉醉、温馨、热情的笑脸。见到他,仅仅是见到,对我们所有人就已是幸福。玛丽娅·杰姆琴科①凑在他身旁,一个劲儿地说着什么。我们对她既羡慕又嫉妒——她可真幸运!他的一举一动都被人以敬畏之心感知。我甚至从来不认为自己能承受这样的情感。当与会者向他鼓掌时,他掏出一块怀表(银质的),带着迷人的笑容对会场示意,场上顿时一片窃窃私语:"怀表,怀表,他要我们注意时间!"散会之后,在存衣处周围,大家还在想着怀表的事情。帕斯捷尔纳克一直用兴奋的话语,对我低声谈论着他,我对他也如此,我们两个异口同声地说:"嘀,这个杰姆琴科,简直遮住了他的光芒!"(在那一刻)
>
> 我和帕斯捷尔纳克一道回家,两个人沉浸于共同的喜悦。

看起来,这是一幅强有力的画面。

有人认为,楚科夫斯基在日记中故意添写了以上内容,万一遇到搜查,就让他们瞧瞧,他是多么热爱领袖!这个说法耐人寻味,却未必可信。就算日记真的被发现,引起注意的也一定是邻近的记录——列宁夫人克鲁普斯卡娅不喜欢诗也不懂诗。况且在楚科夫斯基那里,岂能少了违禁的言论!

---

① 玛丽娅·杰姆琴科·索夫隆诺夫娜(1912—1995),苏联农艺师,农业集体化运动中的劳动积极分子。

这是一段坦诚的记述,反映了当时的心理状态。一个更严肃的解释是,楚科夫斯基经常把自己的感受说成别人的,而1936年的帕斯捷尔纳克已十分小心,不会反对谁在他面前"沉浸于自己的喜悦"。

直到1936年,帕斯捷尔纳克依然确信,他与领袖之间的关联远不止于此。这更多是对俄国混沌状态之可怖的潜在认知,还有对斯大林的感念之心,相信他有别于前人,在不毁坏日常生活的前提下,正在实施一场宏伟的变革。他们两人在某种程度上都是反革命人士。帕斯捷尔纳克的国家观(他自己也不隐瞒,也曾写信对维亚切斯拉夫·伊万诺夫有所提及),在某些方面接近于柏拉图:国家体现着秩序之理念,而秩序的毁坏永远是不道德的,无论用怎样的乌托邦加以掩盖。按照叶·雅科夫列夫的观点,如果说列宁在六十年代的理想化是由于列宁被视为"反斯大林"(анти-Сталин),斯大林在三十年代的理想化,起因则是斯大林的看似"反列宁"(анти-Ленин):未有破坏的建设者、不搞独裁的看护人、艺术家的保护神、空头理论家及官僚主义者的驯化师……集体化运动的冒进得到纠正,饥荒似乎也不再发生……

有一个颇具吸引力的说法:对于艺术家而言,相信总比不信更有实效。"与所有人共同劳作,与法律秩序保持一致"的愿望,带来的是杰作,怀疑主义的虚矫则永远徒劳无益。但在俄国历史上,怀疑的态度和反国家的"雄辩术"却鼓舞着为数众多的作者,相比之下,对权力的信任与合作的期望虽能造就慷慨激昂的文本,质量却相当可疑。这里的关键仍然在于策略的选择:帕斯捷尔纳克被种种希望所感召,创造着他的《艺术家》,而奥列沙一边慢慢变成醉鬼(同时继续发表他那些"忠君爱国"的文章),一边书写着关于他为何不能再写的绝望的断章。无论帕斯捷尔纳克还是奥列沙,都认为自己的作品不成功,又都在艺术上留下了关于时代的真实见证……这样看来,只有考虑到"厨房反对运动"为帕斯捷尔纳克的个性所不容,他一开始主张的实效性之理由,才是可被接受的:"我生来不是为了以不同方式/三次对视同一双眼睛。"要么是跟官方思想体系彻底了断,要么是忠诚不渝地服务于它。

与反对派人士或温和的反斯大林主义者相比,帕斯捷尔纳克在1936年的行为不见得"更高明",只是更诚实:在拒绝诱惑之前,应当听从它的支配。只有这样,才能站在新经验的高度上明辨诱惑的本质。这也是他从年轻时就采取的方法：

> 我多少还记得，我总是受制于某一个（总是病态而虚假的）先入为主的思想。我之所以未曾毁了自己，仅仅是因为，这些思想不断变换。一个摆脱了另一个。（1927年5月20日，写给赖莎·罗蒙诺索娃的信）

帕斯捷尔纳克的对话者无一例外，全都记得他争论时的习惯：先是无意识的、不经意的"是——是——是"，突然间，冒出一声尖锐的"不！"这是他在倾听。对话者谈到了什么不得体的东西，争论就开始了。

帕斯捷尔纳克的一生以及他与同时代人的关系，似乎正是按照"是——是——是……不！"这一线路发展的。他善于持久忍耐，也会带着强烈不满（包括对自己）而爆发：从"我强忍住爱慕，／观望和祝福"①，到"我不爱你们，你们全都见鬼去吧！"从满怀温情地对待友人，到"亲爱的朋友，你们是何等平庸！"日瓦戈医生也是如此。他会像夜莺，向朋友和同辈吐露衷情，也会在伤心或饮酒之后对妻子说："世界上所有人当中，我只爱你和爸爸。"②帕斯捷尔纳克长期忍耐的背后，是激愤和各种意外的挫折。或许，他与"列夫"的猝然决裂，是因为拖延得太久。拖到最后一刻，终至一发不可收。这便是帕斯捷尔纳克的风格。多年来他一直能让自己相信，如果一切都不美好，起码还可以承受，而一旦达到临界点，他会在刹那间做出彻底改变。

1956年，他本人说道：

> 在各方面我都想要
> 一探究竟——
> 无论创作、道路的探索，
> 还是心灵的慌乱。③

这里的"一探究竟"意味着"探究极限"。为了跟"列夫"分道扬镳，使自己免受任何组织的吸引，首先需要加入其中；为了消除茨维塔耶娃的影响

---

① 引自帕斯捷尔纳克《在早班火车上》(1941)。
② 参见《日瓦戈医生》第六章第4节。
③ 引自帕斯捷尔纳克《在各方面我都想要一探究竟》(1956)。

（她的诗歌、她的散文、她的一举一动），需要无条件地喜欢她，达到爱的程度；为了克服日常生活与平稳安顺之诱惑，需要在理想的和谐状态中，在济娜伊达·尼古拉耶夫娜编织的小窝里，与她共度十年光阴，直到1941年。最后，为了断绝与一切苏维埃因素而不只是斯大林因素之间的关联，需要在1936年经受最严重的时代病。换句话说，没有帕斯捷尔纳克的"是——是——是"，就不会有他比其他同时代人更毅然决然的"不！"。

有多少像奥列沙这样温和的反对者，曾经暗地里憎恨斯大林主义，最终欣然接受了赫鲁晓夫的解冻！又有多少文学家在1937年就看透世事，对公开的颂歌敬而远之，可是在1956年却甘愿亲吻赫鲁晓夫的肖像，就像他们那些更愚蠢或更卑贱的同龄人当初亲吻斯大林的肖像一样！而帕斯捷尔纳克在1937年就以同时代人无从理喻的勇气表示了反抗，等到1953年，面对解冻的诱惑，他已然不为所动！他比别人走得更远，直到《日瓦戈医生》的问世。这是向相互凌虐与假大空的整个体制的宣判。为了说"不"，在三十年代前半期，可以像"惶然失措的神"，不断重复"是——是——是"。

最可悲的是，对于帕斯捷尔纳克乃至任何天才而言，评判事件或行为的主要标准不在于其他，而在于规模。大规模的恶固然可恨，但也令人敬畏，渺小和妥协的善最易遭鄙夷。无论斯大林（尤其在他晚年）在帕斯捷尔纳克心目中多么丑恶，终究值得让帕斯捷尔纳克为之"深沉而持久"地思考。

8

1945年8月25日，帕斯捷尔纳克给斯大林写了最后一封信。信的底稿保留至今：

> 亲爱的约瑟夫·维萨里昂诺维奇，我和家人时常生活得相当艰难。早午间，我们得到了一套劣质的住房，在整个作家楼里算是最糟糕的[……]。两年前，我曾写信向维·米·莫洛托夫反映情况。在他的安排下，莫斯科市委很快派来调查组，承认房子不适合居住，来访有过数次，仅限于此。我谁也不怪罪，新楼房太少，住房自然只能分配给特殊人士、重要的公务人员和各类奖项获得者。[……]我不是要把这些困难带给您，因为我从来不敢用什么难题麻烦您。我的需求简单得多，我觉得既合理又容易满足。

五年来，我致力于研究莎士比亚的优秀作品，从国内外一些反响来看，并非没有收获。国家艺术委员会是否能提示一下各剧院，就这些剧目而言，剧院是可以满足各自口味的，如果喜欢，那就将它们搬上舞台，而不是坐等下一步指示，因为在剧院，当然也不仅在那里，对任何只能凭借自己微薄的力量而存在，又得不到特许和推荐的东西都避之不及。莫斯科艺术剧院的《哈姆雷特》就遇到了这种状况，它的路被现代剧《伊凡雷帝》阻断了。

[……]我早已年过五十，每到冬天，右手就会因劳累过度而疼痛，长期不能动弹，于是学会了用左手书写。我的眼睛也经常胀痛。为这些琐事打搅您，令人于心不安，多年来，我一直尽可能节制，亚历山大·谢尔盖耶维奇·谢尔巴科夫①在世的时候，他了解我，往往在紧要关头挺身相助。

这是一封不切实际、充满怨气和讽刺意味的信，真可谓"不可思议，我居然敢这么干!!"在斯大林建立的体系内，也有斯大林本人办不到的事情，这一暗示是什么意思？他权力无限，却难以战胜那个规定城市住房只可分配给"特殊人士"的制度。这里显示出争取"弱势"的孩子般的企图——约瑟夫·维萨里昂诺维奇，您给不了我住房，我也就不提出请求，可是说到话剧嘛……"在剧院，当然也不仅在那里，对任何……东西都避之不及。""当然也不仅在那里"这一句，已然是直接的挖苦了。"现代剧《伊凡雷帝》"，听起来分明像是"一本非常现代的书"。言下之意很明显：您这是怎么啦，约瑟夫·维萨里昂诺维奇，莫非您要借助个人形象的颂扬，将莎士比亚挤下舞台?!② 不管怎么说，总有人活下来……好吧，我不会求助于那种不可指望的人，因为无比仁慈并且了解我的谢尔巴科夫还活着的时候，他总会伸出援助之手。但如今谢尔巴科夫不在了，我才来找您……而这近乎"奥贝利乌"式的开头——"我和家人时常生活得相当艰难"，又是多么荒诞！第一段里的住房—居住—来访，则形成内在的韵律……这种妙手偶得的贬抑的声调

---

① 亚历山大·谢尔盖耶维奇·谢尔巴科夫(1901—1945)，苏联国务和党务活动家，曾任苏共政治局候补委员，最高苏维埃代表。
② 二十世纪四十年代，俄国历史上第一个沙皇伊凡四世成为苏联电影艺术和戏剧中的热门人物。这个以暴虐而得名"雷帝"的沙俄统治者，对俄国近代国家的形成发挥了重要的历史作用。对伊凡四世的颂扬，乃是以借古喻今的方式颂扬斯大林。

胜过傲慢,潜台词中带着别样的清高!

叶甫盖尼试图提醒父亲不要有刺耳的怨言,后者一挥手:"让他别以为人人都活得跟唱的似的。"帕斯捷尔纳克的儿子把信从拉夫鲁申胡同带到克里姆林宫,交给库塔菲亚塔楼附近的岗亭,那里接收向斯大林"自行"呈送的普通信件。帕斯捷尔纳克不想采取任何变通的办法。我们认为,这封信根本不可能递交斯大林。四十年代跟三十年代不可同日而语,斯大林对作家们已经不讲客套了。"大相径庭的两极"最后一次非正面接触,显得有些苦涩:就像是曾经相爱,却早已相互失望的心灰意冷的两人最后一次会面。此斯大林非彼斯大林,帕斯捷尔纳克同样今非昔比。帕斯捷尔纳克正处于上升期,尽管受到冷遇;而斯大林则处于衰落期,尽管站在无限权力的巅峰。他们之间早就没什么可说的了。

有两个轶闻经常被引用。其中之一称,曾有一份可能构成苏联文学界破坏中心的作家名单,有待斯大林签署,阿列克谢·托尔斯泰、爱伦堡、维什涅夫斯基、吉洪诺夫和帕斯捷尔纳克均位列其中。他好像划掉了帕斯捷尔纳克的名字,说了一句:"我们不要碰这个天上的神人。"(其余那几位,正如我们所知,也没有谁被抓捕)。据伊文斯卡娅回忆,讲述者正是帕斯捷尔纳克本人,或许他被别的迹象所迷惑,以为不仅是他想到了斯大林,斯大林也想到了他。所以说,他看重的是规模!

这个轶闻流传甚广,有时甚至出现在研究帕斯捷尔纳克的严肃论著中,它有两个主要的版本,相应地也有两个日期。按照弗莱什曼的推断,事情发生在1937年,《十月》杂志第5期发表了新闻记者尼·伊兹戈耶夫的文章《鲍里斯·帕斯捷尔纳克》,帕斯捷尔纳克首次被称为"十足的神人"。弗莱什曼认为,这篇短文挽救了帕斯捷尔纳克,或者说,起码延缓了计划中的迫害。直接促成该文发表的人差不多就是斯大林:

> 种种迹象表明,文章的发表,得到了最高级别文学政治机关的准许……文中诸多见解的权威性和绝对性……远远超出该级别普通记者的权限。

假定在那个年代,随便哪个记者都能自作主张,而无须始终考虑背后是否会有上级的庇护,那么帕斯捷尔纳克表现出"不可理喻"的自由,又何尝需要最高级别的准许。应当承认,在三十年代,有些人未经克里姆林宫指示,仍然敢于直抒己见,哪怕只是关于帕斯捷尔纳克。伊兹戈耶夫的文章不见得是救命的。一方面,它让帕斯捷尔纳克避免了因布哈林而遭受非难("帕斯捷尔纳克不能为布哈林想到他而负责,就像不能为安德烈·纪德①期待见到他而负责一样。");另一方面,又重新将他置于攻讦的火力点下,因为文章强调的已不是布哈林的责任,而是帕斯捷尔纳克本人为主观唯心主义、萎靡不振、背离时代精神所应承担的责任……当然,按照1937年的尺度,主观唯心主义和不理解社会主义理想的罪责,总比被怀疑跟布哈林或纪德有牵连要强。但弗莱什曼引用的那些段落,称帕斯捷尔纳克"在千百万人的欢庆中找不到共同的快乐",听起来却不比谢利瓦诺夫斯基和别兹缅斯基精心准备的发言②更温和。在这里,解释者上升到阴谋论的高度,甚至认为文章作者的姓氏也并非偶然,之所以选择此人,是为了表明高层对帕斯捷尔纳克创作的态度,以突显其失落状态③……更不用说当时一些狡诈之徒占据了"文学政治机关",可他们的狡诈却是愚蠢而肤浅的,他们哪有能力编织如此精密的罗网!但不管怎么说,帕斯捷尔纳克的"神人"之名号,的确最先出自伊兹戈耶夫之口,后来广为流传。许多人认为,正是这种"神人"气质,亦即对时代的漠视和疏远,挽救了帕斯捷尔纳克的性命。

所谓"从名单中划掉"似乎确有其事,细节也格外生动。在酝酿中的1938年公开大审判④背景下,帕斯捷尔纳克确实有可能被列入潜在的破坏分子名单。1938年的审判,意在粉碎列宁格勒和莫斯科(尚未从国外"滚回来"的爱伦堡被定为托派骨干分子)两地的托洛茨基特务中心,据此,扎波洛茨基在列宁格勒被捕,经拷问供出了吉洪诺夫;梅耶荷德、巴别尔和柯里佐夫在莫斯科被捕。刑侦人员向梅耶荷德和柯里佐夫讯问了帕斯捷尔纳克的情况。酷刑(用橡胶棒抽打,"传送带"——剥夺睡眠的别称)之下,两人都提出了对他的指证:梅耶荷德说帕斯捷尔纳克有过反苏言论,柯里佐夫说

---

① 安德烈·纪德(1869—1951),法国作家。1936年纪德应苏联作协邀请,访问了苏联。归国后发表《访苏归来》,批评苏联当局,并宣称怀疑共产主义。纪德因而由苏联和共产主义的友人变成了"敌人"。
② 参见本书第二十二章第4节。
③ 文章作者"伊兹戈耶夫"(Изгоев)这一姓氏,与"失去原有身份的状态"(изгойство)俄语词根相同。
④ 1938年3月,苏联最高军事法院军事法庭对所谓"布哈林右派和托派联盟阴谋集团"公开审判。这是苏联大清洗运动中的第三次公开审判,也是整个运动的高潮。

安德烈·纪德来到帕斯捷尔纳克的别墅与他会面时,好像从他那里得知很多信息,随后成为《访苏归来》的素材。两人事后均以书面形式否定了各自的供词。维塔利·申塔林斯基作为记者和作家,花费大量时间,研究了九十年代解密的卢比扬卡①档案,他断定,正是这两人的翻供救了帕斯捷尔纳克一命。我们倾向于认为,关键不在于此,因为有很多人都收回了供词,理由是受到刑讯逼供,所以这通常并不能挽救任何人。帕斯捷尔纳克、吉洪诺夫和托尔斯泰未曾失去自由,是因为斯大林放弃了对作家展开大规模诉讼的念头,而诉讼本来是为了揭露马尔罗②与托洛茨基、苏联作家精英与"境外托洛茨基中心"的联系。至于斯大林为何放弃,实为不解之谜。或许是更为现实的军方密谋分散了他的注意力。1938年斯大林已不关注西方和作家们的意见,收拾苏军元帅才是当务之急,这并不取决于他们是否要发动军事政变。1938年前夕,军队高级将领是唯一只要愿意,就可能领导一场政变的人员,至于结果,恐怕连最灵通的占卜师都无法预料。

"关于神人的传说",第二个版本出自瓦西里·利瓦诺夫③《非虚构的鲍里斯·帕斯捷尔纳克》。我们已经谈到并将继续谈论这部极其主观的回忆录,其中五分之二的内容属实,其余纯属偏见,尽管如此,利瓦诺夫触及了帕斯捷尔纳克人生经历中的许多痛点。他也讲述了那份名单的故事,但引用的是出自列夫·谢宁的另一份材料:

> 1949年,有关人员向斯大林报告,已经做好了逮捕帕斯捷尔纳克的准备,"作家的挚友"忽然吟诵了一句:"蔚蓝的颜色,天堂的颜色"……然后说道:"放开他,他是天上的神人。"

谢宁——一位严谨的侦察员,但他的证词未必可靠。首先,利瓦诺夫本人指出,重获自由之后,斯大林时期的前侦察员"说话滔滔不绝,并且愿意回答任何问题",利瓦诺夫认为这是悔讨的表现,基于同样的原因,也可认为这是谢宁迟到的努力,他想要在"感兴趣的和有耐心的对话者"(作者的

---

① 自1920年起,从契卡到克格勃(国家安全委员会),总部一直设在莫斯科克里姆林宫附近的卢比扬卡广场十一号,这里也因此成为苏联政治恐怖的象征。
② 安德烈·马尔罗(1901—1976),法国著名小说家,评论家,曾于1934年到访苏联。
③ 瓦西里·鲍里索维奇·利瓦诺夫(1935—),俄罗斯电影演员,动画电影导演,作家。他的父亲就是本书多次提到的苏联演员鲍里斯·尼古拉耶维奇·利瓦诺夫(1904—1972),帕斯捷尔纳克的朋友。

自评)眼中抬高个人价值,表明自己消息灵通。其次,就在1949年谢宁也被逮捕,不可能再参与内务人民委员部机关的工作,因此,他得知那个传奇的一幕,只能是道听途说,而非通过直接甚至间接的转述。尼科洛兹·巴拉塔什维利①的《蔚蓝的颜色,天堂的颜色》一诗,是帕斯捷尔纳克于1945年夏天翻译的,他用四十天时间译完了这位伟大的格鲁吉亚浪漫主义者的全部遗作,所以斯大林完全有可能知道这些起初刊登在《东方曙光报》,后来由《真理报》于1946年纳入巴拉塔什维利单行本的作品。然而,假如勉强可以设想领袖浏览巴拉塔什维利俄文译本时的情景(尽管在1949年,斯大林否认其格鲁吉亚血统已达十年之久,就像帕斯捷尔纳克否认自己的犹太血统),假如可以想象一个全能的统治者,原本极度卑劣,对一切失去信念,突然间俯向清澈透明的水泉,啜饮起来,那么,一句动情的断喝"放开他,他是天上的神人",从七十岁的斯大林口中冒出来,就太不可思议了。若是在1938年,倒还说得过去,可是到了1949年……

笔者认为,斯大林在1949年之所以没有动帕斯捷尔纳克,主要不是因为将他视为"神人",喜欢他译的巴拉塔什维利,而是因为他完全不符合"与世界主义作斗争"的观念。一些用意第绪语②写作的犹太诗人,经常指责他不愿翻译这一语言的文学作品(更别说用它来写作。事实上,帕斯捷尔纳克并不懂意第绪语)。帕斯捷尔纳克对于同化的态度招致犹太人委员会③许多成员的不满,认为此乃对先祖的背叛。帕斯捷尔纳克却不吃这一套,每当有人强调他的犹太身份,他反而大谈同化问题。这种真诚的而非投机性的取向,有可能救了他一命。

另一个离奇的轶闻可追溯至1939年,当时为庆祝领袖六十寿诞,决定用格俄两种语言出版他的抒情诗集。众所周知,朱加什维利④年轻时曾用母语写过一些平庸的诗:诸如"玫瑰花儿和小山羊""飘在山巅之上的月亮""夜莺用歌声迎接早晨,激励小学生为祖国的光荣而学习"之类……这"早

---

① 尼古拉(尼科洛兹)·梅利托诺维奇·巴拉塔什维利(1817—1845),格鲁吉亚诗人,英年早逝,留下三十六首抒情诗和一部历史题材的叙事诗,经由帕斯捷尔纳克翻译,广为流传。
② 属日耳曼语族,全球大约有三百万人在使用,主要是犹太人。"意第绪"一词本身即可表示"犹太人"。
③ 全称是"犹太人反法西斯委员会",成立于1942年,系苏联内务人民委员会控制之下、隶属苏联新闻社的社会团体,主要由苏联犹太知识分子代表组成,从事对外宣传。
④ 斯大林原姓"朱加什维利",革命期间,他有很多化名,"斯大林"是其中最著名的一个。

晨"甚至进入了伊利亚·恰夫恰瓦泽主编的《戴达埃纳》(《母语》)杂志1915年文选。斯大林获悉正在准备的是豪华版,用仿皮纸印制,带插图,附带不同的俄语译文。据说是一天夜晚,帕斯捷尔纳克被召进克里姆林宫。斯大林给他拿出一本俄译诗选,称"这是我一个朋友写的……您觉得如何?"帕斯捷尔纳克大概看了一眼,说写得一般,没什么特别之处。斯大林和气地点了点头,放过了他,随后下令停止出版那本小书。按照另一个说法,译稿被送到帕斯捷尔纳克家里,斯大林给他打电话,说是"一个朋友的诗"。过了很长时间,帕斯捷尔纳克几乎忘了那次奇怪的咨询,斯大林忽然又打来电话。帕斯捷尔纳克似乎犹豫了一下,然后说:"如果您的朋友还有别的事情可做,不妨让他把精力放在那上面。"斯大林沉默了片刻说:"好的,我就这么转告。"便挂了电话。

这场对话在七十年代的知识分子中间风传一时,近来仍被一些文章引用。但据称是帕斯捷尔纳克亲口告知儿媳加琳娜·涅高兹的这一传闻,却经不起推敲。在加琳娜的回忆录《日常生活中的鲍里斯·帕斯捷尔纳克》定稿中,对此只字未提,这恐怕并非偶然。不难想见,以斯大林之虚荣,征服俄罗斯和格鲁吉亚的帕耳那索斯①之巅,定然也是他的梦想。可我们无从设想,他会就其抒情诗的质量向谁征询意见。或许,领袖放弃出版其诗作的原因,跟取消布尔加科夫《巴统》(《Батум》)②的原因一样:与高加索相关的青春激荡的回忆(他那时还未成为超人),不符合他的新形象。

帕斯捷尔纳克在1937年之后如何评说斯大林,见证者说法不一。1940年4月底和9月,阿赫玛托娃在莫斯科和佩列捷尔金诺先后两次拜访了帕斯捷尔纳克,据她说,他要让她相信,斯大林什么都不知道(关于惨绝人寰的大恐怖)。不是阿赫玛托娃对帕斯捷尔纳克观点的转述不够准确,就是帕斯捷尔纳克对她不够坦诚;无论孰是孰非,1942年2月20日,他在契斯托波尔对亚历山大·格拉德科夫说:

---

① 位于希腊中部,在神话中是阿波罗和缪斯女神的居住地。转义:帕耳那索斯山是诗坛,帕耳那索斯山的花朵是诗篇,帕耳那索斯山的姊妹是诗神。
② 这是布尔加科夫于1939年创作的一部关于斯大林的剧作,当年已准备搬上舞台。布尔加科夫及演职人员正在格鲁吉亚为排演采风,忽然接到取消该剧的电报,因斯大林认为不宜上演。此后,布尔加科夫的健康大受损伤,视力急剧下降。1988年《巴统》才首次在苏联发表。

> 如果他不知道,这同样是罪行,对于一名政治家而言,兴许就是最大的罪行。

1942年以后,他越来越公开和示威般地谈到,自由的空气在战争最艰难的岁月里刚透散出来,就再度变得稀缺。

> 在历史发展中,一切形式的帝国统治尚能容忍人性,而革命注定要到来,连同其吸血鬼风格[……]以及对非人性的推崇。

这已不仅是与斯大林幻象,也是与苏联幻象的彻底了断。在创作一开篇就出现"一脸麻子的卡里古拉"①的长篇小说期间,帕斯捷尔纳克对斯大林未作评论。1954年7月17日,奥莉加·弗莱登伯格写信给他,提到她那位发明家父亲的手记,其中大胆的双关语令他激动不已:

> 一群老鼠在日用家什的破烂儿和灰土间窜来窜去,他们就躺在那里,躺在历史的铁甲下,比躺在懒惰和钢铁②的万神殿里更安逸。(斯大林在陵墓里躺到了1959年③)

在回信中,帕斯捷尔纳克向她推荐《旗》杂志第4期,选自《日瓦戈医生》的十首诗就刊登在这一期。他写道:

> 为了开心,给你寄去有趣的几页,那儿连懒惰和钢铁的影子都没有。

其实,这两样东西早就从他的抒情诗和散文中消失了。

1953年3月7日,帕斯捷尔纳克给十七年苦役之后从定居点写信给他的瓦尔拉姆·沙拉莫夫及其妻子加琳娜·古兹回信:

> 二月革命来临时,我正巧在维亚特卡省深处的卡马河河畔,在一家工厂里[……]当前的悲剧事件来临时,我同样是在莫斯科城外,在冬日的森林,健康状况不允许我在告别的日子里到城里去。昨天早晨,远处的白桦林背后,有人举着卷起的镶黑边的旗帜往前走,我意识到发生

---

① 参见俄文版《日瓦戈医生》第一章第5节。
② 在俄语中,"列宁"的拼写和读音跟"懒惰"一词相近,"斯大林"则直接从"钢铁"转化而来。
③ 作者此处有误。斯大林1953年去世后,其遗体与列宁遗体一起陈列在红场的陵墓中,直到1961年10月迁出,葬在陵墓背后的克里姆林宫城墙下。

了什么。四处静悄悄。

所有词语都充满意义和真理。林中悄无声息。祝好。

与二月革命对应的这一幕意味深长。(事实上,1953年春天和夏天,帕斯捷尔纳克在创作《日瓦戈医生》时是幸福而激动的,就像1917年创作《生活,我的姐妹》时)显然,斯大林的去世唤起了他巨大的希望——如果不是对纪齐安·塔毕泽的回归(他本来已失去信心),起码也是对奥莉加·伊文斯卡娅的获释。更耐人寻味的是,他在信中直接写了斯大林之死,似乎并没有任何外在的动因。

9

帕斯捷尔纳克于1953年3月14日写给法捷耶夫的信,恐怕是他所有文字材料当中最费解的。1997年,这封信首次刊登在《大陆》杂志(第90期),引起研究者和读者极大的困惑,至今未有充分的解读,因为这需要对帕斯捷尔纳克的形象以及他与领袖的关系进行重大的修正。

为揭露"自由派"新闻的越界行为和双重道德现象,辅祭安德烈·库拉耶夫写有好几个小册子,责问知识分子:为何如此轻易地原谅了帕斯捷尔纳克这封信的过错,却指责宗教人士同斯大林政权的和解?按照库拉耶夫的意思,要么一个也不原谅,要么宽恕每个人的罪过……

此封书信对于理解帕斯捷尔纳克与权力的关系至关重要,有必要全文引用。

> 亲爱的萨沙![1]
>
> 当我在《真理报》上读到你的文章《论斯大林的人道主义》,便想到写信给你。最近一星期我深感压抑。我想,从写给你的信里,这种感觉应该能得到缓解。
>
> 这摧毁了所有界线的宏大事件之醒目、之不可逆转,是多么惊人!这棺椁里的躯体,连同如此生动却终于停歇的双手,突然间摆脱了个别事件的局限,仿佛成为某种开端的化身,体现着最广泛的共性,在它近

---

[1] 法捷耶夫名叫亚历山大,萨沙系亚历山大的昵称。

旁,是死和音乐的强力、自我定论的时代的强力、涌向棺椁的人民的强力。

每个人都在哭泣,流着不能自抑的无意识的泪水,泪水流着,你却顾不得擦去,在人流的驱使下,你被那共同的哀恸所吸引,它触动了你,缓缓滑过你内心,湿润了你的脸,浸染着你的灵魂。

这另一座城,城中之城,送葬的花环堆砌的城,在广场上拔地而起!这就像是整个植物王国全体都来参加葬礼,承担起值守的责任。

如同这些花环,由这死而滋生的若干思绪也凝立着,经久不散。

全世界所有国度当中,正是生养了我们的这片土地,我们原先就爱着它的激情和未来之向往的土地,变成了一片纯净生活的乡土,一个枯干了眼泪、洗净了屈辱的举世认可的地方。这是怎样的幸福与荣耀!

当初我们眼见恣意妄为的卑劣、人对人的践踏、对女性尊严的凌辱,所有人都爆发出青年人一样的怒火。但在许多人那里,这炽热之情消退得如此之快。

然而,还有一些人,一生中从未背离这激愤的火焰,他们超越了个别缘由的种种卑微的怜悯,径直迈向共同的目标,要从整体上杜绝一切的歪曲,继而建立一种能使这种恶不可想象、不可再造、不可重现的秩序。这是多么难以估量的后果!

再见了。祝你健康。

你的 鲍·帕斯捷尔纳克

1953 年 3 月 14 日

博尔舍沃[1],疗养院

玛·拉什科夫斯卡娅写道:

致法捷耶夫的书信背后究竟是什么?也许是当时普遍的慌乱、对一个忠于斯大林之人的同情、帕斯捷尔纳克独有的对死的敬意,无论对任何人的死。独裁者之死自然也被作者纳入历史事件的思考范围,这些事件决定着其小说人物的命运。

---

① 莫斯科州境内的一个小站。

纳塔利娅·伊万诺娃认为，这封信表达了真挚的情感，甚至表现出帕斯捷尔纳克的"自体互文性"(автоинтертекстуальность)：

> 信的声调与修辞绝对是"日瓦戈式的"，就好像直接从小说中抽取、借用而来，不过，当时的帕斯捷尔纳克无论在创作还是心理上，还沉浸于自己的作品。植物王国和真正的人类的痛苦、善的损失和获胜，宛然同一种形象。（关于"善的损失"，似乎无意间形成了美妙的双重意蕴。——德·贝）此外，"领袖"一词是奥·弗·伊文斯卡娅提到的——在她描绘帕斯捷尔纳克外貌时。她的意思或许是说，帕斯捷尔纳克特殊的脸型同印第安酋长有某种相像。这个词也曾在阿赫玛托娃脑海里闪现，当她为诗人之死写下送别的诗行——"昨天，一个独特的声音沉寂了。"[1]后来"小树林的对话者"还是取代了"领袖"。这也确实更贴切。然而阿赫玛托娃笔下与领袖相关的情节，无论出自潜意识还是无意识，都明显体现在这个突兀的词语中。帕斯捷尔纳克是与斯大林截然对立的真正异端。（"大相径庭的两极"之一）但"相互的认知"以及这种认知向非认知、向神秘与玄奥的转化，却在他的生活和创作中持续了多年。而"解冻"的虚假自由，不仅让他为之欣喜，也让他产生颇多警觉和忧虑，最终给他带来致命的打击。如今，他可向其发出吁求的那个终极已经消失了。

然而，帕斯捷尔纳克首先还是将斯大林之死视为俄国历史上又一个磨难阶段的终结，而非所谓"终极"的消失；请相信，即使对一个自我中心主义者而言，这么看也未免过分。把帕斯捷尔纳克造就成一个斯大林主义者，斯大林本人当初都未能做到，那么，认为赫鲁晓夫能将他变成自己的忠实信徒，恐怕也是天真的想法。这绝不是一封袒护的书信。这是帕斯捷尔纳克双重语言的范例，而非奥威尔式双重思想的范例。

理智并非帕斯捷尔纳克提及最多的美德。尼娜·别尔别罗娃认为，帕斯捷尔纳克"什么都没意识到"，他不理解自己，更简单地说，不懂得反思。

其实，帕斯捷尔纳克最了不起的一项创造便是与当权者（以及与所有

---

[1] 1960年6月，阿赫玛托娃为帕斯捷尔纳克写下两首挽诗，并与1947年创作的《致鲍·帕斯捷尔纳克》一起合为一组。三首诗中未直接出现"领袖"一词，但第一首当中的"帖木儿"和"客西马尼园"，却足以产生跟"领袖""首领"乃至"导师"（耶稣）相关的暗示与联想。

陌生人)说话的能力,他能让他们什么都不明白,或者准确地说,让他们各有各的理解。形动词短语、典故及引文的堆叠、细节的缠绕、冗长的插叙、自我贬损,一切均以听不懂这些话语,却会将隐隐的悔悟之声铭记在心的人作为对象。帕斯捷尔纳克知道,总有一天,他所有被发现的信都将公之于众——大艺术家无异于"高明的演员",善于维护自我的形象。应当让自己的言行不失尊严。他写给法捷耶夫的,正好是后者愿意听到的,但这封信每个语句的含义都不确定,简直就是"伊索式话语"研究的材料。请注意,信中对斯大林个人只字未提,也没有一处对他的评价。一切表达得如此微妙,因而有可能导致相反的理解。

首先,这封信的修辞风格及超长的复合句,恰恰迥异于《日瓦戈医生》,后者明显是以鲜亮短小的简单句构筑而成。帕斯捷尔纳克的形动词与厚重的语汇,形成了他三十年代的散文风格和公开演讲的风格,这当中最显著的是几个模糊不定的概念:开端、广泛、共性……正如一部好剧可以按照截然不同的释读来上演,这封信的文本也可用各种声调来阅读,每次强调的重点均有所不同。帕斯捷尔纳克涉及斯大林和斯大林主义的所有文字,从那封哀悼阿利卢耶娃之死的联名信的附言到《新的成熟》,也都是这种风格。"某种开端的化身"——是的,但究竟是何种?斯大林体现着某种开端,这乃是事实,而帕斯捷尔纳克也很清楚,这是前基督时代的开端。他确实有资格充当晚期罗马的宏大象征。"死和音乐的强力"。是的,最终出现了也能够作用于他的力量;而"涌向棺椁的人民的强力"初次彰显,正是在压迫人民的权势终于消逝之际。此前并没有人民,有的只是螺丝钉和"有机体"。"全世界所有国度当中,正是生养了我们的这片土地……变成了一片纯净生活的乡土,一个枯干了眼泪、洗净了屈辱的举世认可的地方。这是怎样的幸福与荣耀!"但是要知道,此处所说的一切既可归因于革命,也可归因于斯大林的死亡本身:直至暴政的该隐印记①从国家肌体上剥落,国家才可能成为纯净生活的国度。信的开头写到如此之多的泪水和泪的涌流,似乎要告诉世人,泪水似乎能洗刷几十年来可怕的屈辱(带有嫌恶意味的动词"滑过",被用于描述他人的痛苦;它"缓缓滑过你内心,湿润了你的脸"——更

---

① 即"罪恶的印记",典出《圣经》:该隐杀死自己的兄弟亚伯后,上帝在他脸上做了记号,以示惩戒。

像是蚰蜒留下的痕迹)。

"超越了个别缘由的种种卑微的怜悯",俨然是斯特列里尼科夫的口吻,此时,小说中已经完成了对他的描述:

> 他想做好事,可他只有原则性,而缺乏心灵的无原则性,心灵是不顾普遍情况,只看个别情况的,心灵之所以伟大,就因为肯做小事。①

可见"卑微的怜悯"和"心灵的无原则性",在帕斯捷尔纳克的世界里也是有价值的。"难以估量的后果",同样是双重意蕴的最高级评论,倘若这里是诸如"至关重要"或"光明正大"之类的修饰语,则只能传达单一的含义。但作者最看重的还是规模,这一点毋庸置辩——后果确实难以估量。那双干得不错的手——总算第一次停歇了。

拉什科夫斯卡娅和伊文斯卡娅都注意到"植物王国"的母题,它似乎拉近了日瓦戈与斯大林之间的距离:植物界也在为这两人哀泣……与此同时,在帕斯捷尔纳克那里,"自然"永远是"历史"的反义词("人不是活在自然中,而是活在历史中"——此即他所阐释的小说要义),而他的自然观也让人不禁想到扎波洛茨基的哲学,无论在动物王国还是植物王国,后者看到的只是不和谐与普遍贪食的等级制度("虫吃草。鸟啄虫。黄鼠狼喝鸟的脑汁")。帕斯捷尔纳克的"植物世界"或"植物王国"被赋予明显的否定意味,重读小说中一个极具表现力的段落就足以感受(第十五章第12节):

> 这里没有任何仪式,有的只是一片沉默,这更让人感到此人已经逝去,只有鲜花代为祭奠和哀唱。
>
> 鲜花不只是既鲜艳又芳香,或许也在加快着衰败,它们就像约好了似的,一齐散发着香气,把芬芳的力量分给每个人,似乎是在完成一项任务。
>
> 植物王国很容易被视为死亡国度的近邻。在这大地的绿茵里,在墓地的树木间,在一丛丛待放的花苞中,也许就凝聚着我们想要揭开的转化的奥秘与生命之谜。当耶稣从坟墓里出来,马利亚一眼没认出他,把他当作了墓地里干活的园丁(她还以为是那看园的②……)。

---

① 引自《日瓦戈医生》第七章第31节。
② 据《圣经·新约·约翰福音》记载,耶稣复活后,向抹大拉的马利亚显现。马利亚"看见耶稣站在那里,却不知道是耶稣",反倒"以为是看园的"。

在帕斯捷尔纳克看来,植物王国与死的邻近是毋庸置疑的(为什么走出死亡国度、死而复生的耶稣,看上去像"看园的",不妨参阅吉卜林的短篇小说《园丁》,在这篇小说结尾,来到墓地寻找儿子葬身之处的母亲得到了园丁的安慰①)。他所说的奥秘——"转化的奥秘与生命之谜",就发生在有灵性和有思想的物质归向虚无的墓地,那里一切存在都决定于另一种法则——植物的法则。而这种转化本身也蕴蓄着死的秘密:鲜花,是无理性的生命,是一味生长和开放的盲从的意志。按照帕斯捷尔纳克的观念,没有灵魂的生命,即是没有生命的生命。由此才会想到,那些花儿"加快着衰败",它们"似乎是在完成一项任务",也就是在促使"腐烂的墓地"里方才还活着、会思考的创造物发生转化。毫不奇怪,前来送别和悼念斯大林的是整个"植物王国",一个在蒙昧和严酷条件下顽强生活的失去创造力的国度。回顾一下作者借由日瓦戈而展开的道白,这一切会显得更加清晰:

> 他又在想,他对历史或所谓历史进程的看法与众不同,他总觉得历史就像是植物王国的生活……历史不是哪一个人创造的,历史的发展如同草木的生长,是看不见的。②

这里所说的显然不是基督教历史观,而是所谓"历史进程"。历史是非人类的事业,故而帕斯捷尔纳克在1927年的一首诗中将未来比作森林;在组诗《雨霁》中,未来则"敞胸露怀,像针叶林",不属于人类所能论断的范围。历史时间犹如植物王国,也将埋葬其忠实代表斯大林。这不是人类的送别,莫斯科人群中"会思考的芦苇"哀悼的也不是哪个人。

> 花圃的花儿就这样
> 沉入自己夜晚的睡梦,
> 不记得片刻之前
> 曾经有过的丑行。
> 土地的成分不辨脏污。
> 蔓延的芬芳,净化万物,
> 一缕一缕浇淋

---

① 吉卜林小说中的园丁,同样暗示着耶稣复活的形象。
② 引自《日瓦戈医生》第十四章第14节。

> 玻璃瓶里十枝玫瑰。
> 夜的盛典结束了。
> 玩笑与游戏已忘却。
> 厨房里碗碟也已洗净。
> 谁都想不起什么。

以上片段引自天才诗篇《酒神节》,当然,这已是帕斯捷尔纳克最后一部长诗——关于罪恶的欢悦与罪恶的爱。土地同一切和解,就像屠格涅夫《父与子》的结局,但这是前基督的异教的无可追忆的和解,是前基督时代巨灵应得的埋葬。"土地的成分不辨脏污",喻示着不为植物王国所知的道德情感,而帕斯捷尔纳克的世界,实为善恶分明的基督的世界。

这封信中的道别格外醒目。帕斯捷尔纳克写给法捷耶夫的书信不多,其中没有一封的收尾是如此深情。通常他只是简短地署名:"你的鲍·帕"可在这里——哦,诗人的全知全能!——他仿佛知道,这将是他写给法捷耶夫的最后一封信①。他还知道,随着斯大林时代的终结,法捷耶夫也将被政治抛弃,而长久以来,他的生与死、荣与辱、翻译与再版,一直取决于这个人。所以他用一句"再见了"来结束自己的信。

帕斯捷尔纳克究竟为何要写这封信?他与法捷耶夫之间谈不上友情。帕斯捷尔纳克曾经对格拉德科夫坦言:

> 法捷耶夫个人对我很好,但如果有人吩咐他砍掉我的脑袋和四肢,他一定会真心实意地执行,并以饱满的精神向上级汇报,尽管事后又喝多的时候,他会对我说非常抱歉,说我是个非常好的人。

帕斯捷尔纳克写信给法捷耶夫,一般都是在有所需求时,比如莎士比亚悲剧的再版、签订译著合同、讨要预付稿费等等。对他而言,法捷耶夫仅仅是"有着人的面孔"的领导而已。有好几次,不出帕斯捷尔纳克所料,这位作协头目"依据职责",对他横加挞伐,几乎将诗人置于死地。帕斯捷尔纳克很清楚,法捷耶夫的所作所为并非出于恶,因而在写给他的信中甚至表示了几分同情(1947年6月):

> (去年)冬天,你和另外几位在文章和谈话中提到了我,你们的意

---

① 1956年5月13日,法捷耶夫自杀身亡。

见全都公平合理。你把一切指向我一人,你选择我作为这种实验的样本,这才是怪异和不公平的。我,不过是广大无党派知识分子中的一员。[……]因为他们也都爱着深沉不灭的个性世界,都记得耶稣和托尔斯泰,都一直反对不久前废除的死刑①,等等。希望你不要把这封私信用作他途,可话说回来,这也是你的自由。

想到"萨沙"有可能滥用"私信",说明帕斯捷尔纳克对法捷耶夫未抱任何幻想。他真心同情法捷耶夫,理解一个善良之人充当刽子手是多么难。也就是说,他的确认为后者是善良的,既然"善良"一词在他那里并非最高的赞誉。

1953年3月14日,帕斯捷尔纳克致信法捷耶夫有两个目的。首先,斯大林的去世不仅让他看到了重审伊文斯卡娅一案的希望,也看到了自由喘息和改变个人命运的希望。直到当年3月,帕斯捷尔纳克对纪齐安·塔毕泽的遭遇仍然一无所知②,不排除他可能还活着。伊文斯卡娅还有一年刑期(1953年5月根据大赦提前获释)。阿里娅·埃夫龙还在图鲁汉斯克的流放中苦苦煎熬,工作沉重不堪,缺乏生活来源。许许多多的人都有可能归来。帕斯捷尔纳克仍然有求于法捷耶夫,因为他有权势。

这封信的另一个目的是:帕斯捷尔纳克想为自己总结这个时代。信中对"时代的毁坏"做出了确证:这是一个"自我定论的时代"。他致信法捷耶夫并非平白无故,后者的《论斯大林的人道主义》同样是一篇总结性的文章,文中断言,斯大林的人道主义在原则上属于新的类型,与传统人道主义观念迥然不同……帕斯捷尔纳克据此认为,法捷耶夫也意识到了什么,他似乎想用伊索式的隐晦语言来暗示斯大林的非人性。毕竟,"有别于一切形式的基督教人道主义及资产阶级民主派之旧式古典人道主义"的世界观,同人道主义本身并无任何共同点。这是显而易见的!拉什科夫斯卡娅认为,在法捷耶夫3月12日这篇文章中,正是这些语句引起了帕斯捷尔纳克的注意。果真如此的话,帕斯捷尔纳克"伊索式的呼应"也就豁然明朗了。但即便不是这样,作者起码还想为自己总结时局的意涵:一个时代结束了。

---

① 1947年5月,苏联最高苏维埃颁布《关于取消死刑的法令》。1950年1月,一度废止的死刑重新恢复。
② 塔毕泽早在1937年12月就已被苏联政权镇压。

从此可以开始"纯净的生活"。相对于暴君的强力,还存在着"死和音乐的强力"。

10

在"解冻时期"帕斯捷尔纳克提及斯大林的所有言论中,最有分量的当数他与奥莉加·伊文斯卡娅1956年一场谈话时说的:

> 长期以来,统治我们的是一个疯子和杀人凶犯,如今却是一个傻瓜,一头猪;凶犯总还有一时激情,能够凭借直觉对事物有所感知,尽管他自己也蒙昧到极点;现在我们是被一个庸人的国度占有了。

帕斯捷尔纳克的长子记下了父亲1959年秋天说过的一句话:

> 以前开枪厮杀,流血流泪,但公开脱裤子终归是不得体的。

扎波洛茨基临终前数小时向妻子说过的话,与帕斯捷尔纳克对斯大林的评论惊人地相似。

> 斯大林——时代交叉点上的复杂人物。清理旧的伦理、道德和文化,对他并非易事,因为他本人就是从中成长起来的。他曾在神学校读书,这也在他心中留下了印记。生养他的土地是格鲁吉亚,那里的统治者无不虚伪、阴险,经常又是嗜血的。尼古拉·阿列克谢耶维奇说过,对赫鲁晓夫而言,处理旧文化倒是比较容易,因为他身上压根儿就没有文化。

1958年10月13日至14日夜间,扎波洛茨基的妻子记录了他的遗言。

与帕斯捷尔纳克相比,扎波洛茨基因斯大林而遭受的苦难显然更多。即便如此,他还是道出了斯大林与旧文化之间直接的亲缘性和继承关系,而赫鲁晓夫则属于新的野蛮人的一代。这并不意味着斯大林继承了贵族文化,而是说,他毕竟知道它的存在,而且并非道听途说。归根结底,这是"规模"问题。

帕斯捷尔纳克绝不是在为"一个疯子和杀人凶犯"辩白。他曾经对斯大林怀有某种难以界定的情感,姑且称之为自我对应之感。没有"伟大恶棍"与"伟大诗人"(后者处在与前者对立的极点,与之保持平衡)的三十年代,是不可想象的年代。帕斯捷尔纳克与斯大林之间的联系,不仅在于相互吸引或排斥;他们相互制约。"人们记住我,就会记住你。"所以你这艺术家之子,可别忘记我——鞋匠之子。

第二十九章　1935年：非创作危机

1

1935年春天，帕斯捷尔纳克首次出现了失控的状况。向来忠实可靠的身体，不再听他使唤。奇怪的恐惧症，让他难以入眠。3月10日，他给纪齐安·塔毕泽写信，笔调之惶然，前所未有。信中谈到"灰暗的、使人乏力的空虚"，也谈到突如其来的惆怅、失眠和无力工作。但还在2月时，在他写给奥莉加·希尔洛娃的信中，就流露出抑郁的情绪，以及匪夷所思的人格分裂：

> 我一点都没变，但我的精神状况越来越糟了。不知是在(作家)代表大会之前还是就在大会上，他们试图改变我过去和现在的形象，按照他们的臆想，像算算术一样把我限定在大而无当、沉重冗长的框架内。我当时就陷入了不堪忍受的虚假境地。如今，这种感受变得更加荒唐了。候选人落选了：此人不打算，不希望，也不可能成为大人物。很快一切都将好转。他们将揭露我的丑闻，对我展开批判。我将重新回到与自我的平等，回到我的几何学的现实。要是能活到叶尼亚成年，或许还能写下点东西。

当年4月，他的失眠和精神病态日益严重，他写信给奥莉加·弗莱登伯格："生命就这样流逝。而且非常之快。"他所说的当然不是自然死亡的来临，或者准确地说，不仅是自然死亡，还有所谓"揭露和批判"。帕斯捷尔纳克此时所有书信，无不发出呼喊——"快点儿！"直到1936年，牵强、虚假、似是而非的"官方认可的大诗人"地位，不仅给他带来压力，也带来痛苦；人们期待于他的，他碍于原则而无法给予，对他这样一个生性温和、懂得感恩的人来说，这种处境无异于双重折磨。与此同时，他对时代已不抱任何幻想:他周围的人不但在道德上被整肃,还随时面临着在肉体上被消灭的危险。

> 你不会明白,我整天的时间都耗费在哪儿了!可是,不这样又能如何,既然在那些被吞噬的人当中,我还如此幸运地被当作人来对待。

"被吞噬的人"一词,直露到极点。正是这种"被当作人来对待",成为帕斯捷尔纳克无尽的痛苦之源:

> 无法一直按照时钟生活,况且其中一半是按照别人的时钟。

在这里,书信前半部分坦率、信任的语调与随后的喧嚷形成鲜明的反差:

> 可你知道,越往前走,我就越来越确信我们这里正在发生什么,而无需考虑其他情况。野蛮令许多人吃惊,其实大可不必。毕竟,凭借俄罗斯①的资源,在基本原则保持不变的前提下,从未看得如此之远,如此有尊严,根基也这样鲜活,充满新意。有时候,尤其是最艰难的时候,一切都显得很微妙,也很深奥。

然后是没有任何过渡的一句:"我们事事如意。"当帕斯捷尔纳克谈到"微妙而深奥"的国家治理,未必出于真心;重要的是,针对"基本原则保持不变"的"俄罗斯"(对他来说,这是少有的讥嘲)资源,这里第一次发出了怀疑的声音。帕斯捷尔纳克似乎在暗示,鉴于以往的传统,现政权远不是最坏的选择。

帕斯捷尔纳克的精神失控往往从失眠开始,失眠又引起驱之不散的恐惧感、消沉而混乱的思绪、自责和自我折磨。通常失眠会在一个月内消失。(他不愿用催眠药物毒害自己,因为在药物作用下,早上工作效果很差,而他习惯于一大早写东西)这一次,直到夏天都没有恢复睡眠。就在7月,他被派往巴黎参加了反法西斯作家大会。

关于这次大会不乏详尽的记述,弗莱什曼更是细致地重现了会议的背景。反法西斯作家大会的倡议者是爱伦堡,他当时担任类似苏联驻欧洲文

---

① 帕斯捷尔纳克此处使用的"俄罗斯"形容词是 расейский,而不是通常的 российский,这种旧式的用法带有戏谑和嘲讽意味。

化大使的职位,同时也负责向苏联介绍西方文化。1934年的苏联作家代表大会刚一结束,就在侨民中间,尤其是在欧洲文化界引发了热烈讨论,由此产生了举办一场文化人士大型集会的意向。不要忘记,在西方知识分子眼里,法西斯主义是文化的主要敌人,因而法西斯主义的敌人即是文化的保护者,斯大林则是主要的反法西斯主义者。在险恶的意识形态斗争中,照例没有人关心现实。

苏联作家代表团本应由高尔基率领,但他未能去巴黎:官方宣称是由于健康原因(他本人也向大会专门作了书面说明),非官方消息则称,当局不愿放高尔基出国。1935年,他试图为加米涅夫辩护;众所周知,他与失势的雅戈达①关系密切;针对基洛夫之死所导致的镇压政策,他发表了措辞激烈的言论……高尔基的缺席,立即使苏联代表团的阵容为之失色:公认的明星,一个都不在其中。代表团由柯里佐夫带队,成员包括阿列克谢·托尔斯泰、爱伦堡、吉洪诺夫、加拉克吉昂·塔毕泽(纪齐安·塔毕泽的叔父)、柯拉斯、潘菲洛夫、弗谢沃洛德·伊万诺夫、拉胡迪、米基坚科、基尔尚和卢波尔。与作家们一道出国的还有作协第一书记、党务工作者谢尔巴科夫,因为当局害怕在没有监视的情况下放人出去。在欧洲名气稍大一些的只有阿·托尔斯泰和爱伦堡,伊万诺夫少有人知,其余成员根本无人知晓。马尔罗和纪德抱怨缺少亮眼的名字,他们也听说苏联方面只是担心把大牌作家放出去。帕斯捷尔纳克和巴别尔被紧急动员。当帕斯捷尔纳克接到电话(打电话的是斯大林的秘书波斯克列贝雪夫),他先是以健康为由拒绝和推托。电话那头严厉地问:"假如爆发了战争,而您受到征召,您会上战场吗?""会的。"他绝望地答道。"那就权当您被征召了吧。"

他接受了动员。临行前才发现没有像样的衣服,他被带到克里姆林宫专设的服装部,赶制了一套新装。就这样,饱受失眠折磨的他,蒙头蒙脑地被送上火车。(他后来告诉以赛亚·伯林,他出发时穿的并不是定做的带条纹的新装,而是用父亲的旧衣服改制的外套)巴别尔和他同住一间包厢。据巴别尔回忆,他一路上不停地诉苦,说他的疾病、失眠和疯癫,让人无法入睡。他还说准备写一个大部头的长篇,少了这部作品,他就不能认为自己是

---

① 海因里希·格里戈里耶维奇·雅戈达(1891—1938),苏联政治人物,秘密警察首脑,1934年至1936年担任内务人民委员会党中央书记,在斯大林授意下拉开了苏联政治大清洗运动的序幕。1936年被免去职务,由叶若夫取代,1938年被枪决。

603

人,更别说是文学家,可他写不出来,因为他快要疯了……列车途经柏林,他下车跟妹妹约瑟芬娜见了面。

父母当时在慕尼黑,和约瑟芬娜一家住在一起。两位老人都感觉身体太弱,不能去柏林跟儿子见面。谁都没有料到,他们再不会有重逢的机会,起码此生不会再有。约瑟芬娜和丈夫来到父母在柏林的居所,帕斯捷尔纳克和巴别尔乘坐出租车随后抵达,巴别尔马上识趣地离开了。

我不记得哥哥的第一句话,不记得他的问候语,以及大家相互拥抱的情景:这一切仿佛因为他异样的举止变得黯淡了。他表现得很克制,就好像我们不是分离了十二年,而是几个星期。偶尔他也会情不自禁地流下眼泪。他只有一个愿望:睡觉!显然,他正处于严重的抑郁状态。我们放下窗帘,让他躺在沙发上。他很快就睡熟了。

帕斯捷尔纳克经常在白天入梦,游离于现实之外,但白天的睡梦其实是他严重心理病态的标志。幽暗的第二现实对他影响越来越大,他明显无力掌控自己。

鲍里斯醒来时,他的情况似乎好些了,尽管还是一个劲儿地抱怨失眠,看来,最近几个月以来,失眠一直在折磨他。(然后他告诉妹妹——她简直无法相信整个故事——他是如何被紧急派来参加大会的:"一切恍如梦境。")我们力劝鲍里斯在父母的住处待上一夜,等到早晨再继续行程。后来决定先去苏联大使馆,问清楚他是否可在柏林过夜。我们坐地铁出发了。(在地铁里,帕斯捷尔纳克愣了半天,不知该不该把用过的车票扔到灰色大理石地面上:"这里到处都这么干净……街道上也是。这么整洁……我以为,这里应该不准随手丢弃车票……"妹妹和妹夫觉得这也是心理疾病的症状之一,他们根本不知道莫斯科有多脏,甚至政府办公地也不干净。获胜的无产阶级日常文化之低下,到了惊人的程度。——德·贝)在大使馆我们了解到,大会差不多要结束了,剩下的时间,仅够我哥哥以个人名义到会,做简短发言,或许是在闭幕会上;因此他不可能留在柏林休息一晚上。[……]从大使馆出来,我们乘坐地铁弗里德里希线,赶往火车站,巴黎方向的列车由此发车。

半路上,他们来到一家餐馆吃东西。

鲍里斯终于开口说话了。他努力压制着激动的心情,忍住一次次涌出的泪水,讲述着种种与他的病症相关的个人困难,这可能不仅是疾病的后果,反过来说也可能是病因。三四年前,他娶了第二位妻子,济娜伊达·尼古拉耶夫娜·涅高兹。

突然,他告诉我:"你知道吗,我应该写写济娜,这是我对她的义务。我想写一部长篇小说……关于这个女孩的长篇……误入歧途的曼妙女孩……戴面纱的美人,出入于饭店夜场。她的表兄,一名近卫军军官,经常带她去那种地方。她,当然无力反对。她是那样稚嫩,那样妙不可言。"

(别忘了,帕斯捷尔纳克曾经撕烂并扔掉了"稚嫩的、妙不可言"的济娜·叶列梅耶娃的照片。)

约瑟芬娜接着写道,她"不相信自己的耳朵",不能想象,她的哥哥,唯一的、不同于任何人的哥哥,居然也准备炮制这种俗不可耐的情节。在车站上,约瑟芬娜的丈夫费多尔朝帕斯捷尔纳克喊道:

"回来的时候,你应该去一趟慕尼黑,爸妈等着呢。"

"我这种样子怎么能见他们?!"

"赶紧躺下睡一觉!"

"要是能睡着就好了!"

这是妹妹今生今世从活着的他口中听到的最后一句话。

奇怪的是,在父母的住处,他很容易立刻入睡。或许,他在那里仍然有一种在家的感觉——四周是亲切的物件,墙上是亲切的画像……在俄罗斯,一切反而陌生到了极点。包括在沃尔洪卡。

2

帕斯捷尔纳克以自己全部的经验证明,精神健康不仅不会妨碍诗人,反而对诗人不可或缺。创作恰恰是精神健康的最高形式,或者起码是治愈的可靠方式。身体的疾病从未影响过帕斯捷尔纳克。(正如我们所见,疾病甚至经常推动他的创作)而精神疾病也只有一次战胜了他,那正是在1935年,他的创作能力因此长时间难以发挥。这场疾病源于写作同行及当局代表们过高的期待,这些期待形成压力,一齐落在他身上。他不反对占据诗人的席位——归根结底,这是哈姆雷特式的对命运的勇敢顺服——可他不愿昧着良心占据虚假的诗人的席位。普希金在其自愿兼被迫的国家意识压力下殒命;整整一百年之后,帕斯捷尔纳克得以幸存,代价是救人于死命的失落和冷遇。

为深入"意识的光明之境"(普鲁斯特语),人的潜意识会选择不可测知的暗道。如果出于这样那样的原因,诗人不敢公开承认恐怖在这个国家大行其道,而只是畏怯,那么恐惧就会以怪异的形式出现。在此背景下,帕斯捷尔纳克心中突然萌生了一股无端的妒意。这要从3月说起,他当时在列宁格勒,正好住在济娜与表兄相会的那家旅馆(现在的"十月"旅馆)。事情在夏天达到高潮。他从巴黎给济娜寄来一封可怕的信:

> 我的内心充满忧伤,夜晚,我在睡梦中哭泣,因为我梦见有种魔力要把你从我身边夺去。我不明白,这是怎么回事,但我已做好最坏的打算。一旦你背叛我,我就去死。这将是自然而然的了结,我甚至可能都不知情。这是我相信的最后一件事:将我造就为一名真正(正如人们在这里一再对我说的那样)诗人的上帝,会向我施行这恩典,并在你欺骗我时将我收走。

1935年夏天,济娜伊达·尼古拉耶夫娜方才胆战心惊地将帕斯捷尔纳克送往巴黎,哪还谈得上什么变心——她担忧丈夫的病情,为抚养两个儿子,她辛苦操劳,而且在一段快乐的性自由时期(与苏联二十年代的性革命相重合)过后,她保持着少有的端庄,就像她年轻的但已然是清教主义的国家。但也正是在1935年,当帕斯捷尔纳克开始失去脚下的土地,他便以为妻子也在离他而去。他不久前才爱上的这个国家,已经彻底变了样。"我们心中的妒意由此而生。"[1]

他本来准备按照一个小本子上的内容在大会上发言。爱伦堡翻看了一下,建议他把本子撕掉。据前者证实,那上面用法语写满了老派的书面语,谈的是空泛的东西,关于艺术的伟大作用……一切恍若雾里看花。现在很难说,爱伦堡的意见有几分正确。很有可能,帕斯捷尔纳克打算谈论艺术家的自由,而这显然不是爱伦堡提到的话题。他是在一个令人不快和针锋相

---

[1] 引自帕斯捷尔纳克《冰与泪的春日》(1931)。

对的时刻出席大会的:所有剧情都在脱离剧本,事实上,这便是他被紧急动员的原因。苏联代表团必须对苏联侵犯言论自由的行为、对维克托·谢尔日(维·基巴利齐奇)的遭遇做出解释。这是一名记者,托洛茨基主义者,被判处流放奥伦堡三年。对他的审判(1933年)在欧洲引起轩然大波。女托派玛德连·帕兹发言(这个机会由马尔罗提供,因为他坚决主张每位代表的充分自由),声称异见人士在苏联受到迫害。其言论遭到吉洪诺夫和基尔尚一致反对,却并无说服力,而且基尔尚宣称,谢尔日之流跟基洛夫遇害不无关系。安德烈·纪德说,不能如此粗暴地攻击苏联,但大会结束之后,恰恰是他,去了苏联大使馆,要求释放谢尔日(弗莱什曼错误地认为,帕斯捷尔纳克从巴黎回来后,曾向加里宁①提出过释放谢尔日的书面请求;1935年8月14日,帕斯捷尔纳克从博尔舍沃写信给济娜伊达·尼古拉耶夫娜,说"我们要让维克托获得自由",但他所说的其实是另一个维克托,即维克托·菲利克索维奇·阿法纳西耶夫,父亲名叫菲·布鲁曼菲尔德——帕斯捷尔纳克为其葬礼写下《责难未及停息》一诗的那位音乐家。帕斯捷尔纳克的请求递交之后,十年刑期减为五年,但1938年,还在服刑的阿法纳西耶夫刑期又增加了十年,后来不知是死在狱中,还是被枪决了。帕斯捷尔纳克从未替谢尔日说情,他请求保护的只是亲戚和朋友,也就是他能为之担保的那些人)。

由谢尔日一事引发的争吵过后,帕斯捷尔纳克于6月24日来到会场,他的出现成为苏联代表团的重要论据:这才是真正诗歌和纯洁良心的化身。代表们纷纷起立,马尔罗介绍说:"在大家面前的,是我们这个时代最重要的大诗人之一。"然后用手头的文本翻译了他的《人人如此开始》。帕斯捷尔纳克做了泛泛的发言,引来一片欢呼。

> 诗歌永远高于任何阿尔卑斯山脉,这光荣的高度就躺卧在草丛里,倒伏在脚下,只要弯下腰,就能看见并将其从地上捡拾;诗歌永远要比各种会议上可以对它展开的讨论更单纯;它永远是拥有天赋理性语言的人类之幸福的固有功能,因此,世上的幸福越多,做一名艺术家也就越容易。

---

① 米哈伊尔·伊万诺维奇·加里宁(1875—1946),苏联政治家,十月革命之后,一直担任苏俄和苏联名义上的国家元首。

这些都是吉洪诺夫和茨维塔耶娃从他的发言中拼接起来用于发表的。（茨维塔耶娃不是大会代表，却经常到会，与苏联代表团广泛交流，这也让帕斯捷尔纳克感到恼火——他知道吉洪诺夫是何等样人，茨维塔耶娃却兴致勃勃，被这位勇敢的诗人所吸引，甚至刻意显示自己的欣喜，试图以此刺激令她失望的鲍里斯）据帕斯捷尔纳克本人说（与以赛亚·伯林谈话时），大会闭幕前夕，他总算表达了一直埋藏在心底的想法：

  我知道，这是一场作家的大会，大家聚在一起反对法西斯主义。我只想就此对你们说一点：不要搞什么组织！组织，不啻艺术的死亡。最重要的是个人独立性。无论1789年，1848年，还是1917年，作家们都不曾组织起来保卫什么，反对什么。

以赛亚·伯林专门询问过马尔罗，但这位法国人根本不记得这番话。

帕斯捷尔纳克起初想在巴黎停留两三个星期，法国医生计划用这段时间帮他恢复身体，当地医院的安眠药也开始对他起作用了，更主要的是，巴黎的氛围感染了他。

  这完全是一个美与高尚的世界，千百年间人性得以传扬的世界，像是对巴黎的效仿，柏林、维也纳和彼得堡也各自诞生在自己的时代。

因为人性这种主要因素的缺失，他在俄国过得苦闷异常，而在这里，人性却是自然的、人皆有之的东西。帕斯捷尔纳克随后改变了主意——不仅谢尔巴科夫劝阻他，他自己也越来越想念妻子。不过，他急于回国，还有物质上的原因：他手里的外汇很少，远远不够支付治疗所需的费用（代表处拒绝给他发这笔钱）。

那些日子里，他整天在城里游逛，为妻子买穿的，似乎不惜一切代价也要给她带更多衣服回去。他向所有人谈起这件事，甚至也包括玛丽娜·茨维塔耶娃：正像马雅可夫斯基所云"妙不可言的失策"，而且是双重的。只有对茨维塔耶娃极不了解（或者有意要让她难堪），才跟她商谈什么日常生活问题。作为诗人，她受不了别人向她询问穿衣服的事情。但帕斯捷尔纳克的"失策"还有另一面：茨维塔耶娃仍然自以为与帕斯捷尔纳克处在"暧昧状态"，就像某些大国长期自以为处在战争状态。"你太太长得怎么样？"茨维塔耶娃装作若无其事地问。"哦，她可真漂亮！简直是个大美女！"说着说着，就说到了她的胸脯。可以想象，这给茨维塔耶娃留下了怎样的印象。据艾玛·格施泰因回忆,甚至在1940年,茨维塔耶娃与阿赫玛托娃初次见面时,关于帕斯捷尔纳克的话题也是基于这一情节。她们几个走出楼门口(和阿赫玛托娃一起去看戏),玛丽娜·茨维塔耶娃开始比划,帕斯捷尔纳克如何向她描绘妻子的胸脯。她那不雅的挥摆的动作,让心地纯洁的格施泰因大为惊诧。

茨维塔耶娃让女儿替自己陪帕斯捷尔纳克逛商场。她向来自视甚高,女儿的靓丽容颜早已激起了她心中的不快,如果不说是妒意的话:她觉得,这似乎不是她的阿里娅,不是她在革命的莫斯科按照自己的形象塑造的那个神奇的孩子;她面前不是天使阿里娅,而是一个"正常的女孩",这恰恰是她无法忍受的。

帕斯捷尔纳克,正如前面章节所说,很少用传统眼光看待女性的姿色。阿里娅的年轻美貌对他没有任何触动。这样也许最好。1956年,阿里娅从劳改营归来前夕,他对伊文斯卡娅和她女儿说:"她不怎么漂亮……根本不像她的母亲。脑袋那么小……"如果说脑袋显小,那也是由于眼睛太大的缘故。阿里娅实为俄罗斯文学中最迷人的女性之一,所以伊文斯卡娅初次见到她时(两人立刻成了朋友),就为帕斯捷尔纳克的描绘与事实之间的差异而吃惊。不过,帕斯捷尔纳克虽然不欣赏她的魅力(甚至连名字都记得不准确,好在后来弄清楚了),他们却聊得投机。阿里娅的精神健康,正是他当时最欣赏而他本人非常欠缺的。他们一起逛商场,挑选礼物,阿里娅想回去时,他也不阻拦。跟阿里娅、玛丽娜和谢尔盖谈论最多的是回国问题。他总是不做明确的回答,就将话题转移。谢尔盖对苏联生活一无所知,却有着明显的苏联情结,难免影响到坦诚的交流。1956年,帕斯捷尔纳克对来访的年轻诗人列夫·利夫希茨(即如今大名鼎鼎的列夫·洛谢夫)说:

> 我就像一个斯巴达男孩,五脏六腑被狐狸噬咬,却不能叫喊一声。

阿里娅从第一次见面就很喜欢他,两人当即以"你"相称;此外,即使在年轻的"左翼"侨民界,她也是孤独的少数,与"鲍里斯"闲逛和交谈成了她真正的享受。在写给他的信中,她经常回想起散发着橙子味的旅馆房间和半裸身体在走廊里溜达的塔吉克诗人拉胡迪:在巴黎,他根本无事可做。

大会结束后不久,帕斯捷尔纳克和茨维塔耶娃及其家人来到咖啡馆小坐。谈话再次围绕着回国而展开,帕斯捷尔纳克觉得很压抑。他站起身,说去买香烟,走出咖啡馆,再也没回来。换了别的时候,他当然不会有这样的举动,但这一次他唯有逃离,才能真正解脱。"您'去买烟',就一去不返。"茨维塔耶娃在信中对他写道,并将他列为抛弃她——背叛她的人。然而,对于这场"未相会",她似乎也感觉轻松了些:

> 一个女人——而且是相貌平平的女人,带着孤独的印记,像我一样,已经完全不年轻了——爱上一个美男子,这太像是美国老女人任性的游戏,只能自取其辱。我倒有心——却不能够。平生一次还是两次?——我爱那个英俊非凡的人,但转眼就将他拔高为天使。

她如果知道美男子和天使是怎么回事就好了。

3

7月4日,帕斯捷尔纳克离开巴黎,前往伦敦,同赖莎·罗蒙诺索娃和她丈夫匆匆见了一面。7月6日,从伦敦坐船驶向列宁格勒。他与谢尔巴科夫同住一间客舱,接连两晚上,自顾自地说个没完,令同伴苦不堪言。谢尔巴科夫起先还点点头,然后尽可能不听他讲,再往后就睡着了,等他醒来时,帕斯捷尔纳克还在窒闷的船舱里,坐在铺上说啊说。

有人认为,帕斯捷尔纳克是在说梦话。也有人认为,面对一名准备就反法西斯大会进行书面汇报的官员,帕斯捷尔纳克只能假装精神出了问题。而大会总体上是失败的:无论爱伦堡回忆中"以几个未完成的故事逗乐了听众"的巴别尔可笑的发言,帕斯捷尔纳克赢得欢呼的含混之辞,还是代表团其他成员咄咄逼人的演讲,都未能使大会起死回生。谢尔巴科夫的报告将帕斯捷尔纳克说成是不宜派往任何地方的半疯癫之人,对他是有利的。在与以赛亚·伯林的谈话中,帕斯捷尔纳克明智地表示:"也许,我还应该多谢他对我的状况所做的判断。"谢尔巴科夫一回到莫斯科,就告诉济娜伊达·尼古拉耶夫娜,帕斯捷尔纳克留在了列宁格勒,最好把他弄回来,他待在那儿显然不合适。鲍里斯·列昂尼德维奇在弗莱登伯格家住下。他给妻子拍了电报,让她别来找他,随后又写了一封信:

> 我害怕莫斯科的一切远景——疗养院、别墅、沃尔洪卡的居所——我身上没有半点力气能用在这些事情上了。我来到列宁格勒,精神极

度失常,也就是说,我不禁为自己跟任何人说过的任何一句话而哭泣。处于这种状态的我,又落入阿霞①姑妈家的安静、洁净和冷冰,忽然间我相信,我这就能离开眼前迷离的色彩、广播、谎言、对我的意义的荒诞不经的鼓吹、旅店里近乎堕落的氛围,因为这些旅店,我时常想起你,想念也成为我的创伤和不幸,等等等等。最终还是应该找回三个月来从我内心神秘而痛苦地失去的安宁![……]你别来这里,这会让我更加不安。[……]谢尔巴科夫有一张扣押在列宁格勒海关的物品清单。去找找他,他会帮你把东西要出来,交还给你。

谢尔巴科夫提供了帮助。顺利要回了三件毛料衣裙和其他杂物。济娜伊达·尼古拉耶夫娜独自做出了一个天才的决定,最起码,提倡果断决策的现代心理分析师会为她鼓掌。她意识到,旅店带给帕斯捷尔纳克压抑的印象,他在那里总是想起她,想到她当初作为一个小女孩跟米利金斯基在一起的情景,所以,应当采取"以毒攻毒"的办法,带他去旅店,两个人单独度过一段时间。如此一来,可怕的往事就会变成美好的。她带着谢尔巴科夫写给列宁格勒海关的信函,准备启程。夏季的车票没有了,谢尔巴科夫又帮她弄了一张。来到列宁格勒之后,济娜伊达·尼古拉耶夫娜不顾奥莉加·弗莱登伯格反对,把丈夫带到"欧洲"旅馆。哦,爱的行动奇迹般产生了效果!他们一起度过了一星期,据她回忆,"非常美妙"。

安娜·阿赫玛托娃却留下了感伤的证言:1935年7月,帕斯捷尔纳克好像"向她求婚了"。就天性而言,安娜·安德烈耶夫娜并非把同时代诗人对她的殷勤挂在嘴上的人。夸大个人的女性魅力在所难免,而魅力大概也是无碍其抒情形象的成分。自认为所有人都爱上了她——这未见得庸俗,反而显出悲剧和庄重的意味:公共的女主角,公共的牺牲品,"以及许多人失去安慰的孀妇"②。1923年,在她患重感冒期间,曼德尔施塔姆照料她——在最直接和普遍人性的意义上,她觉得这种"照料"似乎暧昧不清③,便要求曼德尔施塔姆少来见她,"以免闲言碎语"。她有一天还说,在二十年代末一次会面时,帕斯捷尔纳克太过忘情,"抱住了她的双膝"。1935年,

---

① 安娜的爱称,即安娜·奥西波夫娜,奥莉加·弗莱登伯格的母亲。
② 参见阿赫玛托娃《女人现在如何。祝愿您拥有另一个》(1942)。
③ 在俄语中,照料某人还有"向某人献殷勤"之义。

在列宁格勒,帕斯捷尔纳克很有可能见到了阿赫玛托娃,虽然没有什么证据,除了她自己的讲述。他可能去喷泉宫①找过她,目睹了她的生活状况;条件着实不可思议——阿赫玛托娃像茨维塔耶娃一样,为那个属于自己的"非人类"世界付出了一生。尼古拉·普宁,俄国未来主义的杰出研究者,俄罗斯博物馆(Русский музей)先锋艺术藏品奠基人,本人也是一位重要的先锋艺术家(包括在家庭生活方面),自1925年起成为阿赫玛托娃的丈夫,但他从未离开原先的妻子,所以阿赫玛托娃和普宁夫妇就住在喷泉宫一间厢房里,而她屡次试图与普宁分手,都遭到赤裸裸的威胁:"没有您,我活不下去,没有您,我工作不成!"到头来,她只好又回到他(和他的家人)身边。三十年代中期,她与弗拉基米尔·加尔申发生了恋情,此人是列宁格勒一名病理解剖医师,性情乖张,易冲动,多才多艺。他们也经常在喷泉宫幽会,一墙之隔就住着普宁一家……很可能,帕斯捷尔纳克曾建议阿赫玛托娃搬到莫斯科,在他那里落脚,而她则认为这是"求婚"(如果了解她的话,就知道她不可能不这么认为)。

帕斯捷尔纳克不愿回忆自己的生病。"原因就在于空气,最广义的空气。"两年后他写信对父母说。由于他没来,父母很伤心,更伤心的是茨维塔耶娃,她于6月28日从巴黎去了法维埃②,甚至不等帕斯捷尔纳克启程前往伦敦。7月2日,她写信对捷克作家捷斯科娃说道:"与帕斯捷尔纳克的相会(——有过——怎样的——未相会!)……"1935年10月底,她给帕斯捷尔纳克写了一封更严厉的信:

> 关于你:真的,不能把你看作常人……真要命,我永远不会理解,你怎么可以坐着火车,错过自己的母亲,错过十二年的等待。而母亲也不会理解——别等了。我的理解和人类的理解,总有一个限度。就此而言,我与你正相反:我让自己坐上火车,为的是见上一面(尽管我可能同样害怕,同样不觉得有多快乐)。[……]关于您的柔情:您——沉浸于此——如鱼得水,您用这块吸湿布堵在您恩赐的伤口上,堵住受伤者哭号的喉咙。哦,您可真善良,见面时您不会第一个站起身,开口道别

---

① 即谢列梅杰夫宫,位于圣彼得堡,从1918年到1952年,阿赫玛托娃在这座宫殿的厢房先后生活了三十多年。
② 法国默尔特-摩泽尔省的一个市镇。1935年,茨维塔耶娃在这里度过了夏天。

时,甚至不会咳嗽两声——为了"不惹人伤心"。您"去买烟",就一去不返,却出现在莫斯科,沃尔洪卡十四号,或者更远的地方。[……]但——如今您的辩白——也只有您这种人才能创造出这种东西来。[……]是我自己选择了一个非人类的世界——我有什么可抱怨的?

你的母亲,假如原谅你,那她就是那首中世纪诗歌里的母亲——还记得吗,他奔跑着,母亲的心从他手里掉落,他被那颗心绊了一跤:"Et voici que le cœur lui dit: 'T'es-tu fait mal, mon petit?'"①

帕斯捷尔纳克当然知道让·里什潘②的歌谣:

有一个生活在乡村的小伙子,爱上了一个邪恶的女孩……她说:把你母亲的心拿来,交给一群猪!小伙子剖出母亲的心,捧着跑去找那女孩,突然绊了一跤,跌倒在地上。这时,母亲的心问道:"我的儿子,你疼不疼?"

相比茨维塔耶娃的引文,里什潘的原文似乎更悲凉:"Et le cœur disait en pleurant: 'T'es-tu fait mal, mon enfant?'"③

有谁能承受这样的责备?

失望以及行为与内心需求的抵牾,令玛丽娜·茨维塔耶娃不能释怀,而且她还为他没有去看望母亲虚构了最浪漫的理由:他——并非常人,而是歌德、席勒、里尔克、普鲁斯特或施特劳斯一样的人物。可事实上他什么都决定不了:在去往巴黎的途中,没有给他顺带去慕尼黑的时间,甚至也不允许他在柏林过夜,回国时他还得(从反法西斯大会)横穿法西斯德国……谢尔巴科夫禁止他脱离共同路线,帕斯捷尔纳克虽然很愿意向茨维塔耶娃说明情况,却无法违抗指令。在茨维塔耶娃看来,不服从即是高尚行为的基础。她不理解,他岂能出于对当局的畏惧而参加大会,然后又拒绝与母亲相见。帕斯捷尔纳克只能屈从于这种戏剧性的处境——而茨维塔耶娃还没有回来,还不明白这一切④。

说来奇怪,与妻子在"欧洲"旅馆度过一星期后,帕斯捷尔纳克俨然不

---

① 法语:"心问他:'你没摔疼吧,我的宝贝?'"
② 让·里什潘(1849—1926),法国诗人,小说家,剧作家。
③ 法语:"心哭着问他:'你没摔疼吧,我的孩子?'"
④ 1939年,茨维塔耶娃回到苏联。1941年8月31日自缢身亡。

治自愈,随即恢复了散文创作,感觉也越来越好。1936年,当最后几许荣耀的喧声还在他头顶翻滚,冷遇悄然而来,而后越来越明显。这意味着他终于回到他所盼望和习惯的状态:除了他能做和喜欢做的事情,对他不会再有更多期待了。

第三十章　佩列捷尔金诺

1

历史未有明确记载,在莫斯科郊外兴建作家别墅村的英明创意属于何人。这一举措与三十年代中期意在笼络人心的文学政治相辅相成。精心安排的苏联"文艺复兴"开始了。离经叛道者暂时被赦免,"拉普"虽在组织上被粉碎,但尚未遭到镇压;"同路人"不但获得平反,而且被提升到显著地位。作家被视为突击队员,并像突击队员一样组成工作队。他们考察各个"项目",大规模地前往中亚、白俄罗斯和第三个五年计划的建筑工地。走遍也吃遍了各地。文化活动者成为一个特殊的群落。莫斯科出现了专供艺术家、演员和作家的住房——分给作家的是拉夫鲁申胡同一座豪华楼房。别忘了,直到1935年,帕斯捷尔纳克还跟人合住在沃尔洪卡的公共住宅,位于特维尔林荫路的房子给了前妻和儿子。现在,他分到了作家楼的一套独立住房,但这还没完。基辅火车站附近一个风景绝佳的地段上正在修建的"作家城",才标志着收买和诱惑的巅峰。

很有可能,这个创意来自斯大林。这是他的风格。按照职业特征组织起来的社会,已经不可能按照思想特征来划分了,因为所有人都把各自的等级特权攥在手里。1918年,布尔什维克有过类似的尝试,当然只是凭直觉,在当时的彼得格勒,为残疾人、梅毒患者、旧时代的妓女建起公共宿舍……后来是艺术之家、学者之家等等……

从事所谓创作型职业的人员等同于生产者。马雅可夫斯基的夙愿几乎实现了:"我希望,/国家计委/在热火朝天的讨论中/给我一年的工作。"[①]虽然没有吸引来国家计委,但作家领导层真是忙得热火朝天——社会订货纷

---

① 引自马雅可夫斯基《回国!》(1926)。

至沓来,要求书写这样那样的长篇,翻译这个或那个作者的作品……

佩列捷尔金诺像几乎整个莫斯科近郊一样,当时还是荒凉空旷的地方。革命前,这里是斯拉夫派贵族尤里·萨马林的领地,帕斯捷尔纳克与他的侄孙德米特里关系密切(永恒的巧合!)。革命后,这片领地上建起了一座儿童结核病疗养院。如今,佩列捷尔金诺成了莫斯科郊外第一座"为创作人员"修建的别墅村,还有一个象征性的名称——"松林里的特来美修道院"①。主管别墅分配的是高尔基。新的文学政治之表现在于,第一批分得别墅的恰恰是"同路人",其中包括费定、马雷什金、皮里尼亚克、列昂诺夫、伊万诺夫和帕斯捷尔纳克。就在这片地方,当作家数量(仅在莫斯科就有将近五千名)进一步增长时,还将建起类似于疗养院的"创作之家"。作家们可以经常来住上一两个月,安静地写作,周围是友善的松鼠和警觉的不无敌意的同行。

自1936年起,帕斯捷尔纳克几乎一直住在佩列捷尔金诺别墅,只是在"有事必须办理时"(《在早班火车上》),才会去莫斯科。起初分给他的是一套宽敞的六居室小楼,带有休息厅和露台,在一个光秃秃的背阴的地块上。旁边住着皮里尼亚克,对面是特列尼奥夫。皮里尼亚克,差不多算是帕斯捷尔纳克在莫斯科唯一的朋友,特列尼奥夫,一位上年纪的剧作家,为人和善,品行正直。1938年,皮里尼亚克被捕,帕斯捷尔纳克很想搬到别处,他不愿住在一座时常让他想起朋友命运的宅子旁边。马雷什金去世之后(这是正常的死亡,在当时实属幸运),帕斯捷尔纳克和妻子才得到了如今已成为博物馆的"3号别墅",面积不大,却很舒适,坐落在敞亮的地带。

1939年7月15日,帕斯捷尔纳克搬入新居后,写信给父亲:

> 这真是值得终生翘望的事情。景色、地势、设施、气氛和管理,一切都安排得像诗一般完美,甚至从旁观的角度,用别人的眼光来看。那些慢坡宛如河水的流淌,在整个地平线上(在白桦林里)蜿蜒伸展,连同一座座花园和类似于瑞典蒂罗尔独家住宅的带阁楼的屋舍,旅行时透过车窗也经常可以见到,在日落辉映下,窗外的景色让人忍不住探出半个身子,回头把目光投向充满着非凡魅力的村落。生活就这样突然发

---

① 典出法国作家拉伯雷(1495—1553)的名著《巨人传》。特来美修道院是拉伯雷想象中的人文主义理想国。这里唯一的规则是"想做什么就做什么"。

生了转折,在它的坡面上,我自己也被那辽阔远方所展现的意味深长的柔和色调感染了。

他感觉自己正处于生活的坡面上。在此期间的书信中,告别生活的语调清晰可闻,平静而伤感。然而,他还将度过二十年生命的时光——最好的和最重要的。

2

与帕斯捷尔纳克共同生活在佩列捷尔金诺的邻居尤其值得一提,他们像镜子,反映着他的形象。在他心目中,费定乃是文化继承性的象征,这种继承性也是费定1928年出版的长篇小说《兄弟》的主题。他们是朋友,对费定写于三十年代的两部平庸之作《"阿尔克图尔"疗养院》和《窃取欧洲》,帕斯捷尔纳克不吝赞誉,可见他宽厚的为人。想当初,他和费定还时不时地一起受批判,一起渡过难关。像费定一样,弗谢沃洛德·伊万诺夫也是原"谢拉皮翁兄弟"①的成员。到三十年代中期之前,他已完成了两部未能出版的反乌托邦杰作《克里姆林宫》和《У》,他写了很多,发表的却很少。他的妻子塔玛拉·弗拉基米罗夫娜,一位身材高挑的金发女郎,曾经是巴别尔的情人,并与他生有一了,名叫米沙,伊万诺夫将他跟自己的孩子维亚切斯拉夫(儿时的昵称叫作"科马")一起抚养大。科马后来成为帕斯捷尔纳克最喜爱的对话者之一。伊万诺夫对诗人说:"我无法回报你的诗和友谊,倒是给你养了个儿子。"不远处是科尔涅·楚科夫斯基的别墅,这是1938年"第二轮"分配时得到的。早在帕斯捷尔纳克的《空中道路》发表在《俄罗斯现代人》时,他们两人就已相识。楚科夫斯基不喜欢帕斯捷尔纳克翻译的莎士比亚,不理解也不认同他的小说,却对他的诗推崇备至,对他的人格也十分敬重。

他们是朋友和同事。(其中只有费定出卖了帕斯捷尔纳克,但帕斯捷尔纳克原谅了他:"那种情况下,谁都不可能伸出援助之手!")至于其他住

---

① 苏俄文学团体,1921年初成立于彼得格勒。名称取自德国作家霍夫曼的同名小说集。这一派作家反对政治干预艺术写作,强调形式和技巧,追求情节的复杂性和戏剧性。1926年停止活动。

在佩列捷尔金诺的作家,帕斯捷尔纳克并没有与之交往的热望:比如说,如果不算疏散到契斯托波尔的短暂时期(1941—1942),他与列昂诺夫之间就谈不上友情和相互的吸引。这位著有几个大部头社会哲学小说的作者,看不惯帕斯捷尔纳克笔下世界的非人化,看不惯他对"植物王国"的兴趣以及对人性的极度悲观。但这不妨碍帕斯捷尔纳克盛赞列昂诺夫的《侵略》——一部以战争爆发为题、毁于甜腻腻尾声的剧作。从三十年代末期开始,列昂诺夫已经几乎被打入冷宫,而另一位共同的邻居法捷耶夫依然走红。这是文学官名录上的领衔者(虽然始终都未能学会书写"官名录文学"),苏联作协第一书记,被饶恕的"拉普分子"。许多人认为他是具有民主作风的领导,连济娜伊达·尼古拉耶夫娜对他也有几分痴心。

此处不能不提帕斯捷尔纳克的另一位邻居,他以日记的独特形式展现了一位典型苏联作家眼中的帕斯捷尔纳克,他留下的见证弥足珍贵。这位邻居的命运本身,也足以成为一部惊人的长篇小说的素材。我们说的是亚历山大·阿菲诺格诺夫,剧作家,险些被镇压,又奇迹般幸免的"拉普"成员。为什么他在1938年没有和其他"拉普分子"一道遭难,这也是不解之谜:阿维尔巴赫和基尔尚当时已被捕,《在文学岗位上》杂志①的所有积极分子都被指控犯有托洛茨基主义罪行。阿菲诺格诺夫先是被开除党籍,接着又从作协除名。几乎所有人都同他断绝了关系。(一名三十年代初移居苏联的美国共产党员偏偏嫁给了他,她的名字叫作珍妮·伯恩加尔多夫娜)正是在这一时期,帕斯捷尔纳克开始跟阿菲诺格诺夫交往,故意公开地拜访他,就像拜访皮里尼亚克的遗孀,像国立剧院关闭后拜访梅耶荷德。瞧,既然谁都不去,那我去,而且还要把这件事大声说出来。此举之目的,当然不是突出个人英雄主义,而是表达无言的谴责:瞧着吧,我去找那个"鼠疫患者",也没什么大不了!尽管困难重重,他依然是唯一没有跟失宠的剧作家断绝往来的人。

在《命运的力学》(1997)一书中,诗人和编剧尤里·阿拉波夫说,对一个恶徒而言,最危险的事情莫过于反思和悔过。拿破仑原本所向披靡,直到有一天,他觉得人类生活对他不再有价值。刹那间的悔恨过后,万事成空:

---

① 1926年至1932年在莫斯科发行的一份文学杂志,系"拉普"的机关刊物,由阿维尔巴赫担任主编。前身是《在岗位上》(1923—1925)。

别了,祝你好运。即便作为恶徒,也应一以贯之。从阿拉波夫的理论来看,帕斯捷尔纳克与阿菲诺格诺夫的交往耐人寻味。阿菲诺格诺夫起初就不是坚定的"拉普分子"。对于何为美,何为文学评价的尺度,以及他个人在文学中的地位,他仍然持有一些自己的见解。至于说共产主义,他的确未有丝毫怀疑,他始终是纯粹的正统派,从他身上碾过的历史车轮却迫使他重新审视党对文学的领导。他甚至不认为党对基尔尚不公正——受到不公正对待的是他,阿菲诺格诺夫!他多么渴望为国效力!然而,在与帕斯捷尔纳克的交往中,他渐渐开始质疑自己的传统价值观。他已经意识到,不必与众人呼吸同样的空气;让生命摆脱尘世的虚空,献身于文学,与时代对话,阅读英法历史并思考重大问题的人,才是最出色的……显然,阿菲诺格诺夫具有真正作家的禀赋,帕斯捷尔纳克发现了这一点,他愿意使之得以发扬,人世间多少还残留的人性让他眼前一亮。两个人都处于字面意义和转义的荒漠。这是冬日里荒凉的佩列捷尔金诺,帕斯捷尔纳克离开家人,写他的小说;阿菲诺格诺夫也是门前冷落,并且随时都可能被带走。他们两个就这样讨论着中世纪晚期血腥的恐怖和情节构建的规则。阿菲诺格诺夫已做好最坏的准备,但此时他心中又燃起希望。1938年2月,被开除半年之后,他的党籍和苏联作协会员资格都恢复了!可是没有什么能让他回到原先的状态。这个苏联人内心出现了阴影。他思虑重重,怏怏不乐,受制于机械的作用力,这样的阿菲诺格诺夫已然在尘世间无所适从。就本性而言,他远比成名作家应有的样子正派得多——他自己不愿疏散到后方,也不想让别人走,因为所有年轻人和有战斗力的人都在莫斯科的苏联新闻社①做了登记。后来,楚科夫斯基还记得阿菲诺格诺夫如何劝说同事们留下,不要逃离莫斯科,如何渴望在新闻社工作。1941年8月,他彻夜书写自己最后一部剧作《前夜》。秋天,新闻社以及一些政府机关人员从莫斯科撤到古比雪夫。上级突然决定,派阿菲诺格诺夫和他的美国妻子去美国出差,为开辟第二战场做宣传。新闻社设在老广场(Старая площадь)的苏共中央大楼。9月29日傍晚6点,他乘飞机从古比雪夫回到莫斯科,7点赶到老广场上的办公室取资料,几分钟之后,德国人开始空袭,一颗炸弹在大楼附近爆炸,他被意外飞来的

---

① 成立于1941年6月,由联共(布)中央直接领导,主要任务是在苏联卫国战争期间为广播、报纸和杂志汇编有关前线、后方和游击队活动的各类通报。1961年正式解散,在此基础上成立了苏联新闻出版社。

弹片击中,不幸身亡。整个大楼里其他人都安然无恙,就他一个人不明不白地死了——不是在前线,也不是在劳改营。他的妻子珍妮同样死得诡异而可怖。她先是独自去了美国,1948年又乘坐轮船返回。轮船起火了,大部分乘客都成功获救,她却是遇难者之一。阿菲诺格诺夫死时是三十七岁,她四十三岁。

这对夫妇的生活里有太多不寻常的东西——相遇、爱情、奇迹般躲开的迫害、与帕斯捷尔纳克的友情、两场令他们的生命猝然终止的惨祸,帕斯捷尔纳克为之震惊,写了一篇纪念阿菲诺格诺夫的文章。尽管死神并非将"阿菲诺格诺夫这种体现着活力和希望的人物"缠住不放,但作为处理最高本质而非可鄙现实的艺术家,帕斯捷尔纳克还是凭借其惯有的敏感,认识到事件的规律性:阿菲诺格诺夫给自己招来一死,因为他与众不同。

> 我看到了笼罩在黑暗中的房屋和街道,盘旋在天上的空中强盗,以及在它底下更低处的年轻幸福的命运,富足到不可能不被发现。我也看到鲜亮的一览无余的命运,就像未遮挡的窗口,像无意中违反了灯火管制的行为。

是的,问题就在于违反灯火管制。只有不被发现的人才会幸免于难。但究竟是谁发现了他——是"空中强盗"?厄运?还是帕斯捷尔纳克?毕竟,所有落入帕斯捷尔纳克轨道的人,全都毁了:一道特殊的光落在他们身上,却未必与每个人的命运相融合。在心灵深处,他或许意识到自己即使对阿菲诺格诺夫之死没有罪责,起码也不无关系。二十世纪文学史中,很少有像他们的交往那样富于象征意味的册页,这两位同样孤独和失落的文学家,在其他方面却又惊人地不同——在空荡荡的别墅村,在大恐怖来临的冬日。

> 与帕斯捷尔纳克的交谈,将永远留在我内心。他每次都会立即进入重大、有趣和真实的话题。对他来说,主要的是艺术,而且只有艺术。所以他不愿意进城,而是一直住在这里,一个人独行,漫步,要么阅读麦考利①的英国史,要么坐在窗户旁,仰望夜晚的星空,沉思默想,要么还是写自己的小说。他觉得这一切都属于艺术的内容。他甚至不关心最

---

① 托马斯·巴宾顿·麦考利(1800—1859),英国诗人,历史学家,辉格党人,写有英国历史方面的论著。

终的结果。关键是创作并沉浸于此,至于会得到什么,我们多年后再看。

　　……当你走近他,他也同样会立即放下所有的琐事,把各种话题、见解和断言抛向你,一切都变得重要而真切。他不读报纸,在我这种离开新闻就无法度日的人看来(一个受到揭发和处分,随时可能被逮捕的"拉普分子",当然很难跟自己独处,而且他每天都在痛苦地期待着新的消息。——德·贝),这一点很奇怪。但他从来不会像我今天一样,把将近两个小时白白浪费掉。他总是忙着工作,读书,忙手头的事情……假如他身处宫殿或者牢房的木板床上,想必也一样会忙个不停,甚至有可能比在这里还忙,起码,他不需要考虑钱财和杂务,可以把所有时间用于沉思和创作……这是一个异常丰富和有趣的人。你的心会被他吸引,因为他善于找到极富人性的安慰的语言,不是出于怜悯,而是出于至善的信念。

在这里,帕斯捷尔纳克扮演着最适合于他的心爱角色——受苦受难之人的安慰者。他试图将阿菲诺格诺夫还给艺术,从而还给上帝,因此,他的目的纯粹是弥赛亚式的。他以自己全部的形象、行为和小说的片段,要让阿菲诺格诺夫相信,相对于当下,还有另一种现实;阿菲诺格诺夫信了,渐渐觉醒了,眼看着变成另一种人……但还是未能幸免于难,因为生命的法则是严酷的:并非所有人都是天才,而一个普通人,即使不乏才华和洞察力,一旦超越自我,势必难逃厄运。

3

1936年至1937年间,帕斯捷尔纳克仍然发表了不少言论:先是在1936年著名的明斯克会议上,然后是普希金百年忌日的纪念会。在明斯克召开的苏联作协理事会第三次大会,开了整整两个星期,从1936年2月10日直到24日。帕斯捷尔纳克的发言是在16日。这场充满了戏谑和懊悔的发言,也是他文学策略的绝好例证。只有用这种形式,也可以说,用莎士比亚式的耍笑,他才能够表达一些更重要的观点:

　　我觉得,近年来,我们在酒宴上的作家实践中……律师的雄辩中,仿佛期待着一位新的托尔斯泰,[……]在全体会议上,在某种新的"教育成果"的框架内,他会代表我们这些社会主义现实主义者……

同时代人和后世的饱学之士或许会惊恐地发问:他怎敢这么说?!而帕斯捷尔纳克这位杰出的策略家,立即把话锋一转:"这不,阿列克谢·托尔斯泰也要求开口讲话。"

全场哄堂大笑,人人都很满意。

然后,他又称赞了苏尔科夫(后者从1934年开始就一直批评他,在明斯克会议上的发言倒是小心翼翼:未得到信号,不知该对他进行抨击,还是像从前一样恭敬)。苏尔科夫评论他的原话这样说:

> 帕斯捷尔纳克过于胆怯,不敢将创作与现实材料结合起来。他虽然也尽了力,但在面对现实或面对应当与之决裂的世界时,依旧带有腼腆和羞涩的印记。

这腼腆和羞涩的印记,正像谢苗·特列古勃在《共青团真理报》所嘲讽的那样,就写在苏尔科夫的报告里,但报告人发言时却未提及,因为他确实不知道,帕斯捷尔纳克主要的保护人布哈林是否已被打入冷宫,其报告纲要是否已遭全盘否定。苏尔科夫不可能猜到,这场赌局将具有两面性,真正斯大林式的两面性:原"拉普分子"将身陷牢狱,布哈林及其亲信也不会被放过,最终,像以往时代一样,获胜者将是没有任何信念的百分之百的庸人。

在明斯克会议上,"共青团诗人"别兹缅斯基鼓动帕斯捷尔纳克多出去走走,在舞台上多亮亮相,关键是充分表达"我们的时代——斯大林的时代"。德米特里·斯维亚托波尔克-米尔斯基("路标转换派",归侨,在1936年已是苏联最出色的批评家之一,1939年被镇压)反驳他说,在为苏联诗歌赢得世界声誉方面,帕斯捷尔纳克比别兹缅斯基重要得多。(会场上叫嚷起来,称这是有争议的,主席台上则有人厉声说:"这无疑是不实之词。")帕斯捷尔纳克对争论做了精彩的回应:

> 别兹缅斯基从革命、群众、苏联社会等问题说起,转而不无偏激地批评我迷恋非苏联的事物,说我未能"到各地去读诗"(他的说法)。好吧,万一我没做到这一点,恰好是因为尊重这个时代,因为它具有了真正的、更为严肃的形式呢?万一我恰好在别兹缅斯基所不解的地方,发现了自己的长处呢?万一,比方说,我忽然被普希金和丘特切夫沿着各

自的著作走过和仍然在走的道路吸引了呢?

同志们,如果说在我们这里,舞台朗诵的放荡可以被容忍,在其平庸的发展中时常达到野蛮状态,那么,这也仅仅是因为,马雅可夫斯基在此方面,即作为一种舞台现象,曾经是如此鲜活的真理,给予我们如此之多,再过若干世代,他还会为这个领域正名,为音乐厅里许多未来的英雄洗刷罪责。

帕斯捷尔纳克准确地把可耻而平庸的诗人别兹缅斯基当作靶子。随后他又把矛头指向诗歌评判的定式——只论行为不论诗,谴责诗人创作的失误,如同谴责建筑师造成房屋的垮塌:

譬如说,在这里明确区分诗的好坏,像区分一堆旋制合格或不合格的机器零件。可是那些被视为坏诗的作品,甚至连诗都算不上,而只是庸俗品味的样板……总的来说,诗无分好坏,诗人则有优劣,这要看思维系统是发散还是空转。以后者名义许下的"斯塔汉诺夫①诺言",有可能因其自身矛盾而令人沮丧。[……]正如常言所说,只有勤劳是不够的。离开冒险和自我牺牲精神的艺术是不可想象的,自由与想象的勇气应在实践中获得,就此而言,意外恰恰是合宜的……大可不必依靠上级指示。[……]我不记得我们的法律有哪一项条款禁止人成为天才,如果有的话,我们的某些领袖岂不要对自己实施禁令了。

他鼓动每个人成为天才,或者起码也要以天才而非庸才为目标,说完这番话,他还故作谦卑状,向天才领袖表达了景仰。

接下来,帕斯捷尔纳克热情赞扬了杰米扬·别德内,称自己仰慕马雅可夫斯基,同时也承认杰米扬的才情:"在我心目中,他一直是我们的人民运动的汉斯·萨克斯。"(因为剧作《勇士》,别德内正处在焦头烂额的境地,据称该剧对俄罗斯民族风情的刻画不够尊重,而帕斯捷尔纳克的行为恰到好处,有力地支持了一位几近沦落的普通诗人)总之,他的这番言论体现出少有的"两面性",既符合官方学说,又不至于丧失尊严,刊登在当年10月《新世界》杂志上的组诗《夏日笔记》也具有同样的特点。

---

① 1930年至1950年间,苏联推广模范工人斯塔汉诺夫的工作方法,掀起斯塔汉诺夫运动,通过劳动竞赛与革新来提高生产效率。

这是一些绝美的诗作(共计十二首),新鲜的景象令人联想到《生活,我的姐妹》,但手法更简洁,有时更具表现力:

司炉工如何
登上船头,休憩,
烟草就如何排成行
在夜晚吐散香气。

遍地的天芥菜
也将自己的气息
传递给晾在舷梯上
盐渍的水手衫。

国营农场的园艺师
时而翻转身体,
时而把目光
从窝棚投向天空。

群星之夜,东北风停了,
篱笆细高的木栏
透过一嘟嘟葡萄粒
眨着眼睛。

紫罗兰与银河
合用一把浇灌的喷壶。
这亲昵劲儿让他
有点厌倦。

(《司炉工》,1936)

堪称完美的天才诗篇。一切均由园艺师(并且是国营农场园艺师)的视角来展现。劳动者从不错过凝望银河的机会。

此外,帕斯捷尔纳克记述了与帕奥罗·雅什维利在 1936 年之前的友情,这份给人带来美妙回忆的情谊,也夹杂着几分忧虑:雅什维利对斯大林主义深恶痛绝,帕斯捷尔纳克却不得不制止他,以免他写得直白而失去美感。帕斯捷尔纳克也许想要说明,这种过度的热情,"上边儿"也不会赏识。

> 没有人会把专横
> 带入过去的门槛。
> 我们从最初的诗行
> 来拥抱吧,帕奥罗!
>
> 我从未用图表的权力
> 让亲友们受委屈,
> 那些日子里,你们就是
> 我所爱和所见的一切。①

帕斯捷尔纳克1936年夏天写下这组诗作后,接连四年未写诗。公开的言论也停止了,他发现自己每句话都被重新解读,所以不想再滋生曲解。1936年3月5日,他与刚刚将《茶花女》搬上舞台的梅耶荷德一起吃饭。波斯克列贝雪夫很喜欢此剧,有意请斯大林观看,但梅耶荷德的剧院②却是始建于民主之风尚未绝迹的时期,未设置政府包厢;把领袖跟普通观众放在一块儿,简直不可思议。波斯克列贝雪夫表示,可以安排梅耶荷德到斯大林宅邸去演出,于是梅耶荷德与帕斯捷尔纳克商议,是否应该争取一次会面。帕斯捷尔纳克劝他打消此念。剧院文学部主任亚历山大·格拉德科夫记下了当时的情景:

> 他激动而雄辩地表达了自己的意见,认为梅耶荷德像个乞求者似的去见斯大林,是不得体的,可他现在的境况也只能如此,他还说,这些人应该平等地说话,或者根本不见面。

1936年3月13日,在莫斯科作家关于形式主义的讨论会上,帕斯捷尔纳克发了言。这次不像在明斯克会议上那样审慎和周全:这次的言辞更尖

---

① 引自帕斯捷尔纳克《没有人会把专横……》(1936)。
② 即国立梅耶荷德剧院,主要上演话剧,1920年创建于莫斯科,有过不同名称,从1923年开始以梅耶荷德的名字命名,直到1938年被解散。

锐。某些平庸之辈针对什克洛夫斯基、梅耶荷德、费定、皮里尼亚克、弗谢沃洛德·伊万诺夫等人的批评激怒了帕斯捷尔纳克。发言之前,他显得非常烦躁:

> 近两年来,《消息报》展开了一场解放运动。所以布哈林被派了过去。国外也有了支持我们的联合阵线。但为了把我们的索套投向他们,确实需要一个能把他们钩住的挂钩。《消息报》就是这样的挂钩。而我现在却弄不明白,发行《消息报》目的何在——干脆把《真理报》发行量增加一倍得了……《真理报》的文章也写得莫名其妙。究竟想干什么?如果教师要求学生清晰明了,那他自己就应该以身作则。不久前还是这样。报纸上有大自然,也有带着笑容的图片。你会精神抖擞地登上讲坛,说话、写文章也令人振奋。可如今,每个人都在压制自己。你说的是在你之前已经说过的话……仿佛处处变得更自由了,我们正处在民主化的前夜,审查制度好像也要弱化,螺帽却拧得严丝合缝。

帕斯捷尔纳克是在塔拉先科夫家,当着其他客人的面说这番话的。对于他是否应该把这些话题带入发言,大家争论起来。批评家鲍里斯·扎克斯说,这种言论只会火上浇油,塔拉先科夫则坚持认为,帕斯捷尔纳克的思想极其可贵,在大会上重复很有必要,因为其他人也这么想,只是不敢说出来。归根结底,帕斯捷尔纳克不会有任何风险——他似乎已不再是被攻击的对象……

阿谢耶夫认为(内务人民委员部的暗探保留了他的观点),帕斯捷尔纳克还有一个发言的动机:据说他已获悉《真理报》准备刊登反对他的文章,决定提前予以反击。此外,他知道高尔基对这场形式主义讨论强烈不满,并感受到站在他身后的权威。透露情况的人是巴别尔,他不久前从福罗斯①回来,高尔基也在那里疗养。按照弗莱什曼的观点(《再论帕斯捷尔纳克与斯大林》),阿谢耶夫散布这些消息,与其说为了诋毁旧日的朋友(有人声称这是被认可的勇气!),倒不如说是为了相当高尚的目的——他要向其他作家说明,支持帕斯捷尔纳克并非可耻的事情,别忘了,高尔基也支持他。弗莱什曼的解释具有一定的说服力,况且大多数人都很反感这种"讨论"。

---

① 位于克里米亚半岛的疗养胜地。

帕斯捷尔纳克在讨论会上发了言。笔录保留了下来。他的言论机智且不失策略,从而使讨论的焦点从上层倡议者转向会错意的一般组织者。帕斯捷尔纳克很清楚,这是唯一既能迷惑当局又能缓解压力的办法:

> 帕斯捷尔纳克:它们(关于形式主义的言论——德·贝)源于命令式的、非常严肃的信念……相形之下,这场讨论格局狭隘,令人憋闷。[……]领导层大概已经说了什么。我们对此不了解。这就让事情落入某些人手中,处理的手段却很糟糕。在我们国家,可能有不少丧失信心的人士,整日读啊,想啊——想着今天谁要倒台。批评家同志们,请想想看,如果我们都成为批评家,都去批评空气,那又会发生什么?[……]我宁可表达这样一种态度:倘若一定要在文章中叫嚷,那么,能否用不同声音叫嚷?(2月15日,《共青团真理报》就此次讨论刊发了一篇总结报告,他的整个发言当中,只有这句话被公开发表。——德·贝)这样毕竟更明了,而异口同声地叫嚷,反倒什么都听不清楚。[……]我不信这种文章出自纯粹的理性,我也不信每个这么写的人在家里跟他的家人也这么说。
>
> 斯塔夫斯基:你(他对所有人都以"你"相称。——德·贝)说的是什么文章?
>
> 帕斯捷尔纳克:任何文章。
>
> 斯塔夫斯基:文章和文章各不相同,你总该有个区分。
>
> 帕斯捷尔纳克:我说的是精神……《共青团真理报》上有人写文章称我写得莫名其妙(指1936年2月23日一篇匿名文章《坦诚交谈》),并且引用了杜勃罗留波夫①。好呀,说起杜勃罗留波夫,仿佛窗户一下子敞开了。我很欢迎杜勃罗留波夫这位客人,尽管引用他是为了反对我。可杜勃罗留波夫已不在人世,而问题还摆在那儿。[……]此类文章的可怕之处在哪里?可怕的是,我从中感受不到对艺术的爱,也感受不到热情与渴求。没有人痛苦地意识到,情况有些不对劲儿。[……]就这样,人们对皮里尼亚克和列昂诺夫的文字挑三拣四。这里并没有特别滑稽的。想必你们也认可类似的意见,那就请同意吧,只是不要有

---

① 尼古拉·亚历山德罗维奇·杜勃罗留波夫(1836—1861),俄国文艺批评家和革命民主主义者。

这样的笑声。(他巧妙地羞辱了他们。对他来说,十分钟的发言,足以让准备折腾一番的人群变成原先的作家联谊会。——德·贝)这可真遗憾。我没有感觉到严肃的东西。在某些机关,这种惊诧、抱怨和愤懑的传播者的等级制,正在落入冷漠而又麻木的手中。

3月16日,帕斯捷尔纳克不得不再次发言,解释他的立场:

> 在我看来,人们忽略了艺术中的悲剧精神……离开悲剧性,甚至自然风光我都无法接受。我们岂能弃置艺术的这一主要方面,如果不说是基本方面的话?![……]作为史学家,我们理应否定当下的悲剧因素,因为我们宣称社会主义革命之前的整个人类存在都是悲剧……请为先前的状况重新命名吧,哪怕称之为卑鄙无耻也好,而我们要把悲剧性留给自己。悲剧性即是人的尊严、人的庄重、人的充分成长……

三年以后,他对塔拉先科夫的一番话语更为直白(1936年,他们之间出现过龃龉,从塔拉先科夫身上,帕斯捷尔纳克发现了官样的乐观主义迹象,发现了他自己为之不安,并且无人愿意根治的病状):

> 需要有人骄傲地表达哀恸,穿戴丧服,以悲剧的方式感受生活。在我们这里,悲剧性属于违禁之列,等同于消极和哀怨。这是多么荒唐啊!任何激情都是悲怆的,青年人的青春期也是悲怆的,但这当中毕竟还有生命和朝气。我们需要活生生的人,需要这悲剧性的承担者……

1936年春天,在尚未发生争吵之前,帕斯捷尔纳克也曾对塔拉先科夫说:

> 我们缺少意见之争、观点之争。甚至一些诚实的人自己也开始用别人的声音说话。譬如说,我本来相信布哈林……可事实证明,布哈林发表的那些文章,也是同样的腔调。有人让我在5月的《消息报》上谈谈个性自由。我写道,个性自由是应当时时刻刻争取的东西——当然,这种文字不会刊登在报上……我们处于一个艰难的时期。我们乘坐潜艇,行进在艰难的历史航程中。它偶尔浮出水面,可以让人呼吸到一口空气。可我们被告知,这是一艘完美的大船,我们置身于欢乐的船舱,周围展现着壮丽的景观……我认为自己的使命就是时不时道出尖锐的问题,道出这一切的真相。其他人也该动起来。当人们看到重复同一

种思想的执着劲头,就会意识到,情况需要改变,也许真的就会改变。

他确实相信,少数发言者的勇气就能改变历史进程。与此同时,历史迈开它钢铁的步伐,迈向曼德尔施塔姆这样有远见的人物都不敢窥望的境地;他们内心的深渊与这血腥的巨坑一道共鸣,帕斯捷尔纳克却像以往一样相信,倘若某些大人物行为得当,历史就会驶离镇压和惩治的航向……1936年,帕斯捷尔纳克仍然觉得,他需要公开的言说,哪怕偶一为之。就算与当局的周旋已经失去意义,向社会发出呼吁仍然是可行的!10月,他写信给奥莉加·弗莱登伯格:

> 我首先遇到了某些热心之人乃至官方人士对我的关切,他们不理解,既然没有人整治我,也不打算这么做,那我为何还要为我的同行打抱不平。随后对我的回击是,在官方又一次指使下,几位作协的同志(几位大好人,其中有的还跟我关系很近)受命前来了解我的健康状况。他们谁都不愿相信,我的自我感觉很不错,睡眠和工作都没有问题。而这也被看作反对的姿态。

他想在信中安慰表妹。她陷入了一场匪夷所思的大批判:批判的矛头指向她的《情节与体裁的诗学》。弗莱登伯格想不通,一部普通的古希腊文学论著,何以引发舆论界如此狂躁的反应?问题就在于,作品远远超出规定的水平——遭受批判的不是观点,而是它存在的事实。

关于形式主义的讨论很快就收场了。帕斯捷尔纳克的发言笔录摆到了斯大林案头,此举出自《真理报》主编梅赫利斯,《消息报》原主编布哈林多年来的敌人。梅赫利斯一直在找机会往布哈林身上泼污水:发言一开始,帕斯捷尔纳克随口说了一句,直到1934年第一次作家代表大会之前,他本人非但"不理解集体化",甚至认为此乃世界末日。梅赫利斯在附带的信中强调:"这正好是在布哈林同志号召所有苏联诗人向他看齐的时期。""细脖颈的头领们"已经开始互相拧脖子了。但这份笔录却起了反作用。斯大林注意到其中所说的上级倡议未能严肃执行,反而被一些冷漠之人所掌控,因此他提议取消讨论。大概是最后一次,他终止了一场进行中的思想运动,显示出非理性的智慧和自由,他身边的仆从纷纷沦落到边缘。这又是一个"清理"作家领导班子的绝好理由。

但帕斯捷尔纳克也明白,按照1936年的尺度,为同道鸣不平,已然是伤及自身和他人的事情。他甚至不愿在报上发表意见支援奥莉加·弗莱登伯格。在写给她的信中他提到，唯有"通过非公开的渠道，亦即私下会面、游说、向有分量的人士寻求庇护等等"，才可能改变她的命运。自从《消息报》上刊登了女作者契切林·莱特森的《有害的胡言》一文，对弗莱登伯格的著作加以无知而粗暴的诋毁之后，迫切需要保护弗莱登伯格，使她免遭诽谤的伤害：这是每一顶"帽子"都可能成为判决的时代，而没有异议则被视为承认罪责。弗莱登伯格的朋友、她的博士论文评阅人伊兹莱伊·弗兰克-加缅涅茨基前往莫斯科，请帕斯捷尔纳克找布哈林说情。他们事先并未通过书信或电话商量自我保护的策略。帕斯捷尔纳克说，布哈林自己也"遇到了麻烦"。当加缅涅茨基从佩列捷尔金诺搭便车去莫斯科，坐在他膝头的正是之前在佩列捷尔金诺某位住户家做客的莱特森。一路上，她唧唧喳喳地说着，笑着。"一座疯人院。"加缅涅茨基在返回途中说。只不过这座"疯人院"才刚刚落成。

弗莱登伯格周围形成一片真空地带。她在绝望中给斯大林写了一封信。

> 这些日子里，我见识了什么是怯懦，什么是卑鄙的神色，什么又是冷漠、奴性以及荣誉感的缺失。

两个月后，副教育人民委员沃林接见并安慰了她。但她彻底认清了新时代的迹象和基本趋势：

> 现在不能分析问题。鲍里亚说过一句绝妙的话：分析是为了定罪。需要的是颂扬。

4

1936年冬天发生的一件事情，堪称不祥之兆。我们已经看到，帕斯捷尔纳克按照其象征主义世界观，把这样那样的抽象概念很自然地套用在家人身上。济娜伊达·尼古拉耶夫娜是国家的化身，她的孩子则是国家未来的理想公民。帕斯捷尔纳克对涅高兹的两个儿子充满情感，尽管他们永远不会像前妻所生的叶尼奇卡那样，成为他的亲骨肉。阿季克和斯塔西克经常跟他们的生父交流，帕斯捷尔纳克则始终是他们的"鲍里亚"，而且像对自己亲生的长子,他并没有教他们学习什么。他更愿意充当活生生的榜样。阿季克和斯塔西克适合于理想公民的角色,因为他们体现着两种普遍特征。阿季克体格健壮,灵敏,勇敢,生性好动;斯塔西克更喜欢安静和独处,他继承了父亲的音乐天赋,本该成为一位著名的钢琴家,如果不是在每个阶段都受到干扰的话:起初影响他的是父亲的姓氏(战争初期,这位失宠的音乐家甚至一度身陷囹圄),然后是他对家庭观念的质疑,再后来是与叛逆的帕斯捷尔纳克之间的亲属关系。

12月的一天,九岁的阿季克突发奇想,要从别墅车库顶上跳下去(帕斯捷尔纳克没有私家车,车库却是预先分给各家别墅的,以应对莫斯科高层人士的来访;有时,政府会把配备司机的专车分配给特别有名的作家)。这还是帕斯捷尔纳克不大喜欢的第一座别墅,因为地段背阴,房间也不舒适。阿季克跳偏了,尾骨重重地撞在雪地里戳出来的篱笆桩上。济娜伊达·尼古拉耶夫娜迎着他的惨叫冲过去,连衣服也没脱,就赶紧把他放进一个装满雪的大盆里,过了一会儿,才想起查看伤处。只见腰部以下布满酱紫色的瘀斑。结核病疗养院院长波波夫教授亲自赶来。每当丈夫或孩子遇到麻烦,济娜伊达能把任何权威招来。甚至丈夫临终前要求请神父,她也很有把握地说:"你还没死呢。需要的话,哪怕是牧首,我也给你带来。"她真有可能说到做到。

院长并非后来常见的医疗管理者,而是出色的大夫。他的诊断不容乐观。"这样的创伤,"他说,"后果往往是脊柱感染。"三年以后,阿季克·涅高兹才感觉到病状,那已是1939年他上六年级时:他开始迅速消瘦,叫嚷着头疼。他的最后岁月——从1940年到1945年——几乎都是在结核病疗养院和医院里度过的。像面对所有降临在自己身上的悲剧,帕斯捷尔纳克从两方面感受到阿季克的悲惨命运:现实的和象征性的。阿季克在恐怖高潮时期的疾病和战争末期的夭亡,对他而言均为神秘事件。"幼小残疾人的磨难/令人难以忘怀。"①此处所说不仅是受伤的孩童,即德国空袭的第一批牺牲品,还有诗人自己的孩子,他无法从围困中的莫斯科疏散到外地。阿季克五年来的痛苦,被帕斯捷尔纳克视为自己的罪过。他觉得继子的病痛是涅高兹一家生活遭到毁坏的结果,1930年是因为他,一个好端端的家庭破

---

① 引自帕斯捷尔纳克组诗《关于战争的诗》之《可怕的童话》(1941)。

裂了。假如阿季克留在父亲身边，兴许就不会有事了。但关键是，阿季克的疾病与夭亡在他看来实为新一代人毁灭的象征，他们不是被战争击垮，就是被接踵而至的惩治无情地碾压。

5

很难说，帕斯捷尔纳克在什么时候，在何等程度上终于得出结论：俄罗斯历史再度陷入死胡同，而个人的努力不会改变这种状况。

1936年底，他最担心的是父母的命运。他们不能继续待在德国了。一部研究列昂尼德·帕斯捷尔纳克的专著被列入必须焚毁的书籍清单。虽然在苏联蔓延开来的恐怖浪潮充满危险，帕斯捷尔纳克却不能对父母说，你们留在德国吧。他开始为他们回国做准备。从1935年起就住在牛津的妹妹利季娅，把父母接到身边，解决了难题。

1936年8月，发生了一件让帕斯捷尔纳克无法原谅自己的事情。当时，"十六人集团"——加米涅夫、季诺维也夫及其追随者遭到审判。8月21日，各家报纸都刊登了一篇题为《从地球上抹去!》的公开信，"签名者"名单其实是由作协领导事先拟定，其中包括列昂诺夫、塞富琳娜和费定这些在帕斯捷尔纳克心目中相当正派的人。得知公开信一事，帕斯捷尔纳克要求删除他的姓名。斯塔夫斯基告诉他，现在改正已经太晚了，帕斯捷尔纳克只好接受这个结果……帕斯捷尔纳克在这件事情上表现消极，是因为许多人都相信判决不会太严厉：大家寄望于赦免，就像当初对"工业党"的审判，即便判了死刑，也会在最后关头取消。至于加米涅夫和季诺维也夫是否真的与托派分子或法西斯分子有关系，正如弗莱什曼所指出，许多同时代人都抱有怀疑。然而，帕斯捷尔纳克的签名却让人们深感震惊。玛丽娜·茨维塔耶娃写信给捷斯科娃，称他大概没有好好读里尔克（写给她的）最后一首哀歌。"读了这样的哀歌，怎么会在死刑呼吁书上签署自己的大名?!"五个月后，即1937年1月，帕斯捷尔纳克又一次做出违心之举，在一份要求处决一个新团伙（已然是"十七人集团"）的呈文上署名。当月25日，苏联作协主席团召开会议，通过了决议："如果敌人不投降，那就消灭他。"帕斯捷尔纳克没有参会，他要么受到了警告，要么是意识到，公然拒绝参加例行的运动，今后再也不可能。他不得不给作协写了一封措辞极其含混的信：

请将我的签名并入同志们在苏联作家协会主席团1937年1月25日决议上的签名。我缺席是因为生病,至于决议文字,我认为没有什么可补充的。

祖国——古老、稚嫩、永恒的字眼,而新意蕴的祖国、新含义的祖国,一个新的词语从内心浮现,并在其中融合,正如它们在历史中融合,一切变得清晰明了,无须任何宣扬,然而,越勤勉地展开工作,表达敞开的和朴素的真理,就越不容易发现,与之相悖的正是兄弟相残的虚假谎言。

1932年的宽松时期已经过去了。他试图坚持独立性,却无人理会。信件没有发表,最主要的原因是,信中将审判之可怖同"工作"(帕斯捷尔纳克的万应灵药)之可贵相对立,停止迫害的呼声依稀可闻。1937年1月,"无须任何宣扬"已然是不合时宜的声明。

帕斯捷尔纳克不久前对安德烈·纪德所表示的好感,也成了需要加以辩白的麻烦问题。他翻译了纪德小说《人间食粮》里的诗,纪德夏天到访苏联时,他们也见了面,在佩列捷尔金诺别墅有过交谈。(纪德由此首次了解到,个性自由在苏联受到怎样的压制,准确地说,他所听到的,证实了他本人的印象)帕斯捷尔纳克不能对纪德撒谎,因为这是一位诚实的大作家。

纪德的《访苏归来》于1937年11月问世。苏联舆论界对这部作品的妖魔化是徒劳的:书中有不少地方,真诚颂扬了尼古拉·奥斯特洛夫斯基的英雄主义,纪德拜访他时,忍不住潸然泪下;官方向纪德大力介绍的劳动者,赢得了他的敬意。但他也写到对斯大林的崇拜,他在苏联耳闻目睹的大众蒙昧。另外还谈到无休止的宴席,以及任何一名法国工人都会轻松完成的斯塔汉诺夫指标——并非斯塔汉诺夫有多了不起,而是指标定得太低……总之,这是一部既有勇气又比较客观的作品。作者发现,即使面对法西斯的威胁,苏联人也没有做出倾向于西方的可靠选择。他的观点引起一些左翼人士和其他"苏联之友"强烈不满,他们认为,纪德卑鄙地从背后给反法西斯力量捅了一刀。

相较于形式主义讨论会,帕斯捷尔纳克在普希金纪念大会(在2月26日的闭幕会上)的发言要审慎得多:

非常遗憾,同志们,由于我的三四个过失——我愿意承认它们,以及两三句争论中的口误,我应该打破天窗说亮话,在争论中发表我的观点。[……]我要说的是,既然发生了这种事情,而人的语言表达会出现纰漏,造成误解,那也就有可能略为收敛。可我是不会被吓跑的。艺术所能克服的不是这种困难。重要的是,艺术家本人不能与他的事业相背离……现在谈谈独特性。同志们,这才是令人困惑的谜团,是悬在空中的迷雾,荒谬的迷雾,因为这并非我的主题,所以才更令人痛苦,安德烈·纪德那本书出版以后,有人问我是什么态度,这实在不是我能解答的问题。我只能说没读过这本书,对它并不了解。当我在《真理报》上读到相关消息,我感到极端的厌恶,这不仅是和你们一样的共同感受,也是我个人时常会有的感受。我想:他跟我交谈,可不是泛泛而谈,他是在打量我——究竟是不是傀儡,事实表明,他是把我当作了傀儡。[……]至于我的态度,又有什么可对你们说的?我觉得很糟糕。我不明白,安德烈·纪德查看我们每个人的喉咙,揣度我们的心胸,此类行为目的何在?他不仅诋毁我们,也使我们的同志关系变得复杂。人有时候会说——我要划清自我与他人之间的界限。我从不说这个词,因为我不认为我的地界有多宽,也不想让你们也对划界产生兴趣。(自贬胜于自傲,帕斯捷尔纳克喜爱的手法。——德·贝)但我还是要划清界限。

会场上一片善意的笑声。事情就这么过去了。

从此以后,帕斯捷尔纳克的社会政治活动就停止了。或者说,还剩下唯一合法的活动形式——加入新一轮迫害和要求"彻底消灭凶残走狗"。

在此之前,帕斯捷尔纳克的主要保护人布哈林已于1936年8月受到刑事调查,加米涅夫诬陷他(显然是在斯大林直接指使下),称他参与了反对派的恐怖密谋。对布哈林的调查于9月结束。(按照布哈林夫人拉琳娜的说法,根本没有平反的迹象,尽管当局带有侮辱性的结论是"罪证不足")在1937年2月至3月的联共(布)中央全会上,布哈林遭到公开批判,像已入狱的李可夫和拉狄克一样,他被指控从事间谍活动和破坏行为。就在这时候,帕斯捷尔纳克给布哈林写信,发誓永远不相信他有罪。布哈林感动得流下热泪,又担心帕斯捷尔纳克受牵连(几乎在收到信的同时,即1937年2月27日,布哈林被捕入狱)。帕斯捷尔纳克倒不害怕,因为在他的价值体系中,最糟糕的事情莫过于人格的自我分裂。他写信对父母说:

当我落入被驱赶的人群,不禁长叹一声,我挺直腰身,重新认清了自己!

这是他于1937年写给他们的为数不多的书信之一。他将自己封闭起来,尽可能不露面。他在佩列捷尔金诺过着隐居生活。夏天,他去了一趟儿子叶尼亚在那里度假的斯塔尔基,拜访了翻译家、诗人谢尔盖·谢尔文斯基。

在佩列捷尔金诺,帕斯捷尔纳克把所有时间都用于创作小说《日乌利特笔记》(或者《帕特里克手记》——标题始终未能确定)。这部小说只有开头六十页保留下来,首次发表时的标题是《1936年的散文开篇》(《新世界》杂志1980年第6期)。一些片段刊登在《文学报》和《星火》杂志上。《日乌利特笔记》是未完成的作品,毁于佩列捷尔金诺别墅,像大部分档案材料一样,在高射炮兵入驻时被用来引火。

第三十一章 《日乌利特笔记》

1

《日乌利特笔记》是帕斯捷尔纳克第三部尝试性的叙事作品（另外两部是《三个名字》和《斯佩克托尔斯基》）。米哈伊尔·波利瓦诺夫——帕斯捷尔纳克的忠实助手兼打字员玛丽娜·卡季米罗夫娜的女婿，记录了作者亲口所述这部作品未能完成的原因。

战争爆发之前，对于各种意识形态的要求，他还有些信从，他试图创作一部基于革命前知识分子世界观的长篇小说（关于帕特里克和1905年的若干章节），这种源自民粹主义的世界观，当时已然趋于没落且备受诟病，因而他的尝试未有任何成效。他感觉自己陷入了无望的境地。但战争结束以后，他从一种非常松散的基督教世界观中获得了宽泛的思想基础，清除了致使前人无法看清真理的教权主义倾向。他就此写下"你就是我命中的一切"这样的诗行。[……]从一开始，帕斯捷尔纳克就以书写革命及其后果为己任。但这一主题要求他运用新的语言。

换言之，他面临着一道几何学题目——铅笔不离开纸面，用四条线连接九个点（三点一行，共计三行，构成一个正方形）。假如不在正方形之外另设第十点并使连线经过此点，这道题无论如何都无法解决。运用传统社会现实主义体裁，写不出任何关于革命的作品，这决定了基督教命题成为在所难免的选择。《日乌利特笔记》同《日瓦戈医生》很相像，但两部作品的主要特征各不相同：前者是帕斯捷尔纳克书写俄罗斯传统小说的最后尝试，后者则是神话小说（роман-миф），既不关注传统，也不关注现代。还是那位波利瓦诺夫指出，帕斯捷尔纳克不喜欢自己的过去，是因为世界观方面的困惑,不喜欢自己的早期诗作,是因为它们含混不清:含混源于用诗的迷雾掩盖世界观的混沌之意图。直到他的世界画卷最终定型,他才开始了直抒胸臆的表达,而这幅画卷的完成,并非由于环境、影响、个人的柔和与韧性对他的作用,应当说,是太过恶浊的现实与明显的谬误,才促使他彻底放弃顺应的念头。转变发生在1937年,并沿着既有思路继续发展——不为帕斯捷尔纳克所喜爱的托马斯·曼的早期思想得到验证。他看重托马斯·曼作为思想者的一面,却不欣赏其作为艺术家的另一面。在他看来,托马斯·曼的文字冗长而生涩。然而,正是在《浮士德博士》这部非常单纯的作品中(如果抛开成见,怀着信任去阅读的话),包含着关于坏时代之道德教益的思想。早在移居美国的最初岁月,托马斯·曼就直接阐明了这一思想,他注意到,法西斯主义尽管令人痛恶,在道德上对迷茫的欧洲知识分子却不无裨益,因为黑的被处理成黑的,白的被处理成白的。道德选择简化了。1934年还能以顺应时代的名义毁坏自我,到了1938年已无任何必要,除了自利之外,而这后一点对于帕斯捷尔纳克向来无关紧要。帕斯捷尔纳克后期的哈姆雷特主义,成为他思想演进的下一阶段,距离"广义的基督教信仰"只有一步之遥。具有象征意味的是,帕斯捷尔纳克经过欧洲文化,经过"哈姆雷特",绕了一圈,才归向基督教。这也是俄罗斯历史乃至俄罗斯知识分子的特点。是的,正如俄罗斯历史所示,道路太过平坦,没有什么好处。

2

在《日乌利特笔记》中,《柳维尔斯的童年》和《日瓦戈医生》奇异地相遇在一起。这里已出现未来的拉拉——叶甫盖尼娅·伊斯托明娜,一位"人生支离破碎"的女性,婚前姓柳维尔斯。这位现今的女主人公——帕斯捷尔纳克最初以叶莲娜·维诺格拉德为其原型,后来又想从她身上揭示叶甫盖尼娅·卢里耶的特征——很可能会像济娜·叶列梅耶娃一样,在青春时代爱上一名军官。她的恋人日乌利特——小说中的叙述者,具有未来尤里·日瓦戈的许多特征:他已有了叫作托尼娅的妻子、叫作亚历山大·亚历山德罗维奇·格罗梅科的岳父以及叫作舒拉的儿子。小说简洁地交代了他对伊斯托明娜的恋情(阿菲诺格诺夫称赞《日乌利特笔记》每个语句都简单又清晰,显然是有道理的):

她比所有人都更符合我内心中的末日感。我不了解她的故事的详情,但从她身上,我认清了时代的罪证,认清了一个无意志者的形象,她具有超凡的禀赋,却坠入了周遭肮脏的奴役的牢笼。而在她对我未产生任何吸引力之前,吸引我走向她的,正是让我落入其中的这座牢笼。

(试比较茨维塔耶娃:"如果看到一个人处在荒唐的境地,那就跳进里面去,像跳进水里,接近他。")

对主人公最大的羁绊,乃是他自己的无意志:

一切都不如我所愿,但也并未与之相悖,也可以说,一切并无可循之道。我的意志缺乏持久性。我的退让并非出于良善。想想都可怕,还有什么是我不打算放弃的。假如没有我,我的亲人会好过得更好,是我毁掉了他们的生活。

帕斯捷尔纳克(和他的主人公)时常为一些具体事物而自责,但在这里他开始将现实之弊归诸时代本身,而不仅是自己:

渐渐地,那些岁月里为世人所熟习的一连串想法掌控了我,它们仅仅是以分量、个体风格乃至到来的不同时机而各自有别:一四年的思绪是惶然不安的,一五年尤为混乱,一六年已是一派黯淡,而此事便发生在当年秋天。

帕斯捷尔纳克写这部小说,正是为了剖析革命的本质。他的结论大体上是这样:知识分子变得精神萎靡,需要找到思想的支点,哪怕为之而死(帕特里克·日乌利特盼望参战并死在战场,也并非偶然。在他看来,这是再正当不过的事情)。一时间,布尔什维克的人民政权和列宁主义版本的马克思主义坚定品格,满足了知识分子的需求,帕斯捷尔纳克在《日瓦戈医生》草稿中也曾写道,他喜欢钢铁意志的人,但不想仿效他们。整个俄罗斯同样萎靡不振,它也在寻觅值得信仰的东西,布尔什维主义显然只能满足一时之需。这一灾难性的替代物,成为1936年至1938年间萦绕在帕斯捷尔纳克心中的主题:1916年是无望的一年,替代方案也好不到哪儿去。

在《日乌利特笔记》中,帕斯捷尔纳克的构思明显受制于在他看来至关重要的若干人物。这首先是一个不幸的女人,人生经历神秘莫测;其次是几个少男少女,1905年分别年满十五到十八岁;再就是一位典型的俄罗斯知识分子,跟日瓦戈的岳父相同的名字和父称(亚历山大·亚历山德罗维奇),表明他与知识界优秀代表之间的传承关系。小说中还出现了他的妻子安娜·古别尔多夫娜·格罗梅科,以帕斯捷尔纳克本人的岳母为原型。她的亡故也像叶甫盖尼娅·卢里耶的母亲亚历山德拉·尼古拉耶夫娜一样:从柜子上为孙子拿玩具,不小心跌倒,死于脊椎病。有一次,在阿菲诺格诺夫家做客时,济娜伊达·尼古拉耶夫娜拿《日乌利特笔记》调侃道:"居然还整出柜子来。"总之,对于一部大散文而言,人与事之类已经应有尽有,缺少的只是连续且内在的情节,因为没有事实上的主人公。他还没有决定什么。所以这部作品也就不可能成功。

但主要情节是明确的:先前的生活破灭了,却没有什么能替代它。由于社会变革,生活每况愈下,失去了其中原本就不多的值得珍视的东西。

在这部散文作品里,帕斯捷尔纳克的语言首次显出清晰和简洁。他学会了用短句书写。他的人物也分别发出三种基本音调:女主人公像玛丽娅·伊利英娜一样的僵硬声腔;知识界压抑的絮语、少男少女和高等女校学生及大胡子知识分子共用的莫斯科行话;仿佛来自达里①的离奇古怪的民间话语——最后一种缺陷,直到《日瓦戈医生》都未能克服,因为他不在意逼真的效果,始终令他愉悦的是形象鲜明的语言。

---

① 弗拉基米尔·伊万诺维奇·达里(1801—1872),俄国语言学家,著名的《大俄罗斯语详解词典》(通称《达里词典》)编纂者。

第三十二章 《哈姆雷特》恐怖剧

1

1937年,一场全面的进程在苏联展开,此后被赋予种种名称——大恐怖、大清洗、斯大林镇压等等,但这一进程实为1917年以来国家同人民的全面疏离。在帕斯捷尔纳克看来,革命、战时共产主义、新经济政策、野蛮的集体化及斯大林复辟当中一切丑恶现象的唯一正当性就在于,人民终将获得自主权。尽管旧知识分子——愿上帝与之同在,已准备接受命运并希望尽早为自己正名,其地位仍将被新一代主人翁所取代。新人起初只是屡屡被预言的"未来的贱民"(грядущий хам)①,但是到了三十年代初,这未来的贱民开始形成,开始思考和阅读。十月革命第二代子弟中,有不少充满好奇和激情澎湃的少男少女,他们热切期盼未来时期的伟大考验。战前的"文史哲一代"②,备受战争及随后的镇压运动之摧折,却造就了六七十年代最好的诗歌与哲学。在苏联生活的所有领域——从政治到艺术到军事——勇敢且有良知的新一代正在成长,从他们身上,帕斯捷尔纳克看到了希望。

1937年,人民再次认识到,自己并非国家的主人。一场人人自危、自我毁灭的狂欢开始了。后来,斯大林主义者、新斯大林主义者及反斯大林主义者试图制定各种标准:只带走聪明之人;只带走愚蠢之人;或者是最忠诚的;或者是最可疑的。凡此种种,都在为恐怖增添逻辑,而逻辑的缺失原本是恐

---

① 原系梅列日科夫斯基于1905年出版的一部文集名。在该文集一篇同名文章中,作者称俄国"贱民"具有三副面容:现今的专制面容、往昔的希腊正教面容,以及未来的流氓、无业游民、黑帮分子面容。

② 专指莫斯科车尔尼雪夫斯基哲学文学历史学院(俄语缩写为 МИФЛИ 或 ИФЛИ)的学生。该学院于1931年从莫斯科大学单独划分出来,1941年又重新归并于后者,十年期间培养了一批杰出诗人及人文学科方面的专家,包括《新世界》杂志主编亚历山大·特瓦尔多夫斯基、著名作家彼得·沃洛宁等,在俄罗斯文化史上占有重要地位。

怖的要件。任何寻求逻辑的行为，都是对时事的间接辩护，因为这表明国家的运转自有其程序，并非借助盲目破坏的机器。而实际上发挥功用的是绞肉机，不是计算机。恐怖没有理由也没有原因。恐怖自身即是目的，是矗立在旧俄国废墟上的垂直帝国赖以存在和疯狂发展的唯一条件。人们被剥夺的不仅是生命，还有四年之后他们像保卫故国一样奋起保卫的那个国家。

2

令人惊异的是，《崇高的疾病》中"男高音"与"恐怖"①的音韵，深深楔入帕斯捷尔纳克的思想意识和人生经历，形成他独有的精神气质以及"恐怖"与"戏剧"的和声。他早就对莎士比亚情有独钟，1930年，罗曼·罗兰也曾建议他在苏联的非自由状况下，通过翻译大部头严肃作品寻求慰藉，这有助于他承受时势的压力，从永恒事物中获得支撑。但在三十年代，这些想法并未实现，因为《第二次降生》的创作与出版，然后是格鲁吉亚诗歌的翻译。1937年，他首次提到了与蔓延各地的逮捕和公开审判相关的戏剧。事情是这样的：6月14日，一辆轿车从城里驶向身在佩列捷尔金诺的他。

帕斯捷尔纳克做好了被捕的准备，尽可能让亲友也有所准备。济娜伊达·尼古拉耶夫娜已有三个月身孕。她为他整理了一只小手提箱——这不算稀罕事，1937年，仅仅佩列捷尔金诺就有二十五人被逮捕，几乎是住户的四分之一！过往的汽车让她不寒而栗，这一回，车子绕了一圈，径直停在她家门口。帕斯捷尔纳克平静地走出门外，来者传达指示，要他在一份文学家集体请愿书上签名，要求处决苏联高级将领图哈切夫斯基②、艾德曼③和雅基尔④。

据济娜伊达回忆，帕斯捷尔纳克差点向那个前来征集作家签名的官员

---

① 在俄语中，тенор（男高音）、террор（恐怖）、театр（戏剧）这三个词，拼写和读音都较相近。
② 米哈伊尔·尼古拉耶维奇·图哈切夫斯基（1893—1937），苏联军事家，最早的五名元帅之一。1937年6月，因莫须有的间谍罪被处以死刑。
③ 罗伯特·彼得罗维奇·艾德曼（1895—1937），拉脱维亚人，原名叫作罗伯茨·艾德曼尼斯。苏联军事家，曾任苏军高级将领。1937年6月，因"参与法西斯军事阴谋"的罪名被处以死刑。
④ 约纳·埃曼努伊洛维奇·雅基尔（1896—1937），苏联军事家，曾任苏军高级将领。1937年6月，与图哈切夫斯基等人一道被判处死刑。

动拳头了。他的叫嚷惊动了整个别墅区。

既然要签名,就应该了解这些人,了解他们做了什么!可我对他们一无所知!他们的生命既不是我给的,也不是我能剥夺的!同志,这可不是给您那免费的戏剧入场券签字!

就这样,他第一次将三十年代审判与戏剧联系起来——按照他习惯性的联想:他本来就打算写一部关于雅各宾恐怖的戏剧。客观公正地说,有关方面要求他赞同处决的"苏维埃政权的敌人"当中,起码有一位是他非常了解的:集团军司令艾德曼,拉脱维亚红军出身,有证据表明还是一名诗人。1932年以来,他领导着"国防航空化工促进协会"(即苏联国防航空化工建设促进协会)。1935年2月,艾德曼在苏联作协理事会第三次全会上发言,谈到了帕斯捷尔纳克:

是的,鲍里斯·帕斯捷尔纳克是我国杰出诗人和优秀公民……您,鲍里斯·帕斯捷尔纳克,您拥有一台了不起的蒸汽机车,借助于它,您能够拖动一整车有用的货物。假如您只把这台机车用在一座小站上,那我会感到很可惜,尽管它装得满满当当。您应当牵引一整列火车。

有人教导他,要他更像个苏联人,那人自己却死在苏联政权的枪口下,这种事情已经不是他平生初次遭遇了。随着时间的推移,大牌人物的倒台已是司空见惯,他们在他年轻时要求他具有思想性、人民性和党性,事到如今,他们随同党的思想性坠入深渊,而当局则要求他赞同处决这些人。后来在四十年代,又有人要他"写点反映社会现实的东西",也好为自己恢复名声,他却以嘲讽的高调回应道:"嗯,是的,连您的托洛茨基同志也对我这么说!"从此再没有人敢向他提这种建议。帕斯捷尔纳克本人也曾向不少人谈到他身边的角色转换,例如有一次,他对阿菲诺格诺夫说:

我还记得皮克里是如何指责我的(皮克里是一名评论家,名列"十六人集团",1936年8月审判的对象,一同受审的还有加米涅夫和季诺维也夫)。现在轮到别人将同样的责难加在皮克里身上,我却高兴不起来,因为他们跟皮克里是同一副面孔,腔调也是皮克里式的……(可以想见,等待他们的也是同样的结局)1937年,幸免的机会并非仅仅属于未曾与总路线一起动摇的人——所有人的机会都一样,但那些没有动摇的人起码不至于死得那般耻辱。在某种意义上,这个教训不仅适用于恐怖时代,也适用于所有时代——谁都难免一死,所谓正人君子将会幸免,不过是妄言罢了。只不过他们临死之前终将得到安慰,而狡狯或庸碌之人只能心甘情愿地被剥夺。

顺带说明一点:恐怖剧之外,还应加上荒诞剧——作家们需要表态,要求处决三天前就已被执行死刑的将领图哈切夫斯基、艾德曼和雅基尔。1937年7月11日,即宣判的当天,他们就被匆忙处决,但消息照例未予公布,这等于说文人知识分子是在要求对这三人的第二次处决。

济娜伊达叫帕斯捷尔纳克进屋,他走到她跟前,把来自作协的不速之客留在门外。

她悄声问:"怎么回事?"

"要我签名,赞同几个人的死刑。"

"你签了吗?"

"没有,永远都不会。"

济娜伊达扑倒在帕斯捷尔纳克脚下,央求他为他们未出世的孩子在这份该死的文件上签名。

"如果我签了,我就是另一个人了,"他回答道,"我可不关心另一个人的孩子的命运。"

"可他会死掉!"

"死就死吧!"帕斯捷尔纳克说话的声调,济娜伊达以前从未听到过。她无可奈何,只能退让。来人还在等候。帕斯捷尔纳克再次从屋里出来,向他走去。

"就让同样的遭遇也落到我头上吧,"他的声音很高,周围人都能听到,"我情愿跟所有人一起死。"

那位官员继续到别处征集签名,显然,他没有向佩列捷尔金诺的上级住户隐瞒帕斯捷尔纳克的言行。没过多久,帕夫连科就火急火燎地来了。他站在门口,直呼帕斯捷尔纳克为"善人",死活要他签名。虽说帕斯捷尔纳克与帕夫连科的关系不冷不热,起码面子上还过得去,对于此人的光临总不能视而不见,即使只因为他们是邻居,两家之间仅有一街之隔。帕斯捷尔纳克同任何领导(不管是国家公共部门的,还是作协的)打交道,都有一套审慎的原则,从不向谁献媚,倒像是想让某些大人物明白,他们太过聪明,自视甚高,容易被廉价的奉承收买。斯大林时期的领导喜欢别人跟他们平等地说话,这表明领导同志胸怀宽广。与帕夫连科的谈话便带有这种朴素的民主作风:抱歉,别佳①,可我不打算签名。你自个儿毕竟也是作家!(帕斯捷尔纳克喜欢让这种人知道,他们也是作家,尽管他深知他们的文学价值;正因为这种微妙的态度,帕夫连科向高层坚称帕斯捷尔纳克有点儿怪,终究还是"我们的人")帕夫连科又念叨了几句"善人",就走了。

关于随后发生的事情,存在着几种说法:一种是帕斯捷尔纳克去莫斯科找了作协领导,要求解除他在死刑请愿书上签名的义务;另一种是帕夫连科向领导汇报了帕斯捷尔纳克的言行,于是斯塔夫斯基这个"大混蛋"(正像伊文斯卡娅回忆录中帕斯捷尔纳克对此人的描述)亲自来到佩列捷尔金诺,但没有去帕斯捷尔纳克家,而是去了帕夫连科的别墅,然后把鲍里斯·列昂尼德维奇叫来谈话。斯塔夫斯基的秘密行动不难理解,伊文斯卡娅回忆说,他最担心他的作协内部揭露出一个机会主义的巢穴来,那他可要吃不了兜着走。作家抗命不遵,拒绝在死刑请愿书上签字,要是传开了,一定会闹得沸沸扬扬,而这本来已经够折腾了!1937年,帕斯捷尔纳克仍是作协理事会成员,也算是重要人物,尽管那位别兹缅斯基多次提出警告,他仍然屡屡受到庇护,有时甚至被树立为榜样……但他这一次的表现,已经不单纯是散漫,而是罪恶的自由主义!据济娜伊达回忆,与斯塔夫斯基交谈之后,帕斯捷尔纳克回到家,说他将昂首前行,可见他们未能说服他。虽则如此,他把他们想得并不坏……他根本没料到,为保全自己,斯塔夫斯基未经许可就替他签了名。

夜里,济娜伊达·尼古拉耶夫娜辗转反侧,难以入眠,帕斯捷尔纳克却睡得像个婴孩。"一旦头也不回地迈开脚步,我总是睡得很香。"他后来对伊文斯卡娅解释说。妻子倾听着每一声响动,担心城里有人来抓他,甚至觉得当晚就会把他带走,可是当她端详着他睡梦中平静而严肃的面孔,不禁自感羞愧。

> 我意识到他的良心是多么伟大,而我居然要求这样一个了不起的人签什么名,想到这里,我就感到惭愧。

---

① 帕夫连科名叫彼得,别佳是他的小名、昵称。

单凭回忆录里这一句话,有许多东西即可被谅解:恰恰在这一刻,为人的尺度得到了检验。

第二天,即1937年6月15日,可谓帕斯捷尔纳克一生中最糟糕的一天。一翻开送到家里的《消息报》,他就看到那封公开信,标题为《不能让苏联的敌人活命》,信的末尾,他的名字也赫然在列。

"这可真要命!"他叫嚷道,匆匆赶往城里,直接找到斯塔夫斯基。

说话的声调一开始就高了起来。斯塔夫斯基大声说:"这种托尔斯泰主义式的疯癫还将持续多久?!"帕斯捷尔纳克则要求次日的《消息报》刊登更正,说明他未在任何公文上签名,他无法剥夺他人的生命,等等。他还表示要立刻以书面形式澄清自己的立场!斯塔夫斯基说,任何更正都无从谈起,也不可能有报纸会刊登他的书信。"这事谁负责?我这就去《消息报》!""从一开始就给斯大林写信反而更容易。"斯塔夫斯基挖苦道。帕斯捷尔纳克后来评论说:"(这话说得)就好像我跟斯大林互赠节日贺卡似的。"据伊文斯卡娅记述,他曾经提到过,他确实给斯大林写了一封信,却没有留下可靠的证据。帕斯捷尔纳克告诉伊文斯卡娅,他在信中请求免除自己在请愿书上签名的义务,因为别人的生命不是他给的,也不是他能剥夺的!有一点可以间接证明,他给斯大林写信也许确有其事:几位年轻的朋友,包括沃兹涅先斯基,听帕斯捷尔纳克说过,斯大林总是能满足他的请求。从此不再有人找他签名,不计其数的作家会议决议文件上,也不再出现他的名字。

3

1937年5月,贝利亚在格鲁吉亚共产党第十次代表大会上做了总结报告。莫斯科的大恐怖,以微缩形式在格鲁古亚重现,到处都要求揪出本地的害人虫,第比利斯也不例外。每个人都不惜进行恶毒的自我揭批。卡兰达泽、塔毕泽和雅什维利均悔过认罪。6月,诗人弗拉基米尔·吉季亚被捕入狱。帕奥罗·雅什维利被传唤来当面对质。他接受了讯问,满以为再也回不去,事后却被释放。这其实更可怕。在讯问中,向他展示了他与塔毕泽及吉季亚煽动性谈话的详细记录。几次谈话并没有其他人在场,怎么会传到内务人民委员部?雅什维利相信,这下他将背上奸细的恶名。7月20日,他凭借狩猎证在猎人俱乐部买了一把枪。一切都想好了:他不敢把枪拿回家,而是藏在了格鲁吉亚作家俱乐部的窗帘后面。7月22日,第比利斯作协召开会议,雅什维利也参加了,在会议间歇他爬到二楼,开枪自尽。

第二天,雅什维利家遭到搜查,取走了所有文字材料。看来,帕奥罗选择了更好的命运。内务人民委员部调查人员毫不掩饰他们的懊恼:他溜掉了!

帕斯捷尔纳克很少去莫斯科。过了些日子,他才获知雅什维利的死讯,此前虽有传闻,但直到8月17日,等他进了城才得到证实。帕斯捷尔纳克给诗人的遗孀塔玛拉·雅什维利写了一封信,这封信再次证明,他善于劝导绝望的人,使其在不幸中感受到幸福。

> 我知道,等我回到家,在露台上开口,把这件事告诉济娜,我的声音就会中断,一切又要从头说起。就在回家路上,平生第一次,我把自己交给痛苦的净化的力量,它越来越强烈,将我牵引得如此之远!
>
> 我想到河里洗浴。暮色沉沉。在河岸旁,摊开手脚躺在背阴的河谷里,出行的不安渐渐消退,蓦然间,忽而这里,忽而那里,一个跟那逝者像得不能再像的影子被我捕捉到。这简直妙不可言,让我不禁联想到他。我看见一丛丛灌木和他精神气质的轮廓,看见了他的草和水,他的秋天的落日,他的寂静、湿润和隐秘。倘若他还在,一定会这么说,它们在燃烧,藏匿,闪烁,熄灭。落日时分仿佛模仿他,或者将他铭记。我好像对他也有了新的感念。他的天才向来令我赞叹,他对美好风物超凡的感受力,不仅在格鲁吉亚文学、在我们整个当代文学中是罕见的,而且在任何文学、在任何时代都是宝贵的财富。他总是给我带来惊奇,在和一些人的通信中,我将他置于高不可及的位置。但如今,我想起他,却不是凭借以往对他的感知。犹如摆脱了某种非常重大的前提,即使相隔一段灾难的陨灭的距离,他的绝对纯粹的身影依然清晰地浮现[……],超乎他自己与水和森林、与上帝和未来的同在。
>
> 是否应当对此加以传扬?让人们知道,再过数年,谁才是格鲁吉亚的马雅可夫斯基,或者谁将成为仿效的榜样,以及未来的年轻的文学将学习谁,如果它注定要发展的话。但身后之事的这一面从来不会触动我。令我惊异的是别的东西,不管表达起来有多难。惊异于他如此之多地遗留下来的形象,留在他曾经触碰与称呼过的事物间:一天的光

阴,花朵和动物,森林里的绿地,秋日的天空,等等。而我们活着却不曾知道,他是以怎样的力量存在于我们中间,并以何等的威严一直存在。

亲爱的塔玛拉·格奥尔基耶夫娜,请原谅我吧。我不该这么写信——不该给您这么写。诗歌,况且是粗劣的诗歌,在这儿不合时宜。但我还是要把写好的东西寄给您,不然,我何时才能向您和可爱可亲的美狄亚①,说出涌动在我内心的最需要说出的话语。

或许,再找不出比这更好的语句了。令人惊奇的是,在帕斯捷尔纳克那里,没有什么会显出轻慢的意味,甚至当他提到,在闻听雅什维利死去之后,他很想洗浴一番。有的只是兼收并蓄的有机的生命感,而不会顾忌疏忽和失当。在这种感觉的浪潮中,一切都是可行的。

纪齐安·塔毕泽于1937年10月10日被捕,当年12月被枪决(具体日期至今不明)。帕斯捷尔纳克几乎立刻就得知塔毕泽被捕了。他没想着通过邮局给尼娜·亚历山德罗夫娜寄信,因为他很清楚,信件会被检查。他不能用套话打发她,也不想让真挚的语言沦为官方的把柄。他把信交给了译者维克托·桑金,不忘强调说,这项使命是"他心灵期盼的荣耀"。在这封信中,他也道出了真正令人振奋的话语,尽管从一开始他就不相信塔毕泽会回来:

我知道,在某个更高的层面上,我们还会有新的重逢,虽然它充满苦难,暂时被延迟,却所有细节都已预定,而我们唯一的事业便是让这相会不被损毁,也就是说,要活到它来临的一刻。

4

帕斯捷尔纳克的小儿子列昂尼德,正好出生在1937年12月31日午夜。济娜伊达·尼古拉耶夫娜在回忆录里骄傲地宣称,医院建立四十年以来,从未有过类似的事情。这个轰动一时的消息甚至刊登在报纸上:《莫斯科晚报》报道说,女公民济·尼·帕斯捷尔纳克的儿子成为新年第一个出生的莫斯科人。(至于新生的莫斯科人跟诗歌有什么关系,报道中只字未

---

① 帕奥罗·雅什维利的女儿。

提)帕斯捷尔纳克一家本打算去拉夫鲁申胡同,在伊万诺夫家过新年,可是傍晚七点,济娜伊达产前的阵痛开始了。也就在七点钟,帕斯捷尔纳克已将妻子送进了克拉拉·蔡特金医院,这是一家特权医院,每个病房都有电话。鲍里斯·列昂尼德维奇自己来到伊万诺夫家,每隔一小时给妻子打一次电话。当晚十点,济娜伊达告诉他说,看来分娩不会早于两三天之后,她想让他接她出去,一起庆祝新年,哪怕一夜也好。

"你疯啦!"他吼道,"安心卧床休息!"

没等挂上电话,她就意识到他是对的:阵痛又开始了。新年钟声刚刚敲响,他又一次打电话到医院,向妻子祝贺新年,医护人员则向他告知,他当父亲了。他喜不自禁,不停地亲吻并感谢伊万诺夫的妻子塔玛拉·弗拉基米罗夫娜,仿佛济娜伊达·尼古拉耶夫娜幸福地解除了重负,是她个人的功劳。不过,孩子的出生年份还是被登记为1937年,后来在回忆录里济娜伊达深表遗憾:无论在征召入伍还是战时的疏散方面,这多出的一年都严重影响了他。

第二天,阿菲诺格诺夫夫妇来到医院看望她,带来了一大篮鲜花和《莫斯科晚报》的剪报。钱又不够用了。帕斯捷尔纳克写不了原创诗歌,只能翻译西欧国家的抒情诗,出版社热情不高,给付的稿酬也很可怜。孩子出生后,济娜伊达甚至打算誊抄乐谱,贴补家用,但帕斯捷尔纳克很快就意外地有了新的收入来源。他开始翻译莎士比亚。

据塔拉先科夫证实,1936年以来帕斯捷尔纳克一再提到:"我们活在莎士比亚时代。"他当时指的是整个欧洲的反法西斯运动,他要借此说明,苏联将由历史的客体转变为主体。他的论断非常重要,正如塔拉先科夫记录的所有论断:这意味着,无论在农业集体化时期,还是在作家代表大会的日子里,甚至在革命的五年计划期间,他所理解的国家都不是历史的主体,换句话说,它的历史并非由其自身所创造。这一见解可谓真知灼见。革命活动以及随之而来的一切,事实上并非出自人民意志。这是厄运、劫难和历史预定交织而成的行为——与其说是古希腊式的冲突,不如说是莎士比亚式的。古希腊戏剧中发挥主要作用的是厄运,在莎士比亚那里,占据首要地位的则是人,这一点正是帕斯捷尔纳克谈到"莎士比亚的人性"经常强调的。他对人性的论述虽然未有详细记录,但每次谈论莎士比亚——从他个人的作品到一些谈话录,都会有所提及。这表明,帕斯捷尔纳克将莎士比亚悲剧的主要特征归结于他每个主人公的自由选择，这是存在之责任的母题，归根结底是基督教母题，在《哈姆雷特》中表现得尤为鲜明。帕斯捷尔纳克在三十年代的欧洲历史背景下提及莎士比亚，其重要性不亚于在苏联恐怖背景下：他预感俄罗斯自我意识的复苏必将与一场大战联系在一起。在恐怖时期，人民仍将是历史的客体，并且对历史保持沉默，正因如此，大战不可避免的观点在当时好像吓坏了所有人，除了帕斯捷尔纳克。唯有他想到战争时，还抱有几分希望——每个人终将各得其所，各有所值。

1937年，梅耶荷德时常向别人提议："读一读《麦克白》吧！"在恐怖浪潮中，尤其是在斯大林充满喧嚣的血色恐怖中，戏剧性随处可见，令帕斯捷尔纳克深感厌恶。众所周知，他不喜欢生活中的戏剧效果，他最讨厌用这种东西装点重大的生死问题。帕斯捷尔纳克认为，悲剧主人公只有在他反对恐怖剧之际才称得上英勇，在粗陋的舞台装饰意义上，"捕鼠机"①当中戏拟的片段固然具有戏剧性，但真实性同戏剧化终究格格不入。正如帕斯捷尔纳克在致勃留索夫的信件中所说，"或许，整个莎士比亚就在于他与哈姆雷特这个影子的随意闲谈"。这里的关键词是"随意"。在帕斯捷尔纳克看来，莎士比亚作品的主要冲突在于个体与周围上演的戏剧之间的对抗。戏剧总是独立展开，个体不愿受制于它的规则。这也是1937年至1938年间他个人戏剧的悲情之所在。带着这种感觉，他开始创作自己的《哈姆雷特》。

翻译一事是梅耶荷德在国立剧院关闭之后的艰难时期敲定的。据亚历山大·格拉德科夫回忆，1938年1月10日，剧院关门的第三天，帕斯捷尔纳克来找梅耶荷德。当时天气阴沉，格拉德科夫在梅耶荷德家吃午饭，他记得，女主人济娜伊达·赖赫（与帕斯捷尔纳克的妻子重名，这使他们两家的关系更显亲近）闷闷不乐，什么都没吃，而弗谢沃洛德·埃米利耶维奇则抚弄着他那只参与了《茶花女》演出的绿鹦鹉，试图通过逗它说话来开玩笑。玩笑不成功，因为他心绪不宁，电话铃每次响起，都要冲过去看看，仿佛等待着什么。究竟是什么，或许他自己也说不清。正如曼德尔施塔姆所云，斯大林让所有人都成为"守望者"。

帕斯捷尔纳克傍晚才过来，小坐了一会儿，不过，用格拉德科夫的话说，

---

① 参见《哈姆雷特》第三幕第二场。在这一场中，哈姆雷特请来伶人为国王和王后表演了名为"捕鼠机"的哑剧，影射他父亲的惨死和他母亲的不忠。

"重要的是,他来了"。梅耶荷德对他的到来非常高兴,拿出一瓶玫瑰庄园干红,用心爱的绿色高脚杯斟满。说起克里姆林宫医生列文的被捕,他们都很吃惊,虽然事后已经没什么可惊讶了。梅耶荷德说,他没有任何存款,也许只能把汽车卖掉;帕斯捷尔纳克"近乎愉悦地"咕哝说,他也一无所有,存款根本就不需要,生活总是好打发的……梅耶荷德向他祝贺了儿子的出生。

除了小说创作,帕斯捷尔纳克花费在《哈姆雷特》上的精力,比在他本人任何作品上都要多。他先是采取机器般的直译,将这部悲剧完整翻译出来。(对他来说,用自由体五步扬抑格书写,就像用散文说话一样自然)结果令他沮丧:按照他自己的统计,每一千行文字就有五行与洛津斯基①的译文一字不差。帕斯捷尔纳克甚至想给洛津斯基写信,表达懊恼之情——"你赢了,加利利人。"②但他没有写这封信,而是创造了一种全新的翻译观。他决定写一部优秀的俄罗斯戏剧,具有强劲的语句和叙事诗的节奏,而不追求精确的文本对应。他的《哈姆雷特》就这样成长起来,其准确性超过最准确的直译,同时它又是完全属于帕斯捷尔纳克的再创作。

在1946年《论莎士比亚戏剧的翻译》一文中,帕斯捷尔纳克详略得当地论述了莎士比亚(他自己也为这篇三十页的文章之精练而自得)。文章起初未署名,刊登在英文版《苏维埃文学》杂志上,十年后,缩写版发表于《文学莫斯科》③。帕斯捷尔纳克批评了作为戏剧主要成分的戏剧程式;而程式问题也是他本人尝试戏剧创作未获成功的原因。莎士比亚毕竟更懂得戏剧规则,但帕斯捷尔纳克的译作却展示出绝妙的对位效果(контрапункт)——相对于莎士比亚紧张的情节(这一点为托尔斯泰所诟病)和华丽的譬喻(帕斯捷尔纳克本人对此也有过托尔斯泰式的苛责:"挂在作者嘴边,却难以在仓促间把捉的词语,时常被充斥着空洞套话的直露道

---

① 米哈伊尔·列昂尼德维奇·洛津斯基(1886—1955),苏联诗人,翻译家,莎士比亚作品主要译者之一。

② 据基督教传说,这是罗马帝国皇帝弗拉维乌斯·尤利安(331—363)的临终遗言,表示基督教在罗马境内的获胜(因耶稣出生在加利利地区的拿撒勒,《圣经·新约》中偶尔用"加利利人"或"拿撒勒人"作为耶稣的代称)。尤利安是罗马帝国最后一个信仰多神教的皇帝,因其恢复罗马传统宗教并宣布与基督教决裂,被基督教会称为"背教者"。这句话后来成为谚语,意思是承认自己被对手战胜,带有戏谑意味。

③ 一份在莫斯科出版的文学丛刊,创办于1956年,旨在团结苏联社会中反对极权体制的文学力量,仅出了两期就因官方激烈批评而停刊。

白所占据。"),帕斯捷尔纳克的语言显得清新自然,刚劲有力。

普希金将莎士比亚视为杰出的诗人和天才的戏剧家。在帕斯捷尔纳克心目中,诗人莎士比亚的位置高于剧作家莎士比亚;他认为节奏是莎士比亚诗歌的基本要素,在他自己的价值体系中,这也是诗歌文本最重要的特征。帕斯捷尔纳克写道,莎士比亚的大多数警句,均由节奏加以提示。事实上,用诗的眼光来看,他的翻译无可挑剔——仅从语言的力度就可见一斑,洛津斯基的翻译则属于逐字对应,更显深沉和浪漫,其所描摹的哈姆雷特,远非勇敢和果决。帕斯捷尔纳克的《哈姆雷特》,首先是关于主人公与强加于他的戏剧之间的冲突:主人公的语言与他周围所有人物的语言截然不同(其中,帕斯捷尔纳克着意强调乔特鲁德①语言的婉转和元音的丰富,他尽力以等效方式来传达这一特点)。这些人物的语言特征相差不大,相比之下,哈姆雷特在识人断物方面硬朗、简洁、洒脱、冷峻的语言,则与他们所有人都判然两分,甚至也包括他最亲密的朋友霍拉旭。经由帕斯捷尔纳克转译,哈姆雷特最有力的独白(第四幕第四场)跃然纸上。"我所见到、听到的一切,都好像在对我谴责,鞭策我赶快进行我的蹉跎未就的复仇大愿!"在这里,通过莎士比亚之口,似乎表达了帕斯捷尔纳克格外珍视的思想观点之一(他在《李尔王》中也强调了类似的观点),他也曾对奥莉加·伊文斯卡娅的女儿提到过:

> 说得多好啊——"一个人要是把生活的幸福和目的只看作吃吃喝喝,他还算是个什么东西?简直就是一头畜生!"②

非实用的价值观,伟大的抽象原则,只有以这些为名义,牺牲才是值得的,这正是帕斯捷尔纳克一以贯之的主题:

> 勃勃雄心振起了他的精神,
> 使他蔑视那不可知的结果,
> 为了弹丸大小的不毛之地,
> 拼着血肉之躯,挑战凶险、死亡和命运。
> 真正的伟大不是轻举妄动,

---

① 丹麦王后,哈姆雷特的母亲。
② 这里出自《哈姆雷特》的引文,均以朱生豪先生译本为参照,个别地方有改动。

> 而是在荣誉的事业里奋然力争,
> 哪怕拼争只因一束稻秆而起。
> 可我的父亲遭残杀,母亲被玷辱,
> 我的理智和情感都被这深仇所鼓荡,
> 我却因循隐忍,听其自然,
> 看着这两万人为了一个空虚的名声,
> 一片不够厮杀或埋骨的土地,
> 像迈向床榻般迈向他们的坟墓,
> 相形之下,我又将何地自容?
> 哦,从这一刻起,就让我
> 摒除一切的疑虑妄念,
> 把流血的思想充满在我的脑际!

这里似乎也有自责——长期以来的顺从、"对国家的随声附和"、犹疑(同时友人们却惨遭杀戮,生命的事业被玷污)等等,已然将帕斯捷尔纳克引向疯癫的边缘。《哈姆雷特》——也是与时代决裂的姿态。

这部作品的第一个译本被帕斯捷尔纳克销毁,第二个完成于1939年春天。其间发生了许多纯属莎士比亚式的变故,令人不寒而栗,甚至联想到查理三世①或克劳狄斯②的暴行,而这些暴行的浪漫化,会让帕斯捷尔纳克觉得是不可原谅的亵渎。敲定翻译事宜的梅耶荷德被捕了。他的夫人济娜伊达·赖赫也被禁止登台演出。译稿只能束之高阁,但帕斯捷尔纳克并未绝望,工作中快慰的时光,弥补了所有的一切。1939年11月,正准备排演《哈姆雷特》的涅米罗维奇-丹钦柯③,忽然想听听帕斯捷尔纳克的译本,他本来已经准备排练安娜·拉德洛娃新潮而明快的译本(按照帕斯捷尔纳克的准确定论,这个译本"索然寡味")。结果,就在《哈姆雷特》上演前夕,帕斯捷尔纳克的译本被采用了:涅米罗维奇-丹钦柯写信对安娜·拉德洛娃傲慢地说,她的翻译固然不错,但莫斯科艺术剧院已有了一部杰出译本,并认为

---

① 查理三世(1452—1485),1483年至1485年在位,传闻他杀害侄子爱德华五世而即位,莎士比亚著有同名戏剧(大约创作于1591年),描述了查理三世短暂的执政时期。
② 哈姆雷特的叔父,谋害了自己的兄弟,篡得王位,霸占了王后。
③ 弗拉基米尔·伊万诺维奇·涅米罗维奇-丹钦柯(1858—1943),苏联戏剧导演,剧作家,莫斯科艺术剧院的创建者之一。

该译本更符合剧院的水准。排练开始了。关于后续的情形,有一段经久不息的传闻,证词也有一定的可信度:据说剧作毁在了鲍里斯·利瓦诺夫手里;而根据利瓦诺夫本人当时在日记中的记述,《哈姆雷特》未能在艺术剧院上演,是因为注定的厄运。

济娜伊达·尼古拉耶夫娜写道,在克里姆林宫的一场招待会上(利瓦诺夫的妻子更确切地提到,这是接见斯大林奖金获得者的活动),利瓦诺夫鼓足勇气,向斯大林"弯下腰身",询问其对正在排演的哈姆雷特形象有什么指示。这可能并非谄媚,而是希望在禁令和批判之前确保演出顺利——还能怎样呢,一切毕竟都在斯大林的旨意下运转!以赛亚·伯林也记录了帕斯捷尔纳克对这一幕的讥讽:

> 他(利瓦诺夫——德·贝)想让斯大林随便说点什么,哪怕是无关紧要的几句话,也好让他夹在胳肢窝下,到处显摆。

帕斯捷尔纳克形象地描述道,倘若斯大林说"要演成紫色",那么利瓦诺夫就会对演员说,他们的表演还不够紫,因为领袖下达了十分明确的指示——应当演成紫色。斯大林愣了一下,对利瓦诺夫说:

> 您是演员吗?是莫斯科艺术剧院的演员?那还是请您带着您的问题去请教剧院的艺术指导吧。我不是戏剧方面的专家。

然后,他沉默了片刻,又补充说:

> 可既然您向我提出这个问题,那我就告诉您:《哈姆雷特》是一部颓废的戏剧,压根儿就不该上演。

第二天,排练就终止了。《哈姆雷特》直到斯大林死后才搬上舞台。(事实上,这部戏剧只在莫斯科和列宁格勒遭禁。演出可以在外地进行,包括在新西伯利亚。假如斯大林果真在大庭广众下称之为颓废,那么帕斯捷尔纳克的译本,还有洛津斯基的,就不可能一版再版。)

这个传闻并不可信,因为它的源头清晰可见。在1946年《关于电影〈宏大的生活〉①第二集的决议》中,《伊凡雷帝》第二集也受到批判。决议

---

① 一部反映顿巴斯煤矿工人生活的苏联电影,第一集拍摄于1939年,并于1941年获得斯大林奖金。第二集拍摄于1946年,但直到1958年才公开上映。

653

就爱森斯坦这部作品指出,影片塑造的伊凡雷帝,"性格软弱,意志薄弱,就像是哈姆雷特"。帕斯捷尔纳克对这种论调深感愤怒,他在《论莎士比亚戏剧的翻译》中写道:

> 在莎士比亚的时代,缺乏意志是闻所未闻的事情。人们对此不感兴趣。哈姆雷特的样貌在莎士比亚那里描绘得如此详尽,直观可见,跟通常所以为的意志薄弱并不一致。按照莎士比亚的构思,哈姆雷特恰是时刻不忘其王位权利的热血王子,旧宫廷的宠儿,因天赋出众而自许甚高的璞玉。从作者赋予他的种种品格当中,找不出优柔寡断来,他的品格也排斥这一点。相反,观众可以判断哈姆雷特做出的牺牲有多大,如果他怀着对未来的憧憬,为了更高的目标而放弃了自己的利益。[……]《哈姆雷特》不是一部关于无个性的戏剧,而是关于责任和自决的戏剧。

长期以来,无论哈姆雷特还是帕斯捷尔纳克,始终被指斥为意志薄弱之人,而这段表述正是对此问题的回答。

鲍里斯·利瓦诺夫本人的讲述完全是另一个故事。(虽然极大程度地满足了他的虚荣)1940年,在一次招待会上,斯大林看过影片《假如明天战争来临》和他心爱的《伏尔加,伏尔加》,跟利瓦诺夫谈起了莫斯科艺术剧院。当时已是深夜时分。

"契诃夫的《三姐妹》就不该搬上舞台。现在不是时候。契诃夫软弱无力。"

利瓦诺夫说,戏本身很不错。

"那就更不应该。您现在演的是谁?"

利瓦诺夫讲述了自己为《哈姆雷特》所做的准备。斯大林提了几个简短而明确的问题。说话间,他招了招手,工作人员用托盘端来两杯白兰地——小杯给他,大杯给利瓦诺夫。不喝是不可能的。利瓦诺夫喝了。

"您的哈姆雷特,是强有力的人吗?"斯大林最后问道。

"是的。"利瓦诺夫肯定地回答。

"这很好,因为软弱就要挨打。"

利瓦诺夫的说辞有其可信之处,四十年代的斯大林,很有可能需要一个鼓动性的"北欧人种的"哈姆雷特,而这也正是弗拉基米尔·纳博科夫后来在小说《庶出的标志》(《Bend Sinister》)所描绘的形象;纳博科夫敏锐地感觉到,任何极权体制都需要自己的经典戏剧观念。在四十年代,动员的观念可能正逢其时——纳博科夫认为,它将福丁布拉斯①置于剧作的核心。耐人寻味的是,帕斯捷尔纳克的译本很可能满足了主要的需求:经他演绎的《哈姆雷特》,的确充满英雄气概;尼古拉·奥赫洛普科夫于1954年导演的《哈姆雷特》成为"解冻"的象征(采用的是洛津斯基浪漫、抒情的译本),就在同一年,科津采夫根据帕斯捷尔纳克译本导演的《哈姆雷特》也在列宁格勒上演,却未能取得同样的成功,这不是没有原因。然而,莫斯科艺术剧院的这场戏,虽有德米特里耶夫的出色布景,以及利瓦诺夫作为主角的精彩发挥,实际上是注定要失败的。1943年,涅米罗维奇-丹钦柯去世,1944年,接替他继续执导《哈姆雷特》的萨赫诺夫斯基也去世了。1945年2月,在没有任何外因的情况下,仅凭斯大林的口头指示,《哈姆雷特》(艺术剧院版)就无可挽回地遭到封杀。利瓦诺夫得知消息时,还一身戏装,扮成哈姆雷特,进行着最后的彩排。所有恢复排练的请求全都无济于事。

帕斯捷尔纳克于1940年发表了《哈姆雷特》,在当年的《青年近卫军》杂志第5期和第6期上连载,附带一篇不长的序言,阐述其翻译观。在朋友中间和晚会上,他愿意大段大段地朗诵他的译文,莫斯科知识分子聚集在这些场合,贴近真实与勇敢,从中感受被遗忘的往日的愉悦。只有新西伯利亚著名的"红色火炬"剧院上演了帕斯捷尔纳克翻译的剧作,这家剧院敢于跟首都最好的舞台竞争。

1939年8月23日,帕斯捷尔纳克的母亲罗扎利娅·伊西多罗夫娜在牛津去世。回复国外信件已然成为可怕的事情。收到父亲通告噩耗的书信之后,帕斯捷尔纳克甚至不敢回信。写给妹妹的信中有明显的委婉说法,帕斯捷尔纳克像是在与检查人员暗中较劲,让他们知道,对于他们的伎俩他心知肚明。"我知道,你们那里有抢劫和黑暗,我为你们感到不安。"1940年2月14日,他写信对弗莱登伯格说。

国立剧院关闭后,梅耶荷德来到列宁格勒,在亚历山大剧院(小话剧院)工作,执导了《假面舞会》,帕斯捷尔纳克一直想看这部戏,却没有机会。

---

① 《哈姆雷特》中的挪威王子。

梅耶荷德在刑讯下供出了帕斯捷尔纳克。办案人员用橡胶棍击打他的腿部和脊背,强迫他喝尿,不让睡觉。他六十五岁了。招供没多久,他便反悔了,写了一份声明,称这是屈打成招。这当然也挽救不了帕斯捷尔纳克:安德烈·马尔罗被指控为托洛茨基分子的主要联络人,而梅耶荷德则留有一张他本人与帕斯捷尔纳克及马尔罗的合影。假如莫斯科和列宁格勒的托洛茨基中心案件——由于此案,扎波洛茨基、柯里佐夫、雅森斯基、巴别尔和梅耶荷德先后被捕——调查到底,帕斯捷尔纳克就会跟阿列克谢·托尔斯泰、尼古拉·吉洪诺夫、伊利亚·爱伦堡等人一起,成为1939年秋天首批被捕的人员。

正如我们所知,斯大林当时被另一场军事审判分散了注意力。不过,三十年代最杰出的诗人神秘地逃过劫难,这恐怕并不是唯一的原因。

5

帕斯捷尔纳克的每一位传记作者都会遇到同一个问题:他究竟为什么没有遭到镇压?

这个问题有诸多理性的解答,也有一个非理性的答案,但似乎又是唯一正确的答案。前一类我们已有过分析,它们均非无懈可击:所谓斯大林戕害的是远比帕斯捷尔纳克更知名,也更忠心的人士。以及更胆大的。以及才华方面毫不逊色的。更不必说在被捕者当中,选择了同化的犹太人、反对"拉普"的"同路人"、向国外展现苏联自由之风与文化复兴的文学名人,同样为数众多。

扎波洛茨基像外省会计,曼德尔施塔姆神色仓皇,俨如犹太裁缝。帕斯捷尔纳克像诗人——太像了,阿赫玛托娃也像。仅此一点,即可解释他们为何幸免于难。两人都受到过打压,阿赫玛托娃的两位丈夫先后遭残害,儿子也差点死于非命。然而,他们没有被击垮,因为面对命运的司祭,他们的血液里都毫无例外地存有原始的躁动,在古典气质的人物那里,这种精神遗存更强健,难以征服,即使是向来对印刷品缺乏敬意的赫鲁晓夫也不能。迫害——是的,消灭——却不可能。甚至在曼德尔施塔姆的问题上,斯大林起初也只是要求"使之孤立,但要保全"。

或许帕斯捷尔纳克是因为有意识地培育了诗人的形象,即"惶然失措的神"而得以幸免；或许只因为，他根本就不懂得别的行为方式。可他毕竟安然无损。而斯大林就像所有老练的统治者，深知自己权力的限度，也就不会侵犯那些古老的禁忌。

第三十三章　魔怪圆舞曲

1

　　1940年,诗歌又回到帕斯捷尔纳克身边。他认为写于战前的佩列捷尔金诺组诗是命运的奖赏,因为向真实的归返,也因为拒绝强制性的虚伪和国家的诱惑。帕斯捷尔纳克的晚期创作始于这些使他的天才臻于巅峰的诗。

　　帕斯捷尔纳克一旦重新开始写诗,旧有的一切都回归了,包括自尊、希望与和谐。他对阿赫玛托娃说过,他自己都不明白,为什么会娶济娜为妻,但时至今日才考虑和她分手。1941年5月,他已决意离家出走,有可能彻底离开拉夫鲁申胡同的新居。以《又是春天》为起点,他再度找回了自我,而整个三十年代,他都未曾写过类似的诗。仍是原先的节奏,由来已久的神奇的节奏,整整三十年前,他以同样的节奏写下:"一匹和另一匹……踩踏蒿草。"

　　　　火车离去。路堤漆黑。
　　　　昏暗中我该如何将道路找寻?
　　　　难以辨识的方向,
　　　　虽然我和昼夜就来自那里。
　　　　铸铁的撞击声在枕木间凝滞。
　　　　忽然——出现了什么新的景象:
　　　　人来人往,长舌妇的闲话。
　　　　是什么样的鬼怪将她们迷住?

　　　　去年不知何时,我曾经在何处
　　　　偶尔听到过这些话语的片段?

哦,如今,这大概又是溪水
从夜晚的小树林里涌出来。
这就像以往的岁月,
拦河坝胀开,推移着冰块。
这果真是新的奇迹,
这就像原先一样,又是春天。

这是她,这是春天。
这是她的魔法和怪样,
这是她晾在杨柳枝头的棉衣,
是她的双肩、腰身和三角头巾。
这是悬崖边的雪姑娘。
这是疯癫的唠叨鬼关于她的呓语,
是流淌在峡谷深处
不停歇的急促语调。

这是湍流在她面前冲向障碍,
沉浸于水的醉态,
继而形成瀑布,带着喧声
吊灯似的钉入峭壁。
这是牙齿因伤风而战栗,
是浮冰的河水漫过崖岸,汇进池塘,
又从这里涌入另一个容器。
春潮的絮语——生活的呓语。

他重新听到了生活新鲜的话语,这不失为奇迹,而且这话语的节奏被他立刻把握住:春天的华尔兹旋舞的节奏。屡屡提到的魔鬼、撒旦、鬼怪,也并非出于偶然——永远是夏天和永远是夜晚的三十年代莫斯科的撒旦舞会,萦绕在布尔加科夫脑海中!而这里的鬼怪则是快乐的、不可怕的、不具任何哲学观念和恶魔思想的。这里的所有鬼怪现象仅仅表现为生活不再听从指示和决议,开始自行运转,奔涌不息;抗拒生活是无益的:这是回归的节日,向真正的自我、童年和勃洛克的回归。

我多么爱她呀,在最初的日子
当她刚刚走出森林和暴风雪!
树枝尚未克服窘态。
慵懒的枝条不慌不忙
一边在身上缓缓荡漾,
一边垂下银色的丝绦。
一床被单紧裹着树墩。

　　……

苹果归苹果树,球果归枞树,
但不归这一棵。这是宁静的树。
全然不同的宁静的树。
这是被拣选的宠儿,
她的夜晚绵延不绝。
民间的谚语她丝毫不惧怕。
独有的命运已经为她预定:
在苹果的金黄中,火焰的女宾
向极限飞升,似先知升向天穹。

我多么爱她呀,在最初的日子
当所有人都在谈论枞树。

(《含泪的圆舞曲》,1941)

　　1940年冬天,在惨烈与溃败的芬兰战争①期间,在1939年归国的玛丽娜·茨维塔耶娃与帕斯捷尔纳克同处精神困境的可怕时期,这幸福的征兆从何而来?茨维塔耶娃的丈夫和女儿先后被捕,她独自居住在戈利岑胡同的作协"创作之家",生活没有着落,帕斯捷尔纳克竭尽所能地帮助她,给帕夫连科写信为她求情,但这封信本身却透出无望的气息,就连最具善意的读者也都能看出来:这是空头文章。

---

① 指1939年11月爆发的苏芬战争。当时苏联军队入侵芬兰,遭到芬兰方面顽强抵抗,苏军以惨重代价于次年3月赢得战争,根据双方停战协定,芬兰将百分之十的国土割让给苏联。

究竟发生了什么？

帕斯捷尔纳克处于绝望时刻每每发生的事情，又一次不期而至：当无所希望也无可失去之际，他重新成为诗人，并再度感受到幸福。因为只有在此情形下，他才能找回自我。

2

奇迹的谜底，就在于他最有名的诗作之一《霜》。这是当之无愧的名诗：俄罗斯文学中少有如此悦耳与精准的作品。对于帕斯捷尔纳克而言，这还是预言般的诗——1941年冬天，"一切变成了现实"（此诗构思于1940年秋天，完成于翌年春天）。

> 叶落无声的时节。
> 雁群最后的翩飞。
> 何必慌乱：心里害怕
> 眼睛自会睁大。
>
> 就让风来照看花楸，
> 吓唬它，哄它入梦。
> 造物的法则不足为信，
> 正如结局美好的童话。
>
> 明天你将从睡梦中苏醒，
> 踏着冬日的光滑到外面去，
> 你又会来到水塔拐角处，
> 像钉入地面，凝然不动。
>
> 又是这些白色的苍蝇，
> 屋顶、烟囱和圣诞老人，
> 又是扮作假面小丑的
> 呆愣愣的树林。

从毛皮高帽底下直到眉毛,
转瞬间全都结起冰霜,
像蹑手蹑脚的狼獾,
一切都在枝头窥望。

你怀着犹疑前行。
一条小径隐入峡谷。
这里是霜的拱形阁楼,
楼门饰以筛状的格板。

霜雪厚实的帷幔背后,
延伸着一道防护之墙,
还有大路和小树林的边缘,
新的密林也显出轮廓。

盛大而庄严的寂静,
镶嵌在雕花的画框里,
像一首四行诗,咏唱着
棺椁中沉睡的公主。①

白皑皑的死的王国,
心神不定地陷入战栗,
我悄声向它低语:"谢谢,
你的惠赐多于对你的祈求。"

这是一首一览无余、清澈见底的诗:"陷入战栗"的"死的王国",以不可思议的奇迹将我们震撼。生活一如结局美好的童话,但不足为信,而帕斯捷尔纳克整个的基督教观念,都是对漫长惶惑的幸福化解:原来,不必慌乱!原来,世界只是在唬人——在转弯处,等待我们的是宽恕,是从万般屈辱中的解脱,是谜题的勘破和神奇的变容!这个从地平线上升起的世界,行将被

---

① 此处是帕斯捷尔纳克对普希金童话诗《死公主和七勇士的故事》(1833)的呼应。

战争的诗篇洞穿,"但我心中为何没有恐惧",因为有奇迹般获救的隐秘猜想。帕斯捷尔纳克的宗教是奇异的救赎之信仰。

"苦役,多么美好的恩赐!"

当然,这并不适用于任何人。需要梦幻般的精神力量、罕有的慷慨大度,需要"包容的极致"。分享——出于丰富,相信——出于幸福和感恩。帕斯捷尔纳克只需对他人时常不可见的很少一点,就足以感知恩典,但幸福的解脱却必不可少。信仰便由此而生。这就是帕斯捷尔纳克从不会暗自沮丧,不担心梦幻般的幸运会背叛他的原因。

正因为如此,能够领会其信仰的,是向来以审美和乐感来观照世界的人,是善于从空无——从风景、音乐和他人偶尔一句同情的话语中创造出幸福的人。不过,任何信仰也只对少数人可行,大多数人仅仅模仿信仰。在保守僵化的头脑中,信仰几乎意味着傲慢和绝对的正义,而这一点,正是帕斯捷尔纳克极度厌恶和难以宽容的。这也是他的宗教孤独感的缘由:《日瓦戈医生》的宗教含义不被大多数读者所理解,许多人(例如楚科夫斯基)视宗教为无可救药的陈迹,无法从中看到时代获救的希望。(楚科夫斯基及其同道将艺术变成自己的宗教,这种异教的唯美主义才是真正的陈迹,既不能令人摆脱绝望,也不能摆脱相对主义)另一些人则相反,他们在苏联时期半地下的信仰中生存,无意识地接受了不妥协的异见者的道德伦理,致使信仰沦为空幻、极端和宗派的东西。帕斯捷尔纳克对此之反感,丝毫不亚于对苏联无神论。在信仰遭禁锢的无神论社会,宗教狂热(mania religiosa)——宗教土壤上的精神错乱现象,反倒格外频繁。(安·库拉耶夫断言,在今日俄罗斯这个延续着无神论,同时又"战胜了神秘主义"的国度,各种教派势力的兴起也是由于同样的原因。)

帕斯捷尔纳克的信仰注定不可能成为国家的信仰。他对待官方教会,似乎跟对待犹太复活主义一样淡漠:犹太血统的属性之于他,并不意味着犹太人的自我认同,基督教信仰也不能表明他属于某个具体教区。他不持斋,不常去教堂,也没有他受洗、领圣餐或忏悔的证据。据某些人回忆,他熟知安魂仪式,曾在亲友的葬礼上给神父做帮手,但在布尔什维克革命前的俄国成长起来的人,很少有谁不懂得这些宗教礼仪。帕斯捷尔纳克的宗教信仰,是他个人的救赎之道,它的广泛传播、普及和践行,甚至想想都可怕,这会蜕变为他所憎恶的庸俗。

与此同时,气氛日益紧张。1941年2月4日,帕斯捷尔纳克写信对奥莉加·弗莱登伯格说:

> 我们的恩人觉得,迄今为止,他们都太过心慈手软,现在到了该醒悟的时候。彼得一世已不是合适的平行线。新的崇拜对象被公开宣扬,这便是伊凡雷帝、特辖军和残酷性。

可见帕斯捷尔纳克已不再畏惧书信检查。此处还隐然游荡着大战的幽灵——无论它多么出乎意料,也无论帕斯捷尔纳克本人对阴森的预感多么抵触,人们已经开始说起战争。社会上从未有过如此浓重的乌云。在苏联历史上,公众的情绪从未如此阴郁,表面却是令人作呕的激情和盲目的乐观。

第 三 部

八月　变容

第三十四章　战争

1

1941年夏天和秋天——帕斯捷尔纳克一生中最可怕的半年。但奇妙的是,这也堪称他在整个苏联时期首次经历的幸福的半年,因为他喜爱的灾祸和团圆一道降临了。当年9月,他在写给妻子(她与斯塔西克和廖尼亚①一起疏散到了契斯托波尔)的信中说道:

> 情况危急。基辅陷落了。一切都会有急骤和未知的可怕结局。但我心中反倒无所畏惧。我对未来反倒越来越期待,也越来越有信心。

或许,帕斯捷尔纳克的乐观仅仅基于一个缘由:事到如今,所有虚假都将毁灭,真理终将重振并获胜。

> 整个雨夜,我都在思考这件事。究竟该当如何,该追求什么,牺牲什么?不能说,我多么渴望俄罗斯的胜利,而无视其他愿望。可是,难道我会祈求愚妄、虚假和长期的庸俗取得胜利?(9月12日写给妻子的信)

如何将某一事物跟另一事物、俄罗斯跟愚妄、祖国跟虚假区分开来?只能走一步算一步。帕斯捷尔纳克希望,这一切由战争来完成。

战争岁月里,国家终于不再关注公民的私人生活。谁都无力回答,明天会发生什么。出现了奇异的自由、停顿和时间消失之感。帕斯捷尔纳克爱上了这种状态。关键是不再为生活而焦虑。即使焦虑,又能作何选择?"在德国人对我发生兴趣之前,自己人就会把我饿死。"帕斯捷尔纳克在信中对济娜伊达·尼古拉耶夫娜说。他的描述并未远离事实:当年秋天,他半

---

① 帕斯捷尔纳克小儿子列昂尼德的昵称。

饥半饱,依靠自家园子里的土豆和黄瓜勉强度日。

直到10月,他才有了勇气向妻子"道别",此前他还以为他们不会再有相聚之日。拒绝疏散是他的基本立场:这要么是因为,他觉得德国人不会打到莫斯科,要么是他不愿逃跑,要么就是他暗自相信(这是最离奇,也最有可能的),只要有他在,就不会有事。他相信自有神佑,同时又小心翼翼地掩藏为他所独有的这一想法(他不喜欢夸大他个人的重要性)。他听从命运,以无怨和感恩之情将自己交给上帝的意志。在1940年春天就已来临的上升期,他无所畏惧,写下了这些甚至可能成为绝笔的书信。

2

6月21日,星期天,费定夫人朵拉·谢尔盖耶夫娜来到帕斯捷尔纳克家的别墅,惊慌失措地说:"跟德国人就要开战了。"

她从何处得知消息,这也是一个谜。流言横飞。但此时的费定并未得宠,作协还不归他领导。或许这就是直觉。

据济娜伊达·尼古拉耶夫娜回忆,朵拉的话"听起来不可信"。傍晚,她来到莫斯科,为了星期天早上与前夫一起去莫斯科郊外的"红蔷薇"结核病医院看望阿季克。在莫斯科,她顺道去了谢尔文斯基家,转告了战争即将爆发的传闻。谢尔文斯基连连称她愚蠢,并给她上了一堂大课,说德国人跟我们有协定。他正要去佩列捷尔金诺,想在别墅度周末。

22日一大早,她和加利一起前往医院。买了蜂蜜、巧克力和一束花。四天前,阿季克接受了一场手术,切除了一截感染的踝骨,病情却未缓解。父母看到他面无血色,衰弱不堪。他说,三天来,他疼痛难忍,一个劲儿用脑袋撞墙,但现在感觉似乎好些了。济娜伊达和加利·涅高兹在儿子身边待了两个小时,正准备离去,一个女卫生员突然闯进病房说:莫洛托夫发表了讲话,宣战了。

精明干练的济娜伊达像这一类型的许多人一样,具有强大的直觉。听到战争爆发的一刹那,她便明确意识到:"阿季克活不成了。"她后来回忆,这是她得知那个惊人消息后的第一个念头。她想得没错:阿季克活到疏散结束,随后被带到莫斯科,在胜利前一星期死去。

父母在阿季克那儿又待了一小时,才返回莫斯科。城市变得面目全非,商店柜台全空了。为买面包排起了长队。济娜伊达想买点食品带回别墅给丈夫和儿子,什么都没买到,只好回到佩列捷尔金诺。自然,帕斯捷尔纳克已经知道了这一切。他赶紧安慰她:会活下去的,土豆有的是,甚至提到自己栽种的"麝香草莓"……

3

战争初期,国家对被占领土上的兽行几乎一无所知,帕斯捷尔纳克则意识到这场灾难的规模和威胁的严重性。他不指望很快转败为胜,但也不急于加入疏散中。他觉得,危难关头不宜考虑个人生命的获救。他已经过了应征入伍的年龄,却还想干点实事,不愿撤离到俄罗斯内地或中亚地区。

6月的最初几天,开始了对作家的动员——暂时作为战地记者。法捷耶夫受命担任迅速组建的新闻社领导,楚科夫斯基成为英美处工作人员。《红星报》和《消息报》分别向伊万诺夫发出邀请。帕斯捷尔纳克未接到任何指派。

紧急时刻,一些作家组成编队,走家串户,检查灯火管制情况,查看每户人家是否都用被子将窗户遮住。为应对可能发生的空袭,开始挖掘逃生的堑壕。帕斯捷尔纳克和费定挖的是同一条壕沟。这正是帕斯捷尔纳克喜欢的共同的、集体的劳动。劳动间隙和傍晚时分,在窗口遮蔽的各家,唯一讨论的问题是:德国人的进攻为何如此之快?到7月中旬,德军距离莫斯科仅有三百公里之遥。

车站上,有人不断敲打着钢轨,佩列捷尔金诺当初的居民,全都记得这个声音。这是训练时的警报声:提示尽快离开居所,到堑壕中隐蔽。帕斯捷尔纳克夫妇把履行民防职责当作神圣使命:济娜伊达·尼古拉耶夫娜,典型的"夜猫子",夜里二点还很有劲头;鲍里斯·列昂尼德维奇,生来是早睡早起的"百灵鸟",要求每天黎明叫醒自己。他们就这样轮流值守,以免错过警报。

帕斯捷尔纳克的长子叶甫盖尼刚上完十年级,就与其他同学被派往斯摩棱斯克挖掘战壕,他们离开后才三天,这座城市便沦陷了。一份作家子女疏散名单很快拟定,三岁的廖尼亚和十二岁的斯塔西克名列其中。只有三岁以下幼儿才能跟随母亲,其余孩子另行疏散,没有父母陪伴。帕斯捷尔纳克夫妇想办法从房管员那儿搞到一纸公文,试图证明廖尼亚的年龄登记有误,但无济于事。幸亏不怕任何苦差的济娜伊达·尼古拉耶夫娜被纳入教导员梯队。她想留在莫斯科,跟因病不能中断治疗、不能离开疗养院的阿季克待在一起,但帕斯捷尔纳克劝她把廖尼亚和斯塔西克带走,阿季克由他照看。7月9日,济娜伊达·尼古拉耶夫娜带孩子前往卡马河畔的别尔苏特。不允许多带东西。她把一些书信和《安全保护证》第二篇的手稿——丈夫的第一件礼物藏进儿子皮袄里。

在火车站,鲍里斯·列昂尼德维奇精神饱满,鼓励着妻子。即使与儿子道别,他的精神力量也未消退,他抓住儿子的手,一本正经地说:"非常可怕的事情要来了。如果你丢掉了父亲,那就努力长成像我和妈妈一样。"

他当天就回到佩列捷尔金诺,开始了充满艰辛和期待的生活,恍若在梦境中静候毁灭的来临。不过,他偶尔也惊异于自己幸福的预感:他觉得,一切都未终结,如今就算坠入深渊,未来之光仍然越来越清晰,但这是死亡之后的变容抑或生命获胜的幸福,他却不知道。一个不寻常的夏天——仿佛故意作对似的,1941年的收成超乎想象;撤退的部队踏过沉甸甸的成熟的小麦,废弃的菜园里爬满黄瓜秧,麝香草莓在佩列捷尔金诺疯长,致使田畦难以穿行,好像大地终于等来了与人类的决裂,终于可以干自己的事情了。帕斯捷尔纳克爱上了这片荒废的土地,它有点像他自己那颗从一切压抑中解脱,自在地结满果实的心。1941年夏天,他继续着春天里进展顺利的创作:他不止一次将3月的佩列捷尔金诺组诗称为1947年他开始写《日瓦戈医生》及其组诗之前最好的作品。佩列捷尔金诺的时光,不再有领导、监控和家务。孤寂、自由的生活,成为《无所归依的人》《可怕的童话》《虚假的恐慌》《哨所》《勇气》《致俄罗斯天才》等诗篇的主题,而他写给妻子的书信则温情如故,清新爽朗,足以跟他的诗相媲美。

7月中旬,长子叶甫盖尼回来了,与母亲(叶甫盖尼娅·卢里耶)一起在父亲别墅小住了几天。帕斯捷尔纳克觉得,儿子仿佛刚从炼狱归来。作为见证者,他讲述了战争的最初一幕:一名德军飞行员,目睹了成群结队的和平居民前往第聂伯河上游挖战壕,就自愿投降做了俘虏。这名富于感性的飞行员内心究竟起了怎样的变化,只有上帝才知道。安德烈·普拉东诺夫根据叶甫盖尼的叙说写了一篇小说,试图再现这微妙的心理。8月6日,叶甫盖尼娅·弗拉基米罗夫娜和儿子动身去往塔什干的疏散地。因为事情紧急,他们没来得及跟帕斯捷尔纳克道别,而他当天也恰巧没能从佩列捷尔金诺离开。

在此期间,帕斯捷尔纳克的生活不仅限于料理菜园,写诗撰文。他接受了军事训练:每天午后从四点到八点,在普列斯年斯克哨所后面的靶场和训练场。他的枪法比谁都准,在《无所归依的人》中他自豪地写道:"他还不算老迈,/也未曾被年轻人非议,/他的霰弹枪/却比他年轻二十多岁。"由于每天的训练,当阿季克随同整个结核病疗养院迁往乌法时,他未能与之告别。为阿季克送行的是他的亲生父亲涅高兹。火车驶离莫斯科之前,在铁路专线上停了两天。帕斯捷尔纳克在佩列捷尔金诺度过忙碌的早晨:翻译苏联人民的爱国抒情诗,撰写文章(因为冷峻清醒的笔调与盲目乐观的闲谈格格不入,这些文章被拒绝发表),记录他本人诗歌创作的片段,然后赶往莫斯科,处理出版事宜,追讨稿费,请求预支——该给妻子寄钱了,8月28日,她与所有作家子女一起从别尔苏特迁往契斯托波尔。白天,他忙得不可开交——黎明即起,工作到晌午,下午四点之前将写好的文章分别寄往各编辑部,练习射击到九点,一整天只吃一顿,直到天色全黑,才返回佩列捷尔金诺。他喜欢这种活法。"我不抱怨生活,因为我喜爱艰辛的命运,受不了无所事事。"同时他又补充道:"我是说不抱怨,可是,在这空荡荡的两座屋舍之间,在我替你们担心之际,在我挨家巡查、写稿挣钱、参加军事训练时,我的心真的要碎了。"

4

也许就在这里,在这初秋的日子,他遇到了《日瓦戈医生》主要一章所描绘的严峻"状况",一如"荒野中的花楸树"。

> 尤里·安德烈耶维奇身上发生了不可思议的变化。他渐渐失去理智。他还从未有过这种古怪的生活。房子他不收拾了,对自己也不关心了;他把黑夜当作白天,自从拉拉走后,他就忘记了时间。他喝酒,为拉拉写诗,但经过他一再修改和润饰,诗中的拉拉已经离她的本来面目越来越远,不像是那个带卡秋莎远行的母亲。①

---

① 引自《日瓦戈医生》第十四章第14节。这里提到的"荒野中的花楸树"系小说第十二章标题(俄语原文为 Рябина в сахаре,因具有多重语义,不同译者有不同译名,如《荒漠中的花楸树》《山梨树》《甜蜜的花楸》等)。

在这里,在秋天的佩列捷尔金诺,他感受到幸福的绝望和牺牲的勇气,后来写于 1949 年 11 月的《秋》——尤里·日瓦戈名下最具个性的诗篇,也许正是此种心境的写照。

我让家人各自出行,
亲友早已零落天涯。
总是免不了的孤独
满溢在内心和自然。
…………
如今,木墙满怀忧伤
只好将目光投向你我,
我们不愿冲破障碍,
我们将坦荡地毁灭。
…………
就让树叶更喧嚣,
更加恣肆地洒落,
让今日几多愁绪
比昨天的苦酒更浓。

当然,这也是对 1948 年 9 月的回忆,那时他一个人住在佩列捷尔金诺,思念着伊文斯卡娅,他们刚刚一起度过了甜蜜的"城里的夏天":秋天,妻子带儿子去了莫斯科,他在别墅生起火炉("我喜欢生炉子,也就是说,当寒气袭来,柴火充足时,我喜欢自己掌控局势的感觉。"),不想再回到城里,他要用迅速翻译的《浮士德》向妻子证明自己。但在 1948 年的佩列捷尔金诺,似乎并无毁灭的迹象,起码与 1941 年秋天绝无相像。"我们将坦荡地毁灭"的挑战意味,不仅是一场黄昏恋情的回响,由此也展开喧嚣、恣肆的秋日回忆,突然降临与呈现的永恒孤独的回忆。这已然是出自佩列捷尔金诺现实的奇异图景。

尤拉对拉拉的回忆,同样是帕斯捷尔纳克对佩列捷尔金诺生活的回忆——当他返回时,济娜伊达·尼古拉耶夫娜和两个儿子刚离去,只留下空荡荡的房间。东西收拾得匆忙,别墅里一片狼藉,跟平常的齐整大不相同,他从中看到了闯入他们生活的乱象,他记住了这幅景象,以便日后将记忆传递给日瓦戈医生：

> 他走进屋子,锁上门,脱下大衣。当他走进拉拉早晨收拾整齐,又因为匆忙打点行装而弄乱的卧室,当他看到凌乱的被褥和地板上以及椅子上杂乱的衣物时,他竟俯伏在桌沿上,用被角捂住脸,孩子似的放声痛哭。他哭了没多久,便站起来,迅速拭去泪水,用惊愕、疲惫、失神的目光痴痴地朝四下看了看。①

> 他从门槛边向里张望,
> 认不出那是自己的家。
> 她的离去犹如私奔,
> 到处是破败的残迹。
> …………
> 他一个人茫然四顾,
> 发现她出走时
> 从上到下翻遍了
> 橱柜里每一件东西。
>
> 徘徊着直到黄昏,
> 才想起把凌乱的布头
> 和裁剪的纸样
> 收拾好放进箱子。
>
> 缝衣针还插在针线活上,
> 无意间的触碰
> 让他不禁悄声哭泣,
> 仿佛她就在眼前。②

这首写于1953年(《尤里·日瓦戈的诗》里写得最晚的一首)简洁而伤感的诗,无疑跟济娜伊达相关。她和伊文斯卡娅,究竟谁是拉拉唯一的

---

① 引自《日瓦戈医生》第十四章第13节。
② 引自帕斯捷尔纳克《离别》(1953)。

原型,人们一直争论不休;而这首诗正是有利于她的重要证据,这也是对于写在柯布列梯他们热恋之时的抑扬格组诗《波浪》的回应。海的主题仿佛凭空而来——"无以排遣的愁绪,更像是海的荒凉";在与此诗对应的《日瓦戈医生》片段里,也出现了海的形象,以及明显是关于《波浪》的回忆:

> 我要把你的形象移到纸上,就像一场可怕的风暴把大海连根翻起,然后在沙滩上留下奔腾得最远的巨浪的痕迹。那股浪像蜿蜒的曲线,把浮石、软木、贝壳、海藻之类最轻最小的东西从海底翻上来,送上沙滩。这是最高的激浪冲出的海岸线,一直伸向无尽的远方。①

《离别》里关于海的主题,源于柯布列梯的波浪。在帕斯捷尔纳克那里,每段恋情都有各自对应的视像:叶莲娜·维诺格拉德——铁路和草原,济娜伊达·涅高兹——海和城市,奥莉加·伊文斯卡娅——河流和森林。

5

他的文章未被采纳,大部分也都未能保留。利季娅·楚科夫斯卡娅读过其中的一篇,并记得他试图将充斥苏联政论文的爱国高调转换为贴近每个人的主题。他要说的是,俄罗斯不仅是国名,也是每位妻子和母亲的名字。在战争初期,这听起来像不和谐的杂音,文章未能发表也不足为怪。译作倒是很受欢迎:9月17日,《文学报》刊登了扬·苏德拉博卡尔恩②的《致俄罗斯人民》,10月1日,刊登了西蒙·契科瓦尼③的《胜利》,两星期后,又是他的《海鹰》。编辑部无意刊发帕斯捷尔纳克的原创诗,他却像往常一样认真严肃,甚至努力"在时代的音调下生活和思考"。苏联官方宣传早就开始了为"俄罗斯的"一词正名,而"苏维埃的"这一意识形态概念则有所淡化;已经允许承认,俄罗斯民族的历史并非始于1917年。1942年,为动员国家,斯大林公开采取了强有力的刺激手段:二十多年来作为苏联文化对立

---

① 引自《日瓦戈医生》第十四章第13节。
② 扬·苏德拉博卡尔恩(1894—1975),拉脱维亚诗人,原名叫作阿尔维德·扬诺维奇·佩尔涅。
③ 西蒙·伊万诺维奇·契科瓦尼(1903—1966),格鲁吉亚诗人,1941年获得斯大林文学奖。

面的俄罗斯文化,终于获得了与之同等的地位。但1941年秋天,帕斯捷尔纳克的诗仍然太缺乏苏联意蕴,尽管极具爱国主义色彩,却又突破并超越了意识形态的界限,不可能以作者的名字和原创形式发表。

1941年,帕斯捷尔纳克仍然相信,1917年革命实为"俄罗斯天才"之体现,这一基本立场反映在他所看重的《致俄罗斯天才》中:

> 你超越一切傲慢
> 自那个重大时刻起,
> 将一具具偶像掀翻,
> 将永恒贮存。

偶像的寓意,无须争议。就在当年秋天他还提交过申请,明确表示想要创作一部有关当代现实的话剧。叶甫盖尼·帕斯捷尔纳克后来写道:

> 例如,作者将俄罗斯文化与社会主义文化视为二十世纪上半叶主要的、内涵丰富的事实,他要努力揭示两者间的同一性……努力表现苏维埃性……作为最单纯的精神之显现,无论人的是非对错都一样。

与其说诗人之子在为父亲辩解,不如说是在解释其立场,他强调,在1941年,"苏维埃性"(советскость)至少有两项成就为帕斯捷尔纳克所赞赏:战胜了唯利是图的观念,克服了对女性的羞辱。

"俄罗斯的"与"苏联的"之同一性,即斯大林主义后期的主要论题,此时也在帕斯捷尔纳克头脑中萦绕——战争时期是否会有另一种立场,姑且不论。如果事关俄罗斯自身的生死存亡,那么它是以苏联的名义抑或别的什么名义赢得胜利,根本不重要。但这么说并不表明,俄罗斯民族获胜的唯一条件和保证就在于"苏维埃性"。相反,按照帕斯捷尔纳克的理解,战争释放了陷入绝境和近乎禁忌的"俄罗斯性"(русскость)。帕斯捷尔纳克本人在其自传草稿中写道,1917年夏天,革命像"坠落大地的神"。战争,同样也是坠落大地的神——并非因为神性,而因为对陈规旧习的克除,以及对无处不在的虚谎的揭露。

当年夏天,帕斯捷尔纳克未能将他创作叙事诗和话剧的想法转化为现实,他称这是因为需求不足,但他是何时受到了阻碍?问题其实不在于需求。这的确是他最后一次试图表现"苏维埃性"(在当时的俄罗斯,没有人能避免这种多少也算可贵的东西),但没过多久就失望了。帕斯捷尔纳克

675

终究无法领会"苏维埃性",《此世》的构思也就一直没有实现。他感到虚假,销毁了这部剧作。出于同样的原因,《真理报》原计划发表的长诗《霞光》也很快被搁置了。这是帕斯捷尔纳克最后一次叙事诗的尝试,但他自己也觉得,对于叙事诗而言,所谓战时的俄罗斯复兴之前提不足为信,也不充分。事实证明,这场复兴为期不长,"俄罗斯性"当中对于帕斯捷尔纳克弥足珍贵的那一切,再度遭到苏联文化的压制。

但是到了8月,帕斯捷尔纳克又打算写一部斯拉夫主义的剧作(在苏维埃面具的掩饰下),他开始了认真的准备,并以诗歌形式表达了他的创想:

> 花园老了,因为那些往事。
> 拿破仑曾经在这里驻足,
> 这也是斯拉夫主义者萨马林
> 为国效力和葬身之地。
>
> 这里,十二月党人的后裔,
> 俄罗斯女英雄们的曾孙,
> 用小口径猎枪打过乌鸦
> 吃力地攻读拉丁语。
>
> 倘若有足够的精力,
> 他会仿效他热情的祖父,
> 将斯拉夫派先辈的文字
> 重新审阅并修订出版。
>
> 他自己也将书写一部戏剧,
> 凭借战争激发灵感,——
> 在树林不停歇的絮语声中
> 一位病人躺着,思考着。
>
> 在剧中,他要用外省方言
> 用严整而鲜明的形式

塑造那未曾有过的生活

不可思议的历程。

(《古老的花园》,1941)

6

每逢大动荡的岁月,帕斯捷尔纳克便转向戏剧创作。1917年,他根据法国革命写下两个剧情的片段,1937年,他兴致盎然地跟阿菲诺格诺夫交流,分享不知何时才能完成的剧作构思(有可能,他们谈到了阿菲诺格诺夫差点成为其牺牲品的大恐怖)。战争初期,他想写的正是戏剧而非小说或长诗,他的这种想法取决于形势的判断,当然是在最高意义上:相比散文,戏剧更生动,更直观,更鼓舞人心。一部戏剧的创作,相当于力所能及地参与保卫国家。战争第一年,涌现出许多高水准的话剧名篇——科尔涅丘克发表在《真理报》的《前线》、列昂诺夫完成于契斯托波尔的《侵略》、西蒙诺夫的《俄罗斯人》、格拉德科夫的《很久很久以前》、阿菲诺格诺夫的《前夜》、费定的《情感的考验》等等。战争向来适合于演戏,无论这听起来多么无情。围困的城市、毁弃的房屋、生离死别、不期然的相逢、短暂的爱情、战斗的期待,这一切充满强烈的紧张感,与舞台相得益彰。或许,莎士比亚悲剧的翻译对帕斯捷尔纳克也产生了影响,这使得他能够更好地理解舞台的行为规则。他曾经写信对其译文集编辑米·莫罗佐夫说:"莎士比亚对我也很有用。"

被遗弃的城市仿佛悬置在"我们"和"异己者"的间隙中,在时间的褶皱里。等候德国人到来之际,人的品格得到检验——最英勇的人,原来是受迫害最深的人,在他们身上,"苏维埃性"始终未能压倒"俄罗斯性"。俄国历史的 个悖论是,在所有的转折阶段,最受国家本身压迫的人,才是它最得力的保卫者:祖国的绝情,是贯穿于俄罗斯战争文学的情节。在极端形势下,恰恰需要当局平常所不能容忍的品质:勇敢、忍耐、自立、蔑视死亡、对祖国有意识的饱经苦痛的爱。而这些品质往往对政权最危险,在和平年代难免遭受无情打击,但在战争期间,"人民的敌人"部分地获得平反。侵略对人的考验,成为帕斯捷尔纳克、列昂诺夫和西蒙诺夫剧作的主题,俄国旧知识分子是他们创作题材的核心。帕斯捷尔纳克在契斯托波尔向格拉德科夫解释说:"这部戏反映的是文化继承性。"他还顺带指出,它的写作手法是象征主义而非现实主义的。这不仅是理解其剧作,也是理解其小说的关键。

悲剧的标题几经更改,从《在一座苏维埃城市》到《普辛斯克纪事》,最后是《此世》。几乎完成一半的内容所剩无几,大部分都被作者销毁了。(也许是因为他从不保留底稿,但也许是出于私下的考虑,因为他曾以为意识形态在战时会有松动,有些话说得太大胆)我们所了解的剧情发展,都来自帕斯捷尔纳克本人简短的叙述以及塔玛拉·伊万诺娃的回忆,她和丈夫一起听作者朗读过写好的片段。《此世》的若干情节用在了《日瓦戈医生》的结局,包括赫里斯季娜·奥尔列佐娃"为朋友舍命"①的故事。在帕斯捷尔纳克使用过的资料中,保留着利多夫的一篇特写《塔尼娅》,记述了卓娅·科斯莫德米扬斯卡娅的遭遇。1942年,在契斯托波尔,帕斯捷尔纳克将这位英雄女游击队员的事迹写入《此世》。在剧作中完成壮举的是格鲁尼娅·弗里德里希,一位哥萨克姑娘;爱上她的旧知识分子英诺肯季·杜多罗夫也是在这里首次出场。随后还有他的朋友戈尔顿②,以及年轻女裁缝德鲁兹扬京娜讲述的可怕故事,这个故事后来几乎一字不差地搬用到《日瓦戈医生》的尾声(小说里讲述杀人狂魔那一幕的是丹卡·别佐切列杰娃,尤拉和拉拉的女儿)。

最初的构思可概括为:一群四十年代的人相聚在一名斯拉夫主义者的旧庄园,思考着俄罗斯和俄罗斯人的命运,以及战争如何激发了他们,又如何净化了空气。戏剧张力主要来源于战线的拉近和剧情发生地(在最终版本里被称为普辛斯克)即将弃守。"可怕啊,那一刻,可怕得动人心魄,可怕得令人陶醉。"戈尔顿说道。而杜多罗夫的几段独白,犹如日记般坦诚直白,列入帕斯捷尔纳克最有分量的散文也不为过。第一段出现在第四幕,时值1941年秋,在一片农田里,废弃之城的居民刨挖着土豆:

> 请注意,同志们。政府和军代表丢下这座城市。我不想故作憨直

---

① 《日瓦戈医生》尾声提到的人物,一名女游击队员,机智勇敢,曾潜入德军阵地,炸毁马厩,后来被德军俘获并绞死。按照传记作者的观点,帕斯捷尔纳克把苏联女英雄卓娅·科斯莫德米扬斯卡娅(1923—1941)的事迹加在了赫里斯季娜身上。"为朋友舍命",典出《圣经·新约·约翰福音》第十五章第11节至第14节。

② 在《日瓦戈医生》中,杜多罗夫和戈尔顿不仅是日瓦戈儿时的朋友,也是他生命终结的见证者。杜多罗夫曾经的恋人,正是上文提到的赫里斯季娜。

状。我并非所谓"可靠的自己人",我只会照我习惯的方式说话。同志们,隔离带垮掉了。没有人能将我们挡在真理、危险和追求幸福的权利之外,或许,我们正面临着近在咫尺的死。同志们,我要祝贺大家达到了我们的极限。在这屈指可数的时间里,应当从漫长的童年一直成长到我们真正的年龄。再说一遍,我们正处在刚刚开始的无政府状态的边缘。

难怪帕斯捷尔纳克笔下这座注定毁灭之城的地下组织者不是共产党员,而是在危难时刻经历着他最后一场爱的旧知识分子。

杜多罗夫的第二段独白,无异于帕斯捷尔纳克自己的道白,在佩列捷尔金诺,他一个人静候最可怕的厄运:

> 这在《哈姆雷特》里又会如何?终于,只剩下我一人。这便是整个一生的等待。它终于来到了。奇怪。为什么土地今天还在吸引我?最后的,最后的一棵草。牛蒡,车前子。融雪的水洼中最后一棵珠贝色的枯草。不是今天就是明天,它将消失在雪下。消失的还有我,还有我。这一年里还有我。我可怜的奥莲卡,我可怜的孩子们。我再也见不到你们了。上帝啊上帝,我为何如此喜爱你的秩序。上帝,你将打开我的心,赋予它以无限的包容!感谢你,上帝,是你将我塑造为人,教我学会告别。别了,我的生活,别了,我的不久之前的、我的昨日的、我的愚蠢而屈辱的二十年。

很快,几乎同样的旋律将重现于《八月》。依然是秋天与生命陨落的主题,以及主要的一点——同灾祸的告别:

> 别了!夭亡的岁月。
> 别了!勇敢的女人,
> 在耻辱的深渊中抗争,
> 我正是你的战场。

> 感谢你,上帝,是你给了我看视的双眼,这双眼睛,看久了就会流泪。请把我的灵魂带出牢狱,向你的名字忏悔。我们一直以为,生活——是家庭、工作和平安,可是一旦浩劫来临,灾祸会用何等可亲和熟悉的东西把我们浇淋!像婴儿期的回返!我们天性中的翻覆多于安

顿。生、爱、死。所有这些个别的冲击都是毁灭性的,流亡、天空的失落、天堂的碎片,才是生命中的每一步。而每逢这些时刻,周围总是空无一人。只有雪,雪。自始至终,我多么爱它。

就这样,就是用这样的话语,他在佩列捷尔金诺思考着,在冥想中告别妻儿,告别生活,告别埋在雪下的土地。爱的灾难性不亚于毁灭。做一个人,意味着懂得告别。活着,意味着失去。

7

行文至此,我们认为可以谈谈帕斯捷尔纳克有别于教会的(等级制和形式化的)、曼德尔施塔姆的(狄奥尼索斯式和希腊化的)和列昂季耶夫①(惩罚般的和国家化的)基督教了。

视灾祸为生活隐秘而潜在的背景,以感恩之心面对人世的沧桑以及转折时期被剥夺的自由,此即帕斯捷尔纳克宗教观念的基础。"我可怜的孩子们。我再也见不到你们了。上帝啊上帝,我为何如此喜爱你的秩序。"这是多么和谐的组合!一切就在于"无限的包容",乃至甘愿接受这一秩序并为之辩白。幸福反倒使帕斯捷尔纳克不安,并非因为幸福不应得,而因为不牢靠。悲剧是常态。回到悲剧是合乎自然的,说来可怕,也是快乐的,正如回到婴儿期——回到人在"家庭、工作和平安"吸引之下所离弃的真实性的自然界。真实性即是"最后的,最后的一棵草。牛蒡,车前子。"

在"1956年诗歌节"奇迹般胜出的《黎明》(1947)一诗,对福音的价值做出了新的并且是终极意义的阐释。由于某种宣言的意味,这首诗在日瓦戈组诗当中并非最出色,但对于理解帕斯捷尔纳克的信仰至为重要。让我们来重温此诗:

> 你就是我命中的一切。
> 后来是战争和毁灭,
> 漫长的岁月,漫长的等待,
> 没有等来你的音讯。

---

① 康斯坦丁·尼古拉耶维奇·列昂季耶夫(1831—1891),俄国宗教哲学家,保守主义思想家。

> 多年以后，你的声音
> 又一次让我激动不安。
> 我整夜阅读你的遗训，
> 仿佛从昏厥中苏醒。
>
> 我渴望到人群中去，
> 融入他们早晨的生机。
> 我准备将一切打碎
> 让所有人双膝跪地。

济娜伊达·尼古拉耶夫娜记得一个啼笑皆非的情景：尼古拉·波戈金，以塑造列宁生平为主业的苏联剧作家，曾经一本正经地表示纳闷："要说他读的是伊里奇的遗训，这可以理解，但他凭什么要让所有人双膝跪地？！"在1956年，对于"我整夜阅读你的遗训，/仿佛从昏厥中苏醒"，还能有怎样的解读？按照波戈金的说法，昏厥是因为斯大林歪曲了党的准则，帕斯捷尔纳克一整夜阅读列宁，终于醒悟了，现在他"渴望到人群中去"。但为何还要让大家下跪祈祷，既然当时大多数人已经不记得下跪了。

> 我沿着楼梯跑下来，
> 就好像第一次踏上
> 这些积雪的街道
> 和结了冰的马路。
> …………
> 我动情于所有人和事，
> 像渗入肌肤，我像雪
> 融化在他们的血肉间，
> 又像早晨，皱起眉头。
>
> 我身旁没有名姓的人，
> 树、孩子和居家者，
> 一切的一切将我征服，

只有这才是我的胜利。

失败者的获胜、落后者的领先——出自"早班火车"的"爱慕的祝福"就应照此理解：帕斯捷尔纳克祝福自己的同路人，并非由于他们的无产阶级出身！做一个失败者、落后分子和被遗忘者，对于他是自然且又快乐的。活在毁灭的边缘，扑灭燃烧弹，做好死的准备，离开目的、意义和指导意见而开花结果，就像夏季和秋季的大地。越没有希望，越是快乐——生活的肌理虽则厚实，忽然间却变薄了，透过它，本无挂碍的"此世"闪现微光。"彼岸"成为"此岸"。

但帕斯捷尔纳克的信仰还有一个条件。是的，其宗教观念取决于悲剧、人生哲学的沉痛感以及取舍的能力，但如果缺失了幸福、意外的成功和惊喜，他的信仰同样难以成立。如果不是他奇迹般的幸运和伴随他整个旅程的神奇巧合（通过这些巧合，他始终见证着上帝的存在，这就是《日瓦戈医生》中有这么多巧合的原因），也就不会有他动人心魄的基督教信仰。因而当他的需求得到最低限度的满足，当他为荒谬而欢悦，这荒谬、光亮和一口空气便是不可或缺的。可以想见，他的信仰为何根本不被坎坷一生的茨维塔耶娃所接受，而她过着"并非自己的生活"的女儿阿里娅，还有许多命运多舛之人，同样也不接受。

然而，有谁知道这当中什么是首要的？或许，他之所以幸运是因为相信，而不是相反。一位睿智的东正教神父曾以莫名的欣喜坦言："我祷告越少，巧合越容易终止；祷告越多——越容易重现。"他究竟由于幸福而信仰，抑或由于信仰而幸福？我还是更倾向于前者。总而言之，帕斯捷尔纳克又一次幸运地获得了拯救：10月14日，他、费定和列昂诺夫不得不离开莫斯科。他本人未采取任何行动来救自己，是法捷耶夫硬将他列入几乎最后一批撤离的作家名单。德国人未能打到佩列捷尔金诺，他们在八公里以外受到阻挡，把军队驻扎在一个小村，但佩列捷尔金诺最后的居民已经坐上列车，驶向喀山。偶尔有人写道，帕斯捷尔纳克撤离时乘坐的是一架为他、费定和列昂诺夫提供的飞机。这一说法来源于济娜伊达·尼古拉耶夫娜。（她喜欢夸大丈夫的影响力）其实，他乘坐的只是普通列车，与安娜·阿赫玛托娃在同一节硬座车厢，9月下旬，她才从围困中的列宁格勒坐飞机回到莫斯科。同样乘坐这趟火车，瓦赫坦戈夫剧院和小剧院的演职人员离开了莫斯科。

他们从喀山坐轮船抵达契斯托波尔。10月18日傍晚,帕斯捷尔纳克找到了住在当地保育院二楼的妻子,阿赫玛托娃则去了利季娅·楚科夫斯卡娅那里,后者在邮电局附近租了一间房子。楚科夫斯卡娅收到父亲的通知,要她两天后前往塔什干。阿赫玛托娃和她一起去了。

次日早晨,帕斯捷尔纳克夫妇就去找房子。让鲍里斯·列昂尼德维奇惊讶的是,妻子宣称,他只能一个人住:"我不能丢下孩子,他们全都必须活着回到莫斯科。"起初他感到纳闷,但随后就平静了:在契斯托波尔,悲欣交集、成果丰硕的佩列捷尔金诺隐逸生活再度恢复。他随身带来了已经开始翻译的《罗密欧与朱丽叶》。

第三十五章 此时

1

济娜伊达·尼古拉耶夫娜泼辣的行事风格,在莫斯科都有传闻。因为担忧同儿子失散,或因为天生的勤劳,无论在此前的列车上,还是在随后落脚的保育院,她都是表现最积极的人。她写给丈夫、寄往莫斯科的一些书信保存下来,信中充满活力乃至自嘲。"我把更多关心放在了别人的孩子身上,而不是自己的。"帕斯捷尔纳克的妻子自豪地回忆道。斯塔西克十三岁,已经能照顾自己了,可廖尼亚还很爱哭,也很淘气,受不了路途的艰辛……列车长叶甫盖尼娅·卡萨切夫斯卡娅,负责组织作家保育院疏散到后方,她建议济娜伊达·尼古拉耶夫娜担任保育员。

> 我的努力有四分之三是为了排遣我与鲍里亚和阿季克分离的悲苦。只有工作时,我才感到安慰。我不但要照看孩子,还要给母亲们做出榜样。

从每项工作中她不仅找到了实用意义,还找到了理想的,也可说是象征的意义,这也更加拉近了她与帕斯捷尔纳克的关系。

按照计划,保育院将安顿在喀山附近的别尔苏特。他们乘坐驳船前去,半夜里,驳船漏水了,济娜伊达开始祈祷……只能轮流用手把水舀出去。到达别尔苏特之后,他们分得了两套独栋住房,主要是给不同年龄的孩子们住。他们住得很挤,许多获准带孩子同行的母亲失去了信心,因为害怕哭个不停,卡萨切夫斯卡娅便召集大家开会,毫不掩饰"低落的情绪"。济娜伊达说,不必没完没了地开会和发言,值此艰难时期,口号对谁都不管用。帕斯捷尔纳克赞赏的就是这股韧劲儿。

快要入冬时,决定迁往契斯托波尔,一座冬季保育院在当地已经装备完毕。据济娜伊达回忆,她什么脏活累活都干,包括保育员职责之外的活计:擦地板,洗便盆,生炉子……干会计她不在行,但她有一双巧手。范尼·科罕被任命为契斯托波尔保育院院长。这家保育院还收养了一些当地的孩子以及带着婴幼儿的母亲。此外,时常有人盗窃保育院的财物,济娜伊达·尼古拉耶夫娜十分警觉,不让半点儿面粉和孩子们赶上节日或生病才能吃到的大米丢失。当然,她也善于保护自己,甚至把墨水泼到了一个名叫霍赫洛夫的当地官员身上,那人负责疏散人员的日常生活:他指责她把孩子们喂得太饱。

11月7日那天,济娜伊达突发奇想……她要烤制甜点!

> 我手头只有黑麦面粉,整个晚上,我都在用它进行各种尝试。最后,我把面粉放在平底锅里烘烤,捣碎,再往里面加入鸡蛋、蜂蜜和白葡萄酒,于是可口的"土豆点心"做成了。一大早,我就让所有工作人员都来叠小纸篮,用来装点心。

如果不干净不整洁,没有餐巾和小纸篮,就算点心做成了,她也高兴不起来。现在该明白他爱她什么了吧?此前,帕斯捷尔纳克(9月10日)写信对她说:

> 我们的孩子多幸福,他们有你这样的母亲。你的名声从各地传来,大人和小孩不会来信夸奖你,是过往的客人谈起你的工作。你是好样的,我为你而骄傲。愿你保持一颗公道之心。我过得还好,一切还算顺利,尽管在我们的刊物上,大多数人发出的并且被视为必要的腔调,比战前离我更远,更令我厌恶;尽管在各编辑部、秘书处和上级机关,来自庸俗无能之辈的阻力是多么荒唐。

帕斯捷尔纳克从莫斯科向契斯托波尔定期邮寄包裹,寄送他能弄到的一切:布料(给妻子做衣裳)、斯塔西克穿的鞋、给廖尼亚的糖果,另外几乎每天还写信。他希望来年春天妻子、儿子以及继子(阿季克)都能回到莫斯科。然而,他们在契斯托波尔一直待到了1943年夏天。

1941年10月,在大肆抓捕所引起的惶恐中,海因里希·涅高兹被捕了——因为他那德国人的姓氏(他第二任妻子米利察向帕斯捷尔纳克夫妇告知了此事)。直到次年春天他才获释,条件是离开莫斯科。供他选择的去处有斯维尔德洛夫斯克、阿拉木图和第比利斯。相比之下,第比利斯更暖和,阿拉木图食物更充足,但儿子却住在斯维尔德洛夫斯克附近的结核病疗养院,因此涅高兹选择了斯维尔德洛夫斯克。他没来得及告诉帕斯捷尔纳克夫妇他已重获自由。济娜伊达不打算给正在疗养的儿子写信,把父亲被捕的消息告诉他,"他是共青团员,父亲的声誉对他可不是小事"。帕斯捷尔纳克觉得这不公道,立即亲自写信给阿季克,要继子永远别怀疑他父亲的清白,俄罗斯所有诚实之人都被关起来了,所以这样一位父亲只会令人骄傲。

1942年春,帕斯捷尔纳克在契斯托波尔已经待了半年,从结核病疗养院所在的下乌法列伊(Нижний Уфалей),济娜伊达收到一封信,不是阿季克写的,而是来自几位医生。信中建议对阿季克腿部实施截肢,但未经他母亲同意,医生不能擅自决定。帕斯捷尔纳克坚决主张手术,还说要带他去英国,为他装假肢……济娜伊达吓得慌了神,只得同意了。一个月以后,她收到儿子绝望的来信,他写道:他感觉自己是一个谁都不需要的瘸子,他的生活毁掉了。济娜伊达意识到,应当立即动身去看望儿子,哪怕只跟他待上一天也好。办理去斯维尔德洛夫斯克的通行证并非易事,可她还是办好了——她在保育院里出色的工作和无可挑剔的名声起了作用。帕斯捷尔纳克送走了她和斯塔西克。7月末,济娜伊达终于到达下乌法列伊的疗养院。阿季克读了父亲答应尽快前来的书信,高兴得哭了。济娜伊达和他一起度过了两个星期。父亲的获释和母亲的探望虽然给阿季克带来了欢乐,他却为一条腿从膝盖以上被切除而绝望。还有一件沮丧的事情:他喜欢的女孩跟他分手了。她不需要一个残废。济娜伊达竭力安慰和开导他,称这种女孩不值得为之死去活来,可她还是担忧儿子的病情:体温降不下来,做了截肢的腿部一直有隐痛。像以往一样,她的预感应验了:阿季克的治疗不得当,炎症的发作不在腿上,而是在脊柱,但斯维尔德洛夫斯克的医生们未能发现。

保育院给济娜伊达的准假结束了。她带斯塔西克坐火车从下乌法列伊来到斯维尔德洛夫斯克,看到了一张海报:吉列利斯正在城里举办音乐会。他下榻的"乌拉尔"宾馆,正是帕斯捷尔纳克夫妇1932年住过一个月的地方。吉列利斯是涅高兹的学生,济娜伊达立即去找他,结果遇上了刚到斯维尔德洛夫斯克的前夫。两人相见,格外高兴,涅高兹答应经常去看阿季克。济娜伊达带着斯塔西克去了火车站。第一次证件检查之后,帕斯捷尔纳克的妻子就要被撵下车,因为契斯托波尔方面的户口登记有误,导致她的护照过期(为此她一回去就跟契斯托波尔民警局大吵了一通,这才迅速办理了重新登记)。在这趟从斯维尔德洛夫斯克开往喀山的列车上,只因隔壁包厢有一位读过她丈夫诗歌的老将军,她才未落入困境。她和儿子总算平安到达喀山,并于1942年8月底回到契斯托波尔。

2

奥莉加·弗莱登伯格此时的境况,难以用文字描述,即便描述,也只能是现象学的、严格学术意义的和高度概括的。只有两位作者以无所畏惧的深度和力度书写了列宁格勒的围困——两位都是女性,都是语言学家。弗莱登伯格的自传体散记和利季娅·金兹堡的《受困者手记》,正是她们的围困现象学:散文无力述及的,科学的话语反倒可以胜任。

备受迫害的弗莱登伯格,几乎被挤到学术的边缘,但她没有屈服,而是继续生活在列宁格勒,在大学里教书,照料她的老母亲。如同帕斯捷尔纳克——家族与精神上的亲缘关系之影响由此可见——她拒绝离开自己的城市:她听说了疏散中的各种乱象,在之前的强制转运中,甚至有许多跟父母离散的孩子遭到拐卖("种种离别,可怕又疯狂",她写信对表兄说,又为廖尼亚能与母亲同行而欣慰)。这些传言令她担忧,但她考虑的主要是,不能为了逃命加入颠沛流离的人流。她像表兄一样言简意赅地说道:

> 感觉立刻轻松多了。我无法抛弃心爱的城市,妈妈也无法到达要去的地方。死的预定,终究是轻松的解脱。

这就像是他自己写的。

9月1日,各家店铺都关闭了,在这些店铺里,据弗莱登伯格回忆,"政府曾以哄抬起来的价格出售食品"。9月8日,开始了第一次扫射,也就是阿赫玛托娃在《列宁格勒第一场漫长的战斗》一诗中写过的。这比轰炸更可怕,更突然,也更具毁灭性。"来不及发出信号。人坐在桌旁吃饭,就被杀死了。"在极端考验的时刻,弗莱登伯格像她的表兄,也将生死置之度外,她更多思考的是时势的意义和记录。她将袭击和扫射视为纯粹古典式的厄运——不可阻挡,找不到缘由。到了12月,电车停了,供电几乎彻底中断,口粮定量降至 125 克麦秸和煤油味的油粕。城里展开了逮捕,首当其冲的自然是大学教授,形式主义学派语言学家日尔蒙斯基和古科夫斯基未能逃过劫难。弗莱登伯格害怕了,不禁想到她如果也被捕,母亲该怎么办。绝望忽然间给了她勇气。新年前夕,身处围城的她拍了一封电报——邮政通讯还奇迹般地运转;她第一次打定主意向伦敦的舅舅和表妹拍电报。她写道,她和母亲还活着,相信大家还会相见。这封电报没有给她带来什么麻烦,或许是有关方面认为,任何发往国外的讯息,只要提到列宁格勒还在坚守,都是值得肯定的。

就在这个冬天,弗莱登伯格(她也许是当时唯一的思想者,因为她的见解达到了应有的高度)开始思考一个关键问题:城市保卫者的顽强,是否取决于他们的"苏维埃性"?此前的二十年与现今局势有什么关系?帕斯捷尔纳克在辨析"俄罗斯的"与"苏维埃的"之关系时,也曾想过这个问题,但弗莱登伯格想得更严重,也更清晰。

> 苏联人的韧性不可估测,可以像吊裤带,朝任何方向随意拉伸。生死观的漠然是他强大的武器。他可以死去又复活,随便多少回都无所谓。

这一思想极其重要:苏联人的教养源于恐惧和传统价值观的废弃,这也是他奇特生命力的原因之所在,个人生命的价值在他眼里是微不足道的。

疏散到契斯托波尔之后,帕斯捷尔纳克给表妹留下两个地址,有两套住房供她选择,其一是前妻在特维尔林荫路那套,另一套在拉夫鲁申胡同。但她们母女俩没有离开列宁格勒——又如何能离开呢?弗莱登伯格得了一种怪病,她也不知是怎么回事:手脚关节不听使唤,可怕的疼痛牵动肌肉,很快,腿就不能伸直了。2 月 24 日这天,已经下不了床了。搬柴火、生炉子、倒污水(自头年 12 月起,下水道系统就瘫痪了)之类的家务活只能由母亲来干。接连三个星期,弗莱登伯格搞不清自己的病情。请来了私人医生,他诊断的结果是坏血病,还说城里有一半人都得了。在列宁格勒科学院,出售所谓"葡萄糖"——一种添加了水果香精、味道恶心的糖浆,"每公斤售价高达一百五十卢布"。奥莉加·弗莱登伯格的朋友塔玛拉·别图霍娃为她弄到了一罐,效果很好。3 月底,她第一次站起来,拄着双拐走出门外。

这围城里第一个春天与佩列捷尔金诺的战争之秋有几分相像。当然,佩列捷尔金诺居民更多在精神上的痛苦,并不能与列宁格勒人蒙受的苦难相提并论,但也有近似之处:首先是与世隔绝的感觉,世界仿佛突然退场,充满重生的气息。

> 那是一个光彩四溢的春天。一场真正的基督变容,改换了城市的面目。冬天在身后沉默不语,寂静又冷清。像十字架上的亡灵,苦行者的影子依稀可见,不久前的激情隐没了,却未曾消退,四下里越发阒寂和荒凉。随着工厂的迁离,列宁格勒的空气也变了,新鲜得好像乡下的空气,因寂静更显嘈杂。死的苦痛化作春的期望。

或许,这就像1918年的彼得格勒,涅瓦大街也长满荒草。只不过更可怕。

3

夏天,又开始说起疏散的事情。弗莱登伯格觉得,她和母亲挨不过下一个围困的冬天,但谁都不再相信围困将在近期内解除。她请求科学院将她列入疏散人员名单。出发日期定于7月12日。

那是炎热的一天,一场雷雨迫近。午后四点,近郊列车开动了,准备将他们运往拉多加湖,按计划就地换乘卡车,然后坐快艇上岸。要离开列宁格勒,除了穿越湖面,没有别的途径。母亲安娜·奥西波夫娜很平静,一路上面带微笑,奥莉加·弗莱登伯格却惶恐不安。火车停住不动了,堆满车顶的一捆捆包裹,时不时掉下来,砸在乘客脑袋上。傍晚八点,又动起来,走了两三公里的样子停下来,乘客们下了车,火车向后退去……有人说湖上起了风暴,有人说德国人在轰炸湖面。说什么的都有。弗莱登伯格默默待在原地,扳弄着手指,腹部突然发作的剧痛,折磨着她。他们待了一整夜。早上,火车还没有开动。弗莱登伯格把最后一块面包给了一个列车员,她帮母女俩把包袱搬下车,放到铁道旁。雨下起来了。火车停在一座陶瓷厂附近,站台的名字就叫"陶瓷站",位于城市边缘。总算找到一辆汽车,回到了被毁坏的家。第二天,安娜·奥西波夫娜就发烧了,一病不起,她意识到,弗莱登伯格不可能将她活着带出城。火车在半道上又停了四天,然后才离开。弗莱登伯格母女留在了城里。

不能说,对于未来的第二个围困的冬天,弗莱登伯格束手无策:她相信,表兄会想出办法。可他只寄来了一封信,我们已在本书开头引用过——关于契斯托波尔的黑土地、个人自由和普遍的非自由。收到信之后,用弗莱登伯格自己的话来说,她"明白了自己的迷误。不,拯救无处可得,也无人可以指望!"

当然,她愉快地回了信,看不出一丝愠怒。未流露的怨责积累起来,只能在零散的记录中叙说。她从被围困的城市寄往契斯托波尔的回信,堪称围困时期最惊人的文献,其震撼程度,不亚于格拉宁和阿达莫维奇发表在《围困书》中的日记:学者的勇气尤其动人,她因为与绝对事物之间的关联而获救。

> 你想象不出,人的精神何等坚韧,死又何其艰难,形形色色的死难——死去,不比得救更容易;这要靠命运,靠运气——为了死,也需要某种成功。[……]当然,我的一大不幸便是乐观主义,它终将毁灭我;这并非思想理论的偏见,而是过于喧嚣的生活感受。我们还不至于身陷垃圾场,毕竟,积雪也是有益的,在其覆盖之下果实成熟。空虚混沌:难怪所有人类肇始于此,而不是始于魔鬼——要有一场光明之战。看来,我们已经开始孕育。你将看到我们的降生,看看吧,他是何等众多,他是如何传播。只要灵魂完好无损。

"我发现,各种事件都在重复。"弗莱登伯格在回忆围困的冬天时写道。这是疯狂的起点。时间停止了。大脑缺血使她无法工作。尤其令她难堪的是母亲的埋怨:因为留在了城里,母亲不能原谅她。与杰出女钢琴家、帕斯捷尔纳克的亲密朋友尤津娜的情谊成了唯一的慰藉。玛丽娜·维尼亚米诺夫娜·尤津娜(1899—1970)原是列宁格勒音乐学院教授,因"公开宣讲宗教思想"被逐出学院。尤津娜来到莫斯科,可是围困一开始,她又设法坐飞机回到列宁格勒,她要为饱受磨难的列宁格勒人举办音乐会。不可能拒绝这种自杀式的要求。所有人都在寻找逃离围城的出路,尤津娜反而冲了回去。这才是基督教本身的意义,并非对苦难的病态扭曲的渴求,而是相信分担的苦难更容易承受。

需要一种崇高坚韧的精神,才能自愿地生活在我们这座可怕的城市,每个漆黑的夜晚,冒着致命的射击,在地狱般的幽暗中回到阿斯托里亚旅馆七层的住处。

这是弗莱登伯格对尤津娜的描述。(返回列宁格勒后,尤津娜住在旅馆里,原先的住房在她被迫去了莫斯科后就被没收了)她感谢尤津娜来到她在格里鲍耶陀夫运河边上的家,与安娜·奥西波夫娜一起谈论鲍里斯,分散其注意力。尤津娜一回到莫斯科,就向帕斯捷尔纳克说起他表妹和姑妈的坚强勇敢,就这样,他终于在1943年11月得到第一手准确信息,获知弗莱登伯格母女哪儿都没去,围困解除之前就生活在列宁格勒。"尤津娜的消息对于我是无以言表的幸福。我以为你们已经不在人世了。"

1943年11月18日,奥莉加·弗莱登伯格再次(不知这是第几次)邀请帕斯捷尔纳克来列宁格勒:"我和妈妈请你来安静地过冬,休息,工作一段时间。在我们的前线,在沦为前线的城市,你会找到你需要的材料,其他任何地方都不会有。"

当然,只因为太了解表兄,奥莉加才召唤他到这座毁掉一半、没有暖气、仍然在挨饿的城市,"安静地工作一段时间"。发出邀请一个星期后,在列宁格勒住宅的厨房里,奥莉加的母亲突然摔了一跤,引起中风,"右半身、言语和神志受损"。奥莉加写信对表兄说:

> 妈妈每天的呼吸都让我燃起希望。现在,母亲的生命获得了理想层面上的真正意义:它是由自然赋予我的,而不归我永远占用。

(善于"在理想层面上"经受一切,不做丝毫努力,以便从存在层面转至象征层面,这正是兄妹两人相互联结的主要原因。)

> 我要以惯有的专注,竭尽全力解救母亲,让她摆脱死亡。通过看护、洗涮和喂食,我像是在母亲身边筑起了抵御死的壁垒,用我的双手和祈祷保卫着她。

很难描述弗莱登伯格当时的遭遇:恐惧和幸福兼而有之。

> 只有身处顺境,人们才觉得痛苦、惆怅、沮丧。在动荡的不幸之中,生活会像奖章转向另一面,呈现基本意义。

(这几乎就是对《此世》的化用——"我们一直以为,生活——是家庭、工作和平安,可是一旦浩劫来临,灾祸会用何等可亲和熟悉的东西把我们浇淋!像婴儿期的回返!")

我原谅了生活,因为这幸福,因为每天不该得到的馈赠、妈妈的每次呼吸。她已经不再需要这些。她造设了自己的屈辱之路,而且显然是藉由存在自身所罕有的崇高的谦卑,走完了全程[……]她的记忆和知觉的瘫痪失常,令我心生恐惧。她像正在转世的灵魂,盘桓于昔日生活的周围,絮叨着童年,然后是她的家庭和它的种种呵护,而我只能跟着她,在可怕的虚空的迷宫里周旋。起初,我感到不寒而栗,我的器官都在颤动,当她询问"我的孩子在哪儿",把我叫作莲奇卡,还以一个骄傲母亲的嗔怪语气说,我不是奥莉娅。[……]

我先是把双手垂放在她卧床的位置前。现在,这也得到了她的回应,采用的是特殊手法和开创的先例。她的气息对我抚慰越多,就越实在,所有从她身体散逸而出的生理的一切,带着暖意,无不触手可及,一如自然本身或明确的证据。

凡此种种,只有对一切生理现象天生敏感的女性才能感知,但只有具备男性思维的女性,对心灵最幽深的本能予以普鲁斯特式的分析,才会做出这样的描述、记录和反思。相形之下,帕斯捷尔纳克从未达到如此深度,这听起来或许有几分不敬,可他确实忽略了生活的某些方面。不应忘记他在契斯托波尔卸柴火、洗茅厕时独有的快乐,同时还应承认,他谈到的情感并没有多么微妙。弗莱登伯格关于母亲病痛的书信和回忆,是极具穿透力和忘我精神的散文,在她伟大的表兄那里却看不到这些。在关乎生活、爱情和喜乐的事情上,他似乎更开朗,更富于激情,但在"异在"(инобытие)的迷宫中,在他索性为自己锁闭的潜意识的幽暗秘境,他表妹的徘徊却显得更从容。

这当然并不表明她只关注人的生理。对她而言,主要的不仅是维持母亲的肉体生命,还有精神的存在。

桌子上留着她的书,书上面是一副眼镜:莎士比亚、打开的厄勒克特拉①的书页。稍微缓过神来,她便口齿不清地向我说起普鲁塔克②所转述卢库卢斯③的俏皮话。

---

① 希腊神话中阿伽门农的女儿。阿伽门农出征特洛伊,胜利而归,却遭到妻子与情夫的谋害。多年以后,厄勒克特拉与弟弟一起为父报仇,杀死了母亲。古希腊悲剧诗人索福克勒斯和欧里庇得斯都写过以厄勒克特拉为主题的剧本。
② 普鲁塔克(46—120),罗马帝国时代的希腊作家,以《希腊罗马名人传》闻名后世。
③ 卢库卢斯(约公元前117—前56),又译作卢库勒斯,罗马统帅和执政官。

这些革命前一代的最后代表是多么奇特的人物。倘若没有普鲁塔克转述的卢库卢斯的俏皮话，他们或许就挨不过革命、镇压和围困。弗莱登伯格随后提到，正在重读梅特林克的象征主义剧作《丹达吉勒之死》，这是"少男少女们"心爱的作家。帕斯捷尔纳克以电报作为回答——要么是想尽快向表妹表示慰问，要么因为他没有足够的心劲回复这样的来信。这简短的电报包含着他常有的安慰，乐观情绪和生活的呼唤也一如既往："要怀有希望。舒拉的岳母也得了这种病，半年工夫，康复了。"亚历山大·列昂尼德维奇的岳母确实从中风中活了过来，尽管后遗症并未消退。弗莱登伯格回复说：

> 我亲爱的鲍里亚，衷心感谢你的电报和关心，在这种日子里，这让心灵的伤痛大为缓解。谢谢你带来的希望。妈妈的病情有好转，但她瘫痪了，经常神志不清。我就像一个女神，为自己尘世间的恋人祈求永生，却忘了请求战胜老年；那恋人留在了女神身边，却已是老态龙钟，不堪岁月的重负。

这反映出她自传体散文一贯的主题：对神灵的嘲讽。正是在这里，在1944年，在围困行将结束的时候，在真正的和最深刻的悲剧发生之际，两个如此亲近的人，不只是表亲关系而且精神血缘也密切相联的兄妹，在世界观上的决定性差异已然越来越分明。帕斯捷尔纳克完全属于基督教文化，它勇敢地将诸多事物排斥在外，正如革命——"了不起的外科手术"，同样英勇无畏地否弃了过去的遗产。基督教也确乎是这样一场革命，故而在宏大灾变的时代帕斯捷尔纳克会想到基督。遭到弃绝的还有古希腊文化，连同它从未再现的斯多葛学说的微妙经验，以及处理身体、死亡和潜意识迷宫方面更为单纯和隐秘的技巧。基督教否定了古希腊文化对阴间世界的认知，拒绝了冥王哈得斯没有记忆的阴影，忘记了嘲讽众神的神话。弗莱登伯格则属于古希腊文化，基督教在其核心的生长之势，比在犹太教的幽深中更明显，也更不可遏止。基督教为自己关闭了古希腊文化的阴曹地府，后来随着新教的兴起，又摒弃了曼德尔施塔姆最欣赏的古希腊式的闲适、对常俗及家园的崇拜。说到"复活的努力"、现世与未来的生命乃至盛宴、欢庆、创造、爱情、共同的工作，帕斯捷尔纳克比弗莱登伯格更有力，更明朗；但在受难、迷乱和斯多葛式忍耐的幽暗之境，她显然比他更聪明，也更强大。通过相互吸引和排斥,如果说曼德尔施塔姆和帕斯捷尔纳克将犹太教和基督教、贱民和全人类之间的紧张关系带入文学和人的层面,那么,在帕斯捷尔纳克和弗莱登伯格那里,则体现着基督教和古希腊文化之间同样复杂的关系。无论帕斯捷尔纳克多么笃定地表示,其处世之道的基础在于悲剧性,但这一基础终归是幸福、节日、对造物主热诚的感恩、见证灾祸将一切外来物清除时的欢悦,以及对"造物法则之骗局"的幸福信念。弗莱登伯格有勇气承认,造物法则是结局糟糕的童话。说来可怕,相比她那幸福的表兄,她更愿意接受这样的结局。

只能赞叹命运对帕斯捷尔纳克周围做了何等精妙的安排,让他的形象反映在两面伟大的镜子里——犹太教的和古希腊的:为呈示他与犹太教的关系,给他派来了曼德尔施塔姆;与古希腊文化的关系——派来了弗莱登伯格。

1月初,妈妈开始腹痛。

同时,炮击变得格外难挨。1月17日午后,齐射越来越可怕。看来该轮到我们头上了。

我坐到床上,挨着妈妈。惊人的轰响和爆裂。我看看表,留意间隔的时间。突然又是剧烈的震响,但没有爆裂声。就在身旁!轰隆隆——大地在颤动。在我们内心。我环顾四周,想知道发生了什么:就在我张望时,玻璃齐刷刷地都落下来。1月的街道侵入房间。

我身上涌起一股超自然的力量。我抓起大衣,盖在母亲身上,把一张沉重的床拖到过道,又把母亲的床弄进我自己的房间。那儿有一扇窗是完整的,另一扇被我用破布堵住了。

生者经受一切。时光照常流转。

这是对列宁格勒最后一次炮击。

"为了情节的瓷实",帕斯捷尔纳克在《安全保护证》中运用了令人印象深刻的虚构,弗莱登伯格不同于他,她不虚构任何东西。炮击的最后一天,真有一颗炮弹落到她家。三天后,围困解除了。

3月份以来,妈妈的病情明显恶化。她食欲不振,停止了说话。如今她的存在仿佛只为了受苦。妈妈的痛撕扯着我的心。悲伤使我浑身浮肿,心慌意乱。四个月来,我几乎没出过门,没吃过午饭。双腿肿得连走路都很吃力。

在我灵魂深处,有个念头烧灼我,我觉得妈妈是因为我而受苦,这些炽烈的苦痛由命运驱遣而来,让我承受跟妈妈的离别,并且愿意活下去。我又怎能受得了她离开我,既然她还保持着清醒,既然伟大的母性魅力不会熄灭于这非人的、不幸的、盲目的疾病?

妈妈的喘息时而沉重,时而微弱。可是忽然间,一种独具意蕴的宁静击中了我。我跪倒在地上,长久不起。我感谢她,为漫长岁月里的诚挚、爱和忍耐,为我们五十四年来的结合,为她所给予我的呼吸。

在这些煎熬的日子里,弗莱登伯格收到表兄寄来的诗集《在早班火车上》,佩列捷尔金诺组诗收录在内。"我成了艺术鉴定最好的专家——这就是我的现状。读到你,我活了过来。"

古希腊艺术也活过来了,当基督教触动了它,于是这就被命名为文艺复兴。

第三十六章 契斯托波尔

1

在契斯托波尔，帕斯捷尔纳克住在小城中心沃洛达尔街75号，对面是街心花园。粉刷很差的房子外面，一群燕子在电线上歇脚，给墙壁平添一道红黑相间的花饰。

五位作家在当地组成了一个关系紧密的小组，其中包括：几年疏远之后与帕斯捷尔纳克和好的阿谢耶夫、战前五年未发表任何正经作品的列昂诺夫、疏散期间开始创作回忆录《高尔基在我们中间》的费定（在身处"谢拉皮翁"的年轻时代，他寻找着现在才有的灵感和依据），还有特列尼奥夫——早已沉寂的老剧作家和散文家，但在友善的谈话间，会突然变得年轻和洒脱。对帕斯捷尔纳克和他的同志们来说，1942年真正的文学发现是玛丽娅·彼得罗维赫，之前他只知道这是一位才华横溢的译者（以及曼德尔施塔姆的柏拉图式的恋人。在莫斯科，他这段无果而终的1934年之恋盛传一时）。在契斯托波尔才弄清楚，她还是不少优秀抒情诗的作者，她的诗简洁质朴，但比茨维塔耶娃更节制，比阿赫玛托娃更直白。

冒着零下三十度的严寒，帕斯捷尔纳克与昔日的拳击手帕维尔·舒宾（他随后获准去了前线）在卡马河边卸柴火，装在巨大的驳船上运走。帕斯捷尔纳克非但不抱怨，看上去反而很幸福。"在这里，我们距离生活的根基更近。战争期间，所有人都应该这么活着，尤其是艺术家。"他时常重复这一点，他这种对待逆境、良知及不可剥夺之物的态度，对大多数人也颇具吸引力（而"善于安顿自我"的少数，真以为自己属于特权阶层）。

人民——以及作为其敏感代表的帕斯捷尔纳克，终于感到了自由，也感到被抛弃；可怕的目光从身上移开了，用纳博科夫的话来说，刽子手"只想着他自己的获救，逃匿了"。契斯托波尔的生活对创作和心理均有裨益，其原因就在于："相比都市，我永远更爱我们的荒野、小城和乡村，而契斯托波尔是我心中的挚爱，还有它的冬日、它的居民和房屋，正像1941年冬天我来到一个疏散人家所见的那样。"他亲口说出的这番话，被格拉德科夫记录下来。

亚历山大·格拉德科夫是帕斯捷尔纳克长期的对话者，也是他在卡马河岸悠长漫步中的同伴。这个人物值得关注：他留名于文学史，主要因为剧作《很久很久以前》，当然还有与梅耶荷德及帕斯捷尔纳克会面的记述。他比鲍里斯·列昂尼德维奇小二十二岁，自然敬仰这位大诗人。《很久很久以前》是一部关于娜杰日塔·杜罗娃①的英雄诗体喜剧，在苏军剧院舞台长盛不衰，吉洪·赫连尼科夫的同名芭蕾舞剧和爱德华·梁赞诺夫的电影《骠骑兵叙事曲》也由此剧改编。格拉德科夫认为，帕斯捷尔纳克对待文学工作之严谨堪称典范，甚至零星的活计他也乐在其中。但《罗密欧与朱丽叶》可不是什么零活儿，而是恢复精神健康的突破口。莎士比亚治愈了帕斯捷尔纳克，他是唯一能够回应那个血腥、密谋和私刑的时代，继而回应战争所带来新的简朴和自由的古典作家。

当然，格拉德科夫的记录是正确的，契斯托波尔并无田园风情，帕斯捷尔纳克也有冲动之时。他描绘了一幕典型的场景：公共厨房里，煤油炉嘶嘶作响，留声机唱个不停。有些人——多半是素质较低者，格外痛苦地经受着恐慌，因为不知道如何转移注意力。文化人则有一整套对策：回忆往事、钻故纸堆、幻想、写东西，再不济也可干点零活儿。小市民的头脑惶然空转，永远离不开感官的消遣。这些人神经高度紧张，要么吃个不停，要么身边得有叽里咕噜的声音。当时还没有电视，圆盘收音机在契斯托波尔也未普及，厨房里没日没夜地旋转着留声机。时髦的唱片是探戈、乌焦索夫②及民间歌曲（当然是伪民歌，少不了皮亚特尼茨基的合唱③）。帕斯捷尔纳克忍啊忍，终于忍不住了，走进厨房，用半日里啰唆、支吾的语调请求暂停音乐，哪怕一小会儿也好，这干扰了他的工作……厨房里的主人嘟哝道："有啥大不了！"随手调低了音量。帕斯捷尔纳克后来自责了许久："我哪有什么权利……

---

① 娜杰日塔·安德烈耶夫娜·杜罗娃（1783—1866），俄国第一位女军官，作家。
② 列昂尼德·奥西波维奇·乌焦索夫（1895—1982），苏联舞台表演艺术家，歌唱家。
③ 1910年由俄罗斯音乐家、民歌表演者和收集者米特罗凡·皮亚特尼茨基（1864—1927）创建的歌舞团，曾经风靡于俄国及苏联舞台。

这些人没有过错,因为没有人教会他们喜欢好的音乐!"《罗密欧与朱丽叶》《安东尼与克里奥佩特拉》就是在留声机的伴唱下译成的,当你阅读或观看时想起这一点,应该很有趣。帕斯捷尔纳克因留声机一事懊悔不已,2月23日,也就是当天晚上,在一场庆祝苏联红军节的隆重音乐会上,他拒绝了诗朗诵:"早晨的事情过后,道德权利不在我手中……"可以想象茨维塔耶娃在这种情况下的悔过吗——她会暴跳如雷,哪怕她的博尔舍沃邻居把盐搁错了地方!

2

关于茨维塔耶娃,帕斯捷尔纳克思考了许多,不无愧疚之感。他同意格拉德科夫的看法,在契斯托波尔她会活下去——叶拉布加①的情况更可怕,而这里毕竟有作家,有勉强算是文化的东西,甚至还举办音乐晚会,还有医生……他或许想不到,茨维塔耶娃在作家圈子里有多孤独,这个圈子对待她的方式有多龌龊。他相信了传言,说正是阿谢耶夫拒绝了茨维塔耶娃在作家机关食堂担任洗碗工。(很长一段时间,阿谢耶夫试图消除这一讹传,即使后来又跟帕斯捷尔纳克断绝交往,也曾通过为他塑像的卓娅·玛斯连尼科娃与他沟通。不过,阿谢耶夫无疑是有过错的。他写了一张便条,建议让茨维塔耶娃担任洗碗工这个侮辱性的工作,但开会讨论时,他本人以生病为由没有到会。)当格拉德科夫问到谁是导致茨维塔耶娃陷入孤立的罪人,帕斯捷尔纳克简单地回答"是我",然后补充道:

> 我们大家。我和其他人。我和阿谢耶夫,和费定,和法捷耶夫。我们满怀善意,却什么都没做,我们以"十分无助"安慰自己。哦,这有时倒不失为十分便当的理由——觉得自己是无助的。国家和我们!它无所不能,我们却无能为力。有多少次,我们一旦认可自己的感觉,就只管吃喝去了。这甚至不会败坏我们当中大多数人的胃口……适当的时候,我将写到她,我已经开始了。但我也在克制自己,为的是积蓄无愧于主题的力量,也就是无愧于她,玛丽娜……对她的叙说,需要紧绷的表现力。

---

① 俄罗斯鞑靼斯坦境内小镇。1941年8月31日,茨维塔耶娃在此地自缢身亡。

在契斯托波尔,他开始创作组诗《纪念玛丽娜·茨维塔耶娃》,由两首诗构成。十四年后,他还会在《人与事》中用散文写到她。

> 阴雨天,我眼前浮现出
> 描绘土地及其美色的书。
> 在扉页上我为你
> 描绘林妖的形象。

> 哎,玛丽娜,早该把
> 你遗弃在安魂曲中的骨骸
> 从叶拉布加迁到别处,
> 这未必有多么费力。

> 我从去年就开始设想
> 你迁移的盛事,安置你
> 在广阔荒凉的积雪之上,
> 那里有汽船在冰中过冬。①

之所以是"去年",因为诗作完成于1943年,诗人已回到莫斯科。茨维塔耶娃同林妖(俄国民间文学中的人物、林间精灵)的类比是可疑的,尽管玛丽娜·伊万诺夫娜的性格并非像天使;如果扉页上描绘的林妖是土地及其美色的象征,那我们只能表示惊讶。(不过,这两首诗的草稿里真的出现过恶灵的形象——黑桃皇后:②

> 你毕竟不是黑桃皇后,
> 能够从墓穴
> 潜入华美的屋舍
> 吓唬人,让人疯狂。

可以想见,这些"华美的屋舍"会让茨维塔耶娃感到多么屈辱!感谢上帝,作者本人放弃了这个版本,尽管它实际上绝非偶然:茨维塔耶娃身上的

---

① 引自帕斯捷尔纳克《纪念玛丽娜·茨维塔耶娃》之一(1943)。
② "黑桃皇后"这一神秘形象源于普希金的同名小说。

确具有帕斯捷尔纳克不喜欢的恶灵气质,因而他仿佛现在就要把她从魔鬼手中夺回来——为了上帝。)

> 我至今依然难以想象
> 你已是亡故之人,
> 像吝啬的百万富豪
> 在挨饿的姐妹中间。
>
> 我该如何讨你欢喜?
> 请随便给我一个提示。
> 在你离去的沉寂中
> 有着无言的怨责。①

帕斯捷尔纳克的意思是说,茨维塔耶娃的遗书中没有写给他的信;她没有往契斯托波尔给他写过只言片语,临死之际也未曾想起他,虽然从1922年起,她就把他当作同时代人当中最亲近的人。据阿里娅·埃夫龙回忆,母亲对待帕斯捷尔纳克的态度是独一无二,近乎祈祷般的:"她的箱子里装满了写给你的信!"她既未对他留下请求,也未留下遗言。出于永远过剩的负疚感,帕斯捷尔纳克认为这是对他直接的责备。平心而论,他确实也有该当自责之处。

他与茨维塔耶娃的关系经历了三次危机:1926年——他们各自冲向对方,随即停在原处,1935年——在巴黎无缘相见,1941年——已然是最后的别离,8月8日,他们在莫斯科河港道别。茨维塔耶娃以为船上会有小吃部,所以没带吃的,在附近的食品店,帕斯捷尔纳克和当时还年轻的维克托·波科夫②以贵得出奇的价格为她买了一堆夹肉面包。穆尔③跟她闹别扭,叫喊说不想离开莫斯科,帕斯捷尔纳克好说歹说,才劝他上了船。众所周知,儿子在叶拉布加对茨维塔耶娃的态度也不好,他深信这不是他们该来的荒野。评断他的人不该是我们,他自己的命运也不比母亲好到哪儿去。格奥尔基·埃夫龙于1944年不知所终。在此之前以及在疏散地塔什干,在

---

① 引自帕斯捷尔纳克《纪念玛丽娜·茨维塔耶娃》之二(1943)。
② 维克托·费奥多罗维奇·波科夫(1914—2009),俄罗斯诗人,散文家,民间文学搜集者。
③ 系茨维塔耶娃对儿子的爱称,他本名是格奥尔基·埃夫龙。

因年满十八岁而被征召加入的部队,他遭受的屈辱想想都可怕。在塔什干,他沦落为窃贼。俄罗斯不是他的祖国(他也不了解它),是苟活之地,他没有理由爱它。只是他还能理解这个国家的某些人,理解它的文化,并为许多事情而自责,凡此种种,均可视为他在精神上真正的成就。临死之前,茨维塔耶娃把儿子托付给阿谢耶夫一家,他们将他转送到塔什干,关于帕斯捷尔纳克,她却只字未提。

> 永远猜不透的损失。
> 我寻找答案却一无所获
> 我为没有结果而哀伤:
> 死,不留一丝痕迹。
>
> 半句话和一片影子,
> 失言和自欺,就是一切,
> 唯有某个给定的标志
> 依旧教人相信复活。
> ············
> 转过脸,面对上帝,
> 你从地面向他升起,
> 就像在尘世间的时日
> 你的结局来临之前。①

四十年代,帕斯捷尔纳克在几场成功的晚会上读过这两首诗,他冒着风险,坦然将自己置于难堪的境地,却不愿错过机会,公开说起茨维塔耶娃,说她惨绝的悲剧和非凡的才华。直到1965年,《新世界》杂志才发表了《纪念玛丽娜·茨维塔耶娃》(但不包括第二首);也是在1965年,第二首被纳入"诗人丛书"大系而得以问世。

然而,帕斯捷尔纳克不仅在思考对茨维塔耶娃的愧疚和弥补愧疚的方式。倘若如此,反而是不可原谅的自私。他还想到一个事实:一位伟大的俄罗斯民族诗人,血脉、气质和个性均为俄罗斯的,竟然在祖国成了绝对的异

---

① 引自帕斯捷尔纳克《纪念玛丽娜·茨维塔耶娃》之二(1943)。

类,但绝不能认为这是茨维塔耶娃咎由自取,因为她的极端和激进,她的躁狂和乖张。甚至在1918年的俄罗斯,周围是醉酒的水兵、投机商人和饥馑,她都处之泰然,不但活了过来,还充实、幸福地活着。结论只能有一个:俄罗斯不可思议地崩溃了,置身其中又不愿放弃自我的真正的诗人,注定难逃毁灭的厄运。这一思想是可怕的,因为它动摇了诗人存在的根基。人民在进行历史上伟大的壮举,对人民没有什么怨言;是普通民众帮助茨维塔耶娃,在她最后的日子里尽力挽救她。不得不承认,权力和艺术家同样都配不上国家和人民。带着这样的想法,帕斯捷尔纳克从契斯托波尔回到莫斯科。他写信给身在塔什干的前妻和儿子:

> 想到同志们,我不禁感到困惑。我以为会有一些转变,会传出一些不同的声调,更强劲和更实在的。但他们没有为此做任何事情。双重事业,双重思想,双重生活——一切照旧。
>
> ……过些日子,我可能要去莫斯科……我想试着在莫斯科将它(剧本——德·贝)继续写下去。我打算住在你那儿,如果房间状况允许的话……看样子,在莫斯科过冬不会比在列宁格勒轻松。

获邀去莫斯科殊为不易,一开春他就在张罗,直到秋天才办成。1942年10月2日,帕斯捷尔纳克回到莫斯科,在弟弟舒拉家住下。

> 我估计在莫斯科应该能感受到某种历史新气象,以及历经困苦之后出现的明日前兆。[……]在此种情形下,我考虑去一趟前线。可事实全然不同。莫斯科平静如常,我们所有的栖身之所,也包括你的,要么被毁坏,要么被废弃,值钱的东西都偷光了……这样一来,我决定重返契斯托波尔,虽然生活和饮食比莫斯科差,但我还能在自己人中间安静地工作。

他最痛心的是,父亲的作品毁掉了。一群高射炮兵把装有作品的柜子搬到伊万诺夫家的别墅,战争爆发后,别墅化为灰烬。伊万诺夫夫妇还不知道此事——塔玛拉·弗拉基米罗夫娜从契斯托波尔去了塔什干,弗谢沃洛德·伊万诺夫在古比雪夫的新闻社工作,直到1942年才跟家人团聚。

"莫斯科平静如常,我们所有的栖身之所,要么被毁坏,要么被废弃……"这似乎是他自童年就擅长感知的,甚至无需培养:

未成熟之作并不可惜,
又是这秋天的早晨
我审视着你的到来,
准备接受新的损失。

你的正义就在我面前。
你对我不负有罪责。
与黑暗之灵的战争
有意黯淡你的周年。①

这首诗显然是为十月革命二十周年而作,为它的纪念日,就像为现实中某个值得与之交谈的人物。大战期间(持续半年的斯大林格勒史诗已经开始),帕斯捷尔纳克反对清算时代:在与黑暗之灵的战争之际,这尤其不合时宜。革命让他学会了失去:

犹如当初,四分之一世纪前,
新生的可能性绽露曙色,
你以伟大肇始之光
辉映着我早逝的日落。

这首诗未能发表。1942年12月26日,帕斯捷尔纳克乘火车离开莫斯科,又从喀山乘飞机回到契斯托波尔。

3

1942年9月,还在莫斯科时,帕斯捷尔纳克就请求法捷耶夫安排他到前线,但未获成功。他觉得,这或许是因为他的书信欠妥,以他一贯理解和同情所有人与事的能力,他对法捷耶夫的谨慎也表示理解。直到1943年6月25日,此前疏散的作家连同家眷才从契斯托波尔乘船返回莫斯科。帕斯捷尔纳克回来后,又为他的前线之行忙活起来,既然放弃了大胆而粗疏的剧作《此世》,他打算写一部关于战争的长诗。可是要书写战争,就必须了解

---

① 引自帕斯捷尔纳克《1917—1942》(1942年11月6日)。

战壕里的真相。在未曾目睹战争,未遭遇哪怕不大的惊险之前,帕斯捷尔纳克不觉得他有谈论战争的道德权利。

法捷耶夫终于让步了,向前线派出一个极具代表性的作家编队,以《真理报》和《红星报》首席战地记者西蒙诺夫①为领队,乘坐"道奇"前往刚解放的奥廖尔。这次突然行动相对安全,因为战斗已结束。西蒙诺夫把妻子瓦连京娜·谢罗娃也带上了前线,编队人员包括八十高龄的绥拉菲莫维奇②,佩列捷尔金诺作家当中,伊万诺夫、费定和帕斯捷尔纳克都去了。编队中还有《共青团真理报》的谢苗·特列古勃,就是那位针对1936年明斯克会议苏尔科夫的报告写过短评的记者:声称苏尔科夫对帕斯捷尔纳克不够严厉……其实,特列古勃远非当时最差的时评作者,只不过,他对帕斯捷尔纳克的了解是基于肤浅呆板的印象。个人之间的相处,扭转了以往的成见。

破坏的惨象令帕斯捷尔纳克倍感压抑:在"道奇"行驶途中,他与编队其他成员发生了龃龉,诗人的儿子认为,原因是他们过于正统,或者至少因为他们不愿公开谈论关键的问题。除了帕斯捷尔纳克,所有人都学会了病态般的小心。帕斯捷尔纳克说道,重建国家需要很多努力,也许连政治体制都要改变(在保留至今的一篇日记中他表示,没有这种改变,就不可能克服重建过程中的艰难困苦)。他还谨慎地谈到,战后,苏联生活可能整个都会变样,变得更有人性。有人粗暴地打断了他的话,他顿时怒不可遏,一通大吵之后,大家静了下来。

帕斯捷尔纳克作品的出版者、回忆录作者鲍里斯·斯鲁茨基的朋友彼得·戈列利克留下了关于诗人的回忆(《尝试回忆:服役与友谊》,圣彼得堡,涅瓦出版社,2003年)。戈列利克在奥廖尔方向作战,意外地见到了帕斯捷尔纳克。当然,他一开始不相信自己的眼睛。

> 我在司令部得知,部队里来了一群著名的作家:亚·绥拉菲莫维奇、康·费定、康·西蒙诺夫、帕·安托科利斯基,难以置信的是,还有帕斯捷尔纳克。对帕斯捷尔纳克的态度改变了:诗人受邀与西蒙诺夫、

---

① 作者此处有误。据史料记载,西蒙诺夫并未同时兼任《真理报》和《红星报》的首席记者。
② 亚历山大·绥拉菲莫维奇·波波夫(1863—1949),苏联作家,长篇小说《铁流》(1924)的作者。

绥拉菲莫维奇这些"自己的"作家一起来到前线,便是证明。这让人又惊又喜。

帕斯捷尔纳克是我和我的许多同龄人的诗歌偶像。我们熟读《斯佩克托尔斯基》……在哈尔科夫这样的外省,青年时代的我便想过与帕斯捷尔纳克相遇,而且深信不仅将见到诗人,还将听到他活生生的声音。在艺术晚会盛行的年代,这并不是什么不可实现的事情。然而,即便出于最疯狂的想象,我也想不到自己会在战场上见到帕斯捷尔纳克。但也正是在战争之路上,与诗人的相遇才成为可能。我意识到,我离不开他的作品,于是将它们放在指挥员用的图囊里。

在一次行军中,我们部队路过军队政治部所在地伊利英克村,我见到一群生气勃勃的人,紧紧围在政治部主任尼·阿莫索夫上校身旁。阿莫索夫旁边有一个显眼的身影,一个身穿野战服的年轻文职人员。我一下就认出那是康·西蒙诺夫。除了几位政治部军官,其余人都着便装,看上去西蒙诺夫像是这群人的核心。他激动地向聚集的人群宣讲着什么。我走上前去,听了一会儿。说的是我军在南方的胜利、夺取哈尔科夫以及南方战线向第聂伯河的推进。但我用眼睛寻找着帕斯捷尔纳克。

他站在我对面的一道篱笆边上。我觉得他在这里是孤独的。现在想来,我的印象没准儿是错的,也许在相遇前的很长时间里,他在我内心深处一直是孤独的,我的记忆也就保留了这种印象[……]。

我鼓起勇气,请求阿莫索夫上校允许我向鲍里斯·列昂尼德维奇·帕斯捷尔纳克打个招呼(军队的等级服从制度就是如此)。所有人都好奇地把目光投向我这边。得到许可后,我走向帕斯捷尔纳克。他略显窘态。我们热情地相互问好。我从图囊里拿出他的诗集,故意用在场的人都能听见的声音请他题词,以纪念我们的相遇。我看不到我身后那些作家的反应。但我从帕斯捷尔纳克的眼里看到了几乎抑制不住的快乐。他在两本诗集上都题了词。其中一本写的是:"致戈列利克同志,纪念在伊利英克村的相遇。1943年8月31日。鲍里斯·帕斯捷尔纳克。"他在另一本上写道:"祝戈列利克同志幸福。鲍里斯·帕斯捷尔纳克。"

也许,是这真诚的祝福让我在攻克柏林时活了下来。谁知道呢。

戈列利克在前线随身携带的是《第二次降生》和《长诗》。看到战地军官手里这两本书，无异于真正的节日。帕斯捷尔纳克一定会感到自豪，因为是找他题词而不是找西蒙诺夫。西蒙诺夫是最有名的军旅诗人，其战争抒情诗鼓舞士气的作用毋庸置疑，但他的诗无法唤起生命的奇迹感。他太过于注重"从这边"，帕斯捷尔纳克则专注于"从那边"，犹如亮光从燃着枞树的房间里透出来。正是他的这一异质性的见证，让少男少女们——新一代的读者——铭记他的诗歌，即便不理解说的是什么。他是幻想的生动见证。与他的相遇因此被视为吉兆。

帕斯捷尔纳克也受到高级将官的青睐。他举止自然，朴实率真，既不傲慢也不谄媚。在戈尔巴托夫将军简朴的晚宴上（这次晚宴，据弗谢沃洛德·伊万诺夫回忆，的确非常简朴——土豆、几片火腿、每人一杯伏特加），帕斯捷尔纳克给军人们留下了极其美好的印象：不端架子，眼睛炯炯有神，一双有力的大手，挥摆的幅度也很大……他给留在契斯托波尔的作家阿夫杰耶夫写信，骄傲地说，在他这里将军们达成一致的路径更短，还说他对战争的认识比正式的战报更准确。这是义无反顾地与官方思想决裂的开始。以下就是例证：

> 我在和莉玛交谈。这是一个漂亮的姑娘，留有浅色的额发，脸上挂着迷茫的笑容，略显兴奋，不习惯于思考稿费以外任何事情的懒惰的战地记者称之为快乐的笑。但这笑容里隐藏着完整的历史的秘密。这是一个饱受摧折之人于舒缓之际撑开颧骨和颌骨的疲惫笑容，是一代人无所用心的笑容，通过同一语言和相互理解所带来的近乎肉体上的惬意，它把我和对话者联结在一起。

俄罗斯从未有过这样的战地新闻，除了临时获准重返文坛的普拉东诺夫的战争特写和短篇小说，以及格罗斯曼[①]几篇关于斯大林格勒的报道。1942年春，帕斯捷尔纳克认识了格罗斯曼。

他本人的特写《解放的城市》和《军队纪行》，细节详尽，个性鲜明，可谓战地新闻的典范。请记住，托尔斯泰也是通过彼埃尔的眼睛来展现博罗金诺的。平民往往更适合书写战争。战争之恐怖——毁坏的命运和毁坏的建

[①] 瓦西里·谢苗诺维奇·格罗斯曼（1905—1964），苏联作家，记者，创作于1961年的长篇小说《生活与命运》是其代表作。

筑——远远超过帕斯捷尔纳克在想象中描绘的画面。他想不到奥廖尔几乎片瓦无存,想不到德国人撤退时,在城里布设地雷,焚烧房屋,也想不到那一片焦土并非隐喻。

第一篇特写《解放的城市》,直到 1965 年 1 月才刊发在《新世界》杂志上。其中的缘故不难理解。

> 不是所有外国人都知道:不久以前,俄罗斯还是商人的国度。我们智识上顶尖人物的光华曾教欧洲羡慕。这是我们的事业,故而是商人后裔和教授子弟,更不用说普通民众,是我们自己,一度将资源和知识掌握在手中。

曾几何时——何等辉煌!言下之意,需要重建与那个光华和资源均被羡慕的俄罗斯之间的继承性。革命只能是手段,用以保存和增添"1914 年之前的俄罗斯"的辉煌和财富。帕斯捷尔纳克处处强调"俄国的"和"苏维埃的"之间的继承关系。

> 迎面走来一位年迈的居民,手拄拐杖,穿着皮靴和三件套男装,留着一副我们周围没有人再留的大胡须……
>
> 两位系着灰色毛皮围脖,头戴小圆帽的女士,活像谢罗夫画作中的人物,正向人打听,庆祝城市解放的盛大集会在哪里举行……
>
> 姑娘们让人想起昔日大学里最优秀的年轻人,1905 年的高等女校学生。
>
> 在这些县城里滋生的方言土语,塑造了我们的文学语言,屠格涅夫就此发表过绝妙的言论。俄罗斯天然真纯的气质——我们所拥有的崇高事物——在哪儿都不像在这里表达得如此淋漓尽致。这一方家园里土生土长的女人,是我们的熟人。她们是丽扎·卡里津娜①和娜塔莎·罗斯托娃②的骨中之骨,肉中之肉。

在这种俄罗斯精神的映衬下,一切党的和官方的东西都刺痛着帕斯捷尔纳克的眼睛,就像他见到脸蛋肥嘟嘟的丘比特骑坐在猪背上,德国人用这样的画面把学校弄得花里胡哨,又在校园设立澡堂、啤酒馆和香肠店。在他

---

① 屠格涅夫长篇小说《贵族之家》主要人物之一。
② 托尔斯泰《战争与和平》主要人物之一。

的战地记录中我们读到：

> 田野里的集会。一知半解的圣徒为一窍不通之人进行共产主义的日祷。副团长热姆丘任的插入语。半文半白的思想旧套与共产主义士官生普里谢别耶夫平分秋色。所有的言谈在注定要死的人们面前都不合时宜。

换句话说,按照帕斯捷尔纳克最终定型的世界观(它只需要通过现实加以验证),"苏维埃的"之正当性,仅仅取决于它是否巩固并有助于保存"俄罗斯的",一切阻碍后者的因素,一切侵蚀人民生活实质的因素,全都是僵死和有害的。起初帕斯捷尔纳克认为斯大林是俄罗斯精神的保护者,所以对其表面上重建传统的特征格外关注。如今,他越来越觉得斯大林犹如陈规旧套的化身——先是"教义的殉难者",就像《施密特中尉》里命名的类型,随后则是教义的主宰。毫无疑问,他对斯大林的看法恰好是在1942年至1943年间转变的,那时他已深信,斯大林主义非但无助于战争的取胜,反而阻碍了胜利。帕斯捷尔纳克目睹了契斯托波尔保育院女工在任何领导面前的惊恐、他妻子拼死的工作、军队空头理论家的精神贫乏和蠢钝,与之形成反差的是指战员的严肃和敬业以及战士们沉默的英雄主义。他最终得出结论:他曾经视为强暴与鄙俗而不乏历史合理性的事物,实际上使俄罗斯远离了它真正的道路。战争期间,强制不得不弱化,生活开始自行运转,即便付出巨大的牺牲,经受了空前的动荡,人民总算短暂地把权力归还给自己。帕斯捷尔纳克的两篇特写和前线记录,均透露出一种信念(正如他创作于战争前夕的《在早班火车上》所预言),相信俄罗斯无疑得到了保全,但这不能归因于革命,反倒是因为背离了革命以及随后的一切。他在《帕特里克手记》时期仅仅停留于猜想的念头,变得明朗了:革命假托已经烂熟的必然性而发生,却根本不是人们所期待的那样。他在部队里有两个最大的失望:对共产党人和对德国人。说来可怕,两者就本质而言不相上下。四十年代,俄罗斯人没有让自己沦亡,但在1917年却遭受了侵夺,因为入侵者是"自己人"(不妨回顾一下帕斯捷尔纳克勇敢的诗篇《俄国革命》),"没什么可羞愧"。俄罗斯有能力抵御外敌,面对内部的敌人却无能为力。1943年,帕斯捷尔纳克仍然希望,在德国人的压迫结束之后,"解放的城市"将挣脱内部侵占者,他们的思想手段和剥削习惯跟德国人相差无几。而《军队纪行》也明确谈到了这一点,当时的文字确实达到了如此公开的程度,只不过文章第十一小节发表时消失不见了。他又岂能指望这样的段落发表:

> 如果革命的俄国需要一面哈哈镜,以仇恨与谬见的鬼脸歪曲自己的面容,这里便有现成的:德国把它打造出来了。

有谁会同意,在纳粹德国那里看到的是俄罗斯可怕扭曲的面容?!

军人中间也有出类拔萃者,凭借智慧和经验而不是粗暴或呵斥来领兵作战。在帕斯捷尔纳克看来,司令员戈尔巴托夫就是此类人物,寡言少语,头脑清醒:

> 威严并非源于他说话的腔调,而源于话语的分量。这是最好的,但也是最难的领导形式。

库斯托夫上校同样是他欣赏的军人:

> 优雅而讥诮的他,有意将自己塑造成风姿闲适的上流人士。他那俊美硬朗的侧影,带有某种 1812 年英雄的气质,与图奇科夫①和巴格拉季昂②如出一辙。立领军装无可挑剔地显出他轻盈的体态。他谈吐不俗,用词考究。"我总是奔波劳碌。"他这么说自己。战士们都崇拜他。

一如既往,帕斯捷尔纳克最大的哀伤莫过于"残疾儿童的苦难"("在家破人亡、流离失散的悲剧中,走失的孩子经历了无尽的苦难,没有什么能够弥补,唯有向苍天求告。")和"女性命运"的恐怖。在发表于 11 月 20 日的《劳动报》、篇幅几乎缩减一半的《军队纪行》中,说到敌占期间有两个女共青团员,拒绝从墙上摘下列宁和斯大林的画像,喝醉的德国人先是向画像开枪,然后射杀了她们。卡卢加女人瓦丽娅的故事更令人惊骇:

> 零下五十度的严冬。柴火储备不足,卡卢加人拆掉篱笆和木屋当燃料。("它脏污的薄板被偷偷拆光"③……从战争纪事中,他竟然认

---

① 尼古拉·阿列克谢耶维奇·图奇科夫(1765—1812),俄罗斯帝国中将,步兵统帅。在 1812 年卫国战争初期的重要战役中阵亡。
② 彼得·伊万诺维奇·巴格拉季昂(1765—1812),俄罗斯帝国陆军上将,公爵,格鲁吉亚皇族后裔。在博罗金诺战役(1812 年 9 月 7 日)中阵亡。
③ 引自帕斯捷尔纳克《岁月流逝。往事之雨流逝》(1929)。

出了1919年的画面!但那是长期奴役的开始,而这一次,他希望是救赎和自由。——德·贝)窗口厚厚的冰霜使房间变暗。人没有头颅,树木没有树冠,建筑物没有屋顶,艰险的日子。

……"我要告发你,不管你当我面儿在地上爬,还是跪下来央求。今儿我打定主意,非去告发不可。"说这话的是他们年轻的邻居、不好作恶的轻佻女郎——不管白天黑夜,她都跟德国人厮混在一起。"你总算把皮袄和皮鞋给了我,我还要扒下你最后一件衬衫,可我一想起你的列宁,想起我遇到的那档子事,我就管不住自己,我得拿你找点乐子。"

这也是"俄罗斯的",帕斯捷尔纳克深知这一点,那位年轻的、关键是"不好作恶的"女邻居的语言被他描摹得惟妙惟肖。不好作恶的,也可说是卡拉塔耶夫[①]式的。再说这里哪有什么恶人?都是找乐子罢了。她的时机到了。毕竟是跟自己人。跟自己人怎样都行。到头来,正如我们从帕斯捷尔纳克的战地记录中所了解的,她还是告发了同胞。共青团员瓦丽娅逃跑了,她的母亲和妹妹却被枪杀。不过,轻佻的女邻居很快也死了。一伙纳粹特遣队员来到卡卢加,也想找点乐子,有人为此娶了当地姑娘,答应一道去德国,让她们坐上了飞机,没飞出多远,就在一片小树林上空将她们抛了下去。只能凭借身上的衣服辨认这些姑娘。

帕斯捷尔纳克记录了这一切。奥廖尔之行即将结束时,他思考的已不再是"俄罗斯的"与"苏维埃的"之间的继承性,而是两者骇人的极端性——无论功绩还是暴行。他想到一个可怕的问题:同外敌作战的英勇和在自己人面前的平庸,究竟所从何来?也许是因为,外敌的异己特征显而易见,但人们缺乏应有的敏感和道德原则,用以区分"自己人"当中的恶人?否则为何死得如此容易,活得却如此艰难?归根结底,自相残杀并非源于恶,而是源于道德律令的缺失以及俄国生活的长期失序。在俄罗斯,具有坚定信念和道德原则的人像自然金一样少之又少。这个问题渐渐萦绕在帕斯捷尔纳克心头,成为贯穿《日瓦戈医生》的主脉,自己人在这里所做的只是消灭自己人——正因为每人内心都有一片泥潭,除了简单的"自己人—异己者"的

---

① 普拉东·卡拉塔耶夫,系《战争与和平》中农民出身的老兵,具有"俄国的、善良的、完美的性格"。

对立观念,分辨善恶的机制至今仍未形成。俄国基督教恰恰倡导道德实践,故而只为少数人所信奉,上文提到的赫里斯季娜·奥尔列佐娃,并非随意叫这个名字①:她使自觉的宗教事业得以圆满。施密特同样是"为朋友舍命"的人物。其他人无意识地厮杀和毁灭,像收割时节的麦穗,散落在地上。人们自己不怜悯自己,还有谁会怜悯?从部队返回途中,这种相互毁灭的恐怖攫住了帕斯捷尔纳克:是自己人败给了自己人!自己的军政干部向战士们散布谎言,自己的特别处②人员继续摆布这些战士,不管有没有理由!"蒙昧始于训诫,止于鲜血"——难道这只是针对德国人而言?

直到《日瓦戈医生》,这些思想观点才最终确立,而国内战争成为小说主题也并非偶然。但在1943年末,帕斯捷尔纳克仍然一心想写长诗,由旅行所引发并为之不安的思绪,哪怕有一部分能在诗作中大声说出来也好。

---

① 在俄语中,"赫里斯季娜"的词根是"赫里斯特",近于"基督"的发音。
② 苏俄及苏联时期的军事反侦查机构,成立于1918年,先后隶属于国家政治局(格伯乌)、国家政治保卫总局、内务人民委员部和国家安全委员会(克格勃)。

第三十七章 《霞光》 胜利

1

如前所述,《霞光》是帕斯捷尔纳克最后一次叙事长诗的试验(《酒神节》则属于抒情长诗乃至"大诗")。据格拉德科夫回忆,帕斯捷尔纳克曾经说,他写长诗(有时他甚至称之为"诗体小说",注重日常生活的浓度和精心勾勒的背景,由此追寻涅克拉索夫的传统)遭到了法捷耶夫的劝阻,后者害怕他说得露骨。法捷耶夫似乎能向帕斯捷尔纳克提议或者劝阻他。也可以说,他当然能,可帕斯捷尔纳克听从的不是他,而是个人的天赋。《霞光》未能完成,是因为折中已无法满足作者:有些东西需要通过散文加以充分表达,而不能强行拉扯到抒情的迷雾之下。

像以往一样,帕斯捷尔纳克的出发点不是题材,而是饱满的情绪和一连串占据他想象的生动画面。比如说,贯穿《斯佩克托尔斯基》的主题是修缮与崩塌;统摄《施密特中尉》的是惶恐的黎明,这预感到的骚动,随后转变为临刑前神经的战栗;《一九〇五年》更完整,因而情节也更连贯——冬天的时光,在舒适和恐惧的边缘。在《霞光》中,最醒目的应是帕斯捷尔纳克所钟爱并辉映着他所有杰出篇章的情绪:这是敞亮的宁静和休憩——经历了巨大的考验,新的历史篇章尚未开始。《日瓦戈医生》也描写过这种幸福的间歇:产后的托尼娅躺着,像躺在刚刚脱离苦海的云端;在《乌拉尔印象》中,山的城堡痛苦地产下早晨,在阳光下歇息,虽然纯属非人的努力,总还可以喘口气。胜利尚未到来,它的迫近却比胜利更盛大,更美好。这样的时刻——以沉痛的代价换取胜利,以艰辛的劳作和牺牲得到收获——是帕斯捷尔纳克最喜爱的:它们彰显着生与死、绝望与幸福的统一与融合,而他整个的信仰也就蕴含于此。

祖国之春的气息,洗刷
天地之间冬日的痕迹
和斯拉夫人哭够的双眼
因泪水而发黑的眼眶。
…………
童话般的薄雾笼罩万物,
宛若波雅尔①镀金厅堂
四壁的花饰,飘浮在
圣瓦西里教堂上空。

在幻想家和夜猫子看来
莫斯科比世上一切都可爱。
他在家中守护着源头,
那里将绽放世纪的繁花。②

可以感觉到,这些诗句写得轻松——形式单纯,音韵平淡。看起来,如长诗般展开思绪的整个组诗③之核心,乃是老派和善意的斯拉夫主义,是俄罗斯在斯拉夫世界的领导作用,以及在世界战争中拯救的使命。关于未来"绽放世纪的繁花",应是现在思考的事情。选用的韵律——四步抑扬格,夹杂着奇数行(有时也在偶数行,就像《复活的壁画》里一样)中的扬抑抑格,首次出现在他的《当我们登上高加索山》(1931),此诗也谈到艰难的成就,尽管成就本身及代价不能与胜利相提并论。这种格律极具感染力,很快被战地诗人们借鉴,而帕斯捷尔纳克作为真正的音乐家,照例最先捕捉到时代的节奏。这种格律适合表达庄严厚重的哀伤。为书写内心的颂词和生命的挽歌,康斯坦丁·列文的战争题材名诗《火炮埋葬了我们》(1946),显然借用了帕斯捷尔纳克的声音,虽然他也有自己的音调:

火炮埋葬了我们。

---

① 古罗斯及莫斯科公国的大贵族。
② 引自帕斯捷尔纳克《春天》(1944)。
③ 此处组诗即《关于战争的诗》,系诗人从1941年7月到1944年4月以战争为背景写下的诗作,包括本书提到的《无所归依的人》《古老的花园》《纪念玛丽娜·茨维塔耶娃》《工兵之死》等。

它先是将我们射杀，
如今却不羞于虚伪，
发誓说，喜欢我们。

我们只信任吗啡，
最起码——也是溴剂，
而我们当中死去的人
信任土地，别无其他。

如同《霞光》引言，这里描写的也是礼炮。礼炮的齐射——《霞光》的序曲和主旋律。礼炮和火灾的光焰（它们令人感到格外痛苦，主要因为后者），在光影中映衬着长诗，而每当开始创作一部长诗之际，对帕斯捷尔纳克具有决定性意义的，正是光和色彩。

俄罗斯诗歌中，以此种形式写成的最著名篇章当数勃洛克的《在铁路上》，这也是时常牵动帕斯捷尔纳克思绪的一首诗。《在铁路上》的格律仅以偶数行中的阴性韵脚而区别于《陌生女郎》：

每到傍晚，餐厅顶上的热气
就显得粗野而荒凉……

黄色和蓝色的车厢沉默，
绿色车厢里又哭又唱。

这唯一的补充性的音节，却改变了整首诗的声韵，赋予其以悲凉、悠扬和绝望，帕斯捷尔纳克一生为之不安，为之着迷的也恰是这些。有趣的是，曼德尔施塔姆1921年的两首诗，以及充满着战争的惶恐预感的《像小小的身体卷起翅膀》（1923）和《而天空孕育未来》，也是以同样技巧写成。勃洛克的俄罗斯主题和曼德尔施塔姆的战争主题，一齐汇集在帕斯捷尔纳克笔下。他后来还将回到这一格律，写下自己的诗歌遗嘱《八月》，但内容已经不是俄罗斯的伟大，也不是它的胜利，而是他个人以沉痛代价换取的死后盛典。《八月》与《霞光》之间的继承性是显而易见的，但两者的差异也很明显：1943年至1944年，帕斯捷尔纳克进行着长诗的创作，最后一次将自己等同于祖国，将自己的胜利等同于祖国的胜利。《日瓦戈医生》的作者和主人公已经自认为是独立于国家的个体,此处也有他们的胜利:先前的斯拉夫主义的自我认同变得不可理喻了。

在1943年,帕斯捷尔纳克的这些期望却是多么容易理解!俄罗斯经历了二十年恐怖和偶像崇拜的蒙昧,向全世界证明了它未曾向暴政妥协,证明了它无可否认的伟大:

> 时间啊!还有我们!看看吧,
> 原以为是磨蹭鬼和马大哈。
> 这可是梦想,而不是政治!
> 去你们的磨蹭鬼。可喜可贺。
>
> 苍茫的大海浑浊不堪!

(试比较《崇高的疾病》:"护航舰再次驶向横堤。/叛卖与诡计的产儿/再次大口吞下巨浪,继而不识故国……")

这里颇有日瓦戈医生式的音调,怀着同样不无夸张的自豪与喜悦,他将用这种音调赞颂俄国革命:

> 您看到没有?欣赏一下吧。好好地看看。最了不起的是什么呢?[……]现在你瞧,一下子就行了!这是前所未有的事物,这是历史的奇迹,这新的创举闯入正常生活之流的深处,全不管生活的流向。[……]只有最伟大的事业才这样不讲求方式和时间。①

同样是面向整个世界的自豪:"这可是梦想,而不是政治!祝贺啊。请好好欣赏吧。"这是"普希金无可辩驳的明朗和托尔斯泰直面事实的良知"②之结果。革命之于日瓦戈,战争之于帕斯捷尔纳克——犹如盛大的庆典,汇聚着俄罗斯的牺牲精神、俄罗斯的梦想,以及将一切进行到底的俄罗斯的逻辑性。这甚至不是什么意志,而是人民的命运——如此激进和无条件地实现壮举。可这些后来又有怎样的变化,起初达到的高度为何永远无法坚守?这成了《日瓦戈医生》的主题之一,本来也应成为《霞光》的主题(相比《日乌利特笔记》,《霞光》更像是《日瓦戈医生》主要的,甚至更重要的草图)。但这样的作品必须用散文来完成,不存在任何折中。

---

①② 引自《日瓦戈医生》第六章第8节。

2

　　遭到无端处决者能否一洗沉冤？失踪的人是否会归来？囚徒和流放犯的清白是否会得到证实，就像戴罪之身被证实为无辜？长诗主人公沃洛佳思考着这些问题，关于他，我们只知道"担任基层指挥员"。

　　长诗情节仅有大致的勾勒，但第一章足以显现未来冲突的核心：主人公临时从战场上回来休假，原先的生活让他无所适从，妻子的行为也让他感到恼火：

　　　　他那可爱的另一半
　　　　什么事情都不操心。
　　　　她无辜的头脑一如既往
　　　　装满不算狡猾的杂念。
　　　　头发和嘴唇略施油膏，
　　　　烟草、茨冈风情和客人。
　　　　废话连天，像单调的苦差
　　　　可怜的孩子们浑身疮痂……
　　　　哎，卡佳就是这般任性！
　　　　无论何时，你都忘不掉
　　　　鸡毛蒜皮引发的吵闹。
　　　　想一走了之，又舍不得不幸的孩子。
　　　　丢不下不幸的孩子和侄女。
　　　　留下来吧，局面却令人难堪。
　　　　倘若他要跟她分手，
　　　　就不能委屈了孩子。

　　这些句子写得非常简单，完全不像是帕斯捷尔纳克的手笔，甚至比1936年的诗作更直白，已经接近于散文：

　　　　他吸够了死亡、火药
　　　　战斗、险情和冒险的气息，
　　　　老鼠的窸窣、瓢盆的碎裂

>并不会让他感到异样。

对比《斯佩克托尔斯基》引言中的"便盆与剃刀、刷子、卷发器",还可清楚地看到另一层对应关系:生活进入下一阶段,婚姻也归于尽头。如果说帕斯捷尔纳克将济娜伊达·尼古拉耶夫娜视为国家新形象的化身,那么《霞光》主人公与妻子的分手则标志着十年忠诚的重估。哪怕用粗略的眼光来看,沃洛佳的妻子卡佳也绝非济娜伊达的画像,她自己的和别人的孩子从未长过疮痂,她不会动辄摔锅砸碗,不会轻易跟丈夫吵嘴,她只是默不作声,我行我素。然而,"烟草、茨冈风情和客人"("茨冈风情"意指日常生活的混乱,但帕斯捷尔纳克设想的这个概念,或许也跟济娜伊达终生喜爱的算命和纸牌卦间接相关)之类,完全有可能跟妻子联系起来,而平淡无趣的生理原因,也使她与丈夫越来越疏远:她迅速变老,尽管战争期间瘦了许多;他却一如既往,灾祸之际反倒更年轻,看起来顶多四十岁,虽然白发越来越明显。关键是,一个哪怕在前线度过两星期的人,就算不曾亲历战斗,当他回到被摧毁的城市,也很难适应后方的现实。1943年底,已经无人怀疑胜利的临近,甚至会高估形势。显然,胜利者无法习惯日常和屈辱的状况,而为了动员他们投身于艰巨的重建工作,需要强劲的动力。帕斯捷尔纳克认为,这种动力只能是自由以及祖国观念的复归。

>我们不会停留于话语,
>而是如梦中所预见,
>我们将更开阔地重建,
>比以往更美好地闪亮。

在长诗第一章,主人公做了一场不可思议的噩梦,由于众所周知的原因,帕斯捷尔纳克的描述极尽曲折:某种接近神秘主义本质的离奇存在物同他发生了争论,这是永恒的同貌人,索洛古勃的蠢蛋——"路旁的鬼怪"和"黏糊糊的霉菌"。这个同貌人曾经化身为"神枪手沃洛佳",性情平和,而如今已令他倍感怅悲:

>我不喝酒也闻不得烟草味。
>在叔母丧宴上却喝了一顿,
>勉强往家爬,苍蝇在头顶。
>不好意思。您不送我一程?

三俄尺的字母在树林上空
召唤着那些遥远的理想。
您倒好,您有自己的汽车,
干吗像步兵一样迈腿走路?

查验公文的条状横栏以内
是一片林间空地,
叔父住的小屋也在那里。
自己的菜园,蘑菇长在峡谷。

我叔父是违法乱纪的牺牲品,
正如所有讲究规矩之人。
林子里有他们整个的领地,
可法律判决又错在哪里?

我们没有木桶,没有课本,
洗衣工和教育者也够糟糕。
向我们询问,就像问魔法师,
难道工作人员是神灵不成?

  这个片段里的一切都带有神秘色彩:主人公看来遇到了自己的过去,嫉妒又委屈地看着他现今的发迹("您倒好,您有自己的汽车。")。主人公的叔父(俄罗斯叙事长诗中永远的"最讲究规矩的叔父"①)原来是"违法乱纪的牺牲品,正如所有讲究规矩之人":俄罗斯平庸的反对派当初和现在都用同样的语言说话,帕斯捷尔纳克对此深为反感。他不喜欢地下运动,按照他的风格,要么全部接受,然后分担所有责任,要么义无反顾地了断,那就不必再抱怨。昔日的英雄成了安分守己的老好人,他意识到斗争徒劳无益,就像作者在契斯托波尔跟格拉德科夫谈到茨维塔耶娃时所说,慢腾腾地回家,"只管吃喝去了"。帕斯捷尔纳克准备彻底摆脱这种随波逐流的习气,因为

---

① 典出普希金的长篇诗体小说《叶甫盖尼·奥涅金》。

战争的经验不允许继续"沉默、躲避、隐匿"。"林子里有他们整个的领地",显然是对"哨卡横栏后面"政府疗养地的回忆(横栏没有改变,在茹科夫卡①也一样,只不过别墅更豪华)。此处的双关语非常精彩,尽管纯属有意为之——一个是住政府别墅的苏联公职人员的"领地",另一个是改造犯人的禁区,在另一片林子里——叔父想必已落入其中;之前叔母就已死去,主人公在她的丧宴上喝多了酒,摇摇晃晃地走在回家的路上,数年后他将沿着这条路作为胜利者进入故乡的城市。

面目一新的胜利者沃洛佳用酷似尼采式的语句,与这位抱怨日常生活种种不便并一再声称"我们不是神灵","我们是工作人员"的主人公展开争论:

> 神灵啊神灵,黏糊糊的霉菌,
> 哦,要么是神,要么是鬼怪。
> 不要使用你的金蝉脱壳之计,
> 不要再对我唱老掉牙的歌曲。
>
> 我被自己人用怨诉喂得过饱,
> 多可怕的老生常谈。
> 请在有生之年做个胜利者吧,
> 不妨让生命听从意志的指令。
>
> 转来转去,像晨祷前的魔鬼,
> 面对富于怜悯的灵魂,
> 你偷换了我内心的声音。
> 我再不想要。我受够了。

哎,假若只是"内心的"就好了!要知道,内心的声音很快就会提醒初露头角的神灵,他们的时代结束了,他们将再度成为双重意义的螺丝钉!

> 在你面前躺着一个巨怪,身上写着"你应该"。请从它身上跨过去,并且说:"我要。"②

---

① 位于莫斯科河右岸,距离莫斯科环形公路九公里,风景秀丽。自二十世纪三十年代起,成为政府疗养地。
② 参见尼采《查拉图斯特拉如是说》第一卷,《论三种变形》。

Also sprach Zaratustra①。难怪帕斯捷尔纳克在契斯托波尔会想起雄辩者查拉图斯特拉,甚至对格拉德科夫说,尼采的思想几乎等同于基督教。用赫列勃尼科夫的话来说,对"忠于太阳的太阳自由民"②的希望短暂地复苏了,但同时忠于太阳和自由又不可能。幻想对诗人大有裨益,对普通人却是毁灭性的。

> 厨房一景。带花边的帘子
> 遮住了狭窄的窗户和小路,
> 和俄罗斯城市边缘升起的
> 俄罗斯的早晨。

可以感觉到,说出"俄罗斯的"这个词,给作者和主人公带来肉体的满足感。1944年6月,帕斯捷尔纳克向演员和朗读者多纳特·卢扎诺夫(也曾在舞台上朗诵过他的诗)写信说:

> 自从在政治上不得不采用民族语调,并做出相应的神情,尽管不真诚,这对于艺术是福音,如今既然迫不得已,准许艺术进入尘世,就再不会将它逐出这片土地了。

民族因素对他而言,仍然是自由和繁荣的同义词。

> 假如上帝愿意,我也没弄错的话,俄罗斯很快会出现灿烂的生活……博大精深的艺术,就像在托尔斯泰和果戈理时期……

在"与世界主义作斗争"的时期,帕斯捷尔纳克既未发表也未完成他的斯拉夫主义作品,对于这个结果,也许他反而会颇感欣慰。

3

其余像是构成《霞光》之光晕并受到其反照的篇章,比第一章薄弱得多,纪实性也远远不够。就问题的深广程度与表达的严格节制而言,第一章足以媲美安德烈·普拉东诺夫的《归来》③或海明威战地随笔之类的杰作。

---

① 德语:"查拉图斯特拉如是说"。
② 语出赫列勃尼科夫的叙事诗《捕鼠器里的战争》(1915,1919,1922)。
③ 普拉东诺夫一个重要的短篇小说,以卫国战争为背景,1946年首次发表在《新世界》杂志,当时标题是《伊万诺夫一家》。1962年,收录在作者去世后出版的《短篇小说集》中,最终定名为《归来》。

(作者本人也提示说:"我认为,我们不必渲染/无关痛痒的想法,/我们也会写得,如果你们允许,/像海明威和普里斯特利①一样。"②)或许,主人公的战争回忆应该像昔日的余晖,出现在一部新的长诗里;对一名身负重伤,死于夜间行动的工兵的回忆,便属于这样的光影。在罗马绍夫上校的师里,帕斯捷尔纳克听说了这名工兵的遭遇。伤者姓米凯耶夫。想到自己的呻吟会暴露战友,他强忍着不出声,尽管伤势严重,疼痛异常:

> 伤者疼得啃咬着土地,
> 却没有以呻吟出卖兄弟。
> 农民与生俱来的顽强
> 在昏迷之际也未丧失。③

帕斯捷尔纳克向来认为,英雄主义不在于正面行动,而在于自我牺牲式的忍耐——哈姆雷特的英雄主义是这样,施密特和日瓦戈的事迹也是这样。在《工兵之死》中,对勃洛克诗作的呼应格外明显:

> 步兵们列队向前进发,
> 仿佛听从于死人的调遣……
> 车厢在行驶中组成习惯的线条,
> 不时摇晃着,轧轧作响……

就像帕斯捷尔纳克叙事诗惯有的情形,他的战争组诗也有流于浅表、不伦不类的败笔,例如1944年2月9日发表在《红星报》上的《追击》:这首诗描写了通常不会写入诗歌的一幕——一位姑娘被法西斯分子奸污并杀害。很难想象,究竟什么样的抒情才能胜任这种题材。在他笔下,出现了类似于《施密特中尉》里的漏洞,他久负盛名的丰富语汇变得嘈杂,发出令人难堪的声音:

> 在祈祷般庄严的暴怒中
> 我们离开那苦孩子的尸首

---

① 约翰·波因顿·普里斯特利(1894—1984),英国剧作家,小说家。1929年出版代表作流浪汉小说《好伙伴》,1931年与人合作改编成同名剧本,受到广泛关注,另外还著有多部剧作和长篇小说。
② 引自帕斯捷尔纳克《霞光》(1943)。
③ 引自帕斯捷尔纳克《工兵之死》(1943)。

越过沟沟坎坎

尾随那帮凶犯飞奔而来。

乌云翻滚,拉开了间距,

我们自己也像可怕的乌云,

带着怪诞和俏皮的插话

踏平了他们蛇蝎的窝巢。

  随你怎么想,祈祷般庄严的暴怒都无法跟俏皮话相匹配,"怪诞"也不像作者希望的那样意味着"带鬼字的咒骂"①,反倒成了恶狠狠的胡话。这里的悲情更像是说说而已——帕斯捷尔纳克绝对有把握书写牺牲的壮举,却不知如何描述复仇的怒火,因为平生从未体验过。在帕斯捷尔纳克那里,完全找不到口号式的肤浅表达,这种东西即便在最优秀的苏联战争诗中也有碍观瞻。然而,他的诗里也找不到"战壕里的真理"——行话、可怕的细节和可识别的现实等等,在前线战士的诗作中,这些听起来就像是密码。帕斯捷尔纳克的战争抒情,实属一个充满热情与感恩的见证者的抒情,也许正是这一点,难以博得萨莫伊洛夫或斯卢茨基这些真正战地诗人的好感。他们觉得帕斯捷尔纳克始终是"住别墅的人",去过乌拉尔,如今又来到前线。他们不怀疑他的天才,只是对这个"住别墅的人"书写战争的道德权利产生了质疑。在他们看来,就连西蒙诺夫都比帕斯捷尔纳克更像自己人,即便他不曾在前线摸爬滚打;他的诗虽则缺乏感恩的内容,却更具狂热奔放的感染力。这是当时所需要和看重的。通过发表在《红星报》上的战争诗篇,帕斯捷尔纳克毕竟承担了责任,履行了义务,可前线战士根本不需要谁来歌颂他们的功绩。他们需要真正的诗歌奇迹,假如有人在战场上引用帕斯捷尔纳克,那也是《玛格丽特》或《施密特中尉》,但肯定不会是《工兵之死》。两次乌拉尔的旅行之后,他可以对社会主义建设几乎不置一词,却不能不履行与更为宏大的事件相关的社会订货。这段经历不乏精彩的诗行,但总体上并不成功:他的诗里缺少前线的真情实感,尽管真实性一向是他"诚实的工作"。而一旦他用自己的词语说话,哪怕再简短都会收获杰作,《在下游地带》就是如此,这是他战时创作当中最真诚和最具音乐性的篇章。此诗发

---

① 原文中的"怪诞"(чертовня)与"带鬼字的咒骂"(чертыханье),词根都是"鬼"(чёрт)。

表于1944年3月26日的《红色海军报》,在版面上只占了不起眼的一角。这绝不是一首写战争的诗,或者更准确地说,这首诗将战争转换到更隐秘也更具普遍人性的另一层面:说的不是功绩,而是人与人如何相互怀念。

> 淤泥滩的黄色琥珀,
> 黑土地的光泽。
> 人们修理渔具、农具、
> 小舟、渡船。
> 在这些下游地带,夜晚便是欢喜,
> 是明亮的云霞。
> 浪沫在浅滩簌簌涌动,
> 黑色的海。
> 鸟在沼泽,江鳕在河里。
> 多极了的鱼虾。
> 彼岸是克里米亚,
> 此岸是奥恰科夫。
> 河口在尼古拉耶夫城外更远处。
> 眺望西方,波浪和雾
> 像一片草原与天空相连。
> 这是去往敖德萨的方向。
> 有过这一幕吗?这是怎样的风格?
> 这些岁月到哪里去了?
> 是否还能归返这生活、这往事、
> 这自由?
> 哦,犁铧多么怀念耕地,
> 翻耕的农田——怀念犁铧,
> 大海——怀念布格河,南方——怀念北方,
> 所有的一切——相互怀念!
> 转弯到尽头,
> 漫长等待的时刻已然来临。
> 远方怀着预感。这一年里
> 说出的话语是为了舰船。

这是帕斯捷尔纳克的第三座黑海。在"汇聚着诗之自由元素的自然力的自然界"之后,在"雷飑为沙波酒而咆哮","蓝腿的闪电"青蛙似的跃入水中之后,在二十年代泡沫飞溅的狂暴大海之后(沃洛申始终耿耿于怀,岂能把海比作啤酒:"是啤酒像海,而不是海像啤酒!"),轮到了平缓、清浅甚至略像淡水的三十年代的海,出自《波浪》的海:柯布列梯平坦的巨岸和《第二次降生》里的波浪,像华夫饼干一样齐整,像帕索姆河沿岸①人民一样有纪律。第三座海,1944年的景致——又一次水波不惊,但这是暴风雨后饱经痛苦的寂静。河口、滩地、奥恰科夫——《施密特中尉》的背景,敖德萨的童年记忆,他以明快的忧伤诉说的也正是这些时光:"有过这一幕吗?这是怎样的风格?"

可以想象,他是如何拖曳着,又如何陶醉地吟咏着这些诗行,连同它们绵延不绝的yyy:

> Ах, как скучает по пахоте плУг,
> Пашня—по плУгУ,
> Море—по БУгУ, по северу—Юг,
> Все—дрУг по дрУгУ!②

的确,他的诗成功地表现出阴柔之气。他多么擅长送别死者,迎接新生儿,而在这里,他又怀着纯粹女性化的伤感,为所有离别之人咏唱。多么干净的春天的管乐之音!帕斯捷尔纳克以这首诗结束了他的战争叙事。关于战争,他再没有写下什么,起码没有以诗的形式来写。况且一切都说尽了。对伟大的胜利他也未置一词,因为他几乎从来不写"应景的诗",更主要的是,到最终胜利的时刻,许多情况都已经改变了。

4

"战争对我的自我感觉、健康、工作能力和命运的感受均产生了无可比拟的释放作用。"这句话出自上文引用的写给卢扎诺夫的信。1944年7月,

---

① 俄罗斯境内的一条河,流经乌拉尔地区。
② 《在下游地带》里从"哦,犁铧多么怀念耕地"到"所有的一切——相互怀念"的俄语原文。这些诗句带有连贯的元音字母y,形成独特的声音效果。

帕斯捷尔纳克已经开始庆祝胜利,庆祝过去十年里妨碍他的一切被战胜。他几乎否定了自己所有的作品,包括《波浪》和《斯佩克托尔斯基》,连同其"源于无奈的空洞"和概念化的说理(因为什么都不能说)。甚至出现了一些迹象,让人有理由相信自由化的到来。1944年,海因里希·涅高兹获准返回莫斯科。帕斯捷尔纳克相信,审查制度将弱化,继而彻底废除,遭受整治的人将重新归来,恐惧将消退……1945年6月前后,形势明朗了,任何类似的事情都不会发生,在这个十年的中期,一如既往的肃杀,压在帕斯捷尔纳克身上。

当然,他还不至于陷入1935年2月至9月折磨他的那种"萌芽中的癫狂"。没有失眠,没有失去创作的"生产力",依然按照原先的严格自律进行翻译,翻译,不停地翻译,正像勃洛克的《戏台》(1906)题记中查尔斯·简所云①:"好吧,疲惫的老马,让我们摧残自己的莎士比亚!"他译好了《奥赛罗》并着手翻译《亨利四世》。1945年初,他的一本篇幅不大的诗集《辽阔的大地》问世。战争毕竟带来了少许自由的气息:安德烈·普拉东诺夫有三部短篇小说集出版,时隔十年,帕斯捷尔纳克的两部诗集也出版了。

1945年春天,胜利之春,帕斯捷尔纳克两位亲人先后故去,给这个季节蒙上阴影,令他悲痛欲绝。还能怎样呢?1945年4月29日,距离胜利日仅有两星期,他二十岁的继子亚德里安·涅高兹在莫斯科去世。5月31日,胜利日过后三个星期,他八十三岁的父亲列昂尼德·帕斯捷尔纳克在牛津去世。

1944年,亚德里安仍属疏散人员,留在斯维尔德洛夫斯克附近的下乌法列伊。将他这样一个失去行动能力的人送往莫斯科,几乎是不可能完成的任务,但济娜伊达·尼古拉耶夫娜却没有退缩。战争期间,伏特加成了硬通货,整个1943年,济娜伊达·尼古拉耶夫娜都在四处寻找,不管真假,全都积攒起来。1944年8月,她前往斯维尔德洛夫斯克。迎接她的是仍然没有权利在莫斯科生活的涅高兹(直到秋天,他才获准回到首都)。涅高兹依然爱着她,劝她不要离开,但济娜伊达一见到儿子的状况,就意识到必须马上带他去莫斯科。阿季克发现自己脊柱上有肿块。这表明病情在脊柱发展,可这些年来,他接受的却是腿骨结核的治疗。她自己也不记得是怎样把

---

① 查尔斯·简(1811—1868),英国演员,戏剧导演,曾执导《威尼斯商人》等莎士比亚剧作。

他带回莫斯科的。到火车站接他们的有阿斯穆斯夫妇、帕斯捷尔纳克兄弟俩和斯坦尼斯拉夫·涅高兹①。济娜伊达在回忆录里写道,目睹继子身上的变化,鲍里斯·列昂尼德维奇大吃一惊,放声痛哭。亚德里安当即被送往结核病疗养院,尽管已是寒冷的秋天,但那里的窗户一直开着。济娜伊达在回忆录里记述了一个插曲:由于病房里没有热水箱,她跟院长闹得很不愉快……亚德里安的肾脏也出现了病变,济娜伊达认为这是不祥之兆。她想得没错。最可怕的是,阿季克自己也知道厄运难逃。他向医护人员要来医学百科全书,阅读了与他的病症相关的所有内容,从医生的谈话中,又掌握了疾病的拉丁语名称。济娜伊达将他转移到索科利尼基医院,米利察·涅高兹②的朋友罗里耶教授是院领导。阿季克就死在这里,死因是结核性脑膜炎。最后几天非常可怕。他的意识只恢复了片刻,低语着说自己要死了,还说头疼得厉害,然后就不省人事。他已经无法吞咽,可济娜伊达还试着用小勺往他嘴里喂冰激凌,送几滴清汤……在他临死前一天,罗里耶说,应该从家里把阿季克的衣服拿来,给他穿上以便下葬。他当时还有一口气,但彻底失去了知觉。济娜伊达赶回家,一边痛哭,一边收拾东西。她后来回忆称一生中再没有比这更惨痛的时刻。第二天,阿季克死了。济娜伊达起初不同意解剖,可接下来一想,他的大脑还可用于科学研究,就同意了。给阿季克穿衣服时,她望着他死后异常俊秀的面容,忽然觉得他的脑袋轻得吓人:大脑被掏空了。然后她做了个噩梦,梦见阿季克活着,但脑子空了,成了一个白痴。而她为阻止儿子活成这样,将他亲手掐死了。对儿子的负罪感发生了变异,从此驱之不散。

帕斯捷尔纳克可怜阿季克,也可怜妻子,不禁号啕大哭,涅高兹也泪流满面,济娜伊达·尼古拉耶夫娜想到了自杀。在举世欢庆的背景下,悲剧显得格外沉痛。胜利越来越近,每天都鸣放礼花,苏军攻占了一座又一座德国城市。济娜伊达反对火化儿子的遗体,亲友们说服了她,但她坚持把骨灰盒交给她。骨灰埋在了佩列捷尔金诺的花园,旁边就是别墅。有很长一段时间,济娜伊达每天依旧铺好餐桌,为阿季克摆上餐具,就好像他还在他们身边,还在佩列捷尔金诺。

---

① 即亚德里安(阿季克)的弟弟斯塔西克。
② 米利察·谢尔盖耶夫娜·涅高兹(1890—1962),海因里希·涅高兹的第二任妻子。

6月初,帕斯捷尔纳克得知了父亲的死讯,是妹妹和妹夫费奥多尔拍电报通知他的。他随即给二妹利季娅-伊丽莎白写信:

> 5月31号,爸爸去世了。白内障摘除一个月前,他住在诊疗所,身体逐渐康复,于是回到家里,没想到心脏功能突然衰竭,去世那天是星期四,三个星期以前。
>
> 在他临终前,费佳和女儿守在一旁,弥留之际,他还惦记着我。这些就是他们电报的全部内容。
>
> 去年冬天,我曾经希望比原先更充分、更明确地告诉他,如同某种激动人心的伴音,他非凡的天资、神奇的技艺、工作的轻巧、梦幻般的丰产,始终在我面前浮现,萦绕在我脑海,想到这些,我像往常一样并无妒意,反而为他欣喜,他骄傲地度过了专注的、现实的、堪称真实的一生,相形之下,我的人生荒废,生活平庸,种种诺言化为泡影,这样的对比又让我羞愧难当……在一封通过外交渠道转寄的信中,我对他写下这一切,比写给你的更简短,更好……这封信没有寄到。

接着,帕斯捷尔纳克向妹妹提到"神经极度衰弱",又对她说,虽然继子和父亲的相继去世令人绝望,他的身体也困倦至极,但突显的病态让他感到"某种激情……迸发出莫名的幽默和坚不可摧的信念"。而实际情况远非如此乐观。1945年,由于匆促的翻译,帕斯捷尔纳克平生第一次出现手臂劳损,就好比钢琴家"弹坏了手指",他的肩部神经开始发炎,只能用左手完成《亨利四世》下篇译稿。正如叶甫盖尼·鲍里索维奇所说,钢琴家改用左手相对更容易。同时,帕斯捷尔纳克因用眼过度,得了严重的角膜炎,每星期发作两次,稍有不慎就会引起疼痛和流泪。尽管如此,他的体格依然强健,精力也相当充沛,感觉不出老之将至的迹象,各种病症不过是过度紧张的结果。很难说俄国文学中还有谁能如此高效地工作。为了主要的、期盼已久的作品——一部散文体长篇小说,他需要挣钱。

有两件事情,帮助他摆脱了漫长的抑郁和随之而来的病痛(肝脏疼痛、右臂劳损、彻夜写作导致的眼部炎症),激发了他的创作热情,精神也为之一振。1945年下半年就是在这种状态下度过的。第一件事情是,帕斯捷尔纳克从前线收到大量书信,并获得诸多证据,表明他的作品在国外也有了知名度。当时与欧洲的交往越来越密切,苏联和英国合办的报纸《不列颠联盟者》应运而生,伦敦教授克里斯托弗·莱恩在该报发表了《鲍·帕斯捷尔纳克译著中的莎士比亚》一文。英国出现了一个名为"逃避主义者"(escapists)的文学流派,其宗旨当然不是要逃避现实(它的许多成员都参加过战争,拥有政治斗争和党派斗争的经验),而是要脱离旧有的生活,幻想新的社会乌托邦。1945 年 7 月 29 日,帕斯捷尔纳克对谢尔盖·杜雷林写信说:"他们更像是无政府主义者,而不是别的什么。"这是一群古怪的逃避主义者,追随柏格森和别尔嘉耶夫,自称人格主义者。他们的组织不大,却引人注目。领头人是戏剧家赫伯特·里德,知名人物是波兰裔时评作者兼翻译家斯特凡·施曼斯基。他们创办的选刊 Transformations(帕斯捷尔纳克翻译成"变形")登载了《柳维尔斯的童年》。总的来说,这个社团对帕斯捷尔纳克怀有敬意,将他与勃洛克相提并论,自认为几乎被遗忘的诗人对此既惊又喜。

大量的文学晚会是第二件高兴的事情。帕斯捷尔纳克在舞台上神采飞扬,享受着与观众的交流。他参与的大型公开表演,只有一份录音保留至今。那是在全俄戏剧协会大厅,他朗诵并讲解了《亨利四世》的若干剧情,为剧作的冗长致歉,解释了晦涩之处,俏皮话说完忍俊不禁。晚会层出不穷:5 月中旬,庆祝胜利的系列晚会第一场在莫斯科大学举行,第二场于 5 月 28 日在学者之家举行。夏天,他在综合技术博物馆表演,由于久未朗读旧作,有时会忘了词,大学生们便愉快地提示他。(据沃兹涅先斯基回忆,有些人觉得这像是卖弄,似乎帕斯捷尔纳克在故意检验观众。其实不然。他从来不在舞台上"摆造型",如果忘了也不会难为情,而是歉然一笑,接受并感谢提示。)

在学者之家,有人问他,关于战争写得最好的作品是哪一部?

"《瓦西里·焦尔金》。"[①]他不假思索地答道。一阵窃笑。"我来不是跟大家开玩笑!"他恼火地说。对于各种提问,他的回答向来严肃,没有一丝矫情或对这些知识分子观众的戏谑。《在早班火车上》的打印稿保留了下来,他甚至借助音乐符号,在上面标注了重音。儿子参加他的晚会,当父亲忘了词,也会向他提示。帕斯捷尔纳克为观众的反应而欣喜:他曾经拒斥"舞台朗诵的堕落",但现在公开朗诵诗作,包括一些未发表的作品,成了与

---

① 苏联诗人亚历山大·特瓦尔多夫斯基(1910—1971)以卫国战争为题材的叙事长诗(1941—1945)。

公众交流的唯一形式。口头传统回归了。诗歌活在手抄本和打印件中,在帕斯捷尔纳克影响下成长而从未听过他声音的年轻人,想要见到活着的诗人,感受天才的激情。表演持续到1946年夏天,帕斯捷尔纳克、阿赫玛托娃、贝尔格里茨①等诗人迅速走红,明显刺激了当局。苏联六十年代的诗歌热潮本该提早十年——人们渴望真正的诗,就像在总体虚假中渴望绝对真实,诗歌激发了战后遭践踏的共同感受。稍待时日,体育场诗歌晚会在斯大林的帝国就可能成为现实……但斯大林很清楚,诗人的权力不亚于领袖的权力,因而是危险的。于是他急忙封杀了"大相径庭的两极"之一——关于《星》和《列宁格勒》这两份杂志的决议出台之后②,诗歌晚会几乎彻底终止。帕斯捷尔纳克不再表演。(除了在"诗人维护和平"之类的集体晚会上,即便在这种场合朗诵,主要也是译作)屏声静气,只能唯一人是从。

然而,关键的东西已无法从帕斯捷尔纳克那里剥夺:他意识到新一代读者成长起来了,他们需要并理解他的诗。所有写他的传记都会援引1945年11月他给娜杰日塔·曼德尔施塔姆的一封信:

> 在前线,在大厅,在沉寂的角落,尤其在西方,我与一些人的联系越来越多,越来越直接和简单,这甚至超出了我在最大胆的期望中所能料想的。[……]昔日的一团和气在我这里丝毫不剩。吉洪诺夫们和作协的大多数人对我来说没有意义,而且我还否定他们,我不会放过任何机会,开诚布公地说出这一点。他们不承担对我的义务,肯定也是对的。当然,这种力量对比并不公平,可我的命运已经注定,我别无选择。

这并非清高。这是对虚假的极度厌倦。此外,帕斯捷尔纳克现已感受到来自年轻人和西方的双重支持。他准确地预言了所有的美好(至于丑恶,正如我们所知,他与之格格不入):他料定艺术在欧洲和俄罗斯的繁荣,只是时间上错了十年。俄罗斯的斯大林主义、冷战和美国的麦卡锡主义,将这种繁荣和显著的趋同推迟到六十年代。但他无疑又是正确的,当他1945年12月28日在信中对诗人伊万·布尔科夫预言:

---

① 奥莉加·费奥多罗夫娜·贝尔格里茨(1910—1975),苏联诗人,散文家。
② 1946年8月,苏共中央作出《关于〈星〉和〈列宁格勒〉杂志的决议》,严厉批评了所谓"资产阶级贵族唯美主义"和"颓废主义"以及"为艺术而艺术"的理论倾向。随后,《星》杂志编辑部改组,《列宁格勒》杂志被勒令停刊。

未完成的全欧洲象征主义的未来向我应许的,远远多于以往它在整个世界发生历史性进步之前所给予的。

这里最关键的是,他已然将俄罗斯和欧洲的象征主义与他所预言乃至召唤的灾变区分开来:将勃洛克与革命、与他的欧洲先驱者及同辈、与世界战争——区分开来。诗歌对此不再回应。非但如此,诗歌甚至与之对抗。

5

就在这期间,帕斯捷尔纳克同以赛亚·伯林见了面,后者作为英国驻华盛顿使馆人员于8月份到莫斯科出差。他本人是俄国犹太移民,十岁那年离开俄国,此前从未到过莫斯科。他带着强烈的偏见踏上了故土,时年三十六岁。这是一位眉毛浓密、面色红润、体态发胖、与人为善的自由主义者,一个无可挑剔的正派人。1945年冬天,他来到安娜·阿赫玛托娃在列宁格勒喷泉宫的住处,他的到访令她喜出望外。这正是预言中"来自未来的客人"! ① 他们聊了一整夜。阿赫玛托娃深深地、永远地爱上了伯林,他成了她许多爱情诗的收件人,她真心相信,对她这样一个被打入冷宫之人的拜访招来了不满,导致关于《星》和《列宁格勒》的决议,继而引发了冷战……

> 他不会成为我亲爱的丈夫,
> 但我和他将会赢得
> 二十世纪为之羞愧的一切。②

相比之下,他给帕斯捷尔纳克留下的印象要少得多,虽然也还不错。他们有理由相识——伯林认识诗人在牛津的两个妹妹,她们请他将父亲的一双黑皮鞋转交给哥哥。帕斯捷尔纳克讲述了自己1935年参加完反法西斯大会,取道伦敦回列宁格勒的经历。他问伯林是否认识赫伯特·里德,是否了解人格主义者的组织;说到西方文化,他尴尬而又动情地坦言自己的认知过时了。伯林离开时兴奋异常,虽然帕斯捷尔纳克所说的许多都难以理解。让他感到惊异的是,诗人从一个话题自由地转向另一个,一口气说个不停。

---

① 参见阿赫玛托娃《没有主人公的叙事诗》(1965)。
② 引自阿赫玛托娃《没有主人公的叙事诗·第三个和最后一个》(1956,1962)。

他觉得天才的诗人就应该这么说话。(公平地说,有些人深知帕斯捷尔纳克是天才诗人,与他们相处他的举止也更从容。这不表明他在故作姿态。因为他知道,在谁面前他应该是天才的诗人,而在谁面前做一个人即可。)

帕斯捷尔纳克对待犹太血统的态度十分淡漠,如果不说是否定的话。这一点引起了伯林的兴趣。

> 他很不愿意谈论这一话题,与其说因为羞于提及,不如说是格外反感。他希望犹太民族被同化……我发现,我每次说起犹太人或巴勒斯坦,帕斯捷尔纳克都会流露出痛苦的表情。

1945年,他依然像地道的斯拉夫主义者,言谈中不断提到萨德科①、斯特罗甘诺夫家族②、萨马林。他确信,自由派知识分子,用托尔斯泰的话来说,不懂得"人们依靠什么活着"。在相对自由的时期,他对自由主义者却无好感。对于诗人而言,这是自然的。

伯林的记述还提到耐人寻味的一点:帕斯捷尔纳克试图向俄罗斯统治者发出某种预言或吁求,他要向他们说出仅有他才理解的东西,因为他最接近俄罗斯的心灵。至于他要说的究竟是什么,尤其是长篇小说③的发展趋向,伯林怎么都没弄明白。阿赫玛托娃略带讽刺地说,她也不理解鲍里斯意欲跟当权者和人民说话的莫名其妙的冲动。其实,一切很简单。帕斯捷尔纳克想说的,也就是他在战争期间所感受的"俄罗斯性"与"苏维埃性"的继承关系。他还想说,俄罗斯,一个真正无私的基督教国家,牺牲精神即是其丰功伟业,而今天也只能从这种精神出发,俄罗斯才会拥有未来。人民需要得到喘息和自由,需要摆脱一切人为和强制的束缚,正如因现代主义和表现主义的标新立异而遭受损伤的艺术需要摆脱强制。形式上回归于古典的单纯,标志着在内容上对同样的单纯之眷恋。事实上,还有什么比基督教道德更单纯? 应当回到自然的本质,就像深受勃洛克喜爱,对帕斯捷尔纳克也具有重要意义的哲学家弗拉基米尔·索洛维约夫所说:"灵魂天生就是女基督徒。"帕斯捷尔纳克的整个斯拉夫主义思想就在于无尽的爱以及对人民

---

① 十二世纪以来流传于古俄罗斯的民间壮士歌中的主人公,又称"富裕的客人"。
② 十六世纪在俄国兴起的一个著名的工商业家族。
③ 在这次会面中,帕斯捷尔纳克向伯林提到,他正在创作一部全新的作品,并且让伯林看了前几章的草稿。伯林自己写道:"那部精心构思的作品便是后来的《日瓦戈医生》。"

的崇敬和信任,如同对命运的信任:生活不需要无休止的毁坏和重建,只要让它存在就够了! 要让人民感受到土地属于自己,因为只有在自己的土地上人民才不受强制,才会像艺术家书写或苹果树结苹果,怀着牺牲的愉悦,幸福地生活和劳作……要知道,忘我的献身精神实为俄罗斯人民的固有本质,唯有赋予人民以建功立业的机会,就像战时的情形,才会使所有的美好迸发出来! 1946 年 12 月 4 日,在写给尼娜·塔毕泽的信中,他更为清晰地表达了这一想法:

> 哦,尼娜,假如赋予人们以自由意志,那会是怎样的奇迹,怎样的幸福! 而我始终觉得,现实恍若被践踏的童话。

将俄罗斯精神理想化,深信当权者会倾听艺术家,这两种念头与同样可以理解的怀疑纠结于帕斯捷尔纳克内心。与伯林谈话时,他基本上是自说自话。这也就是帕斯捷尔纳克为何在以赛亚爵士面前如此坦诚,愿意为他抽出那么多时间的原因。

总之,他告诉了客人许多有意思的事情。还讲了关于皮里尼亚克的真伪难辨的轶闻,说他等着在送来的例行公文上签字,同意处决一批人犯,左等右等却不见人来,这才意识到,下一个要抓的就是他。另一个故事流传甚广,简直就像神话,说的是帕斯捷尔纳克拒绝在一份要求枪决图哈切夫斯基、雅基尔、艾德曼及其他将领的请愿书上署名。根据当时的情景,我们已经详细分析了这个故事,从而了解到,以赛亚爵士记述的帕斯捷尔纳克谈话与实情略有出入:

> 当帕斯捷尔纳克拒绝并解释了自己为何不同意签名,来者(苏联作协官员——德·贝)失声痛哭,说诗人是他这辈子所见最高尚、最圣洁的人,热烈地拥抱了他,就直接跑到内务人民委员部把他告发了。

这里究竟是记述者的记忆有误,还是帕斯捷尔纳克本人夸大其词? 最有可能的是,鲍里斯·列昂尼德维奇引用了帕夫连科称他为"善人"的原话,伯林却没有领会其中的讽刺意味,以为这位苏联作协官员将帕斯捷尔纳克比作基督耶稣①。至于帕夫连科是否向内务人民委员部告密,那就不得而知了。告密者也未必是斯塔夫斯基(这样做显然是自己害自己)。即使

---

① 在俄语中,"善人"(исусик,外表谦恭温顺的人,多用于讽刺)与"耶稣"(Иисус)发音相近。

他对帕斯捷尔纳克提出了尖锐的批评,也没有任由那些心怀妒意之人撕咬他。何况告密又有什么意义,这是在挽救帕斯捷尔纳克还是他自己,既然他最后还是伪造了帕斯捷尔纳克在请愿书上的签名?

然而,帕斯捷尔纳克对伯林并不热情,尽管他乐于跟一个有教养的、善意的、真正喜欢他诗歌的西方人交谈。在他看来,伯林对"不幸的当地人"的认知是表面化和"被迷惑的"。伯林不理解压迫的深重和人民生活的悲剧性,按照帕斯捷尔纳克的观点,人民是优秀的,压迫人民的政党则是可怕的,伯林却未能分清这两个概念。帕斯捷尔纳克越想证明自己是人民的一分子,就越是急迫地想要与党脱离关系。

以赛亚爵士被这一切迷住了,可以说,这是发生在1945年的第二次"攻克柏林"①。离开俄国时,他坚信帕斯捷尔纳克是一位天才的诗人。帕斯捷尔纳克本人远远没有这种自信,他觉得,如今虽然有新的证据表明他在欧洲的声誉,虽然年轻人激动地期待他的作品,但他必须像在1917年那样正视自己,摆脱所有幻象,勇敢而诚实地说话,如他自己所云:"向世界说出最后的话语。"在"十分有利的环境"之下,他反倒不善于创作。

环境恰好为他提供了所有的创作机会,仿佛上帝自己也有心看到《日瓦戈医生》的问世。在苏联历史上沉寂无望的时刻,在落寞和"神秘性"的氛围中,帕斯捷尔纳克书写着他最重要和最杰出的作品。

---

① 在俄语中,作为人名的"伯林"与作为地名的"柏林"均写作 Берлин。

第三十八章 沉寂的时刻

1

四十年代后半期,堪称苏联最黑暗的时期。制度的膨胀和成熟达到顶点,不再有边界意识,国家和世界几乎被拖进一场大灾难,相形之下,德意志第三帝国和第二次世界大战都像是苍白的素描。追溯这一进程最简便的方法是看当时的媒体:直至 1945 年 7 月底,报纸和杂志还偶尔刊登一些新的诗歌和小说,没有华而不实的闲谈。可是刚一到秋天,所有胜利都被归于斯大林名下,普通士兵从书页中消失了,取而代之的是狂热爱国的人偶,只想着如何将生命尽快献给祖国和敬爱的领袖。

三十年代,斯大林仍然把自己比作列宁,四十年代——比作伊凡雷帝,到了五十年代,他觉得自己起码堪比帖木儿(斯大林奖金开始授予跟金帐汗国相关的历史史诗。瓦·扬①的《拔都汗》成了中小学图书馆里最热门的读物)。1947 年,真正肃杀的气氛笼罩全国上下,而帕斯捷尔纳克似乎却有一种欣快之感,对他而言,每十年的第七个年头总是标志着创作上升期的开端。这是怎么回事?莫非他为国家的耻辱和堕落而欢欣?不,当然不是。在 1947 年,一个正常人绝不会认为有必要替斯大林及其随从的行为辩护。终于可以做自己了,不再考虑与时代融合,而要与之决裂。1945 年 12 月 23 日,在写给奥莉加·弗莱登伯格的信中,帕斯捷尔纳克已经说得相当直露:

> 我的生命中再没有什么结节和创伤。突然感到可怕的自由。周围的一切都可怕地成为我自己的。

---

① 瓦西里·格里戈里耶维奇·扬(1875—1954),苏联历史小说作家,代表作是"蒙古人入侵三部曲",即《成吉思汗》(1939)、《拔都汗》(1942),以及去世后出版的《迈向最后的海》(1955)。

此处"可怕"一词并非偶然。这不仅是极度自由的表达,也是激情的战栗,是胜利的恐惧面对真正的永恒性,诗人与这种永恒性之间已不存在中间物。国家最终失去了它的道德正义。

1946年9月,帕斯捷尔纳克给玛丽娜·巴拉诺维奇寄去了日后归于尤里·日瓦戈的《晴朗的初秋》手稿。这首诗收录于1948年的帕斯捷尔纳克作品单行本。这也是他生前出版的最后一本诗集,印数为两万五千册,由于很快遭到封杀,这个小册子存世量不多。

> 醋栗叶粗糙,质地如布料。
> 屋里哈哈笑,玻璃叮叮响,
> 有人酿私酒,腌菜,撒胡椒,
> 把丁香芽添入醋渍的菜肴。
>
> 树叶好像喜爱嘲笑之人,
> 把这喧声抛向起伏的山坡,
> 榛树在太阳下晒得焦黄,
> 仿佛被野火的热浪熏烤。
>
> 在这里,道路沉入峡谷,
> 可叹干枯倒地的水朽木,
> 可叹那斑斑驳驳的秋色,
> 将一切堆积在沟壑的初秋。
>
> 可叹这个世界原本简单,
> 并非有的聪明人所设想,
> 就像小树林浸没在水中,
> 世间万物终将归于尽头。
>
> 当面前的一切燃烧殆尽,
> 怎样眨眼也都无济于事。
> 唯有秋日里苍白的烟炱,
> 像蛛网一样缭绕在窗口。

> 一条从园子里伸出的小径
> 洞穿篱笆,消失在白桦林。
> 屋里是笑声和家务的嘈杂,
> 远处是同样的嘈杂和笑声。

这是一首神秘的诗,或许也是1946年至1953年间帕斯捷尔纳克才华臻于巅峰,绽放异彩时期诸多杰作中的第一首。这里的一切都被隐秘的意义所映照,试图将它发表在杂志上的所有努力都是徒劳,因为借景抒情的纯真意味明显缺失。尘世之外的反光如此耀眼,甚至《新世界》编辑部著名的老好人克里维茨基也被激怒:从秋日峡谷的画面中,他看到了比晴朗初秋的风光更多的东西。

有两个世界介入此诗,但在最后几行,突然出现此前未曾提及的第三个,画面蓦地越出画框。第一个世界,是家的世界,那里不会有人想到自然界的灾变(对帕斯捷尔纳克来说,苏联历史此时已是一种"自然",既然其中不存在基督教精神,其发展只是依照粗鄙的物质法则,而非形而上的法则)。而粗鄙的物质活动恰恰发生在家里,借助于这些,人们意欲将生活封存,"罐装"在惬意的固化状态中。"酿私酒,腌菜,撒胡椒"以及哈哈大笑,忙忙碌碌,无不喻示着欢快陶醉的家务(从画面中各种操作的紧张感来看,农家的厨房俨如女巫的厨房)。然而,林间回声把每一个声音都传得很远,把这家务的嘈杂抛向"起伏的山坡"——抛向诗的第二幕背景,在愈渐成熟的灾祸映衬下,所有可怜的劳碌都显出可笑的一面。故而树林发出嘲笑。已然是衰败的景象:榛树在太阳下枯萎,道路隐没于峡谷,所有垃圾,从衰老的水朽木到一切人造的废弃物,全都被自己清扫干净。"可叹这个世界原本简单,/并非有的聪明人所设想",这表明,无论你怎样周旋,多么疯狂地制作家庭罐装食品,用手头碰到的任何东西酿造私酒,假装什么都没发生,所有法则早已为你写就。谁拒绝按照精神的法则来生活,谁就注定生活在自然的法则之下,对那些以为停滞的时间即是永恒的人而言,晴朗初秋的来临就像必然的清算。

剩下的是什么——活在这屋子里,等待远比它自身更无情的自然力将它摧垮?不,感谢上帝,还有出路——一条"洞穿篱笆的小径",这形同篱笆豁口的出路,只可能是秘密的,非法的。但它就在那儿,并隐约可见,并消失在白桦林中。我们会记住,明净的白桦林在尤里·日瓦戈心目中永远是上帝的居所,个人之路也确实会消失在明净而神秘的空间。可谁又知道,个性还会给人留下什么。关键是,树林背后传来另一种嘈杂,另一种笑声,仿若另一种生活的承诺。秋天透明的树林里,所有声音都比往日更清晰,而这不同世界的交相呼应,形成《晴朗的初秋》主要的声音背景,如此之多震颤的响音 a 和 o 汇聚其间。

秋天,这个凋敝的世界格外粗糙,"质地如布料"。万物活到了尽头,进入明显消沉的衰败期,故而蛛网并非偶然地缭绕在林间,似未来之火浅淡的青烟。唯有一条小径穿越篱笆,远处传来神秘的笑。

2

1945 年秋天,帕斯捷尔纳克去第比利斯参加了尼科洛兹·巴拉塔什维利逝世一百周年的纪念活动。巴拉塔什维利是格鲁吉亚最重要的抒情诗人之一,只活了二十七岁,留下大约五十首短诗和长诗。帕斯捷尔纳克用四十天译完了这些作品,即使以他一贯的高效来衡量,这也是绝无仅有的一次。

帕斯捷尔纳克接受此项预订不仅是为了钱,所谓"练手"是有必要的,就像涅克拉索夫在创作长诗之前"放松神经",玩几个晚上的扑克牌。在形式上,巴拉塔什维利成了帕斯捷尔纳克给自己上的最后一课:原作丰富多变的节奏、格鲁吉亚语诗律在俄语中的对应之难(《梅兰尼》一诗的对等翻译至今被认为不可能)、巴拉塔什维利对短句的执着——这些都是很好的经验,如果帕斯捷尔纳克还需要经验的话。

正像帕斯捷尔纳克所预想,与其说他改写了巴拉塔什维利的诗,不如说用格鲁吉亚题材创造了优秀的俄罗斯变奏曲。巴拉塔什维利早期诗作充满浪漫的印记,成熟期则有着帕斯捷尔纳克所称的"饱胀的表现力"。

> 别国疆土的侵略者
> 改不掉血战的旧习,
> 他们征服了半个世界,
> 梦想着剩下的一半。
>
> 可我们是大地之子,

从生到死在田间劳作。
活着的时候,谁被土地
认作僵尸,谁就是可怜之人。

令人惊奇的是,这位巴拉塔什维利在1945年居然还能有这样的作品!

钢琴声
争抢似的
伴送着
声乐部分
平缓悲伤的
宣叙调。

渐渐地
你伸展
双翼
不留一丝
皱褶
遨游在天空。

弧形的黑眉
每个弯折
都竖起来,
脖颈的线条,
我的痛苦
像无底深渊。

这些翻译中最出色的当数《蔚蓝的颜色,天堂的颜色》,原作简洁典雅,哀而不伤,在当年用格鲁吉亚语自撰的悼文中实属出类拔萃。这些诗句在格鲁吉亚非常流行,帕斯捷尔纳克译得也传神。

这是他最伤心的旅程之一。在第比利斯几乎没有他认识和喜爱的人了。10月19日,尼娜·塔毕泽参加了在肖特·鲁斯塔维利剧院的纪念仪式,帕斯捷尔纳克特意跟她单独打招呼。仪式上拍摄了纪录片,他也被摄入镜头,这差不多是他生前留下的独一无二的影像,如果不算1934年作协第一次大会的零碎片段,以及伊琳娜·叶梅里扬诺娃1956年至1958年的业余摄影。他读了《蔚蓝的颜色,天堂的颜色》,为他发行录音专辑的列夫·希洛夫说,他把这首诗读成了格鲁吉亚朋友的安魂曲。这段影片里的帕斯捷尔纳克,面容凝重坚毅,表情少到极点,词语从他口中吐出,犹如为亡灵祷告。大家充分意识到这一时刻的重要性,全都庄严肃穆地听他朗读。

就在1945年秋天,一位卷发的语文系大学生,胜利前夕因伤复员的战士,带着自己的诗来找他。这是帕斯捷尔纳克的崇拜者,在他就读的语文系,有一个年轻诗人的小组,模仿《生活,我的姐妹》和《主题与变奏》的风格写诗。大学生读了几首诗,帕斯捷尔纳克一边听,一边望着远处,显然在想别的事情。对这些作品,帕斯捷尔纳克没有具体说什么,只是劝作者不要报考高尔基文学院,称这是"高尔基的一个天才的错误"。他还补充说,听别人的诗,他一般不提任何建议,最好拿给其他人看看。但他对大学生说话的语调既热情又充满信任,就像对地位同等的人,令这位大学生深受鼓舞,终生难忘。

十五年以后,昔日的语文系大学生将成为著名诗人[①],他将写下《在纪齐安·塔毕泽住所旁的沉思》:

> 请爱惜我们诗人,避免混账的毒手,
> 避免草率的判决,避免盲目的女友。
> 爱惜我们吧,趁着还能保全的时候。
> 只是别等我们躺倒成了骨头才爱惜。
>
> 只是别用猎人对快马的方式来爱惜,
> 只是别用沙皇对猎人的方式来爱惜……
> 你们会得到诗与歌,而且不止一次。
> 只有你们才爱惜我们,请爱惜我们。

这位怪异的诗人开创了用吉他弹唱诗歌的艺术形式。1958年,整个莫

[①] 即布拉特·沙尔沃维奇·奥库贾瓦(1924—1997),俄罗斯诗人,小说家和剧作家。从二十世纪五十年代末到八十年代,他自创词曲,用吉他自弹自唱,抨击时弊,歌颂人性,深受苏联听众欢迎。

斯科文学界都在传唱他的歌曲,帕斯捷尔纳克或许也会喜欢,但他当时既不关注歌曲,也不关注谁的诗作。年轻的诗人自己也很腼腆,初次会面给他留下了极其深刻的记忆,在1984年的一次创作晚会上,他说:"我永远不会忘记,我是如何折磨帕斯捷尔纳克的。"他一生都把帕斯捷尔纳克称为老师,如果说帕斯捷尔纳克有过真正的私淑弟子,他们继承的是他牺牲的美德,而非早期抑或晚期的风格,那么布拉特·奥库贾瓦有理由开列这份名单。

临别时,尼娜·塔毕泽把纪齐安留下的书写纸赠给帕斯捷尔纳克,包括几叠象牙色的厚纸。他用这些纸开始写他的长篇,后来他坦言,塔毕泽的礼物"温暖了我的想象力":格鲁吉亚之旅的伤感以及与几位幸存同仁相见的暖意,为他解除了语言的束缚。自1946年起,真正的散文创作①开始了。

作品第一个标题是《不再有死亡》,题记源于《圣经》:

> 神要擦去他们一切的眼泪;不再有死亡,也不再有悲哀、哭号、疼痛,因为以前的事都过去了。(启21:4)

这一题记明显提示人们,二十世纪的俄罗斯历史具有启示录特征,而幸存者会看到"一个新天新地"(启21:1)。创作长篇小说这件事情,帕斯捷尔纳克告诉了奥莉加·弗莱登伯格、娜杰日塔·曼德尔施塔姆、亚历山大·格拉德科夫。他并不隐瞒自己的创作,反而从最初就强调,真理的开启,不是为了将它掩藏。小说已在他头脑中成型,尽管名称不断改换,有过《少男少女》《英诺肯季·杜多罗夫》《蜡烛燃烧》《冬天的气息》《世间凡人》《俄罗斯浮士德的经验》《新美德之准则》《雷瓦》(一条流经乌拉尔地区的河流,小说写到的尤梁津就坐落在河岸边)等选项,甚至还有《世纪之交》(他喜欢别雷回忆录的标题《百年之交》)。

在1945年最后几个小时,在12月的柔雪下,帕斯捷尔纳克遇到了亚历山大·格拉德科夫。诗人欣赏这个谦逊的、不愿公开抱怨的人,曾经对他说过:"我们毕竟在契斯托波尔度过了一段美好时光!所以我觉得,见到您永远是愉快的事情。"帕斯捷尔纳克正从地铁站往家走。格拉德科夫问他在写什么。

"长篇小说。"帕斯捷尔纳克答道。

---

① 指《日瓦戈医生》的创作。

"是继续三十年代就在报纸上发过一些片段的作品吗？"

"其中有些东西会放进去，但形式上变化很大。这部小说……是关于我的学派的人们，我的意思是，如果我有学派的话。"

就在1945年至1946年间的冬天，帕斯捷尔纳克的个人生活经历了一些有益的转变。我们对此一无所知，除了知道确有其事。济娜伊达·尼古拉耶夫娜后来解释说，阿季克死后，她不再与丈夫亲密接触——这是一种入世的修行；部分原因是她已经老了，而帕斯捷尔纳克还年轻，格拉德科夫甚至称他是"当代诗人中最年轻的"。向人生与创作的新阶段过渡，不能没有一场新的爱情。这段爱情通常会派来几位信使。正如列娜·维诺格拉德之前出现了娜佳·西尼亚科娃，济娜伊达·尼古拉耶夫娜之前出现了伊琳娜·阿斯穆斯，1945年冬天，在遇到奥莉加·伊文斯卡娅之前，帕斯捷尔纳克坠入了爱河。他爱上了谁，不得而知，真相将来也未必能解开。他善于保守秘密。1946年1月26日，在写给娜杰日塔·曼德尔施塔姆的信中，他朦胧地暗示："一道刺骨而又幸福的个人印记楔入我的生命。"格拉德科夫觉得这指的就是奥莉加·伊文斯卡娅，但帕斯捷尔纳克儿子的解释纠正了他：与伊文斯卡娅的邂逅是八个月之后的事情。而我们也可以认为，"幸福的个人印记"与新的恋情不相干。（帕斯捷尔纳克不见得会向娜杰日塔·雅科夫列夫娜这位刻薄的女性吐露心迹，况且上面那句话也提到他妻子，这种比附就显得太过牵强）也有可能，他说的恰恰是他写给娜杰日塔·雅科夫列夫娜的内容——他终于过上了他自己的而非社会化的生活，不再顾忌同行和邻人的目光。"让我们为黑色躯体中实在的生命颁发勋章！"他在写给克鲁乔内赫的一首即兴诗中戏谑道。

1946年2月，在莫斯科大学俱乐部，亚历山大·格鲁莫夫采用帕斯捷尔纳克的译本，演出了独幕剧《哈姆雷特》。这是莫斯科首次上演由他翻译的作品编创的舞台剧。演出获得了成功，报纸上也有好评。没过多久，他就写了日瓦戈未来组诗之首的《哈姆雷特》（尽管是总共八行的最初版本）。

公开表演还在继续。4月初，阿赫玛托娃来到莫斯科，跟帕斯捷尔纳克一起举办了两场晚会（晚会前半段登台的是她，后半段是他）：4月2日，在作家俱乐部，次日，在当初召开作协代表大会的圆柱大厅（当然，这一场并未全部交给他们两人，参与者还有莫斯科和列宁格勒的几位作家，但帕斯捷尔纳克朗诵的时间比预期长得多。他和阿赫玛托娃都赢得了喝彩）。

阿赫玛托娃此时的境况可谓悲惨。她早已不像原先那样庄重、忧郁，倒像是不幸的化身。她的儿子刚从部队复员，还没有工作，只能在大学历史系努力站稳脚跟。疏散期间阿赫玛托娃就有所属意的弗拉基米尔·加尔申，在列宁格勒围困中成了鳏夫，他们的结合似乎不再有障碍，可加尔申好像做了一个梦，梦见死去的妻子禁止他把阿赫玛托娃带进家门。此事是否属实，谁也不知道，只有一件事情众所周知：他手捧鲜花迎接阿赫玛托娃从莫斯科归来，把她送回了喷泉宫。这对她是沉重的打击，原先还没有人跟她这样分手，最令她诧异的是变化之突然。普宁一家——尼古拉·尼古拉耶维奇、他的妻子和守寡的女儿（她丈夫，小阿尼娅的父亲，在前线牺牲了），也从疏散的后方回到喷泉宫。一家人过得穷困潦倒。关于《星》和《列宁格勒》杂志的决议出台，以及日丹诺夫宣称用带铁掌的靴子将阿赫玛托娃踩翻在地①之后，阿赫玛托娃向著名演员拉涅夫斯卡娅发问：

为什么这个强大国家要动用所有的坦克，碾过一个老妇人的胸口？

这个问题，谁也不理解。

但当时距离决议还有四个月，阿赫玛托娃在莫斯科暂时受到了欢迎，她和帕斯捷尔纳克的形象留在一张著名的照片上——他的面容既紧张又幸福，她则是一副庄严而呆板的神色。5月27日，在综合技术博物馆为他举办了庆祝晚会，他专程从佩列捷尔金诺赶到莫斯科。大部分时间，他尽可能在别墅里度过，把空余的每分钟都用于小说创作。1946年夏天到来时，小说已写到拉拉的第一次出场，即《另一境地的少女》（《日瓦戈医生》第二章），但对于这位少女，帕斯捷尔纳克还未加笔墨，他仿佛在等待与原型的相遇。

3

1946年5月中旬，尼古拉·扎波洛茨基和演员安德罗尼科夫一起拜访

---

① 1946年8月14日，苏共中央作出《关于〈星〉和〈列宁格勒〉杂志的决议》，两天后，为传达此项决议的精神，列宁格勒市委书记安德烈·日丹诺夫在苏联作协列宁格勒分会和市委会议上做了臭名昭著的报告。日丹诺夫的报告称"阿赫玛托娃的选题范围完全是个人化的……（阿赫玛托娃）是集淫荡与祷告于一身的荡妇兼修女"。左琴科的作品也被称为"野兽般地仇恨苏维埃制度的有毒作品"。

了帕斯捷尔纳克。扎波洛茨基当时在莫斯科无处登记身份,几乎无家可归,只能暂住在安德罗尼科夫家里,然后应瓦西里·伊里延科夫之邀,住在他的别墅,也算是在佩列捷尔金诺落了脚。帕斯捷尔纳克家他去过几次,单独或者跟朋友——文艺学家尼古拉·斯杰潘诺夫一起。

扎波洛茨基与帕斯捷尔纳克的关系并非始终如一。1928年,帕斯捷尔纳克收到扎波洛茨基寄来的组诗《报栏》,冷淡地表示了感谢,但没有证据表明,他喜欢这些诗。扎波洛茨基也只看重帕斯捷尔纳克后期作品,早期的在他看来过于矫饰。在写给未来杰出翻译家、叙事诗作者安德烈·谢尔盖耶夫的信中,他指出:

> 建议您对比一下帕斯捷尔纳克诗集里的旧作和战争前后的作品……近期诗作无疑是他写得最好的:矫揉造作不见了,帕斯捷尔纳克反倒留下了。

这是一个争议性的观点,远非所有人都认同,就像扎波洛茨基的战后诗作也未必被公认为他的巅峰之作:在许多人看来,他首先仍然是《报栏》和《农事盛典》的作者。但如今对我们来说,重要的不是他们发展历程的相同点(按照库什纳激进的观点,同处创作后期的扎波洛茨基和帕斯捷尔纳克,在许多方面都容易被混淆,无论《报栏》作者和《斯佩克托尔斯基》作者的差异多么明显)。重要的是,扎波洛茨基在其困难时期向帕斯捷尔纳克寻求支持与安慰。他不久前才从监禁中归来,还未获得平反,在莫斯科一文不名,寄居在朋友那里,七年没写诗。直到1946年,扎波洛茨基才重新拾笔,写出了《在这片白桦林》《盲人》和《早晨》这样的杰作。帕斯捷尔纳克当时在他心目中不仅是诗人,也是诗歌可能性之明证。如果说扎波洛茨基三十年代对帕斯捷尔纳克主要是质疑,那么在四十年代则是心悦诚服。他曾经对利季娅·楚科夫斯卡娅说:"应当把《圣诞之星》挂在墙上,每天向它脱帽致敬。"

整个1946年,是帕斯捷尔纳克的翻译苦役之年。利季娅·楚科夫斯卡娅试图在电话里安慰他——这一切都是为了小说!但她自己也知道这些安慰是徒劳的:他几乎没有写小说的力气了。"洗漱,遛弯儿,毕竟妨碍不了他写自己的东西。"这已是1947年她在日记中写下的话。翻译热爱自由的匈牙利经典诗人裴多菲,成了压在帕斯捷尔纳克身上的重负。

1946年3月,以丘吉尔的富尔敦演说为标志,拉开了冷战序幕。忙于报道纽伦堡审判的苏美英三国新闻记者,一时间不知道彼此该如何交流。与外国人会面再度被禁止。公平地说,这个过程是双向的——不仅在苏联出现了反西方的歇斯底里,西方同样掀起了反苏浪潮。8月,双方关系降至新的冰点。当月14日,苏共中央作出《关于〈星〉和〈列宁格勒〉杂志的决议》。轮到左琴科和阿赫玛托娃成为牺牲品。决议当天,左琴科在街上遇见了还未获知消息的阿赫玛托娃(她有好几个星期没看报纸了):

"安娜·安德烈耶夫娜,现在该怎么办?"

"忍着!"阿赫玛托娃干脆地回答。她不明白对方在说什么。她确实在忍耐,左琴科却差点疯了,很快就丧失了写作能力。不彻底的平反也未能使他恢复元气。

帕斯捷尔纳克知道,下一个将是他。一派山雨欲来之势。他明白这喻示着什么,但一点也不害怕。果然,像先前一样,在9月召开的苏联作协主席团(第十次)全会上,帕斯捷尔纳克遭到猛烈批判,9月9日的《真理报》刊发决议,给他贴上缺乏思想的标签,称他为远离现实之人。他只是耸耸肩,原定当天在佩列捷尔金诺别墅朗读小说前几章的活动也未取消。受邀者有:原"拉普分子"泽林斯基(直到五十年代中期,他们之间的关系都还说得过去,而泽林斯基随后对他中伤之深,甚至超过了需要)、诗人兼翻译家薇拉·兹维亚津采娃、尼古拉·威廉-维尔蒙特、楚科夫斯基和他的儿子及儿媳……楚科夫斯基觉得这场活动像是硬撑场面,帕斯捷尔纳克倒并未流露出受到决议刺激的样子。小说没有给科尔涅·楚科夫斯基留下什么印象,只是觉得其中的基督教脉络有些陈旧,语言和情节——格调不高,总之,在他这位"来自底层"的自修者和唯美主义者看来,所有的一切都是异样的。他认为日瓦戈医生的诗不错(帕斯捷尔纳克此前已写下《三月》和《晴朗的初秋》),合乎帕斯捷尔纳克的气质,但没有表现出主人公的精神状态。

与此同时,对帕斯捷尔纳克公开的打击持续不断。他非但不理会,反而对尼娜·塔毕泽写道:

> 亲爱的尼诺奇卡,秋天的闲扯丝毫未让我感到难过。难道我们当中有谁如此愚钝或傲慢,只会坐在那儿想,他是跟人民同在还是不在一起?唯有这些说大话者和无耻之徒才会到处使用这个可怕的大词,而不关心这个词是否还剩下哪怕一丁点意义。

也就在此时，帕斯捷尔纳克的生活发生了重要的转折，起初并未影响到他的文学命运，而是颠覆了他的人生。1943年与他同去奥廖尔的康斯坦丁·西蒙诺夫被任命为《新世界》主编。西蒙诺夫认同甚至奉行自由主义。决议之后，正是他获得了首次发表左琴科《游击队故事》的权利，这是作者最弱的文字，却使之重归文学。他还想发表阿赫玛托娃的作品。当帕斯捷尔纳克遭受迫害之际，西蒙诺夫毫不犹豫地做出安排，请他提供诗作。《新世界》编辑部收到了措辞谦和的回信：

夏天，我开始创作散文体长篇小说《少男少女》（现在的标题，或许也是暂定的）。虽然它应涵盖最近的四十五年（1902—1946），但历史事件的塑造并非作品的主旨，而是情节的历史背景，小说故事的精加工，仿效了狄更斯或陀思妥耶夫斯基等人对情节的理解。

近日我将恢复这些天中断的工作，没有定金也许我会更乐意，免得一纸合同将自己跟尚未完成的东西绑在一起。再过几天情况该明朗了。如果事情顺利，我就不签协议，以保持一份自由（以免总是惦记预付的稿酬和我该承担的义务）。

如果我的财务状况未能改善，我会与编辑部联系，要求处理这部小说之相关事宜（须一次性预付至少百分之二十五的稿酬），小说预计二十个印张，以一年为期限，也就是从未来的1947年9月起，须提交小说并开始付印。

西蒙诺夫立刻与他签订了合同，并答应预支稿酬。于是未来《日瓦戈医生》的书稿就预售给了《新世界》杂志，这在很大程度上决定了小说往后的命运，而1946年10月，帕斯捷尔纳克本人也出现在他十年都没来过的编辑部。他在这里遇到了诗歌部编辑奥莉加·伊文斯卡娅，关于这件已然决定他随后十五年个人遭遇的事情，我们将在下文中讲述。

暂且先说说西蒙诺夫，在诗人的命运中，他始终扮演着致命和暧昧的角色。

4

帕斯捷尔纳克对西蒙诺夫的负面看法似乎是一个谜：是的，几乎所有苏联诗人在他眼里都是同一张面孔,是的,里尔克的"函授弟子"无心分辨索然寡味的食粮在口感上的细微差别;当米哈伊尔·卢科宁在批斗会上对他大肆攻击之时,他有意叫错这位战地诗人的姓氏(要么是卢托辛,要么是卢科什金),从中得到了天真的乐趣;他还挑衅似的不读年轻人的作品,而且对此毫不隐瞒。更令人诧异的是,对于年轻一代最具天赋也可说最负盛名的诗人之一,他始终抱有强烈的反感。问题未必在于西蒙诺夫最终未能刊发帕斯捷尔纳克诗选。帕斯捷尔纳克对待西蒙诺夫的态度,并不取决于文人屈辱的自尊,甚至跟西蒙诺夫的创作从他那里"收获颇丰"(就像阿赫玛托娃早在1940年对利季娅·楚科夫斯卡娅所说的那样)也不相干。帕斯捷尔纳克本人也未必意识到所谓的"收获"。很显然,西蒙诺夫更多受益于吉洪诺夫、古米廖夫乃至吉卜林,受益于他们那个时代第一梯队里的卢戈夫斯科伊、谢尔文斯基等人。

西蒙诺夫属于最积极的"进步分子",亦即上级许可的自由人士,而帕斯捷尔纳克特别反感的恰恰是这种人。当初"列夫"之所以令他厌恶,是因为"委任之下施行粗暴的粗暴行径"。但相比被许可的叛逆,他觉得被许可的人道主义反而更糟糕——这个更崇高的概念正是在许可之下自毁名声的。后来在解冻期间,他坦率地写信向伊文斯卡娅宣称,宁要刻板的形式主义,也不要"双重的作假",一边把虚假的官方思想硬塞给自己,一边戴上自由的假面。他称当时的《文学报》就是双重作假的例子——"不受权力干扰的人民之声",而该报主编正是从《新世界》调来的西蒙诺夫①。帕斯捷尔纳克讨厌自由人士的做派:较之于公开和直接的卑劣,虚假更令他鄙夷。有一次说起苏尔科夫和爱伦堡时,他谈到了这一点,儿子叶甫盖尼记下了父亲的言论:

> 他(苏尔科夫——德·贝)公开表示不认可我的表现,这种态度离不开持续的斗争。这是苏维埃的魔鬼,它被释放出来,目的是遏制、斥责、凌辱[……]。但我理解他:在他一生中,这些真是无可更改。他生下来,肚脐上就挂着一面鼓。爱伦堡则是苏维埃的天使。问题在于戏剧本身。其中所有角色都是安排好的。爱伦堡常去欧洲,跟人家交谈,

---

① 1946年至1950年以及1954年至1958年,西蒙诺夫先后两次担任《新世界》杂志主编。1950年至1953年,担任《文学报》主编。

> 展示我们多么自由,一切多么美好。他确信自己知道,应当按照怎样的规则来演戏,在哪里该说什么。大家赞赏他的所作所为。可我不理解这种人,我也讨厌弄虚作假和双重的角色。

这段话也适用于曾在巴黎与布宁交流,与美国记者(当然是"进步的")相处甚欢的西蒙诺夫。最让帕斯捷尔纳克悲哀的是,每个人只能扮演预定的角色。他也知道自己的角色——"天上的神人""住别墅的人"云云;知识分子的小情趣、被准许的内部迁移、文学翻译、半公开的不满……整个四十年代,此类角色令他深恶痛绝——因为对一个疯癫之人、住别墅的人和天上的神人,大可不必理会:不用说,他又在胡扯。这就是对帕斯捷尔纳克的惩罚,因为他不愿以他巨大的魅力和高超的技艺服务于权力,而当局却为他备好了头号诗人的席位。他从内心找到了拒绝的力量,却无法容忍"城市狂人"的名号。由此引发五十年代的反叛也未可知——一个安静的抒情诗人、一个住别墅的人,早已淡出公众视野,突然把一部反苏小说送到国外。四十年代,"圣愚"和"天上的神人"的角色强加在帕斯捷尔纳克身上,出于痛楚的妒意,他关注着那个填补了头号诗人空缺的人。据回忆,他读西蒙诺夫的作品,目的是"搞清楚他究竟为何受人喜爱"。

很难相信,帕斯捷尔纳克这位品味非凡的诗人,甚至能够鉴赏像叶赛宁和帕维尔·瓦西里耶夫这样离他如此之远的诗歌现象(他视后者高于前者),却没听人说起过西蒙诺夫最好的诗作。像1917年的帕斯捷尔纳克一样,战争前夕,西蒙诺夫也幸运地爱上一位"刻薄、尖酸、轻浮"的"正确女性"。只有为了她,才能够战胜恐惧和顺从,而且西蒙诺夫也经历了诗的奇迹,尽管不如《生活,我的姐妹》那样辉煌。显然,帕斯捷尔纳克发现了这一点,并因此认为他有别于同时代人,而他招人厌恶之处,也与众不同。假如是一名平庸的诗人以谄媚、招摇和虚假玷辱了自己,或许不会吸引帕斯捷尔纳克的注意,反倒有可能引起他的同情:他向来同情那种贫乏的心灵,他鄙视的只是"得志"之人,西蒙诺夫就属于此类。更不得体的是西蒙诺夫的苏联气质、他的官方派头和毁谤之词。帕斯捷尔纳克反感他早期所表现的威风,更反感他的诗歌世界、军旅浪漫情调和记者勇气的世界、野营的白兰地的世界、漂泊的胜利者的世界。战地记者、女演员的恋人、军队首长的宠儿、一头扎进城里的军官,"手里不是拿着记事本,就是冲锋枪",这一切造成一种印象,战争俨然是新闻记者打赢的。勇士、冒险家、潇洒的大师,这便是西蒙诺夫抒情主人公的形象。所有这些光辉而又虚假的装饰物,只会让帕斯捷尔纳克感到激愤。

战争年代里,曾有一首针对帕斯捷尔纳克的讽刺短诗——"就算您的词汇花样翻新,/思想的主宰者却不是您,是西蒙诺夫。"字里行间是幸灾乐祸的意味——还不准确:帕斯捷尔纳克战时的词汇具有禁欲般的质朴。但关键是,康斯坦丁·西蒙诺夫成为思想的主宰,无非是因为帕斯捷尔纳克几乎遭到禁止,阿赫玛托娃被迫害,曼德尔施塔姆和茨维塔耶娃被摧毁。当然,西蒙诺夫本人跟这些并无干系。他的战争抒情诗风行一时,制造这种氛围的却不是他。说来不合情理,西蒙诺夫的抒情主人公驾驭爱情的能力远不如驾驭战争,就此而言,他绝非无可争议的胜利者,也没有享受到首席战地记者的特权。战后的西蒙诺夫已不再是诗人,尽管在惯性作用下,随后十年里他依旧书写并发表劣质的诗作。1946年,他是权力的宠儿、年度奖金获得者①(肖洛霍夫生气地说,西蒙诺夫很快就该坐到手推车上了,他得了那么多奖章,自个儿拖不动)、要求细腻与技巧的意识形态订货的执行者。在这一年里,很难想象还有什么更让帕斯捷尔纳克无法容忍。西蒙诺夫是善良的,但这是一名成功人士轻佻的善良。他深谙文学之道,当然仅限于他自己的情趣,他希望米哈伊尔·布边诺夫②或亚历山大·苏罗夫③的名字也能载入祖国文学。他深信苏维埃的一切都会是最好的。即便西蒙诺夫本人不喜欢也不理解帕斯捷尔纳克,向他索要诗作仍属其出版策略的应有之义。

帕斯捷尔纳克的答复是,除非拿到小说预付稿酬,否则一句诗也不给。1946年12月,稿酬发放了,于是帕斯捷尔纳克把未来日瓦戈组诗中的几首新诗交给了《新世界》。科尔涅·楚科夫斯基的女儿利季娅·楚科夫斯卡娅当时在《新世界》诗歌部工作。楚科夫斯卡娅崇拜帕斯捷尔纳克,尽管不失自己的要求和原则(她做事向来如此)。她不顾眼睛疼痛,每天都要阅读大量劣作,她接受这份工作,只是为了让真正的诗歌偶尔得见天日。帕斯捷

---

① 从1942年到1950年,西蒙诺夫先后六次获得斯大林文学奖,此外还有许多其他奖项。
② 米哈伊尔·谢苗诺维奇·布边诺夫(1909—1983),苏联散文家,斯大林文学奖获得者(1948)。
③ 应为阿纳托利·阿列克谢耶维奇·苏罗夫(1910—1987),苏联戏剧家,两次获得斯大林文学奖(1949,1951)。

尔纳克提交作品时,并没有太多想法。楚科夫斯卡娅真诚地相信,诗选一定会发表,帕斯捷尔纳克的处境也会有转变。转变果真发生了,但不是以她预期的方式。

西蒙诺夫读了帕斯捷尔纳克的诗,同意发表,之后在副主编亚·克里维茨基(他在《红星报》任职期间就结识的朋友,一个粗鲁、短视的人)影响下收回成命。3月7日,楚科夫斯卡娅收到通知。克里维茨基陈述的理由令人震惊:

> 真没想到,一个大诗人,这种诗怎么拿得出手?!关于战争,关于人民,只字未提!尽是他个人的境况!

事实上,他的境况好不到哪儿去。在3月3日的青年作家大会上,法捷耶夫再度向帕斯捷尔纳克发难(尽管势头有点低落,缺乏激情,像是在敷衍)。接着,别尔佐夫又挑起话头,众人随声附和,指责他的晦涩,清晰易懂的《乌拉尔印象》(1915年!)也被当成靶子。目睹了这一幕的楚科夫斯卡娅在日记里承认:遇到这种荒唐的情形,或许连她也想要批判帕斯捷尔纳克,而且会找出更明显的例子,证明他"确实是故弄玄虚"。不过,她起码从西蒙诺夫那里得到了一点:答应亲自给帕斯捷尔纳克打电话,告知诗选被取消。她自己给心爱的诗人写了一封道歉信。西蒙诺夫履行了诺言,打了电话。他才从英国回来,给帕斯捷尔纳克带来小妹利季娅的问候和一个包裹,并邀请他到《新世界》来谈谈。

据帕斯捷尔纳克回忆,这场谈话中仅有的人话就是关于他妹妹和她的孩子,西蒙诺夫称自己很吃惊,几个男孩长得那么漂亮,俄语说得也很好。说到诗选的命运,他用的却不是人的语言,而是官员的语言。帕斯捷尔纳克尖刻地嘲讽了他。这位《新世界》的主编,同时代人当中最有地位的苏联文学家,还不至于丧失难为情的本能,他想让帕斯捷尔纳克相信,他本人不反对发表,可现在不是时候……是帕斯捷尔纳克自己引发了非难……连国外也知道他,但对他的理解并不正确……(法捷耶夫从英国回来时也趁机指责帕斯捷尔纳克,说那里也有人知道他。下文还会谈到此事。)总之,有一些意见……现在不合时宜。况且对诗选里描绘的风景,理解可能也不尽相同。双重意蕴。要是万一……您明白吗?

帕斯捷尔纳克不能容忍要他写命题文章,更受不了在他面前撒谎,把责任推卸到看不见的全能领导者身上。他以刻薄的口吻回答西蒙诺夫:康斯坦丁·米哈伊洛维奇,这究竟是怎么回事?您,一位苏联主编,党员,莫非有谁妨碍您编杂志和刊登您认可的东西!这纯粹是破坏行径!您应当立即向中央汇报!

西蒙诺夫领教了讽刺。他重申愿意发表帕斯捷尔纳克的诗,只要诗人换一种方式,拿出思想观念更明确的作品。

帕斯捷尔纳克终于被惹恼了。在与利季娅·楚科夫斯卡娅的交谈中,他转述了自己的回答:

> 难道您不明白我为什么是无党派吗?您这是认为我太过愚笨,没有资格申请入党,或者我的右手残废了?难道您要强迫我在全体会议上做解释?那好吧,等我解释清楚,我就会被碾成粉末,这样您就会愉快地出场……

1947年5月11日,帕斯捷尔纳克在谈话之后又给西蒙诺夫寄去一封严厉的信。在信中,尊严明显变成了傲慢:帕斯捷尔纳克向斯大林的宠儿提出钱的事情——需要他的许可,以便得到《一九○五年》再版(虽然未能落实)的预付稿酬,而作协书记弗谢沃洛德·维什涅夫斯基当时坚决主张,不能把钱给帕斯捷尔纳克,要把他"叫到书记处做出解释"。帕斯捷尔纳克对西蒙诺夫写道:

> 维什涅夫斯基这个怪人,如果他需要我的血来提高他个人作品的生命力,我可以直接给他献血;为何非要把我杀了,何况这在技术上大概也不容易。

但这封信的要点不在这里,而在第一段:

> 到处是针对我的胡扯,着实让人难以理解。翻译莎士比亚的六部戏剧,为认识整个年轻的文学(格鲁吉亚文学——德·贝)打下基础,并博得一部分(虽然很少,但尚未败坏和没有犯罪的)社会人士之青睐,但我不明白,为什么这一切不是苏联式的活动,这糟糕的十分之一,却是苏联式的行为?我更不明白,为什么数十名同为老资格的无党派人士,被当成"我们的",未经问询就颁奖给他们,继而承认他们的这一名号,可我只能在对准我的望远镜之下透视自己,若想争当这自己人,

则必须背弃那些以人的方式对待我的人,转而投向对我怀有敌意之人,另外还要清除基督教和托尔斯泰主义残余,在一定时期内,任何一个步入俄国文学领域并向远方进发的人却又绕不开这两种思想。所有这些,纯属谵妄与荒诞,人生短暂,不能将浪费时间于此。不过,我已无所畏惧。我活得堂堂正正,生活的任何周折都可以接受。

作者强调的"任何周折"这句话经常被引用,但此处更主要的或许是他准确定义的苏联主要原则——逆向选择法,即平庸者获擢拔,有才之士受到防范和敌视。1947年,向仅次于法捷耶夫的第二号俄国文学官员写信提到这些,需要非凡的胆量。但这也不失为特殊的策略。帕斯捷尔纳克知道,西蒙诺夫在扮演勇敢军官的角色(他在战场上也确实勇敢),他会欣赏请愿者有意显露的勇气。

当迫害蓄势待发,阴云越来越密集,各方都在劝说帕斯捷尔纳克,要么跟西方崇拜者断绝关系,就像他当初只能跟纪德划清界限,要么为斯大林唱赞歌,最起码也该发表声明,承认个人的错误……阿格尼娅·巴尔托这位儿童诗作者见到利季娅·楚科夫斯卡娅,向她坦言,爱上了帕斯捷尔纳克的诗,并对他深感遗憾:

他不肯书写任何真正苏维埃的东西!喏,比方说,写写共青团员!只是为了和解!这毕竟对他轻而易举,根本算不了什么!而他的情况马上就会改变,一切都会立刻纠正。

就像济娜伊达·尼古拉耶夫娜为难他,要他"发表声明"一样,巴尔托也想让楚科夫斯卡娅相信:"只要鲍里斯不做声明,他的事情就无法解决。"

"可是究竟什么样的声明才能颠覆荒谬?"楚科夫斯卡娅问道,"荒谬之强大,正因为不可颠覆。所以阿赫玛托娃对一切毁谤报以沉默——保持尊严,缄口不语。"

"哦,天哪,鲍里斯——跟阿赫玛托娃,这两个人怎能相提并论?鲍里斯,一个现代人,纯粹的苏联人,她却散发着卫生球的味道。"

整个夏天,帕斯捷尔纳克不得不继续翻译《李尔王》,写了四分之一的长篇小说中断了。但他始终相信作品会完成,而且会获得成功。他不在意一次又一次的攻讦,让他略感惊讶的是,苏尔科夫这个早先就不怀善意的人,居然在3月的《文化与生活》杂志上发表《论帕斯捷尔纳克的诗》一文,对他大肆批判,揪住整整三十年之前的《生活,我的姐妹》不放。

他无心计较正在发生的事情,还有另一个原因。1947年2月,他写下了《圣诞之星》,而一个写下这种诗篇的人,再也不必担心什么了。

5

不夸张地说,二十世纪的俄罗斯诗歌堪称世界最强,尽管也有与之竞争的对手。但《圣诞之星》一经问世,就让所有人为之倾倒,无论是早就习惯于引用帕斯捷尔纳克抒情诗进行言谈和思考的崇拜者,还是根本不接受他作品的人。帕斯捷尔纳克未能见到此诗在祖国发表:它只是刊印在《日瓦戈医生》的国外版本,译文也早于正式的俄语文本。在苏联,《圣诞之星》是以手抄形式流传的。

这首诗构思于1947年1月6日,在鲍里斯·利瓦诺夫之妻叶甫盖尼娅·卡季米罗夫娜的命名日。根据帕斯捷尔纳克自己的说法,就在这场聚会上,他第一次听到了此诗未来的节奏、短句和长句的交错。但《圣诞之星》最初的回声,却可以从《安全保护证》中听见,从那里的圣诞节和枞树的靛蓝色威尼斯传来。同一条纽带,就这样联结着威尼斯、文艺复兴、圣诞和勃洛克,而帕斯捷尔纳克心目中的勃洛克,本来就像《日瓦戈医生》所说,属于圣诞现象。追忆那些碰巧生活在希律王时代的少男少女的童真节日,构成了诗的核心,当然内容不止于此。

  正值冬天。
  风从荒原吹来。
  山丘隆起,
  山洞里冻僵了婴孩。

  犍牛用呼吸将他暖热。
  一群家畜
  待在洞穴,
  温暖的烟霭缭绕在马槽周围。

  牧羊人抖落皮袄上的草屑,

拍去幼畜身上的黍粒，
从悬崖边
把昏沉的目光投向夜半的远方。

远方是积雪的原野和墓地，
围栏和碑铭，
车辕陷在雪中，
苍茫的星空俯瞰着坟墓。

就在近旁，在守夜人小屋的窗口
一颗神秘的星
发出灯盏的微光，
闪烁在去往伯利恒的路上。

它像草垛，在天空和上帝之外
燃烧起来，
像纵火的反光，
又像火光中的村庄和谷场上的火灾。

它从秸秆和干草炽热的大垛间
缓缓升起，
嵌入宇宙，
这颗新星，震惊了整个天地。

更高处蔓延的霞光烧得通红，
预示着什么，
三个星相家
听从召唤，奔向这罕有的光芒。

骆驼在他们身后驮着礼品。
套挽具的驴子，一头更比一头

矮小,迈着碎步走下山去。

仿佛即将发生的异象
后来的一切都浮现在远方。
世代所有的思想,愿望,世界,
画廊和博物馆所有的未来,
仙子所有的嬉戏,魔法师所有的事业,
世间所有的枞树,孩子们所有的梦。

烛火所有的颤动,所有的彩练,
金丝银片所有的华美……
……风掠过荒原,越来越凶猛……
所有的苹果,所有的金球。

赤杨树冠将水塘一角遮盖,
但透过寒鸦的窝巢和树顶
这一角依然真切可见。
驴和骆驼在水边走动,
牧羊人也清楚地看在眼里。
"咱们一起去吧,去敬拜奇迹。"
他们说着,掩住了皮袄。

沙沙地走在雪地,身子骨热了。
赤脚的印迹像一片片云母
从明朗的林间延伸到小屋。
牧羊犬在星光下朝这些印迹低吼,
就像被蜡烛头的火苗惊吓。

严寒的夜晚像一个童话,
不知是谁从暴风卷集的雪堆
悄悄加入了他们的行列。

狗缓步徐行,小心张望,
向牧人的帮手乞怜,等待灾难。

有几个天使夹杂在人群中间,
也走在这路上,经过这地方。
他们没有实体,无影无形,
所到之处只留下他们的足迹。

众人乱哄哄地围住一块巨石。
天放亮了。雪松显露出枝干。
"你们是什么人?"马利亚问道。
"我们是游牧民和上天的使者,
前来为你们两个唱响赞歌。"
"不能都进去。请在门口稍等。"

晨光熹微,天地间一片灰蒙蒙。
赶牲口的和放羊的挤在一处,
步行者跟骑手相互争吵。
在木头凿成的饮水槽前,
骆驼在嘶号,驴在尥蹶子。

天放亮了。像清除散落的灰烬,
黎明从天空抹去最后几颗星。
马利亚不知拦住了多少来人,
只让星相家进入岩洞。

他浑身闪亮,睡在橡木的马槽,
宛若照进树洞的一缕月光。
驴嘴和牛鼻孔
代替了他身上的羊皮袄。

> 人们站在阴影下悄声说话，
> 就像家畜在窝棚里低语。
> 忽然，不知是谁从昏暗中
> 把星相家推到马槽左边不远处，
> 他转身一看：那圣诞之星
> 像宾客①，在门边望着童女。

《圣诞之星》用四步抑扬抑格写成。（音步规律一开始就在变化，诗歌仿佛张开翅翼向上飞升——更准确的比拟应是钟声，诗的语言依照小幅度的双音步，开始以全力扩展）从第二节到第八节的构建，均采取对称模式：每节当中，第一行和第四行的四步长句裹住第二行和第三行的双步小短句，形成环状。对称性强化了宁静、平衡与庄重的感觉，赋予所有事件以宗教圣礼的意蕴。这里有两个显著特点：丰富的俄国乡村生活用语（"黍粒""谷场"在《圣经》语境下多么奇异，"守夜人小屋""纵火""秸秆""干草""皮袄"——居然出现在荒漠！）和贯穿整个文本的内韵之练。"彩练"在此处不仅是枞树的装饰物，也是诸多内韵所构成的环链："颤动—彩练—华美—凶猛—荒原。"②引人注目的还有"所有华美"的精湛对位，以及预示十字架受难的荒原上吹来的风。

有什么可与虚无之寒冷和恐惧相对立？唯有苹果和圣诞树上的金球，唯有"烛火的颤动"：脆弱、抖颤、孩子气、仙子的嬉戏、魔法师的事业。这些方面看似相互排斥，但这孩子气和脆弱越明朗，庄重感就越震撼。

按照帕斯捷尔纳克的观点，世界历史和文化始于基督诞生，"画廊和博物馆所有的未来"，就在此时此刻。历史上从此有了人性，产生了善恶的观念，残酷的"以眼还眼，以牙还牙"的异教律法消失；历史不再停留于自然，光明与黑暗分离，最强者落败，最弱者得胜。关键是，这场人类历史最伟大的革命（现世的革命性以火灾的景象为征兆——一如《生活，我的姐妹》所示，他借助末世论的象征来言说）之降临，在这里恰似一个节日：帕斯捷尔纳克的节日—灾难的永恒形象，含泪的欢悦。基督教带给世界的不仅是圣

---

① 此处"宾客"原文为 гостья（女宾，女客），属阴性名词，对应同属阴性的"圣诞之星"（звезда Рождества）和"童女"（дева）。

② 原文为 трепет-цепи-великолепье-свирепей-степи，这些位于诗句中间的词汇，因末尾音节音韵相近，形成独特的旋律和节奏，亦即不同于"句末韵"（外韵）的内韵。

诞树。圣诞的幸福背后,将付出十字架的受难,将会有锁链而非装点枞树的"彩练",将会有火焰而非五彩斑斓的焰火,但历史在孩童眼中的幻象,对帕斯捷尔纳克才是主要的。这样的幻象永远是节日般的。节日的气氛是因为,历史像"结局美好"的神秘剧,终于显露无遗。已然出现了历史的意义。

接下来,内韵非但没有减少,反而增加了:"驴和骆驼在水边走动"。骆驼在墓地近旁,皮袄和严寒并无异样,从而给当下的事实平添普世性,一如非理性的奇迹本身。为使奇迹的非理性更加醒目,帕斯捷尔纳克引入了童话般的、近乎电影艺术的细节:天使无影无形,只在雪地上留下赤脚的"足迹"。这让我们想起阿赫玛托娃的"从童年起,我就害怕乔装的人"(《没有主人公的叙事诗》)。阿赫玛托娃总觉得,乔装者中间有某个隐身的主要人物,所有的臆想,都是为了他的假面舞会(这"某个"不露行迹的人,也正是《没有主人公的叙事诗》的主人公)。《圣诞之星》里也有个不知是何许人的隐身者,行走在牧人中间,但也就在这里,呈示着帕斯捷尔纳克与阿赫玛托娃、勃洛克乃至整个白银时代传统之间的鸿沟。害怕什么?狗不具智识,自然会害怕,我们却感到欢喜。我们知道将会发生什么。整个博大的、节日前的、神秘的生活,乃是为复活做准备!我们在此岸透过缝隙和"钥匙孔"隐约所见的一切,都将在彼岸向我们彻底敞开。

帕斯捷尔纳克的马利亚提出纯然孩子般的天真问题:"你们是什么人?"一个温和柔婉的回答:"我们是游牧民和上天的使者,/前来为你们两个唱响赞歌。"随后,这女孩的声音中已可听出母亲的严厉:"不能都进去。请在门口稍等。"在这首颇具电影画面感的诗中,场景调度有明显变化:方才营造着极其散文化的喧嚣事件,转眼间,马利亚又让星相家"进入岩洞"。这里庄严幸福的宁静,类似于精疲力竭的托尼娅分娩后躺卧其中的宁静,只不过比它庄严千百倍。诗行深处, 缕神秘的光照亮整个洞穴。所有顺服于永生的上帝的生灵,都被他吸引,将他暖热,也在他的辉耀下取暖。基督的形象由一个代词"他"来揭示,一切都是约定的,所有人都知道,马槽里躺着的是谁;这也同时赋予"他"以隐秘和庄重。其余在他身旁的人彼此亲近,融化在昏暗中,由此带出最后一节的不定人称结构:

  人们站在阴影下悄声说话,
    就像家畜在窝棚里低语。

这里再次出现"某个人",依然无影无形,已经不可揣测,但又实实在在:

> 忽然,不知是谁从昏暗中
> 把星相家推到马槽左边不远处,
> 他转身一看:圣诞之星
> 像宾客,在门边望着童女。

整首诗结束于一连串开放的、欢悦的声音——孩子般颤动的、清脆的a-a-a。

玛丽娅·尤津娜写信对帕斯捷尔纳克说,假如他没有任何创作,除了《圣诞之星》,那也能保证他在尘世和天国里永生。

不过,还有最后一个原因,让他在1947年如此幸福,无所畏惧。没有这迟来的幸福,或许就不会有日瓦戈组诗里的宗教篇章:即便俄罗斯最佳诗篇的主题不是对女性的爱,但如果缺少了始终伴随帕斯捷尔纳克晚期抒情的爱,可能也就不会有对上帝热诚的感恩。

第三十九章　奥莉加·伊文斯卡娅

1

在二十世纪文学及传记史册中，帕斯捷尔纳克与伊文斯卡娅的爱情故事是幸福的特例。回忆录作者、同时代人乃至当事人，往往竭力渲染近观之下极具戏剧性的真相。实际情况正相反：回忆录作者、研究者和各路八卦人士，对这场恋情的戏剧性波折津津乐道，试图探究其冲突的悲剧缘由，可两个相爱之人自己始终相信——我们是幸福的。只要阅读文献，仔细辨析，重温帕斯捷尔纳克根据伊文斯卡娅形象所创作的诗和散文，就不难发现，这才是真相！这场爱，让伊文斯卡娅两次入狱，也让帕斯捷尔纳克牺牲了家庭和睦，最终付出生命。尽管如此，鲍里斯·帕斯捷尔纳克和奥莉加·伊文斯卡娅一致认为，他们有过幸福的十四年。伊文斯卡娅的作品《时间的俘虏》①光彩夺目，她女儿伊琳娜·叶梅里扬诺娃的回忆也很快乐。他们四个——帕斯捷尔纳克、他的恋人和她跟前夫生的两个孩子，一起度过了美好的时光。

奥莉加·伊文斯卡娅绝非清教徒，甚至晚年也颇具风韵，而她年轻时刻印在照片里的美是如此清纯，以至于沙拉莫夫在十七年劳改生涯之后向她示爱也未尝不可理解。伊文斯卡娅经历了不少风流韵事，并不为此而羞愧，她说自己曾经在火车上委身于一个同路人。从她1939年一张题为"镜子前"的著名照片来看，从男人那里获得的胜绩不可能困扰她。

他们初次见面是在《新世界》编辑部，经由伊文斯卡娅的同事济娜伊达·皮德杜布娜娅介绍。他说："真有意思，我居然还有女性崇拜者！""我的作品几乎都送人了……不过我会给您找一本！"

---

① 伊文斯卡娅于1972年至1976年间撰写的回忆录，副标题是"与鲍里斯·帕斯捷尔纳克共度的岁月"。

> 这目光如此威严,如此犀利,如此男人味,简直不可能犯错:我唯一需要的人来了,其实他已经和我在一起了。这是惊人的奇迹。我惶然不安地回到家。

她的写作向来是这种风格,说话几乎也是这样:"罕见""神奇"之类的修饰语非常多。"他是一个罕见的人。""她是一个神奇的女人。"不折不扣的浪漫,这也恰好是他想要的。要知道,他的浪漫史也充满了这种个人情趣的迷思和激情的喟叹。

"您想让我把这座广场送给您吗?"送她经过普希金广场时,他问道。
"我想。"

在最初的漫步中,她刚适应了帕斯捷尔纳克的"嗡鸣"——他的联翩浮想,白话和哲学的抽象混杂其间——他就突然坦白地说:

> 您不会相信,我这样一个如您所见又老又丑,长着一副可怕下巴的人,竟是那么多女性泪水的原因!

伊文斯卡娅回答说,她想起来,早在三十年代一场晚会上就见过他,中场休息时,只见他从狂热的簇拥中挣脱出来;她记得一双女性的手,搂住他的脑袋,甚至还有亲吻的声音。帕斯捷尔纳克吓了一跳,矢口否认,后来总是不断地说:"瞧你,列留莎①,没这回事,上帝会惩罚你!"伊文斯卡娅却坚称确有其事。她希望她的偶像在别人那儿也能获得成功。为回应帕斯捷尔纳克的表白,她在家写了满满一个本子,倾诉了自己动荡的心灵史。他为此感动得发狂——这证明了这段关系的严肃性。

应该说,值得写的东西有许多。1912年,伊文斯卡娅生于坦波夫,她母亲是格里耶高等女校②学生,父亲出身于坦波夫的富裕地主家庭,是莫斯科大学"自然学科"的大学生。伊文斯卡娅的母亲玛丽娅·尼古拉耶夫娜,娘家姓杰姆琴科,容貌非凡,却不安分,很快就跟那位坦波夫地主(后来在内战期间失踪)分了手,然后嫁给一个名叫德米特里·科斯特克的文学教师,他来自当时的莫斯科郊区谢列勃良内-波尔③。奥莉加·伊文斯卡娅自幼

---

① 奥莉加的昵称。
② 1872年,由俄国历史学家、教育家弗拉基米尔·伊万诺维奇·格里耶(1837—1919)在莫斯科创办,宗旨是让俄国女性接受高等教育。
③ 音译地名,意思是"银色针叶林",地处莫斯科西部,在莫斯科河支流上,以森林景观著称。

酷爱诗歌,过目成诵,自己也写(写得还不差,起码没有那种风靡一时的"阿赫玛托娃情调")。她的梦想是考入莫斯科大学语文系,但由于选拔非常苛刻,"非无产阶级出身"被排除在外,她属于"职员子女",只能选择在生物系就读。她学了一年,转入高等文学讲习班(还是由勃留索夫创办)。讲习班随后改为编辑出版学院,按照学历,伊文斯卡娅成了一名记者——她在新闻领域度过了整个青春,工作了多年。1930年,她家搬到波塔波夫胡同。毕业之后,伊文斯卡娅先后供职于《掌握技术》《接班人》(该刊物有一个下属的青年记者协会)和《飞机》等杂志,认识了年轻诗人和同为记者的瓦尔拉姆·沙拉莫夫(后来才知道,他对她一见钟情,这种爱慕伴随了他在科雷马十七年的地狱生活),她跟帕维尔·瓦西里耶夫和雅罗斯拉夫·斯梅利亚科夫是朋友,也认识帕维尔·安托科利斯基、伊利亚·爱伦堡。

在她成长的年代,男女关系相当自由,婚嫁也很随便,甚至流行所谓"杯水理论",即性需求自然的和即时的满足。伊琳娜·叶梅里扬诺娃自个儿也说不清楚,她父亲,"一副运动员身板,像一流体育盛会参加者,神色凝重忧郁,但相貌英俊的高大男人",究竟是母亲的第二任还是第三任丈夫。关于父亲的身份她说得更谨慎——不过是"被视为我父亲的人"(确实看不出相像之处)。当得知妻子打算带孩子离去,伊琳娜·叶梅里扬诺娃的父亲上吊了。没等丧宴结束,伊文斯卡娅第二个孩子的父亲亚历山大·维诺格拉德科夫就"在楼门口等着"她了(女儿甚至准确地记着细节)。"他那俄罗斯人的宽阔胸膛和公务轿车令她心仪。"维诺格拉德科夫是一名苏联干部,以前在贫农委员会担任要职,后来按照苏联惯例,转任国防和航空化学建设促进会(Осоавиахим)《飞机》杂志主编,伊文斯卡娅也在那里工作。他可真是典型的苏联人,跟岳母吵了一架,就立即检举了她。格里耶高等女校毕业生被捕了,原因是涉嫌对电影《列宁在十月》持有非议。丈夫的检举,伊文斯卡娅是从迷恋她的律师(不迷恋似乎不可能)那里获知的。她告诉丈夫,她要和他一刀两断,他接受不了,设法让律师退出此案,亲自为遭他诬陷的岳母做了精彩的辩护,结果,她"仅仅"被判了六年,罪名是从事反苏宣传。刑期于1944年结束,伊文斯卡娅前往高尔基①接母亲。她了解到,犯人们在战争期间不许离开劳改营,在饥饿和空袭的摧残下,可怜的母亲可

---

① 即下诺夫哥罗德,作家高尔基的故乡,1932年改名为高尔基,1990年恢复原名。

能活不到获释的日子……伊文斯卡娅奇迹般地来到劳改营所在地(那地方有个可怕的名字:苏霍沃-别兹沃德内①),把母亲接出来。再度相聚的一家人——不包括死于1942年的维诺格拉德科夫,就这样迎来了胜利之年。

所有这些磨难,或许对帕斯捷尔纳克独具吸引力:到处引起祸乱,却在任何境况下都能生存的拉拉,显然是磨难的产儿,而她的家人复杂幽暗的生活方式,连同爱欲的激情和永远不安于本分,也像是浪漫的背景,在一定程度上吸引着日瓦戈。回到前面的话题,我们要说的是,伊文斯卡娅的母亲直到晚年仍然很美,尽管从劳改营回来时,已是瘦得不成样子的老太太。科斯特克去世后,她嫁给了早在二十年前就拒绝过的一个崇拜者。帕斯捷尔纳克参加了婚礼,发表了祝酒词,跟"新岳父"谢尔盖·斯杰潘诺维奇·巴斯特雷金成了朋友,亲热地拿"两位新人"打趣。婚后,伊文斯卡娅的母亲玛丽娅·尼古拉耶夫娜焕发了生机。总的来说,这个家庭的所有女性都是美人,无论外婆还是外孙女,最出色的当然要数奥莉加。

她有着罕见的美貌——身材苗条(维纳斯的身高——一米六略多,三十五码的纤足),一头金发,笑容迷人,明亮的大眼睛,声音悦耳。最关键的是,她热爱帕斯捷尔纳克的诗,到了开口成诵的程度,还是少女的时候,就跑去参加他的朗诵会(不过,是被她的初恋情人尼卡·霍尔明拉着去的。对帕斯捷尔纳克的精神之恋,没有妨碍她对这位同级男生的爱,反而有所促进)。

帕斯捷尔纳克与伊文斯卡娅的恋情发展迅速,更准确地说,这分别是两场恋情:女主人公的原型刚一找到,作者就将精力倾注于他主要的散文作品②。他跟伊文斯卡娅只是偶尔在莫斯科城里逛逛,再将她送到波塔波夫胡同,她和母亲、继父、九岁的伊拉③及六岁的米佳就住在那儿。而该发生的事情,很快就发生了。1947年4月4日——伊文斯卡娅忘不了这个日子!

"城里的夏天",两间空屋子,家人去了郊外。激情达到顶点。燠热。睡眠不足。"睡不够的百年椴树,/一副愁闷的眼神,/唯有花儿未谢,/花香扑鼻……"④椴树的气息、滚热的柏油马路、院子里孩子们的叫喊声……后

---

① 意思是"干涸无水之地"。
② 指《日瓦戈医生》。
③ 伊拉及下文的伊拉奇卡,均为伊琳娜的昵称。
④ 引自帕斯捷尔纳克《城里的夏天》(1953)。

来,伊文斯卡娅分外愉快地回忆起他们之间的这段关系。她骄傲地说:"我们几乎每天都见面。"另外还补充说,她是穿着蓝色丝绸睡衣跟帕斯捷尔纳克相会的,这件睡衣随后写入日瓦戈的诗:"像小树林褪去树叶,/你脱下衣裙,/只穿着丝织流苏的睡衣/投入拥抱的臂膀。"①……"这是不是太露骨了?"帕斯捷尔纳克问十四岁的安德留沙·沃兹涅先斯基,当时没有别的听众,他只好向这孩子展示诗作。安德留沙肯定地回答,不算露骨。伊拉奇卡·叶梅里扬诺娃像爱父亲一样,爱上了这位"古典主义者"。小女孩眉眼细长,略为上挑,拉拉的女儿丹卡也一样,她跟伊拉就像一个模子里刻出来的。绝妙的是,跟母亲的新欢相处,两个孩子很开心,帕斯捷尔纳克也善于用亲切平等的语言跟他们说话。伊文斯卡娅的母亲真心希望(像奥莉加本人一样)他能离开在气头上责骂过的家人,可他不打算一走了之。"现在我比三十年代那会儿聪明些了,"他对一些朋友说,并且不隐瞒他的幸福,"当时我把一切都毁了,现在却不会。"他不会离开济娜伊达·尼古拉耶夫娜,最让他难以割舍的是他们共同的儿子,"如此单纯,不合时宜的"廖涅奇卡……

济娜伊达·尼古拉耶夫娜得知了正在发生的事情——有一天,从帕斯捷尔纳克的书桌上,她发现一张留给他的字条,内容一目了然。她继续收拾他的书房,而他到底还是没学会掩藏什么(也可能他是有意让她发现,以为一切都会自动解决?)。济娜伊达大闹了一番。他屈服了,发誓再不跟伊文斯卡娅见面。伊文斯卡娅不甘心就此了结,通过朋友转告他说,她得了重病,想见他最后一面……以下是济娜伊达·尼古拉耶夫娜对这场风波的陈述:

> 他立即在桌前坐下,给这位女士写了一封信,递给我看。信中说,该是他们停止见面的时候了,因为这种事情不会有任何结果,我和廖尼亚犹如他的珍宝,他永远不会抛弃我们,等等。他把信交给我,要我按照市内地址亲手邮寄出去,我马上照办了。[……]第二天,讹诈就开始了,主要在电话里。她母亲在电话那头叫嚷着说,我丈夫是个混蛋加恶棍,说他让她女儿怀了孕。我放下电话,问鲍里亚是否确有其事,他回答说,她母亲在撒谎,他不相信这是真的。[……]鲍里亚十分平静,

---

① 引自帕斯捷尔纳克《秋》(1949)。

庆幸自己通过这封信跟她断绝了关系。又过了一天,她的朋友柳霞·波波娃上门来了[……]她说,在外面遇到奥·伊①,见她情况不妙,就把她带回自己家,她浑身都是伤痕,她想叫鲍里亚来,哪怕就一小会儿。鲍里亚当我面答道,他永远不会再回到她身边,说他给她写了一封信,内容济娜伊达·尼古拉耶夫娜都知道,并且把一切交给我来处理。柳霞居然说服了我去看她。在那儿,我看到了一幅相当离奇的画面:一个女人躺在我面前,脸上、手上和胳膊上,青一块紫一块。我一看就知道,她把脏东西和煤灰抹在身上,故意弄成这副模样。我强忍着恶心,走到床前,对她说,鲍里斯·列昂尼德维奇再不会跟她见面了,她不如死了这条心。我劝她把脸洗干净,回到自己孩子身边,还警告说,如果她再敢勾引他,我就要报复:我会把他连人带东西一块儿拿给她,强迫他们住在一起,这一切,我说到做到。[……]她要我相信,她怀上了他的孩子。我回了她一句:"那您应该感到幸福呀,您跟自己的心上人就要有孩子了,换了我是您,对这个事实我会心满意足。"

伊文斯卡娅的记述虽然少了几分戏剧性,却更可怕:

有一天,鲍·列的小儿子廖尼亚得了重病。就在生病的儿子面前,在济·尼的逼迫下,鲍·列答应再不见我。(关于儿子生病,或许是帕斯捷尔纳克向伊文斯卡娅杜撰,以解释突然分手并决不回头的理由;济娜伊达根本未提廖尼亚生病。——德·贝)然后他请柳霞·波波娃向我告知这个决定,但她断然拒绝了他的请求,说这件事情应该由他本人处理。我记得自己生着病,躺在柳霞家里,她家在福尔曼诺夫胡同。没想到济娜伊达来了。由于失血过多,我快要撑不住了,她只好和柳霞一起把我送进医院。现在,我已经忘了跟这敦实厚重的女人说了些什么,只记得她不停地对我说,她唾弃我们的爱情,她不爱鲍·列,但不允许毁坏这个家。

我出院之后,鲍里亚冒了出来,像什么事都没发生,动情地跟妈妈讲和,向她解释,他多么爱我。

伊文斯卡娅的女儿回忆道:

---

① 奥莉加·伊文斯卡娅名字和姓氏的缩写。

从大人们低声的谈话里,我们听到了一些可怕的事情:她住进了甘努什金精神病院。是姥姥自己写的申请,让人把她带到那儿。其实,这不是真的。她喝了毒药。她在医院里快死了。但这也不完全是实情。她服毒了,但没有住进医院,而是住在朋友柳霞那里,姥姥认为这个女人才是许多麻烦的源头。她不愿回家。[……]忽然,她回来了,像新入院的病人,愧疚地把一张裹着朴素头巾的苍白小脸探进门。她静悄悄地回来,瘦瘦小小的,很长时间都没出家门。但后来,一切恢复了原样。

服毒一说,始终虚实莫辨——伊文斯卡娅提到失血,这表明是私下里堕胎。她跟帕斯捷尔纳克在一起,先后有两次身孕,第二次,在监狱里流产了。

伊文斯卡娅出入于他所有的晚会,参加他的译文朗诵会,在私人住宅里听他读长篇小说。帕斯捷尔纳克兴奋地对朋友们说他遇到了理想中人。他经历着一个创作上升期,可与之媲美的时期,唯有狂热创作《生活,我的姐妹》的1917年夏天;从1947年至1949年,他写下《日瓦戈医生》里的半数诗作,小说本身也已过半,另外还有大量译作,他逐渐将这些作品跟奥莉加·伊文斯卡娅联系起来。

1949年10月9日,伊文斯卡娅被捕了。她被卷入《星火》杂志某个姓奥西波夫的副主编财务诈骗案,后者据称做了什么伪证;无论那些对她不怀好意的人如何想让她为此案吃苦头,判罪所依照的却不是刑事条款,而是"反革命条款",即臭名昭著的第58条第10款①。相对较短的五年刑期只是因为她的意志没有崩溃,没有自我构陷。对她的审讯主要围绕着帕斯捷尔纳克——想来可怕,他们想知道他的间谍活动!而任何弱点都有可能为调查增添不利于诗人的证据。达摩克利斯之剑悬在帕斯捷尔纳克头顶上。在回忆录《耻辱的负担》中,丹尼尔·达宁摘引了《旗》杂志主编弗谢沃洛德·维什涅夫斯基写给诗歌部编辑、评论家阿纳托利·塔拉先科夫的一张便条:

你如果替帕斯捷尔纳克辩护,我会反对你,跟你斗一架……顺带提

---

① 1960年之前,苏联一直沿用1922年《苏俄刑事诉讼法》和1926年《苏联刑法典》。这里所说的"第58条第10款"即出自1926年《刑法典》,主要针对"恶意散布与煽动推翻、分裂及削弱苏维埃联盟的言论"。

一件事,帕斯捷尔纳克逃出莫斯科那会儿,曾经对索菲娅·卡西亚诺娃说:"很高兴,我还保留着来自德国的书信。"这个细节你可不能错过。我将它公开、正式地告知于你。关于"杰出人士",了解得越多越好。

尽管塔拉先科夫带有明显的苏联印记,文学评论水平也未见得高明,但他还是当天就回复了维什涅夫斯基:

> 帕斯捷尔纳克所说的书信,无非是1926年去世的伟大德语诗人里尔克写给他的。我了解帕斯捷尔纳克在莫斯科空袭期间的所作所为,他勇敢地扑灭过德国人的燃烧弹,作为地方对空防御组织①(MПBO)成员,他经常彻夜值守在屋顶。我坚决反对给帕斯捷尔纳克贴上什么亲德言论的标签。这不可能,也根本没有过。我不相信这种说法,永远都不信。

开始从最薄弱环节对帕斯捷尔纳克下手——带走了他爱的女人。挽救他的,也是这个女人。

2

对于在卢比扬卡遭受的折磨,伊文斯卡娅本人的回忆录着墨不多,笔触平淡。她不喜欢宣扬自己的苦难。伊琳娜·叶梅里扬诺娃后来有机会读到记录母亲案件的第3038号卷宗(档案号为P33582),并得到当时的审讯笔录,其中一部分内容,再现于她的《波塔波夫胡同传奇》一书②。

——什么时候(跟帕斯捷尔纳克;内务部的圈子里居然关心起这等趣事!——德·贝)开始了暧昧关系?

——1947年7月确立的。(伊文斯卡娅说了假话——她不想败坏帕斯捷尔纳克和自己的名声;原本在10月的相识,说成了12月,始于次年4月更为亲密的关系,则推延到7月)

——描述一下帕斯捷尔纳克的政治倾向。你对他的亲英倾向和叛

---

① 1932年在苏联成立的社会组织,主要宗旨是向群众普及有关应对空袭或化学武器袭击的自救知识。
② 由伊琳娜·叶梅里扬诺娃编写的回忆录,汇集了对帕斯捷尔纳克、埃夫龙和沙拉莫夫的回忆以及相关书信往来。

卖意图了解多少？

——不能把他归类为反苏倾向者。他没有什么叛卖的意图。他始终爱自己的祖国。

——你和帕斯捷尔纳克交往的原因是什么？他毕竟比你大得多。

——爱。

——不，是共同的观点和叛卖意图把你们拴在了一起。

——我们没有这种意图。过去和现在我都爱他，这是对一个男人的爱。

帕斯捷尔纳克是正确的，当他在写给国外记者的信中提到伊文斯卡娅时说："我能活下来，那些年里没有人动我，全都因为她的勇敢和忍耐。"

伊文斯卡娅在监狱里流产了，出现了大出血，她有可能死在监狱医院。直到她被捕后，帕斯捷尔纳克才得知她怀了孩子。事情已无可挽回。他忍住恐惧和憎恶，几乎每天都去卢比扬卡，要求把孩子还给他！有几次，他公开提出将他逮捕，毕竟她是因为他而入狱，因为他的罪过！凭什么关押一个仅仅错在为他所爱，她也同样爱他的女人？他没有向济娜伊达·尼古拉耶夫娜隐瞒行踪；他告诉她，伊文斯卡娅怀了孕，如果孩子交给他的话，他们就在一起生活，住在伊文斯卡娅家。帕斯捷尔纳克的妻子未表示反对，她觉得这没有什么意义。两人之间的关系彻底疏远了。当时帕斯捷尔纳克曾对亲友说："当她从我身边被夺走时，我意识到这比死还糟糕。"卢比扬卡方面归还了他为伊文斯卡娅签名的几本书，告知了她的流产。不久前译好的《浮士德》第一部结尾，一如谶言——玛格丽特身陷囹圄，她的孩子死了（只不过在歌德笔下，是她亲手溺死了他）。帕斯捷尔纳克不能停止《浮士德》的翻译，反而要尽一切努力交稿。他用译著的稿酬供养着奥莉加·伊文斯卡娅一家人。为了她的两个孩子不被送进保育院，他设法取得监护人身份。此外，他还定期给流放在图鲁汉斯克的阿里阿德娜·埃夫龙寄钱。他做这一切，就像个英雄，毫无怨言。《浮士德》上下两部内容复杂，四十个印张篇幅巨大！他用一年时间译完整部作品，又用极快的速度从头至尾誊抄了校对稿。或许，不仅是伊文斯卡娅的坚韧，还有他的四处奔走，才使得她免于更高的刑期，判了五年——根据匪夷所思的罪名："接触间谍嫌疑人员"。

由于跟疑似的间谍有关联,她被遣送到波季马①,用镐头刨了四年干枯的土地。帕斯捷尔纳克继续翻译,得空就写他的长篇小说,还以福音书为题材,完成了充满忧郁、悲恸和爱的组诗。他想念伊文斯卡娅,就此写下了二十世纪最出色的爱情诗之一《相会》。"仿佛把你当作铁,/用染发剂浸透,/在我的心口/留下刻痕。"俄罗斯文学中是否还有比这更简洁、更可怕也更彻底的爱的定义?据沃兹涅先斯基见证,帕斯捷尔纳克不喜欢"纪念册式的"《冬夜》("蜡烛在燃烧")及其女崇拜者,但有人称赞《相会》时,他就露出满脸笑意。

伊文斯卡娅收到这些诗,收到冬日与她再度相会的期盼,是在波季马的盛夏,在莫尔多瓦滚烫的草原,在关押她的劳改营。那是一天夜里,忽然叫她到劳改营办公室。之前她才洗了衣服,还没有晾干,浑身湿漉漉地去见"老大哥",感觉窘极了——她被告知,信可以读,但不可以拿走。劳改营里还有一项严酷的规定,谁不能完成劳动定额,就剥夺谁的"通信权",伊文斯卡娅就总是完成不了定额。只有一张带有帕斯捷尔纳克字迹("鲍里亚的仙鹤!")的明信片,曾经偶然落入她手中:女邮递员去洗手,将它落在澡堂的窗台上。而这次的信,简直就是诗的笔记本!伊文斯卡娅在警卫面前强忍住泪水。她第一次完整地读到日瓦戈诗作之中的福音书组诗和献给她的《相会》。帕斯捷尔纳克在信中说,为了救她出去,他正在尽一切努力……她后来回忆,这封信给了她活下去的力量。她出血的症状没有停止,干活时经常昏厥。政工人员不喜欢她,兴许因为她的美貌和轻佻。那些冷漠好斗、命运多舛、性情执拗之人,一直对她怀有顽固的敌意。众所周知,卢那察尔斯基心目中高于阿赫玛托娃,并于二十年代为其担任秘书的重要诗人安娜·巴尔科娃,后来在与伊文斯卡娅一起服刑期间对她多么厌恨。直到人生尽头,伊文斯卡娅在那些把原则性当作最高美德,将轻佻视为莫大邪恶的人看来,仍然不可信赖。

帕斯捷尔纳克写给她的信,每次落款都是:"你的妈妈"。这动人的私密之举,让她感到格外亲切。

她于1953年的大赦之年获释。帕斯捷尔纳克小心地请伊琳娜向她母

---

① 苏联时期莫尔多瓦自治共和国(位于东欧平原东部,现为俄罗斯联邦主体之一,行政类别为共和国)境内的一个村镇。

亲暗示,他们先前的关系不可思议。她拒绝了:"您自己处理吧。"她是对的。帕斯捷尔纳克来到波塔波夫胡同的那个家,见到了变得消瘦、年轻、依旧令人倾倒的伊文斯卡娅——1953年,谁都不相信,她已经四十一岁,而且恢复了原有的活力!他向妻子公开宣称,他们以往的生活再不可能继续了,他准备给她一笔钱,至于在哪儿居住、过夜和工作,那是他的事情。"这对我挺合适。"济娜伊达·尼古拉耶夫娜在回忆中冷冷地说。

3

一个田园诗般的时期开始了:帕斯捷尔纳克忙于小说的收尾,伊文斯卡娅和女儿搬到了离佩列捷尔金诺更近的地方,租了当地人家一个角落,房主库兹米奇是个大鼻子的酒徒。帕斯捷尔纳克简直白天黑夜都跟母女俩在一起,跟库兹米奇也有交往。他们相互尊重,一本正经地讨论艺术和政治。库兹米奇说的许多话后来都写入了小说。这个性格鲜明的人,对瘫痪的妻子一往情深,却总吓唬她说,要"从联欢节带一个土耳其女人回家"(1957年的世界青年联欢节,散发出解冻的第一缕气息)。当得知帕斯捷尔纳克荣获诺贝尔奖——那可是一大把数不清的钞票!——库兹米奇便常来讨酒喝。帕斯捷尔纳克诚恳地解释说,他放弃了奖金。

不过,眼下距离得奖还遥远。他每天去伊文斯卡娅的蜗居,她和女儿远远望见他从桥上走来:戴着同样的便帽,脚上是一双胶靴,身穿简朴的风衣。此时,人们已不再害怕说话,前来拜访他,与他结识和聆听诗歌的人络绎不绝,新朋友越来越多。起初他请他们去济娜伊达·尼古拉耶夫娜住的别墅,后来"如果是不错的人",就带他"去列留莎那儿"。

伊文斯卡娅来到列宁格勒时,阿赫玛托娃拒绝接待。利季娅·楚科夫斯卡娅也与她断绝了往来。或许是特有的妒意在作怪,也可能是流言蜚语起了作用。有传闻说,伊文斯卡娅将一位被捕女友托她代收的钱据为己有。诗人和他们的心上人,永远飘在云端,而忘记日常的责任、义务和承诺,这一切,容易被误认为居心不良,甚至是龌龊。利季娅·楚科夫斯卡娅本身是无可挑剔的人,说真的,若要为她的形象增添可爱的人性特征,有时只能设想她不那么坚强,她也有缺点和毛病,哪怕是抽烟或喜欢笑话!世上哪有什么道德堡垒。她平时单纯,开朗,机智,但奇怪的是,一写文章,她的笔就被涅墨西斯①操控了。不知伊文斯卡娅是否真的侵吞了本该交给朋友的钱。从始至终,她坚决否认此事。

她是个神经质的女人,性情乖张,喜怒无常,我行我素,像挑衅一般不把自己当作苏联人。她属于他谈论过的那种人:"成为女人,是了不起的一步,/让头脑发疯,更是英勇之举。"②她留名于文学史,不是作为要求帕斯捷尔纳克放弃家庭并使他不堪其苦的祸水红颜,而是作为赢得了这句献词的女人:

> 请把手从我胸口拿开,
> 我们是带电的导线。
> 一不留神,无意之间,
> 我们又被抛向对方。③

---

① 最古老、最受崇敬的希腊女神之一。起初她是命运的化身,后来成为惩罚女神,惩治破坏正常秩序者,因而渐渐起了复仇女神的作用。
②③ 引自帕斯捷尔纳克《表白》(1947)。

第四十章 《浮士德》

1

帕斯捷尔纳克的《浮士德》，并非奴仆式的译作，而是经典流浪题材的独到阐说，它与世纪中叶一系列关于浮士德和魔鬼之传奇的诠释交相辉映：悲剧性的非法恋情、拆散恋人的牢狱、魔鬼般诱惑隐士和诗人的力量，这些主题在许多作品中各自变异，既然二十世纪为此提供了充分的依据。布尔加科夫描述大师、玛格丽特和魔鬼的小说值得回顾，其重点却已全然不同：囚禁中遭受磨难的不是玛格丽特，是大师，而经典的格蕾琴①则具有受难女巫的特征。我们曾提到托马斯·曼的《浮士德博士》，还将说起他儿子克劳斯②的《梅菲斯特升官记》的主题——艺术家与独裁者的交易。1948年，帕斯捷尔纳克应邀翻译的正是《浮士德》，这无疑又是命运毫厘不爽之明证：魔鬼的诱惑早已介入他的生活，他避免了与魔鬼的交易，对梅菲斯特的蛊惑手段也不止于耳闻，如今，惨痛的爱的主题——对死在监牢的玛格丽特的爱，连同译著第一部的结局，一道进入他的生命。这样的巧合令人错愕，但没有人会认为是偶然。

帕斯捷尔纳克的《浮士德》，与其说是这部德国长诗的另一版本，不如说是对他个人至关重要的创造性表达。正如《日瓦戈医生》的思想脉络在《哈姆雷特》直接影响下形成，小说的形式、神话现实主义手法以及许多潜藏的母题，也在《浮士德》的作用下浮出水面。翻译这两部作品不仅是痛苦的必然，也是重新认识继承性，确认个人目标和借鉴传统的方式。没有歌德

---

① 《浮士德》中玛格丽特的昵称，意即小玛格丽特。
② 克劳斯·曼（1906—1949），托马斯·曼的长子，才华横溢的作家，代表作为反法西斯讽刺小说《梅菲斯特升官记》（1936），1949年5月22日服用过量安眠药，自杀身亡。

和莎士比亚,帕斯捷尔纳克的眼界就难以达到必要的高度。挽救了列宁格勒围困中的米哈伊尔·洛津斯基的但丁值得赞美;让塔季扬娜·格涅季奇①不至于死在劳改营的拜伦的《唐璜》值得赞美;也要赞美歌德在文学形式上向帕斯捷尔纳克提出艰巨的挑战,从而使后者轻易克服了小说诗篇里的一切障碍。从日瓦戈医生的不少诗作中,读者会发现"浮士德式的"短句;在某些人看来,帕斯捷尔纳克晚期作品似乎比早年简单,更显"淡泊",早期印象主义也几乎未留痕迹,但帕斯捷尔纳克的晚期才是真正复杂和多义的,因为终于不再有什么能够搅浑他诗歌的内容。

2

将《浮士德》移译到鲜活的俄罗斯口头语言时,或许就像译者那里常有的情形,帕斯捷尔纳克禁不住道出了自己的时代,并准备与之决裂。这也是他的梅菲斯特——艺术家永远的诱惑者——频频诉诸蛊惑手段之缘由,帕斯捷尔纳克及其同时代人对此再熟悉不过。他在不少书信中(首先是与玛丽娅·尤津娜的通信)抱怨,正是梅菲斯特冗长的独白和拖沓的饶舌,让他疲惫不堪,他认为这阻滞了情节的进展。总的来说,《浮士德》不适合搬上舞台,但问题当然不在于戏剧节奏的松弛。帕斯捷尔纳克抱怨身体的倦怠,尽管如此,他还是穿越了梅菲斯特独白玄奥的密林。事实上,将十三世纪兴起的"浮士德博士传奇"与最新解译区隔开来的六百年间,诱惑者的手段鲜有变化。这是至为关键的悲剧一幕,起码对于持守着泛自然神论,始终向大自然寻求救赎的帕斯捷尔纳克来说是如此。浮士德独自待在森林深处和洞窟里,他冗长的独白,实为一名不可知论者真正的祈祷。而梅菲斯特每每出场,则带着周而复始的,同时也应承认是庸俗的引诱,但主要还是怪责。歌德的梅菲斯特,绝非平庸的恶之精灵,他的魅惑甚至作用于上帝:"在所有否定的精灵中间,你是最不会让我受累的促狭鬼。"②可见,还有一些更厉害的精灵。但梅菲斯特之所以危险,因为这是迷人的、冒险的、狡黠的恶,因琐碎反而讨人喜欢,一上来就煽起的细小恶行也情有可原!他最主要的招数,

---

① 塔季扬娜·格里戈里耶夫娜·格涅季奇(1907—1976),苏联翻译家,诗人,1944年被捕入狱,在囚禁中翻译了拜伦的《唐璜》。她还是《伊利亚特》及莎士比亚戏剧的重要译者。
② 引自歌德《浮士德》第一部之《天堂序曲》。这是上帝对梅菲斯特的评价。

乃是乞灵于人性的贪婪、淫欲、怯懦……他不忘以自己的恩惠向浮士德发起责难：

> 可怜的凡夫俗子,你没有我,怎么过日子?
> 这么些时,是我把你的胡思乱想医治,
> 要不是我,怕你早已从地球上消失。
> 你为什么像猫头鹰枯坐在洞窟、岩缝里?
> 为什么像一只蟾蜍
> 从潮湿的苔藓和滴水的石块汲取养分?
> 多么美好、舒适的消遣方式!
> 看来你身上还依附着博士的幽灵。①

浮士德的回答完全是帕斯捷尔纳克式的：

> 你可懂得,像这样孤处荒郊,
> 为我带来怎样新的生命力?
> 是的,你要是料到这一点,
> 肯定会魔性大发,不让我享受我的福气!

但在梅菲斯特看来,泛神论的欢悦无疑是滑稽的。事实上,他真正担心的也只有这一点——浮士德将借此摆脱他的控制,回归自我：

> 好一种超凡脱俗的欢娱!
> 躺在夜露覆盖的丛山中,
> 怡然拥抱天和地,让自己飘飘欲仙,
> 以预感的冲动挖掘大地的精髓,
> 在心胸里感觉那六天的神功,
> 以傲岸的力量去享用我也不知道的东西,
> 随即又以爱的欢悦融入万物,
> 俗骨凡胎全然消亡,
> 于是把高尚的直觉——
> 我不好说,怎样去——加以结束!

---

① 这里的三段引诗,出自歌德《浮士德》第一部之《森林和洞窟》,皆采用绿原先生散文体译文。

回归自我,亦即回到罪恶的温床;魔鬼的逻辑一成不变。他先是向浮士德施以恩惠,然后又数说它们的不当,不断提醒艺术家别忘记人类的虚空,以及在梅菲斯特亲自授意和培育之下的恶行。在讽喻性的、过度复杂化的、时而又平淡无奇的纠葛中,一条贯穿于《浮士德》的主线越发清晰,也越发接近于译者:魔鬼的使命,是让艺术家意识到他的努力皆为徒劳,这个世界不值得为之劳碌。一次又一次,梅菲斯特编织着他的论据("你是永远的诡辩家和骗子手。"这让人不禁想起,布尔加科夫的列维·马特维将沃兰德称作"老牌诡辩家"),将爱情偷换为放荡,创作偷换为虚荣,哲学偷换为死亡的畏惧;他寻觅卑鄙的理由,败坏高尚的意图,提供应有尽有的诱惑(在《浮士德》第二部中,这是远比青春、爱情和财富更大的诱惑:将会有权力的幻象、强行造福人类的机会,还将产生反抗上帝的妄念——总之,知识分子古往今来的一切风尚都将出现)。"世上无物值得宽恕。创作究竟又有何益?"耐人寻味的是,梅菲斯特慷慨陈词,将自己定义为"创造出无数的善,又想把恶带给世人的那一部分力量",但浮士德对这虚假的华美无动于衷。

浮士德在坚持什么?首先是他的永无餍足:梅菲斯特的所有恩惠都太少。有一种最高的天赋——创作的天赋;谁了解这毒物,谁的头脑就不会被别的东西迷惑(所以在"女巫的丹房"里,梅菲斯特才提醒那老太婆:"我这位朋友可不在乎这种饮料。")无论梅菲斯特怎样坚称,世界的运转离不开忌妒、贪欲和虚荣,也无论他怎样嘲讽纯洁,他所有的射击都偏离了靶心。可他每三句谎言,毕竟夹带着两句真话——不管他是在揭露虚伪的神父、倨傲的哲人,还是自恋的文学家,浮士德都欣然同意。而这正是帕斯捷尔纳克所厌恨的邪恶杂烩。

透过梅菲斯特粗鄙的玩笑、他的普通人的把戏和精妙的模仿——在小酒馆里跟夯货、学者、酒鬼用他们的语言说话的能力,传来熟悉的、近乎本土的音调:

> 满朝文武和命妇,
> 可怜个个受了苦,
> 哪怕王后和宫女,
> (跳蚤)咬得简直咧嘴哭,
> 他们不敢捏死它,
> 浑身发痒也不挠。

> 我们马上掐死它,
> 要有一只敢来咬。①

所有当权者都这样耍弄人民,又暗自鄙视他们,只不过,苏联当权者的耍弄更公开,也更明显。在莱比锡奥尔巴赫小酒馆,梅非斯特的本性似乎尽显无遗:他用各种诱惑收买小市民(就音韵结构、语词和声调而言,这一幕与茨维塔耶娃《捕鼠者》中哈默尔恩②的场景有些相像);普遍幸福也就此达到巅峰:"我们喝得酩酊大醉,/五百头野猪挤成堆。"小市民一旦怀疑撒旦的法术,就会立刻持刀冲向他——乌合之众最容易化欢喜为怨怒;当他们备受魔鬼愚弄之际,反而报之以动人的同情!但梅非斯特既未能让浮士德萌生爱民之心,也未能让他厌弃民众。无论他俩来到何处——小酒馆、城市花园还是女巫的丹房,浮士德都重复着那句:"让我们离开这地方!"只有在布罗肯山,在瓦尔普吉斯之夜③的前夜,他才被精灵的环舞、沼泽的磷光和虚幻的美女所吸引,在美感的诱惑下,"幻想家浮士德"终于被收买。凌晨时分,他意识到自己的迷醉已持续一年,他的悔意更深了。这一年里,格蕾琴生了女儿,亲手杀死了她,因杀婴之罪落入监牢。明天就是她的死期。

众所周知,歌德一直想要摆脱自己的罪责——他曾经参与了一桩杀婴案的死刑判决④,此事在他心头挥之不去。从此以后,《浮士德》(其所隐含

---

① 这是梅菲斯特在一家名为"奥尔巴赫"的小酒馆演唱的"跳蚤之歌"。此处采用绿原先生译文。
② 又译作哈梅林,德国下萨克森州的一个小镇。十三世纪以来,这里流传着彩衣魔笛手的故事,后来成为《格林童话》中的名篇。据传说,一个身穿彩衣的陌生人来到哈默尔恩,听说老鼠成灾,便吹奏魔笛,老鼠抵挡不住笛声的诱惑,纷纷跟随他走进激流,淹死在河里。由于镇上居民拒不付钱酬谢魔笛手,他便吹起另一种曲调,镇上的孩子们全都从家里跑出来,跟随这欢快的笛声,消失不见了。
③ 根据流传于欧洲的宗教传说,每年四月三十日到五月一日之间的夜晚,魔鬼和女巫在布罗肯山上举行狂欢。瓦尔普吉斯(710—779)是西欧不少国家最受崇敬的女圣徒之一,五月一日也是圣瓦尔普吉斯的瞻礼日,她的名字因而与魔鬼联在一起,"瓦尔普吉斯之夜"也成为魔鬼狂欢节的代用语。
④ 歌德在大学时代的学术辩论中就曾讨论过杀婴凶犯是否应该被处以死刑。他接触过杀婴案件审判的卷宗,有可能目睹了处决的场面,对沦为男性玩物的杀婴女犯深表同情。《浮士德》中的"格蕾琴悲剧"显然与这些直接经验和个人思考密切相关。歌德与杀婴案更直接的接触是在安娜·卡特琳娜·霍恩一案。这名未婚少女于1783年4月杀死了她刚刚出生的儿子。当年秋天,有关该案件的判决在枢密院(由包括歌德在内的三人组成)进行表决,虽然法官倾向于对该女子处以终身监禁,但这位"格蕾琴之父"的答案却是:"我认为保留死刑比较合适。"长期以来,他的这一决定性意见饱受诟病。

的意蕴远远超出想象)对所有触及此类题材的后来者之命运都产生了致命的影响。费特、勃留索夫、布尔加科夫、托马斯·曼父子的人生遭遇与可恶的浮士德博士之间黑暗的交集值得探究。但帕斯捷尔纳克没料想到,原本当作挣钱工具的翻译,也会影响他的命运。1949年10月15日,他写信对尼娜·塔毕泽说:

> 我亲爱的朋友尼娜,想想我的痛苦,请您可怜可怜我吧。生活逐字逐句地重复着《浮士德》最后一幕,"地牢里的玛格丽特"。我可怜的奥跟在我们亲爱的塔①后面。她为我吃了多少苦头!现在又加上这件事……

文本对命运的宰制令人不寒而栗。毕竟,逮捕伊文斯卡娅的人跟《浮士德》毫不相干,他们也根本不知道,帕斯捷尔纳克正在翻译这部作品。

但巧合仍在继续。现在帕斯捷尔纳克需要另外供养伊文斯卡娅一家人——她的母亲和两个孩子。为了挣更多钱,他开始翻译自己从不喜欢的《浮士德》第二部。在这一部当中,浮士德经受了权力和荣誉的诱惑;在前所未有的权力和荣誉的标志下,帕斯捷尔纳克将度过接下来的十年。对他的收买不同于以往,比三十年代更狡诈。收买将再度落空,但这一次,他却要付出整个生命。

---

① 此处的"奥"即奥莉加·伊文斯卡娅,"塔"即塔毕泽。

第四十一章 第六次降生

1

我们正在接近帕斯捷尔纳克一生中又一个新的时期,其间由他的言行所引发的争议与非难,不见得比三十年代少。这是帕斯捷尔纳克对时代、朋友和妻子说够了那著名的"是——是——是"之后,突然冒出尖锐的"不"的时期。

就此而言,他的经历与托尔斯泰有相像之处。首先是字面意义上有趣的交集:众所周知,《战争与和平》起初的标题是《一八〇五年》,而帕斯捷尔纳克将他的革命叙事诗命名为《一九〇五年》,显然不无用意。但这只是表面现象,内在的相像更为深刻。晚年托尔斯泰谈起文学,难掩鄙薄与愤懑,他甚至认为,文学家应当尽量少一些。还有一种本质性的对应关系——帕斯捷尔纳克像托尔斯泰一样,保持着不调和的姿态,在生命的尽头,他越来越厌恨当局,厌恨反对者和支持者同等的愚蠢,厌恨妻子——应该说,大多数情况下,她的举止要比索菲娅·托尔斯塔娅聪明、得体,尽管落在她身上的十字架未必更轻……像晚年托尔斯泰一样,帕斯捷尔纳克身边也有几个最忠实的人物,他将他们与客人和朋友区别开来:他对他们温和、亲切、坦诚,对其他人则苛刻得近乎粗暴。晚年托尔斯泰能把任何话题转换为必须爱所有人,在最后的岁月里,帕斯捷尔纳克也将所有言谈转向他的小说,以及其中所表达的非正统基督教哲学。对于各自早期的经验,晚年帕斯捷尔纳克和托尔斯泰均表示不满。他们生活的外在现实也彼此相近:到了暮年,帕斯捷尔纳克和托尔斯泰成为国外崇拜的对象,几乎被视为《圣经》意义上的人物,而国内对待他们的态度是复杂的,不乏嘲弄,难以一概而论。诺贝尔奖准备授予托尔斯泰,他提前拒绝了;帕斯捷尔纳克也被授奖,他同样拒绝接受,虽说是迫于压力。佩列捷尔金诺别墅和亚斯纳亚-波良纳分别成为一方圣地,朝圣者中既有寻觅上帝的知识分子,也有自发追寻真理之人,所谓"蒙昧大众"。在宣扬劳动、节制和禁欲生活的过程中,家里来客不断。帕斯捷尔纳克被苏联作协开除,托尔斯泰则被革除教籍,尽管这两件事在本质上不可同日而语。帕斯捷尔纳克蒙受的苦痛只能猜想,假如他一直活在人世,像托尔斯泰一样,眼看六十年代警察的惩治施加于他的年轻读者和思想传人,听到赫鲁晓夫向沃兹涅先斯基吼叫,得知人们为保存和传播他的小说而获刑……生命行将结束时,作为头号托尔斯泰主义者以及法庭审讯、地产和兵役的反对者,托尔斯泰期待落入囹圄。帕斯捷尔纳克害怕被捕,但他说过多次,这将会避免模棱两可的窘境,最终使他的境况和当局的形象得以显明。

托尔斯泰与帕斯捷尔纳克的地位之对比,或许就像亚斯纳亚-波良纳的田庄与佩列捷尔金诺的别墅。虽则如此,在五十年代,帕斯捷尔纳克身处堕落的苏联现实,仍然延续了晚年托尔斯泰的路线,继承了他的道德原则而非艺术原则。诚然,帕斯捷尔纳克也在艺术方面努力追随他,写得更加清晰、朴实,"更赤裸";在《日瓦戈医生》中,像在《谢尔盖神父》和《假息票》中一样,也能听到《圣经》的音调。两者之间另有差别——帕斯捷尔纳克在写小说-童话,托尔斯泰则尽力追求极度的现实感,倘若用他的眼光来看,《日瓦戈医生》或许有许多臆造品和装饰物,但这属于无可更改的事实,鉴于气质上固有的差异。晚年帕斯捷尔纳克甚至比晚年托尔斯泰温和得多;不过,《日瓦戈医生》与托尔斯泰晚年散文之间难免某种更深刻的相似性,因为托尔斯泰也喜欢预言式的情节,相比之下,《谢尔盖神父》故事情节的真实性未必多于《日瓦戈医生》。针对帕斯捷尔纳克和托尔斯泰的主要责难也是相同的:庄稼汉(在帕斯捷尔纳克那里,还有工厂工人和铁路工)的言谈不像在生活中。托尔斯泰对民间语言的模仿、他的《识字课本》的故事、五幕剧《黑暗的势力》中阿基姆的口拙,连同他没完没了的"这个",都显得矫揉造作;而帕斯捷尔纳克笔下的人物都用达里和奥斯特洛夫斯基书写并改写过的语言说话。但托尔斯泰和帕斯捷尔纳克的职业均非速记员,将民间语言浓缩到几近戏仿,才是他们的事业:像《日瓦戈医生》中"嗡嗡叫的马蝇"或"昔日的格罗梅科一家",阿基姆的"这个"同样令人印象深刻。

如同托尔斯泰,晚年帕斯捷尔纳克背离了自己的"阶级"。帕斯捷尔纳克厌恶五十年代的作家圈子、文学和演艺界的名士做派,他向少数青年朋友和最普通的人寻求理解,也像托尔斯泰一样,经历了怀疑自己是否正确的痛苦时期,毕竟,不可能所有人都错到那般程度,而唯独他是正确的!

《日瓦戈医生》的基督教哲学难以连贯一致地表述,这一点也像托尔斯泰的学说,尽管托尔斯泰似乎已经无数次阐释了他的信仰是什么。最主要的是,指责他们两人过于骄傲,这是一个太大的诱惑。喀琅施塔得的约翰①与托尔斯泰的论战值得重读,充斥其间的责难恰恰指向后者的狂傲和自我陶醉;帕斯捷尔纳克所有的故交,从费定到利瓦诺夫,全都谈到过他的极端自负和自我中心主义。鲍里斯·利瓦诺夫的儿子、莫斯科艺术剧院首席演员和帕斯捷尔纳克的亲密朋友瓦西里·利瓦诺夫,将四分之一世纪以来的这些责难归结如下:

> 帕斯捷尔纳克所理解的天资并非神赐,而是个性的殊异品质,它存在于上帝的旨意之外,使人与上帝齐平,赋予天资卓异者以优先于众人——群体的道德权利。
>
> 按照这种理解,耶稣——人子,就才气而言,像是一位长者,就自我牺牲的命运与荣耀而言,像是值得羡慕的人。
>
> 帕斯捷尔纳克的基督教信仰接近于莱蒙托夫:"我抑或上帝,抑或——没有谁。"②
>
> 帕斯捷尔纳克试图以尤里·日瓦戈的形象体现"我的基督教"。这种信念的基石显然是过度的自傲。帕斯捷尔纳克小说的主人公,无非是作者自私倾向的顺理成章的确证。

1956年,《新世界》拒绝发表《日瓦戈医生》,几名审阅人的意见几乎如出一辙。费定认为小说是"天才之作"(1956年8月31日,他对楚科夫斯基说道:"这是一部极端自我中心的天才之作,目空一切,过于讲求单纯,同时也充满书卷气。"无论我们如何看待费定,他确实懂得散文为何物,他的描述很到位)。

即便在一些善意的回忆中,类似的标签也一直伴随着帕斯捷尔纳克。沉湎于自我,只为自己忙碌,不考虑周围人,不听他们的声音,脱离同时代人

---

① 喀琅施塔得的约翰(1829—1908),俄国东正教神职人员,俗名为伊万·伊里奇·谢尔吉耶夫。
② 引自莱蒙托夫《不,我不是拜伦,我是另一个》(1832)。

乃至整个时代……就连一向热爱他,对他颇怀感激,收到过他上百封信和数十笔汇款的阿里阿德娜·埃夫龙,也曾以纯粹茨维塔耶娃式的尖酸口吻谈论他:

> 帕斯捷尔纳克是极其善良和富有同情心的人,可他的善良无非是自我中心主义的最高形式;他,一个好人,生活、工作得更轻松,睡得也更香;他以同情别人的灾祸来化解自己的——已然的和未然的;从自己身上洗去真实的和臆想的罪愆。他本人知道这一点,这也是他亲口说的。

伊文斯卡娅一边解释这段引文,称之为"有趣的",一边提出异议:

> 可我却认为,假如每个人的自我中心主义都以帕斯捷尔纳克的方式表现出来,那就让上帝把所有人都变成自我中心主义者吧:那样的话,善意和同情一定会充满整个世界。

伊文斯卡娅是在替情人辩护,投入其中的高尚情怀与自我牺牲精神,足以让读者再次羡慕这位幸运儿:就该这么爱他!但我们也不妨试着理解阿里娅,理解她的善良与严苛、忠诚与坚忍。难道她不爱"鲍连卡"?难道她不认为他是自己的拯救者?难道她作为茨维塔耶娃的女儿,四分之一世纪以来见证并参与了母亲的生命,居然不明白,对于诗人什么是专注于自我?此番关于帕斯捷尔纳克的尖刻言论,或许也是出于潜在的愿望,为的是捍卫对母亲的记忆(事实上,母亲去世后,阿里娅别的什么都没做):是的,玛丽娜性情乖戾,是的,她有些自私,是的,她公然利用过他人。但这种自我中心主义是否有可能反倒更好?因为——更诚实?起码不会假作良善;帕斯捷尔纳克行善,终归是为了良心不受折磨,帮助——是为了不被打扰!他屡屡以金钱换得心安,是因为生命中的主要事业不允许他在别人身上耗时许久。他宁可花钱资助,也不愿花费时间和精力,因为所有闲暇和余力,他都要用于个人的目标,用于文学和屈指可数的亲人。

然而,绝大多数人行善的动机不也如此?倘若将自己分给所有人,就会一无所有;而有选择地分送,则未见得真诚:从这种不平衡中,将产生不公正。同样还是阿里娅,在前引文章中写道,能行善事且暗中不期望报答者,少之又少。相比终日为自己涂脂抹粉、冥顽不化的利他主义者,这位幸福的、因自己未能尽力而介怀的自私之人,是多么可爱!

在他周围,似乎没有人未曾得到他的资助。对他来说,帮助别人大概是友好交往的必要条件,这并非因为他意识不到人与人的平等关系,有意做出一副宽怀大度的保护者的姿态——他生来无法从不可分享的事物中获得愉悦。他不喜欢谈论这一点;即使他的前妻、某种程度上还有阿里娅和伊文斯卡娅一家,全都离不开他的供养,有时候他还是更倾向于金钱的赎买,他自己也对此心知肚明。但钱在他眼里,毕竟是过往的生活及消耗的时间和精力的物质表现:把钱分给别人,也就分享了人生。提到花在写小说上的时间,他说通过翻译挣稿费,相对于为自己购买了"一天里的第二十五个小时"。所有"自己的事",只能在心力高度紧张的状态下零打碎敲。

严格地说,帕斯捷尔纳克只承认两种善事:创作(他理解为奉献的形式)和金钱的接济。其他的一切,不仅占用时间,而且破坏人生的法度——到头来,他却时常为安慰、救助和劝说什么人而违背个人原则……他有一个自认为公道的观点:任何形式的善举,要么是法利赛人的伪善,要么便是强制。给别人钱,意味着分享了从"模棱两可的语言和行为"之中赢得的一小部分自由。之后人们将自行决定,应当为自己做什么。不以别的手段干涉他人生活,不仅是自我保护的方式,也是对他人的信任。我们不禁想起,茨维塔耶娃在狂热的奉献中是多么强势,多么以自我为中心又多么甘愿牺牲自我,尤其典型的是她与不幸的施泰格男爵①之间的故事,不管后者是否接受,她径自将迟到的母性力量倾注于他。相形之下,仅限于汇款的帕斯捷尔纳克("你的翻译很棒。"②流放中的阿里娅强作欢颜,说出这句双关语),确实更显人情味,也更纯粹。

2

1952年,发生了一场不寻常的风波——费定家的别墅烧毁了。他和帕斯捷尔纳克是邻居,鲍里斯·列昂尼德维奇参与了灭火。

费定别墅失火的原因是,佩列捷尔金诺当时没有自来水,也没有暖气,生火取暖只能用炉子。那是一个干燥凉爽的夏日。费定的夫人多拉·谢尔

---

① 阿纳托利·谢尔盖耶维奇·施泰格(1907—1944),俄罗斯诗人,1920年随家人移居国外,与茨维塔耶娃虽只有一面之缘,但两人之间书信往来频繁,茨维塔耶娃为他写有组诗《写给孤儿的诗》(1936)。

② 在俄语中,"汇款"还有"翻译、译文"之义,故而在此形成双关语。

盖耶夫娜正在厨房做午饭,屋顶突然起火——一大张纸飞出炉膛(作家夫人们习惯于用草稿纸生炉子),落在天花板上,烧着了。帕斯捷尔纳克的儿媳加琳娜·涅高兹详细描述了济娜伊达·尼古拉耶夫娜如何把费定的孙女瓦莲卡从卧室里救出来,房主本人如何把物品和藏书扔出书房,帕斯捷尔纳克又是如何一桶一桶从井里打水……消防车过了很久才赶到,而且没装多少水。这时,加琳娜·涅高兹第一次听到帕斯捷尔纳克的怒吼。他向消防队大发雷霆,随后跳上汽车踏板,引导消防员一起驶向小河。水终于装满,经过一番努力,浇灭了大火,但别墅几乎片瓦无存。

  我第一次见到鲍里斯·列昂尼德维奇暴怒、急躁、激动的样子。他表现得那样出色,那天的记忆让人终生难忘。

  费定当时已是苏联作协书记,因此他的别墅重建得很快,还没到冬天,工程就完工了。费定请来作家们庆贺乔迁。帕斯捷尔纳克坐在主宾席。客人地位显赫,包括费定在内的《新世界》编委会到齐了;还有《旗》杂志主编弗谢沃洛德·维什涅夫斯基①,五十二岁的年纪,十足的文坛显贵,一副中风病人的体格,言谈中夹杂着水兵的口头语和脏话。酒酣耳热之际,维什涅夫斯基站起身,提议为真正的苏联诗人帕斯捷尔纳克的未来干一杯。他强调了"苏联的"。帕斯捷尔纳克冷冷地用叉子戳着色拉,又同样冷冷地拖长声调:"弗谢——耶沃洛德,去你妈的吧。"

  一开始谁都不明白怎么回事。维什涅夫斯基拿着酒杯,像一尊雕像,愣住了。帕斯捷尔纳克没有停下手头的动作,生怕别人没听清似的重复了一句:"去你妈的!"

  出现了难堪的场面,好歹又被压下去,费定缓和了所有人的情绪。帕斯捷尔纳克恶作剧的消息传开了,我们所知的这一幕出自亚·格拉德科夫的日记,是当时在场的帕乌斯托夫斯基告诉他的。按照安德烈·沃兹涅先斯基的说法,鲍里斯·列昂尼德维奇从未骂过脏话,唯一的例外是当他面说过那"三个字母的词"②,而且是引用费特的语句。帕斯捷尔纳克固然喜欢越

---

① 作者可能有误,维什涅夫斯基生于1900年12月21日,死于1951年2月28日。此处前后所记述,真实性有待考证。
② 在俄语中,"三个字母的词"是不便说出的委婉词,作为讳称,用于替代口语中的脏词(男性生殖器官),这个词正好是三个字母。

轨,酷爱惊奇,但不至于如此这般……这个故事比表面上更能说明帕斯捷尔纳克。

解冻初年,他并未急于加入揭露者的行列,关于斯大林,他几乎没有写下任何东西。但我们不应忘记,《日瓦戈医生》完成于斯大林时代的末期,为了让这部作品被更多人读到,作者非但未提醒读者不要传播原稿,反而极力鼓励。帕斯捷尔纳克在小说创作期间达到了从心所欲的境界;如果说三十年代,他的整个创作和行为臻于自我强制的巅峰,那么在四十年代末五十年代初,他已不再拘泥于任何事物。保留至今的见证,足以表明他近乎佯狂的胆量。

但这也就罢了,把那位文坛萨沃纳罗拉①奚落一番,不失为开心乐事。帕斯捷尔纳克写给儿子的信,显然对他的声誉更危险,公开他们的通信,需要不小的勇气。有一次,在与阿里娅·埃夫龙的争吵中,帕斯捷尔纳克的长子声称他没有什么可羞愧的——父亲高尚的品格允许将一切公之于众。这是他的决定和他的选择。提到下面引用的书信,叶甫盖尼·鲍里索维奇说这让他变得清醒,甚至为之欣慰。1954年,他戍守在与蒙古接壤的恰克图,孤寂难耐,他想念父亲,希望完成学位论文并重返莫斯科,回到母亲和第一任妻子塔季扬娜身边。几经犹豫,他给鲍里斯·列昂尼德维奇写了一封语调哀伤的信:

> 鲍里奇卡②,请原谅我把你卷进我自己的事情,原谅我打扰你工作。但我处境艰难,我的情况和你一样,就像两滴水,像你当初去巴黎时不止一次和强烈感受到的。我现在觉得自己孤苦伶仃,无心于服役、家庭和工作。这样下去,让人难以忍受。这是一些幻影,却不自然地变得比现实更强大,摧残着我这活生生的、自爱的和爱生活的人,简直要断送我的性命。

由于孤独,帕斯捷尔纳克时年三十岁的儿子产生了幻觉。他觉得房间里好像到处是人,他与他们交谈,指证着什么……在写给父亲的信中,叶甫盖尼·鲍里索维奇几次提到他们之间的相像和血缘关系。大概正是这一点激怒了帕斯捷尔纳克;问题不在于他在儿子身上发现了退化和"稀释"的自

---

① 十五世纪意大利多明我会修士,以严厉布道著称。参见本书第二十二章第6节相关注释。
② 叶甫盖尼·帕斯捷尔纳克对父亲的爱称。

己,同时又受制于母性情结与任性。相反,在小说前几章的一次公开朗读之后,有人批评日瓦戈的形象似乎不现实,他回答说:"这部小说写的是我的长子。"帕斯捷尔纳克爱儿子,视他为自己的延续,正因如此,他才难以接受其脆弱的性格和请求被关怀,也可能是因为他受不了他本人当初的脆弱被提起。不管怎样,他对儿子苦苦哀告的回复,犹如一瓢冷水,当头浇落:

> 亲爱的叶尼奇卡![……]就你所写的全部内容,我只向你说一点。兴许受妈妈影响,你把一切都夸大到可怕的程度:你的走投无路的处境、你在妈妈面前的真诚表现对她可能如何重要、我的意义(不存在的)、我的亲切(更少有的)。你写道:"爸爸,我和你是同一血缘。"这见鬼的血缘,你的或我的,与我又有何干?因为五脏六腑而不只是头脑,我与任何血缘的"浮士德"更接近,你是因为我把他寄给你而感谢我。
>
> 除了主观世界的温暖,毕竟还有一个客观世界,自尊心迫使你与它较量,应当克制与它的冲突,并准备心平气静地退让或牺牲。譬如说妈妈的绘画,由于人为因素所限,脱离了这个世界,从未经历过与生活的相遇和现实的检验。
>
> 我始终对你强调一点:在自己的生活、工作和服役中,要遵守通常的和既定的规范。在这些真实的界限内缓步前行。(安静而诚实地由此进发,就能抵达上帝才知道的远方)单凭冲动、狂热、幻想、造作,你将永远一事无成!既然日常生活和家庭生活中的自然属性被赋予你,就不要认为这是不值一提的小事,有时候,这也是行不通的。长时间内不要给我写信。我没有工夫,可是不回复你,把你丢下,又不合情理,我也于心不忍。任何事情我都不干涉,你的来信,我不会告诉妈妈和塔尼娅①。我还有别的操心事,在这些方面我什么也不懂。
>
> **1954 年 1 月 31 日**

这封信的语气,很容易让人联想到车尔尼雪夫斯基写给他那荒唐儿子亚历山大的绝笔信,怀着嘲讽但也许是同情,纳博科夫在小说《天赋》中引用了此信……关键在于,难道不是帕斯捷尔纳克本人,从巴黎给妻子写了一封充满无端猜疑的不理智的信?难道不是个人可怕的经验,致使他如此严

---

① 叶甫盖尼·帕斯捷尔纳克的前妻。

厉地提醒儿子防止"萌芽中的不理智"？可这种严厉究竟何时对何人——哪怕处于萌芽中的不理智状态——有过帮助？最简单的说法是，当帕斯捷尔纳克故作严厉，以挽救心爱的长子，他的心都要碎了，可是1952年至1954年间，他写给儿子的另一些书信，同样透出冷漠的气息，从中不难看出，他完全专注于创作，不愿为别人的问题分心。但在其中一封信里，他却直言不讳地说，儿子的苦闷会分散他的精力。帕斯捷尔纳克挑剔地细读了叶甫盖尼寄来的诗，指出他的语言胜过大多数初学者。这封信从头至尾，只有一句温暖的人性的话语：

> 被击败的痛苦，而且败得如此深刻和高尚，表达得又如此亲切，如此柔和[……]。这才是关键，其余的全都微不足道。

诚然，在随后的1955年，当阿尔谢尼·塔尔科夫斯基[①]的诗作《秋天》受到儿子的赞赏时，他又说：

> 我和你更长于此道。但你要想从事文学，除非等我死后。

1956年，他写了一首针对昔日同路人的讽刺诗：

> 朋友、亲戚、可爱的垃圾，
> 你们正对时代的口味！
> 哦，我将怎样背叛你们，
> 蠢货、废物和懦夫。
>
> 或许这是上帝的指示，
> 让你们找不到生活的路，
> 只能服服帖帖地
> 将部委的门槛踏破。[②]

同样是在1956年，他与涅高兹发生了短暂的龃龉——涅高兹的酗酒、

[①] 阿尔谢尼·亚历山德罗维奇·塔尔科夫斯基(1907—1989)，苏联诗人，翻译家，著名电影导演安德烈·塔尔科夫斯基的父亲。
[②] 据奥莉加·伊文斯卡娅在其回忆录《时间的俘虏》中记述，在与利瓦诺夫的一次争吵之后（即本节提到的），帕斯捷尔纳克亲口向伊文斯卡娅诵读了此诗，诗的第三节她未能记录下来。这件事情发生在1959年，而不是1956年。另有资料标注此诗写于1957年。

庸俗的玩笑及对待生活的轻浮态度冒犯了他……过后他们就和好了,可帕斯捷尔纳克越来越无法容忍一些旧友,1959年,他甚至与鲍里斯·利瓦诺夫断绝了往来,后者作为他忠实的同伴,在口头和书面上不知得到过他多少醉意和温情的赞美……有一天,利瓦诺夫突然来到佩列捷尔金诺,还带来两个陌生的醉汉,他答应让他们看看"活着的帕斯捷尔纳克"。刚一进门,他就露出演员的本色,有说有笑,帕斯捷尔纳克虽然早已习惯,还是忍不住火气。导火索是一位来客怯生生地称他为"著名翻译家"。帕斯捷尔纳克请利瓦诺夫离开,对方未听从。据伊文斯卡娅回忆,利瓦诺夫照例称帕斯捷尔纳克主要是个大诗人,而小说则不是他的事业,听了这话,帕斯捷尔纳克粗暴地打断了他:"你想演哈姆雷特,但你凭什么资格演他?!"(利瓦诺夫的儿子认为,帕斯捷尔纳克不可能说出这种话)第二天,他给利瓦诺夫写了一封信,此后他们再也没有见面。此信乍看太过自傲,细读却不难品味深藏的创痛和受辱的尊严。以下便是这封写于1959年9月14日的信:

亲爱的鲍里斯:

[……]近一年来,我不敢自夸健康,但确实忘记了失眠的滋味,你昨天来我家之后,我却对生活和自我感到厌倦,内心茫然若失,双份的安眠药都未能让我入睡。

并非因为酒,也并非因为你不合礼数,问题出在我身上;我早就挣脱并远离了灰暗、僵冷和可憎的过去,而你在举手投足间无不体现着以往的迹象。我早就请你不要向我发表祝酒的辞令。这并非你所擅长。我受不了你的赞颂。我不喜欢你动不动就说,是敏感和良心、是我父亲、是列维坦,造就了我。不言自明的东西,不需要什么宗谱。我也不需要在你的影响力之下流芳百世。没有你的护佑,我应该也能活下去。或许你在个人生活中习惯了夸大其词,但我不是青蛙,不必将我吹捧成犍牛。我知道,我扮演了许多角色,但我宁愿死也不愿意分享你呼吸的烟气和欺骗。

我经常作为见证者,见到你如何用语言回应与你、伊万诺夫、波戈金、卡皮察①等等绝交的人。愿上帝保佑你。没关系,在我面前你完全

---

① 彼得·列昂尼德维奇·卡皮察(1894—1984),苏联物理学家,苏联科学院院士,1978年与两位西方人共同荣获诺贝尔物理学奖。

正确。

相反,是我对你不公,我不信任你。而你离开我生活,彼此不见面,也不会失去什么。我不是忠实的同伴。对你、涅高兹和阿斯穆斯,我愿意说些温存的话语,先前我也曾这么说过。当然,我更愿意把你们都绞死。

你的鲍里斯

这封信无需注解,充溢其间的既有对长期深入骨髓的庸俗做戏之愤慨,也有多年来"与屈辱相伴"的虚情假意所带来的极度厌倦,正如托尔斯泰对虚假个人生活的厌倦。其实距离出走也就半步之遥。只不过托尔斯泰逃离了芸芸众生,帕斯捷尔纳克则将所有人驱散。这一切由来已久:

> 不知为捍卫何许人,可怜的鲍里斯·利瓦诺夫跟我闹翻了,我没办法阻止他。一切令人作呕,连我自己也一样。第二天,由于头天晚上的不愉快,我感冒病倒了。嫌恶之感也引起并发症,我的面部出现了眼袋,眼圈周围布满红肿,好像眼镜蛇。透过浑身的燥热,这种感觉纠缠我,我对自己也感到恶心,可是当我坐下来工作,停止占用自己和他人,这一切顿时消失了。(摘自1950年4月6日写给尼娜·塔毕泽的信)

当时,在1950年4月,鲍里斯·利瓦诺夫还只是"可怜的"。

与利瓦诺夫分手两星期后,帕斯捷尔纳克试图和解,1959年10月3日,他请利瓦诺夫夫妇"越过那封信",一同庆贺济娜伊达·尼古拉耶夫娜的命名日,但利瓦诺夫伤透了心。1960年初,帕斯捷尔纳克甚至也跟尼娜·塔毕泽发生了争吵——她觉得,他似乎在为她对伊文斯卡娅的评论而怨恨,事实也的确如此。出现了尴尬的局面。在画家古季阿什维利的女儿丘库尔特玛调解下,他们重归于好,刚得知帕斯捷尔纳克生病的消息,尼娜·塔毕泽就从第比利斯赶来。他的病情却被新近的关系破裂所掩盖,或许也可说被昂露:他拒绝让伊文斯卡娅来看他。在他身边,只剩下家人和纪齐安·塔毕泽的遗孀。

3

我们正在接近托尔斯泰和帕斯捷尔纳克晚年世界观的源头,其主要组成部分是清心寡欲和对极简生活的向往——意在避免谎言、偏执和混乱,而非取消生活基本程式(譬如艺术、仁慈、启蒙,尽管艺术也曾刺伤过托尔斯泰)。这对于帕斯捷尔纳克尤为紧要,他一生都害怕以尖锐言论或草率意见伤害他人;这漫长而又过剩的委婉是必要的,是为了在生命尽头更加决然和无情地说出最主要的,其间已无任何妥协。

托尔斯泰的哲学深受同时代人欢迎,因为这是文明危机的哲学,是一个时代劳苦倦极的结果。托尔斯泰喜欢"fin de siècle"①这一概念,他的思想于十九世纪八十年代最终定型,标志着不堪自身复杂性的时代之终结。需要极度的简化,在此意义上,与其说托尔斯泰是俄国革命的一面镜子(列宁语),不如说俄国革命是托尔斯泰一面扭曲的镜子。托尔斯泰不接受亚历山大二世虚假的自由主义,帕斯捷尔纳克不愿把赫鲁晓夫的自由主义当真;在此之前,二者分别对尼古拉一世的棍棒体制和类型学上与之近似的斯大林主义感到厌恶。就危机(心理的和创作的)耐受力而言,托尔斯泰和帕斯捷尔纳克尤其相近:从症状学来看,托尔斯泰"阿尔扎玛斯的恐惧"②和帕斯捷尔纳克在巴黎时的癫狂也很像,并且因为远离家庭而加深。

帕斯捷尔纳克和托尔斯泰都很讨厌政治、蛊惑、做戏、虚假、官方宗教(在帕斯捷尔纳克的时代,退化的共产主义意识形态形同官方宗教)。这些丑恶现象的对立面是自由的、非官方的、教会之外的基督教(帕斯捷尔纳克与官方教会没有恩怨,但也不是任何教堂的教友)。

距离最后的真理越近越好。帕斯捷尔纳克卸除了私人身上的历史责任,继而抵达了托尔斯泰历史哲学的逻辑终点。

在弃绝诱惑之前,帕斯捷尔纳克也曾像托尔斯泰一样被诱惑所吸引。帕斯捷尔纳克对苏联庸俗之风的憎恶,源于接受它、喜爱它的真诚意愿;他在《日瓦戈医生》中对人民的盲信和兽性表达了清醒的忧虑,这意味着对先前的"爱慕"之反思。

---

① 法语:世纪末。
② 出自托尔斯泰小说《狂人日记》(草婴先生译作《疯人日记》)。这篇小说受果戈理同名小说启发,创作于1884年,采用第一人称叙事,讲述了"我"于1869年某月在奔萨省廉价购得庄园,途中在阿尔扎玛斯过夜,因精神突变,经历了死亡的恐惧和思想危机,幡然醒悟后反被"人们的共同世界"视为疯子(参见张直心:《〈狂人日记〉:鲁迅与托尔斯泰同名小说互阐》,载《文学评论》2011年第5期)。

但帕斯捷尔纳克的反叛不应归于纯粹形而下的因素。问题终究不在于折腾和虚耗。当生命行将终结时，托尔斯泰或帕斯捷尔纳克气质的艺术家否定个人经验，并非由于外因，而是由于活得太紧绷。他可能会厌倦任何生活，无论好的还是坏的，贫寒的还是富足的：无论如何，他都很想把以往一笔勾销，开启新的绝对单纯的生活。但这挑衅似的清高还有另一面：不仅是倦于个人生活，还有对俄罗斯生活及其绝境的倦怠。

1955年，在与儿子的一次交谈中，帕斯捷尔纳克提醒他："如果将来你写我，一定要记住，我不是什么极端主义者，其余的随你怎么写。"儿子为父亲的嘱托而吃惊。这与谈话的主题毫不相干。帕斯捷尔纳克有理由担心，未来的读者将他视为极端主义者：五十年代，他的天纵之才比性格更突出，他当然也算是一个极端主义者。

然而，对邻人的爱能怎样？辛勤传扬的善又能怎样？难道唯有当权者才有责任表现出宽容？托尔斯泰为我们留下多少愤恨、憎恶和偏激的事例；又有多少回忆，提到帕斯捷尔纳克对周围人懒于理解，也无意理解！可他应该明白，就连赫鲁晓夫——国家的主宰者，也不是其本人全方位的主人。他身边有个敌意的圈子，必须与之展开斗争；相互污损之人充斥于上层，总想诋毁诗人……他为何颇能谅解斯大林，容忍其对现实状况的失察，却不愿宽谅其从劳改营和流放中解放了千百万人的继任者？

1937年，帕斯捷尔纳克的言行远非谨慎，到了1945年，针对文学和其他领域的权威，他又发表了更激烈的言论。关键是，托尔斯泰和帕斯捷尔纳克的人生所给予我们的教训具有原则性——不能要求一个真理向其开放的人始终宽容。三十年代的帕斯捷尔纳克走过了一条艰难的路，尚未向自我充分敞开，当时他还能忍耐许多东西。五十年代的帕斯捷尔纳克摆脱束缚，抵达了巅峰，二十年前认为理所应当的，他连一小部分都无法容忍。

所有"与历史同在的诗人"、艺术家和有能力进步的思想者，在形成各自的世界观并推导出严整的"万有理论"之际，全都听不得任何别的理论，也容不得对他们的创见抱有怀疑或冷漠。这便是他们身上的十字架。康德不惮于将他的道德学说比作灿烂星空；帕斯捷尔纳克确信，其小说的存在比他个人肉身的存在更宝贵。用高于众人的声音传扬爱的人，注定只能向志趣相投者或自然景观表达爱。托尔斯泰称漠视他教诲的人是疯子，他们被指引着逃离起火的屋子，却使劲将出口封闭；帕斯捷尔纳克也有同感。对于从内心找到完整世界的人而言,外在世界只是一道障碍。

4

1952年秋天,帕斯捷尔纳克终于决定镶一副新牙。济娜伊达·尼古拉耶夫娜认识一位出色的牙医,她说服丈夫去找他。假牙镶得不成功,他无法咀嚼,动不动就要缝线和修补,非常难受。10月20日,例行的诊治后他回到家,突然失去知觉。妻子给他敷上热水袋,叫了救护车。只过了七分钟,救护车就飞速赶来,医生当场怀疑是心肌梗塞。注射了樟脑和吗啡。帕斯捷尔纳克很快苏醒了,称胸部剧痛。医生警告说,如果不尽快去医院,病情可能成为一场灾难。让妻子惊讶的是,帕斯捷尔纳克立刻同意了。他被抬上车。去博特金医院的路上,他开始吐血。心脏科病房没有空位,只能把他安置在走廊,按照苏联医院的惯例,禁止妻子陪护,她不得不返回莫斯科的住处。

随后发生的事情,帕斯捷尔纳克本人用几乎同样的语言描述过数次,当时的情形简直难以理喻。没有死的恐惧、肉体的疼痛、待在医院走廊里的绝望,他反而感受到一种欢欣和幸福的迸发。这要么是鸦片全碱的作用,要么是一些重病患者偶尔诉说的骤然的快感——大脑仿佛要补偿痛苦,忽然向血液里释放出空前多的胺多酚和极乐荷尔蒙。不管怎么说,在10月21日的夜晚,在医院走廊,帕斯捷尔纳克再次经历了创作的高潮,以及他在给尼娜·塔毕泽的信中描绘的无比幸福的时刻:

这件事刚一发生,我就被送来,起先在夜晚的五个小时里,我在诊疗室静躺,然后到了深夜,我躺在市立医院常有的阔大而拥挤的走廊,在昏迷、恶心和呕吐的间隙,平静和喜乐将我裹挟!

我想,假如我死去,不会有什么不妥和不可弥补的后果。济娜和廖涅奇卡的钱够用半年到一年,而且他们会适应,也会找点事做。他们会有朋友,没有人欺负他们。结局猝然降临到我身上,并非在创作的高潮,在我埋首于某个未竟之作时。在时间设置的重重障碍中仍可做完的那点事情,都已经完成了(翻译莎士比亚、《浮士德》和巴拉塔什维利)。

身边的一切都以熟悉的节律运转着,物体如此鼓凸地簇集,如此尖利地摊开阴影！长度快有一俄里的走廊连同入睡的人体，在漆黑和寂静中隐没，尽头是一扇窗，朝向墨水般浑浊的雨夜的花园，泛动着城市之光，树冠以外的莫斯科之光。这条走廊、窗边值班护士桌上的灯罩的绿色热气、阒寂、女护理员的身影、窗外和背后的死的临近——所有这些凝聚在一起，如此深不可测，就像一首超人的诗！

那好似生命最后一瞬的时刻，让人比以往任何时候都想跟神说话，赞美眼前所见的一切，将它们捕捉并深深刻印。"上帝，"我悄声低语，"感谢你投下如此浓厚的色彩，造就了这般生与死，感谢你的语言——绚丽壮观，宛若天籁，感谢你使我成为艺术家，创造即是你的学派，感谢你始终为这个夜晚塑造着我。"我因这幸福而欢欣而悲泣。

帕斯捷尔纳克的主题在此一览无余——灾祸被视为意外的幸福；悲剧作为生活隐秘的背景再度浮现，暴露并消除所有外在之物，剩下的唯有触及事物秘密本质的喜悦和陶醉。为这个夜晚，他后来写下他最具现代色彩、最有音乐魔力的诗作之一，作者的朗诵保存至今，即使从录音里，也能感觉到他以为自己就要死去时所体验的敬畏和祈祷般的喜乐。

> 人们像挤在橱窗前，
> 几乎将人行道拦腰截断。
> 担架推进车厢。
> 卫生员跳进驾驶室。
>
> 救护车绕开便道、
> 楼门、看热闹的闲人
> 和街头夜晚的慌乱，
> 闪着火光隐入黑暗。
>
> 民警局、街道、人脸
> 从路灯的光影下一掠而过。
> 氯化铵的玻璃器皿
> 跟随女医师一起摇晃。

下着雨,诊疗室静悄悄,
除了排水管沮丧的响动,
只有笔尖在病历表上
逐行的勾画。

整座楼房都满了。
只好将他安置在门口。
碘散发出刺鼻的气味,
从室外飘进窗里。

窗户用正方形拥抱
花园一角和一小片天空。
新来的人端详着
病房、天花板和白大褂。

助理护士正在询问,
忽然摇了摇头,
他意识到自己身处绝境,
未必能活着出来。

于是他把感恩的凝望
投向窗口,一道墙壁
在窗外发光,它那光亮
仿佛是来自城里的火灾。

在那里,霞光映红了道口,
在城市的反光中,
枫树垂下多节瘤的枝干,
向病人致以告别的鞠躬。

"上帝啊,你的作为

何其完美!"病人暗自想起——
这些床褥、人群和墙壁,
这死亡之夜和夜的城市。

我服下一剂安眠药,
哭泣着,揉着手帕,
哦,天父,激动的泪水
让我看不清你的圣容。

一缕微光落在床前,
为我带来甜美的感知:
我和我的命运,
皆为你无价的恩赐!

病床上的结局来临之际,
我感觉着你手上的温热。
你攥住我,像攥住一件制品,
你收存时,像把戒指放回匣子。

这首诗落款为1956年,但构思正是在那天晚上,在医院走廊里,帕斯捷尔纳克浮想联翩,想到与家庭、生活和创作的别离,他潸然泪下,以感恩之情向上帝祷告。

《在医院》是帕斯捷尔纳克又一首死的赞歌,而在《此世》中,他也曾借杜多罗夫之口发表了个人独白,欢迎自己的死。《八月》连同死后变容的奇迹,连同不为生离死别所触动的声音,同样令人难忘。这种对待死亡的欢庆与庄严的态度,并非出于生活的厌倦(主人公始终对生活怀有感恩),而是终于从一切次要事物中解脱的幸福。除了感激的泪水,别无其他 没有恐惧,也没有拯救的哀告,唯有无尽的柔情与感动,因为上帝的世界"绚丽壮观,宛若天籁",在命悬一线的时刻,甚至苏联医院的走廊,湿淋淋的枫树和它嶙峋的树枝,也都有了壮观的形象和婉转的音色。树木蓦然呈现的慈爱、多节瘤的枝干喻示的同情,正是整首诗情感的顶点,在此之后面向上帝,并不显得煽情、虚假和谄媚。唯一被拔高的是那忠实而亲密的声音:上帝,请原谅,"激动的泪水让我看不清你的圣容"。

怀着极度的惊喜,帕斯捷尔纳克朗读了这首诗。造物主的仁慈并非人人皆可顺从且愉悦地承受,但许多人都被他这首诗从悲观中解救出来。在最严重的危机时刻,他居然还能说:"上帝啊,你的作为何其完美!"即使身处绝望和死的险境,他还在审视神意的和谐,可见他更看重命运的完美纹饰而非个人平安,而这应该已经接近于神圣了。

帕斯捷尔纳克在医院所体验的欣快之感,或多或少属于身体的自然反应,但可能不是由药物引起,而是肉体上乃至潜意识的感觉,觉得这次不会有事。早在1941年秋天,他就问过妻子和自己:"为什么我心里没有恐惧?"他的直觉如此发达,以至对获救有着近乎神秘的预感,而且应验无误。1952年,他遇到了同样的幸福——奇迹般解脱的喜悦。

济娜伊达·尼古拉耶夫娜早上来到医院,看到他几乎与健康人无异,快乐地大声欢迎她。他完全清楚自己的病情,没有丝毫抱怨。他反对将他从走廊挪走,不希望受到优待。先后有两具遗体被人抬着从旁边经过。妻子知道他敏感,担心他受不了这种场面。她跑到苏联作协,要求将丈夫转到克里姆林宫医院,但医生说转院过程的颠簸很危险。帕斯捷尔纳克在博特金医院住了一个半月,直到快要康复时,才转入克里姆林宫医院第七分院。

他的儿子来看他,记住了他一生中颇多神秘巧合之一:他躺在一间双人病房里,邻床是党的一名大领导。这位病友一直开着收音机,在寂寞和恐惧中煎熬,帕斯捷尔纳克深受折磨,却还是忍住了,他知道此人必死无疑。病友背痛难忍,医生安慰他说是脊柱神经根炎,但帕斯捷尔纳克了解到(大概还是从那几位医生的交谈中),他的病友得的是肺癌,剩下的日子屈指可数。1960年4月,当他身上出现了同样的疼痛,他立刻为自己做出诊断,不相信积液之类的说法。亲友看望时,他不能多说话,就让儿子详细叙说情况,但正像儿子觉察的那样,父亲不在意他的"伤心和不安",而是沉湎于新的内在经验的感受。

他不断要求妻子切勿向苏联作协求助,这想法本身就让他厌恶,可是妻子不顾他的反对,从文学基金会弄到了两张博尔舍沃的疗养券,没花一戈比。博尔舍沃本该唤起他愉快的回忆,1935年的巴黎之行结束后,他曾在那里疗养过一段时间。1953年1月6日他出了院,2月3日夫妻俩前往疗养院。3月5日,帕斯捷尔纳克在解冻的树林里散步,忽然看到一群人举着带有哀悼丝带的红旗打那儿经过,立刻意识到,事情终于发生了。①

与人们的臆想相反,他并不排斥解冻的到来,反而抱以巨大的创作热情。1953年夏天和秋天,他写了日瓦戈组诗中的十一首。在给朗诵艺术家、佩列捷尔金诺别墅的常客德米特里·茹拉夫廖夫的信中他写道:

> 不夸张地说,这种从自我本身、从所谓"你感觉如何,心境就如何"的定势中解脱的自由,这种对手头的事情和身外之事的专注,我只是在《生活,我的姐妹》时期体验过。这一次,收获的喜悦重现,同样不可遏止,这在小说创作中表现得更明显。真可惜,已经写完了三个本子。它们或许会阻碍并挫败读者,打消他们接受第四本的意愿,但从写法来看,这第四本才是主要的……

1953年奇迹般的夏天过后,他给尼娜·塔毕泽写了一封信,这封信后来广为引用:

> 尼娜,这工作的陶醉、这幸福不知因为何故降临在我身上。有时我觉得自己不受自我支配,而像是落入了上帝的造物之手,这双手将我造就成连我都不明白的东西,我像您一样为之恐惧。不,这不是真的,也不可怕。

夏天又一次成为他的合作者——浑然忘我的非凡的自由之夏。但如果说1917年的夏天越来越慌张,爱情越来越痛苦,诗歌越来越绝望,那么1953年夏天则给人以豁然开朗之感和空前的希望。另一种最高的现实,再度介入庸常、难耐的现实,正是在这种意外缓释的作用下,帕斯捷尔纳克当时的创作,首先是他的长篇小说,出现了一些极为出色的篇章。有理由相信,日瓦戈组诗的意象变得跟《生活,我的姐妹》有几分相像:

> 请把身体伸展
> 到整个长度,
> 在群星聚集的
> 宿营地。

---

① 指斯大林去世。

>星星秩序井然。
>时间永远流转。
>愿你的梦也如此甜蜜
>同样不可侵扰。

这首题为《在敞开的天空下》的诗,是为日瓦戈组诗而作,尽管后来没有纳入其中。此诗让人想起他很久以前"那些寂静中的出口多么美妙!"[①]:又是空间的寥廓,又是天空的迫近,又是无所不能以及与上帝齐平的自我感觉。他在给奥莉加·弗莱登伯格的新年贺信中写道:

>当然,我认为没有什么本质性的变化,除了我们生活中最主要的一点。姓名和人物随时而普遍的消失已停止,幸存者的命运有所改善,有人正在回归。

此时,一些从劳改营归来的人开始拜访帕斯捷尔纳克。最先到来的是瓦尔拉姆·沙拉莫夫,对他附带着诗作的信,帕斯捷尔纳克予以详尽而不乏敬意的评点。(在短篇故事《信》中,沙拉莫夫叙说了他是如何等了一个星期,终于等来了帕斯捷尔纳克的回信)很少有人能获得帕斯捷尔纳克赞赏与审慎的评论,沙拉莫夫正是其中之一:这不仅是出于对他甚至在俄罗斯二十世纪血腥历史映衬下也堪称可怕的悲惨命运的尊重,这也是向他的勇气与坚忍的致敬:他从不抱怨,一直在写诗。帕斯捷尔纳克同他交谈,视他为真正的诗人。沙拉莫夫起初还没有权利在莫斯科居住,当他来到佩列捷尔金诺时,帕斯捷尔纳克对他平等相待。一些人找到帕斯捷尔纳克,只为确证他的真实存在,向他说声"谢谢",因为他的诗曾是苦难意识所攀附的救命稻草。有一次,未经书信联系和提前通知,来了一位刚获自由的教师,他只想见见帕斯捷尔纳克,别无他求。帕斯捷尔纳克把自己的大衣给了他。

整个1954年,他都沉浸于创作之中。他的工作受到了4月发表的《小说里的诗》的激发。此事是由年轻评论家弗拉基米尔·奥格涅夫促成的。三个月前,奥格涅夫约请帕斯捷尔纳克为《文学报》提供新作:1946年以来,这还是第一次有人要他发表原创诗,对他而言无疑是变化的征兆。帕斯捷尔纳克选了许多,交给奥格涅夫,但由于《文学报》的领导仍是西蒙诺夫,这

[①] 引自帕斯捷尔纳克《草原》(1917)。

些诗也就发表不了。在前引致弗莱登伯格的新年贺信中,帕斯捷尔纳克称"还没有空气",他说得没错。年轻评论家自感愧对帕斯捷尔纳克,不知该如何通知他稿件被拒,就把事情告诉了薇拉·英蓓尔①,后者立刻表示愿意提供帮助:"《旗》杂志主编现在是科热夫尼科夫,我跟他交情不错,我也是编委,交给我吧,我再转交给他。"她一甩灰白的鬈发,去了《旗》杂志。帕斯捷尔纳克的诗很快就刊登出来了。

就这样,帕斯捷尔纳克连同他原创的非翻译文本,出现在当时的苏联刊物上!他很高兴见到《三月》《白夜》《春天泥泞的道路》《表白》《城里的夏天》《风》《酒花》《婚礼》《离别》和《相会》(缺最后一节)公开发表,这相当于预告了《日瓦戈医生》,也像是表明小说的合法化。虽然西蒙诺夫在一篇评论中指出,帕斯捷尔纳克这些新作的社会意义比以前更少了,作者却没有因此而沮丧。他写下的最好篇章渐渐走向读者,他突然开始相信,终有一天他的小说也会问世。他的诗震撼了读书界,在苏联抒情诗的映衬下,这是前所未有的创造,简单明澈,看似合乎苏联规范,实则如此不同,仿佛全都在另一个平行宇宙里写就,用的是现代俄语,说的却是另一些几乎禁绝的东西!帕斯捷尔纳克晚期抒情诗的奇迹就在于此。阿赫玛托娃读了《婚礼》,对利季娅·楚科夫斯卡娅赞叹道:"多么完美!"仔细想来,这确实是一位抒情诗人对另一位至高的称颂。帕斯捷尔纳克掌握并重塑了苏联经验,简化了语言,使之更具现代感,而他用这种语言叙说的是"幸福与坟墓的秘密"、福音书、生与死。

1954年夏天,小说初稿即已完成,但直到次年8月,第二稿才修改完毕。作者又花费三个多月时间,对整个小说文本做了最后的校正,12月10日是他确认的完稿日期。

> 您无法想象此中收获!数十年间折磨人,引发困惑和争辩,导致昏聩和不幸的那个谜团,终于被发现并赋予名称。所有头绪都被解开,一切事物均已命名,简单、明朗、悲伤。最珍爱和最主要的、土地和天空、博大而炽热的情感、创造的精神、生与死,再度被阐明,重新获得定义……

这段话出自他写给尼娜·塔毕泽的信。

---

① 薇拉·米哈伊洛夫娜·英蓓尔(1890—1972),苏联诗人、散文家。

5

还有一件事情,神秘地巧合于小说的完成。1955年7月6日,因慢性肝炎和肝硬化,奥莉加·弗莱登伯格去世了。

她时年六十五岁,如果说他——她的同龄人——在这个岁数看起来依然健壮,精力充沛,比实际年龄显得年轻,她却早已活到了尽头。她孑然一身。她的著作未能出版,唯有惊人的学术洞见成为少数几位弟子的遗产,他们为人忠实,但不走运,也不愿钻营,他们当中没有人取得辉煌的业绩。她最好的作品也只是停留于手稿和校样。她没有继续工作的动力,对未来也失去信心。

1954年,科津采夫以帕斯捷尔纳克的翻译为蓝本,将《哈姆雷特》搬上列宁格勒的舞台;为这场演出,帕斯捷尔纳克专门赶译了莎士比亚的第七十四首十四行诗,但科津采夫采用了马尔夏克的译文。帕斯捷尔纳克没有出席首演,本来也不是特别想去,他专注于自己的小说,甚至不愿有片刻的分神。奥莉加·弗莱登伯格看了演出,随即给他写信,不吝赞美之词。总的来说,她最后的书信透散着柔情和敬意,清醒地意识到她的无助和失败——相较于他的成功,故而她昔日的清高很容易被谅解。

> 我早就想向你敞开心扉。我遭受了损失,而且无可弥补。我失去了自己。哦,是的,我是一个被彻底杀死的人。我因缺氧而枯萎。Mr. Bonnivard① 并非我理想中的人物,尽管他的居留之地令旅行者赞叹。换了我是拜伦,我绝不会使用"chainless mind"②一说。他不知道,人们就着什么将现实主义吞食。
>
> 与我相关的家庭信息,也就是这些。

伯尼瓦尔——拜伦《锡雍的囚徒》的主人公。锡雍城堡早已成为博物馆,参观者只要愿意,就能看到"岁月幽暗的苔藓,覆盖着地牢里的七根石柱"③。

---

① 英语:"伯尼瓦尔先生"。伯尼瓦尔,十六世纪日内瓦一位反抗专制的异端人士,被囚禁于锡雍城堡六年之久。拜伦根据他的英雄事迹,写了抒情诗《咏锡雍》和叙事长诗《锡雍的囚徒》(1816)。
② 英语:"没有锁链的思想"或"不受束缚的思想"。
③ 引自拜伦《锡雍的囚徒》(1816)。

但拜伦的囚徒却在诉说自己的意识、失去的锁链,以及奴役所无力掌控的头脑。作为严格的现实主义者,弗莱登伯格反对浪漫主义的说辞。真正的现实主义意味着,在苏联非自由的桎梏中,连她也被剥夺了思考的权利;铁板遮蔽她的生活,也遮蔽她的意识。许多人也可以这样说自己。

弗莱登伯格像古希腊人那样活着和死去。她的命运是古希腊悲剧而非基督教神秘剧,起码是她接受并造就了这场悲剧。1955年初,她病倒了。前来看望和照料她的只有帕斯捷尔纳克一位表亲玛丽娅·马尔科娃(马尔古利乌斯),歌手和演员,比他俩小三岁。她写信告诉帕斯捷尔纳克,奥莉加住院了,信中的责怪明显可见:

> 想必你知道她病了,因为你们那儿有个年轻人来看她,可她无法接待,只能在电话里告诉他自己病得很重,等等。但你们谁都不关心此事。仿佛她会觉得惬意,即便孤独无依![……]祝你健康,愿上帝保佑你永远不像我一样经历孤独。

信中说的年轻人是维亚切斯拉夫·弗谢沃洛多维奇·伊万诺夫。帕斯捷尔纳克在回信中辩解道:

> 我总是立刻给奥莉娅回信,假如她不是那么聪明,那么有天赋,假如我不爱她和你,那就无所谓了,你们两人,像两种声音贯穿我一生,我为这样的人生感激不尽。[……]最近我跟谁都没有通信,甚至对身边的人,包括长子和舒拉,也避而不见(所以我不知道那位年轻人去了列宁格勒,也不了解奥莉娅的病情),这并非因为我犯糊涂,以至摆起谱来,把自己当成人物,也不是因为臆想的、根本就不存在的名望,而是因为在这1955年,特别是眼下这个夏天,我有个大部头的作品急于收尾,我不想半途而废。这就是我那小说的第二稿,初稿某些部分是你读过的。[……]不满意这部小说的,不止你一个。不喜欢并且反对它的人不在少数。满意者屈指可数。这部作品只为灵魂,永远不会或只有在遥远的未来才能得见天日,也就是说,不可能用现实需要和出版期限来衡量,不会是外快的来源,相反,它写得断断续续,有损于订货式写作的好处,得不偿失,如果考虑到这些,你就会明白,这个梦想的实现只能采取强制手段,暂时隔开周围的一切,这与自负无关。

接着,他以自己一贯的信念试图让马尔科娃相信,生活对待我们,永远比我们想象的更仁慈,我们的恐惧是徒劳的,但结局美好的童话似乎也已枯竭。或许他也意识到情况的严重性,他平生仅有的安慰之词反而显得像公文:

  我明白奥莉娅这种病会造成怎样的威胁。但凭借个人经验,我越发深信,看似日积月累和不可避免的灾难,未经爆发就会消退,危险也将消失,对于完满的结果我不会放弃希望。

写到这里,他坦言道:

  我身体健康,内心充满力量,只是不敢说我有多幸福。

你的鲍里亚

  因为这封信,或许很多人都不会原谅他,尤其是不喜欢《日瓦戈医生》的人。难道为了一本书,不管它是神圣的悲剧抑或堕落的闹剧,就可以蔑视朋友、儿子,现在则轮到心爱的表妹,半个世纪以来最主要的对话者,热爱他的才华、崇拜他的活力、在他怀疑自我之际一再盛赞其伟大的女性!1935年,难道不是奥莉加·弗莱登伯格在他的巴黎之旅后帮助他恢复了平静?难道不是她一直充当着他最好的读者,整个家族中,难道不是她和母亲最先理解并接受了他的第二次婚姻?如今,这个女人孤独无助,饱受病痛折磨,躺在医院里奄奄一息,可他却告诉他们共同的亲戚,说自己幸福得不成样子,还以小说创作为托词,拒绝探望那垂死之人!只有深爱帕斯捷尔纳克,才会理解和原谅他。表妹没有叫他来,她也无法给谁写信了。她几乎丧失了语言能力。

  医生们预断的结果不太好。她正在虚脱,情况很严重。吃不进也喝不下,也不是总想开口说话。衰弱得厉害。[……]她忘掉了一生的著作,做好了最坏的准备。

  马尔科娃为这些著作的命运担忧,弗莱登伯格已是万念俱灰。在她1978年才出版的主要作品《形象与概念》手稿上,她写了这样一段话:

  我失去了学术著作的权利。因而我的写作是为了记忆。我与学术思想已经绝缘,与学生和朋友们断绝了联系,课堂被占用。有鉴于此,我决定整理我三十七年来的研究经验,以便就此沉寂。路人,请以科学之名为这部作品祈祷!

奥莉加·弗莱登伯格
1954 年 3 月 20 日

这段题词完全是古希腊风格,仿若纪念碑上的铭文,尤其是"路人"这个称呼。是的,她与茨维塔耶娃也可能相互理解,甚至可能超过帕斯捷尔纳克对她们两人的理解。"我也是,路人!"毕竟,这也是茨维塔耶娃的古希腊和前基督时代情结,而且更明朗也更可怕。一如希腊本身。

但通过帕斯捷尔纳克写给马尔科娃的信,还是能够理解他。

> 我的信肯定会让你难过,你可能觉得,我对奥莉娅和她的命运毫无感情,甚至在她活着的时候就如此平静地将她埋葬,哦,你可真错了!但我对个人及一切所爱之终结考虑了太多,我早就准备好接受这结局,除此之外,我们又能做什么?对于所有值得珍重的事情和这注定失去的宝贵生命,我们唯一能做的,归结起来便是,将我们全部的爱倾注于生活的塑造和锤炼,倾注于有益的劳动和创造性的工作。

帕斯捷尔纳克不愿参加葬礼。他藏身于"创造性的工作"。但我们会想起他以平静的斯多葛精神迎接个人之死,没有一丝惊恐,想起他临终时清醒而庄重的安排……他身上是否真有茨维塔耶娃所云歌德式"非人的气质"?"与母亲擦肩而过,错失十二年的等候。"①他拒绝与表妹最后的相见,不也和当初的情形如出一辙?从莫斯科到列宁格勒是一夜车程……

我们试着提出三种互补而非冲突的解释。首先,按照帕斯捷尔纳克的基督教观念,重要的不是安慰什么人,不是说真诚或虚伪的话,这些安慰对双方都是损害,因为它们以假话为前提,即使目的是救赎。在词语中延续所有逝者的存在,才是诗人和艺术家的使命。帕斯捷尔纳克也以此种方式理解对表妹的责任——他认为他的小说是他们这一代人的纪念碑。他在作品中与奥莉加道别。埋首创作之时,他觉得自己不完全是一个人,而是上帝手里的工具,是攥紧的铅笔,"你攥住我,像攥住一件制品",同时也像工具般不自由。这不是虚言,是他真实的想法。假如他不这么想,也许就难以

---

① 1935 年,茨维塔耶娃曾致信帕斯捷尔纳克,指责他心硬,未与父母相见。参见本书第二十九章第 3 节。

幸存。

第二种解释与第一种密切相关：帕斯捷尔纳克不认为死是值得关注的事情，无论这听起来多么荒谬。他从自己的世界里排除了死，并非出于惧怕，是因为他把死视为人生在世的结束，仅此而已。这依然是日瓦戈主要思想的延续："死是与我们不相干的事。"福音书里也有令人惊颤的断语：

> 又有一个门徒对耶稣说："主啊，容我先回去埋葬我的父亲。"耶稣说："任凭死人埋葬他们的死人，你跟从我吧。"（太 8:21）

这话谁能领受，就可以领受①；基督教不是感伤的童话，其中有许多东西也不是每颗心都能承受。对帕斯捷尔纳克而言，艺术是基督徒献身的主要形式，是唯一生动的事业。疾病、死亡、日常生活、社会乱象、政治幻想等等不属于他的一切，要么被清除一空，要么无论如何都不能进入内心。就让死人埋葬他们的死人，生者去做自己的事。

还有更具人性的第三种解释：帕斯捷尔纳克当初未去探望流放中的曼德尔施塔姆，是因为不想跟一个陷入困境的人争执，也可能是不想以自己健康美满的形象让身遭病痛和恐惧的他感到难堪。后来，弗莱登伯格经历了破碎的人生，各方面都很失败，帕斯捷尔纳克则处在幸福和创作能力的巅峰，因而他可能会意识到，将这些展现给病榻上行将死去的表妹，是不得体的行为：毕竟，幸福难以掩饰。他未能拯救她，却有可能因两人命运的反差而突显她的困顿无望和徒劳一场，从而使她遭受最后的打击。这不是他想要的。

如果有谁无视以上所述，仍然觉得，这是一个显年轻的、轻佻的、自私且又孱弱之人的故事，他以书写一部带有救世野心的劣作为托词，在生命的最后岁月里终于脱离众人，顺带以他荒唐的清高伤害了所有爱他的人，那我们只能说，这种观点不值一驳。确实有许多人认为，帕斯捷尔纳克在他的小说上失去了理智，因为自傲，因为长期不被认可，最后还因为老年人自我批评的缺失。一个更看重生而非死的人，总是让自己落入险境；一个更强调创作（也包括自己的）而非泛泛地表现慈悲的人，往往在道德上受到怀疑。但仔细想来，奥莉娅·弗莱登伯格应该会理解他。

---

① 语出《圣经·新约·马太福音》第十九章第 12 节。

对死者最好的纪念,就在于将他们与幸存者密切结合的紧张充实的创造性活动。而且我也不认为有什么可安排的。[……]我的重大的命运仍未落定,它离我如此之远,我无法对它施加影响,也无法确知情况。

通常认为,这段话意指《日瓦戈医生》在意大利的出版,或者是当局暗地里的活动。我们更愿意相信,这是他对天命的断言。

第四十二章 《日瓦戈医生》

1

我们试着来分析这本书。由于四周掀起的风暴,它将种子播撒到远方。这部被称为"天才的失败之作""充满缺陷"以及"二十世纪主要长篇小说"的作品,在西方曾经两度搬上荧屏,在俄罗斯却一次都没有①。帕斯捷尔纳克为它而生,并付出生命的代价。围绕它撰写了大量论著,所有篇目加起来,或许会是比小说本身更厚的一卷。但时至今日,这仍然是世界文学最神秘的作品之一。

如果把《日瓦戈医生》视为传统现实主义小说,就会遇到许多牵强附会、相互抵牾和无法解释的现象。种种奇谈怪论的简单罗列,足以让想看到文学准确反映时代的人远离这本书。首次将小说改编成国产影视剧本的作者尤里·阿拉波夫说得对:这本书应当慢慢读,就像它被书写时那样。每天一两页,有时一段就够了,读者一整天都会感到自己是幸福的,仿佛会听到帕斯捷尔纳克直接向耳边发出的悲欣交集的声音:

> 托尼娅高高地躺着,比通常死去的人躺得还高,她仿佛精疲力竭,浑身冒着热气,这股热气淹没了吃尽苦头的人。她高高地躺在产房中间,像一艘穿越死亡之海的船,承载着不知来自何方的新的灵魂,抵达一片生命的陆地,刚刚抛下船锚,把这样的灵魂送到岸上,然后停在港湾,开始轻松惬意地歇息。那负荷过重的、疲劳的缆索和樯桅,连同消逝的记忆,也全都在歇息,彻底忘记了不久前在哪里,驶过什么地方,又如何抛锚停泊。

---

① 2005年根据《日瓦戈医生》改编的十一集电视连续剧在俄罗斯拍摄完毕,并于次年公开播映。

谁也不了解她这艘船悬挂的旗帜代表哪个国家，所以也不知道对她该使用哪一种语言。①

帕斯捷尔纳克倍感骄傲的正是《日瓦戈医生》的风格和音调，后者承载着关键信息，情节倒是次要的。据《诗人与散文》作者尼·法塔耶娃估算，小说里的语句和段落平均长度只有他早期散文的一半。《日瓦戈医生》以短句写成，没有帕斯捷尔纳克那里最常见的形动词短语和冗长描述，只有《圣经》式的简洁和哀婉动人的短音。寻找这种音调，实为帕斯捷尔纳克散文创作的主要目标；直至四十年代末，他的眼界才达到应有的高度。小说主要人物全是少男少女，全都令人哀怜，"上帝把衣袖贴向眼眸"为所有人哭泣②，甚至也为最卑劣的人；这是出自布宁的意象，到了晚年他也像帕斯捷尔纳克，写得极其简短和悲伤。

帕斯捷尔纳克亲口说，小说笔调"灰蒙蒙"。其实不然——语言的中立性不会欺骗读者。他早年写作的高蹈激情不复存在，唯有为世界的无限丰富，为它绵长的童话而感动，这当中找不出一个无来由的词语。

小说初次朗读之后，帕斯捷尔纳克遇到了异乎寻常的反应：一大半听众惊惶不安，更严重地说，是大失所望。为解释人物性格，他读了几首诗，博得了好评。风景也受到称赞。这刺痛了帕斯捷尔纳克。他当然知道自己擅长写景。

当时，他比以往任何时候都更需要认真的批评者、读者朋友及内行人士向他本人指点迷津——他的得失究竟何在？这是怎样一部奇书，独立于他，自行书写，又是怎样的力量操控着他的手？他从不喜欢谈论自己的创作，不向旁人征询意见，现在他却把书稿送给能送的人，有时就连相距甚远、近乎偶遇的人也会收到（正如《二月》一诗所云："越偶然，就越真实。"）。副本所剩无几。他急切地询问观感，听到最多的是同一种：诗好，景物也好。他与几位不能接受《日瓦戈医生》的朋友断绝了往来。因这本书而与他产生龃龉者，也包括安娜·阿赫玛托娃。两人的关系陷入了僵局。

---

① 引自《日瓦戈医生》第四章第5节。
② 引自伊万·布宁《孀妇在夜晚哭泣》(1924)。

2

《日瓦戈医生》——写在象征主义之后的象征主义小说。帕斯捷尔纳克本人称之为童话。这本书确实"经由帕斯捷尔纳克而来",因为他是少数幸存者之一。它不可能隐而不发——过去半个世纪的俄罗斯历史总需要有人从象征主义散文角度加以认知,其关注点不是事件,而是它们的起因。但考虑到这些事件所导致的后果,这种认知只有在二十世纪后半叶才是可能的。就此而言,"苦难历程"的失败显而易见。不得不承认,关于俄国革命,帕斯捷尔纳克写下了几乎是唯一一部货真价实的长篇小说,因为写的不是人与事,是支配人与事以及他自己的力量。

只能从这样的视角审视《日瓦戈医生》。在不同时期,它遭到同样的批评:不自然、牵强、不可信……"没有这回事!""这回事"的确不该有。帕斯捷尔纳克的小说是充满隐喻和夸张的寓言。它不可信,正如神秘历史转折中的生活之不可信。

小说情节简单,象征结构一目了然。拉拉——俄罗斯,拙于生活,又善于应变;不祥的女人和不祥的国度,吸引着梦想家、冒险分子和诗人。安季波夫——拉拉的恋人、革命家、坚毅的行动者;科马罗夫斯基——权力和财富的象征,以庸俗和生存之道见长。与此同时,拉拉——乃至俄罗斯,注定为一位诗人而存在,他不善于安顿和照料她,却始终理解她。尤里·日瓦戈——俄罗斯基督教的化身,帕斯捷尔纳克认为其主要特征是牺牲精神和慷慨无私。俄罗斯历来不属于诗人,永远横亘于两者之间的,要么是旧世界的残酷专制,要么是新世界的专横独断。当斯特列里尼科夫饮弹自尽,科马罗夫斯基不知所终,尤里·日瓦戈自己也死去,他与拉拉的结合便再度破灭了。

但帕斯捷尔纳克之精准,不仅在于俄罗斯命运的象征主义描述:他看破了革命者势所难免的落败和铁血的斯特列里尼科夫们的消亡,取而代之的是一干卑鄙小人。只是在1917年,革命精神才将日瓦戈医生虏获,之后很快脱离现实,像战争宣传的谎言和哥萨克的马鞭,布尔什维克的蠢钝僵直令主人公厌恶。对拉拉和尤拉来说,并没有什么祖国。他们唯一的庇护所是瓦雷金诺废弃的屋子,只有在那里,在空间和历史之外,他们才是幸福的;而俄国革命只有在它让俄罗斯和诗人单独相处的短暂时刻,才是有价值的。不久以后,他们注定又要分离。

但这种对俄罗斯命运的象征主义元叙事(метаописание),当然不是帕斯捷尔纳克小说的尽头。《日瓦戈医生》——极度痛苦之人的呐喊,他不仅受制于野蛮和偏执的权力,也受制于个人的良知,双重压力迫使他一生都在损害自己。1931年,他向想象中的对话者发问:"可我该如何充实我的胸怀?"[①]直至1947年才找到答案。《日瓦戈医生》的呐喊可归结为一点:"正确的是我,不是你们这些人!"

终其一生,小说主人公做到了其创造者梦想而未能做到的一切:革命爆发后,他立刻离开莫斯科,无论在行为还是思想上均未与新政权合作;他从一开始就在写简洁明朗的诗。他始终相信,唯有特立独行才是正确的选择,独行者的命运也就成为小说的题材。1947年,帕斯捷尔纳克终于领悟了纠结二十年的问题:这本书的情节就是他自己所希望的生活。

3

通常认为,多到不可思议的巧合、偶遇和情节的韵律,构成了《日瓦戈医生》的主要特征,一些读者为之着迷,另一些则表示反感。日瓦戈在俄罗斯漂泊,给人的印象是他离家不远,在同一个孩童的国度踯躅不前,孩子们逐渐长大,养育自己的孩子,但从未走出封闭的空间,他们像台球相互碰撞,时不时落入种种惨祸的网袋。帕斯捷尔纳克本人在谈及"任意巧合的敞露无遗"时解释说:

我想以此展现存在的自由和近乎不可信的逼真。

他的解释委婉而不充分,虽则适用于"苦难历程"的情境。总的来说,关于俄国革命的大散文,均以这样那样的方式建立于无数情节巧合之上。各色人物不断相遇,无力摆脱彼此的束缚。如果说帕斯捷尔纳克和阿·托尔斯泰在不同时期——两人没有私交,世界观也不相通——不约而同地采取了同样的手法(这一手法也用在卡维林的《船长与大尉》、爱伦堡的早期

[①] 引自帕斯捷尔纳克《致鲍里斯·皮里尼亚克》(1931)。

冒险哲理小说以及格罗斯曼一部分战争散文中),那就说明他们的共同点绝非偶然。索尔仁尼琴在《文学论集》中提出的"史诗技法"也不容忽视。事实上,从托尔斯泰时代起,情节设置的手法便如出一辙:作者从几个家族着笔,在宏大事件的力场中探究家族命运的云谲波诡。从这个角度看《战争与和平》,离奇巧合与神秘遭逢丝毫不比《日瓦戈医生》少,只是在巨大的空间里并不明显。但也正是这种手法将情节脉络闭合,使小说承重结构愈加稳固,并以开阔的思绪、战争和哲学的插笔、历史哲学的冥想等等充实这个框架。不同的是,托尔斯泰的角色有十倍之多,包括一些重新审视的时常被丑化的历史人物;帕斯捷尔纳克有意绕开他们,或许是不感兴趣。他只关注"空中道路"上的变数,在他看来,天意的执行者在尘世的选择是几近偶然和无原则的。但说到巧合,日瓦戈与安季波娃周期性的相遇并不比安德烈公爵与彼埃尔在每个重大历史转折点上的相遇更离奇(总得有人应和托尔斯泰在这方面的思考),或者也不比偏偏是尼古拉·罗斯托夫来到博古恰罗夫庄园镇压农民造反这件事情更不可思议,在那里他碰巧拯救并爱上了玛丽娅公爵小姐,而他自己的妹妹却背叛了这位小姐的哥哥;造反理当发生在保尔康斯基的领地!①

诚然,帕斯捷尔纳克广泛运用了巧合,尽可能使之突显,饶有兴致地堆叠各种偶然性,赋予它们以韵律。错综复杂的关系中潜藏着"命运的交叉"——一部令人惊叹的小说的整个乐章,抛开这些,就只剩下被称道的风景再加若干个警句。甚至临死之际,不幸的医生居然再次遇到一个人,让他对命运中这个奇异的法则提前展开平生最后一次思考。引起他思考的是一个老太太,她跟随他乘坐的电车,时而落在后面,时而赶上来。

尤里·安德烈耶维奇想起在学校读书时做过的习题。两列火车在不同时间出发,以不同速度行驶。要求算出两列火车到达终点的时间和先后次序。他想回忆起通用的解题法,却怎么也想不起来。于是他丢下这个念头,开始更复杂的思考。他想到几个同时在生活道路上行进的人,行进的速度各不相同;不知在什么情况下,一个人在运气上会超过另一个人,一个人比另一个人长寿。他觉得这有点像人生竞技场上的相对性原则。不过到最后,他的思绪全乱了。他把这个念头也丢

---

① 参见《战争与和平》第三卷第二部第14节。

下了。①

思绪怎么可能不乱！此类问题仿佛有通用的解决方法！在窒闷的电车里，日瓦戈医生因心脏病发作而猝死（没赶上俄罗斯历史上最可怕的事件），谁会想到，为描写他死亡的章节设定终点的，竟是情节边缘几乎被遗忘的人物。别忘了日瓦戈待过的小城麦柳泽耶夫！那里有个老太太，热衷于风流韵事，一心想撮合他和拉拉，因为她要么是个法国人，要么……是的，是个瑞士人，"白发红颜的老奶奶弗列莉小姐"。也别忘了她总觉得有人敲门的那个雨夜！② 在小说结尾，她走在去大使馆取护照的路上，已是第十次赶过那辆电车，"却一点也不知道她赶过了日瓦戈，在寿命上也超过了他"。

难以置信，更难以解释，但手法是有效的。归根结底，小说音乐性的悲剧力量及其艺术感染力，均与此种不可信密切相关。日瓦戈医生独自置身于这个玄奥的艺术世界，尽管他也颠沛流离，却像索洛维约夫"爱的太阳"③一样静止不动，只有在此意义上，他才是帕斯捷尔纳克小说真正的核心人物。早在学生时代，为抚慰临终的安娜·伊万诺夫娜·格罗梅科，他便向她陈述了他的哲学原理，随后二十年里持之不渝。帕斯捷尔纳克屡次强调，他所赋予小说主人公的世界观前所未有，也难以形成，它只属于经历了二十世纪俄国历史重大灾难的人。

作者思想的承载者坚定不移，从一开始就对所有事物予以准确的评断，几乎从无偏误（唯有革命一度让他以为是"了不起的外科手术"，但他并未跟同时代人一道卷入蛊惑与诱骗，而是很快意识到革命的代价）。这位二十岁时就已洞知一切的主人公岿然不动，就像围绕原子核，一些分量略轻的"次要"人物甘愿围绕他，在他们交错的轨道上各自周旋。日瓦戈与这些人的相遇，犹若地球与哈雷彗星，主要是为了以自己的恒定突出他们身上的裂变。

以安季波夫-斯特列里尼科夫为例：起初他从我们的主人公身边掠过，后者并不知道他的存在——他们的交集非常间接（《日瓦戈医生》第二章第8节至第9节）：1906年的一天，尤拉的舅舅尼古拉·维杰尼亚宾站在窗边，

---

① 引自《日瓦戈医生》第十五章第12节。
② 参见《日瓦戈医生》第五章。
③ 语出弗拉基米尔·索洛维约夫的抒情诗《可怜的朋友，这条路让你疲惫不堪》(1887)。

809

望着游行集会上被驱散的奔逃的人群。男孩巴沙当时就在这些逃散的人中间。随后他们的命运交缠在一起,同样都不知情——尤拉发现了来自"另一境地的少女",而爱上她的人恰好是巴沙。两人结为夫妻。拉丽萨·费奥多罗夫娜将丈夫送上前线,接着她自己也前去寻找下落不明的丈夫,就这样遇到日瓦戈,可他根本不知道帕维尔·安季波夫是何许人。直到小说第一部的末尾,日瓦戈才遇到拉拉的丈夫,那时他已经叫作斯特列里尼科夫了。主人公惊异于这位无党派军事委员的特点:"思维异常清晰,异常准确。富有正义感,精神极其高洁,感情炽热而深厚。"然而,在第二部快要结束时,斯特列里尼科夫再次出现,他身上已经发生了巨变!谬误和落魄成了他的主要特点。他曾经热爱和深信不疑的革命,如今反过来追逐他,而且必然会追上:

> 我的一切努力都化为泡影。明天他们就要来抓我了……他们抓住我,不会给我申辩的机会,他们会扑上来,又骂又叫,不让我开口说话。难道我还不知道这一套?①

正所谓"伸冤在我,我必报应"(罗 12:19)。日瓦戈怀着同情,见证了这一切。斯特列里尼科夫的生命在他眼前停息,道德的胜利无疑属于一个挡得住时代的诱惑,不曾向谁复仇,也不曾残害谁的人。他以截然不同的方式赢得了自己的拉拉——自己的俄罗斯。"可您为此做了什么?"斯特列里尼科夫问道。"那完全是另一回事了。"日瓦戈医生含混地回答。他确实没做什么。从心所愿地活着,仅此而已。

在他周围,杜多罗夫和戈尔顿的人生轨迹亦如此:不是身陷于恐惧,就是醉心于正教,而最终都是为了顺从,继而成为随波逐流的苏联知识分子。对他们这种人,日瓦戈医生毫不容情地断言:

> 这就好像一匹马开口说话,说它如何在跑马场上绕着自己兜圈子。②

不过他内心里还有一番更清晰也更严厉的话语:

> 亲爱的朋友,你们两位以及你们所代表的圈子之平庸,是多么不可

---

① 引自《日瓦戈医生》第十四章第 17 节。
② 引自《日瓦戈医生》第十五章第 7 节。

救药啊,就连你们常挂在嘴边的权威人士的才华和艺术也不例外。你们身上唯一生动和闪亮的地方就是,你们与我在同一时代生活过,认识我。①

1956年,《新世界》编委会拒绝发表《日瓦戈医生》,在写给帕斯捷尔纳克的令人遗憾的著名退稿信中,格外醒目地摘引了这段话,激起了康斯坦丁·费定的强烈不满,他决意亲自撰写信件的整个"评析"部分。费定明白,尽管他与帕斯捷尔纳克有交情,也有相互恭维,但"不可救药的平庸"这段话却直接指向他,当然也指向"甘愿为苏联政权服务"的所有人,正如他在回信中叫嚷的那样。他恼羞成怒,甚至没发现作者对杜多罗夫和戈尔顿的善意——日瓦戈这两位终生的伙伴最终获得了希望,战争打开了他们的视野,他们在阳台上读日瓦戈的诗,俯瞰战后的莫斯科,这正是小说终场的一幕。日瓦戈医生从生者的世界消逝,却依然是这个世界的意义的核心,即使在他死后,他也能让朋友感受到他们个人存在的新阶段的来临,也能彰显他们被战争释放出来的品质。

小说中的所有人物均与日瓦戈形成对比,每个人都带有他的个性之光,每个人都领受过他严厉的目光——诗人的目光,用尤娜·莫里茨②的话来说,像"瞬息间仁慈地剥去表皮"。这便是以主人公与各个次要角色屡屡相逢为依凭的结构之意义:在个人及共同经历的各个阶段,日瓦戈从未改变,他帮助作者揭示出那些相信他人意见,相信时代诱惑之人身上有益的、更多是毁灭性的变化。主人公的形象犹如音乐盒里的滚轴,待在原地转动,带动其他部件产生鸣响;但它们震颤的声音越来越弱,越来越细碎……这音乐持续着,直到发条崩断。也就是到1929年为止。

在日瓦戈走过的每条路上,加里乌林③都一直保护他,可是在当时的俄国,出身底层的白军军官还少吗?日瓦戈不止一次地与捷连季·加卢津同行,后者甚至有过死里逃生的经历("他和别人一起集体被游击队枪决,但他没有被打死,从死尸堆里爬出来。"然后又在俄罗斯各地流浪)。捷连季·加卢津,另一个来自底层社会的角色,代表着所有"不良少年、品性败

---

① 引自《日瓦戈医生》第十五章第7节。
② 尤娜·彼得罗夫娜·莫里茨(1937—),俄罗斯诗人。
③ 帕维尔·安季波夫儿时的伙伴,学徒工出身,后加入白军,成为苏俄革命政权的反对者。

坏的恶棍、现实主义者中落后的留级生"①。在返回莫斯科的途中,像当初离开时一样,日瓦戈遇到了曾与格罗梅科一家同乘一列火车接受"强制劳动"的瓦夏·勃雷金,在这个时代和这片地方,瓦夏·勃雷金难道不是典型的形象?这也是帕斯捷尔纳克在俄国农村所见一切美好——温顺、仁善、忍耐的化身。强制劳动、逃跑、遭受诋毁、被捕、流亡、溃烂、浪迹天涯——这样的命运不也是屡见不鲜?在帕斯捷尔纳克这部象征主义小说中,主人公遇到的不仅是各种有血有肉的人,更是一些人格化的概念和典型化的遭际——他们姓甚名谁真的重要吗?我们可以把所有犹太血统的随大流者都叫作戈尔顿,把所有悔过的叛逆都叫作杜多罗夫,把所有终将被革命吞噬的革命之子叫作斯特列里尼科夫。只剩下托尼娅、尤拉和拉拉为单数。他们是小说里凤毛麟角的鲜活人物。

4

在《日瓦戈医生》中,姓名具有特殊作用,这是小说为读者所诟病的另一点。为什么各个角色的称呼都如此拗口?究竟从俄罗斯哪个角落,作者翻找出诸如安菲莫夫·叶菲莫维奇·萨姆德维亚托夫、利维里·阿维尔季耶维奇·米库利增、阿格里宾·顿佐夫、叶甫格拉夫·日瓦戈、瓦霍夫、马尔克洛夫、斯维里多夫之类的名号?如何理解二十世纪初居然还有叫作鲁米娜·奥尼西莫夫娜或谢拉菲玛的女性?以及徘徊在情节边缘的那个玛特廖娜·斯捷潘诺夫娜……聋哑人马克西姆·阿里斯塔尔霍维奇·克林佐夫-波戈列夫希赫,他可未必乐意生来就有这样的姓氏!还有桑卡·帕夫努特金和科斯卡·涅赫瓦列内赫……他们的形象取自何人,他们的言谈又出自何处?姓名常见的人物只有尤里·安德烈耶维奇(日瓦戈这一姓氏却很稀少)、托尼娅(姓格罗梅科,同样不多见)、她的母亲安娜·伊万诺夫娜、父亲亚历山大·亚历山德罗维奇、尤里的舅舅尼古拉·尼古拉耶维奇,再加上拉丽萨·费奥多罗夫娜·基莎尔(婚后改姓安季波娃)。甚至姓名不具特殊意义的帕维尔·安季波夫,也有一个古怪的昵称"巴图利亚"。

愤怒的读者想不通,既然帕斯捷尔纳克有太多疏漏和失误,岂能视之为

---

① 参见《日瓦戈医生》第十四章第 16 节。

偶然。其实,这就像小说里的巧合,的确是作者有意为之:人物姓名越古怪,他们对于日瓦戈医生就越像陌路人。这些人全都来自另一个世界——要么是荒凉的西伯利亚,要么是城市的郊野;要么属于其他社会阶层,要么属于别的人类种群。说到这里,再看一个耐人寻味的演变:《日瓦戈医生》未完成的前身《帕特里克手记》里的所有角色,姓名都很普通,例如弗拉基米尔·瓦西里耶维奇、奥莉加·瓦西里耶夫娜、列夫·尼古拉耶维奇,甚至工厂劳动者也有纯粹中性的名字——彼得·捷连季耶夫(尼姆弗多拉·别奥诺夫娜·哈尔鲁什京娜这个怪诞的姓名是例外),而主人公的姓名则极其罕见:帕特里克(帕特里基)·日乌利特! 他是这些正常人中间绝对的怪人——这也是帕斯捷尔纳克在1936年的自我感受。但十年后的帕斯捷尔纳克,已然是一个相信自己的正确性,相信极少数人乃至个体之正确性的人。如前所述,这种意识是以高昂代价换得的。他从身心交瘁的独行者变成救赎者,从白乌鸦变成唯一正常(最高意义上)的人,从奥莉加、弗拉基米尔和格拉菲拉们围绕着的帕特里克,变成安菲姆、马尔克和杰缅季们围绕着的尤里·安德烈耶维奇……需要指出的是,不管尤里这个名字多么常见,但在民间故事的传统中,这却是常胜圣格奥尔基的别名。尤里·日瓦戈绝非牺牲品,他是毋庸置疑的胜利者,他的胜利只有通过他所有同伴所遭遇的灾祸才得以彰显。个人的错谬和倦怠之感,致使帕斯捷尔纳克未能完成《帕特里克手记》,未能详述时代及其本人在时代中的选择,而十年以后,当他译完《哈姆雷特》,经历了战争和思想转折,他已经足以胜任这一使命。

5

对《日瓦戈医生》最常见的批评之一,是认为尤里·日瓦戈面目不清。瓦西里·利瓦诺夫甚至将他跟苏联文学的正面典型相提并论,并以他的言谈为例,试图证明他可贵的优点;至于他的形象,则没有什么可说的,除了鼻子有点翘。"我们在整部小说里遇到的尤里·日瓦戈,会是这些诗的作者吗?"利瓦诺夫提出疑问。"不会。因为写下这些诗的人,无疑只能是鲍里斯·帕斯捷尔纳克。"尤里·日瓦戈令人迷惑,不可能写出《圣诞之星》《受难日》和《相会》。难以相信这个丧失了意志、敏感脆弱、时常哀泣之人,竟然创作了《城里的夏天》或《复活节前七日》这样的诗篇。

这是严重的责难,不可能有最终的结论。相信抑或怀疑尤里·安德烈耶维奇的才华,是每位读者个人的事情。当初博尔赫斯在小说《〈堂吉诃德〉的作者彼埃尔·梅纳德》中,研究了一种独特现象——作者的个性对文本的影响:如果这部关于那疯癫绅士的小说是其同时代人写的,他当过俘虏,断过手臂,历经磨难①,那是一回事;如果此书出自三百年后某位法国历史学家、书呆子、隐修士之手笔,那便是另一回事了。帕斯捷尔纳克进行了大胆的实验:他将自己的诗赋予另一人,将自己的个性之光投映于文本,以另一种方式让人从中看到别样的意蕴,而不仅将它们视为帕斯捷尔纳克的诗。顺便说一句,起初许多读者正是从《日瓦戈医生》文本以外认识了这些诗:早在小说出版之前,它们就有一部分刊登在苏联杂志上,或收录于帕斯捷尔纳克的作品集,手抄本也远比《日瓦戈医生》流传更广(试试用打字机复制一本六百页的书!)。而且奇异的是,作为日瓦戈的诗和作为帕斯捷尔纳克本人的诗,它们确实给人以不同的感受;只要拿《酒花》和《秋》("我让家人各自出行")对应拉拉的形象,并设想这是一个三十岁的人写的,招致阿赫玛托娃厌恶的"老来轻薄"之感就消失了。是的,日瓦戈并非帕斯捷尔纳克,但一个具有日瓦戈人格特征的人,难道不可能写出帕斯捷尔纳克晚年的诗?当然,他未必能写出《施密特中尉》和《斯佩克托尔斯基》。他也根本不会感兴趣。帕斯捷尔纳克固有的生存取向——尤里·日瓦戈在二十年代的沉沦,还不知谁的选择更可取。日瓦戈未能获得"重生",但帕斯捷尔纳克或许更想从生命中剔除这种机会……"日瓦戈医生"绝非不解之谜,亦非虚空幻象,而是帕斯捷尔纳克一开始就会成为的那个人,假如他有平和的勇气,能与时代的诱惑相抗争。

日瓦戈缺少"有趣之人"和天才的特征,这也是帕斯捷尔纳克有意为之。关键不在于他是天才——这属于一个人身后的定论:"看吧,我们不了解他,他原来竟是这样的人。"关键是,一个毫不出众的常人,并不享有免罪的特权,却拥有与生俱来的普世性的权利,从而使之摆脱时代的迷误,避免对同类的戕残,止步于大众的队列之外。此项权利不需要什么保障——无论出身还是天才的诗篇。日瓦戈首先是人,其次才是诗人,这才是他的有趣

---

① 1571年,在欧洲神圣同盟与奥斯曼帝国之间展开的勒班陀战役中,《堂吉诃德》作者塞万提斯(1547—1616)左臂被打残,由此落得"勒班陀残臂人"的绰号。1575年塞万提斯在乘船返回西班牙途中被非洲柏柏尔海盗俘获,送至阿尔及利亚,后被家人用五百金盾赎回。

之处,而不像马雅可夫斯基,把诗人身份看得比个人身份更高。对日瓦戈的定义不妨采取否定的方式,即从相反的角度来看:我们无法轻易断言他是谁,因为他的人格维度一如上帝的存在,"不可证明,只可呈现"。只能说他不是什么人:他不是自我损害的知识分子,不是汲汲于"平常趣味"的俗人,不是革命狂,不是反抗权力的斗士,不是异见人士,不是"生活的行家"。归根结底,他不是庸俗之人。

在历史上最血腥世纪刚开始的十余年里,是否会有日瓦戈这样的人?在朗读小说前几章时,帕斯捷尔纳克曾多次提到,尼古拉·维杰尼亚宾的哲学——对群体的强烈批判、自由的非教会的基督教信仰、对官方思想的怀疑——在那个时代并不存在,却有存在的可能。纵观二十世纪初的宗教复兴,在其广阔至极的光谱中似乎找不到这样的色彩,但维杰尼亚宾有许多思想接近于"路标派",在世界末日的预感方面也绝不孤单。需要的只是给事物以恰当的命名,俄罗斯有过这样的人,可是就连弗拉基米尔·希尔洛夫也很清楚,一切滑向了何方。相形之下,像彼埃尔·别祖霍夫一样执着于精神追求并为之困惑的人,在1812年反倒难以存在:浏览当时的丛刊,你会为他们的头脑简单而吃惊。但如果接着读一下巴丘什科夫①只为自己写的日记(风格很像二十世纪的日记),你就会理解,每个时代都可能有像别祖霍夫一样追求,像保尔康斯基一样思考的人,而托尔斯泰连同其叔本华式的历史哲学,在前叔本华时代也完全是可以想象的……总之,就像一个文学笑话所说:"真搞不懂,一个人没读过陀思妥耶夫斯基,怎么能活下去!——喏,普希金不就那么活着嘛!"一二十年代普通知识分子乃至乡野文人(他们不属于文学界,也不属于戏剧界)的日记和信札如能公开出版,或许就会证明俄罗斯民族自我意识的深处存在着类似于维杰尼亚宾的哲学。此外,东正教通灵者、未能存世的《夜之旅人》和《世界的玫瑰》作者丹尼尔·安德烈耶夫②的小组,在精神气质上也与日瓦戈相似,只不过这是个秘传组织,帕斯捷尔纳克对它没有好感。但在苏联时期,当所有宗教思想都被迫转入地下,甚至东正教学说无形中也有了玄秘的特征。

---

① 康斯坦丁·尼古拉耶维奇·巴丘什科夫(1787—1855),俄国早期浪漫主义诗人,对普希金有过重要影响。
② 丹尼尔·列昂尼德维奇·安德烈耶夫(1906—1959),苏联神秘主义诗人。

6

尤里·日瓦戈的基督教思想同样引起颇多争议,对帕斯捷尔纳克相应的批评主要是,他将主人公与耶稣等同起来。批评者从中看到的是自傲,却忘了陀思妥耶夫斯基也曾梦想书写自己的耶稣——"完美的人"。《白痴》的构思就来源于此。帕斯捷尔纳克自设的目标只是写一个他所理解的好人,继而证明一个好人恰恰是耶稣在尘世间最忠实的追随者,因为牺牲精神、慷慨大度、顺服于命运、不参与杀戮及劫掠等等,足以让人自视为基督徒。

日瓦戈因敌我不分而时常受诟病,《新世界》杂志退稿信批评了小说里一个著名的场景:从一名受伤的高尔察克电话兵身上,日瓦戈发现一只护身香囊,里面装着写有《诗篇》第九十篇文字的纸片,而这种香囊也是红军游击队员缝在衣服里的护身之物。[①] 但这正是帕斯捷尔纳克最珍视的一幕——因为红白双方早已不分上下,他们在"拼斗与杀伐"中平分秋色;红与白的厮杀并不是为了日瓦戈所看重的事物,因为在他看来,整个历史都存在于另一个空间:

> 世界发生了变迁。罗马已然终结,数量的权威不复存在,整个族群和全体居民由武力所决定的共同生活的义务结束了。领袖和民族退居到过去。
>
> 取而代之的是个性和自由的鼓吹。个人的生活成为上帝的纪事,将自己的内容填满天地之间。正如一首报喜节的赞美诗所云,亚当想当上帝,却犯了错,没有当成,如今上帝自己成为人,以便让亚当成为上帝("上帝是人,于是让亚当变成上帝。")。
>
> ……在关心劳动者、保护母亲、反对金钱万能等方面,我们的革命时代堪称前所未有、令人难忘的时代,取得了不可磨灭的成就。至于生活的观念及当前灌输的幸福哲学,则简直难以相信这些表述的严肃性,充其量这只是荒唐的陈年旧迹。幸亏这些关于领袖和民族的说辞无法倒转生活的车轮,否则就会使我们回到《旧约》描述的游牧部落和族长

[①] 参见《日瓦戈医生》第十一章第4节。

制的时代。幸亏这是不可能的。①

这段话出自西玛之口,她是帕斯捷尔纳克心目中仅次于拉拉的女性——一位摆脱了苏俄时代基督教的"地下"情结,跟宗派和群体之类"平庸性的庇护所"不相干的基督徒。在1918年乃至1920年,未必有谁像她那样思考,但可信度对帕斯捷尔纳克毕竟不是最主要的。

西玛有关耶稣和抹大拉的马利亚的言论同样不容忽视,她说"情欲"在福音书里的意思首先是受难,这就消解了她所称"大腹便便、油光满面"的僧侣们带入基督教的爱之罪恶观。不过,早在《安全保护证》中,帕斯捷尔纳克就说过,没有什么能比导致受孕的运动更纯洁。尤拉与拉拉的情欲如同日瓦戈的诗,也是一种宗教仪式,《日瓦戈医生》的一些读者不能接受这一点,但小说自身具有强大的说服能力,在痛楚、甜蜜、绝望的《荒野中的花楸树》这一章之后,很难不相信,唯有这样的爱才是对一个疯狂世界的回答。

总的来说,这是一部清晰且开放的小说,我们的目的不在于解读或评论,而只是试图说明它的写法为何是这样,不是别的什么样。

7

正是简洁和直白,保证了《日瓦戈医生》在西方的流行,西方人虽然不了解俄罗斯民族的现实(也就无从判断叙事的可信度),却赞赏朴实的人性化的情节、直接的陈述及人道主义传统。即使许多人对小说里基督教哲学的理解流于肤浅,其生动感人的音调和炽热的情感依然获得了众人的赞赏。

在这样的背景下,针对这部在畅销书榜单上力压《洛丽塔》的作品,弗拉基米尔·纳博科夫没完没了的揶揄听起来异常刺耳。是他把日瓦戈称为"莫名冲动的医生",把拉拉称为"恰尔斯克②的女巫",而整本书则被比作"马粪纸托盘上静静的顿河哥萨克",也就是说,他将帕斯捷尔纳克与肖洛霍夫相提并论,认为后者是一部没有人性、越写越糟的长篇小说的作者。

通常认为,纳博科夫这种评论的攻击性是由文学外围状况所引发,或者更简单地说,是出于粗鄙的妒意:帕斯捷尔纳克是多年来的诺贝尔奖候选

---

① 引自《日瓦戈医生》第十三章第18节。
② 哈萨克斯坦东部城市(Чарск),词干的俄语读音与"女巫"(чаровница)相似。

人,并于1958年获奖(纳博科夫觉得,这是政治意见而非文学意见占了上风)……与此同时,对于纳博科夫而言,阿赫玛托娃所称"文学的良好风尚"意义重大:尽管他的某些评论很尖刻(恰恰是针对全然忘记了这种风尚的人),他还记得何为同行之间的团结,甚至也能欣赏与他的文学或思想观念大相径庭之人的才华。

在我们看来,《洛丽塔》作者对待《柳维尔斯的童年》作者的态度(许多研究者都指出二者的对应关系)乃是基于深刻的内在矛盾:他们堪称对跖者,彼此互为镜像。帕斯捷尔纳克是先锋美学和传统美学(如果不说清教伦理的话)的集大成者;而纳博科夫之悖论则在于,他对先锋派明显持有托尔斯泰主义式的反感,但大多数国内先锋艺术家的亲苏倾向及其社会革命性对这一感受只起到些许影响:在《芬尼根的守灵夜》和安德烈·别雷富有韵律的散文中,并没有什么苏维埃印记。纳博科夫十分怀疑形式主义实验及传统诗学和叙事性的崩坏。作为文体大师,他绝非创新者——其形式多样的标志性的散文手法,大多能在他推崇的托尔斯泰和契诃夫那里找到。纳博科夫一系列著名的主题、种种话题的"隐秘絮语",从《安娜·卡列宁娜》中更容易找到,形式也更鲜明,起码长大了的谢廖沙"玩铁路游戏"①那一幕表现得很清晰。此处隐藏着纳博科夫的秘密,起初不被察知,所以激怒了侨民批评界——一位看似传统的作家横空出世,身上却迸发出咄咄逼人的新意,他有意识地宣称自己抛弃了俄国文学传统道德,连同它对"宏大思想"、对道德训诫及道德省思的癖好,这一切即是其新意之所在。折中主义者喜欢这样一个论调:无论通过什么方式,美学迟早会将唯美主义者引向传统道德,而美不可能是不道德的。话虽如此,纳博科夫的作品却没有向俄国传统回归的迹象。对亨伯特②或万温③的道德谴责,终究是读者个人的事情;作者对普宁④毋庸置疑的同情仍显淡薄,有时甚至近乎嫌恶。纳博科夫看待世人的目光与辛辛纳特斯⑤相似——周围仿佛是一群布偶,不值得同

---

① 参见《安娜·卡列宁娜》第七部第19节。谢廖沙是安娜和卡列宁的儿子。
② 纳博科夫经典名作《洛丽塔》的男主人公。
③ 纳博科夫第六部英文长篇小说《阿达》(创作于1963年至1968年,全名为《阿达,或激情的快乐——家庭纪事》)中的男主人公。
④ 纳博科夫长篇小说《普宁》的主人公。
⑤ 纳博科夫反乌托邦小说代表作《斩首之邀》的主人公。

情。此种态度之悲剧性,其实不亚于俄罗斯永恒的慈悲以及对堕落之徒一味怜悯(这些人只等着将受难者踩入泥潭)。但我们的任务是记录纳博科夫与本土文学道德传统决裂的事实。在暴露出人道主义总体危机的二十世纪,这完全是顺理成章的转变,故而形式绝对创新、人道主义情感却非常传统的《日瓦戈医生》,不可能不引起纳博科夫思想上的敌意。

从某种意义上说,《日瓦戈医生》是对十九世纪兴起的俄国心理小说之否定——从1919年至1936年,帕斯捷尔纳克创作一部长篇小说的所有努力全都遭到失败,小说里意欲按照各自信念和意志行事,却又只能听命于社会决定论的人物也随之化为泡影。唯有采取音乐性的,甚至带有神秘主义色彩的历史观,彻底抛开传统的心理分析,抛开对"多余人"形象和主题的固定化理解,才可能写出一部诗化小说,一部无须从中寻找日常真实性的童话小说。《日瓦戈医生》叙说的是命运的逻辑及诗人平生的逻辑如何编织现实,以使那些杰作——时代仅有的证词呈现于世间。整个俄国革命的发生都是为了(或者说是因为)尤里·日瓦戈和拉拉理所应当的结合,为了他们在瓦雷金诺与世隔绝的爱之奇迹的实现,为了《冬夜》《相会》和《圣诞之星》的书写。人并非为时代服务,相反,时代的进展是为了让人以最大的表现力和自由来完善自身。真正的英雄不是情境的牺牲品,而是情境的主人,并且拥有全权,而他对此浑然不觉,他的行为仅仅凭借天赋的灵感,一如工具凭借控制它的力量。

第四十三章　解冻

1

　　几乎所有研究者和众多当代人士都提出同一个问题：为什么帕斯捷尔纳克在三十年代幸免于难，在五十年代却深受迫害？

　　大恐怖时期奇迹般的获救（"难以理喻，我竟然让自己做出这种事！！"在写给奥莉加·弗莱登伯格的一封信中，忆及当年，他一连用了两个感叹号），在探讨帕斯捷尔纳克与斯大林之关系的章节里已经谈到。他在"大相径庭的两极"间接的对决中有机会取胜，恰恰是因为斯大林看重正直的品格。神经质、怯懦、"犹太人心思的战栗"——斯大林及其鹰犬从曼德尔施塔姆身上觉察并视为弱点的一切，似乎与帕斯捷尔纳克毫不相干：整个三十年代，除了1935年的精神危机，他大多数时候都是平静的。他不为个人性命担忧，所以才有旁人看来"不可思议"的胆气。唯有尚未触及生死、被命运保全、被环境护佑的幸运儿才拥有这样的人生观。据一些战地回忆录记述，初次受伤之前士兵通常不怕死，而一次创伤就会突破心理防线。"原来，这也可能落到我头上。"脆弱，意味着劫数。帕斯捷尔纳克将自己裹在"光的茧壳"和"射线的厢室"，顺利度过了三十年代，因而他的生活和言行都充满自信，认为祸事不会临头。这种信心难免让周围人浮想联翩：有大人物的庇护（他们有的出现得过早——首先是布哈林），有格鲁吉亚方面的关系（尽管斯大林本人当时已背弃他的格鲁吉亚血脉，想成为俄罗斯的沙皇），还有不得触碰他的秘密指令（这更像是神话，但斯大林确实因为什么给他打了电话！或许并非偶然！）。当其他人颤抖着表示顺从，是统治者的逻辑让帕斯捷尔纳克得以幸存：佩列捷尔金诺沉默无语，俨如死城，唯独他向左邻右舍大呼小叫："济——娜，我去皮里尼亚克家——啦！"①我们无意探究斯大林的个人指令、他的秘密信号和暧昧偏好。时代历来如此，将软弱者碾成齑粉，偶尔又会放过强硬者。

五十年代发生了什么？帕斯捷尔纳克非凡的幸运为何就此结束？他只是在国外出版了一部小说，他的所作所为并不比三十年代更出格：1937年，他前往莫斯科，要求将自己的签名从赞同处决反苏分子的作家公开信上删除，这无疑要比1957年出版一部关于俄国基督教的小说危险得多！赫鲁晓夫时代的悖论就在于，它对正派人的威胁之大，胜过对盲从者、投机分子及阳奉阴违之人的威胁。除了口号横飞、夸夸其谈及国家表彰的德行，每个时代都有一些玄虚莫测的特征。但也就仅此而已。赫鲁晓夫解冻时代的精神，本身就是盲目的、过渡性的、似是而非的——总之，是有那么点东西，但这个时代缺的是正派和开明。诚实不受褒扬，因为即使出于最善良的意愿，也只是要为那被狠命剥开的头颅蒙上一副"人脸"的胶皮面具，这当中没有诚实可言。

在《小树林的对话者与领袖》一文中，纳塔利娅·伊万诺娃提出了耐人寻味的见解：帕斯捷尔纳克从未参与揭露个人崇拜。在我们看来，这里有许多原因：他自认为没有资格（因为未遭迫害），他为自己同众人一道忍受的事情而羞愧；他不愿加入合唱，跟一群庸俗之人温情地告别"斯大林主义的旧日"（这种诱惑似乎只有西蒙诺夫能抵挡）。但最有可能的是，他觉得苏联的独裁属于一流，而自由来了，却是二流的。他不愿加入自由的"酒神狂欢"，正因为这是被许可的。此处的"一流"当然不具正面意蕴；毋宁说，它表示审美意义的完整程度。斯大林的独裁确乎是独裁——赫鲁晓夫的自由并非自由。这就是帕斯捷尔纳克从1955年起就对"解冻"深表怀疑的根本原因，而且不乏依据。像往常一样，最有说服力的是他本人的诗，例如写于1956年的这首（《就要迎来四十周年》），这是对苏共二十大和法捷耶夫自杀的直接回应。

> 就要迎来四十周年，②
> 个人崇拜溅满泥浆，
> 但崇拜恶和崇拜单一

---

① 参见本书第二十一章第2节。
② 指十月革命胜利四十周年。

> 依然是流行的风尚。
>
> 每天都会蠢笨地
> 带来一组组照片,
> 充斥着猪的嘴脸
> 着实令人难堪。
>
> 恶语和恶俗的崇拜
> 依然是荣耀一桩,
> 因为无可忍耐,
> 就在纵饮之下饮弹。

伊文斯卡娅曾经说到帕斯捷尔纳克看待解冻的态度:他希望并等待赫鲁晓夫亲自过问他的"案子"(我们觉得她走得太远)。斯大林倒是过问了,有时还很管用;此处有某种"相知相识"之感。据伊文斯卡娅回忆,诺贝尔奖风波期间,他不断强调说,斯大林作为独裁的象征,从诗歌中看到了权力——某些方面不亚于其本人的权力。有一点无须争辩:斯大林确实赋予了文学以过高的、近乎神秘的意义,这几乎影响到帕斯捷尔纳克同时代所有主要文学家的命运。可是在他看来,较之于赫鲁晓夫时代相对的太平,三十年代的逮捕更像是对作家们以礼相待的证明。他认为,暴君治下的致命威胁比"平庸专制"之下遭受迫害更自然。这种观点是纯粹审美的,有争议的,但也在情理中。他这么想或许是因为,他没坐过一天的监牢,不识此中滋味。但也可反过来看:唯有他,未曾身陷囹圄,未曾担忧被移送有关部门,未曾像阿赫玛托娃那样等着牢狱之灾轮到自己,像特瓦尔多夫斯基那样目送家人去往流放之途,像沙拉莫夫那样挨过科雷马十七年严寒,所以才有可能全面评判这场解冻的亦真亦假,似是而非:感恩之情蒙不住他的双眼。帕斯捷尔纳克以清醒的头脑和坚定的意志迎来解冻——决不为斯大林辩白的同时,表达了对赫鲁晓夫的鄙薄。他与后者没有私交。

这样就出现了帕斯捷尔纳克的悖论——相比五十年代,三十年代更能引起他的兴趣、敬意乃至追怀。他能谅解对独裁沉默乃至迎合之人,这毕竟关乎生死!他却无意谅解在人为的、被许可的自由主义面前左右逢源者。庸俗终究是庸俗。在一份写给伊文斯卡娅,涉及他的组诗在《旗》杂志和

《文学莫斯科》发表的书面说明里,帕斯捷尔纳克相当坦率地谈到这个话题:

> 但总的来说,我现在更倾向于"国有"杂志和团体,而不是这些"作家的"和"合作式"的新创举,它们能做的少之又少,与官方刊物的差别又如此之小。此即闻名已久的所谓"言论自由"的偷换,那偷换它的事物,在形式上反倒需要更劣质的造假。要知道,《文学报》就这样出现于战后,作为"政府无权干预"的人民之声。我宁可要《新世界》也不要丛刊,应当向克里维茨基①告知此意。

对于帕斯捷尔纳克而言,给智识退化的苏维埃帝国披上自由的轻纱是不光彩的事情,他不愿为此牺牲名誉:在他看来,即使是五十年代后期公然的形式主义,也要胜过被许可的自由——只有庸夫俗子、表演家和"诗歌政论家"才会在这种自由之下如鱼得水。大难不死的人们在欢呼,他却不想加入其中。这里重要的不是事件的矢量,而是原则的纯正。(《文学莫斯科》编委会以篇幅太长为由,拒绝刊登《日瓦戈医生》,实际上是他们觉得过于激进。帕斯捷尔纳克没有忘记此事)

关键还在于,像斯大林这样的时代势必造就出宁折不弯的正人君子,当然也会造就懦夫、奸恶之人和告密者,但在这样的时代,善恶之间的鸿沟也愈加分明。而五十年代则充满"进步的"告密者、温和的自由派和怯懦的举报人。对帕斯捷尔纳克伤害最大的正是他们,在1958年10月29日那场臭名昭著的会议上,也正是他们急不可耐地揭发他。说来也怪,三十年代的人们更了解帕斯捷尔纳克是何许人,对他的人格仍有清晰的认知。五十年代,无论在国家还是在作家界,当权者都因自身的狭隘而无力评断帕斯捷尔纳克:在他们眼里,他不再是值得推崇的人物。

2

但如果继续按照老布尔什维克的逻辑来解读帕斯捷尔纳克对赫鲁晓夫的反感,以上简评将不完整,对赫鲁晓夫的解冻也明显不公允,譬如说,斯大

---

① 当时担任《新世界》杂志副主编。参见本书第三十八章第4节。

林头脑聪明,此人则见识短浅……实际情况更简单,也更可怕:别忘了艺术家的自我保全这一概念。不但要保全卑微的性命,还要保全才华。这就是为什么苏联电影和书籍中的叛徒常常被赋予创造力。订货归订货,但执行者毕竟对心理学略知一二,知道有天赋的人更看重自己的才华,而非共同的事业。自我保全的本能占据上风,直到保全才华的更强大本能被开启,并且提示:此处是不可为妥协而逾越的界限。

帕斯捷尔纳克为什么"参与创造了斯大林崇拜,而没有参与对它的揭露",就像纳塔利娅·伊万诺娃想要探究的那样?是的,因为他不喜欢参与任何集体的巫术,但他能够避开对崇拜的揭露,而逃避创造,他却无能为力。帕斯捷尔纳克为什么批评赫鲁晓夫,却几乎没有——至少用文字——批评过斯大林?不仅因为斯大林是比赫鲁晓夫更大的人物。归根结底,二者均为历史的工具。只不过在三十年代,他想与领袖谈论的乃是"生与死"。到了五十年代,可以采取口头或书面形式抨击周围的愚蠢和庸俗,而不必担心立刻遭到惩治。为什么冬天穿皮袄,夏天不穿?大概不是因为敬重冬天才想穿得好点儿,对六月却傲慢地不加理会。

还有重要的一点。《帕斯捷尔纳克的抒情诗》这部杰作的作者瓦季姆·巴耶夫斯基有一句话广为引用:"别忘了,帕斯捷尔纳克不是死于斯大林主义,而是死于解冻。"这句话看上去没错,但经不起推敲:严格来说,解冻从1953年春天持续到1956年秋。顶点当然是赫鲁晓夫在苏共二十大上的报告。1956年就开始静悄悄地回潮,六年后赫鲁晓夫尚能遏止这股潮流,召开了二十二大,准许了索尔仁尼琴《伊万·杰尼索维奇的一天》的发表。但1962年之后,历史发生了第二次转折,直至1964年"敬爱的尼基塔·谢尔盖耶维奇"[1]本人被褫夺权位。由于"唯意志论"、玉米[2]和知识分子的分裂,自由已将自己的声誉败坏得差不多了。那些助长赫鲁晓夫的威势,又将其推翻在地,并为恶名远扬的唯意志论极力造势的人,不失时机地利用他的失势,获取权力,随即旋紧螺丝帽。

1956年是苏联历史的分水岭。当年不仅召开了二十大,还爆发了布达佩斯起义,对这场起义的镇压之血腥和残酷,远甚于十二年后的"布拉格之

---

[1] 赫鲁晓夫的名字和父称。
[2] 赫鲁晓夫执政期间,试图解决农业发展困境,在苏联推广玉米种植,遭到失败。"玉米"成为对赫鲁晓夫"唯意志论"和农业改革的笑柄。

春"。也就在这一年,苏联知识分子的杰出代表们不再有幻想。时代的转变并非发生在赫鲁晓夫下台以后,而是大约在他当政的中期。在1956年初的欣快氛围中一度赢得西方知识分子同情的苏联,骤然间又失去了同情。授予帕斯捷尔纳克诺贝尔奖,主要是由这些情况决定的。西方向一个异类分子授奖,严重刺激了苏联政要。寒潮将冷战归还给时代,一些别有用心的人士后来谴责说,是帕斯捷尔纳克这位冷战最著名的受害者煽动了冷战。

1958年,两位大诗人——弗拉基米尔·卢戈夫斯科伊和尼古拉·扎波洛茨基突然相继亡故①。1953年至1956年,与帕斯捷尔纳克完成《日瓦戈医生》的经历相仿,两人都经历了真正的创作高潮。卢戈夫斯科伊创作了长诗《世纪中间》《二分点》和《蓝色的春天》;扎波洛茨基则写下数量可观的新作(每年超过三十首——这在他年轻时都没有过)。他们尚未步入老境(扎波洛茨基五十五岁,卢戈夫斯科伊五十六岁),便意外地离开人世,这或许也是解冻的结果。简单来说,他们就像被捞出水面的深海鱼一样死去。但另一位天才告诉世人:"人不会死于幸福。"

像卢戈夫斯科伊和扎波洛茨基,也像所有对苏联艰难时世之终结短暂地抱有信心的人,帕斯捷尔纳克并非死于解冻,而是死于解冻中的回潮。

这并不是说他从一开始就完全不相信解冻!他的上下两部《浮士德》第一版问世后,他曾向出版家兼评论家彼得·恰金赠诗一首:

> 翻译《浮士德》
> 有过多少次停顿!
> 但拙作总算问世,
> 世间万物都在运动。
> 良好的进展
> 在道理中依次取得。
> 书籍出版越发频繁,
> 人的出产②也不慢。

时值1953年秋,诗的调子相当明快。再有一整年的辛苦,帕斯捷尔纳克视之为主要成就和一生见证的长篇才能完成。这一年里,充斥着模棱两

---

① 此处有误。弗拉基米尔·卢戈夫斯科伊去世的日期是1957年6月5日。
② 俄语里的"出版""出产""释放"是同一个词(выпускать),此处是一语双关。

可的把戏,平反也是有选择和不充分的,到头来,所有的幻象都烟消云散,于是就有了《心灵》这首绝望的诗:

> 我的心灵,为我周围
> 每一个人感到悲伤!
> 你活着,就成为坟墓
> 将受尽折磨的人埋葬。
> ……………
> 在这个自私的时代
> 因为良知也因为恐惧
> 你像骨瓮一样站立,
> 抚慰着他们的遗骸。

帕斯捷尔纳克很少有"自私的时代"这种直露的说法,他在三十年代都没有这样写过。那是嗜血的、卑鄙的、可悲的年代,但不是自私的。二十年后,人们争相忏悔,急欲用秽物将个人崇拜填埋,他首先看到的却是曲意逢迎的倾向,也就是说,崇拜的时代在延续,只不过流于琐屑,愈加堕落,范围有所调整。

> 谁应该活着被赞美,
> 谁注定死后遭诋毁——
> 唯独我们有影响力的
> 马屁精心知肚明。

这是《风(关于勃洛克的四个断想)》的片段,勃洛克的形象其实并未呈现,他只是被当作自由和真实性的抽象的象征。这首诗并非《雨霁》里最好的篇章,某些局部的表达之钝拙,音调之牵强,比《我懂得万物有生》有过之而无不及。

> 割草吸引了勃洛克,
> 少爷操起了镰刀把,
> 猛然间差点伤了刺猬,
> 大镰刀砍断两条蛇……

此处不仅是意蕴含混——在俄罗斯,兔子的俗称即是"大镰刀",兔子又怎么可能"砍断两条蛇";这也还不是勃洛克,正如"少爷"这一代称,"吸引"一词跟我们从诗文与书信所认识的真实勃洛克多不相称。所有这些再次表明,帕斯捷尔纳克距离勃洛克是何等遥远,尽管对他的热爱从未消退。事实上,这首诗写的不是现实中的诗人,甚至不是他在文选中的形象("勃洛克在天上看见花纹。/天穹向他预示大雷雨,/预示恶劣天气,/暴风骤雨和气旋"①)。整首诗的意义就在于宣告诗人理想形象的第一个断想:

> 他并非按规划而扬名,
> 他永远在流派和体系之外,
> 他并非人工制造的产品,
> 没有人将他强加给我们。

这样的诗人同谎言和变乱的时代相对立,也只因这种对立,他的存在才不可或缺。

正如我们所见,转折发生在 1956 年,这一年里,解冻结束了,长达八年的缓慢倒退开始了。

3

当然,以上所述并不能抹煞赫鲁晓夫的伟大功绩。我们只是想解释,为什么社会民主化必然导致对天才人物的迫害,使他们突然间失去地位:"首鼠两端之徒"压垮正派君子,循规蹈矩的庸人向巨匠发起猛攻。与此同时,他们的动机不仅体现着对国家的忠诚,还带有自由色彩(在那个时代,忠诚就相当于自由主义):"我们国家刚开始活出点人样,他就在那儿挖墙脚!"

同行对帕斯捷尔纳克的仇视异常普遍,且步调一致,几乎无一例外(在当时的苏联作协,勉强有百分之二三的作家未参与对帕斯捷尔纳克的迫害,为他申辩的人一个都没有!),理由无非是一些貌似崇高的臆想。他侵犯了我们的自由!我们善良仁慈的政府刚让我们喘了口气,他就要把它逼向角落!当初我们躲在自己的角落里颤抖,遭到抓捕,唯独他安然无恙(顺带说一句,一些熬过了劳改营的作家,比如谢列勃里亚科夫和马丁诺夫,攻击帕

---

① 引自帕斯捷尔纳克《风(关于勃洛克的四个断想)》(1956)。

斯捷尔纳克的劲头尤其猛烈)！

对帕斯捷尔纳克的迫害并非赫鲁晓夫时代惨绝人寰的事件。当共产主义和自由主义的魅惑均已失效，这显然是一个时代极端而突出的表现。在"前基督巨灵"统治下，天才还能在邪恶时代保全自身。只有在曾为前基督巨灵效力者胜出的时代，他才失去了机会。

1934年8月29日，第一波大恐怖浪潮的前一年，在苏联作协第二十一次例会上，作家们齐聚在圆柱大厅，热烈欢迎了帕斯捷尔纳克的发言。

二十四年零两个月过后，在赫鲁晓夫二十大报告之后的所谓素食时代，在文学家中央大楼主厅，作家们同样济济一堂，会议只有一次被打断，不仅要求将帕斯捷尔纳克从作协开除，还要求将他驱逐出境。

曼德尔施塔姆说得太对了：

> 写作的群体，乃是皮肤恶臭不堪，饮食方法极其肮脏的种族。这个被逐出城市的种族，在自己的呕吐物上游移，栖宿，在乡村遭受折磨，但不管走到哪儿，都会向权力靠拢，后者像对待妓女一样，给他们从黄色单元楼划拨一块地方。因为无论在何处，文学只履行一项使命：帮助长官驯服士卒，帮助法官对注定落败者量刑。作家——鹦鹉和神父的杂交物。他是最操蛋的家伙。

苏联解冻的命运决定于1956年5月初，莫斯科广播电台意大利语栏目(纯属反宣传，如同所有对外广播，忠于政府并塞满了线人)播报新闻说，鲍里斯·帕斯捷尔纳克完成了一部长篇巨著，几乎涵盖从二十世纪初期到第二次世界大战三分之二的历史。这部作品很快就会在俄罗斯出版。

伊文斯卡娅认为，正是这条无可厚非的新闻，推动了已经摇摇欲坠的雪球。帕斯捷尔纳克无疑会把小说送交国外，但事态出现这样的转折，要归咎于莫斯科广播电台的反宣传消息，因为意大利共产党员詹贾科莫·费尔特里内利[①]听到了苏共制作的节目，5月底，他向帕斯捷尔纳克派去自己的密使塞尔焦·丹杰洛。

阴谋论的爱好者肯定会想，这看似毫无意义却惹下大祸的新闻，到底有什么不对劲？1954年《旗》杂志刊发的"一部散文体长篇小说"的消息，早

---

① 詹贾科莫·费尔特里内利(1926—1972)，意大利出版商，左翼政治活动家。在国际出版界，费尔特里内利这个名字象征着纯粹和先锋的图书出版。

已石沉大海。两年之后,一档针对西方的广播节目,为何突然要向意大利人告知帕斯捷尔纳克的作品即将出版?

赫鲁晓夫解冻的设计师们一边向西欧听众介绍帕斯捷尔纳克的长篇新作,宣布它即将出版,一边调整自己的节目,以树立苏联在国际舆论中的新形象。首先要面向友好的公众,而新现实主义时期的意大利正巧不乏对苏联的好感。共产主义者在该国的影响,比在其他任何欧洲民主国家都大。苏联政权与他们的分歧"纯粹是风格上的",就像后来与西尼亚夫斯基的分歧(当时谁能料到,风格的差异居然是关键!)。这里指的是稍大的自由度、讨论的开放性(托洛茨基主义者向来推崇讨论,因此有了一个流行的说法:"像托洛茨基那样扯闲"),以及较大程度的激进主义(苏联宣传称之为修正主义)……换言之,当时的意共左翼——远比右翼更有影响力——认为斯大林主义是丑恶的,是通往共产主义光明之路上的行政官僚障碍,它还呼吁消除意识形态禁忌,也就是说,在宣扬共产主义时,要摆出粉嫩的人性面孔,而不要像斗士般脸膛赤红,眉宇间带着加里波第①式的褶皱。

有几场谈话被视为向欧洲激进主义的让步,内容涉及取消意识形态禁令,出版几乎被遗忘和受迫害作家的著作。从 1955 年至 1956 年的新闻和出版动态来看,当局有意将帕斯捷尔纳克变成解冻的橱窗,作为解冻的象征之一。斯大林主义罪行披露之后,为苏共政治复兴而殚精竭虑的思想理论家几乎找不到合适的人选。阿赫玛托娃吗?可她"太不像我们的人",从来不是我们的,她的组诗《光荣属于和平》谁都骗不了②。出版她的文集倒也无妨,连她本人也可以放出去——放到国外去,让侨居的残渣余孽一睹昔日偶像的尊荣。可阿赫玛托娃身上哪有什么新时代的象征?她整个儿都是旧的……要么是左琴科?有过这样的努力,书也出了,人也请到《鳄鱼》杂志③编辑部来了。可这毕竟是一个饱经风霜的重病患者,阴沉的、无以排遣的压抑感取代了他永恒的忧郁。一个精神有些错乱的作家,早已无所作为。"作家的灵魂受惊,技艺丧失殆尽。"每当别人问他在写什么,他就大声地念叨这句出自他书信里的话。是的,他什么都没写。(《关于〈星〉和〈列宁格

---

① 朱塞佩·加里波第(1807—1882),意大利统一运动领导人,民族英雄。
② 1949 年,阿赫玛托娃的儿子列夫·古米廖夫再度入狱,为使儿子早日出狱,她写下组诗《光荣属于和平》,讴歌斯大林,称"哪里有斯大林,哪里就有自由",但斯大林并未领情。
③ 苏联和俄罗斯的幽默讽刺杂志,创办于 1922 年。

勒〉杂志的决议》改写了阿赫玛托娃和左琴科的命运,直到 1991 年政变前夕,在苏共最后的日子里,决议才被取消。)

剩下还有谁?经历了斯大林劳改营,而对党始终怀有挚爱的加琳娜·谢列勃里亚科娃吗?西方又有谁认得这位加琳娜·谢列勃里亚科娃……尼古拉·阿谢耶夫?可阿谢耶夫近三十年来究竟写了什么好作品,除了一部长诗《马雅可夫斯基现在开始》?尼古拉·扎波洛茨基可以吗?应该说,曾经在他身上下注,将他介绍到意大利(又是意大利!),发表了一些文字,捧得挺高。但扎波洛茨基无动于衷。从他与周围人(无疑,在他周围不乏告密者,致使他一生都害怕被盯梢)的谈话可以看出,虽然他表面上忠实于当局,内心却无法原谅。谁又能原谅呢!如果有人来问他,谁知道他会说些什么!假如允许外国人……有一次与英国大学生交谈时,连左琴科都称自己不同意当年的决议。那是丑闻。不该有丑闻。我们有哪位作家不曾故作镇定,貌似忠诚,私底下却在谴责"极端和冒进",又有谁不曾卷入任何运动,不曾颂扬"犯下个别错误"的领袖?西方知道是谁终于在二十年代名声大噪,文学格局不亚于"海明威和普里斯特利"?谁最适合于向外推出?那当然是帕斯捷尔纳克。有关方面打算跟他一起展开意识形态的行动,就像 1935 年在巴黎几近完美的那一次。不是想要苏联作家吗?那就满足你们的需求,给你们巴别尔和帕斯捷尔纳克,他们健康又快乐,甚至穿着西装。1935 年给苏联领导人上了很好的一课:要让人相信你们忠实于民主和人道主义原则,就得展现作家风采。两年时间足矣——直到下一轮逮捕。

正因为企图利用帕斯捷尔纳克,因为完全将他误认为"我们的人",需要时即可利用他来挽救国家的形象,才有了从《日瓦戈医生》在西方出版到 1958 年"运动"之间空前漫长的平静。

1956 年 5 月莫斯科广播电台用意大利语播出的消息,是一场精心策划的行动之开端,目的是把帕斯捷尔纳克塑造成新苏联自由的象征,从而与欧洲共产党建立友谊。这些政党会得到所有必要的证据,证明真正的而非虚构的解冻。

但莫斯科对外广播有一个显而易见的疏漏:偶尔有人会收听它的节目。于是在意大利,相当年轻但十分果决的出版商费尔特里内利获知了帕斯捷尔纳克小说新作的消息。

4

1926年6月19日,詹贾科莫·费尔特里内利出生在一个富有的意大利银行家家庭,八岁那年,父亲卡尔罗·费尔特里内利就去世了(另一个说法是,他在银行危机期间自杀身亡),妹妹安托内莉刚满七岁。1940年,依然年轻的孀妇詹贾内莉扎·费尔特里内利改嫁给路易吉·巴尔蒂尼,一位性情古怪的新闻记者和冒险家。帕斯捷尔纳克似乎总是能吸引某些名声不佳、历经风雨和浪漫情怀之人,或者说,他能触动他们的灵魂。正所谓"渔夫远远望见渔夫"。(詹贾科莫的母亲曾因批评墨索里尼而遭拘禁,这让人不禁想起伊文斯卡娅的母亲。)詹贾科莫十七岁时参加了反法西斯抵抗运动,二十岁加入意大利共产党。

> 我是按照最正统的方式成长起来的,这只能用资产阶级的眼光来看:家庭教师、舒适的环境、四处旅行等等,我与同龄人之间却是彻底隔绝的。直到1941年,我都没有去上学,只是在家接受教育。我就这样长大,几乎没有一个朋友。如果始终是这种情况,怎么可能会有转变,促使我加入意共,成为现在的积极分子?是什么让我不仅意识到加入意共的必要性,并做出这个决定,还与工人阶级先锋一道为反对资本主义和争取社会主义而奋斗?我想,首要的动因是这件事情:1936年,我母亲买了一座大花园,为了它的修葺,一群雇工和农民干了好几年。我很快就跟他们成了朋友,初次见识了另一个世界,与我置身其中的镀金世界截然不同……罗马刚解放时,我有幸读到两部非常重要又贴合现实的著作,这便是《共产党宣言》和列宁的《国家与革命》……

这段话引自他向米兰党校提交的自述材料。然后他说到发生在1946年的另一件事:母亲和继父反感他的思想倾向,决定动用特工部门的关系,以和平时期持有枪支为由,假装逮捕他。父母原以为他会吓得逃到国外,而他们正好也打算移民。他确实出了国,去了西班牙,但当年7月就返回米兰。1947年,他娶了彼扬卡·纳加罗为妻(也是共产党员),同时成为数百万遗产的继承人。根据父亲的遗嘱,当他长大成人,也就是年满二十一周岁,即可获得继承权。"米兰中心建筑"和"建筑与投资公司"这两家股份公司均归于他名下,外加几座大型木材加工厂以及"联合银行"控股权。在他位于圣巴贝拉广场的公寓里,悬挂着斯大林的肖像。总之,这是米兰的萨瓦·莫罗佐夫①,但思想远比莫罗佐夫"先进"。

自1955年起,费尔特里内利开始从事出版业。由他出版的首批著作,包括罗素勋爵的《纳粹党徽的祸害》(1958)和贾瓦哈拉尔·尼赫鲁的《自传》。出版社设立在米兰,法特贝内弗拉特里大街3号。费尔特里内利对出版业的兴趣,很快超过了他继承的其他产业。每当有人把出版图书称作他的业余爱好,他就立刻打断对方。他像共产主义者一样挑选作品,却像资本家一样推销出版,蝇头小利也不放过。作为名副其实的左派,他出版了纳吉·伊姆雷②领导的匈牙利共产党人一系列作品,后来,伊姆雷被打成修正主义分子和变节者。1955年,公司所属罗马书店的经理塞尔焦·丹杰洛向费尔特里内利提议,去苏联寻找天才之作。他本人正好才去了一趟,参观了意共和苏共联合广播电台。正是他告诉费尔特里内利,苏联的广播节目播出了帕斯捷尔纳克长篇小说的消息。费尔特里内利对小说手稿产生了兴趣,要求弄一份副本来。

费尔特里内利接下来的经历更是离奇:与指斥匈牙利事件为反革命暴乱的意共闹翻;比共产党人更加左倾;热情支持菲德尔·卡斯特罗;跟"红色旅"③恐怖分子有染。1972年3月14日,他试图将十五块梯恩梯炸药放置在一座高压电线塔上,不慎被炸身亡。

帕斯捷尔纳克为何决意迈出前所未有的一步,将《日瓦戈医生》送到境外?一些机缘巧合,堪称命运对他微妙影响之确证。自1927年皮里尼亚克在法国发表小说《红木》以来,还没有苏联作家将自己的秘密创作送交外国。帕斯捷尔纳克是皮里尼亚克的朋友和坚定的辩护者。与其说他想要分

---

① 萨瓦·季莫菲耶维奇·莫罗佐夫(1862—1905),俄国富商,企业家,科学和文艺事业的资助人。
② 纳吉·伊姆雷(1896—1958),匈牙利改革家,匈牙利共产党和人民共和国缔造者之一。1953年至1955年任总理,因主持改革被迫下台。在1956年"十月事件"期间,再次出任总理,组织多党联合政府,试图摆脱苏联控制。苏联出兵后,进入南斯拉夫使馆避难,随后被送往罗马尼亚,很快又被押解回国。1958年6月16日,以组织推翻国家罪和叛国罪被执行绞刑。
③ 意大利极左翼恐怖组织,成立于1970年,宣称以"对抗资产阶级"为宗旨,十余年间,制造了一系列震惊世界的恐怖暗杀事件,1988年在意大利警方打击下逐渐停止暴力活动。

担皮里尼亚克的不幸,不如说意欲摆脱审查之下的文学写作,冲破思想路线的禁锢。这符合他的精神气质,他以皮里尼亚克的方式行事,仿佛重现了二十年代中期的文学状况,当时自由已残剩无多,在散文和评论中仍依稀可见。帕斯捷尔纳克本人可能无意寻找国外出版商——并非由于胆怯,而是由于无奈,由于他永远不愿自己干预自己的人生。然而,当命运亲自为他送上礼物,将一位来自意大利的密使派到佩列捷尔金诺,他没有犹豫。

济娜伊达·尼古拉耶夫娜把丈夫的决心归因于"所有人都喝多了"。也许,白兰地为帕斯捷尔纳克增添了勇气,但如果没有白兰地,想必他也会把他的"日瓦戈"交给丹杰洛。帕斯捷尔纳克深信,他之所以能够幸存,是因为坚持不懈和忠实的使命感。斯多葛学派古老的原则用他的语言来表述,听起来或许会更乐观:"尽心而为,功到事成。"

两个意大利人的出现对于他是幸事,保证了他所做的尽都正确。而命运的眷顾是为了让他的事业得见天日——不是终有一天,是适逢其时。

第四十四章 1956年：拒绝选择

1

作为常人的帕斯捷尔纳克，需要为艺术家帕斯捷尔纳克创造适宜的生存条件，而非勉强将就。1956年，这些条件终于齐备，双重性在各方面都上升为原则，呈现出他向往已久的和谐。他不住在城市，也不在乡下，而是在森林环抱的作家村，距离莫斯科二十分钟车程。他拥有文学基金会分配的别墅，可以在菜园和田地里随意地干活，也就是最普通的农活，不为吃食，只为心灵。他有两个家：伊文斯卡娅将他的两处居所分别称作"大别墅"和"小别墅"，其中之一住着渐渐老去的济娜伊达·尼古拉耶夫娜，伊文斯卡娅母女租住在另一处，两者之间仅仅相隔一座小桥。当他离开伊文斯卡娅去工作，便对她说："我要给你挣钱。"可他更喜欢舒服地待在他习惯了的书房。的确，奥莉加那儿没有书，没有方便的书桌，也没有宁静。那儿只有一座爱巢。

他在俄罗斯写作，可是只能在国外出版。他的政治状况含混不定，而这也恰好为他所珍惜，正如我们所知，一切确定性在他看来都有局限，一切理念的忠诚都意味着自我背叛。他写的不是爱国主义，但也没有明确的反苏内容。小说在期刊上的发表遭到否决，但著作合同已签订。再次试图将他打造为被许可的自由之橱窗，但他成功地避免了这种安排。他的生命臻于他钟爱的、早在写给斯大林的信中就曾提及的"神秘性"。敬重他的人是少数，在大多数人眼里，他是封闭的，至今未遭迫害，未获1935年那样的使他精神几近崩溃的官方恩宠，他认为这就像一笔估计过高、受之不公的预付款。他的世界观同样具有双重性，这是基督教的，但不是教会的，比苏联控制下的东正教版本更激进，更少形式化。他持反对立场，但不是地下的，写得很多，发表得很少，他的小说已完成，却是以手抄本形式流传。在名动天下和声名狼藉的前夕,他的心境格外平和,梦幻般的创作高潮随之而来。1956年这一年里,他写了三十多首诗。这便是幸福,但如果不是伴随着痛苦的负罪感,它就不完整。帕斯捷尔纳克从未摆脱这种感受,甚至为他的双重生活找到了理由:"上帝派我来折磨我自己和我的亲人,以及所有不该被折磨的人。"但这毕竟如此美好!帕斯捷尔纳克的所有杰作都出现在这罪错与幸福的对位中。就这样,1956年的情况越来越好。他心怀愧疚,但两个家都有他的容身之地。他的愧疚还不至于毁坏生活,妨碍他写诗。他愧疚,但不是愧对自己的天赋,天赋对其载体已然无所需求。

苏联的正派人物始终要面对所谓二元对立,他能做的只是选择、拒绝和抛弃,最露骨的说法来自马雅可夫斯基,可以想见,他的《"人民演员"先生》里的这几句会让帕斯捷尔纳克多么反感:"今天/谁不跟我们/一起歌唱,/谁就是——/反对我们。"人被逼入臆造的、时常是自杀性的选择框架内。对苏联知识分子而言,感觉自己形同人质,才是正常的自我认知。那又能怎样?既然无可选择,也没有第三条道路(当然也有过——关于侨民生涯的佳作、唐·阿米纳多[①]的回忆录就叫作《第三条道路上的列车》。但在俄国知识分子的杰出代表中间,逃离的想法从未流行过)。

步子要往左迈,往右就被视为大逆不道。此种逻辑顺理成章地蔓延至异见者运动——斗争中没有其他逻辑,因为我们总是无意识地仿效自己的敌人。这个国家变成了单一的军营,迫使人每走一步都要选择,就连它最具天资的诗人也因选择之片面而备受戕害:一旦做出选择,就要坚持到底。我们已经探讨了马雅可夫斯基这种自寻死路的忠诚——他一生的自杀策略都与此相吻合。或许,帕斯捷尔纳克是唯一的特例,一劳永逸地放弃了二元对立。这不仅体现在他与斯大林的交谈中,也体现在他与当局的所有对话中。他每每迫于压力在黑白之间选择,却径自发出异样的声音:"蓝——色!""绿——色!"1931年,他离家出走,试图"在时代的音调之下生活和思考",这也是同他自己四十年人生的决裂,是迈向新轨道或所谓"同路人"时代的转折。选择难免染上血腥,毁伤则造成无端的痛苦。苏联人所做的只能是抛弃:抛弃过去,抛弃错误,抛弃他们未能将某些东西及时抛弃而被囚禁在古典主义大厦的可怕地牢里的亲友……

[①] 苏联讽刺诗人,原名为阿米纳德·彼得罗维奇·施波良斯基(1888—1957)。

帕斯捷尔纳克无意成为自杀者,他认为自杀是对人、对上帝和对天赋的罪愆,只有为了戳穿虚谎罗网才可被谅解。他唯一一次严重的自杀企图(1958年那次不算,那纯属示威之举)恰恰与选择的情境相关——济娜伊达同他和涅高兹之间两年的折腾、他对旧爱和新欢的歉疚,让他进退两难。"不能再犯错了。"跟一个坚毅而专横的女人生活了十六年之后,他爱上另一个女人,一个受伤的、处处带来混乱和幸福的不幸之人,但现在这并不表明他应当抛弃儿子、住所、书房、生活方式及创作。帕斯捷尔纳克有两个家,他也不觉得尴尬。他总是向他的旧雨新知介绍奥莉加,把她当作他的缪斯、奇迹和真正的妻子。他周围的人也都习以为常。需要强大的意志而非优柔寡断,才能按照自己的意愿活着,才不至于为在所难免却又遮遮掩掩不敢声张的行为而羞愧。

苏联作协会员像法利赛人①,纷纷谴责帕斯捷尔纳克这场风流韵事,这等事情就像关于日瓦戈的小说,也是犯忌的。然而,他们中的大多数都没有声讨他的道德权利。文学界和学术界时常爆出丑闻。1954年,揭露了一个淫窟,祖国科学的众多名流都是常客。大约同一时期,阿谢耶夫年老色衰的妻子,娜佳·西尼亚科娃的妹妹(1914年,帕斯捷尔纳克曾与之有过一段倏忽即逝的伤心往事),"迷人的小山羊"奥克桑娜因为丈夫找了个小情人,也制造了公开的丑闻,闹得沸沸扬扬。阿谢耶夫并非帕斯捷尔纳克那种百折不回之人,他退缩了,溜回了自己的家。怀着难以掩饰的激愤,济娜伊达·尼古拉耶夫娜回忆了战后令人发指的腐化之风——老作家们拜倒在年轻情人的石榴裙下,由于战争的影响,那些女孩遇不到足够多的同龄男性,出现了"女猎人狄安娜"②部落。伊文斯卡娅当然不属于这个部落,但在济娜伊达看来,帕斯捷尔纳克的行为正是上述风气之结果。

其实,"黄昏绝恋"非但不是什么罪行,反而可以从艺术史上找到无数例证,即通常所说的"第二春"。七十四岁时写下《马里恩巴德哀歌》的歌德,认为此乃真正伟大的标志。一位年迈的诗人,拒绝了情感最后的迸发,

---

① 耶稣时代一个著名的犹太团体。耶稣经常批评法利赛人不明白《圣经》,假冒为善,"没有真正的义"。
② 罗马神话中的月亮和狩猎女神,与希腊处女神和丰产女神阿耳忒弥斯的混同一体,形象是一个年轻的女猎人,身穿猎装,背负箭筒。"女猎人狄安娜"在此处,意指"二战"后出现的渔猎男性的苏联女子。

会使自己错失真正的复苏;如果不是因为最后的、义无反顾的激情,也许帕斯捷尔纳克的晚期抒情诗会有所不同,或者根本不会写成。萨莫伊洛夫、奥库贾瓦、列维坦斯基这些有幸活到头发斑白的俄罗斯大诗人,在他们的晚年都留下了出色的爱情诗。就连八十高龄的尼古拉·吉洪诺夫——胸前挂满勋章的老人、苏联保卫和平委员会主席、社会主义劳动英雄、各种奖项和荣誉获得者、苏维埃代表,去世前一年也爱上一位给他打针的年轻护士,四十多年都没写过抒情诗的他,居然诗兴大发,写了许多情诗。

接受并吸取一切——从繁复多样中,从幸福、痛苦和羞耻中。对帕斯捷尔纳克而言,1956年便是这种兼收并蓄的巅峰之年。

甚至身体的疼痛也未能使这节日般的和谐变得黯淡。1957年3月的一天,他从家里出来,去莫斯科艺术剧院参加席勒悲剧《玛丽·斯图亚特》的彩排,剧本是以他的翻译为蓝本。突然,他的膝盖一阵剧痛,他忍不住差点喊出声。(他随后给玛丽·斯图亚特的扮演者塔拉索娃写信,带着旧式的书卷气:"在不远的将来,我会向您陈说此事。")结果发现是关节炎犯了。他在克里姆林宫医院熬了两个月,又在莫斯科郊外的乌兹科耶疗养院待了同样长的时间。

相比1952年他因心脏病发作住进博特金医院时所感受的意外幸福,这次住院的经历是多么不同!他的信充满了对病痛的抱怨,时不时地发火,耍脾气,其中一部分原因是,他写信给伊文斯卡娅,主要为了不让她来看他。妻子守在他身边,几乎形影不离,跟伊文斯卡娅接触,会导致尴尬的局面。同时,他似乎还受到良心的折磨:两个家的生活再度让他感到压抑。他用这样的语言描绘自己的痛苦:

> 我们表现得像品行败坏的孩子,我是无人能及的白痴和混蛋。这就是代价……我片刻无法合眼,像蛆虫般蠕动,找不到哪怕稍微忍耐一下的姿势。

他觉得疾病就是幸福的代价。伊文斯卡娅急于探望,帕斯捷尔纳克阻止了她,先以病情为由("难以忍受的剧烈疼痛"),然后是严格的医院规章。他显然渴望让生活最后一次转向他心目中正确的和道德的轨道,但这永远只能在理论上成立。总算和情人相见后,他重新焕发精神,并意识到不能没有她。就在这羞愧和幸福的交集中,他写下了《酒神节》——未完成的《霞光》之后唯一的长诗。这是谜一样的诗篇,因为基调不明朗,内容也几近虚幻,但在帕斯捷尔纳克看来,它是《日瓦戈医生》主题思想的重要发展,充满玄秘的意蕴。

帕斯捷尔纳克很少为后人留下作者注解,对《酒神节》的解读却细致入微,这或许是因为,他本人也将此诗的出现看作一个谜。1957年8月21日他给尼娜·塔毕泽写信,回忆了长诗的来源:

> ……《玛丽·斯图亚特》在剧院的排练、城里的两个命名日之夜,以及我从积雪的原野来到城市一路所见的夜景。像往常一样,我很想用一首诗尽情地说出这一切。古人用酒神节、圣礼边缘的狂欢、轻盈与神秘的混合体加以命名的形式,仿佛呈现在我面前。

他也给塔拉索娃写了一封信,说的几乎是同样一番话:

> 我想把这些零散的、千差万别的东西放在一起,在涵盖这些主题的整体布局中,一次写下所有内容。按照我的构思,这是以古典意义的酒神精神为标志,以表现自由和狂欢的特征为形式,这种特征堪称神圣,古希腊的悲剧、抒情诗及其整个文化最好和最善的部分均来源于此。[……]假如您压根儿不喜欢它,或者觉得它有碍观瞻,请勿怪罪,也请原谅我将您带入这样的语境。

"有碍观瞻",这话说得很重,只有真正了解语境的人,才会对此诗这么看。

"古典意义的酒神精神"或"涵盖这些主题的整体布局",所有这些都显得晦暗且隐秘。帕斯捷尔纳克对自己的孩子说得更直接,也更简单:为了向叶甫盖尼说明他的构思通常始于何处,他首先谈到结构和笼统的初始印象,后者上下贯穿,即可形成情节。《酒神节》里也有贯通整体的情节单位——自下而上照亮舞台的电灯光,车灯从幽暗处投向墙壁的影子,或者教堂里映在信徒脸上的烛光,或满是羞愧的面孔。这里提到羞愧跟"有碍观瞻"一说同等重要。《酒神节》里个性化的和潜在的母题,正是幸福的狂欢、悲剧边缘的狂欢、圣礼边缘的罪恶感。作品深具个人色彩(只不过是逐渐显现,从最初的构思来看,却像中性的写景之作),从诗律的选择——双步抑抑扬格即可见一斑。几个固定的韵律与帕斯捷尔纳克相伴始终,并非由他所独创,却是经由他而完善,至今主要还是归功于他。例如偶数行短句的抑扬格,

"蜡烛在桌上燃烧,/蜡烛燃烧"(《冬夜》);《雨霁》里的名篇《山回路转》也采用同样的格律。从帕斯捷尔纳克那里不难发现格律和意义的关联,或者用语言学术语来说,叫作"步律的语义链"。在他的诗学体系中,每一种格律都与主题的谱系明确对应,双步抑抑扬格的运用并不频繁,选择它,是为了个性化的诗句,这些句子仿佛在幸福与愧疚、绝望与失望的交汇处出现,永远惶然不安。不妨回顾一下《无所归依的人》:

> 我们的花园充满哀愁。
> 它一天比一天美。
> 今年若是在这儿住下
> 该有多少喜乐和伤悲。
> 但住客却不再喜欢
> 自己的幽居。
> 他打发了家人,
> 角落里只剩一个敌人。

在这首诗以及《酒神节》里,他都以第三人称叙说自己,好像感到惭愧:1941年——是因为不能投身沙场,到了1957年,则因为

> 他撕毁了追求的理由,
> 为了初次的欢爱,
> 当时他的行为不可思议!①

《酒神节》的格律并非从头就确定好了。帕斯捷尔纳克本来要说的是另一码事,诗作本身也暂时没有情节和标题,而是仅限于莫斯科冬夜的回忆,还有2月24日同时为"谢拉皮翁兄弟"两位旧成员费定和伊万诺夫祝贺生日的情景。帕斯捷尔纳克起初采用了三步抑扬格:

> 枝形吊灯闪烁,
> 宴席毁于葡萄酒、亲家母、女婿、儿媳,
> 那是某些人的命名日……

随后,他以同样的格律另起炉灶,尝试描写冬天的城市:

---

① 引自帕斯捷尔纳克《酒神节》(1957)。

>各种牌子的汽车,
>匍匐的车灯光。
>屋顶和拱门都不见了,
>人行道却很耀眼。①

同样是贴在地面上摇曳的光,未来事件的地点——庆贺"某些人的命名日"的莫斯科民宅和冬天的城市,也已经触手可及。但诗律乃至主要的抒情主题,直至后来才定型。在某些泛音方面,这部作品令人联想起布尔加科夫《大师和玛格丽特》三十年代的莫斯科。同样的奢靡、享乐、罪恶的违禁的欢悦,既像是"莫文联"②的欢宴,又像魔鬼撒旦的晚会:

>在隔壁的餐厅里
>青菜、鱼子酱堆成山,
>淡紫色的餐盘盛满
>鲑鱼、鲱鱼和奶酪。
>
>还有餐巾的窸窣,
>还有调料的辛辣,
>还有各色葡萄酒,
>还有各种伏特加。
>
>伴随着嘈杂的喧声
>肩膀、脊背和胸乳
>连同女人们的耳坠
>淹没于吊灯的光影。

这画面上最醒目的是荷兰情调的富足——鲁本斯③式的肉感、静物的过剩、宴饮的奢华,但早从三十年代起,帕斯捷尔纳克就发现,哪里有盛宴,

---

① 此处引文可能出自《酒神节》初稿,不同于正式版本。
② "莫斯科文学家联合会"的简称,在《大师和玛格丽特》中,"莫文联"拥有一座名为"格里鲍耶陀夫之家"的二层小楼,是"莫文联"成员吃喝玩乐的场所。
③ 彼得·保罗·鲁本斯(1577—1640),佛兰德斯(西欧历史地名,今为荷兰南部、法国北部和比利时西部一部分)画家,巴洛克画派早期的代表人物,强调运动、颜色和感官,以反宗教改革的祭坛画、肖像画、风景画以及有关神话和寓言的历史画而闻名。

哪里就有瘟疫。由此产生浮士德式的主题——禁忌的孽恋。自画像(再次以第三人称,如同《无所归依的人》)的确酷似浮士德,谴责和欣赏兼而有之。作者的细节也准确到位——各种饮品当中他更喜欢白兰地,最好是产自格鲁吉亚。

> 女演员像躁狂症患者
> 望着这一幕幕,
> 不知是谁在喝白兰地
> 默默地喝到黎明。
>
> 几个莫名其妙的人
> 为他流下泪水。
> 酒杯第十六次端起,
> 他也视而不见。
>
> 他为自己巩固着
> 称作沉默者的权利,
> 他在女人中间机灵,
> 在男人中间——孤僻。
>
> 作为三度离异之人,
> 他已活到了两鬓斑白,
> 他独自证实了
> 同时代女性的生活。
>
> 女友们馈赠的物件
> 被他挪用于周转,
> 他回赠她们的礼物
> 则是整个世界。

也就是说,只有利用女性的青睐和帮助,他才能回赠以诗歌。这对作者而言是相当典型和满足虚荣的道白。至于这里塑造的对象,已然明确无疑。

主人公爱上了一位舞蹈演员,他们之间是真正伙伴式的平等关系("他们简直是同貌人",这表明除了吸引力之外,还有对艺术及艺术奇迹的共同参与,使得他们相互亲近)。浮士德式的旋律愈渐强烈地在此回响:

> 但他们厚着脸皮
> 热手中攥着娴熟的巫术,
> 怜悯、良心和恐惧
> 在他们看来又算什么?
>
> 海水没及双膝,
> 他们陷入疯狂,
> 对于他们两个
> 独处的瞬间胜过宇宙。

无疑,这不是谴责而是欣赏。即便这些画面"从墙上严厉地注视",在帕斯捷尔纳克看来,为了"他们两个",一切臆想也都是可行的。玛丽·斯图亚特的整个悲剧仅被当作非法恋情的背景。苏格兰女王是什么人都无所谓,只要别是女卫道士——当她身陷囹圄之际,她成为真正的卫道士,"仿佛逃离了一场场舞会"。死的轻率和毁灭边缘的游戏的勇气,正是贯穿于《酒神节》的主题:

> 母亲生下她这样
> 蜻蜓般活泼的女孩,
> 她伤害男人的心,
> 又用女人的温存俘获。
>
> 也许因此之故,
> 像火焰般炽烈,
> 女儿将头颅
> 放到行刑者手中。
> ············
> 需要多少勇气,
> 才能游戏岁月,

游戏如山陵,
游戏如河流。

游戏如钻石,
游戏如美酒,
就像有时注定
游戏而不拒绝。

最后两行像是只为了配合韵脚,所以引用较少,但事实并非如此。晚年帕斯捷尔纳克那里不存在偶然性,语句越加打磨,反而越是真实可信;而这不甚清晰的两行,实为重要的自白。上引游戏的山谷与河流的诗节,营造出一个主要动词的两种意义(这也是游戏):火焰、波浪、闪光,各有其用,各自游戏①。游戏被神圣化和诗意化,由此开始了酒神节及其在悲剧边缘的死亡之舞,参与这舞蹈,却不是个人选择的问题。我们面对的不是浪漫艺术家的消遣,而是抽签的游戏、命运的游戏:"就像有时注定。"没有谁能转身离去。就算有几个莫名其妙的人怀着同情——他们本该嫉妒才是。

《酒神节》结尾——帕斯捷尔纳克一个重要主题的余绪:植物世界,尤其是花的世界,对于他永远是不解之谜。《日瓦戈医生》本来有一大段文字,描写从各种庆典直至葬礼始终与人相伴的鲜花,经由帕斯捷尔纳克删改和简化,这一段从小说中消失了(这是伊文斯卡娅讲述的,从她所说的来看,这些思想在前引小说第十五章已有概括)。这让他联想到死、腐烂和衰败的绝对之美——与道德无关、出淤泥而不染的美(因为"泥土的成分不辨脏污"),即是帕斯捷尔纳克心中最关键的谜。罪恶的游戏结束了,爱与欢宴的夜晚收场了,剩下的只有沉睡的花,在道德范畴内无从解释的美。艺术家终其一生,留下他创造的文字和他予以安顿的词语,而这些如今也已然非善非恶。善恶自在,所从何来——有什么分别吗?"谁都不记得什么。"

这句"谁都不记得什么",俨然是对《相会》结尾的直接回应:

谁又能知道
我们是谁,来自何处,

---

① 此处的主要动词即играть("游戏"),"各有其用,各自游戏"系对原文играть роль(具有"扮演角色"和"发挥作用"两种含义)的意译。

当岁月只剩下流言

而我们已不在人世?

剩下的只是"蔓延的芬芳,净化万物,/一缕一缕浇淋/玻璃瓶里十枝玫瑰"。这便是帕斯捷尔纳克对他近乎平静而又愧疚的两年幸福时光的总结,或许,这也是对他最后十二年的总结。4月里病过一场之后,他与伊文斯卡娅的接触时断时续,他们的关系行将结束,最后的净化和禁欲时期来临了。

2

1957年,帕斯捷尔纳克写了一首题为《夜》的诗,这是一首奇异的诗,就形式而言,又是他最明朗的作品之一。奇异之处在于诗的思想脉络,还有异乎寻常的背景。在帕斯捷尔纳克抒情诗以及几乎所有散文里,我们习惯于看到事件在俄罗斯中部的风景里展开,或以莫斯科这座错乱而多样的城市为舞台;莫斯科连绵起伏的丘陵地形与帕斯捷尔纳克的句法相得益彰:没有直路,但胡同一条接一条……蓦然耸起一座拱门,穿过去即可步入另一个空间。

《夜》不属于佩列捷尔金诺组诗,也不属于莫斯科诗篇,其全新的视角达到梦幻般的高度,标志着帕斯捷尔纳克面向欧洲乃至全世界读者的敞开。主人公已不再从别墅窗口看世界,他的目光提升得更高,他把自己想象成午夜的飞行员,而飞行员又被带到宇宙之巅。宇宙主题在帕斯捷尔纳克笔下只出现过一次——也就是在这首诗里,虽然1957年10月4日,苏联正好发射了第一颗人造卫星,但给他带来灵感的应该不会是卫星(《夜》写于当年夏天),而是伏努科沃机场[1]起降的普通飞机。这些飞机在佩列捷尔金诺上空日夜盘旋,当地居民经常提到它们训练时的情景。此外,帕斯捷尔纳克在1957年还读过圣埃克絮佩里[2]的作品。

在帕斯捷尔纳克那里,三步抑扬格并不常见,语义也并非单调如一。采

---

[1] 莫斯科三个主要民用机场之一,从1937年开始营运至今。
[2] 安东尼·德·圣埃克絮佩里(1900—1944),法国作家,飞行员,经典童话《小王子》的作者,还著有《夜航》《人类的大地》等。1944年7月31日,圣埃克絮佩里在执行飞行任务时失踪,直到2000年4月,飞机残骸才在法国南部马赛海底附近被发现。

取这种格律的诗作,包括前引纪念诗人尼古拉·杰缅季耶夫的《致夭亡者》和日瓦戈组诗里的《相会》;1936 年,《夏日笔记》也以同样的格律(尽管夹杂着其他阴性和阳性的韵脚)写成。另外还有 1941 年的《虚惊》——帕斯捷尔纳克最忧伤和绝望的诗篇之一,如同我们随后在《夜》中所见,此诗也有名物的罗列:

> 洗衣盆和木桶,
> 早晨开始的忙乱,
> 烟雨的黄昏,
> 潮湿的夜晚。
>
> 黑暗的叹息中
> 吞咽的泪水,
> 十六俄里之外
> 火车头的呼唤。
> …………
> 透过前厅的窗口,
> 我望见我最后的时刻
> 像往年一样
> 推迟来临。
>
> 冬天为自己扫清道路,
> 从山丘穿越
> 树叶黄色的恐惧,
> 停驻于我的生命。

这几首诗并无明显相像,除了一点:它们以不同形式标志着新的阶段、新的成熟程度以及此前所说新的音高。这使得主题大多由高向低纵贯全诗,要么是敌人从山丘窥看围困中的莫斯科,要么是飞行员透过云层俯瞰大地,再就是《相会》的主人公从死后的远方回望其一生。

这种从山坡、从丘陵、从桥上的俯视,也是《夏日笔记》里一再重复的情节:"茴香花开在山坡,/大卫王的群山/耸立如金字塔,/自上而下俯瞰花园。"组诗里的"乌云挤撞成一堆,／目光无力控制",则与二十年后《夜》的声音遥相呼应:"天体迷失方向,／挤作一团。"

夜在急匆匆地流动,
融化,当飞行员
从沉睡的世界上空
冲向云端。

他被浓雾淹没,
消失在气流中,
变成布料上的十字
和被单上的记号。

他底下是夜的酒吧,
异国的城市,
是军营、司炉工,
火车站、列车。

机翼将阴影整块地
摊开在云层。
天体迷失方向,
纷纷挤作一团。

一个可怕的倾斜
忽然将银河倒转,
转向另一些
未知的宇宙。

在无边无际的空间
燃烧着一片片陆地。
在地下室和锅炉房
锅炉工人彻夜不眠。

巴黎的屋檐下
不知是金星是火星
正在端详海报上
新剧目的预告。

在那美好的远方
在覆盖着瓦片的
古老阁楼里，
有人难以入睡。

他仰望行星，
仿佛整个苍穹
都是他每天夜晚
放心不下的事物。

这份清单上汇集着如此之多形态各异、互不相干的事物，锅炉工人与巴黎的新剧目、银河、德国阁楼里（或许就在马堡）的诗人并存不悖，联结一切的唯一特征是彻夜不眠。各种自愿或被迫值夜之间的潜在关系，纵横交错，形成一个没有睡梦的巨大空间的形象，继而呈现整首诗的主题。仿佛有个庞大的观察团，正在执行夜间的巡查，但只有夜色笼罩的大地，保持着观察者的清醒。夜晚则惶恐不安，因此才有"一片片燃烧的陆地"，它们甚至能被灯光点燃，而无论"可怕的倾斜"还是"未知的宇宙"，也都带有焦虑的意蕴。在这不安的夜晚，一架飞机航行中的轰响却给人以安慰和希望。在醒着的人们越过大洋相互传送的秘密信号的链条上，锅炉工人、夜间杂耍的演员、阁楼里的诗人乃至从伏努科汶机场起飞，冲向佩列捷尔金诺上空的飞行员，全都拥有平等的地位。因而这是惶恐与安适混杂的音调（没有惶恐的安适并不存在），在欢快而庄重的"1957年诗歌节"上，它从一首悄然入选的质朴诗作里发出鸣响，使读者为之倾倒。曾经有过这种选辑——从1956年到1989年，每年发布一次，由诗人各自提交当年写下的最好或最符合要求的一首诗。帕斯捷尔纳克选的是《夜》。他喜欢这首诗，也愿意朗诵。一份录音保留了他独特的音调——在每四行的头一句，嗓音都比较高，到第四句则是悦耳的降调。那标志性的低声惊叹也清晰可闻："仿佛整个苍穹/都是他每天夜晚/操心的事物。"但这又是怎样的骄傲与职责?！作者与读者分享惊喜，一个夜晚不眠者的秘密国际联盟的巨幅画面展现在读者面前。作者现在"放心不下"的不仅是国家——就连整个世界也依赖他，跟他传递眼神，这也是"失眠者兄弟会"向他的问候和汇报。他们每个人都克服了遗忘和睡意，他们的努力让世界免于癫狂和崩溃：

别睡，别睡，工作吧，
不要停止劳碌。
别睡，要战胜瞌睡，
就像飞行员，像星星……

别睡，别睡，艺术家，
不要向睡梦屈服，
你是永恒的人质，
你是时间的俘虏。

或许，最后四句被引用的次数比帕斯捷尔纳克其他诗作加起来还要多。这确实不失为他的最佳警句："你是永恒的人质，/你是时间的俘虏。"不妨试试能否写得更好。但奇怪的是，对艺术家命运的全面概括却得自一首描写失眠的诗。为使诗歌留下绵长的余音，这里出现了帕斯捷尔纳克另一个重大的主题：见证。归结起来，艺术家的全部任务就在于不入睡，即使平静和安宁的诱惑将他战胜。他没有飞行员冒险式的自由，也无法到美好的远方去寻找同道。他置身于大地之上，远离异国灯火辉煌的陆地，而那些陆地知道他是何许人，因为他已被刻印在世界的背景中。可是就算作为"时间的俘虏"，他也有自己的事业——"别睡，要战胜瞌睡，/就像飞行员，像星星"：责任使所有人相互平等。

无论是谁，只要在军队经历过夜晚的战斗值勤——哪怕不是在战时，只要在夜间收听过无线电通话或广播节目，在救护站或海船上值过夜班，或者沿着难以辨识的夜路，在星光似的路灯映照下驾车飞驰，都会理解作者创作《夜》时的心境，并准确无误地认出他。在同样的时刻，对同样辗转不眠的每个人之间神秘关系的感知，正是对世界的独特体认，其中充满了隐秘的骄傲,它甚至也属于只因失眠而毫无必要地醒着的人。不管怎样,当"深渊向我们敞露",每个尚未入睡的人,都会是夜晚阴险意图的反对者。每个不曾被睡意战胜的人,同样也会参与那善意的密谋,"就像飞行员,像星星"。

除了以上所有意义,这首诗似乎还预见到来自欧洲的盛誉。这个巨大而僵冷的世界,也是即将迎来《日瓦戈医生》广泛流传的世界。帕斯捷尔纳克相信会有回响。他果真没错。

3

《新世界》杂志将《日瓦戈医生》退还,并且附带编委会详细的退稿信。帕斯捷尔纳克决定将书稿送交《文学莫斯科》丛刊。

《新世界》的退稿信列举了小说里种种叛逆思想,严厉谴责了"个人主义倾向",诺贝尔奖揭晓之后,这封信立刻在苏联的《文学报》上发表,因而广为人知。这封由全体编委会署名的信虽然气势汹汹,却未能使帕斯捷尔纳克相信,小说不会在他的祖国跟读者见面。他反而认为出版是有可能的。如何处理这部作品,其实苏联上层也没有统一的意见。关于小说的传言不胫而走。有人主张对它彻底修改,然后交由国家文学出版社出版。社长柯托夫欣赏《日瓦戈医生》,可惜1956年9月他就去世了,出版计划随之搁浅,但还是与帕斯捷尔纳克签订了合同——只为确保他不再把作品交到别处。

此前,《文学莫斯科》丛刊已退还手稿,据说是由于篇幅问题。帕斯捷尔纳克恍然大悟,跟丛刊领导大吵了一通。

与此同时,在国家文学出版社建议下,帕斯捷尔纳克整理了一部诗集,还专门写了《人与事》,像是缩减的《安全保护证》,评论新颖尖锐,说理也很到位。1957年世界青年联欢节过后,斯拉夫学文化学者、外国记者及其他对俄罗斯感兴趣且不乏善意的人纷纷来到莫斯科,就在2月,帕斯捷尔纳克认识了来自法国的年轻女士杰奎琳·德普日艾雅尔,把小说的另一份副本给了她,以便送交伽利玛出版社[①]。他还委托她代为处理自己在国外的事务。

[①] 1911年创办于巴黎,以创办者加斯东·伽利玛的名字命名,起初由安德烈·纪德主持出版工作,以文艺作品出版见长。

费尔特里内利写信问他,《日瓦戈医生》的俄罗斯版本何时付梓。虽然国家文学出版社做出乐观承诺,但帕斯捷尔纳克已经意识到,起码在他有生之年,小说根本不会出版。他秘密授权这位出版商于1957年秋天印行意大利语译本。费尔特里内利作为一名诚信的资本家,还是征询了国家文学出版社的意见,得到的回答是,编辑工作正在进行,在苏联版发行之前,请等待下去。就在这时,波兰 Opinie(《见解》)杂志刊登了日瓦戈的几首诗和描写斯特列里尼科夫的若干片段,苏联作协秘书处为此传唤了帕斯捷尔纳克。他以生病为由没有到场,而是让伊文斯卡娅代替自己。作协要求她与丹杰洛联系,不惜一切代价索回手稿。

作协领导并未就此止步。在当时的意共领袖帕尔米罗·陶里亚蒂帮助下,有关方面开始向费尔特里内利施加压力。费尔特里内利答复说,他认为《日瓦戈医生》是一部杰作,无论如何他都要出版。陶里亚蒂诚恳地劝导他,可费尔特里内利并非第一次跟意共闹僵,而陶里亚蒂也不打算失去这样一位赞助商。11月,《日瓦戈医生》意大利语版问世,随后是法语版。意大利语版的译者是佩德罗·茨维捷列米奇,他深知此项使命之伟大,译得既动情又精细。

苏联"国际图书"组织威胁将费尔特里内利送上法庭。直到最后一刻,苏尔科夫仍然要求将手稿归还苏联,说是"为了修辞上的润色",而这种虚伪正是最让帕斯捷尔纳克恼怒的。小说刚一发行(1957年11月23日开始在书店发售),苏联当局立刻要求帕斯捷尔纳克与西方记者见面,要他在见面会上宣布自己与据称将手稿偷运出境的出版商断绝了关系。这个主意出自苏共中央文化部部长波利卡尔波夫。1957年12月17日,一群外国记者被送到帕斯捷尔纳克的别墅,但出乎所有人意料,他说,唯一的遗憾是缺少了小说俄语版。

> 我的作品遭到批判,可是居然谁都没读过。为了批判,总共就用了几页的摘录……

事到如今,该拿他怎么办?小说引起轰动,半年之内就有了二十三种语言的版本,其中包括印度的乌里部落[①]语。

[①] 一个人口稀少的部落,主要分布在印控克什米尔境内。

西方读者写给帕斯捷尔纳克的书信纷至沓来。他们的坦率和诚恳令他感慨。苏联方面不知该如何应对局势。小说的出版计划已经取消，1957年整理的单卷本文集也被禁止，但尚未采取直接的处置，尽管苏尔科夫在一次公开讲话时声称，帕斯捷尔纳克写了一部反对苏联的小说，交给了外国。不到万不得已，他们还不想制造丑闻，因为担心损害苏联的新形象。如果小说在西方只获得有限的成功，或者没有任何反响，一切很可能就此终止。当然，如果它没有出版，也就不会有1958年秋天展开的野蛮迫害。

但《日瓦戈医生》不仅成了畅销书，而且获得了所有文学奖中最负盛名的奖项。

第四十五章 惩治

1

1958年10月23日,继伊万·布宁之后,鲍里斯·帕斯捷尔纳克成为第二位荣获诺贝尔文学奖的俄罗斯作家,"因为现代抒情诗的杰出成就以及对俄国古典散文传统的发扬"。

围绕此次授奖,始终聚讼不休:帕斯捷尔纳克的批评者至今仍然相信,《日瓦戈医生》继而是诺贝尔奖,充当了冷战的武器。这是对帕斯捷尔纳克离奇的责难。苏联政权完全能够阻止将小说利用于冷战,只要出版这部作品即可,苏联体制不会因此崩溃。济娜伊达·涅高兹在一封写给肖洛霍夫,但未寄出的信中表达了正确的见解——后者对《日瓦戈医生》有过激烈的否定,尽管他也不觉得小说的少量印行会有何不妥:肖洛霍夫本人的《静静的顿河》显然更有可能"动摇基础",结果非但没有动摇,反而跻身于经典之列。在相对自由的五十年代,这样的史诗倒不见得能出版。

政治动机是否在授奖过程中发挥了显著作用?无望获此殊荣的人喜欢说,是的,诺贝尔奖早已是一个政治奖项,它的颁发绝不会依照"汉堡规则"①……或许是这样吧,但二十世纪真正的大作家几乎都获得过诺贝尔

---

① 原文 гамбургский счёт,直译为"汉堡算法"。这是一句熟语,意思是严格按照专业标准制定的价值评判准则,而不取决于当下形势、官方立场及个人私利。"汉堡规则"原是文艺理论家维克托·什克洛夫斯基一部评论集的名称(1928),在其中一篇同名短文中,什克洛夫斯基称,"汉堡规则"出自德国的摔跤表演:"汉堡规则是一个极其重要的概念。所有摔跤表演者在竞技时,均是遵从戏班班主的指示,偷奸耍滑,双肩着地。每年只有一次,他们在汉堡的小酒馆聚集,关起门,挂上窗帘,展开长久、丑陋、残酷的较量。由此确定各个表演者真正的级别,以免敷衍、走过场。汉堡规则在文学中是必需的。照此规则,不会有谢拉菲莫奇和维列萨耶夫的一席之地。他们到不了城里。在汉堡,布尔加科夫——扮演丑角。巴别尔——属于轻量级。高尔基——令人怀疑(时常在形式上)。赫列勃尼科夫是冠军。"

奖。至于"根基派"(почвенник)的索尔仁尼琴和马尔克斯何以获奖,而两位充满书卷气的后现代先知博尔赫斯和纳博科夫却未获得,这一事实自有深刻的意涵。可是不能否认,诺贝尔奖是世界上最重要的奖项,且不说是不朽的;时势以及明显政治正确的考量偶尔会影响到授奖,但对于帕斯捷尔纳克的事例而言,这些因素恰恰不值得夸大。将诺贝尔奖授予他,并非为了激怒苏联,因为整个世界都善意地期待着苏联的良好转变。帕斯捷尔纳克获奖,与其说是作为反苏分子,不如说是作为苏联的代表。诺贝尔委员会选择和表彰的俄罗斯作家,乃是不屈不挠的反潮流人士、人道主义者、用自己的声音拒斥谎言与教条的大师,况且在诺贝尔奖的授奖词中,帕斯捷尔纳克是被称作俄罗斯现实主义小说传统的继承者,尽管我们已经看到,他的作品与现实主义传统关系不大。

假设瑞典文学院院士是出于时势的考量,有意褒奖一名勇于抗拒暴政的反苏分子,那就不可能不明白,他们这样的决定无异于签署了帕斯捷尔纳克的死刑判决。其实正相反,瑞典方面意识到时代变了,即使帕斯捷尔纳克因一部小说而获奖,也不会有生命的危险。他们真心以为,苏联会接受奖项并以此为荣。当然,诺贝尔委员会同样不希望引发一场针对帕斯捷尔纳克的迫害,否则就会在授奖之前再三斟酌。苏联政府的激烈反应——大概惊醒了欧美许多乐观派乃至合作与趋同的支持者——就连最敏锐的苏联问题专家也始料未及。事实上,早在1958年春天,苏联为争夺诺贝尔奖已经开始了冲锋前的准备。严格地说,在世界潮流席卷俄罗斯的背景下,最有资格相互竞争的正是俄罗斯文坛上的对跖者——肖洛霍夫和帕斯捷尔纳克。五十年代末,由于镇压和禁锢,苏联文学失血过多,具有世界影响的人物屈指可数,瑞典方面却早已打算把诺贝尔奖授予苏联作家,因为俄罗斯正处于全世界关注的中心:个人崇拜的揭露、自由宽松的气息、人造卫星……1954年,肖洛霍夫的名字出现在诺贝尔奖的榜单上。当时瑞典皇家科学院按照惯例,向全世界作家学者征询意见,其中包括谢尔盖·谢尔盖耶夫-琴斯基[1]。琴斯基提出的人选正是肖洛霍夫,之后肖洛霍夫每年都被提名,直到1965年终于获奖。1958年,苏联当局迫切希望他获得诺贝尔奖,为此花费

---

[1] 谢尔盖·尼古拉耶维奇·谢尔盖耶夫-琴斯基(1875—1958),苏联作家、科学院院士、海洋题材作家、军事画家。

了一整年,试图营造一场国际性的宏伟胜局,尤其值得一提的是,就在《日瓦戈医生》问世的同时,《静静的顿河》未经删节,首次被译成欧洲多国语言。在意大利,这两部小说于同一月份之内发售(《静静的顿河》的第一个译本早在1945年就已出版,只是做了大幅度的删改和剪裁)。1958年1月,意共评论家卡尔罗·萨利纳里发表文章,对比了肖洛霍夫和帕斯捷尔纳克,对《日瓦戈医生》的失望溢于言表:

> 我们在下文将会看到,这两位作家互为对跖者,在排除任何口味偏好的前提下,需要对二者做出明确倾向的选择。有人采取难以置信的夸张,要让人相信,这部小说(《日瓦戈医生》——德·贝)堪称百年间最重要的小说,但没有人愿意自己花功夫来搞清楚为什么是这样。据说,小说"揭示了人类自由的根源之所在"。围绕《日瓦戈医生》,首先展开的是一场丑闻运动……苏共二十大和匈牙利事件之后,人们格外留意所谓社会主义国家经验已然失败之类的流行观念……这是一场没有上帝的神秘剧……帕斯捷尔纳克从神秘莫测的个人主义角度看待社会事件和精神状况,而肖洛霍夫的思想观点则植根于牢靠的历史原则……

接着还是以同样的论调,萨利纳里强调说,格里戈里·梅列霍夫①所经受的革命,比尤里·日瓦戈经受的还要残酷。在帕斯捷尔纳克的小说里,这位党员评论家最欣赏"乡下的好空气",但其中没有历史的真相;作者主要的诉求并未直观地呈现,而是包裹在审美的思绪中。萨利纳里还说,肖洛霍夫的作品具有深刻的历史根源,在帕斯捷尔纳克那里,一切则来源于个人的心理感受。而且很明显,两者的差异背后还有一个更简单的解释:在塑造被毁灭和被碾压的主人公时,肖洛霍夫倾向于论证并承认,压垮主人公的力量不可避免,致使他的生活彻底崩溃,由此可见不正确的选择之代价;帕斯捷尔纳克将日瓦戈带入甚至更悲惨的结局(格里戈里起码活了下来),以证明他的而不是时代的正确性。萨利纳里最反感这一点。但就在同一时间,即1958年1月,彼埃尔·朱恩在《文学通讯》(*Les Nouvelles Litteraires*)杂志撰文,欢迎帕斯捷尔纳克《中篇故事》的法语译本(他在法国流行起来,他所有

---

① 《静静的顿河》主人公。

能被找到的文字都开始翻译和出版),并表达了如下观点:

> 帕斯捷尔纳克拒绝为意识形态而牺牲其诗人的个性,他是创作自由的捍卫者,代表着在自己国家被禁止或注定被遗忘的俄国作家的伟大一代。

经过详细摘录和分析,所有这些出版物都被送交苏共中央文化部。1958年3月31日,距离新的诺贝尔奖得主正式公布还有七个月,康斯坦丁·西蒙诺夫向苏共中央寄去了一封加盖"秘密"字样的信函:

> 不久前,国际瑞典笔会讨论了诺贝尔文学奖人选问题,下列作家被提名:米哈伊尔·肖洛霍夫、鲍里斯·帕斯捷尔纳克、埃兹拉·庞德(美国)以及阿尔贝托·莫拉维亚(意大利)。鉴于瑞典作家们发表了有利于米·亚·肖洛霍夫的言论,但作家的情绪远非永远可靠,在与苏联代表团(格·莫·马尔科夫同志和帕·马·托别尔同志)的会谈中,一位对我方友善的瑞典作家埃里克·阿斯科伦德提出,有必要在我国报刊上报道米·肖洛霍夫的活动,并提高其在斯堪的纳维亚国家的知名度,他认为,这可能对诺贝尔文学奖问题的决定产生积极影响。请中央指示。

作协秘书处下达的任务,包括不惜一切代价促成肖洛霍夫通过诺贝尔奖提名,西蒙诺夫据此"请示",要将自己的宿敌提升至世界声誉的高度。4月5日,苏共中央文化部部长波利卡尔波夫下令《真理报》《消息报》《文学报》和《新时代报》刊发文章,介绍肖洛霍夫创作的巨大意义,这些文章给人留下的印象是:别看从1953年至1958年,除了《一个人的遭遇》,肖洛霍夫未发表一篇文学作品,但他的沉寂是因为一直在埋头创作《被开垦的处女地》第二部。当被问到何时完稿,他本人开玩笑地敷衍说:"活儿干得越快,越容易牛出瞎子。"苏联官员把赌注押在埃里克·阿斯科伦德和斯温·斯托克这两位重要的苏联友人身上。马尔科夫还补充了他个人的建议(苏共中央4月7日记录,同样是秘密的):

> 显然,不应排除其他手段,包括国外和苏联一些重要活动家在斯堪的纳维亚国家和其他国家各个机构就此问题发表言论。

就在当天,一封绝密电报飞速发往斯德哥尔摩:

斯德哥尔摩。苏联大使。有情报称一批知名人士有意推举帕斯捷尔纳克为诺贝尔奖候选人。有必要通过与我们关系亲密的文化活动家让瑞典公众知道,苏联会高度赞赏将诺贝尔奖授予肖洛霍夫。因此应当强调肖洛霍夫作为杰出作家与社会活动家的工作之正面意义,他去年的斯堪的纳维亚之行也可用作素材。同样重要的是,帕斯捷尔纳克作为一名文学家,并未获得苏联作家和其他国家进步文学家的认可。推举帕斯捷尔纳克角逐诺贝尔奖,将被视为针对苏联社会的不友好行为。

《日瓦戈医生》在苏联禁止出版之后,为避免事态公开化,采取了一系列措施,鲍里斯·波列沃依①致苏共中央一封惊慌失措的书信(1958年9月17日收到并登记)清楚地表明了这一点:既然一部有争议的小说获奖可能引发轰动的反苏效应,何不反其道而行之,尽快刊印此书,印数限定在五千到一万册之间?苏尔科夫也加入了此项提议:书可以出,不能发售,只能"内部发行"。有意思的是,提议居然得到苏共中央委员会的认真审议:

鲍·帕斯捷尔纳克的长篇小说《日瓦戈医生》,乃是对马克思主义意识形态和革命斗争实践的敌对之作,是对革命活动家和革命参与者的恶意诋毁。小说从一个怀恨小市民的异类立场出发,描述了我国近半个世纪以来的历史时期,革命在他看来是无谓和残酷的暴动,充斥着混乱和野蛮。[……]就资产阶级宣传而言,这部诺贝尔奖提名小说即使在我国仓促出版,也会被用来污蔑苏联缺乏"创作自由"。

1958年10月,形势明朗了,帕斯捷尔纳克几乎握有百分之百的获奖希望。苏共中央文化部和苏联大使馆工作人员已经无力回天。然而,苏共中央所属两个部门——文化部和宣传部,还是制订了一份作战计划:

近来,一批敌视苏联的外国人士发起一场运动,要将诺贝尔奖授予帕斯捷尔纳克,目的是利用此事反对我国。鉴于敌对行动可能得逞,我们认为有必要从我方立场出发,采取下列反制措施:

组织《新世界》杂志编委会在报刊上发表关于此事的言论。刊发该杂志编委1956年9月给帕斯捷尔纳克的信函节选,此信对其小说提

---

① 鲍里斯·尼古拉耶维奇·波列沃依(1908—1981),苏联记者,散文家。

出了全面批评,并解释了杂志为何不发表这部毁谤之作。

刊发苏联著名作家的集体言论,以表明奖金授予帕斯捷尔纳克乃是针对我国的敌对行为。

国外新闻界也有人猜测,诺贝尔奖可能会由帕斯捷尔纳克和肖洛霍夫两人分享。倘若米·亚·肖洛霍夫同志与帕斯捷尔纳克一道获得本年度诺贝尔奖,那么肖洛霍夫同志应公开拒绝,以表示抗议,并在报刊上宣布自己无意获得这一为达到反苏目的而授予的奖项。肖洛霍夫同志的这种言论将更有必要,如果该奖果真在他和帕斯捷尔纳克之间分享。

如果诺贝尔奖授予帕斯捷尔纳克,就应当说服他拒绝接受,因为该奖项明显有悖于我们祖国的利益。为表明这一立场,帕斯捷尔纳克可利用其对意大利出版商费尔特里内利的声明,反对将未经修改的小说公之于众。为此有必要借助资格最老的无党派作家康·费定和弗谢·伊万诺夫对帕斯捷尔纳克的影响,多年以来,帕斯捷尔纳克与这两人关系密切,他通常会考虑他们的意见。[……]最好能邀请作家康·亚·费定和弗谢·维·伊万诺夫到苏共中央书记处,就此问题进行商讨。

德·波利卡尔波夫、列·伊里伊乔夫①

如前所述,诺贝尔委员会并没有让苏共中央委员会得偿所愿。1958年10月23日,济娜伊达·尼古拉耶夫娜命名日前夕,鲍里斯·列昂尼德维奇·帕斯捷尔纳克被授予诺贝尔文学奖。

这下该怎么办?苏联方面未能达成统一意见。自由派折翼云端,保守势力在倒退,温和派沉入水底,这种不确定的局面让所有人的情绪都沸腾起来。匪夷所思的愚蠢和下作随之而来,在斯大林时期,是不可能弄出这些名堂的。10月23日,苏共中央委员会通过了《关于鲍·帕斯捷尔纳克污蔑性长篇小说的特别决议》。

认定诺贝尔奖授予帕斯捷尔纳克的小说是对十月社会主义革命、对完成这场革命的苏联人民和苏联社会主义建设的污蔑,是针对我国

---

① 列昂尼德·费奥多罗维奇·伊里伊乔夫(1906—1990),苏联哲学家,党务活动家。1958年至1961年担任苏共中央宣传鼓动部部长。

的敌对行为,是国际反动势力用于煽动冷战的武器。命令《新世界》杂志和《文学报》刊登《新世界》编委会当初的信函……责成《真理报》筹备并发表评论,对帕斯捷尔纳克这部小说予以严厉批判,进而揭露资产阶级报刊利用帕斯捷尔纳克获得诺贝尔奖一事所展开的敌对运动之意图。组织并发表一批苏联著名作家的言论,务须说明,向帕斯捷尔纳克授奖是为了燃起冷战。

紧接着,苏共中央头号思想家、"苦行僧"和"灰衣主教"米·安·苏斯洛夫①下达特别指令,要求火速联系费定,通过他来"影响"帕斯捷尔纳克。10月24日,波利卡尔波夫亲自找到费定,要他尽快去朋友那儿,说服他拒绝诺贝尔奖。

于是费定就去了。

2

10月23日早晨,诺贝尔基金会秘书安德斯·埃斯特林给帕斯捷尔纳克拍电报,祝贺他获奖,并邀请他到斯德哥尔摩参加12月10日的颁奖典礼。帕斯捷尔纳克用法语回复了埃斯特林:"无限感激,感动,自豪,吃惊,惭愧。"当晚11点,得知帕斯捷尔纳克获奖的消息,邻居伊万诺夫一家前来祝贺。第二天,济娜伊达·尼古拉耶夫娜怀着不祥的预感,为自己的命名日准备酒席,但她还是像往常一样沉着,并未流露出忧郁的神情。一大早,一头灰发、仪表堂堂的费定来到帕斯捷尔纳克的别墅,没有向女主人问好,也没有向她道贺。二楼的书房里,开始了一场激烈的交谈。据叶甫盖尼·帕斯捷尔纳克回忆,父亲当时情绪激动,无法接受老朋友和多年的邻居用公职人员的腔调跟自己说话。他态度强硬,表示不会放弃诺贝尔奖,费定替官方代言而非表达个人观点,也使他为之愕然。费定压低了声调,做出推心置腹的样子,说自己也是迫不得已("波利卡尔波夫就一直待在我家!"),还说如果帕斯捷尔纳克不放弃,后果将难以预料。帕斯捷尔纳克不相信。他仍然真诚地以为,苏联作协会把授奖当作荣誉!

---

① 米哈伊尔·安德烈耶维奇·苏斯洛夫(1902—1982),苏联党和国务活动家,长期担任苏共中央书记、中央政治局委员,主要负责意识形态工作。

对帕斯捷尔纳克颇具侮辱性的是费定被利用,向他施加影响(波利卡尔波夫本人怎么不亲自来找他!),这位朋友却不反对此种卑劣行径。

帕斯捷尔纳克请费定给他一点时间来考虑,并且答应,一旦做出决定,就登门告知。费定下了楼。济娜伊达在楼下截住他,问道:

"您为什么不祝贺我们获奖?您不知道这件事吗?"

"知道,"他忧心忡忡地说,"情况很糟糕!"

"是对作协而言吗?"济娜伊达故意又问了一句,"对于作协——确实不妙啊。"

费定气冲冲地走了,向波利卡尔波夫转述了谈话内容,后者回到莫斯科,等待事态进一步发展。

据济娜伊达·尼古拉耶夫娜说,跟费定谈话之后,帕斯捷尔纳克一度失去知觉。这是她向帕斯捷尔纳克长子讲述的情形。她的话未必可信——休克还不至于。心神不安的帕斯捷尔纳克去找了伊万诺夫,说费定乃至苏联作协领导班子执意要他放弃诺贝尔奖——他仍然没看出最高当局在这背后的恶意。同样老资格、同为无党派、十余部杰作束之高阁的伊万诺夫坚定地说道:"你是伟大的诗人,配得上世界上任何奖项。"帕斯捷尔纳克受到鼓舞和安慰,回到家,没再去找费定。费定一直等到傍晚,打电话告诉波利卡尔波夫,谈话无法继续进行,也就是说,帕斯捷尔纳克不打算放弃奖金。波利卡尔波夫立即向苏斯洛夫发了一份简报。

形势急转直下。10月25日,召开了苏联作协理事会主席团党组会议。

10月24日早晨,科尔涅·楚科夫斯基带着孙女柳莎,向济娜伊达·尼古拉耶夫娜和诺贝尔奖新任得主表示祝贺。他见到一群热闹的人,包括几名摄影记者。尼娜·塔毕泽也是来宾之一。在当时拍摄的所有照片上,楚科夫斯基留下了节日般的表情,帕斯捷尔纳克快乐而庄重,济娜伊达则闷闷不乐。当楚科夫斯基起身离去时,帕斯捷尔纳克跟他一起出门,去"小别墅"找奥莉加·伊文斯卡娅,同她交换意见,并拿出几份写好的感谢电文,让她发到莫斯科。楚科夫斯基去费定那里探听情况。他从费定口中首次听到了"自由知识分子"后来将一再提起的煽情说辞:

> 帕斯捷尔纳克会把我们大家都害惨。眼下,对知识分子的残酷讨伐已经开始。波利卡尔波夫可不是以自己的名义来的。那边在等着回话。他需要经受制度的检验。我又能怎么办?毕竟,我不是挂名的作

协主席,而是事实上的领导人。我有责任反对他。

傍晚,楚科夫斯基回到别墅,收到了苏联作协理事会主席团定于10月27日召开紧急会议的通知。他又一次急匆匆地去找帕斯捷尔纳克——这符合他的脾气,尽管《日瓦戈医生》他并不喜欢("自我中心主义的萎靡之作,远逊于他的诗")。诺贝尔奖颁布两个月前,济娜伊达碰到楚科夫斯基,问他是否读了小说,他刻薄地回答说自己不读耸人听闻的作品。但楚科夫斯基跟费定和大多数同行不同,他无法容忍一个人——况且是他从不怀疑的伟大诗人——"被制度检验"。应当赶紧做点什么,不能袖手旁观,要写,要制定战术……"列宁主义戏剧家"尼古拉·波戈金的妻子安娜·尼康德罗夫娜来了。廖尼亚也坐在桌旁。楚科夫斯基看到帕斯捷尔纳克一副倦容,但家里气氛还算平静。济娜伊达在跟尼娜·塔毕泽商讨出席诺贝尔奖颁奖仪式该如何着装……这时,一名作协联络员忽然上门,给帕斯捷尔纳克送来参会通知。

他的脸色阴沉下来,捂住胸口,费力地爬上通往书房的楼梯。我顿时意识到,他不会被赦免,举国上下为他准备好了处决,他将遭受万众践踏,直到被杀害,就像左琴科、曼德尔施塔姆、扎波洛茨基、米尔斯基、本尼迪克特·利夫希茨等人所遭遇的一样。我脑子里冒出一个疯狂的念头,想把他从这些鞭笞之下解救出来。

(10月27日,当楚科夫斯基写下这篇日记,就已知道他的想法不切实际。鞭笞是免不了的。)楚科夫斯基按照自己的风格提出一项计划——他做事向来干脆利落,对帕斯捷尔纳克这样审慎又迂腐的人偶尔也能有所帮助:早上应当去找福尔采娃(时任苏共中央书记处书记,1960年起担任苏联文化部长),明确告知她,帕斯捷尔纳克本人因"国外围绕他的名字掀起狂潮"而愤怒,他自己根本不愿在境外出版《日瓦戈医生》,他与"靠他的小说赚取数十万钞票,蓄意挑起政治事端的匪帮"毫不相干。帕斯捷尔纳克仔细听了楚科夫斯基这一番话,并不喜欢他的建议,但同意给福尔采娃写信。他上了楼,十分钟后("不超过十分钟!"楚科夫斯基很吃惊)就拿着写好的信回来了。这表明,帕斯捷尔纳克这些天来精神高度紧张,却依然昂扬向上,保持着个人正义的强大力量。费定对小说的评语完全适用于这封信——天才的和清高的:

> 我想,诺贝尔奖带给我的喜悦不会是孤单的,它涉及我作为其中一分子的社会。在我看来,这项荣誉不仅授予我,也授予我所从属的文学。扪心自问,我也算为它做过点什么。无论我与时代之间的争议有多大,我都不认为此时此刻需要用斧头来解决……我相信大地和生活中存在着崇高的力量,而天空也不允许我狂妄自大。

楚科夫斯基反倒被信的内容吓了一跳。这只会使形势恶化。他在日记里写道:"我顿时觉得自己的神经都乱了,几乎是哭着回到了家。"

10月25日,召开了只有党员才能出席的作协理事会第一次会议,到会者共有四十五人,包括奥沙宁、莎吉娘、格·莫·马尔科夫、亚申、萨尔塔科夫、阿尼西莫夫、格拉西莫夫、格里巴乔夫、米哈尔科夫等。台球般秃顶的格里巴乔夫和结巴异于常人的米哈尔科夫呼吁将帕斯捷尔纳克驱逐出境。莎吉娘——马克思和歌德的崇拜者、别雷的知心好友、几部神秘戏剧集和长篇小说《中央水电站》作者、戴着助听器的小老太太——积极支持二者的发言。这方面的信息还得归功于那位波利卡尔波夫,会后他向苏斯洛夫提交了汇报。

实际上,决定也应在这次党务会议上做出,然后经由作协理事会一致批准,在全体大会上公布。波利卡尔波夫确信,一开始就将定下最严厉的论调,而全体大会仅限于公开的谴责,即便也可能异常激烈。至于是否将帕斯捷尔纳克从苏联作协开除,自然是党务会议的议题,波利卡尔波夫满以为,党员们只会吓唬一下帕斯捷尔纳克,非党员则会比较宽容。对这些作家他还抱有一丝幻想,后来的事实却表明,非党人士比党员更凶狠。

10月26日,《真理报》发表了达维德·扎斯拉夫斯基的短评,标题为《由一棵文学杂草引发的反动宣传之喧嚣》。扎斯拉夫斯基——帕斯捷尔纳克多年来的批判者,以执行党的任务为乐事。伊文斯卡娅幸灾乐祸地回忆道,扎斯拉夫斯基这个昔日的孟什维克,曾被列宁本人冠以多个有损尊严的别号,自二十年代起,便曲意逢迎,邀功请赏,排挤着文学中鲜活的东西……就在同一天,《文学报》略经删减,刊登了《新世界》编委会关于《日瓦戈医生》的退稿信。这项奇怪的决定充分表明苏联高层的涣散——如此一来,小说里最具叛逆色彩的片段摘录就落入了苏联读者之手,换句话说,苏联方面公布了威逼帕斯捷尔纳克删除的所有内容!没有一处风景,没有一幕爱情或抒情的场景,也没有任何来自日瓦戈或维杰尼亚宾的宗教洞见公之于众。小说里最纯净的文字对于苏联读者仍是第七封印背后的秘密(不过,这也别有意义——《日瓦戈医生》里美好的一切,使之独具魅力和令人信服的内容,都被掩盖和隐藏了)。而颇多煽动性的言论和思想,原本在苏联时期绝不可能面世,却得到发表,被公众获悉。世界上没有哪个政府会做出这种事情。1958年10月,苏联领导人还无暇盘算他们的行为。

3

这些日子里,帕斯捷尔纳克表现得格外镇定。他没有看报纸。亲友们都记得他精神饱满的样子。他继续着他一生的事业——工作:翻译尤里乌斯·斯洛瓦茨基的《玛丽·斯图亚特》。他开玩笑说,这已是有生以来遇到的第三位"玛丽·斯图亚特"(第一位是斯温伯恩的,第二位是席勒的①),如今她就像是他的家庭成员,是他的"玛涅奇卡"②。

同时,社会各界都没闲着:要求以苏联文学青年的名义谴责帕斯捷尔纳克。一些志愿者带着联名书,挨个走访了高尔基文学院宿舍,大约三分之一的学员签了名。为逃避签名,有人躲进厕所,有人旷课,也有人跑到熟人处过夜。参加示威的志愿者寥寥无几,也就三十人左右;缺乏公开游行的技巧,哪怕是向国家表忠心的游行,也早就不举办了。仓促地弄出一幅题为"犹大,滚出苏联去"的招贴画,帕斯捷尔纳克被画成犹大的模样,犹太人的形象特征突出,旁边乱画了一个歪斜的口袋,里面装着美元,犹大贪婪地扑向口袋。这帮人举着招贴画,来到沃罗夫斯克大街上的作协所在地,声称这就要去帕斯捷尔纳克的别墅,找他算账。作协秘书康斯坦丁·沃隆科夫出来发话说,他高度评价青年人的爱国热情,去别墅就不必了。共青团诗人过剩的积极性减退了。他们卷起"犹大",各自散去。

10月26日是帕斯捷尔纳克在苏联最光荣的一天。伊琳娜·叶梅里扬诺娃,奥莉加·伊文斯卡娅的女儿,对事态抱着年轻人的漫不经心,向帕斯捷尔纳克讲述了两个婆娘在地铁里的争吵:"你对我吼什么?!难道我是你的什么日瓦嘎(戈)不成?!"叶梅里扬诺娃的大学同学——年轻诗人潘克拉

---

① 参见本书第八章第5节。
② "玛丽"在俄语中的昵称。

托夫和哈拉巴罗夫来到佩列捷尔金诺,安慰帕斯捷尔纳克。他们在伊文斯卡娅那里见到了他,然后陪他回家,经过一座变电室,道路从附近拐向"大别墅"。火车呼啸着一掠而过。潘克拉托夫吟诵道:"为了让痛苦的暗流/温暖人生的清寒。"①帕斯捷尔纳克克制着情绪——连熟人的到访都会令他不快,况且来的是两个外人,这时却不禁潸然泪下。叶梅里扬诺娃张罗着写信为帕斯捷尔纳克辩护,用她的话来说是"集结",并把高尔基文学院学员向他表示同情的字条转交给他;国外的贺信也纷至沓来。伊文斯卡娅的幼子米佳在邮电局工作,鲍里斯·列昂尼德维奇对他说:"你的工作单位对我最友好。"

10月27日(叶梅里扬诺娃记错了,她说是10月28日),帕斯捷尔纳克身着平时不喜欢的正装,前往莫斯科,不是去他在拉夫鲁申胡同的住处,而是去波塔波夫胡同找伊文斯卡娅。科马·伊万诺夫一路上陪着他,因为朋友们担心他遭遇不测,尽可能不让诗人单独去任何地方。唯一需要决定的问题是帕斯捷尔纳克要不要去那个"恶人委员会"。显然,话题是围绕着开除出作协一事而展开,恐怕有人当他面大放厥词,还有一点也不清楚:他的到场能否促使什么人改变想法,或者引起更大的丑闻。人群向来不乏为自己上发条的能力。伊万诺夫坚持说,无论如何都不能去。帕斯捷尔纳克犹豫了片刻,同意了,说要写一封信给大会,就进到隔壁房间去写了。为了给帕斯捷尔纳克鼓劲儿,有人拿给他一瓶他喜爱的白兰地。据叶梅里扬诺娃回忆,他写得很快,而且像平时工作中一样,时不时伸出舌尖儿。伊万诺夫去邻居家给沃隆科夫打电话,说帕斯捷尔纳克不能到会,他本人会把帕斯捷尔纳克的信带去。

长期以来,这封提纲式的信件一直被认为已经遗失,伊文斯卡娅和叶梅里扬诺娃后悔未能将它复制。当时参会者的笔记中保留了一些要点,因为帕斯捷尔纳克的宣言也给这些作家留下了深刻印象。二十五年以后,这封信的打字稿才从总统档案馆被发现。这份文件完全配得上它所享有的荣誉。

  1. 我很想参加会议,进城来也是为此目的,但突然感到身体不适。请同志们别把我的缺席当作怠慢。这封便函写得仓促,或许不如我希望的那样流畅,那样有说服力。

---

① 引自日瓦戈组诗里的《土地》一诗。

2. 事到如今,面对此起彼伏的喧嚣和文章,我仍然认为,做一个苏联人并写出《日瓦戈医生》这样的作品是可能的。只不过,我对苏联作家的权利和机会理解得更宽泛,我并未因为这种认识而辱没作家的称号。

3. 我根本不指望真相能还原,正义被维护。但我还是要提醒大家,有关交出手稿的传闻,打破了事件的先后顺序。小说送到我们的出版社,正值杜金采夫①的作品公开出版,文学形势总体上有所缓和。我的小说也有望出版。直到半年以后,手稿才落入一名意大利共产党出版商手里,也就是当人们都知道《新世界》编委会写了《文学报》后来选摘的信件时。我与"文学社"②签订的合同无人提及,该合同所规定的合作关系,拖延了一年半之久。也不提我曾向意大利出版商要求延期,而他也给了期限,以便"文学社"借此时机出版一个经过审定的版本,作为意大利语译本的基础。这些都不管用。现在报纸上只顾刊登有碍于小说出版,而我同意删除的那些不被接受的段落,并大量发行,结果,除了危及我个人的种种祸事之外,什么都没有发生。为什么三年前它就不能出版,在添加适当评论的前提下?

4. 我不认为自己是文学寄生虫。扪心自问,我也算为它做过点什么。

5. 自命不凡从来不是我的毛病。了解我的人都能证明这一点。相反,我曾以个人名义写信给斯大林,请求他给予我沉寂地工作的权利。

6. 我想,诺贝尔奖带给我的喜悦不会是孤单的,它涉及我作为其中一分子的社会。在我看来,授予我这个生活在俄罗斯的现代作家因而也是苏联作家的荣誉,也连带着授予了整个苏联文学。可悲的是,我却感到茫然若失。

7. 关于奖项本身的实质。没有什么能让我承认这份荣幸是耻辱,让我粗鲁地回应自己所赢得的殊荣。至于说金钱方面,我可以请瑞典科学院把奖金纳入和平委员会基金,不用去斯德哥尔摩领取,或者完全交由瑞典政府处理。我希望跟我们的某位负责人,也许是德·亚·波

---

① 弗拉基米尔·德米特里耶维奇·杜金采夫(1918—1998),俄罗斯作家,1956年出版长篇小说《不单单为了面包》,引起广泛争议,被视为苏联"解冻文学"代表作之一。
② 即苏联国家文学出版社。

利卡尔波夫,一起谈谈此事,在我从已经和仍将遭受(原文如此——德·贝)的打击下恢复过来的一个半到两个星期之后。

8.同志们,我听凭发落,不会责怪你们。形势有可能迫使你们对我严加处理,等你们同样迫于形势的压力,再来为我恢复名誉,那就为时已晚。但以往这种事情实在太多了!请别急。这不会给你们增添荣耀和幸福。

鲍·帕斯捷尔纳克

但凡读过帕斯捷尔纳克作品的人,都会立刻想起信中最后几句话的源头:

> 如同你们,我也是
> 时代大变迁的一部分。
> 我接受你们的判决
> 而没有责备和怨恨。
>
> 当你们清除人类,
> 或许也不会战栗。
> 哦,教义的殉道者,
> 你们也是世纪的牺牲品。
>
> 三十年来,我满怀
> 对于故土的热爱,
> 你们的宽厚仁慈
> 我不期待也不错失。
>
> 人民刚从新的角度
> 认识到监管的结束,
> 就被剥夺天赋的权利,
> 被拉扯着进了药房。
>
> 一切都要重新收回。

> 如今，良善的意愿
> 一项接着一项
> 要把我们逼向叛乱。
>
> 执迷于条文的权威
> 将我推到深渊边缘，
> 我不知什么是恐惧，
> 我的灵魂没有羞愧。
>
> 我知道，我倚靠的
> 那根柱子，将成为
> 两个历史纪元的分界，
> 我为这选择而欣慰。①

　　几乎是逐字逐句的吻合，难怪帕斯捷尔纳克曾经告诫叶甫盖尼·叶甫图申科，永远不要写个人死亡的诗，也不要预言命运，因为这些都会应验！或许，他的话语还暗指他自己的命运与施密特命运的碰撞和交集。（就此而言，一切尽在情理中，甚至包括杰奎琳·德普吕艾雅尔和雷娜塔·施韦泽②来到俄罗斯跟他的会面。这两位女性对话者写给他的信，也让人联想到济娜伊达·利兹伯格③与施密特的通信。）对施密特的审判和对帕斯捷尔纳克的迫害，同样都是在相对自由的宽松时期展开，制度当时所展示的，与其说是自己的牙齿，不如说是界限。有些事物不可逾越——这不取决于受刑者有多大的罪行。他深知他的罪是象征性的，仅此而已。他的境遇是作

---

① 引自帕斯捷尔纳克《施密特中尉》（1927）。此处引用不连贯，参见《施密特中尉》第三章第8节。

② 雷娜塔·施韦泽（1917—1976），德国诗人，文学评论家。在《日瓦戈医生》问世之前，她通过德国媒体了解了帕斯捷尔纳克的生平与创作，于是写信给他并收到回复，由此开始了书信往来。1960年4月，帕斯捷尔纳克临终前，施韦泽终于来到佩列捷尔金诺，看望了病中的他。1963年，施韦泽在德国出版了与帕斯捷尔纳克的书信集，收录了他的三十三封来信，她写给他的则有六十二封。最后一封信寄到佩列捷尔金诺时，帕斯捷尔纳克已经去世。

③ 真实的历史人物，施密特中尉的朋友，两人在火车上偶然相遇，一见钟情。他们的书信往来从1905年7月22日开始，持续到1906年2月20日施密特临刑之前。爱情、友谊、善、正义等等，是两人通信的主题。帕斯捷尔纳克的《施密特中尉》里有多个段落，再现了施密特给利兹伯格写信的情景及内容。

为人质的境遇,他只能被惩处,否则国家就会崩溃。国家能够经受一部小说在苏联的出版。(就像 1905 年,帝国经受了一场不幸和无望的"奥恰科夫起义",半个世纪之后,又经受了小说里那些另类文字的发表。)但要经得起一名军官事实上背叛了誓言,倒向起义的水兵……要经得起一名作家擅自在国外出版作品,因此获得诺贝尔奖,而且不打算放弃……国家有权处置"变节者",两个"变节者"也都懂得这一点,这正是彼此相像的重要母题,但也是帝国行将败亡的征兆。因为它的一切法则已不复绝对——它们背后缺失了至高的道德内容。真理、正义和最高法则所剩下的只是"执迷于条文的权威"。在此情形下,施密特和帕斯捷尔纳克分别以自身昭示着帝国将再度覆灭,无论它怎样努力适应新时代,试图从顶层展开自由化。他们都清晰地预见了各自的迫害者迅速垮台。1958 年,帕斯捷尔纳克不可能不明白,迫害他的人"也将为暴君的罪孽坐进监牢/一身肮脏褴褛的麻灰色囚服"①,所以他给苏联作协的信写到末尾,预言了未来的平反。毕竟他没有白写"施密特",虽然在茨维塔耶娃的尖锐批评之后,他不再喜欢这部作品。但这对于他不失为身遭刑罚的宝贵经验,哪怕这刑罚是民事的。到了 1958 年,想必他已改变了对《施密特中尉》的态度。

当然,帕斯捷尔纳克历史哲学的观念主要源于俄罗斯经验,故而难免狭隘:只有在俄罗斯,异教才经常成为主流宗教,以便再次成为异教,只有在这里人民默许之下,才有一些冒名者同另一些展开无休止的争斗。也只有在这里,才有相对的自由派和相对的极权分子交替变换着冰封和解冻,并对同一种价值反复评判,以至每个跌入深渊之人都有理由期望亡故后的平反(如果活得更久,或许在有生之年即可等来昭雪)。无论帕斯捷尔纳克写给作协的书信多么出色,都应该承认,其中并没有什么新意。自二十年代以来,他的历史哲学一直没有发生变化。如果说 1923 年的帕斯捷尔纳克认为,俄国社会运动翻云覆雨,终究是围绕着"赝品"兜圈子(《崇高的疾病》),那么在 1926 年和 1958 年,他同样清楚地看到,革命的乌托邦即是赝品。所有想要"为朋友舍命"的人,最终又回到各自的圈子。

正因为如此,在俄罗斯谈论历史,总是暗示着当下,而各路历史学家却停留于后知后觉。

---

① 引自帕斯捷尔纳克《施密特中尉》第三章第 7 节(1927)。

4

对于苏联作协理事会这次会议,有过不少记述。康斯坦丁·万申京①留下了详尽的回忆。开会地点是通常所称"罗斯托夫之家"②的白厅。波利卡尔波夫来了。由于事先没有得到指示,他神色忧郁,茫然不知所措。主席团许多人都不了解究竟发生了什么。除了《新世界》先前的编委,谁也没读过《日瓦戈医生》。万申京记得一位灰白胡须的老者不停地念叨着:"这跟瑞典有哪门子关系?!"终于有人讲解了事情的本质。开始读帕斯捷尔纳克的信。当天主持会议的是尼古拉·吉洪诺夫——正是此人,曾于1924年向帕斯捷尔纳克询问他新写的长诗,表示对"抒情材料的远距离进展"感兴趣,和他一起去过格鲁吉亚,也曾和雅什维利及塔毕泽开怀痛饮……与会者开始发言。起初情绪平淡,但还算和气。令人惊异的是,一切都是"从下面"做起,也就是说,没有来自外部的特殊压力。大家认为理当如此,尽管"上面"尚未最终决定,尽管两三个友善的声音足以打破温吞的局面,尽管可以像帕斯捷尔纳克本人在另一场合所做的那样,大智若愚地缓和僵局:"不要吵吵嚷嚷!如果吵嚷,那就用不同的腔调!"可是这种情景没有出现。也找不出一个人,像帕斯捷尔纳克当初在讨论曼德尔施塔姆问题时,尽力使他避开锋芒——谴责但不带恶意,从而安抚有意施加迫害的众人……

凭什么他总是应该走运?诺贝尔奖——因为什么功劳?难道因为抒情诗?瑞典人从哪儿知道他的抒情诗,他毕竟二十年都没发表过了。这全都是我们敌人的行径。决不能姑息纵容。逻辑大概就是如此。

按照此种逻辑,几乎所有与会者——马尔科夫、米哈尔科夫、卡达耶夫、古里阿、扎里亚恩、阿扎耶夫、吐尔逊-扎德、斯莫里奇、尼古拉耶娃、楚科夫斯基(尼古拉)、帕诺娃③、卢科宁、普罗科菲耶夫、卡拉瓦耶娃、雷连科夫、索

---

① 康斯坦丁·雅科夫列维奇·万申京(1925—2012),俄罗斯诗人,流行歌曲词作者。
② 亦即隶属于苏联作协的"作家之家",位于莫斯科市内的波瓦尔街。在托尔斯泰《战争与和平》中,这里是罗斯托夫家族的宅邸。
③ 薇拉·费奥多罗夫娜·帕诺娃(1905—1973),苏联作家,三次获得斯大林奖金。下文所说她的作品《几点了?》,是一部长篇童话小说,全称为《几点了?冬夜之梦》,创作于1962年,1981年正式出版。

波列夫、叶尔米洛夫、安东诺夫、格里巴乔夫、波列沃依、斯米尔诺夫(两位姓斯米尔诺夫的人士——谢尔盖·谢尔盖耶维奇和谢尔盖·瓦西里耶维奇)、亚申、尼林、温茨洛瓦、希巴切夫、阿巴什泽、托克姆巴耶夫、拉西莫夫、阿塔罗夫、科热夫尼科夫、阿尼西莫夫——共同将帕斯捷尔纳克逐出了他们的行列。发言反对将他开除的只有两位:格里巴乔夫("这会在国际上损害我们")和特瓦尔多夫斯基("三思后行")。坚持开除的理由别出心裁。战争末期,一批作家被授予"保卫莫斯科"奖章。帕斯捷尔纳克未去领取,而是让儿子替自己去了。这难道不是藐视集体和奖励?薇拉·帕诺娃的言辞尤为激烈,要知道,她可是一位勇敢的大作家,反法西斯讽喻之作《几点了?》的作者,作品中分别暗示了斯大林和元首的形象。会议进行中,特瓦尔多夫斯基、雷连科夫、谢·谢·斯米尔诺夫和万申京受不了室闷又矫情的气氛,出来到小吃部喝饮料。自然又说起帕斯捷尔纳克。

"我甚至不认识他。"万申京说道。

"有些损失啊。"特瓦尔多夫斯基悻悻地说。

片刻的沉默。

"我们并不反对诺贝尔奖,"特瓦尔多夫斯基说,"哪怕授予马尔夏克也好。谁又能有什么意见?"

回到会场,会议开得很长,几个人又出来抽烟……这一次,议论的话题是伊萨科夫斯基的新婚。他们的座位上方,悬挂着一幅油画,画面是高尔基向斯大林和伏罗希洛夫朗读《少女与死神》①:这幅画在苏联又被称为"高尔基加入作协"。

《旗》杂志总编科热夫尼科夫走出来,根据此人的检举,格罗斯曼的长篇小说《生活与命运》后来遭到查禁,包括从打字员那里没收的复写稿(格罗斯曼有先见之明,私藏了两份)。

"怎么着,萨沙,"他问特瓦尔多夫斯基,"你打算出那小说,对吗?"

"这是在我任职之前的事情,"特瓦尔多夫斯基说,"其实,他们也不想出。你知道的。"

"我倒觉着你很想。"

"知道是怎么回事吗?"特瓦尔多夫斯基一本正经地说,"请从这儿走开。"

---

① 高尔基的童话诗,创作于1892年。

"我干吗要走!"

"因为你既不知羞耻,也没有良心。"

"这跟羞耻和良心有什么关系?"

"去你妈的……"特瓦尔多夫斯基发怒了。

科热夫尼科夫又回去开会,在大厅门口,差点跟正往外走的波利卡尔波夫撞个满怀。后者愁眉苦脸,问那几个聚在油画底下的人:

"究竟应不应该开除?"

特瓦尔多夫斯基的回答很简短:

"我已经说过了。"

斯米尔诺夫、万申京和雷连科夫也随声附和。这并未妨碍斯米尔诺夫三天后主持莫斯科作家全体会议,正式通过作协理事会主席团决定,也没有妨碍雷连科夫写下《对所有诚实者的挑战》一文(《文学报》,1958年11月1日)。无疑,"对所有诚实者的挑战"指的是小说在国外的出版,而不是一致同意将帕斯捷尔纳克开除。

波利卡尔波夫本人反而有些犹疑。苏斯洛夫向他明确指示——"控制开除(帕斯捷尔纳克)一事"。但他显然不够果决,他毕竟只是一名普通的苏联官员,不无仁善之心。假如这些作家仅以善意的愤慨敷衍了事,而不是提出要对帕斯捷尔纳克采取组织上的措施(不管怎么说,他的作家会员证是前一百号里的第65号,上面有高尔基的签名),波利卡尔波夫未必坚持更严厉的方案。作家们却走得更远。莫斯科作家全体会议定于10月31日召开。

在第二场和第三场会议之间的三天里,还发生了许多不可思议的事情。看到其他作家谁都不愿率先打破局面,帕斯捷尔纳克自己打破了。

他放弃了诺贝尔奖。

5

这个姿态多么优雅,就多么无意义;多么清高,就多么动人。它表明帕斯捷尔纳克是一个典型的、本色难移的白银时代人物——在那样的时代,姿态具有无限多的意蕴。帕斯捷尔纳克真诚地希望,自愿放弃世界上最负盛名的文学奖项这一事实,会让加害于他的人感到内疚。可这件事并非发生在白银时代。

程序一经启动,迫害就不会停止,唯有最高领导人的决定才能使之中断,但赫鲁晓夫并未下达指令。况且事已至此,苏联政府根本不在乎帕斯捷尔纳克放弃诺贝尔奖。既然已经授奖,既然苏联为此蒙羞,那就把奖金交给那个什么和平基金会得了。帕斯捷尔纳克非但没有因为放弃而改善处境,反而使之彻底恶化。关键是,10月31日的作家全体会议和污名化的驱魔仪式,已经不可能取消了。

10月27日的作协理事会议之后,派了一名文学基金会的医生,给帕斯捷尔纳克诊断,以免出现意外。医生以官方名义定期上门,理由是帕斯捷尔纳克自称身体不适,故而未能出席"法庭审判"。对他的嘲弄,说来也是精心安排,就像当年沙皇政府为恰达耶夫安排的体检。10月29日早晨传来消息,苏联科学院院士塔姆、弗兰克和切连科夫荣获诺贝尔物理学奖。苏联报刊随即刊登文章,声称科学家在物理学领域得到客观评价,而文学奖则沦为政客手中的工具……傍晚,物理学家列昂托维奇,也是一位院士,表示想来看望帕斯捷尔纳克并让他相信,苏联物理学家的想法不一样,他们大都站在他这一边,为他的成就而喜悦。叶甫盖尼·鲍里索维奇把列昂托维奇带到佩列捷尔金诺。帕斯捷尔纳克不在家。几分钟后,他回来了。长子回忆道,"他的脸色灰白,可怕。"帕斯捷尔纳克一进门,就说他放弃了诺贝尔奖。

他为什么这样做?有一种观点认为(叶甫盖尼·鲍里索维奇也同意),奥莉加·伊文斯卡娅起了关键作用,诺贝尔奖风波令她惊恐万状:"你不会有事儿,可我却要粉身碎骨。"帕斯捷尔纳克跟她通电话,提前什么也没告诉她,随后拍了两封电报,一封给斯德哥尔摩方面,另一封给国家文学出版社。第一封电报里说:

> 鉴于我所从属的社会对于贵方嘉奖之重视,我必须放弃授予我的不应得的荣誉。请勿因我的自愿放弃而不快。

第二封带着命令式的要求:"请恢复伊文斯卡娅的工作,我已放弃诺贝尔奖。"(奥莉加·伊文斯卡娅肯定地说,第二封电报并非发给出版社,而是直接发给苏共中央。这似乎更像是实情)

第二天,也就是10月30日,帕斯捷尔纳克来到波塔波夫胡同找伊文斯卡娅。阿里娅·埃夫龙也在场。他开始问起是否应当放弃诺贝尔奖。"这就是他的风格,"伊文斯卡娅回忆道,"先把事情做了,再跟人商量。"

伊文斯卡娅生气了。他们明明制定了对策,他怎么就退缩了?!

"可我已经放弃了,"帕斯捷尔纳克说,"给安德斯·埃斯特林也拍了电报。"

"真棒,鲍里奇卡,真是好样的。"阿里娅说着,吻了他。她知道,放弃对他意味着什么,她不想刺痛他的心。

此前一天,时任苏联共青团中央第一书记,后来成为克格勃头目的弗·谢米恰斯特内在全体会议上发表讲话,纪念共青团成立四十周年,并在此次盛会中把关注点转向帕斯捷尔纳克。这位脸膛红润、喜欢荤段子和即兴演说、气质酷似"亲爱的尼基塔·谢尔盖耶维奇"的共青团领袖,嘴里冒出两个跟动物相关的比喻:先是称帕斯捷尔纳克为"癞皮羊",又说帕斯捷尔纳克"不能跟猪相提并论,同志们。猪是一种爱干净的动物,从不在用餐的地方拉屎撒尿"。"用餐"——这当然是细腻的感受。令人惊奇的是,帕斯捷尔纳克诗歌所有的乐调在他命运中骤然鸣响:想想在描写 1905 年的"波将金号"一章①,他是如何捍卫"用餐"一词的……有多少次,他在自己的圈子里把赫鲁晓夫称作"傻瓜和猪",如今他得到了最高级别的全面回应。谢米恰斯特内宣称,如果帕斯捷尔纳克想离开这个国家,苏联政府不会阻拦。

这听起来近乎驱逐令。

帕斯捷尔纳克问长子:你想跟我一起走吗?

"无论何时何地,我都愿意!"叶甫盖尼激动地回答。

"可是济娜伊达·尼古拉耶夫娜和廖涅奇卡不想。"帕斯捷尔纳克忧伤地说。

济娜伊达·尼古拉耶夫娜确实很固执:你想去哪儿,跟谁一道,都没关系,但你得把我和廖尼亚留在国内。帕斯捷尔纳克接受不了这一点。伊文斯卡娅母女愿意跟他走,却担心被放逐的前景,担心他们在国外也不得安宁。所以她要帕斯捷尔纳克给赫鲁晓夫写信,请求别对他采取剥夺国籍这样的可怕措施。

帕斯捷尔纳克写了,准确地说,是修改了伊文斯卡娅和阿里娅·埃夫龙在全苏版权局律师建议下起草的文本,并签了名。伊文斯卡娅还请维亚切

---

① 参见帕斯捷尔纳克《一九〇五年·海上暴动》(1926)。

斯拉夫·伊万诺夫参与推敲和斟酌。以下是这封信的内容：

> 尊敬的尼基塔·谢尔盖耶维奇，谨向您本人、苏共中央委员会和苏联政府求助。
>
> 我从谢米恰斯特内同志的报告中获悉，政府对我"离开苏联不设置任何障碍"。
>
> 这对我来说是不可能的。我生在俄罗斯，我的生活和工作与之休戚相关。
>
> 我无法想象我的命运与俄罗斯分割开来。不管我有怎样的过错和迷误，我都无法想象自己竟然卷入西方围绕我的名字所掀起的政治风波。
>
> 意识到这一点，我已告知瑞典科学院，自愿放弃诺贝尔奖。
>
> 离开祖国对于我无异于死亡，因此我请求不要对我采取这一极端措施。
>
> 坦率地说，我为苏联文学做过一些事情，我应该还能为它效力。
>
> 鲍·帕斯捷尔纳克

10月31日夜晚，伊文斯卡娅把信带到老广场上的苏共中央所在地。她后来多次称这封信是自己的罪过。她强调说，为了让帕斯捷尔纳克放弃诺贝尔奖，她给他施加了太大压力。但是他，想必不只为伊文斯卡娅担忧，而济娜伊达从一开始也没有指望诺贝尔奖带来什么好处。帕斯捷尔纳克放弃世界上最主要的文学奖是对还是错，我们无权评判。苏联方面大费周章，也未能使他公开悔过。他写给赫鲁晓夫的信不卑不亢，还有11月5日发表在《真理报》上的声明，即便经过种种编辑和修改，从中也找不出放弃著作和信念的内容。至于可能发生的离境出走……帕斯捷尔纳克曾对伊文斯卡娅说，就算允许他把想带的人都带走，就算他永远把西方视为乐土，他也不可能长久生活在那里。

> 要有故土的日常生活、故土的白桦树、故土的不愉快，甚至——习以为常的迫害。还有希望。

2003年，在俄罗斯作为主宾国的法兰克福交易会期间，包括笔者[①]在内

---

① 本书作者德米特里·贝科夫于1967年出生在莫斯科。

的五位圣彼得堡作家来到马堡,漫步在大学校园。所有话题自然是以帕斯捷尔纳克为中心,为了向他致敬,五个人登上山顶,秋天的红色葡萄藤盘绕在山间,"城市尽收眼底"。关于帕斯捷尔纳克1958年是否应该离开苏联,展开了激烈的争论。两位诗人深信,帕斯捷尔纳克私下里确实打算离开,所以他才会跟长子商量,后者才会说,无论去哪里,都跟随他一道!两位散文家坚持认为,没有济娜伊达和廖尼亚,他是不会走的,而他又没办法说服济娜伊达。就算他有心抛弃年老的、早已跟他疏远的妻子乃至二十岁的儿子(叶尼亚八岁时就曾被他留给前妻),单纯地将他们留下与"留作人质"仍然是有区别的。他相信,假如他一走了之——哪怕把奥莉加和她的孩子也带走,哪怕迎来全世界的认可,迎来欧洲和他从未见识过的美国,迎来荣耀、大学里的演讲、舒适生活、优渥的待遇——却把家人留在苏联,这个家就会因为他而遭到清算。第五位作为评论家,逐一点评了上述意见,认为帕斯捷尔纳克并不想走——他一直暗自怀疑,欧洲也有其卑污,只是比苏联略为干净,最后他自己也信了。话题在帕斯捷尔纳克喜爱的咖啡馆里延续,然后是据说他曾经光顾的啤酒馆(从招牌上的标示可知,这家啤酒馆始建于1680年)。大家怎么都弄不明白,从那致命的决定之后,四十五年过去了,他究竟是拯救还是毁灭了自己?或许他的出走最终会突破铁幕,为人们开辟一条道路,从而表明只要愿意,就能离开?一个人倘若越过禁锢,其他人是否也会效仿?或许还会接连出现扎米亚京式的声明:"请将我逐出苏联"?万一他不是活了七十岁,而是像他所预期,活到一百岁,情况又会如何?要知道,1959年3月之前,六十九岁的他依然精神饱满,活力十足,显得格外年轻。可是话说回来,去往异国他乡是否会让他一蹶不振?可这又算什么异国他乡——假如一生中能够第三次来到马堡,重温昔日时光,带着奥莉加和她的孩子游览,与他最迷恋的女人共度余生,这对他难道不是幸福?还有巴黎,还有与幸存侨民的交谈以及美国之旅,拜访海明威,后者曾发誓要接纳帕斯捷尔纳克,竭尽全力满足他的任何需求……直到深夜来临,在马堡空荡荡的哥特式街道上,在肃穆的沉寂中,孤独的摩托声从远处公路上传来,偶尔打破这寂静,大家才达成一致:离境出走的决定,会取消帕斯捷尔纳克美妙而悲恸的人生结局,会使他身后的凯旋化作泡影。这样就不会有他的比任何抗议都强有力的死。不会有他的葬礼上哀悼的盛典。不会有传奇。对于俄罗斯的自由究竟什么更有意义:证明一个人可以离去,抑或可以留下,继而赢得胜利?

如此说来,他平生第一次未能避免非此即彼的选择,亦即恼人的"不是—就是"(因为绝不可能有第三种),而他的选择是正确的。他同时也瞒过了所有将选择强加给他的人。他留了下来,又没有留下:他的生命只剩一年半的光景。

6

会议在沃罗夫斯克街的"电影宫"举行。那里如今是"电影演员剧院",正好面对着苏联作协理事会。整个作协没有一座礼堂,能将莫斯科作家尽都容纳。

这一天,有些人千方百计离开莫斯科,有些人请了病假。胆子最大的,索性不来了。没有人为他辩护。

主持会议的是谢尔盖·谢尔盖耶维奇·斯米尔诺夫(伊文斯卡娅将他定义为"正派的人",她解释说,所有并非出于自愿而只是按照上边指令做坏事的人,都可以这么称呼)。他说,帕斯捷尔纳克始终远离人民,他的朋友为他辩护,但现在他已露出真面目。原以为他不关心政治,他却写了一部毒辣的政治小说;他跟加缪和丘吉尔等反动派打成一片……斯米尔诺夫还提到克努特·汉姆生①,说读者来到其住处,将其作品扔到围墙外。汉姆生,顺带说一句,系"二战"期间在法西斯报刊上撰文,公然支持希特勒的少数挪威知识分子之一,因附敌叛国于战后遭到软禁。

斯米尔诺夫接着说,兴许谢米恰斯特内关于猪的提法有点粗鲁,至于说要把表面上的移民变成货真价实的移民……则是非常正确的!应当提请政府剥夺帕斯捷尔纳克的苏联国籍。会场上一片掌声。

> 四十年来,有个隐蔽的敌人,充满仇恨和恶意,他就生活在我们中间,我们还把自己的面包分给他。

列夫·奥沙宁再次说起帕斯捷尔纳克不来领取1945年授予他的"劳动

---

① 克努特·汉姆生(1859—1952),挪威作家,1920年获得诺贝尔文学奖。主要作品有《大地的成长》《神秘》《饥饿》等。晚年政治立场倾向于法西斯主义,颂扬德国纳粹侵略行径,1946年,被挪威最高法院判为叛国罪,软禁在奥斯陆一家老人院,最终在那里去世。

英勇"奖章:"他是我们中间最典型的世界主义者!"泽林斯基说,诺贝尔文学奖授予帕斯捷尔纳克,不啻文学原子弹,这是对苏联政府的当头一击,以至在这场进步作家会议上说出他的名字,就好像在公共场合发出不雅的声音!

> 去吧,去到那儿领取你的三十块银币吧!我们这里今天不需要你,我们将建设为之奉献一生的世界!

泽林斯基以赤裸裸的告密结束了发言:是周围人营造了对帕斯捷尔纳克的崇拜!"由于我对帕斯捷尔纳克的批评,维亚切斯拉夫·弗谢沃洛维奇·伊万诺夫不再跟我握手。"也就是说,良心的概念基本上已经作废:一个人因为别人未跟他握手,就在大庭广众下报告此事。

弗拉基米尔·别尔佐夫,《马雅可夫斯基生平与创作纪事》的编著者,"准列夫派"评论家,后悔自己当初没发觉帕斯捷尔纳克的卑鄙,当他出现在马雅可夫斯基身旁时……

> 帕斯捷尔纳克的诗歌信条,在于"他自个儿肚脐眼周围八万俄里以内"!关于帕斯捷尔纳克,我曾发表过《杜撰的形象》一文,惹恼了阿谢耶夫、什克洛夫斯基……我和我们的许多同志简直难以想象,作家居住区里竟然生活着这样的人。我也无法相信,我跟帕斯捷尔纳克竟然是邻居。不能将他列入苏联户籍簿。

别兹缅斯基回忆了他是如何跟帕斯捷尔纳克争论,他与布哈林交锋时又是多么正确。当时还没有人支持他们,可"列夫派"这群人毕竟是对的!帕斯捷尔纳克的小说被称作"有毒的",驱逐帕斯捷尔纳克,会使空气得到净化:"把毒草清除干净!"此后还会有许多涉及草类的俏皮话。谢·米哈尔科夫甚至发表了一篇寓言,说的就是名为"帕斯捷尔纳克"的禾本植物(虽然菜园植物"帕斯捷尔纳克"[①]与禾本植物毫不相干,但这位苏联伊索不需要用植物学限制其创作想象力!)。

斯卢茨基说,应当从人民中间寻求认可,而不是从人民的敌人那里。

[①] 小写的"帕斯捷尔纳克"是植物学名词,汉译名称是"欧洲防风"。这种植物形状像胡萝卜,可入药,也可作为蔬菜用于烹饪。参见本书第九章第2节相关注释。

"瑞典科学院对我们的了解,只是通过波尔塔瓦战役①,还有他们更为仇视的十月革命。"他说帕斯捷尔纳克乃是"诺贝尔反共奖"得主。

加琳娜·尼古拉耶娃,《收获》和《道路上的战役》的作者,称自己"一度接受并且喜欢过帕斯捷尔纳克作品的某些方面"。这是前所未闻的勇敢。"描写大自然、描写列宁"的诗打动了她。接着,她话锋一转:

> 帕斯捷尔纳克的历史,是一部叛卖的历史。《新世界》同志们的信太温和了。我赞同让此人失去在苏联的容身之地。

年轻的弗拉基米尔·索洛乌欣,不久前的克里姆林宫学员,在批评帕斯捷尔纳克时,引用了东方领袖对南斯拉夫修正主义的谴责。谢尔盖·巴鲁兹津声称,人民不知道帕斯捷尔纳克是作家,却认出他是叛徒。"狗的天性你改变不了。"这位著名的儿童诗人和散文家补充说。列昂尼德·马丁诺夫说,进步的人类"与我们同在,而不是与帕斯捷尔纳克"(据在场的人证实,他当时的发音是"帕斯捷尔尼亚克",以表蔑视,但没有使用明显粗鲁的字眼)。

鲍里斯·波列沃依说:"帕斯捷尔纳克在我看来,其实就是文学界的弗拉索夫②。弗拉索夫将军被苏联法庭枪毙了!"

一个声音从座位上传来:"绞死了!"

斯米尔诺夫感觉这场驱魔活动正在越界,于是中止了讨论,从而使后面的与会者避免了耻辱。

英蓓尔提议,在决议中添加一项条款,要求政府剥夺帕斯捷尔纳克的苏联国籍。全体一致通过了决议,帕斯捷尔纳克被称为自恋的唯美主义者和颓废分子、诽谤者、叛徒,并且真的向政府提出了剥夺其苏联国籍的要求:

> 所有珍视进步与和平之理想的人们,绝不会像对待正常人一样,向他这种出卖祖国和人民之人伸出手来!

---

① 发生于1709年6月的一场战役,系俄国为争夺波罗的海霸权与瑞典之间"大北方战争"(1700—1721)中的著名战役。经过短暂激烈的鏖战,彼得大帝统帅的俄军取得决定性胜利,此役标志着俄国军事实力的崛起和瑞典的衰落。

② 安德烈·安德烈耶维奇·弗拉索夫(1900—1946),苏联红军将领,"二战"初期屡立战功,1942年被德军俘虏,继而投降法西斯德国,1944年组建了直属德国统帅部的"俄罗斯解放军"。1945年6月,他率领这支军队向美军投降,随后被遣送回苏联,次年3月被苏联最高军事法庭处以绞刑。

伊文斯卡娅表示，不必苛责表决前悄悄溜进小吃部或卫生间的人。他们是为了不参与丑剧，起码也是消极地抗议。当时这种"勇敢"当然也算是行动……

是否能为"那些举手赞同者"辩护？有这个必要吗？

在对帕斯捷尔纳克口诛笔伐的人员名单上，真正有才之士多得惊人，有些人急于落井下石，即便无缘亲临10月28日的臭名昭著的会议，也还是从雅尔塔的"创作之家"发来电报。其中包括谢尔文斯基和什克洛夫斯基！谢尔文斯基为其行为而痛悔，直到生命的最后一刻。在二十年代末的读者心目中，他甚至与帕斯捷尔纳克并驾齐驱。巴格利茨基曾经毫不夸张地写道："行军的背囊里是火柴和烟草，是吉洪诺夫、谢尔文斯基和帕斯捷尔纳克。"谢尔文斯基此前也有不光彩的行径，包括对马雅可夫斯基的嘲讽——他甚至在一首为其亡故而作的诗中提到，作者本来可以说"敌人的尸首闻起来不错"，可他反而为之哀悼，尽管随后又轻描淡写地解释了诗人之死："细眉毛将世界一笔勾销。""细眉毛"与"马雅可夫斯基"正好押韵。

耐人寻味的是，在给作协拍发那封有损声誉的电报以示忠心和愤怒之前几天，正在雅尔塔创作休假（其间炮制了一整部诗剧）的谢尔文斯基，先是给帕斯捷尔纳克拍了一封贺电，称他的获奖实至名归，但很快就省过味来，赶紧又给他写了一封信，内容如下：

> 亲爱的鲍里斯·列昂尼德维奇！今天有人告诉我，英国广播电台宣布您获得了诺贝尔奖。我立刻给您拍了贺电。如果没记错的话，您是第五位获奖的俄罗斯人：在您之前还有梅奇尼科夫、巴甫洛夫、谢苗诺夫和布宁①，可见您已经跻身于一个优秀的群体。然而，与您作品相关的情况表明，您单方面接受该奖，简直就是挑衅。我知道，我的建议对您而言——nihil②，而且您永远不会原谅我比您年轻十岁。可我还是要冒昧地对您说，"藐视党的意见"，哪怕是您视为不正确的意见，在当今国际形势下无异于攻击您所在的国家。敬请相信我的不十分准确，但至少"有点儿准确"的政治嗅觉。友好地拥抱您。爱戴您的伊利

---

① 谢尔文斯基说法不准确。事实上，俄国历史上第一位诺贝尔奖得主是巴甫洛夫，获奖时间是1904年，梅奇尼科夫比他晚了四年，两者均获得生理学或医学奖。布宁于1933年获得文学奖，谢苗诺夫则是1956年化学奖得主。

② 源于拉丁语，意思是"无""虚无""毫无价值""毫无意义"。

亚·谢尔文斯基。

可以认为,谢尔文斯基是部分真诚的。他知道自己与帕斯捷尔纳克之间的高下之分,所以问题不在于妒意,而在于他有意引导这位更具天赋又很天真的同行迈向正道。10月28日,他已经和什克洛夫斯基一起赶到雅尔塔当地的《疗养报》,为了在报上表达个人的愤怒!

> 帕斯捷尔纳克永远用一只眼睛观望西方,同时犯下卑鄙的叛卖行为。

对诗人来说,这样的用词算是好的……什克洛夫斯基表现得更得体:

> 他的书不仅反苏,而且暴露出作者对苏联生活本质一无所知……脱离了作家的集体……被小恩小惠诱惑……

谢尔文斯基本人在与几个年轻学生交谈时(他们根本没有问他什么),想出了另一番说辞:让我们谴责帕斯捷尔纳克总比让一帮真正的酷吏和走狗要好。这样就不会有事。总的来说,这种自我辩解可以理解。为了写作,诗人理当尊重自己。深受压抑并被指为怯懦的诗人,是写不下去的。谢尔文斯基在自辩的同时,挽救的不是名誉,而是他个人从事文学的权利。

当天会议的发言者当中,唯有鲍里斯·斯卢茨基与众不同。他是苏共二十大不久后成名的一位诗人。在文史哲学院的诗人圈子和著名的六人组合(科罕—库里奇茨基—萨莫伊洛夫—利沃夫斯基—纳罗夫恰托夫)里,他和科罕一起被视为领袖。他在战争期间作战出色,升至少校军衔;战前就写得很多(有时一天三首),之后沉寂了很久,写起了纪实散文。经过异常艰难的探索,斯卢茨基形成了自己的风格。这是一种尖锐、生涩、刻意散文化的诗体。从他的文本(包括著名的《科隆陷坑》)透射出的真实,并非任何散文所能承受,而诗的语句则足以道出这些。藉由这种新的风格,诗歌才能直接详尽地谈论当代现实。这对俄罗斯诗歌是一场革命。就连萨莫伊洛夫都开始发表作品,斯卢茨基还无人问津,可他自己并不急迫。爱伦堡为他的诗提前撰写了热情的序言①,使之成为解冻的标志和象征。这一切距离帕斯

---

① 1956年7月28日,爱伦堡在《文学报》上发表评论文章《关于鲍里斯·斯卢茨基的诗》,对当时尚未正式出版过诗集的斯卢茨基予以高度赞誉,称"他的灵感来自人民的生活",来自他们"致命的疲惫和不可战胜的生命力量",令人联想到"涅克拉索夫的缪斯"。鉴于《文学报》巨大的发行量,爱伦堡此文引起苏联文学界对斯卢茨基的广泛关注。爱伦堡认为,斯卢茨基是一位成熟的杰出诗人。

捷尔纳克无限遥远,帕斯捷尔纳克与斯卢茨基同样相距甚远。战地诗人不欣赏帕斯捷尔纳克的战争抒情诗,未完成的《霞光》在他们看来是泛泛而论和拾人牙慧的。他们见识过太多可怕的事物,所以帕斯捷尔纳克被他们视为别墅知识分子、造作和复杂的化身。这些目睹了死近在咫尺的诗人,直到后来才明白,帕斯捷尔纳克对生死的言说一点也不少于他们。或许(这也是最可信的),斯卢茨基比同龄人更痛苦地挨过了战争,始终未能从家人死于敌占期间的震颤中恢复常态,他内心的创伤难以愈合,以至迷狂,故而从一开始就与帕斯捷尔纳克对世界和谐美好的感知格格不入。凭借战前养成的强悍组织能力和五六十年代不可思议的文学活力(终日无休止的创作,每天又是两三首诗),斯卢茨基克服了创伤,世界建立在疏松沙地而非坚石之上的可怕认知,也渐渐消退。帕斯捷尔纳克在世界观上对于斯卢茨基是异己,或许还可认为,在本体论上也如此。他自身便是生活的确证,斯卢茨基则在潜意识里无法谅解他这一点。斯卢茨基不像帕斯捷尔纳克那样以基督教为依托,可以说,他是在帕斯捷尔纳克三十年代后半期所经历的那种精神危机下度过了一生(伴随着同样的症状——偏头痛、失眠、创作上突发的沉寂)。许多战地诗人都认同斯卢茨基对帕斯捷尔纳克的态度,但与之不同的是,其中并无世界观方面的原因:他们只是觉得,帕斯捷尔纳克的人生远离人民,没参加过战争,也不理解战争,一直停留在过去,如今竟然编造起谎言。斯卢茨基对他的抨击还不够!叶甫图申科确信斯卢茨基准备为帕斯捷尔纳克辩护,"请小心分配重点"。在吸烟室里他提醒说。"别担心,所有重点都安排得当。"斯卢茨基回应道。他发表了谴责——很有分寸,未夹带任何惩治的吁求。后来,他经常提起自己的行为,比帕斯捷尔纳克提起跟斯大林的谈话更频繁,而且总是忏悔,从不辩解。甚至有传言说,对帕斯捷尔纳克的负罪感,导致他最后十年的精神失常,但这其实是预先注定的,最后的打击是他妻子的死。

一些"关心解冻命运"的文学家,构成了一个单独的群体。现在,当政府中的民主力量如此需要我们的支持,如此艰难地与官僚体系展开斗争,当每一项进展都如此不易,当上边又开始说起列宁的准则……在这种时候,岂能在国外出版反革命小说?!"他什么事儿都不会有,可我们大家要完蛋了!"此即会议前夕知识分子言论的基调,相比赫鲁晓夫的申斥所表现的正统共产主义之狂暴,这种粗鄙反而更糟糕。

卡达耶夫正是其中的一员，百年以后，他的《白色的孤帆》①也会广为传诵。他曾经出席了《斯佩克托尔斯基》的首场朗诵，为这部"用诗歌书写的散文"而痴迷。六七十年代，他将写下绝望的作品，哀悼其遭到背叛和毁灭的青春，但在五十年代，这却是气派的佩列捷尔金诺住户、轶闻的爱好者、优雅的庸俗之徒，经常在夜晚写伤感的诗……顽固保守分子薇拉·英蓓尔也属于这个群体，她甚至是温和民主的反对者，一个终生怯懦的女人，在她的叙事诗里也不忘为斯大林干上一杯，"就像为一切事物的顶峰"。

关于他们还能说些什么，如果连意志坚定且深知苏联政权的利季娅·楚科夫斯卡娅也在日记里写道，她无论如何都不能为帕斯捷尔纳克辩护，这会要了老爷子（她这样称呼父亲）的命，他本来就患有血管痉挛、头痛和失眠……一些人有年迈的双亲，一些人的书稿有待付梓，那可是一生心血，还有些人有意识地避免与明智而又胆怯的同行相对立，或许，这种态度甚至值得称道。

"您怎么看，他们会不会没收别墅？"帕斯捷尔纳克问当时为数不多的来访者。别墅没有被没收。保留了帕斯捷尔纳克的文学基金会成员资格。不仅如此，1959年还派来一名信使，问他想不想重新加入作协并放弃《日瓦戈医生》的著作权。暗示作协有意接纳他。毕竟，带有高尔基签名的作家证还在他手里。他断然拒绝："他们想装作什么都没发生的样子。"

他意识到，作协将他除名，同时也将他的命运推向新的层面，这是至高无上的预定，必须喝下这杯苦酒，否则命运就不会圆满。人的战栗、畏葸、恐惧，被艺术家视为最高的逻辑。正是遭到开除之后，帕斯捷尔纳克成了世人眼里的受难者。同情的信件从世界各地飞到佩列捷尔金诺，一如当初在亚斯纳亚-波良纳的情形。在一些国外斯拉夫学研究者的记忆里，给菜园松土的帕斯捷尔纳克，就像田地里耕种的托尔斯泰，成为俄罗斯的象征。全世界都在好奇地观望着帕斯捷尔纳克的髑髅地——不比本地方更妙的异域的庸俗，将帕斯捷尔纳克团团包围。

7

1958年10月31日傍晚，伊文斯卡娅去索比诺夫胡同看望母亲。有人

---

① 一译《雾海孤帆》，卡达耶夫《黑海波涛》四部曲中的第一部（1936）。

在那儿找到了她——苏共中央打来了电话。

"奥莉加·弗谢沃洛多夫娜,"波利卡尔波夫说,"请穿上大衣出来吧。我们这就开车来接您,一起去佩列捷尔金诺。我们要把鲍里斯·列昂尼德维奇送到中央。"

伊文斯卡娅赶紧给女儿打电话,要她去佩列捷尔金诺提前通知帕斯捷尔纳克。她徒劳地希望伊琳娜更早赶到:没过几分钟,政府的"吉尔"牌轿车就飞驰而来,车上是全苏版权局局长格奥尔基·赫辛。接着驶来一辆黑色的"伏尔加"。赫辛宣布了行动计划:伊文斯卡娅上第二辆车,前往佩列捷尔金诺,让帕斯捷尔纳克做好思想准备,多余的话不能说,然后直接带他去中央。

伊文斯卡娅坐进"伏尔加"。他们迅速驶向佩列捷尔金诺,遇到红灯也不停。当伊琳娜·叶梅里扬诺娃坐出租车到达帕夫连科街①,两辆黑色轿车已停在路边。"你跑哪儿去了?!"母亲向女儿低吼了一声。只有叶梅里扬诺娃能把帕斯捷尔纳克从别墅里叫出来——伊文斯卡娅没有资格进入。叶梅里扬诺娃上前敲门,开门的是帕斯捷尔纳克的儿媳加琳娜·涅高兹。济娜伊达·尼古拉耶夫娜随后也出来了,伊琳娜晚间的到访惊动了她。"请您转告一声,就说叶梅里扬诺娃想见他。"婆媳两人转身去叫帕斯捷尔纳克,他从楼上的书房里下来,已经穿好衣服,似乎知道要去哪儿,为什么去。叶梅里扬诺娃见他精神抖擞的样子,有些吃惊。伊文斯卡娅、叶梅里扬诺娃、帕斯捷尔纳克一起坐上"伏尔加",向城里驶去。后面跟着那辆"吉尔"。

没想到他们一路上居然欢声笑语。帕斯捷尔纳克确信,赫鲁晓夫本人将接见他,他的命运马上就会见分晓。这是某种信念的回声——只消与当权者直截了当地谈一谈,一切都将奇迹般地改变。至于当权者是否决定跟他直接谈话,毋庸置疑!否则,何必让人晚上九点坐着"吉尔"前来!他沉浸于快乐的想象,甚至联想到一个永恒的主题——犹若普希金与沙皇之间"假想的交谈"②,或者布尔加科夫写给叶莲娜·谢尔盖耶夫娜③那样的滑

---

① 位于佩列捷尔金诺。
② 1824年底,普希金写下一篇短文,标题便是《与亚历山大一世之间假想的交谈》,由于草稿多次涂改,并且只有草稿传世,此文的解读历来存有歧义。
③ 叶莲娜·谢尔盖耶夫娜·布尔加科娃(1893—1970),布尔加科夫的第三任妻子,《大师和玛格丽特》女主人公玛格丽特主要原型之一。

稽小品——同斯大林想象中的对话……"我该对他说什么？说我被弄得手忙脚乱，休闲裤还没来得及换。看看我这狼狈模样！而他们可能会说：'就因为这张嘴脸，闹出了多大动静！'"伊文斯卡娅坚持先去一趟波塔波夫胡同：她需要打扮一下，换身衣服……就在她"涂脂抹粉"时，帕斯捷尔纳克习惯性地咕哝道："不用又涂又抹的，奥莉娅！反正上帝也没亏待过你。"拿了一小瓶缬草酊、一瓶瓦洛科金①，帕斯捷尔纳克喝了一杯浓茶。他们到达了老广场，在夜晚的莫斯科，到那儿顶多也就二十分钟。他们被带到第五号入口。

在入口处，要求帕斯捷尔纳克出示证件。他露出在车上时的表情，解释说：离开别墅时，手忙脚乱，证件忘了随身携带。"我口袋里只有一本作家证，就是把我开除的那个作协颁发的。"

"拿出来吧，"警卫说，帕斯捷尔纳克的调侃使他有些不自在，"在我们这儿可以。这已经很管用了。"

给帕斯捷尔纳克和伊文斯卡娅的通行证事先开好了。帕斯捷尔纳克要求让叶梅里扬诺娃也进去——"这姑娘为我们带着药品。"警卫说，应该到楼上去办理通行证。帕斯捷尔纳克和伊文斯卡娅一起上了楼。通行证上允许进入的地点是波利卡尔波夫的办公室。这可真教人大失所望——最高当政者不肯屈尊，但帕斯捷尔纳克的血气涌上来了。

"哎呀呀，德米特里·阿列克谢耶维奇②！"他故作同情地高声说，"您的脸色多么苍白，看起来真糟糕！不会是生病了吧？"

波利卡尔波夫脸色确实不很好。经过一星期的不眠之夜，能好到哪儿去！办公室里还有一个瘦子，手里拿着公文夹，伊文斯卡娅隐约感觉好像从照片上见过，却认不出究竟是谁。波利卡尔波夫请他们在深色皮椅上坐下。

"劳驾您为楼下的姑娘开张通行证，"帕斯捷尔纳克说，"她要帮我服用缬草酊。"

"好像咱这儿不能服用似的，"波利卡尔波大摇摇头，"干吗把小姑娘牵扯进来，而且天知道她会听到什么。"

"让她来弄，没什么大不了的。"帕斯捷尔纳克坚持道。

---

① 一种用于血管舒张的药物。
② 波利卡尔波夫的名字和父称。

883

"行啦,就让她等着吧。"伊文斯卡娅插了一句。

波利卡尔波夫从桌子后面站起身,郑重地宣布,帕斯捷尔纳克的来信已收到(他没有明说,是谁收到了信——一切不言自明,正像他们说"您的小说读过了")。

"这就是答复,"他停顿了一下,"准许您留在祖国。当然,我们现在不可能阻止人民的愤怒。当务之急是您本人跟人民的和解。比方说,让明天的《文学报》停印,我们无能为力……"

"您可真不害臊,德米特里·阿列克谢耶维奇!"帕斯捷尔纳克也跳起来,吼道,"说什么人民的愤怒?!亏您身上还有点人味儿!(能否想象一名苏联作家用这种言语跟苏共中央的部长对话?)您在搞什么名堂呀?!人民——一个神圣的词语,而您好像出于便溺的需要,把它从裤裆里掏出来!人民这个词,不许随便乱说!"

波利卡尔波夫想发作,还是忍住了,狠狠地吸了一口气,在办公室里走了一圈,让自己冷静下来,又站到帕斯捷尔纳克面前。

"好吧,好吧,现在我们就和解。"

突然,他做出十分友好的姿态,拍了拍帕斯捷尔纳克的肩膀,亲昵地压低声音说:"你这老头儿,可是捅了娄子啊……"

据伊文斯卡娅回忆,帕斯捷尔纳克讨厌人家叫他"老头儿"。他知道,在六十八岁的年纪,"老头儿"听起来已不仅是称呼,更是一种确认。但他感到被冒犯,想必不是因为"老头儿"一词,而是因为有人对他、诺贝尔奖得主、世界知名度仅次于赫鲁晓夫的苏联公民,居然以"你"相称,并且用近乎信任的口吻,可这毕竟是他们把他折腾了一番之后。

"请收回您这副腔调。不许这样跟我说话。"

此刻,他像极了跟科马罗夫斯基说话时的日瓦戈——"您放肆了。"

"捅了就是捅了。你从背后捅了俄罗斯一刀,事到如今,自个儿收拾去吧……"

他兴许在开玩笑,兴许是引用报纸上的套话。帕斯捷尔纳克却无心玩笑,也不想解释什么:

"劳驾您收回自己的话!我不会再跟您费口舌!"说完,像做给人看似的(他喜欢戏剧效果,这又能怎样!),朝门口走去。

"拦住他!"波利卡尔波夫向伊文斯卡娅喊了一声。帕斯捷尔纳克走得不快，其实就想让人把他拦住。伊文斯卡娅一把抱住他，对波利卡尔波夫大声说：

"您折磨他，却要我——拦住？！请您把话收回！"

"好好好，我收回。"波利卡尔波夫嘟囔着。

帕斯捷尔纳克不情愿地转身回来，波利卡尔波夫让他安心工作，愤怒（已经避开了"人民"这个词，也许是指别的什么愤怒）很快就会消退。两人开始互称为"您"，公事公办地约定条件。"您可以留在祖国生活和工作，但别跟外国人交往。""我怎么能不让人家来找我？"（这是他以其人之道还治其人之身——你们不能阻止人民的愤怒，我也不能阻止人民的爱戴。）"您请便。不妨张贴个告示，说您任何人都不见。""那样的话，起码也该把来信转给我！最近我的所有邮件都被扣留了！""没有谁扣留您的邮件……好吧，我来处理……"帕斯捷尔纳克道了别，就走出去了，波利卡尔波夫叫住伊文斯卡娅，在门口待了片刻：

"让他安度十月的节日，然后，他大概总得说点儿什么……通过书面形式……我们这边自己起草文本，他签字……"

"我不懂。"伊文斯卡娅说。

"可您想想：这难道不是给你们卸下了负担？！"

"我不懂。"她重复道。

当她回头追赶，他已经下楼了。

"这些可怕的墙，"帕斯捷尔纳克说，"里面的人也是可怕的。不是人，是机器。他们现在要是能向我张开臂膀，喏，就这样。"他张开两臂，仿佛为了拥抱，"他们应该说点儿人话……可他们却害怕，什么都怕。'害怕把秘密泄露'，"他随口引用了《货郎》①里的一句，"他们没有情感。但不管怎么说，我让他们感到了不安，他们是自找的。"

从莫斯科回来的路上，他像去的时候一样欢快，有说有笑，给叶梅里扬诺娃模仿分角色对话。伊琳娜的心情则越来越沉重，她觉得，他的强颜欢笑倒像是难耐的屈辱。于是她开始背诵："混沌岁月里，幸福的结局/渺然难寻……"

---

① 指涅克拉索夫1861年创作的长诗《货郎》，另有人根据此诗和民间曲调编创了俄罗斯民歌《卖货郎》。

885

忽然,他哭起来。

"多好啊,"他倾听着施密特中尉从他那首不受欢迎的长诗里发出最后的道白,连声喟叹,"多好啊,多么真切……"

他们在别墅附近让他下了车,他朝自己家走去,汽车掉头驶向莫斯科,开到河边时,车轮陷住了。无论司机和伊文斯卡娅母女怎样推搡泥泞中的黑色"伏尔加",都无济于事,只好跑到帕斯捷尔纳克家去求助。家庭女工塔季扬娜·马特维耶夫娜出来推汽车,廖尼亚·帕斯捷尔纳克也来帮她。车子不住地打滑,溅起泥浆,中央派来的司机骂骂咧咧,廖尼亚和塔季扬娜使出浑身力气,要把党的豪华轿车从它深陷其中的淤泥里推出来。伊琳娜·叶梅里扬诺娃禁不住放声大笑,对母亲说,眼前的情景具有象征意味。这两位女性同是山穷水尽之人,她们淡看一切的禀赋始终吸引着帕斯捷尔纳克。第一阶段的迫害以这怪诞的一幕告终,之后果真发生了转折。第二天清早,满满一包信件就送到了帕斯捷尔纳克的别墅。

但这当然已经没有什么意义了。

8

为什么会出现这种突然的缓和?主要原因据说是贾瓦哈拉尔·尼赫鲁的说情,这位印度领导人在全世界享有崇高威望,他亲自打电话给赫鲁晓夫,要求保障帕斯捷尔纳克的人身安全和自由。赫鲁晓夫当即答复尼赫鲁,要他相信,没有人动帕斯捷尔纳克,塔斯社随即播发声明,称帕斯捷尔纳克甚至可以畅行无阻地到瑞典领奖。其实没有人注意到他放弃了奖金。

> 塔斯社受权公告,如果鲍·列·帕斯捷尔纳克有意前往境外,以领取授予他的奖项,国家相关机构不会予以阻拦。[……]如果鲍·列·帕斯捷尔纳克希望彻底离开苏联,离开其反苏作品《日瓦戈医生》所诋毁的社会制度和人民,苏联政府不对其设置任何障碍。他将有机会去到苏联境外,亲身体验"资本主义天堂之美好"。

这段文字刊登在11月2日的《真理报》上。

与此同时,甚至斯坦贝克、格雷厄姆·格林、欧文·斯通(他将赫鲁晓夫的行为与希特勒的暴行相提并论——1936年,希特勒禁止反法西斯政论家、1938年死于集中营的冯·奥西茨基①领取诺贝尔和平奖)等历来被视为苏联友人或至少是左派的人士,也纷纷声援帕斯捷尔纳克。这场国际风波出乎意料,苏联作家遭到谴责,称他们背叛了俄罗斯文学传统。迫害必须停止,但也需要妥协——帕斯捷尔纳克的公开信,既保证不伤害尊严,又能表示悔过。波利卡尔波夫、伊文斯卡娅和帕斯捷尔纳克本人商议了他该如何认错,也就是该让步到何种程度。他们为这封信忙碌了整整三天。

帕斯捷尔纳克提供的文本内容如下:

> 在这疾风骤雨的一星期,我没有被起诉,我的生命、自由乃至一切,全都安然无损。如果说我因为经历种种考验而消耗了什么,那就是我的健康,有助于健康的是饱满的精神和人类的同情,而非钢铁的储备。在众多声讨我的人当中,可能有个别几位置身其外,我还不知道他们是谁。据传言(或许是误传),海明威和普里斯特利为我鸣不平(这两位让他于心不安!他曾羡慕他们的荣耀,现在他们为他辩护,平等以待,这对他无异于至高的褒奖。——德·贝)……国内肯定也有同情者,甚至可能就在政府最高层。我向所有这些人表示衷心的感谢。
>
> 我并非身处绝境。我们会活下去,相信真善美的力量。苏联政府向我提供了出国的自由,但我没有加以利用,因为我的事业与故土紧密相联,无法转移到另一片土地。
>
> 我们仍将活下去,相信并且盼望——我们会得到宽恕。

公开信定稿刊登在1958年11月6日的《真理报》上。迫害的潮水随之退去。从这个文本里,当代读者能明显感觉到,帕斯捷尔纳克最大限度地保留了尊严,没有表示悔过,但语调与前几封信截然不同。这不是否定和放弃他的小说,而是向迫害他的人妥协。

> 正如我的遭遇全是我个人行为的必然结果,在获得诺贝尔奖一事上,我所有的表现都是自由和自愿的。

---

① 基卡尔·冯·奥西茨基(1889—1938,又译作奥西埃茨基、奥西耶茨基),德国魏玛和纳粹时期记者、自由派知识分子,1933年被新上台的希特勒政权囚禁于集中营,1935年获得诺贝尔和平奖(并非作者所说的1936年),纳粹德国禁止他领奖。希特勒认为"和平奖颁发给奥西茨基是对其本人的侮辱",并为此颁布一项法令,禁止德国人领取诺贝尔奖。1936年11月7日,奥西茨基获释,当月23日,诺贝尔委员会来到他的住处为他颁奖。1938年5月4日,因肺结核和在集中营遭受的折磨,在柏林一家医院去世。

我把荣获诺贝尔奖视为文学的嘉奖,我向瑞典科学院秘书安德斯·埃斯特林拍电报,表达了我的喜悦。但我错了。即便如此,我的错误事出有因,早在此前,比如五年前我就被提名,当时我的小说尚未问世。

　　过去的一星期里,眼见围绕我的小说展开的政治运动之规模,我确信此次授奖是政治举措,现已造成严重后果,出于个人动机而非任何人的强迫,我愿意主动放弃。

[……](此处显然是外来的插入,称帕斯捷尔纳克无法接受流亡,因为他不仅与祖国的土地和自然密不可分,也与人民及其"光荣的现在"和未来休戚相关;"光荣的现在"一说,正如"高贵的劳动者",怎么可能出自帕斯捷尔纳克之口。——德·贝)

　　我从未有过损害国家和人民的意图。《新世界》编委会事先提醒我,小说可能被读者理解为反对十月革命和苏维埃制度的作品。我没有意识到这一点,现在我感到很遗憾。

　　事实上,如果只看那些从针对小说的评析得来的结论,我好像在支持小说中的错误立场。似乎我确信,任何革命在历史上都不合法,十月革命便属于此类失去法度的现象,它给俄罗斯带来灾难,导致新旧俄罗斯知识分子相继毁灭。

　　我很清楚,我不能将这样的无稽之谈归于自己名下。

(这一招着实精彩——帕斯捷尔纳克没有否定自己的观点,倒像是否定了《新世界》编委会对其观点的荒谬解读,如此说来,西蒙诺夫和费定才是始作俑者。——德·贝)

　　在这疾风骤雨的一星期,我没有被起诉,我的生命、自由乃至一切,全都安然无损。我想再次强调,我所有的行为都是自愿的。熟悉我的人都知道,世上没有什么能迫使我扭曲心灵,或者违背良知行事。这次也不例外。无需赘言,没有人强迫我做什么,我发表这份声明,是怀着自由的精神,怀着对共同的和我个人的未来的光明信念,我为我身居其中的时代而自豪,也为我周围的人。

(这是运用伊索式话语的成功范例;此处的"无需赘言",如今又有谁会

信以为真?! ——德·贝）

　　我相信,我会从内心找到力量,以恢复自己的良好名声和同志们受损的信任。

鲍·帕斯捷尔纳克

他的生活随后恢复了平静。来信源源不断,根据粗略的估计,在他生命最后的三年里,他收到了两万多封,他全都读过,还写了许多回信！然而,短暂的喘息仅仅持续到 1959 年 3 月,迫害便进入新的也是最后的阶段,最终将他彻底击垮。

第四十六章　镜中人：阿赫玛托娃

1

说起帕斯捷尔纳克的最后岁月，绕不开他与阿赫玛托娃的交往。正是在此时期，三十年代甚至四十年代仍被掩盖的差异才显露无遗，两种人生策略的所有区别也浮出水面，尽管从表面看，帕斯捷尔纳克与阿赫玛托娃之间命运的相像远远多于著名的四人组（算上马雅可夫斯基，便是五人组）其他代表之间。

他与阿赫玛托娃的关系比他与同时代任何诗人的关系都复杂得多。看似一切都好——相互恭维、题赠诗集和照片、来自他的敬意和殷勤、来自她的尊重和感谢、为数不多却被回忆录作者仔细记述的会面，总之，这完全不是他与茨维塔耶娃那种神经质的、炽热的亲近，也不是与马雅可夫斯基那种激赏和冷淡的交替，而是平静的、乍看忠实的友情，别无亲密之感。两人都有出色的教养。然而，"在自己的暗流下"，用纳博科夫的话来说，这种情谊更像是敌意，起码阿赫玛托娃对帕斯捷尔纳克背后的议论，最好不过是宽容，最坏则是鄙薄。曼德尔施塔姆同帕斯捷尔纳克似乎分歧更深，但他读帕斯捷尔纳克的诗，却带有更明显的妒意和好感；从精湛的审美的高度，阿赫玛托娃漠视帕斯捷尔纳克的狂喜，对他的独白报以不屑而含混的回复，对他的欢欣更是极度怀疑："他从未读懂过我。"结论出自帕斯捷尔纳克1940年一封热情洋溢的信，他在信中称赞她的诗集《六部诗集选辑》①，却又为她三十年前的旧作叫好。

说实话，鲍里斯·列昂尼德维奇也感到与安娜·安德烈耶夫娜的交往并不自在。他沉湎于惯有的绚丽辞藻，却撞上了俄罗斯诗歌贵妇冷冰冰的

---

① 阿赫玛托娃于1940年出版的一部诗集，当年年底被苏联当局密令销毁。

彼得堡教养,就像浪花撞上礁石。要是他表现得再洒脱些,私事方面再听听别人的意见,再用天真无邪的腔调讲讲共同熟人的小趣闻(应当承认,阿赫玛托娃喜欢各种传言),冰冻倒有可能开裂。但首先,帕斯捷尔纳克决不会让他的言行降至如此水准;其次,高深话题即使转向日常琐事,也不见得保证带来暖流。大胆地说一句,阿赫玛托娃只在两种情况下可能对一个人产生兴趣:要么他作为男人给她留下了深刻印象(古米廖夫、卢里耶①、希列伊柯②、涅多勃罗沃③、加尔申④),要么在气质特征上跟她有相像之处——对生活深入彻底的否定、悲怆的世界观。用她的价值体系来衡量,甚至茨维塔耶娃的悲惨境遇也不够充分,因为其中有太多的冲动、神经质……尊严则太过稀少。阿赫玛托娃喜欢能挡住诱惑的诗人,茨维塔耶娃和帕斯捷尔纳克的共同点恰恰是渴望尝试,然后才拒绝。帕斯捷尔纳克和茨维塔耶娃每迈出一步,都会使自己陷入难堪,都不善于在肉身上保持正确。阿赫玛托娃却只看重正确性:没有任何诱惑,唯有高傲纯洁的悲剧体验呈现于苦修之境("镶木地板上的苦修",曼德尔施塔姆刻薄地开玩笑说,其实他也有这种气质,所以他们从未严肃地争吵过)。而曼德尔施塔姆和布罗茨基,阿赫玛托娃始终认可的两位大诗人,恰恰也把诗歌只当作一种正确性的意识,他们都以非凡的能力实现了自我坚守。帕斯捷尔纳克和茨维塔耶娃的表现力,在阿赫玛托娃看来实属恶俗的趣味。此外,她显然嫉妒帕斯捷尔纳克的荣耀,也曾公开承认羡慕他的命运。

这是实情,尽管他的信很热情,她那两首诗也十分优秀:一首是给他的赠诗(《他,把自己比作马的眼睛》,1936),另一首——纪念他的死。它们之间还有一首四行短诗(《这里的一切理应属于你》,1958),充满了同情,却因为命令式的语调而略显倨傲:"请向他人赠以世界的玩具——荣誉,/回家

---

① 阿尔图尔·文森特·卢里耶(1892—1966),俄罗斯先锋音乐重要代表,曾与阿赫玛托娃关系密切,1922年移居柏林,自1941年起定居美国。
② 弗拉基米尔·卡季米罗维奇·希列伊柯(1891—1930),苏联东方学家,诗人,翻译家,阿赫玛托娃的第二任丈夫。
③ 尼古拉·弗拉基米罗维奇·涅多勃罗沃(1882—1919),俄罗斯的诗人,评论家,对阿赫玛托娃的创作颇有影响。
④ 弗拉基米尔·格奥尔基耶维奇·加尔申(1887—1956),苏联医学科学院院士,病理解剖学家,从1939年开始追求阿赫玛托娃,1944年两人关系破裂。阿赫玛托娃晚年《没有主人公的叙事诗》第二部及尾声即是为他而写。

去，什么都别等。"问题是，他凭什么要向他人赠以世界的玩具？他可没有得到过多少荣誉，只是获得了应得的。阿赫玛托娃得到的名声远胜于别人，顺便说一句，这也是她为之着迷的东西。"可怜的女人，被名声压扁了！"楚科夫斯基在1922年写道。"回家去，什么都别等"，听起来就像是"待在家，向谁都别敞开，哪儿都别去！"……她总觉得自己更高明，这倒不难理解，但还是不公平。不过，大多数情况下，她又很会掩饰这一点。

相比之下，帕斯捷尔纳克更率直。有好几次（在索性不再节制的最后岁月里）他禁不住诱惑，公开刺伤了阿赫玛托娃。而她则在言谈中打消了对他的女人的嫌恶——为的是不破坏"文学的良好风尚"，不参与迫害或者不让人怀疑，她好像对什么人怀有醋意……阿赫玛托娃通常很少正面评价诗人的妻子：她们每个人，从普希金的夫人纳塔利娅·尼古拉耶夫娜到济娜伊达·尼古拉耶夫娜，都会引起她顽固的敌意。娜杰日塔·曼德尔施塔姆是例外，其余诗人在安娜·安德烈耶夫娜看来——都不走运。但即使在此背景下，当她说起并未伤害过她的伊文斯卡娅，其固执和厌恨之深也令人惊诧。我们倾向于认为，绝非伊文斯卡娅的出现导致了诗人之间关系变冷，但正是这种起初隐蔽的、连阿赫玛托娃本人也未充分意识到的冷淡，激起了她对帕斯捷尔纳克最后一位情人的极度排斥。

2

帕斯捷尔纳克与阿赫玛托娃相识之际，她已有理由被视为俄国头号女诗人，而他只是个急追猛赶的无名新手。第一部诗集《黄昏》（1912）让阿赫玛托娃一举成名，随后是名称和外观同样朴实的第二部——《念珠》（1914）。1913年，帕斯捷尔纳克刚开始写作。总之，她的一切都比他早——早一年出生，1907年发表处女作，1911年已经小有名气，1922年写下代表作，1940年实现了多年来萦绕心头的构思……早在1918年，她对新政权就不抱任何幻想，帕斯捷尔纳克似乎还没明白发生了什么。她在1938年就创造出《安魂曲》和战争抒情诗的新手法，三年之后，帕斯捷尔纳克才通过佩列捷尔金诺组诗确立了新的风格。她始终处于领先——有时不太多，有时相当明显。作为古米廖夫的妻子，阿赫玛托娃属于他那一代——"1913年的一代"。帕斯捷尔纳克年龄比她略小，正像未来派比阿克梅派略为年轻,尽管二者参与这两个流派,完全是相对而言。但心理和"文学"年龄的差异、各自归属的世代,决定了他对她的热情加崇敬——偶尔夸张,近乎揶揄。

曼德尔施塔姆写道,阿赫玛托娃的诗"即将成为俄国的伟大象征之一"。这是正确的断言。这种室内的、"隐秘的"抒情,从第一句话起便独具魅惑,发出强有力的悲声,明显过于庄严和哀伤,使读者只能用希望聊以自慰,仿佛只有局外人的爱才会破灭:世界訇然崩溃,承受它的垮塌也应像承受爱的分离那样,不为所动。1915年,涅多勃罗沃首次评述了阿赫玛托娃诗歌这一思想的意义,并将其上升到全俄罗斯乃至全世界的高度。阿赫玛托娃称他简短的评论"解开了我的生命之谜"。从她最初的诗作即可看到,她的哀哭或冷漠向来不仅是为个人的命运,一场大火灾的反光投射于她的抒情:她的坚忍与淡泊,既是个体命运的预见,也反映着未来灾祸的普遍意识,就此意义而言,她青春时代爱的悲欢无非是淬炼和预演。在阿赫玛托娃的诗中,与心爱之人离别的预感、末世的期待、面对情人和上帝的负罪感,均是与生俱来,根深蒂固。而她的人生从一开始就好像经受着"平静、晒黑的农妇们谴责的目光"①,经受着屹立在贫寒土地的巨型女石人的注视。阿赫玛托娃比别人更早感觉到落在自己身上的目光,或许是因为她更早地感到了自己的罪:

> 在这里我们都是酒徒,荡妇
> ……那现在跳舞的人,
> 必将下地狱。②

从始至终,她的全部诗作都建立在两个悲剧母题的交叉点上:一方面是先知般挥之不去的个人正确性的意识,另一方面则是同样牢固的罪错意识,认为一切灾祸都是应得的,且无可避免。正是这种痛苦的交集,让那些诋毁阿赫玛托娃的人一再说起她的两副面孔:修女和荡妇。后来日丹诺夫的报告也借用了这两个形象,报告的评析部分即是源于一九一〇年代的粗俗小品文。可我们不能说,阿赫玛托娃的诗根本没有为这类解读提供口实,因为用反感的眼光从表面来看,她的罪错意识无异于正确性的意识,许多人容易

---

① 引自阿赫玛托娃《你知道,我不禁心怀忧伤》(1913)。
② 引自阿赫玛托娃《在这里我们都是酒鬼、荡妇》(1913年1月1日)。

从中看到姿态，而不是悲剧。而这种交集也预定了阿赫玛托娃的主要抒情特征——她的叙事性。她把共同的罪和共同的悲剧归于个人的体验。俄国知识分子传统的罪错情结，在阿赫玛托娃那里是个人化的和非常私密的，但这不是对有过或未曾有过的背叛之悔罪，而是对自己厄运的认知。是的，我们是酒徒和浪荡子，但不是因为，我们在庸俗之人觉得美好的浅薄意义上纵酒、放荡，毋宁说这接近于曼德尔施塔姆所云："有一种劳动的放荡，它就在我们的血液里。"①我们有罪，是因为注定的毁灭，而不是相反。

我们已经知道，帕斯捷尔纳克也曾想从私密角度感受革命，认为这是为女性受辱的尊严而展开的复仇。这种把历史作为个人戏剧来体验的愿望，无疑是阿赫玛托娃式的。对阿赫玛托娃而言，革命是复仇，也是勃洛克式的"报应"——因为幸福、罪孽和存在的事实。这些末世论的预感拉近了她与勃洛克之间的距离，甚至使她咏唱幸福爱情的诗篇都带有悲剧色彩。对帕斯捷尔纳克而言，正如此前所说，从报复开始，衍生出假定幸福与公正的新生活，其中没有罪，只有和谐。在勃洛克和阿赫玛托娃看来，革命以自身尺度取消了关乎正义或非正义的言说。这是《圣经》式的惩罚，所有生灵注定无可逃避。需要凭借高尚、"不动心"的隐忍来接受惩罚。帕斯捷尔纳克则认为，二十年代甚至三十年代的革命只是正义的复仇，是被侮辱与被损害者的报复，这不是《圣经》意义的事件，而是合乎彼得尺度的事件（参见《崇高的疾病》），换言之，他的革命预感不属于末世论。世界并未终结。"老一代"与"年轻一代"的差别也就在于此。而二者的相像则是基于社会灾变的隐秘体验：阿赫玛托娃的共同毁灭之感投映于个人的罪错意识——面对自我、恋人、孩子（"我是一个坏母亲"②）；帕斯捷尔纳克的社会大灾难变成了为遭受强暴和侮蔑的女性复仇的历史，对于被压迫者的同情则投向著名的"女性命运的伤痛"。角色各不相同，自我认知迥然有别，思路却是一致的——同样是由个体到全体，由抒情到叙事的个人发展模式，同样是投映于个人境遇的社会悲剧以及对相应题材的偏爱。阿赫玛托娃年轻时的抒情主题，乃是为孽恋付出代价之必然以及田园诗般纯洁和谐的爱之不可能。抒情女主人公随意毁坏任何家庭和

---

① 引自曼德尔施塔姆《莫斯科午夜》（1931年5月—6月4日）。
② 参见阿赫玛托娃《摇篮曲》（1915）。

婚姻,而后从各处逃离,谁都无法使其顺服。"要我顺服于你吗?你简直发了疯!/能使我顺服的,唯有上帝的意志。"①帕斯捷尔纳克的抒情主题恰恰在于希望,他希望个人关系的和谐带来世界的和谐,希望在获得其早期抒情诗中"雷雨姑娘"和"暴风飞蛾"叶莲娜②的爱情之后,能以某种方式预防灾祸,制止流血。阿赫玛托娃的世界滑向深渊,无可挽回,帕斯捷尔纳克的世界则绝非不可救药,只要"活下去,相信并且盼望",不仅自己的生命会得到安顿,社会生活也将井然有序……这仍然是自我认知与阐释的迥然差异,诗歌策略却相当接近。如果以图解形式呈现帕斯捷尔纳克与同时代人的关系,在创作意图、对客观化的追求、叙事主题的抒情感受及抒情系统的叙事结构等方面,阿赫玛托娃无疑比其他人离他更近,气质上却离他更远。这种区别之所以格外明显,或者说格外不可调和,是因为我们比较的是同一层面的两位诗人。假如拿帕斯捷尔纳克与曼德尔施塔姆相比,从抒情禀赋的特征来看,两者之间的共同点就要少得多。

3

阿赫玛托娃大体上属于"旧约诗人",帕斯捷尔纳克则是"新约诗人",两者最根本的区别就在于此。她的诗里有几十处《旧约》典故。毫无疑问,阿赫玛托娃也有《新约》诗,首先当然是《安魂曲》,但《安魂曲》恰恰少了耶稣复活这个《新约》主题。

> 抹大拉的马利亚颤抖着号啕大哭,
> 心爱的门徒呆立一旁,
> 谁也不敢把目光投向
> 那母亲默默驻足之地。③

在1940年,盼望复活是不可能的。"复活之努力"只限于记录、保留,

---

① 引自阿赫玛托娃《要我顺服于你吗?你简直发疯了……》(1921年8月)。
② 参见帕斯捷尔纳克《暴风飞蛾》(1923)。此诗化用了俄国诗人费特的抒情诗《化成蛹的暴风》,费特在原诗中通过幼虫、虫蛹渐变成暴风飞蛾描绘了一个女孩发育的过程。叶莲娜指帕斯捷尔纳克早年爱慕的女孩叶莲娜·维诺格拉德。这段无果而终的恋情,只是诗人青春梦幻的寄托。
③ 引自阿赫玛托娃《安魂曲·受难十字架》(1940年,喷泉宫)。

不至于遗忘。

一个悖论——这在帕斯捷尔纳克命运里层出不穷:阿赫玛托娃,一位受过洗、入了教、称托尔斯泰为"异教首领"的信徒,对待基督教的态度异常严肃。帕斯捷尔纳克则成长于完全世俗化的家庭,直到三十年代末,名义上仍被视为苏联诗人,很少去教堂,基督教外在的、仪式的一面好像也难以吸引他。虽则如此,他晚年诗歌的每个词语,都是复活和未来生命的热望,而阿赫玛托娃似乎没有这样的期盼,只是在聆听歌唱时,她才有片刻的联想,"仿佛那前方不是坟墓,/而是飞升的神秘楼梯"①,但只是——"仿佛"!是的,一条"说不出伸向何方的路"在她面前浮现,从了不起的《滨海十四行》(1958)蜿蜒伸展,但她的诗里听不到《八月》那种死后的庄严回响,仿若末日审判的号声,泛出秋日的青铜般的光泽,赭色和姜黄色掺杂其间。甚至在《安魂曲》的尾声,在关于纪念碑的独白中,阿赫玛托娃也把死去的自己看成无生命的岩石,对帕斯捷尔纳克而言,死根本不存在——剩下的不是岩石,是"我曾经发出的预言",是"完好无损的声音"。②

这是怎么回事?是男性灵魂挥之不去的脆弱和自私,是令他恐惧故而不能安然接受的消亡吗?此类解释流传甚广。难怪在行将离世的日子里,扎波洛茨基抓住一切机会,向所有人讲述其永生不死的理论——"生命与我无处不在",一旦有谁未能予以应有的重视,他便勃然作色。诚然,他的观念根本不属于基督教,而更像某种泛神论:基督教典故在他早期乃至晚期诗作中几乎无迹可寻,如果不算那首杰出的《逃向埃及》(1955)。他活在赫列勃尼科夫非善非恶的异教世界里,一个人转化为草木之类没有思想的活物,在他看来也并非人格的失丧。众所周知,帕斯捷尔纳克将人类看作"植物王国"的对应物,扎波洛茨基则认为自己是它的一部分,是"大自然的头脑"。想到个人的有限和消亡,男性确实有可能无法容忍,而女性则创造生命,更接近生命的本源,与死亡和不朽的关系更亲密。女性的宗教性往往比男性更深入,更合乎天性,而没有那些挣扎和犹疑。有人会说,这是女性愚蠢的原因,可也有人说这是智慧。无论如何,男性抒情诗里对不朽的痛苦渴求和期望,听起来总是比女性更响,也更绝望。

---

① 参见阿赫玛托娃《聆听歌唱》(1961年12月19日,圣尼古拉节,列宁医院)。
② 参见帕斯捷尔纳克《八月》(1953)。

> 有的女人,是潮湿大地的亲人,
> 她们每个脚步,都伴着嘹亮的哭声。
> 送别复活者和初次迎接死者,
> 是她们的使命。①

曼德尔施塔姆临死前一年,描绘了他情有独钟的女性类型。这是献给娜塔莎·施坦佩尔的诗,但从阿赫玛托娃身上他看到了同样的特征,同样是天性中深刻的宗教性、坚忍的精神、对生与死的神秘情感。在帕斯捷尔纳克的世界里,死之所以不存在,或许正因为他受不了死的念头。阿赫玛托娃的世界里存在着死,可以与之和解,生死之间的界限是相对的。从她任何一首诗里,都找不出帕斯捷尔纳克式的令人窒息的幸福。她称自己的诗平缓、黑暗、沉闷,这当然不无刻意的自贬,同时也暗含着辩驳,但她的作品所喻示的生,确乎离死不远。大可径直向死神开口说:"你终将到来,为何不是现在?"②死与阿赫玛托娃抒情诗中的人物同在一场宴席上——"葡萄酒灼烫,好似毒药。"③空气充满死的气息,它在各个角落守望:"为了你,我支付了/现款,/在纳甘手枪下度过/整整十年。"④"因为这样的杂耍,/坦率地说,/我宁可等待秘书的/一粒铅弹。"⑤相比"非人美貌的女秘书"⑥,死反而显得更仁慈。这不是马雅可夫斯基为了抒情的自动装置而渴念的浪漫毁灭,不是抽屉里永远放着的勃朗宁手枪,不是因惨痛的爱而自杀——这是"发出木箱气味"的死,它"像老练的匪徒,带着锤头"悄悄走近,或者"像有毒的弹丸一样"飞入⑦。死去之后,同样不存在回返的希望,因为"我不告诉你道路伸向何方",即使可以找到一条路,那它也会延伸到不可思议的远方,太过遥远,就连回声也无法抵达。"所有可亲的灵魂都在高远的星空。"⑧这是通往至善的路。离这里越远越好!

---

① 引自曼德尔施塔姆《献给娜塔莎·施坦佩尔的诗》之一(1937年5月4日)。
② 引自阿赫玛托娃《安魂曲·致死神》(1939年8月19日,喷泉宫)。
③ 参见阿赫玛托娃《新年叙事曲》(1923)。
④ 引自阿赫玛托娃《没有主人公的叙事诗》(1965)。
⑤ 引自阿赫玛托娃《因为这样的杂耍》(1937)。
⑥ 参见阿赫玛托娃未完成的诗体悲剧《埃努玛·埃利什。序幕,抑或梦中之梦》(1942年开始动笔,断断续续写到临终前)。
⑦ 参见阿赫玛托娃《安魂曲·致死神》(1939年8月19日,喷泉宫)。
⑧ 引自阿赫玛托娃《所有可亲的灵魂都在高远的星空》(1921)。

> 但我要警告你们,
> 这是我最后一次活着。
> 无论燕子还是槭树,
> 芦苇还是星辰,
> 无论泉水,
> 无论钟声——
> 都不再是我搅扰人的理由,
> 我也不会出于难耐的怨愁
> 再去造访别人的梦境。①

这场与世界义无反顾的离别,俨如恋人间的分手——"我永远不会回到你身旁。"结束了!这也不是扎波洛茨基所幻想的,化作一棵草再回来,也不是帕斯捷尔纳克问候送行者的死后的声音。往事一去不返。阿赫玛托娃不祈求仁慈,不盼望宽容——在她的世界里,盼望是有损尊严的;隐忍之心纯净无染,坚若磐石。这也是《旧约》的世界。

非理性是阿赫玛托娃诗歌技艺的基本特征。她比帕斯捷尔纳克更喜爱"神秘"(按照库什纳讽刺的说法,每当需要四音节修饰语时,她就把这个词填入诗行),但如果说"神秘"在帕斯捷尔纳克那里主要是指个人生活和个性,是对"玻璃柜反光"的拒绝,在阿赫玛托娃那里,则意味着存在的玄虚莫测。无须解释,也不必展示道德意愿:阿赫玛托娃当之无愧的弟子布罗茨基写道,他喜欢《旧约》胜过《新约》,因为神的非理性意志比赏罚观念更令他崇敬!阿赫玛托娃的世界里没有因果关系:"从利巴瓦②到符拉迪沃斯托克",无辜的女人被所有人诅咒,心上人反而折磨你最深……阿赫玛托娃创作手法的奥秘,就在于1944年那首著名的六行诗《背叛》:

> 不是因为镜子破了,
> 不是因为风在烟囱里哀号,
> 不是因为想你的念头
> 掺杂了别的什么——
> 不是因为,根本不是因为

---

① 阿赫玛托娃《但我要警告你们》(1940年11月7日)。
② 拉脱维亚港口城市,拉脱维亚语名称是"利耶帕亚"。

> 我在门口迎来了他。

不应该认为,这是对神秘性有意识的玩弄和个人风格的滥用——毋庸讳言,这是阿赫玛托娃在六十年代的缺陷之所在。一切都很明朗,如同曼德尔施塔姆带着敬意说到的"棋局":重要的和不幸的事件全都无缘无故,不在理性解说的范围内。"该来的一定会来。"争斗和吵闹徒劳无益,因为没有什么可争的。

帕斯捷尔纳克充满喜乐和复活气息的诗歌世界与之形成鲜明反差! 在帕斯捷尔纳克的价值体系里,奇迹始终在场,但同时也有一个悖论,即不存在非理性的厄运主题,就像不存在残酷的奇迹。在这里,基督教赏罚观念超越了《旧约》的非理性,正义超越了强力。

这种差异可以有多种解读。比如1958年之前,帕斯捷尔纳克尚不知何谓真正的迫害,而阿赫玛托娃从苏维埃政权伊始就已领教了,1946年,斯大林决议的打击更是落到她头上,这可要比赫鲁晓夫时代开除出作协更糟糕。帕斯捷尔纳克的儿子没有被捕,他也用不着以发表效忠之作为代价,为营救自己的孩子而四处求告,他没有受过穷,也未遭官方文学的废黜,直到他的自我放逐……但是别忘了二十年代以来帕斯捷尔纳克所遭受的迫害——这绝不是议会辩论的说辞:1932年4月,他差点被逐出文坛,1937年冒着生命危险,拒绝在支持斯大林处决"反苏分子"的联名信上签名,1938年和1949年,先后两次对他的指控足以让他身败名裂……1946年的决议封闭了阿赫玛托娃与读者的交流之路,长达十年之久,而1947年的大批判则将帕斯捷尔纳克禁锢在翻译领域内。阿赫玛托娃没有佩列捷尔金诺别墅和莫斯科住房,但她也未曾背负翻译的苦役,正是此项艰辛劳作,挤占了帕斯捷尔纳克1945年的原创。总之,比较谁受苦更多,谁身上的创伤更深,并没有多少意义,尽管安娜·安德烈耶夫娜不止一次(虽说只在口头上)试图证明自己在这方面的优势:

> 几天前,因为帕斯捷尔纳克,我跟一位朋友发生了争执。她竟然想让人相信,鲍里斯·列昂尼德维奇是苦命人,身遭迫害和摧残等等。真是信口开河! 鲍里斯·列昂尼德维奇是非常幸运的人。首先,就天性而言,他生来是幸运的;他如此热爱大自然,从中得到多少幸福! 其次,怎么能说对他的摧残? 什么时候? 怎样的迫害? 他的作品总是能发

表,不在国内,就在国外。如果哪儿都发表不了,他就把他的诗交给两三个崇拜者,一眨眼就传开了。哪来的什么迫害?他永远不缺钱。几个儿子,感谢上帝,也都平平安安。(她划了个十字)随便对比一下曼德尔施塔姆、科维特柯①、别列茨·马尔基什②、茨维塔耶娃这些人的命运,都可以说,帕斯捷尔纳克是最幸运的。

她的对话者利季娅·楚科夫斯卡娅嘴上没有反驳,却在日记里为帕斯捷尔纳克辩解道:

何必在痛苦方面一较高下?帕斯捷尔纳克是天生的幸运儿,穿着衬衫来到人世③,多年以来,学会了感知连绵春日也无法治愈的他人之伤痛。

也许,这是她第一次怀疑(尽管没有大声说出来),阿赫玛托娃的伤痛可能不仅是伤痛,也是自我肯定的理由,是她的世界赖以支撑的基础。没有伤痛的阿赫玛托娃是不可理喻的,她以此构建了她的抒情和命运,并且不惮于向自己预言沦为贱民和所有的离别,尽管她知道,一切都会应验。对帕斯捷尔纳克而言,伤痛、悲剧、苦难,都是对事物正常秩序的违背,他不会在苦难中自我欣赏,而是为之羞愧。阿赫玛托娃以她的悲剧铸就纪念碑的基座,在帕斯捷尔纳克看来,伤痛只是伤痛,无助于他的写作,反而有所妨碍。

很难说,这是气质的差异抑或生活态度的差异:毕竟阿赫玛托娃的人生也可以说是幸运至极。在俄罗斯,没有一位女诗人生前享有她那样的荣耀和尊崇;她永远被众人簇拥,其中许多人仰慕她,记下她的每句话,甘愿为她做出牺牲……作家同行不敢嫉妒她——阿赫玛托娃高于妒忌;对她的帮助被视为荣幸、壮举和节日。她的命运里没有始终困扰着帕斯捷尔纳克的犹疑不定,当局从未试图将她攥在掌心,强迫她在同意死刑的联名信上署名,要求她在大会讲坛上悔过。《安魂曲》和《没有主人公的叙事诗》在国外的发表,也未曾引发国内对她的迫害。事实上,关键甚至不在于观点,而恰恰

---

① 列夫(列勃)·莫伊谢维奇·科维特柯(1890—1952),苏联犹太诗人,1952 年因"叛国罪"被处以死刑。
② 别列茨·达维多维奇·马尔基什(1895—1952),苏联犹太诗人,用意第绪语写作,1949 年作为犹太反法西斯委员会主席团成员被苏联政权逮捕,1952 年被处以死刑。
③ 俄罗斯谚语,意思是说一个人生来就很幸运。

在于取向。阿赫玛托娃的世界,是成为伟大抒情诗源泉的苦难世界,帕斯捷尔纳克的世界,则是以痛苦而圆满的"复活之努力"征服苦难的世界。阿赫玛托娃令有些人坚强,帕斯捷尔纳克给了有些人活下去的力量。

4

在俄罗斯诗歌史上,她或许是勃洛克唯一公认的全权继承人,这一继承关系最可靠的标准,是同时代人对待二者既热烈又略显神秘的态度。阿赫玛托娃和勃洛克都像是另一种现实中的现象。相比之下,帕斯捷尔纳克似乎自成一体。济娜伊达·尼古拉耶夫娜对此深有体会,她对利季娅·楚科夫斯卡娅说,鲍里亚是现代人,阿赫玛托娃则"散发着樟脑丸的气息"。她的确属于另一个时代和另一个世界,而帕斯捷尔纳克连同其所有的神性特征以及他从苏维埃语汇中成功撷取的所有天籁,终究源于当下。从阿赫玛托娃早期主题的范围来看,其源头甚至可以追溯到杰尔查文(难怪她首先爱上的俄国诗人是他,更晚些时候才开始阅读其他诗人)而非普希金。高扬的颂诗的音律、皇村的大理石雕像、森林女神……自青年时代起,阿赫玛托娃就感觉自己并非师承于人们通常认为的涅克拉索夫或莱蒙托夫(尽管最初的"恶魔式"悲剧世界观,拉近了她与莱蒙托夫的距离),而是年轻的、中学时期的普希金:"黝黑的少年徘徊于林荫路,/在湖岸边黯然神伤。"①阿赫玛托娃与中学生普希金之间有许多共同点,关键不仅在于皇村的氛围,更在于古希腊和前基督时代那种对命运的理解、对预兆的痴迷——普希金始终未能摆脱的迷信之魅惑;在于狂放和幻想的结合。阿赫玛托娃的世界,是晚年杰尔查文和成熟期茹科夫斯基②的世界,她的诗歌之神,是杰尔查文的颂诗之神。

阿赫玛托娃作为浪漫诗人,对命运的宰制持有古希腊悲剧式的非善非恶的观念,将她称为"新萨福"③(这个称呼最终令她厌倦,彻底激怒了她)的人们,无不下意识地感受到这些古典文化的根源。勃洛克从她身上发现了继承人和某种竞争者的特征,无论他在与楚科夫斯基交谈时怎样嘲讽她

---

① 引自阿赫玛托娃《黝黑的少年徘徊于林荫路》(1911年9月24日,皇村)。
② 瓦西里·安德烈耶维奇·茹科夫斯基(1783—1852),俄国早期浪漫主义诗人,翻译家。
③ 萨福,古希腊著名女诗人,生活在公元前七世纪。

("'你的夜晚肮脏'这句是什么意思？她大概是想说，'你的双脚不干净'"!)，在这嘲讽背后都还是嫉妒、平等和神秘的关联之感。难怪勃洛克会请阿赫玛托娃前来，与她分享即兴诗，就她的叙事诗《在海边》写了内容详细的信（他在信中强调，透过所有"女性的"和"外来的"因素，他感受到"这是真正的叙事诗，而您是——真正的女人"）。像对待每一位继承人，他谨慎地对待她，唯恐损伤她的自尊，或者给她造成负担，但在主要方面他说得没错：阿赫玛托娃是真正的女人。他对她也有过非议："她就像面对男人那样书写，但应当像面对上帝。"这句话同时也准确地揭示了她的方法及宏观历史的隐秘居所。不难发现，阿赫玛托娃诗歌里的男人如上帝般威严和非理性，无条件地受到爱戴（《你甚至不能杀死我的爱》，1917）。而这种非议也可返还给勃洛克本人——当他赞颂"美妇人"①乃至"圣母"②，实际所指却是某位具体的女性，从而让不少人陷入难堪。阿赫玛托娃的抒情诗有时轻俏，有时纯属"自恋癖"（按照曼德尔施塔姆在与格施泰因交谈时的说法），有时公然自我欣赏，但基本上还是继承了勃洛克，成为"最末时期"坚忍存在的见证。确切地说，阿赫玛托娃的诗主要从勃洛克那里继承了两个部分：其一是末世论，其二是所有模仿者和同道中人难以企及的神圣音乐性。这也就是所谓"神秘歌吟的天赋"，只能由上帝赐予：在二十世纪的俄罗斯，没有人比阿赫玛托娃和勃洛克更具音乐性。不过，"更具音乐性"并不等同于更具韵律（就拿茨维塔耶娃《捕鼠者》中的复调来说，同样也是音乐，只不过是更复杂的一种）。勃洛克和阿赫玛托娃的诗易于记忆，朗朗上口，构成了我们这个世界的一部分，故而在俄罗斯享有盛誉。奇怪的是，这种迷人的音乐性恰恰取决于末日迫近之感，只在深渊边缘才会鸣响。每个人都有各自的自动装置——如果说马雅可夫斯基为了充分的创作需要个人毁灭的预感，那么勃洛克和阿赫玛托娃则需要整个宇宙共同毁灭的预感。在五人组里，帕斯捷尔纳克也许是唯一并非从毁灭，而是从奇迹般的救赎获得灵感者。

阿赫玛托娃意识到自己是勃洛克的继承人，因此她像帕斯捷尔纳克一样，与之展开无休止的对话，诚然，与帕斯捷尔纳克相比，主题还不够鲜明，

---

① 指勃洛克的第一部诗集《美妇人集》，出版于1904年。
② 参见勃洛克《没有笑容，你的身影浮现》(1905)，诗中直接出现了圣母的形象。

尽管他们几乎同时写了各自的"关于勃洛克的片段"。在一场共同参与的音乐会上,阿赫玛托娃对勃洛克说:"亚历山大·亚历山德罗维奇,我不能跟在您后面朗诵!"勃洛克回答道:"得了吧,安娜·安德烈耶夫娜,咱俩都不是高音歌手。"多年以后,她把这句调侃还给了他:

> 在那里,在字里行间,
> 越过啊呀和哎哟,
> 勃洛克——时代悲情的男高音
> 会向你轻蔑地微笑。①

当然,这一回应毫无贬损意味。帕斯捷尔纳克当然不会允许自己跟勃洛克这样说话——勃洛克生前,他们只见过一次面,因而他的关于勃洛克的片段几乎都与勃洛克不相干。这些诗行叙说的不是勃洛克,而是帕斯捷尔纳克心目中共同的根基和源泉。

5

令人惊异的是,帕斯捷尔纳克与阿赫玛托娃在五十年代互不理解。《日瓦戈医生》和《没有主人公的叙事诗》的两位作者,对待各自作品的态度如此相似,关键是,这两部集大成之作在类型学上的共性对缺乏训练的读者也显而易见,而它们的创造者却看不清对方。仔细想来,这也可以理解——每个自认为发现了真理的人,对他人的真理至少是无动于衷,更多则是不宽容。而且毋庸讳言,帕斯捷尔纳克对别人的诗往往是冷淡的,只有形式、气质和才情与他相近的作品才会吸引他,在最后的岁月里,他对这些东西的热度好像也消退了,起码当初对待茨维塔耶娃的那种激情已然被淡漠取代。他年轻时不管遇到谁都乐于欣赏,到了五十年代,却要求不要把别人的诗拿给他看,因为他不明白有什么必要(言外之意是:既然已经有了他!)。关于《没有主人公的叙事诗》,帕斯捷尔纳克对阿赫玛托娃说了些不着边际的话,她还是记下了他的评论,就像记下她听到的所有涉及长诗的精彩话语。帕斯捷尔纳克说,这部长诗让他想到俄国民间舞蹈的形象,舞者张开双臂,

---

① 引自阿赫玛托娃《在黑暗的记忆里摸索》(1960年9月9日)。

在观众面前跑跳，而她的抒情诗则像是蒙着手帕，伫立不动。这个比喻里的舞蹈话题或许对她产生了诱惑，她希望根据长诗的情节单元构思一部芭蕾舞剧，甚至为它勾勒了脚本。但密闭的、"用同情的墨水"书写的《没有主人公的叙事诗》，连同深奥的典故和多义的象征，却与读者面前张开双臂的跑跳绝少相像，而她清透的、"不知羞耻"的抒情诗，也与蒙着手帕的伫立相去甚远。

他们对待各自晚年杰作的态度有许多共同点：帕斯捷尔纳克经常说，《日瓦戈医生》的存在高于他个人肉身的存在（这让利瓦诺夫夫妇深感惊恐），阿赫玛托娃则称《没有主人公的叙事诗》是自己最主要的成就，其地位高于抒情诗。小说的主题和冲突，长诗的节奏及其狂欢形象，多年来犹若幻影，分别追逐着他们两人。小说与长诗中的圆圈舞、狂欢节、圣诞树，无不带有多重意蕴。无论长诗还是小说，都是对革命前时期的"清算"，是可怕的三十年代可怕的纪念碑。《日瓦戈医生》和《没有主人公的叙事诗》，堪称两位作者直接而充分的个性表达。阿赫玛托娃不断说起并写到她的长诗，虚构它的命运——那是在伦敦的一场离奇的芭蕾舞表演，所有参与者后来全都神秘地死去……帕斯捷尔纳克则不厌其烦地谈论和讲解他的小说。阿赫玛托娃以书信形式写了《关于长诗的散文》，收信人有些是虚拟的，有些是真实的（例如利季娅·楚科夫斯卡娅）；帕斯捷尔纳克五十年代的书信也有大量涉及小说的内容。他们把各自的主要著作拿给所有新认识的人来读，同时还不安地询问："喏，怎么样？"两部总结性的作品都带有自传色彩，都写了爱的三角关系，情节都相当简单（当然这不是重点）。小说和长诗有许多神秘和秘密。日尔蒙斯基称长诗为"象征主义者的梦想成真"，这个观点不但可信，而且适用于小说。《日瓦戈医生》的象征性，比别雷、索洛古勃和勃留索夫所有作品加起来还多。

但阿赫玛托娃无法接受小说中一些事实的出入，她理解的一九〇〇年代并非如此。帕斯捷尔纳克对长诗所依凭的历史也知之甚少，只能通过猜想来重构其含义。就这样，几乎晚了半个世纪才写成，为二十世纪俄罗斯文学大厦加冕的两部象征主义代表作，非但不为大多数同时代人所理解，很多方面对于作品的创造者同样幽深莫测，遑论彼此的领会和认同！

1959 年 8 月 21 日，在弗谢沃罗德·伊万诺夫的生日聚会上，帕斯捷尔纳克与阿赫玛托娃最后一次见面。两人被安排面对面坐下。米哈伊尔·波

利瓦诺夫回忆道:

> 这是他们在漫长中断之后的首次相见,两个中心之间的紧张状态决定了气氛……场面略感局促。整张餐桌似乎也参与了一场暗中的心理较量。

(因为他们在场,利季娅·楚科夫斯卡娅也觉得尴尬:两位天才难以共处一室。)阿赫玛托娃呆呆地沉默着,帕斯捷尔纳克却很活跃,甚至有些亢奋地说个不停。经过再三请求,阿赫玛托娃朗诵了《诗人》《读者》(她提前解释说,诗里的"莱姆—莱特"①即舞台上的脚灯)和《夏园》②。帕斯捷尔纳克立刻记住了《读者》开头的一节,朗诵刚停,他就激动地重复:

> 不要过于伤感,关键是
> 不要掩藏。哦,不!
> 为了让同时代人明白,
> 诗人将自己彻底敞开。

"这离我是多么近啊!戏剧的感受是一切艺术的原型。"他议论道。他没有说自己正在写一部关于戏剧的戏剧③,只提到话剧创作并非易事:"剧中角色永远无法独立存在。"还说他开始阅读赫尔岑,目的是深入时代,而赫尔岑却令他失望。阿赫玛托娃谈到《真理报》向她约稿,她给了《夏园》,未被采纳。

"那当然啦!"帕斯捷尔纳克感叹道,"这就好比向他们提议开一个'文学之页'栏目,用粉色的纸张,还要有花边儿!"

这句话并无丝毫贬抑,只不过强调了阿赫玛托娃的诗迥异于报刊诗作的呆板腔调,她却对"花边儿"一词感到不快,随即关闭了心扉。

大家请帕斯捷尔纳克也读几首诗,他辞谢的时间比阿赫玛托娃还长,说他对新作不满意,推辞不过,才不大情愿地先朗诵了《雪在下》,然后是《唯一的日子》。阿赫玛托娃不为所动。

1960年5月11日,她去看望病中的帕斯捷尔纳克,但院方已经不允许

---

① 英语词 limelight 的俄语音译。
② 这三首诗均为阿赫玛托娃晚年作品,作于1959年7月。
③ 指帕斯捷尔纳克1959年开始创作的剧本《盲美人》。详见本书第四十九章。

任何人靠近他。向她转达了他的谢意。

为他的去世,她创作了双联诗《诗人之死》①,诗中回忆了她入住博特金医院的情景,当初因心肌梗塞发作,他也曾住在那里:

> 像失明的俄狄浦斯的女儿,
> 缪斯引导预言家迈向死,
> 而一棵发了疯的椴树
> 却在这哀伤的五月开满花
> 正对窗口,就在这扇窗前
> 他曾经告诉我,他面前
> 盘旋着金色的飞升的路,
> 最高意志在那里将他保全。

阿赫玛托娃自己现在也躺在博特金医院。提前了一个月,一棵椴树开在她窗前。帕斯捷尔纳克曾经试着向她断断续续讲述了后来写给尼娜·塔毕泽的一切,随后成为病院诗主题的一切。如今,目睹他死后的盛典,她似乎第一次相信了他。

---

① 确切地说,应该是《诗人之死》和《像失明的俄狄浦斯的女儿》构成一组双联诗。这两首诗均写于莫斯科博特金医院,时间分别是 1960 年 6 月 1 日和 6 月 11 日。

第四十七章 镜中人：沃兹涅先斯基

1

帕斯捷尔纳克向来不乏崇拜者和模仿者，但弟子——只有一位。在最后的岁月里，面对苏联现实中形形色色的誓愿、许诺和诱惑，他有意无意地说出坚定而愤怒的"不"，取代了他永远漠然的"是"，引得年轻读者纷纷向他请教。他们将自己的诗作寄来，或者通过共同的熟人（尤其是他的长子叶甫盖尼·鲍里索维奇）转交，有人在第比利斯遇见他，非要请他去做客。对于大多数人，帕斯捷尔纳克的回复既尖锐又单调：您不是没有才华，但您的诗跟其他千百人没两样。（他鄙夷地提到安托科利斯基、吉洪诺夫、阿谢耶夫。总的来说，在苏联诗人当中，只有特瓦尔多夫斯基、伊萨科夫斯基这些"农民诗人"不会引起他的反感，从他们身上他感受到鲜活而非书面的经验，这种经验的表达，摆脱了造作的激情。）

历史未能留下帕斯捷尔纳克大部分收信人和对话者的名字，他谢绝了他们的求教，有三封辩驳的回信，表明他是多么憎恶苏联空洞浮夸的文风乃至苏联色彩同样浓厚的文学教育体制。他对这一传统的态度犹如勃洛克对古米廖夫的社团[①]：古米廖夫自以为能给人以教益，实际上却在身旁聚集了一群对其言听计从的年轻崇拜者。这些都不是文学，而是文学政治，正如勃洛克一篇文章的标题——"没有神明，没有灵感"[②]。写下这篇文章半年之后，他和古米廖夫相继死去。

不过，帕斯捷尔纳克还是有一位弟子，而且是当之无愧的。或许是与大多数寄到莫斯科或佩列捷尔金诺的诗歌习作相比，这名莫斯科中学生的诗

[①] 指1920年秋在古米廖夫主持下创办的文学社团"发声的贝壳"（Звучащая раковина）。
[②] 出自普希金的名诗《致凯恩》（1825）。

不算平庸，或许是他年仅十四岁的事实起了作用，虽然他已经爱上先锋艺术，被真正的早期未来主义所吸引，而不是金玉其外的苏维埃文艺学派。但也可能是因为1947年的帕斯捷尔纳克格外孤独。不管是什么原因，他没有拒绝安德烈·沃兹涅先斯基，他们展开了许多严肃认真的交谈。按照沃兹涅先斯基的说法，帕斯捷尔纳克并未替他设置声调，只是修改了一些语句，而最关键的是教会他如何保护自己的才华。在思想禁锢的时代需要适应形势，表现出忠诚（不伤害才华即可），以使才华完好无损。沃兹涅先斯基通过最小的妥协，实现了最大的自由，为俄罗斯诗歌开创了诸多新的机会，从而回报了命运对他的极度慷慨——与天才人物的十四年友谊！他不仅使一批优秀诗人脱颖而出，而且对所有闪现天才火花之人都有求必应，即使对方没有请求，如果需要，他也会施以援手。

2

沃兹涅先斯基十岁那年，初次听到帕斯捷尔纳克的作品。那是一首战争叙事诗的节选。十四岁时，他给帕斯捷尔纳克寄去了自己的诗，让他万分惊喜的是，后者打来电话，邀请他来家里，把一小本新作拿给他读，大多是"小说里的诗"。

> 那些年里，他孤独而失落，种种戕害令他心力交瘁。他渴望真诚干净的人际关系，渴望挣脱群体——而且还不仅是这些。也许这种跟一个少年、一个中学生之间奇怪的关系，这近乎友谊的交往，能够说明他的某些特征？也许在我身上，他爱的是当初作为中学生投在斯克里亚宾门下的自己？是童年吸引了他。

沃兹涅先斯基本人如此解释这段友谊，他的解释想必是准确的。帕斯捷尔纳克喜欢少年，这是他钟爱的年纪，他了解其中的悲剧性，所以才尽其所能，帮助他们克服。据瓦西里·利瓦诺夫回忆，当他还是个孩子时，帕斯捷尔纳克是第一个对他以"您"相称的人。"这种秘密的年龄的共性，将我们联结在一起。"这应该不是沃兹涅先斯基的夸张和自恋。

不管怎么说，他的影响终究在沃兹涅先斯基身上留下了印记，这些影响并非形式上的，而是更深层次的，它们的独特意义也就在于此。首先，像帕斯捷尔纳克一样,沃兹涅先斯基喜爱并欢迎将事物本质暴露在外的灾祸。帕斯捷尔纳克当初就很赏识他的《建筑学院的火灾》①,诗中描写了一场大火将他的母校吞没,他的毕业设计也付之一炬。沃兹涅先斯基打算大学一毕业就放弃建筑专业,结果如愿以偿。这是一首非常幸福的诗,虽然也具有悲剧性。这里没有目睹火灾时孩子般幸灾乐祸的好奇,只有个人因使命免遭背叛而庆幸。但关键在于,这是突如其来的自由之感,在话剧《此世》的废弃城市里,帕斯捷尔纳克的杜多罗夫也有过类似的感受。

全都烧干净了!
民警局挤满了人!
一切——结束了!
一切——开始了!
去看场电影吧!

这纯粹是帕斯捷尔纳克的风格,当然,这并非得自任何学派的传授。在他最著名的作品——1970年改编为摇滚剧的叙事长诗《阿沃斯!》②里,也有同样的悲欣交集。

关于诗歌使命的思想,是帕斯捷尔纳克留给沃兹涅先斯基的第二条教诲——诗歌延续逝者的存在,为他们放声痛哭。在沃兹涅先斯基的诗作中,安魂曲是主要体裁之一。他用诗歌送别所有与他相识的逝者,送别那些并无私交、仅仅有所耳闻的人,越过彼此间的距离,他爱着他们。他有意为逝去的维索茨基③和萨哈罗夫④写诗,甚至也为1991年保卫白宫的三个死难者⑤。

---

① 这首诗作于1957年,沃兹涅先斯基当年毕业于莫斯科建筑学院,尚未成名。
② 这部叙事诗根据1806年俄国外交家、旅行家尼古拉·列扎诺夫在北美航海的史料写成。列扎诺夫的船队由两艘帆船组成,"阿沃斯"是其中之一,另一艘叫作"朱诺"。1981年,由《阿沃斯!》改编的摇滚剧《朱诺与阿沃斯》在莫斯科首次上演。
③ 弗拉基米尔·谢苗诺维奇·维索茨基(1938—1980),苏联诗人,戏剧演员,深受喜爱的吟游歌手。1980年7月25日因心脏病突发离开人世。
④ 安德烈·德米特里耶维奇·萨哈罗夫(1921—1989),苏联核物理学家,主持苏联第一枚氢弹的研制,被称为"苏联氢弹之父"。人权运动活动家,1975年获得诺贝尔和平奖。
⑤ 1991年8月19日,苏共党内强硬派突然宣布成立紧急状态委员会,试图废止戈尔巴乔夫的总统职权,代为行使国家全部权力,此即震惊世界的"八一九事件",又称"八一九政变"。这一事件遭到苏联社会的普遍反对,莫斯科民众走上街头,阻挡苏军对俄罗斯联邦最高苏维埃所在地"白宫"(现为俄罗斯联邦政府大楼)进行占领。双方对峙中,有三名青年遭到步兵战车碾轧而身亡。事件仅持续三天,便宣告失败,由此拉开苏联解体的序幕。事后,一息尚存的苏联政府追授三名青年为"苏联英雄"。

在某些人看来,这似乎是自作多情,有人甚至提到见风使舵,想借他人的荣耀为自己贴金云云。这些看法压根儿不正确:他自己有足够的名气,三十年来,他是国内外最著名的五位俄罗斯诗人之一。这是帕斯捷尔纳克的遗训——延续逝者的生命,为饱受折磨之人哀泣。诗歌即是哀泣。他也为帕斯捷尔纳克写了安魂曲:

> 他的房子张开豁口。
> 空荡荡的楼层。
> 客厅里——没有人。
> 俄罗斯——没有心。①

他从未使用过帕斯捷尔纳克喜爱的格律,反而有意识地回避其旋律和音调,截短了诗句,从更为正统的未来派那里探寻自己的来历,甚至对追求音效的未来派诗人(заумник)感兴趣。但他的诗始终充满基督教祈祷的内容,而这也正是帕斯捷尔纳克的内容,当然,其源头也可追溯到他的神职家族②。沃兹涅先斯基的姓氏并非凭空得来。圣礼的音调,据他个人承认,无意识地贯穿于他的另一些诗作,他在其中的悲悼并非为逝者而是为未写成的作品。《为两部未出生的长诗而哭泣》(1965)一诗,正是沃兹涅先斯基真正成熟的起点。但他祈祷的语调、它们的亲昵和近乎情诗的气息,依然是源于帕斯捷尔纳克,源于"抹大拉的马利亚"。总的来说,俄罗斯诗歌里的宗教性和私密性鲜有区分:在阿赫玛托娃的抒情诗里,对上帝的求告和对恋人的倾诉时常难以辨别,在帕斯捷尔纳克笔下,尤拉和拉拉的关系则让人联想到基督和抹大拉的马利亚。这里没有渎神之意,尽管在这种抒情中,低俗的风险永远是巨大的。没有什么能比迷狂的宗教情色更低级了。最难的是把爱上升为信仰——帕斯捷尔纳克总是做得很成功,沃兹涅先斯基也一样:

> 你究竟还需要我什么?
> 生铁栅栏。门洞幽暗。
> 我是田野的音乐,你是花园的。
> 你究竟还需要我什么?

---

① 引自沃兹涅先斯基《树冠与树根》(1960)。
② 沃兹涅先斯基的高祖父安德烈·波利萨多夫系东正教高级神职人员,曾经担任穆罗姆报喜修道院院长。

这是"列扎诺夫向圣母的祈祷"——《阿沃斯!》最出色的章节之一。帕斯捷尔纳克式的声腔和睡梦里才有的无以名状的哀伤(这确实是他梦想到的诗篇),也出现在他的名诗,后来被谱成列扎诺夫咏叹调①的《萨迦》(1977)中。

> 你在黎明将我唤醒,
> 赤脚出门为我送行。
> 你永远不会忘记我,
> 你永远不会见到我。
>
> 绝望的红褐色的草莓
> 不眨眼睛,因风流泪。
> 归来,是不祥的预兆。
> 我永远不会见到你。
>
> 纵使我们再一次
> 重返地球(根据哈菲兹),
> 我与你仍将擦肩而过。
> 我永远不会见到你。

这里没有任何先锋主义,也不可能有。在这样的高度上,先锋与传统的界限已经不重要了。

然而,如果说在诗歌方面他尽可能避免外来影响,有意识地消除它们的痕迹,那么在文学行为方面,他同样有意识、有目的地遵从着帕斯捷尔纳克的榜样和教诲:帮助年轻人,在他们受到压力时挺身而出,为他们的作品撰写和发表评论,以示褒扬,只要有机会,还将作品寄到国外。不管是谁,但凡有一丝才华闪现,他都会大力推荐,以至不再被人相信。他的善举遭到嘲笑,但没有谁敢于否认他的帮助往往是雪中送炭。无论他自己曾经身陷怎样的密林和荒野,无论他怎样营造伊索式的怪诞之作和影像,相比同时代人的文学产品,他的诗都堪称创造性的,偶尔像恶作剧,但永远是有趣的。尽

---

① 即苏联摇滚剧《朱诺与阿沃斯》中的咏叹调。

管他有时急于将时代的标志随意拿来填入诗歌,从因特网到人体穿刺艺术(这当然不是帕斯捷尔纳克式的了),注定破灭的爱的声音依然透过所有这些层面,冲决而出。帕斯捷尔纳克应该会喜欢他后来的诗。

  我并非切什梅①的英雄。
  我的内心是干热风。
  与我心灵为敌的人
  终将羞愧并且消失。②

---

① 位于土耳其西部爱琴海沿岸。1770年7月,俄罗斯与土耳其在切什梅海湾展开海战,结果俄军以极小代价歼灭土耳其海军,从而在黑海海域站稳脚跟。
② 引自沃兹涅先斯基未完成的长诗《第二部电视剧》之《第四浪漫曲》,写作年代不详。

第四十八章 《雨霁》

1

1958年11月6日,《真理报》刊发了帕斯捷尔纳克的声明,他的名字从此不再遭受苏联报刊版面的蹂躏。他翻译卡尔德隆[1]的作品(没有太多乐趣——卡尔德隆对他来说太过冷漠和封闭),构思剧作,回复不计其数的信件,书信源源不断,直到他去世的一刻。

他收到四面八方的来信:来自将他视为同乡的马堡(当地一个加油站女老板给他寄来了纪念品——几只小陶罐),来自汉堡(一位木偶艺人抱怨行业的衰落,请求他为保护木偶剧公开说几句话,甚至尽可能予以资助。这段与木偶艺人之间的故事,似乎在《盲美人》里有所反映,我们将在下文里说明),来自法国(一个小女孩寄来诗作,把升入太空的狗称为不幸的科学牺牲品[2])……这一切不仅开阔了他的视野,而且唤起了创作《夜》时的那种心绪:人与人的休戚相关之感。写信的人越是离奇古怪,他就越是意识到,这些人才是他真正的读者。正所谓同类不断被同类吸引。

他喜欢被欣赏。这是他习惯的氛围。成为众人瞩目的焦点,闪闪发光,魅力四射,即兴发挥,向世界挥洒爱的柔波,沉浸于迎面而来的暖流,这些对于他全都是自然而然的,有时让人难以理解,在这一切几乎缺失的情况下,他又是如何生活的。如今,整个世界都是他的舞台。热情洋溢的赞誉、个人命运的叙说、儿童绘画和礼物,凡此种种都向他证实:他写了一本世界意义的,并非清晰易懂的书,他在小说里拨动了一根极其重要的弦,这便意味着,

---

[1] 卡尔德隆·德·拉·巴尔卡(1600—1681),西班牙剧作家,诗人。
[2] 二十世纪五六十年代,苏联多次将狗用于太空飞行试验,其中以1957年11月苏联第二次人造卫星发射时搭载的小狗"莱卡"最为有名,这是升入太空的第一个地球生命,经过数小时飞行,小狗"莱卡"死于试验中。

他的使命业已完成。这样的感受贯穿于他最后组诗的所有诗篇。

可是这种境况的双重性却不堪忍受——如果说1956年他还能设法应对,如今则是变本加厉,使他彻底成为一个尖锐的矛盾体。奥莉加·伊文斯卡娅越来越频繁地发话说,厌倦了只做他的情人;济娜伊达·尼古拉耶夫娜无法平静地听到情敌的名字,没完没了地指责他的双重生活。他们永远好客的家变得压抑和神经质,餐桌前相聚的亲友越来越少。钱不够花,尽管还不至于饿死人——有几部他翻译的话剧正在上演。此处也有一个矛盾:剧作搬上了舞台,却不见译者的姓名。他是举世公认的人物,但他的名字和作品在国内属于禁忌。既非战争又非和平,没有骚扰也没有安宁。他被遗忘了。他受不了这一切:将他置于死地的与其说是迫害,不如说是迫害过后的两难之境和无所适从。

这种双重性在组诗《雨霁》里也留下印记,尽管它们大多写于1958年之前。通过这些诗作,他完成了又一个创作周期,但未来的微光一如既往,闪现于诗行之间。它们对"小说里的诗"①的作用,如同《主题与变奏》对《生活,我的姐妹》:风格主义的时期,有时也是对已探明矿藏的开发。然而,正如《主题与变奏》涵盖了向二十年代叙事情节过渡的时期,《雨霁》也预示着一个新的时期,它并不像这些诗本身那样清透单纯。

对晚年帕斯捷尔纳克的认识,存在着可以理解的偏差:有人说他写得更易懂,也更寡淡;有人说他晚期诗作总体上较弱,不过是老年人的练手;还有人认为,直到此时,帕斯捷尔纳克才终于达到和谐与基督徒的谦卑。不管怎么说,这些作品几乎成了俄罗斯最有名的诗篇,因为非常简单,朗朗上口。著名的《在各方面我都想要一探究竟》一诗也纳入组诗,另外还有《人有名气不见得光彩》(这是帕斯捷尔纳克的儿媳当他面随口一说,他随即写成了诗)。

当然,这依旧是帕斯捷尔纳克,不会跟任何人混淆:

> 请看,灯罩的火的表皮
> 让那陋室、墙角、窗沿
> 我们的影子和形体,
> 产生出怎样的变幻。②

---

① 指《日瓦戈医生》里由二十五首抒情诗构成的日瓦戈组诗。
② 引自帕斯捷尔纳克《无题》(1956)。

这是他的近音词、他的通透的声音、他的非重读音节的堆叠。

有别于帕斯捷尔纳克的是另一方面:说理的依据之戏谑和琐屑。如果抛开《心灵》这种悲怆有力、仿若同时代人挽歌的诗作,如果不考虑其中几篇诗歌的宣言(略为率直的),那就根本不可理解——他向来喜欢采用重大主题,使之延伸到象征乃至雷雨、风车和浮冰,如今俨然在书写诗体日记:

>慢悠悠地去采蘑菇。
>公路。森林。沟渠。
>路上的电线杆
>忽而向左,忽而向右。
>............
>蘑菇藏在树墩后面,
>树墩上落着小鸟。
>我们的影子成了路标,
>以免我们迷失方向。①

或者:

>母驼鹿咀嚼林中的矮草,
>窸窸窣窣地抚弄嫩叶。
>橡果在枝头来回晃动,
>偶尔触碰到它的脊背。
>
>蝴蝶花、金丝桃,
>洋甘菊、柳兰、大翅蓟,
>全都受了占卜的哄骗,
>围住灌木丛好奇地观看。②

或者:

>鲜红的蜻蜓穿梭不停,

---

① 引自帕斯捷尔纳克《采蘑菇》(1956)。
② 引自帕斯捷尔纳克《寂静》(1957)。

>　　熊蜂飞舞在各个角落。
>　　大车上传来女庄员的笑声，
>　　扛镰刀的割草人从一旁经过。①

帕斯捷尔纳克晚年只有很少几首诗，在结构上接近于他早期最出色的作品——整个文本由同一个形象、出人意料的隐喻或排比构筑而成。帕斯捷尔纳克收录自己最后组诗的集册之名称，正是得自《雨霁》一诗（1956）。他早年的泛神论仿佛又回来了——森林被比作巨大的教堂，置身其中的人，渴望"含着幸福的泪水"，坚持感恩的祈祷。"当阴雨的日子来到尽头，／蓝天会在乌云间睁开眼睛，／缝隙里的天空多么欢喜，／青草的内心多么庄严！"先前那个帕斯捷尔纳克的声音清晰可闻，还可认得出他的内韵、词汇和熟悉的散文语句——"随着光照的交替，／森林变换色调……"

但大自然没有人，就会悄无声息。人应当像扎波洛茨基所主张，成为大自然的头脑。

>　　你懂得茂盛的植物王国，
>　　强大的飞禽走兽的国度，
>　　都在等待祭坛和神启，
>　　等待着英雄和勇士。②

这首诗容易被当作扎波洛茨基的作品，这种相像也被反复指出。但也有许多明显的区别——晚年扎波洛茨基的词汇更中性，语义更加非理性。他早期的超现实主义从未消失，只是嵌入了文本的潜意识：

>　　他朝着桥的方向走去，
>　　进入一片春天的密林，
>　　松树在那里向坟墓鞠躬，
>　　屹立，像灵魂的聚会。③

这场"灵魂的聚会"，纯属扎波洛茨基的手笔，符合他的风格——把所有抽象事物变成具体可见和近乎粗陋的事物。在其经典的诗歌形式背后，

---

① 引自帕斯捷尔纳克《草垛》（1957）。
② 引自帕斯捷尔纳克《面包》（1956）。
③ 引自扎波洛茨基《路人》（1948）。

又一次颤动着恐惧和疯狂：几乎近在眼前的物体，却显得陌生。像组诗《报栏》里一样，在扎波洛茨基晚期诗作里，世界分解为不同的组成部分。没有描写，没有个性化的事物，每样东西都带着不定冠词——秋天的树叶不过是一片树叶，动物园里的天鹅不过是一个命名，绝不能加以描写。没有空气——没有帕斯捷尔纳克的诗歌得以聚合与分解的环境。扎波洛茨基诗歌中的行为发生于空气缺失的空间，那里的一切玄而又玄：万物一如既往，恍若初见，带有"奥贝利乌派"所习惯的陌生化特征。这就是为什么也可把天鹅称为动物，把美称为闪烁在容器里的火苗。他的诗仿佛是从援引一本劣质旅行指南开始——诸如"俄罗斯风景的魅力/蕴含着真正的快乐"[①]之类，然后猛地转向他钟爱的超现实主义："从那云世界的白塔/落下一团火"[②]……晚期的帕斯捷尔纳克则不然，他经历的既不是"奥贝利乌"，也不是象征主义，而是出色的未来主义流派；他依然是描写精细、表述清晰的诗人，他的霞光不只是霞光，更是永不重复的具象：

> 晚霞樱桃色的黏液
> 渐渐凝结成块状。[③]

> 它红得像醋栗果子露，
> 下沉，燃烧，熄灭了。[④]

> 阳光像柠檬汁
> 淌入凹地和坑洼，
> 像光的水泊冻成冰。[⑤]

樱桃色的黏液、醋栗果子露、柠檬汁，就连每次日落都自带气味和色彩。他晚期诗作的单纯，绝非单调贫乏；它们的质地仍旧细密，只是声音更稀薄，文字游戏也不像以往那样缠绕。帕斯捷尔纳克依然是专注于具体事物的诗人，保留着未来派的狂放描写和精确比喻。他的大自然不是在故弄玄虚，而

[①②] 引自扎波洛茨基《奥卡河黄昏》（1957）。
[③] 引自帕斯捷尔纳克《金色的秋天》（1956）。
[④] 引自帕斯捷尔纳克《冬天的节日》（1957）。
[⑤] 引自帕斯捷尔纳克《雪地上的脚印》（1957）。

是在行动。他长期追求的"空前的质朴",早先即已获得成功,而且总是略带戏拟的意味。直到晚年,当他的境界单纯到极致,不再为创新而创新,当他有意压低声调或使之中性化,他开始变得像"奥贝利乌派"。假如不是因为个人与现实的关联之深,恐怕他会更加接近"奥贝利乌"的诗学。

帕斯捷尔纳克这一时期的某些诗作,同涅克拉索夫最为相像。归根结底,正是从涅克拉索夫那里走出了勃洛克,连同他的茨冈人的悲声、秋日里风和火车的凄鸣,以及"奥贝利乌派"和他们戏拟的庄重、刻意降低的语体,以及阿克梅派和他们充分表意的精准用词,还有未来派及其漫画手法、散文句式和语词的创新。马雅可夫斯基当初引用《现代人》丛刊,曾经惊叹道:"难道这不是我写的?"帕斯捷尔纳克向共同的根基归返,《雨霁》里有许多涅克拉索夫学派的痕迹,甚至他当时正在构思的话剧,也透散着浓郁的涅克拉索夫时代的气息。

> 宽宽地,宽宽地
> 小河和草地铺展开。
> 割草的时节,慌慌张张,
> 四处的农活干个不停。
> 河水边割草的农夫
> 忙得没工夫闲看。

(《风(关于勃洛克的四个断想)》)

这哪里是什么勃洛克?不妨继续往下看:

> ……黑麦还没有完全运光,
> 但是收割完了——他们多么轻松!
> 男人们搬运着一捆捆的麦束,
> 达丽亚在紧靠河边的田中
> 挖掘着自己种的马铃薯。[①]

或者追问,这"勃洛克式的"组诗里的语句又是从何而来:

> 天空变幻预示着不祥,

[①] 引自涅克拉索夫叙事诗《严寒,通红的鼻子》(1863)。此处采用魏荒弩先生译文。

> 朝霞浑身都是紫斑，
> 就像未愈合的抓痕，
> 又像割草人腿上的血迹。①

再比较：

> 微微扶起沉重的犁木，
> 农妇划破自己的光脚——
> 哪有工夫把血止住！②

从早年偏好来看，帕斯捷尔纳克倾向于未来派，就思想观念而言，则属于象征派，在他最后的组诗篇章里，为什么会有如此突兀且明显朝向涅克拉索夫的转变？为什么会对农奴制俄国和农奴制艺术家产生兴趣？这是因为，他此时的诗作已经具有新的社会意义，已经成为人民的声音，而不仅是知识分子的。一切始于涅克拉索夫那里屡见不鲜的风景诗，却发出越来越鲜明和悲戚的社会之音。

> 暴风雪在外面飞舞，
> 彻底将万物裹挟，
> 女售报员满身雪花，
> 售报亭隐约可见。
>
> 我们在漫长的时日
> 不止一次感觉到，
> 雪是为掩盖而飘落，
> 是为了将目光转移。
> ……………
> 一切生灵都躲进白絮，
> 视野被大雪遮挡——
> 像个酒鬼，一道阴影
> 摸索着穿过院落。

---

① 引自帕斯捷尔纳克《风（关于勃洛克的四个断想）》(1956)。
② 引自涅克拉索夫抒情诗《在热火朝天的农忙季节》(1862)。此处采用魏荒弩先生译文。

> 动作匆匆忙忙：
> 这一次，或许
> 又得向什么人
> 隐瞒什么罪恶。①

不仅是酷似涅克拉索夫的格律（"我们迷人的京城/有着无尽的财富"②），手法也如出一辙。当然也可认为，这是在说个人过错的隐瞒以及为自己的双重生活而内疚，但第一节提到的售报亭，让人联想到更宽泛的寓意：整个城市生活都沦为对羞耻的掩饰，万事万物——包括大自然，互相达成协议，不承认那隐秘的罪恶。

帕斯捷尔纳克晚期诗作运用了涅克拉索夫的经验，这绝非偶一为之：这是他关于人民的漫长思考之延续（剧作《盲美人》的情形亦然）。人民在《日瓦戈医生》里的两副面容显而易见——天使的和野兽的。不过，正如瓦夏·勃雷金的形象，天使的面容也略带温顺愚钝的特征，野兽的面容则显露出自然的威力。帕斯捷尔纳克始终没有对人民的本质下定论，当他在晚年思考这一问题，已不再是作为"强忍着爱慕"的知识分子，而是作为涅克拉索夫气质的贵族，他所感受到的与其说是愧疚，不如说是责任。这种责任就在于开启并阐说人民自己的心灵，使他们免遭非人的压迫和牲畜般的劳作。但就像涅克拉索夫一样，他举目四望，只看到昏然的麻木。

在帕斯捷尔纳克那里，也出现了与涅克拉索夫相似的女性观的主题，或者说，这一直就是涅克拉索夫的主题。（后者完全有权利这样说自己："我为女性的命运而伤痛。"③他也确实说过："你，命运啊！俄罗斯女人的命运。"④）

假以时日，帕斯捷尔纳克或许会沿着更新后的涅克拉索夫之路前行：他也会有自己的《片刻的骑士》⑤（不过，他的《斯佩克托尔斯基》已经有所展现）以及自己的人民史诗。很难想象有哪首诗比《转变》更像涅克拉索夫的了：

---

① 引自帕斯捷尔纳克《初雪》（1956）。
② 参见涅克拉索夫早期叙事诗《演说家》（1843—1845）。
③ 引自帕斯捷尔纳克《冰与泪的春日》（1931）。
④ 引自涅克拉索夫抒情诗《在热火朝天的农忙季节》（1862）。
⑤ 涅克拉索夫创作于1862年的抒情诗。

我曾经靠近穷人身旁，
并非出于高尚的眼光，
因为只有那里的生活
不需要奢华和排场。

虽然我也熟悉贵族
以及文雅的阶层，
我却与寄生者为敌，
又是流浪汉的朋友。

我想尽办法去结交
拥有劳动荣誉之人，
我因此获得了尊敬，
也有人视我为卑贱。

未经粉刷的地下室
和没有窗帘的阁楼，
它们的贮藏不言自明，
物质和肉身各有分量。

自从腐化触及时代，
我自己也开始败坏，
人人都以痛苦为羞耻，
争当小市民和乐天派。

当初我信赖的人们
早已不值得我相信。
我找不到一个人，
自从他被所有人遗弃。

在人民的国家，在宣称人民政权的国度，人民反倒被遗弃。"小市民和乐天派"取代了人民，却找不出一个真正的人！帕斯捷尔纳克有意耗用他最后的岁月寻觅这个人。他早年有过浪漫主义的莱蒙托夫时期,接着迎来了国家主义的普希金时期,最后到了五十年代,则是涅克拉索夫时期。耐人寻味的是,勃洛克也经历了同样姓名和主题的循环,在音调方面同样仿效前人,时而涅克拉索夫,时而莱蒙托夫,时而普希金。而阿赫玛托娃也不否认自己得益于涅克拉索夫。假如帕斯捷尔纳克意识到,涅克拉索夫(与帕纳耶娃①合著)的长篇小说《浪迹三方》(《Три страны света》,1848)同样建立在东方游历和大量不足为信的巧合基础上,小说中的庄稼汉几乎也像《日瓦戈医生》和《盲美人》里的人物那样用华而不实的语言说话,那该是何等趣事。假如勃洛克也写小说,或许也会写出类似的东西,起码他的剧作很像《盲美人》,下文里将会说明这一点。

《雨霁》根本不像有些评论所说,是明澈宁静的组诗。这是极度焦虑、充满迷离预感的作品,几乎永远阴郁和坏天气的景象也并非偶然。之所以会有密集的写景,只因为帕斯捷尔纳克往往从大自然最先发现未来转变的征兆,他向大自然讨教,尽可能了解空气运动是怎么回事,"环境"里在发生怎样的神秘变迁。社会生活陷入某种停滞,解冻时断时续,帕斯捷尔纳克倾听着风声雨声和雪声,想要弄明白,接下来会如何? 接下来,显然没有好的迹象:大自然惶恐不安,森林里阴雨连绵,雪试图掩盖什么可耻的秘密。世界在平衡点上停滞,未来会趋向何方?

> 睡眼惺忪的时针
> 懒得在表盘上旋动,
> 一日长于百年,
> 拥抱无止无终。②

这是组诗里最后的一首,也是他最后一首完整的诗。1959 年 1 月。冬至。平衡点。究竟何去何从?

不过,猜测是徒劳无益的。最后的诗篇反映出暴风雪的茫然和期待。他预感这一场场暴风雪将带给他辉煌的胜利和身后的追认,但俄罗斯的主

---

① 阿芙多吉娅(叶芙多吉娅)·雅科夫列夫娜·帕纳耶娃(1820—1893),俄国作家,回忆录作者,原为作家伊万·帕纳耶夫的妻子,从 1846 年开始与涅克拉索夫同居,这种关系延续到 1863 年。
② 引自帕斯捷尔纳克《唯一的日子》(1959)。此处采用吴笛先生译文。

要问题不会得到解决。就此而言,他同样没错。

2

那些日子里,他每天的日程如下:早晨七点醒来,收拾屋子。用扫帚清扫地板,用干抹布擦灰尘。在院子里洗脸,不管天气有多冷。吃早餐,烧煮浓酽的茶,斟入心爱的带蓝边的茶碗,拿到楼上的书房。工作到一点,下楼,夏天在菜园里忙活(最喜欢用锄头松土),冬天就散散步。将近三点回来,夏天在园子里冲澡,冬天在屋里洗浴。三点钟,一家人一起吃饭。汤一定要喝滚烫的,喝得很快,喝汤时禁止说话。然后闲聊几句。饭后睡一会儿,但不超过半小时。他恪守自己在《斯佩克托尔斯基》里提出的原则:"别在白日里睡。"继续工作,一直到八点,然后散步,晚上十点多吃夜宵,吃的始终是同一样:冷却的炖肉,再加他喜欢的格鲁吉亚"马佐尼"酸奶。这种一成不变的作息,让所有关注他的人都感到惊讶:叶甫盖尼·鲍里索维奇和尼娜·塔毕泽各自的描述没什么差别。

他更愿意读信,但不读报纸,甚至闹出笑话:有一天,他乘坐电气火车去莫斯科,看见邻座的乘客在读《真理报》。他扫了一眼"皇帝抵达莫斯科"的标题,不禁心头一颤:岂有此理!再仔细看,才知道是埃塞俄比亚皇帝海尔·塞拉西到访。他大笑着把此事说给长子听,后者记了下来。

就在这种半合法、半隔绝的状态下,还有不少荒诞可笑的事:有一次,有个访客企图从阁楼闯入他的房子。这是个痴迷于人生意义问题的狂热青年。另一个狂热青年,总觉得恍若身处梦境,他问帕斯捷尔纳克是否有过类似的感觉。还有几个狂热青年来自列宁格勒,其中包括诗人弗拉基米尔·利夫希茨之子,后来成名的诗人列夫·洛谢夫。

帕斯捷尔纳克称自己就像活在第四维空间。直到1959年1月下旬,当他写下《诺贝尔奖》一诗,这种似是而非的生活才结束。

  我像困兽陷入绝境。
  隐约有光、人影和自由,
  背后是追猎的喧声,
  我已无路可逃。

昏暗的树林和池岸，
倒伏的云杉的躯干。
所有通道都已截断。
随它去吧，我不在乎。

我做了什么恶事，
难道我是歹徒和凶犯？
我让整个世界哭泣
为这片美丽的土地。

包围圈越来越收紧，
我却有愧于另一人：
我的右手不在身上，
心灵之友不在身旁。

此刻我宁愿这绳索
依然套在喉咙上，
为了让我的右手
替我擦干泪水。

最后两节同他和伊文斯卡娅的争吵有关。这是一场很像分手的激烈冲突。争吵的原因是，帕斯捷尔纳克决定离家出走，为此，她甚至跟帕乌斯托夫斯基商量，打算去塔鲁萨①，暂住在他那里。但1959年1月20日，即原定同时动身的那天，帕斯捷尔纳克来到她的"小别墅"（这是他对她的"陋室"的叫法，她的好友们也这么叫），脸色苍白，称无力彻底了断。伊文斯卡娅一气之下去了莫斯科，临走时说，再也不愿跟他有任何瓜葛。

"是的，你现在可以把我丢下不管，我现在是孤家寡人一个。"他绝望地争辩道。

"装腔作势！"她回答说。

"列留莎，你很快会明白这一切。"他咕哝道。

---

① 俄罗斯古城，位于莫斯科以南100多公里。

可她什么也不想明白。

傍晚,他给她打电话说:"奥留莎①,我爱你!"

她挂断了电话。

过了几天(在伊文斯卡娅的回忆录里,就像在《安全保护证》里一样,时间有时会压缩以保持动感。据她回忆是第二天),波利卡尔波夫给她打来电话:

"他这次搞得,比小说还糟糕!"

"怎么回事?我跟他分手了,什么都不知道……"

"吵架啦?时间有的是!现在到处都在流传他交给外国人的诗……"

波利卡尔波夫刚说完,帕斯捷尔纳克的电话立刻打过来。原来,与伊文斯卡娅争吵过后,他写了这首诗,希望能让她的心软下来(他不愿相信她的离去和义无反顾的分手)。一个外国记者在路上遇到他,问他是否想说点什么。帕斯捷尔纳克回答说,他失去了心爱的人,还把诗拿给那记者看。

帕斯捷尔纳克向情人叙说的版本未免浪漫,他是想让他的懊悔更显动人,但是一如既往,事情的经过其实平淡得多。1月30日,他把诗交给了《每日邮报》记者安东尼·布朗,目的不是发表,而是请他转交杰奎琳·德普吕艾雅尔。他拿出的这份,最后两节改成了一节:

可是就算离坟墓不远,
我仍然相信——
善的灵魂终将战胜
卑鄙和仇恨的势力。

又是涅克拉索夫式的主题——"哦,缪斯,我已走到坟墓的门边。"②韵脚也相同:"离坟墓不远"——"走到坟墓的门边"。帕斯捷尔纳克交给记者的正是改过的版本,这表明他允许公开自己的诗。他只是不想发表涉及伊文斯卡娅的那一版,以免刺伤亲友。如此看来,即使他说过最好不要发表,语气大概也不坚决。

思想的诞生,不是为了埋葬于书桌。

2月11日,《每日邮报》刊登了这首诗,并附带评论说,诺贝尔奖得主在

---

① 奥莉加的昵称,同"列留莎"。
② 参见涅克拉索夫《哦,缪斯,我已走到坟墓的门边》(1877)。

925

其祖国遭受迫害。

从《每日邮报》记者道布森那里,帕斯捷尔纳克得知了此事,苦涩地说道:"你们给了我一份多好的生日礼物啊!"他接着解释说,事到如今,又会有新的一轮骚扰了。

> 他们禁止我与外界往来。可我该怎么办?也许你们能给我提示?我不能待在这儿一声不吭。我简直是在自掘坟墓——在国内,又在国外。我是不幸的人,最不幸的人。

道布森觉得他天真,对别墅以外的生活一无所知。(在他们看来,他也确实是"住别墅的人")为了打动读者,这位英国记者不惜笔墨,甚至提到帕斯捷尔纳克花白头发的大脑袋,看上去跟瘦弱的身躯不相称。楚科夫斯基在1959年的日记里也写道,帕斯捷尔纳克老得厉害,变成了一个"老头儿",年轻人似的步态开始显得别扭,但不认为他的身体有多虚弱。

> 在我印象里,他就像一位遭到狠命殴打的教授,头脑有些发蒙,害怕再有新的伤痕落在身上。

这是道布森的描述。道布森和夏皮罗(合众国际社记者)文章的译文被送交苏斯洛夫本人审阅,再转给波利卡尔波夫。

2月底,英国首相麦克米伦到访莫斯科。他表示有意会见帕斯捷尔纳克。帕斯捷尔纳克接到一个电话(叶甫盖尼·鲍里索维奇称电话来自苏联部长会议国家机要局),通知他从2月20日到3月初不得待在佩列捷尔金诺。

他决定去格鲁吉亚。2月20日,帕斯捷尔纳克夫妇乘坐飞机出发。他们请尼娜·塔毕泽不要安排热闹的迎接。起飞时帕斯捷尔纳克感觉良好,降落中突然犯恶心,脸色变得苍白,落地后才勉强缓过来。这是他最后一次格鲁吉亚之行。尼娜·塔毕泽想方设法替他保密,所以没有多少喧哗的酒席。

但他依然具有焕发生机的能力。在画家拉多·古季阿什维利家(帕斯捷尔纳克初次登门拜访,已是四分之一世纪前的往事),在他宽敞的工作室,举行了一场烛光晚宴,菜肴丰盛,客人们也经过了挑选。帕斯捷尔纳克见到了画家年方十九岁的女儿——丘库尔特玛·古季阿什维利。她是一位芭蕾舞演员,性情奔放,但有点古怪,情绪起落不定,另外,她长得非常漂亮。

帕斯捷尔纳克立刻为之倾倒,给她读诗,一起在第比利斯游逛(济娜伊达·尼古拉耶夫娜也无可奈何)。他们后来还长期保持通信。他善于博得他人的钟情,而现在丘库尔特玛俨然成了他心目中的女神:忧郁、神秘、惹眼的老派形象……拉多·古季阿什维利很高兴看到女儿外表的神奇变化:永远的"不笑女郎"①露出笑脸,开始对生活感兴趣,绽放出芬芳……她带帕斯捷尔纳克参观第比利斯郊外的考古工地,他不禁想写一部长篇小说,关于十世纪的格鲁吉亚、圣尼诺②以及接受基督教……十天过得飞快。当尼娜·塔毕泽将帕斯捷尔纳克夫妇送上火车(他坚决反对乘飞机回莫斯科),帕斯捷尔纳克站在车厢踏板上对她大声说:"尼娜,在您自己家里找我吧!"

古季阿什维利家一直保存着帕斯捷尔纳克最后一次喝酒用的高脚杯,酒没喝完,早就蒸发了,杯子上只留下一道血红的痕迹。

他多不情愿地丢下习惯的作息,飞往格鲁吉亚,就多不情愿地重新待在家里,艰难地回到中断的工作,怀念着格鲁吉亚的友人。糟糕的预感折磨他,看似无缘无故,但他向来对细微的变化乃至难以觉察的气流反应灵敏。当然,他不可能知道,他外出之后究竟发生了什么,编织了怎样的罗网,但他感到"诺贝尔奖"这一关不好过。

1959年2月20日,就在他动身前往格鲁吉亚的当天,苏联总检察长鲁坚科,在纽伦堡审判中代表苏联发表控诉的同一人,向苏共中央发了一封密函,内容如下:

> 经过审阅塔斯社及文学与出版事业管理局关于帕斯捷尔纳克·鲍·列将其反苏诗作《诺贝尔奖》转交《每日邮报》记者安·布朗一事的材料,认为有必要采取以下措施:
>
> 传唤帕斯捷尔纳克至苏联检察院,进行正式讯问;
>
> 讯问开始之前告知帕斯捷尔纳克,其长篇小说《日瓦戈医生》及《诺贝尔奖》一诗含有诋毁苏联国家与政治制度的诽谤性内容,其在创作这些作品及向境外传播时的表现,已成为国际反动势力针对苏联展开敌对行动的工具,不仅有悖于苏联公民行为准则,而且构成特别危险

---

① 俄罗斯民间童话中的人物,从来不笑或者很难被逗笑,更常见的叫法是"不笑女王"。
② 俄语里称作"圣尼娜"。格鲁吉亚基督教启蒙者,生活于公元三世纪末到四世纪中期,作为功德等同于圣徒的女性为后世所纪念。

的侵害国家之罪行,应依法追究刑事责任;

同时向帕斯捷尔纳克申明,苏联检察院掌握的材料表明,他(帕斯捷尔纳克)滥用了苏联政府给予的宽大处理,罔顾其本人关于爱国的公开保证以及对"歪曲和谬误"的谴责,走向了欺骗和两面派之路,暗中继续有意识、有预谋地从事损害苏联社会的反人民活动;

讯问过程中,向帕斯捷尔纳克出示刊登其诗作的《每日邮报》传真复制件;

将帕斯捷尔纳克供词完整记入讯问笔录,并要求其签字;

讯问结束时,告知帕斯捷尔纳克,苏联检察院将对其行为展开相应调查;

认为帕斯捷尔纳克之刑事责任可免予追究,其案件的法庭审判亦可免除。各方面情况均显示,不宜组织此类审判。苏联社会人士在谴责帕斯捷尔纳克背叛行径的同时,要求剥夺其国籍,将其驱逐苏联国境。根据现行法律,法庭不可做此项或彼项判决。

鉴于帕斯捷尔纳克背弃苏联人民,政治与道德的堕落致使其自绝于苏联社会,故理当决定剥夺其国籍并驱逐出境。按照1938年8月19日所颁布苏联国籍法第7条"6"款,此项决定应由苏联最高苏维埃主席团予以实行。

苏联总检察长所作陈述,作为审查该问题之依据,谨供苏联最高苏维埃主席团审参考。

附带依据法令制定的方案一份。

请审议。

多亏《背后是追猎的喧声:鲍里斯·帕斯捷尔纳克与权力,1956—1972》这部文献集,我们才准确得知残害帕斯捷尔纳克的日期。1959年3月14日,导致他患上绝症的过程开始了。当时他正在散步,突然被人推搡进一辆汽车,直接带到检察院。他没来得及通知任何人。苏联总检察长鲁坚科——帕斯捷尔纳克称之为"没有脖子的人",亲自对他展开讯问。

我们还有一份笔录,标记了谈话的确切时间:从12点到14点。在这两小时里,苏联总检察长鲁坚科以其威风的权势和强硬的语调向帕斯捷尔纳克施压,以刑事立案恐吓他。斯大林当年并未禁止帕斯捷尔纳克转述他们的交谈,而鲁坚科则警告说,倘若帕斯捷尔纳克把检察院的传唤告诉他人,按照俄罗斯联邦刑法典第96条,他将承担"泄露调查材料"之责任。他们要帕斯捷尔纳克明白,如果再有外国记者访问他,或者对他的采访发表在西方,后果会很严重,他将受到叛国罪的指控。所有的接触都必须停止。"完全明白,本人将无条件遵守。"这是笔录里帕斯捷尔纳克的回答,经由他签字,未有任何改动。

鲁坚科或许夸大了帕斯捷尔纳克的"怯懦",甚至可能对他的行为略有遮掩。当然,鲁坚科即使表现出怜悯或愧怍,也未尝不可理解,他毕竟不是维辛斯基[1],不至于没有一丝人性。但这次讯问对帕斯捷尔纳克来说,成了他过往的生活与新生活的分水岭:他终于明白,他迎面撞上了"国家的偶像",双方之间再无中间物,玩笑结束了,一头庞然巨怪露出狰狞面目。"依然会立刻陷入僵局,/当头脑出现慵倦的状况。"这是他曾经的自道,其中还带有普希金的特征。但面对如此蛮横无理的力量,他觉得这僵局远比以往更绝望。

此外,他的物质状况甚至比二十年代还糟糕:四十年苦役般的劳作之后,他反而一无所有,没有钱,存款也已用尽(他和妻子本来就没有什么积蓄,他几乎把所有东西都分给了别人,济娜伊达·尼古拉耶夫娜也不记得,究竟有多少家庭得到过他的接济)。他不得不向德国记者鲁格借钱,他认为费尔特里内利有义务偿还这笔借款。由于他不知道费尔特里内利与丹杰洛的矛盾和日益混乱的关系,情况变得更加复杂。没多久,费尔特里内利跟杰奎琳·德普吕艾雅尔也闹翻了。帕斯捷尔纳克身在俄罗斯,根本无力改变这些关系。早在1958年1月,他就给费尔特里内利写过信:

> 我将您看作我最好的朋友之一,对朋友的亏欠,我永远偿还不尽。德普吕艾雅尔女士也是一样,甚至更可贵。我不希望我的朋友们相互争吵。恳请您和她妥善处理一切需要处理的问题。

可是一年过后,什么都没解决。国外的稿费依然不准汇入俄罗斯。同时也应当承认,一些人白称,甚至真诚地白认为是帕斯捷尔纳克的朋友,这时候表现得却不够格。费尔特里内利虽然思想左倾,但过去和现在都是"资本大鳄",正像帕斯捷尔纳克对他近乎亲昵的称呼。他想得到帕斯捷尔

---

[1] 安德烈·亚努阿列维奇·维辛斯基(1883—1954),苏联法学家,外交家,从1935年到1939年,担任苏联总检察长,在大清洗运动中扮演了关键角色,留下了残酷无情的恶名。

纳克所有著作包括早期作品在国外的出版权,甚至寄来一份能确保这项权利的合同草案。丹杰洛向帕斯捷尔纳克承诺,汇寄一部分用卢布结算的稿费,但直到他去世后才终于兑现——伊文斯卡娅得到了一笔数额不大的钱,却因此立即遭到逮捕。帕斯捷尔纳克迈出了前所未有的一步——给波利卡尔波夫写信,要求把稿费汇到莫斯科,哪怕是一部分(他在国外的收入已超过一百万美元,但他并不知情)。他同意将绝大部分所得转给和平基金会,条件是,剩余部分由济娜伊达和伊文斯卡娅分享。1958年10月,波利卡尔波夫对帕斯捷尔纳克及其影响和地位还有忌惮,到了1959年,他已然无所顾忌了。他知道帕斯捷尔纳克受到检察院的恫吓,随时可能被起诉,再大的国际声誉其实都无济于事,他也知道,帕斯捷尔纳克在西方可能被视为俄罗斯头号诗人,但在苏联,这不过是个没有生活来源的老人,尽可以对其为所欲为。波利卡尔波夫给出了冷冰冰的答复:没有商量和讨价还价的余地。帕斯捷尔纳克在苏联的监狱加温室度过了四十余年,根本不知道什么是文学代理人,不知道如何与出版商打交道,如何签合同,商定按印数应得的稿酬,如何在继承人之间分配。他二十年代的信件表明,与苏联出版商他也不善于讨价还价,他宁可接受对自己极为不利的苛刻条款,也不愿为经济纠纷降低身段。他无法想象,在为他争取自由和尊严的西方,居然利用他的无助,利用他无力处理个人作品再版中的财务问题,对他大肆盘剥。早期作品的译本不断问世,他从中却一无所得。帕斯捷尔纳克身陷两场火灾——在俄罗斯被恐吓和调查,在西方被洗劫。他相信意大利、德国和法国友人的无私,但大概只有杰奎琳·德普吕艾雅尔真诚地捍卫他的利益,不求回报。与她通信是他主要的解闷方式。另一个乐趣来自他跟雷娜塔·施韦泽的书信往来。帕斯捷尔纳克赶上了与她相见——她于1960年4月来到俄罗斯。

他爱上了戏剧创作,并且深信这将是不亚于《日瓦戈医生》的作品。这些日子里,正是创作以及与读者通信,才使他不至于在与日俱增的绝望中沉沦。尤其令他欣慰的是,在俄罗斯也有人不相信对他的诋毁。

> 谢谢,我亲爱的朋友奥列格·冈察洛夫!今天,您的充满爱的文字来得多么及时,多么恰当,要是您知道我的心情就好了!我不能说自己从未听到过称赞、欣赏和认可的话语。可我的处境却如此迷惘,如此之多相互交缠和冲撞的痛苦将我裹挟![……]我的内心一整天都沉重不堪,就像等待着刑罚或某种损失。就在这时,我收到了您的来信。我

想,这回要读到的也无非是"犹大"或者"出卖祖国",或者别的什么打着官腔表达义愤的东西吧。

当我开始读您的信,压抑了一天的惆怅的泪水不禁夺眶而出,我一边读着您充满善意的金玉之词,一边暗自啜泣。愿上帝因这些词句而赐予您幸福。拥抱您。

您的鲍·帕斯捷尔纳克

这位冈察洛夫是利沃夫的地质工作者,他写信给帕斯捷尔纳克,称没有读过《日瓦戈医生》,但不相信官方的指控,对诗人深表同情。这类来信不是很多,但确实有一些,除了源源不断、自觉自愿地表达谴责和诅咒的信件之外(托尔斯泰当初也收到许多这样的信——并非在主教公会唆使下,而是真心要将他"撒旦般的狂妄"遏制住)。

还有一件帕斯捷尔纳克为之欣喜的事情,那便是恢复了与国外侨民的联系:他给旅居德国的哲学家费奥多尔·斯捷蓬写信,与生活在巴黎的鲍里斯·扎伊采夫建立书信往来,收到他们寄来的书籍。俄罗斯侨民热情接受了《日瓦戈医生》,从中看到了"日瓦戈精神"的见证以及不再被人相信的文化继承性。俄罗斯侨民的来信再次证明,帕斯捷尔纳克在二十年代留下来,是正确的抉择。假如他去了欧洲,他的生活或许不会这般艰难,遭受的压力也会小一些,但他就不可能写出《日瓦戈医生》,日瓦戈组诗这样的诗篇也不会出现在欧洲。只有被奴役的演员才会这样表演,而他希望阐释这一点,所以竭尽全力,急欲完成一部关于农奴剧团的戏剧,哪怕只是第一幕。

第四十九章 《盲美人》

1

帕斯捷尔纳克写到临终并寄予厚望,自认为不亚于《日瓦戈医生》的这部剧作,向来少有人提及。这其实不难理解。甚至习惯了帕斯捷尔纳克早期散文之迷狂的读者,也会因《盲美人》而陷入困惑。众所周知,在每个新阶段的开始,帕斯捷尔纳克都写得不好,但从来不至于如此糟糕,除了 1936 年的组诗。人们有时会觉得,正因为作品未完成,他才幸免于举世的羞辱。继《日瓦戈医生》不可理喻和疾风骤雨般的成功之后,此种无稽之作 urbi et orbi①,意味着作者个人地位的严重受损。正如我们所见,《盲美人》蕴含着帕斯捷尔纳克重要而隐秘的思想,它们的表达不乏他所惯有的率直和无畏,但总体而言,这次戏剧经验却比他早期散文更不如。值得称道的是诗人永恒的朝气和随时准备投身于新经验的漩涡。假如他再活哪怕五年,新的高峰无疑会被征服。可以想见,克格勃前来收缴这部尚未写成就已知名的戏剧第一幕手稿,是何等困惑、失望乃至愤怒!幸亏伊文斯卡娅事先做好了复制,作品才没有湮灭在"办事机关"的深处。他们期待发现什么极端反苏的证据,不承想竟是这种东西!当福尔摩斯从一封可怕的信中看到跳舞的小人②,大概也会有类似的感受。

作品能否完成,没有任何保证。况且帕斯捷尔纳克还可能放弃,或者彻底改写。不要忘记,我们手头只有一个很长的序幕以及预计五幕中的第一

---

① 拉丁语:系罗马教皇对教徒的祝词,意思是"降临于罗马城和全世界",转义为"到处""世界各地",此处或可理解为"流传于世"。
② 出自《福尔摩斯探案集》之《跳舞的小人》。"跳舞的小人"图案是故事中凶犯所使用的特殊密码。福尔摩斯刚看到这些图案时,感到非常惊异和困惑。后来破解密码,却未能阻止凶案发生。福尔摩斯用同样的密码给凶手写信并将其抓获。

幕("利维坦"①实属异想天开:恐怕没有一部剧作能承受这样的戏剧叙事)。假如《此世》连同韵文与散文的交替更完整地保留下来,我们很可能也会惊异于它的处置不当。可谁又能知道,是否只因为认定它不合时宜,便促使帕斯捷尔纳克产生了烧毁草稿的念头?诚然,令人难堪的现象在历史题材作品中更是突出,比如阿·托尔斯泰关于彼得大帝时代的长篇小说(也未完成),各色人物说着不自然和费解的话语,外部细节的现实可信度与情节的牵强造作形成显著的矛盾。

帕斯捷尔纳克时而打算写一部侦探小说,讲述一个长期侨居国外的人非法潜回俄罗斯(纳博科夫《光荣》②的独特延续——从马丁的道路中断之处开始),时而又想书写十世纪的格鲁吉亚、圣尼诺和早期基督教,正像众宾客在"瓦尔普吉斯之夜"的相互唱和:"让我们快快前往,/那去处辽阔又荒凉!"而这无止息的运动又怎能不令人赞叹!在艺术领域,这种随时迎接失败的精神,要比规划好的路线上数十次有保障的成功可贵得多。

以下是《盲美人》的内容梗概。在哥特风格的背景下,故事在苏姆佐夫森林展开:这是俄国中部的荒僻之地,或许更接近作者向来钟爱的乌拉尔山,弗拉基米尔大道穿过森林,沿着这条道路,一群苦役犯被遣送西伯利亚。他们有些人成功逃脱,就在林子里躲起来。在这"进去出不来"的深山老林,有个名叫科斯特加的苦役犯,带领同伙开挖地道,几乎形成一整片地下网络。周围所有的村子都害怕他。剧中主要角色生活的庄园,叫作"皮亚季布拉特斯科耶"③,不少可怕的传说都与之相关:五个地主兄弟为它争得不可开交,始终解决不了纠纷,后来他们的产业落入多穆娜·乌波伊尼察之手——这是本地方的萨尔蒂契哈,对农奴不仅愚弄,还有花样百出的凌虐。换作别人,这些行为不至于引火烧身,但乌波伊尼察还与叶卡捷琳娜女皇本人争抢情人,被冠以残暴成性的罪名判处绞刑,接着又蒙获恩典,改为公开鞭笞。极其残酷的鞭刑之后,将她送进一座修道院的地牢(又是地牢!很显然,如果剧本最终完成,这应是一条重要的脉络)。乌波伊尼察在牢狱里

---

① 《圣经》传说中的深海巨怪,多为邪恶象征,具有难以控制的强大力量。
② 纳博科夫创作于1932年的长篇小说,马丁是小说主人公。布尔什维克革命爆发后,几经辗转,进入剑桥大学学习。在经历了流亡、求学和爱情的挫折之后,马丁冒险闯入苏联,又在二十四小时内离开,以这种特殊方式再现了往昔的记忆与梦想。
③ 意译为"五兄弟田庄"。

居然跟看守生了个孩子,而这孩子才算是整个故事的开端。他被秘密带回皮亚季布拉特斯科耶,在那里长大成人,后来成为一名近卫军军官,再往后便不知所终,可庄园主的陈列室里却摆放着他的石膏胸像:乌波伊尼察的儿子长成了美男子。本地女居民无论年龄、地位,都跟他有过露水相逢,结果,马克斯·诺罗夫采夫伯爵(1795年出生)和他的贴身仆人普拉东·谢戈洛夫看起来就跟石膏胸像一模一样,因而这座村子就像农庄机械师基甸所说,是"一整个胸像的部落"。有一种迷信的说法——倘若打碎胸像的脑袋,末日就会降临。此即戏剧人物在序幕中叙说的"史前史"。

1835年10月20日深夜,是序幕的第一个场景。马克斯·诺罗夫采夫伯爵和他年轻的妻子叶莲娜·阿尔杰米耶夫娜·苏姆佐娃从省城一道返回。叶莲娜·阿尔杰米耶夫娜恨自己的丈夫,他不仅将田产挥霍一空,典当了所有能典当的东西,又想侵吞她的钻石首饰。这些首饰是她主要的陪嫁品,夹在她的宽腰带里随身携带,但也有一些祖传物件存放在她床头柜的抽屉里。诺罗夫采夫不断要求妻子把全部财产交给他,以使庄园状况彻底好转。叶莲娜·阿尔杰米耶夫娜却爱上了农奴普拉东·谢戈洛夫,他属于她娘家彩礼的一部分,作为嫁妆被诺罗夫采夫得到。帕斯捷尔纳克在此留下一团乱局:诺罗夫采夫跟普拉东有着同一张面孔,普拉东显然是他的同父异母兄弟,但不是来自皮亚季布拉特斯科耶,而是来自相邻的苏姆佐夫农庄。这说明他们命运多舛的先辈在附近也播下了情爱的种子。诺罗夫采夫也清楚地意识到这种乱象:

> 等你回到自己的领地,仿佛进入一个中了魔法的王国。什么都搞不懂。全都乱成一团。出于惧怕,不能惩罚这奴才,谁知道他可能跟你什么关系,会不会是你的堂兄弟或表舅。这柜子里的美男子是何许人,我问您,您怎么如此出奇地像他的模样?这究竟是我们伯爵家族的创建者,还是我们的庄稼汉的先祖?我的权力在何处结束,公爵林场里的强盗营生又从何处开始?

这一切确实令人困惑,就像一个剧中人物所云:非驴非马,岂有此理(就方言俚语之丰富来说,这部话剧对《日瓦戈医生》恰好形成呼应,甚至因为过于粗俗和虚假,有些农奴的对话不堪卒读)。

剧情从庄园里迎接诺罗夫采夫伯爵夫妇的到来开始。窗外闪过几个神秘的身影——这是强盗科斯特加和逃亡的农奴廖什卡·列沙科夫准备突袭。随着事件的进展,管家普罗霍尔向两个怀孕的女奴露莎和格拉莎讲述皮亚季布拉特斯科耶往事,姑娘们在铺地毯,哥萨克侍童米什卡帮着挂窗帘。据悉,多穆娜·乌波伊尼察酷爱向农奴展示一身假面舞会的可怕装扮——连同留胡须的鱼脑袋。她的多米诺斗篷①至今保留在庄园里。普罗霍尔想吓唬这几个女孩,便穿上斗篷,跑来跑去。就这样,《盲美人》中出现了帕斯捷尔纳克钟爱的俄国象征主义情节单位——首先是安德烈·别雷的象征主义:出自《彼得堡》②的红斗篷,可怕的宏大灾变的征兆。

在随后的场景中,争吵不断的诺罗夫采夫夫妇回来了:马克斯伯爵神情不安,脸抽搐着,手在颤抖。叶莲娜·阿尔杰米耶夫娜用一种未曾有过的迷幻语言在说话。她独自的道白以及对仆人普拉东·谢戈洛夫的爱之表白,将清高的贵族精神、斯拉夫派的通俗文学和俄国民间哭诉歌奇异地混杂在一起:

> 这奢华与我何干,让它见鬼去吧!真想把这些匣子、箱子通通扔到他的丑脸上,扔到他贪婪、财迷的眼皮底下。拿去吧,噎死才活该。只要这别是普拉东。我从小就受不了他受人奴役。逆来顺受、卑躬屈膝的仆人身份跟他真不般配。他是另一种人。据说,他有神秘的血统。归根结底,他还是普拉东。漫长等待的时刻到来了。你的奴隶生涯结束了。收工了。我今天就解放你。我不知道该怎么办,可我知道一定要解放。你再也不用向谁弯下脖颈。你将挣脱束缚,获得自由,从我身边远走高飞,我的雄鹰。然后,我可能也会追随你。也许就是这么回事。(她心怀狂喜,在几张圈椅之间蹦跳起来)

这是一位非同寻常的女士,通过下文我们知道,她已经二十五岁,怀了普拉东的孩子,这一事实很快会显露;她甚至经常自言自语,就像爱国宣传手册作者面对人民说话。接下来的场面是如此不堪,以至让人觉得这部剧作不是悲剧,也不是闹剧,而像是芭蕾舞剧(它与《没有主人公的叙事诗》之间奇异的相像就在于此):马克斯抓起妻子床头柜里的珠宝首饰,叶莲娜·阿尔杰米耶夫娜试图夺回来,马克斯甩开她,普拉东·谢戈洛夫跑出来,抓

---

① 一种化装舞会上穿的带风帽和袖子的斗篷。
② 安德烈·别雷的象征主义长篇小说,创作于1913年至1914年。

935

住主人的胳膊,马克斯朝他大吼:"不要命啦,你这没良心的混蛋!"谢戈洛夫向伯爵提出用手枪决斗,因为要跟一个农奴决斗,伯爵恼羞成怒。谢戈洛夫一直攥着伯爵的胳膊不放,叶莲娜·阿尔杰米耶夫娜则在一旁叫嚷:

真行啊,普拉东,好样的!胆大包天的冒失鬼!把你的一切都押上,碰碰运气。跟他干一场。你能有这个念头,真让人吃惊。开枪决斗吧,伯爵。他对您向来恭敬。要不我就替他负责,假如他对您没有意义。

这时,管家普罗霍尔跑过来报告说,农奴合唱队马上要为再度归来的主人唱赞歌。诺罗夫采夫取消了不合时宜的赞歌,并召唤农奴们进到房间里,把谢戈洛夫捆起来。一群农奴蜂拥而入。伯爵终于挣脱了贴身仆人强有力的双手,拿起手枪。钟情于普拉东的露莎扑倒在老爷脚下。伯爵不听她的,开了枪,但他手一抖,子弹没有伤到普拉东,击碎了柜子上摆放的石膏胸像的头颅。或许,这个片段里融入了帕斯捷尔纳克回忆卓娅·玛斯连尼科娃为他雕塑肖像的情形。那是一场长得不堪忍受的工作,有一次,雕像融化了,另一次,差点摔成碎片。

石膏粉尘落进怀孕的露莎眼睛里,致使她双目失明。对于情节的种种荒诞离奇,读者不应感到惊异:帕斯捷尔纳克需要一个盲美人,于是她就被石膏弄瞎了眼睛——象征主义戏剧的作者不考虑真实性。伯爵下令派人去找县警察局长斯特拉东·西拉季耶维奇·斯特拉东-纳列托夫(读者会赞赏这些人物的姓名,而帕斯捷尔纳克是忠实于自己的:斯特拉东·西拉季耶维奇、帕霍姆·苏列皮耶夫、基甸·维特霍别谢尔尼科夫、约安尼基·维肯季耶维奇、色诺芬·诺罗夫采夫、伊里涅依、帕霍姆·皮季里梅奇、古里、玛芙拉、叶甫季格涅·科尔托姆斯基……只有主要人物彼得·阿伽松诺夫的名字是正常的;可见这个比例和《日瓦戈医生》里一样)。科斯特加趁乱钻进窗子,换上女式多米诺斗篷。周围一片混乱。科斯特加窃取了一部分珠宝,露莎的父亲帕霍姆·苏列皮耶夫对他暗中相助,普拉东·谢戈洛夫从窗口跳出去,消失不见了。序幕结束。

十五年过去了。其间,叶莲娜·阿尔杰米耶夫娜与丈夫重归于好,两年后为他送葬,又过了没多久,嫁给他的侄子伊里涅依,跟他生养了两个孩子——科里亚和瓦丽娅。她的头生子彼得交给了农奴抚养,因为人们误以为他是盲美人露莎的儿子:露莎本人"由于眼睛看不清,在门厅摔了一跤",流产了。露莎作为闺中密友生活在叶莲娜·阿尔杰米耶夫娜身边。1850年,皮亚季布拉特斯科耶来了一位名叫里马尔斯的瑞典少尉,也就是普拉东·谢戈洛夫。在当年的暴乱中,他逃到瑞典(为什么偏偏是瑞典?!),出色地掌握了语言,加入了军队,从此青云直上。叶莲娜·阿尔杰米耶夫娜依然爱他,可是里马尔斯少尉不能在皮亚季布拉特斯科耶久留。短暂相会之后,两人分手道别,也正是在这一场景中,帕斯捷尔纳克的鲜活音调才首次出现,读者终于可以感受到,自己面对的是一位大作家:

> 那你告诉我,一切为何这般不如意?那就请你为我找寻顺心的生活吧。常言说得好:不要随心所欲,而要按照神的旨意生活。主啊,我要感谢你,我的伟大庇护者,我的尽善尽美的保护神,是你让我活得如此艰难和迷惘,如此不可思议,是你命令我的心如此甜蜜地流尽鲜血。只有斯特拉东之类的蠢货,才睁着浮肿、肥腻的小眼睛,满心以为,活着仿佛是为了快感的满足,他们把皮靴跺得咔咔响,发号施令,吆五喝六,整顿秩序。说到底,生活是闪亮的微痛,是光明之力静悄悄的馈赠,他们做梦都想象不出,这是无声、持久、永恒的威力。

在这十五年里,普罗霍尔·梅德维杰夫也有许多意外的遭遇:庄园遭劫前夕,有人见到他身穿那件多米诺斗篷,所以大家都认为,抢劫案的祸首不是科斯特加,而是他。他遭到三次鞭笞,险些死去,然后被遣送西伯利亚。平白经受十年苦役,他总算回到皮亚季布拉特斯科耶——科斯特加落入法网,招认了全部真相。重归故里的普罗霍尔开了一爿客栈,很快发了财。面对普罗霍尔,露莎的父亲帕霍姆·苏列皮耶夫感到良心不安。当初他知道一切,却帮助劫掠,让一个无辜的人差点死于鞭刑。

这便是戏剧正式的开端,主角应是叶莲娜·阿尔杰米耶夫娜的私生子彼得·阿伽松诺夫。情节围绕着伊里涅依·诺罗夫采夫在皮亚季布拉特斯科耶经营的剧团而展开,作为庄园主要的财富,该剧团在全俄罗斯享有盛誉。两个京城的人们都来观看演出。在第一幕中,一位名叫亚历山大·仲马的法国旅行家抵达距离庄园最近的火车站。他对1835年那场农民暴乱颇有耳闻,也想着见见农奴演员,更主要的是,他急欲考察当地农奴的风习。据传言,再有不到半年时间,农奴就要获得解放。帕斯捷尔纳克特意把剧情带到整整一百年前的1860年①,以强调不同时代之间的相似性。他或许对苏维埃奴役制行将崩溃抱有幻想,由于一系列宫廷变故,崩溃实际上延迟了三十年。但是从解冻以来,困扰全社会的问题是,自由能带来什么。

关于皮亚季布拉特斯科耶,仲马从家庭教师萨沙·维特霍别谢尔尼科夫那里听到了许多。他给叶莲娜·阿尔杰米耶夫娜再婚生下的两个孩子瓦丽娅和科里亚授课。叶莲娜·阿尔杰米耶夫娜本人死于1859年。她的长子彼得·阿伽松诺夫在农奴家里长大成人,成为诺罗夫采夫农奴剧团的演员。剧团名声在外,最好的演员被派往巴黎学习,整个欧洲都为他们喝彩。然而,阿伽松诺夫在剧团里有一个冤家对头戈里亚切娃(在另一版本里是"兹维列娃"),这位服装保管员纠缠他,甚至想把他弄死。我们的主人公则打算根据《圣经》母题,写一个题为《报喜节》的剧本。他热切盼望解放,以便创建属于自己的剧团。他时常与家庭教师维特霍别谢尔尼科夫争论,不接受其对演员们宣讲以武装斗争反抗政权的必要性。阿伽松诺夫不喜欢斗争,更向往自由的创作。维特霍别谢尔尼科夫也曾试图鼓动普罗霍尔·梅德维杰夫,但他父亲(皮亚季布拉特斯科耶机械师基甸)的这位知交好言劝阻了年轻人。帕斯捷尔纳克誊写了序幕和第一幕前四个场景,还有四个留下了底稿。例行演出的季节结束了。地方警察局长斯特拉东·斯特拉东-纳列托夫骚扰农奴演员斯焦莎·苏列皮耶娃(露莎的侄女),令她不堪羞辱,逃向森林。实际上是普罗霍尔·梅德维杰夫将她藏进了自己家。他没有向任何人泄露这个秘密,就连进步的维特霍别谢尔尼科夫也不告诉。剧作就此中断。

2

说实话,帕斯捷尔纳克一生从未有过如此牵强和不堪卒读的作品。仿效莎士比亚的愿望,跟他开了个拙劣的玩笑——《盲美人》就像是对帕斯捷尔纳克《论莎士比亚戏剧的翻译》一文的直接说明。帕斯捷尔纳克认为,一部剧作的关键是节奏、戏谑与悲情的交替、鲜明的语言特征、与崇高诗性独白形成对

---

① 指俄国历史上有名的亚历山大二世改革。这场改革开始于1861年,废除农奴制是核心内容。

比的浓郁的方言土语。所有这些,《盲美人》里应有尽有:平民百姓像莎士比亚的丑角一样说话,只是改换成俄国情调,风流浪漫的主人公倾吐冗长抽象的道白,这一切都与奥斯特洛夫斯基气质的俄国生活剧严重抵牾,而后者的构建并非完全依照莎士比亚的规则。《盲美人》还是关于演员的话剧,关于戏剧的戏剧,这一点不断被强调,帕斯捷尔纳克甚至让自己的彼得·阿伽松诺夫就戏剧性发表整段的独白,就像道出《哈姆雷特》的主题:

> 这是关于人在生活中所遭遇的角色的戏剧,也是关于人如何扮演这个角色的戏剧。哈姆雷特演的是一个疯子。复仇者的角色落到他身上。即使父亲的影子显现,也不过是戏剧现象,是主要现象和次要现象。而他是幻影,是幽灵,这一事实不失为最高程度的戏剧化。这是思想在个性掩盖之下出现于戏台……"捕鼠机"——只是场景的疱疹,作用于悲剧的躯体,呈示其病状。而这悲剧的病态则贯穿于整个戏剧。

如此看来,《盲美人》也是病态而稚拙的戏剧:主要人物发出独白,讲述各自的信念、迷惘和生平。作者让他们吐露心迹,并非为了炫技,而是为避免像契诃夫那样将要点楔入潜台词,或者像奥斯特洛夫斯基那样详尽记录日常生活,以此展现不同人物。所有庄稼汉说话的腔调都一样,俨然是一个模子里刻出来的文艺腔十足的农民。所有知识分子——他们一共有三位,仲马、维特霍别谢尔尼科夫和阿伽松诺夫——也以同样的方式表现自己。个别人物,比如叶甫季格涅·科尔托姆斯基,被赋予"此情此景"之类的口头禅。个性化仅限于此。帕斯捷尔纳克标志性的巧合也无需赘言,它们在《盲美人》的篇页里俯拾皆是:亚历山大·仲马来到俄罗斯,在火车站上,遇到克里米亚战争期间在塞瓦斯托波尔见过多次的残疾人……在同一地点,他与里马尔斯-谢戈洛夫不期而遇……彼得·阿伽松诺夫在巴黎学习时,结识了仲马的儿子……这些大量的巧合,一部分是某种文学幼稚症的后果,因为在每个"新的未成熟"的开端(无论对音乐和哲学的迷恋,还是从事文学),帕斯捷尔纳克不惮于从起点向纵深开进:"无巧不成书"的偶遇和漫游,是两种最古老和最原始的叙事组织方式。整个《日瓦戈医生》就建立在漫游之上,家族的秘密和命运的遭逢则构成了《盲美人》。但就像托尔斯泰将手法的单纯和敞露视为最高艺术成就,帕斯捷尔纳克也不认为如此简单的舞台技巧有什么不体面。一般来说,戏剧创作是一门粗陋的艺术,戏剧不喜欢微妙精细,因而帕斯捷尔纳克不怕在剧情里带入舞蹈的多米诺斗篷、圈椅之间欢跳的怀孕的伯爵夫人，以及像日瓦戈一样思索的农奴中的哈姆雷特。

更重要的是，帕斯捷尔纳克需要这部剧作的整个情节结构，完全是为了详尽叙说俄罗斯的命运和使命，而叙说这一切，远非像他的戏剧手法那么简单。

3

对于《盲美人》的思想和主旨，只能略加探讨，因为作品连预期三分之一的篇幅都未达到，但主要的冲突已经设定，即梅德维杰夫与维特霍别谢尔尼科夫之间的争论。人物越正常，其姓名就越常见，我们对帕斯捷尔纳克诗学的这条规律不陌生。梅德维杰夫是整个剧本里最正常的人，想法简单而又明智：

> 现在是白手起家者的时代，比如像我这种人。罗斯母亲渴望事业，渴望不知疲倦、精明强干的人。地主们喂养了一帮闲人和拍马屁的骗子手，自己却沦为乞丐。如今，灵巧、勇敢、渴求工作的庄稼人正在成长。他要帮助她昂首站立。她，俄罗斯，将与他一道变得富足，但愿你们别因为妒忌而使坏，别设置障碍。在我们这儿，只有你们仍然满腔仇恨，其余那些欺负人的家伙，已经跟普通人脱离了干系。

这番独白针对的是革命者和民粹派萨沙·维特霍别谢尔尼科夫，对于此人梅德维杰夫这样评述道：

> 你们自以为支持新的事物，其实比我们这些人衰老得多。你们是拧着来的分裂派、伪君子和假道学。你们看不见有人只凭借劳动就能站起来，自己成为自己的主人。你们无不惧怕他心灵的获救。那样的话，他就不会活着进入你们不信神的天堂，不会有益于你们山羊统治的正义王国。你们或许会面对越来越多无能的懒汉加穷光蛋。这便是未来的世界，这便是未来的事业。

这当然是帕斯捷尔纳克自己的声音，他终于明白，自命为苏维埃人，亦即"不信神的天堂"里的正人君子，恰恰意味着成为懒汉，甘于平庸。（不过，他早在三十年代末就已有所预料）梅德维杰夫就像从自由盛典中看到

"山羊"的统治行将降临的陀思妥耶夫斯基一样思考,甚至也像精神充满这部剧作的勃洛克。1913年,不知什么缘故,正是勃洛克忽然爆发出乐观主义的激情(持续了不到一个星期),从俄罗斯看到"新美利坚",写下了相应的诗篇:一首太过牵强、绝非勃洛克式的劣作①。他天才地预言了所有毁灭和灾变,与之产生了共鸣,但他的乌托邦简直令人不堪忍受:

> 唯有你蓝色的安息神香,
> 偶尔向我透出别样的气息……
> 不,不是老年的面孔,也不是
> 莫斯科花头巾下枯槁的容颜!
>
> 就在那里,在水位高涨
> 针茅草垂向泥土的河对岸,
> 散发着燃煤自由的烟气,
> 迢遥的远方传来轰响……
>
> 不,不是发绺在那里被风卷起,
> 不是军乐的铜铃在荒草间闪亮……
> 那是工业的烟囱冒出黑烟,
> 那是工厂的汽笛正在嘶鸣。
>
> 草原之路没有终点,杳无尽头,
> 茫茫原野,除了风还是风,
> 忽然,高高耸起厂房的楼层,
> 工人简陋的屋舍联结为城市……
>
> 在空旷荒蛮的辽阔大地上,
> 你还是曾经的你,但又不是,
> 你朝我转过一副新的面孔,
> 另一种梦想同样动人心魄……

---

① 即《新美利坚》,写于1913年12月12日。

> 黑色的煤——地下的弥赛亚,
> 黑色的煤——这里的沙皇和新郎,
> 新娘,俄罗斯,但你那些
> 铁石的歌声并不可怕!
>
> 煤呻吟着,盐泛着白光,
> 铁矿也在发出哀号。
> 在苍茫的草原上空,那是
> 新的美利坚之星向我闪耀。

每当勃洛克意识到自己构想的是某种生硬的思辨,就尽可能采用纯粹形式的手法——复沓("求祷啊求祷")和社会浪漫主义套式("另一种梦想同样动人心魄"),以实现激情和音乐性,结果却是枯燥无味,乏善可陈,因为无论诗人给自己设立怎样的目标,直觉都比思辨更强大。在勃洛克那里,煤"呻吟着",铁矿"发出哀号"——一派阴郁景象,没有觉悟和自立的欢欣,也没有俄国资本主义取胜的迹象。总的来说,当俄罗斯艺术家有意塑造兴旺的地主、成功的商人、思想开明的商人,都免不了虚假造作:譬如果戈理《死魂灵》第二部的情形、冈察洛夫①《悬崖》当中锯木厂的一幕,以及勃洛克和帕斯捷尔纳克各自对于工业化"新美利坚"的诗意幻想……(需要指出的是,多年以后,帕斯捷尔纳克的弟子安德烈·沃兹涅先斯基不忘前辈的苦涩教训,针对普罗霍尔·梅德维杰夫这种勤勉的小业主、成功且务实的庄稼汉,他直截了当地宣称:

> 你仍是手稿一份
> 为了第二卷。
> 如果一无所成,
> 我就把你烧掉。②)

---

① 伊万·亚历山德罗维奇·冈察洛夫(1812—1891),俄国小说家,代表作是长篇小说《奥勃洛莫夫》,以描写俄国地主知识分子慵懒灰暗、沉闷无趣的精神世界而著称。《悬崖》是冈察洛夫第三部,也是最后一部长篇小说,发表于1869年。
② 此节引自沃兹涅先斯基未正式发表的诗作,写于二十世纪八十年代,确切出处有待查考。

难怪当初《福马·高尔杰耶夫》①发表之后，一些俄国商人怀着希望询问高尔基："马亚金——确有其人吗？您见过这种人？"或许，确实有过马亚金这类人物，但他们只擅长个人的兴旺发达，谁都不会委托他们治理国家，这当然也不是他们的追求。即使这种梦想成为现实，但凡在"新美利坚"经历过工业腾飞的俄国艺术家，都会立刻对这个新国度的残酷、金牛犊②的万能感到惊颤。勃洛克著有一部诗剧《命运之歌》（1919），风格很像后来的《盲美人》，其中描绘了诺夫哥罗德工业博览会，主人公赫尔曼惶恐不安，他的道白远比《新美利坚》更具说服力：

  这些高之又高的愿望
  究竟要把我们带向何方？
  机器取代进取的精神！
  崇高的梦想，变成茨冈人的！

帕斯捷尔纳克在俄国资本主义制度下生活了二十七年，很难说这种社会制度曾令他深受鼓舞。但如今，在共产主义乌托邦破灭之际，他的许多期愿都与一位能干的俄国农夫联系在一起。这位农夫记得上帝，善于为自己做工，因别人的罪愆三次受到鞭笞，差点断送性命，居然没有怨恨……帕斯捷尔纳克对普罗霍尔·梅德维杰夫钟爱有加，甚至他自己都没注意到梅德维杰夫与剧中最丑恶人物兹维列娃之间可疑的相像（两人的姓氏在词义上也接近③）：

  我的头一个丈夫，一名军官，无端遭人诬告而被革职。他受不了屈辱，自个儿做了了断。也就是说，他开枪自杀了，剩下我一个无助的女人。我本该充满仇恨，起来反抗长官。可即使我身陷痛苦，俄罗斯的福祉也比我的渺小更宝贵，比我的伤痛和苦涩的泪水更崇高。[……]在我们这儿，有人竟如此热衷于自由。这些人是我们的戏子。我冒昧地问一句，他们要自由干吗？他们还有什么不知足的？伯爵大人对他们

---

① 高尔基第一部长篇小说，创作于1894年至1898年。马亚金是小说主要人物之一，制绳厂厂主，店铺老板。
② 出自《圣经·旧约·出埃及记》的文化典故，喻指物质崇拜和金钱崇拜。金牛犊原是以色列人制造和崇拜的一尊偶像，被摩西用火焚烧，磨得粉碎，撒在水面上。
③ 在俄语中，梅德维杰夫这一姓氏的词根是"熊"，兹维列娃的则是"野兽"。

943

的奖赏和抚爱胜过对伯爵的孩子。免除了他们的老人和妻儿的沉重劳役。伯爵像亲生父亲一样爱他们,却不给他们发自由证①——会散了摊子,他说,一个个会消失不见,变成醉鬼。他们表演滑稽剧,他一边流泪,一边亲吻他们的手。他们可真不知天高地厚!让人不敢靠近!别看有着奴才的名号。说起话来更是放肆!简直狂妄自大!可就算你才华横溢,天赋卓异,难道你就没有羞臊和良心,不记得你是何许人,你这卑贱的在册男丁,莫非忘了你是可以像物件一样买卖和抵押?

梅德维杰夫对向往自由的萨沙·维特霍别谢尔尼科夫所说的,难道不是如出一辙,尽管措辞有所不同?

当然,勤劳致富的客栈老板普罗霍尔,纯属虚构的角色。帕斯捷尔纳克本人也清楚地意识到,俄罗斯主要的灾难就在于人民缺乏历史性的自由。"我们的国家是公家的。"维特霍别谢尔尼科夫说道。公文决定一切。

> 掌管俄罗斯的不是历代沙皇,而是那些鹰犬、警察局里的低级警员、干到县警察局长的军士、十四等文官。

对于这些谴责,帕斯捷尔纳克想必完全同意,尽管维特霍别谢尔尼科夫提出的解决之道在他看来是错误的。色诺芬·诺罗夫采夫的农奴、剧中配角叶甫谢伊的言论更是一针见血:

> 为了把人从地主老爷身边放开,任凭他到哪里去,这当然需要一些贵族用来消磨光阴的咖啡美梦,以及另一些老爷的品茗闲谈。不会有那种地主出于自愿给人以自由的事情。

傅立叶主义者色诺芬本想扇这个农奴几耳光,以回答他对自己的不信任,却奇迹般地忍住了,装腔作势地嚷道:"这可恶的奴隶占有制,究竟要把我们变成怎样的牲畜!"耳光伴随自由的布道——一个准确而怪诞的意象,充分表达了帕斯捷尔纳克对待俄国贵族自由主义的态度。就此而言,他甚至也有先见之明。一百年过去了,自由派始终没有停止用耳光宣扬自由。

总而言之,如同《新的成熟》这篇真诚的文章,《盲美人》的自由思想也暴露了自身的弊端。自由的布道者,要么是色诺芬之类虚夸的人物,要么是

---

① 俄国农奴制时代农奴主解放农奴的依附关系时发给的证明。

维特霍别谢尔尼科夫这样的破坏分子,可是不应当规定自由,而要为有成效的工作创造条件。所有人都等着辛苦地工作。这一思想的第一位体现者是普罗霍尔·梅德维杰夫,他是体力、手工及商业劳动的化身;第二位是主角德米特里·阿伽松诺夫,或者说成功的米佳伊。如同帕斯捷尔纳克所有的人物,他的姓名也极具象征性。德米特里(起先叫作"彼得")意思是成果丰硕,阿伽松诺夫这个姓则指向柏拉图《对话集》提到的一位古希腊悲剧作家,生活在公元前五世纪的诗人和演员①。其著作只剩下零星的语句,其中一句是"难以置信的事情极有可能"。他是斯多葛学派的先驱,也是欧里庇得斯②的导师。

阿伽松诺夫的言谈俨如帕斯捷尔纳克本人:

> 不瞒你说,我并非你的同谋。(不难猜到,他这是在对维特霍别谢尔尼科夫说话。——德·贝)我对自由的爱完全是另一种。我不喜欢立法者,无论现在的,还是你们正在培养的,既然你们出于共同的和你们自己的不幸,不定什么时候就会采取什么行动。我喜欢生产的大地、结果的树木、抽穗的庄稼。我喜欢耕种土地和侍弄田园的劳动者。我喜欢用自己的双手勤勤恳恳实现梦想的人,我不理解并鄙视那种思想深沉之人,他们忙于编造总体上含混不清和无法界定的理想。我喜欢农民、手艺人,骨子里狂热地喜欢艺术家,至于你和你的地下工作者们,甚至当你们作为烈士登上断头台……哎,这有什么可说的。

帕斯捷尔纳克曾被共产主义乌托邦吸引,也曾为此选择过戏剧体裁:当然,笔者说的是同样源于柏拉图的"对话体"。柏拉图可谓帕斯捷尔纳克第一位导师——与其说在哲学方面,不如说在戏剧创作方面。柏拉图对他的影响超过莎士比亚:各色人物展开紧张的智力对话,而情节很快开始成为障碍,显得造作而不必要。帕斯捷尔纳克曾经以戏剧形式塑造了赫列勃尼科夫和加斯杰夫③气质的乌托邦。如今,他更倾向于普罗霍尔·梅德维杰夫式的资本主义乌托邦。但是需要指出,在这两种情形里,他首先期望的都是

---

① 即阿伽松,又译作"阿伽通",是柏拉图《会饮篇》里宴饮的主人,他谈到凡人的爱,随后引起苏格拉底关于神的爱亦即美的灵魂之爱的发言。
② 欧里庇得斯(前480—前406),与埃斯库罗斯和索福克勒斯并称为古希腊三大悲剧作家,一生创作了九十多部作品,保留至今的有十八部,包括《独目巨人》《美狄亚》《海伦》等。
③ 阿列克谢·卡皮东诺维奇·加斯杰夫(1882—1939),苏联工会活动家,诗人。

劳动者和艺术家的国度,是把工作当成主要乐趣和唯一目的的人。人人有所创造:梅德维杰夫们创造食物,阿伽松诺夫们创造印象,在他们之间,还有高贵神秘的叶甫格拉夫们在行动,抵御混沌状态。然而,由于跟导致共产主义乌托邦破灭同样的原因,资本主义乌托邦不可能实现,只是它的破灭要更晚些,或者还可以说,更安逸些。以劳动和创造为主要乐趣的人,在任何社会都是少数,大多数人要么喜欢权力和压迫(所以他们在共产主义制度下才感到惬意),要么喜欢金钱(所以他们在资本主义制度下活得更好)。资本主义迅速沦为庸俗、贪欲和谎言的王国,这种潜在的理解也是促使帕斯捷尔纳克放弃移民的动因之一。帕斯捷尔纳克很清楚,德米特里·阿伽松诺夫对于普罗霍尔·梅德维杰夫是无用之人,在梅德维杰夫们的王国里,也没有阿伽松诺夫们的一席之地,唯有维特霍别谢尔尼科夫才需要阿伽松诺夫,但也只是在其未来王国的初期。阿伽松诺夫随后就不得不为获胜的无产阶级服务,被迫阅读那些宣传鼓动的文字……但普罗霍尔·梅德维杰夫也有可能需要他,只为了在戏剧独白中宣传自己的小酒馆,帕斯捷尔纳克对此不可能不明白(尽管对许多聪明人来说,十九世纪九十年代的俄国资本主义纯属意外)。可是,经历了共产主义诱惑之后,又如此坚决地拒绝它,如此勇敢地赞颂独立自由的个性,以便在道路尽头用一个勤劳农夫的形象安慰自我,并采取帕斯捷尔纳克向来反感的民粹主义和路标转换派的标准,写一部充分满足"平常口味"的典型斯拉夫主义戏剧,所有这一切,究竟是否值得?!

当然,《盲美人》并非仅限于这种危险梦想家与劳动生产者之间的对比。这也是一部关于俄罗斯的戏剧。俄罗斯只是出现于序幕和尾声(帕斯捷尔纳克未能完成尾声,但从他对这部未来剧作的叙述中可以知道,在剧本的末尾,阿伽松诺夫应该会让养母露莎恢复视力),随着偶像的崩溃,她被石膏粉尘弄瞎了眼睛,多亏天才的继子,才重见光明。问题不在于这凭空臆造的象征性冲突,而在于俄罗斯为何失明。帕斯捷尔纳克感受到了这一点,并且为之不安。

有研究者写道(例如在帕斯捷尔纳克五卷本文集的评注中),盲美人的形象可以追溯到勃洛克,追溯到他的《报应》。这种解说或多或少是合理的。《盲美人》本来就有许多勃洛克式的东西,当然是就形式而非内容来说:勃洛克绝非劳动生产的爱好者,如果说斧头还能引起他的兴趣,镰刀

(正像《关于勃洛克的四个断想》所描绘)或铁锹则几乎不可能。翻译的苦役和繁冗的零活儿不适合于他,出于严格的自律,他从来不会强迫自己写作。帕斯捷尔纳克相信进步,勃洛克则憎恶进步("在那里,外交家的头脑/决定血亲的内讧,在那里,新造的火炮/阻碍与敌人正脸相迎";进步致使人类面目全非,"神圣战斗的天使/仿佛自己飞离了我们"①)。但《盲美人》的形式却会让人时常想起勃洛克。不妨比较一下叶莲娜·阿尔杰米耶夫娜的爱情独白和《命运之歌》里像这样的段落:

> 我命中注定的良人,到我身边来,望着我吧!你看我一双眼眸,正期待你的风暴!你听我的声音,宛转如银色的溪水!请你松开我白皙的小手,从我处子的胸前摘下沉重的十字架!那黑黢黢的鸦群早早将我惊醒,它们在我头顶盘旋,不让我安睡。是你保护我免遭一切灾祸,免受任何人侵害,是你给我讲童话,铺好天鹅绒的床褥,守护我的少女之梦。②

这很感人也很糟糕,但如果说在勃洛克的象征主义戏剧(按照作者的定义,甚至是戏剧叙事诗)中,这样的道白还能说得过去,与总的抒情语境也算契合,在帕斯捷尔纳克的生活历史剧中听起来则异常刺耳。至于盲美人(或睡美人)本身,帕斯捷尔纳克或许真的想到了《报应》第二章引言里常胜魔法师的片段:

> 他用奇怪的圆形勾勒出
> 俄罗斯的轮廓,将魔法师
> 玻璃般的目光投进她眼眸;
> 伴随着美妙童话的叙说
> 美人不难入眠——她的知觉
> 渐渐模糊,昏睡让她
> 忘记希冀、沉思和激情——
> 但即使身处巫术的桎梏,
> 幽暗依然为她的面容增色:

---

① 引自勃洛克《报应》(1910—1921)。
② 引自勃洛克诗剧《命运之歌》(1908)。

> 她落入魔法师的掌控
> 反而充满了力量，
> 这些力量被一双铁手
> 攥成无用的一团……

这个片段又可追溯到果戈理的小说《可怕的复仇》，追溯到描述魔法师和被他施加了咒语、任其摆布的美人的情节。帕斯捷尔纳克大概不会反对将他的美人也塑造成睡美人——由于强烈的精神打击，以及石膏胸像的头颅被子弹击碎，她陷入嗜睡症，却还活着，直到四十年后才醒过来。这当然会是一个有力度的变化，而帕斯捷尔纳克认为，他毕竟是在写一部现实主义戏剧，尽管不乏象征的成分……或许，在序幕里即可让她受伤，引发同样的嗜睡症的迷梦——象征俄罗斯灵魂、青春不老的美人，就会成为剧情的主旨。原本为恐怖所笼罩的皮亚季布拉特斯科耶，也将平添几分哥特风情。但对帕斯捷尔纳克最关键的是，她不是睡美人而是盲美人。这正是他在剧中的主要成就之一。

民众缺乏历史性的自由和道德目标——此即《盲美人》最重要的主题：

> 鞑靼统治之下数百年的非独立状态，阻滞了我们国家制度的发展。我们对清醒的日常生活和个人尊严的公民意识已经消亡或弱化，而源于圣书的预定使命之动机和全人类的休戚与共，却获得了比世界其他地方更强大的力量。

但也许不必将一切归因于鞑靼人的桎梏，关于其影响，现代历史学家始终聚讼不休。说到"预定使命之动机和全人类的休戚与共"，同样是争议性的，明显带有民粹主义印记。至于弱化的公民情感和个人尊严，帕斯捷尔纳克本人未必会与他的维特霍别谢尔尼科夫展开争论。

顺带说一句，维特霍别谢尔尼科夫的姓氏让人有理由联想到《旧约》[①]——后来也正是从民粹主义产生了"前基督时代的巨灵"。代表基督教世界观的人物显然是德米特里·阿伽松诺夫，但如果说维特霍别谢尔尼科夫拥有自己的社会乌托邦，在阿伽松诺夫那里，积极的思想则极度模糊：

[①] 在俄语中，"维特霍别谢尔尼科夫"这个姓的前半部分"维特霍"（Ветхо）取自《旧约》中的"旧"字（Ветхий），不仅发音相近，而且别有寓意。

只要得到自由,还有工作,这就足够了。他想都没想过,自由有朝一日会剥夺他的工作。当农奴剧团不复存在,应该会围绕这一点形成后续事件的冲突。

4

《盲美人》的主人公是农奴剧团的演员,这个剧团在帕斯捷尔纳克看来,即是艺术的完美隐喻。难怪自1947年以来,他就想写一位生而为奴、没有自由的演员,这个想法一直让他难以平静,他还曾写信向西蒙诺夫提及此事。然而,正如我们从帕斯捷尔纳克的文章及书信所知,艺术毕竟是非自由的空间,即便这种非自由是自愿和愉悦的。剧团经理是善良开明的地主伊里涅依·诺罗夫采夫。布景和服装的资金不缺乏,伙食费也不少。农奴对这些演员从不抱怨:毕竟是自家弟兄,是一群庄稼人!阿伽松诺夫在巴黎学习了八年。他跟老爷说话很随意。是的,他不自由,但仅限于一纸契约。他是老爷的骄傲,皮亚季布拉特斯科耶的门面,两京居民都来观赏他的表演。或许,正是这样一座温室,才堪称艺术发展的理想之地。阿伽松诺夫的梦想当然是自由:

> 哦,但愿我成为一个自由人。我会跟斯焦莎、跟卡佳·兰杜辛娜、跟维特霍别谢尔尼科夫老师再加三两个最好的演员一道,立刻奔向彼得堡。我们会在那儿建立自己的剧团。资金、人、关系,都会有的。我们大家将展开最艰难的事业,勇往直前,赢得胜利,声名传遍世界。那才是生活!

但所有这些都很像是布拉蒂诺和皮埃罗创建自由的"闪电木偶剧院"之愿景。仔细研究就会发现,《盲美人》与《金钥匙,或布拉蒂诺历险记》[①]惊人地相似。在阿·托尔斯泰的作品中,也有一座了不起的和事实上的农奴剧院,有一群不自由的演员和卡拉巴斯-巴拉巴斯[②](帕斯捷尔纳克的剧

---

① 阿·托尔斯泰根据意大利作家科洛迪经典之作《木偶奇遇记》改写的中篇童话小说,发表于1936年。这部童话的主人公布拉蒂诺也是一位老人制作的木头人,皮埃罗及下文里的马尔维娜,均为木偶剧院的小木偶,与布拉蒂诺一道经历了许多奇遇。

② 《金钥匙》中的反派角色,木偶剧院的老板,木偶学博士。

团主人则是人道的、文明的),甚至好像为了将这种相似填满,同样有一个逃亡的姑娘马尔维娜。《盲美人》草稿结束于农奴演员斯焦莎·苏列皮耶娃的出逃,斯特拉东·斯特拉东-纳列托夫(第一稿里写作"沙东诺夫",具有双重含义:要么是飞奔,要么是游逛①)的骚扰令她深感羞辱。在《金钥匙》中,皮埃罗则念诵道:"马尔维娜逃往他乡,/我的新娘不见了踪影!"

所有这些并不像表面那样惹人发笑。世纪之初,俄国艺术拧成了死结。《金钥匙》,尤其是经由阿·托尔斯泰本人改编成话剧,成为针对勃洛克《草台滑稽戏》(1906)的刻薄戏仿。天才的生活题材作家和糟糕的诗人阿·托尔斯泰,讨厌象征主义者和伟大诗人勃洛克,借助贝索诺夫②这个形象对其大加讥讽,却又不满足于《苦难历程》,故而让他的皮埃罗编造了对《沼泽小鬼怪》③的戏仿:"我们坐在小草堆上,/四周花儿盛开,/多可爱呀,黄色的小花,/多芳香呀,黄色的小花。"帕斯捷尔纳克则向《草台滑稽戏》和《命运之歌》归返,一再运用农奴剧团和逃亡木偶新娘的情节单位,其实也就是世界抒情诗中两个重要的母题:艺术的社会地位及艺术与权力的关系——以及失去的恋人。在这条道路上,他无法彻底绕开《金钥匙》——同样的主题在《金钥匙》里也被改写。但此处的相像并非偶然:无论是谁,作为木偶剧院的木偶或者农奴剧团的演员,都不会对自身无所感知,哪怕是最有特权的苏联艺术家。而且无论奴役状态让帕斯捷尔纳克感到多么压抑,他都不会意识不到,其他任何状态下的生存都不可能:他的天赋只有在半自愿的苦役之下发展。正因如此,戏剧主要冲突的收场最好是等到农奴剧团的火灾过后(剧本最初的标题便是《火灾》)。这场火灾应与颁布自由法令的时间相吻合,而自由转化为悲剧和艺术的毁灭,只可能发生在诺罗夫采夫庄园的温室条件下。解放和火灾之后阿伽松诺夫又会有怎样的遭遇,我们无从知晓。他有可能被普罗霍尔·梅德维杰夫收留在客栈,也可能被维特霍别谢尔尼科夫带入自己的地下室。这样就决定了艺术家在自由来临之际的两条道路。可惜帕斯捷尔纳克的剧本没来得及写到农奴解放和剧场的火灾,否则一定会有真正宏大的预见。但在作者的意识中,农奴解放与农奴剧团的火灾密切相关,在象征层面上是同义语,这一点颇能反映帕斯捷尔纳克对待自

---

① "沙东诺夫"系音译,词根为 шатун,即"游荡不定的人"或"流浪者"。
② 阿·托尔斯泰《苦难历程》三部曲之一《两姊妹》中的诗人。
③ 勃洛克写于 1905 年的一首短诗。

由、艺术和国家赞助的态度。建立自己的剧院,突然获得资金、关系、机会,显然只有在《金钥匙》里才会实现,在那里,布拉蒂诺和小伙伴们神奇地出现在苏联木偶剧院的舞台上,开始愉快地为新艺术服务……阿伽松诺夫身处自由时会做什么,艺术家又会如何对待他的自由?这个问题萦绕在帕斯捷尔纳克心头,他正在认真考虑退场。他早就觉得自己像是农奴制废除前夕的农奴演员。

5

帕斯捷尔纳克的剧本里还有一处重要情节,也很像《金钥匙》——当然是无意识的,如果有谁向他提及这种相像,他或许会气晕过去,但对于《情节与体裁的诗学》作者奥莉加·弗莱登伯格来说,这可能是个内容丰富的话题:农奴(或木偶)剧团的历史,需要拾遗补缺。《盲美人》有自己的狐狸爱丽丝和花猫巴西利奥①,这也是剧作最出色的部分,讲述酗酒的地主叶甫季格涅·科尔托姆斯基与他两个农奴——奶娘玛芙拉及古里叔叔的故事。两个老人四处乞讨,将大部分所得供奉给科尔托姆斯基,他以此维持生活,然后继续酗酒。这部分内容足以表明,《盲美人》是由写过《生活,我的姐妹》和《日瓦戈医生》的同一人写的。

科尔托姆斯基以他最后的农奴为耻。他们无私地爱他,因为他而备受羞辱。温顺、忘我和羞辱的爱之主题,表现得入木三分,古里和玛芙拉在车站和普罗霍尔客栈的出场,则是《盲美人》最精彩的一幕。

> 他败光了整个庄园,又打发他们满世界索要地租,求讨钱物。由于年老体衰,他们练就了另一门手艺。他自个儿却头戴礼帽,领带挺括,招摇过市。

——这是阿伽松诺夫对甲长西林描述的科尔托姆斯基。

> 等他看到他的下人是这等破落,他会觉得不光彩,会跟我们脱离关系。他是个既胆小又腼腆的人。我是他的奶娘,阿波罗·维涅迪克蒂奇是我喂养大的,古里这个叫花子也对他百般呵护。他说,我刺伤了

---

① 《金钥匙》里的两个艺术形象。

他,他说得结结巴巴:"首先是人——人——格。"那我们只好悄悄躲开他,不让他发现,但又惦念着,他可别遇到什么事。我们爱惜他。可我们刚一露面,他就排斥我们。他会说,他们不是我的农奴,我不知道这些人是谁,我也是第——第——一次见到。

这两个"惦念着"老爷的贫寒之人,才真正代表俄罗斯,他们的形象远比契诃夫《樱桃园》里的费尔斯更有力。仅仅玛芙拉这段道白,就比阿伽松诺夫随后说他如何写《报喜节》更具有生动的基督教情怀。他打算按照托尔斯泰的风格,用俄国俚语和口语来写,就像帕斯捷尔纳克写他自己的"星相家的敬拜"——《圣诞之星》。

请安心吧,他说,我是天使长,从天上径直来到你身边。这事情是如此平常。为了不忘记,顺带再说一句,请记住,圣洁的你,将产下圣子。

或许,阿伽松诺夫的《报喜节》也会出现在《盲美人》里——帕斯捷尔纳克强调,莎士比亚将《捕鼠机》带入《哈姆雷特》的文本,并非无心之举。很有可能,剧场会在《报喜节》上演时起火——在期待已久的日子里,在沙皇颁布自由法令那一天,而这个好消息也会变成灾难。我们也许会看到阿伽松诺夫带领一群无家可归的演员,游荡在附近的乡间,古里和玛芙拉可能也会加入其中。既然一位农奴演员获得了自由,而他的剧团却毁于火灾,他最好的命运无非是成为流浪艺术家,这总比在梅德维杰夫的客栈卖唱,或者在维特霍别谢尔尼科夫的地下室制造炸弹要强。很难说,帕斯捷尔纳克如何结束这场戏。有一点是肯定的:他感觉到他可亲的剧场摇摇欲坠。他写完自己的"报喜节",现在开始等待自由。至于农奴剧团的演员们结局如何,生活本身自有解答,正如涅克拉索夫所云:"人们又想出许多别的圈套,/代替农奴制的罗网。"①一场短暂的火灾将旧有文化焚烧殆尽,诺罗夫采夫庄园文明的伪善者不是被毁灭,就是沦为赤贫,此后农奴剧团得到重建,只是舞台布景更粗劣,导演也更愚蠢。

但阿伽松诺夫也可能死于这场给他带来自由的火灾。倘若如此,便纯粹是勃洛克式的意蕴:知识分子本身就该烧死在他往里添柴的火堆上。如

---

① 引自涅克拉索夫《自由》(1861)。

同尤里·日瓦戈,阿伽松诺夫注定厄运难逃。此种艺术家命运的预言将会是悲壮的,勃洛克无疑会这样结束戏剧。而预感死之将至的帕斯捷尔纳克让其主人公在自由来临时死去也未可知。他在底稿中的描述不是毫无来由:"阿伽松诺夫——深沉、迂腐、独特、喜好幻想之人(à la① 勃洛克)。"当然,我们无法断言,这场毁灭最终会让盲美人重见光明。不知有多少人已然坠入这深渊……

按照构思,幸运儿只有普罗霍尔·梅德维杰夫一个。自由法令颁布之后,他不再藏匿斯焦莎·苏列皮耶娃(根据帕斯捷尔纳克的素描,她直率而又尖刻,说话简短生硬,就像茨维塔耶娃),随后又娶她为妻。她的演员生涯或许会就此终结,但正如常言说,戏剧并非唯一的归宿。不排除在剧作尾声,像杜多罗夫和戈尔顿一样,她会与普罗霍尔一道阅读德米特里·阿伽松诺夫残留的《报喜节》手稿,从中找寻希望与安慰。

我们无意嘲讽帕斯捷尔纳克糟糕的剧本。令人欣慰的是,他仍然具有发展的能力,他清楚地预见到奴役的剧场行将崩溃,四十年来,在这座剧场的舞台上,他扮演着头号诗人的角色。不过,他注定要在奴役制度废除之前获得解放,而无需地主诺罗夫采夫发给的自由证书——他的自由证书是由更高权力颁发的。

1959年9月,他对美国指挥家伯恩斯坦如是说:

> 艺术家同天父上帝对话,为他书写自己的作品。上帝则向艺术家演示戏剧,让不同的人扮演不同的角色,这样艺术家就有东西可写。他写的可能是悲剧,也可能是闹剧……但这已经不重要了。

---

① 法语:"以……的风格""像……气质"。

第五十章 告别

1

1960年4月,帕斯捷尔纳克初次感觉到发病的迹象。他的左肩胛骨开始疼痛,没过多久,就无法坐着写东西,只能站起身誊抄剧作的开篇。大夫从他体内发现了积液,但他不相信。他想起当初在博特金医院的一位病友,医院说他患有神经根炎,体内也有积液,可帕斯捷尔纳克知道,这位病友得了肺癌。

4月17日,帕斯捷尔纳克最后一次来到波塔波夫胡同,跟伊文斯卡娅共度复活节。母女俩正准备为伊琳娜·叶梅里扬诺娃的法国未婚夫乔治·尼瓦送行,一场大病之后他要回巴黎休养。"鲍·列心情不错,晒黑了,看起来很健康,依旧语出惊人。"这次见面时,帕斯捷尔纳克劝告伊琳娜·叶梅里扬诺娃不要移民。

> 你习惯于用苏联的条件向自己解释人的愚蠢,可是在那边,你会径直遇到愚蠢,遇到卑鄙和无耻,这些都是无条件的,对你会是精神上的打击。可我相信你的命运。

他还称赞了乔治·尼瓦的率真和质朴。他们喝了两瓶"寡妇香槟"①。帕斯捷尔纳克说他想写一本书,关于文明的意义,关于俄罗斯和西方艺术的非人性化。"不,这里面必须有某种意义,必须有!"他打算把其中一些想法带入阿伽松诺夫的道白,以这种方式让阿伽松诺夫预见艺术在下个世纪的命运,或者单独写一篇文章。傍晚,他和伊文斯卡娅一起返回佩列捷尔金

---

① 即"凯歌香槟",创立于1772年,1805年,酒厂老板不幸去世,他的年轻遗孀继承了丈夫的事业,不断追求完美和创新,酿造出品质超群的产品,从而使"凯歌香槟"成为世界著名香槟品牌。

诺。她回到自己的住处,他在"大别墅"接待了与他长期通信并首次来访的雷娜塔·施韦泽。书房里的简短交谈后,他领她去跟伊文斯卡娅相识。施韦泽不停地扑过来吻他,他假装生了气,请求伊文斯卡娅原谅。回到家,他在过道里脱衣服,嘟哝了一句:"大衣真沉啊!"随后却在复活节餐桌前坐了许久,说了一番激情的话语,喝了许多酒,很开心。

次日,他的胸部出现剧烈疼痛。伊文斯卡娅带他去找一位熟识的神经外科大夫。这是蒂森豪森男爵①的女儿。她查看了他的身体,赞美了他年轻时的诗文,用沉静的女低音宣称,没发现什么大问题。帕斯捷尔纳克略微打起了精神。

4月末,他的病情明显恶化。他费力地来到别墅管理处,往莫斯科打电话。伊文斯卡娅询问他感觉如何,他用虚弱的声音说:"哎,活不到一百岁!"同时从另一只话筒听他们交谈的叶梅里扬诺娃叫喊道:"你能,能活到!"

4月20日,施韦泽前来道别,给他带来她侄子的一幅画儿,标题为《老虎》。老虎一条后腿画成黑色,意指帕斯捷尔纳克在故土玷污了自己。他赞叹道:"这是小夏加尔②!"当即给男孩写了一张明信片,表示谢意。帕斯捷尔纳克送别施韦泽,从门前的台阶上向她挥手,艰难地回到楼上的书房,对尼娜·塔毕泽说:"请别吓唬济娜和廖涅奇卡,可是我相信,我得的是肺癌,肩胛骨疼得要命。"

4月23日,他又一次去了伊文斯卡娅的"小别墅"——面色苍白,神情惶然。她回忆道,他那样吻着她,仿佛想要还原生命、健康、力量……

5月1日,克拉舍宁尼科娃来看望他。根据她的讲述,叶甫盖尼·鲍里索维奇写道:

> 他请她一道进行忏悔的圣礼,然后闭上双眼,连续背诵了所有相关的祈祷文。他的面容焕然一新,带有光泽。圣礼的力量和基督降临的鲜活感受是如此惊人,甚至当他意外地说到死的迫近,也成了细枝末节。

---

① 可能是指苏联北极探险家、教育家伊曼努尔·帕夫洛维奇·蒂森豪森(1881—1940)。
② 马尔克·扎哈罗维奇·夏加尔(1887—1985),白俄罗斯裔法国画家,二十世纪先锋派绘画艺术的杰出代表,出生在沙皇俄国,1922年离开苏俄迁往欧洲,最后定居在法国。

5月的节日期间,雨下个不停。伊文斯卡娅和女儿搬回佩列捷尔金诺的住处,等待帕斯捷尔纳克,却不见他的踪影,直到5月3日傍晚,科马·伊万诺夫送来了他像往常一样乐观的信。帕斯捷尔纳克称他被诊断出血压过高、心绞痛、神经衰弱。"别难过,我们经历的可不止这些。"他在信的结尾说。

　　5月5日,他突然感到病情加重,却没有改变日常作息。第二天,他想洗头,胸口和肩部一阵急骤的疼痛差点让他失去知觉。怀疑是心肌梗塞。心电图未显示异常。根据5月9日的心电复检,涅恰耶夫医生断定为深度双部位梗塞,弗格尔森教授确认了诊断,文学基金会门诊部为帕斯捷尔纳克派来了安娜·戈洛杰茨医生。

　　他已经躺倒在床榻上,在一楼的钢琴房,不被允许起身。他的弟弟和弟媳赶到了佩列捷尔金诺,塔玛拉·伊万诺娃①也时不时来看望。帕斯捷尔纳克没有喊疼,只是为禁止翻身侧卧而痛苦——按规定必须平躺。他无法入睡,不禁思前想后,连声哼叹,对护士说这是"没有梦的噩梦"。济娜伊达·尼古拉耶夫娜说,他晚上通常会吃点东西,以便睡得更好。医生允许他夜里十一点进食,但他还是睡不着。

　　帕斯捷尔纳克受不了被人看到胡子拉碴的模样。他让儿子给他刮脸,廖尼亚照办了。阅读同样不许可,他却依然说着,想着文学,呓语中念叨的也是文学:"莎士比亚和歌德的译本相互争吵,吸引我,又消失不见了。"

　　护士让他最好别说严肃的事情。

　　"那我该说什么?"他生气了,"莫非左肩胛骨不成?它可不会讲俄语。"

　　他不断地向几位护士道歉:瞧,我病了,你们不得不照料……

　　"您有什么错?"

　　"我的左肩胛骨早就有了不适和疼痛,倒也不大严重。可有时也会严重到不敢承认。原先我以为,通过病体内部的抵抗即可战胜疾病。我错了,是我给自己造成了这一切。"

　　这种相信身体状况取决于精神状况,意志力能够战胜疾病的观念,完全是帕斯捷尔纳克式的。难怪两三年前的一天,当济娜伊达·尼古拉耶夫娜问到他哪儿不舒服,是精神上还是身体上的,他大声说:"我生来不是以身

---

① 弗谢沃洛德·伊万诺夫的妻子。

体的方式感知自己!"

楼上,他的书房里正在维修,没有人阻止。修缮的主题伴随了他一生,如今再度浮现。

卓娅·玛斯连尼科娃带来了这个季节少见的樱桃,榨汁给他喝。他已经很难进食了,说了一句:"好极了。"

13日晚上,情况进一步恶化。他第一次叫喊腹痛,夜里,对安娜·戈洛杰茨说,他的人生故事不会随着他的病史而终结。

> 往后还会议论一段时间,但接下来,所有人都会认可。不管怎么说,我还是诺贝尔奖得主。

心电活动每况愈下。腿部也开始疼痛。在鸦片全碱的作用下,他似醒非醒地说:"脚后跟自作主张,就像我忘了姓甚名谁的私敌。"即便如此,他也不让护士靠近,直到妻子帮他洗漱完毕,他自己亲手装上假牙。他称之为"活在牙齿下"。

5月14日,应伊文斯卡娅的请求,1952年为帕斯捷尔纳克治疗过心梗的多尔戈普洛斯克教授查看了他的状况。次日会诊,确定是胃癌。未告知亲属。给他注射了强效镇痛剂,他睡着了,一醒过来就问:

"列昂诺夫在哪儿?"

"列昂诺夫没来。"护士回答。

"他刚才还坐在这儿,我们聊着《浮士德》……请别再给我打什么麻药了。"

为缓解病痛,给他设置了氧气帐,这样他就能入睡了。

有一次,护士问道:"您感觉怎么样?"

"机会越来越小,可我倒觉得很平静。"他回答道。

他放弃了他喜欢的浓茶。他得知自己有溃疡,又不知听谁说,这种情况下,重口味的饮食对身体最有害。他开始拒绝家庭女工塔尼娅准备的食物:"在这个问题上,她简直愚蠢透顶。"

"瞧您说的,塔尼娅奉献了整个一颗心!"

"她奉献的是心,脏污却留下来。"

他对尼娜·塔毕泽说:"我爱你们所有人。可是如今我已不存在,只剩下胸口和肚子里一团乱糟糟的东西。"

几个荷兰人送来一大束郁金香,他要求别带进房间。他不喜欢花瓶里的花,只喜欢大自然里的。他每天都问樱桃是否已经开花。那是湿热的 5 月,但樱桃迟迟未开。"在我生病期间,我宁愿天是阴的。"他伤心地说。他受不了热天气。

安娜·戈洛杰茨称赞他年轻人般健美的肌肉和富有弹性的皮肤。5 月的最后日子里,他却越来越消瘦。他最害怕家人提出要把伊文斯卡娅叫来。戈洛杰茨表示,这对他来说意味着情况没救了。济娜伊达·尼古拉耶夫娜甚至打算在她到来时离开家,遭到了他的反对。

在 5 月 18 日的晨检中,戈洛杰茨触摸到他左侧锁骨上部有病灶转移,便立刻赶往莫斯科咨询。

傍晚,又给他设置了氧气帐。他几乎动弹不得。

"看我变成了什么!夹在书页之间的干树叶。"

玛尔法·库兹米尼奇娜是一位上了年纪、态度严厉的护士。帕斯捷尔纳克对她说:"玛尔法·库兹米尼奇娜,您大概没有受过生活的宠爱。但您有一颗善良的心,您如此威严,争强好胜,您一切都能办到,只要您愿意。请为我做点什么吧,玛尔法·库兹米尼奇娜,我真想活下去。您别急,请坐下,考虑考虑再去做……我过着双重的生活。哦,要是您了解'她',您就不会谴责我。您也有过双重生活吗?"

他再没有跟谁说过伊文斯卡娅,只是偶尔让十六岁的护士玛丽娜·拉索欣娜去伊文斯卡娅那边,安慰她。

5 月 22 日,叶莲娜·塔格①在自己的兄弟、一位著名的放射科专家帮助下,居然把一台透视仪搬到了别墅。

"喏,这下好了,"帕斯捷尔纳克说,"一切都会弄清楚,会有另一种结果。"

根据 X 光片,塔格教授断定是左肺水肿,而且两片肺叶均有扩散。这是一种最迅速的癌变,通常由强烈的情绪波动所引发。看来,症状是从 1959 年最后几个月发展起来的,当时形势模棱两可,当局以直接的威胁取代了迫害。

透视检查之后,帕斯捷尔纳克瘦得厉害。第一次不戴假牙。这副义齿就这么搁在他床头一只棕色的杯子里。杯子跟了他许多年,搪瓷有些脱落,

---

① 叶莲娜·米哈伊洛夫娜·塔格(1895—1964),苏联诗人、散文家、回忆录作者。

依然完整。

护士告诉他,片子上表明是慢性肺炎。他不信。

23日,文学基金会门诊部主治医生来看望他。"可爱的医生,"他说,"有点儿像费定。"

一些外国记者一直守候在别墅附近。整个莫斯科都知道了诊断,西方也有所了解。帕斯捷尔纳克要求把妹妹利季娅从伦敦召回。她原本准备立刻启程,但苏联大使馆延误了签证。

5月27日凌晨4点,帕斯捷尔纳克的脉搏消失了,给他打了几针,才恢复过来。"我觉得很好。本来什么都感觉不到了,可你们的注射又让我回到了不安。"

"如果人都是这样死去,"几天来他重复着同一句话,"那一点儿也不可怕。"

"生命美好,"他对护士说,"如果生命延续,我将用它反抗庸俗。在世界文学和我国文学里。太多的庸俗。一切的书写都文不对题。"

他还说要写护士的工作:"嗯,是的,你们是劳动者。世上的麻烦如此之多,任何活动都如此复杂和艰难,在这里却展现得如此高尚、真挚和无私。这就是我要写的。"

又问奥列沙是否还活着。他不知道,奥列沙于4月病倒,5月初就去世了。

"我感觉周围一团糟,"他对长子说,"听说应该吃东西,好让胃口动起来。但这很折磨人。文学界同样如此。认可根本算不上认可,而是一无所知。没有往事的回忆。人与人的关系以不同方式毁坏了。仿佛置身于一堆秽物。不仅在我们这儿,全世界到处都一样。人生不过是与普遍庸俗之间的搏斗,为了一个人自由不羁的天赋。整个生命都消耗于此。"

5月27日晚间,给他输了血。他说自己在战争期间献过血。当钉头从静脉拔出,血液溢到病床和医生的白大褂上。

"血腥的景象。"帕斯捷尔纳克说。

第二天早晨,他问医生:

"您收治过我这样心梗之后出现并发症的病人吗?"

"是的。"医生回答说。

"他们康复了吗?"

"是的。"

"说说他们的名字。"

她说出了几位作家的姓名。他似乎平静了。

夜里,值班护士在他旁边睡着了,很快醒过来,发现他正看着她。

"对不起。"护士难为情地说。

"没关系,"他笑着说,"您的状态不错。"

有一次,戈洛杰茨请他朗读。

"我自己就在写书,干吗要我读别人的?"他有点气恼地答道。

28日,他的病情彻底恶化了。

"既然您什么都知道,"他对护士说,"何必用这种索套拴住我,让我活命?请看看自己心灵深处。生命是美好的,非常美好。可是人难免一死。"

但第二天他就盼着输血了,因为第一次之后,他感觉好多了。叫来了廖尼亚,问他考试情况如何。傍晚,叶尼亚也来了。帕斯捷尔纳克叫他来,却没有说什么。

卡希尔斯基教授是唯一未收取诊费的大夫。他说,帕斯捷尔纳克活不过五天了。一星期过去,帕斯捷尔纳克还活着。5月29日上午,尼娜·塔毕泽来探望。一如既往,他拉着她的手,抚摸她的手指,说了一句:"盖纳茨瓦列。①"塔毕泽当天特意涂了点口红,穿得更鲜艳些,因为帕斯捷尔纳克说过,她和济娜被折磨得不成样子,他还一再说自己快死了,这样她们就不用再为他操心了。尼娜想要向他展现一副略显年轻、气色更好的面容:

"您看上去好多了,我和济娜也挺好!"

他摇摇头说:"不,尼诺奇卡,我感觉糟透了,你俩也不怎么样。"

5月30日早晨,像平常一样,他让妻子给自己梳头发,俏皮地说,分头不是这么划出来的。等待输血。医生半天未做决定,他不明白是为什么。输血终于开始了,一股鲜血从他喉咙里涌出来。

"丽达②已经上路了,"长子反复说,"等她来吧。"

"丽达——这好呀!"他说。

他请妻子单独跟他待在一起。

---

① 格鲁吉亚一个常用语的俄语音译,相当于"亲爱的""我的朋友""同志"。

② 利季娅的爱称。

"我爱生活,我也爱你,"他对她说,"但我和你分离,也毫无遗憾:周围有太多的庸俗,不仅在我们这里,全世界都一样。反正我是无法容忍。我对你感激不尽。"

他让妻子把两个儿子叫到跟前。

"怎么样,咱们该告别了吧?"

这句话一半是问题,一半是答案。

"你们两个是我合法的儿子。我死以后,除了自然的悲伤和痛苦,除了这一损失本身,你们不会受到任何威胁。你们是被法律认可的。但我的存在还有另一面,非法的一面。在国外广为人知。这是我的命运以及我事业中的遭遇,尤其是因为近来卷入的诺贝尔奖风波……等丽达来了,她会管这些事情。有很多东西她需要了解,但不是从你们这儿。丽达会处理好一切……这——是非法的一面,我死后谁都不可能保护它。你们懂了吗?"

"您是想说,"叶尼亚问道,"您要把您留下的东西全都托付给我们,对吗?"

"不,根本不是这个意思。我希望你们与此无关,但愿这种无奈的淡漠别让你们难堪,成为负担。"

他的喘息变得急促了。

"你们下一个程序是什么——氧气帐吗?那就用氧气帐吧。"

他对托着他头部的玛尔法·库兹米尼奇娜说:

"我有点听不清。眼前好像有一团雾。但这总会消退吧?"

济娜伊达·尼古拉耶夫娜和两个儿子一直守在他身旁。

当晚十一点,他对妻子说:

"请原谅。"

停顿了片刻,又说:

"我快乐。"

2

与此同时,在他终生与之过从密切,交往偶尔也有中断的圈子里,一场恍如神秘剧的变局正在酝酿:有人忙碌于宴席前,查看他喜爱的一切是否都已到位;主持人纪齐安·塔毕泽一边安排客人就座,一边斟满用来罚酒的硕大角杯,为操持酒宴的权利而自豪;朋友帕奥罗劝朋友弗拉基米尔不要一开始就将情况道明("想想您当初的感觉"),莱纳①的位置更靠前:"总算能见到他了!"几位老者赶了上来:喂,快来吧……尚未各自落座,交谈一如平常:哎呀,要是提前知道就好了,谁还会耽搁哪怕一分钟!事实上,假如前天不被干扰,他恐怕早就来了。即将到来的盛会的气氛吸引了所有人——包括对他怀恨之人,尽管不可否认,在如此重要的宾客莅临之际,这些人比平时少得多。欢乐占据上风,计划反复斟酌。罗列了他应当立即参与的项目,因为他这个级别的大师在这里也太抢手,况且您知道,这是非凡的时辰。幸福的期待臻于巅峰,想到他最后的辗转之艰辛,谁都不再伤感:毕竟大家都经历了这一程,没什么大不了。他很多时候的言行举止,仿佛很久以前就……说真的,倘若所有人都能这样,世界该有多美好!

旋风起舞,乌云疾驰,群星传递眼色。一切均已齐备,腾空了走廊,餐桌上完成了最后的摆设。忽然,屋前他亲手栽植的樱桃树的小径变得白茫茫,在尘世间泛出天国盛宴的淡淡反光。5月里不常见的热天。活动预定在十一点二十分。"他来了,他在这儿!"座席间传来窃窃私语。帕奥罗和纪齐安带着无限诚挚的表情向他走去,没有谁跟他们竞争最先欢迎他的权利。他环顾四周,看到无数模糊的人影排成队列,隐没于庆典的金辉。所有人都怀着悲欣交集的复杂心情,渐渐地,欣喜明显占了优势。他已经听到乐师调试弓弦。只等他首先致辞,宴饮即可展开,无须在此字斟酌并为之劳神——显然,每个人都能正确理解。奇怪的是,呼吸越来越轻松。他朝着朋友们迈开脚步:面前是连绵的祝酒,华丽的辞藻充满敬意。此时此刻,只要一句最简朴的话语就已足够,只要一个词,他们就会认出先前的他,不怀疑他的真实。因为幸福之至的感悟再度神奇地巧合于现实,而洋溢着喜气的现实则无限超越了这些感悟,他的心头不由得涌起快慰,他向迎面而来的众人低下头,简短地说道:

"我快乐。"

一片欢呼声:这依然是他,是真正风华正茂的他。其余的人以为,他面向他们,可能是想说他感到欢欣——为他们的光临,为安然死于家中,或者为他遭受的苦难终于结束,但这一切其实都无关紧要了……

---

① 指诗人莱纳·里尔克。

尾声　死后的生命

1

"清晨,太阳信守诺言/如约而至,透过窗口/将橘黄色的光线/斜射在窗帘和沙发之间。"①1960 年 5 月 31 日的清晨来临了——这是人世间失去帕斯捷尔纳克的第一天。

济娜伊达·尼古拉耶夫娜和家庭女工塔尼娅一起洗净了他的身体。早晨六点,伊文斯卡娅匆匆赶来,没有遇到阻拦。她在床边待了许久,与他无声地道别。她感觉他似乎余温尚存,手仍然是软的。6 月 1 日,城里运来了棺木,将遗体殓入。文学基金会派来两名操办丧事的人员,询问济娜伊达对葬礼有什么想法。"要让音乐不断奏响,"她答复道,"我的心情很平静,事情也会办得朴实无华,就像他朴实无华的一生。"

灵柩停放在餐厅。身形高大、发胖的尤津娜被人搀扶着,费力地登上台阶。她、斯塔西克·涅高兹和里赫特②分别演奏了乐曲。在小提琴和大提琴伴奏下,尤津娜弹了帕斯捷尔纳克心爱的三重奏——柴可夫斯基的《追忆一位伟大的艺术家》③,又单独弹奏了舒伯特的多首乐曲。雕塑家维连斯基从死去的帕斯捷尔纳克面部翻制了面模。鲜花簇拥着灵柩,人们络绎不绝地从旁边绕过,跟他告别。

黄昏时分,伊琳娜·叶梅里扬诺娃和乔治·尼瓦前来送别帕斯捷尔纳克。向来惧怕死亡和死人的伊琳娜对他冰冷的遗容深感震惊:她从未见过他梳分头的样子,原先他额头上总是留有下垂的额发。

---

① 引自帕斯捷尔纳克《八月》(1953)。
② 斯维亚托斯拉夫·特奥菲洛维奇·里赫特(1915—1997),德意志血统的乌克兰钢琴家,二十世纪最伟大的钢琴艺术家之一。
③ 这是柴可夫斯基《a 小调钢琴三重奏》的副标题。

躺在这里的完全是另一个人——高贵的面容,年迈,静穆,消瘦,谴责的(不,不如说是严厉的)神色。这样的人很有可能活在世上,但不是鲍·列,而是别的什么人。死,无论他有过多少对它的思索,无论他就此写过多少文字,多少次准备迎接它,都不曾接近他。死并非来自他的日常生活。他们之间没有共同语言。死并不能适应他——它干脆偷换了他。这变化令人惊颤,甚至哭不出来。倒像是如释重负。我想了一会儿,才恍然大悟:"这一切与他有什么关系?这不是他,不是!"

我和乔治·尼瓦相互看了一眼。是的,鲍·列不在这个空间。可他又在哪里?我无法描述自己的感觉。或许,这是我一生中绝无仅有的宗教体验。心脏一阵悸动:万一呢?万一,难道是预兆和暗示——我们不会死,最终也不可能死?存在万一吗?

大家走出来,站在门廊边。他在这里,与我们同在。瞧,这是他爱过的天空、树木,这峡谷、远处的钟楼,春日里的斜阳,所有这些都比我们留在房间里的那个更像他。这果真是对奇迹的感受,就这样——"刹那间,猝不及防地",它与我们这些未及准备的唯物主义者不期而遇。

返回到村庄。奇迹没有抛开我们。它从细窄沙路的每个转弯处望着我们。从半干的小溪边。从荒诞的干草垛后面——如今,对我们来说,这片草垛永远就在"没有月光的长长草棚的阴影里"①……而更多地——是从天空。奇迹跟随我们,直到那座房子,然后消失了,留下我们独自面对混沌和恐惧。但关键是它来过,转瞬即逝,这就给了我们力量。

傍晚,佩列捷尔金诺教堂大司祭约瑟夫为他做了安魂祈祷。葬礼定于6月2日。基辅火车站郊区线路售票窗口旁,贴出了一张手写的告示:

同志们!1960年5月30日深夜至5月31日凌晨之间,当代最伟大的诗人之一鲍里斯·列昂尼德维奇·帕斯捷尔纳克与世长辞。追悼会将于今日15点举行。

佩列捷尔金诺站

---

① 引自帕斯捷尔纳克《爱吧,走吧,雷雨未停息》(1917)。

刊登在《文学报》上的公告,作为报复死者的实例和卑鄙的明证,足以载入史册:

<blockquote>
苏联文学基金会理事会通告,由于长期身患重病,作家、文学基金会成员帕斯捷尔纳克·鲍里斯·列昂尼德维奇于本年5月30日去世,终年七十岁,故此向死者家属表示慰问。
</blockquote>

整个村庄的人们,身着最好的衣装和新的外套,都来为他送行。从莫斯科赶来了许多花白头发的女士和神情严肃、身板挺直的老者,也就是他那本书里写的少男少女。他们很久没有相聚了。这是莫斯科日益稀少的一小群旧知识分子,他们关系密切,从他身上找到了自我安慰和辩白的理由。他们有不少人被毁了,但不是所有人都能被毁掉。

天气闷热,雷声滚滚,要下雨了。在佩列捷尔金诺墓地,帕斯捷尔纳克的两个儿子选好了位置,从那儿就能望见车站和房子。科马·伊万诺夫、廖尼亚、叶尼亚、斯塔西克、费奥多尔·帕斯捷尔纳克(亚历山大·列昂尼德维奇之子)等人抬着灵柩。文学基金会的主持者担心示威游行。

"我保证他们不会把他偷走,"济娜伊达·尼古拉耶夫娜尖刻地说,"也不会有人开枪。参加活动的是工人和农民。大家都爱他。出于这种爱,谁也不敢扰乱秩序。"

送别的人越聚越多,出殡耽搁了半小时。

第一个走在灵柩后面的是济娜伊达,利瓦诺夫搀着她。前来为帕斯捷尔纳克送葬者不知究竟有多少,但所有回忆录作者都表示,如此规模的人群实属意外:他们提到的人数在两千到四千之间。不可能有准确的数目,因为有人中途离开,有人傍晚才赶到。人们抬着他的遗体,沿着晒热的路,向土丘上的墓地缓缓行进。灵柩是敞开的,最后一次,帕斯捷尔纳克的侧影漂浮在佩列捷尔金诺的道路之上,树林、田野、远处过往的列车最后一次为他送行。他面部的犹太特征忽然越发明显:鼻梁隆起,面颊凹陷。苍白的脸上几乎看不出一丝黯淡。嘴唇和眼睛都瘪了,表情痛苦而严厉。一如通常下雨前的时刻,草、叶子、泥土、发烫的树皮,格外用力地散发浓烈的气息,跟在他身后捧着的鲜花也吐散出熏人的花香。这群人默默地走着,没有乐队,没有音乐。有些人也许不是来参加葬礼,而是参加政治集会。也许还有些人,帕斯捷尔纳克的名字对他们毫无意义。谁都没注意到他们,事情也跟他们不相干。大家沉默而隆重地庆祝他最后的节日和最后的胜利。世界在他周围绽放，倾尽初夏的美好，为他送行。他漂在道路上空，就像漂在解除了苦痛的云层上，像《日瓦戈医生》里分娩后的塔尼娅。所有罪错均已洗赎，所有苦难都被战胜。剩下的只是告别。

利季娅·楚科夫斯卡娅从人群中看到了她的哥哥尼古拉和嫂子玛丽娜、诗人阿基姆、彼得罗维赫、里尔克的译者博加特廖夫、丽塔·莱特、亚申、尼古拉·柳比莫夫、科佩列夫、拉涅夫斯卡娅、哈尔吉耶夫、卡维林和帕乌斯托夫斯基。阿斯穆斯在灵柩前简短致辞，称帕斯捷尔纳克是伟大诗人和伟大劳动者，度过了平易近人和朴实无华的一生，热爱国家和人民。演员尼古拉·戈卢本采夫朗诵了《假如我知道，历来如此》[①]，米哈伊尔·波利瓦诺夫读了《哈姆雷特》。人群中突然有人叫喊道，帕斯捷尔纳克写了一部诚实的小说，他却受尽了迫害。叫喊的是一些普通人，显然没有读过小说。

济娜伊达·尼古拉耶夫娜想说："永别了，真正的杰出的共产主义者，你以整个生命证明了自己无愧于这一称号。"又忍住了。她最后一次吻了丈夫。钉上了棺木，放入墓穴，但没有人离开。诗一直读到夜晚。一位神学院学生以年轻神父的名义简短发言，称帕斯捷尔纳克是基督徒。雨终于落下来。众人各自散去。

作家和人权活动家弗丽达·维格多罗娃听到两名便衣人员在交换意见，他们隶属于那个众所周知的机构：

"要不要驱散这场违法活动？"

"让他们去违法，就这么着吧。"

2

苏共中央文化部关于鲍·列·帕斯捷尔纳克葬礼的情况通报。1960年6月4日。

6月2日，根据帕斯捷尔纳克本人意愿，其葬礼在佩列捷尔金诺墓地举行，参与者大约五百名，其中包括一百五十至二百名显然来自旧知识分子阶层的老年人；年轻人数量与之大体相当，包括一伙来自艺术院

[①] 帕斯捷尔纳克写于1932年的一首抒情诗。

校、高尔基文学院和莫斯科大学的学生。一些作家、艺术活动家、文学基金会及个人送来花圈。美联社①记者夏皮罗"代表美国作家"送了花圈。康·帕乌斯托夫斯基和苏联人民演员鲍·利瓦诺夫本来准备发言。但二者均以身体不适为由,在最后一刻放弃了。

艺术学教授阿斯穆斯在墓前发言。他将帕斯捷尔纳克称为天才的翻译家和作家,并在结尾宣称,只要地球上存在俄罗斯语言和俄罗斯诗歌,帕斯捷尔纳克的名字就会存在。棺木落葬之际,一名青年站到土丘上,开始语无伦次地演说,称帕斯捷尔纳克是"天才的""伟大的"等等,最后说,"帕斯捷尔纳克关于仁爱的教诲,应当像珍珠一样撒遍大地,撒入每个人心中……"

人群中传来喊叫:"我想代表工人说两句……"接着,一名"阿飞"模样的青年声嘶力竭地嚷着说:"在我们国家,竟然不允许帕斯捷尔纳克这种伟大作家出版自己的作品……任何一位苏联作家,都没有达到我们敬爱的帕斯捷尔纳克这样的创作高度……"旁边有十到十五人鼓掌,但现场大多数人对那名青年的叫嚣不以为然。一名抱小孩的妇女大声说:"跟苏联政权作对,算什么作家啊!"棺木入土后,大部分公众离开墓地。坟墓附近只剩下一伙青年,在那里读诗,纪念帕斯捷尔纳克,但没有反动政治内容。其中,最近被共青团开除的高尔基文学院学员哈拉巴罗夫不仅读了其本人的诗,还发表了演说。

凑集在葬礼上的外国记者难免失望,因为他们期待的丑闻和轰动事件并未发生,甚至可供他们的报纸拍照的民警也未到场。

综上所述,利用帕斯捷尔纳克葬礼制造轰动效应、煽动不良情绪的企图未能得逞。我国文学报刊未就帕斯捷尔纳克亡故发表讣告,仅以文学基金会名义公布消息,这一事实在文艺知识界得到正确领会。

谨此提请苏联作协与苏联文化部注意,务必对创作青年和大学生加强教育工作,他们中间有一部分人(为数甚少)沾染了病态的不满情绪,试图将帕斯捷尔纳克塑造成不为时代所理解的伟大艺术家。

苏共中央文化部副部长阿·彼得罗夫、
文化部机关主任伊·切尔诺乌灿

---

① 上文为合众国际社。原文前后不一致。

3

《八月》将是我们在本书展开分析的最后一首帕斯捷尔纳克的诗。

费定当初的惊叹犹在耳畔:"全是关于死亡,同时又有多少生命!"对帕斯捷尔纳克而言,这里没有什么矛盾。令人称奇的是另一种东西:这般骄傲,又如此谦卑。

这是日瓦戈组诗中的第十四首,写于1953年,为纪念五十年前他在夜间摔落马背之后奇迹般的获救,当然,这并非唯一的缘由。帕斯捷尔纳克一生都在书写安魂曲和挽歌,因为在他看来,艺术是为了让一切必死的和消失的事物永存;或许,其他任何形式的不朽都不存在,起码他的小说和书信均未表明他对个人不朽之信念。这个奥秘不宜大声宣讲——艺术对此沉默不言。艺术在尘世间的事业,是保存逝者的面容。《八月》犹如自挽,是帕斯捷尔纳克写他个人之死的少数诗作之一。这是与日瓦戈、与小说、与生活的告别。

> 我想起枕头为何沾湿,
> 因为泪水洒落在上面:
> 我梦见你们一个一个
> 穿过树林,为我送行。
>
> 你们三三两两地到来,
> 突然有人提到今天是
> 八月六日,按旧历
> 这是基督变容节。
>
> 这一天会从他泊山①
> 发出没有火焰的光。
> 秋天,像清晰的征兆,
> 吸引了所有的视线。

---

① 位于约旦河西岸,有迦南人建圣殿于此山。在新约时代,他泊山因耶稣显现圣容而闻名。

而你们从贫瘠矮小
凋落颤动的赤杨林，
来到墓园，树叶焦黄
像刻花姜饼泛着微光。

天空庄重地连接起
悄无声息的树梢，
公鸡悠长的啼鸣
在远处一遍遍回响。

在树下，在教堂墓地
死神紧盯我苍白的脸，
像官方的土地丈量员，
估算我适合多大的墓穴。

每个人都清楚地听见
附近传来平静的声音。
那是我曾经发出的预言，
是我完好无损的声音……

将自己的声音比作"预言"，绝非帕斯捷尔纳克的风格！但五十年代多为佯装的谦卑总算被放下。这不是说艺术家成为上帝，而是说死成为庆典。这也就是变容。

"别了，基督变容节的蓝天
和第二救主节的余辉。
愿女人最后的温存
抚慰我命中的苦痛。

别了！夭亡的岁月。
别了！勇敢的女人，

969

在耻辱的深渊中抗争，
我正是你的战场。

别了，奋力张开的翅膀，
倔强地向上飞翔，
世界的形象在奇迹中显现，
在词语和艺术中开创。"

《八月》叙说的是，死最终如何抹除时间与永恒、人性与神性之间的界限：进行着两种变容。第一种无从得知——还没有人告诉我们，死后会发生什么。但第二种显而易见：不久前还活在同时代人中间的诗人，历经毁誉，饱受爱恨，离开了日常的现实，他的路已走到尽头，昨日还在近旁的东西，永久地远去了。如今，他的伟大毋庸置疑，道路终极的逻辑清晰可辨，而这种转变不仅发生在艺术家身上，也发生在所有未妨碍造物主塑造他们命运的人身上，以及每个履行预定使命和忠于自我的人身上。《八月》是巨大的安慰，是哀伤转化为喜乐，是变容节蓝天的光影里漫长苦痛的消融。尤里·日瓦戈死于1929年8月末——帕斯捷尔纳克给了他预言的禀赋。八月——夏天最后一个月份，果实成熟，大地丰饶，苹果压弯枝头，帕斯捷尔纳克喜爱苹果树，甚至以此作为自喻。八月——一年里的最高点，枯萎前夕激动不安的狂欢，行将凋落和死灭的繁华。正是在这个顶点上，在力量与成熟的极盛期，日瓦戈完成了他所有的诗作，当时夏日的炽烈尚未彻底消退，初秋的明澈已悄然显现。八月——极限的时节和峰值点。随着帕斯捷尔纳克的死，二十世纪一个多雷雨的炎热夏季结束了。浑浊泥泞的秋天接踵而至。

4

葬礼结束后，不少人留在伊文斯卡娅租住的木屋里过夜。客人被安排睡在地板上。半夜时分，此前一直克制着情绪的伊文斯卡娅突然跳起来，发出刺耳的尖叫："伊尔卡，现在到底会发生什么？！"

积聚和酝酿了一整天的暴雨，狠命地下个不停。

两天后，伊文斯卡娅手头的一份《盲美人》被没收了。她要求出具收条。

"您自己懂的，我们属于不给收条的机构。"一名国安人员耸了耸肩。

8月16日，伊文斯卡娅被指控"走私"，遭到逮捕。9月5日，她的女儿伊琳娜·叶梅里扬诺娃也被捕了。这场变故原因何在，母女俩当时和后来都没弄明白。当然，帕斯捷尔纳克在世的时候，她们就收到过国外的汇款，只不过在他生前还没有人动她们。他刚刚故去，就开始秋后算账。

1960年12月7日，经由非公开的审讯，判处伊文斯卡娅八年徒刑，叶梅里扬诺娃——三年。她们跟一批女贼、女同性恋和一路上用天使般的嗓音歌唱的修女一起，被押送到莫尔多瓦的劳改营，服了一半的刑期，在国际社会强烈抗议下获释。苏尔科夫不得不反复回答国际笔会的问题和愤怒的信件。塞尔焦·丹杰洛也给他写了一封公开信：

> 苏尔科夫先生，我本人非常了解您的精神状况。您始终憎恨帕斯捷尔纳克，而且显然在此种感受驱使下，您作为苏联作协第一书记，做出了种种反对他的举动，借此向您的国家表现丑恶至极的效忠。接着，帕斯捷尔纳克获得了诺贝尔奖，您竟然丧失理智，针对帕斯捷尔纳克采取了一系列措施，不仅激怒了各国社会舆论，在共产党集团内部也引起严重的混乱。可是，就连帕斯捷尔纳克的死也未能平息您的暴怒，通过虚假的指控和诽谤，您将怒气转而抛向两个无助的重病的女人。我不会错误地相信，您将改变立场，表现出沉稳的情感和人性。但您自己也别想错了，别以为您能将伊文斯卡娅的案子一笔勾销，所有诚实之人的良知也不允许您这么做，直至正义得到伸张。

1988年11月2日，伊文斯卡娅和女儿伊琳娜·叶梅里扬诺娃获得彻底平反。伊文斯卡娅生前一直在等候这一刻。1995年9月8日，她在莫斯科去世，此前，她的作品《时间的俘虏》已在俄罗斯出版（法语版于1978年问世）。这部回忆录的可信度我们无法妄加评断。但这些充满爱与赞美的回忆，即使对于备受忠实崇拜者宠爱的帕斯捷尔纳克而言，也无疑是罕见的。

5

1960年7月4日，尼娜·塔毕泽将济娜伊达·尼古拉耶夫娜·帕斯捷尔纳克带到格鲁吉亚，让她恢复精神和体力。帕斯捷尔纳克去世的第四十天,诗人格奥尔基·列昂尼泽在自己的别墅为他举行了追荐仪式。斯坦尼斯拉夫·涅高兹和列昂尼德·帕斯捷尔纳克从莫斯科赶来。9月,济娜伊达返回莫斯科,着手整理档案。她做事还像往常一样精细,在手稿中间垫上薄纸,用打字机重打了丈夫的书信,将书柜里的文件夹摆放整齐。档案规模不大,因为帕斯捷尔纳克不保留底稿,不在乎已发表作品的手稿。济娜伊达去见尼古拉·吉洪诺夫,希望组建一个委员会,以处理帕斯捷尔纳克的文学遗产。吉洪诺夫板着脸,不客气地接待了她,称她为"您",称呼她的名字加父称①,尽管二十年代他就崇拜帕斯捷尔纳克,到了三十年代,更是成为帕斯捷尔纳克的"自家人"。但委员会总算成立了,随后费尽周折,于1961年获准出版帕斯捷尔纳克作品单卷本。济娜伊达提出以1957年未能出版的作品为基础——《人与事》就是为这部作品而创作。苏尔科夫却自行挑选了帕斯捷尔纳克的诗。济娜伊达惊讶地发现,他只挑了苏联色彩浓厚、最为官样的应景之作!她列了一份需要纳入选集的二十五首诗的清单。这些诗被转交给爱伦堡,他同意加入委员会(同样不情愿,一再推托才勉强答应。他称自己不赞成帕斯捷尔纳克晚年对待马雅可夫斯基的态度,当然,帕斯捷尔纳克那一代诗人也确实深受嫉妒之苦。除此以外,爱伦堡很清楚,帕斯捷尔纳克瞧不起他的作品。帕斯捷尔纳克对待犹太身份的态度也令他不悦,在他看来这也是背叛,就像马雅可夫斯基所遭遇的。在涉及他人的方方面面,某些人的原则性竟然如此之强!)。让济娜伊达感到意外的是,她提供的诗作全都收进了选集。1961年复活节,她犯了严重的心梗,她把这归咎于文集所引发的焦虑。她躺倒在别墅里,就在帕斯捷尔纳克最后一次发病时待的钢琴房。苏尔科夫来看望她,跟预料的相反,她觉得他就像个彬彬有礼的对话者。这个一半意大利血统的女人之轻信令人咋舌。

1962年底,她花光了从帕斯捷尔纳克给她的家庭开支中攒下的存款(每月一万旧卢布。她一共攒了两万),第二年只能申请养老金。她获得一次性拨付的三千卢布贷款,全部用于还债。腐化堕落、疲弱无力的苏联当局继续报复帕斯捷尔纳克,致使他的遗孀陷入拮据和无望的境地。济娜伊达负债累累,当年秋天,不得不变卖帕斯捷尔纳克书信的原件。

1963年,她向卓娅·玛斯连尼科娃口授了回忆录。

---

① 这种称呼的方式通常用于正式场合,看似得体,却带有公事公办、不讲情面的意味。

1966年3月10日,楚科夫斯基、爱伦堡、卡维林等人联名致信苏共中央主席团,请求为济娜伊达·尼古拉耶夫娜发放养老金,未得到任何答复。在生命的最后一年,她敛住傲气,向吉洪诺夫和费定求助,但他们也都没有回复。帕斯捷尔纳克的妻子在佩列捷尔金诺过着孤独、无助和屈辱的生活,小说和诗歌在国外一版再版,也没能给她带来一个戈比。她没有向任何人表露出绝望。她不动声色,家里依旧井井有条,谁都不曾听到她抱怨。

她死于1966年6月23日,跟丈夫一样,得的是肺癌,弥留之际同样神志清醒,英雄般的忍耐也让医护人员为之惊叹。她被埋葬在佩列捷尔金诺墓地,挨着帕斯捷尔纳克。

叶甫盖尼娅·弗拉基米罗夫娜·帕斯捷尔纳克于1965年7月10日去世。

帕斯捷尔纳克的小儿子列昂尼德死于1976年,三十八岁,正值日瓦戈医生的年龄,当时的情况如出一辙:一个炎热的夏日,他驾驶私人轿车,遇到交通堵塞,停了下来,心脏病突然发作。事情发生在马涅什广场。"一切都应验了。"要知道,这地方离尤里·日瓦戈临死前坐电车驶过的尼基塔大街也没多远。

6

1988年,在《新世界》杂志前四期,在作者的祖国,《日瓦戈医生》终于发表了(尽管作品刚一完成,帕斯捷尔纳克就向该杂志提供了书稿)。对它的反应有些怪异:报纸上仅有几次更像是礼节性的讨论。难以想象,八十年代苏联读者对这部作品的理解居然如此贫乏。而早在1956年,小说在国外就有了更有效的受众。1988年前后,还记得革命的一代人几乎所剩无几,帕斯捷尔纳克的小说所面对的那些人已不复存在。本该把此书当作宣言和辩词的旧知识分子消亡了,新知识分子退化了。少数真正需要它的读者,早已读过地下流传的版本。充溢其间的基督教激情被大多数读者视为异样,可见苏联在这方面的宣传比其他任何方面都更成功。此外,读者的兴趣主要集中于相对晚近的事件——对腐败和镇压、对斯大林公然的暴行和安德罗波夫秘密勾当的轰动性揭露——关于俄国革命的著作并不受欢迎(顺便说一句,阿尔丹诺夫①最好的作品也是如此,读者在同一时期接触到它们,但他取代不了皮库里②,也达不到托尔斯泰的水准)。八十年代后期,读书蔚然成风。从普拉东诺夫的《基坑》到尤兹·阿列什科夫斯基③还算新鲜的散文,禁忌文学的浪潮将读者席卷。在苏联文学对主要问题保持沉默的背景下,在谎言、虚假和充其量半真半假的氛围中,《日瓦戈医生》曾经引爆世界文坛,如今却落入善于扼杀某些更具观感的作品之语境。尽管如此,还是出现了一些中肯的评论:"爱国主义"(新斯拉夫派在八十年代的称谓)倾向的批评家弗拉基米尔·古谢夫发表文章,希望停止夸大帕斯捷尔纳克小说的意义和优长,但他对主人公的论断可谓一语中的:日瓦戈医生属于本国"多余人"传统,而俄罗斯所谓的多余人,就是将自我与永恒理想相提并论之人。对日瓦戈的评论,没有比这更贴切,更值得称道的了。英国文学研究者和翻译家德米特里·乌尔诺夫的文章《个人力量的无限拔高》,从传统现实主义角度批评了《日瓦戈医生》。而安德烈·沃兹涅先斯基则为小说辩护,称之为二十世纪最重要的著作之一(叶甫图申科随后也表示认同,强调这是唯一将个体冲突置于社会冲突之上的俄国小说)。帕斯捷尔纳克魔幻现实主义的本质及其基督教观念,鲜有论者提及。《日瓦戈医生》被草率地纳入学校教育大纲,在很长一段时间里,让改革年代的学生对它望而却步。在他们看来,这纯粹是一本乏味的书,却莫名其妙地先是在西方爆得大名,又在我们这儿遭到禁止,连收藏和传播都可能招致刑罚。直到1994年,"好莱坞大片"大型回顾展来到莫斯科,或多或少唤起了对小说的兴趣。由大卫·里恩执导、奥马尔·沙里夫和朱莉·克里斯蒂领衔主演的电影《日瓦戈医生》④在莫斯科放映数场,场场爆满,气氛热烈。大部分观众觉得影片

---

① 马尔克·亚历山德罗维奇·阿尔丹诺夫(1886—1957),俄罗斯作家,哲学家,十月革命后迁居欧美,从1987年开始,作品开始在苏联及俄罗斯公开出版,代表作是长篇历史小说三部曲《泉》(1929)、《逃亡》(1932)、《洞穴》(1934—1936),反映第一次世界大战和十月革命对俄国社会进程的重大影响。
② 瓦连京·萨弗洛维奇·皮库里(1928—1990),苏联作家,作品主要以世界历史事件为题材。
③ 尤兹·阿列什科夫斯基(1929—2022),原名为约瑟夫·叶菲莫维奇·阿列什科夫斯基,俄罗斯诗人,散文家,自1979年起生活在美国。
④ 美国米高梅电影公司1965年出品,翌年赢得奥斯卡最佳编剧、最佳摄影、最佳音乐等五项大奖。

犹如"枝叶参天的蔓越莓"①,但笔者欣然发现,这反而与帕斯捷尔纳克的现实主义以及他的奇思异想相吻合(当然是在不经意间)。有些镜头,比如日瓦戈置身于水仙花盛开的原野(岂止西伯利亚,就连克里米亚都从来没有水仙),或者带有许多小圆顶的巨大木屋,引发哄堂大笑;而斯特列里尼科夫开口追问日瓦戈为何写诗反对苏维埃政权的情节,则博得雷鸣般的掌声。事实上,这些看似愚蠢的处理远比死抠字眼更符合原作精神:它们传达的是本质,象征主义者向来不关心局部细节。这部电影未能在俄罗斯广泛上映,电影爱好者只能通过录像带观赏。

就在苏联公开发表小说的1988年,叶甫盖尼·帕斯捷尔纳克来到斯德哥尔摩,替父亲领取了瑞典科学院颁发的证书和奖章②。当年的放弃被正式认定为不真实和被迫的。至此,帕斯捷尔纳克的诺贝尔奖得主称号终获确认。

1990年,适逢帕斯捷尔纳克一百周年诞辰,举行了带有改革时期自由气息却不乏苏联式浮华的纪念活动,他的五卷本文集开始出版,第二年,完成了这套迄今为止最全的文集③。九十年代,陆续推出一批跟帕斯捷尔纳克相关的大部头作品,包括数卷书信集、同时代人回忆文集、传记、学术研讨资料,他的抒情诗和散文也大量再版。2002年,英国根据《日瓦戈医生》拍摄了连续剧。自1995年起,由尤里·柳比莫夫编导、阿尔弗雷德·什尼特克作曲的话剧《日瓦戈医生》在塔甘卡剧院上演。2003年,小说搬上荧屏的工作在俄罗斯也终于启动,摄制了五集电视连续剧。

从1990年开始,位于佩列捷尔金诺的帕斯捷尔纳克故居博物馆正式开放,平时开放时间为上午十点到下午四点。博物馆所在的街道,仍然叫作帕夫连科街。

帕斯捷尔纳克有四个孙子和十个重孙。

---

① 又称蔓越莓,低矮灌木类植物,浆果红色,味酸。"枝叶参天的蔓越橘"源于荒唐的吹嘘,意指"外行的、贻笑大方的事物"。用于形容电影,意思就是"粗制滥造"。
② 根据本书附录"帕斯捷尔纳克生平与创作大事记",帕斯捷尔纳克的儿子替他领取诺贝尔奖章和证书的时间为1989年10月。
③ 从2003年到2005年,《鲍里斯·帕斯捷尔纳克全集》由俄罗斯词语出版社出版,包括《同时代人回忆帕斯捷尔纳克》在内,共计十一卷。

7

改革终结以后,号称市场产物的大众文化来势凶猛(国家当时采取的愚民手段,实为有意识和自杀式的自由主义策略),在此期间,帕斯捷尔纳克仿佛变成了他自己的墓碑。他从鲜活的文化语境中消失了,他的小说好歹还有人读,以便应付考试,诗歌几乎不再受青睐。经过八十年代末的热捧和一百周年纪念的喧嚣,他俨然成为一整套正宗俄苏遗珍的一部分:鱼子酱、套娃、普希金、宇宙空间、《日瓦戈医生》。偶或有人模仿他,却是拙劣不堪。正如托尔斯泰与陀思妥耶夫斯基永恒的较量,占上风的要么是前者《旧约》式的威力和理性主义,要么是后者《新约》式的敏感和病态的昏热,在曼德尔施塔姆与帕斯捷尔纳克的竞争中,频现于引文,被后现代主义者奉为先知的曼德尔施塔姆暂时赢得胜局(他眷恋着世界文明!)。

然而,帕斯捷尔纳克终究不可战胜:对他缺乏友善的人,怀着挥之不去的憎恶谈论他,是他们将荣耀和引用率归还给他。帕斯捷尔纳克的基督教思想、他的丰富而自由的创作天赋、他的心灵的健康,激怒了苏联时期的庞然大物,现在又让当代文化的宵小之辈感到刺痛。他们躲避他,唯恐避之不及。而这种在伪先锋派、道德相对主义者、空洞实验及丑闻公关战略爱好者中间激起怨怼的能力,恰恰保证了帕斯捷尔纳克的不朽。

他一生给人主要的教训何在,假如可以从某个人的一生汲取教训的话?

毕竟,若要以他为榜样,起码应具备他的天赋。他本人无数次提到"文学训练"的虚幻本质。仿效他,就像仿效一切大诗人,是徒劳无益的。

他的基督教思想,也并非为了所有人,而仅仅适合于值得赠予并与之分享什么的人。没有真正的精神富足,便无从领会心灵极度丰沛之经验。对命运倾尽身心的顺服,同样不适合于任何气质。勇敢地迎接诱惑,是为了更激烈地拒斥,这是行之有效的战术,但也是危险的,如果考虑到新时代的人们必须应对的诱惑。并非每个人都能挣脱魔爪。

或许,他的诗歌和散文、戏剧和书信、风格和声音的主要长处就在于,它们分别以同等的说服力证明着另一个世界及其瑰丽色彩的可能性,证明变容的神奇、造物主生动的在场。每一个语法上的错漏、含混的呢喃、偶尔的口误,都是新意的透散,是失言和错误在其间免于惩处的那些群落传出的消息。他写下的一切,无异于幸福与仁慈的许诺:所有人都会被宽恕,所有人都会得到垂怜,仍将有许多奇迹被呈现。

文学对人别无亏欠。

2003 年 9 月至 2004 年 6 月

附录　鲍里斯·帕斯捷尔纳克生平与创作大事记

1890 年

2月10日(俄历1月29日),午夜前后,莫斯科,画家列昂尼德(约瑟夫)·奥西波维奇·帕斯捷尔纳克与钢琴家罗扎利娅·伊西多罗夫娜·帕斯捷尔纳克(娘家姓考夫曼)家中产下一子,取名鲍里斯。

1893 年

2月13日,弟弟亚历山大出生。

1894 年

8月,列·奥·帕斯捷尔纳克被任命为莫斯科绘画雕塑建筑学校初级讲师。全家迁至米亚斯尼克街一套厢房中居住。

11月23日,列夫·托尔斯泰来帕斯捷尔纳克家做客。从这一天起,鲍里斯·帕斯捷尔纳克便开始记事,"再没有大的中断和缺失"。

1895 年

11月19日,帕斯捷尔纳克的母亲中断演艺生涯,此后十二年未登台演出。

1898 年

春天,列·奥·帕斯捷尔纳克为《复活》创作三十三幅插图。

4月,列·奥·帕斯捷尔纳克结识莱纳·马利亚·里尔克。

1900 年

2月6日,妹妹约瑟芬娜-约安娜(若尼娅)出生。

5月,里尔克第二次到莫斯科。与帕斯捷尔纳克一家相识。

8月,根据针对犹太人的"百分比限额"制度,第五古典中学拒绝接收鲍里斯·帕斯捷尔纳克,但承诺晚些时候直接录取他进入二年级就读。

1901年

5月,动物园举办了"达荷美的阿玛宗人①"盛大游行演出。

夏天,全家迁至学校的主楼居住。

1902年

3月8日,妹妹利季娅-伊丽莎白出生。

1903年

6月,在小雅罗斯拉维茨郊外的别墅,帕斯捷尔纳克一家与斯克里亚宾相识。

8月6日,在一次夜间牧马时,帕斯捷尔纳克从马上坠落,右腿摔断,因接合不当,比左腿短了三厘米②,致使其后来无法服兵役。

1904年

12月,在彼得堡度过圣诞假日,住在姑妈安娜·奥西波夫娜·弗莱登伯格家里。去科米萨尔热夫斯卡娅剧院观看演出。

1905年

10月25日,鲍里斯在街上被哥萨克巡逻队马鞭抽打。

12月底,举家迁往德国。

1906年

8月11日,全家从柏林出发,返回俄罗斯。

---

① 阿玛宗为古希腊神话中的女人部落,强悍善战。
② 本书第二章提到帕斯捷尔纳克从马上坠落,导致他右腿比左腿短一厘米半,前后所述不一致。

1908 年

5 月,鲍里斯以优异成绩从第五古典中学毕业。

6 月 16 日,向莫斯科大学法律系递交入学申请。

1909 年

3 月,为斯克里亚宾演奏自己的奏鸣曲及其他作品,得到赞赏,但决定终止音乐方面的学习,转向哲学。

春夏,首次尝试小说和诗歌创作。

1910 年

2 月,奥莉加·弗莱登伯格到莫斯科旅行。受其影响,决定放下文学创作,深入研究哲学,以"约束自己的思想意识"。

夏天,十三岁少女叶莲娜·维诺格拉德从伊尔库茨克来到莫斯科,帕斯捷尔纳克与之相识。

10 月,在弗·谢·索洛维约夫宗教与哲学协会与康斯坦丁·洛克斯相识。

11 月 7 日,鲍里斯与父亲前往列夫·托尔斯泰去世的小站阿斯塔波沃。

1911 年

上半年,在文学小组"谢尔达尔达"的活动中结识谢尔盖·勃布罗夫。

4 月,举家迁至沃尔洪卡街 9 号,帕斯捷尔纳克在这里时断时续地生活到 1938 年。

1912 年

4 月 21 日,赴德国马堡。

5 月 9 日,报名参加了以赫尔曼·柯亨为首的马堡学派研讨班。

6 月 16 日,向伊达·维索茨卡娅求爱,但她拒绝嫁给帕斯捷尔纳克。

6 月 28 日,在法兰克福与奥莉加·弗莱登伯格会面。

8 月 3 日,前往威尼斯。

8 月 25 日,返回俄罗斯。

秋天,"谢尔达尔达"改组为"抒情诗"文学小组。

1913 年

2 月 10 日,在缪斯革忒斯出版社创办的美学研究小组,做了题为"象征主义与不朽"的报告。

4 月底,《抒情诗》丛刊出版,其中收录鲍里斯·帕斯捷尔纳克首次发表的五首诗作。

12 月,诗集《云雾中的双子座》出版。

1914 年

1 月,创建"离心机"文学社,脱离"抒情诗"文学小组。

4 月,《卢科诺克》丛刊出版。

5 月 5 日,初遇马雅可夫斯基。

1915 年

3 月,获准在工厂主菲利普家担任家庭教师。

5 月 28 日,莫斯科发生反德骚乱。菲利普家族破产。在骚乱中帕斯捷尔纳克部分手稿被毁。

5 月,诗集《缪斯女神的春天代理处》出版,这是帕斯捷尔纳克与马雅可夫斯基首次一起发表作品。

6 月,前往哈尔科夫看望娜杰日塔·西尼亚科娃。

10 月 24 日,前往彼得格勒。与布里克一家相识。

12 月,动身去乌拉尔。

1916 年

1 月至 7 月,在弗谢沃洛德-维里沃化工厂工作,担任财务核算助理。

秋天,翻译斯温伯恩的悲剧《沙特拉尔》。

帕斯捷尔纳克在卡马河畔静山化工厂厂长卡尔波夫家担任家庭教师。

12 月,诗集《跨越障碍》出版。

1917 年

2 月,返回莫斯科。

春天，与叶莲娜·维诺格拉德恢复交往。

夏天，完成诗集《生活，我的姐妹》中的大部分作品。

6月，叶莲娜·维诺格拉德搬到沃罗涅日附近的罗曼诺夫卡。

1918年

1月，与拉丽萨·莱斯纳相识。

2月，在莫·蔡特林（阿马里）家的聚会上与玛丽娜·茨维塔耶娃初次相遇。

3月，叶莲娜·维诺格拉德出嫁。创作组诗《断裂》。

秋天，开始书写长篇小说《三个名字》，其中第一部后来改为中篇小说《柳维尔斯的童年》，结尾则被销毁。写下纲领性的文章《若干原理》（正式发表于1922年）。

1919年

10月，到卡西莫夫看望母亲的亲属。

从春天到秋天，开始创作诗集《主题与变奏》及文论集《Quinta essentia》①。

1921年

8月，与叶甫盖尼娅·卢里耶相识，她后来成为帕斯捷尔纳克的妻子。

9月16日，帕斯捷尔纳克的父母永远离开俄罗斯，定居柏林。

12月27日，凭嘉宾证列席全俄苏维埃第九次代表大会，见到列宁。

1922年

1月初，与奥西普·曼德尔施塔姆及其妻子相识。

1月14日，在彼得格勒，作为未婚夫与未婚妻一家正式见面。

1月24日，与叶甫盖尼娅·卢里耶办理结婚登记手续。

4月，《生活，我的姐妹》在格尔热宾出版社出版。

4月13日，在屠格涅夫阅览室举办的诗歌晚会上观众爆满，受到热烈

---

① 拉丁语：《第五元素》。

欢迎。

6月14日,开始与玛丽娜·茨维塔耶娃书信往来。

7月,与弗拉基米尔·希尔洛夫和奥莉加·希尔洛娃夫妇相识。

8月中旬,在克里姆林宫与托洛茨基见面。

8月17日,帕斯捷尔纳克夫妇乘船由彼得格勒前往柏林。

1923年

1月,诗集《主题与变奏》在彼得罗波利斯(柏林)出版社出版①。

2月,与妻子一起在马堡短暂停留。

3月21日,返回俄罗斯之前,与父母最后一次相见。

9月23日,儿子叶甫盖尼出生。

9月至11月,叙事长诗《崇高的疾病》首次发表。

12月17日,在勃留索夫五十周岁生日庆祝会上,朗诵了诗歌初稿《致瓦列里·勃留索夫》。

1924年

1月24日,与曼德尔施塔姆随同成千上万悼唁的人群一道瞻仰列宁灵柩。

2月,开始创作中篇小说《空中道路》。

11月,经由历史学家和记者雅科夫·切尔尼亚克出面举荐,获得机会,在联共(布)中央委员会所属列宁学院整理"国外列宁生平"相关资料,此项工作进行了三个月。

1925年

3月,开始创作长篇诗体小说《斯佩克托尔斯基》。

秋天,书写长诗《一九〇五年》开头的章节。

1926年

3月22日,收到父亲的书信,信中提到里尔克了解并赞赏他的诗作。

---

① 本书第三章称《主题与变奏》被帕斯捷尔纳克卖给了柏林的赫利孔出版社。

2月至12月，创作长诗《施密特中尉》。

12月29日，里尔克去世。

1927年

3月，"列夫"成员与托洛茨基会面，这是在后者倡议下进行的。

5月，与"列夫"决裂。

8月，在《新世界》杂志发表《施密特中尉》，同时还发表了献给茨维塔耶娃的贯顶诗。

1928年

7月，《一九〇五年》和《施密特中尉》单行本出版。

夏天，修订早期诗歌作品和《崇高的疾病》。

秋天，继续创作长篇诗体小说《斯佩克托尔斯基》。开始创作《中篇故事》。

1929年

上半年，开始创作《安全保护证》第一篇。

7月，《中篇故事》在《新世界》杂志发表。

8月，《安全保护证》第一篇发表在《星》杂志。

秋天，创作《斯佩克托尔斯基》结尾部分。结识海因里希·涅高兹和他的妻子济娜伊达·尼古拉耶夫娜·涅高兹（娘家姓叶列梅耶娃）。

12月30日，最后一次尝试与马雅可夫斯基和好。

1930年

2月，受托洛茨基和勃留姆金一案牵连，弗拉基米尔·希尔洛夫被捕，随后被枪决。

4月14日，马雅可夫斯基自杀。

7月，与弟弟亚历山大一家、阿斯穆斯夫妇及涅高兹夫妇赴伊尔平旅行。开始与济娜伊达·涅高兹恋爱。

8月，在基辅至莫斯科的火车上，第一次向济娜伊达·尼古拉耶夫娜表白。

8月至10月,创作《安全保护证》第二篇和第三篇。

10月,帕奥罗·雅什维利访问莫斯科期间,帕斯捷尔纳克与之结识。

1931年

1月27日,帕斯捷尔纳克离开家,第一次在济娜伊达·尼古拉耶夫娜处留宿。

1月至4月,在鲍里斯·皮里尼亚克位于亚姆斯科耶-波列的家中暂住。

5月至6月,《安全保护证》结尾部分发表于《红色处女地》杂志。

5月5日,帕斯捷尔纳克承诺返回家庭;送妻子和儿子去柏林。

5月12日,济娜伊达·尼古拉耶夫娜去基辅。

5月28日,短暂访问基辅之后,随作家代表团赴车里雅宾斯克。

7月11日,与济娜伊达·尼古拉耶夫娜和她的儿子亚德里安(阿季克)一道动身去梯弗里斯。

7月14日,结识纪齐安·塔毕泽。

10月18日,返回莫斯科。

12月24日,叶甫盖尼娅·帕斯捷尔纳克与儿子返回莫斯科。

1932年

2月3日,试图服毒自杀。

2月中旬,苏联作协分给帕斯捷尔纳克和济娜伊达·尼古拉耶夫娜一套两居室的住房,位于特维尔林荫路7号。

3月,《安全保护证》单行本出版。

4月6日,苏联作家联合会举办帕斯捷尔纳克专场晚会,即将出版的诗集《第二次降生》中的诗作受到热烈讨论。

4月23日,"拉普"解散。

6月8日,应斯维尔德洛夫斯克州委员会邀请,帕斯捷尔纳克与济娜伊达·尼古拉耶夫娜及孩子们到斯维尔德洛夫斯克旅行。

8月,诗集《第二次降生》在联邦出版社出版。

10月11日至13日,帕斯捷尔纳克诗歌专场晚会在列宁格勒举行,大获成功。

10月，回到沃尔洪卡。叶甫盖尼娅·帕斯捷尔纳克带儿子搬到位于特维尔林荫路的住处。

11月10日，《文学报》为曼德尔施塔姆举办朗诵会。两位诗人争论艺术家的自由问题。

1933年

11月，随作家代表团赴格鲁吉亚访问。

1934年

5月14日，奥西普·曼德尔施塔姆被捕。

5月22日，在"关于抒情诗"的讨论会上，针对阿谢耶夫的报告作了发言，引起众多争议。

6月的第二个星期，帕斯捷尔纳克与斯大林在电话中交谈。

8月29日，在苏联作家协会第一次代表大会上发言。全体起立欢迎帕斯捷尔纳克的言论。

秋天，《第二次降生》再版，增添了题为"波浪"的序曲，以示对尼古拉·布哈林的敬意。

1935年

2月，译诗集《格鲁吉亚抒情曲》出版。

3月至8月，出现了严重的抑郁症、失眠和焦虑。

6月，前往巴黎参加旨在保卫文化的反法西斯大会。

6月22日，与妹妹约瑟芬娜在柏林最后一次相见。

6月24日，在大会上发言，呼吁作家们"不要搞什么组织"。与玛丽娜·茨维塔耶娃见面，结识她的丈夫谢尔盖·埃夫龙和女儿阿里娅·埃夫龙。

7月6日，从伦敦乘船返回列宁格勒。

8月，在莫斯科郊外的博尔舍沃接受治疗。

10月24日，尼古拉·普宁和列夫·古米廖夫在列宁格勒被捕。安娜·阿赫玛托娃前往莫斯科。

10月30日，阿赫玛托娃与帕斯捷尔纳克给斯大林写信。

11月3日,普宁和古米廖夫获释。

12月底,帕斯捷尔纳克将诗集《格鲁吉亚抒情曲》寄给斯大林,附带一封感谢信。

1936年

2月10日至24日,苏联作协理事会第三次(明斯克)全体会议召开。

2月16日,发言反对文学创作中的陈词滥调和整齐划一。

3月13日,在有关形式主义问题的讨论中,激烈回应了半官方性质的批评。

6月15日,论及"斯大林宪法"的《新的成熟》一文,发表在《消息报》。

7月,与安德烈·纪德会面,后者来到苏联是为书写关于全世界第一个社会主义国家的著作。帕斯捷尔纳克提醒纪德留意"波将金村现象"①和官方谎言。

10月,在《新世界》杂志发表组诗《夏日笔记》。

1937年

1月,在苏联作协理事会纪念普希金去世一百周年纪念大会上发言。

2月27日,布哈林被捕。

6月14日,拒绝在赞成处决图哈切夫斯基、雅基尔、艾德曼等人的公开信上签名。

7月22日,帕奥罗·雅什维利开枪自杀。

10月10日,纪齐安·塔毕泽被捕。

12月31日,儿子列昂尼德出生。

1938年

1月10日,国立梅耶荷德剧院关闭之后,与梅耶荷德共进午餐。

2月至4月,完成《哈姆雷特》最初的译本。

---

① 出自俄国历史的典故。波将金(1739—1791)系俄罗斯帝国女皇叶卡捷琳娜二世的情夫,陆军元帅,俄军总指挥。为使叶卡捷琳娜二世对其领地的富足留下良好印象,波将金不惜工本,在女皇必经的道路旁建起一批豪华的假村庄。后来,"波将金村"成为金玉其外弄虚作假的代名词,用来嘲讽那些看似堂皇实则空洞的事物。

1939 年

　　春天到秋天,创作小说《日乌利特笔记》,战争期间底稿毁于佩列捷尔金诺。

　　8 月 23 日,母亲罗扎利娅·伊西多罗夫娜在牛津去世。

1940 年

　　从春天到夏天,书写佩列捷尔金诺组诗第一组诗作。

　　6 月,《哈姆雷特》译本在《青年近卫军》杂志发表。

1941 年

　　5 月,决定离家出走,但战争的爆发打乱了他的计划。

　　7 月 9 日,济娜伊达·尼古拉耶夫娜带儿子廖尼亚疏散到后方。

　　7 月至 8 月,在拉夫鲁申胡同的住所屋顶上扑灭燃烧弹,在预备役短期集训队练习射击。

　　8 月 27 日,玛丽娜·茨维塔耶娃在叶拉布加自杀。

　　10 月 14 日,疏散到契斯托波尔,与阿赫玛托娃乘坐在同一车厢。

1942 年

　　1 月至 4 月,翻译《罗密欧与朱丽叶》。

　　夏天,完成剧作《此世》梗概,后将写好的内容销毁。

　　10 月 2 日,返回莫斯科。

　　12 月 26 日,重返契斯托波尔。

1943 年

　　6 月 25 日,全家返回莫斯科。

　　7 月,诗集《在早班火车上》在苏维埃作家出版社出版。

　　8 月末至 9 月初,前往解放后的奥廖尔。完成特写《军队纪行》和《解放的城市》。

　　11 月,叙事长诗《霞光》序曲在《红星报》发表。

1944 年

1月至3月,创作叙事长诗《霞光》和军事题材诗歌。

1945 年

2月,出版诗集《辽阔的大地》。

4月20日,亚德里安·涅高兹因骨结核病去世。

5月31日,父亲列昂尼德·奥西波维奇·帕斯捷尔纳克在牛津辞世。

5月至12月,系列诗歌朗诵会相继在学者之家、莫斯科国立大学和综合技术博物馆举行。

8月,翻译尼科洛兹·巴拉塔什维利的全部短诗和叙事诗。

9月,结识英国外交官以赛亚·伯林。

10月19日,在第比利斯鲁斯塔维利剧院纪念尼科洛兹·巴塔什维利的晚会上朗诵。

1946 年

1月,开始创作长篇小说,后来定名为《日瓦戈医生》。

2月,根据帕斯捷尔纳克译本编创的独幕剧《哈姆雷特》在莫斯科首演,主演是亚历山大·格鲁莫夫。

4月2日至3日,与安娜·阿赫玛托娃联合举办诗歌朗诵会。

9月,苏联报刊和作家会议对帕斯捷尔纳克展开激烈的攻击。

10月,结识奥莉加·伊文斯卡娅。

1947 年

5月,康斯坦丁·西蒙诺夫拒绝在《新世界》杂志发表帕斯捷尔纳克的诗。

夏天,翻译《亨尔工》。

1948 年

1月,列入"苏联文学金色丛书"的鲍里斯·帕斯捷尔纳克《诗选》被销毁,共计两万五千册。

秋天,翻译《浮士德》第一部。

1949 年

10 月 9 日,根据刑法第 58 条第 10 款("接触间谍嫌疑人员"),奥莉加·伊文斯卡娅被捕。

秋天,翻译《浮士德》第二部。

1950 年

夏天,完成长篇小说《日瓦戈医生》初稿。

1952 年

10 月 20 日,犯了严重的心肌梗塞。

11 月至 12 月,在博特金医院治疗。

1953 年

2 月,帕斯捷尔纳克夫妇入住博尔舍沃疗养院。

3 月 5 日,斯大林去世。

夏天,组诗《尤里·日瓦戈的诗》完成。

9 月,奥莉加·伊文斯卡娅从劳改营获释回来。

1954 年

4 月,《日瓦戈医生》中的十首诗作在《旗》杂志上发表。

5 月,格·科津采夫导演的《哈姆雷特》在列宁格勒首演。

1955 年

7 月 6 日,奥莉加·弗莱登伯格去世。

12 月,《日瓦戈医生》创作完毕。

1956 年

5 月,由于合同长期拖延,眼见《日瓦戈医生》在俄罗斯出版无望,帕斯捷尔纳克将手稿交给意大利出版商费尔特里内利的代理人。

6 月,佩德罗·茨维捷列米奇开始把小说译为意大利语。

9月,《新世界》编辑部拒绝发表小说,并寄给帕斯捷尔纳克一封退稿信,指出小说在思想和艺术上均站不住脚。

10月,《文学莫斯科》丛刊编委会拒绝将小说稿件刊登在第3期(未出版)。

1957年

2月,与法国斯拉夫学研究者杰奎琳·德普吕艾雅尔女士相识,并办理委托书,由其负责代理自己在国外的事务。

春天和夏天,创作抒情组诗《雨霁》。

11月23日,长篇小说《日瓦戈医生》在意大利出版,随即成为畅销书。

12月17日,在别墅为外国记者举行新闻发布会,声明不打算放弃小说著作权,并对作品在意大利出版表示欢迎。

1958年

10月23日,荣获诺贝尔文学奖。

10月25日,苏联作协召开党员会议。

10月26日,《文学报》刊登《新世界》杂志编委会给《日瓦戈医生》的退稿信。

10月27日,苏联作协理事会主席团讨论关于帕斯捷尔纳克长篇小说《日瓦戈医生》在境外发表的事实。

10月29日,被迫致电诺贝尔委员会,放弃领奖。苏联共青团中央第一书记弗拉基米尔·谢米恰斯特内在庆祝共青团成立四十周年大会上发言,声称苏维埃政府准备将帕斯捷尔纳克驱逐出境。

10月30日深夜至31日凌晨,给赫鲁晓夫写信,请求不要剥夺他的苏联国籍。

10月31日,莫斯科作家全体会议将帕斯捷尔纳克开除出作协,并提请政府剥夺其国籍。

11月5日,经苏共中央文化部审定,帕斯捷尔纳克的信在《真理报》发表。信中包含他放弃接受诺贝尔文学奖的声明,以及准许他在苏联生活和工作的请求。

991

1959 年

1 月末,写下《诺贝尔奖》一诗。

1 月 30 日,将《诺贝尔奖》交给《每日邮报》记者安东尼·布朗。

2 月 11 日,《诺贝尔奖》刊登在《每日邮报》上。

2 月 20 日,在苏共中央要求下,偕妻子飞抵格鲁吉亚,使到访苏联的英国首相麦克米伦无法与之会面。

3 月 2 日,帕斯捷尔纳克夫妇乘火车返回莫斯科。

3 月 14 日,在佩列捷尔金诺散步时,受到苏联总检察长鲁坚科传唤,送往莫斯科后遭到讯问。鲁坚科威胁将追究其刑事责任,并要求他停止与外国人来往。

从夏天到秋天,创作话剧《盲美人》。

1960 年

4 月初,身体首次出现致命的症状。

5 月 30 日,23 时 20 分,鲍里斯·列昂尼德维奇·帕斯捷尔纳克因肺癌转移至胃部在佩列捷尔金诺去世。

6 月 2 日,被安葬于佩列捷尔金诺墓地。尽管官方消息未透露葬礼的时间和地点,仍有四千余人前来送别帕斯捷尔纳克。

8 月 16 日,奥莉加·伊文斯卡娅被指控犯有走私罪,遭到逮捕。

9 月 5 日,伊文斯卡娅的女儿伊琳娜·叶梅里扬诺娃被捕。

1965 年

7 月 10 日,叶甫盖尼娅·弗拉基米罗夫娜·帕斯捷尔纳克去世。

8 月,作为"诗人丛书"大系之一,帕斯捷尔纳克作品集获得出版。

1966 年

6 月 23 日,济娜伊达·尼古拉耶夫娜·帕斯捷尔纳克去世。

1988 年

1 月至 4 月,长篇小说《日瓦戈医生》在《新世界》杂志连载。

1989 年

10月,帕斯捷尔纳克的儿子叶甫盖尼·鲍里索维奇替他领取诺贝尔奖章和证书。

1990 年

2月,位于佩列捷尔金诺的帕斯捷尔纳克故居博物馆正式开放。

1990年2月至1991年2月,文学出版社出版五卷本《鲍里斯·帕斯捷尔纳克文集》。

2004 年

2月,十一卷本《鲍里斯·帕斯捷尔纳克全集》准备付印。

原著参考书目

帕斯捷尔纳克研究方面的重要文章,即使是篇目的罗列,加起来也比本书更厚。这里只列出一些最基本的著述,笔者认为,任何帕斯捷尔纳克的研究者乃至善于思考的读者都离不开它们。

Пастернак Б. Л. Полное собрание сочиненний и писем. В 11 т. М. : Слово/Slovo, 2004 (издание будет завершено в 2006 г.).

Пастернак Б. Л. Собрание сочинений. В 5 т. М. : Худож. лит. , 1989—1992.

« Гамлет » Бориса Пастернака. М. ; СПб. : Летний сад, 2002.

Пастернак Б. Л. Письма к родителям и сестрам. 1907—1960. М. : Новое литературное обозрение, 2004.

Борис Пастернак, Марина Цветаева. « Души начинают видеть ». Письма 1922—1936гг. М. : Вагриус, 2004.

Пастернак Б. Л. « Существованья ткань сквозная ». Письма к Евгении Пастернак. М. : Новое литературное обозрение, 1998.

Пастернак Б. Л. « Пожизненная привязанность ». Переписка с Ольгой Фрейденберг. М. : Арт-Флекс, 2000.

Пастернак Б. Л. « Чтоб не скучали расстоянья ». Биография в письмах. М. : Арт-Флекс, 2000.

Пастернак Б. Л. Второе рождение. Письма к З. Н. Пастернак.

« А за мною шум погони... ». Борис Пастернак и власть. Документы и материалы. М. : Роспэн, 2001.

Альфонсов В. Лирика Бориса Пастернака. СПб. : Сага, 2001.

Баевский В. Пастернак-лирик. Смоленск, 1993.

Борис Пастернак, Марина Цветаева, Райнер Мария Рильке. Письма 1926 года. М.: Книга, 1990.

Вильям-Вильмонт Н. Борис Пастернак. Воспоминания и мысли// Новый мир. 1987. № 6.

Воспоминания о Борисе Пастернаке. М.: Слово/Slovo, 1990.

Гинзбург Л. Записные книжки. Воспоминания. Эссе. СПб.: СПб-Искусство, 2002.

Гладков А. Встречи с Пастернаком. М.: Арт-Флекс, 2002.

Данин Д. Бремя стыда. М.: Раритет-537, 1997.

Емельянова И. Легенды Потаповского переулка. М.: Элис Лак, 1997.

Жолковский А. Блуждающие сны и другие работы. М., 1994; Инвенции. М., 1995.

Иванова Н. Пастернак и другие. М.: Эксмо, 2003.

Ивинская О. Годы с Борисом Пастернаком. В плену времени. М.: Либрис, 1992.

Катанян В. А. Запечатанная бутылка. Н. Новгород: Деком, 1999.

Ливанов В. Неизвестный Борис Пастернак. М.: Дрофа, 2002.

Мандельштам Н. Вторая книга. М.: Согласие, 2002.

Мандельштам О. Слово и культура. Статьи и рецензии. М.: Худож. лит., 1987.

Масленикова З. Борис Пастернак. Встречи. М.: Захаров, 2001.

Пастернак А. Воспоминания. М.: Прогресс-Традиция, 2002.

Пастернак Е. Борис Пастернак. Биография. М.: Худож. лит., 1997.

Пастернак З. Н. Воспоминания. М.: ГРИТ, Дом-музей Бориса Пастернака, 1993.

Синявский А. Борис Пастернак (предисловие). Большая серия «Библиотеки поэта». М.: Худож. лит.; Л., 1965.

Смирнов И. Роман тайн «Доктор Живаго». М.: Новое литературное обозрение, 1996.

Сухих И. Живаго жизнь: стихи и стихии. В кн. : Борис Пастернак. Доктор Живаго. СПб. : Азбука-классика, 2004.

Тынянов Ю. Промежуток. В кн. : История литературы. Критика. СПб. : Азбука-классика, 2001.

Фатеева Н. Поэт и проза. Книга о Пастернаке. М. : Новое литературное обозрение, 2003.

Флейшман Л. Борис Пастернак в двадцатые годы. СПб. : Академический проект, 2003.

ФлейшманЛ. Борис Пастернак в тридцатые годы. The Magnes Press. The Hebrew University. Jerusalem, 1984.

Цветаева А. Воспоминания. М. : Изографус, 2001.

Чуковская Л. Борис Пастернак//Соч. В 2 т. М. : Арт-Флекс, 2001.

Чуковская Л. Записки об Анне Ахматовой. В 2 т. СПб. : Нева; Харьков: Фолио, 1992.

Чуковский К. Дневник. В 2 т. М. : Современный писатель, 1994.

译 后 记

2005年,俄罗斯青年近卫军出版社"名人传记丛书"①推出了作家、诗人德米特里·贝科夫撰写的《帕斯捷尔纳克传》。这部作品甫一问世,就非同凡响,一举摘得俄罗斯2006年度畅销书奖和奖金规模号称世界第二的"大书奖"。这的确是一部大书——因为超长甚至显得过剩的篇幅,也因为与篇幅相匹配的内容、思想、对奇迹的演绎和颂赞。俄罗斯当代作家弗拉基米尔·齐布利斯基评论说:"这是关于诗歌与散文自身的履历。其余的一切,包括诗人本人的生活,都只是词语诞生前后的情形。也正是这些才吸引了作者,并且决定作品能否吸引读者。'其余的一切,都是文学。'"阅读这部作品,"令人在帕斯捷尔纳克之下得到净化"。2007年,文学教育家尤里·哈尔芬(1929—2014)在《文学》杂志上撰文指出,"创作分析与诗人作为个体的分析相得益彰,使德米特里·贝科夫的著作成为传记文学中极其罕见、极为出色的现象"。

《帕斯捷尔纳克传》所产生的影响经久不息,俄文原著在俄罗斯一版再版。2015年,帕斯捷尔纳克诞辰125周年前夕,俄罗斯"自由广播电台"记者与贝科夫展开对谈,称"十年来,当我们说到'贝科夫',指的则是'帕斯捷尔纳克'。这部记述一位伟大诗人和小说家生平的作品……改变了对传记体裁可能性之认知,在一定意义上也让帕斯捷尔纳克重归社会关注的视域,将一位经典作家变成我们同时代的人"。作者回应说:"因为帕斯捷尔纳克,世界见到了俄罗斯的美丽,并且为她在二十世纪的遭遇而恐惧。"面对传记带来的殊荣,作者称这是对帕斯捷尔纳克美好一生及其艺术行为的褒扬,获奖的是他,"我仅仅充当了传递者"。

---

① 最早创立于1890年的丛书系列,1924年中断,1933年在高尔基倡议下重新恢复,1938年至今归属于俄罗斯青年近卫军出版社,到目前为止已出版了将近两千部俄罗斯和世界名人传记,对俄罗斯社会文化生活影响深远。

德米特里·利沃维奇·贝科夫1967年出生于莫斯科,1984年考入莫斯科大学新闻系,攻读文学批评专业。大学期间,他积极参加文学社团活动,已有诗作入选多种诗集。1991年大学毕业后,贝科夫在著名诗人,也是帕斯捷尔纳克生前忘年交和唯一"私淑弟子"沃兹涅先斯基举荐下加入苏联作家协会。耐人寻味的是,此时距离苏联作协一致表决恢复帕斯捷尔纳克会员资格不过两年,距离苏联瓦解的时日则屈指可数。

贝科夫俨然是专为从事创作而生,他具有"七普特男性美"①的健硕体格,精力过人,写作方面异常丰产,出版过多部诗集和长篇小说,他在2023年一次最新访谈中自称是一个好的传记作家,"没糟蹋帕斯捷尔纳克、奥库贾瓦、马雅可夫斯基……有同情心,深思熟虑,一丝不苟"。贝科夫的文学同行称赞他一只手写诗和大部头的长篇,另一只手为大众媒体撰写评论,发起"公民诗人"运动,主持电视和广播节目。在俄罗斯,贝科夫也被认为是著名的反历史主义者,是有能力为备受时势损害的俄国文学挽回些许颜面的知识分子,假以时日,世人或许有理由称之为所多玛的义人。

2003年9月到2004年6月,贝科夫仅用八个多月就完成了俄文原版将近九百页的《帕斯捷尔纳克传》。惊人的写作速度得自此前为期一年半的材料收集与梳理,而"希望看到自己和帕斯捷尔纳克出现在同一封面上"的创作动因甚至可以追溯至二十世纪八十年代阅读"禁书"的青春体验,这就像一粒橡树的种子,从一开始就孕育着长成大树的全部特质。贝科夫在一次访谈中提到当年《日瓦戈医生》在中学生中间的私下流传。有一天,一位关系要好的女生告诉他:"有人借给我一本'医生',让我看了一晚上,我也可以借你一晚上。实话说,这本书真是胡扯。"多年以后,作者在传记中写道,帕斯捷尔纳克是幻想的生动见证,与他的相遇如同吉兆,而阅读这部写给"少男少女们"的诗化的长篇应当慢速,"就像它被书写时那样。每天一两页,有时一段就够了,读者一整天都会感到自己是幸福的,仿佛会听到帕斯捷尔纳克直接向耳边发出的悲欣交集的声音"。很难想象,帕斯捷尔纳克的名字是否给昔日的中学生贝科夫带来"刹那间幸福的刺痛",但幸福乃至幸运,实属《帕斯捷尔纳克传》最重要的主题之一。贝科夫认为,在惯于

---

① 此种说法出自茨维塔耶娃散文《记忆之井》。"普特"是俄制重量单位,1普特相当于16.3公斤。

书写失意与民怨的俄罗斯文学语境下,帕斯捷尔纳克属于凤毛麟角的异数,他对幸福的追寻令人怦然心动。

当然,通过一部文学传记,将帕斯捷尔纳克塑造为一个幸福明朗的人,一个醉心于生活的歌者,显然是空前的冒险,既带有粉饰之嫌,又可能扭曲传主形象,让读者怀疑其整个艺术格局与价值取向。众所周知,帕斯捷尔纳克的一生充满戏剧性,时代的压力和命运的波折,一齐落在他身上,就像曼德尔施塔姆所云:"猎狼犬的世纪扑落在我肩上。"同时也别忘记布罗茨基对帕斯捷尔纳克与曼德尔施塔姆、茨维塔耶娃以及阿赫玛托娃的比较。这位"六十年代的产儿"认为,与后三者相比,帕斯捷尔纳克不算是大诗人,而是"小宇宙的诗人","他的小宇宙的激情,彰显着爱之壮丽,细节之绚烂等等。他的诗行,也是一个小宇宙……作为手艺人,他有趣得简直让人着迷"。曼德尔施塔姆在沃罗涅日流放期间也曾不无贬抑地谈到帕斯捷尔纳克的现实观:"一个健康的人,把一切都看作现象:动不动就是雪啊,天气啊,人们行走啊……"鉴于同时代人的评述和帕斯捷尔纳克生平研究在俄罗斯已然蔚为大观,为他这样一位备受爱戴但向来不乏争议的诗人立传,需要的远不只是素材的堆叠、取舍、剪裁,使之服务于立意,更需要体裁的创新、结构的营建、叙事手法的变换,以及统摄全局的超强能力。唯其如此,才能够最大限度地避免传记的"作伪",犹如空贝壳,"没有软体动物曾经生活在其中"(米沃什语)。

诚如贝科夫本人所言:"幸福也可能是有失分寸、不合时宜和自私自利的,这样的幸福不啻凌辱。"人是意义的动物,幸福的伦理学要义在于摆脱外物施加于人的满足感,实现精神的自足,归根结底成为自由人。贝科夫似乎预见到传记潜在的危机,故而从一开篇就确定采取多种文体及多元的价值立场。他将文本、命运和帕斯捷尔纳克三者等同起来,力图运用一种内在生成的语言,以分析帕斯捷尔纳克作品的方式分析其生平,打破传记体裁通常所依凭的线性时间的单向叙事模式。他选择夏天作为大自然繁荣与慷慨的象征,作为对诗人履历和精神气质的"模仿",将明显区分为三个时期的夏日之光抛洒在"幸福的人"身上,整部传记相应地也分为六月、七月和八月三个部分。这是诗人的艺术风格从混沌到澄明,从极为主观的抒情直抵散文叙事的嬗变;这也是由患难、忍耐与盼望所催生的夏日童话,是一个人在尘世间可能历经的变易和充分的成熟,犹如苹果树自由地开花结果,被果实压弯枝条,精神生活的隐喻最终上升为宗教意蕴的变容(преобржение)——未必关乎正统教义,但情感和行动的个体意义尽在其中。三个部分构成一个完整的夏季(传记文本也在这种时空体中不断滋长,大有将"贝壳"撑破之势),与帕斯捷尔纳克相关的所有重要转变和奇迹,都发生在这个季节,尽管他笔下与生活中从来不乏俄罗斯的暴风雪,他的春天和秋天也同样充满奇丽的意象和生动的气息。

与季节的隐喻相对应,作者的构思也从三条路径介入而得以实现:首先是逻辑的,其次是审美的,最后才是价值层面上的伸展和收束。三者相互衔连,贯穿于帕斯捷尔纳克作为一个人和一个诗人的生命历程,揭示出诗人的诗学特征,同时也完成了一个幸福命题的论证。

说到这里,不妨回顾一下帕斯捷尔纳克晚年名诗《在医院》。在某种程度上,这首诗也可反过来佐证贝科夫的构思。1952年,诗人突发心肌梗塞,饱受折磨。病愈四年之后,他在诗中想象和预见着"病床上的结局",并把感恩的凝望投向窗外,在那里,霞光像火灾映红了世界的道口:"'上帝啊,你的这些事业/何其完美,'病人暗自想起/这些床褥、人群和墙壁,/这死亡之夜和夜的城市。"当听到诗人流着激动的泪水,转向上帝发出礼赞,我们并不会感到突兀或造作,因为这是事件变异的结果,事件不由分说地向人袭来,合乎逻辑的选择除了礼赞并从中获得崇高美感,别无其他。诗人相信,相对于当下,还有另一种现实。而美则是通往幸福与信仰的终极道路,引领人在永恒事物中获得支撑。由此可见,传记作者与传主之间潜存着某种互译关系。或者按照巴赫金的理论,传记世界是个未封闭和未完成的世界,它不具有独立于统一且唯一生存事件的稳定边界,因而这也是传主与作者共属的世界(参见巴赫金:《审美活动中的作者与主人公》)。通过纷纭奥秘的解译,作者和诗人一道参与了世界的构建,出色地诠释了诗人的生命哲学以及由此决定的艺术哲学:将一切灾祸视为意外的幸福,灾祸降临之际,即是内在本质浮现于外之际。

从贝科夫的论证与阐说不难发现,帕斯捷尔纳克的人生,与其说是以幸福为鹄的,倒不如说是以悲剧性作为自我认知的形式,由此观照人的幸福完满,远比镜花水月来得真切。此种悖论带有斯多葛学派和基督教福音书的双重印记——前者使他对一切人为强制所造成的灾变与悲剧保持静观,同时又对自然万物、对他所称的"生活—姐妹"怀着永不止息的挚爱;后者则赋予他使徒保罗般的品格,使他在患难中不失忍耐和盼望,不至于跌倒和羞耻,反而"在压迫下喜乐,在墓穴中欢庆"。离开悲剧性的映照,就无法理解帕斯捷尔纳克悲欣交集的一生。

依照整体布局的逻辑和命运的逻辑(如果有的话),贝科夫精心设计了八个相对独立的章节,用以展现帕斯捷尔纳克在不同时期的人生际遇、精神困惑、为艺术创造所经历的左冲右突。这八个章节共有一个命名(也共有一个主人)——"镜中人",从马雅可夫斯基到茨维塔耶娃到阿赫玛托娃乃至斯大林,这些人物同他的交集或深或浅,确实像镜子,反映并塑造着他的面容。每一面镜子同时也反映或吸收其他各不相同的人物,像是被看不见的手所操弄,芸芸影像汇聚起来,足以形成关于时代的丰富见证。

这些同时代人,有的积极参与了国家的进程,影响了文学的命运,更多的则是卷入大时代的旋流,倏忽即逝。但他们无不曾鲜活地存在于当初的岁月,浸淫其中,透散着随同时光消逝而无可追忆的独特气息。打开这一面面镜子,久别人世的形象却又触手可及,近乎迷幻的体验使读者恍若置身于往昔,看到的是昔日的人们,听到的是他们的声音。帕斯捷尔纳克作为一名社会直觉天生敏锐,并不排斥社会交往的艺术家,则始终居于种种遭逢的核心,就像一颗恒星,众多行星由于偶然或必然的机缘为他所吸引,环绕他,各自闪烁,或明或暗,周行不止,偶或还有激烈的碰撞,甚至相互吞噬。就这样,贝科夫复活了年代久远的印象和破碎的记忆,让人对越来少的人与事知道得越来越多,并且再现了色彩斑斓的俄罗斯文学星空,早在一个世纪以前,这种景象就已出现于帕斯捷尔纳克笔端:"讲完可怕的故事,/它们留下准确的地址,/敞开门,相互问询,/像在剧场里一样走动……"(《夏夜群星》,1917)

巴赫金曾经说过:"传记是一种馈赠,我将其当作他人对他人的赠予而接受它。"这样看来,我们眼前的传记,首先来自帕斯捷尔纳克对其诗歌同行贝科夫的惠赐,然后则是两位俄罗斯诗人对所有读者共同的馈赠。这是一个充分实现的共时性的行为——凭借人的情感和理智,凭借诗歌和散文的语言,以及帕斯捷尔纳克诗文所独有的音乐和绘画。传记中蕴含着某种双向的授受,对此或许帕斯捷尔纳克也会欣然同意,甚至会主动提醒读者加入进来。

《帕斯捷尔纳克传》犹如一座诗学问题的迷宫,在繁复而庞大的构架内,汇聚着极尽详细的评述,从诗作的释读到极端年代的剖析,几乎不留间隙,不惜以缠结的谜团取代水落石出的答案。与传主的生命复调相对应,作者重构了帕斯捷尔纳克诗学风格由繁复到简白、由嘈杂到和谐的整个过程,以及形象与现实、逻辑与幻想相结合的诗学特征。帕斯捷尔纳克用四十年时间完成了漫长的艺术成熟期,他的《日瓦戈医生》作为"良心的立方体",即是这种生命与艺术的传奇共同造就的独特结果,是诗人通过其作品意识到自身,而历史和自然的精神也通过诗人意识到自身的神话历程。

以上所述,只是译者对《帕斯捷尔纳克传》这部大书的粗浅理解,关于诗歌如何诞生,如何生长起来,如何与人相遇,如何在混沌虚空留下吉光片羽,这些问题显然还需要更多文本翻译之外的专业知识,有待于深入研究,我也很期待就教于大方之家,尤其是汉语原创诗人和写作者。

《帕斯捷尔纳克传》篇幅厚重,文体驳杂,引文繁密,贝科夫本人用以营造其所偏爱的神秘剧的语言也极具个性,极其执拗地打上思维闪变的烙印。从文学翻译角度来说,这部传记堪称集中了几乎所有翻译难题的典型样本。作者俨然有意制造障碍,不肯向译者交出主权,单是全书不下于五千个破折号和数千个分号的使用,就像是翻译之路上密布的棘刺,假如交由时下大热的 ChatGPT 来处理(每当人工智能新进展引发职业危机之热议,译者总是自感心虚),或许只会得到比机器翻译更像机器翻译的结果,起码这是暂时可以想见的图景。

事实上,帕斯捷尔纳克本人即是杰出的文学翻译家,他的译作以诗歌和戏剧为主,翻译对象既有莎士比亚、歌德、拜伦、里尔克、纪德等世界经典作家,以及他视为知己同怀的格鲁吉亚诗人,也有根据出版机构"订货"而被动接受的外国廉价读物和苏联少数民族的爱国抒情诗。可以说,文学翻译贯穿帕斯捷尔纳克的艺术创作,构成了他所钟爱的双重生活的另一面。

在《翻译莎士比亚笔记》一文中,帕斯捷尔纳克宣称:"剧院和读者永远渴望读到简洁的译作。每个译者都自以为他比别人更好地满足了这一需求。我也未能逃脱这共同的命运。"在自传体散文《人与事》中,帕斯捷尔纳克提出译文与原文之间"相似性"的概念,"翻译,在很大程度上颇似绘画"。这种"相似性"如同在肖像画中,没有生动自然的表现方式就无法达到。译者必须像作者一样,以自然的语汇来约束自己,尽可能摆脱风格营造的伎俩;译文也应像原文,创造出"生活的,而非冗词赘语的印象"。帕斯捷尔纳克认为,应当避免两种语言的逐字对应,不必通过文字的雕饰来增添文采,节奏和音色才是文学翻译之要务。在翻译《哈姆雷特》时,他强调人物语言的婉转和元音的丰富,以期在音色而非形式上达到对等的效果。

有别于文学翻译的悲观主义论调,在帕斯捷尔纳克看来,翻译是可欲的,译作是可以想见的,在理想状态下,它们也应是艺术作品,凭借各自的独特性而获得与原作同等的地位。帕斯捷尔纳克说:"译作之所以可以想见,是因为在我们之前就有千百年的文学互译,翻译——绝非认知个别作品的手段,而是各种文化、各个民族世代交往的方式。"(《译者手记》,1943)如果考虑到帕斯捷尔纳克的翻译观念与他中后期诗歌创作的风格转变相得益彰,原创和译作均显现出简单直白,紧凑有力,音韵婉转,考虑到翻译文本对命运的宰制——哈姆雷特和浮士德的幽灵投映于帕斯捷尔纳克艺术生活的最后十年,挥之不去,使他付出生死的代价,我们有理由相信,他的文学翻译既非盲目乐观的产物,亦非创作不自由之下借他人杯盏,浇胸中块垒的权宜之计。

1932年,帕斯捷尔纳克自知与未来的争辩已然毫无意义,因为未来已经到来,他身在其中,深陷于未来。在此形势下,他的诗集《第二次降生》获得出版。借用不无宗教意蕴的诗集名称来说,读者手中这部《帕斯捷尔纳克传》也相当于同一文本"两次降生"的结果:第一次经过将近六年的孕育,于2016年8月首次面世,时隔六年又开始第二次,也就是此次的再版修订。与译者的预想不同,修订过程并不比最初翻译时轻松几分,从2022年4月至2023年2月,前后居然超过九个月,假如时间允许,甚至还可一直延续,一直"陷入作品的桎梏"。修订工作主要集中于以下几方面。

其一,改正硬伤和笔误。每当遇到此类现象,不仅让人信心受挫,而且深感愧疚,恨不能向陌生的路人致歉,连帕斯捷尔纳克"不必苛责译者"的善意提示也难以成为安慰,唯有像防备外敌侵袭一样防备自己的疏失。其二,统一译名及引文。许多硬伤就来自各种不统一和前后不一致,看似无伤大雅,累积起来却令人怵目。这是译者不可推卸的责任。此次修订,绝大多数译名均以商务印书馆《俄语姓名译名手册》(第2版)为准,仔细对照,形成规范(个别之处仍采用俄罗斯文学翻译惯例,例如著名的托尔斯泰庄园亚斯纳亚-波良纳)。其三,寻求直译和意译的平衡。译者时常感受到两种迥异的情况:僵直刻板的输出更多是因为思维介入的路径较单一,未触及字面背后的世界就止步不前,从形式到语义的转换都太过拘谨;而自以为从原文的跳脱有助于发出自然的声腔,也可为译文增色,却往往导致表意失准,徒增冗余,原文应有的难度也随之降低。作为两种基本策略,直译和意译犹如哲学倾向的保守和自由,相互间存在着显见的矛盾,二者如何达成动态平衡,本质上属于"翻译是否可能"这一永恒问题,《帕斯捷尔纳克传》的修订为思考和实践提供了契机。其四,在不损害文意的前提下,适度运用"点烦法",对译文加以精简,如杨绛先生所说,"简掉可简的字"。译者并不认为,借助某种复古的套式,将文字裁剪成匀整的短句,人为添加辞藻的油彩,是避免所谓"翻译腔"的不二法门。关键是遵从现代通行的词法和句法,芟芜去杂,尤其要避免 масло масляное("油乎乎的油")式的语义重复,使语言本身贴合自然的长势,长短参差,错落有致,复杂和浅白兼而有之。

通过上述环节,此次修订最直接和最显著的结果是,整个文本的字符数减除了四万之多,修订过程中,每天的成就感不是像起初那样来自字数的增长,而恰恰是来自点点滴滴的减少。此外需要特别说明,传记中引用到《日瓦戈医生》《人与事》和《安全保护证》的地方,译者分别参考了力冈和冀刚先生、蓝英年先生、桴鸣和乌兰汗(高莽)先生的译文,凡直接采用之处,均以脚注标示。中国古人把翻译比作绣花纺织品的翻转,所谓"翻也者,如翻锦绮,背面俱花,但其花有左右不同耳"(参见钱钟书:《林纾的翻译》)。这个比喻妙极了!在我心目中,这些前辈译家正是翻转锦绣的行家里手,而他们各自在艰难条件下度过的"信达雅"的人生,无不堪称后辈学人之楷模,对他们的褒扬,大概也是我所能接受的最大限度的文化保守主义。

借此机会,我要衷心感谢北大俄语系教授、中国资深翻译家顾蕴璞先生无私提供《帕斯捷尔纳克传》首版序言,同时也要感谢解放军国际关系学院冯玉芝教授为修订版撰写学术分量十足的万字序言。此次修订,先后得到人民文学出版社外编室主任欧阳韬老师、柏英老师和李丹丹老师的大力支持,他们相当于从张福生老师手里接过了重任。如果不是人文社与译者续签出版合同,就不会有传记再版的机缘;如果不是诸位老师给予译者以极大的宽容,让我有更多时间打磨译文,发现错谬,当然也就谈不上译本的修正与完善。译者受益良多,谨致诚挚谢意!

相对于贝科夫创作《帕斯捷尔纳克传》耗时八个月,这部汉译本前后两次的"降生"无疑太过漫长!在此不对称的过程中,译者见证了作品重新长出"鲸须骨架和百褶花边"。这些年来，现实时常魔幻般地呈现异象，将人裹挟，一切事实仿佛都在改变，在经验世界的边缘彼此冲突，令译者记忆深刻的事件也连绵不断，它们未必是宏大历史性的，但理应是一个混沌时代里个性的轮廓足够清晰的。

文本的解译也暗含对"尤里·日瓦戈"的某种重构——将记忆的触须伸向时间深处，盘卷于生活的肌体之上，汲取独立个体所需的给养。而日瓦戈的创造者仿若一道口令，让诸多相逢超越黯淡现实，招引出各具风采的形象：相信语言将会继续旅行的儒家诗人又深受帕氏"本体论意义"之影响的老友、自称路边潦倒美食达人实为读书种子文章妙手的朱老师，独力撰写俄国编年史和多卷本俄国思想史的兄长、每年秋季学期运用六门外语帮助译者讲授卢梭政治哲学的二弟郭老师及其善良可亲又有才华的文学亲友，精研俄国东正教文化和教会斯拉夫语的"骑兵军"先锋、暂居西半球也势将占据俄国文学研究江山的公爵先生，坚守在地坛近旁理想国的佛系出版人、从云气瘴疠的天空发现白乌鸦的生命守护者、指挥实施西双版纳丛林大营救的徐女士，以及我的大学同窗好友和他儿时的玩伴今天的优秀电影导演……在译者看来，这些形象无分远近，同为诗的均等且具体的分身，还可像数算晨星般罗列下去。我愿仿效帕斯捷尔纳克惯有的节日感，把所有相逢和"未相逢"看作幸福的仪式，把他一生最后的也最为抒情的名句分享给每个人："一日长于百年，拥抱无止无终。"

相比通常的译后记，此篇已有饶舌之嫌。请允许我向四年前远赴大洋彼岸学习 CS 的孩子道一声问候和祝福，译者动笔翻译《帕斯捷尔纳克传》时，他还在上小学二年级，爱用拼音改写读过的童话，如今已是即将进入研究生阶段的标准理工男，对计算机科学充满自信。无论孩子的成长还是作品的重生，都离不开一个家庭的领导核心、我的爱人潘海燕女士的辛苦付出和全力支持。感谢这一切！

译者

2016 年 4 月谨识

2023 年 3 月补记